Tristan und Isolde.
Erste Scene
Mässig langsam
(Vorhang auf.)
Kurwenal.

Hans-Joachim Bauer
Richard-Wagner-Lexikon

Hans-Joachim Bauer

RICHARD
WAGNER
LEXIKON

Gustav Lübbe Verlag

Vorsatz
Schluß zum Vorspiel von »Tristan
und Isolde« (Klavierauszug). Paris
15. 12. 1859 (Nationalarchiv der
Richard-Wagner-Stiftung/Richard-
Wagner-Gedenkstätte, Bayreuth)

Nachsatz
»Tristan und Isolde«, I. Aufzug. 5. 11.
1857 (Nationalarchiv der Richard-
Wagner-Stiftung/Richard-Wagner-
Gedenkstätte, Bayreuth)
»Tristan und Isolde«, III. Aufzug,
1. Szene. Luzern, 1. 5. 1859 (Natio-
nalarchiv der Richard-Wagner-
Stiftung/Richard-Wagner-Gedenk-
stätte, Bayreuth)

© 1988 by Gustav Lübbe Verlag
GmbH, Bergisch Gladbach
Lektorat: Uwe Steffen, München;
Dörthe Emig, Frankfurt/Main
Umschlagentwurf: Manfred Peters,
Bergisch Gladbach, unter Verwen-
dung zweier Fotos. Vorne: Richard
Wagner. Porträt von Franz von
Lenbach, 1882 (Nationalarchiv der
Richard-Wagner-Stiftung/Richard-
Wagner-Gedenkstätte, Bayreuth);
hinten: Richard Wagner in seinem
Heim in Bayreuth. Ölgemälde von
Wilhelm Beckmann, 1882. V.l.n.r.:
Cosima Wagner, Richard Wagner,
Franz Liszt, Hans von Wolzogen
(Birregg Verlag, Luzern)
Satz: Fotosatz Böhm GmbH, Köln
Druck und Einband: Clausen &
Bosse, Leck

ISBN 3-7857-0495-X

Hinweise zur Benutzung

Richard Wagners Briefe werden für die Zeiträume 1830–52 und 1854/55 nach der Briefgesamtausgabe zitiert: Richard Wagner, *Sämtliche Briefe*, herausgegeben von Gertrud Strobel und Werner Wolf, ab Band 6 herausgegeben von Hans-Joachim Bauer und Johannes Forner, 6 Bände, Leipzig 1967–86. Briefe aus anderer Zeit werden nach den Einzelausgaben zitiert, die im Artikel →Briefausgaben verzeichnet sind.

Schriften und Dichtungen Wagners (auch die Texte der Musikdramen) werden nach der Erstausgabe zitiert: Richard Wagner, *Gesammelte Schriften und Dichtungen*, 10 Bände, Leipzig 1871–83 (hier abgekürzt als GSD). Hierin nicht enthaltene Schriften werden zitiert nach Band 11–16 der »Volksausgabe«: Richard Wagner, *Sämtliche Schriften und Dichtungen*, herausgegeben von Hans von Wolzogen und Richard Sternfeld, 16 Bände, Leipzig o. J. [1911] (hier abgekürzt als SSD). Die zwölfbändige sogenannte »große Ausgabe« von 1912 bleibt unberücksichtigt; dafür wird wegen der allgemeinen Verfügbarkeit in Einzelfällen (soweit die jeweilige Schrift hierin enthalten ist) die Jubiläumsausgabe zusätzlich angegeben: Richard Wagner, *Dichtungen und Schriften*, herausgegeben von Dieter Borchmeyer, 10 Bände, Frankfurt a. M. 1983 (hier abgekürzt als DS).

Richard Wagners Hauptwerke haben im Text der Übersichtlichkeit halber keinen Verweispfeil (→); sie werden in Kurzform zitiert als:
Götterdämmerung: Der →*Ring des Nibelungen: Götterdämmerung*
Holländer: Der →*fliegende Holländer*
Meistersinger: Die →*Meistersinger von Nürnberg*
Parsifal: →*Parsifal*
Rheingold: Der →*Ring des Nibelungen: Das Rheingold*
Rienzi: →*Rienzi, der letzte der Tribunen*
Siegfried: Der →*Ring des Nibelungen: Siegfried*
Tannhäuser: →*Tannhäuser und der Sängerkrieg auf Wartburg*
Tristan: →*Tristan und Isolde*
Walküre: Der →*Ring des Nibelungen: Die Walküre*

Auch auf die beiden Ehefrauen Richard Wagners, Minna →Wagner (geb. Planer) und Cosima →Wagner (geb. d'Agoult/Liszt, verh. von Bülow), wird nicht eigens verwiesen.

Abkürzungen

Aug.	August
Bd.	Band
Bde.	Bände
bzw.	beziehungsweise
Dez.	Dezember
d. h.	das heißt
Diss.	Dissertation
DS	Richard Wagner, *Dichtungen und Schriften*, Frankfurt a. M. 1983
dt.	deutsch
ebd.	ebenda
eigtl.	eigentlich
Febr.	Februar
geb.	geboren, geborene
gest.	gestorben
GSD	Richard Wagner, *Gesammelte Schriften und Dichtungen*, Leipzig 1871–83
hrsg. v.	herausgegeben von
Jan.	Januar
Jh.	Jahrhundert
Lit.	Literatur
Nov.	November
Okt.	Oktober
op.	Opus
Pseud.	Pseudonym
R. W.	Richard Wagner
S.	Seite
Sept.	September
SSD	Richard Wagner, *Sämtliche Schriften und Dichtungen* (Volksausgabe), Leipzig o. J. [1911]
u.	und
u. a.	und andere, unter anderem
verh.	verheiratete
W.	Wagner
WWV	J. Deathridge, M. Geck und E. Voss, *Wagner. Werk-Verzeichnis*, Mainz usw. 1986
z. B.	zum Beispiel

Wagner, Richard Wilhelm (22. 5. 1813 – 13. 2. 1883)
W., dessen Leben sich wie bei kaum einem anderen Künstler des 19. Jh.s in
seinen Niederlagen, Schwierigkeiten und Erfüllungen zum »Künstler-
roman« gestaltete und entsprechend oft beschrieben wurde, weist schon bei
seinen Eltern genealogische Unsicherheiten auf, die zu Vermutungen und
Spekulationen führten. Seiner Mutter Johanne Rosine (→Geyer), Tochter
des Bäckermeisters Johann Gottlob Pätz aus Weißenfels, sagte man die
Legende einer »vornehmen Geburt« nach, weil das schauspielerisch begabte
Mädchen ein hoher Gönner (vermutlich Prinz Konstantin von Sachsen-
Weimar) in einem Leipziger Internat erziehen ließ. W.s Vater Friedrich
→Wagner, der noch im selben Jahr, in dem W. geboren wurde, starb, war
Jurist und Polizeiaktuar, der sich Hoffnungen auf das Amt des Polizeipräsi-
denten von →Leipzig machen durfte, hatte Steuereinnehmer, Schulmeister
und Kantoren als Vorfahren. Sein früher Tod und der Umstand, daß sich W.
in seiner Schülerzeit Geyer nannte und seinem Stiefvater Ludwig →Geyer,
einem langjährigen Freund der Familie, sehr zugetan war, ließen den Verdacht aufkommen, daß dieser sein leiblicher Vater gewesen sein könnte. In
der W.-Forschung wird diese Vermutung, die W.s Mutter mit keiner Andeu-
tung bestätigte, ausgeschlossen. Friedrich W. war selbst ein begeisterter Lai-
enschauspieler, der mit dem in Leipzig als Kapellmeister tätigen E. T. A.
→Hoffmann bekannt wurde. Von Friedrich W.s neun Kindern, von denen
Carl Gustav bereits einjährig und Maria Theresia fünfjährig verstarben,
ergriffen fünf eine musikalische Laufbahn.
1813 – 26: Der jüngste Sohn, R. Wilhelm W., wurde am 22. 5. 1813 in
→Leipzig »auf dem Brühl im ›rot und weißen Löwen‹, zwei Treppen hoch,
geboren«. Ende Juni floh die Familie W. vor den Kriegsereignissen zunächst
aufs Land, dann begab sich W.s Mutter zwischen dem 21. 7. und dem 10. 8.
1813 (wahrscheinlich mit R.) auf eine vierzehntägige Kur nach →Teplitz in
Böhmen, wo Ludwig →Geyer im Theater spielte. Wegen dieser Kur und der
Kriegswirren wurde W. erst am 16. 8. 1813 in der Leipziger Thomaskirche
getauft. Am 24. 11. 1813 schrieb →Jean Paul in →Bayreuth am Schluß seiner
Vorrede zu E. T. A. →Hoffmanns *Fantasiestücken in Callots Manier* (4 Bände,
Bamberg 1814/15): »[...] daß wir noch bis diesen Augenblick auf den Mann
harren, der eine echte Oper zugleich dichtet und setzt.« Nach der Nieder-
lage Kaiser Napoleons I. in der Völkerschlacht starb W.s Vater an dem in
Leipzig grassierenden Typhus. Geyer nahm sich der Familie des verstorbenen Freundes an und heiratete W.s Mutter am 28. 8. 1814 in Pötewitz bei
Zeitz, um anschließend mit der Familie nach →Dresden zu übersiedeln, wo
Geyer an der neu geschaffenen »Staatsanstalt«, die italienische Oper und
deutsches Schauspiel umfaßte, engagiert war. Als Carl Maria von →Weber
1816 nach Dresden zum Operndirektor berufen wurde, ergab sich alsbald
ein freundschaftliches Verhältnis zwischen ihm und W.s Stiefvater, so daß

der kleine R. den Opernkomponisten im Elternhaus kennenlernen konnte. Im Sommer 1817 besuchte W. die Privatschule des Hofkantors Karl Friedrich →Schmidt. Am 15.11. figurierte der vierjährige W. als Engel in dem zu einer Vermählung in der königlichen Familie aufgeführten *Weinberg an der Elbe* von Weber und Friedrich Kind. Am 2. 3. 1818 trat W.s älteste Schwester, Rosalie (→Marbach), erstmals als Schauspielerin in Geyers Stück *Das Erntefest* auf; am 1. 5. 1820 wurde sie königliche Hofschauspielerin. Am 19. 9. 1820 spielte W. den kleinen Wilhelm Tell in einer Dresdener Aufführung von Friedrich von Schillers *Wilhelm Tell* (1804), seine Schwester Clara (→Wolfram) spielte den Walter Tell und Geyer den Geßler. Im Herbst 1820 wurde W. in die Obhut des Pastors Christian Ephraim →Wetzel gegeben, der in Possendorf bei Dresden sein Amt verrichtete und W. mit literarischen Arbeiten über Wolfgang Amadeus →Mozart, die griechischen Freiheitskämpfe und mit *Robinson Crusoe* (1719) von Daniel Defoe bekannt machte. Als W. vernahm, daß sein Stiefvater im Sterben lag, ging er am 28. 9. 1821 zu Fuß nach Dresden und am 30. 9. (Geyer starb an diesem Tag an Lungentuberkulose) wieder zurück nach Possendorf. Mitte Okt. 1821 nahm Geyers jüngerer Bruder Karl →Geyer, der Goldschmied in →Eisleben war, R. und seinen Bruder Julius →Wagner bei sich auf. Im Sommer 1822 verbrachte W. einige Tage bei seinem Onkel Adolf →Wagner in Leipzig, kehrte dann nach Dresden zurück und wurde unter dem Namen Geyer in die Dresdener Kreuzschule eingetragen. Während sich der Schüler bereits zehnjährig mit griechischer und römischer Mythologie beschäftigte, kam er mit dem Klavierspiel nicht voran. Sein schauspielerisches Talent allerdings probierte W. 1825 mit Kameraden zu Hause an einer improvisierten Aufführung von Webers *Freischütz* (1821) aus. Ein Jahr später glaubte sich W. zum Dichter berufen, schrieb eine Rittertragödie und verbrannte sie wieder. In der Kreuzschule übersetzte er zur Freude seines Lehrers Sillig die Gesänge von Homers →*Odyssee* und schrieb ein episches Gedicht in Hexametern, *Die Schlacht am Parnassos* nach Pausanias, sowie eine griechische Tragödie mit dem Titel *Der Tod des Odysseus*, die nicht erhalten sind. Schon damals litt W. unter der Hautkrankheit (Gesichtsrose), die ihn sein ganzes Leben lang verfolgen sollte. Als seine Familie wegen des Engagements der Schwester Rosalie in →Prag von Dresden wegzog, blieb W. bei der Familie von Rudolf Böhme zurück und machte die Zeit seiner »Flegeljahre« durch, wie er selbst schrieb. Im Winter 1826/27 las W. die Schriften von E. T. A. →Hoffmann und faßte den Plan zu einer Tragödie →*Leubald*, womit er sich ein ganzes Jahr beschäftigte. In dieser Zeit kam W. in seiner »knabenhaften Verliebtheit« ins Schwärmen für die Töchter Auguste und Jenny →Raymann von Johann Joseph Graf →Pachta, mit denen seine Schwester Ottilie (→Brockhaus) befreundet war.

1827 – 34: Am 8. 4. 1827 wurde W., der sich noch immer Geyer nannte, in der Dresdener Kreuzkirche konfirmiert. Im Frühjahr machte er eine abenteuerliche Fußwanderung mit seinem Freund Rudolf Böhme nach →Prag. Weihnachten 1827 übersiedelte W. nach →Leipzig zu seiner ebenfalls dorthin zurückgekehrten Familie. Ab jetzt nannte sich R. wieder Wagner und trat am 21. 1. 1828 in das Nikolai-Gymnasium ein. Auf Kosten der Fertigstellung von →*Leubald* vernachlässigte er seine Schulaufgaben »auf das gründlichste«. Um sein Drama auch in Musik setzen zu können, studierte W. das *System der Musik-Wissenschaft und der praktischen Composition* (Berlin 1827) von Johann Bernhard Logier und nahm heimlich Harmonielehreunterricht bei Christian Gottlieb →Müller. W. »beschloß, Musiker zu werden«. Im Sommer 1829 entstanden seine ersten, nicht erhaltenen Kompositionen. Am 16. 6. 1830 wechselte W. zur Leipziger Thomasschule und nahm mit wenig Erfolg Violinunterricht bei dem Gewandhausmusiker Robert Sipp. In Paris war inzwischen die Julirevolution ausgebrochen, die sich auch in Leipzig und →Dresden in Studentenunruhen auswirkte; W. schloß sich mit Begeisterung den revolutionären Ideen an. Dennoch arbeitete er an neuen Kompositionen, u. a. an einer verschollenen *Politischen Ouvertüre* (→Ouvertüren). Abschriften von Partituren Ludwig van →Beethovens zu Studienzwecken führten zu einem von W. verfertigten →Klavierauszug der *Symphonie Nr. 9* (1824), den er in seinem ersten erhaltenen Brief vom 6. 10. 1830 dem Verlag →Schott angeboten hat. Außerdem komponierte er eine *Ouvertüre B-Dur*, bei der jeder fünfte Takt als Paukenschlagtakt eingefügt wurde. Dieses Werk wurde am 24. 12. 1830 von Heinrich →Dorn im Leipziger Theater aufgeführt. Am 23. 2. 1831 schrieb sich W. als Student der Musik an der Universität Leipzig ein. Während der Leipziger Ostermesse übergab er den Klavierauszug von Beethovens *Symphonie Nr. 9* an den Verlag Schott, erhielt aber nie einen positiven Bescheid. Im Sommer 1831 verfiel W. wieder einem »leidenschaftlichen Studentenleben«, machte sich aber im Herbst ernsthaft und fleißig an das Kompositionsstudium bei dem Thomaskantor Theodor →Weinlig. Es entstanden u. a. seine ersten veröffentlichten Arbeiten bis Opus 5. Weihnachten 1831 wurde seine *Ouvertüre d-Moll* im Leipziger Theater aufgeführt. Im Todesjahr Johann Wolfgang von Goethes und im Jahr des Hambacher Festes, einer Demonstration der bürgerlichen Oppositionsbewegung, wandte sich W. verstärkt der Komposition von Ouvertüren zu, die auch mehrfach aufgeführt wurden. Im Sommer entstand seine erste und einzige →*Symphonie* (in C-Dur), die zunächst im Prager Konservatorium durch dessen Direktor Friedrich Dionys →Weber im Nov. 1832 und dann am 15. 12. von der »Euterpe« in der Schneiderherberge am Leipziger Thomaskirchhof gespielt wurde. Im Sommer davor erlebte W. anläßlich einer Reise nach →Wien und eines fünfwöchigen Aufenthalts auf Schloß Pravonín bei Johann Joseph Graf →Pachta in Böhmen eine erste große unerfüllte Liebe zu dessen Tochter Jenny →Raymann. Die Bekanntschaft mit Johann Friedrich →Kittl führte dazu, daß W. für ihn in Prag seinen ersten Operntext verfaßte: *Die* →*Hochzeit.* Im Dez. 1832 begann er dann aber selbst mit der Komposition zu diesem Libretto und vernichtete sie wieder zu Beginn des nächsten Jahres, da seine Schwester Rosalie (→Marbach) Kritik am Text übte. W. wandte sich einem neuen Opernstoff zu: *Die* →*Feen.* Ende Jan. 1833 besuchte er seinen Bruder Albert →Wagner in →Würzburg, der am dortigen Theater als Sänger engagiert war und seinem Bruder zur Anstellung als Chor- und Solorepetitor verhalf. In Würzburg begann W. mit der Komposition der *Feen,* die er im Jan. 1833 abschloß. Dann kehrte W. über Nürnberg nach Leipzig zurück. Die *Feen*-Ouvertüre stand am 10. 4. 1834 auf dem Programm eines Gewandhauskonzerts, wurde aber wieder abgesetzt. Im Frühjahr dieses Jahres gab Wilhelmine →Schröder-Devrient Gastspiele als Romeo in Vincenzo →Bellinis *I Capuleti e i Montecchi* (1830). Die Sängerschauspielerin wurde zum Ideal für W.s Vorstellungen gelungener Operndarstellung. Nachdem W. schon im Vorjahr Heinrich →Laube, den »Jungdeutschen«, kennengelernt hatte, schloß sich W. dieser Philosophie an und verfaßte für Laubes →*Zeitung für die elegante Welt* seinen ersten Aufsatz: *Die deutsche Oper* (in: SSD Bd. 12, S. 1). Im Sommer 1834 reiste W. mit seinem Freund Theodor →Apel nach Böhmen und entwarf auf der Schlackenburg eine neue, jungdeutsche Oper: *Das* →*Liebesverbot.* Im Aug. 1834 bekam W. eine Anstellung als Musikdirektor in Bad →Lauchstädt, wo er seine erste Frau, die Schauspielerin Minna Planer, kennenlernte. Dann wechselte der junge Musikdirektor nach →Magdeburg, wo er am 10. 10. seinen Dienst antrat. Zum Jahreswechsel komponierte er die Kantate →*Neujahrs-Festspiel,* die in einem Konzert der Freimaurerloge aufgeführt wurde.

1835 – 40: Ab dem 23. 1. 1835 komponierte W. an der Oper *Das* →*Liebesverbot oder Die Novize von Palermo.* Seine →*Columbus-Ouvertüre* wurde inzwischen im →Leipziger Gewandhaus gespielt, und W. selbst dirigierte Gastspiele Wilhelmine →Schröder-Devrients in →Magdeburg. Im Mai 1835 fand die dortige Spielzeit für W. ein unfreiwilliges Ende, da der Theaterdirektor Heinrich →Bethmann bankrott war. W. ging nach Leipzig zurück, machte Fußwanderungen und eine erneute Reise nach Böhmen und weiter über →Bayreuth nach →Nürnberg, wo sich ihm eine nächtliche Straßenprügelei für die *Meistersinger* einprägte, und weiter nach →Würzburg und →Frankfurt a. M., wo W. mit den autobiographischen Aufzeichnungen in die →Rote Brieftasche begann. Am 1. 9. kehrte er nach Magdeburg zurück und mußte bald seiner Braut Minna Planer leidenschaftliche Bittbriefe nachsenden, um sie zurückzuholen, da sie sich von der Schauspieltruppe abgesetzt hatte. Wider Erwarten wurde eine nochmalige Spielzeit in Magdeburg angesetzt, und W. konnte selbst am 29. 3. 1836 dort sein *Liebesverbot* aufführen. Am 11. 4. sandte er dem neuen Gewandhauskapellmeister

Felix →Mendelssohn Bartholdy seine *Symphonie C-Dur* (→Symphonien) nach Leipzig. Aufgeführt hat er sie nicht, und die Originalpartitur ging verloren. Im Frühjahr 1836 kam W. zum erstenmal nach →Berlin und sah dort unter Gaspare →Spontinis Leitung stark beeindruckt dessen Oper *Fernand Cortez* (1809). Dann trat er am 7.7. die »äußerst beschwerliche und ermüdende Reise nach dem fernen Königsberg« an, wo Minna engagiert war. Obgleich W. bei der →Königsberger Gesellschaft keine Anstellung hatte, fuhr er mit ihr zu Aufführungen nach Memel an die litauische Grenze und schrieb dort den Prosaentwurf zur Oper *Die →hohe Braut* nach dem Roman von Heinrich Joseph →König. Dann ging W. ohne das erhoffte Engagement als Musikdirektor nach Königsberg zurück, wo am 24.11.1836 die Hochzeit mit Minna in der Tragheimer Kirche stattfand. Ab Febr. 1837 versuchte W. mit Briefen an Giacomo →Meyerbeer und Eugène →Scribe Verbindungen nach Paris (→Frankreich) aufzunehmen und sandte als Kostprobe seines Könnens die Partitur des *Liebesverbots* gleich mit. Am 15.3. beendete er die →Ouvertüre *Rule Britannica* und trat am 1.4. die Musikdirektorenstelle am Königsberger Theater an. In dieser Zeit entstand auch ein weiteres musiktheatralisches Werk, die komische Oper →*Männerlist größer als Frauenlist*. (Nach W.s Roter Brieftasche soll dieses Werk allerdings erst 1838 entstanden sein.) Eine erste Krise bahnte sich in W.s junger Ehe an; Minna verließ heimlich ihren Mann und floh mit dem Kaufmann Dietrich aus Königsberg. W. reiste ihr nach →Dresden nach, wo er sie bei ihren Eltern fand, um sie umzustimmen. Da er keinen Erfolg hatte, fuhr er am 15.6. nach Berlin weiter, wo er mit Karl von →Holtei einen Anstellungsvertrag für das Theater in →Riga aushandelte. Auf der Rückreise traf W. in Blasewitz (bei Dresden) wieder mit Minna zusammen und söhnte sich scheinbar mit ihr aus. Minnas erneute Flucht am 21.7. mit Dietrich nach →Hamburg zeigte aber, daß das Einvernehmen nur von kurzer Dauer war. Inzwischen hatte W. Edward George Earle Bulwer-Lyttons Roman *Rienzi, the Last of the Tribunes* (London 1835) gelesen und einen Prosaentwurf für seinen *Rienzi* verfaßt. Am 12.8. fuhr W. per Schiff von Travemünde nach Riga, um sich eine →Wohnung zu suchen und die Stelle als »Kapellmeister des Rigaschen Stadttheaters« anzutreten. Da es anfangs keine Oper gab, holte W. seine →*Glückliche Bärenfamilie* wieder hervor, um sie aber bald und für immer liegen zu lassen. Minna kehrte am 19.10. zu ihrem Mann zurück, der im Nov. 1837 eine →*Nicolai*-Hymne auf Zar →Nikolaus I. für eine Festaufführung komponierte, denn Riga, das immerhin noch ein deutsches Theater besaß, war seit 1710 russisches Hoheitsgebiet. Ab 1838 hatte W. ein umfangreiches Opernrepertoire als Dirigent zu bewältigen: Gioacchino →Rossinis *Il barbiere di Siviglia* (1817) und *Otello* (1816), Wolfgang Amadeus →Mozarts *Le nozze di Figaro* (1786), *Don Giovanni* (1787) und *Die Zauberflöte* (1791), Ludwig van →Beethovens *Fidelio* (1805), Daniel François Esprit →Aubers

Le Maçon (1825), *La Muette de Portici* (1828) und *Fra Diavolo* (1830) und
Carl Maria von →Webers *Freischütz* (1821) und *Oberon* (1826), Louis
→Spohrs *Jessonda* (1823), Etienne Nicolas Méhuls *Joseph* (1807), Vincenzo
→Bellinis *I Capuleti e i Montecchi* (1830) und *Norma* (1831), Adolphe Adams
Le Postillon de Lonjumeau (1836), Meyerbeers *Robert le diable* (1831), Joseph
Weigls *Die Schweizerfamilie* (1809), Peter von Winters *Unterbrochenes Op-
ferfest* (1796), Luigi Cherubinis *Les Deux journées* (1800), François Adrien
→Boieldieus *La Dame blanche* (1825), Ferdinand →Hérolds *Zampa* (1831). Im
Juni unternahm W. ein dreiwöchiges Gastspiel mit dem Rigaer Theater
nach Mitau und suchte sich mit der folgenreichen Lektüre von Heinrich
→Heines *Memoiren des Herren von Schnabelewopski* (1834) mit der Sage
vom fliegenden →Holländer auseinanderzusetzen. Zunächst aber stellte W.
vom 24. 7. bis zum 6. 8. den Text zu *Rienzi* fertig und begann sofort mit der
Komposition. Im Frühjahr 1839 verließ Holtei Riga, und der Sänger Johann
→Hoffmann folgte ihm im Amt des Direktors. Da Hoffmann Heinrich
→Dorn zum Nachfolger W.s bestimmte, mußte dieser Riga verlassen. W.
floh am 9. 7. während eines neuerlichen Gastspiels der Theatertruppe in
Mitau über die russische Grenze. Minna verletzte sich am Abend des folgenden Tages beim Umstürzen des Reisewagens und hatte wahrscheinlich
eine Fehlgeburt. Auf einem kleinen Segelschiff namens »Thetis«, das im
Skagerrak wegen eines schweren Sturms an der norwegischen Küste Schutz
suchen mußte, ging die Flucht weiter nach →London, wo W. mit seiner Frau
am 12. 8. eintraf und am 20. 8. mit dem Dampfschiff nach Frankreich fuhr.
Ende Aug. 1839 machte W. in Boulogne-sur-Mer die Bekanntschaft Meyerbeers, der W. Empfehlungen nach Paris mitgab, wo W.s am 17. 9. eintrafen
und nur eine kleine, unfreundliche Wohnung mieten konnten. Inzwischen
hatte W. am 12. 9. die Partitur von *Rienzi* fertiggestellt, mußte aber Korrekturen als Lohnarbeit für den Verlag →Schlesinger annehmen, um seinen
Lebensunterhalt zu verdienen. Seine Freunde, der Bibliothekar Gottfried
Engelbert →Anders, der Philologe Samuel →Lehrs sowie die Maler Ernst
Benedikt →Kietz und Friedrich →Pecht, waren mittellos wie er selbst; zu
den einflußreichen Kreisen in Paris fand W. keinen Zugang. Dennoch arbei-
tete er unablässig weiter und beendete am 13. 12. die Kompositionsskizze
zur →*Faust-Ouvertüre*, die als 1. Satz für eine *Faust*-Symphonie geplant war.
Nach dem Regierungswechsel in Preußen weckte König Friedrich Wilhelm
IV. zunächst Hoffnungen auf liberale Tendenzen, die sich jedoch nicht erfüll-
ten. W. vertonte indessen in Paris mehrere französische Gedichte, u. a.
Heinrich Heines *Grenadiere (Les* →*Deux grenadiers)*. Bekanntschaften mit
Heine, Hector →Berlioz, Scribe, Fromentin →Halévy und Henri Vieuxtemps bahnten sich an. Die 1. Fassung der *Faust-Ouvertüre* wurde am 12. 1.
beendet; vom Febr. bis zum Nov. 1840 machte W. sich an die Orchesterskizze und Partitur des III. – V. Akts von *Rienzi*. Zwischendurch

aber schrieb er Aufsätze für die →*Gazette musicale*, verständigte sich im
Sommer mit Heine über die Benutzung von dessen »Holländer«-Sage und
fertigte einen ersten Entwurf sowie die →Senta-Ballade und den Matrosen-
chor als erste Kompositionsaufzeichnungen. Die Partitur von *Rienzi* schloß
W. am 19. 11. ab. Gleichzeitig begann der Abdruck seines Aufsatzes *Eine
→Pilgerfahrt zu Beethoven* in der *Gazette musicale*. Eine erste flüchtige
Begegnung mit Franz →Liszt ergab sich im Herbst 1840 in Paris. Während
dieser sich im Virtuosenruhm sonnen konnte, lebte W. in tiefer Armut. Am
4. 12. schickte er seine *Rienzi*-Partitur, die er in Paris nicht anbringen
konnte, nach Dresden. W. mußte aber zunächst noch in Paris ausharren. Er
schrieb weiter Aufsätze für die *Gazette musicale*, Berichte für die *Dresdener
Abendzeitung* und zwei Betrachtungen für die Zeitschrift *Europa* sowie zwei
Beiträge für die →*Neue Zeitschrift für Musik*. Eine Aufführung seiner *Columbus-Ouvertüre* in Paris blieb ohne Resonanz.

1841 – 45: W. übersiedelte am 29. 4. 1841 in das Dorf Meudon bei Paris
(→Frankreich), wo er die Dichtung zum *Holländer* verfaßte. Anläßlich der
Pariser Erstaufführung von Carl Maria von →Webers *Freischütz* (1821)
schrieb W. eine Einführung für die →*Gazette musicale* und für die *Dresdener
Abendzeitung*. Am 29. 6. erhielt er die Nachricht aus →Dresden, daß sein
Rienzi angenommen sei, worauf W. seine Rückkehr nach Deutschland be-
trieb. Seinen *Holländer*-Entwurf verkaufte er an die Pariser Opéra, die Louis
→Dietsch mit der Komposition des →*Vaisseau fantôme* beauftragte und das
Werk 1842 aufführen ließ. Am 11. 7. 1841 machte sich W. dessenungeachtet
selbst an die Komposition des *Holländers* und schloß bereits am 22. 8. die
Orchesterskizze ab. Der handschriftliche Zusatz »in Noth u. Sorgen« läßt
keinen Zweifel über W.s Lage aufkommen. Dennoch beendete er am 21. 10.
die Partitur und zog am 30. 10. nochmals nach Paris, in das Hinterhaus der
Rue Jacob 14. Für den *Holländer* war noch die Ouvertüre zu komponieren,
so daß das Werk am 19. 11. vollendet war. Sogleich schickte W. sein neues
Werk an Friedrich Wilhelm Graf von →Redern, den Direktor der →Berliner
Hofoper, wurde aber vertröstet. W.s Studium der mittelalterlichen Kaiser-
geschichte, Friedrich von Raumers *Geschichte der Hohenstaufen und ihrer
Zeit* (6 Bände, Leipzig 1823 – 25), führte zu dem Entwurf der →*Sarazenin*.
Rastlos arbeitete W. weiter an neuen Opernentwürfen und verfaßte bis zum
5. 3. 1842 für Joseph →Dessauer, der allerdings das Libretto nicht kompo-
nierte, den Textentwurf zur Oper *Die →Bergwerke zu Falun* (nach E. T. A.
→Hoffmann). Endlich konnten W. und seine Frau Minna der ungeliebten
französischen Metropole am 7. 4. den Rücken kehren. Sie fuhren mit der
Postkutsche, und W. sah zum erstenmal in seinem Leben den Rhein und die
→Wartburg. Am 12. 4. traf das Paar in Dresden ein und nahm eine →Woh-
nung in der Töpfergasse. Am 19. 4. fuhr W. mit der Eisenbahn nach Berlin
und verhandelte mit der Intendanz über eine Aufführung seines *Holländers*.
Er wurde abermals hingehalten. Mit geliehenem Geld gönnte sich W. mit
seiner Frau und seiner Mutter Johanne Rosine (→Geyer) ab dem 9. 6. eine

Kur in →Teplitz und entwarf am 22. 6. auf dem Schreckenstein bei Aussig den Prosaentwurf zu *Tannhäuser*, der damals noch *Der Venusberg* hieß. Ein zweiter Entwurf folgte am 8. 7. in Teplitz. Am 18. 7. reiste die Familie nach Dresden zurück, um sogleich eine neue Wohnung in der Waisenhausstraße zu beziehen. Den Operntext *Die →hohe Braut* verfaßte W. für den Dresdener Hofkapellmeister Carl Gottlieb →Reißiger, der ihn aber nicht komponierte, während ihn Johann Friedrich →Kittl aus Prag 1847 unter dem Titel *Bianca und Giuseppe oder Die Franzosen vor Nizza* vertonte. Schon aber begann W. mit der Dichtung zu *Tannhäuser*. Am 20. 10. konnte die Uraufführung von *Rienzi* im neuen Hoftheater Dresden stattfinden; sie brachte für W. einen Triumph. Vom 20. 11. an dirigierte W. *Rienzi* selbst und führte Teile daraus auch im Leipziger Gewandhaus auf. Eine zweite Begegnung mit Franz →Liszt ergab sich im Dez. 1842 durch die Vermittlung Wilhelmine →Schröder-Devrients. Im Winter machte sich W. an die Ausführung der Operndichtung *Die Sarazenin*, die aber nie komponiert wurde. Da sich die Intendanz in Berlin nicht entschließen konnte, den *Holländer* aufzuführen, machte sich, nach dem Erfolg von *Rienzi*, Dresden am 2. 1. 1843 auch an die Uraufführung von W.s erstem →Musikdrama. W. dirigierte selbst; →Senta wurde von Schröder-Devrient dargestellt. Nach vier Aufführungen wurde das wenig erfolgreiche Werk abgesetzt; es erbrachte lediglich ein Honorar von 220 Talern. Am 1. 2. begann Heinrich →Laube in seiner →*Zeitung für die elegante Welt*, W.s →*Autobiographische Skizze* in Fortsetzungen abzudrucken. Am 2. 2. wurde W. neben Reißiger als Hofkapellmeister in Dresden mit einem Jahresgehalt von 1 500 Talern angestellt, nachdem er am 10. 1. als Probevorstellung Carl Maria von →Webers *Euryanthe* (1823) dirigiert hatte. Seine erste eigene Einstudierung dirigierte W. am 5. 3. mit Christoph Willibald →Glucks *Armide* (1777). Im Dresdener Opernspielplan befanden sich 1843 – 49 die Hauptwerke von Gluck, Albert Lortzing, Heinrich →Marschner, Wolfgang Amadeus →Mozart und Weber sowie Ludwig van →Beethovens *Fidelio* (1805), Luigi Cherubinis *Les Deux journées* (1800), Friedrich von Flotows *Martha* (1847), Fromental →Halévys *La Juive* (1835), Giacomo →Meyerbeers *Robert le diable* (1831) und *Les Huguenots* (1836), Louis →Spohrs *Faust* (1816) und *Jessonda* (1823) sowie Gaspare →Spontinis *La Vestale* (1809); weiterhin die gängigen französischen und italienischen Opern von Daniel François Esprit →Auber, Vincenzo →Bellini, François Adrien →Boieldieu, Gaetano Donizetti, Ferdinand →Hérold und Gioacchino →Rossini, außerdem Giuseppe Verdis *Ernani* (1844). Die »Dresdener Liedertafel« suchte einen neuen Chorleiter und verpflichtete W. als »Liedermeister«. Am 1. 4. wurde August →Röckel zum Musikdirektor an die Dresdener Oper berufen; er und W. freundeten sich alsbald an. Außerdem bahnten sich in dieser Zeit die lebenslangen Freundschaften mit dem Arzt Anton →Pusinelli, der sein Hausarzt wurde, und dem Architekten Gott-

fried →Semper an. An seinem 30. Geburtstag beendete W. die Dichtung zu
Tannhäuser. W.s Tätigkeit als Chordirigent brachte sogleich den Auftrag einer Chorkomposition, *Das →Liebesmahl der Apostel,* ein oratorisches Werk,
das, zusammen mit dem *→Festgesang »Der Tag erscheint«* zur Einweihung
des von Ernst Rietschel geschaffenen Denkmals für König Friedrich August I., den nun vielbeschäftigten Komponisten und Dirigenten arg in Zeit-
bedrängnis brachte. Denn nach der Uraufführung des *Festgesangs* am 7. 6.
mußte *Das Liebesmahl* mit 1 200 Sängern bereits am 6. 7. zum Musikfest
der sächsischen Männergesangvereine aufgeführt werden. Auf seiner Urlaubsreise am 19. 7. nach Teplitz machte sich W. an die Kompositionsskizze
zu *Tannhäuser.* Während Minna am 10. 8. einige Tage nach Prag reiste, fuhr
W. am 16. 8. nach Dresden zurück. Am 1. 10. zog das Ehepaar in die
Ostraallee 6 um. In der neuen Wohnung installierte W. seine →Dresdener
Bibliothek. Im Nov. 1843 begann er mit der Orchesterskizze zu *Tannhäuser;*
parallel dazu wurden am 19. 11. Aufführungen von *Rienzi* wiederaufgenommen. Die Berliner Erstaufführung des *Holländers* dirigierte W. am 7. 1. 1844
im Schauspielhaus am Gendarmenmarkt selbst; die zweite Aufführung
folgte bereits am 9. 1. Am 11. 1. war W. wieder in Dresden und arbeitete
weiter an der Orchesterskizze zu *Tannhäuser.* Als Liszt im Febr. 1844 in
Dresden konzertierte, entwickelte sich beider Freundschaft. Am 21. 3. dirigierte W. die Erstaufführung seines *Rienzi* in →Hamburg. Mit dem Dresdener Musikalienhändler Carl Friedrich →Meser schloß W. einen folgenschweren Kommissionsvertrag ab, der für ihn eine Verschuldung von
20 000 Talern bis 1848 zur Folge hatte. Zur geplanten Überführung der
sterblichen Überreste Webers aus London nach Dresden schrieb W. eine
→Trauermusik nach Motiven aus Carl Maria von Webers »Euryanthe« für
Blasinstrumente und gedämpfte Trommeln. Das nachträgliche Begräbnis,
zu dem W. seine Komposition dirigierte und eine Rede hielt, fand am 15. 12.
statt. Die Orchesterskizze zu *Tannhäuser* schloß W. noch zum Jahresende
ab; die Partitur hatte er am 13. 4. 1844 fertig. Im Mai 1845 wurde im Dresdener Hoftheater die 25. Vorstellung gegeben. W. fuhr am 3. 7. mit Minna
nach Marienbad in den Urlaub, lernte dort den Studenten Eduard →Hans-
lick kennen und setzte seine germanistischen Studien fort, die am 16. 7. den
Prosaentwurf zu den *Meistersingern* hervorbrachten. Bis zum 3. 8. hatte W.
bereits eine weitere Urlaubsbeschäftigung abgeschlossen, den Prosaentwurf
zu *Lohengrin.* Mitte Aug. 1845 kehrte das Ehepaar W. nach Dresden zurück,
und W. leitete ab Sept. die Proben zur Uraufführung von *Tannhäuser,* die
am 19. 10. mit Joseph →Tichatschek, Schröder-Devrient und Johanna
→Jachmann über die Bühne ging. In diesem Herbst begann W. mit der
Dichtung zu *Lohengrin,* die er am 17. 11. einigen Freunden im »Engelklub«
vorlas und an die er bis zum 27. 11. noch letzte Hand legte. Anfang Dez.
1845 reiste er zu Verhandlungen wegen *Rienzi* oder *Tannhäuser* nach Berlin.

1846 – 50: Am 12. 2. 1846 führte Felix →Mendelssohn Bartholdy die *Tannhäuser*-Ouvertüre im Leipziger Gewandhaus auf. Mit seiner Reformschrift *Die Königliche Kapelle betreffend* (in: SSD Bd. 12, S. 149) wandte sich W. am 2. 3. an den Intendanten August von →Lüttichau, der im nächsten Jahr ablehnte. Am 5. 4. dirigierte W. im Alten Opernhaus →Dresden erstmals die *Symphonie d-Moll Nr. 9* (1824) von Ludwig van →Beethoven und schrieb ein »Programm« dazu. Einen dreimonatigen Urlaub in dem Dorf Graupe (bei Pillnitz) benutzte W. zur Anfertigung der Kompositionsskizze zu *Lohengrin,* die er am 30. 7. abschloß. In seinem Urlaubsort machte W. auch die Bekanntschaft mit dem 16jährigen Hans von →Bülow. Nach Dresden zurückgekehrt, dirigierte W. die von den Kritikern angegriffene Aufführung von Wolfgang Amadeus →Mozarts *Le nozze de Figaro* (1786), so daß er sich veranlaßt fühlte, sich mit dem Zeitungsartikel *Über Künstler und Kritiker* zu rechtfertigen. Für die Wiederaufnahme seines *Tannhäuser* am 4. 9. in Dresden hatte W. erste Veränderungen am Schluß des Werks vorgenommen. Während auch die Arbeit an der Orchesterskizze des III. Akts von *Lohengrin* vorangebracht wurde, zeichnete W. am 31. 10. bereits die Prosaskizze zu einem neuen Drama, →*Friedrich I.,* auf, das nicht zur Kompositionsarbeit verwendet wurde, zumal sich W. einer Bearbeitung von Christoph Willibald →Glucks Oper *Iphigénie en Aulide* (1774) zuwandte, deren Erstaufführung am 22. 2. 1847 stattfand. Den Abschluß der Orchesterskizze zu *Lohengrin* vollzog W. am 5. 3. Und wieder einmal zog er um, in das Marcolinische Palais in der Friedrichstadt, wo er die Orchesterskizze der ersten beiden Akte von *Lohengrin* verfertigte. Nebenbei studierte er »deutsche Altertümer«, die →*Edda* und die →*Völsungasaga* sowie Georg Wilhelm Friedrich Hegels *Phänomenologie des Geistes* (Bamberg 1807). Am 18. 9. reiste W. für fast zwei Monate nach →Berlin, um *Rienzi* an der Hofoper einzustudieren, dessen Erstaufführung am 26. 10. unter seiner Leitung im Opernhaus Unter den Linden gegeben wurde. Die Mitte des Jahrhunderts markierte gleichzeitig auch die Mitte von W.s Lebensspanne und war gekennzeichnet von der bürgerlich-demokratischen →Revolution der Jahre 1848/49 in Paris, München, Wien, Prag, Berlin, Leipzig und Dresden sowie in Italien, Polen und Ungarn. Während W. am 1. 1. 1848 mit der Ausführung der *Lohengrin*-Partitur begann, starb am 9. 1. seine Mutter Johanne Rosine →Geyer in →Leipzig. Dieselbe Oper, Friedrich von Flotows *Martha* (1847), die Franz →Liszt als erste Opernaufführung am 16. 2. in →Weimar gab, dirigierte W. am 15. 3. als Dresdener Erstaufführung. Am 1. 4. weihte W. auf einem Spaziergang mit Eduard →Devrient den Freund in »einen neuen Opernplan aus der Siegfriedsage« ein. Am 28. 4. hatte er zunächst aber die Partitur von *Lohengrin* beendet. Die Eröffnung der Deutschen Nationalversammlung in Frankfurt a. M. am 18. 5. bewog W., brieflich an Franz Jacob Wigard, einen sächsischen Abgeordneten in der Nationalversammlung, seine Sorge über deren

»einzige constituirende Gewalt« in Deutschland auszudrücken. In mehreren Revolutionsgedichten artikulierte W. seine Ansichten über das Zeitgeschehen und hielt am 14. 6. eine Rede im Dresdener Vaterlandsverein, die, am nächsten Tag im *Dresdener Anzeiger* abgedruckt, eine briefliche Rechtfertigung gegenüber König →Friedrich August II. verlangte. Sein politisches Engagement hielt W. aber nicht davon ab, im Aug. 1848 *Die →Wibelungen. Weltgeschichte aus der Sage* aufzuzeichnen. Zur 300-Jahr-Feier der Dresdener Hofkapelle am 22. 9. dirigierte W. ein Festkonzert u. a. mit dem Finale des I. Akts aus *Lohengrin*; am 24. 9. folgte eine Aufführung von *Tannhäuser*, zu der W. seinen Freund Liszt und die Fürstin Carolyne von →Sayn-Wittgenstein einlud. Am 4. 10. schloß W. »als Entwurf zu einem Drama« die zehnseitige Prosafassung von *Der →Nibelungen-Mythus* ab, die als Vorstudie zur *Ring*-Dichtung gelten kann. Am Tag darauf wurde der Revolutionär August →Röckel, W.s Freund, aus dem Hoftheater entlassen. In dessen *Volksblättern* erschien am 15. 10. W.s Artikel *Deutschland und seine Fürsten* (in: SSD Bd. 12, S. 412). Bereits fünf Tage später hatte W. den großen Prosaentwurf zur Oper →*Siegfrieds Tod*, der späteren *Götterdämmerung*, abgeschlossen. Im Winter 1849 las W. Hegels *Vorlesungen über die Philosophie der Geschichte* (Berlin 1837), verfaßte den Dramenentwurf →*Jesus von Nazareth* und stellte eine zweite Fassung von *Siegfrieds Tod* her. In Röckels *Volksblättern* erschien am 10. 2. W.s Aufsatz *Der Mensch und die bestehende Gesellschaft* (in: SSD Bd. 12, S. 238). Am 16. 2. dirigierte Liszt die Weimarer Erstaufführung von *Tannhäuser*. Im März lernte W. den russischen Anarchisten Michail →Bakunin und dessen Weltbrandtheorie kennen. Am 8. 4. druckte Röckel W.s Artikel *Die →Revolution* in seinen *Volksblättern* ab. Da der König von Sachsen am 30. 4. die Reichsverfassung nicht anerkannte und den Landtag auflöste, wurde vom 3. bis zum 9. 5. der Dresdener Aufstand ausgelöst, an dem sich W. tatkräftig beteiligte. Zwischendurch zeichnete er Bruchstücke zu einem Drama →*Achilleus* auf, das als Siegfried-Variante angesehen werden kann. Vom 6. bis zum 8. 5. wurde der Aufstand mit Hilfe des preußischen Militärs niedergeschlagen, wobei das Alte Opernhaus in Dresden niederbrannte. Die Rädelsführer, wie Bakunin und Röckel, wurden zum Tode verurteilt und später begnadigt. W. mußte am 9. 5. fliehen, reiste über Chemnitz nach Weimar, wo ihm Liszt mit falschen Papieren weiterhalf. Nach der Veröffentlichung seines →Steckbriefs im *Dresdener Anzeiger* mußte W. in die →Schweiz emigrieren. Am 28. 5. kam er in →Zürich an, wo er zunächst bei Alexander →Müller Aufnahme fand und durch ihn den Staatsschreiber Johann Jakob →Sulzer kennenlernte. Er verschaffte dem Flüchtling einen Schweizer Paß, mit dem W. über Basel und Straßburg nach Paris (→Frankreich) reisen konnte, wo er am 2. 6. eintraf und dem ebenfalls aus Dresden geflohenen Gottfried →Semper begegnete. Da W. trotz Liszts Protektion in Paris nichts erreichte, ging er am 6. 7. nach Zürich zurück und machte sich mit theoretischen Schriften an die Arbeit. Ende Juli war der Aufsatz *Die →Kunst und die Revolution* beendet. Im folgenden Monat entstand das Konzept zu dem nicht ausgeführten Aufsatz *Das →Künstlertum der Zukunft*. Und im Sept. 1849 überarbeitete er seine *Wibelungen*-Schrift vom Vorjahr. Minna Wagner kam im Sept. mit ihrer vorehelichen Tochter Natalie →Bilz ebenfalls nach Zürich, konnte allerdings die →Dresdener Bibliothek ihres Mannes nicht mitbringen, da sie als Schuldpfand bei Heinrich →Brockhaus zurückgelassen werden mußte. Am 4. 11. stellte W. seine Abhandlung *Das →Kunstwerk der Zukunft* fertig, die 1850 gedruckt wurde und Ludwig →Feuerbach gewidmet ist, dessen Schriften er damals interessiert las. Das neue Jahr begann W. in Zürich mit dem Prosaentwurf zu der Oper →*Wieland der Schmied*. Die Züricher »Musikgesellschaft« verpflichtete den Emigranten als Dirigenten in einem Konzert am 15. 1. mit Beethovens *Symphonie Nr. 7* (1812). Dann ging er auf Drängen seiner Frau und Liszts noch einmal nach Paris, um die Aufführung einer seiner Opern zu betreiben. Er traf alte Freunde wieder, konnte aber in eigener Sache nichts ausrichten. Dennoch arbeitete er am 11. 3. einen zweiten Prosaentwurf von *Wieland* aus, ließ aber dann dieses Libretto liegen, das der Slowake Ján Levoslav Bella viele Jahre später komponierte, uraufgeführt als *Kováč Wieland* am 28. 4. 1926 im Slowakischen Nationaltheater Preßburg. Am 14. 3. reiste W. weiter nach Bordeaux, wo er in einem verwirrenden Liebesverhältnis mit Jessie →Laussot die Flucht mit ihr in den Orient plante. Den Abschiedsbrief an Minna schrieb er am 16. 4., nachdem er wieder in Paris angekommen war. Da sich aber die Fluchtpläne nicht augenblicklich verwirklichen ließen und Minna am 15. 4. in Paris eintraf, reiste er mit ihr am folgenden Tag wieder in die Schweiz zurück. Im Mai erreichte W. Jessies endgültige Absage in Villeneuve am Genfer See, und W. reiste spontan nochmals nach Bordeaux, ohne Jessie anzutreffen. Zurück in Villeneuve, besuchte er die Familie Julie →Ritters und kehrte am 3. 7. zu Minna nach Zürich zurück, wo sogleich eine neue →Wohnung, im Haus »Zum Abendstern« in Zürich-Enge, bezogen wurde. Im Aug. 1850 begann W. mit den ersten Kompositionsskizzen zu *Siegfrieds Tod* und beschäftigte sich mit dem antisemitischen Aufsatz *Das →Judentum in der Musik*. Die Uraufführung seines *Lohengrin* durch Liszt in Weimar verfolgte W., da er nicht nach Deutschland reisen durfte, zusammen mit Minna im Gasthof »Zum Schwanen« in →Luzern gedanklich. Der berühmte Brief vom 14. 9. an Ernst Benedikt →Kietz enthält erstmals im Zusammenhang mit *Siegfrieds Tod* Formulierungen über ein →Festspielhaus. Im Winter leitete W. mehrere Opernvorstellungen in Zürich (Mozarts *Don Giovanni*, 1787, und *Die Zauberflöte*, 1791; Beethovens *Fidelio*, 1805; Carl Maria von →Webers *Der Freischütz*, 1821; François Adrien →Boieldieus *La Dame blanche*, 1825). Hans von →Bülow und Karl →Ritter assistierten ihm dabei als Kapellmeisterschüler.

1851–55: Im Winter 1851 dirigierte W. einige Symphonien Ludwig van
→Beethovens für die Züricher »Musikgesellschaft«, deren ständiger Dirigent damals Franz →Abt war. Im Febr. schloß W. seine theoretische Hauptschrift →*Oper und Drama* ab, die 1852 in Leipzig erschien. Außerdem
schrieb er für die *Eidgenössische Zeitung* die *Erinnerungen an Spontini* (in:
GSD Bd. 5, S. 109). W. freundete sich in dieser Zeit eng mit Georg →Her-
wegh an, der ebenfalls als Emigrant in →Zürich lebte. Im April entstand
W.s Aufsatz *Ein →Theater in Zürich*, in dem er von einem »Originaltheater«
als Vorform eines →Festspielhauses schreibt. Im Mai entstand der Prosaentwurf zum *Jungen Siegfried*, dem späteren *Siegfried*, dessen urschriftliche
Dichtung vom 3. bis zum 24. 6. entstand. Vom 9. 7. bis zum 10. 8. hatte W.
Besuch aus Deutschland. Sein Freund Theodor →Uhlig bot hochwillkom-
mene Ablenkung in Gesprächen über Politik und Kunst sowie abwech-
selnde Ausflüge in die Umgebung von Zürich. Im Juli und Aug. 1851 verfaßte W. seine autobiographische Abhandlung *Eine →Mitteilung an meine
Freunde*. Aus gesundheitlichen Gründen begab sich W. vom 15. 9. bis zum
23. 11. in die Wasserheilanstalt Albisbrunn bei Zürich, wo er freilich eine
Erweiterung seiner *Siegfried*-Dramen plante und eine Prosaskizze zu *Rheingold* und *Walküre* anfertigte. Am 12. 11. schrieb er an Uhlig einen Brief, in
dem er sich über eine weitere bevorstehende →Revolution und seine Festspielidee ereifert: »Am Rheine schlage ich dann ein theater auf, und lade zu
einem großen dramatischen feste ein: nach einem jahre vorbereitung führe
ich dann im laufe von *vier tagen* mein ganzes Werk auf: *mit ihm* gebe ich
den menschen der Revolution dann die *bedeutung* dieser Revolution, nach
ihrem edelsten sinne, zu erkennen. *Dieses publikum* wird mich verstehen:
das jetzige kann es nicht.« Nach der Kur hatte W. wieder seine →Wohnung
gewechselt und wohnte ab jetzt im Zeltweg 11. Im Dez. 1851 erschien Uh-
ligs Klavierauszug von *Lohengrin* beim Verlag →Breitkopf & Härtel in Leipzig. Erstaunlich war, daß sich trotz W.s steckbrieflicher Verfolgung (→Steck-
brief) ab 1852 seine Opern allmählich an den deutschen Theatern
durchzusetzen begannen. Und kurios sind W.s Briefe, die deshalb über den
31. 12. 1851 (z. B. »50. 12.«) hinaus datiert wurden, weil W. noch im alten
Jahr die große Revolution erhoffte und sich nicht mit den Konsequenzen
aus dem Staatsstreich von Louis Napoléon, der sich am 2. 12. als →Na-
poleon III. zum Kaiser krönen ließ, abfinden mochte. Am 30. 1. 1852 schrieb
W. prophetisch an Franz →Liszt, daß er seine Nibelungendramen »in irgend
einer schönen Einöde, fern von dem Qualm und dem Industrie-pestgeruche
unsrer städtischen Civilisation« aufführen wolle. In Zürich dirigierte W. inzwischen weitere Symphonien Beethovens und wurde bei diesen Konzerten
mit Mathilde und Otto →Wesendonck bekannt gemacht. Zwischen dem 23.
und dem 31. 3. zeichnete er den Prosaentwurf zum *Rheingold* auf und dirigierte vom 25. 4. bis zum 2. 5. vier Aufführungen des *Holländers* in Zürich.

Dann zog W. mit seiner Frau Minna in die Pension Rinderknecht am Zürichberg, wo er angesichts des herrlichen Alpenpanoramas vom 17. bis zum 26. 5. den Prosaentwurf und im Juni die Dichtung zur *Walküre* schrieb. Eine Alpenwanderung und eine Reise nach Oberitalien schloß W. am 10. 7. an, um im Aug. 1852 wieder in Zürich einzutreffen, wo er seinen Aufsatz *Über die Aufführung des »Tannhäuser«* (in: GSD Bd. 5, S. 159) verfaßte, den er als Inszenierungsanweisung an die interessierten Theater verschickte. Vom 15. 9. bis zum 3. 11. arbeitete er an der Urschrift der *Rheingold*-Dichtung und überarbeitete bis zum 15. 12. den *Jungen Siegfried* sowie →*Siegfrieds Tod* mit dem Ludwig →Feuerbachschen Schluß: »Selig in Lust und Leid läßt die Liebe nur sein.« In einem kleinen Freundeskreis mit François und Eliza →Wille sowie Henriette von →Bissing und Herwegh las W. am 18./19. 12. erstmals die Dichtung seines *Ring*-Zyklus. Ebenfalls als Anleitung für die Theater gedacht, verfaßte W. bis zum 22. 12. seine *Bemerkungen zur Aufführung der Oper: »Der fliegende Holländer«* (in: GSD Bd. 5, S. 205). Der Tod seines Freundes Uhlig am 3. 1. 1853 war für W. ein herber Verlust, da er sich vor allem mit ihm in vertrautem Briefverkehr austauschen konnte. Im Febr. 1853 erschien als Privatdruck von 50 Exemplaren die *Ring*-Dichtung. Deren zweite Vorlesung, diesmal in größerem Kreis, fand im Hôtel Baur au Lac in Zürich statt. Im Febr. und März dirigierte W. in Zürich Beethovens *Symphonie Nr. 3* (1805) und *Nr. 7* (1812), während Liszt in →Weimar W.s *Holländer*, *Tannhäuser* und *Lohengrin* aufführte. Am 15. 4. zog W. mit Minna in den Zeltweg 13 um. Für den 18., 20. und 22. 5. plante W. drei große Maikonzerte, zu deren Verwirklichung er auswärtige Künstler nach Zürich einlud und Teile aus seinen Werken aufführte. Am 29. 5. komponierte W. eine →*Polka* für Mathilde →Wesendonck, zu der sich ein freundschaftliches, später ein Liebesverhältnis entwickelte. Die »Sonate für das Album von Frau Mathilde Wesendonck« vom 19. 6. (→Sonaten) ist ein weiteres Beweisstück für W.s wachsende Zuneigung zu der schönen Gönnerin. Vom 2. bis zum 10. 7. besuchte Liszt erstmals den Freund in Zürich, und die anregenden Gespräche und gemeinsamen Wanderungen blieben W. stets in lebhafter Erinnerung. Zusammen mit Herwegh machte W. vom 16. 7. bis zum 10. 8. eine Kur in Sankt Moritz. Dann reiste er am 24. 8. über Bern, Genf und Turin nach Genua, wo ihm der Einfall zum Orchestervorspiel des *Rheingolds* kam, so daß er sich zur vorzeitigen Rückreise entschloß und am 10. 9. wieder in Zürich war. Das Musikfest in →Karlsruhe veranlaßte W., seine dort versammelten Freunde zu bitten, sich mit ihm am 6. 10. in Basel zu treffen. Am 9. 10. reiste W. nach Paris (→Frankreich) weiter, traf dort die Wesendoncks und andere alte Bekannte sowie die Kinder Liszts, von denen er auch Cosima erstmals sah. Am 20. 10. kam Minna ebenfalls nach Paris, und beide reisten am 28. 10. über Straßburg wieder nach Zürich, wo W. am 1. 11. mit der Kompositionsskizze zum *Rheingold* begann. Im Winter 1854 dirigierte

er weitere neun Konzerte der Züricher »Musikgesellschaft« und arbeitete
bis zum 14. 1. 1855 die Kompositionsskizze zum *Rheingold* aus. Am 7. 1.
wurde sein *Lohengrin* erstmals in →Leipzig aufgeführt, und W. drängte es
immer mehr, durch eine Amnestie nach Deutschland zurückkehren zu können, um seine Werke selbst zu leiten. Geldsorgen und Depressionen lösten
Selbstmordgedanken aus, denen er sich nur durch seine Arbeit entziehen
konnte. Am 1. 2. begann W. mit der Partitur des *Rheingolds*; er beendete sie
am 28. 5., der bis zum 26. 9. noch eine Zweitschrift folgte. Für Marie Luckemeyer, eine Schwester Mathilde Wesendoncks, schrieb W. am 31. 5. den
→*Züricher Vielliebchen-Walzer*, und am 28. 6. begann er die Kompositionsskizze zur *Walküre*. Im Juli hielt sich Minna wegen ihres Herzleidens zur
Kur auf dem Seelisberg am Vierwaldstätter See auf, wo W. sie auf der
Rückreise vom Eidgenössischen Musikfest in Sitten besuchte. Dorthin hatte
man ihn als Dirigenten eingeladen. W. reiste jedoch vorzeitig ab, da ihm das
dürftige Orchester nicht genügte. Am 1. 9. beendete er die Kompositions-
skizze zum I. Aufzug der *Walküre* und begann mit der Arbeit am II. Aufzug
bereits am 4. 9. In diesem und im folgenden Monat reiste Minna nach
Deutschland, machte Verwandtenbesuche und versuchte die Amnestie ihres
Mannes und eine Aufführung von *Tannhäuser* in →Berlin voranzutreiben.
Zur gleichen Zeit unternahm W. mit den Wesendoncks eine Fahrt durch die
Schweiz, konnte aber auch dadurch seine pessimistische Lebensstimmung
nicht aufheitern. Er wurde darin noch bestätigt, als er durch Herwegh Arthur →Schopenhauers *Die Welt als Wille und Vorstellung* (Leipzig 1819) ken-
nenlernte und sich stark beeindruckt zeigte. Die Krise in W.s Leben wurde
einerseits durch die schwelende Leidenschaft zu Mathilde Wesendonck, andererseits durch den absehbaren Abbruch der Arbeit am *Ring* ausgelöst.
Obgleich W. bis zum 18. 11. die Kompositionsskizze zum II. Aufzug der *Walküre* abschloß und am 20. 11. den III. Aufzug begann, hatte er schon »im
Kopf einen Tristan und Isolde entworfen«, wie er am 16. 12. an Liszt schrieb.
Die Kompositionsskizze zum III. Aufzug der *Walküre* schloß W. jedoch noch
bis zum 27. 12. ab. Im Jan. 1855 begann W. auch noch mit der Partitur zur
Walküre und leitete seine letzten Konzerte in Zürich. Am 17. 1. besann er
sich seiner →*Faust-Ouvertüre* und fertigte eine 2. Fassung an, die er in seinem letzten Abonnementskonzert in Zürich selbst aufführte. Im Febr. 1855
fand außerdem eine von W. geleitete Aufführung von *Tannhäuser* im Züricher Aktientheater statt. Dann folgte W. einer Einladung als Gastdirigent
der →Old Philharmonic Society nach →London, wo er am 2. 3. eintraf. Vom
12. 3. bis zum 25. 6. dirigierte er acht Konzerte, die ihm vor allem bei den
Musikern den Ruf eines faszinierenden Dirigenten einbrachten; selbst aber
beklagte sich W. heftig über die verlorene Zeit für seine Kompositionsarbeit. Dennoch beendete er in London die Partiturerstschrift zum I. Aufzug
der *Walküre*. Eine der wenigen angenehmen Überraschungen in London

war für W. die Bekanntschaft mit Karl →Klindworth, den er mit Liszts *Klaviersonate h-Moll* (1853) in einem Konzert hörte und »auf das tiefste davon ergriffen« war (an Liszt). Stolz und ironisch berichtete W. auch vom Empfang der Königin Viktoria nach seinem siebten Konzert, das die königliche Familie besuchte. Am 7. 4. begann W. mit der Partitur zum II. Aufzug der *Walküre*, verließ aber am 30. 6. London und schloß in der Schweiz mit Minna erst einmal einen Erholungsaufenthalt auf dem Seelisberg an, um dort die Partiturreinschrift der *Walküre* anzufertigen. In →München wurde am 12. 8. *Tannhäuser* als erste Oper W.s aufgeführt. Am 15. 8. kehrten W. und Minna nach Zürich zurück; und bis zum 20. 9. schrieb W. an der Partitur des II. Aufzugs der *Walküre*. Den III. Aufzug begann er noch am 8. 10., wurde aber durch seine immer wieder aufbrechende Gesichtsrose empfindlich gestört und durch die gedankliche Arbeit an *Tristan* abgelenkt, wobei W. bereits eine Verbindung mit dem »nach dem Gral umherirrenden Parzival« konstruierte, der das Krankenlager Tristans besuchen sollte.

1856 – 59: Die Berliner Erstaufführung von *Tannhäuser* wurde am 7. 1. 1856 mit Johanna →Jachmann als Elisabeth realisiert; Dirigent war Heinrich →Dorn. In einem Brief an Franz →Müller in Weimar nannte W. seine literarischen Quellen für die *Ring*-Dichtung und brachte bis zum 20. 3. die Partitur zum III. Aufzug der *Walküre* zum Abschluß. Bereits drei Tage später war die parallel dazu ausgearbeitete Partiturreinschrift fertig. Am 26. 3. veranstaltete W. in seiner →Wohnung eine Aufführung der *Walküre* am Klavier. Emilie →Heim sang die →Sieglinde, W. den →Hunding und →Siegmund. Am 16. 5. zeichnete W. die Skizze zu dem buddhistischen Drama *Die →Sieger* auf. Einen zwölftägigen Besuch seines Sängerfreundes Joseph →Tichatschek erwartete W. Ende Mai in →Zürich. Wegen seiner Hauterkrankung ging er vom 10. 6. bis zum 16. 8. zur Kur nach Mornex (bei Genf), wo er endlich Heilung von seiner jahrzehntelangen Krankheit erfuhr. Im Sommer nahm W. die Umbenennung der letzten beiden *Ring*-Dramen vor: *Der junge Siegfried* hieß nunmehr nur noch *Siegfried,* und →*Siegfrieds Tod* hieß *Götterdämmerung.* Am 2. 8. lehnte das sächsische Justizministerium W.s Gnadengesuch vom 16. 5. ab. Im Sept. 1856 begann W. die Kompositionsskizze zum I. Aufzug von *Siegfried* und arbeitete ab dem 22. 9. die Orchesterskizze dazu aus, der ab 11. 10. die Arbeit an der Partitur folgte. Im Okt. und Nov. 1856 hatte W. Besuch von Franz →Liszt und der Fürstin Carolyne von →Sayn-Wittgenstein mit ihrer Tochter Marie (von →Sayn-Wittgenstein); zusammen feierten sie Liszts 45. Geburtstag im Hôtel Baur au Lac. Gemeinsam mit Liszt dirigierte W. am 23. 11. ein Konzert in Sankt Gallen, wo Liszts symphonische Dichtungen *Orpheus* (1854) und *Les Préludes* (1854) aufgeführt wurden; W. dirigierte die *Symphonie Nr. 3* (1804) von Ludwig van →Beethoven. Am 19. 12. zeichnete W. die ersten Themen zu *Tristan* auf, mußte sich aber wegen Krankheit und Niedergeschlagenheit schonen. Im neuen Jahr begann W. mit der Kompositionsskizze zum I. Aufzug von *Sieg-fried*, die er am 20. 1. 1857 abschloß. Schon am 5. 2. war die Orchesterskizze dazu fertig, der sogleich die Ausarbeitung der Partitur folgte. Im April oder Mai wurde eine nicht erhaltene Prosaskizze zu »Parzival« niedergeschrie-ben, die in W.s Erinnerungen in →*Mein Leben* irrtümlich mit seinem Woh-nen im →»Asyl« zusammenhängt, wo er am 28. 4. einzog. Dort begann er am 12. 5. die Partiturniederschrift zum I. Aufzug von *Siegfried* und ab dem 22. 5. die Kompositionsskizze zum II. Aufzug, der er am 18. 6. die Orche-sterskizze folgen ließ, um die Arbeit am *Ring* wegen *Tristan* am 27. 6. bei-seite zu legen. Vom 30. 6. bis zum 3. 7. hatte W. Besuch von Eduard →Devrient; anschließend brachte er noch bis zum 9. 8. die Kompositions- und Orchesterskizze zum II. Aufzug von *Siegfried* zu Ende. Am 20. 8. aber hatte er bereits den Prosaentwurf zu *Tristan* aufgezeichnet und gleich da-nach die Dichtung begonnen. Als am 22. 8. Mathilde und Otto →Wesen-donck in ihre Villa einzogen, so daß sie nunmehr direkte Nachbarn W.s wurden, gestand W. seine Liebe zu der jungen Frau seiner Schwester Clara →Wolfram: »[…] diese Liebe […] mußte sich endlich auch offen enthüllen, als ich vor'm Jahr den Tristan dichtete und ihr gab.« Daß in dieser Stim-mung am 31. 8. Cosima und Hans von →Bülow auf ihrer Hochzeitsreise W. in Zürich für vier Wochen besuchten, konnte für W. noch keine weitere Irri-tation bedeuten, da seine Zukunft durch dieses Zusammentreffen mit sei-ner späteren Frau noch nicht entsprechend beeinflußt wurde. Am 18. 9. be-endete W. erst einmal die Urschrift zur *Tristan*-Dichtung. Der Abbruch des *Rings* bedeutete für W. auch die Einstellung der Verhandlungen mit dem Verlag →Breitkopf & Härtel. An *Tristan* allerdings arbeitete W. unermüdlich weiter und begann am 1. 10. mit der Kompositionsskizze zum I. Aufzug. Dann unterbrach er diese Arbeit jedoch, um die ersten drei →*Wesendonck-Lieder* zu komponieren, zu denen ihm Mathilde →Wesendonck kurz vorher die Gedichte geschrieben hatte. Von dem Lied →*Träume* fertigte er am 18. 12. eine Bearbeitung für Violine und kleines Orchester an, die am 23. 12. als Geburtstagsgeschenk für Mathilde im Treppenhaus der Villa Wesen-donck aufgeführt wurde. Bis zum 31. 12. hatte W. dann auch noch die Kom-positionsskizze zum I. Aufzug von *Tristan* fertig, die er Mathilde widmete. Die Geburtstagsmusik vom 23. 12. in Otto Wesendoncks Abwesenheit und die *Tristan*-Widmung hatten Folgen: Mathildes Gatte war verstimmt, W. reiste für drei Wochen nach Paris (→Frankreich). Nach seiner Rückkehr ar-beitete W. ab dem 6. 2. 1858 an der Partitur von *Tristan*, dessen Verlag Breitkopf & Härtel übernommen hatte. Am 22. 2. komponierte W. noch das vierte *Wesendonck-Lied* mit dem Titel »Stehe still!« und dirigierte in einer Aussöhnungsgeste am 31. 3. auch für den Hausherrn in der Villa Wesen-donck ein Konzert mit einzelnen Sätzen aus Beethoven-Symphonien. Nach der Vollendung des I. Aufzugs der *Tristan*-Partitur am 3. 4. war dennoch W.s

Ehekatastrophe perfekt, als Minna einen Brief ihres Mannes an Mathilde öffnete und ihrer Eifersucht freien Lauf ließ. Am 15. 4. fuhr Minna wegen ihres Herzleidens zur Kur nach Brestenberg am Hallwiler See; die Wesendoncks begaben sich auf eine Italienreise. W. komponierte indessen am 1. 5. das letzte der *Wesendonck-Lieder* und begann am 4. 5. mit der Kompositionsskizze zum II. Aufzug von *Tristan,* die er am 1. 7. beendete; am 5. 7. begann er sofort mit der Orchesterskizze. Nachdem Minna nach Zürich zurückgekehrt war und Gäste ihres Mannes beherbergte, reiste W. plötzlich am 17. 8. über Genf, Lausanne und Mailand nach →Venedig. Schon auf der Reise begann er sein »Tagebuch aus Venedig« für Mathilde, das er bis zum 4. 4. 1858 führte. Karl →Ritter begleitete den Freund nach Venedig, wo sie am 29. 8. 1858 eintrafen und am nächsten Tag Einzug in den →Palazzo Giustiniani am Canal Grande hielten. Am 2. 9. löste Minna den gemeinsamen Haushalt in Zürich auf und fuhr nach →Dresden. W. arbeitete in Venedig weiter an der Orchesterskizze und Partitur des II. Aufzugs von *Tristan* und verbrachte dort den ganzen Winter. Am 18. 3. 1859 hatte W. die Partitur des II. Aufzugs von *Tristan* fertig. Wegen der drohenden Ausweisung aus dem österreichischen Venedig mußte er die Stadt am 24. 3. verlassen. Da W. nicht mehr in seinem Züricher Asyl wohnen konnte, mußte er sich ab dem 28. 3. im Hotel Schweizerhof in →Luzern einmieten, wo er die Kompositionsskizze zum III. Aufzug von *Tristan* begann, ab dem 1. 5. die Orchesterskizze folgen ließ und gleichzeitig auch mit der Arbeit an der Partitur begann, um alles zusammen bis zum 6. 8. abgeschlossen zu haben. Gegenseitige Besuche mit der Familie Wesendonck überbrückten die Unstimmigkeiten und zeigten vor allem Otto Wesendoncks noble Haltung, der W. weiterhin finanziell unterstützte, indem er den unvollendeten *Ring* kaufte. Dennoch übersiedelte W. am 11. 9. wieder einmal nach Paris, wohin ihm am 17. 11. nochmals Minna folgte. Im Dez. 1859 nahm W. Verhandlungen wegen seines *Rings* mit dem Verlag →Schott in Mainz auf, bei dem 1861 das *Rheingold* erschien, nachdem Otto Wesendonck sein Publikationsrecht großzügig abgetreten hatte. Bis zum 8. 12. fertigte W. einen Konzertschluß zum Vorspiel von *Tristan,* wovon er für Mathilde Wesendonck zu ihrem Geburtstag einen →Klavierauszug herstellte und ihr zuschickte sowie eine programmatische Erläuterung beigab.

1860 – 63: Im Jan. 1860 erschien bei →Breitkopf & Härtel die Partitur von *Tristan.* Bis zum 19. 1. stellte W. einen neuen Schluß für die Ouvertüre des *Holländers* mit dem Erlösungsmotiv (→Erlösungsthematik) in der Partitur fertig und dirigierte am 25. 1., 1. und 8. 2. drei große Konzerte im Théâtre-Italien Paris; auch Teile aus seinen →Musikdramen setzte er auf die Programme. Unter den neuen Freunden in Paris (→Frankreich) befanden sich nun so berühmte Namen wie Charles →Baudelaire, Gustave Doré, Charles Gounod, Ernest Reyer und Camille Saint-Saëns; im März besuchte W. so-

gar Gioacchino →Rossini in Paris. Zwei weitere Konzerte am 24. und 28. 3.
führten W. nach Brüssel, von wo er nach Antwerpen, seiner »Lohengrin-
Stadt«, weiterreiste. Obgleich W.s Konzerte keinen finanziellen Gewinn
brachten und Marie Gräfin →Muchanoff das Defizit von 10 000 Francs
deckte, kam immerhin dabei heraus, daß Kaiser →Napoleon III. den Befehl
zur Aufführung von *Tannhäuser* gab. Außerdem erhielt W. ab dem 15. 7. die
lang ersehnte Teilamnestie, die ihm die Rückkehr wenn auch nicht nach
→Sachsen, so doch in die übrigen Staaten des Deutschen Bundes ermöglichte. Sogleich besuchte W. am 11./12. 8. seine Frau Minna in Bad Soden,
die dort zur Kur weilte, und reiste mit ihr nach Frankfurt a. M., Darmstadt,
Heidelberg, Baden-Baden und mit dem Dampfschiff auf dem Rhein von
Mannheim nach Köln. Am 19. 8. waren beide wieder in Paris, da W. die Proben zu *Tannhäuser* von Anfang an überwachen wollte und gleich auch zu
den Änderungen, die zur »Pariser Fassung« des Werks führen sollten, gedrängt wurde. Bei länger anhaltendem typhösen Fieber führte er bis zum
Nov. 1860 die neue →Venusberg-Szene für den I. Akt aus. Bis zum 28. 1.
1861 hatte er auch das neue →Bacchanal beendet, doch trotz dieser musiktheatralischen Entgegenkommen mußte er im März den großen Theaterskandal seines *Tannhäuser* erleben. Verärgert zog W. sein Werk zurück. Am
18. 4. war er nach →Karlsruhe gereist, um wegen einer Aufführung von *Tristan* zu verhandeln. Am 9. 5. fuhr er von Paris aus in gleicher Angelegenheit
nach →Wien und hörte am 11. 5. in einer Probe zum erstenmal seinen *Lohengrin*, dessen Aufführung vom 15. 5. für W. ein großer Erfolg war, der mit
einer Aufführung des *Holländers* am 18. 5. noch vertieft wurde. Am 20. 5.
reiste W. über →München nach →Zürich, wo er im Kreis seiner Freunde bei
Mathilde und Otto →Wesendonck seinen 48. Geburtstag feierte. Am 26. 5.
kam er wieder in Paris an, um erneut den gemeinsamen Haushalt mit
Minna aufzulösen, die wieder zur Kur nach Bad Soden abreiste und später
nach Dresden ging. W. zog indessen in das Palais des preußischen Gesandten, Albert Graf von →Pourtalès, dessen Frau Anna er am 29. 7. die Komposition →*Ankunft bei den schwarzen Schwänen* ins Album schrieb. Am 2. 8.
reiste W. zum 2. Musikfest des Allgemeinen Deutschen Musikvereins nach
→Weimar und wohnte bei seinem Freund Franz →Liszt auf der Altenburg.
Dann reiste er über Nürnberg und München erneut nach Wien, wo er sich
zur Ausführung der *Meistersinger* entschloß, Anfang Nov. 1861 aber nach
→Venedig fuhr, um die dort weilende Mathilde →Wesendonck zu bitten,
ihm den ihr geschenkten ersten *Meistersinger*-Entwurf zurückzugeben. Auf
der Rückfahrt nach Wien arbeitete er bereits gedanklich den Hauptteil des
Vorspiels aus. In Wien zeichnete er dann vom 14. bis zum 18. 11. den zweiten und dritten Prosaentwurf für die *Meistersinger* auf. In Paris begann W.
am 27. 12. im Hotel Voltaire die Dichtung zu seiner »komischen Oper«.
Mathilde hatte ihm zu Weihnachten den gewünschten Entwurf zugesandt,

den W. jedoch kaum mehr verwenden konnte, weil er in Gedanken schon längst darüber hinausgewachsen war. Bis zum 25. 1. 1862 hatte W. die Dichtung der *Meistersinger* vollendet und auch die Melodie des →»Wach-auf«-Chors konzipiert. Zur Lesung der Dichtung am 5. 2. beim Verlag →Schott in Mainz bestellte W. eigens seinen Freund Peter →Cornelius aus Wien, der auch tatsächlich allein zu diesem Zweck anreiste. W.s Übersiedlung nach →Biebrich (heute Teil von Wiesbaden) am 8. 2. brachte bald auch die Freundschaft mit Mathilde →Maier und Friederike →Meyer mit sich sowie die Bekanntschaft mit Joachim →Raff. Minna half ihrem Mann vom 21. 2. bis zum 3. 3. beim Einrichten der neuen →Wohnung, drängte auf ein weiteres Gnadengesuch bei König Johann von Sachsen und fuhr dann nach Dresden zurück. Das länger verzögerte Schreiben an den König bewirkte schließlich W.s »straffreie Rückkehr« auch nach Sachsen, d. h. die vollständige Amnestie. Ende März begann W. mit der Kompositionsskizze des *Meistersinger*-Vorspiels, dessen Orchesterskizze er vom 13. bis zum 20. 4. niederschrieb; am 22. 5. ließ er die Komposition des Vorspiels zum III. Aufzug folgen. Am 26. 5. fuhr W. nach Karlsruhe, um dort mit Ludwig →Schnorr von Carolsfeld in der Titelpartie eine Aufführung von *Lohengrin* zu erleben, den er am 12. 9. selbst in Frankfurt dirigierte. Zwischenzeitlich hatte er auch die Partitur zum Vorspiel angefangen und Gäste nach Biebrich eingeladen, mit denen er über seine neuesten Werke sprechen konnte. Einen unfreiwilligen Aufenthalt in →Eisenach bei der Reise am 29. 10. nach Leipzig nutzte W. zum Besuch der →Wartburg. In Leipzig dirigierte er in einem Gewandhauskonzert zum erstenmal das *Meistersinger*-Vorspiel und dann die Ouvertüre zu *Tannhäuser*; Hans von →Bülow spielte Liszts *Klavierkonzert Nr. 2* (1857). Am 3. 11. kam W. nach 13 Jahren wieder nach Dresden, besuchte seine Freunde und wohnte bei Minna, von der er freilich am 7. 11. den letzten Abschied nahm. Am 13. 11. reiste W. nach Wien und las am 23. 11. im Hause des Arztes Joseph →Standhartner erneut seine *Meistersinger* vor, wobei sich Eduard →Hanslick als Gast in der Figur des Veit Hanslich, des späteren →Beckmesser, zu Recht angegriffen fühlte und die Veranstaltung verließ. Bei Anwesenheit von Kaiserin Elisabeth dirigierte W. am 26. 12. noch ein Konzert im Theater an der Wien, das auch Johannes →Brahms besuchte. In diesem Winter wandte sich W. auch wieder seinem *Ring* zu und verfaßte ein Vorwort zu dessen erster öffentlicher Ausgabe mit einem ausführlichen Festspielplan. Am 1. und 11. 1. 1863 gab W. zwei Konzerte in Wien mit Defizit durch hohe Unkosten und reiste weiter nach →Prag, um auch dort am 8. 2. ein W.-Konzert zu dirigieren. Am folgenden Tag ging es wieder nach Wien und weiter nach Biebrich, wo W. am 12. 2. ankam und schon am 18. 2. sich erneut auf eine Konzertreise nach →Petersburg begab. Die Fahrt führte ihn über Berlin und Königsberg. In Petersburg hatte er u. a. Umgang mit Marie Gräfin Muchanoff, die die Konzerte ver-

mittelt hatte, mit der Großfürstin Helene Pawlowna und ihrer Hofdame
Editha von →Rahden sowie mit Anton Rubinschtein und Alexandr Serow.
Die drei Konzerte fanden am 3., 10. und 18. 3. statt. Dann reiste W. am 19. 3.
nach →Moskau weiter und gab dort am 25., 27. und 29. 3. Konzerte im
Bolschoi-Theater. Auf der Rückreise gab W. in Petersburg noch einmal drei
Konzerte und las bei Teegesellschaften der Großfürstin seine Dichtungen
der *Meistersinger* und des *Rings* vor. Nach seiner Rückkehr nach Deutschland übersiedelte er nach Wien und bezog am 12. 5. eine Wohnung in Penzing, nahe beim Schloß Schönbrunn. Seinen 50. Geburtstag feierte W. in
einsamer und verlassener Stimmung. Im Juni arbeitete er die Partitur der
1. Szene des I. Aufzugs der *Meistersinger* aus, und am 23. und 28. 7. dirigierte er zwei W.-Konzerte in Pest. In dem Aufsatz *Das Wiener Hof-Operntheater* (in: GSD Bd. 7, S. 365) entwickelte W. Reformvorschläge, die er im
Okt. 1863 in einer Wiener Zeitung veröffentlichen ließ. Dann ging er wieder auf Konzertreisen, dirigierte am 5. und 8. 11. zwei W.-Konzerte in Prag,
am 14. und 19. 11. zwei weitere in Karlsruhe. Zwischendurch war W. am
15. 11. zu Gast bei Marie Gräfin Muchanoff in Baden-Baden, wo er die Sängerin Pauline →Viardot-García wiedertraf und Iwan Turgenjew kennenlernte. Vom 21. bis zum 25. 11. war W. zum letztenmal Gast bei Wesendoncks in Zürich. Am 28. 11. reiste er zu Cosima und Hans von →Bülow
nach Berlin, wo sich W. und Cosima schon recht nahe kamen und sich ver-
sicherten, sich »einzig gegenseitig anzugehören«. Weitere Konzerte W.s fanden am 2. und 7. 12. in Löwenberg (Schlesien) und in Breslau statt. Dort
lernte er die spätere Gräfin Marie von →Schleinitz kennen und traf die verwitwete Gutsbesitzerin Henriette von →Bissing wieder, die ihm eine ver-
sprochene Finanzhilfe aus Eifersucht auf Mathilde Wesendonck nicht
gewährte. Am 9. 12. kehrte W. nach Wien zurück und gab am 27. 12. mit
dem Pianisten Carl →Tausig im Redoutensaal ein Konzert mit eigenen
Werken, der Ouvertüre zu Carl Maria von →Webers *Freischütz* (1821) und
Liszts *Klavierkonzert Nr. 1* (1855). Trotz all dieser Anstrengungen geriet W.
wieder in große finanzielle Schwierigkeiten.
1864/65: Im Jan. und Febr. 1864 arbeitete W. an den *Meistersingern* weiter,
mußte aber, nachdem er am 6. 2. noch eine freundschaftliche Begegnung
mit Johannes →Brahms hatte, am 23. 3. fluchtartig →Wien verlassen, um
der Schuldhaft zu entgehen. Nach kurzer Station im Hotel »Bayerischer
Hof« in →München reiste er am 26. 3. nach Mariafeld (bei Zürich) zu François und Eliza →Wille und am 26. 3. weiter nach →Stuttgart, wo ihn Wendelin →Weißheimer bei einem Besuch »ratlos und in Verzweiflung« vorfand.
Die wunderbare Wende in W.s Leben brachte ihm am 3. 5. der bayerische
Kabinettssekretär Franz Seraph von →Pfistermeister, der W. in Stuttgart
endlich aufspürte, um ihm die Berufung durch König →Ludwig II. von Bayern nach München zu überbringen. W.s erste Begegnung mit Ludwig fand

am 4. 5. in der Münchener Residenz statt. Der König kam sogleich für W.s gesamte Schulden auf und setzte ihm ein festes Jahresgehalt von 13 600 Mark aus. Für die großzügigen Unterstützungen, die sich bis 1883 auf etwa 560 000 Mark beliefen, revanchierte sich W. mit sechs handschriftlichen Opernpartituren und einigen anderen Manuskripten. Von Mai bis Okt. 1864 bewohnte W. das Haus →Pellet in Kempfenhausen am Starnberger See, in der Nähe von Schloß Berg, so daß ein enger Kontakt mit dem König gewährleistet war. Am 29. 6. holte W. Cosima von Bülow mit ihren Töchtern Daniela und Blandine in sein Haus. Damit schloß W. den Lebensbund mit Cosima, ohne sie heiraten zu können. Die Demütigungen und den Spott der Umwelt nahm Cosima in Kauf, da sie an W.s Seite eine besondere Mission zu erfüllen glaubte. Im Sommer schrieb W. die Abhandlung →*Über Staat und Religion* für Ludwig II. und komponierte den →*Huldigungsmarsch.* Zum Geburtstag des Königs am 25. 8. war W. nach Schloß Hohenschwangau eingeladen worden. Als Hans von →Bülow im Sommer nach Kempfenhausen kam, entschloß Cosima sich pro forma, offenbar erst durch Mithilfe Franz →Liszts, der ebenfalls anreiste, um seiner Tochter ins Gewissen zu reden, am 3. 9. mit ihrem Ehemann nach Berlin abzureisen. Am 26. 9. schrieb W. an den König, »sofort die Vollendung meines großen Nibelungenwerkes in Angriff zu nehmen«. Schon am nächsten Tag begann er von neuem die jahrelang liegengelassene Partiturreinschrift des I. Aufzugs von *Siegfried.* Am 3. 10. übersiedelte W. nach München und wohnte zunächst im Hotel »Bayerischer Hof«, zog aber schon am 15. 10. in das Haus Brienner Straße 21, das er »das Schiff« nannte (der kommenden Münchener Stürme wegen). Auch die Familie Bülow zog nach München, da W. für Hans die Stellung eines »Vorspielers des Königs« erwirkt hatte. Am 26. 11. teilte der König W. mit, »den Entschluß gefaßt« zu haben, »ein großes, steinernes Theater erbauen zu lassen, damit die Aufführung des ›Ring des Nibelungen‹ eine vollkommene werde«. Am 4. 12. wurde unter W.s musikalischer Leitung der *Holländer* erstmals in München aufgeführt; und am 11. 12. folgte ein W.-Konzert im Nationaltheater. Die Partitur des II. Aufzugs von *Siegfried* begann W. am 22. 12. Den Auftrag, das →Festspielhaus für den *Ring* in München zu bauen, erhielt Gottfried →Semper auf Vorschlag W.s am 29. 12. Ebenfalls auf seine Empfehlung hin wurde Peter →Cornelius durch den König nach München als Lehrer an die königliche Musikschule berufen. Im Febr. 1865 begannen erste Presseangriffe gegen W., und in Zeitungsgerüchten wurde verbreitet, daß er bei König Ludwig in Ungnade gefallen sei. Auch in der Augsburger →*Allgemeinen Zeitung* wurde W. in einem anonymen Aufsatz »Richard Wagner und die öffentliche Meinung« angegriffen, indem ihm Verschwendungssucht und Mißbrauch seiner Beziehungen zum König vorgeworfen wurden. Eine Entgegnung W.s wurde in derselben Zeitung am 22. 2. gedruckt. Mit Ludwig →Schnorr von Carolsfeld in der Titelrolle wurde am 5. 3. *Tannhäuser* in München aufgeführt. Die Versicherung des gegenseitigen Vertrauens mit dem König bewog W., am 23. 3. den *Bericht an Seine Majestät den König Ludwig II. von Bayern über eine in München zu errichtende deutsche Musikschule* (in: GSD Bd. 8, S. 159) zu verfassen. Am 10. 4. wurde W.s und Cosimas Tochter Isolde geboren. Seinen eigenen Geburtstag beging W. am 22. 5. beim König auf Schloß Berg. Bevor die wegen Erkrankung der Hauptdarstellerin mehrfach verschobene Uraufführung von *Tristan* am 10. 6. unter der Leitung von Bülow stattfinden konnte, wurde das Werk bereits am 29. 5. vom Isarvorstadt-Theater München mit dem Stück *Triftanderl und Süßholde* von Ferdinand Fränkl parodiert (→Parodien). Die dritte Vorstellung am 19. 6. besuchte Anton →Bruckner, der dadurch auch mit W. bekannt wurde. Ein W.-Konzert für Ludwig II. fand am 12. 7. im Münchener Residenztheater statt. Seine Autobiographie →*Mein Leben* begann W. ab dem 17. 7. Cosima in die Feder zu diktieren; die Diktate wurden bis 1880 fortgesetzt. Als am 21. 7. Schnorr von Carolsfeld in Dresden plötzlich an Typhus verstarb, fuhr W. sofort zu dessen Begräbnis, kam aber zu spät. Am 8. 8. reisten Bülows nach Pest, wo Liszt am 15. 8. die Uraufführung seines Oratoriums *Die heilige Elisabeth* dirigierte; schon vorher war er in Rom in den geistlichen Stand eingetreten. Vom 9. bis zum 21. 8. hielt sich W. in der Jagdhütte König Ludwigs auf dem Hochkopf am Walchensee auf; er begann dort mit tagebuchartigen Aufzeichnungen für Cosima im →Braunen Buch. In München nahm W. im Aug. 1865 den Parzival-Stoff wieder auf und schrieb vom 27. bis zum 30. 8. einen ausführlichen Entwurf dazu nieder. Dann folgten vom 14. bis zum 27. 9. Aufzeichnungen für König Ludwig: →*Was ist deutsch?*, die 1878 in den →*Bayreuther Blättern* veröffentlicht wurden. In der aktuellen »deutschen Frage« nahm W. brieflichen Kontakt mit dem Publizisten Constantin →Frantz auf. Aber diese politischen Ambitionen verstärkten die Opposition der Presse und Bevölkerung gegen ihn. Dazu kam, daß W. unvorsichtigerweise mit Anschuldigungen gegen leitende Hofbeamte in einem anonymen Artikel in den *Münchener Neuesten Nachrichten* sich zusätzliche Feinde machte. Trotz der Schwierigkeiten beendete W. am 2. 12. die Partitur des II. Aufzugs von *Siegfried*. Aber schon am 6. 12. drohte W.s wegen in München eine Regierungskrise, so daß sich Ludwig II. gezwungen sah, den Freund aufzufordern, München für einige Zeit zu verlassen, ohne daß der König sein Jahresgeld aussetzte. W. fuhr am 10. 12. nach Bern und weiter nach Genf, in dessen Nähe er am 28. 12. das Landhaus »Les Artichauts« bezog.

1866 – 68: Am 12. 1. 1866 nahm W. zunächst die Komposition der *Meistersinger* wieder auf. Während seiner Reise durch Südfrankreich vom 22. bis zum 29. 1. starb am 25. 1. seine Frau Minna in Dresden. In Genf beendete er die Kompositionsskizze zum I. Aufzug der *Meistersinger* und erhielt vom 8. bis zum 30. 3. den Besuch von Cosima. Am 23. 3. war die Partitur zum

I. Aufzug fertig. Auf der Suche nach einer neuen →Wohnung hatte W. ein Landhaus in →Tribschen bei →Luzern gefunden, das er am 15. 4. bezog. Am 12. 5. übersiedelten Cosima und ihre drei Töchter ebenfalls nach Tribschen. Die Kompositionsskizze zum II. Aufzug der *Meistersinger* begann W. am 15. 5.; am 22. 5. erhielt er zu seinem Geburtstag den Besuch von König →Ludwig II. W. versuchte auch noch in dieser Zeit, seine politischen Vorstellungen dem König nahezubringen, wonach Bayern an die Spitze der deutschen Mittelstaaten treten sollte, um Deutschland zu retten. Dagegen lehnte W. die Vermittlung ab, wonach François →Wille den König von Bayern veranlassen wollte, Neutralität zwischen Österreich und Preußen zu wahren. Als am 15. 6. der Preußisch-Österreichische Krieg ausbrach, stand Bayern an der Seite Österreichs. In der Schlacht bei Königgrätz wurde zunächst Österreich geschlagen, dann folgte der Sieg Preußens über Bayern bei Bad Kissingen, und das letzte Gefecht fand am 29. 7. bei Seybothenreuth (bei Bayreuth) statt. Schon am 8. 6. hatte W. mit der Orchesterskizze zum II. Aufzug der *Meistersinger* begonnen, dessen Kompositionsskizze er am 6. 9. abschloß. Hans von →Bülow holte am 1. 9. seine Frau von Tribschen ab, ersuchte am 15. 9. um seine Entlassung aus dem königlichen Dienst in →München und übersiedelte nach Basel. Am 23. 9. schloß W. die Orchesterskizze zum II. Aufzug der *Meistersinger* ab und begann am 2. 10. die Kompositionsskizze des III. Aufzugs, der bereits am 8. 10. die Orchesterskizze folgte. Cosima war am 28. 9. wieder nach Tribschen gekommen, und am 30. 10. fand sich Hans →Richter als W.s Sekretär ein, um sich an die Abschrift der *Meistersinger*-Partitur zu machen. Im Dez. 1866 stellte Gottfried →Semper sein Modell des geplanten Münchener Festspielhauses vor. W. selbst konnte dieses Modell erst am 1. 1. 1867 in Zürich besichtigen, das Semper am 11. 1. dem König in München erläuterte, wo das Modell inzwischen in der Residenz aufgestellt worden war. Am 7. 2. konnte W. die Kompositionsskizze zum III. Aufzug seiner *Meistersinger* abschließen. Zehn Tage später wurde ihm von Cosima seine zweite Tochter, Eva (→Chamberlain), in Tribschen geboren. Den III. Aufzug der Orchesterskizze der *Meistersinger* beendete W. am 5. 3., und er begann die Partitur zum II. Aufzug am 22. 3. Bülow kehrte am 5. 4. als Hofkapellmeister und Nachfolger Franz →Lachners nach München zurück und wurde ab dem 1. 10. auch Leiter der neuen Musikschule. Cosima folgte ihrem Mann nach München, und auch W. war häufig in der bayerischen Hauptstadt zu Besuchen beim König, mit dem er am 22. 5. seinen Geburtstag auf Schloß Berg feierte. Auf Wunsch König Ludwigs II. bezog W. eine Wohnung in Starnberg. Ludwig selbst besuchte am 1. 6. →Eisenach und die →Wartburg, um sie als Vorbild für sein Schloß Neuschwanstein vor Augen gehabt zu haben. Die *Lohengrin*-Generalprobe am 16. 6. in München gab wegen des 60jährigen Tenors Joseph →Tichatschek in der Titelrolle Anlaß zu Meinungsverschiedenheiten zwischen W.

und dem König, der sich einen jüngeren Gralsritter wünschte. Die Premiere
am 16. 6. sang dann auch Heinrich →Vogl; W. war am 15. 6. nach Tribschen
abgereist. Dort beendete er bis zum 22. 6. die Partitur des II. Aufzugs der
Meistersinger und begann bereits am 26. 6. den III. Aufzug. Unter Bülows
Leitung wurde am 1. 8. in München *Tannhäuser* erstmals in der Pariser Fassung gegeben. Im Aug. und Sept. 1867 war Cosima wieder bei W. in Tribschen und ging erst am 16. 9. wieder zu ihrem Mann nach München zurück.
Dort wurde inzwischen auf Betreiben der Gegner W.s die Ausführung des
Plans von Sempers Münchener →Festspielhaus zu Fall gebracht. Statt des-
sen wurde am 1. 10. die neue königliche Musikschule in München eröffnet.
Am 9./10. 10. besuchte Liszt W. in Tribschen, um sich Klarheit über die Beziehung seines Freundes zu seiner Tochter zu verschaffen. Bis zum 24. 10.
hatte W. die vollständige Partitur der *Meistersinger* fertig, deren Abschrift
Richter bis zum 2. 11. besorgte. Richter übersiedelte nach München, um am
Nationaltheater Chor- und Solorepetitor zu werden. Am Weihnachtsabend
schenkte W. dem König die Originalpartitur der *Meistersinger* und hatte
dennoch große Mühe, dessen Verstimmung wegen Cosimas Beziehung zu
ihm zu beseitigen. Am 9. 2. 1868 kehrte W. nach Tribschen zurück, beschäftigte sich mit den →Annalen im →Braunen Buch, betrieb den Abschluß der
Buchausgabe von →*Deutsche Kunst und Deutsche Politik*, die bei Johann Jakob →Weber in Leipzig erschien, und schrieb am 28. 4. das Vorwort zur
2. Auflage von →*Oper und Drama*. Gleichzeitig faßte W. den Plan zu einer
Gesamtausgabe seiner Schriften und Dichtungen, schrieb aber bis zum 3. 5.
erst einmal *Meine Erinnerungen an Ludwig Schnorr von Carolsfeld* (in: GSD
Bd. 8, S. 221). Die Eintragung eines Themas zu einer Trauersymphonie »Romeo und Julia« führte zu keinen werkgeschichtlichen Konsequenzen. Mitte
Mai war Cosima wieder einige Tage bei W. in Tribschen, der seinen 55. Geburtstag als Gast des Königs auf der Roseninsel im Starnberger See feierte.
Unter Bülows Leitung fand am 21. 6. die Uraufführung der *Meistersinger*
statt; am 24. 6. zog sich W. wieder nach Tribschen zurück, hatte aber jetzt
vor allem wegen seiner Beziehung zu Cosima schwierige Situationen
durchzustehen: Die Freundschaft mit Bülow wurde anstrengend, und die zu
August →Röckel zerbrach; Cosima überwarf sich mit ihrem Vater, und auch
W. konnte die gestörten Beziehungen zu seinem Freund Liszt und zu König
Ludwig erst wieder 1872 bzw. 1876 überbrücken; selbst mit seinem Jugendfreund Heinrich →Laube überwarf sich W. und geriet selbst in eine Krise.
Mit der Aufzeichnung zu einem Martin-Luther-Drama *(→Luthers Hochzeit)*,
das die Problematik von Luthers Heirat behandelt, wollte sich W. die eigenen Schwierigkeiten von der Seele schreiben, um sogleich auch »gegen ernste Verstimmung« einen Entwurf zu einem →*Lustspiel in einem Akt* zu verfassen. Nach einer gemeinsamen Reise mit Cosima vom 14. 9. bis zum 6. 10.
nach Oberitalien kam es zu einer entscheidenden Aussprache Cosimas mit

ihrem Mann, während W. dem König seine Beziehung zu ihr brieflich dar-
legte. Da W. keine Audienz bei Ludwig II. wegen einer Aussprache erhielt,
fuhr er nach →Leipzig und begegnete dort erstmals dem Studenten Friedrich →Nietzsche, der auf einer Abendgesellschaft bei W.s Schwager Hermann →Brockhaus eingeladen war. Nach seiner Rückkehr nach Tribschen
zog Cosima am 16. 11. endgültig zu W. Bis zum 7. 12. arbeitete W. an seinem
Aufsatz *Eine Erinnerung an Rossini* (in: GSD Bd. 8, S. 278). Als Weihnachts-
geschenk für den König hielt W. die Originalpartitur von *Rienzi* bereit und
fertigte bis zum Jahresende die Partiturreinschrift des I. Aufzugs von *Siegfried* an. Mit dem Jahr 1868 schloß W. die »Fortsetzung der Annalen« ab,
während Cosima gleichzeitig mit Aufzeichnungen zu ihren umfangreichen
→Tagebüchern begann.

1869–71: Am 21. 1. wurden die *Meistersinger* erstmals in →Dresden aufge-
führt. Und aus →München ließ König →Ludwig II. nach monatelangem
Schweigen W. die Nachricht zukommen, daß er eine Neueinstudierung von
Tristan und danach die Uraufführung des *Rheingolds* angeordnet habe. Den
II. Aufzug von *Siegfried* fertigte W. bis zum 23. 2. in der Partiturreinschrift
und begann am 1. 3. bereits mit der Kompositionsskizze zum III. Aufzug.
Am 7. 5. wurde W. Mitglied der Berliner Akademie der Künste. Seinen ersten von insgesamt 23 Besuchen bis 1872 machte Friedrich →Nietzsche am
17. 5. in →Tribschen; er stellte große Übereinstimmungen in den Auffassungen zu Zeit- und Gesellschaftsproblemen mit W. fest. Inmitten der Arbeit
an der Kompositionsskizze zum III. Aufzug von *Siegfried* wurde W. am 6. 6.
von Cosima sein Sohn Siegfried →Wagner in Tribschen geboren; am 15. 6.
bat Cosima ihren Mann brieflich um die Scheidung. Am 20. 6. nahm Hans
von →Bülow mit der Neuaufführung von *Tristan* seinen Abschied von
München; in den Titelrollen waren jetzt Heinrich und Therese →Vogl zu sehen. Als König Ludwig seinen Plan, das *Rheingold* in München aufführen
zu lassen, gegen W.s Willen in die Tat umsetzen ließ, baten Bülow und
Hans →Richter aus künstlerischer Loyalität zu W. um ihre Entlassung, wodurch der König zu Wutausbrüchen veranlaßt wurde. Am 22. 9. setzte
Franz →Wüllner als Dirigent der *Rheingold*-Uraufführung den Willen des
Königs in die Tat um; W. ließ sich nicht blicken und schrieb inzwischen die
Partitur von *Siegfried* fertig; er begann sogar am 2. 10. schon mit Kompositionsskizzen zur *Götterdämmerung,* hielt aber diese Arbeiten zurück, um sie
nicht an den König abgeben zu müssen. Im Okt. 1869 faßte W. außerdem
seine Erfahrungen als Dirigent in dem Aufsatz →*Über das Dirigieren* zusammen, der im folgenden Jahr in Leipzig veröffentlicht wurde. Als Gelegenheitskomposition schrieb W. am 8. 11. einen →*Wahlspruch für die deutsche
Feuerwehr,* einen vierstimmigen Männerchor. In diesem Jahr brannte in
Dresden das Hoftheater, die erste Semperoper, ab; in Wien wurde dagegen
die neue Hofoper eröffnet. Zu Weihnachten stand Nietzsches Besuch ins

Haus, der vor allem mit gemeinsamer Lektüre ausgefüllt wurde. Am 11. 1.
1870 begann W. mit Orchesterskizzen zur *Götterdämmerung* und erhielt am
5. 3. erstmals den Anstoß zu dem Gedanken, in →Bayreuth den künftigen
Festspielort für den *Ring* zu suchen. Inzwischen waren am 27. 2. die *Meistersinger* im neuen Wiener Opernhaus aufgeführt worden; am 1. 4. ereignete
sich ein Mißerfolg derselben Oper in Berlin. Während W.s kompositorische
Arbeit zur *Götterdämmerung* fortschritt, ließ Ludwig in München am 26. 6.
die *Walküre* ohne Billigung W.s uraufführen, der den ganzen Zyklus geschlossen und als →Festspiel aufführen lassen wollte. So blieb W. auch dieser immerhin erfolgreichen Uraufführung eines seiner Werke fern. Einen
Tag vor Ausbruch des Deutsch-Französischen Krieges am 19. 7. wurde Cosimas Ehe in Berlin geschieden, so daß sie am 25. 8. W. in der protestantischen Kirche von →Luzern heiraten konnte. Zum 100. Geburtstag Ludwig
van →Beethovens hatte W. am 20. 7. seine Schrift →*Beethoven* begonnen,
die er am 11. 9. beendete. Im Okt. 1870 komponierte er das →*Siegfried-Idyll*
und machte im Nov. einen Entwurf zu dem Lustspiel *Eine →Kapitulation*,
das zwar mit viel Spott auf die Kapitulation der Deutschen vor den französischen Moden aufwartet, aber nicht verbergen kann, daß W. in dieser Zeit
»vor Patriotismus förmlich glühte«, wie Friedrich →Pecht (*Aus meiner Zeit*,
München 1894) nach einem Besuch bei W. mitteilte. Hatte es W. früher
nicht eilig genug, seine gerade abgeschlossenen Kompositionen zu veröffentlichen, so hielt er jetzt die am 4. 12. fertiggestellte Partitur des *Siegfried-
Idylls* zurück. Er veranlaßte zwar die private Uraufführung am 25. 12. zu
Cosimas Geburtstag, veröffentlichte die Partitur aber erst 1877 im →Schott-
Verlag. Inzwischen fand in Leipzig die Erstaufführung der *Meistersinger*
statt, und zu Weihnachten verschickte W. an Freunde einige der 18 bei
Bonfantini in Basel gedruckten Exemplare des 1. Bandes seiner Autobiographie →*Mein Leben*. Die politischen Ereignisse des Jahres 1871, z. B. die Proklamation des Deutschen Reichs in Versailles am 18. 1., bewirkten bei W.
analoge Aktivitäten, etwa das →Gedicht *An das deutsche Heer vor Paris* (in:
GSD Bd. 9, S. 1). Gleichzeitig schritt die Arbeit an der Partitur von *Siegfried*
voran, dessen III. Aufzug am 5. 2. vollendet wurde. Im März schloß W. das
im Vorjahr begonnene Lustspiel *Eine Kapitulation* ab und komponierte am
15. 3. den →*Kaisermarsch*, der W.s Begeisterung für die Reichsgründung
zum Ausdruck bringen sollte. Am 24. 3. beendete W. das Manuskript von
Über die Bestimmung der Oper (in: GSD Bd. 7, S. 153). Vom 16. bis zum 20. 4.
besuchten W. und Cosima zum erstenmal Bayreuth, das damals etwa
20 000 Einwohner zählte. Ihr Entschluß, hier die Festspiele zu begründen,
war bald gefaßt. Dann reisten beide nach Leipzig, Dresden und Berlin weiter, wo W. in der Akademie der Künste seinen Vortrag *Über die Bestimmung
der Oper* hielt. In Berlin war W. vom Reichskanzler Otto von →Bismarck
zwar im Familienkreis empfangen worden, erhielt aber keine staatliche Un-

terstützung für den Bayreuther Festspielplan. Dennoch kündigte W. am 12. 5. in Leipzig öffentlich an, die ersten Festspiele bereits im Sommer 1873 stattfinden zu lassen und die Finanzierung durch »Patrone« (→Patronatscheine) und die →Wagner-Vereine absichern zu lassen. Am 16. 5. traten W. und Cosima die Rückreise nach Tribschen an. Seinen Geburtstag benutzte W. dazu, das Vorwort zu seinen →*Gesammelten Schriften und Dichtungen* zu verfassen, von denen bis 1873 die Bände 1 – 9 erschienen, während der 10. Band erst 1883 folgte. Im Juni wurde in →Mannheim durch Emil →Heckel der erste W.-Verein gegründet, dem bald weitere in allen größeren Städten Deutschlands und in den Nachbarländern folgten. Um seinen angekündigten Festspieltermin einhalten zu können, mußte W. mit Nachdruck an der Komposition der *Götterdämmerung* arbeiten, deren Kompositionsskizze des II. Aufzugs er bis zum 25. 10. und die Orchesterskizze bis zum 19. 11. fertigstellte. Am 7. 12. beendete W. zudem noch den *Epilogischen Bericht über die Umstände und Schicksale, welche die Ausführung des Bühnenfestspieles »Der Ring des Nibelungen« bis zur Veröffentlichung der Dichtung derselben begleiteten* (in: GSD Bd. 6, S. 365). Am 9. 12. fuhr W. nach München, wo in den folgenden Tagen Franz von →Lenbach das berühmte Porträt des Meisters mit Barett malte. Am 14. und 15. 12. hielt sich W. wieder in Bayreuth auf, um Verhandlungen mit den städtischen Behörden zu führen und einen Bauplatz für das →Festspielhaus zu besichtigen. Am 20. 12. gab W. ein Konzert für den W.-Verein in Mannheim und fuhr am 22. 12. wieder nach Tribschen.

1872 – 74: Als im Jan. 1872 Friedrich →Nietzsches Buch *Die Geburt der Tragödie aus dem Geist der Musik* in Leipzig erschien, arbeitete W. gerade intensiv am III. Aufzug der *Götterdämmerung* und verhandelte gleichzeitig mit dem Bürgermeister Theodor von →Muncker und dem Bankier Friedrich von →Feustel aus →Bayreuth, die W. in →Tribschen besuchten, um ihm einen neuen und endgültigen Bauplatz für das →Festspielhaus an der »Bürgerreuth« anzubieten. Am 24. 1. reiste W. seinerseits nach Basel, Berlin, Weimar und Bayreuth, wo er weitere Vorbereitungen wegen der geplanten →Festspiele traf und wo auch der Bau eines Wohnhauses vorbereitet wurde. Am 1. 2. konstituierte sich in Bayreuth mit den Herren Muncker, Feustel und Käfferlein der Verwaltungsrat für die Festspiele. Nachdem W. am 10. 4. den III. Aufzug der Kompositionsskizze zur *Götterdämmerung* abgeschlossen hatte, übersiedelte er am 24. 4. nach Bayreuth und wohnte zunächst im Hotel Fantaisie bei Bayreuth; seine Familie zog am 30. 4. nach. Vom 6. bis zum 13. 5. waren W. und Cosima in Wien, wo sie den Maler Hans Makart kennenlernten und W. am 12. 5. für den Wiener →Wagner-Verein ein Konzert im Musikvereinssaal dirigierte. An seinem 59. Geburtstag konnte sich W. den Wunschtraum seines Künstlerlebens erfüllen und die Grundsteinlegung seines Festspielhauses feiern. Als Baumeister wurde der Leipziger Architekt Otto →Brückwald berufen, der zwar die Entwürfe Gottfried

→Sempers benutzen konnte, aber doch auf die örtlichen Bedingungen individuell eingehen mußte und sich praktisch auf ein Provisorium einließ, wie es ursprünglich von W. als »Brettertheater« am Rhein aufgestellt werden sollte. Der Festakt zur Grundsteinlegung wurde im →Markgräflichen Opernhaus mit einer von W. geleiteten Aufführung der *Symphonie Nr. 9* (1824) von Ludwig van →Beethoven begangen. Geharnischte Angriffe gegen W. und sein bislang unerhörtes Unternehmen ließen nicht lange auf sich warten und führten bis zu jenen literarisch-wissenschaftlichen Ausfällen von Theodor Puschmann aus München, der in seiner Abhandlung *Richard Wagner. Eine psychiatrische Studie* (Berlin 1873) den Komponisten kurzerhand in Ferndiagnose für geisteskrank erklärte. Nachdem W. am 22. 7. die Orchesterskizze zum III. Aufzug der *Götterdämmerung* abgeschlossen hatte, reiste er mit Cosima nach →Weimar, um die Entfremdungen der letzten Jahre mit Franz →Liszt aus der Welt zu schaffen. Zum Andenken an die große Wilhelmine →Schröder-Devrient schrieb W. bis zum 14. 9. seinen Aufsatz *Über Schauspieler und Sänger* (in: GSD Bd. 9, S. 189). Ende Sept. 1872 zog W. mit seiner Familie in die Innenstadt von Bayreuth, Dammallee 7, wo er vom 15. bis zum 21. 10. den ersten Besuch Liszts in Bayreuth erhielt. Am 31. 10. konvertierte Cosima, die katholisch erzogen worden war, zum Protestantismus. In seinem Aufsatz *Über die Benennung »Musikdrama«* (in: GSD Bd. 9, S. 359), der am 8. 11. im Leipziger *Musikalischen Wochenblatt* erschien, lehnte W. zwar theoretisch den Begriff →Musikdrama aus philologischen Gründen ab, ließ sich aber auf seine praktische Verwendbarkeit ein, zumal er ihn schon viel früher im Brief an Hans von →Bülow vom 17. 12. 1861 selbst benutzt hatte. Vom 10. 11. bis zum 15. 12. reiste W. mit Cosima durch Deutschland, um Theateraufführungen in Würzburg, Frankfurt a. M., Darmstadt, Mannheim, Stuttgart, Straßburg, Karlsruhe, Wiesbaden, Mainz, Köln, Düsseldorf, Hannover, Bremen, Magdeburg, Dessau und Leipzig zu besuchen, die den Zweck hatten, geeignete Sängerdarsteller für die ersten Bayreuther Festspiele zu engagieren. Seinen Bericht über diese Theaterreise, *Ein Einblick in das heutige deutsche Opernwesen* (in: GSD Bd. 9, S. 314), schloß W. am 24. 12. ab und ließ ihn 1873 im *Musikalischen Wochenblatt* in Leipzig veröffentlichen. Am 12. 12. 1872 wurde *Tannhäuser* in Dresden zum 100. Mal aufgeführt, und im selben Monat konnte auch der Privatdruck des 2. Bandes von →*Mein Leben* fertiggestellt werden. Vom 12. 1. bis zum 8. 2. 1873 setzte W. mit Cosima seine Deutschlandreise fort, erlebte in Dresden die 100. *Rienzi*-Aufführung, las in Berlin nebenbei seine *Götterdämmerung* im Haus des Ministers Alexander Graf von Schleinitz vor, dirigierte in Hamburg zwei Konzerte, sah in Schwerin seinen *Holländer* und kehrte nach Bayreuth zurück. Im März nahm W. das Diktat von *Mein Leben* wieder auf und schrieb den Aufsatz *Zum Vortrag der neunten Symphonie Beethoven's* (in: GSD Bd. 9, S. 275). Eine erneute Reise bis Ende April führte das Ehepaar W. nach Köln, Kassel, Eisleben und Leipzig, wo ein Treffen mit Liszt arrangiert wurde. Am 1. 5. legte W. den Bericht *Das Bühnenfestspielhaus zu Bayreuth* (in: GSD Bd. 9, S. 384) vor und begann am 3. 5. mit der Partitur zur *Götterdämmerung*. Zu W.s 60. Geburtstag wurde eine Festvorstellung im Markgräflichen Opernhaus mit Aufführungen von W.s *Ouvertüre C-Dur* (1832; →Ouvertüren), Ludwig →Geyers Lustspiel *Der bethlehemitische Kindermord* (1823) und Peter →Cornelius' *Künstler-Weihe* mit der Musik W.s zum →*Neujahrs-Festspiel* von 1834 veranstaltet. Zur Uraufführung von Liszts Oratorium *Christus* in der Stadtkirche von Weimar reiste W. am 29. 5. nach →Sachsen. Vor dem Richtfest des Bayreuther Festspielhauses am 2. 8. sandte W. seine Schrift zum *Bühnenfestspielhaus* mit einem Begleitbrief an Otto von →Bismarck, erhielt aber keine Antwort. Im Sept. 1873 besuchte ihn Anton →Bruckner in Bayreuth und widmete ihm seine *Symphonie Nr. 3* (1873). Am 31. 10. versammelten sich die Festspielpatrone und die Abordnungen der W.-Vereine in Bayreuth, um die ernste Lage zu besprechen, die durch Geldmangel entstanden war und das Einstellen der Bauarbeiten am Festspielhaus zur Folge hatte. Am 21. 11. fuhr W. nach München, um dort Hilfe zu erbitten. König →Ludwig II. lehnte ab, ließ aber am 12. 12. W. und Johannes →Brahms den Maximiliansorden für Kunst und Wissenschaft überreichen. Bis zum 24. 12. schloß W. die Partitur des I. Aufzugs der *Götterdämmerung* ab. Das Jahr 1874 begann W. mit der Fortsetzung der Partitur zum Schlußdrama des *Rings*, der ja zu den bereits für das vergangene Jahr angekündigten Festspielen aufgeführt werden sollte. Aber es gab schier unüberwindliche finanzielle Schwierigkeiten, so daß W. versuchte, Kaiser Wilhelm I. um Unterstützung zu bitten, der jedoch lediglich 25 →Patronatscheine kaufte. Unverhofft sprang König Ludwig ein, der es trotz allen Verdrusses nicht über sich bringen konnte, die übermenschlichen Anstrengungen seines Künstlerfreunds so kläglich scheitern zu lassen. In einem Vertrag zwischen dem Verwaltungsrat der Festspiele und der Kabinettskasse ließ der König einen Kredit von 100 000 Talern für den Weiterbau des Festspielhauses anweisen. Am 28. 4. konnte W.s Familie in das erste und letzte eigene Heim einziehen, dem W. die Inschrift gab: »HIER WO MEIN WÄHNEN FRIEDEN FAND –/WAHNFRIED/SEI DIESES HAUS VON MIR BENANNT«. Es war vor allem Cosima, die aus Haus →Wahnfried einen großbürgerlichen Künstlersalon machte. Hier beendete W. am 26. 6. die Partitur der *Götterdämmerung* und schloß am 29. 6. auch das Manuskript des 3. Bandes von *Mein Leben* ab. Im Sommer begann W. mit Vorstudien für die Probenarbeit am *Ring*, dessen Festspielaufführung auf 1876 verschoben wurde. Ganz in der Nähe von Wahnfried wurde die sogenannte →Nibelungenkanzlei eingerichtet, in der junge wagnerbegeisterte Musiker wie Josef →Rubinstein, Anton →Seidl, Herman →Zumpe und später Franz →Fischer und Felix →Mottl die Gesangs- und Orchesterstimmen aus der *Ring*-Parti-

tur herausschrieben und als Aufführungsmaterial präparierten. Am 21. 11.
hatte sich mit dem vollendeten III. Aufzug der *Götterdämmerung* der *Ring*
nach 26 Jahren seiner Entstehungszeit endlich geschlossen. In Coburg hatte
W. die Brüder Gotthold und Max →Brückner als geeignete Bühnenbildner
für die ersten Festspiele ausgemacht und bei ihnen Dekorationen für den
Ring bestellt, die er erstmals am 1. 12. besichtigen konnte. Die Entwürfe der
Kostüme übertrug W. am 17. 12. Carl Emil →Doepler in Berlin. Am 20. 12.
fuhr W. nach Leipzig, um sich mit Albert →Niemann, dem Siegmund-Dar-
steller, zu besprechen und abends im Neuen Theater Louis →Spohrs *Jessonda* (1823) zu besuchen. Die Reise regte W. zu dem Aufsatz *Über eine
Opernaufführung in Leipzig* (in: GSD Bd. 10, S. 1) an, den er am 28. 12. fertig
hatte.

1875 – 77: Da W. 1872 endlich seinen 1830 an den →Schott-Verlag einge-
reichten →Klavierauszug der *Symphonie Nr. 9* (1824) von Ludwig van
→Beethoven zurückbekam, komponierte er am 1. 2. 1875 zum Dank ein
→*Albumblatt* für Betty →Schott. Zur Finanzierung der für den Sommer geplanten Vorproben der →Festspiele mußte W. wieder auf Konzertreisen gehen; das erste Konzert gab er am 1. 3. im Musikvereinssaal in →Wien, dem
sich am 3. 3. ein Atelierfest bei Hans Makart anschloß, wo W. den Arzt Joseph →Standhartner kennenlernte; am 10. 3. gab W. mit Franz →Liszt zusammen ein Konzert in Budapest; dann reiste W. wieder nach Wien, wo er
am 14. 3. erneut konzertierte. Am 10. 4. sah sich W. mit Cosima in Leipzig
Robert →Schumanns *Genoveva* (1850) an und besuchte am nächsten Tag in
Hannover eine *Lohengrin*-Aufführung und am 14. 4. in Braunschweig *Tannhäuser*. Am 24. und 25. 4. gab W. zwei Konzerte in Berlin und besuchte
Adolph von Menzel in seinem Atelier. Ende April wurde der Privatdruck
des 3. Bandes von →*Mein Leben* ausgeliefert. Nach einem dritten Konzert in
Wien am 6. 5. mußte sich W. im Juli an die Vorproben für die Festspiele machen und lud zu diesem Zweck einige Künstler nach →Wahnfried ein. Die
Bronzebüste König →Ludwigs II. von Kaspar von Zumbusch wurde am
22. 7. vor der Villa Wahnfried aufgestellt. Vom 1. bis zum 12. 8. hielt man im
noch nicht fertiggestellten →Festspielhaus unter Hans →Richters Leitung
die Orchester- und Gesangsproben für den *Ring* ab; W. führte →Regie, wobei ihn Menzel auf der Bühne zeichnete. Zum Abschluß der Probenarbeit
veranstaltete W. für 140 beteiligte Künstler ein Gartenfest in Wahnfried.
Vom 13. bis zum 18. 9. begab sich W. mit der ganzen Familie auf eine Erinnerungsreise nach Böhmen, besuchte Karlsbad und →Teplitz mit der
Schlackenburg, Aussig mit dem Schreckenstein und schließlich →Prag und
Eger. Ein zweites Gesuch an Kaiser Wilhelm I. und Otto von →Bismarck
wegen eines Darlehens für die Festspiele wurde an den Reichstag verwiesen.
Da sich W. dort keinen Erfolg versprach, zog er seinen Antrag zurück. Am
30. und 31. 10. waren W. und Cosima in München, besuchten dort Franz

von →Lenbach und Adolf Friedrich Graf von Schack; dann fuhren sie nach Wien weiter, wo W. im Nov. 1875 die Proben zu *Tannhäuser* und *Lohengrin* leitete und mehrere Werke zeitgenössischer Komponisten zu hören bekam, wie Giuseppe Verdis *Messa da Requiem* (1873), Johannes →Brahms' *Klavierquartett c-Moll* (1875), aber auch Georges →Bizets *Carmen* (1875), Karl Goldmarks *Königin von Saba* (1875), Charles Gounods *Roméo et Juliette* (1867) und Giacomo →Meyerbeers *L'Africaine* (1865). Neben vielen alten Bekannten begegnete W. auch Johann →Strauß und Hugo Wolf. Am 22. 11. wurde in einer Neueinstudierung die sogenannte Wiener Fassung von *Tannhäuser* unter Richters Leitung aufgeführt. Am 15. 12. folgte unter ihm *Lohengrin*. Am 16. 12. reiste die Familie W. wieder nach →Bayreuth. Zur 100-Jahr-Feier der Unabhängigkeit der Vereinigten Staaten von Nordamerika (→Amerika) wurde W. aufgefordert, eine Komposition zu liefern, für die er 5 000 Dollar vom Auftraggeber und 9 000 Mark Verlagshonorar vom Schott-Verlag bekam. Im Jan. 1876 hatte W. außerdem mit dem 4. Band von *Mein Leben* begonnen. Unvermittelt zeichnete W. am 9. 2. die Melodie zur Blumenmädchenszene im erst noch zu dichtenden *Parsifal* auf; das Skizzenblatt trägt den Vermerk: »amerikanisch sein wollend«. Als Benefizvorstellung für den Opernchor reiste W. am 2. 3. nach Wien und dirigierte seinen *Lohengrin*. Die Berliner Erstaufführung von *Tristan* mit Albert →Niemann in der Titelrolle erbrachte einen Reinertrag von 5 000 Talern, die dem Bayreuther Festspielfonds zugeschlagen wurden. Ab dem 3. 6. begannen in Bayreuth die Festspielproben unter W.s Gesamtleitung, von der Heinrich →Porges ausführliche Aufzeichnungen machte, die ab 1880 in den →*Bayreuther Blättern* veröffentlicht wurden. Vom 6. bis zum 9. 8. kam König Ludwig zu den Generalproben nach Bayreuth und söhnte sich dadurch öffentlich mit W. aus, den er acht Jahre nicht gesehen hatte. Zwar mied der König die Premieren des *Rings*, besuchte aber nochmals den dritten Festspielzyklus vom 27. bis zum 30. 8. Vom 13. bis zum 30. 8. wurden mit drei Gesamtaufführungen des *Rings* die ersten Bayreuther Festspiele veranstaltet. Dirigent war Richter, seine Assistenten Franz →Fischer, Felix →Mottl, Josef →Rubinstein und Anton →Seidl; die Orchestermitglieder kamen aus 20 verschiedenen Städten, die Bühnenbildentwürfe machte Josef Hoffmann, die Ausführungen dazu die Gebrüder Gotthold und Max →Brückner in Coburg; für die Choreographie zeichnete Richard →Fricke verantwortlich; die technische Leitung hatte Carl →Brandt; die Hauptdarsteller waren Franz →Betz, Carl →Hill, Amalie →Materna, Niemann, Max →Schlosser, Georg Unger und Heinrich →Vogl. Unter den Premierengästen befanden sich Kaiser Wilhelm und Kaiser Peter II. von Brasilien, mehrere deutsche Fürsten und Großindustrielle, Wissenschaftler und Künstler wie Anton →Bruckner, Edvard Grieg, Wilhelm Kienzl, Liszt, Nikolai Rubinschtein, Camille Saint-Saëns, Franz von Suppé und Pjotr Tschaikowski; ebenso waren

W.s Freunde und Bekannte Judith →Gautier, Jessie →Laussot, Mathilde
→Maier, Malwida von →Meysenbug, Marie Gräfin von →Schleinitz, Mathilde →Wesendonck, Carl Friedrich →Glasenapp, Karl →Klindworth, Lenbach, Makart, Menzel, Angelo →Neumann, Friedrich →Nietzsche, Anton
→Pusinelli, Edouard →Schuré, Gottfried →Semper, Joseph →Tichatschek,
Hans von →Wolzogen u. a. anwesend. Mit den ersten zyklischen Aufführungen seines Opus magnum hatte W. den Zenit seines künstlerischen Wirkens erreicht. Und um sich von den Anstrengungen der ersten Festspiele zu
erholen, reiste W. mit seiner Familie am 14. 9. nach →Italien, zunächst über
Verona, →Venedig, →Bologna und →Neapel nach Sorrent, wo W. seine
letzte Begegnung mit Nietzsche hatte. Erst im Dez. 1876 ging die Reise über
Rom und Florenz wieder nach Norden, so daß die Familie W. am 20. 12.
wieder in Bayreuth eintraf. Gegen Ende des Jahres stellte sich heraus, daß
das Defizit der ersten Bayreuther Festspiele 148 000 Mark betrug; an eine
Wiederholung war also nicht zu denken. Schon am 1. 1. 1877 machte W. einen Planentwurf, wie in Zukunft die Festspiele besser zu sichern wären. Er
schlug die Bildung eines Patronatvereins (→Patronatscheine) für Bayreuth
vor; gleichzeitig wollte er eine »Hochschule für dramatisch-musikalische
Darstellung« ins Leben rufen, um sich selbst die Sängerdarsteller für seine
Festspiele heranbilden zu können. Am 25. 1. teilte W. Cosima mit: »Ich beginne den ›Parzival‹ [...]« Einen zweiten dialogisierten Entwurf dazu
schrieb W. bis zum 28. 2.; der erste erhaltene Entwurf stammt aus dem Jahr
1865. Die Dichtung zu *Parsifal* (W. hatte die Namensänderung am 14. 3.
vollzogen) wurde am 19. 4. abgeschlossen. Dann reiste W. mit Cosima am
30. 4. nach →London. Dort dirigierte er, mit Richter alternierend, vom 7. bis
zum 29. 5. acht Konzerte mit eigenen Werken in der Albert Hall, um durch
die Einnahmen (es waren 700 Pfund Sterling) einen Teil der Schulden aus
den Festspielen zu tilgen. Die fatale Lage ließ W. erneut Fluchtgedanken he-
gen: Diesmal dachte er an Amerika und teilte den Wunsch einer Auswanderung in einem Brief vom 13. 5. aus London an Friedrich von →Feustel in
Bayreuth mit. Am 17. 5. wurde W. auf Schloß Windsor von Königin Viktoria empfangen. Nach seiner Rückkehr nach Bayreuth trat W. mit seiner Familie im Juni einen Kuraufenthalt in Bad Ems an und fuhr im Juli über Heidelberg, Mannheim, Luzern, Tribschen, Zürich, München und Nürnberg
nach Weimar, wo er vom 23. bis zum 28. 7. Liszt in der »Hofgärtnerei« besuchte und Tagesausflüge nach →Eisenach und auf die →Wartburg machte.
Am 28. 7. kehrte die Familie nach Bayreuth zurück. Am 15. 9. fand die Versammlung der →Wagner-Vereine im Bayreuther Festspielhaus statt. W. erläuterte seine Vorhaben, die Gründung eines Patronatvereins und den
Hochschulplan, der allerdings nicht verwirklicht wurde. Ende Sept. 1877 begann W. mit der Komposition von *Parsifal* und schickte Judith Gautier, mit
der er seit den ersten Festspielen im Briefwechsel stand, verschiedene Melo-

dien aus dem neuesten →Musikdrama zu. Weihnachten erschien im Schott-Verlag die Dichtung zu *Parsifal*. Mit diesem Werk wollte W. seinen Frieden mit der Welt schließen, ohne auf die Idee, die menschliche Gesellschaft zu verbessern, zu verzichten.

1878–80: Im Jan. 1878 wurde die erste Ausgabe der →*Bayreuther Blätter*, die im Auftrag W.s von Hans von →Wolzogen redigiert wurde, herausgebracht. W. selbst schrieb zahlreiche Aufsätze über kulturelle und politische Fragen der Zeit für sein literarisches Publikationsorgan. Bis zum 29. 1. hatte W. aber auch schon die Kompositionsskizze zum I. Aufzug von *Parsifal* und zwei Tage später die parallel gearbeitete Orchesterskizze abgeschlossen. Während er ab dem 13. 3. an der Komposition des II. Aufzugs von *Parsifal* arbeitete, wurden am 28. und 29. 4. in →Leipzig die Erstaufführungen von *Rheingold* und *Walküre* in der Regie von Angelo →Neumann und unter Joseph Suchers Dirigat gegeben. Am 10. 6. wurde zum erstenmal *Siegfried* in München inszeniert; die *Götterdämmerung* folgte am 15. 9. Beide Werke hatten am 20. und 21. 9. in Leipzig Premiere. Inzwischen hatte W. die Komposition zum III. Aufzug von *Parsifal* erarbeitet und bis zum 30. 9. abgeschlossen, die Orchesterskizze bis zum 11. 10. beendet. Die Arbeit am III. Aufzug unterbrach W. kurzfristig durch seinen *Rückblick auf die Bühnenfestspiele des Jahres 1876* (in: GSD Bd. 10, S. 139). Vom 3. bis zum 7. 1. 1879 wurde der *Ring* in Leipzig aufgeführt. Im Frühjahr verfaßte Wolzogen eine von W. angeblich autorisierte Selbstbiographie, die für eine amerikanische Zeitschrift unter dem Titel *The Work and Mission of My Life* bestimmt war; deutsch wurde sie 1884 als *Richard Wagners Lebensbericht* veröffentlicht. Bis zum 16. 4. hatte W. die Kompositionsskizze, bis zum 26. 4. auch die Orchesterskizze abgeschlossen. Bis zum 13. 5. entstand zudem sein zeitkritischer Aufsatz →*Wollen wir hoffen?*, der im Mai 1879 in den *Bayreuther Blättern* veröffentlicht wurde. Vom 26. bis zum 30. 5. wurde der *Ring*-Zyklus in →Wien gegeben. Im Sommer entstanden die Aufsätze →*Über das Dichten und Komponieren*, →*Über das Opern-Dichten und Komponieren im besonderen* und *Über die Anwendung der Musik auf das Drama* (in: GSD Bd. 10, S. 229). Franz →Liszt machte vom 21. bis zum 31. 8. einen Besuch in →Bayreuth; während dessen Anwesenheit begann W. am 23. 8. die Partitur von *Parsifal*, und Liszt trug zu Johann Wolfgang von Goethes 130. Geburtstag, am 28. 8., in →Wahnfried seine *Faust-Symphonie* (1857) am Klavier vor. Ab dem 20. 10. wurde Heinrich von →Stein für drei Jahre als Hauslehrer in Wahnfried und als Mitarbeiter der *Bayreuther Blätter* angestellt. Über Weihnachten arbeitete W. an seinem Aufsatz *Zur Einführung in das Jahr 1880* (in: GSD Bd. 10, S. 37) und reiste danach mit der Familie nach →Italien; der Silvesterabend wurde mit Franz von →Lenbach, Hermann →Levi u. a. im Münchener Hotel Marienbad gefeiert. Am 4. 1. 1880 kam die Familie W. in →Neapel an, wo sie sieben Monate in der Villa Angri am Golf von Neapel wohnen konnte. Dort besuchte der russische Maler Paul von →Joukowsky den Komponisten, der ihn beauftragte, Bühnen- und Kostümbilder für *Parsifal* anzufertigen. Auch Engelbert →Humperdinck machte am 9. 3. einen Antrittsbesuch bei W. und wurde für das nächste Jahr als musikalischer Assistent nach Bayreuth eingeladen. Am 23. 4. schloß W. das Diktat seiner Autobiographie →*Mein Leben* ab, das nunmehr bis 1864 reichte. Vom 4. bis zum 8. 5. wurde der *Ring* vollständig auch in →Hamburg aufgeführt. Und zu W.s Geburtstag wurde in der Villa Angri erstmals in einer Privataufführung die Gralsszene aus dem I. Aufzug von *Parsifal* aufgeführt. Ein Ausflug nach →Ravello brachte für W. das Erlebnis, im Palazzo Rufolo »Klingsors Garten gefunden« zu haben. In W.s am 19. 7. abgeschlossenem Aufsatz →*Religion und Kunst* bekannte sich der Autor zu der Ansicht, daß Kunst Religionsersatz sei. Am 8. 8. fuhr die Familie W. nach Rom, dann weiter über Florenz nach Perugia. Am 21. 8. besuchte man →Siena, und wiederum fand W. in dem gotischen Dom ein Vorbild für den Gralstempel (→Gral) seines *Parsifal*. Der 4. Band von *Mein Leben* wurde am 25. 8. im Druck vorgelegt; W. schickte sogleich ein Exemplar als Geburtstagsgeschenk an König →Ludwig II. Vom 16. bis zum 25. 9. besuchte Liszt W. in Siena. W. schrieb am 28. 9. an König Ludwig den denkwürdigen Brief, in dem er seinen Willen kundtat, *Parsifal* »in aller Zukunft einzig und allein« in Bayreuth aufgeführt wissen zu wollen. Am 4. 10. kam die Familie W. in →Venedig an und bezog zwei Tage später den →Palazzo Contarini am Canal Grande. Im Okt. 1880 entstand W.s Nachtrag zu *Religion und Kunst* mit dem Titel →»*Was nützt diese Erkenntnis?*«. Am 31. 10. kam W. in →München an; die Familie weilte bis zum 17. 11. in der bayerischen Hauptstadt, machte am 6. 11. ein Atelierfest bei Lenbach mit, konnte am 4. 11. den *Holländer* und am 7. 11. *Tristan* im Nationaltheater besuchen und erlebte am 10. 11. eine →Separatvorstellung von *Lohengrin*. Am 12. 11. dirigierte W. das *Parsifal*-Vorspiel für den König im Theater, und nach dieser letzten Begegnung mit Ludwig II. fuhr er wieder nach Bayreuth, wo er intensiv an der Partitur von *Parsifal* weiterarbeitete und am 1. 12. die nächsten →Festspiele mit ausschließlich *Parsifal*-Aufführungen für den Sommer 1882 ankündigte.

1881 – 83: Im Jan. 1881 schrieb W. weitere Ergänzungen zu →*Religion und Kunst*, nämlich die Ausführung →»*Erkenne dich selbst*«. Nachdem er am 25. 4. den I. Aufzug von *Parsifal* abgeschlossen hatte, reiste er zur ersten *Ring*-Aufführung vom 5. bis zum 9. 5. nach →Berlin, der noch weitere drei Zyklen mit dem Dirigenten Anton →Seidl folgten. Wieder in →Bayreuth, erhielt W. am 11. 5. den Besuch von Joseph Arthur Graf von →Gobineau, dessen Ansichten und Buch über die Rassen W. erst in dieser Zeit kennenlernte. Dann reiste er nochmals nach Berlin, um sich den vierten *Ring*-Zyklus anzuhören. Am 6. 6. begann W. mit der Partitur des II. Aufzugs von *Parsifal* und verfaßte nebenher weitere Ausführungen zu *Religion und*

Kunst: die Schrift *Heldentum und Christentum*. Ein Abstecher der Familie W.
nach →Dresden wurde neben einer zahnärztlichen Behandlung auch zu
Opernbesuchen von Wolfgang Amadeus →Mozarts *Le nozze di Figaro*
(1786), Carl Maria von →Webers *Freischütz* (1821) und *Preziosa* (1821) sowie
des *Holländers* genutzt. Neben Franz →Liszts Besuch vom 22. 9. bis zum
9. 10. hatte W. vom 26. bis zum 29. 9. auch Besuch von Judith →Gautier. Sie
sammelte Notizen für ihr W.-Buch, das in französischer Sprache 1882
erschien und 1883 auch ins Deutsche übersetzt wurde. Am 20. 10. war die
Partitur des II. Aufzugs von *Parsifal* abgeschlossen. W. machte sich am 1. 11.
erneut mit seiner Familie auf Italienreise. Am 5. 11. kamen sie in →Palermo
an und nahmen zunächst im »Hôtel des Palmes« Quartier. Während W. am
III. Aufzug von *Parsifal* arbeitete, begann Josef →Rubinstein gleichzeitig mit
dem Klavierauszug des →Bühnenweihfestspiels, dessen noch nicht ganz
fertige Originalpartitur W. seiner Frau Cosima am 25. 12. als Geburtstagsgeschenk überreichte. Während des ganzen Jahres hatte W. bereits unter stär-
keren Herzattacken zu leiden und klagte auch öfters über Unterleibs-
beschwerden. Am 2. 1. 1882 wurde erstmals *Tristan* in →Leipzig aufgeführt.
Am 13. 1. vollendete W. sein letztes →Musikdrama, für das er vom Verlag
→Schott ein Honorar von 100 000 Mark bekam. Am 15. 1. entstand in Palermo eine Bleistiftzeichnung von Auguste →Renoir, nach der er später das
berühmte Bild von W. malte. Auch Paul von →Joukowsky malte in diesen
Tagen ein Ölbild von W. Im Febr. 1882 zog W.s Familie in eine Villa an der
Piazza dei Porazzi in Palermo um und am 20. 3. in den sizilianischen Kurort
Acireale. W. erlitt dennoch verstärkt Herzanfälle. Nach der Weiterreise nach
Messina und Neapel hielt sich W. vom 15. bis zum 29. 4. wieder in →Vene-
dig auf und kehrte am 1. 5. nach Bayreuth zurück. Dort wurde eigens für
König →Ludwig II. am →Festspielhaus ein Eingangsvorbau für seinen im
Sommer erwarteten Festspielbesuch angebaut. Vom 5. bis zum 8. 5. wurde
der *Ring* von Angelo →Neumann in London aufgeführt. Vom 11. bis zum
17. 6. besuchte Gobineau nochmals Bayreuth, wo in dieser Zeit die →Bay-
reuther Stipendienstiftung gegründet wurde, um Unbemittelten freien Eintritt zu den →Festspielen zu ermöglichen. Neumann verabschiedete sich
von Leipzig mit einem W.-Zyklus aller Bühnenwerke von *Rienzi* bis zum
Ring. Am 2. 7. begannen die Proben zu *Parsifal* im Festspielhaus; König Ludwig stellte das Orchester der Münchener Hofoper kostenlos zur Verfügung.
Mit 16 Aufführungen von *Parsifal* wurden am 26. 7. die zweiten Bayreuther
Festspiele begonnen; Hermann →Levi und Franz →Fischer waren die Dirigenten; Engelbert →Humperdinck, Julius →Kniese, Heinrich →Porges assistierten; die Bühnenbildentwürfe von Joukowsky wurden von den Gebrü-
dern Gotthold und Max →Brückner ausgeführt; die Choreographie hatte
wieder Richard →Fricke übernommen; die technische Leitung hatte Fritz
→Brandt; die Hauptrollen sangen Amalie →Materna, Carl →Hill, Theodor

→Reichmann, Emil →Scaria und Hermann →Winkelmann. Unter den Fest-
spielgästen waren wieder so berühmte Besucher wie Anton →Bruckner,
Wilhelm Kienzl, Liszt, Gustav Mahler, Arthur →Nikisch, Camille Saint-
Saëns, Ernst von Schuch, Richard Strauss, Hugo Wolf u. a. In der letzten
Aufführung stieg W. in den Orchestergraben und dirigierte erst- und letztmals im Festspielhaus den 2. Teil des III. Aufzugs selbst. Schon seit dem 1. 9.
1882 hatte sich Neumann mit seinem »Reisenden Wagner-Theater« bis zum
5. 6. 1883 auf eine Tournee in 24 Städten Europas gemacht und ausschließlich den *Ring* zur Aufführung gebracht. Am 14. 9. reiste W. mit seiner Familie, von Paul von Joukowsky begleitet, nach Venedig und wohnte dort vom
18. 9. an im Gartenflügel des →Palazzo Vendramin-Calergi am Canal
Grande. In der Rückbesinnung auf die vergangenen Festspiele schrieb er bis
zum 1. 11. den Aufsatz *Das Bühnenweihfestspiel in Bayreuth 1882* (in: GSD
Bd. 10, S. 381), der im selben Jahr noch in den →*Bayreuther Blättern* abgedruckt wurde. Am 19. 11. kam Liszt für fast zwei Monate zu Besuch nach
Venedig; im Dez. 1882 traf auch Humperdinck ein. Am 24. 12. dirigierte W.
im Teatro La Fenice eine Privataufführung seiner wiederaufgefundenen
Symphonie C-Dur (→Symphonien) von 1832, worüber er einen *Bericht über
die Wiederaufführung eines Jugendwerkes* (in: GSD Bd. 10, S. 397) am 31. 12.
für das Leipziger *Musikalische Wochenblatt* schrieb. Am 3. 1. 1883 reiste zunächst Humperdinck, am 13. 1. auch Liszt wieder nach Deutschland. Dafür
kam vom 4. bis zum 12. 2. Levi nach Venedig, um sich wegen der Aufführungen von *Parsifal* für die nächsten Festspiele mit W. zu besprechen. Mit
Levi, Joukowsky und seinen Töchtern war W. noch ausgelassen beim Treiben des venezianischen Karnevals am 6. 2. auf dem Markusplatz. Am 11. 2.
begann er einen Aufsatz mit dem Titel →*Über das Weibliche im Menschlichen*, der als Nachschrift zu →*Religion und Kunst* gelten sollte und Fragment blieb. Am 12. 2. machte Joukowsky noch eine Zeichnung des lesenden
Meisters, der schließlich am Klavier den Schluß von *Rheingold* spielte. Am
nächsten Morgen schrieb W. an seinem Aufsatz, regte sich wegen einer
Sängerin in *Parsifal* auf und starb am Nachmittag um 1/2 4 Uhr an einem
Herzinfarkt. Am 14. 2. wurde W.s Totenmaske von Augusto →Benvenuti
abgenommen; am 16. 2. geleitete man den Sarg mit W.s Leichnam auf seine
letzte Reise über München nach Bayreuth. Das Begräbnis im Garten des
Hauses →Wahnfried wurde am 18. 2. unter Anteilnahme der ganzen Stadt
begangen. Die Festspiele von 1883 fanden dennoch zur Erinnerung an den
verstorbenen Meister mit zwölf Aufführungen von *Parsifal* vom 8. bis zum
30. 7. statt. Ab 1884 übernahm Cosima W. die Festspielleitung.

Aachen

Das 1822–25 erbaute Stadttheater wurde nach seiner Zerstörung im Zweiten Weltkrieg am 27. 12. 1951 mit den *Meistersingern* neu eröffnet. *Tannhäuser* war bereits 1854 und *Lohengrin* 1855 inszeniert worden. 1894 begann in Aachen die große Karriere des W.-Tenors Karl Burrian, der 1898 die Titelrolle in der Aachener Erstaufführung von *Tristan* sang. Vom 14. bis zum 18. 2. 1883 gab Angelo →Neumann mit seinem reisenden »Wagner-Theater« Gastspiele des *Rings* in dem damals kaum mehr benutzten Theater. Erst nach der Renovierung 1900/01 wurde das aus einem Logentheater in ein Rangtheater umgestaltete Haus wieder verstärkt für Opernaufführungen genutzt. Unter der Leitung von Anton Ludwig wurden in den 20er Jahren fast alle Werke W.s inszeniert und am Ostersonntag 1921 erstmals *Parsifal* aufgeführt. 1928 debütierte der bedeutende W.-Tenor Ludwig Suthaus als →Stolzing. Herbert von Karajan wurde 1934 als 1. Opernkapellmeister engagiert und dirigierte neben anderen Werken W.s den *Ring* und *Parsifal*; er inszenierte auch erstmals die *Meistersinger* in Aachen. Nach dem Krieg dirigierte der junge Wolfgang Sawallisch als Generalmusikdirektor Werke W.s.
Lit.: D. Zöchling, Opernhäuser in Deutschland, Österreich und der Schweiz, Düsseldorf 1983

Abt, Franz

Geb. 22. 12. 1819 in Eilenburg, gest. 31. 3. 1885 in Wiesbaden; Liederkomponist und Dirigent. – Thomasschüler in Leipzig, Hofmusikdirektor in Bernburg, 1841–52 Dirigent der Allgemeinen Musikgesellschaft in →Zürich sowie zeitweilig Chordirektor am dortigen Aktientheater; 1852–82 war er Hofkapellmeister in Braunschweig. Als W. 1851 mehrere Symphonien von Ludwig van →Beethoven mit dem Orchester der Musikgesellschaft in Zürich aufführte, war Abt dessen ständiger Leiter und mit W. bekannt. Gelegentliche Kontakte bestanden, als Abt Werke W.s in Braunschweig aufführte; 1875 besuchte W. dort eine *Tannhäuser*-Vorstellung.

Achilleus (WWV 81)

Oper (?) in drei Akten; Prosaskizze vom Frühjahr 1849; als *Bruchstücke eines Dramas* »Achilleus« (1849) veröffentlicht (in: SSD Bd. 12, S. 283). – Der kurze Entwurf steht unter dem Motto Achilleus', der zu Agamemnon sagt: »Suchst du Wonne im Herrschen, so lehre dich Klugheit zu lieben.« In drei kurzen Abschnitten skizzierte W. eine Handlung, die davon ausgeht, daß Achilleus die von seiner Mutter Thetis angebotene Unsterblichkeit ablehnt, um sich über die Götter erheben zu können. »Der Mensch ist die Vervollkommnung Gottes.« Nach seinem erfolgreichen Kampf mit Hektor um Ilion hat Achilleus »das Herz des Adlers […] genossen« und will nur noch »verdauen«; die Zerstörung der Stadt überläßt er den anderen.
Lit.: WWV

Ada

Sopranpartie in den →*Feen*. Den Namen dieser Feenkönigin hatte W. bereits in seinem Opernfragment *Die* →*Hochzeit* verwendet und in sein nächstes Libretto übernommen.

Adam, Adolphe Charles

Geb. 24. 7. 1803 in Paris, gest. 3. 5. 1856 ebd.; Opernkomponist. – Die Erfolge, die er mit seinen Opern *Le Postillon de Lonjumeau* (1836), *La Poupée de Nuremberg* (1852), *Si j'étais roi* (1852) sowie mit seiner Musik zu Jean Corallis Ballett *Giselle ou Les Wilis* (1841) erringen konnte, mußten W.s Neid erwecken, der vergeblich in der Metropole der Kunst des 19. Jh.s Fuß zu fassen suchte. Aber W. hatte auch schwerwiegende ästhetische Bedenken gegen Adams Musik. »[...] man konnte wahrnehmen, daß während der letzten Decennien in demselben Grade, in welchem die Sittlichkeit der Pariser Gesellschaft jener beispiellosen Verderbniß zueilte, ihre Musik in frivoler Geschmacksrichtung unterging: man höre die neuesten Kompositionen eines Auber, Adam u. s. w. und vergleiche sie mit den scheußlichen Tänzen, welche man zur Karnevalszeit in Paris aufführen sieht, so wird man einen erschreckenden Zusammenhang gewahren«, äußerte sich W. in seinem →*Entwurf zur Organisation eines deutschen National-Theaters für das Königreich Sachsen* (S. 353).

Adieux de Marie Stuart (WWV 61)

Lied für Singstimme (Sopran) und Klavier in Es-Dur, komponiert im März 1840 in Paris; Text von Pierre Jean de Béranger. Wahrscheinlich schrieb W. das Lied für die Sängerin Julie Dorus-Gras, die er zum Vortrag einiger Arien aus dem →*Liebesverbot* gewinnen wollte.

Lit.: WWV

Adorno, Theodor W.

Eigtl. T. Wiesengrund; geb. 11. 9. 1903 in Frankfurt a. M., gest. 6. 8. 1969 in Visp (Wallis); Soziologe, Philosoph, Musikschriftsteller und Komponist. – Als Verfolgter des Naziregimes mußte er 1933 emigrieren. Er hatte ein gebrochenes Verhältnis zu W., dessen Kunst er in der Nachfolge Friedrich →Nietzsches sehr differenziert kritisierte. Doch mochte er besonders *Parsifal* seine Anerkennung nicht versagen. Adornos Forschungen über W. erzielten oft genauere Kenntnisse von W.s →Musikdramen, als es manche Apologeten mit ihren Ausführungen vermochten. Sein starkes Engagement für die Neue Musik, auch sein Einsatz für Gustav Mahler verminderten jedoch zusätzlich sein Interesse an W. – Schriften: *Versuch über Wagner* (Berlin/Frankfurt 1952).

Adriano

Mezzosopranpartie in *Rienzi*. Diese Bühnenfigur ist W.s einzige Hosenrolle. Wilhelmine →Schröder-Devrient stellte in der Uraufführung den Sohn Steffano →Colonnas dar.

Agoult, Marie Cathérine Sophie
Gräfin d'
Geb. Marie Catharina Vicomtesse
de Flavigny; Pseud. Daniel Stern;
geb. 30. 12. 1805 in Frankfurt a. M.,
gest. 5. 3. 1876 in Paris. – Geliebte
Franz →Liszts, Mutter Cosima Wagners. Ab 1827 mit dem Grafen
Charles d'Agoult verheiratet, lebte
sie 1834 – 39 mit Liszt zusammen.
Aus dieser Liaison stammten die
Töchter Blandine (→Ollivier) und
Cosima und der Sohn Daniel Liszt.
Nach der Trennung von Liszt ging
sie zu ihrem Ehemann zurück. Sie
war Mittelpunkt eines schöngeisti-
gen Zirkels und wandte sich nach
1848 literarisch der Politik zu. Ihren
Schwiegersohn Hans von →Bülow
lernte sie in Zürich, W. in →Trib-
schen kennen. Ihr Verhältnis mit
Liszt schlug sich in ihrem von Franz
Liszt abgelehnten Schlüsselroman
Nélida (Paris 1846) nieder. – Weitere
Werke: *Lettres républicaines* (Paris
1848), *Histoire de la révolution de
1848* (Paris 1850).

Ahasver(us)
Eine spätmittelalterliche Legenden-
gestalt, die bei W. in der Gestalt des
fliegenden →Holländers sich als
Bühnenfigur manifestierte.

Alberich
Baßpartie im *Ring*. Ein Zwerg aus
dem Geschlecht der Nibelungen und
damit ein Nachtalbe im Gegensatz
zu den Lichtalben, den Göttern. Wegen seiner häßlichen Gestalt konnte
er nicht die Liebe der →Rheintöch-
ter gewinnen und raubte ihnen da-

für das Rheingold, um gleichzeitig
die Liebe zu verfluchen. Er ließ von
→Mime den →Ring schmieden, der
zur Weltherrschaft führen sollte,
und errichtete in Nibelheim sein
unterirdisches Reich, mit dessen
Macht er einst auch die Götter vernichten wollte. Als ihm →Wotan
und →Loge durch List den Ring entwendeten, verfluchte er den Reif
und trachtete durch seinen Sohn
→Hagen, wieder in dessen Besitz zu
kommen.

Albumblätter
1. →*Klavierstück E-Dur* (WWV 64). –
2. *Albumblatt As-Dur* (WWV 93);
komponiert 1858/59 in Venedig;
fälschlich bekannt als →*Porazzi*-
Thema. – 3. *Albumblatt C-Dur* für
Klavier (WWV 94) für das Album
der Fürstin Pauline →Metternich;
komponiert im Juni 1861; erschienen Leipzig 1871. – 4. *Albumblatt
As-Dur* für Klavier (WWV 95) →*Ankunft bei den schwarzen Schwänen*. –
5. *Albumblatt Es-Dur* für Klavier
(WWV 108) für Betty →Schott;
komponiert Jan. bis 1. 2. 1875 in
Bayreuth; erschienen Mainz 1976. –
Es handelt sich bei diesen Gelegen-
heitskompositionen um Anerkennungen W.s für verschiedene Gefälligkeiten und Liebesdienste seiner
Freunde. Die Nr. 2 ist nicht eigentlich ein Albumblatt, sondern wohl
mehr eine musikalische Notiz zu
Tristan. Das tatsächliche »Porazzi«-
Thema entstand erst 1881 und leitet
seine Benennung vom Wohnort W.s
in →Palermo ab, der Piazza dei Porazzi, wo W. vom 2. 2. bis zum 19. 3.

1882 Ferien machte, so daß auch dieses spätere Thema nicht dort entstanden sein kann. Es wurde schon vor W.s Abreise von Bayreuth am 1. 11. 1881 nach Palermo aufgeschrieben, da »es als Widmungs-Blatt im Parsifal stehen sollte!«, wie Cosima in ihren →Tagebüchern (vom 9. 2. 1883) überlieferte. Das Albumblatt für die Fürstin Metternich, die sich vehement für eine Aufführung von *Tannhäuser* in Paris eingesetzt hatte, stellt dagegen eine typische Geste der Danksagung W.s dar. Das Albumblatt für Betty Schott war der Dank für die am 11. 1. 1872 erfolgte Rückgabe des Arrangements der *Symphonie Nr. 9* (1824) von Ludwig van →Beethoven, eine Arbeit, die bereits 1830/31 in Leipzig angefertigt worden war und die W. damals dem Verlag Schott vergeblich zur Veröffentlichung vorlegte.
Lit.: WWV

Allgemeine Inhaltsübersicht über Richard Wagners Sämtliche Schriften und Dichtungen
Eine vollständige Übersicht über W.s Veröffentlichungen befindet sich in Band 16 (S. 263 – 326) der sogenannten Volksausgabe seiner *Sämtlichen Schriften und Dichtungen* (Leipzig o. J.; = SSD); die Inhaltsaufzählung ist sowohl pro Band als auch in alphabetischer Reihenfolge der Titel gegliedert. Desgleichen befindet sich eine Übersicht der in der Erstausgabe erhaltenen Schriften W.s in Band 9 (S. 409 – 412) der *Gesammelten Schriften und Dichtungen*

(Leipzig 1871 – 80; = GSD), die 1883 mit einem 10. Band ergänzt wurde (Inhalt dieses Bandes vor S. 1).

Allgemeine Zeitung, Augsburg
Bereits Heinrich →Heine hatte von Dez. 1831 bis Sept. 1832 seine aufsehenerregenden Berichte über *Französische Zustände* in dieser Zeitung veröffentlichen lassen. W. ersuchte erstmals am 2. 1. 1849 deren Redaktion, seine Besprechung *Geschichte der deutschen Schauspielkunst* über das gleichnamige Werk (Leipzig 1848 – 74) von Eduard →Devrient abzudrucken, die damals allerdings nicht erschien. Abgedruckt dagegen wurde in der Beilage zu Nr. 191 vom 10. 7. 1849 ein Bericht W.s aus Dresden, in dem er für die Begnadigung der gefangenen und geflüchteten Teilnehmer am Dresdener Maiaufstand eintrat. In der Beilage zu Nr. 247 vom 4. 9. 1850 veröffentlichte Franz von Dingelstedt einen Bericht über die Uraufführung von *Tannhäuser,* in dem der Verfasser gestand: »Ich halte inne um zu Athem, ehe zu einer Kritik zu kommen [...] Weil ich, offen gestanden, mit Wagner nicht fertig, über Lohengrin nicht klar geworden bin [...] Von halb 7 bis 11 in Musik untergetaucht, fühlte ich mich nicht im Stand den Kopf oben, Augen und Ohren offen zu behalten. Das aber steht fest: etwas Neues, noch nie Dagewesenes tritt da vor uns.« Im Brief an Franz →Liszt vom 20. 9. 1850 machte W. den Freund auf den Aufsatz von Hermann Franck aufmerksam, der

sich in Nr. 311 vom 7. 11. 1845 »so geistvoll, ruhig und klar erörternd sich über meinen Tannhäuser« ausgelassen habe. Liszt wollte seinerseits die von Karl →Ritter und Hans von →Bülow angefertigte Übersetzung seines Aufsatzes *Lohengrin, große romantische Oper von R. Wagner, und ihre erste Aufführung in Weimar bei Gelegenheit der Herder- und Goethe-Feste 1850* in dieser Zeitung veröffentlichen. Der Bericht erschien aber in der Leipziger *Illustrierten Zeitung* am 12. 4. 1851. – Obgleich W. also in gutem Kontakt zu dieser Zeitung stand, hatte er ihr gegenüber durchaus auch kritische Einwände: »Nichts erfuhr ich, als schlechte Witze der Theaterrezensenten und musikalischen Spaßmacher, und über diese hinaus brachte es selbst nicht die Redaktion der ›Allgemeinen Zeitung‹, deren sonderbares Augsburger Belletristen-Konsortium doch sonst ziemlich jedes Jahr ein paar neue Dichter von allerhöchstem Werthe dem deutschen Publikum vorzuführen hat. Hier blieb man dabei, mich für den Opernmacher auszugeben, um dessen musikalische Befähigung es übrigens schon aus dem Grunde, daß er durch exzentrisches eigenes Textmachen sich zu helfen genöthigt sei, nothwendig übel stehen müsse, was denn nun von den rezensirenden Musikern desselben Konsortiums herzlich gern zugegeben wurde« (*Epilogischer Bericht*, in: GSD Bd. 6, S. 365). Und: »Die noch immer nach der wissenschaftlichen und kunst-literarischen Seite hin

besonders sich bemühenden Augsburger ›Allgemeine Zeitung‹ gelang es mir vor einiger Zeit einmal zur Aufnahme eines Aufsatzes, ›Erinnerungen an Rossini‹ von mir enthaltend, zu bestimmen; weiter wagte ich mich aber nicht, und tat daran gewiß sehr recht, da ich neuerdings erfahren mußte, daß ich der Redaktion dieses Blattes durch den berühmten Musikdirektor *Schletterer* in Augsburg, welchem die Leitung der musikalischen Strategie darin übergeben zu sein scheint, nach dem Vorgange des vielleicht noch berühmteren Herrn Chrysander in Wien [...] in einem gewissen Sinne als *schauderhaft* denunziert bin, was diese Redaktion bei ihrer bekannten freimännischen und biederen Gesinnung, hätte ich mich abermals ihr zu nähern versucht, voraussichtlich zu einer recht beschämenden Zurückweisung für mich bestimmt haben müßte« (*Offener Brief an Dr. phil. Friedrich Stade*, 1870; in: SSD Bd. 16, S. 103).

Alliteration
→Stabreim

Altmann, Wilhelm
Geb. 4. 4. 1862 in Adelnau, gest. 25. 3. 1951 in Hildesheim; Musikhistoriker und W.-Forscher, schrieb: *Albert Niemann und Richard Wagner* (Berlin 1925), *Richard Wagners Briefe nach Zeitfolge und Inhalt* (Leipzig 1905), *Briefe Richard Wagners* (ausgewählt und erläutert v. W. Altmann, 2 Bände, Leipzig 1925).

Amerika
Bereits Anfang 1852 schrieb W. einige Briefe, die über den 30. 12. 1851 hinausdatiert wurden, weil er das neue Jahr 1852, in dem er nach dem Staatsstreich Louis Napoléons (→Napoleon III.) die erneute große Revolution erwartete, deshalb als noch nicht begonnen deklarierte; u. a. schrieb er am »50. 12. 1851« einen Brief an seinen Freund Ernst Benedikt →Kietz: »Ich denke jetzt viel an Amerika! Nicht als ob ich das Rechte dort finden würde, sondern weil dort leichter zu pflanzen ist.« Später, nach dem Eklat zwischen W.s Frau Minna und Mathilde →Wesendonck, konnte W. nicht umhin, das geliebte →Asyl zu verlassen, und reiste nach →Venedig. Außerdem war er mitten in der Kompositionsarbeit an *Tristan* und wußte nicht recht, wo er den III. Aufzug beginnen und in Ruhe zu Ende bringen sollte. Wegen der Kriegsgefahr in Norditalien mußte W. →Venedig verlassen und stand wieder einmal vor dem Problem, eine neue Bleibe zu suchen, die er in →Luzern fand. Und obgleich W. sich in →*Mein Leben* nicht daran erinnerte, im Frühjahr 1859 eine Einladung aus Amerika bekommen zu haben, berichtete er offenbar nur an Karl →Klindworth: »Ich soll nächsten Winter auf 5 Monate nach New York kommen. Deutsche Elite-Oper. Aufführungen meiner Opern. Sie scheinen gut zahlen zu wollen. Ich fasse die Sache allmählich ernster auf, und habe meine Bedingungen eingeschickt, unter denen eine

hauptsächliche ist, daß man neben mir – der ich nur meine Opern dirigieren würde – Sie als andren Dirigenten mit 10.000 francs = 2.000 Dollar für die fünf Monate anstellen sollte« (Brief vom 4. 3. 1859). Allerdings meldete W. schon im nächsten Brief an Klindworth, »daß mich der Amerikaner abschläglich beschieden hat«, was zunächst das Engagement des Freunds betraf. Aber auch für W. selbst hatte sich die Amerikatournee bald zerschlagen. Sehr viel später gab es für ihn eine erneute Gelegenheit, sich Amerikas in einer Weise zu erinnern, die den selbstbewußten Gedanken eines Europäers ausdrückt, der inzwischen sein Lebenswerk, auch ohne das Ausweichen nach Amerika, in die Tat umsetzen konnte. »Wer [...] an jenem Tage [22.5. 1872], in diesem wunderlichen Rococo-Saale des Bayreuther Opernhauses, das: ›seid umschlungen, Millionen!‹ sich zurufen hörte [...] empfand vielleicht, daß das Wort des General Grant sich in anderer Weise erfüllen könnte, als es dem ehrenwerthen Amerikaner vorschweben mochte.« So schrieb W. 1873 in seinem Bericht *Das Bühnenfestspielhaus zu Bayreuth* (in: GSD Bd. 9, S. 399). Dennoch hatte auch er so manche Hoffnung auf Amerika gesetzt und brieflich weitere Male den Wunsch geäußert, dorthin auszuwandern. »In *Boston* giebt man jetzt schon *Wagner-nights*, Concertabende, wo nur meine Compositionen aufgeführt werden. Man fordert mich auf, nach Amerika zu kommen: könnten sie mir dort die geeigneten Mittel schaffen, wer weiss, was ich thäte; so aber als Concertgeber umherzuziehen, kann mir doch, selbst für vieles Geld, keiner zumuthen!« (Brief an August →Röckel vom 25./26. 1. 1854.) Als er vom Musikdirektor Theodore Thomas in Philadelphia gebeten wurde, einen Festmarsch zur Feier des 100jährigen Jubiläums der amerikanischen Selbständigkeit, die am 4. 7. 1876 begangen wurde, zu komponieren, sagte W. am 8. 2. 1876 für ein Honorar von 5000 Dollar zu. Die Skizze des →*Großen Festmarschs* hatte W. bereits am 15. 2. fertig; er beendete die Partitur am 17. 3. 1876. Aber auch im Zusammenhang mit *Parsifal* gibt es vom 9. 2. 1876 ein kompositorisches Zeugnis, das auf Amerika verweist: An diesem Tage notierte W. die »Kosemelodie der Blumenmädchen«, noch bevor die Dichtung zu *Parsifal* vorlag. Auf dem Notenblatt vermerkte er: »Amerikanisch sein wollend!« Eine letzte Bemerkung W.s hinsichtlich seiner überseeischen Ambitionen findet sich im Brief an König →Ludwig II. vom 28. 9. 1880: »Ich bin deshalb entschlossen, im Herbst des nächsten Jahres durch einen etwa sechsmonatlichen Aufenthalt in den vereinigten Staaten von Nord-Amerika mir ein Vermögen zu verdienen, dessen Besitz mir und meinen Erben für alle Zeit die Nötigung, des Aufführungsrechtes meiner Werke uns zu entäußern, erspart.«

Amerikanischer Marsch
→*Großer Festmarsch*

Amfortas
Baritonpartie in *Parsifal.* Sohn →Titurels und amtierender →Gralskönig. Sein Name ist zwar →Wolfram von Eschenbachs *Parzival* (um 1200 – 10) entnommen; er ist aber auch in seiner lateinischen Bedeutung als der »Kraftlose« wichtig und symbolisch für die leidende Menschheit von W. völlig neu in seinem →Bühnenweihfestspiel gestaltet worden. Daß er gleichsam der »Tristan des dritten Aktes mit einer undenklichen Steigerung« sei, hatte W. selbst in einem Brief an Mathilde →Wesendonck bekannt.

Anders, Gottfried Engelbert
Geb. 1795 in Bonn, gest. 22. 11. 1866 in Paris; Archivar. – Freund W.s. Sein Name ist ein Pseudonym und »anders« als sein adeliger Geburtsname; ab 1833 Kustos der musikalischen Abteilung in der Kaiserlichen Bibliothek in Paris. Er war einer der engsten Freunde W.s in Paris (→Frankreich) seit dessen Flucht 1839 aus Riga. Seine Monographie über Niccolò Paganini erschien 1831 in Paris. Er schrieb auch Artikel für die →*Gazette musicale de Paris* und *Détails biographiques sur Beethoven d'après Wegeler et Ries* (Paris 1839).

Angelo
Baßpartie im →*Liebesverbot;* junger Edelmann und Freund →Claudios und →Luzios.

Ankunft bei den schwarzen Schwänen (WWV 95)
Albumblatt für Klavier in As-Dur;

komponiert im Juli 1861 in Paris. Die Gastfreundschaft Albert Graf Pourtalès', der mit seiner Gattin Anna als preußischer Gesandter im Gesandtschaftshotel residierte und W. drei Wochen lang bei sich aufnahm, dankte der Komponist mit dem Albumblatt, das mit dem Schlußdatum 29. 7. versehen ist und am folgenden Tag an die gastgebende Gräfin überreicht wurde. *Lit.:* WWV

Annalen
Unter diesem Stichwort übertrug W. autobiographische Aufzeichnungen des Zeitraums von Ostern 1846 bis April 1864 aus der →Roten Brieftasche, die er ab 1835 als Tagebuch benutzte, in das →Braune Buch.

Antike
W.s Beschäftigung mit der griechischen Antike reicht zurück bis in seine Schulzeit. Sein Opernvorhaben →*Achilleus* wurde durch sehr intensive Studien von Aischylos' *Orestie* (458 v. Chr.) angeregt, die W. als »aufwühlendes Erlebnis« registrierte. In seinen übrigen Werken schlägt sich die griechische Antike z. B. im →Bacchanal von *Tannhäuser* nieder. Das Vorbild der Dionysosfeiern ist unverkennbar. Manche Figuren, wie etwa der →Wanderer im *Ring,* können Züge des griechischen Gottes Jupiter nicht leugnen; der Held →Siegfried erinnert in seinen Verhaltensweisen manchmal an Herakles, manchmal an Theseus oder auch an Jason. Probleme der griechischen Tragödie finden sich

bei W. wieder: Geschwisterliebe, Muttersehnsucht oder das, was man später den Ödipuskomplex nannte. Die Motive des selbstgewählten Opfers mancher Protagonisten W.s können sich auf Orpheus, Alkestis oder Iphigenie berufen. Auch die Parallele der »Kopfgeburt« →Brünnhildes aus dem Willen →Wotans zu Athene als Vollstreckerin des Zeusschen Willens ist offenkundig.

Antiker Chorgesang
→*Ihr Kinder, geschwinde, geschwinde*

Antisemitismus
Zu entschuldigen ist W.s antisemitisches Reden und Schreiben auch dann nicht, wenn man die Gründe dafür in seinem sozialistischen Gedankengut der 40er Jahre sieht und seinen freundschaftlichen Umgang mit mehreren Juden dagegenstellt. W. sprach manches Antisemitische aus, was viele zu seiner Zeit nicht nur dachten, sondern in nationaler Euphorie noch drastischer zum Ausdruck brachten als er. W.s schriftlich überlieferter Antisemitismus wurde ihm dennoch zu Recht angelastet, da er gleichzeitig moralische Maximen verkündete. – Daß es dem mittellosen, sozialistisch denkenden Künstler der 40er Jahre ins Auge stach, wieviel Kapital in den Händen jüdischer Bankiers und Frühindustrieller versammelt war, die nach W.s Ansicht auch jüdische Komponisten wie Giacomo →Meyerbeer und Felix →Mendelssohn Bartholdy einseitig unterstützten, während er hungern mußte, ist begreiflich. Un-

verständlich bleibt, daß W. eine jüdische Verschwörung gegen sein
Werk vermutete und seine Schrift
Das →Judentum in der Musik (1850)
verfaßte, die er (wohl wissend, welche Aufregung er damit verursachen
würde) zunächst unter dem Pseudonym H. Freigedank veröffentlichte
und 1869 nochmals mit einem ausführlichen Briefbericht an Marie
Gräfin →Muchanoff *Aufklärungen
über das Judenthum in der Musik* (in:
GSD Bd. 8, S. 299) kommentierend
zu rechtfertigen suchte. W. erläuterte: »Ich hatte keinesweges im
Sinne gehabt, erforderlichen Falles
mich als den Verfasser des Aufsatzes
zu verleugnen: nur wollte ich verhüten, daß die von mir sehr ernstlich
und objektiv aufgefaßte Frage sofort
in das rein Persönliche verschleppt
würde, was, meiner Meinung nach,
alsbald zu erwarten stand, wenn
mein Name, also der ›eines jedenfalls auf den Ruhm Anderer neidi-
schen Komponisten‹, von vornher-
ein in das Spiel gezogen wurde.«
Aus musikgeschichtlichen Gründen
glaubte W. folgern zu müssen: »In
jenem Aufsatze über das Judenthum
zeigte ich schließlich, daß es die
Schwäche und Unfähigkeit der
nachbeethovenschen Periode unserer deutschen Musikproduktion
war, welche die Einmischung der Juden in dieselbe zuließ: ich bezeichnete alle diejenigen unserer Musiker, welche in der Verwischung des
großen plastischen Styles Beethoven's die Ingredienzien für die Zu-
bereitung der neueren gestaltungs-
losen, seichten, mit dem Anscheine

der Solidität matt sich übertünchen-
den Manier fanden, und in dieser
nun ohne Leben und Streben mit
duseligem Behagen so weiter hin
komponirten, als in dem von
mir geschilderten Musikjudenthum
durchaus mitinbegriffen, möchten
sie einer Nationalität angehören,
welcher sie wollten« (ebd., S. 312).
Nicht ohne Ironie kommt W. zu
dem Schluß: »Wie Sie sehen, verehrte Frau, bezeuge ich Ihnen hiermit den vollständigen Sieg des
Judenthumes auf allen Seiten; und
wenn ich mich jetzt noch einmal
laut darüber ausspreche, so geschieht dieß wahrlich nicht in der
Meinung, ich könnte der Vollstän-
digkeit dieses Sieges noch in Etwas
Abbruch thun« (ebd., S. 319). W.s
bittere Ironie über die seichte Musik
seiner Zeit muß allerdings auch den
Blick offen lassen für seine Ansicht
zum Judenproblem im allgemeinen.
Und dabei sieht W., was ihm nicht
gern zugestanden wird, die Erlösung
der Juden aus ihrer Sonderstellung,
um mit den anderen Menschen wieder »einig und ununterschieden« zu
sein.

Antonio
Tenorpartie im →*Liebesverbot*; junger Edelmann und Freund →Clau-
dios und →Luzios.

An Webers Grabe (WWV 72)
Gesang für Männerchor in Des-Dur
mit dem Textbeginn »Hebt an den
Sang«; komponiert Anfang Nov.
1844 in Dresden. Da sich die Überführung der sterblichen Überreste

Carl Maria von →Webers nach Sachsen verzögerte, fand die Uraufführung erst am Tag der Bestattung, am 15. 12. 1844, unter W.s Leitung als Abschluß der Feierlichkeiten auf dem katholischen Friedhof Dresden-Friedrichstadt statt.
Lit.: WWV

Apel, Johann August
Geb. 17. 9. 1771 in Leipzig, gest. 9. 8. 1816 ebd.; Philologe und Schriftsteller. – Vater von Theodor →Apel. Zunächst Rechtsanwalt in Leipzig, später Senator und Bibliothekar. Er schrieb Dramen im klassizistischen Stil. Seinem *Gespensterbuch* (4 Bände, Leipzig 1810 – 12) entnahm Friedrich Kind den Stoff für sein Libretto zu Carl Maria von →Webers Oper *Der Freischütz* (1821). Mit W.s Vater und dessen Bruder Adolf →Wagner befreundet.

Apel, Guido Theodor
Geb. 11. 5. 1811 in Leipzig, gest. 26. 11. 1867 in Ermlitz (bei Leipzig); Schriftsteller. – Sohn von Johann August →Apel. Jugendfreund W.s. Nach Studien der Rechte 1830 – 34 in Leipzig und Heidelberg widmete er sich ganz der Dichtkunst und Musik. 1828 – 30 mit W. in der Nikolaischule in Leipzig, im Juni 1834 auf einer gemeinsamen Reise nach Böhmen (Teplitz, Prag). Durch einen Reitunfall erblindete er 1836 fast vollständig. In seinen letzten Jahren beschäftigte er sich vorwiegend mit dem Studium der Völkerschlacht bei Leipzig zum Zweck poetischer Darstellungen. Er errichtete aus eigenen

Mitteln 41 Denksteine als Markierungen auf dem Schlachtfeld und schrieb den *Führer auf die Schlachtfelder Leipzigs im Oktober 1813 und zu deren Marksteinen* (Leipzig 1863). Seine gesammelten dramatischen Werke erschienen 1856. W. komponierte 1835 in →Magdeburg eine Ouvertüre zu Apels Schauspiel →*Columbus*, die am 2. 4. und 25. 5. 1835 in Leipziger Gewandhaus aufgeführt wurde. Außerdem vertonte W. Apels Gedicht *Abendglocken*, das in W.s →Roter Brieftasche als »Glockentöne« bezeichnet und in →*Mein Leben* (S. 74) als »die erste Gesangskomposition, welche von wirklicher Empfindung eingegeben war«, beschrieben wird.

Appia, Adolphe François
Geb. 1. 9. 1862 in Genf, gest. 29. 2. 1928 in Nyon (Waadt); Bühnenbildner. – Musikstudium 1879 – 89 in Genf, dann in Paris, Wien und Dresden; Autodidakt in seinem künstlerischen Hauptberuf. 1892 sandte er ein ausgearbeitetes Szenario mit Bühnenbildentwürfen zum *Ring* nach Bayreuth. Er ging von der Vorstellung aus, analog der musikalischen Leitmotivik (→Leitmotiv) ein Beziehungssystem von Gesten und Positionen auf der Bühne zu verwirklichen, wie er es später in seiner Schrift *La Mise en scène du drame wagnérien* (Paris 1895) ausführte. Cosima Wagner schickte die reformatorischen Inszenierungsunterlagen jedoch ungeöffnet zurück. In diesem Jahr hatte Appia bereits sein Hauptwerk *La Musique et la*

mise en scène (Montbrillant 1897) geschrieben; in dessen Anhang gibt er Beispiele zur Inszenierung (→Regie) des *Rings* und von *Tristan*. Zugleich schrieb Appia Regiebücher für die *Meistersinger* und für *Lohengrin* und machte Vorschläge für eine *Parsifal*-Inszenierung. In Basel wurden 1920 – 22 *Siegfried,* die *Meistersinger, Tristan* und *Parsifal* nach seinen Vorschlägen von Oskar Wälterlin inszeniert; dort besorgte er 1924 auch die Ausstattung zum *Rheingold* und 1925 zur *Walküre*. Zuvor hatte ihn Arturo →Toscanini 1923 für die Inszenierung von *Tristan* an die Mailänder Scala geholt. Appia verstand das Theater als eine Art kultischer Gemeinschaft von Komponist, Interpreten und Publikum und zielte damit in erster Linie auf W.s →Gesamtkunstwerk. Eine neuartige Lichtregie sollte das Bühnenbild mit den Aktionen der Darsteller verschmelzen; das Illusionstheater sollte durch eine stilisierte Raumbühne ersetzt werden. Bühnenbilder zu *Parsifal* wurden 1912 in der Zeitschrift *Der Türmer* publiziert. 1926 arbeitete Appia eine Szenerie zu *Lohengrin* aus.

Applaus

Nicht nur die durchkomponierten →Musikdramen W.s, sondern auch seine ästhetischen Ansichten über die Aufgabe seiner Kunst schlossen immer mehr den Beifall des Publikums als dessen genüßliche Anteilnahme an einzelnen Arien und artistischen Leistungen der Künstler aus. W.s Werke sollten als Ganzes ihre Wirkung tun und nicht in einzelnen Nummern »gassenhauerische Effekte« erzielen. Mit dieser Ansicht stand er freilich einer theatergeschichtlichen Tradition entgegen, die nicht so leicht aus den Angeln zu heben war. Bis hin zur *Walküre* mußte sich W. mit Szenenapplaus abfinden. Bei den ersten Aufführungen von *Parsifal* allerdings schlugen W.s Bemühungen, keine Beifallsbekundungen während der Akte zu erlauben, ins Gegenteil um. W. hatte die Künstler sogar nach den Aktschlüssen angehalten, sich nicht auf der Bühne zu zeigen, um den Eindruck nicht durch Applaus zu profanieren. Da sich das Publikum tatsächlich des Beifalls enthielt, war es W. denn doch nicht recht, daß seinen Sängern die gewohnte Anerkennung versagt blieb. Am Schluß hielt W. eine Rede, worauf sich der Beifall entlud. In der zweiten Aufführung wurden die Beifallsspender ausgezischt. In der dritten sah sich W. wiederum gezwungen, seine Absichten zu erläutern, indem er den Szenenapplaus mißbilligte, während er den Schlußapplaus für seine Künstler guthieß. Wegen des sakralen Inhalts stellte sich später wieder das besondere Verhalten des Publikums in Bayreuth ein, grundsätzlich nicht zu applaudieren. Erst in den Inszenierungen Wolfgang →Wagners wich die ehrfurchtsvolle Huldigung des Publikums wieder »normalen« Beifallsbekundungen nach den Akten, wie sie bei den anderen Musikdramen W.s in Bayreuth üblich waren und sind.

Arien

1. (WWV 3); komponiert 1829 in Leipzig; verschollen. Nach W.s Angaben wurde die Arie von einem Freund namens Flachs instrumentiert und »von dem Musikkorps in *Kintschys* Schweizerhütte« (→*Mein Leben*, S. 40), einem Gartenlokal in Leipzig, aufgeführt. – 2. (WWV 8) für Sopran und Orchester; komponiert im Frühjahr 1830 in Leipzig; verschollen. Obgleich W. die Arie in *Mein Leben* erwähnt, ist unklar, ob sie mit der Arie WWV 3 identisch ist, zur →Schäferoper (WWV 6) gehört oder ein selbständiges Werk darstellt. – 3. (WWV 45) für Baß und Orchester zu Joseph Weigls Oper *Die Schweizerfamilie* (1809); komponiert im Dez. (?) 1837 in Riga; verschollen.
Lit.: WWV

Arindal

König von Tramond, Tenorpartie in den →*Feen.* Nach der Vorlage von Carlo Graf →Gozzis »fiaba« *La donna serpente* (1762) gestaltet und schon namentlich in der →*Hochzeit* enthalten.

Arrangements
→Pariser Arrangements

Asyl

Als Otto →Wesendonck 1856/57 auf dem »Grünen Hügel« seine Zürcher Villa errichten ließ, kaufte er auch das Nachbargrundstück mit Fachwerkbau dazu, das er ausbauen ließ und W. als Wohnung anbot. W. bezog die neue Arbeitsstätte, für die

Mathilde →Wesendonck unabsichtlich den Namen »Asyl« prägte, am 28. 4. 1857 und verließ sie wieder am 17. 8. 1858, nachdem W.s Frau Minna seine Beziehung zur Gastgeberin in einer Eifersuchtsszene zur »Affaire« gemacht und den Auszug verursacht hatte. W. ging nach →Venedig, Minna zog nach Dresden. Heute sind Villa und Asyl Kunstmuseum. Im Asyl entstanden die Dichtungen zu *Tristan* sowie die Partitur zu dessen I. Aufzug, die Kompositionsskizze zum II. Aufzug und die →*Wesendonck-Lieder.*

Attente (WWV 55)

Lied für Singstimme und Klavier in G-Dur; Text von Victor Hugo; komponiert im Herbst 1839 in Paris. Das Lied entstand vor der →*Faust-Ouvertüre.*
Lit.: WWV

Auber, Daniel François Esprit

Geb. 29. 1. 1782 in Caen, gest. 12./ 13. 5. 1871 in Paris; Opernkomponist. – 1840 (*Über deutsches Musikwesen*, in: GSD Bd. 1, S. 185) urteilte W. noch über Auber: »Ihren höchsten Höhepunkt erreichte aber die französische dramatische Musik in *Auber's* unübertrefflicher ›Stummen von Portici‹, – einem National-Werke, wie jede Nation höchstens nur Eines aufzuweisen hat. Diese stürmende Thatkraft, dieses Meer von Empfindungen und Leidenschaften, gemalt in den glühendsten Farben, durchdrungen von den eigensten Melodien, gemischt von Grazie und Gewalt, Anmuth und

Heroismus, – ist dieß Alles nicht die wahrhafte Verkörperung der letzten Geschichte der französischen Nation? Konnte dieß erstaunliche Kunstwerk von einem Anderen als von einem Franzosen geschaffen werden? – Es ist nicht anders zu sagen, – mit diesem Werke hatte die neuere französische Schule ihre Spitze erreicht [...]« Und an anderer Stelle (30 Jahre später) heißt es: »Denn das Neue in dieser Musik zur ›Stummen‹ war diese ungewohnte Konzision und drastische Gedrängtheit der Form: die Rezitative wetterten wie Blitze auf uns los; von ihnen zu den Chorensemble's ging es wie im Sturme über; und mitten im Chaos der Wuth plötzlich die energischen Ermahnungen zur Besonnenheit, oder erneute Aufrüfe; dann wieder rasendes Jauchzen, mörderisches Gewühl, und abermals dazwischen ein rührendes Flehen der Angst, oder ein ganzes Volk seine Gebete lispelnd.« Oder: »Was dagegen den von uns besprochenen französischen Meister betrifft, so muß ich jetzt die anscheinend sehr gewagte Behauptung aufstellen, daß Auber befähigt wurde, eine ›Stumme von Portici‹ zu schreiben, weil er dieses merkwürdige Produkt unserer Civilisation, den *Pariser*, bei seiner Wurzel faßte, und von da aus ihn zu der ihm möglichen höchsten Glorie erhob, wie die Revolution den Cancan-tanzenden Gamin auf die Barrikade schwang, um ihn dort, in die Tricolore drappirt, keck die mörderische Kugel herausfordern zu lassen. Ich sagte, diese Befähigung

erwuchs Auber aus dem Zurückgehen auf die Wurzel des eigentlichen Volksgeistes, welche für ihn hier in dem Tanze und der Tanzweise seines Volkes vorlag: kein anderer französischer Komponist konnte in Wahrheit sich rühmen, ein Mann des Volkes zu sein, wie er; und hierin liegt zugleich Das, was ihn so lebendig von allen seinen Vorgängern unterscheidet.« So schrieb W. u. a. über den französischen Kollegen in seinen *Erinnerungen an Auber* (1871; in: GSD Bd. 9, S. 51). An anderer Stelle dieses Aufsatzes berichtet W.: »Und diese Sicherheit und Ganzheit war Auber in einem hohen Grade zu eigen. Nichts brachte ihn in Pathos; er wies auf den Ouvrier in der Blouse: ›voilà mon publique‹. Im Jahre 1860 traf ich öfter im Café Tortoni beim Gefrorenen mit ihm zusammen: er trat dann immer um Mitternacht ein, wenn er aus der großen Oper kam, deren dreihundert- und vierhundertsten Aufführungen er regelmäßig auf seinem Logenplatze, man sagte mir: meistens schlafend, beiwohnte. Immer freundlich und vergnügt aufgelegt, erkundigte er sich nach der Angelegenheit des ›Tannhäuser‹, welche damals einigen Lärm in Paris machte: besonders interessirte es ihn zu hören, ob darin auch etwas zu sehen sein würde. Als ich ihm einiges vom Süjet meiner Oper mittheilte, rieb er sich lustig die Hände: ah, il y aura du spectacle; ça aura du succès, soyez tranquille! [...] Was er schließlich von meinem ›Tannhäuser‹ gehalten hat, habe ich nicht erfahren: ich nehme

an, er verstand ›kein Wort davon‹!«
Auch die Oper *Le Maçon* (1825)
schätzte W. als angenehm unterhal-
tend ein, und er hielt Auber danach
noch immer für den »letzten wirklichen französischen National-Kom-
ponisten«. Als W. Auber sogar gegen
Gioacchino →Rossini auszuspielen
suchte, »mit seiner unbehilflich
breiten, altmodisch italienischen
Quadrat-Struktur, die uns in seiner
›Opera seria‹ (Semiramis, Moses
u. A.) zur Verzweiflung treibt«, verübelte man ihm dies sehr. Von Aubers Persönlichkeit hatte W. den
Eindruck: »Wenn ich mir die Physiognomie dieses wunderlichen
Greises, der, wie mir versichert
wurde, in vielen Stücken den jüngsten Mann überbieten konnte, noch
jetzt zurückrufe, muß ich mich immer wieder fragen: wie war es möglich, daß Dieser die ›Stumme von
Portici‹ schrieb? In keinem Theile
seines Wesens kam ein Merkmal
von eigentlicher *Kraft* zum Vorschein, noch weniger von Feuer;
vielmehr einzig Zähigkeit und fast
erschreckende Dauer unter der
Pflege und dem Schutze einer zy-
nisch-vergnüglichen Kälte. Diese
Kälte war nun jedenfalls auch der
Hauptzug seiner vielen, immer
gleichartigen Opernmusik, wodurch
diese schließlich jedes Einflusses auf
uns Deutsche verlustig ging: sie ist
aber ein Hauptzug aller französischen theatralischen Kunst, von Ra-
cine bis Scribe, ja, ich glaube auch
aller sonstiger Produktionen auf
dem Felde irgend welcher anderen
Kunst. Der Franzose scheint sich mit

dem Genius der Kunst, der ihn nie
zu voller gegenseitiger Liebesdurch-
dringung beglücken will, ›arrangi-
ren‹ zu müssen, ungefähr wie Auber
sich eben mit der Musik zu arrangi-
ren hatte.« Und dann sah W. den
Weg Aubers ins Unerträgliche: »Das
Verhältniß bleibt kalt, und woher es
einen Anschein von Wärme zu gewinnen hat, glauben wir an dem
Quelle der Berauschung für die Auber'sche Muse nachgewiesen zu haben: eine latente Scheußlichkeit, in
deren eleganter Überkleidung eben
die merkwürdige Kunst besteht,
welche alle Welt über die Basis der
Obscönität zu täuschen berechnet
ist. Daher nun die auffallende und
fast stylistisch erscheinende Glätte,
durch deren Spiegel nur der sympathisch eingeweihte Pariser selbst auf
den, für ihn schließlich einzig interessanten, Untergrund blicken kann;
diesen endlich auch noch ganz
plump und frech an den Tag zu legen, mußte der Anreiz für Auber's
Nachfolger bleiben: Auber sollte
seine ganze künstlerische Mühe für
vergeblich halten, als er auf jenem
so zierlich verdeckten Schmutze
jetzt Jacques Offenbach sich behaglich herumwälzen sah.«

Aufzug
Diesen Begriff verwendete W. synonym für Akt und setzte sich auch
mit solchen äußerlichen Bezeichnungen von der Oper ab, deren
Gliederung von Anfang an in Akten
vorgenommen wurde.

Autobiographie
→ *Mein Leben*

Autobiographische Skizze
Die ersten autobiographischen Aufzeichnungen W.s für die von Heinrich →Laube herausgegebene *Zeitung für die elegante Welt*. In zwei Folgen berichtet W. am 1. 2. und 8. 2. 1843 über sein Leben bis 1842. – In: GSD Bd. 1, S. 5 – 24; auch im 1. Band der *Sämtlichen Briefe* (S. 93) enthalten.

Avenarius, Cäcilie
Geb. Geyer; geb. 26. 2. 1815 in Dresden, gest. 14. 5. 1893 ebd. – Halbschwester W.s aus der Ehe seiner Mutter Johanne Rosine Wagner (→Geyer) mit Ludwig →Geyer. Am 5. 3. 1840 heiratete sie den Buchhändler Eduard →Avenarius, damals Chef der kleinen Brockhaus'schen Commandite in Paris. Besonders in seinen Elendsjahren in Paris kamen sich die Geschwister nahe. Ihre Korrespondenz ist sehr umfangreich.

Avenarius, Eduard
Geb. 5. 10. 1809 in Halberstadt, gest. 20. 2. 1885 in Dresden; Buchhändler. – Er war Geschäftsführer der »Librairie allemande de Brockhaus & Avenarius« in Paris, einer 1837 gegründeten Zweigstelle des Verlagshauses, die 1850 wieder mit Leipzig vereinigt wurde. Beim Eintreffen W.s in Paris 1839 war er mit dessen Halbschwester Cäcilie →Avenarius verlobt; er half W. finanziell, aber auch in der Vermittlung zu

Giacomo →Meyerbeer, der eine Aufführung des *Holländers* in Berlin befürworten sollte. Ab 1844 war Avenarius Verlagsbuchhändler in Leipzig und Berlin.

Bacchanal
Da ein Ballett für eine Aufführung von *Tannhäuser* in Paris gefordert war, ließ sich W. in seiner Bearbeitung von 1861 auf ein Bacchanal ein, das aus musikdramatischen Gründen bereits im I. Akt (statt wie üblich im II. Akt als Ballett) den Gegensatz der heidnisch-erotischen und der christlich-asketischen Welt verdeutlichen sollte. Von Anfang an aber war das Bacchanal ein choreographisches Problem, das bis heute große Tänzer und Choreographen zu lösen suchten (Isadora Duncan 1904, Rudolf von Laban und Kurt Jooss 1930/31, Maurice Béjart 1961, John Neumeier 1972 – 74 und 1977). – Als W. bereits in der Pariser Erstaufführung von dem berühmten Marius Petipa etwas in der Art eines antiken Reliefs mit Mänaden- und Bacchantendarstellungen verlangte, vermochte der Ballettmeister W.s Intentionen nicht zu folgen. Über die Erstaufführung von *Tannhäuser* in Bayreuth 1891 wird von Wolfgang Golther berichtet: »Der Tanz wandelte sich unter der Mitwirkung bedeutender Tanzmeisterinnen und mit Benützung antiker Vorbilder zum Bacchanal, während vorher nur das herkömmliche Ballett auf den Theatern dargeboten worden war.« Virginia Zucchi, die in der Pariser Inszenierung von 1895 die Choreo-

graphie übernahm und auch selbst tanzte, hatte sich an das Bayreuther Vorbild angelehnt, dessen Bacchanal nach antikem Muster gestaltet worden war. Siegfried →Wagner verpflichtete zur Gestaltung des Bacchanals nach der Zwangspause durch den Ersten Weltkrieg 1924 Laban, einen der bedeutendsten Neuerer des Balletts im 20. Jh., der sich mit seiner raumgreifenden Choreographie auf W.s »pantomimische Deutung der Musik« bezog. Obgleich die Techniken des modernen Bühnentanzes wahrscheinlich besser geeignet sind, W.s Intentionen zu verwirklichen, wurde sowohl Laban als auch 1961 Béjart der Vorwurf gemacht, mehr Gymnastik als Ballett angeboten zu haben. Wieland →Wagners Motto (nach W.s Text), »der Liebe wahrstes Wesen« zu ergründen, kam Béjarts Vorstellung, starke Erotik in das Bacchanal einzubringen, entgegen. Man beschimpfte diese Darstellung als Sexorgie, wobei allerdings schon 1939 am Münchener Nationaltheater nackte Mädchen auf der Bühne zu sehen gewesen waren. Unter der Regie von Götz Friedrich erhielt 1972 Neumeier den Auftrag für das Bacchanal; er ging auf die These vom »künstlerischen Paradies« ein, die Friedrich für den →Venusberg ausgab.

Bach, Johann Sebastian

Geb. 21. 3. 1685 in Eisenach, gest. 28. 7. 1750 in Leipzig; Komponist. – In seinen Schriften hat sich W. häufig auf Bach bezogen; er ist z. B. auf seine Motetten und Passionsmusik sowie auf die Vortragsweise Bachscher Musik eingegangen. Daß Bachs Musik nach W.s Ansicht fundamentale Bedeutung für die Musikgeschichte hatte, wird durch folgendes Zitat belegt: »Oft habe ich erklärt, daß ich die Musik für den rettenden guten Genius des deutschen Volkes hielte, und es war mir möglich, dieß an der Neubelebung des deutschen Geistes seit Bach bis Beethoven nachzuweisen: sicherer wie hier gab auf keinem anderen Gebiete die Bestimmung des deutschen Wesens, die Wirkung seines Gemüthes nach außen, sich kund« (*Offenes Schreiben an Herrn Friedrich Schön in Worms*, in: GSD Bd. 10, S. 374). »Will man die wunderbare Eigenthümlichkeit, Kraft und Bedeutung des deutschen Geistes in einem unvergleichlich beredten Bilde erfassen, so blicke man scharf und sinnvoll auf die sonst fast unerklärlich räthselhafte Erscheinung des musikalischen Wundermannes *Sebastian Bach*« (ebd., S. 65). Leidenschaftlich nimmt W. Partei für den Meister »in der wahnsinnigen französischen Allongenperrücke«, dessen gewaltiges Genie im deutschen Krähwinkel in elender Organistenstelle darben mußte. – W. verstand Musikgeschichte entwicklungsgeschichtlich und setzte Bach an jener historischen Stelle an, an der ein »rein menschlicher Ausdruck bei Bach, durch die ungeheure Kraft seines Genies, eben erst zum Durchbruche kam« (*Über deutsches Musikwesen*, 1840; in: GSD Bd. 1, S. 185).

Da Bach »als der größte protestantische Kirchen-Komponist betrachtet« werden müsse, sah W. dessen Choralkompositionen als Grundlage für die Gemeinde einerseits und dessen Motetten und Passionsmusik als Gipfel der Kunstmusik andererseits. In Bachs Passionen sah W. sogar »kirchliche Dramen«, die sein besonderes Interesse erweckten, da er sie als Vorstufe seiner eigenen kompositionsgeschichtlichen Position begreifen konnte. Außerdem glaubte W., daß in Bachs Passionen »das ganze Wesen, der ganze Gehalt der deutschen Nation verkörpert« seien. Nach dem Zeugnis eines ehemaligen Chorsängers unter Bach hatte W. den Eindruck, daß schon zu Lebzeiten Bachs dessen Werke mehr als mangelhaft aufgeführt worden seien. Den Bach-Interpreten des 19. Jh.s warf W. Unkenntnis und »leichtsinnige Aufführungsweise« vor. Bachs Werke vollständig verständlich machen zu können glaubte W. späteren Zeiten überantworten zu müssen. Allerdings habe ihm dennoch schon Franz →Liszt eine Vorstellung davon gegeben, wie man Bach mit »griechischer Heiterkeit« interpretieren müsse und zu wahrem Leben erwecken könne. Dadurch sei W. auch von der »Mendelssohnschen Enthaltsamkeitsschule« in bezug auf die Interpretation Bachscher Werke befreit worden.

Bakunin, Michail Alexandrowitsch

Geb. 18. 5. 1814 in Prjamuchino (heute Gebiet Kalinin), gest. 1. 7. 1876 in Bern; Anarchist und Berufsrevolutionär. – Eine der Schlüsselfiguren des Dresdener Maiaufstands von 1849, nachdem er 1841 emigriert war, sich 1848 in Paris aufgehalten und in Prag einen Aufstand zu organisieren versucht hatte. Er wurde in Chemnitz verhaftet und verurteilt, zunächst an Österreich, dann an Rußland (1851) ausgeliefert und 1857 nach Sibirien verbannt; 1861 floh er über Japan und Amerika nach Europa, traf in London mit Karl Marx zusammen (mit dem er sich überwarf) und ging in die Schweiz. W. war kurze Zeit in Dresden mit ihm befreundet und hielt das Andenken an ihn in →*Mein Leben* fest. – Schriften: *Gesammelte Werke* (deutsche Übersetzung, 3 Bände, Berlin 1921–24).

Lit.: Michail Bakunins sozialpolitischer Briefwechsel, hrsg v. M. Drugummow, Stuttgart 1895; H. Bienek, Bakunin, eine Invention, München 1970; R. Huch, Michael Bakunin und die Anarchie, Frankfurt a. M. 1972

Ballade

Die bereits von den Troubadours und Trouvères im Mittelalter ausgebildete Form der Ballade blieb stets mit der Volksdichtung verbunden, folgte dem Schema des Strophenlieds und nahm im 18. Jh. Einflüsse aus der Oper und dem Melodrama in sich auf. Umgekehrt fand die Ballade auch Aufnahme in Opern, wie z. B. in Modest Mussorgskis *Boris Godunow* (1874) und vor allem im

Holländer. »Ich entsinne mich«, schrieb W. (*Eine →Mitteilung an meine Freunde*, S. 393f.), »noch ehe ich zu der eigentlichen Ausführung des ›fliegenden Holländers‹ schritt, zuerst die Ballade der Senta im zweiten Akte entworfen, und in Vers und Melodie ausgeführt zu haben; in diesem Stücke legte ich unbewußt den thematischen Keim zu der ganzen Musik der Oper nieder: es war das verdichtete Bild des ganzen Drama's, wie es vor meiner Seele stand; und als ich die fertige Arbeit betiteln sollte, hatte ich nicht übel Lust, sie eine ›dramatische Ballade‹ zu nennen. Bei der endlichen Ausführung der Komposition breitete sich mir das empfangene thematische Bild ganz unwillkürlich als ein vollständiges Gewebe über das ganze Drama aus; ich hatte, ohne weiter es zu wollen, nur die verschiedenen thematischen Keime, die in der Ballade enthalten waren, nach ihren eigenen Richtungen hin weiter und vollständig zu entwikkeln, so hatte ich alle Hauptstimmungen dieser Dichtung ganz von selbst in bestimmten thematischen Gestaltungen vor mir.« Die Ausführungen W.s zeigen, daß für ihn die Idee, eine Ballade als musikdramatischen Keim des *Holländers* gefunden zu haben, mit dem Beginn seiner Technik des →Leitmotivs zusammenfällt.

Barform

»Das nenn' ich mir einen Abgesang! Seht, wie der ganze Bar gelang!« heißt es in den *Meistersingern*. Und es ist der Ritter von →Stolzing, der sein →Preislied unbewußt in diese Form bringt, die freilich von Hans →Sachs behutsam mitgeformt wird. Somit wurde von W. der historische Zusammenhang zum Meistersang, den zunftgemäß geordneten bürgerlichen Singschulen des 15. und 16. Jh.s, hergestellt. Die Barform selbst ist strophisch angelegt: Der ersten Strophe, dem Stollen, folgt ein metrisch gleichförmiger Gegenstollen; der abschließende dritte Strophenteil, der Abgesang, ist etwas kürzer als beide Stollen zusammen, aber metrisch von diesen abgehoben. – Dadurch, daß W. selbst die Barform in seinen Werken verwendete, sah sich Alfred →Lorenz veranlaßt, dessen Werke einer traditionellen Formanalyse zu unterziehen, um den ihnen anhaftenden Ruf der Formlosigkeit zu entkräften. Für Lorenz lag es nahe, das Formdetail des Bars auf die Großform zu übertragen. Er begründete dieses Verfahren nicht nur musikalisch, sondern sah bereits in der dichterischen Konzeption formale Anlagen der Barform. Daß Lorenz dementsprechend den I. und II. Aufzug der *Meistersinger* als Stollen und den III. als Abgesang nachzuweisen suchte, sollte dem genialen Werk auch die Qualität der Form verleihen, ging aber nicht ohne analytische Gewalttätigkeiten ab, um dem gewünschten Formschema zu genügen. Inzwischen stellt sich die Frage, ob W.s Werke überhaupt noch eines Nachweises von schematischer Formhaftigkeit bedürfen, da sie als →Musikdramen auch ohne die schon damals veralteten Formhülsen zu überzeugen vermögen.

Baroncelli
Tenorpartie in *Rienzi*; römischer Bürger, zuerst Freund, dann Gegner →Rienzis.

Baudelaire, Charles Pierre
Geb. 9. 4. 1821 in Paris, gest. 31. 8. 1867 ebd.; Lyriker. – Er setzte sich für Arbeiter- und Frauenbildung ein; wurde 1852 aus Berlin ausgewiesen, lebte in London, Paris, Florenz und Rom. Er gehörte seit W.s Pariser Aufenthalt von 1860 zusammen mit Gustave Doré, Auguste de Gaspérini, Charles Gounod, Catulle →Mendès, Emile und Blandine →Ollivier sowie Ernest Reyer, Camille Saint-Saëns und Frédéric Villot zu den neu gewonnenen Freunden. Nach dem Skandal um *Tannhäuser* von 1861 verteidigte Baudelaire in dem Aufsatz *Richard Wagner et le Tannhäuser à Paris* den Komponisten und war zusammen mit Jules Champfleury einer der ersten französischen Symbolisten, die W.s Bedeutung für das Musiktheater erkannten und den →Wagnerismus in Frankreich begründeten. W. lud ihn regelmäßig zu seinen Mittwochsgesellschaften ein.

Baumgartner, Wilhelm
Geb. 15. 11. 1820 in Rorschach, gest. 17. 3. 1867 in Zürich; Liederkomponist und Musikpädagoge. – 1842– 44 Klavierlehrer in Sankt Gallen; danach kurze Zeit Schüler von Wil-

helm Taubert in Berlin; ab 1845 Klavierlehrer und Chordirigent in Zürich; 1859 Universitätsmusikdirektor. Seine Vertonung (1846) von Gottfried →Kellers *An das Vaterland* wurde ein beliebtes nationales Lied der Schweizer. Er war mit W., Keller und Jacob Burckhardt befreundet. Herausgeber der *Liedersammlung für Schweizerische Männerchöre* (4 Hefte, Zürich 1857 – 61, die 31 eigene Lieder Baumgartners enthalten).
Lit.: R. W., Wilhelm Baumgartners Lieder (1852), in: SSD Bd. 12, S. 286; C. Widmer, W. Baumgartner, Zürich 1868; L. Gross, W. Baumgartner, München 1930

Bayreuth
W.-Festspielstadt in Oberfranken am Roten Main; erstmals 1194 als Baierrute urkundlich erwähnt und 1231 mit Stadtrechten ausgezeichnet, in den Hussitenkriegen 1430 zerstört, ab dem Jahr 1603 Residenz der Markgrafen von Brandenburg-Kulmbach. Im 18. Jh. erlebte die fürstliche Residenzstadt eine kulturelle Blütezeit barocker Kunst, deren Höhepunkt mit den künstlerischen Aktivitäten der Markgräfin Wilhelmine, der Schwester König Friedrichs des Großen, erreicht und abgeschlossen wurde. Das barocke Opernhaus von Giuseppe Galli da Bibiena wurde 1748 fertiggestellt. Das Neue Schloß entstand 1753/54 und wurde 1759 erweitert; 1769 fiel Bayreuth an Ansbach und 1791 an Preußen. In der weiteren wechselvollen Geschichte wurde die Stadt

1807 zunächst französisch und kam 1810 an Bayern. – In →Tribschen stieß W. 1870 auf den Artikel »Baireuth« im Konversationslexikon und erinnerte sich, im Juli 1835 schon selbst einmal die Stadt auf einer Reise von Böhmen nach Nürnberg durchfahren zu haben. Er beschloß, nunmehr gezielt die kleine fränkische Stadt und ihr Barocktheater zu besuchen, um zu erkunden, ob es für seine Zwecke geeignet sei. Für eine Aufführung des *Rings* schien ihm zwar die Bühne zu klein, aber die Stadt selbst und ihre zentrale Lage inmitten Deutschlands hatten es ihm angetan. W. hatte seine Festspielstadt gefunden. König →Ludwig II. stimmte dem Plan zu, in Bayreuth ein →Festspielhaus und ein Wohnhaus für W.s Familie zu errichten. Bayreuths Bürgermeister Theodor von →Muncker und der ortsansässige Bankier Friedrich von →Feustel unterstützten tatkräftig W.s Vorhaben, so daß sich der Komponist zunächst im Hotel Fantaisie in Donndorf (nahe der Stadt) einquartierte, um seine Pläne aus der Nähe weiter betreiben zu können. Bereits am 22. 5. 1872 wurde die Grundsteinlegung des Festspielhauses mit einem musikalischen Festakt im →Markgräflichen Opernhaus begangen. Am 21. 9. 1872 zog W. in die Stadtwohnung, Dammallee 7, um; am 1. 12. wurde ihm der Bürgerbrief der Stadt Bayreuth ausgehändigt. Sein 60. Geburtstag wurde am 22. 5. 1873 ebenfalls im Markgräflichen Opernhaus gefeiert. Inzwischen war der Bau des Hauses →Wahnfried

begonnen worden. Mit den Künstlern und seinen Mitarbeitern in der →Nibelungenkanzlei bereitete W. die ersten →Festspiele vor, die vom 13. 8. bis zum 30. 8. 1876 begangen wurden. – W.s Stammlokal war die Restauration Angermann, wo er Kontakte mit der Bevölkerung suchte, die jedoch mehr Scheu und Respekt als Zutraulichkeit zeigte. Die zweiten Festspiele konnten erst 1882 vom 26. 7. bis zum 29. 8. mit Aufführungen von *Parsifal* veranstaltet werden. Durch längere Aufenthalte in →Italien war W. häufig schon ab 1880 wegen der rauhen klimatischen Bedingungen von Bayreuth entfernt. Ein Plan zur Auswanderung nach →Amerika zerschlug sich wieder. Nach W.s Tod am 13. 2. 1883 in →Venedig wurde sein Leichnam nach Bayreuth überführt und am 18. 2. im Garten der Villa Wahnfried beigesetzt. – Cosima Wagner konnte nach anfänglichen Schwierigkeiten die Festspiele konsolidieren und durch ihre Inszenierungen wie auch durch Verpflichtungen hervorragender W.-Interpreten zu einer bedeutsamen Ära in der Festspielgeschichte ausbauen. Cosimas Sohn Siegfried →Wagner wuchs in die Kronprinzenrolle der Festspielleitung hinein; er übernahm sie ab 1906 mit eigenen Inszenierungen und als Dirigent. Er überlebte seine Mutter allerdings nur um vier Monate und starb am 1. 8. 1930. Seine Witwe Winifred →Wagner übernahm 1931 – 44 die Festspielleitung und hatte somit die Aufgabe, während der Herrschaft des Nationalsozialismus sich mit den Machthabern zu arrangieren. Sie konnte aber letztlich auf eine künstlerische Glanzzeit zurückblikken, da ihre gute Beziehung zu Adolf →Hitler nicht nur finanzielle Sorglosigkeit zur Folge hatte, sondern auch die besten Sänger und Dirigenten nach Bayreuth brachte. Nach dem Zweiten Weltkrieg übernahmen die W.-Enkel die Leitung der Festspiele. Besonders Wieland →Wagners Inszenierungsstil wurde unter dem Begriff →Neubayreuth zu einem weltweit beachteten Etikett für stilisierende Inszenierungen W.scher →Musikdramen. Nach seinem Tod übernahm 1966 sein Bruder Wolfgang →Wagner die alleinige Festspielleitung; er öffnete immer mehr auswärtigen Regisseuren die Arbeit an den Werken seines Großvaters.

Lit.: R. W., Das Bühnenfestspielhaus zu Bayreuth. Nebst einem Berichte über die Grundsteinlegung desselben (1873), in: GSD Bd. 9, S. 384; K. Heckel, Die Bühnenfestspiele in Bayreuth, Leipzig 1891; F. Weingartner, Bayreuth (1876–1896), Paris 1897

Bayreuther Blätter
Als Publikationsorgan für das Werk von Bayreuth und als Hauszeitschrift hatte W. die *Bayreuther Blätter* ins Leben gerufen, zahlreiche Artikel dafür verfaßt und Hans von →Wolzogen mit der Herausgabe beauftragt. Der erste Jahrgang erschien 1878, der letzte 1938. Zahlreiche Autoren lieferten Beiträge, die oft in Fortsetzungen abgedruckt wurden. Der Untertitel »Deutsche Zeitschrift im Geiste Richard Wagners« gibt deutlich Auskunft über den Zweck der Publikationen. Trotz der tendenziellen Aussagen sind die zahlreichen Bände der *Blätter,* die anfangs nur von den Mitgliedern der →Wagner-Vereine abonniert wurden, stets eine ergiebige Quelle für die W.-Forschung gewesen. Mit seiner publizistischen Initiative verfolgte W. konsequent das Ziel zur Durchsetzung seines →»Kunstwerks der Zukunft«. Sein Mitteilungsdrang und das Bemühen, Verständnis für seine künstlerische Mission zu erwirken, gingen einher mit dem schriftstellerischen Engagement befreundeter →Wagnerianer, die ihn in seinem Vorhaben unterstützten. So wie für sein Werk ein Festspielhaus errichtet werden mußte, um seine künstlerischen Ziele zu verwirklichen, sollte durch die *Blätter* der geistige Boden für sein Werk durch publizistische Überzeugungsarbeit bereitet werden. Darüber hinaus enthalten sie Rechenschaftsberichte zu den Aktivitäten der W.-Vereine, zur →Bayreuther Stipendienstiftung und zur R.-W.-Festspiel-Stiftung sowie Listen von W.-Vorlesungen in ganz Deutschland und der neuesten W.-Literatur, einschließlich einer »Zeitungsschau«.

Lit.: R. W., Zur Einführung (1878), in: GSD Bd. 10, S. 27

Bayreuther Stipendienstiftung
Sie wurde im Frühsommer 1882 ins

Leben gerufen, besteht heute noch und ist dazu bestimmt, kunstbeflissenen, wenig bemittelten jungen Menschen den Besuch der Bayreuther →Festspiele zu ermöglichen.

Bearbeitungen
Neues Schlußallegro zur Arie Nr. 15 (WWV 33) aus Heinrich →Marschners *Vampyr* (1828); Instrumentation einer Kavatine (WWV 34) aus Vincenzo →Bellinis *Il pirata* (1827); Einlegearie mit Text von Karl von →Holtei »Sanfte Wehmut will sich regen« (WWV 43) zu Karl Ludwig Blums *Mary, Max und Michel* (1836); Baßeinlegearie (WWV 45) zu Joseph Weigls Oper *Die Schweizerfamilie* (1809), vermutlich im Dez. 1837 in →Riga komponiert und im Stadttheater unter W.s Leitung uraufgeführt, verschollen; Instrumentation (WWV 47) von Gioacchino →Rossinis Duett »Li marinari«; Einlegearie »Norma il predisse« (WWV 52) zu Bellinis *Norma* (1831); Einlegechor →*Descendons gaiment la courtille* (WWV 65) zum Vaudeville *La Descente de la courtille* (1841); Instrumentationsergänzungen (WWV 74) von Gaspare →Spontinis *La Vestale* (1807); Bearbeitung (WWV 77) von Christoph Willibald →Glucks *Iphigénie en Aulide* (1774); Bearbeitung (WWV 79) von Giovanni Pierluigi da Palestrinas *Stabat mater*; Bearbeitung (WWV 83) von Wolfgang Amadeus →Mozarts *Don Giovanni* (1787); Konzertschluß (WWV 87) zu der Ouvertüre von Glucks *Iphigénie en Aulide* (→Opernbearbeitungen; →Pariser Arrange-

ments; →*Wein, Weib und Gesang*). – An dieser Auflistung ist leicht zu erkennen, daß es sich ausschließlich um Arbeiten des Kapellmeisters W. im Dienst seiner Verpflichtungen an verschiedenen Theatern handelt. Es ging entweder darum, eine zusätzliche Arie einzuschieben, die wegen eines Sängers komponiert wurde, oder aber das Partiturbild einer aufzuführenden Oper entsprach nicht W.s Klangvorstellungen, so daß er in der Regel Ergänzungen von Instrumentalstimmen anbrachte oder Klangmischungen bzw. -verdopplungen einfügte. Der Anlaß zur Bearbeitung der Tenorarie in Marschners *Vampyr* war die »Revanche« (wie W. sich in →*Mein Leben* ausdrückte) für eine von seinem Bruder Albert →Wagner gewünschte Einlegearie in Bellinis *La straniera* (1829), die instrumentatorisch mißlungen war. Eine dritte Art der Bearbeitung entstand aus dem Bedürfnis, z. B. eine Ouvertüre konzertant zu spielen und dazu einen Konzertschluß zu komponieren.
Lit.: WWV

Beckmesser, Sixtus
Baßpartie in den *Meistersingern*. Den Namen entnahm W. Johann Christoph Wagenseils *Buch von der Meister-Singer holdseligen Kunst* (1697). Beckmesser ist Stadtschreiber in Nürnberg und übt als →Meistersinger die Funktion des Merkers aus, der die Gesetzmäßigkeiten des Meistergesangs perfekt beherrscht und dadurch gleichsam als Musikkritiker tätig ist. Mithin ergab sich

für W. in seiner Wiener Zeit eine Verbindung zu dem Musikkritiker Eduard →Hanslick, der W. anfangs positiv gegenüberstand. 1861 plante W. ernsthaft, seine komische Figur in den *Meistersingern* Veit Hanslich zu nennen, zumal Hanslicks ästhetische Auffassung, die er in seinem Werk *Vom Musikalisch-Schönen* (Leipzig 1854) niedergelegt hatte, im krassen Widerspruch zu W.s Kunstauffassung stand. Auch in diesem weniger souveränen Beispiel wird deutlich, daß W.s Kunstgestalten oft mit biographischen Erlebnissen zusammenhingen.
Lit.: W. Jens, Ehrenrettung eines Kritikers: Sixtus Beckmesser, in: Programmhefte der Bayreuther Festspiele 1974, »Die Meistersinger von Nürnberg«

Beethoven, Ludwig van
Getauft 17. 12. 1770 in Bonn, gest. 26. 3. 1827 in Wien; Komponist. – In W.s →*Mein Leben* (S. 32f.) wird Beethovens Name erstmals 1828 im Zusammenhang mit der Dichtung von W.s erstem Trauerspiel, →*Leubald*, genannt. Die »auffallend undeutsche Benennung meiner Heldin« Adelaide ginge aus seinem »Enthusiasmus für *Beethovens* ›Adelaïde‹« hervor, »deren schwärmerischer Refrain mir als Symbol aller Liebesanrufung erschien«. Wenige Seiten später (S. 37) beschreibt W. den großen Eindruck, den die Ouvertüre zu *Fidelio* (1805) auf ihn gemacht hat: »Ich erkundigte mich nach *Beethoven* bei meinen Schwestern und erfuhr, daß soeben die

Nachricht von dessen Tode angelangt sei. Noch voll des unbegreiflich wehmütigen Eindrucks von *Webers* Tode, erfaßte mich dieser neue Todesfall eines soeben erst lebendig in mein Leben getretenen Tonmeisters mit seltsamem Bangen, welches dem jugendlichen Gespenstergrauen vor den Quintenklängen der Violinen nicht unverwandt war. Auch *Beethoven* wollte ich nun genauer kennenlernen: ich kam nach Leipzig und fand bei meiner Schwester Luise auf dem Klavier seine Musik zu ›Egmont‹; dann suchte ich mir Sonaten von ihm zu verschaffen; endlich hörte ich zum ersten Male in einem Gewandhaus-Konzerte eine Symphonie des Meisters: es war die *A-dur-Symphonie*. Die Wirkung hiervon auf mich war unbeschreiblich. Dazu kam der Eindruck, den Beethovens Physiognomie, nach den damals verbreiteten Lithographien, auf mich machte, die Kenntnis seiner Taubheit, seines scheuen zurückgezogenen Lebens. In mir entstand bald ein Bild erhabenster überirdischer Originalität, mit welcher sich durchaus nichts vergleichen ließ. Dieses Bild floß mit dem *Shakespeares* in mir zusammen: in ekstatischen Träumen begegnete ich beiden, sah und sprach sie; beim Erwachen schwamm ich in Tränen.« – Frühe Kompositionen, wie die *Ouvertüre C-Dur*, die *Ouvertüre B-Dur* (→Ouvertüren) und eine vierhändige *Sonate B-Dur* (→Sonaten) hängen unmittelbar mit W.s Studium Beethovenscher Werke zusammen, vor allem der *Symphonie d-Moll Nr. 9* (1824). W.s *Ouvertüren d-Moll* und *C-Dur* von 1831 fußten nach des jugendlichen Komponisten eigener Meinung auf Beethovens Vorbildern, erstere auf der *Coriolan-Ouvertüre* (1807), letztere schloß zu Ehren des Vorbilds mit einem Fugato. Die →*Symphonie C-Dur*, die W. anschließend komponierte, hatte Beethovens *Symphonie Es-Dur Nr. 3* (1804) als Muster. In Anlehnung an dessen Liederkreis *An die ferne Geliebte* (1816) schrieb W. seine ersten Gesangskompositionen in der Zeit, als er, zu Gast bei Johann Joseph Graf →Pachta, in erste Liebespein wegen dessen Tochter Jenny →Raymann verstrickt war. Beethovens Werke begleiteten W. zuerst mehr als kompositorische Vorbilder, später zum Dirigieren in zahlreichen Konzerten und zwischendurch zur schriftstellerischen Reflexion. In seinen Schriften hat sich W. wie auch immer wieder in *Mein Leben* über Beethovens Person und Werke begeistert geäußert. Er vertiefte sich in Analysen Beethovenscher Werke und kam zu der Überzeugung, daß mit Beethoven »der Punkt der Scheidung des Symphonikers von dem Dramatiker« erreicht war. Somit hatte W. einen unmittelbaren Vorgänger als Musikdramatiker, an dessen *Symphonie Nr. 9* er direkt mit seinen →Musikdramen anknüpfen konnte. Daß W. diese historische Rechtfertigung suchte, muß nicht verwundern, sondern ist typisch für W.s Begründungsmanie. – Im Zyklus von Novellen und Aufsätzen mit dem Titel *Ein →deutscher Musi-*

ker in Paris (1840/41) ist das Kernstück die humoristische Erzählung *Eine →Pilgerfahrt zu Beethoven*. W. begab sich dabei in die Rolle des Herausgebers, der den Nachlaß eines fingierten Freundes ediert. In diesen »Nachlaß« hat W. autobiographische Ansichten eingewoben, die, dem Muster E. T. A. →Hoffmanns folgend, Erzählung und Kunsttheorie verweben. Bemerkenswert ist in diesem Aufsatz die Selbstdeutung der *Symphonie Nr. 9* durch den fiktiven Beethoven, in den sich W. versetzt, womit er auch seine eigene Beethoven-Interpretation preisgibt. Über den sensationellen Erfolg der Aufführung am Palmsonntag im Jahr 1846 von Beethovens *Symphonie Nr. 9* hat W. in *Mein Leben* berichtet und in drei anonymen Artikeln im *Dresdener Anzeiger* das Publikum auf das bislang als unaufführbar geltende und aus angeblicher geistiger Verwirrung entstandene Werk mit dem *Bericht über die Aufführung der neunten Symphonie von Beethoven im Jahre 1846 in Dresden* (in: GSD Bd. 2, S. 65) vorbereitet. Daß W. zu dieser Symphonie mit Schlußchor eine ganz besondere Affinität entwickelt hatte, geht schon aus der Bemerkung hervor, daß er in seinen »frühesten Jünglings-Jahren […] meine Nächte über der Abschrift dieser Partitur durchwachte«. Diese Symphonie war offensichtlich für W. so etwas wie eine Initialzündung zum Musikdramatiker. In seinen *Programmatischen Erläuterungen* (1851; in: GSD Bd. 5, S. 217) schreibt W. über *Beet-*

hoven's »heroische Symphonie«, die *Symphonie Nr. 3*, die er einer genaueren Untersuchung unterzog. 1852 schrieb W. einen kleinen Aufsatz über *Beethoven's Ouvertüre zu »Koriolan«* (in den *Programmatischen Erläuterungen*), die er ebenfalls stark musikdramatisch empfand und in der er Beethoven als Tondichter erlebte. Während W. noch durch Cosima Wagners →Tagebücher (am 25. 12. 1880) über Beethovens einzige Oper *Fidelio* verkündete, daß sie »des Komponisten der Symphonien nicht würdig« sei und allein die *Leonoren-Ouvertüre Nr. 3* (1806) »das vollkommene Drama in sich schließe« (wie in W.s *Beethoven*, 1870, in: GSD Bd. 9, S. 75, nachzulesen ist), hat W. stets den Symphoniker Beethoven als den Vater des musikalischen Dramas gewürdigt. Diese Festschrift für Beethoven zu dessen 100. Geburtstag ist neben →*Oper und Drama* einer der bedeutendsten Beiträge W.s zur Musikästhetik und folgt Friedrich →Nietzsches Gedanken von der Musik als »umfassende Idee der Welt«.
Lit.: R. W., Ein glücklicher Abend (Novelle, 1841), in: GSD Bd. 1, S. 169; ders., Zu Beethoven's Neunter Symphonie (1846), in: SSD Bd. 12, S. 205; ders., Bericht über die Aufführung der neunten Symphonie von Beethoven im Jahre 1846 in Dresden (1846), in: GSD Bd. 2, S. 65; ders., Beethovens Cis moll-Quartett (Op. 131) (Programmatische Erläuterungen, 1854), in: SSD Bd. 12, S. 350; ders., Zum Vortrag der neunten Symphonie Beethoven's (1873), in:

GSD Bd. 9, S. 275; K. Kropfinger, W. und Beethoven. Untersuchungen zur Beethoven-Rezeption R. W.s, Regensburg 1975

Beim Antritt des neuen Jahres 1835
→*Neujahrs-Festspiel*

Bellini, Vincenzo
Geb. 3. 11. 1801 in Catania (Sizilien), gest. 23. 9. 1835 in Puteaux (bei Paris), Opernkomponist. – Als W. 1833 seinen Bruder Albert →Wagner in →Würzburg besuchte und dort auch durch ihn eine Anstellung als Chordirektor fand, kam der 20jährige W. gleich praktisch mit Bellini in Berührung. Albert wünschte, eine Arie aus Bellinis Oper *Il pirata* (1827) in dessen *La straniera* (1829) zu transplantieren, und W. sollte sie instrumentieren. Da die Partitur des *Pirata* nicht zu bekommen war, mußte W. nach dem Klavierauszug arbeiten, und das Probestück mißlang, klang bei der ersten Probe leer und effektlos, so daß Albert auf die Einlage verzichten mußte. 1834 erlebte W. jenes Gastspiel von Wilhelmine →Schröder-Devrient in Leipzig, das ihm zeitlebens als Idealbild einer Sängerdarstellung vorschwebte und im Gedächtnis haften blieb. Schröder-Devrient sang den Romeo in Bellinis *I Capuleti e i Montecchi* (1830). Damals hatte W. jedoch große Vorbehalte gegenüber der italienischen Oper, denn er schreibt in →*Mein Leben* (S. 89): »Das kühne seelenvolle Bild des jugendlichen Liebes-Helden auf dem Grunde ei-

ner so offenbar seichten und leeren Musik dargestellt zu sehen, forderte jedenfalls zu einem bedenklichen Nachsinnen über die Ursachen der großen Wirkungslosigkeit der gediegenen deutschen Musik, wie sie bisher auf das dramatische Genre angewandt war, heraus.« In seiner →*Autobiographischen Skizze* führt W. dazu aus: »[…] ich war erstaunt, in einer so durchaus unbedeutenden Musik eine so außerordentliche Leistung ausgeführt zu sehen. Ich gerieth in Zweifel über die Wahl der Mittel, die zu großen Erfolgen führen können: weit entfernt war ich, Bellini ein großes Verdienst zuzuerkennen; nichtsdestoweniger schien mir aber der Stoff, aus dem seine Musik gemacht war, glücklicher und geeigneter, warmes Leben zu verbreiten, als die ängstlich besorgte Gewissenhaftigkeit, mit der wir Deutsche meist nur eine erquälte Schein-Wahrheit zu Stande brachten. Die schlaffe Charakterlosigkeit unserer heutigen Italiener, sowie der frivole Leichtsinn der neuesten Franzosen schienen mir den ernsten, gewissenhaften Deutschen aufzufordern, sich der glücklicher gewählten und ausgebildeten Mittel seiner Nebenbuhler zu bemächtigen, um es ihnen dann in Hervorbringung wahrer Kunstwerke entschieden zuvor zu thun.« – Auch im Zusammenhang mit der Entstehungsgeschichte des →*Liebesverbots* erinnert sich W., »daß endlich auch selbst der sanfte Sizilianer *Bellini* unter den Faktoren dieser Komposition mitzählt«. »Vermutlich half die ›Stumme von Por-

tici‹ einigermaßen hierbei; auch Erinnerungen an die ›Sizilianische Vesper‹ mögen mitgewirkt haben«, schreibt W. in *Mein Leben* (S. 92). Als W. in Riga engagiert wurde, beauftragte ihn sein Intendant Karl von →Holtei, alle Werke Bellinis, Gaetano Donizettis, Adolphe →Adams und Daniel François Esprit →Aubers nach und nach aufzuführen; W. war damals tatsächlich ein leidenschaftlicher Parteigänger der italienischen und französischen Oper geworden. Später, in Paris, als er sich mit eigenen Sachen nicht durchzusetzen vermochte, verfiel er eines Tages »auf den Gedanken, für *Lablache* eine von ihm als ›Orovist‹ in *Bellinis* ›Norma‹ einzulegende große Baß-Arie mit Chor schreiben zu wollen« (*Mein Leben*, S. 183), die auch ausgeführt und dem berühmten Sänger persönlich übergeben wurde, aber nicht aufgeführt werden konnte. Außerdem schrieb W. aus seinen Pariser Opernerfahrungen (*Rossinis* »*Stabat mater*«, 1841; in: GSD Bd. 1, S. 186): »Vor Allem aber war die Pariser *hohe* Welt […] gewohnt, vor dem Gesange *Rubini's* und der *Persiani* unbedingt dahinzuschmelzen […] Bei der strengen Pflege dieser Gewohnheit hatte die hohe Pariser Welt denn erfahren, daß es *Rossini, Bellini, Donizetti* waren, welche jenen berauschenden Sängern Gelegenheit geliefert hatten, sie nach Belieben dahinzuschmelzen; sie erkannte die Wichtigkeit dieser gefälligen Meister und liebte sie.« – Aber auch analytisch beschäftigte sich W. mit Bellinis

Musik und kam dabei zu weniger positiven Ergebnissen: »Dagegen muß man bloß einmal solch' eine Orchesterstimme, z. B. von ›Norma‹ sich genau ansehen, um zu ermessen, was aus einem so harmlos beschriebenen Notenpapierhefte für ein seltsamer musikalischer Wechselbalg werden kann: nur die Folge von Transpositionen, wo das Adagio einer Arie aus Fis-, das Allegro aus F-dur, dazwischen (der Militärmusik wegen) ein Übergang in Es-dur gespielt wird, bietet ein wahrhaft entsetzliches Bild von der Musik, zu welcher solch ein hochgeachteter Kapellmeister munter den Takt schlägt [...] denn selbst solch' einer unschuldigen Partitur gerecht zu werden, verdrießt unsere Kapellmeister die Mühe« (→ *Über das Dirigieren*, S. 396f.).
Lit.: R. W., Bellini. Ein Wort zu seiner Zeit (1837), in: SSD Bd. 12, S. 19

Benvenuti, Augusto
Geb. 8. 1. 1839 in Venedig, gest. 7. 2. 1899 ebd.; Bildhauer. – Er nahm am 14. 2. 1883 in →Venedig W.s Totenmaske ab.

Bergwerke zu Falun, Die
(WWV 67)
Oper in drei Akten; Prosaentwurf vom Febr./März 1842. – Am 5. 3. 1842 beendete W. noch in Paris den Prosaentwurf nach E. T. A. →Hoffmann. Er war für Joseph →Dessauer, einen in Paris lebenden Prager Komponisten, geschrieben worden, der die Oper komponieren sollte, aber nicht ausführte.

Handlung: In Falun, vor dem dortigen Bergwerk.
I. Akt: Pehrson hat einen Berggerichtstag abgehalten, die Bergleute treten zusammen, bedanken sich für seine umsichtige Leitung, und Ulla bereitet ein gemeinsames Essen. Der Seemann Joens ist nach Falun gekommen, um eine Erbschaft anzutreten, und hat sogleich ein Auge auf Ulla geworfen. Sie liebt Elis, der verstört aus dem Bergwerk kommt und von seiner Begegnung mit einem geheimnisvollen alten Bergmann berichtet. Er habe vorgehalten bekommen, daß man die wahre Liebe zum Berg nicht mit einem Mädchenherzen teilen könne. Joens versucht, den Bergmann für die Seefahrt zu interessieren, und wirbt gleichzeitig um Ulla. Aus Mißverständnissen ergibt sich ein halbes Zugeständnis ihrerseits, und Joens bittet Pehrson geradewegs um die Hand seiner Tochter. Der Bergmann hat nichts dagegen, Elis schreit auf und stürzt wie von Furien gehetzt zum Bergwerk.
II. Akt: Elis steigt in einen Bergwerksschacht, fühlt sich verraten und ruft nach Torberg, jenem alten Bergmann, der vor hundert Jahren verschüttet wurde und jetzt sein Unwesen in der Tiefe treibt. Wie ein Geist tritt Torberg mitten aus einer Felswand und verspricht Elis, ihm die Königin des Berges erscheinen zu lassen. Die Felswände beginnen zurückzuweichen, bläuliches Licht breitet sich aus, wunderbare Kristalle bilden sich zu einer phantastischen Natur aus, schöne Jungfrauen

erscheinen, und im Hintergrund werden schließlich ein Thron und die Königin sichtbar. Plötzlich aber hört man Ullas Stimme in den Schacht rufen. Die ganze Erscheinung und Torberg verschwinden wie ein Traum. Die Bergleute steigen in den Schacht, allen voran Ulla, die sich an Elis' Brust wirft. Die Mißverständnisse werden aufgeklärt, und alle steigen wieder ans Tageslicht. III. Akt: Die Bergleute rüsten zur Hochzeit von Ulla und Elis und bringen ein Morgenständchen. Als Bräutigam geschmückt verläßt Elis das Haus und erzählt Ulla von seinem Erlebnis im Berg und daß er noch einen kostbaren Edelstein vor der Ankunft der Gäste aus dem Berg holen wolle. Ulla versucht ihn vergeblich davon abzubringen und geht ins Haus, um sich als Braut zu schmücken. Inzwischen ist die Hochzeitsgesellschaft versammelt, nur Elis fehlt noch. Man beginnt zu tanzen und zu singen. Pötzlich hört man einen furchtbaren Krach vom Bergwerk her, dessen Eingang zusammenstürzt. Ulla schreit entsetzt auf und sinkt wie tot zusammen. Erschienen in den → *Bayreuther Blättern* (1905) und in der *Deutschen Rundschau* (63: 1905) sowie in: SSD Bd. 11, S. 125 – 135.

Berlin

W. glaubte, bereits König Friedrich II. würde die Entwicklung der Berliner Oper als »üblen Scherz« empfunden haben, hätte er sie erleben können. Die Hoffnungen, die W. auf August Wilhelm Ifflands Lei-

tung des Theaters setzte, waren groß, ließen aber dennoch die Befürchtung aufkommen, daß schon »der Wurm an dieser Blüthe nagen« würde. Am 18. 5. 1836 kam W. erstmals nach Berlin und sah in der Hofoper Gaspare →Spontinis *Fernand Cortez* (1809), der Auswirkungen auf seinen *Rienzi* haben sollte. Am 20. 11. 1841 schickte W. seine *Holländer*-Partitur an Friedrich Wilhelm Graf von →Redern, den Direktor des Berliner Hoftheaters, und wurde vertröstet. 1842 wurde Giacomo →Meyerbeer Nachfolger von Spontini als Generalmusikdirektor der Hofoper. W. versuchte auch in diesem Jahr vergeblich, seinen *Holländer* in Berlin unterzubringen, wo gerade Karl Theodor von →Küstner den bisherigen Intendanten ablösen sollte. – Das unter Friedrich II. von Georg Wenzeslaus von Knobelsdorff errichtete und am 7. 12. 1742 eröffnete Opernhaus Unter den Linden hatte schon eine lange Musiktheatertradition, als W. mit seinen →Musikdramen auf die deutschen Theater drängte. Wegen W.s politischer Gesinnung wehrte sich der damalige Intendant, Botho von →Hülsen, gegen Aufführungen von W.s Werken. Er gab erst nach, als mit ihnen Bühnenerfolge zu erzielen waren: 1856 ließ er *Tannhäuser*, 1859 *Lohengrin*, 1884 *Die Walküre* und 1885 *Siegfried* inszenieren, verhinderte aber die Gesamtaufführung des *Rings*, der jedoch auf Betreiben W.s im Viktoriatheater inszeniert werden konnte. An der Lindenoper befanden sich damals Gesangsstars wie Albert →Niemann, Franz →Betz und Gustave-Hippolyte Roger sowie Pauline Lucca und Lilli →Lehmann; die »schwedische Nachtigall« Jenny Lind war häufig Gast in Berlin. Um die Jahrhundertwende wies die Lindenoper mit Joseph Sucher, Felix von Weingartner und Carl Muck, später mit Bruno Walter, Franz Schalk und Leo Blech eine Reihe von berühmten Dirigenten auf, die auch W.s Werke mit Vorliebe dirigierten. Als zwischendurch Richard Strauss 1898 Opernleiter wurde, setzte er eine exemplarische Aufführung von *Tristan* durch, während seine eigenen Werke in Berlin nicht aufgeführt werden durften. Höhepunkte der 30er Jahre an der Lindenoper waren W.-Abende in Heinz Tietjens Regie mit Bühnenbildern von Emil Preetorius; Maria Cebotari, Max Lorenz, Marcel Wittrisch und Franz →Völker waren die Gesangsstars. Die Wiedereröffnung der Staatsoper Unter den Linden erfolgte am 4. 9. 1955 mit den *Meistersingern* unter Franz Konwitschny.

Berlioz, Louis Hector
Geb. 11. 12. 1803 in La Côte-Saint-André (bei Vienne, Isère), gest. 8. 3. 1869 in Paris; Komponist, Dirigent und Musikschriftsteller. – Als Arztsohn war Berlioz von seinen Eltern zum Medizinstudium bestimmt, wechselte aber 1826 von der Universität zum Conservatoire mit der Konsequenz, die Unterstützung seines Vaters Louis-Joseph einzubüßen. Seinen Unterhalt mußte sich Berlioz nunmehr als Chorist, später als

Schriftsteller verdienen, bis er 1839 als Konservator und ab 1850 als Bibliothekar der Königlichen Bibliothek in Paris fest angestellt wurde. Besonders im *Journal des débats* proklamierte er das Stilprinzip der Programmusik, dem sich in Deutschland ab 1847 Franz →Liszt anschloß. W. machte sich bereits in seiner ersten Pariser Zeit durch die Aufführung der *Symphonie funèbre et triomphale*, die 1830 zum Zentenarium der Juli-Revolution in Paris gegeben wurde, mit Berlioz' Musik bekannt. W. kannte auch dessen »symphonie dramatique« *Roméo et Juliette* (1839). Persönlich kennengelernt haben sich die beiden Komponisten aber erst in England, als W. 1855 das Orchester der →Old Philharmonic Society London in einer Reihe von Konzerten dirigierte und Berlioz zur gleichen Zeit ebenfalls in London eigene Werke mit der New Philharmonic Society aufführte. – In seinen Memoiren schildert Berlioz Eindrücke vom *Holländer* 1843 in Dresden. Aber weniger die Tatsache, daß Berlioz' →»idée fixe«, wie sie in der *Symphonie fantastique* (1830) kompositorische Anwendung fand, als Vorläufer von W.s Technik des →Leitmotivs gelten kann, zeigt die bedeutsame Verbindung beider Komponisten, als vielmehr Berlioz' Instrumentationskunst, von der W. entschieden profitiert hat. – Schriften: *Gesammelte Schriften* (hrsg. v. R. Pohl, Leipzig 1864), *Gesamtausgabe der Schriften in 10 Bänden* (Leipzig 1903ff.), *Memoiren* (deutsch v. H. Scholz, München 1914).

Lit.: R. W., Ein Brief an Hector Berlioz (1860), in: GSD Bd. 7, S. 113; ders., Fragment eines Aufsatzes über Hector Berlioz (1869), in: SSD Bd. 12, S. 312; R. Pohl, Hector Berlioz. Studien u. Erinnerungen, Leipzig 1884; ders., Hector Berlioz' Leben und Werk, Leipzig 1900; Briefe von Hector Berlioz an die Fürstin Caroline Sayn-Wittgenstein, hrsg. v. La Mara, Leipzig 1903; R. Rolland, Berlioz, in: ders., Musiciens d'aujourd'hui, Paris 1908; J. Kapp, Berlioz, Berlin 1917; E. Lockspeiser, Berlioz, London 1938; ders., Das Dreigestirn: Berlioz, Liszt, W., Berlin 1919; C. Hopkinson, A Bibliography of the Music and Literary Works of Hector Berlioz, Edinburgh 1951; R. Bockholdt, Berlioz-Studien, München 1970

Bern
Als Neues Stadttheater wurde das im Stil des Fin de siècle errichtete Theater am 25. 9. 1903 mit *Tannhäuser* eröffnet, dessen Berner Erstaufführung schon 1857 im Hôtel de Musique stattgefunden hatte. Die Schweizer Erstaufführung von *Tristan* fand am 18. 3. 1889 ebenfalls in Bern statt. Im inzwischen errichteten Theaterneubau wurde 1908 eine Festaufführung des *Rings* gegeben; 1912/13 gab es bereits eine Neuinszenierung; am 18. 11. 1920 gab es *Parsifal*; der *Ring* stand 1930/31 wieder auf dem Spielplan, der 1931–33 im Rahmen eines W.-Zyklus von *Tannhäuser, Lohengrin*, den *Meistersingern, Parsifal* und *Tristan* abgelöst wurde.

Bethmann, Heinrich Eduard
Geb. 1774 in Rosenthal (bei Hildesheim), gest. 8. 4. 1857 in Halle (Saale); Theaterdirektor. – Er war Mitbegründer des Königstädtischen Theaters in Berlin und 1834–36 Theaterdirektor in Magdeburg, wo W. am 10. 10. 1834 seinen Dienst als Musikdirektor antrat und Minna Planer kennenlernte, mit der er sich im Jan. 1835 verlobte. Am Ende der Spielzeit war Bethmann bankrott, und W. ging nach Leipzig zurück.

Betz, Franz
Geb. 19. 3. 1835 in Mainz, gest. 11. 8. 1900 in Berlin; Sänger (Baß). – Der W.-Sänger war 1859–97 an der Hofoper Berlin engagiert. Er sang 1868 den ersten →Sachs in München und 1876 den ersten →Wotan in Bayreuth.

Bibliotheken
→Dresdener Bibliothek; →Wahnfried-Bibliothek

Biebrich
Am 8. 2. 1862 ließ sich W. in Biebrich (heute Teil von Wiesbaden) nieder, um in der Nähe des →Schott-Verlags in Mainz, das am anderen Ufer des Rheins liegt, den Verlag seiner neuesten Werke überwachen zu können. W. wohnte zunächst im Europäischen Hof und bezog am 15. 2. eine Wohnung im Haus des Architekten Frickhöfer. Am 21. 2. traf Minna überraschend in Biebrich ein und reiste, nach andauernden Auseinandersetzungen mit ihrem Mann, am 3. 3. wieder ab. – Die

zentrale Lage Biebrichs ermöglichte W. Theaterbesuche in Wiesbaden (Charles Gounods *Faust,* 1859), Darmstadt *(Rienzi)* und Karlsruhe, wo er Großherzog Friedrich I. seine *Meistersinger* vorlas. In Frankfurt a. M. fiel W. die Schauspielerin Friederike →Meyer auf, deren Freundschaft er suchte; fast gleichzeitig freundete er sich in Mainz mit der schönen 29jährigen Mathilde →Maier an. In Wiesbaden lernte er auch den Komponisten Joachim →Raff kennen. Am 28. 3. erhielt W. die volle Amnestie, so daß Minna hoffte, ihr Mann würde nunmehr nach Dresden zurückkehren. Statt dessen begann W. in Biebrich mit der Komposition der *Meistersinger* und erhielt Besuche von Cosima und Hans von →Bülow, Ludwig und Malwine →Schnorr von Carolsfeld, mit denen er die Titelpartien von *Tristan* einstudierte, von Alwine →Frommann, Konzertmeister Ferdinand →David und dessen Schüler August Wilhelmj aus Leipzig, August →Röckel und seiner Tochter Louisabeth sowie von Marie Luise Dustmann, der Schwester Friederike Meyers. Mit einigen dieser Freunde machte W. einen Ausflug nach Bingen. Im Aug. 1862 besuchte er mit den Bülows eine Aufführung von Johann Wolfgang von Goethes *Torquato Tasso* (1790) mit Friederike in Frankfurt. Dort dirigierte er am 12. 9. zum erstenmal seinen *Lohengrin.* Im Herbst reiste W. von Biebrich nach Leipzig und Dresden, um zu dirigieren und alte Freunde zu besuchen. Da der Hausherr in Biebrich ihm die komfortable Wohnung aufkündigte, reiste er mit Friederike nach →Wien, um dort weitere Konzerte zu geben und im Haus Joseph →Standhartners seine *Meistersinger* zu lesen.

Bilz, Natalie
Geb. Planer; geb. 22. 2. 1826, gest. 1892 in Leisnig (bei Döbeln). – Uneheliche Tochter von Minna Planer und dem sächsischen Offizier Ernst Rudolf von Einsiedel; von Minna unter dramatischen Umständen im 17. Lebensjahr und Verheimlichung vor dem strengen Vater geboren, stets als ihre jüngere Schwester ausgegeben. Sie lebte 1834 bei ihrer Mutter in Magdeburg; dann war sie, bis zur Flucht aus Königsberg, Mitglied der neugegründeten Familie W.s. In →Riga war sie nicht bei der Mutter, kam aber 1840 mit nach Paris (→Frankreich) und erlebte die Notzeiten W.s hautnah mit. 1843 blieb sie bei W.s Schwester Cäcilie →Avenarius in Paris, während W. nach →Dresden ging. Dann kam sie zu Minnas Schwester Charlotte Tröger nach Zwickau und wurde 1845 wieder von ihrer Mutter in Dresden aufgenommen. Im Züricher →Exil machte sie sich fast die ganze Zeit in W.s Haushalt nützlich, ohne allerdings im →Asyl gelebt zu haben; sie ging wieder zu Trögers und blieb dort bis 1860. Kurz nach dem Tod ihrer Mutter heiratete sie und wurde nach dem ihres Gatten von Cosima Wagner unterstützt. W. charakterisiert sie in →*Mein Leben* (S. 464) als »körperlich und geistig

schwerfällig entwickelt geblieben: klein und mit Neigung zur Stärke, war sie unbehilflich und einfältig«. Natalie haßte ihrerseits die zweite Frau ihres Stiefvaters, gab auf sein Verlangen zahlreiche Dokumente zurück, behielt aber noch einen großen Teil von Briefen und Manuskripten zurück, die sie später Mary Burrell (→Burrell-Sammlung) aushändigte, in der sie eine Verbündete gegen Cosima sah. Ihrer Mutter gegenüber, die Natalie stets als »Schwester« erlebt hatte, fand sie nie ein böses Wort. Wie Minna hielt auch Natalie W.s Freund August →Röckel für den verschlagensten Feind ihres Stiefvaters.

Bismarck-Schönhausen, **Otto von** Herzog von Lauenburg; geb. 1. 4. 1815 in Schönhausen (Altmark), gest. 30. 7. 1898 in Friedrichsruh (bei Hamburg); Staatsmann. – Obgleich W. kritisch und hämisch anmerkte: »Vor einer ›allgewaltigen‹ Tagespresse fürchten sich ihrerseits die Minister bis in die Reichskanzlei hinein«, gestand er doch dem mächtigen Reichskanzler zu: »Dieser Glaube [an das wahre Wesen des deutschen Geistes] war es, der einen deutschen Staatsmann unserer Tage mit dem ungeheueren Muthe beseelte, das von ihm erkannte Geheimniß der politischen Kraft der Nation durch kühne Thaten aller Welt aufzudecken« (*Schlußbericht über die Umstände und Schicksale...*, 1873; in: GSD Bd. 9, S. 381). Und da W. sich durch seine künstlerischen Aktivitäten in gleichem Sinne be-

mühte, glaubte er Bismarck auch für seine Zwecke interessieren zu dürfen, mußte aber feststellen:»Ich versäumte nicht, mich um die Theilnahme des deutschen Reichskanzlers zu bemühen [...] Nachdem eine Zusendung meiner Schrift über ›deutsche Kunst und deutsche Politik‹ dort keine Beachtung gefunden hatte, setzte ich meine Werbung durch eine brieflich sehr ernst motivirte Bitte, wenigstens die zwei letzten Seiten meiner Broschüre über das ›Bühnenfestspielhaus zu Bayreuth‹ einer Durchlesung zu würdigen, unentmuthigt fort. Das Ausbleiben jeder Erwiderung hatte mich davon in Kenntniß zu setzen, daß mein Anspruch auf Beachtung in der obersten Staatsregion für anmaßend gelten zu müssen schien, womit, wie ich ebenfalls ersah, man sich zugleich in dort nie aus dem Auge verlorener Übereinstimmung mit der großen Presse erhielt.« Andererseits:»Ich ward veranlaßt, zu einer Zeit empfindlicher Hemmungen im Fortgange des Unternehmens, den Kaiser selbst um eine nennenswerthe Hilfe hierfür ehrfurchtsvollst anzugehen [...] Es ward mir versichert, der Kaiser habe mein Gesuch sogleich bewilligt und dem Reichskanzleramte in diesem Sinne empfohlen; auf ein entgegengesetztes Gutachten des damaligen Präsidenten dieses Amtes sei aber die Sache fallen gelassen worden.« Da Bismarck selbst nie mit W.s Anfragen konfrontiert worden sei, und W. die Herren Abgeordneten nicht bitten wollte, kam er zu dem

Schluß: »Ich hatte bald von Reich und Kanzel genug« (*Ein Rückblick auf die Bühnenfestspiele des Jahres 1876*, in: GSD Bd. 10, S. 139).

Bissing, Henriette Ilsabe **von**
Geb. Krohn; geb. 31. 1. 1798 in Warin (Mecklenburg), gest. 22. 1. 1879 in Anklam (Pommern); Schriftstellerin. – Besuchte des öfteren Anfang der 50er Jahre Eliza →Wille in Mariafeld (bei Zürich). Dort erlebte sie gelegentliche musikalische Privatveranstaltungen W.s mit. Etwa zehn Jahre später, 1863, begegnete W. der Gönnerin anläßlich einer privaten Konzertveranstaltung bei Fürst Friedrich Wilhelm von Hohenzollern-Hechingen in Löwenberg wieder, wo sie W. »sogleich zur bevorzugten Gesellschafterin« wurde (→*Mein Leben*, S. 747). Anschließend reiste W. nach Breslau, wohin ihm Henriette von Bissing folgte, um dort ein weiteres Konzert W.s hören zu können. Da sie im selben Hotel wie W. abgestiegen war, ergab sich ein vertrauter Umgang zwischen beiden, und W. eröffnete der Freundin seine privaten Sorgen und finanziellen Nöte, worauf Frau von Bissing dem Künstler großzügige Unterstützung in Aussicht stellte. Eliza Wille gestand sie 1864, als W. immer mehr in Schulden geraten war, die er durch Konzerte in →Rußland aufzufangen suchte, und gleichzeitig Frau von Bissing eindringlich bat, ob sie ihm helfen wolle: »Und wenn ich Wagner rette, so liebt er doch am Ende nur die Wesendonk!« Damit hatte sie ihr Geheimnis gelüftet.

Biterolf
Baßpartie in *Tannhäuser*; Ritter und Minnesänger am Hof des thüringischen Landgrafen. Im »Sängerkrieg« auf der →Wartburg ist er Gegenspieler →Tannhäusers.

Bizet, Georges
Eigtl. Alexandre César Léopold B.; geb. 25. 10. 1838 in Paris, gest. 3. 6. 1875 in Bougival (Hauts-de-Seine); Komponist. – Der Name Bizets und seines Hauptwerks, *Carmen* (1875), spielt nur indirekt im Zusammenhang mit Friedrich →Nietzsche eine Rolle. Er hatte erstmals am 27. 11. 1881 Bizets Oper in Genua gesehen und dann das Werk anhand des Klavierauszugs genau studiert. Weitere zahlreiche Besuche von *Carmen*-Aufführungen bewogen Friedrich Nietzsche, in diesem Werk die Gegenposition zu W.s →Musikdramen zu sehen und sich in ihm eine Lebensstimulanz zu verschaffen, die er bei W. nicht mehr zu erfahren glaubte. Es scheint, als projizierte Nietzsche verstärkt seinen eigenen gesundheitlichen Zustand in die Musik W.s, die er für krank erklärte; er glaubte, daß W. vor dem christlichen Kreuz mit *Parsifal* zusammengebrochen sei, während er selbst geistige Gesundung in der südlichen Sonne von *Carmen* zu finden hoffte. Nietzsche begann Material zu sammeln, bis er genug Polemik beisammen hatte, um seine Broschüre *Der Fall Wagner* (1888) zu veröffentlichen.
Lit.: D. Fischer-Dieskau, W. und Nietzsche, München 1974; G. Len-

zewski, Nietzsche und W., in: R. W. und das neue Bayreuth, hrsg. v. W. Wagner, München 1962, S. 45

Blumenmädchen
→Zaubermädchen, Klingsors

Boieldieu, François Adrien
Geb. 16. 12. 1775 in Rouen, gest. 8. 10. 1834 in Jarcy (bei Paris); Komponist. – Sosehr sich W. im Laufe seiner künstlerischen Entwicklung gegen Giacomo →Meyerbeer und die Grand opéra stellte, so beharrlich blieb sein günstiges Urteil über Boieldieu, den er »unter den sehr wenigen, Gluck und Mozart verwandten Tondichtern, die uns auf dem öden Meere der Opernmusik als einsame Leitsterne dienen«, heraushob und einen »Meister der französischen Schule aus dem Anfange dieses Jahrhunderts« nannte. In seinen Werken sah W. die Tugenden und den Charakter der französischen Nation verkörpert. Und in der Oper *La Dame blanche* (1825) sah W. sogar (*Erinnerungen an Auber*, 1871; in: GSD Bd. 9, S. 51) einen Anflug »sinniger Romantik« sowie bis zu *Jean de Paris* (1812) »die Gesetze der Galanterie« mit Anmut verwirklicht, die später »zum grämlichen Schatten mit frömmlerischem Heiligenscheine« verblaßten und in bloßes Amüsement umschlugen. W. lehnte keineswegs die französische Oper pauschal ab: »[...] die Lebhaftigkeit, der Geist, der Witz, die Anmuth der Franzosen blühte in dem ihnen völlig und ausschließlich eigenen Genre der opéra comique.«

W. vermißte an der späteren französischen Oper die Grazie Etienne Nicolas Méhuls und Nicolas Isouards, Boieldieus und des jungen Daniel François Esprit →Auber, welche den »niederträchtigen Quadrillen-Rhythmen« (→*Autobiographische Skizze*) weichen mußten.

Bologna
Die Aufführung seines *Lohengrin* 1871 in Bologna hielt W. für so »vorzüglich« und von tiefgreifender Wirkung auf das Publikum, daß er sich angesichts der kritischen Berichte aus Leipzig und Berlin fragte, »was ist deutsch?«, und dieser Frage in schriftlicher Form nachging. Erstaunt zeigte sich W. aber vor allem über die positive Einstellung der Behörden der Stadt, die ihn zu ihrem Ehrenbürger machte. In →Frankreich hatte ähnliches nach W.s Ansicht deshalb nicht geschehen können, weil ihm durch die italienische »Libertas« sein »Werk, welches zunächst allen Gewohnheiten eines Publikums so gänzlich fremd gegenüberstand, wie das meinige dem der Bologneser, sofort als ein innig vertrauter Gast begrüßt werden konnte« (*Schreiben an den Bürgermeister von Bologna*, 1872; in: GSD Bd. 9, S. 346).

Börne, Ludwig
Eigtl. Löb Baruch; geb. 6. 5. 1786 in Frankfurt a. M., gest. 12. 2. 1837 in Paris; Schriftsteller. – W. bezog Börne nie in seinen →Antisemitismus mit ein, sondern bezeichnete ihn als einen »geistvollen Juden«,

der es zuwege brachte, die Trägheit des deutschen Volkes aufzustacheln: »Es mußte der Jude Börne sein, der zuerst den Ton zur Aufstachelung der Trägheit des Deutschen anschlug, und hierdurch, wenn auch in diesem Sinne gewiß absichtslos, das große Misverständniß der Deutschen in ihrem eigenen Betreff bis zur traurigsten Verwirrung steigerte. Das Misverständniß, welches zu seiner Zeit den österreichischen Staatskanzler, Fürsten Metternich, bei der Leitung der deutschen Kabinetspolitik bestimmte, die Bestrebungen der deutschen ›Burschenschaft‹ für identisch mit denen des ehemaligen Pariser Jakobinerclubs zu halten« (→ *Was ist deutsch?*, S. 51). W. war freilich der Ansicht, daß Börne seine Erlösung vom »Judesein« durch die Mühsal, »aufhören, Jude zu sein«, erfolgreich betrieben habe; dadurch gewann er W.s volle Anerkennung.

Brahmanismus

In der Auseinandersetzung mit dem Mythos stieß W. notwendigerweise auf »die urheilige älteste Religion des menschlichen Geschlechts, die Bramanen-Lehre« (*Dante – Schopenhauer*, 1855; in: SSD Bd. 16, S. 95), die sich vor allem in seinem →Bühnenweihfestspiel *Parsifal* niederschlagen sollte. W. sah, daß sich der Buddhismus wie das Christentum »von der Welt und ihren Leidenschaften, womit sie dem Strome der Weltbewegung sich geradesweges entgegenstemmen«, abwenden. »Das einzig ihn bestimmende Mitleid

mit jedem athmenden Wesen erlöste den Weisen von dem rastlosen Wechsel aller leidenden Existenzen, die er selbst bis zu seiner letzten Befreiung leidend zu durchleben hatte [...] Dieser Weise mußte erkennen, daß seine höchste Beglückung das vernunftbegabte Wesen durch freiwilliges Leiden gewinnt, welches er daher mit erhabenem Eifer aufsucht und brünstig erfaßt«, zog W. die Maxime aus einer Lehre, die ihm tief sympathisch war. Als einzigen Fehler sah er in dieser Lehre, daß sie eine Rassenreligion war und dadurch nur den »Erkennenden« offen stand, der Menge aber nur durch zahllose Wiedergeburten im Ziel erreichbar war und sich im Laufe der Zeit durch Künstlichkeiten ins Absurde verlor, während sich im Christentum die Wahrheit auch den »Armen am Geist« erschließe. Und mit seinem eigenen Liebäugeln zum Vegetarismus erwog W.: »Die Weisheit der Brahmanen, ja aller gebildeten Heidenvölker, ist uns verloren gegangen: mit der Verkennung unseres Verhältnisses zu den Thieren sehen wir eine, im schlimmsten Sinne selbst verthierte, ja mehr als verthierte, eine verteufelte Welt vor uns« (*Offenes Schreiben an Herrn Ernst von Weber*, 1879; in: GSD Bd. 10, S. 251).

Brahms, Johannes

Geb. 7. 5. 1833 in Hamburg, gest. 3. 4. 1897 in Wien; Komponist. – W. hatte es nicht darauf abgesehen, als Gegenspieler von Brahms in die Geschichte einzugehen. Er glaubte aber durchaus, dessen Musikschaffen in die gegenwärtige und vor allem in die zukünftige Musikgeschichte einordnen zu müssen, um die »Bewahrer des echten deutschen Geistes« auf ihre Fähigkeiten hin zu prüfen. Deshalb schrieb W. zunächst sachlich, daß er sich »in keiner Weise anheischig gemacht hatte, auch Komponiren lehren zu wollen, da ich dieß von denjenigen Nachfolgern Beethoven's, welche Brahms'- sche Symphonien komponiren, sehr gut besorgt wissen darf« (→ *Wollen wir hoffen?*, S. 157). Er fügte aber auch ironisch an: »Es ging und geht in unseren Symphonien und dergleichen jetzt weltschmerzlich und katastrophös her; wir sind düster und grimmig, dann wieder muthig und kühn; wir sehnen uns nach der Verwirklichung von Jugendträumen; dämonische Hindernisse belästigen uns; wir brüten, rasen wohl auch: da wird endlich dem Weltschmerz der Zahn ausgerissen; nun lachen wir und zeigen humoristisch die gewonnene Weltzahnlücke, tüchtig, derb, bieder, ungarisch oder schottisch, – leider für Andere langweilig« (*Über die Anwendung der Musik auf das Drama*, in: GSD Bd. 10, S. 229). Bei der Entwicklung der deutschen symphonischen Musik hatte W. im Grunde die gleiche Befürchtung wie bei der französischen Oper, nämlich daß sie nur noch des Amüsements wegen komponiert und aufgeführt werden würde. Und dabei teilte W. gleich einen Seitenhieb auf den Musikkritiker Paul Lindau aus: »Die Musik ist das Witzloseste, was man

sich denken kann, und doch wird jetzt fast nur noch witzig komponirt. Ich vermuthe, dieß geschieht unseren Litteraten zu Liebe, namentlich auch Herrn Paul Lindau zu Gefallen, welcher, wie man mir sagt, von aller Kunst immer nur amüsirt sein will, weil er sich sonst langweilt« (→ *Über das Dichten und Komponieren*, S. 181).

Brandt, Johann Friedrich Christoph **Carl**
Geb. 15. 6. 1828 in Darmstadt, gest. 27. 12. 1881 ebd.; Maschinen- und Bühnenmeister. – Er war technischer Leiter am Hoftheater Darmstadt und übernahm 1876 – 81 die technische Leitung der Bayreuther →Festspiele.

Brandt, Fritz
Eigtl. Friedrich Georg Heinrich B.; geb. 19. 1. 1854 in Darmstadt, gest. 1895 in Weimar; Bühnenmeister. – Sohn von Carl →Brandt. Er übernahm nach dem Tod seines Vaters 1882 – 84 die technische Leitung der Bayreuther →Festspiele.

Brandt, Marianne
Eigtl. Marie Bischof; geb. 12. 9. 1842 in Wien, gest. 9. 7. 1921 ebd.; Sängerin (Alt). – Sie besuchte 1862 – 66 das Wiener Konservatorium und war dort Schülerin von Carl Zeller und Therese Marschner. Ihr Debüt gab sie 1867 als Rachel in Fromental →Halévys *La Juive* (1835) am Stadttheater Olmütz. Nach Gastspielen in Graz und Berlin und einem Engagement 1868 – 86 an der Berliner

Hofoper studierte sie nochmals 1869/70 bei Pauline →Viardot-García in Baden-Baden. Da sie sich in Gastspielen an Covent Garden London und an der Hofoper Wien (1873–83) als W.-Interpretin einen Namen machen konnte, holte sie W. wegen ihres sehr ungewöhnlichen Stimmumfangs zur Uraufführung von *Parsifal* 1882 für die Partie der →Kundry nach Bayreuth. Sie hatte schon 1876 in der *Götterdämmerung* die →Waltraute gesungen. Triumphe feierte sie 1884–88 an der Metropolitan Opera New York; 1890 zog sie sich als Gesangspädagogin nach Wien zurück.

Brangäne
Mezzosopranpartie in *Tristan*, Dienerin und Vertraute →Isoldes. Ihren Namen hatte W. *Tristan und Isolt* (um 1210) von →Gottfried von Straßburg entnommen.

Braune Buch, Das
Ein Tagebuch W.s, das wegen seines braunen Ledereinbands mit Bronzebeschlägen und grünen Schmucksteinen so genannt wurde, den Zeitraum vom 10. 8. 1865 bis zum 27. 3. 1882 enthält und für Cosima Wagner bestimmt war, da beide sich in →München nicht immer ungestört sprechen konnten. In ihm wurden auch die →Annalen für die Jahre 1846–64 sowie Aufzeichnungen für die Jahre 1864–67 festgehalten. Ferner enthält es u. a. Vorworte zu verschiedenen Schriften W.s, eine Auflistung zur Gesamtausgabe seiner Schriften, Dramenkonzeptio-

nen, Gedichte, musikalische Themen, »Gedanken zur Regeneration der Menschheit und der Kultur«, Erinnerungen wie auch Sonette an Freunde, philosophische und theologische Erwägungen und das Aufsatzfragment *Über das Männliche und Weibliche in Kultur und Kunst*. Das Original wurde am 14. 5. 1931 von Eva →Chamberlain der Stadt →Bayreuth vermacht und ist seither im Besitz der →Richard-Wagner-Gedenkstätte; 1933 wurden zwei Abschriften des Braunen Buches hergestellt. – Ausgabe: *Das Braune Buch. Tagebuchaufzeichnungen 1865 bis 1882* (hrsg. v. J. Bergfeld, Zürich/Freiburg 1975).

Braunschweig
20 Jahre, bevor W. am 14. 4. 1875 Braunschweig besuchte, dort eine Vorstellung von *Tannhäuser* sah und seinen alten Freund Franz →Abt wieder traf, erschien 1854 das erste Buch über W. von Joachim →Raff mit dem Titel *Die Wagnerfrage* in Braunschweig. – Das Große Haus des Staatstheaters wurde 1861 im Stil des Fin de siècle errichtet und nach der Zerstörung im Zweiten Weltkrieg 1948 wiedereröffnet. Besonders nach diesem Zeitpunkt wurden W.s Werke inszeniert und *Tristan* 1961 zum hundertjährigen Bestehen des Theaters als Festaufführung gegeben.

Braut, Die hohe
→*hohe Braut, Die*

Brautchor
Die ungetrübte Freude und den
ernsthaften Anlaß der Vermählung
→Elsas mit dem →Schwanenritter
in *Lohengrin* hat W. in der knappen
programmatischen Schrift »Hochzeitsmusik und Brautlied« (*Programmatische Erläuterungen*, in: SSD
Bd. 16, S. 170) charakterisiert, ohne
freilich voraussehen zu können, daß
dieser Ausschnitt aus seiner Oper
einmal zum klischeehaften und gelegentlich kitschigen Paradestück
für Hochzeitsfeierlichkeiten werden
würde.

Breitkopf & Härtel
Musikverlag in Leipzig (seit 1947
auch in Wiesbaden). Verlagsgründer
war der Buchdrucker Heinrich Eich-
büchler, der ab 1543 nachweislich in
Leipzig lebte und dessen Nachfah-
ren Buchhandel betrieben. Die eigentliche Verlagsgründung erfolgte
im Jahr 1719 durch Bernhard Christoph Breitkopf. Immanuel Breitkopf machte dann den Musikverlag
zu einem der bedeutendsten in ganz
Deutschland. 1795 trat Gottfried
Christoph Härtel als Teilhaber ein.
Im Okt. 1798 wurde mit der *Allgemeinen musikalischen Zeitung* die erste wichtige und langlebige Musikzeitung des Verlags begründet. – Zu
W.s Zeiten hatten Hermann und
sein Bruder Raymund →Härtel die
Leitung des Verlags inne. Raymund
Härtel war auch Stadtrat in Leipzig
und stand in persönlichem Briefkontakt mit W.

Brendel, Karl **Franz**
Geb. 26. 11. 1811 in Stolberg (Harz),
gest. 25. 11. 1868 in Leipzig; Musikschriftsteller. – Er studierte Philosophie und nebenbei Klavier bei Friedrich Wieck in Leipzig; promovierte
in Berlin. Die Redaktion der 1834
von Robert →Schumann gegründeten →*Neuen Zeitschrift für Musik*
übernahm er 1844; mit Richard
Pohl zusammen gab er außerdem
1856 – 61 die Monatsschrift *Anregungen für Kunst, Leben und Wissenschaft* heraus; am Leipziger Konservatorium war er Lehrer für Musikgeschichte; 1859 war er Mitbegründer und erster Präsident des Allgemeinen Deutschen Musikvereins. –
Schriften: *Grundzüge der Geschichte
der Musik* (Leipzig 1848), *Geschichte
der Musik in Italien, Deutschland und
Frankreich von den ersten christlichen
Zeiten an* (Leipzig 1852), *Die Musik
der Gegenwart und die Gesamtkunst
der Zukunft* (Leipzig 1854), *Franz
Liszt als Symphoniker* (Leipzig 1859),
*Die Organisation des Musikwesens
durch den Staat* (Leipzig 1865), *Geist
und Technik im Clavier-Unterricht*
(Leipzig 1867); gesammelte Aufsätze: *Zur Geschichte und Kritik der
neueren Musik* (Leipzig 1888).

Briefausgaben
Briefe W.s, die schon von Anfang an
nicht nur die Adressaten interessierten, wurden bereits zu W.s Lebzeiten in Zeitschriften veröffentlicht
und bald auch in Einzelausgaben als
Sammelbände von Briefen an bestimmte Adressaten veröffentlicht.
Da aber vor allem W.s unmittelbare

Erben ein Interesse daran hatten, die Korrespondenz des »Meisters« nicht nur von privaten Äußerungen zu säubern, sondern auch ganze Briefkonvolute (die nach W.s Tod verstärkt wieder in die Villa →Wahnfried gelangten) zu zensieren und sogar zu vernichten, bleibt es der gerade entstehenden →Briefgesamtausgabe vorbehalten, eine lückenlose, originalgetreue und kritisch kommentierte Sammlung von W.-Briefen zu erstellen. Zwar hatte es schon Wilhelm →Altmann unternommen, *Richard Wagners Briefe nach Zeitfolge und Inhalt. Ein Beitrag zur Lebensgeschichte des Meisters* (Leipzig 1905) zu veröffentlichen, aber er mußte sich dabei mit Hinweisen und Inhaltsangaben begnügen. Eine zweite größere Briefsammlung stellen die *Letters of Richard Wagner: the Burrell Collection* (hrsg. v. J. N. Burk, London 1951, deutsch: Frankfurt a. M. 1953) dar. – Weitere Einzelausgaben in der Reihenfolge ihres Erscheinens: *Briefwechsel zwischen Wagner und Liszt* (hrsg. v. F. Hueffer, Leipzig 1887, ²1900, ³1910 [hrsg. v. E. Kloss]); Eliza Wille, *15 Briefe des Meisters, nebst Erinnerungen und Erläuterungen* (Leipzig 1887, ²1908 [hrsg. v. W. Golther], ³1935 [revidiert von C. F. Meyer]); *Richard Wagners Briefe an Theodor Uhlig, Wilhelm Fischer, Ferdinand Heine* (hrsg. v. H. v. Wolzogen, Leipzig 1888); *Richard Wagners echte Briefe an Ferdinand Praeger* (hrsg. v. H. S. Chamberlain, Bayreuth 1894, revidiert 1908); *Richard Wagners Briefe an August Röckel*

(hrsg. v. La Mara, Leipzig 1894, ²1912); *Briefe von Richard Wagner an seine Zeitgenossen* (hrsg. v. E. Kastner, Berlin 1897); *Briefe Richard Wagners an Otto Wesendonk* (hrsg. v. A. Heintz, Charlottenburg 1898, ²1905, hrsg. v. W. Golther); *Briefe Richard Wagners an Emil Heckel. Zur Entstehungsgeschichte der Bühnenfestspiele in Bayreuth* (hrsg. v. K. Heckel, Berlin 1899, ²1911); *Richard Wagner an Mathilde Wesendonk. Tagebuchblätter und Briefe 1853–1871* (hrsg. v. W. Golther, Leipzig 1904, ³1906); *Briefe Richard Wagners an eine Putzmacherin* (hrsg. v. D. Spitzer, Wien 1906); *Familienbriefe von Richard Wagner 1832–1874* (hrsg. v. C. F. Glasenapp, Berlin 1907); *Bayreuther Briefe von Richard Wagner (1871–1883)* (hrsg. v. C. F. Glasenapp, Berlin 1907, ²1912); *Richard Wagner an seine Künstler* (hrsg. v. E. Kloss, Berlin 1908); *Richard Wagner an Freunde und Zeitgenossen* (hrsg. v. H. v. Wolzogen, Berlin 1909); *Richard Wagner an Theodor Apel* (Leipzig 1910); *Richard Wagners Briefwechsel mit seinen Verlegern: Briefwechsel mit Breitkopf & Härtel* (hrsg. v. W. Altmann, Leipzig 1911); *Richard Wagners Briefwechsel mit seinen Verlegern: Briefwechsel mit B. Schott's Söhne* (hrsg. v. W. Altmann, Mainz 1911); *Wagner und Nietzsche zur Zeit ihrer Freundschaft. Erinnerungen zu Friedrich Nietzsches 70. Geburtstag den 15. Oktober 1914* (hrsg. v. E. Förster-Nietzsche, München 1915); J. G. Prod'homme, *Wagner and the Paris Opéra. Unpublished Letters (February–March 1861)*, in:

Music Quarterly 1915; *Richard Wagners Briefe an Hans von Bülow* (hrsg. v. D. Thode, Jena 1916); *Richard Wagners Briefe an Frau Julie Ritter* (hrsg. v. S. v. Hausegger, München 1920); *Richard Wagner: Briefe an Hans Richter* (hrsg. v. L. Karpath, Berlin 1924); *Richard Wagner an Mathilde Maier (1862 – 1878)* (hrsg. H. Scholz, Leipzig 1930); H. J. Moser, *Zwanzig Richard-Wagner-Dokumente*, in: *Deutsche Rundschau* 1931; *The Letters of Richard Wagner to Anton Pusinelli* (hrsg. v. E. Lenrow, New York 1932); *Die Briefe Richard Wagners an Judith Gautier* (hrsg. v. W. Schuh, Zürich 1936 [deutsch mit französischen Originalen], französisch: *Richard et Cosima Wagner: Lettres à Judith Gautier*, hrsg. v. L. Guichard, Paris 1964); O. Strobel, *Liszt an Wagner, zwei unveröffentlichte Briefe*, in: *Bayreuther Festspielführer 1936; König Ludwig II. und Richard Wagner: Briefwechsel, mit vielen anderen Urkunden* (hrsg. v. O. Strobel, Karlsruhe 1936 – 39).

Briefgesamtausgabe
Unter dem Titel *Richard Wagner. Sämtliche Briefe* wurde 1960 durch Vertrag zwischen Winifred →Wagner und dem Deutschen Verlag für Musik, Leipzig, ein Projekt ins Leben gerufen, das 1967 mit der Veröffentlichung des 1. Bands ein erstes Ergebnis zeitigte, dem 1970 der 2. Band, 1975 der 3. und 1979 der 4. Band folgten. Herausgeber waren die inzwischen verstorbene Archivarin des Richard-Wagner-Archivs in Bayreuth, Gertrud Strobel, und

Werner Wolf, Leipzig. Da 1973 der Besitz von W.s Erben in eine Nationalstiftung umgewandelt wurde, ist seitdem nicht mehr das →Richard-Wagner-Familienarchiv Bayreuth, sondern die →Richard-Wagner-Stiftung Bayreuth Auftraggeberin der inzwischen auf rund 30 Bände veranschlagten Briefgesamtausgabe. An die Stelle der westdeutschen Herausgeberin trat seit 1979 der Autor von *Lübbes Wagner-Lexikon*, Hans-Joachim Bauer; in der DDR wurde der bisherige Herausgeber durch Johannes Forner abgelöst. Ab dem 6. Band, der 1986 erschien, werden die beiden neuen Herausgeber versuchen, alle zwei Jahre einen weiteren Band zu veröffentlichen.

Brighella
Baßbuffopartie im →*Liebesverbot*, Anführer der Sbirren.

Brockhaus, Friedrich
Geb. 23. 9. 1800 in Dortmund, gest. 24. 8. 1865 in Dresden; Verlagsbuchhändler. – Seit 1828 mit W.s Schwester Luise →Brockhaus verheiratet. Er führte 1823 – 49 zusammen mit seinem Bruder Heinrich →Brockhaus den von Friedrich Arnold Brockhaus am 15. 10. 1805 in Amsterdam gegründeten Verlag, der 1817/18 nach Leipzig verlegt wurde.

Brockhaus, Heinrich
Geb. 4. 2. 1804 in Amsterdam, gest. 15. 11. 1874 in Leipzig; Verlagsbuchhändler. – Bruder von Friedrich und Hermann →Brockhaus. Zusammen mit Friedrich (1823 – 49), danach

allein Geschäftsführer des Verlags F. A. Brockhaus; 1872 als Ehrenbürger von Leipzig geehrt. 1849 hielt er W.s →Dresdener Bibliothek als Sicherheit für Geldschulden zurück, nachdem W. aus →Dresden geflohen war.

Lit.: H. R. Brockhaus, Aus den Tagebüchern von Heinrich Brockhaus, 5 Teile, 1884-87 (handschriftlich; mit Biographie)

Brockhaus, Hermann

Geb. 28. 1. 1806 in Amsterdam, gest. 5. 1. 1877 in Leipzig; Sprach- und Literaturwissenschaftler, Orientalist. – Studierte in Leipzig, Göttingen und Bonn, lebte in Kopenhagen, Paris, London, Oxford und Dresden; ab 1839 Professor an der Universität Jena und 1841 nach Leipzig berufen, ab 1844 Professor für altindische Sprachen und Literatur. Er heiratete am 11. 4. 1836 W.s Schwester Ottilie →Brockhaus.

Brockhaus, Luise

Geb. Wagner; geb. 24. 12. 1805 in Leipzig, gest. 3. 1. 1871 in Dresden; Schauspielerin. – Schwester W.s; seit dem 16. 6. 1828 mit Friedrich →Brockhaus verheiratet. Sie war in Breslau und anderen kleineren Theatern engagiert, zuletzt am Leipziger Stadttheater.

Brockhaus, Ottilie

Geb. Wagner; geb. 14. 3. 1811 in Leipzig, gest. 17. 3. 1883 ebd. – Schwester W.s; seit dem 11. 4. 1836 mit Hermann →Brockhaus verheiratet.

Bruckner, Josef Anton

Geb. 4. 9. 1824 in Ansfelden (Oberösterreich), gest. 11. 10. 1896 in Wien; Komponist. – Aufgewachsen und ausgebildet im Stift Sankt Florian, wurde Bruckner mit einem großen Bereich der Kirchenmusik von Giovanni Pierluigi da Palestrina bis Joseph Haydn bekannt gemacht, trat 1855 die Stelle des Domorganisten in Linz an und leitete die Liedertafel »Frohsinn«. Ab Herbst 1868 wurde er als Professor für Generalbaß, Kontrapunkt und Orgel an das Konservatorium nach Wien berufen. – Obgleich er als W.-Verehrer in den Parteienstreit zwischen Traditionalisten und →Neudeutschen hineingezogen und dadurch in seinem Verhältnis zu Johannes →Brahms belastet wurde, versuchte sich Bruckner jeglicher Polemik zu enthalten. Seine Beziehung zu W. wird meist karikierend übertrieben, indem dem herausfordernden Genie des 19. Jh.s der demütige Kirchenmusiker gegenübergestellt wird. Die geringen musikalischen Berührungspunkte und auch persönliche Begegnungen in Bayreuth unterstützten freilich dieses Klischeebild, zumal Bruckner die Aufführung von *Tristan* 1865 und die Uraufführung der *Meistersinger* 1868 in München sowie die →Festspiele von 1876 und 1882 in Bayreuth als musikalische Offenbarungen erlebte. In seinen Symphonien hat er W.sche Musik zitiert und bei einem Besuch 1873 in Bayreuth W. die Widmung seiner *Symphonie d-Moll Nr. 3* angetragen, die dieser auch freudig akzeptierte.

Brückner, Max
Geb. 1836, gest. 1919. – Mit seinem
Bruder Gotthold Bühnenbildner in
→Coburg. Sie arbeiteten beide auch
für das Theater in Meiningen und
gestalteten die Bühnenbilder für die
Bayreuther →Festspiele ab 1876; den
Ring führten sie nach Entwürfen
von Josef Hoffmann, *Parsifal* (1882)
nach den Vorlagen von Paul von
→Joukowsky aus.

Brückwald, Otto
Geb. 6. 5. 1841 in Leipzig, gest. 1904;
Architekt. – Erbauer des →Festspiel-
hauses in →Bayreuth.

Brünnhilde
Sopranpartie im *Ring;* die Lieblingswalküre →Wotans, die ihm →Erda
gebar. Indem sie sich Wotans Willen
widersetzt, →Siegmund zu vernichten, und dennoch des Gottes heimliche Wünsche erfüllt, schuf W. mit
dieser tiefgründigen Frauengestalt
eine tiefenpsychologisch phänome-
nale Bühnenfigur, die später nur
noch durch →Kundry übertroffen
werden sollte.

Buddha
In seinen Schriften kam W. gelegentlich auch auf die Lehre Buddhas
und den →Brahmanismus zu sprechen, wobei er die Lehre von der
Seelenwanderung stets nur für »Er-
kennende« geeignet hielt, »weßhalb
die ›Reichen am Geiste‹ die in der
Natürlichkeit haftende Menge als
von der Möglichkeit der Erkenntniß
ausgeschlossene und nur durch
zahllose Wiedergeburten zur Ein-

sicht in die Nichtigkeit der Welt ge-
langende, ansahen. Daß es einen
kürzeren Weg zur Heilsgewinnung
gäbe, zeigte dem armen Volke
der erleuchtetste Wiedergeborene
selbst: nicht aber das erhabene Beispiel der Entsagung und unstörbar-
sten Sanftmuth, welches *Buddha*
gab, genügte allein seinen brünstigen Nachfolgern; sondern die letzte
große Lehre der Einheit alles Lebenden durfte seinen Jüngern wiederum
nur durch eine mythische Erklärung
der Welt zugänglich werden, deren
überaus sinniger Reichthum und al-
legorische Unfaßlichkeit immer nur
der Grundlage der von staunens-
würdigster Geistes-Fülle und Gei-
stes-Bildung getragenen brahmani-
schen Lehre entnommen ward«
(→*Religion und Kunst,* S. 276).

Bühnenbild
→Inszenierung; →Regie (siehe auch
Wirkungsgeschichte der einzelnen
Werke)

Bühnenfestspiel
Im Bemühen, sein Opus magnum
aus dem allgemeinen Opernbetrieb
herauszuheben, bezeichnete W. die
→Tetralogie des *Rings* als Bühnenfestspiel. Im *Vorwort zu der Veröffentlichung der als Manuskript gedruckten Dichtung des »Ringes des
Nibelungen«* (1853; in: SSD Bd. 12, S.
289f.) entwickelte W. bereits seine
Vorstellungen, die sich erst 20 Jahre
später in die Wirklichkeit umsetzen
ließen: »Zu dem Zwecke einer vertrauten Mitteilung an Freunde und
solche, bei denen ich eine besondere

Teilnahme an dem Gegenstande voraussetzen darf, ließ ich von der vorliegenden Dichtung eine geringe Anzahl von Exemplaren durch Satz und Druck auf meine Kosten herstellen. Demnach erziele ich durch die Verteilung derselben an Entfernte, diese zu Mitwissern eines Vorhabens zu machen, zu dessen Ausführung ich einer größeren Reihe von Jahren, sowie der außerordentlichen Mithilfe besonders günstiger Umstände bedarf, da dieses Vorhaben, meiner Absicht wie der Natur der Sache nach, erst dann verwirklicht sein kann, wenn mein hier mitgeteiltes Dichtwerk musikalisch aufgeführt und szenisch dargestellt ist. Bin ich mir nun wohl über beide Möglichkeiten der Ausführung klar und habe ich selbst auch die der szenischen Darstellung – allerdings nur durch ein bisher noch nicht dagewesenes Zusammenwirken jetzt zerstreuter und für diesen Zweck noch ungeübter, dennoch aber der Anlage nach vorhandener künstlerischer Kräfte – meiner Erfahrung gemäß genau erwogen: so sieht doch jeder, der den bezeichneten Charakter meines Vorhabens erkennt, ein, daß die Mitteilung meines Dichtwerkes – gleichsam des Entwurfes zu jenem beabsichtigten wirklichen Kunstwerke – jetzt in keiner Weise für die Öffentlichkeit berechnet sein kann, weshalb ich auch das Anerbieten einer öffentlichen Herausgabe, welche Vorteile sie mir sonst auch gewährt hätte, von mir wies. Sollte dagegen ein leicht denkbarer Zufall dieses Buch einem Unberufenen in die Hände führen, der, die Bestimmung desselben verkennend, es schlechthin für ein literarisches Produkt hielte und sich gemüßigt fühlte, auf irgend eine Weise es vor die literarische Öffentlichkeit zu ziehen, so erachte ich mich daher im Rechte, wenn ich ein solches Beginnen der gebührenden Beachtung meiner Freunde empfehle.« Ebenso ist bereits 1862 von einem Festspielorchester und einem geladenen Publikum die Rede, aber vor allem sah W. die große Chance künstlerischen Gelingens in der Konzentration ausgesuchter Sänger; desgleichen böten sich für die Dekoration große Vorteile durch die ständig verfügbare Bühne. W. wollte mit dem Bühnenfestspiel nicht der gedankenlosen Zerstreuung des Publikums nach geschäftigem Alltag verhelfen, sondern im Ablegen der Alltagsgeschäfte und Zerstreuung am Tage mit dem Ruf zur Festaufführung auf die Kunst konzentrieren. Das Bühnenfestspiel an einem Festspielort würde somit nicht nur die Realisierung des Plans bedeuten, sondern auch ein Beispiel für andere sein können. Ein Nebeneffekt wäre, daß die Deutschen über das »Originale« zum »Nationalen« mit der Ausübung von Bühnenfestspielen fänden. Zur Finanzierung seines Vorhabens glaubte W., einzelne Mäzene nicht heranziehen zu können, weil er deren Kleinlichkeit inzwischen kannte. Vielmehr sollte ein Fürst die Ausgaben für sein Hoftheater für kurze Zeit aussetzen und dem Bühnenfestspiel zur Verfügung stellen. Deshalb W.s Parole: »Wird dieser Fürst sich finden? – Am Anfang war die Tat.«

Bühnenweihfestspiel

Unübersehbar ist das Steigerungsmoment gegenüber dem →Bühnenfestspiel, nachdem W. mit seinem *Parsifal* einen Schritt weiter in Richtung auf die Kunst als Religion, als Kunstreligion, gegangen war und das →Festspielhaus in Bayreuth als Verwirklichung seines Plans für Bühnenfestspiele noch selbst ins Werk setzen konnte. Außerdem konnte W. aus der praktischen Erfahrung mit den *Parsifal*-Aufführungen von 1882 tatsächlich so etwas wie Weihe an der Arbeit bei den Inszenierungen seines Schwanengesangs erleben. Daß es dennoch W. nicht um ein bloßes Mysterium oder gar um W.-Kult ging, sondern um künstlerisches Neuland durch die gewissenhafte Gestaltung von Kunst, machte er in dem Aufsatz *Das Bühnenweihfestspiel in Bayreuth 1882* (in: GSD Bd. 10, S. 381) deutlich. Der Sängerschauspieler auf der Bühne wurde für ihn zum Typus des →Reinmenschlichen und wirkte als Teil des →Gesamtkunstwerks. Das Publikum der Welt zu entrücken, um es durch die Kunst zu adeln, war das Ziel des Bühnenweihfestspiels.

Bülow, Hans Guido Freiherr **von** Geb. 8. 1. 1830 in Dresden, gest. 12. 2. 1894 in Kairo; Pianist und Dirigent. – Er war mit neun Jahren Schüler von Friedrich Wieck; 1846 – 48 lebte er mit seiner Familie in Stuttgart und trat bereits als Schüler öffentlich als Pianist auf; ab 1848 studierte er Jura in Leipzig; 1849 ging er als Mitarbeiter der *Abendpost* nach Berlin; eine Aufführung von *Lohengrin* 1850 in Weimar festigte seinen Entschluß, Musiker zu werden. Er besuchte W. in →Zürich, war dort und in Sankt Gallen Theaterkapellmeister und vervollständigte seine pianistische Ausbildung bei Franz →Liszt; ab 1853 reiste er als Klaviervirtuose; 1855 wurde er Nachfolger von Theodor Kullak als Klavierlehrer am Sternschen Konservatorium in Berlin; 1857 heiratete er Liszts Tochter Cosima. Nach W.s Amnestierung und Ansiedlung in →München veranlaßte dieser Bülows Anstellung als Hofpianist; ab 1867 war er Hofkapellmeister und Direktor der Königlichen Musikschule in München. Am 10. 6. 1865 dirigierte Bülow die Uraufführung von *Tristan* und am 21. 6. 1868 die der *Meistersinger* in München. Wegen Cosimas Liaison mit W. verließ er München, lebte zunächst in Florenz und reiste ab 1872 wieder als Dirigent und Klaviervirtuose; 1877 – 79 war er Kapellmeister des Hoftheaters Hannover; 1880 – 85 machte er als Hofmusikintendant das Meininger Orchester zu einem Musterorchester, mit dem er auch auf Reisen ging und besonders gern Werke seines Freunds Johannes →Brahms spielte. 1882 heiratete er die Hofschauspielerin Marie Schanzer; 1886 übernahm er die »Abonnementskonzerte« in Hamburg und war gleichzeitig Dirigent der Berliner Philharmoniker. Bülow war der Prototyp des modernen Dirigenten, der seine Aufgabe in einer detaillierten Ausdeutung der Werke sah und realisierte. W.s →Musikdramen war er trotz der menschlichen Konflikte zeitlebens verbunden. Er komponierte virtuose Klavierstücke, eine Schauspielmusik zu William →Shakespeares *Julius Cäsar* op. 10, die Ballade für Orchester *Des Sängers Fluch* op. 16, die symphonische Dichtung *Nirwana* op. 20 sowie *Vier Charakterstücke* für Orchester op. 23. – Schriften: *Briefe und Schriften* (hrsg. v. M. v. Bülow, 8 Bände, Leipzig 1896–1908), *Briefwechsel zwischen Liszt und Hans von Bülow* (hrsg. v. La Mara, Leipzig 1898). *Lit.:* T. Pfeiffer, Studien bei Hans von Bülow, Berlin 1894; E. Zabel, Hans von Bülow, Hamburg 1894; J. Vianna da Motta, Nachtrag zu Studien bei Hans von Bülow, Berlin/Leipzig 1896; H. Reimann, Hans von Bülow, Berlin 1908; R. Du Moulin-Eckart, Hans von Bülow, München/Berlin 1921; G. Berger, Hans von Bülow. Seine Stellung zur Klaviermusik des 18. Jh.s, Diss. Bonn 1924; M. v. Bülow, Hans von Bülow, Stuttgart 1925; L. Schemann, Hans von Bülow, Regensburg 1925; M. v. Millenkovich-Morold, Dreigestirn W., Liszt und Hans von Bülow, Leipzig 1940; K. Huschke, Hans von Bülow als Klavierpädagoge, Horb 1948

Bülow, Isolde von
Geb. 10. 4. 1865 in München, gest. 7. 2. 1919 ebd. – Erstes gemeinsames Kind von Cosima von Bülow und

W.; sie begleitete 1868 die Mutter nach →Tribschen und 1872 nach →Bayreuth. Nach W.s Tod strengte sie, die 1900 den Dirigenten Franz Beidler geheiratet hatte, 1913 eine gerichtliche Klärung über die inzwischen von Cosima angezweifelte Vaterschaft W.s und die daraus sich ergebenden Erbansprüche an. Die Zivilkammer des Bayreuther Landgerichts stellte zusammenfassend fest: »Vor Gesetz kann Richard Wagner der Vater des Kindes nicht sein.« Diese formaljuristische Feststellung bewirkte einen endgültigen Bruch zwischen Mutter und Tochter.

Burrell-Sammlung
In der Publikation *Letters of Richard Wagner. The Burrell Collection* (hrsg. v. J. N. Burk, London 1951, deutsch von K. und I. Geiringer: *Richard Wagner Briefe. Die Sammlung Burrell,* Frankfurt a. M. 1953) wurde die umfangreiche Sammlung von W.-Briefen veröffentlicht, die Mary Louise Curtis um 1940 als geschlossenes Konvolut von Mary Burrell erwerben konnte. Burrell sah sich angesichts der damaligen unzureichenden W.-Literatur veranlaßt, W.-Dokumente zu sammeln, um stichhaltiges Material für ihr eigenes Buchprojekt *Leben Richard Wagners* zu bekommen, das jedoch nicht über W.s 21. Lebensjahr hinausgelangte, da die Autorin 1898 starb. Sie brachte es durch eine forcierte Bekanntschaft mit Minna Wagners Tochter Natalie →Bilz fertig, Stück für Stück von ihr zu erwerben, da diese W.s Forderung auf Rückerstat-

tung seiner Briefe an Minna nicht vollständig nachgekommen war. Nach Burrells Tod war die umfangreiche Briefsammlung viele Jahre unzugänglich, bis sie 1929 katalogisiert und 1931 zum Kauf angeboten wurde. Da Burrell nicht nur über genügend Geldmittel verfügte, sondern auch auf den Argwohn mancher Briefadressaten und deren Erben gegenüber Cosima Wagners Publikationspraxis setzen konnte, stieß sie auf Verkaufsbereitschaft und manche Brieffunde. Bei einem Drucker in Basel, G. A. Bonfantini, fand sie ein verheimlichtes Exemplar von W.s Autobiographie →*Mein Leben*, die damals von Cosima noch zurückgehalten wurde und nur in wenigen Exemplaren an die engsten Freunde gelangt war. Daraus konnte Burrell zahlreiche Hinweise für ihre Sammeltätigkeit entnehmen, ohne das illegale Manuskript selbst für ihr Buchprojekt verwenden zu können. Mary Louise Curtis, die in zweiter Ehe mit dem Geiger Efrem Zimbalist verheiratet war, erwarb die Briefsammlung und machte sie dem von ihr gestifteten »Curtis Institute of Music« in Philadelphia zum Geschenk. Die Sammlung umfaßt 840 Dokumente aus Burrells Besitz und wurde durch 25 von Mary Louise Zimbalist erworbene Stücke ergänzt.

Calderón de la Barca, Pedro

Geb. 17. 1. 1600 in Madrid, gest. 25. 5. 1681 ebd.; Dramatiker. – W. sah in Calderóns Werken das von Lope de Vega aus dem spanischen Volksgeist entwickelte Schauspiel in das Drama überführt, das schon (wie bei den zeitgenössischen Italienern auch) den »Charakter des Opernhaften« angenommen hatte. In Paris hatte W. *Apollo und Klymene* sowie *Phaeton* gelesen und war überzeugt, daß ihm durch Calderón »die Bedeutung des spanischen Wesens erschlossen« wurde. Gegenüber Calderóns Werken kam W. »jede andere National-Litteratur höchst bedeutungslos vor«. Und so wie William →Shakespeare für England als einzigartige literarische Größe dastand, sei Calderón einzigartig für Spanien gewesen.

Cecco del Vecchio

Baßpartie in *Rienzi*; römischer Bürger, zunächst Freund, später Gegner →Rienzis.

Censuren

Unter diesem Stichwort verfaßte W. einige kleinere Betrachtungen über Personen und musikalische Anlässe: *W. H. Riehl, Ferdinand Hiller, Eine Erinnerung an Rossini, Eduard Devrient, Aufklärungen über das Judenthum in der Musik*; in: GSD Bd. 8, S. 251 – 324.

Cerf, Karl Friedrich

Eigtl. K. F. Hirsch; geb. 27. 2. 1771 in Unterreißheim (Main), gest. 6. 11. 1845 in Berlin; Theaterleiter. – Mitbegründer des Königstädtischen Theaters →Berlin. W. stand wegen einer Aufführung seines →*Liebesverbots* 1836 mit ihm in Verhandlungen; ebenso wegen seiner und der

Anstellung seiner Braut Minna in →Königsberg. W. glaubte, daß Cerf einen »Narren an mir gefressen« habe (Brief an Minna vom 21. 5. 1836). Die verbale Gönnerschaft Cerfs zerrann jedoch bald.

Chamberlain, Eva

Geb. Wagner; geb. 17. 2. 1867 in Tribschen (bei Luzern), gest. 26. 5. 1942 in Bayreuth. – Zweite (voreheliche) Tochter von R. und Cosima Wagner. Sie heiratete im Jahr 1908 den englischen Schriftsteller und Rassentheoretiker Houston Stewart →Chamberlain. Ab 1911 verwahrte sie die →Tagebücher ihrer Mutter und ließ sie durch testamentarische Verfügung bis 1972 unter Verschluß halten. Ab 1906 betätigte sie sich als Sekretärin Cosimas und schloß sich in Übereinstimmung mit den Rassentheorien ihres Mannes dem nationalsozialistischen Gedankengut an.

Chamberlain, Houston Stewart

Geb. 9. 9. 1855 in Portsmouth, gest. 9. 1. 1927 in Bayreuth; Schriftsteller, Rassentheoretiker und Kulturkritiker. – In Versailles erzogen und am Cheltenham College in London ausgebildet, studierte er 1879 – 81 Naturwissenschaften in Genf; 1885 übersiedelte er nach Dresden und 1889 nach Wien. In zweiter Ehe heiratete er 1908 Eva Wagner und zog nach Bayreuth. W. hatte er bereits 1882 in Bayreuth kennengelernt. Seine Schriften zu W.s Leben und Werk zeigen deutlich »völkische« Tendenzen, durch die den National-

sozialisten W.s Werke besonders nahegebracht wurden. Aus Anlaß eines »Deutschen Tages« besuchte Adolf →Hitler im Sept. 1923 erstmals die Familie W. und den geschätzten Rassentheoretiker. – Schriften: *Grundlagen des 19. Jahrhunderts* (2 Bände, München 1899 – 1901), *Das Drama Richard Wagners* (Leipzig 1892), *Richard Wagner* (München 1896), *Lebenswege meines Denkens* (München 1919), *Gesammelte Hauptwerke* (9 Bände, München 1923). *Lit.:* F. Lesure, Chamberlain. Organisateur de concerts, in: Revue belge de musicologie 3: 1949; W. R. Volbach, Adolphe Appia und Houston Stewart Chamberlain, in: Musikforschung 18:1965

Chor

In W.s Opern und →Musikdramen fehlt selten ein Chor. Aber obgleich W. die Funktion des Chors in der griechischen Tragödie am besten verkörpert sah (die »in Chor und Helden das Publikum und das Kunstwerk« zusammenfassen und »das verdeutlichende Urtheil des Chores in den Handlungen der Helden selbst sich so unwiderleglich ausdrückte, daß der Chor von der Scene ab ganz in das Volk zurücktreten, und dafür als belebender und verwirklichender Theilnehmer der Handlung – als solcher – selbst behülflich werden konnte«), wollte W. den Chor und seine »lebendig überzeugende Wirkung« auch im modernen Drama nicht missen und nicht einer »bloß massenhaften

Kundgebung« opfern: »Eine Masse kann uns nie interessiren, sondern bloß verblüffen: nur genau unterscheidbare Individuen können unsere Theilnahme fesseln«, heißt es in →*Oper und Drama*. Eigentlich sei schon bei William →Shakespeare »die Nothwendigkeit des Chores vollkommen überwunden« und »in lauter an der Handlung persönlich betheiligte Individuen aufgelöst« worden, schrieb W. Jedoch: »Der massenhafte Chor unserer modernen Oper ist nichts Anderes, als die zum Gehen und Singen gebrachte Dekorationsmaschinerie des Theaters, der stumme Prunk der Coulissen in bewegungsvollen Lärm umgesetzt«, war W.s ablehnender Kommentar zum Opernchor seiner Zeit. Deshalb suchte er in seinen Werken die äußerlichen Funktionen des Chors zu vermeiden, denn »nur wenn ihm die bloß massenhafte Kundgebung vollständig benommen wird«, ist auch der Chor im Drama von lebendig überzeugender Wirkung. Da aber in dem von W. angestrebten Musikdrama »das *Orchester* in ein ähnliches Verhältniss treten [soll], wie ungefähr es der tragische Chor der Griechen zur dramatischen Handlung einnahm«, konnte der Chor selbst anderen musikdramatischen Funktionen zugeführt werden, d. h. der individualisierten Stimme des Volkes.

Choral

»Diese ernste Feier [des christlichen Gottesdienstes], welche den Tanz als weltlich und gottlos völlig aus-

schloß, ließ natürlich auch das Wesentliche der antiken Melodie, den ungemein lebhaften und wechselvollen Rhythmus, ausfallen, wodurch die Melodie den rhythmisch gänzlich unaccentuirten Charakter des noch heute in unseren Kirchen gebräuchlichen Chorales annahm.« Diesen musikgeschichtlichen Stand legte W. in seinen Schriften nieder (→»*Zukunftsmusik*«, S. 144). In seinen →Musikdramen griff W. zweimal auf die beiden Ausprägungen des Chorals in der Form des protestantischen Kirchenchorals zurück: in den *Meistersingern* einerseits und in Anlehnung an den gregorianischen Choral in den religiösen Riten von *Parsifal* andererseits.

Chromatik

Der aus dem Griechischen stammende Begriff mit der Bedeutung von »Farbe« beinhaltet in der Praxis halbtönige Veränderungen von diatonischen Stufen in einem Tonsystem, das sich in der Geschichte der europäischen Komposition als Tonalität stabilisiert hatte. Die sieben Stufen einer diatonischen Tonleiter können durch Alterationen »umgefärbt« werden, so daß größere harmonische Spannungen entstehen. Obgleich schon lange vor W. genutzt, wurde die Chromatik nach ihrer konsequenten Anwendung in Johann Sebastian →Bachs *Chromatischer Fantasie und Fuge d-Moll* (um 1720) und ihrem verstärkten Gebrauch in der Musik der Wiener Klassik erst in *Tristan* zum Höhepunkt und in den Werken der Spät-

romantik (Richard Strauss) zum Abschluß gebracht, bevor sie durch das
Umschlagen der Tonalität in die
Atonalität außer Kraft gesetzt wurde. Ernst Kurth hat sich eingehend
mit W.s Harmonik auseinandergesetzt. Er ging davon aus, daß »der
Klassizismus das Ruhende, das *Fundament*, die Romantik die *Strebung*
sucht; dort daher die Neigung, den
Ton als *Grundton* zu fassen, (als
Kernpunkt zu gewinnen), hier hin-
gegen als *Leitton* (als fortdrängendes
Übergangselement)«. Und obgleich
in der Kompositionsgeschichte in allen Einzelaspekten vorbereitet, kam
doch erst in *Tristan* durch konsequente und musikdramatisch moti-
vierte Alterationsspannungen ein
eigenständiger Stil der Alterationsharmonik zustande, den man schon
bald nach Erscheinen des Werks den
»Tristanstil« nannte. Kurth zeigte
auch, wie sich im Spannungsklang
des →Tristanakkords der ganze Stil
auf engstem Raum spiegelt. Würde
man das Tristanmotiv und seine
Harmonisierung der Chromatik
entkleiden, so seien die »Klangfol-
gen in ihren Wurzeln als eine sehr
einfache Kadenzierung« zu erkennen, »bei der bloß die einzelnen
Akkorde durch Chromatik entstellt
sind«. Daraus entwickeln sich jedoch
nicht nur in Spannung versetzte
Akkordfolgen, sondern gleichzeitig
auch chromatische Stimmführun-
gen, die für den Tristanstil charakteristisch sind. In späteren Werken,
besonders in *Parsifal*, hat W. die
Alterationsharmonik bis an die
Grenze der Atonalität, mit effekti-

ver Bitonalität, vorangetrieben, aber
eingegrenzt auf Bereiche, die aus
musikdramatischen Gründen der
Chromatik zugeordnet wurden,
während diatonische Bereiche gegenüberstehen und die Tonalität
prinzipiell nie von W. angetastet
wurde.

Lit.: E. Kurth, Romantische Harmonik und ihre Krise in W.s »Tristan«,
Bern/Leipzig 1920, Nachdruck Hildesheim 1975

Claudel, Paul Louis Charles Marie
Geb. 6. 8. 1868 in Villeneuve-sur-
Fère (Aisne), gest. 23. 2. 1955 in Paris; Dichter. – Claudel stand seit
1890 im diplomatischen Dienst, u. a.
als Konsul in Deutschland. Er war
der bedeutendste Vertreter der katholischen Erneuerungsbewegung in
Frankreich. Sein Verhältnis zur Musik hat Claudel einerseits in Aufsätzen über Ludwig van →Beethoven
und W. artikuliert, andererseits in
der Zusammenarbeit mit Darius
Milhaud und Arthur Honegger als
Librettist dokumentiert. In seinem
Aufsatz *Richard Wagner* (1936) hat
sich Claudel in Dialogform mit W.s
Musik auseinandergesetzt, aber er
hat auch aus dessen Opernsujets
und Bühnenfiguren Stoff für eigene
Dichtungen gewonnen; es bestehen
Zusammenhänge zwischen *Partage
de midi* (1906) und *Tristan*; Simon
Angel in *Tête d'or* (1891) und →Sieg-
fried im *Ring*; Louis Laisne in
L'Echange (1901) und *Tannhäuser.* –
Schriften: *Œuvres complètes* (hrsg. v.
R. Mallet, P. Claudel und J. Petit, 28
Bände, Paris 1949–68), *Gesam-*

melte Werke (hrsg. v. E. M. Landau, 6 Bände, Heidelberg/Einsiedeln 1958–63), *Correspondance Paul Claudel–Darius Milhaud 1912–53* (hrsg. v. J. Petit, Paris 1961), Vom Sichtbaren und Unsichtbaren. Gedanken zur Kunst und Musik (München 1962), *R. Wagner, rêverie d'un poète français* (hrsg. v. M. Malicet, Paris 1970). *Lit.:* J. Samson, Paul Claudel, poète et musicien, Paris 1948; R. Bauer, Paul Claudel et R. W., in: Orbis litterarum 11:1956; La Musique et les lettres en France au temps du wagnérisme, Paris 1963; D. Bancroft, Claudel on W., in: Music and Letters 50: 1969.

Claudio

Tenorpartie im →*Liebesverbot*; er wird wegen einer Liebesaffäre zum Tode verurteilt und von seiner Schwester listig von diesem Schicksal befreit.

Coburg

Das im klassizistischen Stil 1837–40 erbaute Hoftheater begann 1854, begleitet von Korrespondenz zwischen W. und der Intendanz, mit einer intensiven W.-Pflege: Am 25.12. 1854 wurde zunächst *Tannhäuser* aufgeführt, am 9.12. 1860 folgte *Rienzi*, am 4.12. 1864 der *Holländer* und am 29.9. 1867 *Lohengrin*. Nach dem Bau des →Festspielhauses in Bayreuth nahm W. 1874 persönlichen Kontakt mit dem Hoftheatermaler Max →Brückner in Coburg auf, der ihm die Dekoration für den Bayreuther *Ring* von 1876 fertigte.

Nach W.s Tod wurden 1889 die *Meistersinger* in Coburg aufgeführt, und 1906/07 brachte man sogar Teile des *Rings* auf das relativ kleine Theater; 1920 kam es zur Coburger Erstaufführung von *Parsifal*; 1924 fanden Maifestspiele u. a. mit *Tristan* statt, 1925 mit *Tannhäuser*. Der komplette *Ring* wurde im Nov. 1925 aufgeführt. Nach dem Zweiten Weltkrieg, der den Theaterbau in Coburg unversehrt ließ, traten dort so bekannte Sänger wie Joachim Sattler als →Tannhäuser und Mathieu Ahlersmeyer als →Wolfram auf.

Colonna, Steffano

Tenorpartie in *Rienzi*; Vater von →Adriano und Oberhaupt einer römischen Adelsfamilie, die mit →Rienzi verfeindet ist.

Columbus-Ouvertüre (WWV 37)

Ouvertüre Es-Dur und Schauspielmusik zu Theodor →Apels historischem Drama in fünf Aufzügen *Columbus*; die Schauspielmusik ist verschollen; komponiert Dez. 1834 bis Jan. 1835; Uraufführung am 16. 2. 1835 in Magdeburg unter W.s Leitung. – Bei einem Besuch Apels in →Magdeburg 1835 brachte der Jugendfreund sein Drama *Columbus* mit und bat W., sich für die Aufführung des Stücks einzusetzen. Da sich Apel verpflichtete, dafür eine neue Dekoration der Alhambra auf eigene Kosten anfertigen zu lassen, konnte die Theaterdirektion schnell für das Unternehmen gewonnen werden. Zu diesem Drama komponierte W. sogleich einen »kleinen Chor der aus Granada verwiesenen Mauren« und ein kurzes Orchesterstück für den Schluß sowie »in übermütigster Schnelligkeit auch eine *Ouvertüre* zu dem Stücke meines Freundes«. Zu seiner Arbeitsweise vermerkt W. ferner: »Den vollständigen Entwurf dazu schrieb ich eines Abends bei *Minna* nieder, während ich Apel gestattete, mit meiner Geliebten nach Herzenslust sich laut zu unterhalten. Die Wirkung dieses leider ungemein flüchtig ausgeführten Tonstückes war auf einen einfachen, aber in seiner Wendung überraschenden Grundgedanken berechnet: das Orchester schilderte, in nicht gerade mühsam gewählten Figurationen, das Meer und je nach Belieben auch das Schiff darauf: ein gewaltsames, sehnsüchtig verlangendes und strebendes Motiv war das einzige Erfaßbare in dem Gewoge der Umgebung. Dieses Ensemble ward nun wiederholt und jäh abspringend durch ein fremdartiges, im größten *pianissimo* unter dem dämmernden Schwirren der hohen Violinen gleichsam als Fata Morgana sich darstellendes Motiv unterbrochen. Ich hatte drei Paar Trompeten in verschiedenen Stimmungen dazu bestellt, dieses prächtig und verlockend dämmernde Motiv in zartester Färbung und in den verschiedenartigsten Modulationen vorzutragen: dies war das geahnte Land, nach welchem des Helden Blick ausspäht, das er wiederholt schon wirklich zu erkennen wähnt, das immer wieder im

Ozean verschwindet, endlich aber, nach äußerster Anstrengung des Suchenden und Strebenden, in Wahrheit und dem Auge alles Seevolkes deutlich erkenntlich, als ungeheures Land der Zukunft am Morgenhimmel aufsteigt. Meine sechs Trompeten vereinigten sich jetzt in der Haupttonart, um das ihnen bestimmte Motiv nun in prachtvollstem Jubel ertönen zu lassen. Mit der Vorzüglichkeit der preußischen Regimentstrompeter vertraut, hatte ich sehr richtig auf einen hinreißenden Effekt namentlich meines Schlußsatzes gerechnet: die Ouvertüre setzte alles in Erstaunen und trug stürmischen Beifall davon« (→*Mein Leben*, S. 105f.).– Von den relativ zahlreichen Aufführungen hat W. selbst einige dirigiert, letztmalig am 4. 2. 1841 in Paris. Eine Wiederaufführung fand am 2. 1. 1905 in der Queen's Hall London statt.
Lit.: WWV

Contarini, Palazzo
→Palazzo Contarini

Cornelius, Carl August **Peter**
Geb. 24. 12. 1824 in Mainz, gest. 26. 10. 1874 ebd.; Komponist und Schriftsteller. – Der Neffe des Malers Peter von Cornelius war zuerst Schauspieler und studierte dann 1844 – 46 Kontrapunkt bei Siegfried Dehn in Berlin. 1853 wurde Cornelius mit W. bekannt, als er mit Franz →Liszt zum Musikfest nach →Karlsruhe reiste und anschließend zu W. nach Basel fuhr. In →Weimar wurde

er 1854 mit Hector →Berlioz bekannt. 1858 führte Liszt seinen *Barbier von Bagdad* auf. Er ging 1859
nach →Wien, wo er ab 1861 mit W.
eng befreundet war, eine Freundschaft, in der sich Cornelius mehrmals aus der vereinnahmenden Um-
klammerung W.s zu lösen suchte,
um seinen eigenen Kompositionsstil
zu entwickeln. W. berief ihn 1864
ultimativ nach →München, wo Cornelius 1867 eine Anstellung als
Kompositionslehrer an der neu gegründeten Königlichen Musikschule
annahm. 1873 wirkte Cornelius
letztmalig an einer Geburtstagsfeier
in →Bayreuth mit. – Werke: Opern
Der Barbier von Bagdad (1858) und
Der Cid (1865); Lieder, Liederzyklen,
Chöre, Klavierwerke, Kirchenmusik.
Lit.: A. Sandberger, Leben und Werk
des Dichtermusikers Peter Cor-
nelius, Diss. Würzburg 1887;
M. Hasse, Der Dichtermusiker Peter
Cornelius, 2 Bde., Leipzig 1922/23;
K. G. Roger, Peter Cornelius als Lie-
derkomponist, Diss. Wien 1921;
E. Janowitzer, Die Opern von Peter
Cornelius, Diss. Wien 1921; H. Mül-
ler(-Eschborn), Das Verhältnis Cor-
nelius – W., Diss. Rostock 1933;
G. Stephenson, Zeugnisse aus dem
Leben und Schaffen eines Mainzer
Komponisten. Der Peter-Cornelius-
Nachlaß der Stadtbibliothek, in:
Mainzer Zeitschrift 59:1964; Peter
Cornelius als Komponist, Dichter,
Kritiker und Essayist, hrsg. v. H. Fe-
derhofer und K. Oehl, in: Studien
zur Musikgeschichte des 19. Jh.s,
Bd. 48, Regensburg 1977

Cornet, Julius
Eigtl. Michael Josef Anton C.; geb.
15. 6. 1793 in Innichen (Südtirol),
gest. 2. 10. 1860 in Berlin; Sänger
(Tenor) und Theaterleiter. – 1832 –
36 Regisseur in Braunschweig, dann
bis 1857 Hofoperndirektor in Wien.
W. stand gelegentlich mit ihm in
schriftlichen Verhandlungen wegen
Aufführungen seiner Werke.

Couleur locale
Der von Anton Reicha erstmals in
einer musiktheoretischen Abhandlung (*Art du compositeur dramatique*,
Paris 1835, mit dem Supplement
De la couleur locale) benutzte Begriff
wurde von ihm folgendermaßen
definiert: »Unter dem Ausdruck: die
Localfarbe beobachten versteht
man, daß die örtliche Lage, die Ge-
bräuche, die Religion, die Gewohnheiten, die Kleidungsart des Landes,
in welchem die Handlung des dramatischen Gedichtes vor sich geht,
beobachtet und nachgeahmt werden: dieses ist die Sache des Dichters, des Dekorationsmahlers, der
Schauspieler und des Costumiers.
Was den Tonsetzer betrifft, so
macht er seine Musik ungefähr so,
als ob sie für sein eigenes Land bestimmt wäre. Und in der That, soll
er etwa für eine chinesische Handlung eine chinesische Musik compo-
nieren? Oder für ein Drama, dessen
Handlung in Afrika vor sich geht,
soll er da die Musik der Äthiopier,
der Egypter, oder der Neger nachah-
men? Wir raten ihm nicht dazu. Alles was [der Komponist] versuchen
kann, besteht darin, bisweilen eine

Nationalmelodie einzuflechten, oder noch besser ein solches Lied, wenn es schon vortheilhaft bekannt ist und ein melodisches Interesse hat. In diesem Falle ist er auch Herr, diese Melodie nachzuahmen, zu verlängern, und durchzuführen. Aber wenn er für ein Land componirt, in welchem ein Instrument besonders gebräuchlich ist, so wird er wohl thun, es anzuwenden und zu benützen. Er wird die Harfe anwenden, um ossianische Gesänge zu begleiten; er wird in Italien die Mandolinen, in Spanien die Guitarre, in der Schweiz das Alphorn anbringen […]« Bereits in den 20er Jahren des 19. Jh.s verwendeten die Opernkomponisten bewußt die Couleur locale zur Darstellung des Charakteristischen in ihren Werken, ohne daß, wie Victor Hugo betont, sich der Zuhörer einer allzu aufdringlichen »couleur des temps« (die Hugo der Couleur locale gleichsetzte) bewußt werde. Dadurch soll er unmerklich in die jeweilige historische Situation versetzt werden. Verständlicherweise böten mythische Stoffe kaum Anlaß zur Verwendung der Couleur locale. Deshalb findet sie bei W. auch nur gelegentliche Anwendung. In *Rienzi* allerdings bietet schon die Kirchenszene mit dem achtstimmigen Schlußchor im Lateran Gelegenheit, die Couleur locale dramatisch motiviert einzusetzen; desgleichen werden in *Parsifal* mit Tempelglocken die Szenen des →Grals lokalkoloristisch fixiert. Dramatisch motiviert ist im *Holländer* auch die Sturmszene, die zwar nur als Son-

derbereich der Couleur locale gelten kann, da sie in den Bereich der Programmusik hinüber- und bis in Darstellungen der Barockoper zurückreicht und dennoch zur Charakterisierung tieferer Schichten des Dramas dient. W. aber setzte noch grundsätzlicher an und ging auf Georg Wilhelm Friedrich Hegel zurück. Musikalische Koloristik, die eine »poetische Idee« oder ein Sujet zum Ausdruck bringen soll, um den Inhalt plastisch darstellen zu können, wurde von Hegel bereits in Carl Maria von →Webers *Freischütz* (1821) mit Mißbehagen als »Gewaltsamkeit« verworfen, denn er stellte die Forderung auf, daß »dem Melodischen, als der zusammenfassenden Einheit, immer der Sieg zugeteilt werden« müsse »und nicht der Zerspaltung in einzeln auseinandergestreute charakteristische Züge« *(Ästhetik).* Daß W. Hegels Kritik an Weber, die Melodie fragmentiert zu haben, aufgriff, um gleichzeitig der charakteristischen Musik bei Giacomo →Meyerbeer den Vorwurf zu machen, melodisch zerrissen zu sein und als »Mosaikmelodie« zu fungieren, wird in →*Oper und Drama* ausführlich behandelt. Da sich W. aber selbst auf Weber berief, obgleich er die Kritik der unmotivierten Melodie aufrechterhielt, sprach er bei Weber von einem Irrtum, während er Meyerbeer ein Komponieren mit »Wirkung ohne Ursache« anlastete. Selbst zielt W. auf die Synthese der »absoluten Melodie« Gioacchino →Rossinis mit der »zerbrochenen Melodie« Webers in der Konzeption der »unendlichen Melodie« (Carl Dahlhaus). Aber nicht nur musikalische Aspekte hängen mit der Couleur locale zusammen, sondern augenfälliger noch szenische. Entgegen der vordergründigen statuarischen Szenerie der Barockoper hatte man zu Beginn des 19. Jh.s die Bühnentiefe nicht nur zur naturalistischen Realisierung des Bühnengeschehens entdeckt, sondern auch zur inhaltlichen Vertiefung von dessen verschiedenen Ebenen zu nutzen gewußt. Im II. Akt von *Lohengrin* verklammert W. den Disput →Ortruds und →Telramunds im Vordergrund mit den aus dem Festsaal tönenden Klängen der Hochzeitsmusik im Hintergrund, wodurch ein besonderes Raumerlebnis erzielt wird. W. setzte diese Technik bis zur gleichzeitigen Gestaltung von Haupt- und Nebenhandlungen fort, wie z. B. im I. Aufzug der *Meistersinger*, wo das liturgische Geschehen mit Bühnenorgel von den profanen Annäherungsversuchen →Stolzings an →Eva deutlich abgegrenzt und gleichzeitig musikdramatisch verhakt wird. Abgesehen davon tendiert W.s leitmotivisches Gewebe jedoch zur Entlokalisierung der Melodie, die er in der Form des Volkslieds oder Tanzes für das musikalische Drama ablehnte und somit folkloristische Elemente in der Oper als Couleur locale mit dem abfälligen Begriff »Anstrich« abtat.

Daland
Baßpartie im *Holländer*; Vater →Sentas, ein norwegischer See-

mann, der dem →Holländer seine Tochter verkuppelt.

Danieli
Baßpartie im →*Liebesverbot*; Wirt des Weinhauses, der in William →Shakespeares Vorlage *Measure for Measure* (1604) Pompejus heißt.

David
Tenorpartie in den *Meistersingern*; Lehrbube und Geselle von Hans →Sachs, mit →Magdalene verlobt und dazu bestimmt, Walther von →Stolzing in die Kunst des Meistergesangs einzuführen.

David, Ferdinand
Geb. 20. 1. 1810 in Hamburg, gest. 19. 7. 1873 in Klosters (Graubünden); Geiger und Komponist. – Ab 1835 Konzertmeister des Gewandhausorchesters in Leipzig. Lehrer am dortigen Konservatorium seit dessen Gründung 1843. Am 18. 3. 1845 spielte er die Uraufführung von Felix →Mendelssohn Bartholdys *Violinkonzert*. Unter seinen Schülern befanden sich berühmte Violinvirtuosen wie August Wilhelmj und Joseph →Joachim. W. stand seit 1842 mit ihm in brieflichem Kontakt und lobte Robert →Schumann gegenüber den »großen Künstler« und »ehrlichen Mann«. In einem Brief vom 18. 2. 1846 an David bedankte sich W. für die Einstudierung seiner *Tannhäuser*-Ouvertüre für das Gewandhauskonzert vom 12. 2. 1846 unter Mendelssohns Leitung. Im Sommer 1862 sprach David mit Wilhelmj bei W. in →Biebrich vor.

Debussy, Achille **Claude**
Geb. 22. 8. 1862 in Saint-Germain-en-Laye (bei Paris), gest. 25. 3. 1918 in Paris; Komponist. – Von seiner Familie zum Klavierspiel angehalten, wurde Debussy 1872 im Pariser Conservatoire aufgenommen. 1884 gewann er mit der Kantate *L'Enfant prodigue* den Rompreis. 1888 und 1889 kam er als →Wagnerianer nach →Bayreuth, sah *Tristan,* die *Meistersinger* und *Parsifal,* äußerte aber bereits beim zweiten Besuch Kritik und warnte vor den Theorien W.s. Dennoch sind kompositorische Einflüsse von *Parsifal* in Debussys *La Damoiselle élue* (1888) nachweisbar, während er mit seiner Oper *Pelléas et Mélisande* (1902) einen Gegenpol zu W.s →Musikdrama aufbauen wollte. Debussy bearbeitete das Vorspiel zum *Holländer.* – Schriften: *Monsieur Croche antidilettante* (Paris 1921).
Lit.: L. Vallas, Les Idées de Debussy, Paris 1927; U. Eckart-Bäcker, Frankreichs Musik zwischen Romantik und Moderne, in: Studien zur Musikgeschichte des 19. Jh.s, Bd. 2, Regensburg 1965

Dein ist das Reich
→ *Vierstimmige Vokalfuge*

Descendons gaiment la courtille
(WWV 65)
Chor in B-Dur für die Vaudeville-Ballettpantomime *La Descente de la courtille* von Théophile →Dumersan und Charles-Désirée Dupeuty; der Text stammt möglicherweise von Dumersan; komponiert vermutlich im Jan. 1841 in Paris (→Frankreich); uraufgeführt wahrscheinlich am 20. 1. 1841 in Paris.
Lit.: WWV

Dessauer, Joseph
Geb. 28. 5. 1798 in Prag, gest. 8. 7. 1876 in Mödling (bei Wien); Komponist. – Er lernte W. in →Prag kennen, der für ihn den Entwurf zur Oper *Die* →*Bergwerke zu Falun* schrieb; Dessauer führte die Oper jedoch nicht aus. Er lebte zeitweise in Paris; komponierte Lieder, Instrumentalwerke und Opern.
Lit.: O. Sertl, Josef Dessauer, ein Liedmeister des Wiener Biedermeier, Diss. Innsbruck 1951

deutsch?, Was ist
→ *Was ist deutsch?*

Deutsche Kunst und Deutsche Politik
Die 1867/68 in München entstandene und damit zumindest mittelbar an König →Ludwig II. adressierte umfangreiche Schrift ist 1867 als Artikelserie in der *Süddeutschen Presse* begonnen und nach der 12. Folge verboten worden. Ein kurzes Vorwort mit dem Datum »München, Ostern 1868« war für die Buchausgabe der zahlreichen Artikel ohne Schlußkapitel bestimmt. Die Schrift bietet und behandelt ein breites Spektrum gesellschaftspolitischer Fragen und Probleme bis hin zu Vorschlägen einer Adelsreform und dem stets neu gehegten Lieblingsgedanken eines neues Theaters. W. betont, daß es ihm um das Ver-

hältnis von Kunst und Politik im allgemeinen und für die Kunst um eine »höhere politische Bedeutung im besonderen« gehe. Die Spitzenstellung →Frankreichs in der europäischen Zivilisation ist W.s Ausgangspunkt. Die Übernahme und das Fortbestehen dieser Zivilisation in Deutschland haben zu einer Entfremdung zwischen dem Geist des deutschen Volkes und dem seiner Fürsten geführt und in den fremdländischen Ensembles der Hofopern ihren Niederschlag gefunden. Daraus leitete W. selbstverständlich die Notwendigkeit zur Wiedergeburt des deutschen Geistes ab. Erinnerungen an Johann Joachim Winckelmann und Gotthold Ephraim Lessing, Johann Wolfgang von Goethe und Friedrich von Schiller werden von W. herangezogen, um deren verdienstvolle Besinnungen auf den hellenistischen Geist als Marksteine zu setzen, ohne daß die deutschen Fürsten wesentlich Kenntnis davon genommen hätten. Dafür erstand für W. im »deutschen Jüngling« eine Idealgestalt, die mit neuer Kraft und Feuereifer alte Zöpfe abschneiden durfte, zunächst das Schwert in die Faust nahm und wieder weglegte, um deutsche Universitäten zu bevölkern. Obgleich mit manchen anachronistischen und engstirnigen Ansichten durchsetzt, ist diese Schrift einer der faszinierendsten und bedeutendsten Essays W.s, der mit seinen hier manifestierten Gedanken offensichtliche Verbindungen zu seinen Revolutionsschriften herstellt und trotz des königlichen

Adressaten keineswegs seine revolutionär gebliebene Grundhaltung verleugnet. – In: GSD Bd. 8, S. 39 – 158; DS Bd. 8, S. 247.
Lit.: R. W., Vorwort zu der Buchausgabe der Aufsätze »Deutsche Kunst und deutsche Politik« (1868), in: SSD Bd. 16, S. 92

deutscher Musiker in Paris, Ein
Unter dieser Überschrift hat W. eine Sammlung von Novellen und Aufsätzen der Jahre 1840/41 im 1. Band seiner gesammelten Schriften veröffentlicht, die schon in französischer Sprache für die →*Revue et gazette musicale* vorlagen. Da W. jedoch die deutschen Originalmanuskripte teilweise nicht mehr zur Verfügung hatte, mußte er Rückübersetzungen machen lassen. Die Idee zu diesen Aufsätzen entstammt einer seit der Romantik beliebten Fiktion, sich als Herausgeber von fremden Schriften auszugeben, obgleich die Schriften autobiographisches Material darstellen. – In: GSD Bd. 1, S. 90 – 193; DS Bd. 5, S. 86.

deutsches Musikwesen, Über
→ *Über deutsches Musikwesen*

Deutschland und seine Fürsten
In August →Röckels bald verbotenen *Volksblättern* erschien am 15. 10. 1848 dieser Aufsatz mit scharfen Angriffen nicht nur gegen den Adel im allgemeinen, sondern auch gegen König und Fürsten. W. fragt, warum es in deutschen Landen, in denen mit Bürgerfleiß Reichtum und Überfluß erzeugt werden, seinen

Einwohnern so schlecht geht. Anklagepunkt um Anklagepunkt hält
W. den Fürsten vor, denen er die an-
gemaßte, von Gott abgeleitete
Macht abspricht und »Volksrechte
und Fürstenpflichten« fordert, die,
nicht wie bisher umgekehrt, praktiziert werden müssen. W. kündigt die
Metamorphose des Menschengeschlechts an, das wie ein Schmetter-
ling aus den Verkrustungen überal-
terter Vorrechte ausbrechen wird. –
In: SSD Bd. 12, S. 414 – 419.

Deux grenadiers, Les (WWV 60)
Lied für Singstimme und Klavier in
a-Moll; Text von Heinrich →Heine,
der auch Widmungsträger ist; übersetzt von François Adolphe Loeve-
Veimar; komponiert vom Dez. 1839
bis Anfang 1840 in Paris. Den Erstdruck mit einem Titelbild von Ernst
Benedikt →Kietz bei dem Pariser
Verleger Maurice →Schlesinger
mußte W. (nach eigenen Angaben in
→*Mein Leben*) selbst bezahlen.
Lit.: WWV

Devrient, Philipp **Eduard**
Geb. 11. 8. 1801 in Berlin, gest. 4. 10.
1877 in Karlsruhe; Theaterleiter,
Regisseur und Schriftsteller. – Neffe
des Berliner Schauspielers Ludwig
Devrient; Bruder der Dresdner
Schauspieler Emil und Karl De-
vrient; anfangs selbst Sänger und
Schauspieler in Berlin; er sang die
Titelpartie in Heinrich →Marsch-
ners Oper *Hans Heiling* (1833), für
die er auch das Libretto verfaßte.
1844 – 52 war er Regisseur und
Dramaturg in Dresden, 1852 – 69

Direktor des Hoftheaters Karlsruhe.
Umfangreiche Aufzeichnungen sind
unter dem Titel *Aus seinen Tage-*
büchern (hrsg. v. R. Kabel, Weimar
1964) erschienen. – Schriften: *Briefe*
aus Paris (Berlin 1840), *Das Natio-*
naltheater des neuen Deutschlands
(Leipzig 1849), *Das Passionsspiel von*
Oberammergau und seine Bedeutung
für die neue Zeit (Leipzig 1851), *Ge-*
schichte der deutschen Schauspiel-
kunst (5 Bände, Leipzig 1848 – 74),
Meine Erinnerungen an Felix Men-
delssohn-Bartholdy und seine Briefe
an mich (Leipzig 1869).
Lit.: R. W., *Eduard Devrient,* in: GSD
Bd. 8, S. 284; ders., *Über Eduard*
Devrients »*Geschichte der deutschen*
Schauspielkunst« (1849), in: SSD
Bd. 12, S. 230

Dichtkunst und Tonkunst im
Drama der Zukunft
3. Teil von → *Oper und Drama.* – In:
GSD Bd. 4, S. 129 – 284; DS Bd. 7,
S. 232.

Dichtung
Mit dem Übergang von der Oper
zum →Musikdrama vollzog W. auch
den Schritt vom Opernlibretto zur
Dichtung des Dramas als (in der Regel) vorkompositorischem Teil, der
semantischen Ebene des →Gesamt-
kunstwerks auf der Bühne. Die
Dichtkunst sei gleichsam »der Kopf
des vollkommen vorhandenen Menschen«. Sie biete »das winterliche
Geäste der Sprache, ledig des som-
merlichen Schmuckes des lebendigen Laubes der Töne«, heißt es bei
W. im → *Kunstwerk der Zukunft.* Da

die Poesie in ihrer Entwicklung entweder »in das Feld der Abstraktion«
gerate, wofür die Philosophie zuständig sei, oder sich mit den anderen Künsten verschwistern müsse,
um erneut zum Leben erweckt werden zu können, sah W. über den
Ansatz in Ludwig van →Beethovens
Symphonie Nr. 9 hinaus das Ziel der
dramatischen Kunst in der Verbindung von Musik und Dichtung. W.
bezeichnete sich selbst als »dramatischen Dichter«, wie er in einem ausführlichen Brief »An einen französischen Freund (Fr. Villot) als Vorwort
zu einer Prosa-Übersetzung meiner
Operndichtungen« *(→»Zukunftsmusik«)* mehrfach betonte, als Dichter,
der sich das »Kunstorgan« des Theaters zunutze machen muß, um seine
künstlerischen Absichten zu verwirklichen. In dieser Abhängigkeit
und der gegenseitigen Bedingtheit
von Dichtung und Musik liegt wohl
der Grund, daß es bis auf den heutigen Tag den Literaturwissenschaft-
lern schwerfällt, W. unter die Dichter zu zählen, obgleich nicht nur W.s
dichterisches Werk (er nannte sie
selbst Dichtungen), sondern auch
seine schriftstellerischen Arbeiten
Sprachschöpfungen und poetische
Bilder vorzuweisen haben, die den
Vergleich mit anderen Dichtern
nicht zu scheuen brauchen. →Ge-
dichte und →Gelegenheitsgedichte
sind in W.s dichterischem Schaffen
zwar sekundär, sie zeigen aber neben den dramatischen Gedichten zu
seinen Musikdramen das handwerk-
liche Können W.s als Dichter.

Dietsch, Pierre **Louis** Philippe
Auch L. Dietz, Dietzch; geb. 17. 3.
1808 in Dijon, gest. 20. 2. 1865 in
Paris; Organist, Dirigent und Komponist. – Er vertonte W.s Libretto
zum *Holländer* in französischer
Übersetzung als *Le →Vaisseau fantôme ou Le Maudit des mers* (1842).
W. hatte den Entwurf seines später
selbst vertonten Werks an die Opéra
Paris verkauft. Dietsch dirigierte
1861 die einen Theaterskandal aus-
lösende Pariser Erstaufführung von
Tannhäuser.
Lit.: E. Haraszti, Pierre-Louis Dietsch
und seine Opfer, in: Musikforschung 8:1955

Dirigenten
W. selbst hatte sich zwar nach seinen Kapellmeisterjahren in →Dres-
den und →Riga nur noch auf einzelnen Konzertreisen als Dirigent betä-
tigt, wurde aber von den zeitgenössischen Musikern als Dirigent nicht
nur geschätzt, sondern bereits als
Prototyp des modernen Dirigenten
erlebt, wie er vor allem durch seinen
Schüler Hans von →Bülow als Interpret am Dirigentenpult in die Geschichte einging. Seine praktischen
Erfahrungen hat W. in der Schrift
→*Über das Dirigieren* 1869 niedergelegt, die Richard Strauss den Dirigenten zur Lektüre anempfohlen
und der er kanonische Bedeutung
beigemessen hat. Aus der »richtigen
Erfassung des Melos« sei das richtige Zeitmaß abzuleiten, wodurch
die wichtigste Funktion des Dirigenten angesprochen sei, meint W. Der
Dirigent solle jedoch nicht wie ein

Metronom das Tempo vorgeben, sondern in einer »Modifikation des Tempos«, ohne »das richtige Gefühl für das Haupttempo« zu verlieren, damit umgehen. Mit dem Orchester der ersten →Festspiele in →Bayreuth, das W. selbst wegen der Gesamtleitung nicht dirigierte, war mit Hans →Richter (ab 1876), Hermann →Levi und Franz →Fischer (ab 1882) eine »Gründergeneration« von Dirigenten tätig, die durch ihren Idealismus und die daraus resultierende musikalische Qualität bis auf den heutigen Tag die berühmtesten W.-Interpreten am Dirigentenpult nach Bayreuth zog. Da die Reihe der in Bayreuth engagierten Dirigenten inzwischen so groß geworden ist, daß Einzelcharakterisierungen den lexikalischen Rahmen sprengen würden, kann nur eine Auflistung folgen: Richter: *Ring* 1876, 1896/97, 1901/02, 1904, 1906, 1908, *Meistersinger* 1888/89, 1892, 1899, 1911/12; Fischer: *Parsifal* 1882–84, 1899; Levi: *Parsifal* 1882–84, 1886, 1889, 1891/92, 1894; Felix →Mottl: *Tristan* 1886, 1889, 1891/92, 1906, *Parsifal* 1888, 1894, 1897, 1902, *Tannhäuser* 1891/92, *Meistersinger* 1892, *Lohengrin* 1894, *Ring* 1896, *Holländer* 1901/02; Strauss: *Tannhäuser* 1894, *Parsifal* 1933/34, Ludwig van →Beethovens *Symphonie Nr. 9* 1933; Siegfried →Wagner: *Ring* 1896/97, 1899, 1901/02, 1906, 1911/12, 1928, *Tannhäuser* 1904, *Lohengrin* 1908/09, *Parsifal* 1909, *Holländer* 1914; Anton →Seidl: *Parsifal* 1897; Carl Muck: *Parsifal* 1901/02, 1904, 1906, 1908/09, 1911/12, 1914, 1924/25,

1927/28, 1930, *Lohengrin* 1909, *Meistersinger* 1925; Michael Balling: *Parsifal* 1904, 1906, 1908, 1911/12, *Tristan* 1906, *Ring* 1909, 1911/12, 1914, 1924/25; Franz Beidler: *Ring* 1904, *Parsifal* 1906; Fritz Busch: *Meistersinger* 1924; Willibald Kaehler: *Parsifal* 1924/25; Karl Elmendorff: *Tristan* 1927/28, 1938, *Ring* 1930/31, 1933/34, 1942, *Meistersinger* 1933/34, *Holländer* 1939–41; Franz von Hoesslin: *Ring* 1927/28, 1940, *Parsifal* 1934, 1938/39; Arturo →Toscanini: *Tannhäuser* 1930/31, *Tristan* 1930, *Parsifal* 1931; Wilhelm Furtwängler: *Tristan* 1931, *Meistersinger* 1943/44, *Parsifal* 1936/37, *Ring* 1936/37, *Lohengrin* 1936, *Symphonie Nr. 9* 1951, 1954; Heinz Tietjen: *Meistersinger* 1933/34, *Ring* 1934, 1936, 1938/39, 1941, *Lohengrin* 1936/37, 1959; Victor De Sabata: *Tristan* 1939; Richard Kraus: *Holländer* 1942; Hermann Abendroth: *Meistersinger* 1943/44; Herbert von Karajan: *Ring* 1951, *Meistersinger* 1951, *Tristan* 1952; Hans Knappertsbusch: *Parsifal* 1951/52, 1954–64, *Ring* 1951, 1956–58, *Meistersinger* 1951/52, 1960, *Holländer* 1955; Joseph Keilberth: *Ring* 1952–56, *Lohengrin* 1953/54, *Tannhäuser* 1954/55, *Holländer* 1955/56; Paul Hindemith: *Symphonie Nr. 9* 1953; Eugen Jochum: *Tristan* 1953, *Tannhäuser* 1954, *Lohengrin* 1954, *Parsifal* 1971–73; Clemens Krauss: *Ring* 1953, *Parsifal* 1953; André Cluytens: *Tannhäuser* 1955, 1965, *Meistersinger* 1956–58, *Parsifal* 1957, 1965, *Lohengrin* 1958; Wolfgang Sawallisch: *Tristan* 1957–59, *Holländer* 1959–61,

Tannhäuser 1961/62, *Lohengrin* 1962; Erich Leinsdorf: *Meistersinger* 1959, *Tannhäuser* 1972; Lovro von Matačić: *Lohengrin* 1959; Rudolf Kempe: *Ring* 1960–63, *Lohengrin* 1967; Ferdinand Leitner: *Lohengrin* 1960; Lorin Maazel: *Lohengrin* 1960, *Ring* 1968/69; Josef Krips: *Meistersinger* 1961; Karl Böhm: *Tristan* 1962–64, 1966, 1968–70, *Meistersinger* 1964, 1968, *Ring* 1965–67, *Holländer* 1971, *Lohengrin* 1968, *Symphonie Nr. 9* 1963; Thomas Schippers: *Meistersinger* 1963; Robert Heger: *Meistersinger* 1964; Berislav Klobučar: *Ring* 1964, *Tannhäuser* 1967, *Lohengrin* 1967, *Meistersinger* 1968/69, *Tristan* 1968; Otmar Suitner: *Tannhäuser* 1964, *Holländer* 1965, *Ring* 1966/67; Pierre Boulez: *Parsifal* 1966–68, 1970, *Ring* 1976–80; Carl Melles: *Tannhäuser* 1966; Alberto Erede: *Lohengrin* 1968; Horst Stein: *Parsifal* 1969, 1975–81, *Ring* 1970–75, *Tannhäuser* 1972, *Meistersinger* 1982/83, 1986, *Tristan* 1977; Silvio Varviso: *Holländer* 1969/70, *Lohengrin* 1971/72, *Meistersinger* 1973/74; Hans Wallat: *Meistersinger* 1970, *Holländer* 1971; Heinrich Hollreiser: *Tannhäuser* 1973/74, *Meistersinger* 1975; Carlos Kleiber: *Tristan* 1974–76; Hans Zender: *Parsifal* 1975; Dennis Russell Davies: *Holländer* 1978–80; Colin Davis: *Tannhäuser* 1977/78; Edo de Waart: *Lohengrin* 1979; Woldemar Nelsson: *Lohengrin* 1980–82; Daniel Barenboim: *Tristan* 1981–83, 1986/87, *Parsifal* 1987; Mark Elder: *Meistersinger* 1981; Peter Schneider: *Holländer* 1981/82, *Ring* 1985–87, *Lohengrin* 1987; James Levine: *Parsifal* 1982/83; George Solti: *Ring* 1983; Giuseppe Sinopoli: *Tannhäuser* 1985–87; Michael Schønwandt: *Meistersinger* 1987.

Dirigieren, Über das
→ *Über das Dirigieren*

Diskographie
Unter den zahlreichen Schallplattenaufnahmen W.scher Werke, die seit Erfindung der Schallplatte entstanden, kann hier nur eine Auswahl der Gesamtaufnahmen genannt werden.
Eine → *Faust-Ouvertüre:* 1. Antal Dorati: Concertgebouw Orkest Amsterdam (Philips). – 2. Otto Gerdes: Bamberger Symphoniker (Deutsche Grammophon). – 3. George Szell: Cleveland Orchestra (CBS). – 4. Arturo Toscanini: NBC Symphony Orchestra (1946; RCA). – 5. Edo de Waart: San Francisco Symphony Orchestra (Philips).
Die → *Feen:* Wolfgang Sawallisch: Chor und Symphonieorchester des Bayerischen Rundfunks München, mit John Alexander, June Anderson, Roland Bracht, Linda Esther Gray, Roland Hermann, Krisztina Laki, Friedrich Lenz, Kari Lövaas, Kurt Moll, Norbert Orth, Jan Hendrik Rootering, Cheryl Studer (1983; Orfeo).
Der → *fliegende Holländer:* 1. Karl Böhm: Chor und Orchester der Bayreuther Festspiele, mit Harald Ek, Hermin Esser, Gwyneth Jones, Karl Ridderbusch, Thomas Stewart, Sieglinde Wagner (1971; Deutsche

Grammophon). – 2. Antal Dorati: Chor und Orchester von Covent Garden London, mit Rosalind Elias, Richard Lewis, Karl Liebl, George London, Leonie Rysanek, Giorgio Tozzi (1960; Decca). – 3. Ferenc Fricsay: RIAS-Kammerchor, RIAS-Symphonieorchester Berlin, mit Josef Greindl, Ernst Haefliger, Annelies Kupper, Josef Metternich, Wagner, Wolfgang Windgassen (1952; Deutsche Grammophon). – 4. Herbert von Karajan: Berliner Philharmoniker, mit Peter Hofmann, Kurt Moll, Edda Moser, José Van Dam, Dunja Vejzović (EMI). – 5. Joseph Keilberth: Chor und Orchester der Bayreuther Festspiele, mit Rudolf Lustig, Elisabeth Schärtel, Josef Traxel, Hermann Uhde, Astrid Varnay, Ludwig Weber (1955; Decca). – 6., wie 5., mit London, Arnold van Mill, Schärtel, Traxel, Varnay (1956; Melodram). – 7. Otto Klemperer: BBC Chorus, New Philharmonia Orchestra London, mit Theo Adam, Annelies Burmeister, Ernst Kozub, Anja Silja, Martti Talvela, Gerhard Unger (1968; EMI). – 8. Hans Knappertsbusch: Chor und Orchester der Bayreuther Festspiele, mit Schärtel, Traxel, Uhde, Varnay, Weber, Windgassen (1955; Cetra). – 9. Franz Konwitschny: Chor und Orchester der Staatsoper Berlin, mit Dietrich Fischer-Dieskau, Gottlob Frick, Marianne Schech, Rudolf Schock, Wagner, Fritz Wunderlich (1959; EMI). – 10. Clemens Krauss: Chor und Orchester der Bayerischen Staatsoper München, mit Georg Hann, Hans Hotter, Franz Klarwein,

Karl Ostertag, Viorica Ursuleac, Luise Willer (1944; RCA). – 11. Woldemar Nelsson: Chor und Orchester der Bayreuther Festspiele, mit Lisbeth Balslev, Graham Clark, Simon Estes, Matti Salminen, Anny Schlemm, Robert Schunk (1985; Philips). – 12. Fritz Reiner: Chor und Orchester der Metropolitan Opera New York, mit Hertha Glaz, Hotter, Birgit Nilsson, Set Svanholm, Varnay (1950; Raritas). – 13. Wolfgang Sawallisch: Chor und Orchester der Bayreuther Festspiele, mit Lore Fischer, Greindl, London, Georg Paskuda, Rysanek, Fritz Uhl (1959; Melodram). – 14., wie 13., mit Franz Crass, Fischer, Greindl, Paskuda, Silja, Uhl (1961; Philips). – 15. Wilhelm Schüchter: Chor und Orchester des Norddeutschen Rundfunks Hamburg, mit Bernd Aldenhoff, Kurt Böhme, Fischer, Hotter, Helmut Krebs, Helene Werth (1951; Melodram). – 16. George Solti: Chicago Symphony Orchestra and Choir, mit Norman Bailey, Isola Jones, René Kollo, Werner Krenn, Janis Martin, Talvela (1976; Decca).
Götterdämmerung (→Ring): 1. Karl Böhm: Chor und Orchester der Bayreuther Festspiele, mit Annelies Burmeister, Helga Dernesch, Ludmila Dvořáková, Josef Greindl, Marga Höffgen, Martha Mödl, Gustav Neidlinger, Birgit Nilsson, Dorothea Siebert, Anja Silja, Thomas Stewart, Sieglinde Wagner, Wolfgang Windgassen (1967; Philips). – 2. Pierre Boulez: Chor und Orchester der Bayreuther Festspiele, mit Jeannine Altmeyer, Hermann Becht,

Ilse Gramatzki, Gwyneth Jones, Manfred Jung, Gwendolyn Killebrew, Franz Mazura, Marga Schiml, Gabriele Schnaut, Norma Sharp, Ortrun Wenkel (1981; Philips). – 3. Øivin Fjelstad: Chor und Philharmonisches Orchester Oslo, mit Ingrid Bjoner, Kirsten Flagstad, Per Grønneberg, Eva Gustavson, Waldemar Johnsen, Egil Nordsjø, Set Svanholm (1955; Decca). – 4. Wilhelm Furtwängler: Chor und Orchester des Teatro alla Scala Mailand, mit Flagstad, Josef Herrmann, Elisabeth Höngen, Hilde Konetzni, Max Lorenz, Alois Pernerstorfer, Ludwig Weber (1950; Murray Hill). – 5. Furtwängler: Chor und Orchester von Radio Italiana Rom, mit Greindl, Sena Jurinac, Margarete Klose, Mödl, Pernerstorfer, Alfred Poell, Hilde Rössel-Majdan, Ludwig Suthaus (1953; EMI). – 6. Reginald Goodall: Chor und Orchester der English National Opera London, mit Margaret Curphey, Derek Hammond-Stroud, Aage Haugland, Rita Hunter, Alberto Remedios, Norman Welsby (englisch gesungen; 1977; EMI). – 7. Marek Janowski: Rundfunkchor Leipzig, Chor der Staatsoper, Staatskapelle Dresden, mit Altmeyer, Daphne Evangelatos, Ruth Falcon, Anne Gjevang, René Kollo, Siegmund Nimsgern, Hans Günter Nöcker, Lucia Popp, Uta Priew, Matti Salminen, Hanna Schwarz, Sharp, Ortrun Wenkel (1983; Ariola). – 8. Herbert von Karajan: Chor der Deutschen Oper Berlin, Berliner Philharmoniker, mit Helge Brilioth, Lili Chookasian,

Helga Dernesch, Gundula Janowitz, Zoltán Kélemen, Catarina Ligendza, Christa Ludwig, Edda Moser, Liselotte Rebmann, Anna Reynolds, Karl Ridderbusch, Stewart (1969; Deutsche Grammophon). – 9. Joseph Keilberth: Chor und Orchester der Bayreuther Festspiele, mit Greindl, Lorenz, Mödl, Neidlinger, Ruth Siewert, Hermann Uhde, Astrid Varnay (1952; Melodram). – 10. Rudolf Kempe: Chor und Orchester der Bayreuther Festspiele, mit Bjoner, Gottlob Frick, Grace Hoffman, Hans Hopf, Otakar Kraus, Nilsson, Stewart (1960; Melodram). – 11. Hans Knappertsbusch: Chor und Orchester der Bayreuther Festspiele, mit Bernd Aldenhoff, Höngen, Mödl, Heinrich Pflanzl, Uhde, Varnay, Weber (1951; Estro Armonico). – 12., wie 11., mit Elisabeth Grümmer, Greindl, Maria von Ilosvay, Neidlinger, Uhde, Varnay, Windgassen (1957; Cetra). – 13., wie 11., mit Folke Andersson, Greindl, Grümmer, Jean Madeira, Varnay, Windgassen, Otto Wiener (1958; Melodram). – 14. Clemens Krauss: Chor und Orchester der Bayreuther Festspiele, mit Greindl, Nathalie Hinsch-Gröndahl, Ira Malaniuk, Mödl, Neidlinger, Uhde, Windgassen (1953; Foyer). – 15. George Solti: Chor der Staatsoper Wien, Wiener Philharmoniker, mit Dietrich Fischer-Dieskau, Frick, Hoffman, Jones, Christa Ludwig, Neidlinger, Nilsson, Popp, Claire Watson, Helen Watts, Windgassen (1965; Decca). – 16. Hans Swarowsky: Chor der Staatsoper Wien, Prager Symphoni-

ker, mit Ruth Hesse, Naděžda Kniplová, Rudolf Knoll, Rolf Kühne, Otto von Rohr, Ditha Sommer (1968; Westminster).
Das →Liebesmahl der Apostel: 1. Pierre Boulez: Westminster Choir, New York Philharmonic Orchestra (CBS). – 2. Viktor Lukas: Chorgemeinschaft Bayreuth, Nürnberger Symphoniker (Colosseum).
Das →Liebesverbot: John Bell: Chor und Orchester des Jugendfestspieltreffens Bayreuth, mit István Gáti, Philip Gelling, Reinhold Kräußel, Doris Linser, Horst Lorig, Patrick McCarthy, Peter Maus, Klaus Peter Samson, Doris Soffel, Margarete Warncke, Eliane Watts, Paul Whitmarsh (1972; Decca).
→Lohengrin: 1. Fritz Busch: Chor und Orchester des Teatro Colón Buenos Aires, mit Charlotte Boerner, Alexander Kipnis, Fritz Krenn, Marjorie Lawrence, René Maison (1936; Melodram). – 2. Busch: Chor und Orchester der Metropolitan Opera New York, mit Dezsö Ernster, Mack Harrell, Margaret Harshaw, Lauritz Melchior, Helen Traubel (1947; Cetra). – 3. André Cluytens: Chor und Orchester der Bayreuther Festspiele, mit Ernest Blanc, Kieth Engen, Sándor Kónya, Leonie Rysanek, Astrid Varnay, Eberhard Wächter (1958; Replica). – 4. Robert Heger: Chor der Staatsoper, Staatskapelle Berlin, mit Walter Großmann, Ludwig Hofmann, Margarete Klose, Maria →Müller, Jaro Prohaska, Franz →Völker (1941; Preiser). – 5. Eugen Jochum: Chor und Symphonieorchester des Bayeri-

schen Rundfunks München, mit Hans Braun, Helena Braun, Lorenz Fehenberger, Ferdinand Frantz, Annelies Kupper, Otto von Rohr (1953; Deutsche Grammophon). – 6. Jochum: Chor und Orchester der Bayreuther Festspiele, mit Theo Adam, Dietrich Fischer-Dieskau, Birgit Nilsson, Hermann Uhde, Varnay, Wolfgang Windgassen (1954; Cetra). – 7. Herbert von Karajan: Chor der Deutschen Oper Berlin, Berliner Philharmoniker, mit Robert Kerns, René Kollo, Siegmund Nimsgern, Karl Ridderbusch, Anna Tomowa-Sintow, Dunja Vejzović (1981; EMI). – 8. Joseph Keilberth: Chor und Orchester der Bayreuther Festspiele, mit Adam, Hans Braun, Josef Greindl, Alfons Herwig, Josef Janko, Eleanor Steber, Gerhard Stolze, Uhde, Varnay, Windgassen (1953; Decca). – 9. Rudolf Kempe: Chor und Orchester der Bayerischen Staatsoper München, mit Andreas Boehm, Kurt Böhme, Walther Carnuth, Adolf Keil, Margarete Klose, Karl Ostertag, Marianne Schech, Willi Wolff, Rudolf Wünzer (1951; RCA). – 10. Kempe: Chor der Staatsoper Wien, Wiener Philharmoniker, mit Fischer-Dieskau, Gottlob Frick, Elisabeth Grümmer, Christa Ludwig, Jess Thomas, Otto Wiener (1963; EMI). – 11. Richard Kraus: Chor des Westdeutschen Rundfunks, Radiosymphonieorchester Köln, mit Günther Ambrosius, Peter Anders, Helena Braun, Trude Eipperle, Josef Greindl, Karl Kronenberg (1951; Rococo). – 12. Rafael Kubelik: Chor und Symphonieorchester des Bayerischen Rundfunks München, mit Willi Brokmeier, Raimund Grumbach, Gundula Janowitz, Gwyneth Jones, James King, Richard Kogel, Friedrich Lenz, Gerd Nienstedt, Karl Ridderbusch, Thomas Stewart (1971; Deutsche Grammophon). – 13. Erich Leinsdorf: Pro-Musica-Chor Boston, Boston Symphony Orchestra, mit Lucine Amara, William Dooley, Rita Gorr, Jerome Hines, Kónya (1965; RCA). – 14. Lorin Maazel: Chor und Orchester der Bayreuther Festspiele, mit Adam, Gustav Neidlinger, Aase Nordmo-Lövberg, Varnay, Wächter, Windgassen (1960; Melodram). – 15. Lovro von Matačić: Chor und Orchester der Bayreuther Festspiele, mit Blanc, Franz Crass, Gorr, Grümmer, Kónya, Wächter (1959; Melodram). – 16. Woldemar Nelsson: Chor und Orchester der Bayreuther Festspiele, mit Karan Armstrong, Elizabeth Connell, Martin Egel, Peter Hofmann, Helmut Pampuch, Leif Roar, Siegfried Vogel, Bernd Weikl (1982; CBS). – 17. Wolfgang Sawallisch: Chor und Orchester der Bayreuther Festspiele, mit Crass, Tom Krause, Anja Silja, Thomas, Varnay, Ramón Vinay (1962; Philips). – 18. Wilhelm Schüchter: Chor und Symphonieorchester des Nordwestdeutschen Rundfunks Hamburg, mit Maud Cunitz, Gottlob Frick, Horst Günter, Klose, Josef Metternich, Rudolf Schock (1953; EMI). – 19. George Solti: Wiener Philharmoniker, mit Norman Bailey, Helga Dernesch, Kurt Equiluz, Werner Hollweg, Kollo, Christa Ludwig, Hans Sotin (Decca). – 20. Hans Swarowsky: Chor der Staatsoper Wien, Süddeutsche Philharmonie, mit Hans Helm, Ruth Hesse, Heinz Imdahl, Leonore Kirschstein, Walter Kreppel, Herbert Schachtschneider (1968; Westminster).

Die →Meistersinger von Nürnberg: 1. Carl Bamberger: Chor und Orchester der Oper Frankfurt a. M., mit Rudolf Gonszar, Karl Liebl, Georg Stern (1956; Concert Hall). – 2. André Cluytens: Chor und Orchester der Bayreuther Festspiele, mit Toni Blankenheim, Walter Geisler, Josef Greindl, Elisabeth Grümmer, Gustav Neidlinger, Karl Schmitt-Walter, Gerhard Stolze (1958; Melodram). – 3. Wilhelm Furtwängler: Chor und Orchester der Bayreuther Festspiele, mit Eugen Fuchs, Greindl, Camilla Kallab, Fritz Krenn, Max Lorenz, Maria →Müller, Jaro Prohaska, Erich Zimmermann (1943; EMI). – 4. Eugen Jochum: Chor und Orchester der Bayerischen Staatsoper München, mit Hans Hotter, Egmont Koch, Paul Kuen, Annelies Kupper, Benno Kusche, Max Proebstl, Günther Treptow (1949; Melodram). – 5. Jochum: Chor und Orchester der Deutschen Oper Berlin, mit Plácido Domingo, Loren Driscoll, Gerd Feldhoff, Dietrich Fischer-Dieskau, Victor von Halem, Roland Hermann, Peter Lagger, Klaus Lang, Horst Laubenthal, Catarina Ligendza, Christa Ludwig, Peter Maus, Karl-Ernst Mercker, Ivan Sardi, Martin Vantin (1976; Deutsche Grammophon). –

6. Herbert von Karajan: Chor und Orchester der Bayreuther Festspiele, mit Heinz Borst, Frederick Dalberg, Otto Edelmann, Werner Faulhaber, Hans Hopf, Josef Janko, Erich Kunz, Erich Majkut, Ira Malaniuk, Karl Mikorey, Arnold van Mill, Heinrich Pflanzl, Elisabeth Schwarzkopf, Stolze, Gerhard Unger (1951; EMI). – 7. Karajan: Rundfunkchor Leipzig, Staatskapelle Dresden, mit Theo Adam, Peter Bindszus, Eberhard Büchner, Helen Donath, Geraint Evans, Ruth Hesse, Horst Hiestermann, Zoltán Kélemen, René Kollo, Horst Lunow, Kurt Moll, Hermann Christian Polster, Karl Ridderbusch, Hans-Joachim Rotzsch, Peter Schreier, Siegfried Vogel (1970; EMI). – 8. Joseph Keilberth: Chor und Orchester der Bayerischen Staatsoper München, mit Lilian Benningsen, Walther Carnuth, Heinz Hoppe, Hans Hotter, Adolf Keil, Franz Klarwein, Friedrich Lenz, Josef Metternich, Karl Ostertag, Proebstl, David Thaw, Jess Thomas, Claire Watson, Otto Wiener, Georg Wieter (1963; Ariola). – 9. Rudolf Kempe: Chor der Staatsoper, Staatskapelle Dresden, mit Bernd Aldenhoff, Kurt Böhme, Ferdinand Frantz, Tiana Lemnitz, Karl Paul, Pflanzl, Unger (1951; Vox). – 10. Kempe: Chor der Städtischen Oper und der Staatsoper, Chor der St.-Hedwigs-Kathedrale Berlin, Berliner Philharmoniker, mit Frantz, Gottlob Frick, Grümmer, Marga Höffgen, Benno Kusche, Neidlinger, Hermann Prey, Rudolf Schock, Unger (1956; EMI). – 11. Hans Knappertsbusch: Chor der Staatsoper Wien, Wiener Philharmoniker, mit Anton Dermota, Karl Dönch, Otto Edelmann, Hilde Güden, Alfred Poell, Paul Schöffler, Else Schürhoff, Günther Treptow (1950; Decca). – 12. Knappertsbusch: Chor und Orchester der Bayreuther Festspiele, mit Böhme, Lisa della Casa, Edelmann, Werner Faulhaber, Hans Hopf, Pflanzl, Unger (1952; Cetra). – 13., wie 12., mit Adam, Greindl, Grümmer, Schmitt-Walter, Stolze, Ludwig Weber, Wolfgang Windgassen (1960; Melodram). – 14. Erich Leinsdorf: Chor und Orchester der Metropolitan Opera New York, mit Herbert Janssen, Irene Jessner, Charles Kullman, Karl Laufkoetter, Emanuel List, Walter Olitzki, Friedrich Schorr (1939; Bruno Walter Society). – 15. Leinsdorf: Chor und Orchester der Bayreuther Festspiele, mit Blankenheim, Greindl, Grümmer, Schock, Stolze, Wächter, Wiener (1959; Melodram). – 16. Lovro von Matačić: Chor und Orchester von Radio Italiana Turin, mit Renato Capecchi, Boris Christoff, Carlo Franzini, Luigi Infantino, Bruna Rizzoli, Giuseppe Taddei (italienisch gesungen; 1962; Melodram). – 17. George Solti: Chor der Staatsoper Wien, Gumpoldskirchner Spatzen, Wiener Philharmoniker, mit Wolf Appel, Norman Bailey, Helmut Berger, Hannelore Bode, Adolf Dallapozza, Martin Egel, Julia Hamari, Rudolf Hartmann, Kollo, Adalbert Kraus, Moll, Gerd Nienstedt, Kurt Rydl, Martin Schomberg, Michel Sénéchal, Bernd Weikl (1976; Decca). – 18. Arturo

Toscanini: Chor der Staatsoper Wien, Wiener Philharmoniker, mit Herbert Alsen, Viktor Madin, Hans Hermann Nissen, Henk Noort, Maria Reining, Richard Sallaba, Kerstin Thorborg, Hermann Wiedemann (1937; Cetra). – 19. Silvio Varviso: Chor und Orchester der Bayreuther Festspiele, mit Appel, Bode, Jean Cox, Gerd Feldhoff, Nikolaus Hillebrand, Klaus Hirte, Robert Licha, Nienstedt, Norbert Orth, Anna Reynolds, Karl Ridderbusch, Hans Sotin, Heribert Steinbach, Frieder Stricker, Weikl (1974; Philips).
→*Parsifal:* 1. Pierre Boulez: Chor und Orchester der Bayreuther Festspiele, mit Hannelore Bode, Franz Crass, Hermin Esser, Wendy Fine, Marga Höffgen, Gwyneth Jones, James King, Margarita Kyriaki, Donald McIntyre, Karl Ridderbusch, Bengt Rundgren, Elisabeth Schwarzenberg, Dorothea Siebert, Thomas Stewart, Sieglinde Wagner, Heinz Zednik (1970; Deutsche Grammophon). – 2. André Cluytens: Chor und Orchester des Teatro alla Scala Mailand, mit Boris Christoff, Rita Gorr, Sándor Kónya, Silvio Maionica, Gustav Neidlinger, Georg Stern (1960; Melodram). – 3. Reginald Goodall: Chor und Orchester der Welsh National Opera Cardiff, mit McIntyre, Waltraud Meier (englisch gesungen; 1984; EMI). – 4. Vittorio Gui: Chor und Orchester von Radio Italiana Rom, mit Maria Callas, Christoff, Dimitri Lopatto, Giuseppe Modesti, Rolando Panerai (1950; italienisch gesungen; Foyer). – 5. Armin Jordan: Chor der Philhar-

monie Prag, Orchestre Philharmonique de Monte Carlo, mit Britt Marie Aruhn, Gilles Cachemaille, Reiner Goldberg, Aage Haugland, Robert Lloyd, Yvonne Minton, Gertrud Oertel, Michael Roider, Wolfgang Schöne, Hans Tschammer (1982; Erato). – 6. Herbert von Karajan: Chor der Deutschen Oper Berlin, Berliner Philharmoniker, mit Claes H. Ahnsjö, Victor von Halem, Barbara Hendricks, Peter Hofmann, Heiner Hopfner, Marjon Lambriks, Audrey Michael, Kurt Moll, Inga Nielsen, Siegmund Nimsgern, Janet Perry, Kurt Rydl, Hanna Schwarz, Doris Soffel, Georg Tichy, José Van Dam, Dunja Vejzović, Rohangis Yachmi (1981; Deutsche Grammophon). – 7. Hans Knappertsbusch: Chor und Orchester der Bayreuther Festspiele, mit Günther Baldauf, Paula Brivkalne, Werner Faulhaber, Maria Lacorn, George London, Hanna Ludwig, Arnold van Mill, Martha Mödl, Ruth Siewert, Gerhard Stolze, Hermann Uhde, Ludwig Weber, Elfriede Wild, Wolfgang Windgassen, Lore Wissmann (1951; Decca). – 8., wie 7., mit Toni Blankenheim, Dietrich Fischer-Dieskau, Josef Greindl, Hans Hotter, Mödl, Ramón Vinay (1956; Melodram). – 9., wie 7., mit Hans Beirer, Blankenheim, Régine Crespin, Greindl, Jerome Hines, Eberhard Wächter (1958; Melodram). – 10., wie 7., mit Beirer, Crespin, Greindl, Neidlinger, Thomas Stewart, David Ward (1960; Melodram). – 11., wie 7., mit Irene Dalis, Hotter, London, Neidlinger, Martti Talvela, Thomas

(1962; Philips). – 12., wie 7., mit Barbro Ericson, Heinz Hagenau, Hotter, Neidlinger, Stewart, Jon Vickers (1964; Melodram). – 13. Clemens Krauss: Chor und Orchester der Bayreuther Festspiele, mit Greindl, London, Mödl, Uhde, Vinay, Weber (1953; Melodram). – 14. James Levine: Chor und Orchester der Bayreuther Festspiele, mit Simon Estes, Hofmann, Franz Mazura, Meier, Matti Salminen, Hans Sotin (1985; Philips). – 15. George Solti: Chor der Staatsoper Wien, Wiener Sängerknaben, Wiener Philharmoniker, mit Fischer-Dieskau, Gottlob Frick, Rotraud Hansmann, Hotter, Zoltán Kélemen, René Kollo, Christa Ludwig, Lucia Popp, Robert Tear (1972; Decca). – 16. Fritz Stiedry: Chor und Orchester der Metropolitan Opera New York, mit Hotter, London, Set Svanholm, Astrid Varnay (1954; Melodram).

Das Rheingold (→Ring): 1. Karl Böhm: Orchester der Bayreuther Festspiele, mit Theo Adam, Kurt Böhme, Annelies Burmeister, Helga Dernesch, Hermin Esser, Ruth Hesse, Gustav Neidlinger, Gerd Nienstedt, Dorothea Siebert, Anja Silja, Věra Soukoupová, Martti Talvela, Wolfgang Windgassen, Erwin Wohlfahrt (1967; Philips). – 2. Pierre Boulez: Orchester der Bayreuther Festspiele, mit Hermann Becht, Martin Egel, Ilse Gramatzki, Siegfried Jerusalem, Donald McIntyre, Helmut Pampuch, Carmen Reppel, Matti Salminen, Marga Schiml, Hanna Schwarz, Norma Sharp, Ortrun Wenkel, Heinz Zednik (1981; Philips). – 3. Wilhelm Furtwängler: Orchester des Teatro alla Scala Mailand, mit Ferdinand Frantz, Elisabeth Höngen, Peter Markwort, Angel Matiello, Alois Pernerstorfer, Joachim Sattler, Günther Treptow, Ludwig Weber, Walburga Wegner, Margret Weth-Falke (1950; Murray Hill). – 4. Furtwängler: Orchester von Radio Italiana Rom, mit Lorenz Fehenberger, Frantz, Gottlob Frick, Josef Greindl, Elisabeth Grümmer, Sena Jurinac, Ira Malaniuk, Neidlinger, Julius Patzak, Alfred Poell, Hilde Rössel-Majdan, Ruth Siewert, Windgassen (1953; EMI). – 5. Reginald Goodall: Orchester der English National Opera London, mit Norman Bailey, Emile Belcourt, Anne Collins, Gregory Dempsey, Clifford Grant, Derek Hammond-Stroud, Robert Lloyd, Lois McDonall, Katherine Pring, Norman Welsby (englisch gesungen; 1972; EMI). – 6. Marek Janowski: Staatskapelle Dresden, mit Theo Adam, Roland Bracht, Eberhard Büchner, Yvonne Minton, Marita Napier, Siegmund Nimsgern, Lucia Popp, Uta Priew, Salminen, Peter Schreier, Schwarz, Karl-Heinz Stryczek, Christian Vogel, Wenkel (1981; Ariola). – 7. Herbert von Karajan: Berliner Philharmoniker, mit Oralia Domínguez, Helen Donath, Dietrich Fischer-Dieskau, Donald Grobe, Zoltán Kélemen, Robert Kerns, Simone Mangelsdorff, Edda Moser, Anna Reynolds, Karl Ridderbusch, Gerhard Stolze, Talvela, Josephine Veasey, Wohlfahrt (1968; Deutsche Grammophon). – 8. Joseph Keilberth:

Orchester der Bayreuther Festspiele, mit Inge Borkh, Milada Bugarinović, Werner Faulhaber, Greindl, Paul Kuen, Malaniuk, Neidlinger, Hermann Uhde, Weber, Windgassen, Erich Witte (1952; Melodram). – 9. Rudolf Kempe: Orchester der Bayreuther Festspiele, mit Ingrid Bjoner, Marga Höffgen, Herold Kraus, Otakar Kraus, Arnold van Mill, Georg Paskuda, Peter Roth-Ehrang, Thomas Stewart, Gerhard Stolze, Hertha Töpper, Uhde (1960; Melodram). – 10. Hans Knappertsbusch: Orchester der Bayreuther Festspiele, mit Toni Blankenheim, Greindl, Grümmer, Hans Hotter, Maria von Ilosvay, Kuen, Georgine von Milinkovic, Mill, Neidlinger, Ludwig Suthaus, Josef Traxel (1957; Cetra). – 11. Clemens Krauss: Orchester der Bayreuther Festspiele, mit Bruni Falcón, Greindl, Hotter, Ilosvay, Kuen, Malaniuk, Neidlinger, Stolze, Uhde, Weber, Witte (1953; Allegro). – 12. George Solti: Wiener Philharmoniker, mit Oda Balsborg, Kurt Böhme, Kirsten Flagstad, Hotter, Waldemar Kmentt, Walter Kreppel, Kuen, George London, Jean Madeira, Malaniuk, Neidlinger, Hetty Plümacher, Set Svanholm, Eberhard Wächter, Claire Watson (1958; Decca). – 13. Hans Swarowsky: Prager Symphoniker, mit Ursula Boese, Herbert Doussant, Hesse, Rudolf Knoll, Herold Kraus, Rolf Kühne, Takao Okamura, Rolf Polke, Otto von Rohr, Fritz Uhl (1968; Westminster). →*Rienzi:* Heinrich Hollreiser: Rundfunkchor Leipzig, Chor der Staatsoper, Staatskapelle Dresden, mit Theo Adam, Nikolaus Hillebrand, René Kollo, Günther Leib, Janis Martin, Peter Schreier, Ingeborg Springer, Siegfried Vogel, Siv Wennberg (EMI). *Siegfried (→Ring):* 1. Karl Böhm: Orchester der Bayreuther Festspiele, mit Theo Adam, Kurt Böhme, Erika Köth, Gustav Neidlinger, Birgit Nilsson, Věra Soukoupová, Wolfgang Windgassen, Erwin Wohlfahrt (Philips). – 2. Pierre Boulez: Orchester der Bayreuther Festspiele, mit Hermann Becht, Gwyneth Jones, Manfred Jung, Donald McIntyre, Norma Sharp, Ortrun Wenkel, Heinz Zednik (Philips). – 3. Wilhelm Furtwängler: Orchester des Teatro alla Scala Mailand, mit Kirsten Flagstad, Josef Herrmann, Elisabeth Höngen, Peter Markwort, Alois Pernerstorfer, Set Svanholm, Ludwig Weber (1950; Murray Hill). – 4. Furtwängler: Orchester von Radio Italiana Rom, mit Ferdinand Frantz, Josef Greindl, Margarete Klose, Martha Mödl, Julius Patzak, Pernerstorfer, Rita Streich, Ludwig Suthaus (1953; EMI). – 5. Reginald Goodall: Orchester der English National Opera London, mit Norman Bailey, Anne Collins, Gregory Dempsey, Clifford Grant, Derek Hammond-Strout, Rita Hunter, Alberto Remedios (englisch gesungen; 1973; EMI). – 6. Marek Janowski: Staatskapelle Dresden, mit Adam, Jeannine Altmeyer, René Kollo, Siegmund Nimsgern, Matti Salminen, Peter Schreier, Sharp, Wenkel (Ariola). – 7. Herbert von Karajan: Orchester der Bayreuther Festspiele, mit Bernd Aldenhoff, Sigurd Björling, Frederick Dalberg, Paul Kuen, Wilma Lipp, Heinrich Pflanzl, Ruth Siewert, Astrid Varnay (1951; Foyer). – 8. Karajan: Berliner Philharmoniker, mit Helga Dernesch, Oralia Domínguez, Catherine Gayer, Zoltán Kélemen, Karl Ridderbusch, Thomas Stewart, Gerhard Stolze, Jess Thomas (Deutsche Grammophon). – 9. Joseph Keilberth: Orchester der Bayreuther Festspiele, mit Aldenhoff, Kurt Böhme, Milada Bugarinović, Hans Hotter, Kuen, Neidlinger, Streich, Varnay (1952; Melodram). – 10. Rudolf Kempe: Orchester der Bayreuther Festspiele, mit Marga Höffgen, Hans Hopf, Herold Kraus, Otakar Kraus, Birgit Nilsson, Peter Roth-Ehrang, Dorothea Siebert, Hermann Uhde (1960; Melodram). – 11. Hans Knappertsbusch: Orchester der Bayreuther Festspiele, mit Aldenhoff, Greindl, Ilse Hollweg, Hotter, Maria von Ilosvay, Kuen, Neidlinger, Varnay (1957; Cetra). – 12., wie 11., mit Folke Andersson, Greindl, Hotter, Ilosvay, Siebert, Stolze, Varnay, Windgassen (1958; Melodram). – 13. Clemens Krauss: Orchester der Bayreuther Festspiele, mit Greindl, Hotter, Ilosvay, Kuen, Neidlinger, Streich, Varnay, Windgassen (1953; Foyer). – 14. George Solti: Wiener Philharmoniker, mit Böhme, Höffgen, Hotter, Neidlinger, Nilsson, Stolze, Joan Sutherland, Windgassen (Decca). – 15. Hans Swarowsky: Prager Symphoniker, mit Ursula Boese, Bella Jasper, Naděžda Kniplová, Herold Kraus, Rolf Kühne,

Gerald McKee, Takao Okamura, Rolf Polke (1968; Westminster). →*Siegfried-Idyll:* 1. Vladimir Ashkenazy: English Chamber Orchestra (Decca). – 2. Pierre Boulez: New York Philharmonic Orchestra (CBS). – 3. Wilhelm Furtwängler: Wiener Philharmoniker (EMI). – 4. Bernard Haitink: Concertgebouw Orkest Amsterdam (Philips). – 5. Herbert von Karajan: Berliner Philharmoniker (Deutsche Grammophon). – 6. Erich Kloss: Nürnberger Symphoniker (Colosseum). – 7. Rafael Kubelik: Berliner Philharmoniker (Deutsche Grammophon). – 8. Neville Marriner: Academy of St. Martin-in-the-Fields (EMI). – 9. George Solti: Cleveland Orchestra (CBS). – 10. Klaus Tennstedt: Berliner Philharmoniker (EMI). – 11. Arturo Toscanini: NBC Symphony Orchestra (1952; RCA). – 12. Bruno Walter: New York Philharmonic Orchestra (1953; CBS) →*Symphonie C-Dur:* 1. Gerd Albrecht: Niedersächsisches Staatsorchester Hannover (Schwann). – 2. Otto Gerdes: Bamberger Symphoniker (Deutsche Grammophon). – 3. Edo de Waart: San Francisco Symphony Orchestra (Philips). →*Tannhäuser und der Sängerkrieg auf Wartburg:* 1. André Cluytens: Chor und Orchester der Bayreuther Festspiele, mit Ludmila Dvořaková, Willy Hartmann, Hermann Prey, Leonie Rysanek, Martti Talvela, Wolfgang Windgassen (1965; Melodram). – 2. Otto Gerdes: Chor und Orchester der Deutschen Oper Berlin, mit Theo Adam, Dietrich Fischer-Dieskau, Klaus Hirte, Horst

Laubenthal, Friedrich Lenz, Birgit Nilsson, Hans Sotin, Windgassen (1969; Deutsche Grammophon). – 3. Bernard Haitink: Chor und Symphonieorchester des Bayerischen Rundfunks München, mit Walton Grönroos, Siegfried Jerusalem, Klaus König, Donald Litaker, Waltraud Meier, Kurt Moll, Lucia Popp, Rainer Scholze, Gabriele Sima, Bernd Weikl (1985; EMI). – 4. Robert Heger: Chor und Orchester der Bayerischen Staatsoper München, mit Margarete Bäumer, Franz Klarwein, Benno Kusche, Karl Ostertag, Karl Paul, Otto von Rohr, Marianne Schech, August Seider, Rita Streich, Rudolf Wünzer (1951; RCA). – 5. Herbert von Karajan: Chor und Orchester der Staatsoper Wien, mit Hans Beirer, Gré Brouwenstijn, Gottlob Frick, Waldemar Kmentt, Christa Ludwig, Eberhard Wächter (1963; Melodram). – 6. Joseph Keilberth: Chor und Orchester der Bayreuther Festspiele, mit Brouwenstijn, Fischer-Dieskau, Josef Greindl, Josef Traxel, Ramón Vinay, Herta Wilfert (1954; Melodram). – 7. Rudolf Kempe: Chor und Orchester der Metropolitan Opera New York, mit Jerome Hines, George London, Blanche Thebom, Astrid Varnay, Vinay (1955; Melodram). – 8. Franz Konwitschny: Chor und Orchester der Staatsoper Berlin, mit Fischer-Dieskau, Frick, Rudolf Gonszar, Elisabeth Grümmer, Hans Hopf, Lisa Otto, Schech, Reiner Süß, Gerhard Unger, Fritz Wunderlich (1961; EMI). – 9. Leopold Ludwig: Chor und Orchester der Städtischen Oper Berlin, mit Paula Buchner, Fischer-Dieskau, Greindl, Werner Liebing, Martha Musial, Ludwig Suthaus (1949; Melodram). – 10. Artur Rodzinski: Chor und Orchester des Teatro Comunale Florenz, mit Hans Blessin, Heinz Imdahl, Margaret Kenney, Arnold van Mill, Set Svanholm, Wilfert (1953; Melodram). – 11. Wolfgang Sawallisch: Chor und Orchester der Bayreuther Festspiele, mit Victoria de los Angeles, Grace Bumbry, Fischer-Dieskau, Greindl, Gerhard Stolze, Windgassen (1961; Melodram). – 12., wie 11., mit Bumbry, Franz Crass, Else Margrethe Gardelli, Gerd Nienstedt, Georg Paskuda, Anja Silja, Stolze, Wächter, Windgassen (1962; Philips). – 13. Kurt Schröder: Chor und Orchester des Hessischen Rundfunks Frankfurt a. M., mit Trude Eipperle, Aga Joesten, Rohr, Heinrich Schlusnus, Günther Treptow (1949; Deutsche Grammophon). – 14. George Solti: Wiener Sängerknaben, Chor der Staatsoper Wien, Wiener Philharmoniker, mit Norman Bailey, Helga Dernesch, Kurt Equiluz, Werner Hollweg, Manfred Jungwirth, René Kollo, Ludwig, Sotin (1971; Decca). – 15. Otmar Suitner: Chor und Orchester der Bayreuther Festspiele, mit Crass, Barbro Ericson, Rysanek, Arturo Sergi, Talvela, Windgassen (1964; Melodram). – 16. George Szell: Chor und Orchester der Metropolitan Opera New York, mit John Garris, Herbert Janssen, Alexander Kipnis, Lauritz Melchior, Kerstin Thorborg, Helen Traubel (1942; Melodram).

→ *Tristan und Isolde:* 1. Leonard Bernstein: Chor und Symphonieorchester des Bayerischen Rundfunks München, mit Hildegard Behrens, Raimund Grumbach, Peter Hofmann, Yvonne Minton, Thomas Moser, Hans Sotin, Heribert Steinbach, Bernd Weikl, Heinz Zednik (1981; Philips). – 2. Artur Bodanzky: Chor und Orchester der Metropolitan Opera New York, mit Karin Branzell, Kirsten Flagstad, Ludwig Hofmann, Lauritz Melchior, Friedrich Schorr (1935; GAW). – 3. Karl Böhm: Chor und Orchester der Bayreuther Festspiele, mit Josef Greindl, Kerstin Meyer, Birgit Nilsson, Eberhard Wächter, Wolfgang Windgassen (1962; Melodram). – 4., wie 3., mit Claude Heater, Christa Ludwig, Gerd Nienstedt, Nilsson, Peter Schreier, Martti Talvela, Wächter, Windgassen, Erwin Wohlfahrt (1966; Deutsche Grammophon). – 5. Fritz Busch: Chor und Orchester der Metropolitan Opera New York, mit Joel Berglund, Dezsö Ernster, Margaret Harshaw, Set Svanholm, Helen Traubel (1946; Morimento Musica). – 6. Victor De Sabata: Chor und Orchester des Teatro alla Scala Mailand, mit Sigurd Björling, Elsa Cavelti, Gertrude Grob-Prandl, Max Lorenz, Sven Nilsson (1951; Cetra). – 7. Wilhelm Furtwängler: Chor von Covent Garden, Philharmonia Orchestra London, mit Rhoderick Davies, Edgar Evans, Dietrich Fischer-Dieskau, Flagstad, Greindl, Rudolf Schock, Ludwig Suthaus, Blanche Thebom (1952; EMI). – 8. Reginald Goodall: Chor und Orchester der Welsh National Opera Cardiff, mit Linda Esther Gray, Gwynne Richard Howell, John Mitchinson (englisch gesungen; 1981; Decca). – 9. Eugen Jochum: Chor und Orchester der Bayreuther Festspiele, mit Ira Malaniuk, Gustav Neidlinger, Astrid Varnay, Ramón Vinay, Ludwig Weber (1953; Melodram). – 10. Herbert von Karajan: Chor und Orchester der Bayreuther Festspiele, mit Hans Hotter, Malaniuk, Martha Mödl, Vinay, Weber (1952; Cetra). – 11. Karajan: Chor der Deutschen Oper Berlin, Berliner Philharmoniker, mit Walter Berry, Helga Dernesch, Ludwig, Schreier, Martin Vantin, Jon Vickers, Weikl (1972; EMI). – 12. Carlos Kleiber: Rundfunkchor Leipzig, Staatskapelle Dresden, mit Eberhard Büchner, Anton Dermota, Brigitte Fassbaender, Fischer-Dieskau, Werner Götz, Wolfgang Hellmich, René Kollo, Kurt Moll, Margaret Price (1981; Deutsche Grammophon). – 13. Erich Kleiber: Chor und Orchester der Bayerischen Staatsoper München, mit Helena Braun, Ferdinand Frantz, Rudolf Großmann, Margarete Klose, Günther Treptow (1952; Melodram). – 14. Hans Knappertsbusch: Chor und Orchester der Bayerischen Staatsoper München, mit Braun, Frantz, Klose, Paul Schöffler, Treptow (1950; Bruno Walter Society). – 15. Franz Konwitschny: Chor des Mitteldeutschen Rundfunks, Gewandhausorchester Leipzig, mit Margarete Bäumer, Gottlob Frick, Suthaus, Karl Wolfram (1950; Urania). –

16. Erich Leinsdorf: Chor und Orchester der Metropolitan Opera New York, mit Flagstad, Julius Huehn, Alexander Kipnis, Melchior, Kerstin Thorborg (1941; Melodram). – 17. Fritz Reiner: Chor und Orchester von Covent Garden London, mit Flagstad, Herbert Janssen, Sabine Kalter, Emanuel List, Melchior (1936; Bruno Walter Society). – 18. Artur Rodzinski: Chor und Orchester des Maggio Musicale Florenz, mit Grace Hoffman, Neidlinger, Nilsson, Otto von Rohr, Windgassen (1957; Cetra). – 19. George Solti: Wiener Singverein, Wiener Philharmoniker, mit Theodor Kirschbichler, Peter Klein, Waldemar Kmentt, Ernst Kozub, Tom Krause, Arnold van Mill, Nilsson, Regina Resnik, Fritz Uhl (1960; Decca).
Die Walküre (→Ring): 1. Karl Böhm: Orchester der Bayreuther Festspiele, mit Theo Adam, Annelies Burmeister, Sona Červená, Helga Dernesch, Ruth Hesse, James King, Danica Mastilović, Gerd Nienstedt, Birgit Nilsson, Leonie Rysanek, Elisabeth Schärtel, Sieglinde Wagner (1967; Philips). – 2. Pierre Boulez: Orchester der Bayreuther Festspiele, mit Jeannine Altmeyer, Elisabeth Glauser, Ilse Gramatzki, Peter Hofmann, Gwyneth Jones, Gwendolyn Killebrew, Donald McIntyre, Carmen Reppel, Matti Salminen, Marga Schiml, Gabriele Schnaut, Hanna Schwarz (1981; Philips). – 3. Wilhelm Furtwängler: Orchester des Teatro alla Scala Mailand, mit Kirsten Flagstad, Ferdinand Frantz, Elisabeth Höngen, Hilde Konetzni,

Günther Treptow, Ludwig Weber (1950; Cetra). – 4. Furtwängler: Orchester von Radio Italiana Rom, mit Elsa Cavelti, Frantz, Gottlob Frick, Judith Hellwig, Konetzni, Ira Malaniuk, Martha Mödl, Hilde Rössel-Majdan, Gerda Scheyrer, Dagmar Schmedes, Wolfgang Windgassen (1953; EMI). – 5. Furtwängler: Wiener Philharmoniker, mit Johanna Blatter, Frantz, Frick, Hellwig, Dagmar Hermann, Margarete Klose, Erika Köth, Mödl, Rysanek, Scheyrer, Schmedes, Ruth Siewert, Ludwig Suthaus, Hertha Töpper (1954; EMI). – 6. Reginald Goodall: Orchester der English National Opera London, mit Norman Bailey, Margaret Curphey, Clifford Grant, Ann Howard, Rita Hunter, Alberto Remedios (englisch gesungen; 1973; EMI). – 7. Marek Janowski: Staatskapelle Dresden, mit Adam, Altmeyer, Ruth Falcon, Anne Gjevang, Siegfried Jerusalem, Yvonne Minton, Kurt Moll, Jessye Norman, Uta Priew, Cheryl Studer, Ortrun Wenkel (1981; Ariola). – 8. Herbert von Karajan: Berliner Philharmoniker, mit Cvetka Ahlin, Lilo Brockhaus, Régine Crespin, Barbro Ericson, Gundula Janowitz, Helga Jenckel, Mastilović, Carlotta Ordassy, Liselotte Rebmann, Ingrid Steger, Thomas Stewart, Martti Talvela, Josephine Veasey, Jon Vickers (1966; Deutsche Grammophon). – 9. Joseph Keilberth: Orchester der Bayreuther Festspiele, mit Inge Borkh, Josef Greindl, Hans Hotter, Siewert, Treptow, Astrid Varnay (1952; Melodram). – 10. Rudolf Kempe:

Orchester der Bayreuther Festspiele, mit Frick, Jerome Hines, Aase Nordmo-Lövberg, Töpper, Varnay, Windgassen (1960; Melodram). – 11. Hans Knappertsbusch: Orchester der Bayreuther Festspiele, mit Greindl, Hotter, Georgine von Milinkovic, Nilsson, Varnay, Ramón Vinay (1957; Cetra). – 12., wie 11., mit Rita Gorr, Greindl, Hotter, Rysanek, Varnay, Vickers (1958; Melodram). – 13. Clemens Krauss: Orchester der Bayreuther Festspiele, mit Greindl, Hotter, Malaniuk, Mödl, Regina Resnik, Vinay (1953; Foyer). – 14. Erich Leinsdorf: London Symphony Orchestra, mit Gré Brouwenstijn, Gorr, George London, Vickers (1961; Decca). – 15. Dimitri Mitropoulos: Orchester der Metropolitan Opera New York, mit Kurt Böhme, Otto Edelmann, Margaret Harshaw, Marianne Schech, Blanche Thebom, Vinay (1957; Melodram). – 16. George Solti: Wiener Philharmoniker, mit Crespin, Dernesch, Brigitte Fassbaender, Frick, Claudia Hellmann, Hotter, King, Berit Lindholm, Christa Ludwig, Nilsson, Vera Schlosser, Marilyn Tyler, Helen Watts (1965; Decca). – 17. Hans Swarowsky: Prager Symphoniker, mit Hesse, Naděžda Kniplová, Gerald McKee, Rolf Polke, Otto von Rohr, Ditha Sommer (1968; Westminster).
→*Wesendonck-Lieder:* 1. Agnes Baltsa, London Symphony Orchestra: Jeffrey Tate (Philips). – 2. Kirsten Flagstad, Gerald Moore (1948; EMI). – 3. Flagstad, Philharmonisches Orchester Oslo: Øivin Fjelstad (RCA). –

4. Flagstad, Wiener Philharmoniker: Hans Knappertsbusch (Teldec). – 5. René Kollo, Irwin Gage (RCA). – 6. Christa Ludwig, Philharmonia Orchestra London: Otto Klemperer (EMI). – 7. Yvonne Minton, London Symphony Orchestra: Pierre Boulez (CBS). – 8. Birgit Nilsson, London Symphony Orchestra: Colin Davis (Philips). – 9. Jessye Norman, London Symphony Orchestra: Davis (Philips). – 10. Sylvia Sass, Orchester der Ungarischen Staatsoper Budapest: András Kórody (Hungaroton).

Donner
Hohe Baßpartie im *Rheingold;* altgermanischer Gott des Donners, der Winde und der Wolken unter dem Namen Thor, neben Odin (Wodan) eine der mächtigsten Gestalten der Asen; sein Attribut ist der Hammer. W. zeichnete ihn als rauhbeinigen Beschützer →Freias gegen die Begehrlichkeiten der Riesen →Fafner und →Fasolt.

Doppelfuge C-Dur
→*Vierstimmige Doppelfuge C-Dur*

Dorella
Sopranpartie im →*Liebesverbot;* zuerst Dienstmädchen →Isabellas, dann Schankmädchen bei →Danieli.

Dorn, Heinrich Ludwig Egmont Geb. 14. 11. 1800 in Königsberg (Pr), gest. 10. 1. 1892 in Berlin; Dirigent, Musikschriftsteller und Komponist. – Der Stiefbruder von Louis →Schindelmeisser studierte zunächst Jura,

war Schüler von Ludwig Berger (Klavier), Carl Friedrich Zelter und Bernhard Klein in Berlin, 1828 Kapellmeister in Königsberg, 1829 – 32 Theaterkapellmeister in Leipzig; 1832 ging er nach Hamburg; 1833 war er Kirchenmusikdirektor und ab 1839 Nachfolger W.s als Musikdirektor am Theater in →Riga. 1843 ging Dorn nach Köln und gründete 1845 eine Musikschule; er war 1844 und 1847 Dirigent der Niederrheinischen Musikfeste; als Nachfolger Otto Nicolais wirkte er 1849 – 69 an der Hofoper →Berlin. Zunächst mit W. befreundet, entwickelte sich aus der beruflich bedingten Konkurrenz Gegnerschaft. – Werke: Opern *Die Rolandsknappen* (1826), *Der Zauberer und das Ungetüm* (1827), *Die Bettler* (1828), *Abu Kara* (1831), *Der Schöffe von Paris* (1838), *Das Banner von England* (1841), *Die Nibelungen* (1854). Schriften: *Aus meinem Leben* (7 Bände, Berlin 1870 – 86).
Lit.: A. Rauh, Heinrich Dorn als Opernkomponist, Diss. München 1939

Dors mon enfant (WWV 53)
Lied für Singstimme und Klavier in F-Dur; komponiert im Herbst 1839 in Paris. In →*Mein Leben* schreibt W., daß es sich bei diesem Lied um sein erstes in französischer Sprache gehandelt habe. Der Erstdruck wurde in der Musikbeilage zu *Europa* (Band 3, 1841) veröffentlicht.
Lit.: WWV

Drach, William
Pseudonym W.s. In dem Brief vom 28. 5. 1836 an Robert →Schumann bezeichnete er sich selbst mit diesem Pseudonym und übersandte Schumann einen Artikel, der auch von Ludwig Rellstab handeln sollte, aber nicht veröffentlicht wurde. W. beabsichtigte, Rellstab »etwas zu Leibe« zu gehen, und behauptete: »Sie glauben nicht, was der Mensch hier in *Berlin* für Schaden anrichtet.«

Draeseke, Felix August Bernhard
Geb. 7. 10. 1835 in Coburg, gest. 26. 2. 1913 in Dresden; Dirigent, Musiktheoretiker und Komponist. – Nach seinem Studium am Konservatorium in Leipzig war er Schüler Franz →Liszts in Weimar; 1855 ging er nach Berlin, 1856 nach Dresden. 1859 besuchte er W. in →Luzern, wo er am 6. 8. einziger Zeuge der Vollendung von *Tristan* im Hotelzimmer des Schweizerhofs am Nachmittag um 16.30 Uhr wurde. 1863 – 74 war er Klavierlehrer am Konservatorium in Lausanne, 1875 in Genf; 1876 ging er nach Dresden zurück und wurde 1884 Nachfolger von Franz →Wüllner als Kompositionslehrer am Konservatorium. Sein reichhaltiges Schaffen weist neben Orchester- und Chorwerken, Liedern und Balladen auch einige Opern auf: *König Sigurd* (1857), *Waldschatzhauser* (1882), *Gudrun* (1884), *Bertran de Born* (1894), *Fischer und Kalif* (1905) und *Merlin* (1913). – Schriften: *Die Beseitigung des Tritonus* (Leipzig 1880), *Die Lehre von der Harmonia* (Leipzig 1886), *Der gebundene Stil* (Hannover 1902).

Lit.: O. z. Nedden, Die Opern und Oratorien Felix Draesekes, Diss. Marburg 1925; E. Roeder, Felix Draeseke als Programmusiker, Diss. Heidelberg 1926; ders., Felix Draeseke, 2 Bde., Dresden 1932, Berlin 1937

Drama

Der Begriff Drama war für W. eine zentrale Kategorie, die sich als Einheit von Wort, Musik, Bild und Geste auf der Bühne zu verwirklichen habe. »Nur im vollendetsten Kunstwerke, im *Drama*, vermag sich daher die Anschauung des Erfahrenen vollkommen erfolgreich mitzutheilen, und zwar gerade deßwegen, weil in ihm durch Verwendung aller künstlerischen Ausdrucksfähigkeiten des Menschen *die Absicht* des Dichters am vollständigsten aus dem Verstande an das Gefühl, nämlich künstlerisch an die unmittelbarsten Empfängnißorgane des Gefühles, *die Sinne*, mitgetheilt wird«, schrieb W. in →*Oper und Drama*. Die »Gefühlswerdung des Verstandes« sei Ziel des Dramas; seine Wurzeln habe es einerseits im Roman des Mittelalters und andererseits im griechischen Drama. Aus ersterem sei in den Schauspielen William →Shakespeares die höchste Blüte erwachsen, denen Jean Racines »tragédie« diametral gegenüberstünde: »Zwischen beiden Endpunkten schwebt unsere ganze übrige dramatische Litteratur unentschieden und schwankend hin und her.« W. hielt Shakespeare zugute, daß seine Dramen »mit vollster Nothwendigkeit

aus dem Leben und unserer geschichtlichen Entwickelung hervorgegangen« seien, »wie das Drama der Zukunft ganz naturgemäß aus der Befriedigung der Bedürfnisse geboren werden wird, die das Shakespeare'sche Drama angeregt, noch nicht aber gestillt hat«. Der Mangel dieser Mitteilungsform sei die fast ausschließliche Konzentration auf das Auge gewesen, da sich die Darsteller eigentlich nur durch ihre Gebärden verständigen konnten, weil die Worte auf den großen freien Plätzen nicht zu verstehen gewesen seien. Friedrich von Schiller habe dagegen bereits »die Rücksicht auf die Historie immer mehr fallen lassen«, bis er den Gegenstand »endlich ganz nur noch nach der Form bestimmte, die er als rein künstlerisch zweckmäßigste der griechischen Tragödie entnahm«. So sei es auch die griechische Weltanschauung, der weiterhin »das wirkliche Kunstwerk des Drama's entblühen« werde, und der »Stoff dieses Drama's« sei »der *Mythos*«. Während der →Mythos das »Gedicht einer gemeinsamen Lebensanschauung« sei, zeige sich in der Tragödie »die künstlerische Vollendung des Mythos selbst«. Im Drama schließlich werde der Mythos zur verständlichen Darstellung gebracht, wobei die Musik gleichsam die Mutter des Dramas darstelle.

Lit.: R. W., *Über die Anwendung der Musik auf das Drama* (1879), in: GSD Bd. 10, S. 229; ders., *Zu den dramatischen Dichtungen*, in: SSD Bd. 16, S. 177

Dresden

Das Dresdener Hoftheater erlebte
1627 mit der Uraufführung von
Heinrich Schütz' verlorengegang-
ener Oper *Dafne* die Geburtsstunde
der Oper in Deutschland. Die Überreste des alten Hoftheaters wurden
abgerissen, als Gottfried →Semper
1837–41 sein erstes Theatergebäude in Dresden erbaute. Zwei
große Höhepunkte erlebte des Dresdener Theater unter der Generaldirektion von August von →Lüt-
tichau, der das Glück hatte, in seiner Amtszeit als Feudalintendant
nicht nur Carl Maria von →Weber,
sondern auch W. an seinem Theater
zu haben. Außerdem konnte 1825
Ludwig Tieck als dramaturgischer
Berater gewonnen werden, wodurch
für das deutsche Nationaltheater
kosmopolitischer Prägung ein entscheidender Schritt gemacht wurde.
Webers Wirken in Dresden stand
weniger im Dienst der Aufführung
eigener Werke, sondern erbrachte
ein umfassendes Interpretieren, das
ein sehr gemischtes Repertoire auf
ein in Deutschland einmaliges Niveau hob. Weber hatte dazu eine besondere Orchesterschulung der »Kapelle« vorgenommen. Die Aufführungen eigener Werke, wie die von
Euryanthe vom 31. 3. 1824 (im Gegensatz zur Uraufführung vom
25. 10. 1823 in Wien), wurden durch
solche kunstpädagogischen Interessen Webers keineswegs vernachlässigt, sondern erreichten wegen der
besonderen Qualitäten des Theater-
apparats durchweg bessere künstlerische Ergebnisse als auswärtige

Premieren. Die *Euryanthe*-Erstauf-
führung fiel in bezug auf ihre Werkgeschichte mit einem der Höhepunkte der Dresdener Operngeschichte
schichte zusammen und gründete
sich auch auf das ausgezeichnete
Ensemble u. a. mit Wilhelmine
→Schröder-Devrient, Joseph →Ti-
chatschek, Anton →Mitterwurzer,
Emil und Eduard →Devrient, Karl
Ferdinand →Gutzkow sowie dem
Geiger Karol Lipiński. In der Sorge
um eine unverfälschte Aufführung
seiner letzten Oper, *Oberon* (1826),
die in London nur eine vorläufige
Fassung erhalten hatte, setzte Weber auf eine mustergültige Aufführung in Dresden, die jedoch erst
nach seinem Tod am 24. 2. 1828 unter Karl Gottlieb →Reißigers Leitung stattfinden konnte. Reißiger
wurde zum Nachfolger Webers
bestellt, obgleich auch Heinrich
→Marschner seit 1823 in Kapellmei-
sterdiensten des Hoftheaters stand,
der aber zu unbeliebt wegen seines
schroffen Wesens war. Zwar wurde
die Weber-Tradition fortgeführt,
aber Reißiger öffnete auch der
Grand opéra aus Paris Tür und Tor
und ließ ab 1828/29 auch verstärkt
Gaetano Donizetti und Vincenzo
→Bellini aufführen. Nach 1830
schob sich Giacomo →Meyerbeer
mit seinen Werken in den Vordergrund, dessen *Robert le diable* (1831)
und *Les Huguenots* (1836) Auffüh-
rungsrekorde erzielten. Am 31. 3.
1832 wurde die Ära der italienischen Oper in Dresden, dem Zug
der Zeit und zahlreichen anderen
Opernhäusern folgend, offiziell be-

schlossen. Dadurch bekam das Vorbild Schröder-Devrients, die in vielen Gattungen und Stilarten der Musikbühne Ausgezeichnetes leistete, größeres Gewicht, zumal sie »ohne Gage und Kontrakt« nicht nur Sängerin, sondern auch Regisseurin war. Ihr Vorbild bestand aber auch darin, daß sie die neue Sängergeneration von naiven Sängern zu bewußten Darstellern umschulte. Agnes Schebest, Caroline Bogorschek, Michael und Therese Wächter, Matthias Schuster, Henriette →Kriete, Maschinka Schubert-Schneider und Tichatschek waren als herausragende Sängerdarsteller in Dresden tätig. In dieser Zeit war bereits Lüttichau Intendant des Hoftheaters, der mit seinen ausgezeichneten Künstlern Dresden als Repräsentationstheater führte, bis W. mit seinem *Rienzi* triumphalen Besitz davon ergriff. – Nach dem Tod Friedrich →Wagners heiratete W.s Mutter Johanne Rosine 1814 den Schauspieler Ludwig →Geyer und zog Ende des Jahres mit der Familie nach Dresden in die Moritzstraße. Geyer war mit Weber befreundet, den der vierjährige W. somit ab 1817 im eigenen Haus kennenlernte. Er sog vor allem durch seinen Stiefvater und seine älteren Schwestern Theaterluft ein; einmal durfte er sogar den Sohn Tells auf der Bühne darstellen. Im Herbst 1820 wurde W.s Ausbildung in die Hände des Possendorfer Pfarrers Christian Ephraim →Wetzel gelegt, und nach dem Tod seines Stiefvaters wurde W. zu dessen Bruder Karl

→Geyer nach →Eisleben gebracht. 1822 kehrte W. nach Dresden zurück und besuchte die Kreuzschule. In der Kreuzkirche wurde W. am 8. 4. 1827 konfirmiert. Bis dahin hatte sich W. mit dem Familiennamen seines Stiefvaters genannt; nun nahm er wieder seinen Geburtsnamen an. Ende 1827 zog W. zu seiner Familie nach →Leipzig. Seinen nächsten Besuch in Dresden machte W. erst wieder 1837, als er seine mit einem Kaufmann durchgebrannte Frau Minna bei ihren Eltern suchte und, zunächst ohne Erfolg, zurückholen wollte. Dann aber reifte nach dem ersten Zerwürfnis mit seiner jungen Frau die dramatische Konzeption von *Rienzi* in der damaligen Sommerwohnung im Blasewitzer Gasthof heran. Das Werk wurde zwar in Paris (→Frankreich) ausgeführt und war für die dortige Oper bestimmt gewesen, dann aber doch mit einer Eingabe vom 1. 12. 1840 König →Friedrich August II. von Sachsen zur Uraufführung in Dresden angetragen worden. Erst im Juni 1841 wurde *Rienzi* angenommen, und am 12. 4. 1842 kehrte W. mit seiner Frau aus Paris zurück; ab April 1842 wohnte er in der Töpfergasse 6. In Dresden wechselte W. noch mehrfach seine →Wohnungen: Im Sommer zog er in die Waisenhausstraße 5, am 16. 8. in die Marienstraße 9 und am 1. 10. 1843 in die Ostraallee 6, schließlich im April 1847 in das Marcolinische Palais in der Dresdener Friedrichstadt. Die aufregende Probenzeit für *Rienzi* hat W. in →*Mein Leben* anschaulich geschildert. Unerwartet war die Aussicht, in Dresden als Musikdirektor angestellt zu werden. Zum Probedirigieren wurde W. am 10.1. 1843 mit Webers *Euryanthe* angehört. Und obgleich man ihm wegen seiner Erfolge den Weg ebnete, ging W. am 2. 2. 1843 den Pakt mit Dresden nur widerwillig ein, weil er wußte, damit ins »Joch« gezwungen zu werden. Dennoch hatte W. auch seine Freude an der von Weber geschulten Kapelle, die er gelegentlich »Wunderharfe« nannte und mit der er am 2. 1. 1843 seinen *Holländer* uraufführte, der, nach dem Sensationserfolg von *Rienzi*, allerdings schon nach vier Aufführungen abgesetzt werden mußte und bis 1862 nicht mehr im Dresdener Spielplan zu finden war. W. dirigierte *Armide* (1777) und *Iphigénie en Aulide* (1774) von Christoph Willibald →Gluck, den *Sommernachtstraum* (1842) von Felix →Mendelssohn Bartholdy, *Guillaume Tell* (1829) von Gioacchino →Rossini, Marschners *Hans Heiling* (1833) und *Kaiser Adolph von Nassau* (1845), *Das unterbrochene Opferfest* (1796) von Peter von Winter und Donizettis *La Favorite* (1840). Am 19.10. 1845 leitete W. die Uraufführung seines *Tannhäuser* in der Semperoper. Bevor das alte Theater in den Revolutionswirren ausbrannte, dirigierte W. noch eine Wiederaufführung von Ludwig van →Beethovens *Symphonie Nr. 9* (1824). Das letzte von W. im Hoftheater (1848) dirigierte Werk war *Ne touchez pas à la reine* (1847) von Xavier Boisselot. Danach hat W. bis

zur Mairevolution keine Neueinstudierung mehr übernommen. Inzwischen aber war ab 1. 4. 1843 August →Röckel als neuer Musikdirektor W.s Kollege und Freund geworden. Andererseits mußte W. Neid und Feindseligkeiten von seiten inkompetenter Kritiker und argwöhnischer Konkurrenten in verstärktem Maße hinnehmen. Außerdem häuften sich die Reibungspunkte mit dem Intendanten. Allerdings war W. inzwischen schon so berühmt, daß er gebeten wurde, nebenbei Dirigent der Dresdener Liedertafel zu werden, wofür er auch als Komponist gefordert wurde und *Das →Liebesmahl der Apostel* schrieb, um einen Beitrag zum großen Sängerfest von 1843 zu leisten. Gelegenheitsarbeiten wie der kompositorische Beitrag zur Enthüllung des Königsdenkmals im Zwinger oder die Leitung des Fronleichnams-Festkonzerts in der Hofkirche kamen hinzu. Am 1.10. 1843 zog W. »in der Hoffnung auf einen langen und ruhigen Genuß eines endlich gewonnenen Heimwesens« in die Ostraallee 6 (später in die Nr. 13), eine »stattliche und solide Kapellmeisterwohnung«, dem Westteil des Zwingers gegenüber, in der er systematisch seine →Dresdener Bibliothek aufbaute, die praktisch das gesamte Quellenmaterial seines musikdramatischen Lebenswerks enthielt. W. begann, *Tannhäuser* zu komponieren. Außerdem hatte er in der Spielzeit 1843/44 folgende Aufgaben: Zunächst erklang am 26.1. unter W.s Leitung Marschners *Hans Heiling*, im Febr.

1844 dirigierte er Mendelssohns *Sommernachtstraum*, am 31. 3. Beethovens *Symphonie Nr. 6* (1808), im April Mendelssohns *Antigone* (1841), am 3. 5. Wolfgang Amadeus →Mozarts *La clemenza di Tito* (1791), eine »Musikalische Akademie« fand am 22. 7. im Großen Garten des Palais statt und wies die Uraufführung der →*Faust-Ouvertüre* auf. Obgleich W. in dieser Zeit auch auf erfolgreiche Aufführungen seiner Werke in →Berlin und →Hamburg verweisen konnte, schlitterte er in eine neue Krise. Als finanzieller Fehlschlag stellte sich W.s Beteiligung am Verlag des Musikalienhändlers Carl Friedrich →Meser heraus. Statt seine Existenz »krisenfest« zu machen, mußte W. Darlehen zu Wucherzinsen aufnehmen, um seine ersten →Partituren in Prachtausgaben herausgeben zu können, die nicht genügend Bühnen als Abnehmer fanden. – Ein besonderes Ereignis von nahezu nationaler Bedeutung machte W. zur persönlichen Sache: die »Heimholung der Gebeine Carl Maria von Webers« aus London nach Dresden. W. setzte sich nicht nur für die Überführung der sterblichen Überreste Webers ein, er hielt auch eine Rede an dessen neuem Grab, das am 15. 12. 1844 geschlossen wurde. Der Leichenzug wurde von einer Kapelle angeführt, die auch W.s →*Trauermusik* mit den Hauptthemen aus *Euryanthe* spielte. – Daß in *Tannhäuser* auch einige in Dresden lebende Personen als Bühnenfiguren Eingang fanden, merkten die Betroffenen selbst

kaum und schon gar nicht, was es mit diesem Werk überhaupt auf sich hatte. Schröder-Devrient verlieh der →Venus manche Züge, den edlen Mitterwurzer verkörperte W. in →Wolfram, und seine Nichte Johanna →Jachmann stand Pate für →Elisabeth. Dennoch hatten wohl nur Röckel und Semper eine Ahnung, welche Ziele W. mit *Tannhäuser* verfolgte, der mehr als nur eine zeitgenössische Oper war und die revolutionären Bewegungen der Zeit vorausnahm. Die aufregenden Ereignisse bis zur Uraufführung am 19. 10. 1845 hat W. im Aufsatz *Über die Aufführung des »Tannhäuser«* (1852; in: GSD Bd. 5, S. 159) ausführlich beschrieben. Die Dresdener allerdings mußten auf wichtige gestrichene Teile der Partitur verzichten und bekamen nur vier Fünftel davon zu hören. Auch W. war mit der Aufführung nicht zufrieden und nicht einmal mit seinem Werk, das er zeitlebens mit Änderungen zu verbessern suchte. Erstaunlich war, daß Lüttichau nie ein Hehl daraus gemacht hatte, *Tannhäuser* als Protektionskind zu behandeln, für das er keine Kosten scheute und die Ausstattung bei Edouard Désirée Joseph Déspléchin in Paris bestellte, um den Neid der Pariser zu erwekken. – 1846–48 reifte auch schon *Lohengrin* in W.s Gedanken heran. Mit geradezu revolutionärem Enthusiasmus interpretierte W. damals vor allem Beethovens *Symphonie Nr. 9* und verfestigte seine Ansichten in seinen Schriften zur »Kapell- und Theater-Reform« (*Die könig-*

liche Kapelle betreffend, 1846, in: SSD Bd. 12, S. 151; *Theater-Reform,* 1849, in: ebd., S. 233; *Nochmals Theater-Reform,* in: ebd., S. 237). Im Spielplan ließ im Aug. 1846 die Aufführung von Mozarts *Le nozze di Figaro* (1786) wieder den alten Streit zwischen den Künstlern und der Presse aufflammen, während Glucks von W. bearbeitete *Iphigénie en Aulide* einen erneuten Glanzpunkt im Repertoire setzte. Gleichzeitig machte sich W. immer wieder Gedanken über künstlerische und soziale Verbesserungen für das Orchester und reichte am 2. 3. 1846 das Denkschreiben *Die königliche Kapelle betreffend* ein, das zwar abgelehnt wurde, aber zumindest W. Klarheit darüber verschaffte, was er in der Ausübung seiner Kunst erreichen wollte. Am 5. 4. dirigierte er im Alten Opernhaus am Zwinger abermals Beethovens *Symphonie Nr. 9* und erzielte einen unerwartet großen Erfolg, nachdem acht Jahre zuvor dasselbe Werk unter Reißiger beim Dresdener Publikum durchgefallen war. Unter den Zuhörern befand sich auch Hans von →Bülow. Bereits im April 1847 versuchte sich W. schriftlich bei Lüttichau seiner Kapellmeisterstelle zu entledigen und verlangte am Ende des Jahres eine Gehaltserhöhung, die ihm gewährt wurde. – Im Febr. 1848 wurde in Paris das Bürgerkönigtum gestürzt und Revolution gemacht; am 13. 3. brachen auch in Wien Aufstände los, wozu W. sein →Gedicht *Gruß aus Sachsen an die Wiener* verfaßte. Am 15. 3. strömte des Dresde-

ner Volk auf die Straße. Der König allerdings entschärfte die Situation, indem er die Aufhebung der Zensur sowie eine Wahl-, Justiz- und Steuerreform ankündigte. Inzwischen flammten am 18. 3. in Berlin und Frankfurt a. M. Barrikadenkämpfe auf. Im April besuchten Franz →Liszt, dann Jessie Taylor (spätere →Laussot) und der 17jährige Karl →Ritter W. in Dresden. Am 28. 4. beendete W. die Partitur von *Lohengrin* und reichte am 11. 5. einen →*Entwurf zur Organisation eines deutschen National-Theaters für das Königreich Sachsen* ein, der allerdings (wie frühere Vorschläge auch) keine Wirkung zeitigte. – Nach dem Prager Aufstand im Frühjahr 1848 suchte der russische Anarchist Michail →Bakunin in Dresden Zuflucht, wohnte bei Röckel und wurde mit W. bekannt. Am 14. 6. tat sich W. selbst mit einer Rede im linksgerichteten Dresdener Vaterlandsverein hervor und warf die Frage auf: →*Wie verhalten sich republikanische Bestrebungen dem Königtum gegenüber?* Auch rechnete W. mit den Wuchereien der Kapitalisten ab, forderte gleiches Stimm- und Wahlrecht, erteilte aber auch den Kommunisten eine entschiedene Absage. Da diese Rede als gedruckte Beilage zum *Dresdener Anzeiger* erschien, setzte die Theaterintendanz postwendend *Rienzi* vom Spielplan ab, und W. mußte sich mit einem Rechtfertigungsbrief vom 18. 6. als loyaler Hofangestellter ausweisen, indem er schrieb, daß dem König nie so viel Beifall gespendet worden sei wie nach seiner Rede im Vaterlandsverein. Am 22. 9. 1848 wurde die 300-Jahr-Feier der Königlichen Kapelle gefeiert. Am 24. 9. improvisierte W. einen Gedenkspruch am Grab Webers und bestritt abends das Festkonzert zum Jubiläum der Kapelle mit Auszügen aus *Lohengrin.* »Die Nibelungensaga« als erste Prosaskizze zum späteren *Ring* entstand in diesen Tagen. Im Herbst schrieb W. noch anonyme Artikel für Röckels *Volksblätter,* die zum Teil bereits konfisziert wurden. Die dichterische Urfassung von *Siegfrieds Tod* entstand im Nov. 1848, die er im Dez. Freunden in seiner Wohnung vorlas. – Nachdem Liszt am 16. 2. 1849 *Tannhäuser* in →Weimar aufgeführt und W. seiner lebenslangen Zuneigung versichert hatte, führte W. am 1. 4. in einem Palmsonntagskonzert letztmalig Beethovens *Symphonie Nr. 9* in Dresden auf. Bakunin besuchte die Generalprobe am Vortag und rief W. zu, »daß, wenn alle Musik bei dem erwarteten großen Weltenbrannde verlorengehen sollte, wir für die Erhaltung dieser Symphonie mit Gefahr unseres Lebens einzustehen uns verbinden wollten«. Am 8. 4. 1849 erschien W.s Aufsatz *Die →Revolution* in Röckels *Volksblättern;* Ende April wurde das Publikationsorgan ganz verboten. Die Anzeichen kriegerischer Auseinandersetzungen in Sachsen häuften sich. Anfang Mai prallten sächsische Truppen mit aufgebrachten Volksmengen zusammen. Am 4. 5. flüchtete der König auf die Festung Königstein. Eine provisorische Regierung erließ die Proklamation des bewaffneten Widerstands. W. ließ *Volksblätter*-Handzettel drucken und verteilte sie; Semper überwachte den Barrikadenbau. W.s Auftrag war es, Truppenbewegungen vor der Stadt zu beobachten; er verbrachte deshalb die ganze Nacht des 5./6. 5. auf dem Turm der Kreuzkirche. Preußische Truppen griffen ein, das Dresdener Opernhaus ging in Flammen auf, und der Aufstand wurde niedergeschlagen; Röckel und Bakunin wurden als Rädelsführer verhaftet. W. flüchtete zunächst nach Chemnitz, kehrte nochmals am 8. 5. nach Dresden zurück, um am 10. 5. erneut zu fliehen, diesmal nach Weimar, wo ihm Liszt Unterschlupf bot. Am 19. 5. erschien W.s →Steckbrief im *Dresdener Anzeiger,* worauf W. auf Liszts Anraten und mit falschen Papieren ins Ausland floh. Seine Amnestierung ließ bis 1862 auf sich warten. Danach, als W. wieder ungehindert nach Deutschland reisen konnte, nahm er die Gelegenheit dennoch nur noch sporadisch wahr, nach Dresden zu fahren.

Lit.: R. W., Vier Zeitungs-Erklärungen, in: SSD Bd. 16, S. 27; M. Kietz, R. W. in den Jahren 1842 – 1849 und 1873 – 1875. Erinnerungen v. Gustav Adolph Kietz, Dresden 1905; H. Schnoor, Weber auf dem Welttheater, Dresden 1942

Dresdener Bibliothek

Unter diesem Namen ist W.s fast 200 Titel umfassende Bibliothek bekannt, die er sich 1842–49 in →Dresden anschaffen und nach deren Verlust er sich erst wieder in →Tribschen und →Bayreuth eine neue umfangreiche Bibliothek aufbauen konnte. Denn als W. nach dem Aufstand aus Dresden floh, mußte er seinem Schwager Heinrich →Brockhaus seine Bibliothek als Pfand für ein Darlehen von 500 Talern zurücklassen. 1855 machte W. einen vergeblichen Versuch, mit Bittbriefen wieder in den Besitz der Bibliothek zu kommen, und überließ sie 1873 dem Schwager für das nicht zurückgezahlte Darlehen. Obgleich diese W.-Bibliothek nach den Kriegswirren als verschollen galt, hat sie nahezu geschlossen im Besitz der Firma Brockhaus überdauert. Susanne Brockhaus hat 1975 die Bibliothek der →Richard-Wagner-Stiftung zum Geschenk gemacht, so daß diese wertvollen Dokumente nunmehr im Museum der Villa →Wahnfried der W.-Forschung und der Öffentlichkeit zur Verfügung gestellt werden konnten. Der W.-Biograph Curt von Westernhagen hatte vom Brockhaus-Verlag die Aufgabe übertragen bekommen, W.s Dresdener Bibliothek zu katalogisieren, und kam zu dem Ergebnis, daß sie den Stoff für ein Lebenswerk abgab, von der →*Hochzeit* bis zu *Parsifal*. Die für W.s Schaffen wichtigsten Werke dieser Bibliothek waren zweifellos die Schriften Jacob und Wilhelm →Grimms (vor allem die *Deutsche Mythologie*) sowie Johann Gustav Droysens *Des Aischylos Werke* (Berlin 1832). 30 Jahre später

formulierte Friedrich →Nietzsche: »Nie hat ein antikes Werk so mächtig gewirkt, wie die *Oresteia* auf Wagner.« Sehr fruchtbar waren aber auch Werke wie Joseph von Görres' Vorrede zum vatikanischen Manuskript des *Lohengrin*-Epos oder die *Deutschen Sagen* (2 Bände, Berlin 1816–18) der Brüder Grimm sowie Leopold August Warnkönigs *Flandrische Staats- und Rechtsgeschichte bis zum Jahr 1305* (Tübingen 1835); Bücher, die, neben zusätzlichen geliehenen Büchern, als Quellenmaterial für *Lohengrin* dienten. Desgleichen hatte W. auch umfangreiche Literatur für die *Meistersinger* gelesen und im Besitz, wie z. B. Georg Gottfried Gervinus' *Geschichte der deutschen Nationalliteratur* (5 Bände, Leipzig 1835–42), *Hans Sachs' Werke* (3 Bände, Nürnberg 1816–24) in der Ausgabe von Johann Gustav Gottlieb Büsching, *Über den altdeutschen Meistersang* (Göttingen 1811) von Jacob →Grimm und die Biographie *Hans Sachs* (2 Bände, Leipzig 1819/20) von Friedrich Furchau. Aber auch für den Entwurf eines Dramas *Alexander*, wie Cosima Wagner in ihren →Tagebüchern am 1. 4. 1878 festgehalten hat, besaß W. entsprechende Literatur: Plutarchs *Vergleichende Lebensbeschreibungen* und Droysens *Geschichte Alexanders des Großen* (Berlin 1833) und *Geschichte des Hellenismus* (2 Bände, Hamburg 1836–43). Für →*Achilleus* lag W. Droysens Rekonstruktion einer Aischyleischen *Achilleis* vor. Ein mit zahlreichen Anstreichungen versehenes Exemplar des *Neuen Te-

staments bot die Grundlage für den Entwurf des Dramas →*Jesus von Nazareth.* Für →*Wieland der Schmied* stand ihm die Sage in Karl →Simrocks *Heldenbuch* (6 Bände, Stuttgart/Tübingen 1843–49) zur Verfügung. Für *Tristan* benutzte er als Vorlagen die Ausgaben von Hans Ferdinand Maßmann und Friedrich Heinrich von der Hagen sowie die Übertragung des Epos von Hermann Kurz und altfranzösische, englische, wallonische und spanische Gedichte von *Tristan und Isolde;* dazu las W. auch die Hagensche Ausgabe der *Minnesinger* (6 Bände, Leipzig/Berlin 1838–61) und das *Mittelhochdeutsche Wörterbuch zum Handgebrauch. Nebst grammatischer Einleitung* (Quedlinburg 1838) von Adolf Ziemann; nicht zu vergessen ist der Einfluß Pedro →Calderón de la Barcas, dessen achtbändige *Schauspiele* (Berlin 1815–42) W. in der Übersetzung von Johann Diederich Gries besaß. Als Franz →Müller sich 1856 bei W. in Zürich nach den Quellen zur Dichtung des *Rings* erkundigte, nannte ihm W. zehn Titel, von denen acht aus seiner Dresdener Bibliothek stammten, darunter die *Edda,* Grimms *Mythologie,* Simrocks *Heldenbuch* und Wilhelm Grimms *Deutsche Heldensage* (Göttingen 1829). Die als Vorlage für die *Walküre* benutzte wichtige Quelle der →*Völsungasaga* hatte W. vergeblich zu erwerben versucht; er mußte sie schließlich aus der Königlichen Bibliothek entleihen. Für seine intensiven germanistischen Studien besaß W. die *Zeitschrift für das deut-* *sche Altertum* von Moritz Haupt. Darüber hinaus fanden sich in W.s Bibliothek die 40bändige Ausgabe der Werke Johann Wolfgang von Goethes sowie Gesamtausgaben von William →Shakespeare, Heinrich von Kleist, Wilhelm →Heinse, Eduard →Devrient, Jean-Jacques Rousseau und Friedrich von Schiller. – Der gesamte Bestand der Dresdener Bibliothek ist katalogisch von Westernhagen erfaßt worden. *Lit.:* C. v. Westernhagen, R. W.s *Dresdener Bibliothek 1842–1849,* Wiesbaden 1966

Drolla
Sopranpartie in den →*Feen;* Begleiterin →Loras und Geliebte →Gernots.

Dumersan, Théophile
Eigtl. Marion Dumersan; geb. 4. 1. 1780 auf Schloß Castelnau (bei Issoudun, Indre), gest. 13. 4. 1849 in Paris; Bühnenschriftsteller. – Er war 1839 mit W. in Paris bekannt geworden und wurde mit der Übersetzung des →*Liebesverbots* beauftragt.

Düsseldorf
Die Zusammenarbeit der beiden Städte Düsseldorf und Duisburg mit ihren Opernhäusern firmiert unter »Deutsche Oper am Rhein«, die besonders nach dem Zweiten Weltkrieg eine bedeutende W.-Tradition aufgebaut hat. In der Spielzeit 1956/57 wurde *Parsifal* aufgeführt; die Saison 1957/58 wurde mit den *Meistersingern* eröffnet. Im Mai 1958 wurde mit der *Walküre* der Beginn

einer Inszenierung des *Rings* unternommen, *Siegfried* folgte 1958/59. Die nächste Spielzeit wurde mit dem von Alberto Erede dirigierten *Tannhäuser* eröffnet; mit *Götterdämmerung* und *Rheingold* wurde bis 1961 der *Ring* komplettiert; dabei wirkten so bedeutende W.-Interpreten wie Astrid Varnay, Hans Hopf, Otto Wiener und Josef Greindl mit. Ein Höhepunkt der Spielzeit 1962/63 war der von Jean-Pierre Ponnelle inszenierte *Tristan* (18 Jahre vor Ponnelles Bayreuth-Debüt) mit Varnay und Set Svanholm. 1964, im letzten Jahr der Intendanz von Hermann Juch, wurde W.s Gesamtwerk mit Ausnahme der Jugendopern und *Rienzis* an der Deutschen Oper am Rhein mit dem *Holländer* abgeschlossen. 1960 – 64 wurden vier Gesamtaufführungen des *Rings* gegeben. Eine Neuproduktion begann bereits 1966/67; *Parsifal* wurde in die Spielzeit 1969/70 einbezogen; in die Spielzeit 1974/75 wurde auch *Tannhäuser* aufgenommen. Seit 1970 steht der *Ring* jährlich auf dem Spielplan.

Dustmann, Marie Luise
Geb. Meyer; geb. 22. 8. 1831 in Aachen, gest. 2. 3. 1899 in Charlottenburg (heute zu Berlin); Sängerin (Sopran). – Tochter eines Theaterinspektors und einer Soubrette, die sie auch sängerisch ausbildete. Ihr Debüt gab sie 17jährig am Theater in der Josefstadt Wien. Anschließend war sie in Breslau und 1850/51 am Hoftheater Kassel als dramatischer Sopran engagiert, dessen General-

musikdirektor zum damaligen Zeitpunkt Louis →Spohr war. Ihre nächsten Stationen waren 1852 – 54 die Hofoper Dresden, 1854 – 57 das Deutsche Theater Prag, wo sie besonders in Gaetano Donizettis *Linda di Chamounix* (1842) als Titelheldin, in Giacomo →Meyerbeers *Huguenots* (1836) als Valentine und in *Tannhäuser* als →Elisabeth in der Prager Erstaufführung am 25. 10. 1854 große Erfolge feierte. Einem Ruf an die Wiener Hofoper folgte die von W. inzwischen hochgeschätzte Künstlerin 1857; dort kreierte sie bereits im folgenden Jahr (am 19. 8. 1858) die →Elsa aus *Lohengrin* sowie 1859 die Elisabeth. In Wien galt sie als erste W.-Sängerin und wurde sogar von Eduard →Hanslick mit Lob überschüttet. W. war nicht nur von ihrer Interpretation der Elsa begeistert, sondern vor allem bezeichnete er ihre Donna Anna aus Wolfgang Amadeus →Mozarts *Don Giovanni* (1787) als das Vollkommenste, was er je als Operngesang erlebt hatte. Als W. am 15. 5. 1861 von ihr in Wien die Elsa singen hörte, war er nicht nur sehr angetan, sondern hoffte auch, daß sie bald die →Isolde darstellen würde, woraus ohne ihre Schuld nichts wurde. Zu den Höhepunkten ihrer Karriere gehörten aber auch die Leonore aus Ludwig van →Beethovens *Fidelio* (1805), die Titelrolle in Robert →Schumanns *Genoveva* (1850), die →Senta aus dem *Holländer* und die →Eva aus den *Meistersingern*. Als Abschiedsvorstellung, nachdem sie 1860 zur Kammersängerin ernannt worden war, sang sie am 29. 12. 1875 an der Wiener Hofoper die Elsa; danach widmete sie sich der Ausbildung des Sängernachwuchses, zuerst in Wien am Konservatorium, dann ab 1880 in Charlottenburg.

Eckert, Karl Anton Florian Geb. 7. 12. 1820 in Potsdam, gest. 14. 10. 1879 in Berlin; Dirigent und Komponist. – Nach längeren Studienreisen war er ab 1851 Akkompagnist am Théâtre-Italien Paris, 1853 – 60 Hofkapellmeister in Wien und 1860 – 67 in Stuttgart, 1869 – 79 1. Hofkapellmeister in Berlin. W. war gerade bei Eckert zu Gast, als ihm vom Kabinettssekretär Franz Seraph von →Pfistermeister der Wunsch König →Ludwigs II. angetragen wurde, nach →München zu kommen. Die Berliner Erstaufführung von *Tristan* in der Einstudierung W.s fand am 20. 3. 1876 unter Eckerts Leitung statt. Der Reinertrag von 5 000 Talern wurde dem Bayreuther Festspielfonds zugeschlagen. – Werke: *Das Fischermädchen* (Oper, 1830), *Ruth* (Oratorium, 1833).

Edda

In der Bedeutung von »Poetik« oder »Buch von Oddi« handelt es sich um zwei verschiedene Werke der altisländischen Literatur: die jüngere *Snorra-Edda* und die ältere *Saemundar-Edda*. Letztere ist eine Handschrift aus dem 13. Jh. und wird auch »Lieder-Edda« genannt. Sie enthält Lieder aus der Wikingerzeit

und aus der nordischen Mythologie, aber auch germanische Heldensagen. Die *Snorra-Edda* enthält Handschriften aus dem 13. und 14. Jh. und ist ein Lehrbuch für junge Skalden mit Anweisungen zur Verskunst und einer Darstellung der nordischen Mythologie. In W.s →Dresdener Bibliothek ist die *Edda* enthalten und somit als Quellenwerk für sein musikdramatisches Schaffen verfügbar gewesen.

Ehrungen

Offizielle Ehrungen hat W. trotz seiner Geringschätzung des zeitgenössischen Theaterbetriebs und trotz seiner zunehmenden Ablehnung gegenüber beruflichen Bindungen dennoch in seinem Leben mehrfach angetragen bekommen. 1854 z. B. wurde er zum »korrespondierenden Ehrenmitglied« der »Maatschappij tot bevordering van toonkunst« (Gesellschaft zur Beförderung der Tonkunst) in Amsterdam ernannt. Am 1. 10. 1872 bedankte sich W. in einem *Schreiben an den Bürgermeister von Bologna* (in: GSD Bd. 9, S. 346) für die Ehrenbürgerschaft dieser Stadt.

Einsiedelei des Gurnemanz

Als König →Ludwig II. im April 1877 von W. die Dichtung zu *Parsifal* ausgehändigt bekam, ließ er sogleich unweit der →Hundinghütte bei Schloß Berg ein weiteres Bühnenbild aus W.s Musikdramen als architektonisches Bauwerk entstehen: »Im nämlichen Walde ließ ich diesen Sommer eine Einsiedlerhütte, an einen Felsen angelehnt, errichten, wie jene von →Gurnemanz, nahe einer Wiese, die im nächsten Jahr zur blumigen Au sich verschönern wird; ein Quell fließt dicht dabei; Alles mahnt mich dort an jenen Charfreitagsmorgen Ihres ·wonnevollen ›Parcifal‹«, schrieb am 30. 8. 1877 der König an W. Auch diese Klause ist inzwischen verrottet und kann nur noch durch ein Aquarell von Heinrich Breling (1881) in Erinnerung gerufen werden. *Lit.:* D. u. M. Petzet, Die R.-W.-Bühne König Ludwigs II., München 1970

Eisenach
Noch auf seiner Flucht aus →Dresden besuchte W. 1849 Eisenach und die →Wartburg sowie die Großherzogin Maria Pawlowna im Eisenacher Schloß. Erst 1862, auf einer Reise von Frankfurt a. M. nach →Leipzig, besuchte W. (bei einem unfreiwilligen Aufenthalt in Eisenach) erneut die Wartburg und besichtigte die dort von Moritz von →Schwind ausgeführten Bilder, die ihn allerdings »kalt berührten«. Nachdem König →Ludwig II. W. nach →München geholt hatte, besuchte der König selbst am 1. 6. 1867 Eisenach und die Wartburg, die Vorbild zu seinem Bauprojekt Neuschwanstein sein sollte, dessen Baubeginn 1869 angeordnet wurde. Ein letztes Mal besuchte W. mit seiner Familie am 27. 7. 1877 Eisenach und die Wartburg auf einem Tagesausflug von →Weimar aus, wo er Franz →Liszt besucht hatte.

Eisleben
Als W.s Stiefvater Ludwig →Geyer am 30. 9. 1821 starb, wurde W. für ein Jahr zu dessen Bruder Karl →Geyer nach Eisleben gegeben, bei dem W.s älterer Bruder Julius →Wagner das Goldschmiedehandwerk erlernte. Im Sept. 1822 kehrte W. nach →Leipzig zurück. Mit seiner Frau Cosima kam W. erst wieder im April 1873 nach Eisleben, um Jugenderinnerungen aufzufrischen.

Eißlinger, Ulrich
Tenorpartie in den *Meistersingern*; Gewürzkrämer und →Meistersinger; als Bühnenfigur Johann Christoph Wagenseils *Buch von der Meister-Singer holdseligen Kunst* (1697) entnommen.

Elisabeth
Sopranpartie in *Tannhäuser*; Nichte des Landgrafen →Hermann von Thüringen. Gegenspielerin der →Venus in →Tannhäusers Verlangen nach der wahren Liebe, die er weder in der Sinnlichkeit des →Venusbergs noch in Elisabeths keuscher Hingabe zu finden vermag. Sie schützt Tannhäuser vor dem handgreiflichen Zorn der Ritter im Sängerkrieg auf der →Wartburg und betreibt unbewußt (wie Gretchen in Johann Wolfgang von Goethes *Faust,* 1808) die Erlösung des Titelhelden, der als Pilger in Rom keine Gnade vor dem Heiligen Vater finden konnte.

Elsa von Brabant
Sopranpartie in *Lohengrin*; Tochter

des Herzogs von Brabant. Da ihr →Ortrud zusammen mit Friedrich von →Telramund die Macht streitig machen möchte, klagt Ortrud Elsa an, ihren Bruder ermordet zu haben, obgleich Ortrud selbst →Gottfried in einen →Schwan verzaubert hat. Elsas verzweifelte Bitte um Gerechtigkeit wird von dem →Schwanenritter →Lohengrin gehört, der sie im Gottesgericht gegen Telramund entlastet, ihr aber das Versprechen abnimmt: »Nie sollst du mich befragen, noch Wissens Sorge tragen, woher ich kam der Fahrt, noch wie mein Nam' und Art«, das sie auf Betreiben Ortruds und eigener Neugierde halber bricht, worauf sie Lohengrin wieder verlassen muß. W. schrieb in seiner →*Mitteilung an meine Freunde,* daß er Elsa als den anderen Teil von Lohengrins Wesen gesehen habe, das dieser als Ergänzung suchte, nämlich das Unbewußte und Unwillkürliche.

Ende in Paris, Ein

W. beschreibt das entbehrungsreiche Leben eines Freundes R., hinter dem sich zwar Johann Friedrich Reichardt verbirgt, in dessen Rolle sich aber auch W. selbst sieht. Er schildert Erlebnisse in Paris (→Frankreich), das er für »den Hauptplatz der Welt« hält, wo man einzig beweisen könne, ob man musikalisches Talent habe. In geschliffener Ironie und mit einem an Heinrich →Heine geschulten Stil setzt sich W. hier mit seinem Alter ego auseinander. Das Ende, das der Freund in unsäglicher Armut erleidet und dem

der Autor beiwohnen soll, hat den Zweck, der Nachwelt die Niederlage eines Enthusiasten zu verkünden, der elend verkannt wurde und sein Testament mit den Worten beginnt: »Ich glaube an Gott, Mozart und Beethoven«, um mit seinem unwürdigen Beispiel Nachahmer abzuschrecken. Das unrühmliche Ende in der Weltstadt des 19. Jh.s trägt autobiographische Züge des wirklichen Autors, W., der lediglich den dramatischen Tod des Freundes als dichterische Freiheit hinzufügte. Für W.s Elendsjahre in Paris war die schriftstellerische Bewältigung seiner künstlerisch erfolglosen Bemühungen in Paris nicht nur eine Befreiung vom seelischen Druck jener Zeit, sondern auch eine Anklage und Warnung an die Gesellschaft seiner Zeit im Umgang mit ihren Künstlern. – In: *Ein* →*deutscher Musiker in Paris* (1840/41), in: GSD Bd. 1, S. 142–168; DS Bd. 5, S. 86.

England

Abgesehen von einer Einladung bei Königin Viktoria am 17. 5. 1877 auf Schloß Windsor beschränkten sich W.s Aufenthalte in England (im Rahmen von Konzerttätigkeiten) auf die Metropole →London. Von den Engländern als Volk hielt W. nicht viel, da er sie einzig als Geschäftemacher erlebte und karikierend mit einer Schafherde verglich, die nur die Wiese unter sich des Nährwertes wegen, nicht aber den Himmel über sich sähe.

**Entreactes tragiques D-Dur
und c-Moll** (WWV 25)
Komponiert vermutlich im Frühjahr
1832 in →Leipzig. Beide Kompositionen werden in W.s autobiographischen Schriften nicht genannt,
sind aber handschriftlich in der British Library in London überliefert
und waren möglicherweise als Zwischenaktmusiken für Ernst →Rau-
pachs Trauerspiel *König Enzio*
geschrieben worden. Die Instrumentation des D-Dur-Stücks wurde abgebrochen.
Lit.: WWV

**Entwurf zur Organisation
eines deutschen National-Theaters
für das Königreich Sachsen**
Ein detaillierter Bericht mit zahlreichen Vorschlägen an den Minister
Martin →Oberländer, die man auf
den ersten Blick weder in das Jahr
1849 datieren würde noch W. zu-
trauen sollte, der als Sympathisant
der Achtundvierziger eigentlich keinerlei Interesse daran gehabt haben
müßte, eine so feudale Institution
wie das Hoftheater zu erhalten, dessen Unterstützung die Abgeordne-
tenkammer streichen wollte. W.
aber trat diesem Unterfangen entschieden entgegen, denn es ging
ihm um den »Kulturgedanken, dem
Theater eine wahre Würde zu geben«. Man müsse ein »National-
Theater« nicht nur erhalten, sondern direkt dem Kulturministerium
unterstellen und die gesamte Nation
zur Wahrung der Aufgaben verpflichten. Ein »Gesammtverein« aus
Bühnendichtern und Komponisten

solle »über die Erhaltung der *ästhetischen, sittlichen* und *nationalen*
Reinheit des Nationaltheaters« wachen. Fremdsprachige Werke sollten
nur in Bearbeitungen und ausgele-
sen auf deutschen Bühnen gegeben
werden. Für bloßen Schlendrian und
Vertreibung der Langeweile sei
Kunst nicht da: deshalb lieber wenige gute als zahlreiche schlechte
Vorstellungen. Die Würde dieser
Kunst sei mit der des Königs verbunden und im Volk verankert, das
seine sittliche Reife aus der Kunst
erfährt. – In: GSD Bd. 2, S. 307 – 359.

Erda
Altpartie im *Rheingold* und in *Siegfried;* Mutter der drei Nornen und
der mit →Wotan gezeugten Walküre →Brünnhilde; nach der Seherin in der →*Edda* konzipiert. Im *Ring*
mahnt sie Wotan, den geraubten
→Ring den Riesen zu lassen, da
→Alberichs Fluch auch ihn treffen
würde. Als Wotan nochmals in *Siegfried* ihr Wissen bemühen will, ist
die »Götterdämmerung« bereits
unabwendbare Zukunft.

Erik
Tenorpartie im *Holländer;* ein Jäger,
der →Senta versprochen ist und als
dramatische Gegenfigur zum →Hol-
länder von W. frei erfunden wurde.
Als Senta dem Holländer begegnet
und sich augenblicklich in ihn verliebt, um ihn zu erlösen, erwidert
sie Eriks Liebe nicht mehr und geht
in den Freitod, um ihr dem Holländer gegebenes Versprechen ewiger
Treue einzulösen.

Erinnerungsmotiv

W. sprach (im Gegensatz zu dem auf seine →Musikdramen von Hans von →Wolzogen eingeführten und bevorzugten Begriff →Leitmotiv) von »melodischen Momenten«, »thematischen Motiven«, »Grundthemen«, »Ahnungsmotiven« und eben auch von Erinnerungsmotiven. – Bereits die Sarastro-Akkorde in Wolfgang Amadeus →Mozarts *Zauberflöte* (1791) sind als Erinnerungsmotive anzusehen, die nach W.s Ansicht »nur den Charakter einer absoluten Reminiszenz« haben. Erinnerungsmotive sind in den Opern der französischen Schule nach Christoph Willibald →Gluck bei André Ernest Modeste Grétry (*Richard Cœur de Lion*, 1784), Etienne Nicolas Méhul (*Ariodant*, 1799), Charles-Simon Catel (*Sémiramis*, 1801), in Opern schwedischer Komponisten der 2. Hälfte des 18. Jh.s (z. B. bei Johann Gottlieb Naumann) sowie in der deutschen romantischen Oper (Louis →Spohrs *Faust*, 1816; E. T. A. →Hoffmanns *Undine*, 1816; Carl Maria von →Webers *Freischütz*, 1821, und *Euryanthe*, 1823; Heinrich →Marschners *Vampyr*, 1828), aber auch im Melodram (Johann Friedrich Reichardts *Ino*, 1779) und in der Ballade (bei Carl Loewe) zu finden. Erinnerungsmotive aus dieser Tradition sind auch in W.s früheren Bühnenwerken *(→Feen, →Liebesverbot, Holländer)* gut erkennbar. Beeinflußt war W. aber ebenso durch die von Hector →Berlioz in der Symphonik verwendete →Idée fixe, die W. schließlich in der Form von Leitmotiven virtuos für musikdramatische Zwecke weiterentwickelte. Berufen hat sich W. aber vor allem auf Ludwig van →Beethovens Durchführungstechnik, um »in einem das ganze Kunstwerk durchziehenden Gewebe von Grundthemen, welche sich, ähnlich wie im Symphoniesatze gegenüber stehen, ergänzen, neu gestalten, trennen und verbinden« (*Über die Anwendung der Musik auf das Drama*, 1879; in: GSD Bd. 10, S. 229), eine logisch geschlossene, gleichwohl intuitiv erfaßbare und emotional vermittelte Kunstform zu erreichen.

»Erkenne dich selbst«

Aufsatz W.s von 1881. Der wichtige ergänzende Halbsatz, den Pythia in ihrem Weisheitsspruch dem Zitattitel der Ausführungen zu W.s →*Religion und Kunst* W.s hinzufügt, wird auch von W. selbst zu Beginn seiner Schrift *Erkenne dich selbst* erwähnt: »Erkenne dich selbst, und du hast die Welt erkannt«, heißt es da. W. meinte, das Wiederauffinden dieser uralten Weisheiten sei vor allem Arthur →Schopenhauer zu verdanken, während Politik und Wissenschaft »sich in einem barbarischen Faseln ergehen«. Gleichzeitig setzt W. den Leitsatz auf rassentheoretische Fragen an, da er erneut eine folgenschwere und unabsehbare »Umgestaltung unseres Volkswesens« befürchtet. W. bezweifelt, das Judentum im Sinne von Gleichberechtigung der Konfessionen einschätzen zu müssen. Vielmehr sei es seit Jahrtausenden eine geschlossene

Kultur geblieben, deren Ziel es ist, möglichst viel Macht durch Gelderwerb anzuhäufen. Dem Staat wiederum obliege, das Eigentum zu schützen, das nur wenige besitzen, und lasse »endlich die Erfindung des *Papiergeldes* als einen Teufelsspuk vor sich gehen«, da der verschwundene Glaube durch den »Kredit« ersetzt worden sei. Dann diskutiert W. Rassenprobleme, wobei er den gemischten Rassen wenig Aussichten auf das Hervorbringen großer Charaktere attestiert. Das deutsche Volk sei aber gerade in seiner bewegten Geschichte heillos vermischt worden, so daß es besonders hilflos dem resistenten Judentum ausgeliefert sei. Dennoch erhofft sich W. gerade vom deutschen Volk die Ausbildung reiner Menschlichkeit. Die Voraussetzungen, Mitleidsfähigkeit, ein Vaterland und eine Muttersprache, seien gewährleistet, durch die ein »Fühlen und Erschauen bis in das Urmenschenthum« gegeben sei. Somit sei dem deutschen Volk nicht bloß das Gefühl einer Rasse als Abart der Menschlichkeit gegeben, sondern es entstehe die Verbindung zum »Urstamm der Menschheit«, dem das →Reinmenschliche zu eigen sei. Deshalb gelte es, nicht einer Partei zugerechnet zu werden, sondern das »Erwachen des Menschen« schlechthin zu betreiben. Dies sei das Ziel der Selbsterkenntnis. – In: GSD Bd. 10, S. 338 – 350.

Erlösungsthematik

Überblickt man W.s musikdramatisches Schaffen, so steht der Erlösungsgedanke keineswegs erst am Ende in *Parsifal*, sondern durchzieht, wenn auch abgewandelt und verwandelt, W.s gesamtes Werk. Kein Wunder, denn das ganze 19. Jh. befand sich in einer Endzeitstimmung, verlor sowohl den Halt in der Religion als auch in der Gesellschaftsordnung, und seine Menschen verlangten um so mehr nach Erlösung von ihren körperlichen und seelischen Nöten. Bei W. ist es zunächst im *Holländer* die Erlösung durch das »Weib«, das durch bedingungslose Treue und aufopfernde Liebe für den »→Ahasver der sieben Meere«, den →Holländer, sich aufopfert; er steht als Person stellvertretend für den gehetzten ziellosen Menschen und seine Jagd nach Glück, kann jedoch nur durch die von ihm verleugnete Liebe und Selbstlosigkeit erlöst werden. Wie schon in den →*Feen* entstammte W.s Erlösungsmotivik zunächst den Märchen, wurde aber bald mit philosophischen Aspekten durchsetzt, die zunächst von Ludwig →Feuerbachs, später von Arthur →Schopenhauers Philosophie übernommen wurden. Bereits in *Tannhäuser* hat →Elisabeth nur noch Stellvertreterfunktion für den Gnadenakt einer höheren Macht zu erfüllen, die dem Sünder (gleich Faust) Erlösung verschafft. →Lohengrin ist selbst Vertreter einer göttlichen Macht, der des →Grals, die der Unschuld →Elsas zu ihrem Recht verhilft und die bösen Mächte in Gestalt von →Ortrud und →Telramund vernichtet, aber bereits die Unvereinbarkeit göttlicher Heilswege mit den Wünschen menschlicher Erlösungssehnsüchte dokumentiert. Im *Ring* wird der Erlösungsgedanke auf die Dimension des →Reinmenschlichen gebracht. Der Mensch der Zukunft wurde in →Sieglinde und →Siegmund vorgebildet und in →Siegfried und →Brünnhilde herausgearbeitet, die jedoch an den Realitäten der Welt und ihrer machtorientierten Gesellschaftsordnung vorerst scheitern mußten. In *Tristan* wird der Erlösungsgedanke auf dem W. stets eigenen Prinzip der Liebe aufgebaut, aber mit Schopenhauers Lehre von der Verneinung des Willens verquickt, so daß auch hier die Erlösung im Diesseits nicht realisierbar und als bloßer Idealzustand im dramatischen Kunstwerk faßbar wird. Erlösungswünsche in bürgerlichen Bereichen und von bürgerlichen Zwängen zeigen sogar die *Meistersinger*. Sowohl →Sachs' Verzicht auf das bürgerliche Glück mit →Eva, der Durchbruch einer neuen Kunstform (die durch das →Preislied repräsentiert wird), als auch die Versöhnung am Schluß mit der altehrwürdigen Kunst der Zünfte, mit Walther von →Stolzing als →Meistersinger und der Verherrlichung der deutschen Meistersinger beruhen auf dem Konsens von Spielarten der Liebe. Schließlich im Zentrum von *Parsifal* der Erlösungsgedanke aus der Überwindung der Welt und des Weltlichen durch Mitleid, das »welthellsichtig« macht und als Kern der Religion im →Musikdrama aufbewahrt

werden soll. Damit aber hat W. dem Kunstanspruch seiner Zeit, Kunstreligion anstatt einer unverbindlich gewordenen Religion zu schaffen, am klarsten musikdramatischen Ausdruck verliehen. Er vertauschte jedoch die Bühne nicht mit der Kirche, sondern machte Religion als →Mythos für die Kunst nutzbar.

Es ist bestimmt in Gottes Rat
(WWV 92)
Lied für Singstimme und Klavier in a-Moll; Text von Ernst von Feuchtersleben; komponiert vermutlich im Jan. 1858 in Paris. Mit Franz →Liszt hat W. darüber Anfang 1858 korrespondiert.
Lit.: WWV

Essen
Mit *Lohengrin* erschien am 22. 4. 1894 in dem von Heinrich Seeling in klassizistischem Stil erbauten Opernhaus die erste Oper W.s. Am 24. 11. 1901 erklangen zum erstenmal die *Meistersinger*, die bis 1904 24mal wiederholt wurden; 1920 erschien erstmals *Parsifal*. Das im Zweiten Weltkrieg zerstörte Theater wurde am 29. 12. 1950 mit den *Meistersingern* eröffnet, und W.s →Musikdramen wurden weiterhin stets im Spielplan gehalten.

Esser, Heinrich
Geb. 15. 7. 1818 in Mannheim, gest. 3. 6. 1872 in Salzburg; Dirigent und Komponist. – Zunächst Konzertmeister (1838), dann Kapellmeister am Nationaltheater Mannheim; er dirigierte auch die Liedertafel in Mainz.

1847 – 69 war er Kapellmeister an der Wiener Oper, stellte 1859 die Verbindung zwischen W. und dem →Schott-Verlag her, dessen Musikberater Esser war, und machte W. mit dem jungen Dirigenten Hans →Richter bekannt. 1862 war er Vorstand der Tonkünstler-Societät und Dirigent der Philharmonischen Konzerte; 1869 ging er nach Salzburg. Esser stellte einen Klavierauszug der *Meistersinger* her. – Werke: Opern *Silas* (1840), *Riquiqui* (1843), *Die beiden Prinzen* (1845).
Lit.: R. W., *An den Wiener Hofkapellmeister Heinrich Esser* (1870), in: SSD Bd. 16, S. 236

Eva

Sopranpartie in den *Meistersingern;* Tochter Veit →Pogners, der sie als Preis für den auf der Festwiese zu kürenden →Meistersinger aussetzt. Wie →Senta in dem →Holländer, verliebt sie sich schon bei der ersten Begegnung mit Walther von →Stolzing bedingungslos in den verarmten Ritter und Dichter, der, um sie zu gewinnen, versuchen muß, Meistersinger zu werden, und es ihretwegen auch wird. Ihre zeitweilige Zuneigung zu Hans →Sachs wird durch die Liebe zu Stolzing aufgehoben, zumal Sachs entsprechende Anwandlungen philosophisch betrachtet und nicht die Rolle →Markes in *Tristan* zu übernehmen gedenkt, also verzichtet.

Exil

Ausgelöst durch seine aktive Beteiligung am Maiaufstand 1849 in →Dresden, mußte W. nach dessen Niederschlagung am 9. 5. 1849 über Chemnitz und →Weimar in die →Schweiz fliehen, da er bereits ab dem 19. 5. steckbrieflich gesucht wurde (→Steckbrief). Ertragen hat W. das bis zum 15. 7. 1860 nach Teilamnestie und bis 1862 nach der vollständigen Amnestie andauernde Exil nur durch besessenes Arbeiten, weitschweifig-theoretische Reflexionen und eine ungeheuer reichhaltige Korrespondenz. Als W. am 28. 3. 1862 den »Bescheid« des sächsischen Justizministeriums bekam, »straffreie Rückkehr« auch nach Sachsen antreten zu können, machte sich seine Frau Minna Hoffnungen, mit W. erneut zusammenleben zu können, zumal er nach 13jähriger Abwesenheit von Dresden Anfang Nov. 1862 bei Minna wohnte. Er kehrte aber bereits am 7. 11. nach →Biebrich zurück und nahm damit letzten Abschied von ihr.

Extase (WWV 54)

Lied für Singstimme und Klavier in D-Dur (Fragment); Text von Victor Hugo; komponiert im Herbst 1839 in Paris (→Frankreich). Es wird in W.s autobiographischen Schriften nicht erwähnt, ein Entwurf liegt jedoch in der British Library in London und eine abgebrochene Reinschrift in der Österreichischen Nationalbibliothek in Wien.
Lit.: WWV

Fafner

Baßpartie im *Rheingold* und in *Sieg-*

fried; einer der Riesen, die die Götterburg →Walhall erbauen und dafür als Lohn die Göttin →Freia versprochen bekamen. Als sie statt ihrer den von →Wotan und →Loge geraubten Schatz der →Nibelungen erhalten, bringt Fafner seinen Bruder →Fasolt des →Ringes wegen um und bewacht in der Gestalt (die ihm die im →Nibelungenhort enthaltene →Tarnkappe →Alberichs verlieh) eines Riesenwurms das Rheingold, das wiederum →Mime an sich bringen will, indem er →Siegfried das Fürchten zu lernen vorgibt, wenn er mit Fafner kämpfen würde. Siegfried besiegt den Riesenwurm und nimmt den Ring an sich.

Faksimile
Die großen →Musikdramen W.s wurden schon wegen der kalligraphischen Schönheiten ihrer Partituren als Faksimiles gedruckt. Darüber hinaus wurde auf diesem Weg vielen Interessenten der direkte Zugang zu W.s Originalnotentexten ermöglicht. Folgende Werke sind als Faksimile erhältlich: *Ring* (Berlin 1919); *Meistersinger* (München 1922); *Tristan* (München 1923); →*Siegfried-Idyll* (München 1923); *Parsifal* (München 1925); →*Wesendonck-Lieder* (Leipzig 1962); *Lohengrin* (Vorspiele zum I. und III. Akt; Leipzig 1975).

Falparsi
Das Wortspiel mit den vertauschten Silben des Namens →Parsifal hat W. →Kundry in den Mund gelegt, um dadurch den vermeintlichen Sinn aus dem Persischen in der Bedeu-

tung »reiner Tor« der Silbenumkehrung »törichter Reiner« gegenüberzustellen. Aus diesem Grunde hat W. die überlieferte Schreibweise »Parzival« entsprechend geändert und folgte der Ansicht Joseph von Görres' in der fälschlichen Etymologie des Wortes.

Familienarchiv
→Richard-Wagner-Familienarchiv

Familie Wagner
1. Die Vorfahren: Moritz Wagner (um 1600), Bergmann in Freiberg (Erzgebirge); Martin Wagner (1603–1669), Lehrer und Organist in Hohburg; Samuel Wagner (1643–1706), Lehrer und Organist in Thammenhain; Emanuel Wagner (1664–1726), Lehrer und Organist in Kühren; Samuel Wagner (1703–1750), Lehrer und Organist in Müglenz; Gottlob Friedrich →Wagner (1736–1795), Steuereinnehmer in Leipzig; Friedrich →Wagner (1770–1813), Polizeiaktuar in Leipzig. (Die Dörfer Hohburg, Thammenhain, Kühren und Müglenz liegen bei Wurzen zwischen Leipzig und Dresden.)
2. Die Eltern: Friedrich →Wagner (1770–1813) und Johanne Rosine Wagner (geb. Pätz; 1778–1848; →Geyer).
3. Die Kinder der Eltern W.s: Albert →Wagner (1799–1874), Opernsänger und Regisseur; Carl Gustav Wagner (1801–1802); Rosalie Wagner (1803–1837), Schauspielerin (verh. seit 1836 mit Oswald →Marbach); Julius →Wagner (1804–

1862), Goldschmied in Leipzig; Luise Wagner (1805–1871), Schauspielerin (verh. seit 1828 mit Friedrich →Brockhaus); Clara Wagner (1807–1875), Opernsängerin (verh. seit 1828 mit Heinrich →Wolfram); Maria Theresia Wagner (1809–1814); Ottilie Wagner (1811–1883; verh. seit 1836 mit Hermann →Brockhaus); R. W. (1813–1883).

4. W.s Stiefvater und Stiefschwester: Ludwig →Geyer (1779–1821), Maler und Schauspieler in Dresden; Cäcilie Geyer (1815–1893), Tochter Geyers mit der verwitweten Mutter W.s, W.s Halbschwester (verh. seit 1840 mit Eduard →Avenarius).

5. W.s erste Ehe: Eheschließung 1836 von W. und Minna, geb. Planer (1809–1866), Schauspielerin; keine Kinder.

6. W.s zweite Ehe: Eheschließung 1870 von W. und Cosima (1837–1930), geschiedene von Bülow, Tochter von Franz →Liszt und Marie Gräfin d'→Agoult.

7. Cosima Liszts erste Ehe: Eheschließung 1857 mit Hans von →Bülow (1830–1894), Scheidung 1870; Kinder: Daniela von Bülow (1860–1940; verh. 1886–1914 mit Henry Thode), Blandine von Bülow (1863–1941; verh. seit 1882 mit Biagio Graf Gravina).

8. Kinder von Cosima und R. W.: Isolde von →Bülow (1865–1919; verh. seit 1900 mit Franz Beidler); Eva Wagner (1867–1942; verh. seit 1908 mit Houston Stewart →Chamberlain); Siegfried →Wagner (1869–1930; verh. seit 1915 mit Winifred (geb. Williams; 1897–1980).

9. Kinder und Enkel von Siegfried und Winifred Wagner: Wieland →Wagner (1917–1966; verh. seit 1941 mit Gertrud, geb. Reissinger), Kinder: Isis (*1942), Wolf-Siegfried (*1943), Nike (*1945), Daphne (*1946); Friedelind Wagner (*1918); Wolfgang →Wagner (*1919; verh. 1943–76 mit Ellen, geb. Drexel), Kinder: Eva (*1945), Gottfried (*1947); in 2. Ehe verh. mit Gudrun Mack, geb. Armann; Verena Wagner (*1920; verh. seit 1943 mit Bodo Lafferentz), Kinder: Amélie (*1944), Manfred (*1945), Winifred (*1947), Wieland (*1949), Verena (*1952).

Familienstammbaum

1769 vermählte sich Johanna Sophia Eichel (1745–1814), Tochter eines Leipziger Schulmeisters, mit dem Torakziseassistenten Gottlob Friedrich →Wagner (1736–1795). Aus dieser Ehe gingen die Kinder Gottlob Friedrich (1765–1769?), der Literat und Philologe Adolf →Wagner (1774–1835), Friederike (1778–1838) und der Polizeiaktuarius Friedrich →Wagner (1770–1813) hervor. – 1776 heiratete der Kanzlist und Advokat Christian Gottlieb Benjamin Geyer (1744–1799) die Tochter eines Dresdener Kochs französischer Herkunft, Christiane Wilhelmine Elisabeth Fredy (1746?–1821). Aus dieser Ehe gingen Ernestine Henriette Christiana (*1777), der Goldschmied Karl →Geyer (1791–1831) und der Maler und Schauspieler Ludwig →Geyer (1779–1821) hervor. – Friedrich Wagner heiratete wahrscheinlich

1798 die Tochter eines Weißenfelser Bäckermeisters, Johanne Rosine Pätz (auch Beetz oder Bertz; 1778–1848), die sich in 2. Ehe 1814 mit Ludwig Geyer vermählte. Aus Johanne Rosine →Geyers 1. Ehe gingen neun Kinder hervor: der Sänger Albert →Wagner (1799–1874), verh. seit 1828 mit der Schauspielerin und Sängerin Elise Gollmann (1800–1864); Carl Gustav (1801–1802); die Schauspielerin Rosalie (1803–1837), verh. seit 1836 mit dem Philologen Oswald →Marbach (1810–1890); der Uhrmacher Julius (1804–1862); die Schauspielerin Luise (1805–1871), verh. seit 1828 mit dem Verleger Friedrich →Brockhaus (1800–1865); die Sängerin Clara (1807–1875), verh. seit 1828 mit dem Sänger Heinrich →Wolfram (1799–1874); Maria Theresia (1809–1814); Ottilie (1811–1883), verh. seit 1836 mit dem Orientalisten Hermann →Brockhaus (1806–1877); Richard. Aus der 2. Ehe der Mutter W.s mit Geyer ging noch als 10. Kind Cäcilie Geyer (1815–1893) hervor, verh. seit 1840 mit dem Verleger Eduard →Avenarius (1809–1885). – Die Ehe W.s ab 1836 mit Minna Planer war kinderlos. – W.s 2. Ehe mit der von Hans von →Bülow geschiedenen Tochter Franz →Liszts, Cosima, brachte drei gemeinsame Kinder hervor: Isolde von →Bülow (1865–1919), verh. seit 1900 mit dem Dirigenten Franz Beidler (1872–1930); Eva (1867–1942), verh. seit 1908 mit dem Rassentheoretiker Houston Stewart →Chamberlain (1855–1927); Siegfried →Wagner (1869–1930), verh. seit 1915 mit Winifred Williams (1897–1980). – Die Nachkommen Siegfried Wagners sind Wieland →Wagner (1917–1966), Friedelind (*1918), Wolfgang →Wagner (*1919) und Verena (*1920), die größtenteils weitere Nachkommen haben.

Fantasie für Klavier in fis-Moll op. 3 (WWV 22)

Nach W.s Angaben entstand das Werk zur Zeit seines Kompositionsunterrichts bei Theodor →Weinlig; es wurde nach einer Eintragung in der Erstschrift am 27. 11. 1831 beendet. Einige Motive aus diesem Werk übernahm W. in *Die* →*Feen.* Es handelt sich jedoch nicht um eine Vorstudie zur Oper, wie die Bezeichnung »Feen«-Fantasie von Richard Sternfeld suggeriert. 1877/78 erwog W. eine Veröffentlichung mit anderen Stücken als »Jugendwerke«, woraus jedoch nichts wurde, so daß der Erstdruck erst 1905 in Leipzig zustande kam.

Lit.: R. Sternfeld, R. W.s »Feen«-Phantasie, in: Die Musik 1904/05, Nr. 22; WWV

Farzana

Mezzosopranpartie in den →*Feen*; eine der Feen.

Fasolt

Baßpartie im *Rheingold*; er baute mit seinem Bruder →Fafner zusammen die Götterburg →Walhall, wofür sie mit dem →Nibelungenhort belohnt wurden. Fafner erschlug Fasolt jedoch wegen des →Ringes.

Faust

→ *Sieben Kompositionen zu Goethes* »*Faust*«

Faust-Ouvertüre, Eine (d-Moll)

(WWV 59)
Sie wurde zunächst als 1. Satz einer geplanten Faust-Symphonie komponiert. Die 1. Fassung entstand zwischen Dez. 1839 und Jan. 1840 (Uraufführung am 22. 7. 1844 in Dresden), die 2. Fassung im Jan. 1855 (Uraufführung am 23. 1. 1855 in Zürich). Für den 2. Satz, der Gretchen charakterisieren sollte, des auffallend an Franz → Liszts *Faust-Symphonie* angelehnten Werks notierte W. bereits ein Thema, das jedoch nicht mehr ausgeführt wurde. Zur »Ouvertüre« machte W. den 1. Satz der fragmentarischen Symphonie erst nachträglich, d. h. 1843 in Dresden. Egon Voss bezweifelt in seiner Analyse der *Faust-Ouvertüre* manche tradierten Zusammenhänge des Werks mit Ludwig van → Beethovens *Symphonie Nr. 9* (1824) und sieht vielmehr eine thematische Beziehung zu dessen *Coriolan-Ouvertüre* (1807). Außerdem gibt es musikalische Anspielungen auf ein Motiv aus Carl Maria von → Webers *Freischütz* (1821) in der Arie der Agathe »Wie nahte mir der Schlummer«. Dagegen berichtete der Rezensent der Uraufführung am 25. 7. 1844 in der Dresdener *Abend-Zeitung* von einer »Nachahmung Berlioz'scher Manier«, die durchaus in Betracht kommt, zumal W. unmittelbar vor der Entstehung mit Werken Hector → Berlioz' in Berührung

kam und davon tief beeindruckt war. Dennoch wollte W. die Nähe zu seinem französischen Zeitgenossen nicht gelten lassen, weil er andere Wege zu beschreiten gedachte. Obgleich W. schon in Paris (→ Frankreich) durch Veranlassung Maurice → Schlesingers, der W. Gelegenheit gab, als Komponist aufzutreten, die Möglichkeit hatte, seine *Faust-Ouvertüre* aufzuführen, wich W. damals auf seine 1835 in Magdeburg komponierte → *Columbus-Ouvertüre* aus und begann bereits in Paris mit Umarbeitungen an der *Faust-Ouvertüre*, die sich in einer zweiten Phase in → Dresden fortsetzte. Liszt hatte die *Faust-Ouvertüre* an Hand des Partiturmanuskripts 1852 in Weimar aufgeführt und riet W. zur nochmaligen Überarbeitung, die er auch befürwortete, aber erst im Jan. 1855 ausführen konnte. Den Anlaß bot Liszts *Faust-Symphonie*, die am 1. 1. 1855 beendet wurde. Am 17. 1. 1855 hatte W. letzte Hand an das nunmehr *Eine Faust-Ouvertüre* betitelte Werk gelegt. Ähnlich wie bei der Umarbeitung von *Tannhäuser* fallen auch in der *Faust-Ouvertüre* die späteren Ergänzungen stilistisch heraus, da W.s inzwischen fortgeschrittene Kompositionstechnik in der Bearbeitung nicht eigens verleugnet wurde, denn die Überarbeitungen klangen nach der Musik der *Walküre* und sogar nach *Tristan*. Aber auch umgekehrt zieht sich ein Motiv aus den → *Feen* über seine neuerliche Verwendung im II. Akt von *Rienzi* bis in die *Faust-Ouvertüre*. Und obgleich W. von Anfang

an die Bezeichnung »Ouvertüre«
beibehalten hatte, ist die formale
Anlage dem traditionellen Sympho-
niemuster verbunden. Dem Teil mit
der Tempobezeichnung »sehr be-
wegt« (ab Takt 31) liegt deutlich die
Sonatenhauptsatzform zugrunde,
die freilich von W. absichtlich stark
modifiziert und vor allem in den
Überleitungen mehr verschleiert als
befolgt wurde; dazu gehört, daß W.
musikalische Wiederholungen an
Stellen anbietet, an denen man sie
nicht erwartet, die aber wie in W.s
Bühnenwerken leitmotivisch verarbeitet werden. Die Motive beziehen
sich jedoch nur auf den imaginier-
ten Titelhelden Faust, dessen Sehnsucht nach dem Weiblichen immerhin auch motivisch artikuliert wird.
Daß »das Weib« jedoch schon von
Anfang an in der *Faust-Ouvertüre*
gefehlt hatte, gestand W. bereits im
Brief an Liszt vom 9. 11. 1852, denn
auch Liszt vermißte dieses lyrische
Element. Immerhin wich W. dem
kritischen Einwand seines Freundes
aus, indem er seinem »Tongedicht«
das Programm »Faust in der Einsamkeit« unterlegte, so daß sich ein
musikalisches Eingehen auf Gretchen erübrigen mußte. Statt dessen
setzte W. der Bearbeitung von 1855
ein Zitat Johann Wolfgang von
Goethes als Motto voran, das wiederum den Umschwung von W.s
Weltanschauung durch Arthur
→Schopenhauers Philosophie zu erkennen gibt: »Der Gott, der mir im
Busen wohnt, / Kann tief mein In-
nerstes erregen; / Der über allen
meinen Kräften thront, / Er kann

nach außen nichts bewegen; / Und
so ist mir das Dasein eine Last, /
Der Tod erwünscht, das Leben mir
verhaßt.«
Lit.: H. v. Bülow, Über R. W.s Faust-
Ouvertüre, in: Neue Zeitschrift für
Musik, 1. u. 8. 8. 1856; R. Musiol,
W.s Faust-Ouvertüre und ihre Auf-
führungen, in: ebd., Nr. 98, 1902;
R. Sternfeld, Die erste Fassung von
R. W.s Faust-Ouvertüre, in: Die
Musik 15:1923, S. 639–664; E. Voss,
R. W. Eine Faust-Ouvertüre, in:
Meisterwerke der Musik, Heft 31,
München 1982; WWV

Feen, Die (WWV 32)
Große romantische Oper in drei
Akten.
Entstehungsgeschichte: Die Märchenoper war W.s zweiter Opernversuch
und ist seine erste vollständig ausgeführte Oper. Den Text dazu (wahrscheinlich durch die Lektüre von
E. T. A. →Hoffmanns *Serapions-Brüdern*, Berlin 1819–21, auf Carlo Graf
→Gozzi aufmerksam gemacht)
schrieb W. nach Gozzis *La donna
serpente* (1762) selbst, obgleich sich
W. damals mehr als Musiker und
Komponist fühlte und den Operntext »mit fast absichtlicher Nachläs-
sigkeit« (→*Mein Leben*, S. 81) behandelte. In →Würzburg, wo W. 1833
seinen dort als Tenor engagierten
Bruder Albert →Wagner besuchte,
bot die Theaterdirektion dem jungen Musiker für den Rest der Spielzeit 1833/34 eine Stelle als Chordirektor an, und W. blieb. Die mitge-
nommene Dichtung zu den *Feen*
begann er bereits am 20. 2. 1833 mit

Orchesterskizzen zu vertonen, die er am 7. 12. mit dem III. Akt abschloß. Die Ouvertüre wurde am 6. 1. 1834 fertig. Nach →Leipzig zurückgekehrt, legte W. Friedrich Sebald Ringelhardt, dem dortigen Theaterdirektor, seine Erstlingsoper vor. Eine Aufführung scheiterte aber am Widerstand des Regisseurs Franz →Hauser. Bald hatte auch W. die Lust verloren, eine Aufführung weiterhin zu betreiben, und kam so zeitlebens nicht mehr dazu, seine erste Oper (von einigen konzertanten Stücken daraus, die er in Würzburg dirigierte, wie W. in seiner →*Autobiographischen Skizze* ausführt, abgesehen) auf der Bühne zu erleben.

Handlung: I. Akt: Die Fee Ada hat einen Sterblichen, den Prinzen Arindal, geheiratet, worüber ihre Freundinnen, Zemina und Farzana, keineswegs glücklich sind, weil sie befürchten, daß Ada ihre Unsterblichkeit verliert. Deshalb setzen die beiden Feen alles daran, das Paar, das bereits zwei Kinder hat, wieder zu trennen. Harald und Gunther durchstreifen den Wald und begegnen plötzlich dem lange vermißten Gernot, der erzählt, daß er einst mit seinem Herrn Arindal bei der Jagd eine weiße Hirschkuh verfolgt habe und dabei in das Reich der Feen geraten sei. Dort verwandelte sich die Hirschkuh in die wunderschöne Fee Ada, in die sich Arindal sofort verliebte. Zur Bedingung einer Verbindung machte sie, daß er acht Jahre nicht nach ihrem Namen fragen dürfe. Eines Tages aber stellt Arindal

doch die verbotene Frage. Ein Donnerschlag beendet ihr Glück, Ada verschwindet, und die beiden Sterblichen finden sich in einer öden Felsengegend wieder. Arindal sucht verzweifelt seine Gattin und trifft auf Harald und Gunther. Wie von Zauberhand steht plötzlich die Gestalt von Arindals Vater vor dem Sohn und ermahnt ihn, zu seinem verwaisten und zerfallenden Königreich zurückzukehren. Schon will Arindal den Rittern folgen, als er in tiefen Schlummer fällt und mit seinen Gefährten (nach einer Szenenverwandlung) erneut im Feengarten aufwacht. Ada erscheint, macht Arindal Vorhaltungen und wird zur Königin gekrönt, wodurch sie ihrem menschlichen Gatten entsagen muß, ihn aber schwören läßt, sie niemals zu verfluchen, was auch geschehe. II. Akt: In Arindals Königreich klagen Volk und Krieger über Untergang und Verfall. Arindals Schwester Lora versucht verzweifelt, letzte Widerstände zu mobilisieren. Sie hofft auf ihren Bruder, dessen Rückkehr jubelnd verkündet wird. Mit ihm kommt Gernot, der seiner geliebten Drolla in die Arme fliegt. Er kann allerdings der Versuchung nicht widerstehen, mit erotischen Abenteuern im Feenreich zu prahlen. Drolla zahlt ihm mit gleicher Münze heim und macht Gernot gleichfalls eifersüchtig. Sie zanken und versöhnen sich. Zemina und Farzana führen Ada widerwillig in Arindals Palast und beschwören sie, von dem Sterblichen abzulassen, da er die ihm auferlegten Prüfungen niemals bestehen könne. Ada aber will ihre Unsterblichkeit der Liebe zu Arindal opfern. Arindal wird von seinem Volk stürmisch zum Befreiungskampf aufgefordert. Er zögert noch, als plötzlich Ada mit ihren beiden Kindern erscheint. Zu aller Entsetzen öffnet sie inmitten des Palastes durch Zauberkraft eine feurige Schlucht, in die sie beide Kinder wirft. Arindal traut seinen Augen nicht und kann einen Fluch kaum unterdrücken. Da trifft bereits die nächste Unglücksbotschaft ein: Harald kehrt mit geschlagenen Kriegern heim und berichtet, daß eine Königin Ada mit furchtbarer Übermacht sein Heer geschlagen habe. Jetzt kann Arindal nicht mehr an sich halten und verflucht seine Gattin, die ihm sogleich seinen Meineid vorwirft. Gleichzeitig aber zaubert sie die unversehrten Kinder wieder herbei und entlarvt Harald als Verräter. Das Volk verkündet unerwartet den Sieg Morolds. Ada erwartet, hundert Jahre in einem Stein verschlossen zu werden. III. Akt: Im Thronsaal wird Morald zum König gekrönt, da Arindal entsagte und dem Wahnsinn verfallen ist. Wie aus weiter Ferne hört er die Stimme der versteinerten Ada, die er erneut suchen geht, um seinen Eidbruch zu sühnen und die Gattin zu erlösen. Der Weg in das unterirdische Reich wird Arindal zunächst von den Erdgeistern verwehrt, aber mit der Hilfe des Zauberers Groma gelingt ihm der Zugang. Dann muß Arindal gegen eine Übermacht bewaffneter Männer kämpfen, die er besiegt. Schließlich öffnet sich der Stein, der Ada umschließt: Arindals Spiel auf der Leier zerbricht ihn. Die Liebenden sind für immer vereint. Die Feenkönigin verkündet die Unsterblichkeit Arindals, der zum König im Feenreich gekrönt wird. *Musikdramaturgie:* Daß die Opern Ludwig van →Beethovens und Carl Maria von →Webers Vorbilder zu den *Feen* abgaben, beschrieb W. freimütig in der →*Autobiographischen Skizze.* Dennoch vermochte er sich mit dieser Jugendoper in die Reihe seiner älteren Opern komponierenden Zeitgenossen zu stellen. Wie diese, instrumentierte er *Die Feen* für ein Orchester, wie es im frühen 19. Jh. üblich war: 2 Flöten, 2 Oboen, 2 Klarinetten, 2 Fagotte, 4 Hörner, 2 Trompeten, 3 Posaunen, Becken und Streichorchester; W. fügte lediglich eine kleine Flöte und eine Harfe hinzu; außerdem schrieb er eine Bühnenmusik hinter der Szene vor: 2 Flöten, 2 Klarinetten, 2 Trompeten und 4 Posaunen; auf der Bühne wurde noch eine Lyra für Arindal gebraucht. Das Orchester hat nicht mehr nur Begleitfunktion für die Gesangssolisten. Auch die Ouvertüre ist wie die zu *Rienzi* nach dem Muster der Zeit als Potpourri in Sonatenform gearbeitet, wobei ein Thema verwendet wird, das später in der →*Faust-Ouvertüre* wieder erklingt. Die orientalischen Namen in Gozzis Vorlage hat W. überwiegend in nordische verwandelt, die ihm in einer deutschen romantischen Oper mehr am Platze zu sein schienen. Den Schluß hat W. völlig umgestaltet und nicht wie bei Gozzi die Fee in eine große Schlange, sondern in einen Stein verwandeln lassen, der durch die Macht der Musik das Feenwesen wieder freigibt. Die damals übliche Form der Nummernoper und die Formen der Dakapoarie (ABA) sowie der →Barform (AAB) übernahm W. selbstverständlich auch. Die Melodiebildung in diesem Frühwerk ist überwiegend diatonisch, einfach und fließend. Desgleichen geht die Harmonik nicht über die von Beethoven, Weber oder Heinrich →Marschner hinaus. Immerhin aber hat W. der Tonart E-Dur eine Schlüsselfunktion zugedacht, die bereits als Vorform der Leitmotivtechnik zu bewerten ist und als Feentonart ihr Wesen treibt. Auch hat die von Gernot gesungene »Romanze von der Hexe Dilnovaz« besondere Bedeutung, indem das zugehörige musikalische Motiv an allen entscheidenden Stellen des Dramas wiederkehrt. Richard Sternfeld hat dieses Motiv sogar W.s erstes →Leitmotiv genannt. Gemäß seinen geschichtlichen Vorbildern hat der →Chor in den *Feen* eine große Rolle zu übernehmen, so daß das Werk als Choroper bezeichnet werden kann, die dem Muster von Beethovens *Fidelio* (1805) folgt und, wie dort, gesprochene Partien des Singspiels nicht mehr kennt. *Wirkungsgeschichte:* Die Uraufführung fand am 29. 6. 1888 in München unter der Leitung von Franz →Fischer statt, der für Hermann →Levi eingesprungen war (musikalische Einstudierung: Richard

Strauss, Regie: Karl Brulliot, Bühnenbilder: Anton Brioschi und Hermann Burghart, Kostüme: Joseph Flüggen; es sangen Kaspar Bausewein, Viktoria Blank, Lili Dressler, Emilie Herzog, Max Mikorey, Max →Schlosser, Margarethe und Pauline Sigler und Adrienne Weitz). W. hatte die Partitur König →Ludwig II. geschenkt, der endlich auch das Frühwerk seines verstorbenen Künstlerfreunds auf der Bühne sehen wollte. Den Publikumserfolg als gelungene Ausstattungsoper dokumentieren die 25 Vorstellungen bereits in der Spielzeit 1888. Bei der Wiederaufnahme 1895 sang Pauline de Ahna, Strauss' Frau, die Ada, 1899 war es Berta Morena. Die Neuinszenierung von 1910 dirigierte Felix →Mottl bei merklich abgeflautem Publikumsinteresse. Zu W.s 50. Todestag setzte Stuttgart das Werk auf den Spielplan. Und nachdem in W.s Geburtsstadt Leipzig im Rahmen von Gedenkzyklen das Werk noch einige Male aufgeführt worden war, verschwand es von den Opernbühnen. Lediglich eine Inszenierung bei den Jugendfestspielen 1973 in Bayreuth versuchte W.s Jugendwerk dem völligen Vergessen zu entreißen. 1981 folgte ein bislang letzter Rettungsversuch in Wuppertal. – Ausgaben: Klavierauszug und Text bei →Heckel (Mannheim 1888). Text in: SSD Bd. 11, S. 5–58. – Schallplattenaufnahme →Diskographie.
Lit.: E. Masi, Le fiabe di Carlo Gozzi, Bologna 1884; J. Kapp, Der junge W., Berlin/Leipzig 1910; W. Krienitz,

R. W.s »Feen«, München/Leipzig 1910; H. Nathan, Das Rezitativ der Frühopern R. W.s, Berlin 1934; H. E. Shaar, Die Feen, R. W.'s First Opera, in: Studies in Music, Bd. 17, Ann Arbor, MI 1981; WWV

Feenkönig
Baßpartie in den →*Feen.*

Ferris
Er wird namentlich in *Parsifal* genannt, als der junge →Parsifal in die Burg →Klingsors eindringt und mit den abtrünnigen Rittern des →Grals kämpft. Klingsor selbst beschreibt, wie Parsifal dem Ritter seine Waffe entreißt und gegen die übrigen kämpft.

Festgesang »Der Tag erscheint«
(WWV 68)
Der Text zu der vom sächsischen König →Friedrich August II. in Auftrag gegebenen Komposition stammt von Christoph Christian Hohlfeldt und wurde in der Fassung für Männerchor a cappella im Mai 1843 in →Dresden komponiert. Aufgeführt wurde das Werk unter W.s Leitung am 7. 7. 1843 zum Zweck der Enthüllung eines Denkmals für König Friedrich August I. von Sachsen in Dresden. Erstmals gedruckt wurde die Partitur 1906 bei Bote & Bock in Berlin. Eine zweite Fassung für Männerchor und Blechblasinstrumente wurde vermutlich ebenfalls im Mai 1843 komponiert und am 25. 5. 1843 in Dresden uraufgeführt.
Lit.: WWV

Festmarsch
→*Großer Festmarsch G-Dur*

Festspiele
Die Gründung der Festspiele nahm W. an seinem 59. Geburtstag vor, am 22. 5. 1872, in →Bayreuth mit einem Festakt und der Aufführung von Ludwig van →Beethovens *Symphonie Nr. 9* (1824) unter eigener Leitung im →Markgräflichen Opernhaus. Die ersten Festspiele wurden am 13. 8. 1876 mit *Rheingold* eröffnet, woran sich der Zyklus des *Rings* mit den Uraufführungen von *Siegfried* und *Götterdämmerung*, insgesamt mit einer dreimaligen Wiederholung des *Rings*, fortsetzte. Das Festspieldefizit zwang W., eine Pause von sechs Jahren einzulegen. In dieser Zeit entstand *Parsifal*, der am 26. 7. 1882 zunächst für die Mitglieder des Patronatvereins, dann 15mal unter der Leitung von Hermann →Levi und Franz →Fischer aufgeführt wurde. Nach W.s Tod wurde bei den Festspielen von 1883 ausschließlich *Parsifal* gegeben, bis 1886 Cosima Wagner *Tristan* erstmals in Bayreuth inszenierte, nachdem sie für ihren unmündigen Sohn Siegfried →Wagner die Festspielleitung übernommen hatte. Daraus ergab sich allerdings eine bedeutende Ägide von 20 Jahren unter ihrer Regie. Den neuen *Tristan* sollte ursprünglich Cosimas erster Mann, Hans von →Bülow, dirigieren. Seine Absage brachte Felix →Mottl nach Bayreuth. Erst 1888 gab es mit der Erstaufführung der *Meistersinger* in Bayreuth, die in der Inszenierung

der Münchener Uraufführung folgte, einen Durchbruch und allgemeinen Erfolg für die Festspiele. Zuvor waren die Vorstellungen oft nur mäßig besucht. *Parsifal* blieb, mit Ausnahme des Jahres 1896, bis 1939 regelmäßig im Festspielplan. Das vierte in Bayreuth neu inszenierte Werk, *Tannhäuser,* wurde im Jahr 1891 unter Mottls Leitung enthusiastisch gefeiert; 1894 kam *Lohengrin* neu hinzu, womit Richard Strauss sein Bayreuth-Debüt als Dirigent gab. 1896 trat Siegfried W. erstmals als Dirigent des *Rings* neben Mottl und Hans →Richter in Erscheinung. Cosima inszenierte 1901 ihr letztes Werk, den *Holländer,* und gab 1906 die Leitung der Festspiele an ihren Sohn ab. Er inszenierte und dirigierte 1908 *Lohengrin,* brachte 1911 die *Meistersinger* unter Richters Leitung neu heraus und inszenierte 1914 den *Holländer* neu, den er wieder selbst dirigierte. Wegen des Kriegsausbruchs mußten die Festspiele nach acht Vorstellungen abgebrochen werden und konnten erst wieder 1924 einsetzen. In diesem Jahr war Fritz Busch erstmals Dirigent der *Meistersinger* in einer Wiederaufnahme. Nach den Kriegswirren und der Inflation konnte erst 1927 wieder eine Neuinszenierung finanziert werden: Siegfried W.s *Tristan.* Mit einem neuen *Tannhäuser* unter Arturo →Toscanini schloß W.s Sohn 1930 sein Lebenswerk ab. Nach seinem Tod übernahm 1931 seine Frau Winifred →Wagner auf Grund der testamentarischen Bestimmungen die alleinige Festspiel-

leitung. Selbst künstlerisch nicht ausgebildet, engagierte sie notgedrungen bedeutende Persönlichkeiten des Musiktheaters für Bayreuth. Heinz Tietjen wurde Festspielintendant, Wilhelm Furtwängler übernahm die musikalische Leitung, und Emil Preetorius besorgte die Bühnenbilder. Die ersten Neuinszenierungen Tietjens waren 1933 die *Meistersinger* und der *Ring.* 1934 inszenierte er *Parsifal* neu, der 51 Jahre in der von W. autorisierten Form unangetastet geblieben war, und konnte Alfred →Roller als Bühnenbildner gewinnen. 1936 inszenierte Tietjen *Lohengrin.* 1937 griff W.s Enkel Wieland →Wagner in das Festspielgeschehen mit Bühnenbildern zu *Parsifal* ein. Tietjen setzte die Reihe seiner Neuinszenierungen 1938 mit *Tristan,* 1939 mit dem *Holländer* fort, wobei W.s Regieanweisungen nicht mehr allzu wörtlich ausgeführt wurden. In der Ära Winifred W. war Bayreuth zu einer der ersten Bühnen in Europa aufgestiegen, und die damalige Weltelite der deutschen W.-Sänger war auf dem Grünen Hügel zu hören. Die Kulturpropaganda des Dritten Reiches allerdings bezog Bayreuth in ihre ideologischen Vorstellungen ein, zumal sich Adolf →Hitler selbst als Förderer von W.s Werk mit seinem germanischen →Mythos verstand. Der Ausbruch des Zweiten Weltkriegs stellte die Fortführung der Festspiele in Frage. Hitler jedoch ordnete die sogenannten Kriegsfestspiele an, die bis 1944 im Dienst der nationalsozialistischen Kulturorganisation »Kraft durch Freude« standen. *Parsifal* allerdings wurde in dieser Zeit von der Bayreuther Bühne verbannt, während der *Holländer* und der *Ring* moralische Aufbauarbeit leisten sollten. In den Kriegsjahren 1943/44 blieben nur noch die *Meistersinger* im Programm, bis 1945 das Festspielhaus von der amerikanischen Besatzungsmacht beschlagnahmt wurde. – Nach dem Zusammenbruch des Naziregimes gestalteten sich die ideologisch belasteten Festspiele schwierig. Winifred W. übertrug notgedrungen ihren beiden Söhnen Wieland und Wolfgang →Wagner die Festspielleitung. Am 29.6. 1951 wurden die ersten Festspiele nach dem Krieg mit Beethovens *Symphonie Nr. 9* unter Furtwänglers Leitung eröffnet. Weniger der schmerzliche Verlust des Theaterfundus als vielmehr eine grundsätzliche Neuorientierung der Interpretationen von W.s Werken leitete eine neue Ära der Bayreuther Festspiele ein, die unter dem Begriff →Neubayreuth besonders durch Wieland W.s Inszenierungsstil geprägt wurde. Entrümpelung und Entmythologisierung waren die Schlagworte für stilisierende und tiefenpsychologisch erschlossene Inszenierungen. So wurden *Parsifal* und der *Ring* in aufsehenerregenden Darstellungen aufgeführt. Erster »hausfremder« Regisseur in Bayreuth war Rudolf Hartmann mit *Meistersinger*-Aufführungen. Wieland W. inszenierte 1952 *Tristan*, Wolfgang W. gestaltete 1953 *Lohengrin* neu, der 1956 einen Sturm der

Entrüstung auslöste. 1961 sorgten Grace Bumbry als »schwarze →Venus« und das →Bacchanal in der Choreographie von Maurice Béjart in einer Inszenierung von Wieland W. für ungewöhnliches Aufsehen. Dessen Inszenierung der *Meistersinger* 1963 stand unter dem Motto: »Meistersinger auf der Shakespeare-Bühne«. *Parsifal* dirigierte 1966 erstmals Pierre Boulez, der zusammen mit Patrice Chéreau 1976 für eine aufregende schauspielerische Darstellung des *Rings* zum 100jährigen Jubiläum der Festspiele sorgte. Inzwischen war 1966 Wieland W. überraschend gestorben. Wolfgang W. übernahm die Festspielleitung allein und öffnete neben eigenen weiteren Inszenierungen (1975 *Parsifal*, 1985 *Tannhäuser*) immer mehr auswärtigen Regisseuren die Festspielbühne: z. B. August Everding (1969 *Holländer*, 1973 *Tristan*), Götz Friedrich (1972 *Tannhäuser*), Harry Kupfer (1978 *Holländer*) und Peter Hall (1983 *Ring*) mit George Solti am Dirigentenpult.

Lit.: R. W., *Begründung des Festspiels, des Patronats und der W.-Vereine* (1871), in: SSD Bd. 16, S. 131; ders., *Zum ersten Festspiel von 1876* (1873–76), ebd., S. 146; R. W. und das neue Bayreuth, hrsg. v. W. Wagner, München 1962; Der Festspielhügel. R. W.s Werk in Bayreuth 1876–1976, hrsg. v. H. Barth, München 1973; H.-J. Bauer, Bayreuther Festspiele, in: Das große Lexikon der Musik, hrsg. v. M. Honegger u. G. Massenkeil, Bd. 1, Freiburg/Basel/Wien 1978

Festspielhaus

Das Festspielhaus in →Bayreuth ist nach wie vor ausschließlich den Werken W.s vorbehalten; bei festlichen Anlässen wurde die Aufführung von Ludwig van →Beethovens *Symphonie Nr. 9* (1824) einbezogen. Orchester, Chor und Ballett sind keine ständigen Einrichtungen, sondern jährlich aus bedeutenden europäischen Ensembles zusammengerufene Künstlergruppen. Nach einer rund vierwöchigen Probenzeit im Juni/Juli finden jährlich rund 30 Vorstellungen von Mitte Juli bis Ende Aug. statt. Pro Aufführung stehen 1925 Plätze zur Verfügung. Die wichtigsten Abmessungen der Bühne sind: Breite des Bühnenportals 13 Meter, Höhe 11,80 Meter, Breite des Bühnenraums 27 Meter, Tiefe der Hauptbühne 22 Meter, der Hinterbühne 13 Meter; der Schnürboden liegt 26 Meter über Bühnenniveau, die Versenkung für das Orchester 10,40 Meter darunter. – Die Grundsteinlegung des Festspielhauses war am 22. 5. 1872 an W.s 59. Geburtstag vorgenommen worden. Die ersten →Festspiele begannen am 13. 8. 1876 mit *Rheingold*. – Bereits im →Exil in der →Schweiz beschäftigte sich W. parallel zur Entstehung seines *Ring*-Zyklus mit Plänen für ein eigens dafür zu erbauendes Theater. Am 14. 9. 1850 äußerte W. brieflich an Ernst Benedikt →Kietz Vorstellungen von »einem plane aus brettern ein theater errichten« zu wollen, »die geeignetsten sänger dazu mir kommen und Alles nöthige für diesen einen be-

sonderen fall mir so herstellen lassen, daß ich einer vortrefflichen Aufführung der oper gewiß sein könnte. Dann würde ich überall hin an diejenigen, die für meine werke sich interessiren, einladungen ausschreiben, für eine tüchtige besetzung der zuschauerräume sorgen und – natürlich gratis – drei vorstellungen in einer woche hintereinander geben, worauf dann das theater abgebrochen wird und die sache ihr ende hat. Nur so etwas kann mich noch reizen«. In seiner Schrift *Eine* →*Mitteilung an meine Freunde* führte W. 1851 seine Überlegungen zu den Festspielen weiter aus. Desgleichen enthält die 1864 veröffentlichte Dichtung des *Rings* eine genaue Schilderung seines Festspielgedankens, die schon sehr genau die spätere Realisierung vorwegnahm. Als W. jedoch 1864 von König →Ludwig II. nach →München berufen wurde, schienen die Festspielpläne nicht nur eine schnellere, sondern auch eine großzügigere Verwirklichung als geplant erfahren zu können. Gottfried →Semper wurde beauftragt, einen Prunkbau in München zu entwerfen. Dessen Ausführung wurde jedoch wegen W.s Affäre mit Cosima von Bülow verhindert; W. wurde sogar aus der Nähe des Königs verbannt. So konzentrierten sich W.s Festspielpläne auf Bayreuth, das er noch von einer früheren Durchreise in angenehmer Erinnerung hatte. Er schlug im Konversationslexikon nach, daß dort ein barockes Opernhaus mit ungewöhnlich großer Bühne und kostbarer Ausstattung vorhanden sei. – In seinem Aufsatz *Das Bühnenfestspielhaus zu Bayreuth* (1873; in: GSD Bd. 9, S. 384) beschreibt W., wie er 1871 in aller Stille Bayreuth besuchte, das →Markgräfliche Opernhaus auf seine Eignung für W.-Festspiele prüfte und verwarf und im selben Jahr nochmals nach Bayreuth fuhr, um Kontakte mit den Behörden aufzunehmen, die sich bezüglich eines neuen Festspielhauses sehr entgegenkommend zeigten. Bei den Verhandlungen kam heraus, daß W. ein Grundstück zur Verfügung gestellt werden konnte. W. nahm sich vor, am 22. 5. 1872 den Grundstein zu legen. Dazu wollte er für seine Gönner und Patrone in einer Festveranstaltung Beethovens *Symphonie Nr. 9* aufführen. Am Tag der Grundsteinlegung wurde ein Dokument folgenden Inhalts in die Fundamente des Festspielhauses eingeschlossen: »Hier schließ' ich ein Geheimnis ein, / da ruh' es viele hundert Jahr'; / so lang es verwahrt der Stein / macht es der Welt sich offenbar.« In seiner Ansprache an die Versammlung bekannte W., in der Lage eines Künstlers zu sein, die keinem vor ihm gewährt worden sei, im Festspielhaus allerdings nur die Hülle einer großen künstlerischen Idee sichtbar machen zu können; sie unterscheide sich grundsätzlich von den bisherigen Theatern, indem »die ganze Wirklichkeit der sinnvollsten Täuschung einer edlen Kunst« zum Ausdruck gebracht werde. Kein Zweifel, W. war mit solchen Vorstellungen auf dem

direkten Weg zum Medium Film, der erst lange nach ihm erfunden wurde. Bei der Erläuterung seines Plans vom Festspielhaus gedachte W. vor allem des »technischen Herdes der Musik«, des Orchesters, dessen Versenkung im →»mystischen Abgrund« »die gänzliche Umgestaltung des Zuschauerraumes unseres neueuropäischen Theaters« nach sich zog. Der direkte Blickkontakt des Publikums über das Orchester hinweg auf die Bühne schloß das System des Logentheaters aus und erzwang die »Anordnung des antiken Amphitheaters« für die Sitzreihen. Daß das Festspielhaus als Provisorium erbaut werde, betont W. mehrfach in seiner oben genannten Schrift; er stellt aber auch noch in Aussicht, daß nach einer Beteiligung des »Reiches« an seinem Werk die »Ausbildung einer monumentalen architektonischen Ornamentik« den Zweckbau verschönern könnte.

Festwiese

Im 5. Auftritt des III. Aufzugs der *Meistersinger* hat W. ein Finale entworfen, das mit dem Aufmarsch der verschiedenen Zünfte auf der Festwiese beginnt, also ein lustiges Bürgerfest darstellt, dem der Auftritt der Meistersinger eingegliedert ist. Da →Pogner diesmal seine Tochter →Eva als Preis für den Sieger im Meistersingerwettstreit ausgesetzt hat, der Stadtschreiber →Beckmesser und Walther von →Stolzing als Bewerber auftreten und das Volk zur Beurteilung von deren Preisliedern herangezogen wird, kulminiert

das Finale nicht nur in der Preisver-
leihung, sondern auch (wegen Stolzings Widerstand, den Meistertitel
anzunehmen) in →Sachs' Appell:
»[...] ehrt eure deutschen Meister, /
dann bannt ihr gute Geister! / Und
gebt ihr ihrem Wirken Gunst, / zer-
ging' in Dunst / das heil'ge röm'sche
Reich, / uns bliebe gleich / die
heil'ge deutsche Kunst!« Diese Apo-
theose auf die deutsche Kunst hat
die *Meistersinger* trotz gelegent-
licher Anfeindungen nach Carl Maria von →Webers *Freischütz* (1821)
zu einer weiteren deutschen Nationaloper werden lassen, die bevorzugt bei Theatereinweihungen herangezogen wurde.

Feuerbach, Ludwig Andreas
Geb. 28. 7. 1804 in Landshut, gest.
13. 9. 1872 auf dem Rechenberg (bei
Nürnberg); Philosoph. – Ab 1828
war er Privatdozent in Erlangen und
lebte ab 1836 als Privatgelehrter auf
Schloß Bruckberg bei Ansbach, ab
1860 in Rechenberg in ärmlichen
Verhältnissen. Wie W. selbst dokumentiert, hatte er bis Aug. 1849 von
Feuerbachs Schriften lediglich die
*Gedanken über Tod und Unsterblich-
keit* (Nürnberg 1830) zu Gesicht bekommen. Im Gegensatz zu Houston
Stewart →Chamberlains Beurteilung (in: *Richard Wagner*, München
1896) hatte schon Rudolf Louis in
seinem Werk *Die Weltanschauung
Richard Wagners* (Leipzig 1898)
darauf hingewiesen, daß sich W. mit
seiner Bemerkung auf die Gesamtausgabe bezogen und durchaus
frühere Einzelausgaben gekannt

habe. Eine der Grundthesen Feuerbachs ist gegen den christlichen Gedanken persönlicher Unsterblichkeit
gerichtet. Unsterblichkeit und Indi-
viduum sind seiner Ansicht nach
unvereinbar. Da aber menschliche
Individuen eine Tatsache sind, muß
individuelle Unsterblichkeit ausgeschlossen werden. Alles Heraustre-
ten aus dem Ego und seiner zeitlichen Befangenheit bezeichnete
Feuerbach mit dem Begriff der
Liebe: »Alle Handlungen des Menschen lassen sich aus Liebe ableiten,
in allen läßt sie sich finden und erkennen. Die Liebe erzeugt und vernichtet, gibt Leben und nimmt Leben; sie ist Sein und Nichtsein in einem, Leben und Tod als ein Leben.«
Und die individuelle Liebe sei wiederum die Offenbarung der Alliebe
im Absoluten. Solche Weltanschauung kam W. nicht nur entgegen,
sondern schien aus seinem eigenen
Gehirn geboren. Und wenn Feuerbach das erste Entäußern des zum
Egoisten herangereiften Menschen
in der Geschlechtsliebe und seinen
letzten Altruismus im Tod sah, so
sieht man unverkennbar diese Philosophie in W.s Werken konkret in
musikdramatische Kunst verwandelt. Da Feuerbach aber das Moralische in seiner Philosophie des
Natürlichen ausschloß, ergaben sich
zwischen seinem und dem Denken
W.s gewichtige Unterschiede, denn
W. legte den größten Nachdruck auf
die Freiheit des Menschen, der sich
damit über die Natur erhoben hatte.
Sowohl in W.s Opernentwurf →*Jesus von Nazareth* als auch in seiner

Schrift *Die →Kunst und die Revolution* finden sich Ansichten, die auf Feuerbach zurückgehen. Seine Beweisführung, daß der eigentliche Beweis für die Realität der Welt die Liebe sei, könnte auch von W. selbst stammen. Die stärksten gedanklichen Einflüsse Feuerbachs sind in W.s *Die →Kunst und die Revolution* (1849), *Das →Kunstwerk der Zukunft* (1849), *→Kunst und Klima* (1850) und in *→Oper und Drama* (1851) zu finden. – Weitere Werke: *Das Wesen des Christentums* (Leipzig 1841), *Grundsätze der Philosophie der Zukunft* (Zürich 1843), *Das Wesen der Religion* (Leipzig 1845); Ausgaben: *Sämtliche Werke* (10 Bände, Leipzig 1846–66), *Werke in sechs Bänden* (hrsg. v. E. Thies, Frankfurt a. M 1975). *Lit.:* R. Lück, R. W. und Ludwig Feuerbach, Breslau 1905; H.-J. Braun, Die Religionsphilosophie L. Feuerbachs, Stuttgart 1972; H.-M. Sass, Ludwig Feuerbach in Selbstzeugnissen und Bilddokumenten, Reinbek 1978; J. Wininger, Feuerbachs Weg zum Humanismus, München 1979

Feuerzauber
Da sich →Brünnhilde im Kampf zwischen →Hunding und →Siegfried gegen den ausdrücklichen Befehl, aber heimlichen Wunsch →Wotans auf die Seite von Siegfrieds Vater stellt, wird sie all ihrer Macht als →Walküre enthoben. Mehr noch, als bloßes Menschenweib soll sie künftig Menschengeschick teilen: »[...] in wehrlosen Schlaf / schließe ich dich; / der Mann dann fange die Maid, / der am Wege sie findet und weckt« ist Wotans Urteilsspruch. In zähem Gedankenringen vermag Brünnhilde jedoch noch zu erreichen, daß nicht der erstbeste Mann, sondern der furchtloseste Held sie gewinnen soll. Noch bevor Wotan zusagt, erklingen bereits im Orchester das Waberlohe-Motiv, das Siegfried-Motiv und wieder das erstere. Dann kommt Brünnhilde selbst auf den Gedanken, sich von einem Feuer auf dem Felsen einschließen zu lassen:»Auf dein Gebot / entbrenne ein Feuer; / den Fels umglühe / lodernde Gluth: / es leck' ihre Zunge, es fresse ihr Zahn / den Zagen, der frech es wagte / dem freislichen Felsen zu nah'n!« Zu diesen Worten Brünnhildes erklingt bereits das Feuerzauber-Motiv, aus dem sich mit anderen Motiven vermischt (Walküren-, Waberlohe-, Siegfried-, Wälsungenliebe-, Schicksals-, Entsagungs-, Schlaf-, Vertrags- und Loge-Motiv) eine musikalische Illustration des letzten Wunsches der Wunschmaid Wotans entfaltet, die zusammen mit einer adäquaten Bühnenbildgestaltung von Anfang an das staunende Publikum in seinen Bann schlug und als Feuerzauber berühmt wurde. Waren es früher besonders gelungene Arien, speziell Bravourarien, die den Ruhm eines Komponisten verbreiten, so hat W. durch seine Instrumentationskunst halbe Szenen seiner →Musikdramen zu Kostproben seiner Kunst gemacht.

Feustel, Friedrich von
Geb. 21. 1. 1824, gest. 13. 10. 1891 in
Bayreuth; Bankier. – Er war in den
70er und 80er Jahren liberaler Abgeordneter im Reichstag. Zunächst
machte er sich um W.s Ansiedlung
in →Bayreuth verdient und war
dann dessen Berater in finanziellen
Angelegenheiten. In dem am 1. 2.
1872 gegründeten Verwaltungsrat
der Bayreuther →Festspiele war er
Mitglied.

Fischer, Franz von
Geb. 29. 7. 1849 in München, gest.
8. 6. 1918 ebd.; Cellist und Dirigent. – 1877 – 79 war er Hofkapellmeister in Mannheim und 1879 –
1912 in München. 1875/76 betätigte
er sich in der Bayreuther →Nibelun-
genkanzlei, in der von W. ausge-
suchte junge Musiker das Aufführungsmaterial vom *Ring* aus der
Partitur herstellten, und war gleichzeitig Assistent bei den →Festspie-
len. 1882 – 84 und 1899 dirigierte er
alternierend mit Hermann →Levi
Parsifal.

Fischer, Christian Wilhelm
Geb. 17. 9. 1789 in Oberbobritzsch
(bei Freiberg), gest. 3. 11. 1859 in
Dresden; Sänger und Chorleiter. –
Ab 1810 war er Mitglied von Joseph
→Secondas Operngesellschaft in
Dresden und Leipzig; ab 1817 am
Stadttheater in Leipzig; ab 1832
Chordirektor und Regisseur in
Dresden. Er gehörte ab 1842 zu W.s
engsten Freunden, wurde von ihm
liebevoll »Alter« genannt und be-
sorgte besonders in der Zeit von W.s

Schweizer →Exil den Vertrieb und
die Einrichtungen von dessen Partituren zu Aufführungszwecken.

Fliedermonolog
In der 3. Szene des II. Aufzugs der
Meistersinger läßt Hans →Sachs seinen Tisch und Schemel vor die
Werkstatt stellen, um in der warmen Sommernacht noch ein Paar
Schuhe fertig zu machen. Der intensive Duft des »Flieders« (bzw. Ho-
lunders) hält ihn aber zunächst
davon ab. Dessen wohliger, starker
Duft regt Sachs an, über seine eigene »Poeterei« und im Gegensatz
dazu über die ungewohnte Kunst
des jungen Walther von →Stolzing
nachzusinnen: »[…] kann's nicht
behalten, – doch auch nicht vergessen; / und fass' ich es ganz, – kann
ich's nicht messen.« Sachs sucht
nach der Ursache und findet: »Len-
zes Gebot, / die süße Noth, / die
legten's ihm in die Brust.« Deshalb
kommt Sachs zu dem Schluß: »Dem
Vogel, der heut' sang, / dem war der
Schnabel hold gewachsen; / macht'
er den Meistern bang, / gar wohl
gefiel er doch Hans Sachsen.«

fliegende Holländer, Der
(WWV 63)
Romantische Oper in drei Aufzügen.
Entstehungsgeschichte: Mit dem Verfassen des Librettos begann W. nach
eigenen Worten seine »Laufbahn als
Dichter«. Als Vorlagen dienten ihm
verschiedene Fassungen des Stoffs,
von denen W. die zeitgenössische
Version Heinrich →Heines in *Aus*

den Memoiren des Herren von Schnabelewopski (1834) am meisten zusagte und die er als dramatische Geschichte rühmte. Dort heißt es: »Die Fabel von dem Fliegenden Holländer ist euch gewiß bekannt. Es ist die Geschichte von dem verwünschten Schiffe, das nie in den Hafen gelangen kann und jetzt schon seit undenklicher Zeit auf dem Meere herumfährt [...] Jenes hölzerne Gespenst, jenes grauenhafte Schiff führt seinen Namen von seinem Kapitän, einem Holländer, der einst bei allen Teufeln geschworen, daß er irgendein Vorgebirge, dessen Namen mir entfallen [das Kap der Guten Hoffnung], trotz des heftigsten Sturms, der eben wehte, umschiffen wolle, und sollte er auch bis zum Jüngsten Tage segeln müssen. Der Teufel hat ihn beim Wort gefaßt, er muß bis zum Jüngsten Tage auf dem Meere herumirren, es sei denn, daß er durch die Treue eines Weibes erlöst werde. Der Teufel, dumm wie er ist, glaubt nicht an Weibertreue und erlaubte daher dem verwünschten Kapitän, alle sieben Jahr einmal ans Land zu steigen und zu heuraten und bei dieser Gelegenheit seine Erlösung zu betreiben. Armer Holländer! Er ist oft froh genug, von der Ehe selbst wieder erlöst und seine Erlöserin loszuwerden, und er begibt sich dann wieder an Bord.« Man kann sich gut vorstellen, daß diese ironische Darstellung einer an sich düsteren Gespenstergeschichte ihre Wirkung auf W. nicht verfehlte, obgleich W. den Sarkasmus des Dichters nicht teilte und ein Erlö-sungsdrama (→Erlösungsthematik) eigener Prägung schuf. Auch der weitere Hergang der Handlung ist bereits bei Heine vorgezeichnet, der Handel mit der Tochter des Seemanns und deren wehmütige Sehnsucht nach einem auf einem Gemälde abgebildeten schönen Mann in spanisch-niederländischer Tracht und dem Konterfei des fliegenden Holländers; außerdem Katharinas (wie Senta bei Heine heißt) Begegnung mit dem leibhaftigen Original, dem sie Treue bis zum Tod schwört. Auch ein tragisches Ende mit dem grauenhaften Geständnis des Holländers ist schon bei Heine vorgebildet, jedoch in einer für ihn typisch ironischen Weise. Bevor Katharina sich von der Felsenklippe stürzt, ruft sie dem abreisebereiten Gatten auf seinem Schiff zu: »Ich war dir treu bis zu dieser Stunde, und ich weiß ein sicheres Mittel, wodurch ich dir meine Treue erhalte bis in den Tod!« Ihrer Treue ist sie sich nur bis zu diesem Augenblick sicher; sie stürzt sich mit dieser selbstmörderischen List ins Meer, wodurch allerdings auch der Holländer erlöst wird. – Die Sage selbst war schon Jahrhunderte alt, aber überwiegend nur mündlich überliefert. Heine hatte eine Parodie daraus gemacht, die W. wieder ins Tragische zurückverwandelte. In seiner →*Autobiographischen Skizze* heißt es dazu: »Besonders die von Heine einem holländischen Theaterstücke gleichen Titels entnommene Behandlung der Erlösung dieses Ahasverus des Oceans gab mir Alles an die Hand, diese Sage

zu einem Opernsüjet zu benutzen.«
W. hatte jedoch nicht, wie sonst üblich, nach der Lektüre eine Prosaskizze angefertigt, sondern erst 1840, nach einer abenteuerlichen Überfahrt nach →London mit dem Schiff, einen ersten französischen Prosaentwurf gemacht, den er am 6. 5. 1840 an Eugène →Scribe schickte. Statt des Witzes und der Ironie bei Heine brauchte W. eine dramatische Konzeption, die den III. Aufzug tragfähig machen mußte. Das Motiv der Treue mußte deshalb durch einen Rivalen erschüttert werden, und mit der Figur des Erik, dem Senta sich offenbar schon früher halb versprach, wurde das dramaturgische Ziel, Zweifel in Sentas Treuegelöbnis zu setzen, erreicht. Dennoch herrscht zwischen Senta und Holländer von Anfang an wortlose Übereinstimmung, die durch Eriks Ansprüche keineswegs in Frage gestellt wird, sondern lediglich Sentas Entschluß forciert. Dabei geht es eigentlich nicht um Liebe, sondern um den Vollzug dessen, was notwendigerweise getan werden muß. Senta weiß, daß ihr Treuebekenntnis ein Opfer ist und zum Opfertod führen muß. Deshalb gehört der *Holländer* auch nicht eigentlich in die Tradition der Tragödie, sondern genauer in die des Märtyrerdramas. – Da eine Zusammenarbeit W.s mit Scribe nicht zustande kam, wandte sich W. unterstützend an Giacomo →Meyerbeer und schrieb ihm am 4. 6. und 26. 7. 1840, daß er Teile der Komposition bereits fertig habe. Er wollte einer damaligen Gepflogenheit genügen, wonach einzelne Stücke einer Oper gleichsam als Kostproben gespielt werden mußten, damit über Annahme oder Ablehnung entschieden werden konnte. Meyerbeer empfahl W. an den neuen Operndirektor Léon →Pillet, dem W.s Exposé immerhin so gefiel, daß er es nach einigem Abwarten für 500 Francs kaufte, um es allerdings von einem anderen Komponisten vertonen zu lassen. Paul →Foucher fertigte daraus das endgültige Libretto zu *La* →*Vaisseau fantôme* an, das von Louis →Dietsch vertont und am 9. 11. 1842 uraufgeführt wurde. – W. hat sich dadurch nicht abhalten lassen, seinen *Holländer* in deutscher Sprache selbst zu dichten und zu komponieren. Die Dichtung entstand in zehn Tagen, vom 18. bis zum 28. 5. 1841, und am 22. 8. 1841 waren die Kompositionsentwürfe fertig. Die Aufzüge tragen folgende Datierungen: I.: »Meudon 11. July 1841« und am Schluß »Meudon 23. July 1841«; II.: »31. July 1841« und »13. Aug.«; am Schluß des III. Aufzugs steht: »Finis Richard Wagner Meudon 22. August 1841 in Noth u. Sorgen«. Die Originalpartitur trägt auf dem Titelblatt die Widmung an Franz →Liszt: »Seinem besten Freunde – Richard Wagner 1853«, und am Schluß steht das Datum: »Meudon bei Paris 21. Oktob. 1841 Richard Wagner«. – Vor der Uraufführung am 2. 1. 1843 in →Dresden unter der Leitung des Komponisten (Regie: Wilhelm →Fischer, Kostüme: Ferdinand →Heine; es sangen Wenzel Bielczizky, Carl

Risse, Wilhelmine →Schröder-Devrient, Michael →Wächter und Therese Wächter) nahm W. noch einige Änderungen vor. Die Stelle ab »Hört Mädchen zu« bis zum Ende der Ballade transponierte er für Schröder-Devrient um einen Ton tiefer (von a- nach g-Moll). Nach der Uraufführung folgten weitere Umarbeitungen; vor allem die Instrumentation wurde so geändert, daß das Blech zurückgenommen wurde. W. schrieb dazu an Liszt am 16. 2. 1853: »Hier schicke ich Dir noch eine Änderung, Du wirst sogleich finden, wohin sie gehört. Das Blech und die Pauken bei diesem Schlage waren von grober, materieller Wirkung. Man soll über Sentas Schrei beim Anblick des Holländers erschrecken, nicht aber über die Pauke und das Blech.« Den Schluß der Ouvertüre arbeitete W. am 19. 1. 1860 zu einem Konzertschluß um. An Mathilde →Wesendonck schrieb er dazu am 3. 3. 1860: »Zur Ouvertüre vom ›fliegenden Holländer‹ hatte ich einen neuen Schluß gemacht, der mir sehr gefällt, und auch auf die Zuhörer Eindruck machte.« Und im Brief vom 10. 4. 1860 an dieselbe Adressatin heißt es: »Jetzt, wo ich Isoldes letzte Verklärung geschrieben, konnte ich erst den rechten Schluß zur Fliegenden Holländer-Ouvertüre finden.« Diesem »Tristan-Schluß« wurde anläßlich der Aufführung am 4. 12. 1864 in München auch noch das Finale zum III. Akt angeglichen. In dieser Fassung mit drei Aufzügen wird die Oper heute in der Regel inszeniert.

Handlung: I. Aufzug, steiles Felsenufer, weite Aussicht auf das Meer, heftiger Sturm: Dalands Schiff hat gerade angelegt; der Kapitän sucht sich am Ufer zu orientieren, da er im Sturm den Hafen verfehlt hatte. Der Landeplatz wird als die Bucht Sandwiche erkannt, die sieben Meilen vom angesteuerten Hafen entfernt ist. Daland teilt den Steuermann zur Wache ein und schickt die übrigen Matrosen in ihre Kajüten. Auch Daland legt sich schlafen, um das Ende des Sturms abzuwarten. Mit einem Seemannslied sucht sich der Steuermann wach zu halten, wird aber bald vom Schlaf übermannt. Deshalb kann unbemerkt ein riesiges Schiff mit blutroten Segeln neben Dalands Kutter festmachen. Dem gespenstischen Schiff entsteigt der fliegende Holländer, dessen siebenjährige Frist, ruhelos auf den Weltmeeren umherzusegeln, wieder einmal abgelaufen ist; er kann das Land betreten, um durch die bedingungslose Treue einer Frau Erlösung vom Umhergetriebenwerden zu erfahren, da er auch durch Gewalt nicht sterben und erst zum Jüngsten Gericht seine Vernichtung erwarten kann. Daland kommt aus seiner Kajüte, sieht erschrocken das fremde Schiff und rüttelt den Steuermann wach, der dessen Besatzung anruft. Es folgt keine Antwort. Daland erblickt jedoch den Holländer am Ufer, spricht ihn an und erfährt, daß der Fremde seine Heimat sucht, kurzfristig nach einer Bleibe verlangt und dafür fürstlich bezahlen will. Als Kostprobe wird eine Schatztruhe von seinem Schiff geholt. Daland ist berauscht vom Anblick der Kostbarkeiten und findet den Gedanken des Fremden, seine Tochter heiraten zu wollen, fabelhaft. Mit günstigem Wind soll die Fahrt sogleich zu Dalands Haus gehen, um Senta dem Holländer vorzustellen. Der Wind schlägt um, und beide Schiffe segeln dem Hafen zu.

II. Aufzug, die Spinnstube in Dalands Haus, an der Wand hängt das Bild eines Mannes mit dunklem Bart und schwarzer Kleidung: Die Mädchen spinnen eifrig und singen dazu. Mary, Sentas Amme, lobt die Mädchen und rügt Senta, die, in Gedanken versunken und das Bild an der Wand anstarrend, weder mit den anderen spinnen noch singen will. Als sie von den Mädchen geneckt wird, unterbricht Senta ärgerlich deren naives Lied und fordert Mary auf, die Ballade vom fliegenden Holländer zu singen. Da Mary sich aber weigert, singt Senta selbst und vertieft sich so leidenschaftlich in den Text, als ginge es um ihr eigenes Schicksal. Die Frauen springen entsetzt auf, als Senta schließlich gar bekennt: »Ich sei's, die dich durch ihre Treue erlöse«, womit sie sich dem real noch gar nicht vorhandenen Holländer bedingungslos ausliefert. Auch Erik, der gerade hereintritt und die Ankunft Dalands meldet, hat das ihn vernichtende Bekenntnis gehört. Mary treibt die aufgeregten Mädchen an, für die Bewirtung der heimkehrenden Seeleute zu sorgen, während Erik Senta

zurückhält und sie um ihre Hand bittet. Sie aber weicht aus und steigert nur noch seine Eifersucht auf das Phantom, für dessen Geschick sie offenbar weitaus mehr Mitleid empfindet als für Erik, der ihr seinen visionären Traum von der leidenschaftlichen Beziehung Sentas zu dem gespenstischen Kapitän und von beider Untergang erzählt. Wie in Ekstase verfolgt Senta die Traumerzählung Eriks, der mit Entsetzen dessen Wahrhaftigkeit erkennt und davonstürzt. Die Tür geht auf. Daland betritt mit seinem Gast die Stube. Senta stößt einen Schrei aus und bleibt wie angewurzelt stehen. Kaum hat sie den Vater begrüßt, fragt sie nach dem Namen des Fremden, der Gastrecht wünscht. Der Vater spricht vom Reichtum des Gastes, der um die Hand seiner Tochter anhalte. Daland zieht sich zurück und läßt Senta mit dem Holländer allein. Zunächst sind beide nur mit ihren eigenen Gedanken und Ahnungen beschäftigt. Sogleich aber überschneiden sich die konkreten Wünsche Holländers mit Sentas Opferwillen zu einer gemeinsamen Zielsetzung und lösen gegenseitiges Vertrauen aus. Sentas selbstgewählte Lebensaufgabe und des Holländers Erlösungssehnsucht stimmen überein. Daland stört nach einer Weile die vertrauliche Unterredung des vom Schicksal zusammengeführten Paares, kündet ein Fest an und versichert sich, ob sich beide einig geworden sind.

III. Aufzug, eine Meeresbucht mit felsigem Gestade, im Vordergrund das Haus Dalands, im Hintergrund die beiden Schiffe: Die norwegischen Matrosen singen und tanzen ausgelassen auf ihrem Schiff. Aus den Häusern kommen die Mädchen mit Körben voller Leckerbissen, wovon sie den Matrosen auf dem Holländerschiff abgeben wollen. Aber auf Anruf kommt keine Antwort. Man erklärt die Holländer nicht nur für verschlafen, sondern sogar für tot. Schließlich bedienen sich die Norweger allein. Plötzlich aber regt es sich doch im Holländerschiff; gleichzeitig hebt ein Sturm an und pfeift durch die Schiffstaue; die Wogen heben und senken sich jedoch nur unmittelbar in der Nähe des Holländerschiffs. Die Norweger versuchen mit Gesang gegen das gespenstische Treiben anzukämpfen, werden aber grausig übertönt und verlassen verängstigt das Verdeck. Ein gellendes Hohnlachen der Holländer beendet den Spuk. Aufgeregt verläßt Senta das Haus ihres Vaters, gefolgt von Erik. Er versucht, Senta von ihrer wahnwitzigen Liebe zu dem Fremden abzubringen, da er selbst auf ihrem Treueschwur besteht. Der Holländer tritt unbemerkt hinzu, glaubt sein Heil verloren und will unverzüglich in See stechen. Senta vermag ihn nicht zu halten, fühlt sich aber aufs äußerste herausgefordert, dem fremden Kapitän ihre Treue zu beweisen. Er aber treibt seine Mannschaft zur Abreise an und verkündet Senta das Geschick, vor dem er sie bewahren möchte:»Verdammt bin ich zum gräßlichsten der Loose: / zehnfacher

Tod wär' mir erwünschte Lust! / Vom Fluch ein Weib allein kann mich erlösen, / ein Weib, das Treu' bis in den Tod mir weiht... / Wohl hast du Treue mir gelobt, doch vor / dem Ewigen noch nicht: – dieß rettet dich! / Denn wiss', Unsel'ge, welches das Geschick, / das Jene trifft, die mir die Treue brachen: – / ew'ge *Verdammniß* ist ihr Loos!« Mit letzter Anstrengung will Senta den Holländer aufhalten und beteuert ihm nochmals ihre unverbrüchliche Treue. Doch der scheinbar Verratene läßt sich nicht mehr halten. Senta eilt ihm nach, wird von ihrem Vater, von Erik und Mary aufgehalten, reißt sich los, hastet zum Felsenriff und stürzt sich mit den Worten:»Preis' deinen Engel und sein Gebot! / Hier sieh' mich, treu dir bis zum Tod!« in die Tiefe. – Nach W.s abschließender Regiebemerkung entsteigen der Holländer und Senta in verklärter Gestalt und eng umschlungen dem Meer.

Musikdramaturgie: Wenn es Heine in seiner Geschichte vom fliegenden Holländer darum ging, eine Doppelhandlung aus ironischen Kontrasten zu gestalten, so setzte W. von Anfang an auf den Erlösungsgedanken als Kern der Handlung mit einer Hauptfigur, die als →Ahasver der sieben Meere oder als ewiger Jude und sogar in Anlehnung an den antiken Odysseus wie keine andere Symbolfigur zum Erlösen prädestiniert erscheint. W.s spezielle Vorstellung, des Seeräubers Erlösung durch eine unbescholtene Jungfrau zu betreiben, war nicht zufällig dem Muster von Ludwig van →Beethovens *Fidelio* (1805) nachempfunden (die Wendung »Wer du auch seist« ist wörtlich hieraus entnommen) und stellte der Ironie Heines, der den Selbstmord Katharinas als Garantie für unverbrüchliche Treue einsetzte, das Ethos der Treue aus bedingungsloser Liebe gegenüber. Diesen Kern des Dramas festhaltend, fand W. sogleich ein musikalisches Gebilde, das gleichzeitig ein symbolisches Bild mit einschloß: die →Ballade Sentas vom fliegenden Holländer, dessen Porträt in der Spinnstube präsent ist. Und betrachtet man Heines Theaterstück genau, das eigentlich nur aus einer Exposition mit einer unvermittelten Katastrophe besteht, so handelt es sich schon bei ihm weniger um ein Drama als vielmehr um eine Ballade. Folglich hat W. seinen *Holländer* nicht nur selbst als »dramatische Ballade« charakterisiert, sondern Sentas Ballade im II. Akt zum musikdramatischen Kern des Werks gemacht. In der →*Mitteilung an meine Freunde* führte W. nachträglich aus: »Ich entsinne mich, noch ehe ich zu der eigentlichen Ausführung des ›fliegenden Holländers‹ schritt, zuerst die Ballade der Senta im zweiten Akte entworfen, und in Vers und Melodie ausgeführt zu haben; in diesem Stücke legte ich unbewußt den thematischen Keim zu der ganzen Musik der Oper nieder: es war das verdichtete Bild des ganzen Drama's, wie es vor meiner Seele stand; und als ich die fertige Arbeit betiteln sollte, hatte ich nicht übel

Lust, sie eine ›dramatische Ballade‹ zu nennen.« Die Beschwörung, die Senta mit ihrer Ballade vollzieht, zwingt eine Handlung herbei, in die sich Senta selbst hineinbegibt, ohne als krankhaft Wahnsinnige zu gelten, sie ist vielmehr mit kraftvollem Wahn an ihrer eigenen Erlösung tätig. Deshalb erscheint die Verlebendigung des Holländers aus dem Bild wie Zauberei und der Phantasie einer nach höchstem Lebenssinn verlangenden Jungfrau entsprungen. Senta realisiert jedoch tatkräftig diese Phantasie und kreuzt dadurch das auf sie einstürzende Schicksal des ebenfalls nach Erlösung strebenden Holländers, dessen Todesverlangen sie auch als Ziel ihrer Erlösung erlebt. Musikalisch erscheinen deshalb die monologisierenden Äußerungen Sentas und Holländers als beredtes Schweigen, da beider Wünsche wortlos übereinstimmen und ihr schicksalsbestimmtes Lebensziel durch keine weiteren Entscheidungen gelenkt werden muß. Demgegenüber wirkt sowohl die Geschwätzigkeit Dalands als auch die Sentimentalität Eriks trivial. Beide sind auf ihre Weise den Tagesgeschäften zugetan, von denen der Holländer, dem Senta in sein nächtiges Reich der Erlösung folgen will, längst ausgeschlossen ist. Die Welt →Tristan und →Isoldes kündigt sich nicht nur an, sondern erscheint bereits in Wesenszügen vorgebildet. Insofern entwickelt auch W.s Drama eine »äußere« und eine »innere« Handlung, wobei allerdings die Operntradition, in der das Rezitativ

die Handlung voranbringen sollte und die Arie zur Kontemplation einlud, bei W. ins Gegenteil verkehrt wird, indem die Träger der äußeren Handlung den Arienton aufgreifen, während Sentas und des Holländers expressive Deklamationen die innere Handlung entfalten. Diese wird in einigen Teilen durch die in der Ballade zusammengefaßten Grundmotive charakterisiert und weist somit akzessorische Leitmotivik auf, die allerdings noch nicht die Qualität wie im *Ring* aufweist und mehr an →Erinnerungsmotiven als an →Leitmotiven orientiert ist. So stellt sich im *Holländer* der musikalische Zusammenhang nicht als Leitmotivgewebe (wie in späteren Werken), sondern als konventionelles Formgerüst im Periodenschema dar. Immerhin aber hatte sich W. schon so weit von der additiven Schreibweise in Nummern gelöst und die Handlung in Szenenfolgen gegliedert, daß die Melodik sich in den avancierten Teilen des Werks so weit emanzipieren konnte, daß sie zumindest tendenziell aus der Oper in das Drama fortschreiten konnte. Musikalische Wiederholungen in Verszeilen werden vermieden; unwiederholbare Melodien dienen nunmehr der individuellen Textinterpretation.
Wirkungsgeschichte: Am 20. 11. 1841 schickte W. die *Holländer*-Partitur an das Hoftheater →Berlin und gab →Meyerbeer als Referenz an, der das Werk auch empfahl. Der Intendant, Friedrich Wilhelm Graf von →Redern, zögerte allerdings, so daß →Dresden nach der Uraufführung

von *Rienzi* erneut zum Zuge kommen und auch den *Holländer* uraufführen konnte. Das geschah zwar mit Erfolg, aber nicht mit anhaltendem Interesse seitens des Publikums. Der *Holländer* wurde bereits nach vier Vorstellungen abgesetzt. Erst 1865 wurde er erneut in den Spielplan genommen; W. selbst hat dort 1881 eine Vorstellung gesehen. Am 22. 5. 1843 übernahm →Riga als zweite Bühne das Werk, und am 5. 6. 1843 ging es, von Louis →Spohr dirigiert, in →Kassel über die Bühne. Der neue Intendant in Berlin, Karl Theodor von →Küstner, übernahm den *Holländer* erstmals am 7. 1. 1844, von W. selbst dirigiert. Obgleich diese erste Aufführung eines Werks W.s in Berlin beim Publikum gut ankam, verschwand der *Holländer* doch bald vom Spielplan; er wurde erst 1868 wiederaufgenommen. In seinem Züricher →Exil dirigierte W. bereits 1852 den *Holländer*, dessen sich →Liszt am 16. 2. 1853 in →Weimar annahm; zur Ausführung schrieb ihm W. seine *Bemerkungen zur Aufführung der Oper: »Der fliegende Holländer«* (in: GSD Bd. 5, S. 205) in Form eines Aufsatzes. Dann folgten die Opernhäuser Schwerin, Wiesbaden, Olmütz, Frankfurt a. M., Hannover, Karlsruhe und Prag mit Aufführungen des *Holländers*. In Wien kam er erst am 2. 11. 1860 auf die Hofbühne. In München ließ König →Ludwig II. das Werk am 4. 12. 1864 von Franz →Lachner vor ausverkauftem Haus dirigieren. – Seine erste ausländische Inszenierung erfuhr der *Holländer* in italienischer Sprache als *L'Olandese dannato* 1870 in London; schwedisch wurde 1872 die Erstaufführung in Stockholm gegeben und ungarisch 1873 in Budapest. In Brüssel fand am 6. 4. 1872 die erste französische Aufführung statt, der die Opéra-Comique Paris erst 1897 folgte. Die amerikanische Erstaufführung in Philadelphia 1876 wurde italienisch gesungen, während der *Holländer* 1884 in Kopenhagen dänisch zu hören war. Dann breitete sich das Werk bis nach Barcelona (1885), Buenos Aires (1887), Mexiko (1891), Lissabon (1893) und Moskau (1894) aus. – In Bayreuth hatte W. selbst den *Holländer* nicht mehr in die →Festspiele einbeziehen können. So wurde es als letztes der für Bayreuth bestimmten Werke erst 1901 von Cosima und Siegfried →Wagner aufgenommen. Deren betont norwegisch ausgestattete Inszenierung zeigte allerdings das Werk ohne Pause als »dramatische Ballade« in einem Akt, wie es W.s ursprüngliche Absicht war. Das in der Schlußapotheose aus dem Meer aufsteigende Paar wurde durch Puppen dargestellt, die den beiden Hauptdarstellern, Anton van Rooy (Holländer) und Emmy Destinn (Senta), genau nachgebildet waren. In der Bayreuther Inszenierung von 1961 dagegen wurde der *Holländer* als Oper in drei Aufzügen mit dem Schluß der Urfassung gegeben und die Senta-Ballade im ursprünglichen a-Moll gesungen. – Die Inszenierungen der 20er Jahre versuchten sich in inhaltlichen Neugestaltungen, die

in Königsberg 1926 dazu führten, daß das Schiff Dalands nicht mehr gezeigt wurde, während das Geisterschiff übermächtig vor einem blutroten Horizont aufstieg. An der Krolloper Berlin spielte man am 15. 1. 1929 unter Otto Klemperers Leitung in der Inszenierung von Jürgen Fehling die Dresdner Urfassung ohne den späteren Erlösungsschluß und ohne historisierende Stilmittel. Von Joachim Herz wurde 1962 an der Komischen Oper Berlin das Bühnengeschehen in die Zeit des Vormärz verlegt, mit einem Raddampfer statt eines Fischkutters und Sentas Herztod am Schluß. Das Meer wurde dominierendes Element im *Holländer*, als man 1973 das Werk bei den Bregenzer Festspielen inszenierte. Das Wasser suchte Luca Ronconi 1977 in Nürnberg, wenngleich auch stilisiert, ebenfalls zur Hauptsache seiner Inszenierung zu machen. Die Kasseler Inszenierung von Ulrich Melchinger am 15. 2. 1976 strapazierte allerdings die Figur des Holländers als Satanspriester, der okkulte Riten vollzog und nicht nur sexuelle Perversionen auf der Bühne ausführen ließ, sondern auch Mord und Totschlag verursachte. Harry Kupfer wiederum las für die Bayreuther Festspiele 1978 ein Psychodrama Sentas aus W.s Text und gestaltete das bühnentechnisch perfekte und phantasievolle Geschehen als Traum und Alptraum Sentas, die am Schluß aus dem Fenster springt. Zwei gefaltete Hände bildeten den Rumpf des Holländerschiffs, das sich entfaltet, um den geketteten

Holländer ans Land zu werfen. Als Alptraum des jungen Steuermanns faßte dagegen Jean-Pierre Ponnelle den *Holländer* 1975 in San Francisco und 1979 in New York auf. Bei ihm verfliegt der ganze Spuk, als am Ende der Steuermann sich die Augen reibt und erwacht. Diese Interpretation wurde allerdings von den Amerikanern abgelehnt. In München hatte 1981 Herbert Wernicke eine andere Grundidee: Der Freibeuter in der Gestalt des Holländers hat sich selbst aus der menschlichen Gesellschaft ausgeschlossen und will wieder in sie aufgenommen werden. Senta dagegen möchte aus ihrer Kleinbürgerlichkeit ausbrechen und glaubt in dem Fremden den geeigneten Partner für dieses Unterfangen gefunden zu haben. Die gegenseitigen Mißverständnisse führen zwangsläufig zur Katastrophe: Senta ersticht sich, und der Holländer bleibt verstört in einem Sessel am Kamin sitzen. Offenbar war es diesen jüngeren Regisseuren unmöglich, mit W.s Erlösungsgedanken konkret etwas anzufangen, so daß eine Reaktion in zukünftigen Inszenierungen absehbar ist.
Text in: GSD Bd. 1, S. 321 – 363. – Schallplattenaufnahmen →Diskographie.
Lit.: R. W., *Ouvertüre zum »fliegenden Holländer«*, in: GSD Bd. 5, S. 228; A. Heuss, Zum Thema, Musik und Szene bei W.: im Anschluß an W.s Aufsatz, Bemerkungen zur Aufführung der Oper »Der fliegende Holländer«, in: Die Musik 1910/11; E. Istel, Autographe Regiebemerkungen W.s zum »Fliegenden Holländer«, in: Die Musik 1912/13; E. Mehler, Beiträge zur W.-Forschung: unveröffentlichte Stücke aus »Rienzi«, »Holländer« und »Tannhäuser«, in: Die Musik 1912/13; H. v. Wolzogen, R. W. über den »Fliegenden Holländer«: die Entstehung und Darstellung des Werkes aus den Schriften und Briefen des Meisters zusammengestellt, Leipzig 1914; O. Strobel, W.s Prosaentwurf zu »Fliegender Holländer«, in: Bayreuther Blätter 1933; P. S. Machlin, The Flying Dutchman: Sketches, Revisions, and Analysis, Diss. Univ. of California, Berkeley 1976; WWV

Floßhilde

Tiefe Sopranpartie im *Rheingold* und in der *Götterdämmerung;* eine der →Rheintöchter, die das Rheingold zu bewachen haben. Der Name ist von W. frei erfunden.

Foltz, Hans

Baßpartie in den *Meistersingern;* Kupferschmiedmeister und →Meistersinger. W. hat ihn Johann Christoph Wagenseils *Buch von der Meister-Singer holdseligen Kunst* (1697) entlehnt.

Form

Gemessen an der Formenlehre im 19. Jh., die an der Musik der Wiener Klassik abstrahierend entwickelt wurde, mußten den musikalischen Geodäten W.s ausufernde →Musikdramen amorph erscheinen. Die gegensätzliche Ansicht, daß sich bedeutende Musik ihre Form selbst

schaffe, entspricht zwar W.s Den-
kungsart, der dem ungestüm nach
Meisterschaft drängenden Walther
von →Stolzing die Lehre mit auf
den Weg gab: die Regel, »Ihr stellt
sie selbst und folgt ihr dann«, bleibt
jedoch wegen des implizierten Sub-
jektivismus unbefriedigend und als
Formenklave, deren Regelwerk nur
auf W.s Werke zutreffen würde, unbrauchbar. Um die scheinbaren Un-
verträglichkeiten zu vereinigen, die
Form W.scher Musik aus ihr selbst
zu erklären und gleichzeitig auf vor-
geprägte Formmodelle zurückzuführen, machte sich seit 1924 Alfred
→Lorenz daran, mit Akribie *Das
Geheimnis der Form bei Richard
Wagner* analysierend zu entschlüsseln. Sein Verfahren, W.s Musikdramen in Perioden von tonal abge-
grenzten Einheiten zu gliedern, ist
zwar methodisch durchaus einsich-
tig, da die architektonische Gliederung der Motive durch die harmonische abzusichern versucht wurde,
aber die Gewaltsamkeit der Perio-
denzäsuren mit extremen Längen-
einheiten von 14 bis 840 Takten, die
schon zu W.s Zeiten veraltete Regel
tonaler Geschlossenheit sowie un-
angemessene Formschemata, die auf
Wechsel und nicht auf Entwicklung
abgestellt sind, lassen erhebliche
Zweifel an einer sicherlich gut gemeinten, aber doch ungeeigneten
Formanalyse aufkommen. Das kompositorische »Gewebe«, von dem W.
selbst sprach, ist grundsätzlich etwas
anderes als musikalische Architektur, die Alfred Lorenz interessierte
und von der er offenbar nicht los-

kam, um musikalische Form be-
weisbar zu machen. W. selbst dagegen sah sich schon während der
Kompositionsarbeit am *Ring* in Anbetracht von rund 120 →Leitmoti-
ven genötigt, sie nicht bloß als Er-
kennungsmarken aneinanderzurei-
hen, sondern als zusammenhängendes Gewebe mit musikdramatischem Sinn zu erfüllen. W. schwebte
offenbar ein Organismusmodell von
»plastischen Naturmotiven« am Anfang des *Rheingolds* mit weitver-
zweigten Motivvarianten im weiteren Handlungsverlauf vor, so daß
ein musikalischer Konnex über das
ganze Drama gewährleistet ist. Dieser Zusammenhang gründet aber
nicht, trotz des Aufgreifens durch-
führungsartiger Techniken aus der
Symphonik, auf musiktheoretische
Fixpunkte von Exposition und Reprise der Themen und Motive, sondern auf deren Erinnerungen und
Verwandlungen. Somit treibt W.s
Musik formal nicht auf gesteckte
Ziele und Erfüllungen wie diejenige
Ludwig van →Beethovens zu, sondern sie eröffnet, je weiter sie vor-
anschreitet, desto mehr musikalische Vergangenheit. In W.s Musikdramen tut sich nicht nur inhaltlich,
sondern auch musikalisch das
Gedächtnis der Menschheit auf.
Gleichviel setzte W. Formverständ-
nis nicht im geschichtslosen Raum
ein, sondern bei der aktuellen
Opera seria des 19. Jh.s, deren tragende Formelemente Arien und Rezitative sind, wobei zumeist die Du-
ette und Ensembles als Rückgrat des
italienischen Operntypus angesehen

werden müssen. Da sich aber schon vor W. die wesentlichen menschlichen Konflikte auf der Bühne in Rede und Gegenrede ereigneten, gab es für W. keinen Grund, diese wirkungsvolle Tradition aufzugeben, sondern sie für seine Zwecke weiterzuentwickeln. W. mißfiel lediglich das Auseinanderklaffen von die Handlung vorantreibenden Teilen in der Form von Rezitativen einerseits und affektbeladenen Arien andererseits. Ansätze zur Überbrückung der musikalisch-formalen Kontraste waren längst durch die durchkomponierte Oper ausgeführt, als W. die »dialogisierte Melodie« in sein Musikdrama einführte und die formalistische Periodenstruktur in →»musikalische Prosa« verwandelte. Kompositorisch überführte W. das Recitativo accompagnato der Opera seria in eine »Orchestermelodie«, in der die verschiedensten Leitmotive in ein musikalisches Kontinuum eingeschmolzen werden. W.s erklärtes Ziel musikdramatischen Gestaltens war die »Kunst des Überganges«, die gleichsam als roter Faden die →»unendliche Melodie« ausgebildet hat, um den beständigen Fluß der musikalischen Gedanken (auch in den Kontrastierungen) als Fortgang des musikdramatischen Geschehens erlebbar zu machen. *Lit.:* A. Lorenz, Das Geheimnis der Form bei R. W. I: Der musikalische Aufbau des Bühnenfestspieles »Der Ring des Nibelungen«, II: Der musikalische Aufbau von R. W.s »Tristan und Isolde«, III: Der musikalische Aufbau von R. W.s »Die Mei-

stersinger von Nürnberg«, V: Der musikalische Aufbau von R. W.s »Parsifal«, Berlin 1924 – 33, Nachdruck 1966; G. Knepler, R. W.s musikalische Gestaltungsprinzipien, in: Beiträge zur Musikwissenschaft 5:1963, S. 33; J. Mainka, Sonatenform, Leitmotiv und Charakterbegleitung, ebd., S. 11; C. Dahlhaus, W.s Begriff der »dichterisch-musikalischen Periode«, in: Beiträge zur Geschichte der Musikanschauungen im 19. Jh., hrsg. v. W. Salmen, Regensburg 1965; Das Drama R. W.s als musikalisches Kunstwerk, hrsg. v. C. Dahlhaus, Regensburg 1970; C. Dahlhaus, Die Musikdramen R. W.s, Velber 1971; ders., W.s Konzeption des musikalischen Dramas, Regensburg 1971

Förster-Nietzsche, Elisabeth
Geb. 10. 7. 1846 in Röcken (bei Lützen), gest. 8. 11. 1935 in Weimar; Schriftstellerin. – Schwester Friedrich →Nietzsches, die anläßlich eines Festspielbesuchs von *Parsifal* in →Bayreuth in der Villa →Wahnfried vorsprach und W.s nicht verbürgte Botschaft: »Sagen Sie es Ihrem Bruder, seit er von mir gegangen ist, bin ich allein« weitergab, so daß sich ein gerührter Bruder sogleich an den Aphorismus »Sternenfreundschaft« machte.

Foucher, Paul Henri
Geb. 21./22. 4. 1810 in Paris, gest. 24. 1. 1875 ebd.; Schriftsteller. – Schwager Victor Hugos. Er schrieb mit Bénédicte Henry Révoil nach W.s Entwurf das Libretto zur Oper

Le →*Vaisseau fantôme ou Le Maudit des mers* von Louis →Dietsch.

Frageverbot
In *Lohengrin,* I. Aufzug, 3. Szene, heißt es an der betreffenden Stelle: »Nie sollst du mich befragen, / noch Wissen's Sorge tragen, / woher ich kam der Fahrt, / noch wie mein Nam' und Art!« Dieses absolute Frageverbot ist ein Ultimatum und wird von →Lohengrin wegen seiner Bedeutsamkeit mit besonderer Eindringlichkeit wiederholt, schließt aber gerade wegen seines hohen Anspruchs eine strikte Befolgung aus. Eine Ähnlichkeit dieses Verdikts mit jenem biblischen Verbot, nicht von den Früchten des Baums der Erkenntnis zu essen, ist unverkennbar. Menschliche Neugierde ist weder vom Verbotenen noch vom Wunderbaren fernzuhalten, weshalb sich in *Lohengrin* das Drama ereignet, aus Liebe die Liebe verlieren zu müssen. Daß →Elsa den göttlichen Bedingungen nicht gewachsen sein konnte, steht von Anfang fest. Dennoch besteht Lohengrin darauf und glaubt durch die Liebe, wie Elsa von der menschlichen Seite her, eine Brücke bauen zu können. Der Zweifel aber, der sich des Wunderbaren rational bemächtigen will, legt die Unvereinbarkeit göttlichen und menschlichen Verhaltens bloß. Die Interessen und Hoffnungen der beiden Liebenden kreuzen sich darin, daß er (»nur ein Jahr an deiner Seite hatt' ich als Zeuge deines Glücks ersehnt«) nicht einmal das eigene Glück ersehnte, sondern durch

menschliche Liebe (wie die griechischen Götter) einen Thronfolger für das Gralskönigtum zeugen wollte, während Elsa in ihrer menschlichen Unbeständigkeit nach dem dauerhaften, »ewigen«, also göttlichen Glück verlangte, das der Gottgesandte ihr nicht geben kann. – Das verbale Frageverbot ist fest mit einem musikalischen Motiv verknüpft, das als signalartiges →Erinnerungsmotiv kaum verwandelt wird und stets an den verbalen Sinn des Frageverbots gemahnt, also nicht, wie die später ausgebildeten →Leitmotive, variativ verarbeitet wird. Somit erhalten aber die Worte des Frageverbots doppeltes Gewicht und erscheinen an den Knotenpunkten des Dramas.

Frankfurt am Main
Bereits zu W.s Lebzeiten führte man in dem Mitte der 70er Jahre des 19. Jh.s im neoklassizistischen Stil von Richard Lucae erbauten Opernhaus W.s Werke auf. In der im Zweiten Weltkrieg zerstörten, bis 1981 wiederaufgebauten und 1985 wiedereröffneten »Alten Oper« wird W.s Werk mit viel Engagement gepflegt.

Frankreich
War die →Schweiz das Land für W.s →Exil und damit Zufluchtsort, so sollte Frankreich mit seiner Kunstmetropole Paris das Land seiner Operntriumphe werden. Statt dessen wurde Paris zunächst W.s Elendsquartier, dann der Ort des Theaterskandals mit der *Tannhäu-*

ser-Aufführung und schließlich das Land, trotz →Wagnerismus, einer W.-Verleugnung, insgesamt also das Land von W.s empfindlichsten Niederlagen, die sich später allerdings in Siege verwandelten. Erst nach W.s Tod erwachte in Frankreich eine W.-Renaissance, deren Höhepunkt offenbar noch nicht überschritten ist. – Als W. am 17. 9. 1839 nach einer abenteuerlichen Überfahrt mit dem Schiff und Notlandung an der norwegischen Küste erstmals in der französischen Metropole ankam, hatte er eigentlich vor, Paris im Sturm mit seinen Opern zu erobern. Trotz der Protektion durch Giacomo →Meyerbeer, den W. sogleich in Boulogne-sur-Mer während dessen Kur aufsuchte, mußte W. eine elende Wohnung beziehen und Korrekturarbeiten für den Verlag Maurice →Schlesingers ausführen, um überhaupt zu überleben. Als eine Art von Wiedergutmachung für die Fronarbeit ließ der Verleger einige Aufsätze W.s in der →*Gazette musicale de Paris* veröffentlichen. W. zog am 15. 4. 1840 in die Rue du Helder um. In dieser Zeit wurde er flüchtig mit Franz →Liszt bekannt, während sich ein enger Kontakt mit seiner Halbschwester Cäcilie →Avenarius, die in Paris verheiratet war, ergab. Die Überführung des Leichnams von Napoleon I. in den Invalidendom von Paris regte W. zu dem →Gedicht *Überführung von Napoleons irdischen Überresten nach Paris* an. Unter den Freunden W.s, mit denen er z. B. Silvester 1840/41 ein »dithyrambisches Gelage« feierte,

war auch der Maler Ernst Benedikt →Kietz, der in dieser Zeit ein Bleistiftporträt W.s anfertigte und auch eine erste W.-Karikatur zeichnete. Ohne Erfolg wurde am 2. 2. 1841 W.s →*Columbus-Ouvertüre* in Paris aufgeführt. Am 29. 4. 1841 übersiedelte W. in das Dorf Meudon bei Paris; dort beschäftigte er sich mit dem Libretto zum *Holländer*, dessen Entwurf er aus Geldnöten an die Grand Opéra verkaufte. W. beschloß seine Rückkehr nach Deutschland. Bevor er diesen Vorsatz ausführte, zog er nochmals nach Paris, in die Rue Jacob 14, wo er die Komposition des *Holländers* ausführte. Am 20. 11. sandte er sie an den Direktor des Berliner Hoftheaters. Am 7. 4. 1842 beendete W. seine Hungerjahre in Paris und reiste nach →Dresden. – Trotz der schlimmen Erfahrungen seines ersten Parisaufenthalts richtete W. das Ziel seiner Flucht nach dem mißglückten Maiaufstand in Sachsen nach Paris aus, wenn er auch unvermutet →Zürich als Wohnsitz seiner Exilszeit wählte. Auf Drängen seiner Frau Minna und Liszts unternahm W. im Febr. 1850 einen erneuten Vorstoß, mit der Aufführung einer seiner Opern in Paris Fuß zu fassen. Da er keinen Erfolg hatte, reiste er am 14. 3. 1850 weiter nach Bordeaux, wo er mit Jessie →Laussot eine Flucht in den Orient plante. Das Vorhaben scheiterte jedoch, weil Jessie das Liebesverhältnis mit W. abbrach. – Nach dem Musikfest in →Karlsruhe am 6. 10. 1853 kamen Liszt, Hans von →Bülow, Peter →Cornelius sowie

Carolyne Fürstin von →Sayn-Wittgenstein mit ihrer Tochter Marie nach Basel zu einem Treffen mit W., der dann mit Liszt und seinem Anhang am 9. 10. mit nach Paris fuhr, wo er erstmals Cosima sah sowie Mathilde und Otto →Wesendonck, Hector →Berlioz und die alten Freunde wiedertraf. Minna reiste am 20. 10. nach Paris, sah eine Aufführung von Meyerbeers *Robert le diable* (1831), hörte Ludwig van →Beethovens letzte Streichquartette und kehrte mit ihrem Mann am 28. 10. nach Zürich zurück. Auf seiner ersten Konzertreise von März bis Juni 1855 in →London machte W. lediglich eine kurze Zwischenstation in Paris. Dann hielt er sich erst wieder zu Jahresbeginn 1858 für drei Wochen dort auf, wo er Cosimas Schwager, den Rechtsanwalt Emile Ollivier, kennenlernte, der W.s Autorenrechte für Frankreich wahrnehmen sollte. Am 11. 9. 1859 übersiedelte W. erneut nach Paris, um einen weiteren Anlauf zum Opernerfolgssturm auf die Seinestadt zu machen. Am 8. 12. 1859 schrieb W. eigens einen Konzertschluß für den inzwischen komponierten *Tristan*; das Manuskript zusammen mit einer programmatischen Erläuterung des Vorspiels schenkte W. Mathilde Wesendonck zum Geburtstag. Bei drei großen Konzerten W.s am 25. 1., 1. 2. und 8. 2. 1860 in Paris wurde erstmals das Vorspiel zu *Tristan* aufgeführt. Dies machte ihm deutlich, wie weit er in eine →»Zukunftsmusik« vorgedrungen war, die nur noch mit

Mühe von den Zeitgenossen verstanden werden konnte. Das Defizit der Konzerte von 10 000 Francs wurde von Marie Gräfin →Muchanoff gedeckt. Außerdem fand W. in Paris besonders unter den Dichtern neue Freunde wie Charles →Baudelaire, Gustave Doré, Catulle →Mendès, Auguste de Gaspérini und Ollivier, aber auch Musiker wie Charles Gounod, Ernest Reyer, Camille Saint-Saëns und Frédéric Villot; Berlioz wandte sich inzwischen von W. ab. Andererseits setzte sich W. in einem Gespräch über die konventionelle Oper und das »musikalische Drama« mit dem Altmeister der großen Oper während eines Besuchs bei Gioacchino →Rossini in Paris persönlich auseinander. Schließlich schien W.s Durchbruch als Opernkomponist mit einer Anordnung Kaiser →Napoleons III. zur Aufführung von *Tannhäuser* in der Grand Opéra gesichert zu sein. Pauline Fürstin →Metternich hatte sich persönlich beim Kaiser dafür eingesetzt. Auch erhielt W. durch Vermittlung des sächsischen Gesandten in Paris, Albin Leo von Seebach, seine Teilamnestie und konnte fortan wieder nach Deutschland, nicht aber nach Sachsen reisen. Zunächst hatte aber W. damit zu tun, eine Umarbeitung von *Tannhäuser* für die Pariser Aufführung vorzunehmen, da dort zur Auflage gemacht wurde, ein Ballett zu integrieren. Von einem in Paris üblichen Opernballett konnte freilich nicht die Rede sein, da sich W. gerade gegen diese Art von Oberflächlichkeit vehement zur Wehr setzte und auch nicht kompromißbereit war; aus musikdramatischen Gründen jedoch sah er selbst ein, daß die erotische Welt des →Venusbergs mit einem Ballett und vor allem mit den musikalischen Mitteln besser zu versinnlichen und deutlicher herauszuarbeiten sei, die W. sich inzwischen mit der *Tristan*-Partitur geschaffen hatte. Trotzdem gerieten die Aufführungen von *Tannhäuser* am 13., 18. und 24. 3. 1861 zu einem der größten Theaterskandale in der Geschichte der Pariser Oper. W. zog sein Werk zurück. Dennoch stattete er der Fürstin Metternich, die selbst sehr kompromittiert wurde, seinen Dank um ihre Bemühungen am 18. 6. 1861 mit einem →Albumblatt ab. Im Juli löste W. seinen Haushalt in Paris auf, wohnte aber noch bis Anfang Aug. 1861 als Gast beim preußischen Gesandten, Albert Graf von →Pourtalès, in dessen Palais, während Minna zur Kur nach Bad Soden und dann nach Dresden ging. Nach längeren Besuchen in Weimar, Wien und Venedig nahm sich W. im Dez. 1861 nochmals ein Zimmer im Pariser Hôtel Voltaire und machte sich an die Dichtung der *Meistersinger*, die er am 25. 1. 1862 beendete. Am 8. 2. 1862 übersiedelte er nach →Biebrich. Später hat W. die Seinestadt nie mehr besucht. Nach seiner Ausweisung aus →München zog sich W. wieder in die Schweiz zurück. Am 28. 12. 1865 hielt er Einzug in das Landhaus »Les Artichauts« bei Genf, um bereits vom 22. bis zum 29. 1. 1866 auf einer

Reise durch Südfrankreich wieder eine neue Wohnung zu suchen. Er kehrte jedoch unverrichteter Dinge nach Genf zurück, nachdem er die Nachricht vom Tod seiner Frau Minna am 25. 1. 1866 erst mehrere Tage danach in Marseille übermittelt bekam.

Frantz, Gustav Adolph **Constantin**
Geb. 12. 9. 1817 in Börnecke (bei Halberstadt), gest. 2. 5. 1891 in Blasewitz (heute zu Dresden); politischer Schriftsteller. – W. beschäftigte sich 1865/66 mit dessen Werk *Die Wiederherstellung Deutschlands* (Berlin 1865), in der gegen Bismarcks Politik polemisiert wird. W. verfaßte Anfang Juni 1866 ein »Politisches Programm«, das zwar unveröffentlicht blieb, aber im Sinne von Frantz die Rettung Deutschlands durch den Zusammenschluß der Mittelstaaten unter der Führung Bayerns herbeiführen sollte. Frantz besuchte W. Ende Aug. 1866 in →Tribschen. W. widmete ihm 1868 die 2. Auflage von →*Oper und Drama* (Widmung in: GSD Bd. 8, S. 243). Nachdem sich W. jahrelang mit der Politik Otto von →Bismarcks abgefunden hatte, näherte er sich mit seinem 1878 entstandenen Aufsatz →*Was ist deutsch?* wieder dem Bismarck-Gegner Frantz an. – Schriften: *Vorschule zur Physiologie der Staaten* (Berlin 1857), *Untersuchungen über das europäische Gleichgewicht* (Berlin 1859), *Die Naturlehre des Staates* (Leipzig 1870), *Das neue Deutschland* (Leipzig 1871), *Der Föderalismus* (Mainz 1879), *Die soziale Steuerreform*

(Mainz 1881), *Die Weltpolitik* (Chemnitz 1883).
Lit.: M. Häne, Die Staatsideen des Konstantin Frantz, Gladbach-Rheydt 1929

Franz, Robert
Eigtl. R. Knauth; geb. 28. 6. 1815 in Halle (Saale), gest. 24. 10. 1892 ebd.; Komponist und Dirigent. – Nach seinem Musikstudium in Dessau ging er 1837 nach Halle zurück und wurde 1841 Organist in der Ulrichskirche, 1842 Dirigent der Singakademie und 1859 auch Universitätsdirektor. 1843 erschien das 1. Heft seiner Lieder, deren Anzahl noch auf über 350 anwachsen sollte. W. schrieb am 23. 8. 1852 an Theodor →Uhlig, daß er ein Exemplar der Partitur seines *Lohengrin* »Robert Franz zu verehren gedenke«, wofür sich Franz am 28. 10. 1852 brieflich bei W. bedankte. Ein privater Brief von Franz wurde mit der Überschrift »Ein Brief über Richard Wagner« von Franz →Brendel am 26. 3. 1852 in der *Zeitschrift für Musik* veröffentlicht. Der Brief handelt von *Lohengrin*. – Werke: *Mitteilungen über J. S. Bachs Magnificat* (Leipzig 1863), *Offener Brief an Ed. Hanslick Bearbeitungen älterer Tonwerke* (Leipzig 1871), *Gesammelte Schriften über die Wiederbelebung Bachscher und Händelscher Werke* (hrsg. v. R. Bethge, Leipzig 1910), *Gespräche aus zehn Jahren* (hrsg. v. W. Waldmann, Leipzig 1895), *Briefwechsel mit A. Freiherr Senfft von Pilsach 1861 – 88* (hrsg. v. W. Golther, Berlin 1907).

Lit.: F. Liszt, Robert Franz, Leipzig 1872; R. Prohazka, Robert Franz, Leipzig 1894; R. Bethge, Robert Franz, Halle 1908; D. Loen, Robert-Franz-Brevier, Leipzig 1915; G. E. Berbag, Die Lieder von Robert Franz, Diss. Wien 1922; H. v. d. Pfordten, Robert Franz, Leipzig 1923; W. Serauky, Robert Franz als Meister des deutschen Liedes, in: Mitteilungen der Stadt Halle II/2, Halle 1942

Frege, Livia
Geb. Gerhard; geb. 13. 6. 1818 in Gera, gest. 22. 8. 1891 in Leipzig; Sängerin (Sopran). – Sie war 1833 am Leipziger Theater und 1835 am Königstädtischen Theater Berlin. Nach ihrer Verheiratung zog sie sich von der Bühne zurück und machte ihr Haus in Leipzig zur Stätte intensiver Musikpflege. In W.s Korrespondenz wird ihr Mädchenname oft Gerhardt geschrieben. Bereits in einem Brief an seine Schwester Rosalie (→Marbach) vom 11. 12. 1833 läßt W. den Namen der Sängerin im Zusammenhang mit seinen →Feen einfließen, die in Leipzig aufgeführt werden sollten, wobei er sich zwar Wilhelmine →Schröder-Devrient wünschte, aber auch Hoffnungen auf die Gerhard setzte. Ab 1834 scheint W. auch in Briefkontakt mit ihr getreten zu sein, wenn auch bislang kein Brief an sie wieder ans Tageslicht gekommen ist. In seiner →Roten Brieftasche nennt W. ihren Namen im Zusammenhang mit einem Konzert von ihr 1835 in Leipzig, das er gehört hatte. Und auch

ihr Abschiedskonzert vom 21. 6.
1836 hat W. offenbar erlebt, wie er
am Tag danach brieflich an Minna
nach Königsberg berichtete.

Freia
Hohe Sopranpartie im *Rheingold*.
Sie ist die Schwester →Frickas und
im germanischen Mythos die Göttin
der Schönheit und der Liebe, die bei
W. mit ihren Äpfeln den Jungbrun-
nen der Götter zu pflegen hat. Als
sie zum Lohn für den Bau der Götterburg →Walhall zeitweilig den
Riesen →Fafner und →Fasolt überlassen werden muß, welken die Götter dahin, und →Wotan muß im
→Nibelungenhort Ersatz für die
unersetzliche Freia finden.

Freiburg im Breisgau
Das 1905 – 10 von Heinrich Seeling
im Jugendstil erbaute Theater
wurde am 8. 10. 1910 u. a. mit der
Festwiesenszene aus den *Meistersin-
gern* eröffnet. Nach der Kriegszer-
störung wurde es am 30. 12. 1949
mit den *Meistersingern* neu eröffnet.
Aus jüngster Zeit ist von Friedrich
Petzold eine vieldeutige *Lohengrin*-
Inszenierung zu erwähnen, die die
Handlung in die Zeit W.s verlegte.
Anfang der 80er Jahre wurde dort
der gesamte *Ring* inszeniert.

Freigedank, K.
Pseudonym W.s 1850.

Freudenfeuer, V. bzw. W.
Pseudonym W.s für Artikel der
Wochenzeitschrift *Europa*.

Fricka
Tiefer Sopran in *Rheingold* und
Walküre. Als Gattin →Wotans und
Schwester →Freias beeinflußt sie die
Weltläufte und tut sich als Hüterin
der Ehe hervor.

Fricke, Richard
Geb. 1818, gest. 1903; Ballettmeister
am Hoftheater Dessau. – W. verpflichtete ihn als Bühnenmeister
und Hilfsregisseur für die →Fest-
spiele 1876 und als Tanzlehrer für
seine Kinder. Seine Tagebuchaufzeichnungen *Bayreuth vor dreißig
Jahren* (Dresden 1906) geben ausgezeichnete Aufschlüsse über die ersten Probenarbeiten im →Festspiel-
haus.

Friedmund
→Siegmund will sich selbst in der
Walküre so nennen.

Friedrich
Baßpartie im →*Liebesverbot*; Statthalter von Sizilien, der als Deutscher die Mentalität der Südländer
verkennt und mit rigider Moral bevormunden will, aber den eigenen
Maximen nicht gewachsen ist.

Friedrich I. (WWV 76)
[Oper] in fünf Akten; Prosaskizze
vom 31. 10. 1846, Zusätze: 1848. –
Stichpunktartig hat W. die ersten
beiden Akte skizziert und von den
restlichen drei die Handlung angedeutet. Im I. Akt, der in den ronka-
lischen Feldern spielen sollte, hat W.
die Auseinandersetzung zwischen
weltlicher und kirchlicher Macht

darstellen wollen, die zum Fehdeschluß gegen Mailand führt. Für den II. Akt wird die Belagerung von Mailand kurz ausgeführt. Der III. Akt sollte der Lombardenbund und der Abfall Heinrichs des Löwen, der IV. Akt Friedrichs Größe und Heinrichs Ächtung und der V. Akt schließlich das Fest in Mainz, den Frieden mit dem Papst und den Aufbruch zu den Kreuzzügen beinhalten. Selbst hat W. den Text nicht vertont. – In: SSD Bd. 11, S. 270 – 272.
Lit.: WWV

Friedrich August II.
König von Sachsen (seit 1836), geb. 13. 5. 1797 in Dresden, gest. 9. 8. 1854 in Brennbüchel (Tirol). – An ihn schrieb W. 1840 aus Paris (→Frankreich), seinen *Rienzi* »in der besonderen Absicht« geschrieben zu haben, »sie dem Hoftheater Ew: Majestät zur ersten Aufführung anzubieten«. Daß er mit dieser Oper in Paris nicht ankommen konnte, verschwieg W. selbstverständlich. Um der sich in →Dresden verzögernden Uraufführung Nachdruck zu verleihen, bot W. sogar im Mai 1841 dem Intendanten August von →Lüttichau an, sein Werk dem König zu widmen, für den W. schließlich das Chorlied →*Gruß seiner Treuen an Friedrich August den Geliebten* komponierte und am 12. 8. 1844 im Schloßpark von Pillnitz aufführte. Nachdem W. sich im Dresdener Maiaufstand als Revolutionär engagiert hatte und seinen Aufsatz →*Wie verhalten sich republikanische*

Bestrebungen dem Königtum gegenüber? im *Dresdener Anzeiger* veröffentlichen ließ, glaubte er ganz naiv, den König als ersten Republikaner ausrufen zu dürfen, mußte sich jedoch, nachdem erhebliche Kritik an der Gesinnung des königlichen Kapellmeisters laut geworden war, wegen seines Zeitungsartikels brieflich beim König rechtfertigen. Dennoch wurde *Rienzi* vom Spielplan abgesetzt und eine geplante Aufführung von *Lohengrin* verweigert. 1849 eskalierten schließlich die revolutionären Aktivitäten, Barrikadenkämpfe flammten auf, und der König mußte mit seiner Regierung auf den Königstein flüchten. Die Revolution wurde jedoch niedergeschlagen, W. als Kapellmeister abgesetzt und steckbrieflich verfolgt (→Steckbrief).

Fritzsch, Ernst Wilhelm
Geb. 24. 8. 1840 in Lützen, gest. 14. 8. 1902 in Leipzig; Musikverleger. – 1857 – 62 war er Schüler am Leipziger Konservatorium, eröffnete 1866 eine Musikalienhandlung in Leipzig und gründete einen Musikverlag, bei dem W. einige seiner kleineren Werke veröffentlichte, wie →*An Webers Grabe* (WWV 72) oder das →*Albumblatt* (WWV 94) für Pauline Fürstin →Metternich (WWV 94) und →*Ankunft bei den schwarzen Schwänen* (WWV 95), ein Klavierstück, das Anna Gräfin von Pourtalès gewidmet ist.

Froh
Tenorpartie im *Rheingold;* Gott im

Gefolge →Wotans aus dem germanischen Mythos.

Frohwalt
Ein Name, den sich →Siegmund in der *Walküre* selbst nicht geben kann.

Frommann, Alwine
Geb. 16. 3. 1800 in Jena, gest. 2. 8. 1875 ebd.; Malerin. – Sie entstammte einer Jenaer Buchhändlerfamilie und war Vorleserin der Prinzessin Augusta von Preußen, der späteren Kaiserin. Die Bekanntschaft mit W. datiert bereits aus dem Jahr 1844.

Fünf Gedichte für eine Frauenstimme
→ *Wesendonck-Lieder*

Gahmuret
→Parsifals Vater, der nicht in *Parsifal* als Bühnenfigur erscheint.

Gautier, Judith
Eigtl. Louise Charlotte Ernestine G.; geb. 25. 8. 1845 in Paris, gest. 26. 12. 1917 in Saint-Enogat (Bretagne); Schriftstellerin und Schauspielerin. – Tochter des Schriftstellers Théophile Gautier; 1866 – 74 mit dem Schriftsteller Catulle →Mendès verheiratet, ab 1874 von ihm getrennt und 1894 geschieden. Sie schrieb Gedichte, später exotische Romane und Erinnerungen. Sie kam erstmals 1869 in →Tribschen mit W. zusammen. W.s Liebesgeschichte mit ihr entspann sich jedoch erst als »Lichtblick« in der anstrengenden Zeit

während der →Festspiele 1876 in Bayreuth; briefliche Verbindung bestand bis zum 6. 2. 1878. 1881 besuchte sie W. in Bayreuth, um Notizen für ihr Buch über ihn zu sammeln, das im Sommer 1882 unter dem Titel *Richard Wagner et son œuvre poétique* in Paris veröffentlicht wurde und bereits 1883 als *Richard Wagner und seine Dichtung von* »*Rienzi*« *bis zu* »*Parsifal*« deutsch vorlag. Zu den Festspielen 1882 kam sie nochmals nach Bayreuth.
Lit.: R. W., *An Frau Judith Gautier über die bevorstehende Aufführung des* »*Rienzi*« *in Paris* (1869), in: SSD Bd. 16, S. 114

Gawan
Bei →Wolfram von Eschenbach ritterlicher Held und Repräsentant der höfischen Gesellschaft, Neffe von Artus; auch Gawain genannt; französisch Gauvain. In *Parsifal* ein Ritter des →Grals, der gegen des Königs Befehl sich aufgemacht hat, Hilfe für →Amfortas zu bringen, sonst aber nicht in der Handlung erscheint.

Gazette musicale de Paris
Diese wichtige französische Musikzeitschrift wurde 1827 – 35 als *La Revue musicale* von François Joseph Fétis herausgegeben und ab 1835 als *La Revue et gazette musicale de Paris* weitergeführt. Am 12. 7.1840 ließ W. seinen Aufsatz →*Über deutsches Musikwesen* in der im Verlag von Maurice →Schlesinger erscheinenden Zeitschrift veröffentlichen; die Fortsetzung folgte am 26. 7. Mit solchen

Gefälligkeiten wollte Schlesinger offenbar die Fronarbeit, die W. sonst in Form von Notenschreiben für ihn zum Broterwerb leisten mußte, anerkennen und W.s literarischen Ehrgeiz befriedigen. Schon am 18.10. konnte W. einen weiteren Aufsatz, *Der →Virtuos und der Künstler*, in der *Gazette musicale* unterbringen. Im ganzen schrieb W. acht Aufsätze für diese Zeitschrift, u. a. die beiden Erzählungen *Ein →Ende in Paris* und *Ein →glücklicher Abend.* Ab Nov. 1840 ließ er dort seine Novelle *Eine →Pilgerfahrt zu Beethoven* in Fortsetzungen abdrucken.

Geburtshaus
Das Geburtshaus W.s hatte die Bezeichnung »Rot und Weiße Löwe« und war auf dem Brühl Nr. 3 in →Leipzig gelegen. Es wurde 1886 wegen Baufälligkeit abgerissen.

Gedenkstätte
→Richard-Wagner-Gedenkstätte

Gedichte
Dem »Aargauer« (1852), in: SSD Bd. 12, S. 367; *An Anton Seidl* (1874), in: SSD Bd. 12, S. 383; *An August Wilhelmj* (1876), in: SSD Bd. 12, S. 386; *An Bürgermeister Muncker* (1875), in: SSD Bd. 12, S. 385; *An das Historisch-Politische Kränzchen in Bayreuth*, in: SSD Bd. 12, S. 384; *An David Strauß*, in: SSD Bd. 12, S. 371; *An den Herzog von Meiningen*, in: SSD Bd. 12, S. 386; *An die Fürsten* (1849), in: SSD Bd. 12, S. 366; *An Dr. J. Standhartner*, in: SSD Bd. 12, S. 385; *An einen Staatsanwalt!*

(1849), in: SSD Bd. 12, S. 365; *An Emil Heckel* (1872), in: SSD Bd. 12, S. 378; *An Franz Fischer* (1876), in: SSD Bd. 12, S. 386; *An Franz Liszt* (1872), in: SSD Bd. 12, S. 388; *An Friedrich Feustel (I. Mit einer Gänseleberpastete*, 1874; *II. Mit Übersendung einer Medaille*, 1875; *III.* 1878), in: SSD Bd. 12, S. 378; *An Georg Herwegh* (1873), in: SSD Bd. 12, S. 377; *An Grafen Gowinhof [Gobineau]* (1881), in: SSD Bd. 12, S. 387; *An Hans Richter (I.* 1875; *II.* 1879), in: SSD Bd. 12, S. 380; *An Henrich Laube* (1868), in: SSD Bd. 12, S. 373; *An Heinrich von Stein* (1881), in: SSD Bd. 12, S. 388; *An Helmholtz*, in: SSD Bd. 12, S. 387; *An H. v. Wolzogen* (1881), in: SSD Bd. 12, S. 387; *An J. Cyriax* (1877), in: SSD Bd. 12, S. 387; *An König Ludwig II. von Bayern (I. »Am Abgrund«*, 1865; *II. Zum Geburtstage des Königs*, 1865; *III. Die Sonne von Hohenschwangau*, 1865; *IV. Abschiedstränen*, 1865; *V.*, 1866; *VI. Dem Königlichen Freunde mit der Überreichung der Originalpartitur der »Walküre« am 21. Geburtstage des Erhabenen*, 1866; *VII. Widmung der Partitur des »Liebesverbotes«*, 1866; *VIII. 24. August 1867; IX. An den König*, 1868; *X. An den König*, 1870; *XI. Bei Übersendung des dritten Aktes der »Götterdämmerung« an König Ludwig II.; XII. An den König*, 1873; *XIII.*, 1876; *XIV.*, 1877; *XV.*, 1879; *XVI.*, 1879; *XVII.*, 1880; *XVIII.*, 1881; *XIX. Zum fünfundzwanzigsten August* 1881; *XX.*, 1882; *XXI. Zum 24. August* 1882), in: SSD Bd. 12, S. 389; *An Marie Bassenheim*, in: SSD Bd. 12, S. 375; *An Marie Schleinitz*, in: SSD

Bd. 12, S. 385; *An Mathilde Wesendonck* (*I. Schwalbenlied*, 1856; *II. Widmung*, 1857; *III. Volkslied*, 1859), in: SSD Bd. 12, S. 368; *An Nietzsche* (1873), in: SSD Bd. 12, S. 383; *An Peter Cornelius* (1867), in: SSD Bd. 12, S. 371; *An Tichatschek* (*I.*, 1863; *II.*, 1870), in: SSD Bd. 12, S. 370; *Aus einem Tagebuch* (1840), in: SSD Bd. 12, S. 352; *Bei dem Empfange* (1844), in: SSD Bd. 12, S. 355; *Bei der Vollendung des »Siegfried«*, in: GSD Bd. 8, S. 414; *Beim Hebefeste des Bühnenfestspielhauses zu Bayreuth* (1873), in: SSD Bd. 12, S. 383; *Braunschweiger Wurst für Lohengrin* (1870), in: SSD Bd. 12, S. 374; *Des Deutschen Vaterland* (1863), in: SSD Bd. 12, S. 369; *Drei Gedichte* (*I. Rheingold; II. Bei der Vollendung des »Siegfried«; III. Zum 25. August 1870*), in: GSD Bd. 8, S. 411; *Die 3 Jota* (1865), in: SSD Bd. 12, S. 371; *Epitaphium* (1864), in: SSD Bd. 12, S. 370; *Geburtstagsreim in das Gedenkbuch einer Tochter A. Pusinelli's* (1871), in: SSD Bd. 12, S. 377; *Gesänge bei dem Empfange und der Beisetzung der sterblichen Überreste Carl Maria von Webers* (*I. Bei dem Empfange; II. Vor der Bestattung*), in: SSD Bd. 12, S. 355; *Die grünen Schuhe* (1841), in: SSD Bd. 12, S. 353; *Gruß aus Sachsen an die Wiener* (1848), in: SSD Bd. 12, S. 358; *Gruß seiner Treuen an Friedrich August den Geliebten bei seiner Zurückkunft aus England* (1844), in: SSD Bd. 12, S. 353; *Dem Königlichen Freunde* (1864), in: GSD Bd. 8, S. 1; *Lola Montez* (1849), in: SSD Bd. 12, S. 367; *Modern* (1874), in: SSD Bd. 12, S. 384; *Die Not*, in: SSD

Bd. 12, S. 361; *Revolutions-Gedichte* (*I. Gruß aus Sachsen an die Wiener; II. Die Not; III. An einen Staatsanwalt!*), in: SSD Bd. 12, S. 358; *Rheingold*, in: GSD Bd. 8, S. 414; *Salz und Brot* (1863), in: SSD Bd. 12, S. 369; *Seinem freundlichen Wirt Herrn Louis Kraft* (1871), in: SSD Bd. 12, S. 376; *Siegfried-Idyll* (1869, 1877), in: SSD Bd. 12, S. 375 und 430; *Sonette gegen D. F. Strauß und H. Laube* (*An David Strauß; An Heinrich Laube*), in: SSD Bd. 12, S. 371; *Telegramm an Hölzel* (1868), in: SSD Bd. 12, S. 374; *Verse auf Ernst Frank* (1873), in: SSD Bd. 12, S. 377; *Volksgesang am Schlusse des »Kaisermarsches«* (1871), in: SSD Bd. 12, S. 376; *Vor der Bestattung* (1844), in: SSD Bd. 12, S. 355; *Zum 25. August 1870*, in: GSD Bd. 8, S. 415; *Zur Überführung von Napoleons irdischen Überresten nach Paris* (1840), in: SSD Bd. 12, S. 351.

Gelegenheitsgedichte

An … (1882), in: SSD Bd. 16, S. 232; *An Amalie Materna* (1882), in: SSD Bd. 16, S. 232; *An Arthur Gobineau*, in: SSD Bd. 16, S. 231; *An den Braunschweiger Nibelungen-Kegelklub* (1877), in: SSD Bd. 16, S. 230; *An den Dresdener Hoftheater-Chor* (1875), in: SSD Bd. 16, S. 228; *An die Musikdirektoren Ganzer und Laube in Hamburg* (1873), in: SSD Bd. 16, S. 226; *An die Nibelungen-Schmiede* (1875), in: SSD Bd. 16, S. 228; *An Eduard Dannreuther* (1877), in: SSD Bd. 16, S. 230; *An Frau von Aufseß* (1879?), in: SSD Bd. 16, S. 230; *An Fürst Lichtenstein* (1876), in: SSD Bd. 16, S. 229; *An Gräfin Szechenyi*, in: SSD

Bd. 16, S. 229; *An Graf Krockow. Ballade* (1873), in: SSD Bd. 16, S. 227; *An Hans Richter* (1879), in: SSD Bd. 16, S. 230; *An Herrn von Werthern*, in: SSD Bd. 16, S. 225; *An Marie Schleinitz* (1871), in: SSD Bd. 16, S. 226; *An Professor Schrön* (1880), in: SSD Bd. 16, S. 231; *An Therese Malten* (1882), in: SSD Bd. 16, S. 232; *Einem Besitzer des Klavierauszugs des »Ring des Nibelungen«!* (1879), in: SSD Bd. 16, S. 231; *Fragment eines Jugendgedichts auf den Tod eines Mitschülers* (1825), in: SSD Bd. 16, S. 225; *Fragment eines verlorenen Gedichtes* (1848), in: SSD Bd. 16, S. 225; *Das Häschen*, in: SSD Bd. 16, S. 232; *Herrn Direktor Neumann. Viktoria-Theater. Berlin* (1881), in: SSD Bd. 16, S. 231; *In ein Stammbuch* (1873), in: SSD Bd. 16, S. 227; *Triebschener Kinderhymne* (1872), in: SSD Bd. 16, S. 226; *Trinkspruch auf Hauptmann Schönaich* (1875), in: SSD Bd. 16, S. 228; *Wahlspruch für die Luzerner Feuerwehr* (1869), in: SSD Bd. 16, S. 225; *Zur Widmung. An Herrn Zahnarzt Jenkins* (1877), in: SSD Bd. 16, S. 229.

Genast, Eduard Franz
Geb. 15. 7. 1797 in Weimar, gest. 3. 8. 1866 in Wiesbaden; Sänger, Schauspieler, Komponist und Regisseur. – Er gab 1814 in Weimar sein Debüt als Osmin in Wolfgang Amadeus →Mozarts *Entführung aus dem Serail* (1782), war 1828 Theaterdirektor in Magdeburg und ab 1829 in →Weimar auf Lebenszeit am Hoftheater engagiert; 1833 – 35 dort auch als Opernregisseur tätig. Mit ihm be-

sprach W. die Inszenierung seines *Lohengrin* für Weimar unter Franz →Liszts musikalischer Leitung. Er stand im Briefverkehr mit W. und wurde von ihm wegen seiner Inszenierungsarbeit sehr gelobt. Bereits am 22. 5. 1851 jedoch schrieb W. an Liszt, daß Genast »in Routine ergraut« sei und für Weimar ein geeigneterer Regisseur notwendig sei. Später revidierte W. sein ablehnendes Urteil. – Werke: Opern *Die Sonnenmänner* (1828) und *Der Verräter in den Alpen* (1833); zahlreiche Lieder. Schriften: *Aus dem Tagebuch eines alten Schauspielers* (4 Bände, Leipzig 1862 – 66).

Genée, Johann **Friedrich**
Geb. 24. 6. 1795 in Königsberg (Pr), gest. 4. 3. 1856 in Danzig; Sänger, Schauspieler und Librettist. – 1824 – 41 Bassist am Königstädtischen Theater Berlin; ab 1841 Oberspielleiter in Danzig. W. korrespondierte mit ihm.

Genelli, Giovanni (Hans)
Bonaventura
Geb. 28. 9. 1798 in Berlin, gest. 13. 11. 1868 in Weimar; Maler und Zeichner. – Sein Bild *Dionysos von den Musen erzogen* erwarb W. von Friedrich →Brockhaus, weil es ihn in seiner Jugend sehr beeindruckt hatte. Heute befindet es sich in der Villa →Wahnfried in Bayreuth.

Gerhilde
Sopranpartie in der *Walküre*; eine der →Walküren, die für →Wotans erwarteten Kampf um die Weltherr-

schaft mit →Alberich Helden in →Walhall versammeln.

Gerle, Wilhelm **Wolfgang Adolf** Geb. 9. 7. 1783 in Prag, gest. 29. 7. 1846 ebd.; Schriftsteller. – Professor für italienische Sprache am Prager Konservatorium. Er war mit W.s Schwester Rosalie (→Marbach) befreundet.

Gernot
Baßpartie in den →*Feen;* Liebhaber →Drollas und Diener →Arindals.

Gesamtkunstwerk
Vorläufer in der Idee des Gesamtkunstwerks hatte W. nicht nur in seiner Anschauung von der Kunst Griechenlands, sondern auch z. B. durch Johann Gottfried von Herder, der ein »zusammenhängendes lyrisches Gebäude, in welchem Musik, Poesie, Aktion und Dekoration eins sind«, proklamierte, oder bei Johann Wolfgang von Goethe, der Johann Peter Eckermann gegenüber sich in ähnlichem Sinne aussprach. Aber auch der dem Kreis um Friedrich Wilhelm Joseph von Schelling angehörende Ästhetiker Georg Anton Friedrich Ast entwarf ein System der Ästhetik (*Handbuch der Ästhetik,* Leipzig 1805), auf dessen Prinzipien W. aufbauen konnte. Schon bei Ast ist die Poesie »die Zentralkunst in der Oper«. »Die Poesie sei der Geist oder das unsichtbare Zentrum des Gesamtkunstwerkes, sie sei das männliche, die Musik dagegen das weibliche Prinzip«. Schließlich hat auch Karl Friedrich Eusebius Trahn-

dorff in seiner Ästhetik »eine Vereinigung aller Künste zu einer gemeinschaftlichen Leistung« gefordert. – Im Gegensatz zur W.-Literatur hat W. selbst den Begriff Gesamtkunstwerk nur selten verwendet, z. B. in seiner Schrift *Die →Kunst und die Revolution,* in der er bedauert, daß »das große Gesamtkunstwerk der Tragödie in die einzelnen, ihm inbegriffenen Kunstbestandteile« sich aufgelöst hat. Und im →*Kunstwerk der Zukunft* zielt W. auf das »Gesamtkunstwerk der Zukunft«, das durch ein »Genie der Gemeinsamkeit« geschaffen werden würde. Der hohe Anspruch wurde bald mit dem Vorwurf des Dilettantismus verknüpft, dem W. (aber nicht nur er, sondern auch andere namhafte Komponisten des 19. Jh.s wie Hector →Berlioz, Franz →Liszt und Robert →Schumann) ausgesetzt war. Wenn auch der Verdacht naheliegt, daß Dilettantismus als Synonym für progressive Kompositionstechniken herhalten mußte, leitete sich der Vorwurf doch auch aus der ernsthaften Sorge akademisch gebildeter Musiker und Kritiker ab, die eine gesicherte Handwerklichkeit des Tonsatzes, wie er im 18. Jh. noch verbindlich war, vermißten. Umgekehrt allerdings zeugt der Vorwurf des Dilettantismus in Anbetracht des Gesamtkunstwerks von der Unsicherheit und Hilflosigkeit der akademischen Juroren gegenüber gebündelten, aber äußerst wirkungsvollen Regelwidrigkeiten. Außerdem haftet dem Anspruch, nicht nur Meisterschaft in einem spezifischen Bereich der Kunst zu erlangen, sondern Gesamtkunstwerke zu schaffen, nicht nur der Verdacht der Hochstapelei an, sondern auch der notgedrungener Schwächen auf Teilgebieten des Gesamtkunstwerks, dessen Einzelbestandteile sich offenbar nicht ohne gewichtige Gründe mit dem Spezialistentum für gesonderte Kunstarten entwickelt hatten. W. aber erhob den Anspruch, die verschiedenen Künste nicht nur in ihren jeweiligen höchsten Ausprägungen gleichsam in einem Superkunstwerk zu verschmelzen, sondern auch die für das Bühnengeschehen notwendigen Kunstformen im Dienst des →Dramas als Teilbereiche des künstlerischen Geschehens sich auswirken zu lassen.

Gesang am Grabe (WWV 51)
Text von Harald von Brackel; komponiert zwischen dem 29. 12. 1838 und dem 4. 1. 1839 in →Riga; verschollen. Anlaß war die Beerdigung Julie von Holteis, der Frau des Theaterdirektors Karl von →Holtei. Die Uraufführung fand bei der Beerdigung am 4. 1. 1839 auf dem Jacobi-Friedhof statt.
Lit.: WWV

Geyer, Johanne Rosine
Geb. Pätz (auch Berthis, Bertz, Betz), verwitwete Wagner; geb. 19. 9. 1778 in Weißenfels, gest. 9. 1. 1848 in Leipzig. – Mutter W.s; Tochter des Bäckermeisters Johann Gottlob Pätz; am 2. 6. 1798 mit Friedrich →Wagner verheiratet, neun Kinder. Nach dem Tod ihres ersten

Mannes am 28. 8. 1814 mit Ludwig →Geyer verheiratet. Sie zogen nach Dresden und hatten noch die gemeinsame Tochter Cäcilie (→Avenarius). Ihr zweiter Mann starb 1821; 1827 übersiedelte sie wieder nach Leipzig.

Geyer, Karl
Geb. 27. 3. 1791 in Artern/Unstrut, gest. 28. 4. 1831 in Eisleben; Goldschmied. – W.s Onkel; Bruder von Ludwig →Geyer.

Geyer, Ludwig Heinrich Christian
Geb. 21. 1. 1779 in Eisleben, gest. 30. 9. 1821 in Dresden; Schauspieler, Porträtmaler und Dramatiker. – W.s Stiefvater, der einer sächsisch-anhaltischen Pastoren- und Kantorenfamilie entstammte. Er studierte zunächst Jura, mußte dieses Studium jedoch abbrechen, verdiente seinen Unterhalt als Maler und wurde dann Schauspieler; er war in Magdeburg, Stettin, Breslau und bei Joseph →Secondas Truppe in Leipzig und Dresden engagiert. Am 28. 8. 1814 heiratete er die verwitwete Mutter W.s, Johanne Rosine →Geyer; er sorgte aufopfernd für die große Familie. Für die gelegentliche Behauptung, er sei W.s Vater, fehlt jedes Beweismaterial. W. hing sehr an seinem Stiefvater. – Werke: *Das Erntefest* (1818), *Der bethlehemitische Kindermord* (1823).

Gibichungen
Der regierende König der Gibichungen am Rhein ist →Gunther. Zum Klan gehören seine Schwester

→Gutrune und der Halbbruder →Hagen. Um den Ruhm der Gibichungen zu mehren, soll der König →Brünnhilde und seine Schwester den Helden →Siegfried heiraten.

Giustiniani, Palazzo
→Palazzo Giustiniani

Glasenapp, Carl Friedrich
Geb. 3. 10. 1847 in Riga, gest. 14. 4. 1915 ebd.; Philologe und Sprachwissenschaftler, W.-Forscher. – Er war Dozent für deutsche Sprache und Literatur am Polytechnikum in Riga; später Mitarbeiter der →Bayreuther Blätter. – Werke: Richard Wagners Leben und Wirken (2 Bände, Kassel/Leipzig 1876/77), Wagner-Lexikon. Hauptbegriffe der Kunst- und Weltanschauung Richard Wagners (Stuttgart 1883), Wagner-Encyklopädie. Haupterscheinungen der Kunst- und Kulturgeschichte im Lichte der Anschauung Richard Wagners (Leipzig 1891), Siegfried Wagner (Berlin 1906), Siegfried Wagner und seine Kunst (Leipzig 1911); Herausgeber von Familienbriefe von Richard Wagner 1832 – 1874 (Berlin 1907).

Gläser, Franz Joseph
Geb. 19. 4. 1798 in Obergeorgenthal (Horní Jiřetín; Nordböhmen), gest. 29. 8. 1861 in Kopenhagen; Komponist und Dirigent. – 1817 – 30 war Gläser Theaterkapellmeister in Wien, 1830 – 42 am Königstädtischen Theater Berlin und 1842 Hofkapellmeister in Kopenhagen. Briefadressat W.s, der aufführungstechnische Angelegenheiten mit ihm erörterte.

Glockentöne (WWV 30)
Lied für Singstimme und Klavier nach einem Gedicht von Theodor →Apel; komponiert am 12. 10. 1832 in Pravonín (bei Prag); verschollen. – Das Gedicht heißt Der Entfernten und beginnt mit »Glockentöne hör' ich klingen«. In seinen autobiographischen Schriften nennt W. das Lied »Glockentöne«, im Brief an Apel vom 12. 10. 1832 »Abendglokken«. Nach seiner Darstellung in →Mein Leben wurde das Lied durch Ludwig van →Beethovens »Liederkreis« An die ferne Geliebte (1816) angeregt und entstand, als W. im Herbst 1832 im Hause von Johann Joseph Graf →Pachta einige Wochen zu Gast war.
Lit.: WWV

Gluck, Christoph Willibald
Ritter von
Geb. 2. 7. 1714 in Erasberg (bei Neumarkt i. d. Opf.), gest. 15. 11. 1787 in Wien; Komponist. – In →Dresden dirigierte W. als erste eigene Neueinstudierung am 5. 3. 1843 Glucks Armide (1777). Im Winter 1846 beschäftigte sich W. mit der textlichen und musikalischen Bearbeitung von Glucks Iphigénie en Aulide (1774), die am 22. 2. 1847 in Dresden von ihm aufgeführt wurde. Im Züricher →Exil dirigierte W. im Winter 1853/54 neun Konzerte der Züricher »Musikgesellschaft« mit Symphonien von Ludwig van →Beethoven, Joseph Haydn und Wolfgang Amadeus →Mozart sowie mit Ouvertüren von Gluck und Carl Maria von →Weber. Besonders in →Oper

und Drama setzte sich W. mit Glucks Opernreform auseinander. *Lit.*: Mémoires pour servir à l'histoire de la révolution opérée dans la musique par M. le Chevalier Gluck, hrsg. v. G. M. Leblond, Neapel 1781, deutsch v. J. G. Siegmayer: Über den Ritter Gluck, Berlin 1823; A. B. Marx, Gluck und die Oper, Berlin 1863; G. Whittaker, W.'s Version of Gluck's Iphigenie in Aulis, Oxford 1940; W. Vetter, Glucks Entwicklung zum Opernreformer (1924), in: ders., Mythos – Melos – Musica, Bd. 2, Leipzig 1961

glückliche Bärenfamilie, Die
→ *Männerlist größer als Frauenlist*

glücklicher Abend, Ein
In dieser in den Schriftenzyklus *Ein →deutscher Musiker in Paris* eingebundenen Novelle drückt sich W. als Enthusiast aus, der in der Diskussion zweier Musiker über Wolfgang Amadeus →Mozarts *Symphonie Es-Dur* KV 543 (1788) und Ludwig van →Beethovens *Symphonie A-Dur* op. 92 (1812) das Glückserlebnis romantischer Musikrezeption mit Naturempfindungen verbindet, um das Wesen dieser großen Musik zu beschreiben. – In: GSD Bd. 1, S. 169 – 184; DS Bd. 5, S. 137.

Gobineau, Joseph Arthur Graf von
Geb. 14. 7. 1816 in Ville-d'Avray (bei Paris), gest. 13. 10. 1882 in Turin; Schriftsteller und Rassentheoretiker. – 1855 erschienen die vier Bände seines *Versuchs über die Un-*gleichheit der Menschenrassen, worin er die »Arier« zwar als »Eliterasse« bezeichnet, aber den Untergang der weißen Rasse durch Rassenmischung voraussieht. Er besuchte W. 1881 in Bayreuth. Erst damals hatte sich W. mit Gobineaus Rassentheorien beschäftigt. In *Heldenthum und Christenthum* (1881; in: GSD Bd. 10, S. 351) nahm W. einen Teil von Gobineaus Rassentheorien auf, setzte aber eigene Schlußfolgerungen in der →»Regenerationslehre«. *Lit.*: R. W., *Zur Einführung der Arbeit des Grafen Gobineau »Ein Urtheil über die jetzige Weltlage«*, in: GSD Bd. 10, S. 46

Goldwag, Bertha
Putzmacherin in Wien. W. erteilte ihr große Aufträge, die von seinen Gläubigern als Verschwendungssucht angeprangert wurden. W.s Briefe an sie wurden zunächst in einer Auswahl von 16 Stücken in der Wiener *Neuen Freien Presse* abgedruckt, wobei die Dokumente aus dem Zusammenhang gerissen und entstellend kommentiert wurden; erst 1906 (Wien; *Briefe Richard Wagners an eine Putzmacherin*) folgte eine geschlossene Ausgabe, herausgegeben von Daniel Spitzer.

Götterdämmerung
3. Tag des →*Rings des Nibelungen*.

Gottfried
Stumme Rolle in *Lohengrin*; der jüngere Bruder →Elsas und der Thronfolger von Brabant, der von →Ortrud in einen →Schwan verzau-

bert wurde; den angeblichen Mord an Gottfried versuchte Ortrud Elsa anzulasten, um sie für ihre ehrgeizigen Pläne, selbst Herrin des Landes zu werden, aus dem Weg zu räumen. →Lohengrin durchschaut nach seinem Abschied von Elsa das Ränkespiel der Heidin Ortrud und verwandelt˙Gottfried zurück in einen Prinzen, der an seiner Stelle siegreich in den Kampf ziehen soll.

Gottfried von Straßburg

Gest. um 1210; Dichter. – Einer der großen mittelhochdeutschen Epiker, der eine umfassende literarische, musikalische und theologische Ausbildung genoß und möglicherweise Beamter am Bischofshof zu Straßburg war. Sein Hauptwerk *Tristan und Isold* ist zwischen 1205 und 1210 entstanden, blieb aber mit etwa 20 000 Versen Fragment. W. griff für *Tristan* auf dieses Epos zurück, bemängelte jedoch die Weitläufigkeit der Dichtung, die zum Zweck eines →Musikdramas völlig umzuschreiben sei. – Ausgabe: *Tristan* (hrsg. v. G. Weber, G. Utzmann u. W. Hoffmann, mittelhochdeutsch mit neuhochdeutscher Nacherzählung, Darmstadt 1967). *Lit.:* W. Mohr, Tristan und Isold als Künstlerroman, in: Euphorion 53:1959; L. Gnädinger, Musik und Minne im »Tristan« Gottfrieds von Straßburg, in: Wirkendes Wort, Düsseldorf 1967

Gozzi, Carlo Lucio Graf

Geb. 13. 12. 1720 in Venedig, gest. 4. 4. 1806 ebd., Lustspieldichter. –

Als sechstes Kind unter elf Brüdern genoß er trotz seiner adligen Herkunft keine sorgfältige Ausbildung, da die Familie rasch verarmte. Er war Mitbegründer der 1747 eröffneten »Accademia dei Granelleschi«, die die Reinheit der italienischen Sprache auf ihr Panier geschrieben hatte. Mit dem Schöpfer der italienischen Charakterkomödie, Carlo Goldoni, verfeindete er sich heftig, bis Goldoni 1762 das Feld räumte und nach Paris ging. Um den französischen Einfluß in Italien zu bekämpfen, wandte sich Gozzi auch gegen Voltaire, Denis Diderot und Jean-Jacques Rousseau, die viel in Italien gelesen wurden. Sein Verhältnis mit der Schauspielerin Teodora Ricci brachte ganz Venedig in Aufruhr. Gozzis Einfluß war in Italien nur kurzzeitig, in Frankreich und Deutschland dagegen erheblich. Seine »fiaba« *La donna serpente* (1762) nahm W. zur Textvorlage für seine Oper *Die* →*Feen.* – Werke: *L'amore delle tre melarance* (1761), *Turandot* (1762), *Memorie inutili della vita di Carlo Gozzi scritte da lui medesimo e pubblicate per umiltà* (Venedig 1797).

Gral

Der Begriff leitet sich von dem altfranzösischen Wort »graal« in der Bedeutung von »Gefäß« ab. Er wurde in der mittelalterlichen Dichtung als geheimnisvoller Gegenstand beschrieben, der mit einer gleichfalls rätselhaften blutigen Lanze in einer tempelartigen Burg bewacht wurde. Ewige Jugend und

Speisen in unbegrenzter Fülle spendend, waren diese Gaben des Grals jedoch nur dem zu ihm berufenen Reinen zugänglich. In seinen Erläuterungen *Vorspiel zu »Lohengrin«* (in: GSD Bd. 5, S. 232) hat W. das Wesen des Grals beschrieben, wie er es seiner Oper *Lohengrin* einpflanzen wollte, um den »aus der öden Sorge für Gewinn und Besitz« befangenen Menschen ein Zeichen der Liebe aufzurichten, das zur Humanisierung der Menschheit führen solle. In *Lohengrin* hat W. ein rein musikalisches Symbol für den Gral gefunden, während später in *Parsifal* der Gral ins Zentrum des Szenischen rückte und auch bildhaft dargestellt wurde. Die gleiche Vorstellung aber (»Schon war dieser Heilskelch der unwürdigen Menschheit entrückt, als einst liebesbrünstigen, einsamen Menschen eine Engelschaar ihn aus Himmelshöhen wieder herabbrachte, den durch seine Nähe wunderbar Gestärkten und Beseligten in die Hut gab, und so die Reinen zu irdischen Streitern für die ewige Liebe weihte«), wie sie für *Lohengrin* beschrieben wurde, griff W. fast wörtlich in *Parsifal* für →Gurnemanz' Erzählung wieder auf. W. hatte aber auch einen interessanten Zusammenhang zwischen Gral und →Nibelungenhort gesehen: »Das geistige Aufgehen des Hortes in den Gral ward im deutschen Bewußtsein vollbracht, und der Gral, wenigstens in der Deutung, die ihm von deutschen Dichtern zu Theil ward, muß als der ideelle Vertreter und Nachfolger des Nibelungenhortes gelten;

auch er stammte aus Asien, aus der Urheimath der Menschen; Gott hatte ihn den Menschen als Inbegriff alles Heiligen zugeführt«, schreibt W. in seiner Abhandlung *Die →Wibelungen* in dem bezeichnenden Kapitel »Aufgehen des idealen Inhaltes des Hortes in den ›heiligen Gral«‹.

Gralskönig

In W.s Werken wird erstmals in *Lohengrin* der Vater des Titelhelden, Parzival, als Gralskönig genannt. In *Parsifal* hat W. den →Gral und das Gralskönigtum ins Zentrum eines Erlösungswerks (→Erlösungsthematik) gesetzt, das die Idee des →Reinmenschlichen verkörpert. Hier wird auch die Einsetzung des Gralskönigtums in die Handlung einbezogen, indem →Gurnemanz berichtet, daß →Titurel aus Engelshänden den Gral anvertraut bekam und dem Heiltum ein Heiligtum erbaute, die Gralsburg. Nachfolger des ersten Gralskönigs wurde sein Sohn →Amfortas, der die symbolische Macht des Grals machtpolitisch mißbrauchte, indem er das Böse in der Gestalt →Klingsors, des Zauberers, auszurotten versuchte und dessen sinnlicher Macht in der Gestalt →Kundrys verfiel. Da durch diesen »Sündenfall« die Dynastie der Gralskönige unterbrochen wurde, bestimmte ein Orakel, daß der neue Gralskönig »durch Mitleid wissend, der reine Tor« sein werde, der schließlich in →Parsifal gefunden wird. Genealogisch ist →Lohengrin wieder Anwärter auf das hohe Amt.

Grane
→Brünnhildes Roß im *Ring.*

grenadiers, Les Deux
→*Deux grenadiers, Les*

Grimgerde
Altpartie in der *Walküre;* eine der →Walküren, die im Auftrag →Wotans Helden nach →Walhall bringen sollen.

Grimm, Jacob Ludwig Karl
Geb. 4. 1. 1785 in Hanau a. M., gest. 20. 9. 1863 in Berlin; Sprachwissenschaftler und Jurist. – W. bedauert in →*Mein Leben* (S. 21), nicht schon früher in seinen Sprachstudien auf Grimm aufmerksam gemacht worden zu sein und »diese neuere Auffassung des Sprachstudiums nicht schon zu meiner Jugendzeit in unseren Gelehrtenschulen in Geltung angetroffen zu haben«. Später befaßte sich W. allerdings intensiv mit Grimms *Deutscher Mythologie* (Göttingen 1835), für die er sich begeisterte, obgleich er erkannte, daß er sie lediglich als eine Art Steinbruch benutzen konnte, um seine eigenen musikdramatischen Mythen zu schaffen. Auch während der Entstehungszeit von *Lohengrin* wurde Grimm für W. »ein immer vertrauter gewordener Führer« (ebd., S. 356) durch die deutschen Altertümer und Märchen. Bis hin zur Entstehungszeit der *Meistersinger* reicht W.s Rückgriff auf Grimm: »Sogleich spannte ich meinen Freund [Peter →Cornelius] an, mir die Materialien zur Bewältigung des Sujets der

›Meistersinger‹ herbeizuschaffen. Zunächst fiel mir *Grimms* Streitschrift über den Gesang der Meistersinger zu genauem Studium ein« (ebd., S. 684).

Grimm, Wilhelm Karl
Geb. 24. 2. 1786 in Hanau a. M., gest. 16. 12. 1859 in Berlin; Sprachwissenschaftler. – Er erforschte mit seinem Bruder Jacob →Grimm deutsche Sagen und Märchen, altdeutsche Dichtung und Mythologie, die alle W.s großes Interesse fanden und für dessen Œuvre als Quellenmaterial dienten.

Groma
Baßpartie in den →*Feen;* ein Zauberer, der →Arindal und das Königreich Tramond beschützt, auf der Bühne aber selbst nicht auftritt.

Gross, Adolf von
Geb. 1845, gest. 1931; Bankier. – Schwiegersohn von Friedrich von →Feustel. Als Verwaltungsrat der Bayreuther →Festspiele und auch privat hat er sich außerordentlich um W.s Familie verdient gemacht; später beriet er Cosima Wagner in allen Rechts- und Finanzfragen und übernahm nach W.s Tod die Vormundschaft seiner Kinder.

Großer Festmarsch zur Eröffnung der hundertjährigen Gedenkfeier der Unabhängigkeitserklärung der Vereinigten Staaten von Nordamerika G-Dur (WWV 110)
Auch *Amerikanischer Marsch* ge-

nannt. Das Werk wurde im Febr./ März 1876 in →Bayreuth und →Berlin komponiert und am 10. 5. 1876 in →Philadelphia zur Eröffnung der Weltausstellung unter dem Dirigenten Theodore Thomas uraufgeführt. Auftraggeberin war der »Festfeier-Frauenverein« in Philadelphia, die Widmung lautet entsprechend: »Dedicated to the Women's Centennial Committees«. Das Partiturmanuskript liegt im →Nationalarchiv Bayreuth und trägt das Motto »Nur der verdient sich Freiheit wie das Leben der täglich sie erringen muss!« (nach Johann Wolfgang von Goethes »… der täglich sie erobern muß«). – Im Zusammenhang mit dieser Komposition entwarf W. am 9. 2. 1876 eine erste Skizze zum Chor der Blumenmädchen in *Parsifal,* indem er »Amerikanisch sein wollend« auf dem Skizzenblatt vermerkte.
Lit.: WWV

Gruß seiner Treuen an Friedrich August den Geliebten »Im treuen Sachsenland«
(WWV 71)
Komponiert Anfang Aug. 1844 in →Dresden. In der Fassung für Männerchor und Blasorchester in B-Dur wurde das Werk am 12. 8. 1844 in Pillnitz (bei Dresden) unter der Leitung von Carl Gottlieb →Reißiger uraufgeführt. Während die autographe Partitur verschollen ist, liegt die Chorpartitur im →Nationalarchiv Bayreuth. Von diesem Werk existiert auch eine Fassung für Singstimme und Klavier in G-Dur, die

ebenfalls im Aug. 1844 in Dresden entstanden ist. W. mußte die Komposition zur Begrüßung seines Königs (→Friedrich August II.) nach einer Englandreise unter großem Zeitdruck ausführen; nach zeitgenössischen Berichten waren 200 Sänger und 106 Bläser an der Uraufführung beteiligt. Mit leichten Textveränderungen scheint das Werk nach einem Zeitungsbericht nochmals am 4. 9. 1847 aufgeführt worden zu sein.
Lit.: WWV

Gudehus, Heinrich
Geb. 30. 3. 1845 in Altenhagen (bei Celle), gest. 9. 10. 1909 in Dresden; Sänger (Tenor). – 1880–90 war er an der Dresdener Hofoper; 1882 sang er die Titelpartie in der Uraufführung von *Parsifal* in Bayreuth, wo er später auch →Tristan und →Stolzing sang.

Gundryggia
Von →Klingsor auf →Kundry in *Parsifal* angewandter Name aus einem ihrer früheren Leben.

Gunther
Einerseits Tenorbuffopartie in den →*Feen* als Gefolgsmann →Arindals, andererseits hohe Baßpartie in der *Götterdämmerung* als König der →Gibichungen und Bruder →Gutrunes, der mit →Siegfried Blutsbrüderschaft schloß und mit dessen Hilfe →Brünnhilde als Braut gewinnen konnte, selbst aber den ehrgeizigen Plänen →Hagens zum Opfer fällt.

Gurnemanz

Baßpartie in *Parsifal*; Gralsritter und bewährter Gefolgsmann des ersten →Gralskönigs →Titurel sowie seines Sohns →Amfortas. Erzähler in W.s →Bühnenweihfestspiel, der in →Parsifal den »reinen Toren« erkennt, in die Fremde schickt und schließlich zum Gralskönig salbt.

Gutrune

Sopranpartie in der *Götterdämmerung*; Schwester König →Gunthers, die im *Nibelungenlied* Kriemhild genannt und von →Hagen mit →Siegfried verkuppelt wird, sich aber nicht lange ihres Helden erfreuen kann, da ihn Hagen ermordet.

Gutzkow, Karl Ferdinand

Geb. 17. 3. 1811 in Berlin, gest. 16. 12. 1878 in Frankfurt a. M.; Schriftsteller. – Nach dem Hambacher Fest am 27. 5. 1832 setzte er sich sehr engagiert für eine demokratische deutsche Republik und gegen die bestehenden politischen Verhältnisse ein. Mit Gesinnungsgenossen wie Heinrich →Laube, Ludolf Wienbarg und Theodor →Mundt wurde die Gruppe oppositioneller Schriftsteller bald unter der Bezeichnung →Junges Deutschland bekannt, zu denen W. über Laube Verbindung hatte. Gutzkow wurde wegen seines Romans *Wally, die Zweiflerin* (Mannheim 1835; umgearbeitet als *Vergangene Tage*, Frankfurt a. M. 1852) vom badischen Hofgericht zu dreimonatiger Gefängnisstrafe verurteilt, und seine schriftstellerische Tätigkeit wurde überwacht. Ab

1847 war er Dramaturg am Hoftheater Dresden; 1862 übersiedelte er als Generalsekretär der Deutschen Schiller-Stiftung nach Weimar. – Weitere Werke: *Zur Philosophie der Geschichte* (Hamburg 1836), *Götter, Helden, Don Quixote* (Hamburg 1838), *Die Zeitgenossen* (Stuttgart 1837), *Börnes Leben* (Hamburg 1840), *Die Ritter vom Geiste* (9 Bände, Leipzig 1851/51), *Der Zauberer von Rom* (9 Bände, Leipzig 1858–61), *Die neuen Serapionsbrüder* (Breslau 1877); Stücke *Zopf und Schwert* (1844), *Das Urbild des Tartüffe* (1844), *Uriel Acosta* (1846). *Lit.:* J. Prölß, Das Junge Deutschland, Stuttgart 1892; E. W. Dobert, Karl Gutzkow und seine Zeit, Bern/ München 1968; P. Hasubek, Karl Gutzkows Romane »Die Ritter vom Geiste« und »Der Zauberer von Rom«. Studien zur Typologie des deutschen Zeitromans im 19. Jahrhundert, Diss. Hamburg 1964

Habeneck, François Antoine

Geb. 22. 1. 1781 in Mézières (das heutige Charleville-Mézières; Ardennes), gest. 8. 2. 1849 in Paris; Geiger und Dirigent. – 1821–24 Direktor und 1824–46 Dirigent an der Pariser Opéra; ab 1828 auch Direktor der Konzertgesellschaft des Conservatoire, wo er als Inspektor und Violinprofessor tätig war. Er führte als erster Ludwig van →Beethovens Orchesterwerke in Paris auf. Als W. 1840 auf Anraten Habenecks seine →*Columbus-Ouvertüre* in einer Probe des Orchestre du Conservatoire spielen ließ, erntete er zwar artigen Beifall, schadete sich wohl aber mehr bei den routinierten Musikern. Umgekehrt machte Habenecks Dirigat von Beethovens *Symphonie Nr. 9* (1824) in Paris einen unvergeßlichen Eindruck auf W. Und obgleich sich W. mit dem bedeutenden Dirigenten bekannt machen konnte, beklagte W. die allgemeine Hektik in Paris, die er dafür verantwortlich machte, sich nicht näher mit Habeneck befreunden zu können. Habeneck riet W., sich mit dem erfolgreichen Librettisten Eugène →Scribe bekannt zu machen. Es blieb aber alles im Unverbindlichen, da W. keinen Zugang zu den wichtigen kulturellen Kreisen in Paris fand.

Hagen

Tiefe Baßpartie in der *Götterdämmerung,* Sohn →Alberichs, der ihn beauftragt, den →Ring zurückzugewinnen. Deshalb verwickelt er →Siegfried durch einen Vergessenstrank in Intrigen um Ehre und Liebe, verkuppelt ihn mit der Prinzessin →Gutrune, veranlaßt ihn, in der Gestalt →Gunthers →Brünnhilde für den König zu freien, und erschlägt den Helden auf der Jagd, nachdem er von der hintergangenen Brünnhilde dessen verwundbare Stelle erfahren hatte. Beim Versuch, den →Rheintöchtern nach dem Opfertod Brünnhildes den Ring nochmals zu entreißen, geht auch er zugrunde.

Hagenbuch, Franz

Geb. 31. 10. 1819, gest. 4. 11. 1888; Regierungsbeamter. – Ab 1848 2., ab 1851 1. Staatsschreiber des Kantons Zürich, 1856 Regierungsrat, 1869 Kantonsrat, 1872 Vizedirektor der schweizerischen Rentenanstalt. Als Flötist war er aktives Mitglied der Allgemeinen Musikgesellschaft Zürich und gehörte zum engeren Freundeskreis W.s.

Halévy, Jacques François Fromental Elie

Eigtl. Elias Lévy; gen. Fromentin H.; geb. 27. 5. 1799 in Paris, gest. 17. 3. 1862 in Nizza; Komponist. – In →Dresden sah W. Halévys *Juive* (1835) erstmals 1837; 1840 wurde W. in Paris (→Frankreich) auch persönlich mit Halévy bekannt. Als W. 1843 – 49 in Dresden Hofkapellmeister war, stand u. a. *La Juive* auf dem Spielplan. Die Uraufführung von *La Reine de Chypre* am 22. 12. 1841 in Paris veranlaßte W. zu einem Aufsatz über dieses Werk. – Weitere Opern: *L'Eclair* (1835), *Charles VI* (1843), *Le Juif errant* (1852). *Lit.:* R. W., *Halévy und die Französische Oper* (1842), in: SSD Bd. 12, S. 129; ders., *La Reine de Chypre d'Halévy* (1842), in: SSD Bd. 12, S. 404; ders., *Bericht über eine neue Pariser Oper* (1842), in: GSD Bd. 1, S. 299

Hallenarie

Im Glücksgefühl, den geliebten Sänger, →Tannhäuser, wiedergefunden zu haben, betritt und besingt →Elisabeth zu Beginn des II. Akts in *Tannhäuser* die nach Tannhäusers Flucht in den →Venusberg bis zu

seiner Rückkehr gemiedene Sängerhalle. Die popularisierte Bezeichnung des sängerischen Auftritts der
weiblichen Hauptfigur verrät, daß es
sich kompositorisch tatsächlich um
ein in sich geschlossenes Gesangs-
stück handelt, das in der Tradition
der Oper steht, die W. zur Zeit seines *Tannhäuser* noch nicht vollständig zugunsten des →Musikdramas
aufgegeben hatte.

Hamburg
Mit seiner ersten Bürgeroper im
deutschen Sprachraum hatte Hamburg bereits seit dem 17. Jh. eine lebhafte Operntradition, als W. 1844
seinen *Rienzi* dort einstudierte und
mit diesem Werk großes Aufsehen
erregte. 1853 wurde *Tannhäuser,*
1855 *Lohengrin* und 1871 die *Meistersinger* gespielt. In der Gründerzeit wurde das Opernhaus umgestaltet; zum 200jährigen Jubiläum
wurde ein Festprogramm auch mit
Werken W.s zusammengestellt, 1879
dann der *Ring* inszeniert, der viele
auswärtige Besucher anlockte. Im
Mai 1883 wurde ein Zyklus mit
neun W.-Opern aufgeführt. 1887
war Hans von →Bülow Kapellmeister in Hamburg; ab 1891 folgte ihm
Gustav Mahler. W.s Werke waren
fester Bestandteil des Repertoires.
Am 17. 8. 1931 dirigierte Karl Böhm
die *Meistersinger.* Nachdem im Sept.
1942 der Zuschauerraum ausgebrannt war und 1944 die Hamburgi-
sche Staatsoper geschlossen werden
mußte, konnte der Spielbetrieb erst
1946 wiederaufgenommen werden.
1972 – 77 machte sich Horst Stein in

Hamburg als W.-Dirigent einen Namen. In der Inszenierung von August Everding und mit Bühnenbildern des Malers Ernst Fuchs ging
1976 eine aufsehenerregende Inszenierung von *Parsifal* über die
Bühne. – Als Wagners Frau Minna
am 21. 7. 1837 nicht zum erstenmal
aus der jungen Ehe mit W. ausbrach
und mit ihrem Liebhaber nach
Hamburg durchbrannte, machte
sich W. auf, →Riga als Kapellmeister
zu erobern. W. selbst kam am 21. 3.
1844 nach Hamburg, um dort seinen *Rienzi* zu dirigieren. Auf einer
Deutschlandreise mit seiner zweiten
Frau Cosima dirigierte W. erst wieder im Frühjahr 1873 zwei Konzerte
in Hamburg. Als sich W. schließlich
im Frühjahr 1880 in den Süden
→Italiens zurückzog, wurde vom
4. bis zum 8. 5. in Hamburg der *Ring*
aufgeführt.

Handlung
Daß W. seinen *Tristan* als Handlung
bezeichnete, ist nicht nur der Ein-
deutschung des Begriffs Drama zu
verdanken, das er den Dichtungen
seiner →Musikdramen generell ein-
verleibte, sondern deutet gleichzeitig an, weder Drama noch szeni-
sches Epos darstellen zu sollen. Die
Handlung selbst, die sich in *Tristan*
von äußeren Begebenheiten zurückzieht, um seelisches Erleben darzustellen, begründet sich nicht mehr
auf dialogische Entwicklung, sondern ereignet sich gleichsam wortlos
bzw. austauschbar in den Äußerungen der Protagonisten, die der Ta-
geswelt entsagen möchten, um in

der »Nacht der Liebe« das Ich aus-
zulöschen und im Du aufzugehen.
Im II. Akt, dem Zentrum von *Tristan*, ereignet sich in einer lautlosen
Katastrophe die Handlung in den
Personen, und zwar nicht durch ihre
Aktionen, sondern in seelischen Bereichen, so daß eine eigentlich
opernhafte Handlung nicht mehr
stattfindet.

Hannover
Mit Hannover hatte W. schon durch
einige Freunde enge Kontakte: Joseph →Joachim war 1853–65 Konzertmeister im Orchester, Hans von
→Bülow war 1877–79 am Theater
als Dirigent; Albert →Niemann und
Theodor Wachtel, der erste ein großer W.-Sänger, waren Mitte des
19. Jh.s bedeutende Gesangsstars.

Hanslick, Eduard
Geb. 11. 9. 1825 in Prag, gest. 6. 8.
1904 in Baden (bei Wien); Musikkritiker und -wissenschaftler. – Der ju-
ristisch ausgebildete Kritiker lernte
W. 1845 in Marienbad kennen. Die
bekannte Gegnerschaft zwischen W.
und Hanslick, der anfangs besonders
Tannhäuser gegenüber positiv eingestellt und auch später stets bereit
war, W.s musikdramatisches Genie
anzuerkennen, ging eher von W.
aus, der nie das geringste Entgegenkommen zeigte. So machte sich die
Aversion am prinzipiellen Auffas-
sungsunterschied der »Musik als
Form« bei Hanslick und W.s »Musik
als Ausdruck« fest. Hanslick ist zwar
Vorbild für →Beckmesser in den
Meistersingern, dessen Uraufführung

er genauso verriß wie den ersten
Bayreuther *Ring*; dies wurde aber
stets überbewertet. Denn W. war
zwar in seinem dritten Wiener Entwurf zu den *Meistersingern* so weit
gegangen, die komische Figur des
Stadtschreibers Veit Hanslich zu
nennen, und Hanslick war bei dem
privaten Vortrag der Dichtung im
Hause von Joseph →Standhartner
sichtlich betroffen von der Anspielung. Anfangs jedoch ging es W. keineswegs um den Wiener Kritiker,
sondern um eine Nachzeichnung
des verhaßten Berufsstandes, den er
in den Nürnberger Chroniken Johann Christoph Wagenseils studiert
hatte. W. verarbeitete darüber hinaus immer wieder zahlreiche Anregungen aus seinem Leben in den
→Musikdramen. Und Hanslick war,
trotz bestehender Vorbehalte, von
Parsifal 1882 sehr angetan.
Lit.: F. Stade, Vom Musikalisch-
Schönen, Leipzig 1870; O. Ho-
stinský, Das Musikalisch-Schöne
und das Gesamtkunstwerk vom
Standpunkt der formalen Ästhetik,
Leipzig 1877; F. v. Hausegger, Die
Musik als Ausdruck, Wien 1885;
R. Schäfke, E. Hanslick und die Mu-
sikästhetik, Leipzig 1922; E. Stange,
Die Musikanschauung E. Hanslicks,
Diss. Münster 1954

Harald
Baßpartie in den →*Feen*; verräteri-
scher Feldherr →Arindals. Den Namen hat W. bereits in seiner Oper
Die →*Hochzeit* gebraucht.

Härtel, Raymund

Geb. 9. 6. 1810 in Leipzig, gest. 9. 11. 1888 ebd. – Leiter des Verlags →Breitkopf & Härtel in Leipzig, mit dem W. freundschaftlich korrespondierte.

Hauser, Franz

Geb. 12. 1. 1794 in Krasowitz (bei Prag), gest. 14. 8. 1870 in Freiburg i. Br.; Sänger, Regisseur und Musikpädagoge. – Er wirkte und gastierte in Prag, Kassel, Dresden, Wien, London, Leipzig, Berlin und Breslau; nach 1837 war er Gesangslehrer in Wien und ab 1846 Direktor des neugegründeten Konservatoriums in München. Bereits 1834 stand W. mit Hauser im Briefverkehr und suchte ihn von seiner eigenen gründlichen musikalischen Ausbildung zu überzeugen. Beide pflegten persönlichen Umgang, obgleich Hauser sein Teil dazu beitrug, daß *Rienzi* in Leipzig nicht zur Uraufführung kam. Bald sprach W. von der »Hauserschen Clique«, die ihm den Weg zum Erfolg mißgönne.

Hebt an den Sang

→*An Webers Grabe*

Heckel, Philipp Jacob Emil

Geb. 22. 5. 1831 in Mannheim, gest. 28. 3. 1908 ebd.; Klavierfabrikant und Musikalienhändler. – Gründer des ersten →Wagner-Vereins 1871 in →Mannheim. Er machte sich sehr um die ersten Bayreuther →Festspiele verdient und wurde einer der Verwaltungsräte.

Heerrufer

Kleine Baritonpartie in *Lohengrin*; Herold am Hofe →Heinrichs des Voglers.

Heim, Emilie

Geb. Müller; geb. 1830, gest. 1911; Sängerin (Sopran). – Frau des Züricher Musikdirektors Ignaz →Heim. Sie gehörte zu W.s Freundeskreis in →Zürich und sang in den Konzerten am 18., 20. und 22. 5. 1853 zu W.s 40. Geburtstag die →Ballade der →Senta; W. dirigierte selbst.

Heim, Benedikt Ignaz

Geb. 7. 3. 1818 in Renchen (bei Offenburg), gest. 3. 12. 1880 in Zürich; Musikdirektor. – Er leitete ab 1852 das Orchester der Züricher Musikgesellschaft als Nachfolger von Franz →Abt und stand mit W. in freundschaftlichem Verhältnis.

Heine, Ferdinand

Geb. 1798, gest. 14. 10. 1872 in Dresden; Regisseur und Kostümbildner. – Mit W. seit der Jugendzeit befreundet. Ab 1841 trat W. von Paris aus mit Heine in →Dresden wegen der Aufführung von *Rienzi* und dessen inhaltlicher Probleme in Briefkontakt, später wurde die Beziehung immer kameradschaftlicher, und besonders in W.s Züricher →Exil war Heine ein unentbehrlicher Mittelsmann in Dresden für W.s Bühnenaktivitäten.

Heine, Heinrich

Geb. 13. 12. 1797 in Düsseldorf, gest. 17. 2. 1856 in Paris; Dichter. – Er lebte ab 1831 in Paris. In →Riga wurde W. mit seinen Schriften näher bekannt, nachdem er sich bereits 1831 in seiner Leipziger Studentenzeit damit beschäftigt hatte. Durch die Lektüre der *Memoiren des Herren von Schnabelewopski* (1834) bekam W. entscheidende Anregungen für seinen *Holländer*. 1839 kam es in Paris (→Frankreich) zu persönlichen Begegnungen, wobei W. seinen französischen Entwurf zu *Le* →*Vaisseau fantôme* mit dem Dichter besprechen konnte. Aus Heines *Buch der Lieder* (1827) vertonte W. das Gedicht *Die Grenadiere* französisch als *Les* →*Deux grenadiers*. Im selben Jahr beschäftigte sich W. mit Heines *Der Tannhäuser. Eine Legende* (1836). Zweifellos war Heine für W. auch schriftstellerisch ein Vorbild; er wurde aber später von ihm als »Gewissen des Judenthumes, wie das Judenthum das üble Gewissen unserer modernen Civilisation ist« *(Das* →*Judentum in der Musik)*, eingeschätzt und schließlich ganz verdrängt.

Heinrich der Schreiber

Kleine Tenorpartie in *Tannhäuser*; einer der Minnesänger beim Wettstreit auf der →Wartburg, der geschichtlich um das Jahr 1206 ausgetragen wurde.

Heinrich der Vogler

Baßpartie in *Lohengrin*; ab 919 deutscher König als Heinrich I., der ein vom Zerfall bedrohtes Land übernahm und später ein nach allen Seiten hin gesichertes Reich hinterließ.

W. verknüpfte die Lohengrin-Sage mit den historischen Ereignissen um Heinrich I., womit er auf die desolaten politischen Zustände in seiner eigenen Heimat aufmerksam machen wollte.

Heinse, Johann Jakob **Wilhelm**

Eigtl. J. J. W. Heintze; geb. 15./16. 2. 1746 in Langenwiesen (Thüringen), gest. 22. 6. 1803 in Aschaffenburg; Schriftsteller des »Sturm und Drang«. – Sein Werk *Ardinghello und die glückseligen Inseln* (Lemgo 1787) machte Anfang der 30er Jahre großen Eindruck auf W. In →*Mein Leben* (S. 89) merkte W. an, daß er Heinrich →Laubes *Junges Europa* (1833 – 37) als »eine Reproduktion des *Ardinghello* von *Heinse*« erachtete. Und obgleich das →*Liebesverbot* nach dem Vorbild von William →Shakespeares *Measure for Measure* (1604) verfaßt wurde, sind die Einflüsse aus *Ardinghello* in diesem Werk offenkundig, besonders in der »Verherrlichung der ›freien Sinnlichkeit‹« (S. 91).

Heldentum und Christentum

Zweite Ausführung zu der Schrift →*Religion und Kunst,* geschrieben zwischen dem 23. 8. und dem 4. 9. 1881 in →Bayreuth. – In: GSD Bd. 10, S. 351 – 362.

Heller, Stephen

Geb. 15. 5. 1813 in Pest (heute zu Budapest), gest. 14. 1. 1888 in Paris; Pianist und Komponist. – Er lebte ab 1838 in Paris. W. schätzte ihn als Virtuosen, glaubte aber dennoch, daß er durch seine Erfolge künstlerisch korrumpiert würde.

Helmwige
Sopranpartie in der *Walküre*; eine der →Walküren.

Henning, Carl Wilhelm
Geb. 31. 1. 1784 in Öls, gest. Ende März 1867 in Berlin; Dirigent und Komponist. – Schrieb Ballette und Schauspielmusiken; ab 1822 war er Konzertmeister der Berliner Hofkapelle, 1823–26 Direktor des Königstädtischen Theaters Berlin und ab 1836 Musikdirektor der Hofkapelle. Seine positive Einstellung zur Partitur des *Holländers* dürfte neben Giacomo →Meyerbeers Empfehlung den Ausschlag für die Annahme der Oper in Berlin gegeben haben. Henning beurteilte das Werk als ein »ebenso geniales wie originelles« Stück in seinem Gutachten vom 9. 1. 1842.

Hermann
Baßpartie in *Tannhäuser*; Landgraf von Thüringen; nachdem er seinen Wohnsitz auf die →Wartburg verlegt hatte, fand um 1206 dort der »Sängerkrieg« statt, den W. mit der Venusberg-Sage verband.

Hérold, Louis Joseph **Ferdinand**
Geb. 28. 1. 1791 in Paris, gest. 19. 1. 1833 ebd.; Komponist. – Nach erstem Unterricht durch seinen Vater Franz Joseph und bei François Joseph Fétis war er Schüler des Conservatoire Paris; 1812 erhielt er den Rompreis, 1813 ging er nach Neapel

und führte mit großem Erfolg seine Oper *La gioventù di Enrico Quinto* (1815) auf. Da er aus politischen Gründen Italien wieder verlassen mußte, wandte er sich über Wien Paris zu, wo er 1824 Chordirektor und 1826 Gesangsmeister an der Opéra wurde. In Deutschland wurde er besonders durch seine Oper *Zampa* (1831) und durch das Ballett *La Fille mal gardée* (1828) bekannt. Dieser Ansicht folgte auch W., der insgesamt nicht viel von der ihm oberflächlich erscheinenden Kunst Hérolds hielt.
Lit.: A. Pougin, Hérold, Paris 1906

Herwegh, Georg
Geb. 31. 5. 1817 in Stuttgart, gest. 7. 4. 1875 in Baden-Baden; Lyriker und Revolutionär des Vormärz. – Er war 1848 in Paris und 1849 beim Aufstand in Baden; danach mußte er sich fluchtartig in die Schweiz absetzen. In seinem Züricher →Exil hatte W. ab 1851 einen sehr engen und freundschaftlichen Umgang mit Herwegh. Er war Begleiter W.s bei einigen Gebirgswanderungen. 1851 faßten W., Karl →Ritter und Herwegh einen »Entschluß, der Ausgangspunkt einer neuen Wende der Weltgeschichte« werden sollte, aber inhaltlich nicht näher bekannt gemacht wurde. Herwegh machte W. mit dem Werk Arthur →Schopenhauers bekannt. In einer »Anzeige für die politische Polizei Deutschlands« wurde eine Liste mit »gefährlichen Subjekten« von 6 000 Namen angefertigt, unter denen sich neben W. und Herwegh auch Ferdi-

nand Freiligrath, August Heinrich →Hoffmann von Fallersleben, Ferdinand Lassalle, Wilhelmine →Schröder-Devrient, Gottfried →Semper und Ludwig Uhland befanden. Zur Gründung des Allgemeinen Arbeitervereins 1863 durch Lassalle, anläßlich des 50. Jahrestags der Völkerschlacht, dichtete Herwegh das Bundeslied:»Mann der Arbeit, aufgewacht! Und erkenne deine Macht.« Am 7. 7. 1853 schlossen W., Franz →Liszt und Herwegh auf der Rütliwiese am Vierwaldstätter See »Blutsbrüderschaft«.

Herzeleide
Mutter →Parsifals im →Bühnenweihfestspiel *Parsifal.* Obgleich mit einem speziellen →Leitmotiv musikalisch vertreten, erscheint Herzeleide nicht als Bühnenfigur, sondern nur in den Erzählungen von Parsifals Jugend.

Hesse, Hermann
Geb. 2. 7. 1877 in Calw, gest. 9. 8. 1962 in Montagnola (bei Lugano); Schriftsteller. – Nicht nur in den oftmals musikalisch geprägten Titeln seiner Gedichte spiegelt sich Hesses Musikbegabung, die er durch praktisches Musizieren nutzte, sondern vor allem in seinen Romanen. Ähnlich wie Thomas →Mann setzte sich Hesse sehr intensiv mit W.s Werk auseinander, beschäftigte sich dabei jedoch weniger mit kunstästhetischen Analysen, sondern schrieb 1920 zwei auf W. bezogene Erzählungen: *Klein und Wagner* und *Klingsors letzter Sommer.* Othmar

Schoeck vertonte 22 seiner Gedichte, und Richard Strauss legte seinen *Vier letzten Liedern* (1948) drei von Hesses Gedichten zugrunde.
Lit.: H. Wassner, Über die Bedeutung der Musik in der Dichtung von Hermann Hesse, Diss. Heidelberg 1953; K. Matthias, Die Musik bei Thomas Mann und Hermann Hesse. Eine Studie über die Auffassung der Musik in der modernen Literatur, Diss. Kiel 1956

Hill, Carl
Geb. 10. 5. 1831 in Idstein (bei Wiesbaden), gest. 12. 1. 1893 in Schwerin; Sänger (Bariton). – Er war ursprünglich Postbeamter in Frankfurt a. M. und wurde dort von W. als Laiensänger entdeckt, der ihn auch zur Sängerlaufbahn ermunterte. 1868 wurde er als großherzoglicher Kammersänger an das Mecklenburgische Hoftheater Schwerin engagiert, dem er treu blieb. 1873 hörte ihn W. dort als →Holländer und verpflichtete ihn als →Alberich zu den ersten Bayreuther →Festspielen 1876; 1882 sang er den ersten →Klingsor in *Parsifal.*

Hiller, Ferdinand von
Geb. 24. 10. 1811 in Frankfurt a. M., gest. 10./11. 5. 1885 in Köln; Komponist, Dirigent und Pianist. – Er war 1843/44 Kapellmeister des Gewandhausorchesters und Vertreter Felix →Mendelssohn Bartholdys in Leipzig, 1844 – 47 in Dresden und 1847 – 50 städtischer Kapellmeister in Düsseldorf und ab 1850 Direktor

des Konservatoriums in Köln. Als W. sein Amt als Dirigent der Dresdener Liedertafel wieder loswerden wollte, schlug er bei der Neubesetzung im Nov. 1845 Hiller als Nachfolger vor. Nachdem dessen Oper *Der Traum in der Christnacht* (1845) keinen Erfolg hatte, bat er W. um Beratung zu einem neuen Libretto. W. bot ihm sein eigenes Libretto *Die →hohe Braut* an; statt dessen vertonte Hiller jedoch *Konradin von Hohenstaufen* (1847) und erntete wieder einen Mißerfolg. Hiller gehörte zu W.s Freundeskreis in Dresden, zumal bei den wöchentlichen Begegnungen in dem von Hiller ins Leben gerufenen »Künstlerkränzchen«, dem u. a. Robert →Schumann, Julius Schnorr von Carolsfeld, Friedrich →Pecht und Gottfried →Semper angehörten, lebhafte Kontakte möglich waren.

Hirt
Kleine Tenorpartie in *Tristan*. Seine Aufgabe ist es, die Ankunft von →Isoldes Schiff mit einer lustigen Weise auf seiner Schalmei zu signalisieren.

Hitler, Adolf
Geb. 20. 4. 1889 in Braunau am Inn, gest. 30. 4. 1945 in Berlin; Politiker. – In *Mein Kampf* (1925) schreibt Hitler, daß er kurz nach seinem zwölften Geburtstag mit *Lohengrin* die erste Oper in seinem Leben gesehen habe und grenzenlos begeistert gewesen sei. In Wien habe er dann 1907 – 13 *Tristan* nicht weniger als 40mal gesehen. Die zehn Tage,

die er später in jeder Festspielsaison in →Bayreuth verbrachte, seien mit die schönsten Erlebnisse seines Lebens gewesen. Daß dem »Führer« nicht nur Pflichteifer durch die damalige Festspielleiterin Winifred →Wagner entgegengebracht, sondern auch geistiger Nährboden für ihn bereitet wurde, war bereits 1933 in einem Aufsatz von H. H. Stukkenschmidt (in *Musikblätter des Anbruch*) zu lesen:»Wenn heute Bayreuth unter dem Zeichen des Hakenkreuzes steht, so haben wir das Hans von Wolzogen und seiner Zeitschrift [→*Bayreuther Blätter*] zu danken.« Er fährt jedoch eigenartigerweise fort:»Die Jugend aber, und merkwürdigerweise auch die Hitlerjugend, steht Wagner ferner als je. Sie fühlt sich in seinem Pathos nicht wohl, sie versteht seine Sprache kaum. Wie soll man sie gewinnen?« Fast erstaunlicher noch ist ein Bericht im *Lübecker Generalanzeiger* vom 11. 8. 1934:»In Bayreuth wurde an die Teilnehmer der Vorstellungen, denen der Reichskanzler beiwohnte, folgende Mitteilung in Visitenkartenform verteilt: *Im Auftrag des Kanzlers!* Der Führer bittet, am Schluß der Vorstellungen von dem Gesang des Deutschland- oder Horst-Wessel-Liedes und ähnlichen Kundgebungen absehen zu wollen. Es gibt keine herrlichere Äußerung des deutschen Geistes, als die unsterblichen Werke des Meisters selbst. Gruppenführer Brückner, Adjutant des Führers.« Als dann der Festspielbetrieb in die Kulturpropaganda voll einbezogen wurde und die Bayreuther Bühne das Etikett »Gralsburg der Kunst« angeheftet bekam, wurde Adolf Hitlers »historisches Verdienst, die Bedeutung Bayreuths erkannt und seine Sendung erst recht in den Mittelpunkt deutscher Kunstpflege gestellt zu haben«, im *Völkischen Beobachter* vom 14. 7. 1936 herausgehoben. »Als der Führer 1940 zum ersten Male im Kriege beschloß, die Festspiele weiterzuführen und ihren Besuch kämpfenden und arbeitenden Männern und Frauen zum Geschenk zu machen, übernahm man zunächst aus dem ›stehenden‹ Spielplan des letzten Jahres den ›Fliegenden Holländer‹ und den traditionellen ›Ring‹, und so blieb es auch im Jahre 1941«, berichtete 1943 die *Frankfurter Zeitung*. 1942 »gab es zum ersten Male seit Kriegsbeginn eine völlig neue Inszenierung zu sehen und zu hören, die zuletzt 1933 und 1934 gespielten ›Meistersinger‹. Das war ein Programm der Konzentration«, schrieb die Zeitung weiter und drückte mit der letzten Bemerkung aus, daß auch während der Kriegsfestspiele auf Hitlers ausdrücklichen Wunsch »keine Halbheiten« in Bayreuth geduldet würden und lieber ein einziges Werk gut inszeniert werden solle als mehrere gleichzeitig und mittelmäßig. Nach dem Zusammenbruch konstatierte Johannes Graf Kalckreuth 1949 in der *Süddeutschen Zeitung*: »Bayreuth hatte seine Tore dem Diktator aufgetan. Er, der sich jeglichen deutschen Kulturphänomens im Sinne seines totalen ›Willens zur Macht‹ bemäch-

tigte, hieß Wagner über alles willkommen. War es verwunderlich?« Doch es heißt dort auch: »Wagner war kein Nationalsozialist!« Dennoch haftete W.s Musik fortan der Makel an, der verhängnisvollen Propaganda des Dritten Reichs besonders dienlich gewesen zu sein, zumal Hitler das Schlüsselerlebnis seines Machtstrebens mit einer Aufführung von *Rienzi* 1907 in Linz verknüpfte. Nach Albert Speers Aufzeichnungen soll Hitler prognostiziert haben: »Bei dieser gottbegnadeten Musik hatte ich als junger Mensch im Linzer Theater die Eingebung, daß es auch mir gelingen müsse, das deutsche Reich zu einen und groß zu machen.« Daß →Rienzi ein scheiternder Held ist, übersah Hitler geflissentlich.
Lit.: Der Festspielhügel. R. W.s Werk in Bayreuth 1876 – 1976, hrsg. v. H. Barth, München 1973

Hochzeit, Die (WWV 31) Oper (unvollendet). – Als Textvorlage diente W. für diesen ersten Opernversuch Johann Gustav Gottlieb Büschings Buch *Ritterzeit und Ritterwesen* (Leipzig 1823), das er ursprünglich in der Art einer Novelle E. T. A. →Hoffmanns bearbeiten wollte und später als »Nachtstück von schwärzester Farbe, in welches aus weiter Jugendferne ›Leubald und Adelaïde‹ veredelt hineinklangen« (→*Mein Leben*, S. 76) bezeichnete. Der Text entstand im Okt./Nov. 1832 auf Schloß Pravonín und in →Prag, die Musik komponierte W. zwischen Dez. 1832

und Febr. 1833 in →Leipzig und →Würzburg. Da bei W. von Anfang an aber auch stets Biographisches in sein künstlerisches Gestalten einfließt, kann beim Verfassen der *Hochzeit* der Zusammenhang mit jenen frühen Liebesempfindungen zu den beiden Töchtern (→Raymann) von Johann Joseph Graf →Pachta in Pravonín, denen er Klavierunterricht erteilte, nicht verwundern. Am 16. 12. 1832 schrieb W. eingehend über seine erste leidenschaftliche Liebe zu Jenny und vom kläglichen Ende dieser Liebe an Theodor →Apel nach Heidelberg: »Unter solchen Verhältnissen nun setzte ich die Dichtung zu meiner Oper auf, und kam damit fertig vor etwa 14 Tagen nach Leipzig zurück«. – Die für W. damals verbindliche Kritik seiner Schwester Rosalie (→Marbach) allerdings bewog W., das Werk zu vernichten. In der →*Autobiographischen Skizze* beschreibt W. den Vorgang folgendermaßen: »Auch dichtete ich dort [in Prag] einen Operntext tragischen Inhaltes: ›Die Hochzeit‹. Ich weiß nicht mehr, woher mir der mittelalterliche Stoff gekommen war; ein wahnsinnig Liebender ersteigt das Fenster zum Schlafgemach der Braut seines Freundes, worin diese der Ankunft des Bräutigams harrt; die Braut ringt mit dem Rasenden und stürzt ihn in den Hof hinab, wo er zerschmettert seinen Geist aufgiebt. Bei der Todtenfeier sinkt die Braut mit einem Schrei entseelt über die Leiche hin. Nach Leipzig zurückgekommen, komponirte ich sogleich die erste Nummer dieser Oper, welche ein großes Sextett enthielt, worüber [Theodor →] Weinlig sehr erfreut war. Meiner Schwester gefiel das Buch nicht; ich vernichtete es spurlos.« In der Nachschrift zu obigem Brief an Apel heißt es lakonisch: »Den Operntext habe ich kassirt und zerrissen.« – Trotz dieser Ausführungen sind zwei Szenen des Librettos erhalten, die von der glücklichen Vermählung Arindals mit Ada einerseits und von Verdächtigungen und Verrat andererseits handeln. – Die erste Theateraufführung der vollendeten Teile fand am 13. 2. 1933 im Stadttheater Rostock statt. – Partitur: *Die Hochzeit. Introduktion, Chor und Septett der unvollendeten Oper* (hrsg. v. M. Balling, Leipzig 1912, Gesamtausgabe Bd. 12). – Text in: SSD Bd. 11, S. 1 – 4.
Lit.: F. Muncker, R. W.s Operntext »Die Hochzeit«, in: Die Musik 1901/02; WWV

Hoffmann, Ernst Theodor Amadeus

Eigtl. E. T. Wilhelm H.; geb. 24. 1. 1776 in Königsberg (Pr), gest. 25. 6. 1822 in Berlin; Dichter, Komponist, Musiker, Maler und Jurist. – W.s Vater wurde mit Hoffmann persönlich bekannt, als dieser Kapellmeister von Joseph →Secondas Operngesellschaft war und 1813 im Theater am Ranstädter Tor in Leipzig spielte. W. selbst lernte Hoffmanns Erzählungen bereits 1826 bei einem Besuch in →Prag kennen. Der Entwurf zu der Oper *Die →Bergwerke zu Falun* wurde nach Hoffmann verfaßt und am 5. 3. 1842 abgeschlossen; Joseph →Dessauer sollte die Oper komponieren, führte sie jedoch dann nicht aus. Es ist bekannt, daß bereits Hoffmann die Bezeichnung →»Musikdrama« verwendet hat, allerdings bezogen auf Christoph Willibald →Glucks *Iphigénie en Aulide* (1774). – Werke: *Sämtliche Werke* (hrsg. v. E. Grisebach, 15 Bände, Leipzig 1900), *Sämtliche Werke* (historisch-kritische Ausgabe v. C. G. v. Maassen, München 1908–28), *Fantasiestücke in Callots Manier* (Bamberg 1814/15), *Die Serapions-Brüder* (Berlin 1819–21); Oper *Undine* (1816). *Lit.:* J. E. Hitzig, Aus Hoffmanns Leben und Nachlaß, Berlin 1823; H. v. Wolzogen, E. T. A. Hoffmann und R. W., in: Deutsche Bücherei Bd. 63, Berlin 1906; H. Guggenheimer, E. T. A. Hoffmann und R. W., in: R.-W.-Jahrbuch 2:1907; H. v. Müller, E. T. A. Hoffmanns Tagebücher und literarische Entwürfe I, Berlin 1915; K. Günzel, Die verbrüderten Geister. E. T. A. Hoffmann u. R. W., in: Programmheft der Bayreuther Festspiele »Der fliegende Holländer« 1970

Hoffmann, Johann
Geb. 22. 5. 1802 (oder 1805?) in Wien, gest. 13. 9. 1865 ebd.; Sänger und Theaterdirektor. – Er war Nachfolger von Karl von →Holtei als provisorischer Leiter des Rigaer Theaters; ab 1855 war er Direktor des Josephstädter Theaters Wien. In diesen Funktionen korrespondierte er häufig mit W.

Hoffmann von Fallersleben, August Heinrich
Eigtl. A. H. H.; geb. 2. 4. 1798 in Fallersleben (heute zu Wolfsburg), gest. 19. 1. 1874 auf Schloß Corvey (bei Höxter); Schriftsteller und Germanist. – Wegen seiner nationalliberalen Haltung wurde er 1842 des Landes verwiesen, 1848 jedoch rehabilitiert. Im Sept. 1854 war W.s Name zusammen mit dem Hoffmanns und anderer Prominenz als sogenannte »Gefährliche Subjekte« im sogenannten Schwarzen Buch der Reaktion im *Anzeiger für die politische Polizei Deutschlands* veröffentlicht worden. Als dann am 22. 10. 1856 während eines Aufenthalts der Fürstin Carolyne von →Sayn-Wittgenstein mit ihrer Tochter Marie und Franz →Liszt dessen 45. Geburtstag mit großem Pomp im Hotel Baur gefeiert wurde, steuerte Hoffmann telegraphisch ein Gedicht bei, wie W. in →*Mein Leben* (S. 553) berichtet, »welches *Herwegh*, von der Fürstin aufgefordert, mit wunderbar veränderter Stimme zum feierlichen Vortrag brachte«. *Lit.:* T. Neef, Hoffmann von Fallersleben, Diss. Münster 1912; H. Gerstenberg, Hoffmann von Fallersleben und sein deutsches Vaterland, Berlin 1890; F. Andrée, Wirkungs- und Erinnerungsstätten des Dichters Hoffmann von Fallersleben in Wort und Bild, Fallersleben 1960

hohe Braut, Die (WWV 40)
Große Oper in fünf Akten.
Entstehungsgeschichte: Der 1833 in Leipzig erschienene Roman des

liberalen Schriftstellers Heinrich Joseph →König *Die hohe Braut* hat die französisch-italienischen Auseinandersetzungen von 1793 zum Inhalt. 1836 griff W. den Hinweis auf dieses Werk von Heinrich →Laube auf und entwarf während der Gastspiele des Königsberger Ensembles (das W. Minnas wegen begleitete) im Aug. und Sept. 1836 in Memel eine Prosaskizze, die er in französischer Übersetzung an Eugène →Scribe sandte, um sich von ihm die Verse zum Opernlibretto schreiben zu lassen. Das Vorhaben zerschlug sich; Scribe behauptete später, die Skizze nie erhalten zu haben. Als sich der Komponist Carl Gottlieb →Reißiger für das Sujet interessierte, schrieb W. ein Libretto für ihn, das jener dann doch nicht vertonte. Auch ein Angebot an Ferdinand von →Hiller zur Vertonung schlug fehl. Erst der mit W. befreundete Direktor des Prager Konservatoriums, Johann Friedrich →Kittl, nahm sich des Textbuchs an und führte das Werk unter dem Titel *Bianca und Giuseppe oder Die Franzosen vor Nizza* erstmals am 19. 2. 1848 in →Prag auf. W.s Name als Textdichter wurde auf dessen eigenen Wunsch nicht genannt.

Handlung:
Bei und in Nizza, 1793.
I. Akt, ein Platz vor dem Schloß des Marchese: Es herrscht ausgelassene Stimmung unter den Landleuten, denen der Marchese ein Fest versprochen hat. Nur Giuseppe ist traurig. Clara, die ihn liebt, versucht ihn aufzuheitern, erhält aber eine

Abfuhr. Um sich zu revanchieren, wählt sie kurz entschlossen Bonatti, der gerade Streit mit dem alten Cola anzettelt, zum Bräutigam; der weiß zwar nicht, wie ihm geschieht, stimmt aber gern zu. Als Bianca kommt, eilt ihr Giuseppe aufgeregt entgegen. Bianca aber wehrt seinen Liebesbeteuerungen, da sie »durch Rang, Stand und Geburt« getrennt seien. Dennoch ist sie sehr unglücklich darüber, dem Grafen Rivoli als Braut versprochen zu sein, vermag sich aber nicht dagegen zu wehren. Brigitta trägt bescheiden ein Lied vor, und Rivoli erkennt in ihr seine verstoßene Schwester, die er vor allen Leuten demütigt und hinauswerfen läßt. Dann bittet der Graf Bianca um den Ehrentanz. Giuseppe verwehrt es ihm und bricht dadurch neuen Streit vom Zaun. Malvi gibt Befehl, Giuseppe, der sich heftig mit der Waffe verteidigt, gefangenzunehmen. Da greift Sormano ein und rettet Giuseppe vor den Häschern. Beide fliehen in den Park. II. Akt, die äußeren Spitzen der Seealpen: Sormano ist mit Giuseppe in sein Reich geflohen. Sormano erzählt, daß er Lehnsherr des Grafen gewesen sei und heimlich dessen Schwester geheiratet habe. Als Rivoli davon erfährt, trennt er beide und verbannt seine Schwester in ein Kloster. Brigitta aber flüchtet und sucht nach ihrem Gatten. Sormano hat sich inzwischen mit den Franzosen verbündet, um sich an dem Schwager zu rächen. Giuseppe schrickt vor dem geplanten Verrat zurück. Sormano rüstet aber bereits zum Aufbruch und Angriff, als Cola mit Pilgern naht, die eine Bahre tragen. Die Leiche ist Brigitta. Sormano kocht vor Wut. Als vom Schloß im Tal fröhliche Musik heraufdringt, die die Hochzeit Biancas mit dem Grafen verkündet, stimmt auch Giuseppe dem Rachefeldzug zu. Das Signal zum Kampf wird gegeben und Saorgio angegriffen. III. Akt, ein Zimmer im Schloß des Marchese: Bianca und Clara beklagen den mißlungenen Überfall Giuseppes, der mit Sormano gefangengenommen und zum Tode verurteilt wird. Bianca sinnt verzweifelt auf ein Mittel, den Geliebten zu retten. Sie will ihr eigenes Leben opfern. Ihr Vater tritt ihr entgegen und drängt auf die Hochzeit mit Rivoli. Bianca gesteht ihre Liebe zu Giuseppe und fordert seine Begnadigung, wenn sie sich mit dem Grafen verbinden soll. Verwandlung, das Fort Saorgio: Bonatti und die Soldaten trinken auf die bevorstehende Hochzeit des Grafen. Clara und Cola bringen den Soldaten einen großen Korb mit Essen. Zwei Eremiten werden zu den Gefangenen gelassen, um ihren letzten Willen auszuführen. Doch zuvor werden sie von den Soldaten genötigt, auf den Sieg zu trinken. Es entwickelt sich ein regelrechtes Gelage, und der Wein steigt den Bewachern immer mehr zu Kopf. Als plötzlich Sormano und Giuseppe in Eremitentracht an den Betrunkenen vorbeigehen, ist die Verwunderung groß. Die Soldaten schöpfen Verdacht, schlagen Alarm und setzen den Verdächtigen nach.

IV. Akt, Straße in Nizza: Sormano und Giuseppe sind entronnen und hören in Nizza, daß die Franzosen nach Saorgio marschiert sind. Das Volk strömt zusammen. Unter den Leuten befinden sich auch Clara und Cola, die die inzwischen begnadigten Flüchtlinge suchen. Das Volk ruft die Hochzeit des Grafen Rivoli mit Bianca Malvi aus. Daraufhin greift Giuseppe zum Dolch und strebt zur Kathedrale, um den Nebenbuhler zu töten. Sormano hält den Gefährten zurück und beschwört ihn, den Tyrannen im Gedränge auf der Straße zu töten. Als das Hochzeitspaar aus der Kirche kommt und vom Volk bedrängt wird, stößt Rivoli plötzlich einen Todesschrei aus. Entsetzt teilt sich die Menge. Rivoli liegt tot am Boden, Bianca totenbleich in Giuseppes Armen. Sie hat Gift genommen und beschwört den Geliebten, ehrenvoll für das Vaterland zu sterben. – In: SSD Bd. 11, S. 136–177. *Lit.:* WWV

Holländer

Baritonpartie im *Holländer.* Angeregt durch eine stürmische Überfahrt nach →London, griff W. die seit Jahrhunderten mündlich tradierte Sage von dem umherirrenden Seefahrer auf und bezog sich ausdrücklich auf »die von Heine einem holländischen Theaterstücke gleichen Titels entnommene Behandlung der Erlösung dieses Ahasverus des Oceans«, wie W. in seiner →*Autobiographischen Skizze* berichtet, wobei er auch Gedanken aus der

griechischen Mythologie mit ein-
flocht, wie aus seiner →*Mitteilung
an meine Freunde* hervorgeht:»Die
Gestalt des ›fliegenden Holländers‹
ist das mythische Gedicht des Volkes: ein uralter Zug des menschlichen Wesens spricht sich in ihm
mit herzergreifender Gewalt aus.
Dieser Zug ist, in seiner allgemein-
sten Bedeutung, die Sehnsucht nach
Ruhe aus Stürmen des Lebens. In
der heitern hellenischen Welt treffen wir ihn in den Irrfahrten des
Odysseus und in seiner Sehnsucht
nach der Heimat, Haus, Herd und –
Weib [...]« Die ironisierende Erlösungstat Katharinas (→Senta bei
W.), die sich vom Felsen ins Meer
stürzt, um ihr Wort, treu bis zum
Tod zu sein, halten zu können, verwandelte W., trotz gleichen Sachverhalts, in einen tragischen Verlauf, der eine sichtbare Erlösung des
Holländers von seinem Fluch und
die mystische Vereinigung mit
Senta zeigt.

Holländer, Der fliegende
Der →fliegende Holländer

Holtei, Karl von
Geb. 24. 1. 1798 in Breslau, gest.
12. 2. 1880 ebd.; Schriftsteller,
Schauspieler und Theaterleiter. –
Nach einem ausgedehnten Wanderleben von Graz bis Hamburg und
Paris wurde er 1837 – 39 Theaterdirektor in →Riga. Louis →Schindel-
meisser vermittelte im Juni 1837 ein
Treffen W.s mit Holtei in Berlin, das
zu W.s Engagement in Riga führte,
nachdem das Ensemble in Königs-

berg aufgelöst worden war. Auch in
Riga bekam W. bald Schwierigkeiten, zumal nach Holteis Abgang
der Kirchenmusikdirektor Heinrich
→Dorn W.s dortige Stelle einnahm.
Nach W.s Darstellung in →*Mein
Leben* soll sich Holtei, um durch
Gerede die Aufmerksamkeit der
Bürger auf sein Theater zu lenken,
neben Bemühungen um andere
Schauspielerinnen der Truppe auch
mit »unverhohlenen Liebesbewer-
bungen« an W.s Frau Minna gewandt haben. Generell vertrat dieser
zwielichtige Theaterdirektor die
Ansicht, daß das Theater in Riga in
»viel zu solide Umstände« geraten
und dadurch für ihn unerträglich
geworden sei. Nach anfänglichem
Wohlwollen zeigte Holtei W. gegenüber Feindseligkeit, die dem Kapellmeister aber nie wirklich schadete.

Hörselberg
Geographisch gesehen handelt es
sich bei den Hörselbergen um einen
Muschelkalkhöhenzug am rechten
Ufer der Hörsel im Thüringer Wald,
östlich von Eisenach. Der Sage nach
wohnten in seinem Inneren das wü-
tende Heer Wodans, Freia und Frau
Holle, oder Hulda, die Venus; auch
zum Sitz der Hölle und des Fegefeu-
ers wurde der Hörselberg gemacht,
an dessen Hörselloch dem Volks-
glauben nach der getreue Eckart
sitzt. W. hatte sich bereits mit dem
Stoff zu *Tannhäuser* beschäftigt, als
er Anfang 1842 von Paris nach
Deutschland zurückkehrte und auf
dem Weg von Fulda nach Dresden
an der →Wartburg vorbeikam, wo-

bei ihm sogleich eine Szenerie zu *Tannhäuser* lebendig vor Augen stand:»Der Anblick des Bergschlosses, welches sich, wenn man von Fulda herkommt, längere Zeit bereits sehr vorteilhaft darstellt, regte mich ungemein warm an. Einen seitab von ihr gelegenen ferneren Bergrücken stempelte ich sogleich zum ›Hörselberg‹ und konstruierte mir so, in dem Tal dahinfahrend, die Szene zum dritten Akte meines ›*Tannhäuser*‹, wie ich sie seitdem als Bild in mir festhielt und später dem Pariser Dekorationsmaler Depléchin mit genauer Angabe meines Planes zur Ausführung anwies« (→*Mein Leben*, S. 231). Den Hörselberg setzte W. mit dem →Venusberg in seiner Oper gleich und beschrieb in den Schauplätzen zum I. und III. Akt von *Tannhäuser* genau das Bild, das er seit seiner Heimreise von Paris im Gedächtnis trug.

Hübsch, Anton
Geb. 7. 5. 1801 in Petersburg, gest. 13. 10. 1850 in Siegburg; Schauspieler und Theaterleiter. – In der Spielzeit 1836/37 Direktor des Königsberger Theaters, als auch W. dort engagiert war. Zunächst einmal war jedoch W.s Verlobte Minna als Schauspielerin dort engagiert, und W. schrieb aus Berlin, daß er ohne ihre Fürsprache (die er bei Hübsch gar nicht wünsche, zumal er auf ihn eifersüchtig gemacht werden sollte) nach →Königsberg kommen werde, nicht nur, um dort eine Anstellung zu finden, sondern auch, um zu heiraten. Die Anstellung sollte jedoch

nicht von Dauer sein, da Hübsch im Mai 1837 bereits in größte Zahlungsschwierigkeiten geriet. W. verließ Königsberg am 3. 6. 1837.

Huldigungsmarsch Es-Dur
(WWV 97)
Für König →Ludwig II. von Bayern. Komponiert im Aug. 1864 in Starnberg. In der Fassung für Militärmusik wurde der Huldigungsmarsch am 5. 10. 1864 im Hof der Münchener Residenz unter der Leitung von Johann Wilhelm Siebenkäs uraufgeführt. Eigentlich sollte die Komposition anläßlich des Geburtstags von Ludwig am 25. 8. in Hohenschwangau gespielt werden, aber eine Erkrankung der Königinmutter Marie verhinderte dies. Die Fassung für großes Orchester wurde im 1. Philharmonischen Konzert des Hofopernorchesters der Gesellschaft der Musikfreunde in Wien am 12. 11. 1871 unter Otto Dessoff uraufgeführt. Jedoch nicht W., sondern Joachim →Raff fertigte nach längeren Verzögerungen und Mahnungen durch den →Schott-Verlag, der das Werk verlegen wollte, die 2. Fassung an. Schriftlichen Mitteilungen zufolge war W. mit Raffs Vervollständigung sehr zufrieden. Es ist jedoch ungewiß, wo genau die Nahtstelle zwischen W.s und Raffs Arbeit liegt, da keine originalen Handschriften überliefert sind; von W. sollen jedoch die ersten 70 oder 71 Takte stammen.
Lit.: WWV

Hülsen, Botho von

Geb. 10. 12. 1815 in Berlin, gest. 30. 9. 1886 ebd.; Theaterintendant. – Zunächst preußischer Offizier, übernahm er ab dem 1. 6. 1850 das Amt des Generalintendanten des Hoftheaters Berlin und ab 1866 auch die Leitung der Hoftheater Hannover, Kassel und Wiesbaden. Wegen W.s Beteiligung am Maiaufstand 1849 in Sachsen hegte Hülsen eine starke Antipathie gegen den revolutionären Komponisten, zumal Hülsen selbst auf der Gegenseite als Regimentsadjutant des von Berlin nach Dresden beorderten Regiments Alexander aktiv beteiligt war. Daß der in königlichen Diensten stehende Hofkapellmeister W. sich am Aufstand beteiligte, verzieh ihm der streng militaristisch erzogene preußische Offizier nie. Selbst als W. amnestiert wurde, verweigerte Hülsen 1863 ein persönliches Gespräch mit ihm. In seiner Eigenschaft als Generalintendant allerdings verschloß er den inzwischen erfolgreich aufgeführten Werken W.s letztes Endes die Berliner Bühne nicht, wenn auch Hülsen an den langen Verzögerungen der Erstaufführungen in Berlin nicht ganz unbeteiligt war. Und um bei den notwendigen Verhandlungen mit W. nicht persönlichen Kontakt aufnehmen zu müssen, bediente er sich W.s Bruder Albert →Wagner sowie der an seiner Bühne erfolgreich engagierten Johanna →Jachmann. Die nahezu unverschämten Forderungen von 1 000 Talern und Franz →Liszts Berufung zur Einstudierung von *Tann-*

häuser in Berlin lehnte Hülsen ab. W. wollte daraufhin Druck ausüben und zog seine Partitur zurück. Mit einem Brief vom 17. 5. 1854 an Liszt machte Hülsen jedoch einen neuen Vorstoß, *Tannhäuser* aufzuführen. Nachdem W. seine Hauptbedingung, Liszt als Dirigenten zu verpflichten, fallenlassen mußte, konnte endlich am 7. 1. 1856 *Tannhäuser* erstmals in Berlin aufgeführt werden. Und da das Werk erfolgreich war, wandte sich Hülsen Mitte Juni 1858 nunmehr brieflich direkt an W., um auch die Aufführungsrechte von *Lohengrin* zu erwerben, dessen Erstaufführung am 23. 1. 1859 stattfand. Nunmehr war das Publikumsinteresse für W. derart geweckt, daß Hülsen 1865 nach 20jähriger Pause auch wieder *Rienzi* in den Spielplan nahm und sogar den *Holländer* nach 25 Jahren neu inszenieren ließ. Für dieses Werk bot Hülsen sogar freiwillig eine nachträgliche Honorierung an, da W. für die Erstaufführung in Berlin mit einer sehr geringen Summe abgefunden worden war und inzwischen neue Tantiemenzahlungen allgemein eingeführt worden waren. Hülsen wandte sich erneut am 30. 3. 1869 an W., um nun sogar die *Meistersinger* sowohl für Berlin als auch für Hannover zu erwerben, während Wiesbaden und Kassel für dieses Werk nicht in Betracht kamen. Nach 30 Proben wurden die *Meistersinger* am 1. 4. 1870 bei ausverkauftem Haus erstmals in Berlin gegeben. Die Aufführung bewirkte parallel zur Prügelszene auf der

Bühne eine regelrechte Saalschlacht beim Publikum und einen Theaterskandal. Hülsen wurde durch Zeitungsmeldungen aufgefordert, »die neue Gesangsposse ›Die Meistersinger‹ doch an das Wallnertheater abgeben zu wollen, für welches sich diese Farce brillant eignet«. Nach der vierten Aufführung allerdings begann sich das Werk allmählich durchzusetzen. Als schließlich das →Festspielhaus in Bayreuth stand, gab Hülsen seine Anerkennung in einer Eingabe an Kaiser Wilhelm I. vom 15. 2. 1876 kund und machte W. den Vorschlag, die Reineinnahme von *Tristan* in Berlin (der dort am 20. 3. 1876 erstmals inszeniert wurde) zur Unterstützung an den Festspielfonds nach Bayreuth zu überweisen; es waren immerhin 14 000 Mark. Hülsen besuchte die ersten →Festspiele, konnte sich dort aber nur für die *Walküre* erwärmen, die er als Einzelwerk nach Berlin holen wollte, worüber er sich erneut mit W. zerstritt. Ein Ersuchen des Bayreuther Bankiers Friedrich von →Feustel um Unterstützung für die von W. initiierte Stilbildungsschule wurde wegen Hülsens negativer Einschätzung des Unternehmens abgelehnt. Auch die Bitte des Berliner →Wagner-Vereins, nach W.s unerwartetem Tod im Opernhaus eine Trauerkundgebung veranstalten zu dürfen, wurde von Hülsen abgelehnt. Immerhin regte er seinerseits für alle vier ihm unterstehenden Bühnen Benefizveranstaltungen an, »Zur Erinnerung an Richard Wagner«, mit dem Reinertrag von 4 319

Mark, die an den Festspielfonds abgeführt werden konnten.
Lit.: J. Kapp, R. W. und die Berliner Oper. Die Berliner Staatsoper dem Gedächtnis R. W.s, Berlin 1933

Humperdinck, Engelbert
Geb. 1. 9. 1854 in Siegburg, gest. 27. 9. 1921 in Neustrelitz; Komponist und Musikpädagoge. – Ausgebildet an der Musikschule Köln und der königlichen Musikschule München, errang Humperdinck den 1. Preis der Felix-Mendelssohn-Bartholdy-Stiftung Berlin in Verbindung mit einer einjährigen Studienreise durch Italien. 1879/80 lebte er in Italien und suchte W. in →Neapel auf. 1881 folgte er dem Ruf W.s nach →Bayreuth und verfertigte die Partiturabschrift von *Parsifal*. Gleichzeitig betätigte er sich bei den Vorbereitungen zu den zweiten →Festspielen 1882. Um die Verwandlung der Dekoration im I. Aufzug von *Parsifal* musikalisch auszufüllen (da W. selbst es ablehnte, meterweise Musik zu komponieren), schrieb Humperdinck mehrere Takte zur →Verwandlungsmusik hinzu. 1885 folgte Humperdinck einem Ruf an das Conservatorio del Liceo in Barcelona; 1886 kehrte er an das Kölner Konservatorium zurück. 1889/90 war er Siegfried →Wagners Kompositionslehrer in Bayreuth. – Werke: *Hänsel und Gretel* (1893), *Königskinder* (1897).
Lit.: E. Humperdinck, »Parsifal«-Skizzen. Persönliche Erinnerungen an die erste Aufführung des Bühnenweihfestspiels, in: Die Zeit,

Wien 1907; O. Besch, E. Humperdinck, Leipzig 1914; W. Bitter, Die deutsche komische Oper der Gegenwart, Leipzig 1932; K. W. Püllen, Die Schauspielmusiken Humperdincks, Diss. Köln 1951; E. Thamm, Die Quellen zum lyrischen Vokalschaffen Humperdincks, Diss. Mainz 1951

Hunding
Baßpartie in der *Walküre*: nachdem er →Sieglinde gewaltsam zu seiner Frau gemacht und den von →Wotan im Zweikampf entwaffneten →Siegmund getötet hat, wird er von Wotan verächtlich als Werkzeug →Frickas zertreten.

Hundinghütte
In der *Walküre* flüchtet →Siegmund in die Hundinghütte, trifft dort auf →Sieglinde, die, erst später als seine Schwester erkannt, Hundings Frau werden mußte; Siegmund verliebt sich in sie, zeugt mit ihr →Siegfried und unterliegt am folgenden Tag im Kampf gegen Hunding. – Nach einem Besuch der →Festspiele 1876 kündigte König →Ludwig II. dem Hofrat Lorenz von Düfflipp an: »[…] im Walde nächst dem Linderhof ein Gemach, aus roh gezimmertem Holz, gleich der Dekoration des 1. Aktes in Walküre ausführen zu lassen, der Baum wird bereits ausgesucht.« Daß es sich dabei um einen bizarren Baum handelte, der inmitten der Hütte stehen sollte und eine Buche war, störte den für die Natur schwärmenden König nicht. Da W. eine Esche vorgeschrieben hatte, ordnete der König an, die Bu-

che mit einer Eschenverkleidung zu umhüllen. Dem in der Natur verwirklichten Bühnenbild wurden die Entwürfe von Christian Jank aus der Münchener Uraufführung mit Ergänzungen von Bayreuther Aufführungen zugrunde gelegt. Mit der Ausführung der Hundinghütte hatte sich Ludwig neben der Venusgrotte aus *Tannhäuser* ein weiteres Bühnenbild W.s in der Umgebung seines Lieblingsschlosses Linderhof errichten lassen. Die Hundinghütte fiel 1945 dem Brandanschlag eines Forstbeamten zum Opfer.
Lit.: D. u. M. Petzet, Die R. W.-Bühne König Ludwigs II., München 1970

idée fixe
Die im Französischen soviel wie »unveränderliche Idee« bedeutende Bezeichnung, die zudem ihre Herkunft aus dem medizinischen Bereich in der Bedeutung Wahnvorstellung nicht losgeworden ist, steht für einen musikalischen Gedanken ein, der in der Funktion eines wiederkehrenden →Motivs verwandelt wird und von Hector →Berlioz für das Hauptthema seiner *Symphonie fantastique* (1830) konkret verwendet wurde. Während Berlioz die in der Oper seiner Zeit gebräuchlichen →Erinnerungsmotive auf die Instrumentalmusik übertrug, griff W. die kompositionstechnische Idee auf, um sie in der Form von →Leitmotiven dem →Musikdrama wieder zuzuführen.
Lit.: R. Bockholdt, Die idée fixe der Phantastischen Symphonie, in: Archiv für Musikwissenschaft 30:1973

Ihr Kinder, geschwinde, geschwinde (WWV 113)
Lied für drei Kinderstimmen in G-Dur; komponiert vermutlich im Dez. 1880 in →Bayreuth. Die Aufführung fand am Weihnachtsabend in der Villa →Wahnfried statt, nachdem W. selbst das Lied den fünf Kindern seiner Familie einstudiert hatte. Das Autograph im →Nationalarchiv Bayreuth trägt den Vermerk Otto →Strobels:»›Antiker Chorgesang‹ der Kinder zum 25. Dez. 1880«.
Lit.: WWV

Im treuen Sachsenland
→*Gruß seiner Treuen an Friedrich August den Geliebten* »*Im treuen Sachsenland*«

Inhaltsübersicht
→Allgemeine Inhaltsübersicht über R. W.s Sämtliche Schriften und Dichtungen

Inszenierung
Die Geschichte der Inszenierung der Werke W.s wurde erst in Ansätzen geschrieben, ist aber bei einzelnen Opernhäusern und vor allem für die Aufführungen im →Festspielhaus Bayreuth gut dokumentiert. Dort freilich wurden die frühen Opern (einschließlich *Rienzi*) bis auf den heutigen Tag ausgeschlossen. Und obgleich W. von Anfang an auch auf die schauspielerische Leistung, die allerdings ebensowenig wie die sängerische zur Selbstdarstellung benutzt werden sollte, großen Wert legte, konnte er nicht vermeiden, daß die Gepflogenheiten gängiger Opernpraktiken (in deren Tradition ja alle Ausführenden der ersten Bayreuther →Festspiele tagtäglich standen) auch in Bayreuth nicht von heute auf morgen vermieden und einer Realisierung des →Reinmenschlichen im →Musikdrama geopfert werden konnten. Insofern gab es auch in Bayreuth deutliche stilistische Wandlungen der Bühnengestaltung. Obgleich W. das Kunstwerk der Zukunft zu gestalten sich vorgenommen hatte, mußte er Kompromisse schließen. Darüber hinaus kann kein Opernhaus der Welt den Konflikt lösen, der sich bereits seit Erfindung der Oper aus der Verschmelzung von Musik und Schauspiel ergeben hatte. Denn der singende Mensch in einer realistischen Handlung war von Anfang an ein Unding, das sich, je wirklichkeitsgetreuer die Opernhandlung gestaltet werden sollte, zur Unmöglichkeit steigerte. War es in der Barockoper noch möglich, durch die Trennung von die Handlung vorantreibenden Rezitativen einerseits und musikalisch-kontemplativen Arien andererseits die liedhafte Gestaltung einzelner Affekte durch den Gesang zu rechtfertigen, so bildeten sich spätestens mit den durchkomponierten Opern schier unüberwindliche Widersprüche zwischen den theatralischen und den musikalischen Anteilen der Oper heraus. Der handelnde, tötende und sterbende Mensch auf der Bühne, mit Arien auf den Lippen, steht am Rande der Lächerlichkeit, da Gesang

ein reflektierendes, kein agierendes Moment darstellt. W. sah diese Schwierigkeiten deutlich und erstrebte gleichzeitig die Lösung solcher Konflikte durch Umstrukturierung der Handlung wie der musikalischen Funktionen. Die noch in der Tradition der großen Oper wurzelnde Handlung von *Rienzi* mit konkretem historischen Stoff stellte W. bereits im *Holländer* zugunsten symbolischen Geschehens um, dessen Realistik zur Versinnlichung des Reinmenschlichen, der Darstellung wesentlicher menschlicher Probleme als Menschheitsschicksal, dienen mußte. Konsequent verfolgte W. als Dichterkomponist den Weg vom historischen Geschehen in der Oper hin zum →Mythos, den er gleichsam als Konzentrat des Schicksals der Menschheit einschätzte. Dem →Orchester hatte W. gleichzeitig die Kommentierung der Seelenzustände der handelnden Personen anvertraut, so daß bloße musikalische Illustrierung entfallen konnte. Und der singende Mensch wurde eingebettet in das Netz musikalischer Kommunikation und Motivation des Ganzen. W. versuchte, mit seinem dramatischen Sprechgesang das musikdramatisch Bedeutsame aus dem durch Sprache oder gar bloße Umgangssprache Vermittelbaren herauszuheben. Das heißt aber auch, daß W. das Musikdrama insgesamt herausheben wollte und sowohl vom bloßen musischen Genuß als auch von musikalischer Trivialität abzugrenzen bestrebt war. Da W. aber von Anfang an als Thea-

tergenie wußte, daß sich auch das Erhabene bei stundenlanger Darbietung abnutzen mußte und nur mit größter Anstrengung und Aufbietung aller künstlerischen Energien auf der Bühne zu erreichen war, trat er als Musiker zurück, um als künstlerischer Koordinator und Spiritus rector agieren zu können, denn er war zutiefst davon überzeugt, daß die →Partitur nur das Gerüst für die Aufführung eines Musikdramas sein konnte. Dies entstand für W. erst auf der Bühne als lebendiges Kunstwerk und mußte deshalb nicht nur musikalisch überzeugend gestaltet werden, sondern als →Gesamtkunstwerk erstehen. – W.s Traum vom eigenen Theater war mit dem gegen alle Schwierigkeiten errichteten Bayreuther Festspielhaus dennoch nur halb ins Werk gesetzt, denn seine Vorstellung von der Realisierung seines →»Kunstwerks der Zukunft« lag letztlich nur zu einem kleinen Teil im Machtbereich seiner eigenen Gestaltungskraft. Um aber dennoch soviel wie möglich von seinen Intentionen umsetzen zu können, wurde W., nachdem er Kapellmeister, Dirigent, Librettist, Bauherr und Organisator geworden war, auch noch Regisseur und mußte dennoch erleben, daß seine Erwartungen nicht erfüllt wurden. Trotzdem galt der *Ring* von 1876 als von W. autorisiert und damit als Fundament der Bayreuther Inszenierungsgeschichte (→Regie). Deshalb wagte sich W.s Witwe Cosima erst nach 20 Jahren an die gewaltige Anstrengung einer Gesamtinszenierung, deren Grundkonzept dann freilich wieder bis 1931 erhalten blieb, wobei Siegfried →Wagner allerdings bereits ab 1906 schrittweise mit Neuerungen in die Inszenierung eingriff. Aber schon in der beispielhaft gründlich erarbeiteten Konzeption Cosimas wurden frühere Mängel (wie der archäologische Anachronismus der Kostüme Carl Emil Doeplers) behoben sowie angeblich historische Treue und naiver Naturalismus durch die bildhaften Vorstellungen von Hans Thoma für Maß, Symbole und Rhythmus ersetzt. Es entstand ein Inszenierungsstil aus einem Nebeneinander von realistischen und stilisierten Mitteln, der allerdings auch auf heftige Kritik stieß, zumal die Personenregie als zu statuarisch empfunden wurde. Siegfried W. begann allmählich mit dem »Firlefanz der früheren Dekoration« aufzuräumen, um statt dessen mit Lichtregie zu operieren und die bisherige Kulissenbühne in eine vollpraktikable Raumbühne zu verwandeln. – Der unvermutete Tod Siegfried W.s 1930 und die Übernahme der Festspielleitung durch seine Witwe Winifred →Wagner machten die Beteiligung auswärtiger Führungskräfte an der künstlerischen Leitung der Festspiele erforderlich. 1931 wurde dem preußischen Generalintendanten Heinz Tietjen die künstlerische Leitung übertragen. Ihm gelang in Zusammenarbeit mit dem musikalischen Leiter Wilhelm Furtwängler und dem Bühnenbildner Emil Preetorius ein erstaunlich neutraler Inszenie-

rungsstil auf hohem Niveau im allgemeinen Fahrwasser eines ansonsten staatlich verordneten Naturalismus. Daß hierbei zeitliche Strömungen mit einflossen und das Heroische zum Grundzug wurde, tat der damaligen hohen künstlerischen Qualität der Bayreuther Festspiele keinen Abbruch. Dennoch erregte der neue Inszenierungsstil erneut den Widerspruchsgeist der Altwagnerianer, die W.s künstlerische Idee verraten glaubten. – Bei der Wiedereröffnung der Festspiele 1951 sah sich Winifred W. wegen ihres Einvernehmens mit Adolf →Hitler veranlaßt, die Festspielleitung zugunsten ihrer Söhne Wieland und Wolfgang Wagner abzugeben, und die W.-Enkel nutzten die Chance eines echten Neubeginns. Wieland →Wagner gestaltete zunächst den *Ring* als Auseinandersetzung der unvereinbaren Gegensätze von Macht und Liebe, wobei das vormals Heroische ins Märchenhafte zurückgenommen, aber Beziehungen zur jüngsten politischen Vergangenheit keineswegs ausgegrenzt wurden. Wieland W. inszenierte den *Ring* von der Nornenszene her und machte →Wotans Eingriff in die Natur als Urfrevel kenntlich, der sich konsequent im Weltenbrand der *Götterdämmerung* auswirkte. Außerdem wurde durch bewußt gewählte Zeitlosigkeit die Aktualität des Stoffs unterstrichen. Wolfgang →Wagner orientierte sich zwar mit seinen *Ring*-Inszenierungen von 1960–64 und 1970–75 in einigen Aspekten an der seines Bruders, setzte aber stärkere theatralische Effekte und vervollständigte von Jahr zu Jahr sein Konzept, während sein Bruder mit Inszenierungsvarianten arbeitete. Als Spielfläche rückte Wolfgang W. die *Ring*-Scheibe in den Mittelpunkt, die im Verlauf der Handlung zerstückt und wieder zusammengesetzt wurde. Im Verfahren der Entheroisierung wurden auch die Götter als menschliche Wesen und die Helden in ihren triebhaften Bedürfnissen dargestellt. Ganz anders die spektakuläre Inszenierung zum *Ring*-Jubiläum 1976 von Patrice Chéreau, der als Schauspielregisseur auf lebendige Detailgestaltung einerseits, aber auch auf ein geschlossenes Konzept andererseits setzte. Sie stellte einen Abriß der Menschheitsgeschichte unter sozialkritischem Blickwinkel zur Diskussion und rief zuerst wütenden Protest, dann große Begeisterung hervor. Ins Gegenteil zog sich die Inszenierung von Peter Hall 1983 mit vereinzelten schönen Szenenbildern, überwiegend statuarischer Personenregie und einer naiven Erzählung einer Märchenfabel zurück. – Die zweite Säule des Bayreuther Inszenierungsstils beruht auf den von W. 1882 veranstalteten zweiten Festspielen mit ausschließlichen Aufführungen des →Bühnenweihfestspiels *Parsifal,* das, abgesehen vom II. Aufzug, in 27 Festspieljahren bis 1933 fast unverändert gegeben wurde und damit seine stilbildende Funktion dokumentierte. Nach den enttäuschenden Erfahrungen mit dem *Ring* graute W. vor der Realisierung seines »Weltabschiedswerks«. Ihm wäre am liebsten gewesen, nachdem er schon das unsichtbare Orchester verwirklicht hatte, für *Parsifal* auch noch des »unsichtbare Theater« (wie Cosima in ihren →Tagebüchern festhielt) zu erfinden. Hinter dieser absurden Idee verbarg sich allerdings die konkrete Forderung nach vollkommener Illusion auf der Bühne, wonach alle störenden physischen Ablenkungen von der Realisierung der Idee des Musikdramas ferngehalten werden sollten. Außerdem sollte *Parsifal* das Schicksal von W.s übrigen Werken, auf den Repertoiretheatern prostituiert zu werden, erspart bleiben, was letztlich nach Ablauf der Schutzfrist (→Parsifal-Schutz) nicht gelang. Die »weihevolle Einfachheit«, die W. für die erste Inszenierung von *Parsifal* forderte, konnte nur ansatzweise verwirklicht, seine Vorstellung von →Kundry als Tiziansche Venus im II. Aufzug aus moralischen Gründen nicht ausgeführt werden. In der Presse wurde das »Bühnenweihfestspiel« total verrissen: »Der gesunde Menschenverstand wird unter Weihrauchqualm zu Grabe getragen und die Unvernunft als Fetisch auf den Thron erhoben. Wenn nun der Chor der Wagnerbacchanten dies als höchste christliche Kunsttat anpreist, so erheben wir feierlich Einspruch gegen diese aufgedrungene Pseudo-Religiosität.« – Gänzlich unbeeindruckt von solchen Vorstellungen führte Cosima die Festspiele gleichsam als Hohepriesterin im Geist ihres 1883 verstorbenen Mannes fort und erzielte langsam nicht nur künstlerische, sondern auch sogar finanzielle Erfolge. Dennoch erstarrte die auf Authentizität beruhende Tradition bald zu musealen Prinzipien, zumal die von W. sanktionierten Anweisungen von den Künstlern bald übertrieben wurden. Da sich Cosima nach W.s Tod wie eine Nonne aus dem Alltag zurückgezogen hatte, aber die langsam einreißenden Unzulänglichkeiten in Bayreuth nicht dulden wollte, ließ sie sich einen Verschlag auf der Bühne errichten, um aus dem Verborgenen die Probenarbeit zu überwachen und mit täglichen Korrekturzetteln an Hermann →Levi und Anton von Fuchs, den Spielleiter, einzugreifen. Siegfried W. erneuerte 1911 das am meisten beanstandete Bühnenbild zum II. Aufzug. Nach der hart umkämpften Freigabe des Werks 1914 waren schon der Sensation halber mehr als 25 Bühnen mit der Inszenierung von *Parsifal* beschäftigt; sie konnten nicht schnell genug damit herauskommen, um desto rascher das Interesse daran wieder zu verlieren. Bayreuth bekümmerte sich allerdings wenig darum, sorgte jedoch in einer »Parsifaleingabe zur Erhaltung der szenischen Urgestalt von 1882« durch W.s Töchter nach Siegfrieds Tod für weltweites Aufsehen, da Tietjen eine neue *Parsifal*-Inszenierung plante und trotz der gewichtigen Unterschriftenaktion durchsetzte. Die Inszenierung wurde 1934 in der Ausstattung von Alfred →Roller herausgebracht; religiöse Assozia-

tionen wurden vermieden und dafür »die Idee des sozialen Dramas« herausgestellt. Obgleich Wieland W. schon 1937 mit neuen Dekorationen und Kostümentwürfen in die Inszenierung von *Parsifal* eingegriffen hatte, gelang ihm doch erst 1951 eine kompromißlose Neugestaltung des Werks, das als menschliches Mysterium von Liebe und Tod einen grundlegenden Wandel szenischer Interpretation in Bayreuth einleitete. Der Verzicht auf naturalistische Mittel, ebenso auf die gewohnte Wandeldekoration im I. und III. Aufzug wie auf lokale Anhaltspunkte (z. B. das Zauberschloß), löste Verärgerung und scharfe Kritik aus, die bald in Bewunderung umschlugen, zumal diese Inszenierung in 23 Jahren mehr als 100mal gezeigt wurde. Mit nur wenigen Symbolen auf fast leerem Bühnenraum suchte der Regisseur eine tiefenpsychologische Werkinterpretation zu verwirklichen und erreichte eine Suggestivwirkung von historischer Bedeutung. In den späteren Varianten bezog Wieland W. durch Bildprojektionen verstärkt jugendstilhafte Elemente ein, denen allerdings die überwiegend von Hans Knappertsbusch dirigierten Aufführungen in der musikalischen Ausführung, beiden bewußt, entgegenstanden. Für die ab 1966 von Pierre Boulez übernommene musikalische Leitung plante Wieland W. eine Neuinszenierung, die jedoch durch seinen plötzlichen Tod nicht mehr ausgeführt werden konnte. Während sich Wolfgang W. 1975 mit erneut naturalistischen Mitteln auf die »schlichte Einfachheit« W.s besann, unternahm Götz Friedrich 1982 eine eher spekulative Interpretation zum Motto »der Raum wird hier zur Zeit«. Verbildlicht wurde das Textzitat aus *Parsifal* mittels eines gestürzten quadratischen Raums des Gralstempels. Der Erlösungsgedanke im III. Aufzug wurde gleichsam nach dem Atomschlag angesiedelt, so daß, wie oft außerhalb Bayreuths, aktuelle politische Aspekte in die Grundkonzeption dieser Inszenierung einbezogen wurden. – Die Erstaufführung von *Tristan* in Bayreuth datiert bereits aus der Ära nach W.; sie wurde 1886 von Cosima nach dem Muster der Münchener Uraufführung inszeniert. Zwei Jahre später bezog Cosima die *Meistersinger* in den Festspielplan ein; ihr Enkel Wieland setzte 1956 Akzente mit einer Neuinszenierung, die nun nicht die Popularität des Schustermeisters unterstützte, sondern ein Spannungsfeld von Ordnung und Freiheit in den Mittelpunkt rückte und damit gewaltige Empörung in der Öffentlichkeit auslöste, die sich um die gewohnte Butzenscheibenromantik geprellt sah und mit dem neuen poetischen Mysterienspiel zunächst nichts anfangen konnte. Und die Kontrastinszenierung desselben Regisseurs im Jahr 1963 als derb-realistisches Rüpelspiel mit einer Festwiesenparodie auf das Spießbürgertum löste schließlich eine Grundsatzdebatte über »des Meisters Worte und der Enkel Sinn« aus. 1968 brachte Wolf-

gang W. durch seine heitere, volksnahe Inszenierung als bürgerliches Märchen die Extreme seines Bruders wieder ins Lot und erntete viel Beifall. – Bei der Erstaufführung von *Tannhäuser* im Festspielhaus (1891) sah sich Cosima herausgefordert, die erfolgreichste Oper W.s als Musikdrama zu inszenieren; bei einer Wiederholung 1904 trat die amerikanische Tänzerin Isadora Duncan als Solograzie und Choreographin auf und löste einen Skandal aus. 50 Jahre später inszenierte Wieland W. die romantische Oper als Tragödie, die aus des Titelhelden seelischer Gespaltenheit hervorgehen sollte und in der deshalb der →Venusberg als Vision dargestellt werden mußte, während der Chor als eine Pyramide aus leuchtenden Heiligenköpfen erschien. Friedrich sah 1972 in →Tannhäuser den Rebellen des Vormärz und erntete Empörung und Protest wegen der Politisierung des Stoffs. – Die Bayreuther Erstaufführung von *Lohengrin* setzte Cosima nur 1894 auf den Spielplan; erst 1908 nahm Siegfried diese Produktion wieder auf und übernahm Spielleitung und Inszenierung, die erstmals mit einem Rundhorizont arbeiten konnte. 1936 gab der tausendste Todestag König Heinrichs Anlaß zu einer germanisch-heldischen Inszenierung, die selbstverständlich die Reichsidee unterstrich und in Anwesenheit Hitlers gezeigt wurde. Halb abgewandt vom heroischen Naturalismus zeigte sich die erste Inszenierung Wolfgang W.s in Bayreuth 1953. Dieser gleichsam entmilitarisierten Inszenierung folgte bereits 1958 eine Wieland W.s, die die Frage nach dem Wesen der Liebe ins Zentrum stellte und als zeitloses Mysterienspiel geformt wurde. – Das am spätesten in den Bayreuther Spielplan aufgenommene Musikdrama ist kompositionsgeschichtlich W.s frühestes Werk, das die Grenze zu den Opern und Frühwerken markiert, die bis auf den heutigen Tag nicht in den Kreis der Festspielwerke aufgenommen wurden. Erst 1901 konnte sich Cosima entschließen, mit einer Inszenierung des *Holländers* in einaktiger Form die seither im Festspielhaus aufgeführten Werke W.s zu komplettieren. Und die Titelfigur wurde nicht wie anderswo als spanischer Grande, sondern als →Ahasver der Meere gezeichnet; mit Lichtregie wurde die Dämonie der Naturgewalten hinzugesellt. Zum sängerischen Ereignis wurde Maria →Müller als →Senta in Tietjens Inszenierung von 1939, die in Cosimas Sinne fortgeführt, aber in den naturalistischen Effekten noch gesteigert werden konnte. Auf den menschlichen Alltag reduziert erschien dagegen der 1955 von Wolfgang W. inszenierte *Holländer*, dem Wieland W. 1959 eine Version als →Ballade folgen ließ, die sich durch pralle Sinnlichkeit auszeichnete. Mit mächtigen und effektvollen Sinnbildern versuchte August Everding, die Handlung zu entmythologisieren und mit realistischer Schauspielregie alles Opernhafte zu retuschieren. Ähnlich ging 1978 auch Harry Kup-fer zu Werk, der allerdings Senta ins Zentrum einer realen Bühnenhandlung stellte, die von einer irrealen überlagert wurde, deren Geschehen sich eigentlich nur in Sentas Traumgespinsten ereignete.

Lit.: D. Mack, Der Bayreuther Inszenierungsstil 1876 – 1976, München 1976; O. G. Bauer, R. W. Die Bühnenwerke von der Uraufführung bis heute, Frankfurt/Berlin/Wien 1982

Inzest

Das Inzestmotiv hatte W. in der →Völsungasaga gefunden; dort ist Sinfjotli der Sohn des Zwillingspaars Signy und Sigmund. Im *Ring* hatte →Wotan zur Rettung seiner Weltherrschaft geplant, das von ihm selbst gezeugte Geschlecht der →Welfen gegen die →Nibelungen einzusetzen. →Sieglinde und →Siegmund, für den der →Wanderer das Schwert →Notung in die Esche der →Hundinghütte gestoßen hatte, um ihn dereinst aus höchster Not zu retten, waren die letzten des Welfengeschlechts, die verfolgt wurden, bis sie sich unverhofft in →Hundings Hütte begegneten und hinter dessen Rücken ein Liebespaar wurden. Der Ehebruch Sieglindes mit ihrem Bruder rief →Fricka, die Hüterin der Ehe, auf den Plan. Sie setzte bei Wotan durch, daß Siegmund im Kampf gegen Hunding unterliegen müsse, konnte aber nicht mehr verhindern, daß aus der verbotenen Geschwisterliebe ein neuer Welfensproß, →Siegfried, hervorging. Erst er, der gegen der Götter Willen gezeugt worden ist, war der wirklich freie Mensch, der sich gegen Wotans Gesetze auflehnen durfte.

Irene
Sopranpartie in *Rienzi*; Schwester →Rienzis.

Isabella
Sopranpartie im →*Liebesverbot*; Novize bei den Elisabethinerinnen und Schwester →Claudios, der wegen einer Liebschaft zum Tode verurteilt werden soll, aber durch eine List seiner Schwester gerettet wird.

Isolde
Große dramatische Sopranpartie in *Tristan*; irische Königstochter, nach →Gottfried von Straßburgs Epos *Tristan und Isolt* (um 1210) gestaltet. Sie wird von →Tristan für seinen König →Marke als Braut nach Cornwall gebracht, hatte früher aber schon ein tiefgreifendes Erlebnis mit dem Helden →Tantris, der ihren Bräutigam erschlug und, selbst verletzt, sich von ihr gesund pflegen ließ. Auf dem Schiff will Isolde endlich Rache nehmen und gemeinsam mit Tristan sterben. Da aber der Todestrank von →Brangäne mit dem Liebestrank vertauscht wurde, bekennt sich das Liebespaar zu seinen Gefühlen, die aber vor der »Welt« verborgen werden müssen. Als ihre Liebe entdeckt wird und Tristan im Kampf gegen →Melot fällt, aber von →Kurwenal schwerverletzt noch auf die Burg →Kareol gebracht werden kann, wird nochmals nach der heilkundigen Isolde

geschickt, die aber zu spät am Krankenlager des Geliebten eintrifft und an gebrochenem Herzen über dessen Leiche stirbt.

Isoldes Liebestod
In der letzten Szene des III. Aufzugs von *Tristan* kommt →Isolde doch noch auf →Kareol, dem Fluchtort des tödlich verletzten Helden, an, aber zu spät. Isoldes letzter Gesang mit dem Beginn »Mild und leise / wie er lächelt, / wie das Auge / hold er öffnet« wird deshalb als Liebestod bezeichnet, zumal sie über der Leiche ihres Geliebten an gebrochenem Herzen stirbt. Musikalisch greift Isolde jene Klage →Tristans aus der 1. Szene des III. Aufzugs auf, wo es heißt:»ein heiß-unbrünstig Lieben« und die Töne des →Tristanakkords auf dem Grundton a (mit a-es-g-c) sich zwar nur in dessen Bestandstönen zeigen, dennoch aber motivbildende Wirkung in Zusammenhang mit dem Tristanakkord bewirken. Wie andere Stücke von W. hat Franz →Liszt auch den Liebestod für Klavier bearbeitet und bei der Übertragung auf ein einzelnes Soloinstrument ohne Unterstützung des gesungenen Wortes doch eine erstaunlich gültige musikalische Expressivität durch pianistische Abstraktion erreicht.

Italien
War für W. →Frankreich Traum und Niederlage seiner hochfliegenden Opernpläne und die →Schweiz das Land seines →Exils, so wurde Italien W.s Ressource für schöpferische Be-

tätigungen und geistiges Erholungs-
land. Auch W. war von jener tief
eingeprägten Sehnsucht der Deutschen nach Italien ergriffen, die
nicht nur durch jahrhundertelange
deutsche Politik mitbestimmt war,
sondern auch allen Nordländern als
Lebensgefühl vorschwebte, das man
im Süden wie in einem Garten Eden
realisieren könne. Viele große Namen wie Albrecht Dürer, Georg
Friedrich Händel, Wolfgang Amadeus →Mozart, Johann Gottfried
Seume, Johann Wolfgang von Goethe, Rainer Maria Rilke und Anselm
Feuerbach sind mit einem inneren
Ruf nach dem Süden, um sich dort
inspirieren zu lassen, in Verbindung
zu bringen. Auch W. fühlte sich zu
diesem Land, das er mit der »Fülle
des Lebens« verband, mehr und
mehr hingezogen. – Erstmals am
10. 7. 1852 unternahm W. eine Alpenwanderung mit anschließender
Fußreise nach Oberitalien. Zehn
Tage nach der Abreise schrieb er aus
Lugano an seine Frau Minna:
»Kaum kann ich noch Deutsch sprechen, so ein wüthender Italiener bin
ich geworden!« Und in seiner Begeisterung für die herrliche italienische
Landschaft bedrängt er Minna, so
schnell wie möglich mit der Postkutsche nachzukommen, denn »ich
sehne mich sehr nach Jemanden, der
die Schönheiten der Reise mit mir
theilt«. Den launigen Brief unterschrieb W. mit »Murmeltierbraten-
fresser«. Bereits ein Jahr später, am
24. 8. 1853, machte sich W. erneut
nach Italien auf: Es ging über Bern
und Genf nach Turin und Genua, in

dessen Nähe er in einem Hotelzimmer von La →Spezia den spektakulären Einfall zum Es-Dur-Vorspiel
des *Rheingolds* hatte, der ihn zur
vorzeitigen Rückreise veranlaßte.
W.s unbeabsichtigte Flucht aus dem
→Asyl in →Zürich nach dem Ehe-
konflikt mit Minna und deren Eifersucht auf Mathilde →Wesendonck
führte über Genf und Lausanne
nach Mailand und →Venedig, die
italienische Stadt, die er wohl am
meisten liebte, wo er an seinem *Tristan* arbeitete und auch dunkle
Stunden am Canal Grande erlebte.
W. besuchte im Nov. 1861 die in
Venedig weilenden Wesendoncks; er
erbat sich von Mathilde seinen ihr
einst geschenkten ersten Entwurf zu
den *Meistersingern* und konzipierte
bereits auf der Rückreise nach Wien
das dazugehörige Vorspiel. Seine
sechste Reise nach Italien führte im
Sept. 1868 mit Cosima über Mailand zum Lago Maggiore (Cosima
war 1837 am Comer See geboren
worden). Nach seiner Ansiedlung in
→Bayreuth verstärkte sich W.s Bedürfnis, wegen des rauhen Klimas in
Oberfranken öfter in den Süden
auszuweichen. Nach den ersten Bayreuther →Festspielen 1876 suchte W.
Erholung in Italien, fuhr über Verona, Venedig und Bologna in den
Süden und ließ sich in →Neapel und
Sorrent nieder, wo er eine letzte Begegnung mit dem sich ihm entfrem-
denden Friedrich →Nietzsche hatte.
Die Rückreise führte über Rom und
Florenz. Am 31. 12. 1879 machte
sich W. erneut mit seiner Familie
nach Italien auf, um fast das ganze

folgende Jahr im Süden zu verbringen. Am 4.1. 1880 kam W. in Neapel an und bezog die Villa Angri am Golf. Der Maler Paul von →Joukowsky und später Engelbert →Humperdinck besuchten den Meister. Am 23. 4. 1880 beschloß er das Diktat von →*Mein Leben*, machte am 25. 5. einen Ausflug nach Amalfi, dann nach →Ravello, wo er im Park des Palazzo Rufolo »Klingsors Garten gefunden« hatte. Am 19. 7. wurde der Aufsatz →*Religion und Kunst* beendet. Schließlich machte sich W. am 8. 8. zur Heimreise auf, verweilte aber noch in Florenz und acht Tage in Perugia. Am 21. 8. traf W. in →Siena ein, dessen Dom ihm zum Vorbild für den Gralstempel in *Parsifal* wurde. Franz →Liszt besuchte seinen Freund im Sept. 1880 in Siena, bevor W. weiter nach Venedig reiste und dort am 4. 10. Wohnung im →Palazzo Contarini nahm. Ende Okt. 1880 war W. wieder in München und am 17. 11. zu Hause. Obgleich W. am 1. 12. 1880 die zweiten Festspiele in Bayreuth ankündigte und noch am dafür vorgesehenen *Parsifal* zu arbeiten hatte, reiste er am 1. 11. 1881 erneut nach Süditalien und ließ sich am 5. 11. in →Palermo nieder, wo er den III. Aufzug seines →Bühnenweihfestspiels in Partitur setzte. Der französische Impressionist Auguste →Renoir besuchte W. im Jan. 1882 und fertigte eine Bleistiftskizze von ihm an; auch Joukowsky malte in diesen Tagen ein Ölbild von W. Am 20. 3. 1882 übersiedelte er mit seiner Familie in den sizilianischen Kurort Acireale, da seine Herzanfälle sich häuften. Im April ging es dann weiter nach Messina und Neapel, schließlich wieder nach Venedig vom 15. bis zum 29. 4. Im selben Jahr wurde der *Ring* durch Tourneeveranstaltungen Angelo →Neumanns in Venedig, Bologna, Rom, Turin und Triest bekannt. Seine letzte Reise nach Italien trat W. am 14. 9. 1882 an, von seiner Familie und Freunden begleitet. Es ging direkt nach Venedig, wo W. sich ab dem 18. 9. im →Palazzo Vendramin-Calergi einmietete. Am 19. 11. kam Liszt zu Besuch und blieb bis zum 13. 1. 1883; auch Humperdinck kam am 18. 12. und blieb bis zum 3. 1. Im Febr. 1883 kam noch Hermann →Levi, der *Parsifal*-Dirigent, der neue Instruktionen für die nächsten Festspiele einholte und nicht ahnte, daß er seinen Meister das letztemal gesehen hatte. Mit seinen Töchtern und Freunden besuchte W. noch den Karneval, begann einen Aufsatz, →*Über das Weibliche im Menschlichen*, und starb am 13. 2. 1883 in Venedig. – W.s musikdramatisches Schaffen kreiste von Anfang an um italienische Sujets: Die Vorlage zu den →*Feen*, *La donna serpente* (1762), stammt von Carlo Graf →Gozzi, einem Venezianer; *Das* →*Liebesverbot* spielt in Palermo; der Entwurf zu →*Friedrich I.* behandelt das Schicksal des römisch-deutschen Kaisers; in der →*Sarazenin* wollte W. das Schicksal des Sohns von Kaiser Friedrich II., Manfred, gestalten; und *Rienzi* ist direkt in der italienischen

Historie verankert. Aber auch →Tannhäusers Wallfahrt nach Rom spielt eine Rolle, wie die Schwermut von *Tristan* eng mit Venedig verbunden ist, zumal W. den III. Aufzug mit »tönender Nachttraum« unterschrieb, den er im nächtlichen Venedig real erlebte und in Töne faßte. Schließlich wurden die szenischen Anregungen Süditaliens und Sienas für die Bühnengestaltung von *Parsifal* von Bedeutung, auf dessen letzter Partiturseite »Palermo« steht.

Jachmann, Johanna
Julia Pauline
Geb. von Wülfingen; geb. 13. 10. 1826 in Lohnde (bei Hannover), gest. 16. 10. 1894 in Würzburg; Sängerin (Sopran); Adoptivtochter von W.s Bruder Albert →Wagner; seit dem 2. 5. 1859 mit dem Landrat Alfred Jachmann verheiratet. 1844 – 51 am Dresdener Hoftheater. Sie sang in der Uraufführung von *Tannhäuser* die →Elisabeth. Ab 1851 war sie am Berliner Hoftheater und stieg dort zur berühmten Operndiva auf. Bei den ersten →Festspielen in Bayreuth sang sie eine →Walküre und eine →Norne.

Jean Paul
Eigtl. Johann Paul Friedrich Richter; geb. 21. 3. 1763 in Wunsiedel, gest. 14. 11. 1825 in Bayreuth; Dichter. – Er studierte Philosophie und Theologie in Leipzig, war dann Privatlehrer und lebte in Schwarzenbach, Hof, Weimar, Berlin, Meiningen, Coburg und ab 1804 in →Bayreuth. Ein Konzert von Johann Stamitz

inspirierte ihn zu seinem Roman *Hesperus* (Berlin 1795). Nicht nur Robert →Schumann wurde von seinen Romanen angeregt, sondern sogar Gustav Mahler, dessen *Symphonie Nr. 1* (1889) nach Jean Pauls Roman *Titan* (Berlin 1800 – 03) benannt ist. Seit 1980 gibt es in Bayreuth ein Jean-Paul-Museum. – Als Jean Paul ausgerechnet im Jahr von W.s Geburt, 1813, im Vorwort zu E. T. A. →Hoffmanns *Fantasiestücken in Callots Manier* (Bamberg 1814/15) in Bayreuth schrieb: »Bisher warf immer der Sonnengott die Dichtergabe mit der Rechten und die Tongabe mit der Linken zwei so weit aus einander stehenden Menschen zu, daß wir noch bis diesen Augenblick auf den Mann harren, der eine ächte Oper dichtet und setzt«, war diese prophetische Ankündigung zwar auf Hoffmann gemünzt, aber für W. zutreffend, von dem Jean Paul nicht hat ahnen können, daß der soeben in Leipzig Geborene einst seinen Traum vom →Musikdrama in Bayreuth verwirklichen werden würde. Umgekehrt konnte sich W. mit Jean Pauls Erzählungen ausgiebig beschäftigen, las vor allem 1864 in Mariafeld bei Zürich den *Siebenkäs* (Berlin 1796), in dem eine Szene vorkommt, in der Natalie im Park des Schlosses Fantaisie (bei Bayreuth) den Tod als höchste Liebeserfüllung nennt, eine Vorbotin →Isoldes. Und generell hat Jean Paul in seinen Werken die Musik reichlich bedacht; er hat aber auch selbst musiziert und literarisch die Romantik verkörpert.

Lit.: G. Schünemann, Jean Pauls Gedanken zur Musik, in: Zeitschrift für Musikwissenschaft 16:1934; G. Jäger, Jean Paul und die Musik, Diss. Tübingen 1952; E. Rappl, Die Musik im Prisma Jean Paulscher Erkenntnis, Tübingen 1955; J. Mittenzwei, Die Beziehungen zwischen Musik und Empfindsamkeit in den Romanen Jean Pauls, in: Das Musikalische in der Literatur, Heilbronn 1962; P. Hauser, Jean Paul und Bayreuth, Bayreuth 1969

Jesus von Nazareth (WWV 80)
Ein dichterischer Entwurf. – Prosaentwurf in fünf Akten, geschrieben Jan. – April 1849 in Dresden.
I. Akt, Tiberias in Galiläa, ein überdachter Raum, an dessen Seite sich das Haus des Zöllners Levi (Matthäus) anschließt; es ist Nacht: Judas Ischarioth und Barrabas beabsichtigen einen Aufstand in Judäa. Dazu wollen sie sich der messianischen Wirkung Jesu von Nazareth bedienen. Barrabas ist gekommen, um sich von der Wundertätigkeit des Nazareners zu überzeugen. Der Zöllner hatte nach Jesus geschickt, um sein Kind retten zu lassen, das aber soeben verstarb. Schon wird das tote Kind auf einer Bahre aus dem Haus getragen, als Jesus hinzutritt und spricht: »Deine Tochter ist von schwerer Krankheit genesen: bringt sie in das Haus und pfleget sie wohl.« Die Kunde, daß Jesus eine Tote auferweckt hat, verbreitet sich rasch. Ein Pharisäer macht ihm Vorwürfe, wird aber widerlegt. Eine Ehebrecherin wird herbeigeschleppt, um gesteinigt zu werden. Aufruhr und Tumult entstehen. Jesus spricht sie frei. Das Mahl wird bereitet, währenddessen Jesus seine Lehre von der Liebe entwickelt.
II. Akt, am See Genezareth, Tagesanbruch: Jesus schläft unter einem Baum; Maria Magdalena kniet zu seinen Füßen. Jesu Mutter kommt hinzu; Maria Magdalena wirft sich ihr zu Füßen und bittet sie, als die niedrigste Magd in der Gemeinde dienen zu dürfen. Jesus erwacht und spricht mit seiner Mutter über seine Berufung, seine Jugend und Taufe im Jordan sowie über seinen Aufenthalt in der Wüste, der die Entscheidung darüber brachte, daß er nicht als Nachfolger Davids herrschen, sondern als Sohn Gottes die Menschen erlösen werde. Jesu Brüder treten hinzu; sie sind neidisch auf den von der Mutter bevorzugten Sohn. Die Brüder fordern, daß Jesus in Jerusalem öffentlich seine Sendung bekanntgebe. Die Jünger und das Volk sammeln sich um Jesus, der über seinen baldigen Opfertod spricht. Da das Volk Jesus zu seinem König machen will, beschließt er, mit einem Schiff zu entweichen und nach Jerusalem zu gehen. Auf dem Weg zum See begegnet ihm der reiche Jüngling, der sich trotz seines gerechten Lebens nicht von seinem Reichtum trennen kann, so daß Jesus seine Lehre über die Reichen verkündet. Vom Schiff aus predigt Jesus dem Volk und fordert es auf, ihm nach Jerusalem zu folgen.
III. Akt, in Jerusalem, Halle des Gerichtshauses: Pilatus und Kaiphas

kommen aus einer Ratssitzung, in der die allgemeinen Unruhen überall im Lande besprochen wurden, die durch Barrabas' vereitelten Aufstand und seine Gefangennahme verursacht wurden. Pilatus mißtraut auch König Herodes, der sich die Unruhen zur Stärkung seiner eigenen Macht zunutze machen könnte. Jesus aber scheint ihnen der gefährlichste Volksführer zu sein, da ihm die Massen zuströmen, und dadurch die römische Ordnung gefährdet erscheint. Kaiphas und die Schriftgelehrten beschließen, Jesus auszuschalten. Da aber mit Gewalt nichts zu erreichen sei, wolle man sich Judas' bedienen. – Verwandlung, Platz vor der großen Tempeltreppe: Es herrscht reges Treiben. Das Volk erwartet Jesus als Messias in Jerusalem. Auf einem Maulesel zieht er ein; er wird mit Hosianna begrüßt. Vor dem Tempel hält er seine Strafrede gegen die Tempelschändung und treibt die Händler aus dem Gotteshaus. Pharisäer treten ihm entgegen und fragen, »wer ihm hier Gewalt gegeben habe«. Das Volk erwartet, daß sich Jesus nun als Messias zu erkennen gibt. Jesus aber verkündet seine wahre Sendung. Verwirrung und Enttäuschung verbreiten sich. Ein Pharisäer sucht Verbindung mit Judas aufzunehmen. Jesus fragt: »Wo werden wir das Abendmahl nehmen?« Magdalena führt Jesus und seine Jünger in ein stilles Haus.

IV. Akt, ein Zimmer mit dem zum Abendmahl bereiteten Tisch: Jesus setzt sich gedankenverloren; die Jünger diskutieren. Judas macht seinem Ärger darüber Luft, daß Jesus sich nicht als Messias zu erkennen gegeben hat. Magdalena salbt seine Füße und sein Haupt. Dann nimmt Jesus mit seinen Jüngern das Abendmahl. Der Vorfall mit Judas unterbricht kurzzeitig die friedvolle Stimmung. Jesus entwickelt seine Lehre von der Liebe und spricht von seinem Opfertod, von der Ausgießung des Heiligen Geistes und von der Wiederkehr nach seinem Tode. Petrus' allzu euphorische Äußerungen dämpft der Meister mit der Prophezeiung der dreimaligen Verleugnung. Nach dem Mahl geht Jesus mit den Jüngern zur Stadt hinaus. Kriegsknechte dringen in das verlassene Haus ein und fragen nach dem Nazarener. Judas will sie zu ihm führen. – Verwandlung, der Garten Gethsemane am Ölberg: Jesus will in aller Stille beten. Die Jünger wollen Wache halten, schlummern aber bald ein. Jesus kommt zurück und betrachtet mitleidsvoll die Schlafenden. Da erscheint Judas, küßt den Meister und überantwortet ihn damit den mitgebrachten Kriegsknechten. Die Jünger erwachen; Petrus verteidigt sich mit dem Schwert, wird aber von Jesus zurückgehalten. Jesus wird abgeführt. V. Akt, der Platz vor dem Palast des Pilatus: In der Vorhalle lagern römische Soldaten. Petrus hört ihnen heimlich zu und erfährt, daß Jesus im Gerichtssaal verhört wird. Petrus wird als einer der Jünger erkannt und verleugnet seinen Meister. Beim ersten Hahnenschrei wird Jesus auf den Platz geführt. Die Soldaten verspotten ihn. Das Volk strömt zusammen. Pilatus fragt, was das Volk zu so früher Stunde wolle. »Die Verurteilung des Jesus von Nazareth«, lautet die Antwort. Pilatus erklärt, daß er keine Schuld an Jesus finden kann. Die Pharisäer erheben hier Einspruch: Jesus habe sich zum König der Juden machen wollen. Man dringt in Pilatus, ein neues Verhör zu beginnen. Als Jesus bekennt, er sei Gottes Sohn, zerreißt Kaiphas vor aller Augen sein Priestergewand. Das Volk schreit: »Kreuzige ihn!« Pilatus beteuert, daß er Jesus nicht verurteilen könne, und wäscht sich vor aller Augen die Hände. Jesus wird abgeführt. Dann wird er, geschmückt mit einem Purpurmantel und einer Dornenkrone, wieder in die Halle gebracht. Pilatus übergibt ihn den Juden und läßt auf die Tafel schreiben: »Dies ist der Juden König.« Die Pharisäer erheben Protest, Pilatus aber bleibt bei seiner Entscheidung. Jesus nimmt Abschied von seiner Mutter. Petrus will mit ihm sterben, wird aber abgewiesen. Dann wird Jesus zum Richtplatz geführt. Der Himmel verfinstert sich. Judas verzweifelt an seinem Verrat, und die Pharisäer werfen ihm seinen Lohn vor die Füße. Ein Erdbeben zerreißt den Vorhang im Tempel. Johannes und die beiden Marien kehren vom Richtplatz zurück und meinen, »er hat vollendet«. Petrus verkündet mit begeisterten Worten die Lehre Jesu. Das Volk drängt sich um ihn, um sich taufen zu lassen.

Im Anschluß an den Enwurf der Handlung hat W. Aufzeichnungen über die geschichtlichen Zusammenhänge und zu Bibelstellen gemacht, die den doppelten Umfang der Handlungsbeschreibung einnehmen und als detaillierte Gedankenstützen für eine nicht ausgeführte Dichtung betrachtet werden müssen. – In: SSD Bd. 11, S. 273–324.

Joachim, Joseph
Geb. 28. 6. 1831 in Kittsee (Burgenland), gest. 15. 8. 1907 in Berlin; Violinvirtuose, Dirigent und Komponist. – Er trat bereits im Alter von sieben Jahren als Wunderkind auf und wurde 1838 Schüler am Wiener Konservatorium. Nach erfolgreichen Konzertreisen in Deutschland und England wurde Joachim 1849 Konzertmeister unter Franz →Liszts Leitung in Weimar und stand dadurch eine Zeitlang der →Neudeutschen Schule nahe und damit auch W. Ab 1853 war er königlicher Konzertmeister in Hannover und ab 1859 Konzertdirektor. In dieser Zeit wandte sich Joachim von den Neudeutschen ab und freundete sich mit Johannes →Brahms an. 1868 wurde er Direktor der neu gegründeten Musikhochschule in Berlin. W. korrespondierte gelegentlich mit Joachim und versuchte ihn wegen seiner Amnestie als Vermittler bei König Georg V. von Hannover einzusetzen.
Lit.: A. Moser, Joseph Joachim, Berlin 1898; ders., Johannes Brahms im Briefwechsel mit Joseph Joachim, Bd. 5/6, Berlin 1908; H. J. Moser,

Joseph Joachim, in: 96. Neujahrs-
blatt der allgemeinen Musikgesellschaft, Zürich 1980

Johanneslied

In der 1. Szene des III. Aufzugs der
Meistersinger bereitet →David, der
Lehrbub und spätere Geselle von
Hans →Sachs, in dessen Schusterstube am Morgen des Johannistags
sein Sprüchlein vor, das Sachs ab-
fragt:»Am Jordan Sankt Johannes
stand, / all' Volk der Welt zu taufen:
/ kam auch ein Weib aus fernem
Land, / von Nürnberg gar gelaufen;
/ sein Söhnlein trug's zum Uferrand,
/ empfing da Tauf' und Namen: /
doch als sie dann sich heimgewandt,
/ nach Nürnberg wieder kamen, /
im deutschen Land gar bald sich
fand's, / daß wer am Ufer des Jor-
dans / Johannes war genannt, / an
der Pegnitz hieß der Hans.«

Joukowsky, Paul von

Eigtl. Pawel Wassiljewitsch Schukowski; geb. 1845 in Frankfurt a. M.,
gest. 26. 8. 1912 in Weimar; Maler. –
Sohn des Dichters und Erziehers des
Zaren Alexander II., Wassili Andre-
jewitsch Schukowski. Er lebte in
Weimar und Bayreuth und war mit
der Familie W. befreundet. Am 18. 1.
1880 suchte er W. in der Villa
d'Angri in →Neapel auf. W. bezog
den Künstler sogleich in die bildne-
rische Ausstattung von *Parsifal* ein
und ließ von ihm Skizzen des Doms
von →Siena als Vorbild zum Gralstempel sowie für den II. Aufzug (anläßlich eines Ausflugs nach →Ra-
vello) den Park des Palazzo Rufolo

als →Klingsors Zaubergarten zeich-
nen. Die Dekorationen zur Uraufführung von *Parsifal* wurden 1882
nach seinen Bühnenbildentwürfen
gefertigt. Er begleitete die Familie
W. auch auf die letzte Reise nach
→Venedig und machte am Vorabend
von W.s Tod noch eine Skizze des
Komponisten.

Judentum in der Musik, Das

Aufsatz W.s vom Aug. 1850, veröffentlicht am 3. und 6. 9. 1850. – Als
Anlaß für diesen Aufsatz nennt W.
Erörterungen über »hebräischen
Kunstgeschmack« in der →*Neuen
Zeitschrift für Musik*. Politische und
religiöse Auseinandersetzungen wegen der Juden erübrigten sich. Anders verhalte es sich mit ihrem Einfluß auf die Gesellschaft wie auch
auf die Kunst, wobei W. sogleich ein
Vorurteil zugrunde legt, das er
gleichsam zum Naturgesetz erhebt:
das »unwillkürlich Abstoßende« als
Charaktereigenschaft der Juden,
weshalb eine »instinktmäßige Ab-
neigung zu rechtfertigen« sei. Deshalb gehe es längst nicht mehr um
eine Emanzipation der Juden, sondern um Emanzipation von ihnen,
denen mit Geld bereits so viel
Macht zugefallen sei, daß sie die
»Gläubiger der Könige« genannt
werden. Daß der Jude allgemein auf-
falle, sich eigenartigerweise aber
nicht als Schauspieler auf dem
Theater auszeichne, stand für W.
fest und ließ ihn folgern, daß der
Jude schlechthin »zur künstlerischen
Äußerung seines Wesens überhaupt« nicht befähigt sei, zumal

schon seine Sprache und Aussprache ihn als Ausländer entlarve, der
sie »nicht als angeborene Sprache
redet« und sie deshalb auch nicht
als Dichter schöpferisch verwenden
könne. Desgleichen sei der Jude
auch für den Gesang ungeeignet.
Und obgleich die »sinnliche An-
schauungsgabe der Juden« nicht zu
leugnen sei, gäbe es auch keine
namhaften bildenden Künstler unter ihnen. Dagegen habe das Geld
einer bestimmten Gruppe von Juden
die Bildung als käuflichen Luxus ermöglicht, so daß es auch eine gebil-
dete Schicht von Juden gäbe, die alle
auffälligen Merkmale ihrer Rasse
abgelegt und oft sogar den christlichen Glauben angenommen hätten. Die Musik sei für den gebildeten Juden erlernbar geworden, aber
eben nur im Sinne des Luxus. Als
Komponist dagegen könne der Jude
lediglich auf die Synagogentradition
zurückgreifen, die jedoch völlig
erstarrt sei. W. behauptete, der jüdische Komponist würde sich in der
Musik ebenso entstellend ausdrük-
ken wie in der Sprache, die bloßes
Geplapper sei. Am Beispiel von Felix
→Mendelssohn Bartholdy versuchte
W. klarzumachen, daß ein noch so
begabter jüdischer Musiker es doch
nicht zu tieferen künstlerischen
Wirkungen brächte. Im Zusammenhang mit einer Art Entwicklungsge-
schichte der Musik, in der Johann
Sebastian →Bach mit der altägypti-
schen Sphinx und Ludwig van
→Beethoven mit der griechischen
Plastik verglichen wird, sieht W.
nicht nur einen Anachronismus in
der Verlebendigung verschiedener
Stilepochen, sondern auch einen Bezug zu den Juden, die zwar den formal verhafteten Bach zu interpretieren vermögen, aber nicht in der
Lage seien, Beethovens Musik zu
verstehen, weil es dafür eines »vollkommenen, ganzen, warmen Menschen« bedürfe. Mendelssohns
Musik sei derart angelegt, »einen
unklaren fast nichtigen Inhalt so in-
teressant und geistblendend wie
möglich auszusprechen«. Nur da, wo
»das drückende Gefühl von dieser
[Mendelssohns] Unfähigkeit«»dem
Ausdrucke weicher und schwer-
müthiger Resignation hindrängt,
vermag sich uns Mendelssohn charakteristisch darzustellen, charakteristisch in dem subjektiven Sinne einer zartsinnigen Individualität, die
sich der Unmöglichkeit gegenüber
ihre Ohnmacht eingesteht. Dieß ist,
wie wir sagten, der tragische Zug in
Mendelssohn's Erscheinung«. Insofern stehe Mendelssohn noch weit
über dem künstlerischen Niveau
seiner Glaubensbrüder. Giacomo
→Meyerbeer (dessen Namen W.
nicht nennt) bediene dagegen das
gelangweilte Publikum mit bloßer
Unterhaltungsmusik, lasse sich aber
als ernsthafter Künstler feiern.
Schließlich lastet W. den Abstieg der
modernen Kunst nicht etwa den Juden als Volksgruppe an, sondern der
»Nichtigkeit unsrer ganzen Öffentlichkeit«. W. geht sogar noch einen
Schritt weiter und bezieht alle diejenigen in die »Judenschaft in der Musik« ein, die man »aus dem trägen
Geleise eines gedanken- und gefühl-

losen Schlendrians heraustreiben müßte«. – In: GSD Bd. 5, S. 83 – 108. *Lit.:* R. W., *Aufklärungen über das Judenthum in der Musik,* in: GSD Bd. 8, S. 299; ders; Zum »Judentum in der Musik« [Brief an Carl →Tausig], in: SSD Bd. 16, S. 102

Junger Hirte
Kleine Sopranpartie in *Tannhäuser.*

Junges Deutschland
Nach Johann Wolfgang von Goethes Tod im Jahr 1832 kündigte sich in Mitteldeutschland eine nicht organisierte literarische Bewegung an, der vor allem Heinrich →Laube und Karl →Gutzkow, aber auch Gustav Kühne, Theodor →Mundt, Ludolf Wienbarg und Ernst Adolf Willkomm angehörten; Heinrich →Heine und Ludwig →Börne können nur bedingt dazugerechnet werden. Durch Laube, der ab 1833 das literarische Organ der Bewegung, die →*Zeitung für die elegante Welt,* in Leipzig herausgab, und Gutzkow, dessen jungdeutscher Roman *Wally, die Zweiflerin* 1835 erschien, wurde Leipzig das Zentrum des Jungen Deutschland. W. schloß sich dem Kreis ab 1834 an. Die politische Programmatik dieser Bewegung war durch die Ablehnung jeglicher Dogmatik gekennzeichnet; insbesondere die moralische und gesellschaftliche Ordnung der Restauration wurde verworfen; dagegen trat man für Liberalismus, Individualismus, Meinungsfreiheit und Weltbürgertum ein. Der Feuerkopf W. begeisterte sich schnell für solche Grundsätze

und verfaßte sogar seine Oper *Das* →*Liebesverbot* ganz im Geist dieser damals revolutionären Ideen und unter dem persönlichen Einfluß Laubes, mit dem W. seit Dez. 1832 befreundet war. Da bereits durch Beschluß der Bundesversammlung die Schriften aus dem Kreis des Jungen Deutschland verboten worden waren, bekam auch W. Schwierigkeiten mit der Zensur wegen des Titels seiner Jugendoper, die am 29. 3. 1836 immerhin als *Die Novize von Palermo* uraufgeführt werden durfte. Das Junge Deutschland löste sich als Bewegung 1850 wieder auf.

Kaisermarsch B-Dur (WWV 104)
Komponiert Febr. bis Mitte März 1871 in →Tribschen; Uraufführung am 14. 4. 1871 im Konzerthaus Berlin, Dirigent: Benjamin Bilse. – W. erhielt am 30. 12. 1870 vom Verlag C. F. →Peters den Auftrag, einen »Krönungsmarsch« zu komponieren, den W. zunächst zögerlich annahm. Nach Cosima Wagners Notizen in ihren →Tagebüchern machte er sich dann aber am 31. 1. 1871 noch in der Nacht daran und fertigte einen Entwurf, den er offenbar nicht selbst instrumentieren wollte. Die eigene Instrumentierung dokumentierte er aber durch einen Brief vom 7. 3. an Peters; die Partitur erschien bereits Mitte April 1871 im Druck. Den Schlußchor für Männerstimmen empfahl W. in einem Schreiben an den »Generalmusikdirektor der Garde-Musik in Berlin«, Wilhelm Friedrich Wieprecht, »an alle Regimenter [zu] vertheilen [...]

damit man ihn auswendig lernte«. Den Schlußchor gestaltete W. als einstimmigen »Volksgesang«; er dirigierte das Stück selbst erstmals am 21. 4. 1871 in →Leipzig; ein zweites Mal in Anwesenheit von Kaiser Wilhelm I. am 5. 5. 1871 in →Berlin; schließlich eröffnete W. mit diesem Stück die Feier zur Grundsteinlegung des Bayreuther →Festspielhauses am 22. 5. 1872, wobei allerdings ein vierstimmiger Chorsatz erklang.
Lit.: WWV

Kapitulation, Eine (WWV 102)
Lustspiel in antiker Manier.
Geschrieben Anfang Nov. 1870 in →Tribschen. Ein Prosaentwurf, der frei nach Aristophanes im →Braunen Buch niedergelegt wurde, wo W. sich die Eintragung: »Die Capitulation. Lustspiel von Aristop. Hanes« nicht verkneifen konnte, womit er nicht nur den Namen des griechischen Vorbilds ironisierte, sondern auch dessen derbe Komik für sein eigenes Lustspiel reklamierte. Der Anlaß war der Verlauf des Deutsch-Französischen Krieges 1870. Offenbar hatte W. von Anfang an vor, Hans →Richter die Musik zu seinem Libretto komponieren zu lassen. Das Textbuch wurde auch von Richter abgeschrieben und im Nov. 1870 vertont. Seine Komposition ist allerdings verschollen, möglicherweise von Richter selbst vernichtet worden. Da er während der Komposition des Lustspiels sich in W.s Nähe aufhielt, ist dessen Einfluß auf die Komposition denkbar.

Handlung: In Paris, 1870. Der französische Dichter Victor Hugo steigt aus dem Souffleurkasten wie aus den Kloaken von Paris, rezitiert einige Alexandriner, verwirft sie jedoch schnell wieder und sinnt auf Rettung für die Zivilisation. Stimmen aus der Kanalisation, die »ächten Schutzgeister von Paris«, mahnen den Dichter, auf ihrer Seite zu kämpfen. Ein Trupp Nationalgardisten marschiert mit einer Verbeugung vor der Statue von Straßburg vorbei, und ihr Chorführer, Keller, singt im elsässischen Dialekt: »O Straßburg, o Straßburg, du wunderschöne Stadt.« Die Gardisten werfen Blumen auf den Altar der Republik und führen einen kriegerischen Rundtanz auf, der mit Elementen des Cancan durchsetzt ist. Jetzt erst wird Victor Hugo von den militanten Bühnenakteuren bemerkt, die ihn zu sich heraufzerren, während die Stimmen aus den Kloaken ebenfalls nach ihm rufen und in die Gegenrichtung ziehen, so daß der arme Dichter schrecklich in die Länge gezogen wird. Die Unterirdischen siegen zunächst. Inzwischen schreit der Chor nach der Regierung, die geweckt werden müsse und nach einer Weile an einem grünen Tisch sitzend heraufgeschoben wird. Groteske Streitgespräche zwischen einzelnen Bürgern und Regierungsmitgliedern werden ausgetragen, ohne daß konkrete Ergebnisse erzielt werden. Immerhin aber wird die Eröffnung der Oper zur Rettung der Republik beschlossen, und alberne Ratschläge zu Inszenierungsfragen

werden diskutiert. Plötzlich kriecht Nadar in einer ungeheuren Verhüllung, die sich später als Ballon entpuppt, unter dem Regierungstisch hervor und gibt sich als Retter der Republik aus. Der Chor muß einen Ballon aufblasen, Nadar und Léon Gambetta schweben mit ihm davon. Über Paris bleiben sie am Turm von Notre-Dame hängen. Kaum hat ihn Nadar vom Kirchturm befreit, bleibt der Ballon schon wieder an der Spitze des Panthéon hängen. Von oben sehen sie durch ein riesiges Opernglas Straßburg und Metz befreit. Die Deutschen haben kapituliert und sich in den Jubel der Europäer eingereiht, die von allen Seiten zusammenströmen. Ein chaotisches Treiben entsteht, in dem Hugo plötzlich wieder auftaucht und in voller Rüstung auf den Altar gesetzt wird, von wo er eine kurze Rede hält. Danach kriechen riesige Ratten aus dem Souffleurkasten. Plötzlich wird Kanonieren befohlen und der Ballon abgeschossen. Die bisherige Regierung wird gestürzt. Der herabfliegende Ballon scheint Hugo auf dem Altar der Republik erstickt zu haben. Proklamationen der neuen Herren werden verkündet. Um den Hunger zu stillen, werden die Ratten gejagt. Auf einer Klapptrompete wird ein Stück von Jacques Offenbach hörbar. Er selbst steigt, das Instrument an den Lippen, aus dem Souffleurkasten. Der Chor brüllt: »Verrath!« und »Die Preußen dringen heimlich ein!«»Rettet die Republik«, schreit Gambetta. Offenbach bläst während des Trompetespielens den Ballon wieder auf, in dessen Gondel jetzt Hugo als Frankreichs neuer Genius gen Himmel fährt. Statt seiner wird Offenbach auf den Altar der Nation gehoben. Mit Kommandeurstimme verwandelt er die Ratten in Ballettdamen und avanciert vom Rattenerlöser zum Orpheus der Republik. Jules Favre hält eine bis zum Schluß vollkommen unbeachtete Rede, die dementsprechend auch nicht textlich fixiert ist. Hugo parodiert Verse von Johann Wolfgang von Goethe. Statt »Alles Vergängliche ist nur ein Gleichnis« steht »Alles Geschichtliche ist nur ein – trait – «. Offenbach kommandiert weiter den Tanz der Massen, und Hugo rundet die Satire mit einem längeren Gedicht über das einnehmende und alles sich anverwandelnde Wesen der Franzosen ab. Während des Schlußballetts wird Hugo verklärend mit bengalischem Feuer beleuchtet. – In: GSD Bd. 9, S. 5 – 50.
Lit.: WWV

Kapp, Julius
Geb. 1.10. 1883 in Steinbach (bei Lahr), gest. 18. 3. 1962 in Sonthofen im Allgäu; Musikschriftsteller. – Er war 1920 – 45 Dramaturg an der Staatsoper Berlin und 1948 – 54 künstlerischer Beirat an der Städtischen Oper Berlin. Er machte sich besonders als W.-Schriftsteller einen Namen. – Schriften: *Richard Wagner und Franz Liszt* (Berlin/Leipzig 1908), *Richard Wagner* (Berlin 1910), *Richard Wagner und die Frauen* (Berlin 1912), *Giacomo Meyerbeer* (Berlin

1920), *Richard Wagner und seine erste »Elisabeth«* (mit H. Jachmann, Berlin 1927).

Kareol

Als die Liebenden →Tristan und →Isolde in flagranti ertappt werden und Tristan von →Melot tödlich verwundet wird, bringt →Kurwenal seinen Herrn auf die Burg Kareol an der Bretagneküste, wo Tristan sehnlichst Isolde erwartet.

Karfreitagszauber

Als →Parsifal im III. Aufzug endlich wieder das Gebiet des →Grals erreicht, um seine Mission, die Rückgabe des heiligen →Speers, erfüllen zu können, dem greisen →Gurnemanz begegnet, von ihm zum neuen →Gralskönig gesalbt wird und →Kundry tauft, wendet er sich entzückt der Blumenaue zu. Gurnemanz macht ihn aufmerksam: »Das ist Karfreitags-Zauber, Herr!« Bald darauf entwirft W. eine musikalische Idylle, die als Naturschilderung eigenständige Qualitäten annimmt, so daß das Stück gelegentlich als isoliertes Konzertstück aufgeführt wird.

Karlsruhe

Sein Theater hatte bereits eine lange Operntradition (seit 1662) am Hof des Markgrafen von Baden-Durlach hinter sich, als 1774 Christoph Willibald →Gluck am Hoftheater wirkte und später Franz →Liszt als erstes Ereignis von Weltrang die *Symphonie Nr. 9* (1824) von Ludwig van →Beethoven am 3. 10.

1853 im Großherzoglichen Theater, dessen Intendant Eduard →Devrient war, aufführte. Am 6. 10. 1853 reisten Liszt, Hans von →Bülow, Peter →Cornelius und die Fürstin Carolyne von →Sayn-Wittgenstein mit ihrer Tochter Marie (von →Sayn-Wittgenstein) vom Musikfest in Karlsruhe nach Basel, um sich dort mit W. zu treffen, der sich lange und dankbar daran erinnerte. Im selben Jahr wurde Hermann →Levi Generalmusikdirektor in Karlsruhe, ab 1864 Hofkapellmeister. Auf dem Weg nach Paris (→Frankreich) war W. am 18. 4. 1861 in Karlsruhe, um Verhandlungen über eine *Tristan*-Aufführung zu führen. Als am 26. 5. 1862 dort *Lohengrin* mit Ludwig →Schnorr von Carolsfeld gegeben wurde, fuhr W. hin und begegnete so seinem idealen W.-Tenor, mit dem er sich gleich anfreundete. Am 17. und 19. 11. 1863 dirigierte W. zwei Konzerte im Hoftheater mit Auszügen aus seinen Werken. Eine Reise W.s gemeinsam mit seiner Frau Cosima im Nov. und Dez. 1872 durch Deutschland, um Mitwirkende für seine ersten →Festspiele zu finden, führte W. auch nach Karlsruhe. Als Felix →Mottl 1880 dort Generalmusikdirektor wurde, legte er besonderen Wert auf Interpretationen W.scher Werke auf hohem Niveau, so daß diese Stadt in Fachkreisen »Klein-Bayreuth« genannt wurde. Auch Angelo →Neumann machte in Karlsruhe Station, als er 1882 mit seinem »Reisenden Wagner-Theater« den *Ring* in ganz Europa aufführen ließ. 100 Jahre später, in der Spielzeit 1983/84, wurde ein W.-Zyklus in den Spielplan des Stadttheaters aufgenommen.

Kassel

Nach einer langen und wechselvollen Geschichte des Theaters und Musiktheaters – mit einer Blütezeit der italienischen Oper während der Regentschaft des prachtliebenden Landgrafen Friedrich II. von Hessen-Kassel und dem Théâtre Royal zur Zeit Jérôme Bonapartes als König von Westfalen – wagte sich Kassel 1843 als zweite deutsche Stadt nach →Dresden an die Inszenierung des *Holländers*. Gustav Mahler war 1883–85 Chor- und Musikdirektor in Kassel. Nach dem Zweiten Weltkrieg wurden W.s Werke regelmäßig in den Spielplan einbezogen und 1970–73 durch Ulrich Melchingers spektakuläre Inszenierung des *Rings* pointiert. Als experimentierfreudiges Haus machte Kassel mit den »Kasseler Versuchen mit Wagner« auf sich aufmerksam.

Kastner, Emerich
Geb. 29. 3. 1847 in Wien, gest. 5. 12. 1916 ebd.; Musikschriftsteller. – Redakteur der *Wiener Musikalischen Zeitung*. – Schriften: *Richard-Wagner-Catalog. Verzeichnis der von und über Richard Wagner erschienenen Schriften, Musikwerke etc. etc., nebst biographischen Notizen* (Offenbach 1878), *Verzeichnis der Briefe Richard Wagners an seine Zeitgenossen* (Berlin 1897).

Keller, Gottfried
Geb. 19. 7. 1819 in Zürich, gest. 15. 7. 1890 ebd.; Dichter. – Er kam 1855 aus Berlin nach Zürich zurück. Dort hatte W. ab 1856 persönlichen Kontakt mit ihm. Auch in Kellers Briefen wird von engen Kontakten mit W.s Zürcher Freundeskreis berichtet. W. kannte und schätzte seinen *Grünen Heinrich* (Braunschweig 1854/55) und die Novellen *Die Leute von Seldwyla* (Braunschweig 1856).

Kellermann, Berthold
Geb. 5. 3. 1853 in Nürnberg, gest. 14. 6. 1926 in München; Pianist und Dirigent. – Der Schüler von Franz →Liszt studierte auch bei Lina Ramann. 1878–81 war er Musiklehrer in der Villa →Wahnfried und Mitarbeiter in der →Nibelungenkanzlei; 1882–1919 Professor an der Akademie der Tonkunst in München. Ernst von Wolzogen machte ihn zur Titelfigur in seinem Roman *Der Kraft-Mayr* (Stuttgart 1897); er war Mitherausgeber der Liszt-Ausgabe.

Kienlen, Johann Christoph
Getauft 14. 12. 1783 in Ulm, gest. 7. 12. 1829 in Dessau; Komponist und Dirigent. – Er erhielt seine Ausbildung in Paris bei Luigi Cherubini; er war Musikdirektor in Ulm und München, dann Theaterkapellmeister in Baden und Preßburg; 1823 wurde er »Gesanglehrer« am Berliner Theater. Er schrieb Opern, Schauspielmusiken sowie zahlreiche Lieder. W. schrieb stets »Kühnlein« im Briefkontakt mit ihm. – Werke:

Claudine von Villa Bella (1810), *Die Kaiserrose* (1816), *Petrarka und Laura* (1816).

Kietz, Julius **Ernst Benedikt**
Geb. 9. 3. 1815 in Leipzig, gest. 31. 5. 1892 in Dresden; Porträtzeichner und Lithograph. – Schüler von Paul Delaroche; lebte 1838–70 in Paris und war von Anfang an mit W. befreundeter »Elendsgenosse«. Kietz zeichnete W. und seine Frau Minna mehrmals. Durch ihn lernte W. auch seinen Bruder, den Bildhauer Gustav →Kietz, kennen.

Kietz, Gustav Adolph
Geb. 26. 3. 1824 in Leipzig, gest. 24. 6. 1908 in Laubegast (heute zu Dresden); Bildhauer. – Die freundschaftliche Verbindung mit W. entstand ab 1842 in →Dresden. 1873/ 74 war er in →Bayreuth und modellierte zwei Marmorbüsten von W. und seiner Frau Cosima. Er schrieb *Richard Wagner in den Jahren 1842– 1849 und 1873–1875,* von seiner Witwe Marie Kietz herausgegeben.

Kinder-Katechismus (WWV 106)
Komponiert Dez. 1873 in →Bayreuth; Uraufführung in Bayreuth am 25. 12. 1873 mit Klavier, am 14. 12. 1874 mit Orchester. – Diese kleine Gelegenheitskomposition war als Überraschung für Cosima Wagner (»zu Kosel's Geburtstag«) gedacht, deren Kinder das Stück an ihrem Geburtstag, dem 25. 12., sangen.
Lit.: WWV

Kitsch & Kuriosa Kabinett
Ständige Ausstellung in der Villa →Wahnfried. »Nibelungenklöße, Wotanschinken, Floßhilden-Suppe, Lohengrin-Forellen, Siegmunds Stangenspargel, Parsifal-Brötchen und Erda-Äpfel. Solche und andere einschlägige Spezialitäten, dazu Isoldes Liebestrank und Rheingold-bier, konnte sich einst der Bayreuth-Pilger im Café Sammet zu Gemüte führen. Genannt sind sie allesamt auf einer Postkarte, die im Kabinett ›Kuriosa, Kitsch & Kostbarkeiten‹ hängt, einem Appendix des Richard-Wagner-Museums.« Solcherart gibt Manfred Eger, der Leiter des Bayreuther Museums, Einblick in seine Sammlung der Lächerlichkeiten über W. Dort kann man auch aus der Broschüre *Mutter Brünnhilde* (Leipzig 1906) von Moritz Wirth erfahren, daß eine Schwangerschaft Brünnhildes aus der Partitur zu entnehmen sei, da es sich im Vorspiel zur *Götterdämmerung* um eine »ausgeprägte Schwangerschaftsmusik« handle, synkopisches Herzklopfen herauszuhören sei und daß »das Kind strampelt« und »über die Nabelschnur springt«. Dabei entdeckte der gynäkologisch-musikalische Analytiker in unfreiwilliger Komik sogar ein Motiv der »Milchdrüsen- oder Lusttriole«. Bücher mit Titeln wie *Richard Wagner der Schuldenmacher, Der Richard-Wagner-Taumel* oder *Richard Wagner. Eine psychiatrische Studie* ergänzen die kuriosen »Kostbarkeiten«, die man sicherlich zu Recht dem Publikum nicht vorenthalten hat.

Kittl, Johann Friedrich
Auch Jan Bedřich K.; geb. 8. 5. 1806 in Orlík (bei Pisek, Südböhmen), gest. 20. 7. 1868 in Lissa (bei Posen); Komponist und Dirigent. – Kittl wurde 1842 Nachfolger von Friedrich Dionys →Weber als Direktor des Prager Konservatoriums und war mit W. befreundet. W. schenkte ihm das Libretto *Die →hohe Braut* (nach dem Roman von Heinrich Joseph →König), das Kittl als *Bianca und Giuseppe oder Die Franzosen vor Nizza* vertonte; ursprünglich sollte Carl Gottlieb →Reißiger den Text 1842 für eine Oper verwenden.

Klavierauszüge
In seiner ersten Entwicklungsphase als Komponist beschäftigte sich W. selbst mit der kompositionstechnischen Übertragung einer Partitur auf das klangliche Hilfsmittel Klavier für in der Regel aufführungspraktische Zwecke. W. mußte sich in die Lage versetzen, als angehender Kapellmeister und Dirigent Werke des Konzertrepertoires zu erarbeiten und womöglich, als honoriertes Abfallprodukt, einen Verlag für diese Arbeiten zu interessieren. Die Klavierauszüge zu seinen späteren musikdramatischen Werken hat W. überwiegend professionellen Pianisten und Dirigenten anvertraut. Seine eigenen Übertragungen jedoch waren für W. wichtige Stationen zum Erlernen des kompositorisch soliden Handwerks: 1. zur *Symphonie d-Moll Nr. 9* (1824) von Ludwig van →Beethoven (WWV 9); 2. zur *Symphonie Es-Dur Nr. 103*

(1795) von Joseph Haydn (WWV 18). Den Beethoven-Auszug hat W. vom Sommer 1830 bis Ostern 1831 in Leipzig aus Begeisterung für sein Idol angefertigt. Der Haydn-Auszug dagegen sollte wohl eher ein Angebot an den Verlag →Breitkopf & Härtel sein, an den sich W. tatsächlich wandte; er wurde aber als Hersteller von Klavierauszügen abgelehnt.
Lit.: WWV

Klaviersonaten
→Sonaten

Klavierstück E-Dur (WWV 64)
Es handelt sich hierbei um das sogenannte »Lied ohne Worte«, ein →Albumblatt für Ernst Benedikt →Kietz; komponiert vermutlich im Dez. 1840 in Paris.
Lit.: WWV

Klindworth, Karl
Geb. 25. 9. 1830 in Hannover, gest. 27. 7. 1916 in Stolpe (bei Oranienburg); Klaviervirtuose, Dirigent und Komponist. – Der Schüler von Franz →Liszt hielt sich 1854–68 in →London auf, wo ihn W. während seiner ersten Londonreise 1855 zu protegieren suchte. Seinem Aussehen und seiner Statur nach sah W. in ihm seinen idealen →Siegfried, und er hätte den Pianisten gern nach Deutschland entführt, wenn er eine Tenorstimme gehabt hätte. Im Sommer 1858 besuchte er W. in →Zürich, wo er vor namhaften Gästen am Klavier *Rheingold* und *Walküre* vortrug, während W. alle

Partien sang. Ebenso veranstaltete er im Frühjahr 1860 im Hause der Sängerin Pauline →Viardot-García eine Klavieraufführung des II. Aufzugs von *Tristan*, um Marie Gräfin →Muchanoff Dank abzustatten, die das Defizit von 10 000 Franken für W.s Pariser Konzerte deckte; die Gastgeberin sang selbst die →Isolde. 1868–84 lebte Klindworth vorwiegend in Moskau, gründete dann in Berlin ein Konservatorium und kam seit den ersten →Festspielen 1876 häufig nach Bayreuth. Er war der Adoptivvater von Winifred →Wagner.

Klingendes Museum

In der Villa →Wahnfried wurde eine W.-Diskothek angelegt, die sich bei den zahlreichen Besuchern großer Beliebtheit erfreut. Auf individuellen Wunsch werden beliebte Schallplatteneinspielungen W.scher Werke in der Wohnhalle der Villa Wahnfried vorgespielt.

Klingsor

Baßpartie in *Parsifal*; ähnlich wie Luzifer in der Bibel als gefallener Engel, ist Klingsor bei W. der ausgestoßene Gralsritter, der auf eigene Faust das Heilswerk des →Grals mit Gewalt an sich reißen will und bereits im Besitz des heiligen →Speers ist, den er dem →Gralskönig →Amfortas durch List geraubt hat. Mit seinem Zauberschloß, den durch Unkeuschheit gefallenen Rittern des Grals und den →Zaubermädchen sowie →Kundrys Verführungskünsten stellt er die sinnliche Gegen-

welt zum asketischen Gralsbereich dar, die unter dem Zeichen des Kreuzes wie ein Truggebilde zusammenbricht, nachdem →Parsifal den Verführungen widerstanden hat.

Kniese, Julius

Geb. 21. 12. 1848 in Roda (heute Stadtroda; bei Jena), gest. 22. 4. 1905 in Dresden; Chorleiter und Dirigent. – Bereits 1882/83 musikalischer Assistent in Bayreuth, betätigte sich Kniese 1884–1904 als Chorleiter und Leiter der musikalischen Vorbereitung zu den →Festspielen. Knieses Versuch, den jüdischen Dirigenten von *Parsifal*, Hermann →Levi, nach W.s Tod auszuschalten, scheiterte an Cosima Wagners Widerstand.

Koblenz

Bereits in der Spielzeit 1854/55 war *Tannhäuser* im Koblenzer Stadttheater ein stets ausverkauftes Stück. Ein weiteres künstlerisches Ereignis wurde dort die Aufführung von *Lohengrin* am 30. 1. 1873. Die *Meistersinger* erschienen in der Spielzeit 1896/97. Nach dem Ersten Weltkrieg gelangte 1924 der *Ring* auf die Koblenzer Bühne, und 1966 wurde dort *Tristan* inszeniert.

Köln

Das alte Opernhaus, eine architektonische Rarität im Stil der Jahrhundertwende, wurde am 6. 9. 1902 mit dem III. Aufzug der *Meistersinger* eröffnet. Mit Wolfgang Windgassen, George London, Zoltán Kélemen, Anja Silja und Astrid Varnay

1 Vorhergehende Seite: Wagners Geburtshaus mit dem Namen »Rot und Weißer Löwe« auf dem Brühl in Leipzig

2 Oben links: Wagners Schwester Ottilie (1811–1883), seit 1836 mit dem Philologen Prof. Dr. Hermann Brockhaus verheiratet

3 Oben rechts: Wagners älteste Schwester Rosalie (1803–1837) war eine begabte Schauspielerin, heiratete 1836 den Schriftsteller Oswald Marbach und starb bereits nach einem Ehejahr im Kindbett

4 Unten links: Wagners Schwester Luise (1805–1872) war ebenfalls Schauspielerin und heiratete 1828 den Verleger Friedrich Brockhaus

5 Unten rechts: Heinrich Laube (1806 bis 1884), Schriftsteller und Jugendfreund Wagners, beeinflußt den politisch aufgeschlossenen Freund den Ideen des Jungen Deutschland

ben links: Felix
ndelssohn Bar-
dy (1809–1847)
bereits berühmt,
Wagner noch um
rkennung rang
den erfolgreichen
kierssohn bat, sich
hn einzusetzen

7 Oben rechts: Theo-
dor Apel (1811–1867)
war Wagners bester
Jugendfreund und
wurde Schriftsteller.
Für sein Drama
»Columbus« kompo-
nierte Wagner eine
Ouvertüre

8 Unten links: Dieser
Scherenschnitt ist
das früheste, aus der
Magdeburger Zeit (um
1835) stammende Bild
Wagners

9 Unten rechts: Porträt
Minna Planers (1809 bis
1866) aus dem Jahre
1834, das ihr damaliger
Verehrer, Alexander
von Otterstedt, von der
Schauspielerin gemalt
hat

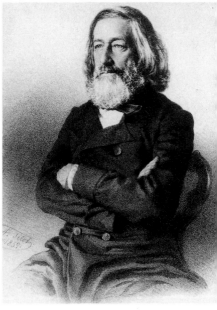

10 Ganz oben: Theater
in Königsberg, in dem
Minna Planer, Wagners
spätere Frau, auftrat;
ab 1837 war Wagner
dort Musikdirektor

11 Unten links:
Heinrich Dorn (1804 bis
1892) verwandelte sich
vom Freund aus Leip-
ziger Zeiten in einen
Rivalen und Feind
Wagners

12 Unten rechts:
Karl von Holtei (1798 bis
1880) engagierte 1837
Wagner als Kapellmei-
ster nach Riga

13 Folgende Seite:
Ein Bildnis Wagners
das sein Freund Ern
Benedikt Kietz 1842
von ihm in Paris ge-
zeichnet hat

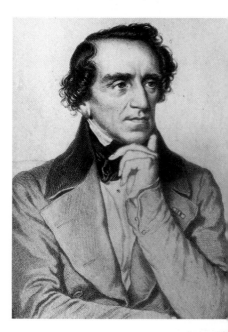

14 Rechts: Giacomo Meyerbeer (1791 bis 1864) hatte zwar ein Gespür für Wagners Genialität, brachte aber nur wenig künstlerisches Verständnis für ihn auf

15 Unten: Das Hôtel Molière in der Rue de la Tonnellerie No. 3 war Wagners erste Pariser Wohnung, die er jedoch bald wieder verließ

16 Folgende Seite oben: Bühne des Königlichen Hoftheaters in Dresden, auf der 1842 Wagners »Rienzi« mit Wilhelmine Schröder-Devrient als Adriano und Joseph Tichatschek in der Titelrolle uraufgeführt wurde

17 Folgende Seite unten: Nach einer Fußwanderung durch Böhmen kam Wagner nach Aussig und machte von dort aus einen Ausflug auf den Schreckenstein, wo er den Prosaentwurf zum »Tannhäuser« niederschrieb

18 Oben: Die Sepia-
zeichnung von F. Tisch-
bein zur Uraufführung
des »Tannhäuser« am
19.10.1845 in Dresden

zeigt Joseph Tichat-
schek in der Titelro[
und Wilhelmine Sch
der-Devrient als Ve[

Ganz oben: Das
Dresdner Hoftheater,
1841 von Gottfried
Semper erbaut, der ab
1834 in Dresden wirkte

20 Oben links:
Von 1847 bis 1849
bewohnte Wagner das
Marcolinische Palais
in der Dresdner Fried-
richstadt

21 Oben rechts:
Johanna Wagner
(1826–1894), Tochter
von Wagners Bruder
Albert. Bei der
Uraufführung des

»Tannhäuser« sang sie
die Elisabeth

22 Ganz oben links: Jakob Sulzer (1821 bis 1897), Staatsschreiber des Kantons Zürich, kümmerte sich um die finanziellen Belange seines Freundes Wagner und half ihm gelegentlich auch mit Geld aus

23 Ganz oben rechts: Gottfried Semper (1803–1879), Erbauer des Dresdner Hoftheaters und aktiv am Mai-Aufstand von 1849 beteiligt, mußte wie Wagner flüchten und traf 1853 mit ihm in Zürich wieder zusammen

24 Unten links: Hans von Bülow (1830 bis 1894) war jahrzehntelang mit Wagner befreundet und setzte sich unermüdlich für dessen Werk ein, obgleich er seine Frau Cosima an ihn verlor und sich von ihr scheiden ließ. Ölgemälde von Wilhelm Streckfuß, 1855

25 Unten rechts: Geo[rg] Herwegh (1817–1875[)] mußte mit seiner Fra[u] Emma in die Schweiz emigrieren, da sie zu[sammen am badisch[en] Aufstand von 1849 teilgenommen hatte[n] Herwegh war ein en[ger] Freund Wagners in d[er] Schweiz und stand i[n] regem Gedankenaus-tausch mit ihm

26 Oben: Mathilde
Wesendonck (1828 bis
1902) mit ihrem Sohn
Guido im Dezember
1856. Bei der Komposi-
tion des »Tristan« galt
sie als Muse Wagners,
der sich in eine ideali-
sierte Liebesbeziehung
zu ihr hineinsteigerte,
die in Wirklichkeit
jedoch keine Chance
hatte

27 Ganz oben links: Minna Wagner (1809–1866), mit Hund Peps, verließ im September 1849 Dresden und kam in die Schweiz. Den hochfliegenden künstlerischen Plänen ihres Mannes vermochte sie nicht zu folgen. Aquarell von Clementine Stockar-Escher, Zürich 1853

28 Ganz oben rechts: Richard Wagner im März 1853. In seinem Züricher Exil war Wagner hoch aktiv, zugleich aber auch unglücklich, da er von der Wirkung seiner Kunst auf den deutschen Bühnen abgeschnitten war. Aquarell von Clementine Stockar-Escher

29 Oben: Das Theater in Weimar, in dem 1850 durch Franz Lis die Uraufführung de »Lohengrin« stattfan

30 Oben: Arthur Schopenhauer (1788–1860) hatte mit seiner Philosophie entscheidenden Einfluß auf Wagners Weltanschauung und Werk. Zu einer persönlichen Begegnung kam es nicht, obgleich ihm Wagner seine Dichtung zum »Ring« zugeschickt hatte

31 Oben links: Gott-
fried Keller (1819 bis
1890) kehrte im Jahre
1855 in seine Geburts-
stadt Zürich zurück
und gehörte dort zu
Wagners Freundeskreis

32 Oben rechts:
Richard Wagner.
Fotografie von Ludwig
Angerer, Wien 1862/63

33 Rechts: Otto
Wesendonck (1815 bis
1896), Geschäftsmann
und Mäzen Wagners in
Zürich, baute sich
1856/57 eine Villa mit
Blick auf den Zürichsee
und kaufte das Nach-
bargrundstück mit dem
»Asyl«, das er Wagner
zur Verfügung stellte

34 Links: Wagner
lernte Mathilde Maier
(1833–1910) 1862 im
Verlagshaus Schott
kennen, machte ihr
den Hof und erhoffte
sich von ihr, daß
sie seinen Haushalt
führen würde

35 Unten: Die Villa
Wesendonck mit dem
kleinen Fachwerkhaus
im Hintergrund, Wag-
ners »Asyl« in Zürich

olgende Seite
: Der Palazzo
tiniani am Canale
de in Venedig
vom 30.8.1858 bis
24.3.1859 Wag-

ners Herberge. Dort
komponierte er den
zweiten Akt des
»Tristan«

37 Folgende Seite un-
ten: Im Hotel Schwei-
zerhof in Luzern be-
endete Wagner am
6.8.1859 die Partitur
des »Tristan«, nachdem

er wegen der Kriegs-
gefahr aus Venedig flie-
hen und erneut in die
Schweiz gehen mußte

begann Wieland →Wagner in Köln seine Inszenierungen des *Rings*: am 22. 5. 1962 das *Rheingold*, am 26. 5. 1963 die *Walküre*, am 13. 10. 1963 *Siegfried* und am 17. 11. 1963 die *Götterdämmerung*; es dirigierte Wolfgang Sawallisch.

König, Heinrich Joseph
Geb. 19. 3. 1790 in Fulda, gest. 23. 9. 1869 in Wiesbaden; Schriftsteller und Finanzbeamter. – Nach seinem Roman *Die hohe Braut* (Leipzig 1833) schrieb W. 1836 einen Prosaentwurf, den er an Eugène →Scribe nach Paris sandte und später Johann Friedrich →Kittl zur Komposition überließ.

Königsberg
Fünf Monate vor seiner Heirat mit Minna trat W. eine beschwerliche Reise nach Königsberg an, wo seine Braut engagiert war; mit der Königsberger Theatergesellschaft fuhr er dann weiter nach Memel an die litauische Grenze, um deren dortige Gastspiele mitzumachen. Zurück in Königsberg, wurde am 23. 11. 1836 eine Benefizvorstellung zur bevorstehenden Hochzeit W.s gegeben, dessen Braut die Rolle der stummen Fenella in Daniel François Esprit →Aubers Oper *La Muette de Portici* (1828) selbst spielte. Die Hochzeit fand am folgenden Tag, am 24. 11. 1836, in der Tragheimer Kirche von Königsberg statt. Im Winter dieses Jahres machte sich W. an die musikalische Skizze für ein heidnisch-litauisches Schauspiel, das vermutlich in Königsberg aufgeführt werden sollte. Am 1. 4. 1837 wurde W. endlich zum Musikdirektor des Theaters ernannt, mußte aber bereits im Mai 1837 wieder auf Stellensuche gehen, da das Theater finanziell ruiniert war. Gleichzeitig gab es erste familiäre Zerwürfnisse, die Minna bewogen, heimlich mit dem Kaufmann Dietrich aus Königsberg zu fliehen. Als W. nach der Versöhnung mit seiner Frau die neue Stelle in →Riga angetreten hatte und auch dort bereits Schwierigkeiten bekam, entschloß er sich zur heimlichen Flucht mit Minna über die russische Grenze, wobei der Reisewagen in der Nähe von Königsberg umstürzte und Minna dadurch wahrscheinlich eine Fehlgeburt hatte. Königsberg berührte W. erst wieder, als er am 18. 2. 1863 auf Konzertreise nach →Petersburg ging. Schließlich ist Königsberg im Zusammenhang mit Angelo →Neumanns Europatournee seines »Reisenden Wagner-Theaters« zu nennen, das 1882 den *Ring* dort aufführte.

Kothner, Fritz
Kleine Baßpartie in den *Meistersingern*; Bäckermeister und Vorsitzender der Zunftversammlung der Meistersinger. Figur und Name wurden Johann Christoph Wagenseils *Buch von der Meister-Singer holdseligen Kunst* (1697) entnommen.

Kraft-Lied
→*Worte viele sind gemacht, Der*

Kriete, Henriette
Geb. Wüst; geb. 12. 12. 1816 in Berlin, gest. 14. 12. 1892 in Dresden; Sängerin (Sopran). – Ab 1843 war sie mit dem Schauspieler Hans Georg Kriete verheiratet. 1833–58 am Dresdener Hoftheater; sie sang die →Irene in der dortigen Uraufführung von *Rienzi*.

Kummer, Friedrich August
Geb. 5. 8. 1797 in Meiningen, gest. 22. 8. 1879 in Dresden; Instrumentalist. – Der Freund W.s war zunächst 1814 Oboist und 1817–64 Violoncellist der Dresdener Hofkapelle; damals bekannter Instrumentalsolist und Quartettspieler.

Kundry
Hochdramatische Sopranpartie in *Parsifal*. Sie stellt eine der tiefgründigsten Frauengestalten W.s dar, wird in der Dichtung des Werks als »Namenlose«, »Urteufelin«, »Höllenrose«, →»Gundryggia« und mit noch anderen Namen bezeichnet, da sie als »weiblicher →Ahasver« und in Anlehnung an die buddhistische Lehre der Reinkarnation zahlreiche Wiedergeburten hinter sich hat, zu ihrem Unglück Christus am Kreuz verlachte und deshalb nach Erlösung sucht, die sie jedoch nicht ohne sinnliche Tatkraft zu erreichen vermeint. Ihre erste Begegnung in der Handlung von *Parsifal* mit dem knabenhaften Titelhelden läßt sie erschauern, da sie in ihm ihren wiedergeborenen Erlöser erahnt. Als sie im II. Aufzug →Parsifal in der Rolle der Verführerin gegenübersteht,

widersetzt sich der Held, gewinnt den heiligen →Speer zurück und vernichtet →Klingsors Zauberreich mit dem Zeichen des Kreuzes. Im III. Aufzug begegnet Parsifal wieder der Büßerin Kundry, die Parsifals Füße wäscht und von ihm die Taufe erhält. Ihren Einzug in den Gralstempel und die Gralsfeier erlebt sie als Erlösung aus dem Bann ihrer Wiedergeburten, indem sie stirbt.

Künstlertum der Zukunft, Das
Aufsatzfragment aus dem Nachlaß von 1849, von W. ergänzt bis 1864. Die Schrift war eine Vorstudie zum 2. Teil einer geplanten Trilogie, deren 1. Teil *Die →Kunst und die Revolution*, den 3. Teil *Das →Kunstwerk der Zukunft* bilden sollte. Wie W. an den Arzt Franz Jacob Wigard, Mitglied der deutschen Nationalversammlung in Frankfurt a. M., am 19. 5. 1848 schrieb, seien die Fürsten »sammt und sonders in Anklagezustand zu versetzen«, falls sie sich feindselig gegen die Beschlüsse des deutschen Parlaments in Frankfurt stellen würden. Damit und mit seinen früheren Schriften gab W. zu erkennen, daß er sich von Anfang an intensiv der Revolution verschrieben hatte, von der er vor allem erwartete, daß sie eine grundlegende Reform für die Künste und die Künstler erbringen würde. Allerdings ging W. auch davon aus, daß die Revolution nicht vom Bewußtsein der Intelligenz erwirkt, sondern vom Unbewußtsein der breiten Bevölkerung getragen werden müsse, die den Notwendigkeiten der Natur

gehorche. In eben diesem Sinne gebraucht W. auch den Begriff des
Kommunismus, in dem der Egoismus vollkommen aufgehoben sei.
Für den Zusammenhang von Wissenschaft und Kunst folgert W.:»Die
Wissenschaft ist die höchste Kraft
des menschlichen Geistes; der Genuß dieser Kraft aber ist die Kunst.«
W.s dialektisches Denken aus dieser
Zeit ist nicht immer einfach nachzuvollziehen, da er intuitive Gedanken, logische Folgerungen und
anschauliche Beispiele häufig unvermittelt nebeneinanderstellt. Aphori-
stische Theoreme wie:»Was der
Mensch der Natur ist, das ist das
Kunstwerk dem Menschen«, werden
unvermittelt in den Text eingestreut
und unterstreichen den Charakter
dieser Schrift, die von W. als »flüchtige Aufzeichnung einzelner Gedanken zu einem größeren Aufsatze«
bezeichnet wurde. Aus der Gliederung und aus den Gedankensamm-
lungen wird klar, daß mit dieser
Schrift ein erstes Konzept für
→*Oper und Drama* entstanden war.
Die Schrift verdichtet sich immer
mehr in Stichworten, die zur weiteren Ausführung bestimmt sind.
Schließlich formuliert W. noch im
Schlußkapitel das Wesen des →*Dra*-
mas als »unbewußtes Werden«, dem
die Einzelkünste als »rein menschliches Bedürfnis« gegenüberstehen,
die in sich abgeschlossen sind und
»nichts Neues mehr erfinden«. – In:
SSD Bd. 12, S. 254–282.

**Künstler und die
Öffentlichkeit, Der**
In *Ein* →*deutscher Musiker in Paris*
veröffentlichter Aufsatz. W. führt
hier das Verhältnis des Künstlers
zum Publikum aus, wobei das Genie
nicht zu dessen Gefallen, sondern
allein seiner Bestimmung wegen
schaffe und dennoch »dieses edelste,
selbsteigenste Gut auf den öffentlichen Markt zu führen« gezwungen
ist. Der Künstler will frei sein, um
sein Genie entfalten zu können, und
er darf sich von der Gesellschaft getragen wissen, wenn sein Können
allgemein anerkannt ist. Deshalb
muß er diese Anerkennung betreiben, Aussicht auf Erfolg darf er sich
aber nicht machen. – In: GSD Bd. 1,
S. 223–230.

Kunstschriften
→Züricher Kunstschriften

Kunst und die Revolution, Die
Die bereits im →Exil in →Zürich
verfaßte und für ein politisches
Journal in Paris bestimmte, aber
damals (1849) unveröffentlichte
Schrift hatte W. im Gegensatz zu
den davor entstandenen Revolutionsschriften in die Gesamtausgabe
seiner Schriften aufgenommen und
gleichsam ästhetische Konsequenzen aus der selbst erlebten Revolutionszeit in Sachsen gezogen. W.s
geschichtliche Betrachtungen gehen
vom antiken Griechenland aus, über
das er erstaunlich gut unterrichtet
war. Apollo als Verkörperung der
Griechen in ihrer »höchsten Wahrheit und Schönheit« gestaltete sich

im griechischen Drama, das sich als →Gesamtkunstwerk darstellte. Den Grabgesang der griechischen Kunst sang schließlich nach W.s Ansicht die griechische Philosophie, der die Herrschaft der Römer unter »gänzlichem Verlust aller Menschenwürde« gefolgt sei. Der Ausdruck dieses Zustands sei aber nicht Kunst geworden, sondern das Christentum, das die jämmerliche Existenz des Menschen auf Erden rechtfertigte, die Welt der Sinne verteufelte und mit untätigem Lohn im Jenseits belohnte. »Erst als das Glaubensfeuer der Kirche ausgebrannt war«, konnte nach W.s Ansicht die »sogenannte Wiedergeburt der Künste vor sich gehen«. Und W. beobachtete, daß sich die Kunst zwar aus der Knechtschaft der Kirche befreit hat, anschließend jedoch direkt in die Arme der Industrie getrieben wurde, die ihren Lieblingssitz im Theater aufgeschlagen habe. Dort werden nämlich nur kunstfertige Schaustellungen, nicht aber wirkliche Dramen geboten. Im antiken Griechenland sei dagegen das Kunstwerk Teil seiner Menschen gewesen, deren Leben in Freiheit verlief. Daß es zur Verrichtung der gewöhnlichen Arbeiten Sklaven gegeben habe, übersah W. keineswegs. Er folgerte daraus, daß alle Befreiungsversuche der Völker nicht in die Unabhängigkeit, sondern in die Sklaverei für alle geführt hätten: »[...] der Sklave ist nicht frei, sondern der Freie ist Sklave geworden.« Einen anderen grundsätzlichen Unterschied findet W. in der Einschätzung der Kunst, die bei den Griechen konservativ gewesen sei, während die echte Kunst seiner Zeit nur revolutionär sein könne. Deshalb müssen in der großen Menschheitsrevolution der neue Mensch und das Kunstwerk der Zukunft nicht bloß aus dem Geist der Griechen erneuert, sondern völlig neu geboren werden, um den Geist der freien Menschen zu repräsentieren. Diese Aufgabe jedoch könne der Mensch nicht selbst lösen. »Wo der gelehrte Arzt kein Mittel mehr weiß, da wenden wir uns endlich verzweifelnd wieder an – *die Natur*. Die Natur, und nur die Natur, kann auch die Entwirrung des großen Weltgeschickes allein vollbringen.« Das Mittel aber ist die →Revolution, und das »Ziel ist *der starke und schöne Mensch*: die *Revolution* gebe ihm die *Stärke*, die *Kunst* die *Schönheit!*« Der Genuß am Kunstwerk der Zukunft müsse übrigens nicht mit Geld erkauft werden, sondern stünde durch freien Eintritt zur Verfügung. Und das Motto für die Zukunft der Menschen sei: »Jesus, der für die Menschheit litt, und Apollon, der sie zu ihrer freudenvollen Würde erhob!« Mit dieser Schrift befand sich W. im Einverständnis mit Aussagen Thomas Carlyles in dessen *History of Friedrich II of Prussia, Called Frederick the Great* (6 Bände, London 1858–65), worauf sich W. in der *Einleitung zum dritten und vierten Bande* seiner *Gesammelten Schriften und Dichtungen* berief. Carlyles: »Dort ist euer nächster Meilenstein in der Geschichte der

Menschheit! Jenes allgemeine Aufbrennen des Luges und Truges, wie im Feuer der Hölle« war W. aus dem Herzen gesprochen. Immerhin aber fühlte sich W. auch berufen, der Revolution »die Wege der Rettung anzuzeigen«. Gleichzeitig gab W. zu, den Spott der Kunstrichter auf sich gezogen zu haben, weil seine »Aufzeichnungen mehr einen dichterischen, als wissenschaftlich kritischen Charakter« haben und »der Einfluß eines unwählsamen Hereinziehen's philosophischer Maximen der Klarheit meines Ausdruckes, besonders bei allen Denjenigen, welche meinen Anschauungen und Grundansichten nicht folgen konnten oder wollten«, sich nachteilig ausgewirkt hätten. Besonders Ludwig →Feuerbachs Schriften habe er vom Philosophischen auf künstlerische Vorstellungen umgemünzt, wie z. B. die Begriffe »Willkür« und »Unwillkür«, »Sinnlichkeit« und »Kommunismus«, so daß zugegebenermaßen Entstellungen und Verwirrungen verursacht wurden. – In: GSD Bd. 3, S. 9 – 50; DS Bd. 5, S. 273.
Lit.: R. W., *Zu »Die Kunst und die Revolution«* (1849), in: SSD Bd. 12, S. 252

Kunst und Klima

Aufsatz, begonnen am 22. 2. 1850. Ende Febr. 1850 reiste W. nach Paris (→Frankreich), wo der Aufsatz für die von Adolf Kolatschek herausgegebene *Deutsche Monatsschrift* entstand. W. wollte den Vorwurf entkräften, daß er in seiner Schrift *Das*

→*Kunstwerk der Zukunft* Einflüsse des Klimas auf künstlerische Aktivitäten und Qualitäten nicht berücksichtigt habe. Außer in extremen Klimazonen (in der Sahara und im hohen Norden) sei die Entwicklung der Kunst unabhängig vom Klima und die Kultur eine Entwicklung des Menschen im Gegensatz zur →Natur und in Unabhängigkeit von ihr. Dennoch müsse die Kunst den Lebensverhältnissen entwachsen, denen sie angehöre. Deshalb sei die Verpflanzung griechischer Kunst z. B. nach Norddeutschland unsinnig, weil jede Region ihre eigene Kunst hervorbringen müsse und nicht künstliche Treibhauspflanzen aufnehmen solle. Im Mittelalter sei eine Renaissance der griechischen Kunst betrieben worden, die nur deren Leichensteine ausgegraben habe und nicht die lebendige Kunst. Qualitativ hohe Kunst könne daher überall entstehen, wo der künstlerische Mensch nicht mit eingebildeten, abstrakten Vorbildern hantiert, sondern das wirkliche Wesen der menschlichen Gattung zur Grundlage seiner Kunst macht. Dagegen seien Einwirkungen der »barbarischen Zivilisation« höchst schädlich, vor allem von den Pfaffen, die der Verwirklichung eines Gottes in der Brust des Menschen und damit der allgemeinen Menschenliebe zuwider handelten. – In: GSD Bd. 3, S. 251 – 268.

Kunstwerk der Zukunft, Das

Aufsatz, am 4. 11. 1849 beendet. Als eine der größeren 1849 im Schweizer →Exil entstandenen Schriften war sie dazu angetan, die Zeitgenossen in Verwirrung zu stürzen oder aber nur durch ihren Titel zum Spott herauszufordern, der mit dem Etikett →»Zukunftsmusik« bald W.s gesamter Musik angeheftet wurde. W. selbst hat in einem Brief an Franz →Liszt vom 16. 8. 1852 angemerkt, daß die Leute seine Schriften nicht richtig zu lesen verstünden. – Ausgehend von Erörterungen der Begriffe »Natur, Mensch und Kunst« geht W. sogleich zu den Bereichen »Leben, Wissenschaft und Kunst« über, mit der Wissenschaft als »Mittel der Erkenntniß, ihr Verfahren ein mittelbares, ihr Zweck ein vermittelnder; wogegen das Leben das Unmittelbare, sich selbst Bestimmende ist«. Und die Kunst ist »die vollständige Versöhnung der Wissenschaft mit dem Leben«, meint W. Im folgenden Abschnitt mit der Überschrift »Das Volk und die Kunst« geht W. von der nicht alltäglichen Definition aus: »Das Volk ist der Inbegriff aller Derjenigen, *welche eine gemeinschaftliche Noth empfinden.*« Entsprechend gehören alle diejenigen nicht zum Volk, die keine Not leiden. Da das Volk aber unbewußt und unwillkürlich das Notwendige erledigt, ist auch das »Volk die bedingende Kraft für das Kunstwerk«. Deshalb ist nicht das Volk zu belehren, sondern die Intelligenzen, die jegliche Erfindungen des Volkes, sei es Sprache, Religion oder Staat, aus Eigennutz entstellten. Das Volk muß nur wissen, was es nicht will; es braucht

nur das Nichtgewollte zu vernichten, und eine glückliche Zukunft steht ihm vor Augen. Dem steht die »kunstwidrige Gestaltung des Lebens der Gegenwart unter der Herrschaft der Abstraktion und der Mode« entgegen. Mode und Kunst stehen sich diametral gegenüber. Um aber den »Maßstab für das Kunstwerk der Zukunft« zu finden, muß die Kunst des antiken Griechenland herangezogen werden. Es gehört aber auch eine »Religion der Zukunft« dazu, die nicht vom einzelnen gemacht werden kann, denn das »Kunstwerk ist die lebendig dargestellte Religion«. Das 2. Kapitel ist überschrieben: »Der künstlerische Mensch und die von ihm unmittelbar abgeleitete Kunst«, wobei der »Mensch als sein eigener künstlerischer Gegenstand und Stoff« der erste Punkt der Betrachtung ist und dem Auge sich der äußere, dem Ohr aber der innere Mensch darstellt. »Die drei reinmenschlichen Kunstarten in ihrem ursprünglichen Vereine« sind Tanz, Ton- und Dichtkunst, die im ursprünglichen Kunstwerk der Lyrik und des Dramas vereint waren. In ihnen drückt sich das höchste menschliche Bedürfnis, die Liebe, aus. Dem gegenüber steht der Egoismus, in dem sich »jede einzelne Kunstart als allgemeine Kunst gebärden möchte«. Das Wesen der Tanzkunst, der Tonkunst, die in Ludwig van →Beethovens *Symphonie Nr. 9* (1824) »die Erlösung der Musik aus ihrem eigensten Elemente heraus zur *allgemeinsamen Kunst*« und »das *menschliche* Evangelium der Kunst der Zukunft« geworden ist und leider wieder im Abgrund »vollkommenen schöpferischen Unvermögens« versunken sei, sowie das Wesen der Dichtkunst versucht W. in dieser Schrift historisch und kritisch einzuordnen. Der Dichtkunst wird von W. die eigentliche Schöpferkraft zuerkannt, wobei sich der Dichterkomponist bereits damals auf den →Stabreim berief. Und auch die wirkliche Dichtung gehe vom Volk aus; sie blühte aus diesem Grund im alten Griechenland und verwandelte sich leider später von der »Dichterweise« zur »Schreibart«. Desgleichen sei der Egoismus in der Schauspielkunst fehlgeleitet, da nur in der Gemeinschaft das wahre Kunstwerk gelingen könne. Die traurige Bilanz der theatralischen Dichtkunst seiner Zeit ziehend, geht W. in einem weiteren Abschnitt auf »Bisherige Versuche zur Wiedervereinigung der drei menschlichen Kunstarten« ein und sieht eine Möglichkeit in der protestantischen Kirchenmusik, die »bis zum kirchlichen Drama in der *Passionsmusik*« vorankam, während in der Oper die Vereinigung der Künste völlig mißlungen sei. »Somit wird das Drama der Zukunft genau dann von selbst dastehen, wenn nicht Schauspiel, nicht Oper, nicht Pantomime mehr zu leben vermögen; wenn die Bedingungen, die sie entstehen ließen und bei ihrem unnatürlichen Leben erhielten, vollständig aufgehoben sind.« In einem abschließenden Kapitel, »Der Mensch als künstlerischer Bildner

aus natürlichen Stoffen«, macht W. Exkurse in »das Wesen der sogenannten bildenden Künste«, die Baukunst, Bildhauerei und Malerei. Da alle diese Künste, die W. bis zu ihren angeblichen Ursprüngen zu verfolgen suchte, in den nachchristlichen Jahrhunderten entstellt worden seien, können sie aus ihrer Verzauberung nur im Drama neu belebt werden. Der Landschaftsmalerei immerhin gesteht W. zu, »die eigentliche, belebende Seele der Architektur« werden zu können. Im 4. Kapitel geht W. auf die »Grundzüge des Kunstwerkes der Zukunft« ein. Da die wahre Kunst wie eine Treibhauspflanze keine natürlichen Lebensbedingungen vorfinden könne, sei sie zum »Sondereigenthum einer Künstlerklasse geworden«. Für die Konsumenten sei die gängige Kunst jedoch zum bloßen Luxus entartet und tauge somit nicht mehr zur Bildung. Gesucht werde deshalb der *»künstlerische Mensch«*, der »wie der natürliche Mensch auf den Schauplatz der Natur tritt«, um die vereinzelten Künste im musikalischen Drama wieder zu vereinigen. Folglich zeichnet W. im Schlußkapitel den »Künstler der Zukunft« und fragt: »Kann die Kulturkunst von ihrem abstrakten Standpunkte aus *in das Leben* dringen, oder muß nicht vielmehr das *Leben in die Kunst* dringen«, wofür vor allem der Künstler, und das heißt hier »die *Genossenschaft aller Künstler*«, zuständig wäre, der sich letztlich wieder als Teil des Volkes fände. Die Abhandlung klingt aus (und das ist typisch für W.s Forderung, tätig zu sein) in der Deutung der Sage →*Wieland der Schmied*, die W. hier als Modell eines Dramenentwurfs ausführt, die er aber später nicht vertonte. – Nicht von ungefähr hatte W. diesen Aufsatz bei der Erstauflage 1850 in Leipzig mit einer Widmung (in: SSD Bd. 12, S. 284) an Ludwig →Feuerbach versehen, die folgendermaßen beginnt: »Niemand als Ihnen, verehrter Herr, kann ich diese Arbeit zueignen, denn mit ihr habe ich Ihr Eigentum Ihnen wieder zurückgegeben.« – In: GSD Bd. 3, S. 51–210; DS Bd. 6, S. 9.

Kurwenal
Baritonpartie in *Tristan*; Freund und Waffenbruder →Tristans, den Kurwenal, nach der Auseinandersetzung mit →Melot, schwer verwundet nach →Kareol bringt und ihn dort gegen die Ritter des Königs verteidigt, wobei er selbst erschlagen wird.

Küstner, Karl Theodor von
Geb. 26. 11. 1784 in Leipzig, gest. 28. 10. 1864 ebd.; Theaterleiter. – 1817–28 Leiter des Stadttheaters Leipzig, 1833–42 des Hoftheaters München, 1842–51 des Hoftheaters Berlin. Mit W. führte bereits Küstners Amtsvorgänger, Friedrich Wilhelm Graf von →Redern, erste Verhandlungen wegen der Uraufführung des *Holländers*, der dann doch in →Dresden erstmals gezeigt wurde, weil man in →Berlin zögerte. So wurde der *Holländer* in Berlin erstmals am 7. 1. 1844 gegeben. Um

weitere seiner Opern in Berlin auf die Bühne bringen zu können, trug W. dem preußischen König Friedrich Wilhelm IV. die Dedikation seines *Tannhäuser* an. *Rienzi* wurde angenommen und erstmals am 28. 10. 1847 unter W.s Leitung in Berlin gegeben, wobei Küstner jede Entschädigung für W.s Mitwirkung an der Einstudierung des Werks verweigerte.

Lachner, Franz Paul
Geb. 2. 4. 1803 in Rain (Oberbayern), gest. 20. 1. 1890 in München; Komponist und Dirigent. – Nach Tätigkeiten in Wien und Mannheim wurde er ab 1836 Hofkapellmeister in München und dort 1852 Generalmusikdirektor. Der Regierungsantritt König →Ludwigs II. mit W.s Wirken ab 1864 in →München ergab, daß Lachner in den Hintergrund gedrängt wurde, so daß er 1865 um seine Pensionierung bat, die bis 1868 mit einem Urlaub überbrückt und dann bewilligt wurde. W. stand anfangs in Briefverkehr mit ihm, konnte aber Rivalitäten mit dem sich zurückgesetzt fühlenden Komponisten nicht vermeiden.

Laube, Heinrich
Geb. 18. 9. 1806 in Sprottau (Niederschlesien), gest. 1. 8. 1884 in Wien; Schriftsteller, Kritiker und Theaterleiter. – Durch seinen Briefroman *Das junge Europa* (Mannheim 1833–37) zeichnete er sich als einer der wichtigsten Vertreter des →Jungen Deutschland aus. Er zählte zu den Jugendfreunden W.s; beson-

ders in Paris (→Frankreich) und in
→Dresden gab es enge Kontakte
zwischen beiden. In der von Laube
redigierten *Zeitung für die elegante
Welt* veröffentlichte W. am 10. 6.
1834 seinen ersten Aufsatz: *Die
deutsche Oper* (in: SSD Bd. 12, S. 1).
1849–69 war Laube Direktor des
Hofburgtheaters Wien, 1869/70 des
Stadttheaters Leipzig.

Lauchstädt, Bad
Badeort bei Merseburg mit Goethe-
theater. Die Magdeburger Theatergesellschaft gastierte um 1834 in
Bad Lauchstädt, wo W. sein erstes
Engagement als Musikdirektor angeboten bekam und gleich am ersten Tag, Ende Juli 1834, seine spätere Frau Minna, Schauspielerin in
der von Heinrich →Bethmann geleiteten Truppe, kennenlernte.

Laussot, Jessie
Geb. Taylor; geb. 1829, gest. 1905;
Musikschriftstellerin. – In erster Ehe
mit dem Weinhändler Eugène Laussot in Bordeaux verheiratet, in
zweiter Ehe mit dem Historiker
Karl Hillebrand in Florenz. W. lernte
sie 1848 kennen und verliebte sich
1850 bei einem Aufenthalt in Bordeaux in sie. Er plante eine Flucht
mit ihr in den Orient, da sein Reise-
zweck, in Paris eine Aufführung
seiner Opern zuwege zu bringen,
fehlgeschlagen war. Am 25. 4. sagte
Jessie ab. Zu den Bayreuther →Fest-
spielen 1876 war sie eingeladen und
besuchte den *Ring*.

Lehmann, Lilli
Eigtl. Elisabeth Maria L.; verh. Ka-
lisch; geb. 24. 11. 1848 in Würzburg,
gest. 17. 5. 1929 in Berlin; Sängerin
(Sopran). – Ab 1870 am Hoftheater
Berlin engagiert. Bei den Bayreuther
→Festspielen 1876 sang sie mit ihrer
Schwester Marie die Rheintöchter
→Woglinde bzw. →Wellgunde und
jede eine →Walküre. Sie wurde 1882
von W. beauftragt, das Ensemble der
Blumenmädchen in *Parsifal* zusam-
menzustellen. 1886–90 war sie auf
Tourneen in den Vereinigten Staa-
ten und sang 1896 die →Brünnhilde
in Bayreuth.

Lehrs, Samuel
Eigtl. S. Levi; geb. 1806 in Königs-
berg (Pr), gest. 13. 4. 1843 in Paris;
Philologe. – Er lebte überwiegend in
Paris und war dort 1839–42 einer
der engsten Freunde W.s. W. setzte
ihm in seiner Novelle *Ein →Ende in
Paris* als »deutschem Philologen« ein
Denkmal.

Leipzig
Als Geburtsstadt W.s, wo er am
22. 5. 1813 auf dem Brühl Nr. 3 im
Haus »Der Rot und Weiße Löwe«
zur Welt kam, ist Leipzig von ent-
sprechender Bedeutung. Die Familie
lebte allerdings nur wenige Wochen
dort, bevor die Mutter Johanne Rosine (→Geyer) nach →Teplitz reiste
und die Taufe R.s deshalb erst am
16. 8. 1813 in der Thomaskirche
nachgeholt werden konnte. In der
Zwischenzeit war der Belagerungs-
zustand über Leipzig verhängt und
die Thomaskirche vom Sept. 1813

bis zum Febr. 1814 als Kriegslazarett eingerichtet worden. Denn die Völkerschlacht tobte um Leipzig. Der anschließend grassierenden Typhusepidemie fiel auch W.s Vater Friedrich →Wagner am 23. 11. zum Opfer. Nach der Heirat seiner Mutter mit Ludwig →Geyer am 28. 8. 1814 übersiedelte die Familie nach →Dresden. Der Tod des Stiefvaters am 30. 9. 1821 erzwang W.s Aufenthalt bei dessen Bruder Karl →Geyer in →Eisleben. Von dort ging W. einige Tage zu seinem Onkel Adolf →Wagner nach Leipzig, der im »Königshaus« am Alten Markt wohnte, wo W. allerdings Gespenstervisionen hatte, die ihn zu seiner Mutter nach Dresden trieben. Nach seiner Konfirmation am 8. 4. 1827, im Todesjahr Ludwig van →Beethovens, unternahm W. mit Schulfreunden eine ausgedehnte Fußwanderung nach Böhmen und nach Leipzig, wo er das Studentenleben als »Emanzipation von Schul- und Familienzwang« genoß, den Entwurf zu seinem Trauerspiel →*Leubald* begann und ab dem 21. 1. 1828 die Tertia der Nikolaischule besuchte. Erst jetzt begann sich die Musik für W. als »eine mystisch erhabene Ungeheuerlichkeit« auszuwirken, wobei E. T. A. →Hoffmanns Novellen eine große Rolle spielten. – Die Geschichte der Leipziger Oper reicht bis in das 17. Jh. zurück und wies bereits eine stattliche Reihe von namhaften Musikern auf, als W. ins öffentliche Leben seiner Geburtsstadt eintrat. 1865 – 67 wurde nach Entwürfen von Karl Ferdinand Lang-

hans das Theater am Augustusplatz erbaut, dessen Spielplan unter Angelo →Neumann weitgehend auf W.s Werke eingestellt war und gleich im ersten Jahr den gesamten *Ring* auswies, dem freilich schon zwei zyklische Vorstellungen in Leipzig vorausgegangen waren. Aber auch von den späteren großen Musikern in Leipzig, Arthur →Nikisch (1876 – 89 und 1905/06) und Gustav Mahler (1886 – 88), setzte sich ersterer ganz besonders für W.s Werke ein. Nach dem Zweiten Weltkrieg konnte, nach Ausweichen des Theaters in die »Dreilinden«, das neue Opernhaus am 9. 10. 1960 mit den *Meistersingern* in der Inszenierung von Joachim Herz eröffnet werden. In seiner Inszenierung kam 1973 – 76 auch der *Ring* heraus.

Leitmotiv

Als musikalisches Symbol definiert, das vor allem im →Musikdrama Personen und Situationen charakterisiert, hat W. dem Leitmotiv in seinen musikdramatischen Werken zu kompositionstechnischer und stilistischer Bedeutung verholfen. Selbst hat W. den Begriff kaum benutzt, den bereits Friedrich Wilhelm Jähns in *Carl Maria von Weber in seinen Werken* (Berlin 1871) verwendet hat, obgleich W. in seiner Schrift *Über die Anwendung der Musik auf das Drama* (in: GSD Bd. 10, S. 229) ausdrücklich Hans von →Wolzogen als Urheber bezeichnet. Schon vor Wolzogen hat übrigens 1871 Gottlieb Federlein damit begonnen, W.s Motiven Namen beizugeben. Vorstufen des Leitmotivs sind bis in die Opern des französischen Komponisten Jean-Baptiste Lully zurückzuverfolgen, der mit wiederkehrenden Themen musikdramatische Zusammenhänge herstellen wollte. Seine formbildende Funktion erhielt das Leitmotiv aber erst nach der Auflösung kleingliedriger Nummernopern in durchkomponierten Formen. Auch Robert →Schumann hat Leitmotive formprägend in seiner Oper *Genoveva* (1850) eingesetzt, wie vorher schon Heinrich →Marschner in *Vampyr* (1828), *Hans Heiling* (1833), *Schloß am Ätna* (1836) und *Kaiser Adolph von Nassau* (1845). Im Prozeß musikdramatischer Entwicklung griff W. vehement ein, denn auch seine frühen Opern zeigen noch Relikte nummernartig zusammengefaßter Formteile, die sich zusehends auflösen und mit dem gleichzeitigen Verlust von periodischen Melodiegliederungen auf Leitmotive als formbindende Elemente zurückgreifen mußten. Die Entwicklung von Grundthemen und Signalmotiven, die ihre Herkunft von der Musik auf der Bühne nie verleugnet hatten, bis zu tiefenpsychologisch wirkenden Klangsymbolen, die trotz ihrer Verwandlungsfähigkeit (dem Faden der Ariadne gleich) eine unsichtbare Orientierung durch das Labyrinth des vertonten Dramas darstellen, führt bei W. von den →*Feen* bis zu *Parsifal* in Stufengängen, die nach längeren beständigen Entwicklungen auch qualitative Sprünge aufweisen. War *Rienzi* noch nach dem Muster der großen Oper mit Rezita-

tiven und Arien gestaltet, so suchte W. bereits im *Holländer* nach einem Brennpunkt des Dramas, den er in der →Ballade →Sentas gefunden hatte; damit konnte er auch ein musikalisches Zentrum zur Entfaltung der Musik setzen. Von szenisch-bildhaften Vorstellungen des dramatischen Kerns ging W. auch in *Tannhäuser* und *Lohengrin* aus und zog entsprechende motivische Konsequenzen, die jedoch z. B. mit dem Motiv des →Frageverbots in *Lohengrin* noch sehr plakativ ausgefallen waren, während die musikalische Konzeption des *Rings* ein hochkompliziertes Flechtwerk aus Leitmotiven enthält, die zwar im *Rheingold* noch leicht überschaubar sind, sich aber bei fortschreitender Trilogie zusehends verdichten und in der *Götterdämmerung* nur noch mühsam zu entflechten sind. Demgegenüber versuchte W., in *Tristan* die Leitmotive zu einer tiefenpsychologischen Deutung des Unsagbaren einzusetzen, tönendes Schweigen zu erzeugen. In den *Meistersingern* bilden sich ganze Motivfamilien aus, und in *Parsifal* schließlich vollbringt W. das Kunststück, die Leitmotive als Medien dialektischen Denkens auszuformen, das scheinbar einen Kniefall vor der christlichen Jenseitsideologie tut, in Wirklichkeit aber die Verwandlung der Welt meint. Der psychologische Effekt der Leitmotive liegt vor allem anderen in deren janusköpfiger Struktur, die durch gleichbleibende Motivbestandteile auf ein ideal vorstellbares Grundmotiv zurückweist und in den

Motivvarianten musikdramatisch vorauszeigt. W. selbst sprach vom →Erinnerungsmotiv, das häufig schon in der französischen und deutschen Oper vor W. angewandt wurde und bereits als fortgeschrittene Vorstufe zum Leitmotiv zu verstehen ist. W. verfolgte mit den Leitmotiven schließlich sogar selbstinterpretierende Ziele, die vorsehen, das musikalische Drama durch die Musik erläutern zu lassen, und in der Kombination bestimmter Wortaussagen mit bestätigenden oder kontroversen Motiven sowie in Motivkombinationen, aber auch in anderen Spielarten der kompositorischen Verarbeitung zum Ausdruck kommen. Das Leitmotivgeflecht als Teil des orchestralen Kommentars stellt gleichsam die Tiefendimension und damit auch vielfach das Unbewußte zur semantischen Schicht des Dramas und seiner äußeren Handlung dar. Kompositionstechnisch wollte W. die Durchführungsarbeit in einer Symphonie auf das musikalische Drama übertragen, erreichte tatsächlich aber eine neue Dimension dramatischer Kunst, die sich in dem Etikett →Gesamtkunstwerk niederschlug.

Lit.: R. W., *Oper und Drama*, in: GSD Bd. 3/4; ders., *Eine Mitteilung an meine Freunde*, in: GSD Bd. 4; G. Federlein, »Das Rheingold« von R. W. Versuch einer musikalischen Interpretation, in: Musikalisches Wochenblatt 2:1871; ders.,»Die Walküre«…, ebd. 3:1872; H. v. Wolzogen, Motive in R. W.s »Siegfried«, ebd. 7:1876; ders., Thematischer Leitfaden durch die Musik zu R. W.s Festspiel »Der Ring des Niebelungen«, Leipzig 1876; ders., Motive in W.s »Götterdämmerung«, in: Musikalisches Wochenblatt 8:1877 – 10:1879; R. Sternfeld, Zur Entstehung des Leitmotivs bei R. W., in: R.-W.-Jahrbuch 1907; H. Abert, R. Schumanns Genoveva, in: Zeitschrift der Internationalen Musikgesellschaft 11:1909/10; A. Lorenz, Das Geheimnis der Form bei R. W., 4 Bde., Berlin 1924–33; G. Abraham, The Leitmotiv Since W., in: Music and Letters 6:1925; K. Wörner, Beiträge zur Geschichte des Leitmotivs in der Oper, Diss. Berlin 1931, Auszug in: Zeitschrift für Musikforschung 14:1931/32; R. Engländer, Zur Geschichte des Leitmotivs, ebd.; M. Lamm, Beitrag zur Entwicklung des musikalischen Motivs in den Tondramen R. W.s, Diss. Wien 1932; T. Mann, R. W. und der »Ring des Nibelungen« (1937), in: ders., R. W. und unsere Zeit, Frankfurt a. M. 1963; T. W. Adorno, Versuch über W., Berlin-/Frankfurt 1952; ders., R. W.s musikalische Gestaltungsprinzipien, in: Beiträge zur Musikwissenschaft 5:1963; C. Dahlhaus, Zur Geschichte der Leitmotivtechnik bei W., in: R. W. Werk u. Wirkung, Regensburg 1971

Lenbach, Franz von
Geb. 13. 12. 1836 in Schrobenhausen (bei München), gest. 6. 5. 1904 in München; Porträtmaler. – Anfang Dez. 1871 malte er in →München, bei einem mehrtägigen Besuch W.s,

das bekannte Profilporträt mit dem Barett. 1876 war er Festspielbesucher in →Bayreuth. Seine Reise nach Italien unterbrach W. Ende 1879 in München, um im Hotel Marienbad u. a. mit Lenbach und Hermann →Levi Silvester zu feiern. Auf der Rückreise von Italien machte W. vom 31. 10. bis zum 17. 11. 1880 wiederum in München Station und wurde abermals von Lenbach porträtiert (Rötelzeichnung).

letzte Heidenverschwörung in Preußen oder Der Deutsche Ritterorden in Königsberg, Die (WWV 41)

Musik zu J. Singers romantisch-historischem Schauspiel mit Gesang in vier Abteilungen; komponiert vermutlich im Febr. 1837 in →Königsberg; Uraufführung vermutlich am 17. 2. 1837 in Königsberg. – Da weder W.s Komposition (außer einem Entwurf in der British Library in London) noch Singers Schauspiel erhalten ist und auch W. selbst keine autobiographischen Informationen dazu liefert, lassen sich eine vollständige Partitur und eine Aufführung nicht beweisen. Immerhin hatte Minna Wagner in Königsberg die Hauptrolle in Singers Schauspiel übernommen, und W. war motiviert genug, sich mit dem Stück als angehender Musikdirektor auszuweisen.
Lit.: WWV

Leubald (WWV 1)

Trauerspiel in fünf Aufzügen. – Geschrieben 1826–28 in →Dresden und →Leipzig. – W. schrieb ironisch

in →*Mein Leben* (S. 32): »Der Gegenstand des Verbrechens des fünfzehnjährigen Jünglings bestand, wie gesagt, in einem großen Trauerspiel mit dem Titel ›*Leubald und Adelaïde*‹.« Schon damals war W. das Manuskript abhanden gekommen, das nur noch in Bruchstücken überliefert ist. Die Klausnerszene (in: SSD Bd. 16, S. 179) hat folgenden Inhalt: Der Klausner tritt vor ein Kreuz und betet leise. Astolf, Gundchen und Knechte treten hinzu. Astolf und Gundchen geraten in Streit über Astolfs unbegründeten Anspruch auf Adelaide, die Leubald liebt. Auch der Klausner greift weise in das Gespräch ein, an dem sich Bärting und Breischald beteiligen, und alle zusammen gehen dann in die Höhle des Klausners. Adelaide tritt auf und gedenkt der furchtbaren Morde, die Leubald in Liebesraserei beging und zur Strafe dem Wahnsinn verfiel. – W. hatte die Absicht, die Wirkung des Trauerspiels durch eine Musik, die nicht erhalten ist, »nach dem Vorbild von Beethovens *Egmont*-Musik zu erhöhen« (Egon Voss, in: WWV). »Die Reinschrift des Textes – das einzige überlieferte Dokument – enthält im 2. Aufzug ein Lied der Adelaide zur Laute (S. 20), das Lied eines Knaben zur Harfe im 3. Aufzug (S. 35f) und ein Lied der unsichtbaren Geister im 5. Aufzug (S. 49f)« (ebd.).
Lit.: WWV

Levi, Hermann
Geb. 7. 11. 1839 in Gießen, gest. 13. 5. 1900 in München; Dirigent. – Der

Sohn eines Rabbiners studierte in Mannheim und Leipzig Musik. Erste Kapellmeistertätigkeiten übte er in Saarbrücken und Rotterdam aus; 1864–72 war er Hofkapellmeister in Karlsruhe, dann bis 1896 Hofkapellmeister in München, ab 1894 dort zum Generalmusikdirektor ernannt. W. lernte ihn 1871 kennen. Mit der Zusage König →Ludwigs II., das Münchener Hoftheaterorchester für die Bayreuther →Festspiele 1882 zur Verfügung zu stellen, war das Dirigat Levis für die Uraufführung von *Parsifal* eine abgemachte Sache. Verleumdungen wegen seines jüdischen Glaubens veranlaßten Levi, noch während der Proben abzureisen; W. holte ihn zurück. 1883 besuchte er W. noch kurz vor seinem Tod in →Venedig. Er blieb bis 1894 *Parsifal*-Dirigent.

Lewald, Johann Karl **August**
Geb. 14. 10. 1792 in Königsberg (Pr), gest. 10. 3. 1871 in München; Schriftsteller. – 1835–48 gab er die in Stuttgart erscheinende Wochenschrift *Europa* heraus, in der W. schon 1837 sein »Karnevalslied« aus seiner Oper *Das →Liebesverbot* abdrucken ließ und für die er ab 1841 mehrere Beiträge schrieb, nachdem sich W. bereits 1838 brieflich mit Lewald ausführlich über seine künstlerischen Pläne verständigt hatte.

Lichtenstein, Karl August
Ludwig Freiherr **von**
Geb. 8. 9. 1767 in Lahm (Franken), gest. 10. 9. 1845 in Berlin; Komponist, Schriftsteller und Theaterleiter. – Er war ab 1825 Opernregisseur am Berliner Hoftheater und dort Mitglied der Generaldirektion. Sein Gutachten vom 2. 8. 1841 für Friedrich Wilhelm Graf von →Redern zum *Holländer* fiel negativ aus und verhinderte die Uraufführung dieser Oper in Berlin.

Liebesmahl der Apostel, Das
(WWV 69)
Eine biblische Szene. – Entstanden ist dieses für Männerchor und Orchester komponierte Werk im April bis Juni 1843 in →Dresden anläßlich des Allgemeinen Männergesangfestes. Die Uraufführung fand am 6. 7. 1843 in der Frauenkirche Dresden unter W.s Leitung statt; das Werk ist Charlotte Emilie Weinlig, der Witwe Theodor →Weinligs, gewidmet. Zunächst wurde es mit dem Titel *Abendmahl der Apostel* angekündigt, während auf der ersten Prosaskizze als Titel *Das Gastmahl der Apostel* steht, der auch für das handschriftliche Textbuch verwendet wurde. Das erste gedruckte Textbuch erschien 1843 bei C. H. Gartner. Auf der handschriftlichen Partitur steht der endgültige Titel. Das Autograph befindet sich in Privatbesitz. Durch den Anlaß bedingt, stand für die Aufführung ein riesiger Chor von 1 200 Sängern zur Verfügung, dessen Wirkung W. freilich später skeptisch überdachte; er folgerte, daß der künstlerische Effekt den angewandten Mitteln gegenüber nicht adäquat erschien. Andererseits erprobte W. mit dieser

oratorischen Komposition musikdramatische Effekte wie den unver-
muteten Orchestereinsatz im letzten Drittel des Werks und die
»Stimmen aus der Höhe«, ein Fern-
chor, der musikdramatische Wirkungen von *Parsifal* antizipiert. –
Entwürfe und Text in: SSD Bd. 11,
S. 264–269.
Lit.: WWV

Liebestod
→Isoldes Liebestod

**Liebesverbot oder Die Novize
von Palermo, Das** (WWV 39)
Große komische Oper in zwei Akten. – Text von W. nach William
→Shakespeares *Measure for Measure*
(1604).
Entstehungsgeschichte: W. entwarf
das Werk in →Teplitz 1834 (auf einer Reise nach Böhmen). Ein be-
trächtlicher Einfluß von Wilhelm
→Heinses *Ardinghello und die glückseligen Inseln* (Lemgo 1787) und von
Heinrich →Laubes *Jungem Europa*
(ab 1833 in der →*Zeitung für die elegante Welt* in Fortsetzungen veröffentlicht) ist unverkennbar. Diese
Dichtung entstand im Sommer 1834
in Rudolstadt. Nach Angaben in der
→*Autobiographischen Skizze* gab sich
W. »nicht die geringste Mühe«,
»französische und italienische An-
klänge zu vermeiden«.
Handlung: In Palermo, 16. Jh.: Brighella, der Anführer der Sbirren,
dringt mit seinen Leuten in eine
Schenke Palermos ein, um den Wirt
und sein Personal zu verhaften, da
der Statthalter Friedrichs jegliche

Ausschweifungen verboten hat und
alle Wirtshäuser geschlossen werden sollen. Ebenso wurden die freie
Liebe und sogar der Karneval verboten, was den Volkszorn geweckt hat.
Dem Edelmann Claudio droht die
Todesstrafe, weil er das Verbot der
freien Liebe mißachtete. Um ihn zu
retten, sucht sein Freund Luzio
Claudios Schwester Isabella im Kloster der heiligen Elisabeth auf, wo
sie als Novizin lebt. Dort erfährt Isabella von ihrer Mitnovizin Mariana,
daß sie einst die Geliebte des Statt-
halters war und von ihm verstoßen
wurde. Luzio kommt in das Kloster
und verliebt sich sofort in die
schöne Schwester seines Freundes.
Sie ist nicht nur betroffen über seinen Bericht, daß Claudio wegen einer Liebschaft in Lebensgefahr sei,
sondern sie ist auch zornig über den
scheinheiligen Statthalter. Luzio
macht der Novizin ohne Umschweife einen Heiratsantrag, hat
aber zunächst keinen Erfolg. Im Gerichtssaal vertritt inzwischen Brighella den noch abwesenden Richter
und hält Gericht über das gefan-
gengenommene Wirtshauspersonal,
verliebt sich aber gleichzeitig in die
schöne Bedienstete Dorella. Als das
Volk in den Gerichtssaal drängt,
trifft Brighella »komische Verteidi-
gungsmaßregeln«. Dann jedoch erscheint Friedrich, verurteilt Claudio
und seine Geliebte zum Tode und
lehnt nochmals den Antrag des
Volks, den Karneval weiterhin feiern zu dürfen, mit Nachdruck ab.
Isabella legt Fürbitte für ihren Bruder ein und bemerkt, daß sich Fried-

rich in sie verliebt hat. Ein heimliches Rendezvous mit ihr soll dem Bruder die Freiheit bringen. Isabella geht zum Schein auf den Handel ein.

Musikdramaturgie: Die Ausarbeitung des Librettos fiel mit W.s ersten Begegnungen und Werbungen um Minna, seine spätere Frau, zusammen. Daß W. noch im Rückblick in seiner Autobiographie einen Zusammenhang zwischen der Doppelmoral Minnas, zumal W.s spätere Frau schon als verlobt mit einem adligen Herrn galt, der sie jedoch wegen des Standesunterschieds nicht heiraten konnte, und seinem Opernvorhaben sah, läßt aufhorchen: »Jedenfalls erkannte ich bei näherer Besinnung, daß *Jung-Europa, Ardinghello* und *Liebesverbot* sich hier nicht spielen ließen, sondern daß zwischen *Fee Amorosa* in heiterer Theaterlaune und *ehrlicher Bürger Kind,* welches ein anständiges Unterkommen sucht, ein sehr bestimmter Unterschied bestand. Sehr verdrießlich und entmutigt, verschärfte ich die ausgelassenen Situationen meines ›Liebesverbotes‹ und schwärmte des Abends mit einigen flachen Genossen im Bratwurstduft der Rudolstädter Vogelwiese umher, wo mich der Ärger sogar wieder in einige Berührung mit dem Laster des Spieles setzte, welches diesmal allerdings nur in der sehr unschuldigen Gestalt der auf offenem Markt ausgestellten Würfel- und Roulette-Tische mich in flüchtige Fessel schlug« (→ *Mein Leben*, S. 100). Es ist also keineswegs nur eine Vermu-

tung, daß W.s erhitztes Gemüt, das im Leben sich offenbar nicht recht ausleben konnte, in der künstlerischen Arbeit kompensiert wurde. Andererseits erscheint es überzogen, ein Liebesverbot zum Generalmotiv aller nachfolgenden Bühnenwerke W.s machen zu wollen. Unzweifelhaft allerdings ist, daß W. die Liebe als den mächtigsten, schöpferischen Lebenstrieb erkannte und in seinen Werken als elementare Antriebskraft nicht nur selbst erlebte, sondern auch motivierend einarbeitete. Bloße Sinnlichkeit genügte ihm freilich nicht, sondern »die Sehnsucht der Liebe, und zwar der wirklichen, aus dem Boden der vollsten Sinnlichkeit entkeimten Liebe, – nur einer Liebe, die sich auf dem ekelhaften Boden der *modernen* Sinnlichkeit eben *nicht* befriedigen konnte«, mußte es schon sein, heißt es in *Eine* → *Mitteilung an meine Freunde* (S. 343).

Wirkungsgeschichte: Die Uraufführung fand am 29. 3. 1836 in →Magdeburg statt. W. konnte das Werk in zehn Tagen gerade noch einstudieren, da sich das Opernensemble wegen des bankrotten Theaterdirektors Heinrich →Bethmann bereits aufzulösen begann. W. erinnert sich an die Premiere nur noch als »ein musikalisches Schattenspiel auf der Szene, zu welchem das Orchester mit oft übertriebenem Geräusch seine unerklärlichen Ergüsse zum besten gab« (*Mein Leben,* S. 122). Zur zweiten Vorstellung, die als Benefizvorstellung für W. angesetzt war, fanden sich lediglich noch drei

Besucher ein. Und auf der Bühne verprügelten sich die Sänger gegenseitig vor Beginn der Aufführung, die dann abgesagt werden mußte. Zwar versuchte W., das Werk auch noch in Paris unterzubringen, aber die Umstände verursachten einen neuen Fehlschlag. Auf Vermittlung Giacomo →Meyerbeers sollte das *Liebesverbot* im Théâtre de la Renaissance aufgeführt werden. W. hatte bereits eine französische Übersetzung besorgt, als er am 15.4. 1840 die Nachricht erhielt, daß auch der Direktor dieses Theaters, Anténor Joly, bankrott gegangen sei. Innerhalb des Gesamtzyklus von W.s Werken in München wurde das *Liebesverbot* am 25.3. 1923 inszeniert und bald wieder vergessen. Hamburg brachte das Werk 1925 heraus, es folgten Stuttgart (1932), Berlin, Leipzig, Magdeburg und Bremen. Nach langer Pause wurde 1957 eine sehr erfolgreiche Neuinszenierung in Dortmund gegeben, und 1973 bemühten sich noch einmal die jungen Künstler des Internationalen Jugendfestspieltreffens in Bayreuth um W.s Jugendwerk. – Text in: SSD Bd. 11, S. 59–124. – Schallplattenaufnahme →Diskographie.
Lit.: R. W., »*Das Liebesverbot*«. *Bericht über eine erste Opernaufführung,* in: GSD Bd. 1, S. 25; WWV

Lieder (WWV 7)
Im →Nationalarchiv Bayreuth befinden sich Entwürfe und Skizzen zu Liedern von 1828–30, die demnach in →Leipzig komponiert wurden. Möglicherweise stehen sie im Zu-

sammenhang mit der →Schäferoper (WWV 6). – Die eigentlichen Liedkompositionen W.s finden sich unter den Titeln: *Der* →*Tannenbaum* (WWV 50), →*Dors mon enfant* (WWV 53), →*Extase* (WWV 54), →*Attente* (WWV 55), *La* →*Tombe dit à la rose* (WWV 56), →*Mignonne* (WWV 57), →*Tout n'est qu'images fugitives (Soupir)* (WWV 58), *Les* →*Deux grenadiers* (WWV 60), →*Adieux de Marie Stuart* (WWV 61), →*Wesendonck-Lieder* (WWV 91), →*Es ist bestimmt in Gottes Rat* (WWV 92), *Der* →*Worte viele sind gemacht* (WWV 105), →*Willkommen in Wahnfried, du heil'ger Christ* (WWV 112), →*Ihr Kinder, geschwinde, geschwinde* (WWV 113).
Lit.: WWV

Liszt, Franz von
Geb. 22.10. 1811 in Raiding (Burgenland), gest. 31.7. 1886 in Bayreuth; Klaviervirtuose und Komponist. – Die ersten Begegnungen der beiden berühmten Musiker waren keineswegs vielversprechend, vielmehr rein gesellschaftlich-unverbindlicher Art. Als sich W. im Nov. 1840 bei Liszt in dessen Hotel in Paris (→Frankreich) anmeldete, fühlte sich W. im Kreis der Gäste, deren Konversation, für W. unverständlich, auf französisch geführt wurde, »aufrichtig gelangweilt« und als ein Fremdkörper, zumal Liszt offenbar bei W.s Versuch, ein Gespräch über Kunst zu beginnen, kurz angebunden reagierte und W. lediglich eine Eintrittskarte für sein nächstes Konzert in der Salle Erard

versprach. W. besuchte das Konzert und trug »keinen anderen Eindruck als den der Betäubung davon«, wie W. später in →*Mein Leben* ausführte. Desgleichen waren die weiteren Besuche (z. B. im Winter 1842 in Berlin anläßlich eines Konzerts von Wilhelmine →Schröder-Devrient) ebenfalls belanglos. Erst als Liszt 1848 W. in →Dresden besuchte und längere Gespräche mit ihm führte, vertiefte sich die Freundschaft, die W. freilich sogleich ausnutzte, um Liszt mit seinen zerrütteten Finanzen zu konfrontieren. Liszt ließ sich nicht lange bitten und half, wie zahlreiche weitere Male in der lebenslangen Freundschaft. Da Liszt immerhin von Anfang an sehr genau zwischen dem persönlichen Umgang mit W. und der Wertschätzung des Komponisten zu unterscheiden wußte, mochten im privaten Bereich manche Unstimmigkeiten ausgetragen worden sein, während Liszts Interesse an W.s →Musikdramen seit der ersten Aufführung von *Tannhäuser* andauerte. Schon anfangs hatte Liszt diese Einstellung dem Freund gegenüber freimütig geäußert: »Ein für allemal zählen Sie mich von nun an zu Ihren eifrigsten und ergebensten Bewunderern.« Da sich W. in dieser Zeit politisch in Sachsen als Revolutionär hervortat, der Maiaufstand aber niedergeschlagen wurde, mußte W. fliehen, wobei ihm Liszt selbstlos behilflich war und mit falschen Papieren sowie Geld ausstattete, damit sich W. dem Zugriff der sächsischen Polizei entziehen

konnte. Kurz nach W.s Flucht wurde er bereits steckbrieflich verfolgt (→Steckbrief) und durfte bis 1860 deutschen Boden nicht mehr betreten. In der Zeit von W.s →Exil in der →Schweiz war Liszt sein wichtigster Briefpartner, dem er seine künstlerischen Pläne und den Fortgang seiner kompositorischen Arbeiten im Detail auseinandersetzte, aber auch seine Weltanschauung mit ihm diskutierte und hemmungslos sein Gefühlsleben offenlegte. Abgesehen von seinem unersättlichen Mitteilungsbedürfnis liebäugelte W. schon damals mit dem Gedanken, der Nachwelt in Anlehnung an die Weimarer Dichterfreundschaft zwischen Johann Wolfgang von Goethe und Friedrich von Schiller einen ähnlich bedeutenden Nachlaß in der geistigen Auseinandersetzung mit Liszt zu vermachen. Außerdem aber erkor W. den Musiker und Dirigenten Liszt vor allem während der Exilszeit zum Sachwalter seiner künstlerischen Angelegenheiten in Deutschland. Für die Aufführung seiner Werke in →Berlin ging W. sogar so weit, dem dortigen Intendanten Botho von →Hülsen zur Bedingung zu machen, daß Liszt als Dirigent berufen werden oder zumindest als musikalischer Berater anwesend sein müsse, worauf sich die Berliner Oper natürlich nicht einlassen konnte, ohne das Gesicht zu verlieren. Die Folge war, daß W.s Werke in Berlin mit großen Verzögerungen herauskamen, nachdem W. seine Bedingungen schließlich zurückgenommen hatte. Liszt machte in seiner generösen Art W. nie einen Vorwurf aus diesem Verhalten, sondern half weiter, wenn der Freund Hilfe brauchte. Freilich wich Liszt W.s Seelenergüssen oft genug aus, was ihm dieser gelegentlich verübelte. Wenn W. allerdings über sein Werk schrieb (und der Briefwechsel ist voll davon), war Liszt nicht nur ein aufmerksamer, sondern auch ein sachkundiger Leser. Ansonsten muß es wohl an Liszts unendlicher Geduld und an seiner unverbrüchlichen Treue gelegen haben, daß die recht einseitig ausgenutzte Freundschaft zweier so unterschiedlicher Charaktere (von denen W. selbst in der europäischen Metropole des 19. Jh.s nicht zum Weltbürger wurde, der Liszt in Paris sogleich geworden und selbst im provinziellen →Weimar geblieben war) nicht schon bald wieder zerbrach. W. beschrieb diese Freundschaft in einem Brief vom 18. 4. 1851 mit romantischer Exaltation: »Du bist ein wunderbarer Mensch, und wunderbar ist unsre Liebe! Ohne uns so zu lieben, hätten wir uns nur furchtbar hassen können!« In der Beziehung zu Friedrich →Nietzsche war letzteres der Fall gewesen. Liszt dagegen nahm sich zeitlebens der Werke W.s an, weil er zutiefst von deren künstlerischer Beständigkeit überzeugt war und die menschlichen Schwächen des Genies tolerierte, obgleich er selbst gelegentlich mehr als zumutbar davon betroffen war. Zweimal besuchte Liszt den Exilanten in →Zürich, und W. beschrieb diese beiden Besuche als die

größten Ereignisse im trostlosen Dasein seines →Asyls. Bei Liszts zweitem Besuch im Okt. 1856 wurde an dessen Geburtstag der I. Aufzug der *Walküre* improvisiert: Emilie →Heim sang die →Sieglinde, W. den →Hunding und →Siegmund, Liszt spielte den Orchesterpart am Klavier. Außerdem kam es am 23. 11. in Sankt Gallen zu einem öffentlichen Konzert, in dem Liszt seine symphonischen Dichtungen *Les Préludes* (1854) und *Orpheus* (1854), W. Ludwig van →Beethovens *Symphonie Nr. 3* (1804) dirigierte. Erst unter dem Eindruck dieser lebendigen Begegnungen mit der Musik Liszts konnte sich W., trotz vorherigen Notenstudiums, eine Vorstellung von den kompositorischen Futurismen seines Freundes machen. Der Einfluß Lisztscher Musik auf W.s Tonsatz ist eklatant. – Als W. wieder deutschen Boden betreten hatte und sich nunmehr selbst um seine Werke kümmern konnte, lockerte sich die enge Beziehung aus der Exilzeit mehr und mehr. Auch Liszt wandte sich wieder anderen Freunden zu und verhalf seinem früheren Schüler Peter →Cornelius mit der Aufführung von dessen *Barbier von Bagdad* (1858) zu einem Erfolg, der sich freilich zunächst als Theaterskandal herausstellte und Liszt veranlaßte, sein Amt als Hofkapellmeister zur Verfügung zu stellen. Dabei vernachlässigte er die Werke W.s keineswegs, der Liszt immer wieder brieflich beschwor, nur mit ihm irgendwo auf der Welt zusammenleben zu wollen, was sich weder realisieren ließ noch bei W.s Mentalität lange gutgegangen wäre. Da Liszt im Aug. 1861 (nachdem er noch kurz davor W., der zum 2. Musikfest des Allgemeinen Deutschen Musikvereins nach Weimar reiste, in der Altenburg beherbergt hatte) seinen Haushalt auflöste und nach Rom übersiedelte, wo bereits seit 1860 die Fürstin Carolyne von →Sayn-Wittgenstein lebte, während W. wieder sein Exil in der →Schweiz verlassen und nach Deutschland kommen konnte, trennten sich notgedrungen die Wege beider Musiker. Inzwischen hatte sich W. Liszts Tochter Cosima zugewandt. Sie und W. versprachen sich feierlich am 28. 11. 1863 in Berlin nach einer gemeinsamen Spazierfahrt: »uns einzig gegenseitig anzugehören«. In den zwangsläufig darauffolgenden familiären Auseinandersetzungen stand Liszt auf der Seite seines Schwiegersohns Hans von →Bülow, nahm den Bruch mit W. in Kauf und besuchte weder die Uraufführung von *Tristan* 1865 noch die der *Meistersinger* 1868 in München, obwohl beide Male Bülow dirigierte. Eine Aussprache 1867 in →Tribschen, die W. in seinen →Annalen als »gefürchtet, aber erfreulich« bezeichnet hat, führte dennoch zu keiner echten Versöhnung, wenn auch Liszt die Beziehung seiner Tochter zu dem viel älteren Freund innerlich inzwischen wohl akzeptiert hatte, offiziell (schon wegen der Einstellung Carolynes, die selbst auf eine kirchliche Legitimation ihres Ver-

hältnisses mit Liszt drängte) aber nicht gutheißen konnte. Da Liszt von höchster Instanz keine Erlaubnis bekam, die geschiedene katholische Fürstin zu heiraten, nahmen beide diesen Wink als Zeichen des Himmels, fortan weiter allein zu leben. Liszt empfing 1865 die niederen Weihen eines Klerikers und wandte sich verstärkt der Komposition sakraler Musik zu. Ab 1869 verbrachte Liszt wieder regelmäßig einen Teil des Jahres in Weimar. Seine Ernennung zum Königlich Ungarischen Hofrat 1871 bewirkte ferner, daß Liszt nunmehr neben Rom und Weimar einen dritten Wohnsitz in Budapest aufschlagen mußte. 1875 wurde er Präsident der neugegründeten Musikakademie in Budapest. Heute trägt diese Musikhochschule den Namen des großen ungarischen Pianisten. – Die verworrenen Privatverhältnisse W.s lösten sich allmählich, nachdem seine Frau Minna am 25. 1. 1866 gestorben war und Bülow in die Scheidung von Cosima einwilligte. Deshalb lenkte auch Liszt ein und kam zur Generalprobe des *Rheingolds* im Aug. 1869 und zu den Aufführungen der *Walküre* im Juli 1870 nach München. Am 25. 8. 1870 heiratete W. Cosima in →Luzern. W. versuchte nun seinerseits die Beziehung zu seinem neuen Schwiegervater zu verbessern und schickte Liszt 1872 eine herzliche Einladung zur Grundsteinlegung des →Festspielhauses in Bayreuth. Liszt war zwar verhindert und bedankte sich mit einem Glückwunschschreiben, aber dem Besuch des Ehepaars

W. im Sept. ließ er dann doch einen ersten Gegenbesuch im Okt. 1872 in →Bayreuth folgen. Im April 1873 trafen sich die beiden alten Freunde in Leipzig, und im Mai besuchten Cosima und W. in Weimar eine Aufführung von Liszts Oratorium *Christus* (1866). Konnte Liszt schon nicht bei der Grundsteinlegung des Festspielhauses zugegen sein, so kam er doch am 2. 8. 1873 zum Richtfest und begann sich für W.s Festspielidee zu begeistern. Die Einnahmen aus einem gemeinsamen Konzert in Budapest wurden denn auch dem Festspielfonds zugeschlagen. Im Gegenzug zeichnete W. den Freund bei den ersten Bayreuther →Festspielen aus, indem er seine Begrüßungsrede unterbrach und auf Liszt deutend ausführte: »Hier ist derjenige, welcher mir zuerst diesen Glauben entgegengetragen, als noch keiner etwas von mir wußte, und ohne den Sie heute vielleicht keine Note von mir gehört haben würden.« Trotz seines hohen Alters war Liszt weiterhin viel auf Reisen, die ihn aber zusehends anstrengten, so daß er schließlich bereits krank im Juli 1886 seine Tochter in Bayreuth aufsuchte, wo er während der laufenden Festspiele starb. – Schriften: *Gesammelte Schriften* (hrsg. v. L. Ramann, 7 Bände, Leipzig 1880 – 83, Reprint Hildesheim/Wiesbaden 1978), *Briefe* (hrsg. v. La Mara, 8 Bände, Leipzig 1893ff.), *Briefwechsel R. W. – F. Liszt* (hrsg. v. F. Hueffer, 2 Bände, Leipzig 1887), *Lohengrin et Tannhauser de R. W.* (Leipzig 1851, deutsch 1852), »R. W.s Rheingold«

(in: *Neue Zeitschrift für Musik*, 1855). *Lit.*: R. W., *Über die* »*Goethestiftung*«. *Brief an Franz Liszt* (1851), in: GSD Bd. 5, S. 5; ders., *Über Franz Liszt's Symphonische Dichtungen. Brief an M. W.* (1857), in: GSD Bd. 5, S. 235; ders., *Widmung der* »*Lohengrin*«-*Partitur an Franz Liszt* (1852), in: SSD Bd. 16, S. 73; L. Ramann, Franz Liszt als Künstler und Mensch, 3 Bde., Leipzig 1880ff.; A. Göllerich, Franz Liszt, Berlin 1908; A. Heuß, Erläuterungen zu Franz Liszts Sinfonien und Sinfonischen Dichtungen, Leipzig 1912; M. d'Agoult, Memoiren, hrsg. v. D. Ollivier, deutsch v. E. Goldenberg, Dresden 1928; P. Raabe, Franz Liszt, Stuttgart 1931; ders., Wege zu Liszt, Regensburg 1943; E. Newman, The Man Liszt, London 1934; B. Szabolcsi, Franz Liszt an seinem Lebensabend, Budapest 1959; C. Dahlhaus, Franz Liszt und die Vorgeschichte der Neuen Musik, in: Neue Zeitschrift für Musik 1961, S. 387; ders., Liszts Bergsymphonie und die Idee der Symphonischen Dichtung, in: Jahrbuch des Staatlichen Instituts für Musikforschung Preußischer Kulturbesitz, Berlin 1975; ders., Liszts Faust-Symphonie und die Krise der symphonischen Form, in: Festschrift W. Wiora, Tutzing 1979; E. Haraszti, Franz Liszt, Paris 1967; E. Helm, Franz Liszt in Selbstzeugnissen und Bilddokumenten, Reinbek 1972; K. Hamburger, Franz Liszt, Budapest 1973; S. Gut, Franz Liszt. Les éléments du langage musical, Paris 1975; Liszt-Studien, 3 Bde., Graz 1977, Salzburg 1981,

München/Salzburg 1986; E. Horváth, Franz Liszt, 3 Bde., Eisenstadt 1978 – 86; D. Torkewitz, Harmonisches Denken im Frühwerk Franz Liszts, München/Salzburg 1978; Musik-Konzepte Bd. 12, München 1980; L. Ramann, Lisztiana. Erinnerungen an Franz Liszt, Mainz 1983; D. Redepenning, Das Spätwerk Franz Liszts. Bearbeitungen eigener Kompositionen, Hamburg 1984; W. Dömling, Franz Liszt und seine Zeit, Laaber 1985; C. Rueger, Magie in Schwarz und Weiß. Franz Liszt. Eine Biographie, Berlin 1986

Löbmann, Franz
Geb. 29. 4. 1811, gest. 6. 8. 1878 in Riga; Dirigent und Violinist. – Er war ein Kollege W.s am →Rigaer Theater, bevor W. über die russische Grenze und über das Meer nach Paris floh. W. stand später noch im Briefverkehr mit ihm, da sich Löbmann offenbar als anhänglicher Freund erwiesen hatte, die Spuren sich aber nach 1848 völlig verlieren.

Loew, Maria Theresia
Verh. Lehmann; geb. 27. 3. 1807 in Heidelberg, gest. 30. 12. 1883 in Berlin; Sängerin (Sopran). – Mutter von Marie und Lilli →Lehmann. Um 1830 war sie Sängerin am Leipziger Theater, später Harfenistin in Prag. Sie war eine Jugendfreundin W.s.

Loge
Tenorpartie im *Rheingold*; Halbgott in →Wotans Gefolge und dessen scharfsinniger Berater. Als Herr des Feuers ergeben sich Analogien zu Luzifer, der jedoch in W.s *Ring* keinerlei christliches Unwesen treibt.

Lohengrin (WWV 75)
Romantische Oper in drei Akten.
Entstehungsgeschichte: Obgleich sich W. bereits bei seinem ersten Pariser Aufenthalt neben *Tannhäuser* auch schon mit dem Stoff zu *Lohengrin* beschäftigt hatte, war es abermals jener Kuraufenthalt 1845 in Marienbad, der eine nähere Beschäftigung mit diesem Opernstoff ermöglichte. W. erinnert sich, daß ihm in dem mittelalterlichen Gedicht Lohengrin »in einer zwielichtig-mystischen Gestalt« erschienen war. »Erst als der unmittelbare Eindruck dieser Lektüre sich mir verwischt hatte, tauchte die Gestalt des Lohengrin wiederholt und mit wachsender Anziehungskraft vor meiner Seele auf; und diese Kraft gewann von Außen her namentlich auch dadurch Nahrung, daß ich den Lohengrinmythos in seinen einfacheren Zügen, und zugleich nach seiner tieferen Bedeutung, als eigentliches Gedicht des Volkes kennen lernte, wie er aus den läuternden Forschungen der neueren Sagenkunde hervorgegangen ist. Nachdem ich ihn so als ein edles Gedicht des sehnsüchtigen menschlichen Verlangens ersehen hatte, das seinen Keim keinesweges nur im christlichen Übernatürlichkeitshange, sondern in der wahrhaftesten menschlichen Natur überhaupt hat, ward diese Gestalt mir immer vertrauter«, führt W. in der →*Mitteilung an meine Freunde* (S. 228) aus. Wolfram von Eschen-

bachs *Parzival* enthält die einfachste Fassung der Lohengrin-Sage. Und W. kannte sowohl den sogenannten bayerischen Lohengrin, der dem mittelalterlichen Gedicht von der →Wartburg angefügt ist, als auch den *Schwanenritter* (um 1270) von Konrad von Würzburg. Bereits vier Monate nach der Konzeption konnte W. am 17. 11. 1845 die Dichtung in →Dresden einem Kreis von Freunden vortragen. Hermann Francke aus Breslau, der sich in Dresden niedergelassen hatte, machte W. darauf aufmerksam, daß er »die Bestrafung durch ›Lohengrin‹s‹ Scheiden verletzend« fände, und bedrängte W., einen versöhnlicheren Ausgang des Dramas herbeizuführen. Zunächst verunsichert, wurde W. erst wieder durch Ida von Lüttichau von seinen Skrupeln befreit, die jenem Ansinnen entgegnete, daß »der ›Lohengrin‹ gerade so und auf gar keine andere Weise ausgehen könne« (→*Mein Leben*, S. 340). Zu Kompositionsskizzen kam W. allerdings erst im Mai 1846, während eines dreimonatigen Urlaubs in Groß-Graupe (südöstlich von Pillnitz). Nach Dresden zurückgekehrt, begann W. im Nov. 1846 die eigentliche Komposition mit dem III. Akt, den er, unterbrochen durch die umfangreiche Bearbeitung der zur Aufführung anstehenden *Iphigénie en Aulide* (1774) von Christoph Willibald →Gluck, am 5. 3. 1847 beendete. Innerhalb von vier Wochen, bis zum 8. 6., arbeitete er am I. Akt und schloß das ganze Werk am 2. 8. ab. Das Vorspiel entstand am 28. 8.

1847. Im Sept. 1847 reiste W. nach →Berlin, um seine neue Oper der Intendanz anzubieten. Aber weder hier noch in Dresden gelang es nach längerem Hinhalten, das Werk unterzubringen, denn inzwischen hatte sich W. politisch am Dresdener Maiaufstand beteiligt und am 14. 6. 1848 eine politische Rede gehalten, die am Dresdener Hof großen Unwillen erregte. Inzwischen hatte W. aber auch seine bisher flüchtige Bekanntschaft mit Franz →Liszt aus Paris 1848 in Dresden erneuert und vertieft. Liszt war seit 1847 Hofkapellmeister in →Weimar und leitete am 28. 8. 1850, zur Feier von Johann Wolfgang von Goethes Geburtstag, die Uraufführung von *Lohengrin* (Regie: Eduard →Genast, Bühnenbilder: Karl Wilhelm Holdermann, Kostüme: Ferdinand →Heine; es sangen Karl Beck, Feodor und Rosa von Milde), nachdem sich der berühmte Klaviervirtuose in völliger Abgeschiedenheit dem Studium der Partitur gewidmet hatte. Liszt schrieb damals an W.: »Dein Lohengrin ist ein erhabenes Werk von Anfang bis zum Ende, die ganze Oper ein einziges unteilbares Wunder«. W. selbst konnte die Uraufführung nicht miterleben, da er mit Liszts Hilfe in die →Schweiz geflüchtet war und sein Werk erst am 12. 3. 1861 in →Wien auf der Bühne sehen konnte. Liszt hatte dem Werk bereits in der Weimarer Aufführung eine Sorgfalt angedeihen lassen, die in der damaligen Theaterpraxis nicht üblich war. So konnte er W. ins →Exil berichten: »Dein Lohengrin wird unter den außerordent- lichsten und für sein Gelingen be- sten Bedingungen hier gegeben wer- den. Die Intendanz gibt bei dieser Gelegenheit nahezu zweitausend Taler aus, was seit Menschengeden- ken noch nie in Weimar geschehen ist. Die Presse soll nicht vergessen werden [...]« Später, als W. im Mai 1852 dem Freund die *Lohengrin*- Partitur übergeben konnte, be- dankte sich W. nochmals generell: »Mein lieber Liszt! Du warst es, der die stummen Schriftzüge dieser Partitur zum hellen Klangleben er- weckte; ohne Deine seltene Liebe zu mir läge mein Werk noch lautlos still – vielleicht von mir selbst ver- gessen – in einem Kasten meines Hausrathes: zu Niemandes Ohren wäre das gedrungen, was mein Herz bewegte und meine Einbildungs- kraft entzückte, als ich es, stets nur die lebendige Aufführung im Sinn, vor nun fast fünf Jahren nieder- schrieb. Die schöne That Deines Freundeseifers, die auch mein Ge- wolltes erst zur wirklichen That er- hob, hat mir manchen neuen Freund gewonnen: mich drängt es nun zu versuchen, ob ich mit dem- selben Schriftwerke, dessen Kennt- nissnahme Dich bereits zu seiner öf- fentlichen Aufführung bewog, auch in andern den Wunsch, Dir es nach- zumachen, erwecken könne. Ist auch die Hoffnung, in weiteren Kreisen mein Werk durch lebenvolle Auf- führungen mitgetheilt zu sehen, nur sehr schwach, weil selbst dem wärmsten Eifer meiner Freunde hierfür in unsrem öffentlichen

Kunstleben ein Zustand entgegen- treten müsste, den sie jetzt wohl nur im Wunsch, nicht aber in der That zu besiegen vermögten, so hätte ich mich doch schon zu freuen, auch nur diesen Wunsch ih- nen zu erregen, und ich beabsichtige dies durch diese öffentliche Heraus- gabe der Partitur, an deren Spitze ich den Namen desjenigen meiner Freunde stelle, dessen sieggekrönte Energie den in ihm erweckten Wunsch bereits zur wirkungsvollen That zu machen wusste. So mögest Du denen, die mich zu lieben ver- mögen, ein leitendes Beispiel sein, und als solches stelle ich Dich ihnen daher vor, indem ich Dir mein Werk vor aller Welt widme.« Gegen Ende dieses Briefs erwähnt W. noch einen Sachverhalt, der von Äußerlichem zu Wesentlichem führt: »denn es ist eben nicht ein ›Buch‹, sondern nur die Skizze zu einem Werk, das erst dann wahrhaft vorhanden ist, wenn es so an Auge und Ohr zur sinn- lichen Erscheinung gelangt, wie Du zuerst es dahin brachtest.« Obgleich eine Selbstverständlichkeit, führt sie doch zu W.s Verständnis vom →Ge- samtkunstwerk, das aus dem Zu- sammenwirken aller künstlerischen Aktivitäten als reale Gestaltung des Dramas besteht.

Handlung: In Antwerpen, 1. Hälfte des 10. Jh.s.

I. Akt, eine Aue am Ufer der Schelde: König Heinrich sitzt unter einer mächtigen Gerichtseiche, um- geben von seinen sächsischen und thüringischen Edelleuten; ihnen ge- genüber gruppieren sich die brabantischen Grafen und Edlen, denen Friedrich von Telramund vorsteht; ihm zur Seite Ortrud. Ein Heerrufer verkündet den Willen des Königs, mit den Brabantern Kriegsrat zu halten, da nach einem neunjährigen Friedensvertrag sein Land nunmehr erneut von Osten her bedroht werde. Friedrich von Telramund, dem der verstorbene Herzog von Brabant seine Kinder, Elsa und Gottfried, anvertraut hatte, erhebt Klage gegen Elsa, ihren Bruder beseitigt zu haben. König Heinrich wird als Richter angerufen, da Elsa verbrecherische Interessen auf den Thron unterstellt und sie gleichzeitig »geheimer Buhlschaft« bezichtigt wird. Telramund wollte sie zur Frau nehmen, um mit ihr zu regieren, wurde aber von ihr verschmäht. Er hat sich deshalb mit Ortrud verbunden, die aus dem vormaligen heidnischen Herrschergeschlecht stammt. Der König unterbricht Telramunds leidenschaftliche Anklage und läßt Elsa auf den Gerichtsplatz zitieren. Elsa betritt verschämt das Tribunal, wird vom König befragt, ob sie ihn als ihren Richter anerkenne und die Anklage kenne. Sie bejaht, kann sich jedoch nicht rechtfertigen, obgleich sie sich unschuldig weiß. Als sie nach längerem Zögern dem König ihre geheimen Gedanken anvertraut, glauben die Umstehenden, sie sei entrückt: Ihre Vision von einem glänzenden Ritter, der ihr Streiter sein solle, wird für mädchenhafte Schwärmerei gehalten. Telramund sieht seinen Verdacht bestätigt und dringt auf eine Aus-

einandersetzung mit dem Schwert, um seine Ehre als Kläger wiederherzustellen. Der König entscheidet auf Gottesgericht, das in einem Kampf auf Leben und Tod zwischen Telramund und einem Kämpen für Elsa entscheiden soll. Danach befragt, wen Elsa als Streiter wähle, ruft die Beklagte schwärmerisch den gottgesandten Ritter ihrer Vision an, dem sie die Landeskrone und sich selbst verspricht. Der Heerrufer fordert den allen unbekannten Streiter Elsas durch Hornsignale auf, zum Gericht zu erscheinen. Doch der erste Ruf verhallt ungehört. Auch nach dem von Elsa flehend erbetenen zweiten Ruf entsteht betretenes Schweigen, bis man unvermittelt auf dem Fluß einen Schwan sieht, der einen Nachen hinter sich herzieht. Lohengrin steht in glänzender Silberrüstung in dem wunderlichen Gefährt. Ehrerbietig begrüßt die Versammlung den gottgesandten Ritter. Er entsteigt dem Kahn und verabschiedet sich von dem Schwan, bei dessen Anblick Ortrud tödlich erschrickt. Lohengrin schreitet langsam auf den König zu und begrüßt ihn feierlich. Dann stellt er sich als der gerufene Streiter für Elsa vor und fragt sie ohne Umschweife, ob sie sich seinem Schutz anvertrauen und seine Gattin werden wolle. Eine Bedingung allerdings stellt Lohengrin: »Nie sollst du mich befragen, noch Wissens Sorge tragen, woher ich kam der Fahrt, noch wie mein Nam' und Art!« Als Elsa fast willenlos zustimmt, wiederholt Lohengrin eindringlich seine Bedingungen, auf die Elsa nochmals vorbehaltlos eingeht. Nunmehr geleitet Lohengrin Elsa, der er seine Liebe gesteht, zum König und verkündet, daß Elsa frei von Schuld sei. Die Edlen von Brabant raten Telramund, vom Kampf mit dem gottgesandten Ritter abzusehen. Telramund aber stellt sich dem Gottesgericht, dessen ritueller Ablauf sogleich angeordnet wird – und schon nach kurzer Zeit ist Telramund der Unterlegene. Lohengrin schenkt ihm das Leben, Elsa sinkt dem Helden an die Brust, und Lohengrin wird jubelnd auf den Schild gehoben.

II. Akt, in der Burg: Aus dem Festsaal klingt jubelnde Festmusik. Die Stimmung Telramunds, der mit Ortrud auf den Stufen der Münsterpforte sitzt, ist düster und gequält. Der Geächtete will sich davonmachen, wird aber von Ortrud, die ihre Pläne nicht aufgeben möchte und bereits ein neues Komplott schmiedet, zurückgehalten. Sie versucht außerdem, Telramunds Niederlage als Feigheit hinzustellen und Lohengrins Zauber als verletzbar zu erklären. Von Schauer ergriffen, entgegnet Telramund: »Du wilde Seherin! Wie willst du doch geheimnisvoll den Geist mir neu berücken?« Und tatsächlich hat Ortrud die schwache Stelle entdeckt, um das Vertrauen zwischen Elsa und Lohengrin zu zerstören: das Frageverbot. Könnte Elsas Neugierde so weit getrieben werden, daß sie die verbotene Frage stellt, so wäre das Spiel gewonnen. Deshalb gelte es nicht nur, Elsas Argwohn zu wecken, sondern auch Lohengrin der Zauberei anzuklagen. Und außerdem bliebe noch das Mittel der Gewalt, meint Ortrud, denn jedes Wesen, das durch Zauber unüberwindlich scheine, verliert diese Kraft, sobald die kleinste Wunde ihm beigefügt werde. Elsa ist inzwischen auf den Söller ins Freie getreten, um ihrem Glück Luft zu machen. Nachdem Ortrud ihren ehelichen Komplizen fortgeschickt hat, macht sie sich klagend und unterwürfig Elsa bemerkbar. Während Elsa mitleidvoll Ortrud ins Haus holen will, ruft die Heuchlerin ihre alten Götter an, um deren Hilfe und Beistand zu erflehen. Elsa tritt aus dem Schloß und geht freundlich auf Ortruds Klagen ein. Daß sie nur weiter ihre Intrigen spinnt und Zweifel in Elsas Gedanken sät, bleibt der Arglosen verborgen. Noch aber wehrt sich Elsas unschuldiges Wesen: »Du Ärmste kannst wohl nie ermessen, wie zweifellos mein Herze liebt! Du hast wohl nie das Glück besessen, das sich uns nur durch Glauben gibt!« Telramund jedoch, der die Szene heimlich beobachtet, sieht ahnend voraus: »So zieht das Unheil in dies Haus!« Bei Tagesanbruch wird Friedrich von Telramund von den Heerrufern öffentlich in Acht und Bann getan, während Lohengrin als »Schützer von Brabant« ausgerufen und seine Vermählung mit Elsa angekündigt wird. Außerdem wird proklamiert, daß Lohengrin nach der Hochzeitsfeier die Streitmacht anführen wird. Die früheren Anhänger Telramunds äußern Bedenken. Da taucht Telramund plötzlich selbst auf und wiegelt die Kumpane erneut gegen Lohengrin auf. Elsa wird von vier Edelknaben angekündigt. Sie schreitet, von einem langen Zug von Frauen gefolgt, zum Münster. Auch Ortrud hat sich zunächst eingereiht, versperrt aber plötzlich provokant ihrer Herrin den Eintritt in die Kirche. Ortrud begehrt auf, daß ihr Gemahl zu Unrecht verurteilt worden sei, und versucht den bislang geachteten Namen ihres Mannes gegen den unbekannten Lohengrins auszuspielen; gleichzeitig versucht sie, Elsas Versprechen, das Frageverbot zu respektieren, zu erschüttern. Der Auftritt des Königs macht dem Streit scheinbar ein Ende; Lohengrin verweist das »fürchterliche Weib« aus Elsas Nähe. Doch noch bevor Elsa die Kirche betreten kann, stellt sich ihr Telramund in den Weg und bringt trotz der allgemeinen Aufregung seine Anklage gegen Lohengrin vor. Telramund wird zurückgewiesen, denn einzig Elsa gegenüber sei Lohengrin Rechenschaft schuldig. Das aber war der Zweck der Provokationen: in Elsa Zweifel an Lohengrin zu schüren. Telramund versucht sie noch zu bestärken, indem er sich an Elsa herandrängt und ihr zuflüstert: »Laß mich das kleinste Glied ihm nur entreißen, des Fingers Spitze, und ich schwöre dir, was er dir hehlt, sollst frei du vor dir seh'n, – dir treu, soll nie er dir von hinnen geh'n.« Lohengrin verscheucht den Bösewicht, versichert sich Elsas Liebe und geht mit ihr in die Kathedrale.

III. Akt, das Brautgemach: Mit dem Brautlied »Treulich geführt« wird das jungvermählte Paar in das blumengeschmückte Brautgemach geleitet. Der König segnet Elsa und Lohengrin und verläßt dann mit seinem Gefolge den Raum. Erstmals allein, entflammen die Gefühle der Liebenden füreinander. Aber bereits bei der liebevollen gegenseitigen Anrede gibt es Verdruß, da Elsa den Namen des Geliebten nicht wissen darf. Und das Gefühl, von Lohengrins Geheimnis ausgeschlossen zu sein, verletzt Elsa, die durch seine Andeutungen, was er um ihretwillen verlassen habe, daß er sogar die Königskrone ausschlagen dürfe, herausgefordert wird, die verbotene Frage zu stellen. Noch aber zögert sie, denn die Vision des Schwans stört ihre Gedanken, die wie fiebernd schließlich nach dem Namen verlangen: »Nichts kann mir Ruhe geben, dem Wahn mich nichts entreißt, – als gelt' es auch mein Leben! – zu wissen – wer du seist?« Diese verfänglichen Gedanken führen direkt zur Frage nach Lohengrins Namen und Herkunft. Kaum geschehen, sieht Elsa hinter Lohengrins Rücken Telramund mit seinen vier Gesellen, stößt einen Schrei aus und reicht Lohengrin sein Schwert. Herumfahrend, streckt er den Eindringling nieder, dessen Gefährten die Waffen fallen lassen und auf die Knie stürzen. Elsa fällt ohnmächtig zu Boden, und Lohengrin konstatiert nach einem langen Schweigen: »Weh'! Nun ist all unser Glück dahin!« Den Männern befiehlt er, den

Erschlagenen vor des Königs Gericht zu tragen. Am Ufer der Schelde soll sich auch Elsa einfinden, um ihre Fragen in Anwesenheit des Königs beantwortet zu bekommen. Als der König eintrifft, sind schon mehrere Grafen mit ihrem Gefolge versammelt. Man wartet auf Lohengrin. Statt seiner wird zunächst die Leiche Telramunds gebracht; auch Elsa naht unsicher; und obgleich Lohengrin mit Heilrufen empfangen wird, schlägt die Stimmung sofort in Betroffenheit um, als er verkündet, den Oberbefehl über die Truppen abgeben zu müssen. Er bringt seine Klage gegen den nächtlichen Überfall Telramunds vor; dann führt er Klage gegen die aufgehetzte, meineidige Gattin und verkündet feierlich seine Herkunft von der Gralsburg, dessen Heiligtum seinen Rittern überirdische Kräfte verleiht, aber die Pflicht auferlegt, nur unerkannt den unschuldig in Not geratenen Menschen helfen zu können. Sein Vater Parzival trage die Krone des Gralskönigtums. Mit diesen Enthüllungen habe er Brabant zu verlassen, schließt Lohengrin seinen Bericht. Elsa ist wie vernichtet, und auch ihre bitterste Reue vermag das eherne Gralsgesetz nicht mehr zu ändern. Ebenso muß Lohengrin dem König abschlagen zu bleiben. Immerhin aber könne er ihm einen Sieg verkünden. Schon nähert sich der Schwan, um Lohengrin abzuholen, der zu aller Überraschung von der Rückkehr des totgeglaubten Gottfried spricht, für den er sein Schwert, sein Horn und sei-

nen Ring zurücklasse, um sich dann von Elsa zu verabschieden. Ortrud kann nicht an sich halten, in dem Schwan den von ihr verzauberten Gottfried erkannt zu haben. Sie glaubt, die alten Götter hätten sich auf diese Weise gerächt. Lohengrin aber dreht sich am Ufer nochmals um, kniet zum Gebet nieder und löst dann die Kette des Schwans, der untertaucht, um als Knabe wieder aufzutauchen. Mit den Worten: »Seht da den Herzog von Brabant! Zum Führer sei er euch ernannt!« führt Lohengrin den entzauberten Bruder Elsas der Schwester zu. Ortrud sinkt mit einem Schrei zu Boden. Lohengrin springt in den Kahn und wird nunmehr von einer weißen Taube davongezogen. *Musikdramaturgie:* Mehr als 33 Jahre vor *Parsifal* errichtete W. bereits jenem religiösen Symbol, dem →Gral, ein Denkmal, das aus heidnischen Zeiten in das Christentum hinübergerettet wurde. Der uralte Kult der Verehrung von Schüsseln wurde mit christlichen Riten verbunden wie hier mit dem Gefäß, das Joseph von Arimatia für das Blut Christi verwendet hatte, bzw. mit dem Kelch des Abendmahls, dem als Heiltum auf der Burg Monsalvat ein Heiligtum errichtet wurde. Im Dienst des Grals stand eine Rittergemeinschaft, die bedrängten Menschen zu Hilfe kam, um göttliche Gerechtigkeit zu üben. Dieses Gralswunder versuchte W. musikalisch mit den achtfach geteilten Geigen in höchster Lage zu versinnlichen, und er schuf eine akustische Vision, die

im Kern das »Gralsmotiv« zum Gegenstand hat. Mit der geschichtlichen Wahrheit (W. siedelte die
Handlung um 933 an) ging W.
nicht sehr genau um, da es erst ab 959
unter Gottfried I. ein Herzogtum
Niederlothringen gab. – W. suchte
für *Lohengrin* ein ähnliches musikdramatisches Zentrum wie für den
Holländer namhaft zu machen, ging
aber offenbar von einem weniger
konkreten Bestandteil aus, als es die
→Ballade der →Senta war. In der
→*Mitteilung an meine Freunde*
(S. 323f.) führte W. folgendes dazu
aus: »Ähnlich verfuhr ich nun im
Tannhäuser, und endlich im Lohengrin; nur daß ich hier nicht von vorn
herein ein fertiges musikalisches
Stück, wie jene Ballade, vor mir
hatte, sondern das Bild, in welches
die thematischen Strahlen zusam-
menfielen, aus der Gestaltung der
Scenen, aus ihrem organischen
Wachsen aus sich, selbst erst schuf,
und in wechselnder Gestalt überall
da es erscheinen ließ, wo es für das
Verständniß der Hauptsituationen
nöthig war.« Das Bild, dem nachzu-
forschen wäre, stellt nichts Gerin-
geres dar als den Kern des Dramas,
die »casa movens« der Gralsritter,
menschliches Unrecht wiedergut-
zumachen. Damit wird *Lohengrin*
zur musikdramatischen Gestaltung
eines unausrottbaren Traums der
Menschen, durch ein Wunder Gerechtigkeit erfahrbar zu machen.
Für die Entwicklung der Technik des
→Leitmotivs ist die Behandlung der
Motive und Themen in *Lohengrin*
insofern markant, als besonders an

den Motiven der Königsfanfare und
des Gottesurteils die Herkunft der
Leitmotivik aus der Praxis der Bühnenmusik erklärbar wird und z. B.
das Motiv des →Frageverbots zwar
musikdramatisch vielfach beschäftigt wird, aber im Vergleich zur
späteren variativen Leitmotivtechnik eher unbeweglich und signalar-
tig erscheint, lediglich als musikalisches Requisit posiert. Dennoch haften bereits diesem Motiv psychologisierende Eigenschaften an, die W.
in späteren Werken meisterhaft ausbildete. Dem entgegen hängt die Fixierung der »Königsfanfare« auf
C-Dur unmittelbar mit den vorge-
schriebenen Trompeten in C zusammen, die allerdings selbst schon pro-
tokollarische Eigenschaften tradie-
ren und deshalb musikdramaturgisch ausgewählt wurden. Auf W.s
Weg zum →Musikdrama wirkt sich
in *Lohengrin* noch die »Quadratur
der Tonsatzkonstruktion« aus, die
als Formschwelle erst im *Ring* überschritten wurde. Das heißt, Arien
und Rezitative sind bereits auf das,
was man später die →unendliche
Melodie nannte, eingeschworen,
aber in den metrischen Abläufen
noch weitgehend periodisch gegliedert. Die Harmonik geht in *Lohengrin* bereits eigene Wege; sie wirkt
als Klang und erhält bereits im Vorspiel mit dem zentralen A-Dur
klangsymbolische Qualität. Darüber
hinaus sind Relationen von Haupt-
und Nebentonarten zu beobachten,
die musikalische Verschränkungen
von Stillstand und Unruhe erzeugen
(Carl Dahlhaus). – Das symphoni-

sche Gewebe, das W. in dieser romantischen Oper anstrebte, geht von periodischen Themenexpositionen aus, die im Verlauf der Handlung durchführungsartig in Halbsätze und Teilmotive zerlegt werden, um am Ende wieder in periodischer Geschlossenheit zu erscheinen. Auf dem Weg zum Musikdrama verfolgte W. eine Entwicklung, die vorerst den Widersachern die avanciertesten Stellen der Partitur vorbehält, während die Protagonisten eher mit traditionellen Mitteln der Musikdramaturgie ausgestattet werden. Ein Beispiel fortgeschrittener Kompositionstechnik in *Lohengrin* ist die Szene zu Beginn des II. Akts mit dem Dialog Telramund/Ortrud. Die Stelle »Du wilde Seherin« vermittelt in irregulärem Rhythmus eine Vokalmelodie, die den Unterschied von herkömmlichem Rezitativ und Arioso aufhebt. Dadurch erscheint der Übergang zur →musikalischen Prosa erreicht, die nicht mehr in Versformen gestanzt werden muß, um als Form zu überzeugen, deren musikdramatische Logik sich vielmehr selbst zur Form verdichtet. – Erstmals in *Lohengrin* ging W. von der →Ouvertüre als themenzusammenfassende Operneinleitung, d. h. von der üblichen Potpourri-Ouvertüre ab und komponierte statt dessen ein Vorspiel, das die poetische Idee des Werks in der musikalischen Grundstimmung erfaßt. Ursprünglich wollte W. *Lohengrin* eine zweiteilige Ouvertüre voranstellen, die aus einer langsamen Einleitung und einem Allegro-

satz bestehen sollte. Auf den bewegten Satz hat W. schließlich verzichtet und die langsame Einleitung als Vorspiel stehenlassen. »Diese wunderwirkende Darniederkunft des Grales im Geleite der Engelschaar, seine Übergabe an hochbeglückte Menschen, wählte sich der Tondichter des ›Lohengrin‹ – eines Gralsritters – als Einleitung für sein Drama zu Gegenstande einer Darstellung in Tönen, wie es hier zur Erläuterung ihm erlaubt sein möge, der Vorstellungskraft sie als einen Gegenstand für das Auge vorzuführen«, beschrieb W. selbst sein Vorspiel (*Programmatische Erläuterungen: Vorspiel zu* »*Lohengrin*«; in: GSD Bd. 5, S. 233). – Neu sind in dieser Musik die psychologisierenden Effekte, die nicht nur Stimmungen und Situationen charakterisieren, sondern kommentierend in das Geschehen eingreifen, wie z. B. in der Szene, in der sich Elsa der Mordanklage Telramunds stellt und vor den König zitiert wird. In ihrer Naivität weiß Elsa nur zu beten, um ihre Unschuld, für die es ebensowenig wie für ihre Schuld Beweise gibt, durch ein Wunder offenbar werden zu lassen. Deshalb mündet Elsas Klagegesang direkt in die Sphärenmusik des »Gralsmotivs«, dem sich sofort das »Lohengrin-Motiv« anschließt. Ein Gegensatz zu dieser Situation ist Elsas Flehen um einen Streiter, der nur mit tönendem Schweigen antwortet. Elsa ist plötzlich vor den Abgrund der Realität gestellt, die nicht durch ein Wunder zu beeinflussen ist. Und diese Realität ist

Elsas Einsamkeit, die sich angesichts der Ungewißheit auf Rettung mit Angst füllt. Das tönende Schweigen, das mit sparsamsten Einzelakkorden aus dem Orchestergraben herauftönt, entschlüsselt Elsas Grauen. Auffällig ist auch die Instrumentation als Charakterisierungsmittel. Das Gralsmotiv ist zum Beispiel den Streichern anvertraut, während Elsa vom Holzbläserklang und der König von Blechbläserglanz begleitet wird.

Wirkungsgeschichte: »Ich lege Dir hiermit meine bitte an das herz: führe meinen Lohengrin auf! *Du bist der Einzige,* an den ich diese bitte richten würde: niemand als Dir vertraue ich die creation dieser oper an«, schrieb der bereits im Exil lebende W. am 21. 4. 1850 an Franz →Liszt, der es tatsächlich trotz großer Schwierigkeiten zuwege brachte, mit relativ bescheidenen Mitteln *Lohengrin* in Weimar aufzuführen. Anlaß war der 101. Geburtstag Johann Wolfgang von Goethes, der nicht unbedingt mit einer zeitgenössischen Oper hätte gefeiert werden müssen. W. schrieb im Febr. 1860 an Hector →Berlioz, er dürfte inzwischen der einzige Deutsche sein, der *Lohengrin* noch nicht gesehen habe, da das Werk bereits über 20 Bühnen gegangen war, darunter 1853 in Wiesbaden, 1854 in Frankfurt a. M., Leipzig und Darmstadt, 1855 in Hamburg, Hannover und Köln, 1856 in Karlsruhe, Prag, Mainz und Würzburg, 1858 in München und Wien, 1859 in Berlin, Dresden und Mannheim sowie 1860

in Danzig und Königsberg. Minna Wagner sah 1859 die Dresdener Aufführung. In München dirigierte 1858 Franz →Lachner die dortige Erstaufführung, die König Maximilian II. von Bayern begeisterte. Der 15jährige Kronprinz Ludwig sah bei seinem ersten Opernbesuch am 2. 2. 1861 *Lohengrin,* der ihn zu Tränen gerührt haben soll und wohl schon damals den Wunsch in ihm weckte, mit W. in Verbindung zu treten. Ludwigs Schwärmerei für den →Schwanenritter löste in München eine regelrechte Modewelle aus. 1861 erlebte schließlich W. selbst die erste Aufführung seines Werks in →Wien, zwölf Jahre nach Fertigstellung der Partitur. »Zum erstenmal in meinem müh- und leidenvollen Künstlerleben empfing ich einen vollständigen, alles versöhnenden Genuß«, schrieb er am 13. 5. 1861 an Minna. Weniger Sympathie empfand W. für die von König →Ludwig II. stark beeinflußte Neuinszenierung von 1867 unter der Leitung Hans von →Bülows in München. Die erste W.-Inszenierung in →Italien wurde am 1. 11. 1871 im Teatro Comunale Bologna gegeben. Es war alles andere als einfach, dem auf Giuseppe Verdi und Gioacchino →Rossini eingeschworenen italienischen Publikum W.s Musik nahezubringen. Trotz geteilter Meinung und mehr verwunderter Neugierde als Begeisterung seitens des Publikums, unter das sich am 19. 11. auch Verdi gemischt hatte, wurde W. ein Jahr später zum Ehrenbürger von →Bologna ernannt. Am 20. 3. 1873 folgte die Erstaufführung an der Mailänder Scala, wo ein Skandal ausgelöst und bereits die dritte Vorstellung mit Antonio Pallerinis und Amilcare Ponchiellis Ballett *Le due gemelle* (bei gleichzeitigen großen Strichen in *Lohengrin*) ergänzt wurde, um das aufgebrachte Publikum zu beschwichtigen. Dennoch ließ sich die Verbreitung des Werks über den Kontinent und in →Amerika nicht mehr aufhalten; 1866 fand die Erstaufführung in ungarischer Sprache in Budapest statt; 1870 folgte die dänische Erstaufführung in Kopenhagen in der Landessprache; die französische Version wurde noch im selben Jahr in Brüssel inszeniert; schwedisch wurde das Werk 1874 in Stockholm gegeben; 1880 kam *Lohengrin* in Dublin und London mit zunächst italienischem, später mit englischem Text heraus; in Basel fand 1876 die schweizerische Erstaufführung statt; polnisch wurde 1877 in Lemberg gesungen. In Spanien, von Madrid ausgehend, verbreitete sich das Werk ab 1881. Die russische Erstaufführung fand 1868 in →Petersburg statt; als Silvesterpremiere wurde 1881 eine Aufführung in →Moskau gegeben. In →Frankreich konnte die Erstaufführung am 30. 4. 1887 im Théâtre Eden Paris gegeben werden; desgleichen wurde die Aufführung am 16. 9. 1891 im Palais Garnier ein Politikum und löste aufsehenerregende Demonstrationen aus, obgleich sie ein Publikumserfolg wurde. In New York war die Erstaufführung 1871; an der Metropoli-

tan Opera wurde *Lohengrin* 1883 in das ständige Repertoire genommen; auch in Boston (1875) und New Orleans, San Francisco und →Philadelphia (1877) wurde das Werk gespielt. Am 7. 10. 1877 wurde in Melbourne die australische Erstaufführung inszeniert. 1883 wurde das Werk erstmals in Buenos Aires und →Rio de Janeiro gespielt; es folgten Aufführungen in Malta 1896, Alexandria 1897, Korfu 1902 und Johannesburg 1905. – Für die Bayreuther Neuinszenierung von 1894 bestimmte Cosima Wagner, daß die Ausstattung nunmehr im Stil des 10. Jh.s, nicht wie bisher in dem des 13. Jh.s, ausgeführt werden sollte. Für diese historisierende →Inszenierung beanspruchte Cosima das Urheberrecht, da auch in München eine Inszenierung gleichen Stils vorbereitet worden war. Aber bereits 1913 setzte in Darmstadt durch Kurt Kempin ein stilisierender Inszenierungsstil ein, der auch einer weiteren Münchener Inszenierung mit dem Bühnenbildner Leo Pasetti zugrunde gelegt und 1928 von Lothar Schenk von Trapp wieder in Darmstadt aufgegriffen sowie am Deutschen Theater Prag 1933 von Emil Pirchan übernommen wurde. In Deutschland ging aber zunächst die weltflüchtige Schwärmerei Ludwigs II. für den Schwanenritter in die nationalistische Ideologie Kaiser Wilhelms II. über, der sich selbst als Gottgesandten der Nation verstand und diese Passion an Adolf →Hitler abtrat, der bereits zwölfjährig Lohengrins Mission in sich aufgesogen hatte. W.s Oper wurde hier wie dort politischen Ideen dienstbar gemacht und entsprechend auf den Opernbühnen inszeniert. Daß unter solchen Voraussetzungen 1936 in Bayreuth ein romantischer *Lohengrin* über die Bühne ging, obgleich nicht nur der 60. Jahrestag der →Festspiele gefeiert, sondern zusätzlich der 1000. Todestag König Heinrichs und nicht zuletzt die Olympischen Spiele in Berlin nationale Hochstimmung erzeugten, mag verwundern. Offenbar hatten die Nationalsozialisten eine Propagandaveranstaltung in Bayreuth schon gar nicht mehr nötig. Es trug aber auch die künstlerische Eigenständigkeit eines Emil Preetorius dazu bei, nicht in das Fahrwasser der Dresdener Inszenierung von Wilhelm Reinking (1933), derjenigen in Leipzig von Max Elten (1937) oder gar der Kölner von Alexander Spring (1934) zu geraten. Denn Massenaufzüge waren in jener Zeit bald unvermeidlich. Sie kulminierten, nachdem bereits der Anschluß Österreichs mit den vereinigten Chören von Berlin und Wien in der Wiener Staatsoper gefeiert worden war, in jener Aufführung des II. Akts anläßlich eines Besuchs von Hitler in Rom, wo 10 000 Mitwirkende aufgeboten wurden. Nach dem Untergang des »Tausendjährigen Reichs« inszenierte Wieland →Wagner in Bayreuth *Lohengrin* neu als Mysterienspiel, das den Chor mit seinen Worten als »Gemeinschaft von Wundergläubigen« charakterisierte. Seine Stilisierungen breiteten sich allgemein aus, wobei

die Darstellung des →Schwans in das Zentrum rückte und sein Erscheinen zumeist mit Lichteffekten gelöst wurde. Mit Bert Brechtschen Vorstellungen ging Joachim Herz 1965 in Leipzig und 1975 in Wien an Inszenierungen, die den Konflikt zwischen historischer Wirklichkeit und erlebbarem Wunder darstellten. Damit begann eine ganze Reihe von Deutungen unter psychologischen Aspekten: Lohengrin als Fiktion Elsas, die ihren Traum am Schluß selbst zerstört. In der Münchener Inszenierung von 1964 versetzte Rudolf Heinrich die Oper in ihre Entstehungszeit, in den Stil der romantischen Gotik des 19. Jh.s. Wolfgang →Wagner versuchte dagegen 1967 in Bayreuth die konkrete Architektur als »Spannungsfeld menschlicher Auseinandersetzungen« mit dem Wunder zu konfrontieren. Schärfer noch kontrastierten Götz Friedrich 1979 sowie Giorgio Strehler 1981 in Mailand den Gegensatz, in einer kriegerischen Welt Liebe zu realisieren. – Text in: GSD Bd. 2, S. 85 – 150. – Schallplattenaufnahmen →Diskographie. *Lit.:* J. u. W. Grimm, Deutsche Sagen, 2 Bde., Berlin 1816 – 18; J. Grimm, Deutsche Rechtsalterthümer, Göttingen 1828; W. Grimm, Die deutsche Heldensage, Göttingen 1829; C. T. L. Lucas, Über den Krieg von Wartburg, Königsberg 1838; R. W., *Lohengrin-Fragmente* (1845), in: SSD Bd. 12, S. 356; ders., *Brief an einen italienischen Freund über die Aufführung des »Lohengrin« in Bologna* (1871), in: GSD Bd. 9, S. 342;

ders., *Szenische Vorschriften für die Aufführung des »Lohengrin« in Weimar 1850*, in: SSD Bd. 16, S. 63; ders., *Widmung der »Lohengrin«-Partitur an Franz Liszt* (1852), in: SSDBd. 16, S. 73; ders., *»Lohengrin«* [Varianten], in: SSD Bd. 16, S. 198; ders., *Programmatische Erläuterungen: Vorspiel zu »Lohengrin«*, in: GSD Bd. 5, S. 232; ders., *Programmatische Erläuterungen: Zu Lohengrin*, in: SSD Bd. 16, S. 170; F. Liszt, Lohengrin, in: ders., Gesammelte Schriften, Bd. 3, Leipzig 1881, S. 63; A. Heintz, R. W.'s Lohengrin. Nach Dichtung u. musikalischer Entwicklung dargestellt, Charlottenburg 1894; W. Golther, Der Schwanenritter und der Gralsritter, in: Bayreuther Blätter 1896; ders., Lohengrin im Verhältnis zu den mittelalterlichen Kulturzuständen, in: ders., Zur deutschen Sage und Dichtung, Leipzig 1914; J. Nover, Die Lohengrinsage und ihre poetische Gestaltung, Hamburg 1899; M. Chop, R. W.s Lohengrin. Romantische Oper in 3 Aufzügen, Leipzig 1906; E. Kloss, R. W. über »Lohengrin«. Aussprüche des Meisters über sein Werk, in: R.-W.-Jahrbuch 1908, S. 132; H. Porges, Über R. W.s »Lohengrin«, in: Bayreuther Blätter 1909; A. Jahn, Leitfaden zu R. W.s »Lohengrin«, Leipzig 1911; J. Kapp, Die Urschrift von R. W.s »Lohengrin«-Dichtung, in: Die Musik 1911/12; A. G. Krüger, Die Quellen der Schwanenritterdichtungen, Gifhorn 1936; A. Lorenz, Der musikalische Aufbau von W.s »Lohengrin«, in: Bayreuther Festspielführer 1936;

A. Prüfer, Einführung in R. W.s Lohengrin, Bayreuth 1937; O. Strobel, Die Urgestalt des »Lohengrin«. W.s erster dichterischer Entwurf, in: Bayreuther Festspielführer 1936; K. Overhoff, Die Musikdramen R. W.s. Eine thematisch-musikalische Interpretation, Salzburg 1967; C. Dahlhaus, R. W. Musikdramen, Velber 1971; WWV

Lohengrin
Tenorpartie in der →»romantischen Oper« *Lohengrin*; Sohn und Nachfolger →Parsifals im Gralskönigsamt. Da *Lohengrin* werkchronologisch gesehen zuerst entstand, müssen die genealogischen Zusammenhänge nicht in allen Details logisch sein. So hob W. die göttliche Herkunft seines →Schwanenritters hervor, der in mancher Hinsicht an Zeus in seiner Beziehung zu Semele erinnert. Sein →Frageverbot soll die menschliche Geliebte vor seiner Gottheit schützen, die letztlich jedoch zum Hindernis menschlicher Liebe wird. Uneigennützig kann Lohengrins Eingreifen zur Ehrenrettung →Elsas aber auch nicht gesehen werden, denn der Zweck der Liebesverbindung, dem →Gral einen weiteren Anwärter auf das Gralskönigtum zuzuführen, wird von Lohengrin mehr oder weniger deutlich ausgesprochen: »O Elsa! Nur ein Jahr an deiner Seite / hätt' ich als Zeuge deines Glück's ersehnt!« Die Tragödie liegt in der Unvereinbarkeit des Unvereinbaren.

London

Als W. erstmals am 4. 3. 1855 auf Einladung der →Old Philharmonic Society nach London kam, hatte er in größeren Abständen acht Konzerte zu dirigieren, wollte aber vor allem die Partitur der *Walküre* beenden, wozu er wegen zahlreicher Ablenkungen und allgemeinen Unwohlseins nicht recht kam; sehr ärgerlich kommentierte er die vier Monate in England (W. verließ London am 29. 7. 1855 wieder) als reine Zeitverschwendung. Stolz und auch etwas ironisch berichtete er vom Besuch Königin Viktorias zu seinem Konzert vom 11. 6. Obgleich W. geschworen hatte, die gleiche Torheit nicht noch einmal zu begehen, ging er vom 1. 5. bis zum 4. 6. 1877 abermals als Dirigent nach London, um zusammen mit Hans →Richter acht W.-Konzerte zu bestreiten. Analog zum ersten Besuch erhielt W. am 17. 5. eine Audienz bei der Königin im Schloß Windsor.

Lora

Sopranpartie in den →*Feen*; Schwester →*Arindals*, deren Name W. bereits in der →*Hochzeit* verwendet hatte.

Lorenz, Alfred Ottokar

Geb. 11. 7. 1868 in Wien, gest. 20. 11. 1939 in München; Komponist, Dirigent und Musikforscher. – Ab 1893 Solorepetitor in Königsberg, ab 1897 in München, ab 1898 2. Kapellmeister, ab 1904 1. Hofkapellmeister in Coburg-Gotha, ab 1917 dort Generalmusikdirektor. 1920 übersiedelte er nach München und wurde 1923 Lektor an der dortigen Universität für Musiktheorie und -geschichte. 1922 promovierte er in Frankfurt a. M. mit dem Thema »Die musikalische Formgebung in Richard Wagners Ring des Nibelungen«, die als *Das Geheimnis der Form bei R. W. I: Der Ring des Nibelungen* 1924 in Berlin gedruckt wurde. Da sich Lorenz mit dieser Arbeit vornahm, den Vorwurf, W.s Musik sei formlos, ein für allemal mittels Gegenbeweisen auszuräumen, wurden seine Versuche, die sich auch auf weitere Werke W.s ausdehnten, zunächst sehr begrüßt, denn es schien mit diesen Formanalysen tatsächlich der schlüssige Beweis angetreten worden zu sein, daß W.s →Musikdramen, wenn auch in komplizierterer Weise und in potenzierten Ausführungen, den Formmodellen der Klassik entsprachen. Die Konkretisierung hochkomplizierter musikalischer Organismen in architektonisch überschaubare Modelle überraschte zunächst die Fachgelehrten, die dennoch bald Verdacht schöpften, daß Lorenz des Guten zuviel tat und W.s Musik mit mehr oder weniger sanfter Gewalt in ein Schema preßte, das zwar dem gesuchten Ziel der Formhaftigkeit entsprach, W.s Musik jedoch mit veraltetem Maßstab reglementierte. Bei genauerem Hinsehen traten Widersprüche auf, so daß letztlich das Formkorsett die freie Entfaltung der aus dem Drama sich organisierenden Logik nicht zu bändigen vermochte. So wie man dem →Tristanakkord mit Mitteln der funktionalen Harmonielehre nicht wirklich beizukommen vermochte, mußte des Bemühen, W.s Musik mit den formalen Kriterien der klassischen Formgebung zu messen, scheitern, ohne daß dies dem Verständnis von W.s Musik schadete oder nützte. – Werke: Oper *Helges Erwachen* (1896), Schauspielmusik zu *Oresteia* von Aischylos (1906). Schriften: *Das Geheimnis der Form bei Richard Wagner. I: Der musikalische Aufbau des Bühnenfestspieles »Der Ring des Nibelungen«; II: Der musikalische Aufbau von Richard Wagners »Tristan und Isolde«; III: Der musikalische Aufbau von Richard Wagners »Die Meistersinger von Nürnberg«; V: Der musikalische Aufbau von Richard Wagners »Parsifal«* (Berlin 1924 – 33).

Lübeck
Nach mehreren Theaterbauten, die sämtlich den Sicherheitserfordernissen (besonders nach dem katastrophalen Wiener Ringtheaterbrand) nicht genügten, wurde 1908 ein neues Opernhaus mit *Lohengrin* eröffnet, dessen Titelpartie der berühmte W.-Tenor Karl Erb sang; neben ihm war 1923 – 26 der Bariton Jaro Prohaska in Lübeck engagiert; vor allem aber kümmerten sich die Dirigenten Hermann Abendroth und Wilhelm Furtwängler um W.s Werke im Spielplan der Hansestadt.

Ludwig II. Otto Friedrich Wilhelm König von Bayern (seit 1864); geb.

am 25. 8. 1845 auf Schloß Nymphenburg (heute zu München), gest. am 13. 6. 1886 bei Schloß Berg (ertrunken im Starnberger See). – Sohn von Maximilian II., der seit 1848 regierte, 18jährig ab 1864 König. Er wurde schon als jugendlicher Kronprinz von *Lohengrin* und *Tannhäuser* tief ergriffen und interessierte sich auch für W.s sonstige Libretti und theoretische Schriften. Die unerwartet frühe Thronbesteigung machte es dem jungen König möglich, den verehrten Komponisten an seinen Hof zu ziehen. Durch seinen Hofsekretär Franz Seraph von →Pfistermeister ließ er W. in →Wien und in der →Schweiz suchen. Am 3. 5. 1864 konnte Pfistermeister den vor seinen Gläubigern fliehenden Komponisten in →Stuttgart ausfindig machen und ihm den Wunsch des Königs übermitteln, W. als Freund gewinnen zu wollen und jeder materiellen Sorge zu entheben. Obgleich diese »Königsfreundschaft« viel Theater und eingeübtes Rollenverhalten sowie Rücksichten auf die Staatsräson beinhaltete, hat W. seinem »Retter« stets Dankbarkeit erwiesen, und Ludwig II. hat trotz zahlreicher Zwänge und Intrigen dem genialen Freund stets die Treue gehalten. Manche Versprechen, wie den Bau eines W.-Theaters in →München, konnte der König nicht einlösen; dafür wären W.s →Festspielhaus in Bayreuth sowie die →Festspiele von 1876 und 1882 ohne die Unterstützung des Königs nicht denkbar gewesen.
Lit.: R. W., *An König Ludwig II. über*

die Aufführung des »*Parsifal*«, in:
SSD Bd. 16, S. 128; E. Stemplinger,
R. W. in München (1864–1870).
Legende u. Wirklichkeit, München
1933; König Ludwig II. u. R. W.:
Briefwechsel mit vielen anderen
Urkunden, hrsg. v. O. Strobel, Karls-
ruhe 1936–39; K. Hommel, Die Se-
paratvorstellungen vor König Lud-
wig II. von Bayern, München 1963;
M. u. D. Petzet, Die R. W.-Bühne
König Ludwigs II., München 1970

Lustspiel in einem Akt
(WWV 100)
Der Prosaentwurf wurde Aug. 1868
in →Tribschen geschrieben und im
→Braunen Buch aufgezeichnet; veröffentlicht in den →*Bayreuther Blättern* (1975, S. 189). Am Schluß der
Handschrift vermerkte W. zum Datum: »Gegen ernste Verstimmung /
1 September«. Folgende Personen
der Handlung sind vorgesehen: Bar-
nabas Kühlewind, Souffleur; Hermine, seine Tochter; Kaspar
Schreiblich, verdorbener Student
und Schauspieldebütant; Lorenz
Pimper, Theaterdiener; David Bu-
bes, Regisseur; Napoleon Baldachin,
Heldenspieler. Der Schauplatz ist
eine Stube bei Kühlewind zu Neujahr. Es ist zu vermuten, daß W. zumindest an musikalische Einlagen
für dieses Stück dachte, sie aber nie
wirklich ausführte. Einige Eintragungen im Prosaentwurf lassen
darauf schließen, daß W. zur Zeit
der Niederschrift in einer kritischen
Entscheidungsphase seiner Beziehung zu Cosima Wagner stand. In
Bayreuth las er den Text am 19. 4.

1879 als »Entwurf zu einer Neu-
jahrs-Posse« vor (→Tagebücher).
Lit.: WWV

Luthers Hochzeit (WWV 99)
Prosaentwurf vom Aug. 1868, geschrieben in →Tribschen, aufgezeichnet im →Braunen Buch; gedruckt erstmals im *Festspielführer
1937* (S. 159f.). Die Dichtung ist von
W. nicht einmal skizzenhaft vertont
worden. Deshalb ist ungewiß, ob W.
damit eine Oper oder ein Lustspiel
entworfen hatte.
Lit.: WWV

Lüttichau, Wolf Adolf **August**
Freiherr **von**
Geb. 15. 6. 1785 in Ulbersdorf (bei
Pirna), gest. 16. 2. 1863 in Dresden;
Hofbeamter und später Theater-
intendant. – Zunächst Leibjäger
des Prinzen und späteren Königs
→Friedrich August II., wurde er zum
Forst- und Oberforstmeister beför-
dert und ab 1824 Intendant des
Dresdener Hoftheaters. Er berief W.
1843 als königlich sächsischen
Hofkapellmeister nach →Dresden.
Für die Reformpläne des noch unbe-
kannten Komponisten zeigte er je-
doch kein Verständnis. Nach W.s
politischen Aktivitäten 1848 verbot
er Ende Okt. 1848 die geplante Aufführung von *Lohengrin* und setzte
Rienzi vom Spielplan ab. Versuche
W.s um eine Amnestierung mit
Schreiben von 1859 an ihn und den
sächsischen Justizminister Johann
Heinrich August von Behr blieben
erfolglos.
Lit.: R. W., *An den Intendanten*

v. Lüttichau über die Rede in der Versammlung des Vaterlandsvereins (1848), in: SSD Bd. 16, S. 12

Luzern
Während der Zeit, als Franz →Liszt in →Weimar *Lohengrin* uraufführte, saß W. mit seiner Frau Minna im Gasthof »Zum Schwanen«, um von dort in Gedanken die Aufführung zu verfolgen, da er selbst nicht nach Weimar reisen konnte. Mitten in der Komposition an *Tristan* mußte W. im März 1859 →Venedig verlassen, reiste in die →Schweiz und bezog Wohnung im Hotel Schweizerhof in Luzern, wo er die Partitur von *Tristan* beendete. Als König →Ludwig II. seinen Freund W. auf vielseitiges Drängen im Jahr 1866 aus →München ausweisen mußte, übersiedelte W. in ein Landhaus nach →Tribschen bei Luzern. In der protestantischen Kirche von Luzern schloß W. am 25. 8. 1870 die Ehe mit Cosima von Bülow. Am 24. 4. 1872 übersiedelte er nach →Bayreuth. Nach einem Kuraufenthalt W.s mit seiner Familie in Bad Ems machte W. im Juli 1877 eine Reise durch Deutschland und in die Schweiz, wo er letztmalig auch nach Luzern kam.

Luzio
Tenorpartie im →*Liebesverbot*; ein Freund →Claudios.

Magdalene
Sopranpartie in den *Meistersingern*; Amme →Evas und Verlobte →Davids, mit dem zusammen sie das lustige Paar im Kontrast zum sentimentalischen aus Eva und Walther von →Stolzing bildet.

Magdeburg
Als W. 1829 erstmals während seiner Leipziger »Jünglingsflegeljahre« zu Fuß nach Magdeburg wanderte, hatte er, von E. T. A. →Hoffmanns skurriler Kunst beeinflußt, schon erste Jugendkompositionen vorzuweisen und war so dem damaligen Magdeburger Musikdirektor Johann Christoph →Kienlen als »konfuser jugendlicher Enthusiast« im Gedächtnis geblieben. W.s Schwester Clara wie auch ihr Mann Heinrich →Wolfram waren am Magdeburger Theater engagiert. Sein eigenes Engagement als Kapellmeister in Bad →Lauchstädt, das im Sommer vom Magdeburger Theater bespielt wurde, wo W. 1834 mit Wolfgang Amadeus →Mozarts *Don Giovanni* (1787) debütierte, brachte W.s Übersiedlung nach Magdeburg mit sich. Da er schon kurz nach seiner Anstellung im Theater die dort engagierte Schauspielerin Minna Planer kennenlernte, verbanden sich W.s dienstliche und private Wünsche mit Magdeburg zunächst auf angenehme Weise. Aufführungen von Gioacchino →Rossinis *Barbiere di Siviglia* (1816), Daniel François Esprit →Aubers *Fra Diavolo* (1830) und *La Muette de Portici* (1828), Vincenzo →Bellinis *Norma* (1831), Carl Maria von →Webers *Oberon* (1826), Luigi Cherubinis *Les Deux journées* (1800), François Adrien →Boieldieus *Dame blanche* (1825) und Ferdinand

→Hérolds *Zampa* (1831) bildeten W.s wichtigste Dirigate in Magdeburg. Aus den inzwischen fertiggestellten →*Feen* dirigierte W. im Jan. 1835 die Ouvertüre in einem Konzert der Magdeburger Freimaurerloge. Das Schauspiel →*Columbus* von Theodor →Apel, das im Magdeburger Theater gegeben wurde, regte W. zu einer Ouvertüre an, die am 2., 4. und 25. 5. 1835 im Leipziger Gewandhaus aufgeführt wurde. Weitere Glanzpunkte erlebte W. als Dirigent der Aufführungen von Bellinis *I Capuleti e i Montecchi* (1830) mit Wilhelmine →Schröder-Devrient als Romeo und als Desdemona in Rossinis *Otello* (1816), als Agathe in Webers *Freischütz* (1821) und als Leonore in Ludwig van →Beethovens *Fidelio* (1805). Neben der Komposition am →*Liebesverbot* sammelte W. in Magdeburg vor allem Dirigentenerfahrung mit einem Opernrepertoire, das »sich geradewegs über alles erstreckte, was nur irgend in diesem Genre für das Theater geschrieben war«. Am 29. 3. 1836 dirigierte W. die Uraufführung seines *Liebesverbots* in Magdeburg. Am 3. 3. 1836 erschien W.s Aufsatz *Aus Magdeburg* in der →*Neuen Zeitschrift für Musik*. Im Sommer desselben Jahres verließ W. die Stadt und folgte Minna nach →Königsberg. Er hat Magdeburg nur noch ein einziges Mal während einer Deutschlandreise 1872 besucht.

Lit.: R. W., *Aus Magdeburg* (1836), in: SSD Bd. 12, S. 12; ders., *Eine Kritik aus Magdeburg* (1835), in: SSD Bd. 16, S. 57

Maier, Mathilde
Geb. 1833 in Mainz, gest. 29. 6. 1910 ebd. – Tochter eines Notars aus Alzey. Mathilde war 29 Jahre alt, als W. ihr im Hause des Verlegers Franz →Schott in →Mainz begegnete und ihr mehrmals, zuletzt im Juni 1864, den Antrag machte, zu ihm zu ziehen, um ihm den Haushalt zu führen. Obgleich sie stets behutsam ablehnte, um sich nicht zu kompromittieren, gilt sie als Vorbild für →Eva Pogner in den *Meistersingern*. Allerdings lag die Dichtung bereits fertig vor, als W. die attraktive junge Frau kennenlernte. Sie blieben freundschaftlich miteinander verbunden, nachdem Mathilde häufig bei W. in →Biebrich zu Besuch gewesen und sie später brieflich von W.s Lebensumständen detailliert in Kenntnis gesetzt worden war. Ihre Bemühungen, nach W.s Flucht aus →Wien einen neuen Wohnsitz am Rhein ausfindig zu machen, blieben erfolglos. Aus der →Schweiz teilte W. der Freundin am 5. 4. 1864 einen visionären Traum mit: »Die Nacht träumte ich (im Fieber), Friedrich der Große hätte mich zu Voltaire an seinen Hof berufen.« Genau einen Monat später empfing Mathilde Maier die freudige Mitteilung, daß König →Ludwig II. ihn nach →München gerufen habe.

Mainz
Nach dem Theaterskandal wegen *Tannhäuser* in Paris wandte sich W. nach →Wien, wo er den zweiten und dritten Prosaentwurf der *Meistersinger* ausführte, die er erstmals

am 3. 12. 1861 im Verlag →Schott in Mainz vorlas; am 5. 2. 1862 ließ er eine Lesung der vollendeten Dichtung folgen. Um in engerem Kontakt mit dem Schott-Verlag zu bleiben, übersiedelte W. am 8. 2. 1862 nach →Biebrich, wo sich die Freundschaften mit Mathilde →Maier und Friederike →Meyer anbahnten. Auf seiner Deutschlandreise, auf der er Künstler für die →Festspiele werben wollte, kam W. 1872 letztmalig nach Mainz.

Mallarmé, Stéphane
Eigtl. Etienne M.; geb. 18. 3. 1842 in Paris, gest. 9. 9. 1898 in Valvins (Seine-et-Marne); Dichter. – Durch Philippe Auguste Graf von Villiers de l'Isle-Adam wurde Mallarmé angeregt, die Musik stärker in seinen Werken zu berücksichtigen. Den Rat befolgend, beschäftigte er sich auch mit W.s theoretischen Schriften, wodurch er zu eigenen Arbeiten angeregt wurde. Darüber hinaus bemühte sich Mallarmé um eine Verschmelzung von Musik und Literatur aus der Sicht des Dichters und bezog dabei nicht nur die Anschauungen der deutschen Romantiker Novalis und Ludwig Tieck, sondern selbstverständlich auch der französischen Symbolisten (Théodore de Banville, Arthur Rimbaud, Paul →Verlaine) sowie der Parnassiens ein, um von »den Gesetzen [...] die eine sprachliche Instrumentierung des Geistigen festlegen« (Vorwort zum *Traité du verbe*, Paris 1886, des Lyrikers René Ghil) reden zu können. Musik und Literatur

sind für Mallarmé »das wechselweise Antlitz [...] ein und desselben Phänomens« (*La Musique et les lettres*, 1894). Mehrere seiner Gedichte sind von französischen Komponisten vertont worden. – Dichtungen: *Hérodiade* (Fragment, 1864), *Un Coup de dés jamais n'abolira le hasard* (Paris 1897), *Rêverie d'un poète français* (1885), *Hommage* [an R. W.] (1886).
Lit.: S. Bernard, Mallarmé et la musique, Paris 1959; H. R. Zeller, Mallarmé und das serielle Denken, in: Sprache und Musik, hrsg. v. H. Eimert, Wien 1960; H. Schmidt-Garre, Mallarmé und der Wagnérisme, in: Neue Zeitschrift für Musik 130:1969

Mallinger, Mathilde
Eigtl. M. Lichtenegger; verh. von Schimmelpfennig; geb. 17. 2. 1847 in Zagreb, gest. 19. 4. 1920 in Berlin; Sängerin (Sopran). – 1866–69 in München, 1869–90 in Berlin engagiert. In der Uraufführung der *Meistersinger* sang sie die Partie der →Eva.

Malten, Therese
Geb. 21. 6. 1855 in Insterburg (Ostpreußen), gest. 2. 1. 1930 auf dem Gut Neu-Zschieren (bei Dresden); Sängerin (Sopran). – Am Dresdener Hoftheater engagiert. In der Uraufführung von *Parsifal* sang sie alternierend mit Marianne →Brandt und Amalie →Materna die →Kundry.

Mann, Thomas Johann Heinrich
Geb. 6. 6. 1875 in Lübeck, gest. 12. 8.

1955 in Zürich; Schriftsteller. – Bereits in seinen Frühwerken, den *Buddenbrooks* (Berlin 1901) und der Novelle *Tristan* (Berlin 1903), hat sich Mann sehr intensiv mit musikalischen Themen beschäftigt; in seiner mittleren Schaffensperiode kamen musikspezifische Motive im *Zauberberg* (Berlin 1924) sogar als Symbol der Todessehnsucht hinzu; im Spätwerk machte Mann z. B. in *Doktor Faustus* (Stockholm 1947) die Musik zum zentralen Thema seines Denkens, das besonders von Arthur →Schopenhauer, Friedrich →Nietzsche und W. beeinflußt wurde. In den *Betrachtungen eines Unpolitischen* (Berlin 1918) hatte er noch betont polemische Ansichten von W. und sehr positive Hans Pfitzners *Palestrina* (1917) gegenüber; später betonte er das Sozialrevolutionäre W.s. In den als Vorträgen konzipierten Essays *Leiden und Größe Richard Wagners*, die 1935 (Berlin) erstmals als Buch erschienen, sowie mit *Richard Wagner und der ›Ring des Nibelungen‹* (1937) unternahm es Mann, W. kulturphilosophisch zu analysieren. Dadurch wurde W. für Mann der Typ des modernen Komponisten schlechthin. Umgekehrt hat Mann mit seinem Interesse an W. in der Nachfolge Nietzsches tiefsinnige Erkenntnisse über den »Zauberer« (wie er W. nannte) gewonnen und selbst von W.s Leitmotivtechnik für seine eigene schriftstellerische Arbeit profitiert, indem er W.s Kompositionstechnik als epische →Leitmotive weiterentwickelte und auf die Literatur übertrug. – Schriften:

Stockholmer Gesamtausgabe der Werke (17 Bände, Stockholm 1947 – 56). *Lit.:* R. Peacock, Das Leitmotiv bei Thomas Mann, in: Sprache und Dichtung Bd. 55, Bern 1934; E. Paci, Thomas Mann e la musica, in: Rivista musicale italiana 48:1946; H. Bürgin, Thomas Mann und die Musik, Diss. Freiburg i. Br. 1952; M. Mann, The Mus. Symbolism in Thomas Mann's Novel Doctor Faustus, in: Music Review 17:1956; K. Matthias, Die Musik bei Thomas Mann und Hermann Hesse, Diss. Kiel 1956; H. Fähnrich, Thomas Manns episches Musizieren im Sinne R. W.s. Parodie u. Konkurrenz, Frankfurt a. M. 1986

Männerlist größer als Frauenlist oder Die glückliche Bärenfamilie (WWV 48)

Komische Oper in zwei Akten nach *Tausenundeine Nacht*. – Komponiert im Sommer 1838. W. hatte die Komposition abgebrochen; die Musik ist verschollen.

Handlung: I. Akt, im Inneren eines Goldschmiedeladens mit der Aufschrift »Männerlist größer als Frauenlist«: Im Laden herrscht lebhafte Geschäftigkeit. Leontine interessiert sich für ein schönes Schmuckstück, mehr aber noch für den Ladenbesitzer Julius. Beide treten in Verhandlungen über den Preis ein, wobei Leontine den Geschäftsmann durch ihre weiblichen Vorzüge aus der Fassung bringt, obgleich sie vorgibt, daß ihr Vater sie als häßlich bezeichnet. Dann verschwindet Leontine unvermittelt. Julius schließt kurzerhand seinen Laden und folgt der Schönen. – Verwandlung, ein Zimmer im Haus des Freiherrn von Abendtau: Abendtau unterhält sich mit seinem Diener über seine Tochter, die er einsperren muß und per Zeitungsanzeige mit einer guten adeligen Partie verheiraten will. Als Anastasius scherzhaft sich selbst als Bräutigam vorschlägt, mokiert sich sein Herr, fragt aber doch ernsthaft nach den möglichen adeligen Vorfahren, nach einer Spur von Adelsblut. Dann aber tut Abendtau alles als Scherz ab und berät, wie man die Häßlichkeit seiner Tochter ansehnlicher machen könnte. Sie werden von Julius Wander unterbrochen, der sich als vermögender Herr einführt und sogleich um die Hand der Tochter anhält. Abendtau und Anastasius halten ihn für verrückt. Julius aber besteht auf seiner Bitte und behauptet sogar, von adeliger Abstammung zu sein. Dennoch machen sich Abendtau und sein Diener über die Häßlichkeit der Braut lustig, die Julius lachend akzeptiert, da er irrtümlich glaubt, Leontine sei die Tochter, und davoneilt, um einen Notar zu holen. Abendtau und Anastasius freuen sich wie toll über den verrückten Freier. Gäste kommen neugierig an. Julius schleppt einen Notar herbei. Der Heiratskontrakt wird aufgesetzt und unterschrieben. Als die Braut geholt wird, betritt ein Ungeheuer an Häßlichkeit das Zimmer. Julius ist entsetzt. Leontine tritt unter den Gästen hervor und gratuliert schadenfroh dem

Bräutigam, dem sie als Base der Braut den Streich gespielt hat. Julius rast und schreit »Betrug!«. Die Verwandten fordern Satisfaktion. Leontine ist gespannt, wie sich Julius aus der Schlinge zieht. II. Akt, im Juwelierladen: Julius brütet verzweifelt über seiner blamablen Lage. Sich zu erschießen scheint ihm der einzige Ausweg oder, charakteristischer, sich an der ungeheuren Nase seiner monströsen Braut aufzuhängen. Leontine betritt den Laden, um den Handel mit dem Geschmeide abzuschließen. Julius beklagt sich bitter, von ihr so zum Narren gehalten worden zu sein. Leontine fordert, daß Julius, nachdem er vom Gegenteil überzeugt worden sei, sein Motto »Männerlist größer als Frauenlist« über dem Ladeneingang lösche. Julius berichtet, wie dieser Wahlspruch ihm zu seinem Erfolg verholfen habe und wie er durch ihn an das Erbe seines Ziehvaters gelangt sei. Leontine bedauert, den Spaß so weit getrieben zu haben, und wäre froh, selbst überlistet zu werden. Als dann der Bärenführer Gregor den Laden betritt, hat Julius eine famose Idee. – Verwandlung, im Garten des Herrn von Abendtau: Die Dienerschaft ist mit dem Ausrichten des herannahenden Hochzeitsfests beschäftigt und macht sich über die häßliche Braut und den übertölpelten Bräutigam lustig. Anastasius hat Bedenken, ob der Bräutigam überhaupt noch einmal wiederkommen werde. Die Gäste treffen bereits ein; unter ihnen ist auch Leontine. Da kommt Julius und verlangt sehnlichst nach seiner Braut, während Abendtau auf der Einsicht in die adelige Abstammungsurkunde des Juweliers besteht. Julius lenkt mit einem Bärentanz ab, den er eigens bestellt hat. Schon ist Gregor zur Stelle. Der Bär nimmt sich die Braut zum Tanz, das Volk lacht herzlich über das Paar. Als Julius den Bärenführer gar als seinen Vater ausgibt und der Bär sprechend den Juwelier als Bruder umarmt, da in Wirklichkeit Richard in dem Bärenfell steckt, fühlt sich Abendtau als der Betrogene und kündigt den Ehekontrakt auf. Leontine, die sich gern von dieser Männerlist besiegen ließ, bietet schnellen Ersatz für die ungewollte Braut. Abendtau verbleiben zum Trost die Hochzeitsgeschenke, und alle preisen die Niedrigkeit von Julius' Herkunft, die alle Mißverständnisse in Wohlgefallen aufgelöst hat. – In: SSD Bd. 11, S. 178 – 229.

Mannheim

Ende des 18. Jh.s wurde vom ersten Intendanten des Nationaltheaters, dem Reichsfreiherrn Wolfgang Heribert von Dalberg, ein festes Ensemble für das damalige »Comödien- und Redoutenhaus« engagiert, dem August Wilhelm Iffland rund 20 Jahre angehörte. Schon wegen Ifflands und auch wegen Dalbergs Freundschaft mit Friedrich von Schiller, dessen *Räuber* (1781) und *Verschwörung des Fiesko zu Genua* (1783) er in Mannheim uraufführte, wurden zuerst nur Schauspiele gegeben. Erst zu Beginn des 18. Jh.s

wurden auch Opern aufgeführt, denen 1855 *Tannhäuser*, 1859 *Lohengrin* folgte sowie 1869 eine stark verkürzte *Meistersinger*-Aufführung. Am 20. 12. 1871 dirigierte W. ein Konzert mit eigenen Kompositionen und Werken von Wolfgang Amadeus →Mozart und Ludwig van →Beethoven, um den Erlös für den Bau des →Festspielhauses in Bayreuth zu verwenden. Seit jener Zeit hat sich Mannheims Nationaltheater beständig und intensiv mit W.s Werken auseinandergesetzt. Eines der berühmten Gastspiele des Nationaltheaters mit dem kompletten *Ring* dirigierte Wilhelm Furtwängler gegen Ende des Ersten Weltkriegs in Baden-Baden. Wilhelm Furtwängler war 1915 – 20 Leiter des Opernbetriebs am Nationaltheater. Ein anderer berühmter Operndirigent in Mannheim war Karl Elmendorff, der hervorragende W.-Aufführungen leitete. Hervorzuheben ist ferner das Gastspiel des Nationaltheaters mit der *Walküre* 1941 in Paris. Das im Krieg zerstörte Nationaltheater wurde mit einem Neubau an anderer Stelle wieder errichtet. 1957 gab es dort eine Neuinszenierung von *Parsifal* und 1958 von *Tristan*.

Marbach, Gotthard Oswald

Geb. 13. 4. 1810 in Jauer (Schlesien), gest. 28. 7. 1890 in Leipzig; Schriftsteller. – Privatdozent, später Professor der Technologie in Leipzig; auch Philologe. Er übertrug das *Nibelungenlied* (Leipzig 1840) und das mittelalterliche *Tristan*-Epos.

Kurze Zeit (ab 1836) war er mit W.s Schwester Rosalie →Marbach verheiratet.

Marbach, Rosalie

Geb. Wagner; geb. 4. 3. 1803 in Leipzig, gest. 12. 10. 1837 ebd.; Schauspielerin. – Älteste Schwester W.s; ab 1836 mit Oswald →Marbach verheiratet. 1818 trat sie erstmals im Dresdener Hoftheater in Ludwig →Geyers Stück *Das Erntefest* auf; 1820 wurde sie königliche Hofschauspielerin. 1828 ging sie nach Leipzig und hatte als Gretchen in der ersten Leipziger Aufführung von Johann Wolfgang von Goethes *Faust* (1808) großen Erfolg. Zuletzt am Leipziger Theater engagiert, starb sie bereits im ersten Jahr ihrer Ehe bei der Geburt einer Tochter. W. wurde durch Goethes *Faust* und die Darstellung seiner Schwester zu einem nicht erhaltenen Entwurf einer phantastischen *Faust*-Oper angeregt. In W.s Jugend war sie seine engste Vertraute, die seinen künstlerischen Ehrgeiz weckte.

Mariana

Sopranpartie im →*Liebesverbot*; als verstoßene Frau →Friedrichs lebt sie als Novize und Freundin →Isabellas bei den Elisabethinerinnen.

Marke

Baßpartie in *Tristan*; König von Cornwall, dem →Tristan die irische Königstochter →Isolde zuführen soll. Tristan macht sie ihm aber im Ausbruch lang unterdrückter Liebe abspenstig, wodurch er als Verräter vor seinem Oheim dasteht, der entsprechend fassungslos den Betrug des »treuesten der Treuen« nicht zu begreifen vermag.

Markgräfliches Opernhaus, Bayreuth

Im Höhepunkt der künstlerischen Entfaltung der Barockoper am Hof des Markgrafen Friedrich und seiner Gemahlin Wilhelmine, der Schwester König Friedrichs des Großen, in Bayreuth beschloß 1744 die Markgräfin, ein selbständiges Opernhaus, das nicht wie bisher und andernorts aus einem großen Saal des Schlosses bestehen sollte, bauen zu lassen. Sie ließ sich zu diesem Zweck die Pläne des von Georg Wenzeslaus von Knobelsdorff in Berlin 1743 vollendeten Opernhauses kopieren. Wegen eines Zerwürfnisses mit ihrem Bruder wollte die Markgräfin dann doch nicht auf dessen Baumeister zurückgreifen und beauftragte ihren eigenen Baumeister, Joseph Saint-Pierre, nunmehr nach den Plänen des Gesamtentwurfs für das Wiener Opernhaus von Francesco Galli da Bibiena in Bayreuth die Außenfassade zu errichten. Ab 1746 wurden zur Bauausführung Carlo Galli da Bibiena und vom März bis Sept. 1748 sein Vater Giuseppe, der berühmteste Theaterarchitekt seiner Zeit, hinzugezogen, der letzte Hand anlegte und 1748 eines der schönsten erhaltenen Barockopernhäuser fertigstellte. – Die Beschreibung des Markgräflichen Opernhauses im Konversationslexikon zum Artikel »Baireuth« war offenbar ausschlag-

gebend für W.s Entschluß, die fränkische Kleinstadt, die er schon von einer früheren flüchtigen Durchreise in guter Erinnerung hatte, am 16. 4. 1871 zusammen mit Cosima Wagner zu besuchen und unbemerkt das barocke Opernhaus zu besichtigen, um allerdings festzustellen, daß es seinen Ansprüchen für die von ihm geplanten →Festspiele nicht genügte. Die Stadt selbst aber hatte er zur Festspielstadt auserkoren. Deshalb gab W. am 22. 4. 1872 seinen Wohnsitz in →Tribschen auf, um ihn nach Bayreuth zu verlegen. Zur Grundsteinlegung des →Festspielhauses am 22. 5. 1872 dirigierte W. in einem anschließenden Festakt im Markgräflichen Opernhaus seinen →*Kaisermarsch* und die *Symphonie Nr. 9* (1824) von Ludwig van →Beethoven. Auch die offiziellen Feierlichkeiten zu W.s 60. Geburtstag am 22. 5. 1873 wurden im Markgräflichen Opernhaus begangen. Bei dieser Veranstaltung standen auf dem Programm: eine Konzertouvertüre W.s von 1831 (→Ouvertüren), *Der bethlehemitische Kindermord* (1824), eine dramatisch-komische Situation aus dem Künstlerleben in zwei Aufzügen von Ludwig →Geyer, W.s Lied →*Träume*, die Novelle *Künstlerweihe* von Peter →Cornelius zu einer »Jugendarbeit von W. für Orchester und Chor mit lebenden Bildern nach Bonaventura →Genelli. Musik componirt von Richard Wagner«.
Lit.: R. Fester, Die Bayreuther Schwester Friedrichs des Großen, Berlin 1902; L. Hager, Das Mark-

gräfliche Opernhaus in Bayreuth, München o. J.; L. Schiedermair, Bayreuther Festspiele im Zeitalter des Absolutismus. Studien zur Geschichte der deutschen Oper, Leipzig 1908; W. Bertram, Die Galli-Bibiena und ihre theatralische Bedeutung, Diss. Marburg 1923; G. B. Volz, Friedrich der Große und Wilhelmine von Baireuth, 2 Bde., Berlin/Leipzig 1924–26; G. Rudloff-Hille, Die Bayreuther Hofbühne im 17. und 18. Jh., Bayreuth 1936; E. Bracker, Markgräfin Wilhelmine und die geistige Welt Frankreichs, Erlangen 1940; F. v. Sayn-Wittgenstein, Wilhelmine von Bayreuth. Schwester u. Freundin Friedrichs des Großen, Lausanne 1971; H.-J. Bauer, Barockoper in Bayreuth, Laaber 1982; ders., Rokoko-Oper in Bayreuth, Laaber 1983

Marschner, Heinrich August Geb. 16. 8. 1795 in Zittau, gest. 14. 12. 1861 in Hannover; Opernkomponist und Dirigent. – 1824–26 Musikdirektor an der von Carl Maria von →Weber geleiteten Deutschen Oper Dresden; 1827 musikalischer Leiter des Leipziger Theaters; 1831–59 Hofkapellmeister in Hannover. – In seinen Briefen ging W. häufig auf Marschners Opern ein, komponierte eine Einlagearie zu dessen Oper *Der Vampyr* (1828) und dirigierte als Dresdener Hofkapellmeister einige seiner Werke. Die Romanze der Emmy im *Vampyr* »Sieh, Mutter, dort den bleichen Mann« kann direkt als Vorform zu W.s →Ballade der →Senta gelten, ohne jedoch deren musikdramatische Qualität zu erreichen. Eine weitere Anregung aus Marschners *Hans Heiling* (1833) mit dem Erscheinen der Königin »Aus der Klüfte Schlund« (Nr. 9) hat W. für seine »Todesverkündigung« im II. Aufzug der *Walküre* aufgegriffen. Trotz dieser »Verdienste« Marschners ist ihm von W. wenig Anerkennung widerfahren.

Lit.: R. W., *Text zum Allegro der Arie des Aubry (Einlage in Marschner's »Vampyr«; 1833)*, in: SSD Bd. 16, S. 183

Mary

Mezzosopranpartie im *Holländer*; die Amme →Sentas, die versucht, deren Fixierung auf den unheimlichen Seemann zu zerstreuen.

Materna, Amalie

Verh. Friedrich; geb. 10. 7. 1844 in Sankt Georgen an der Stiefing (Steiermark), gest. 18. 1. 1918 in Wien; Sängerin (Sopran). – Anfangs Operettensängerin, dann hochdramatisches Fach (1864 – 94) an der Wiener Hofoper; bei den Bayreuther →Festspielen sang sie 1876 die erste →Brünnhilde und 1882 die erste →Kundry; 1884/85 auch die erste Brünnhilde an der Metropolitan Opera New York.

Mein Leben

W.s Autobiographie. Im Vorwort zur Erstausgabe erläutert W. den Grund seiner Lebensbeschreibung mit dem Wunsch seiner Frau Cosima Wagner, die »mein Leben von mir sich erzählt wünschte«. Freilich dürfte der Wunsch König →Ludwigs II. noch gewichtiger gewesen sein, genaueres über seinen protegierten Freund zu erfahren. Durch die mit zahllosen Details angereicherte Autobiographie hatte W. zweifellos ein authentisches Quellenmaterial für die spätere W.-Forschung vorgelegt, das zwar sehr kritisch in der Selbstdarstellung W.s zu bewerten ist, zumal die Niederschrift in die Feder seiner zweiten Frau Cosima notwendigerweise gewissen Rücksichten unterworfen werden mußte, da er Cosima manches aus seinem früheren Leben wohl nicht ganz den Tatsachen entsprechend darstellen wollte. Außerdem war sein Ruhm schon so beträchtlich angewachsen, daß zur Imagepflege manche Politur des früheren Lebens erforderlich schien. Aber es handelt sich immerhin um ein Quellenmaterial, das nicht alltäglich und vor allem der schriftstellerischen Begabung W.s zu danken ist. Da W. seine Lebensbeschreibung zunächst nur wenigen Freunden eröffnen wollte, ließ er bei G. A. Bonfantini in Basel eine begrenzte Auflage von nur 18 Exemplaren drucken, wobei der 1. Band 1870, der 2. 1872 und der 3. Band 1875 ausgeliefert wurde. Die Fortsetzung des Diktats zog sich bis zum 23. 4. 1880 hin, so daß dieser Band, der bis in das Jahr 1864 reicht, in Bayreuth bei Th. Burger gedruckt wurde. Da Cosima mit ihren →Tagebüchern erst mit 1868 einsetzte, klaffte eine Lücke. Der Plan aber, sie zu schließen, konnte aus mancherlei

Rücksichten nicht mehr ausgeführt werden. – Ausgaben: 1. Teil (1813 – 42) in: SSD Bd. 13, S. 1 – 293, 2. Teil (1842 – 50) in: SSD Bd. 14, S. 1 – 308, 3. Teil (1851 – 61) in: SSD Bd. 15, S. 1 – 273, 4. Teil (1861 – 64) in: SSD Bd. 15, S. 275 – 387 (mit Auslassungen und kleinen Korrekturen); die erste authentische Fassung erschien 1963 in München (Neuauflage 1976; hiernach wurde im vorliegenden Lexikon zitiert); 1969 erschien in München eine kommentierte Ausgabe in zwei Bänden, herausgegeben von Martin Gregor-Dellin.

Meistersinger

Als W. sich 1845 zu einem Erholungsurlaub nach Marienbad zurückzog, nahm er Quellenmaterial mit, um der Tragödie *Tannhäuser* ein Satyrspiel folgen zu lassen. »Aus wenigen Notizen in *Gervinus'* ›Geschichte der deutschen Literatur‹ hatten die *Meistersinger von Nürnberg*, mit *Hans Sachs*, für mich ein besondres Leben gewonnen. Namentlich ergötzte mich schon der Name des ›Merkers‹ sowie seine Funktion beim Meistersingen ungemein«, schreibt W. in →*Mein Leben* (S. 315). Das zitierte Werk von Georg Gottfried Gervinus war jedoch nicht W.s einzige Quelle, die ihm immerhin einen damals erstaunlichen Einblick in die mittelalterliche Musikgeschichte gewährte: 14jährig sah W. bereits Johann Ludwig Deinhardsteins Schauspiel *Hans Sachs* (1829), Albert Lortzings Oper *Hans Sachs* (1840) lernte er 1842 kennen; von E. T. A. →Hoffmann las W.

schon frühzeitig die Erzählung *Meister Martin der Küfer* aus den *Serapions-Brüdern* (Berlin 1819 – 21) und auch Johann Wolfgang von Goethes Gedicht *Erklärung eines alten Holzschnittes vorstellend Hans Sachsens poetische Sendung* (1776). Außerdem besaß W. in seiner Bibliothek Friedrich Furchaus *Hans Sachs* (Leipzig 1819/20), Jacob →Grimms *Über den altdeutschen Meistergesang* (Göttingen 1811) und die dreibändige Ausgabe der Werke von Hans →Sachs, herausgegeben von Johann Gustav Gottlieb Büsching (Nürnberg 1816 – 24). Dennoch war es W. natürlich nicht um historisch getreue Darstellung der Meistersinger und ihrer Kunst zu tun, sondern es ging ihm um seine eigene Botschaft aus dem 19. Jh. mit Sicht auf das Mittelalter.

Meistersinger von Nürnberg, Die

(WWV 96)
In drei Aufzügen.
Entstehungsgeschichte: Die Keime zu W.s →Musikdramen wurden stets Jahre vor ihrer werkbiographisch sichtbaren Existenz gelegt; dann kam regelmäßig eine mehr und minder lange Inkubationszeit, der eine Ausarbeitungsphase folgte, die W. bei jedem Werk stets zu kurz einschätzte, und zwar deshalb, weil nicht nur W.s Kompositionsstil sich beständig vervollkommnete und nie zur Routine wurde, sondern auch zahlreiche widrige Lebensumstände W. beständig von seiner Arbeit abhielten. Auch die *Meistersinger* wurden bereits 1845 konzipiert, als W. jenen fruchtbaren Sommerurlaub in

Marienbad verbrachte und in Erinnerung an die Gepflogenheiten altgriechischer Dichter »ein heiteres Satyrspiel auf die Tragödie« folgen lassen wollte. Außerdem gedachte W. mit diesem neuen Werk nicht nur einen schnellen Publikumserfolg zu erzielen, sondern er wollte sich auch »vom Befassen mit dem ›Lohengrin‹« befreien. Beides gelang nicht. Als Lesestoff hatte sich W. u. a. auch Georg Gottfried Gervinus' *Geschichte der deutschen Nationalliteratur* (5 Bände, Leipzig 1835 – 42) nach Marienbad mitgenommen, die eine Abhandlung über den Meistersang und über Hans →Sachs enthält. Die Figur des Merkers kannte W. aus Johann Christoph Wagenseils *Buch von der Meister-Singer holdseligen Kunst* (1697). Eduard →Hanslick allerdings war damals noch nicht als Zerrbild eines musikalischen Zensors in der Figur des Merkers vorgesehen. Dennoch kreisten W.s Gedanken von Anfang an um die beiden Hauptpersonen des Merkers und des Schusterpoeten. Auf einem Spaziergang erfand sich W. eine Szene, »in welcher der Schuster, mit dem Hammer auf den Leisten, dem zum Singen genötigten *Merker* zur Revanche für von diesem verübte pedantische Untaten als populär handwerklicher Dichter eine Lektion gibt. Alles konzentrierte sich vor mir in den zwei Pointen des Vorzeigens der mit Kreidestrichen bedeckten Tafel von seiten des *Merkers* und des die mit Merkerzeichen gefertigten Schuhe

in die Luft haltenden *Hans Sachs*« (→*Mein Leben*, S. 316). W. erinnerte sich auch eines Erlebnisses in →Nürnberg, wo 1835 aus einem nichtigen Anlaß eine Straßenprügelei entstanden sein soll, nachdem W. relativ ausführlich die Geschichte des Tischlermeisters Lauermann erzählt: »*Lauermann* bildete sich nämlich ein, ein vortrefflicher Sänger zu sein, und hegte, von diesem Vorurteil ausgehend, besondres Interesse wiederum nur für solche, an denen er seiner Meinung nach Gesangstalent wahrnahm. Trotzdem er nun fortgesetzt wegen dieser seltsamen Eigenheit zur beständigen Zielscheibe des Spottes und der verhöhnenden Scherze gemacht war, stellte er sich doch regelmäßig alle Abende unter seinen lachlustigen Verfolgern ein; nur hielt es endlich äußerst schwer, den so häufig Ausgelachten und durch Verhöhnung Gekränkten dazu zu bringen, daß er seine Kunstfertigkeit zum besten gab, was endlich nur durch künstlichst angelegte Fallen, die man seiner Eitelkeit stellte, gelang. Meine Ankunft, als eines Unbekannten, wurde zu einem solchen Spiel benutzt; und wie gering man von der Urteilskraft des armen Meistersängers dachte, zeigte sich mir zu meinem Erstaunen dadurch, daß mein Schwager mich ihm als den großen italienischen Sänger *Lablache* vorstellte. Zu seiner Ehre muß ich gestehen, daß *Lauermann* mich lange Zeit mit ungläubigem Mißtrauen maß, sich über mein jugendliches Aussehn, noch mehr aber über den offenbaren

Tenorklang meiner Stimme mit vorsichtigem Bedenken äußerte [...] Ein seltsamer Kampf von Ungläubigkeit und gestachelter Eitelkeit machte nun den armen Tischler für mich wirklich anziehend: ich begann die mir zugeteilte Rolle selbst mit möglichstem Geschick zu spielen, und nach Verlauf zweier, durch die sonderbarsten Einfälle gewürzter Stunden gelang es wirklich, den wunderlichen Menschen, der lange in großer Aufregung seine blitzenden Augen auf mich gerichtet hatte, dazu zu bringen, daß er seine Muskeln in die eigentümlich gespenstische Bewegung setzte, die wir an einem musizierenden Automaten wahrzunehmen glauben, wenn das Räderwerk in ihm aufgezogen ist: die Lippen bebten, die Zähne knirschten, das Auge verdrehte sich konvulsivisch, und endlich erscholl von heiserer, fetter Stimme ein ungemein trivialer Gassenhauer« (ebd., S. 114f.). Daß dieses Erlebnis später in die Handlung der *Meistersinger* eingeflossen ist, kann kaum bezweifelt werden, zumal es nach 30 Jahren noch so lebhaft in W.s Erinnerung haftet. Außerdem werden die Einflüsse aus W.s persönlichen Erlebnissen in die Gestaltung seiner Werke bislang unterschätzt. Aber W. besaß selbstverständlich noch andere Quellen wie Jacob →Grimms Abhandlung *Über den altdeutschen Meistergesang* (Göttingen 1811) und die Biographie *Hans Sachs* (Leipzig 1819/20) von Friedrich Furchau zur Gestaltung seiner Handlung. Es vergingen 15 Jahre, bis W. sein Konzept

wieder vornahm und ausgerechnet in Paris (→Frankreich) 1861/62 ausarbeitete. In der Zwischenzeit hatte er freilich gedanklich weiter an dem Stoff gearbeitet, denn eine Beschreibung der Handlung in der Schrift *Eine →Mitteilung an meine Freunde* (1851) geht über den ersten Entwurf in manchen Einzelheiten hinaus. Dort heißt es:»Der Älteste der Zunft bot nun die Hand seiner jungen Tochter demjenigen Meister an, der bei einem bevorstehenden öffentlichen Wettsingen den Preis gewinnen würde. Dem Merker, der bereits um das Mädchen freit, entsteht ein Nebenbuhler in der Person eines jungen Rittersohnes, der, von der Lektüre des Heldenbuches und der alten Minnesänger begeistert, sein verarmtes und verfallenes Ahnenschloß verläßt, um in Nürnberg die Meistersingerkunst zu erlernen. Er meldet sich zur Aufnahme in die Zunft, hierzu namentlich durch eine schnell entflammte Liebe zu dem Preismädchen bestimmt, ›das nur ein Meister der Zunft gewinnen soll‹; zur Prüfung bestellt, singt er ein enthusiastisches Lied zum Lobe der Frauen, das bei dem Merker aber unaufhörlichen Anstoß erregt, so daß der Aspirant schon mit der Hälfte seines Liedes ›versungen‹ hat. Sachs, dem der junge Mann gefällt, vereitelt dann – in guter Absicht für ihn – einen verzweiflungsvollen Versuch das Mädchen zu entführen; hierbei findet er zugleich aber auch Gelegenheit, den Merker entsetzlich zu ärgern. Dieser nämlich, der Sachs zuvor wegen eines immer noch nicht fertigen Paares Schuhe, mit der Absicht, ihn zu demüthigen, grob angelassen hatte, stellt sich in der Nacht vor dem Fenster des Mädchens auf, um ihr das Lied, mit dem er sie zu gewinnen hofft, als Ständchen zur Probe vorzusingen, da es ihm darum zu thun ist, sich ihrer, bei der Preissprechung entscheidenden Stimme dafür zu versichern. Sachs, dessen Schusterwerkstatt dem besungenen Hause gegenüber liegt, fängt beim Beginne des Merker's ebenfalls laut zu singen an, weil ihm – wie er dem darüber Erbosten erklärt – dieß nöthig sei, wenn er so spät sich noch zur Arbeit wach erhalten wolle: daß die Arbeit aber dränge, wisse Niemand besser als eben der Merker, der ihn um seine Schuhe so hart gemahnt habe. Endlich verspricht er dem Unglücklichen einzuhalten, nur solle er ihm gestatten, die Fehler, die er nach *seinem* Gefühle in dem Liede des Merkers finden würde, auch auf *seine* Art – als Schuster – anzumerken, nämlich jedesmal mit einem Hammerschlage auf den Schuh überm Leisten. Der Merker singt nun: Sachs klopft oft und wiederholt auf den Leisten. Wüthend springt der Merker auf; Jener frägt ihn gelassen, ob er mit seinem Liede fertig sei? ›Noch lange nicht‹, schreit Dieser. Sachs hält nun lachend die Schuhe zum Laden heraus, und erklärt, sie seien just von den ›Merkerzeichen‹ fertig geworden.« Schon dieser Ausschnitt zeigt, wie weit W. bereits zehn Jahre vor der eigentlichen Ausarbeitung ins Detail gegangen

war. Er hätte eigentlich sogleich zur Dichtung und Komposition übergehen können. Aber die aufrechterhaltene Arbeit am *Ring* hielt W. noch ab. Als er dann doch seine Tetralogie *Tristans* wegen unterbrach, schob er gleich noch die *Meistersinger* ein, bevor er den *Ring* ganz beendete. – Als W.s Hoffnungen, mit *Tristan* einen schnellen und nachhaltigen Erfolg erringen zu können, nicht in Erfüllung gingen, glaubte W., mit den *Meistersingern* den nötigen Publikumserfolg haben zu können. Am 30. 10. 1861 schrieb er an den →Schott-Verlag: »Bereits habe ich [...] einen vollständigen Entwurf verfaßt. Die Oper heißt: ›Die Meistersinger von Nürnberg‹ und der – jovialpoetische – Hauptheld ist ›Hans Sachs‹ [...] Der Styl desselben, in Gedicht wie Musik, soll durchaus leicht populär sein, und für seine schnellste Verbreitung über das Theater soll mir namentlich auch der Umstand bürgen, daß ich diesmal weder eines sogenannten ersten Tenors noch einer großen tragischen Sängerin bedarf.« Anfang Nov. 1861 reiste W. erneut nach →Venedig, und noch im selben Monat entstanden ein zweiter und dritter Prosaentwurf der *Meistersinger*. Zur detaillierten Ausführung hatte sich W., inzwischen wieder nach →Wien zurückgekehrt, Wagenseils *Buch von der Meister-Singer holdseligen Kunst* durch seinen Freund Peter →Cornelius aus der Wiener Kaiserlichen Bibliothek besorgen lassen. W.s vierseitiges Exzerpt bezieht sich auf die Regeln der Meistersingerpoetik, die Namen der Meister und der Singweisen, den Ablauf der Singschule usw. – Die Dichtung begann W. im Dez. 1861 in Paris, wo er sich in ein kleines Hotel am Quai eingemietet hatte. Auf den Text von Sachs' →Wach-auf-Chor schrieb er jenes Thema, das er später im III. Aufzug einfügte. An verschiedene Briefadressaten schrieb er belustigt, wie eigenartig er es fände, daß er gerade diesen urdeutschen Stoff mit den Meistersingern in der französischen Metropole schreibe, und stellte sich vor, »wie sich Hans Sachs in Paris« wohl ausnehmen würde (an Cornelius, 11. 12. 1861). Das umfangreichste unter W.s Textbüchern wurde am 25. 1. 1862 abgeschlossen. Gegenüber den Entwürfen ist erst in der endgültigen Fassung der Verzicht des Schusterpoeten auf Eva eingearbeitet worden, wodurch die *Tristan*-Nähe spürbar wird, die sich ansonsten freilich überwiegend musikalisch auswirkt. Am 5. 2. 1862 las W. im Verlagshaus Schott in Mainz die Dichtung vor und schloß im März eine Lesung desselben Textes für das Großherzogspaar von Baden, Friedrich I. und Luise, in →Karlsruhe an. Eine weitere Lesung am 23. 11. 1862 in Wien führte zu einem Eklat, da der anwesende Hanslick sich persönlich in der Figur des Merkers angegriffen fühlte und empört die Gesellschaft verließ. In der endgültigen Fassung stand der Merker nicht mehr im Zentrum und war nicht mehr unmittelbar, wie noch in der Wiener Fassung von 1861, als Veit Hanslich

mit dem Namen des Wiener Musikkritikers verbunden. Er heißt nunmehr Sixtus Beckmesser. – In den *Meistersingern* liegt der merkwürdige und für W. besondere Fall vor, daß weder die Musik noch der Text (der früher stets die Grundlage und den Ausgangspunkt einer Oper bildete) den eindeutigen Primat beanspruchen kann. Die inhaltlich-textliche und die musikalische Idee sind eins und gehen in der Entstehungsgeschichte des Werks ineinander über. Es entstand auch, gegen alle Normen des Opernkomponierens, zuerst die →Ouvertüre, die nach dem Muster von Franz →Liszts symphonischen Dichtungen angelegt ist. Die vier Sätze der klassischen Symphonie werden zwar in einem Satz vereinigt, tragen jedoch noch vier Tempobezeichnungen: Allegro, Andante, Scherzo und Finale. Neben *Rienzi* sind die *Meistersinger* W.s einziges Werk, das in datierbarer Geschichte angesiedelt ist, nicht in mythischer oder legendärer Vorzeit. Das Nürnberg des 16. Jh.s ist nicht tote Vergangenheit, sondern Vorgeschichte der bürgerlichen Gegenwart. – Den Zusammenhang wahrend, wollte W. sein Werk zunächst in Nürnberg aufführen lassen. Noch aber mußte erst die Musik komponiert werden, von der Heinrich →Esser in einem Brief an Schott vermeldete: »Wie man das Ding komponieren könne, welches Wagner eine komische Oper nennt, ist uns allen ein Rätsel.« Zu diesem Zweck wollte W. in möglichst engem Kontakt mit seinem Verleger sein und richtete sich deshalb in →Biebrich ein, um mit der Komposition zu beginnen, die in einzelnen Lieferungen sofort an den Verlag gehen und gestochen werden sollte. Am 13. 4. 1862 begann W. mit der Orchesterskizze des Vorspiels, die er an seinem 50. Geburtstag fertig haben wollte. Anfang Juni wurde die Partitur des Vorspiels abgeschlossen. Dann stockte die Arbeit. Zwischendurch wollte sich W. mit einer Aufführung des Vorspiels am 31. 10. 1862 in →Leipzig Mut zur Weiterarbeit machen. Aber das Gewandhaus war schlecht besucht, und der Erfolg hielt sich in Grenzen. Da sich inzwischen die Wiener Hofopernintendanz doch entschlossen hatte, die *Tristan*-Proben wiederaufzunehmen, übersiedelte W. im Nov. 1862 nach Wien. Dort nahm er die Instrumentation des I. Aufzugs am 12. 5. 1863 wieder auf, nachdem er auf Konzertreisen bis nach →Moskau von der Arbeit abgehalten worden war, die er im Juni 1862 begonnen hatte. An seinem 50. Geburtstag waren weder die *Meistersinger* fertig noch *Tristan* aufgeführt. W. steckte in einer Krise, aus der er im Jan. 1864 durch erneuten kompositorischen Fleiß herauszukommen suchte. Die Schulden schlugen über ihm zusammen, so daß er am 23. 3. aus Wien flüchten mußte, um der Schuldhaft zu entgehen. In der →Schweiz suchte er zunächst bei seiner Gönnerin Eliza →Wille in Mariafeld (bei Zürich) Zuflucht. Die Orchesterskizze zum I. Aufzug schloß er am 21. 2. 1866, die Partitur

am 23. 3. ab. Am 15. 4. zog W. nach →Tribschen, wo er ungestört arbeiten und die Orchesterskizze zum II. Aufzug am 23. 9. abschließen konnte. Den III. Aufzug begann er am 2. 10.; er beendete die Orchesterskizze am 5. 3. 1867. Dieses Mal sparte er sich die Orchestrierung auf und beendete beide Akte am 24. 10. An diesem Tag schrieb er an Hans von →Bülow, dessen Frau Cosima sich wegen W. inzwischen von Bülow getrennt hatte: »Heute abend Schlag 8 Uhr wird das letzte C niedergeschrieben. Bitte um stille Mitfeier. Sachs.« – Der Plan, die *Meistersinger* in Nürnberg aufzuführen, wurde zwar anfangs auch von König →Ludwig II. unterstützt, dann aber fallengelassen, weil das Werk nach dessen Verlobung als Vermählungsoper für München bestimmt war. Die Festaufführung sollte am 12. 10. 1867 stattfinden. Die Verlobung des Königs aber wurde aufgelöst, und die Uraufführung mußte aus diesem Grund verschoben werden. Der neue Intendant, Karl von Perfall, machte Schwierigkeiten wegen der gewünschten Gastsänger. Dennoch wurden W.s diesbezügliche Wünsche erfüllt, und die Uraufführung (Dirigent: Bülow, Regie: Reinhard Hallwachs, Bühnenbilder: Heinrich Döll, Christian Jank und Angelo Quaglio, Kostüme: Franz Seitz; es sangen Kaspar Bausewein, Franz →Betz, Sophie Diez, Karl Fischer, Karl Samuel Heinrich, Gustav Hölzel, Eduard Hoppe, Mathilde →Mallinger, Franz →Nachbaur, Max →Schlosser und Eduard Sigl) konnte auf den 21. 6. 1868 angesetzt werden. Ludwig II. zeichnete W. dadurch aus, daß er ihn in seine Loge nahm und damit eine nie dagewesene Gunstbezeugung erwies. Für W. war es der größte Theatererfolg seines Lebens. *Handlung:* I. Aufzug, »die Bühne stellt das Innere der Katharinenkirche, in schrägem Durchschnitt, dar; von dem Hauptschiff, welches links ab dem Hintergrunde zu sich ausdehnend anzunehmen ist, sind nur noch die letzten Reihen der Kirchstühlbänke sichtbar; den Vordergrund nimmt der freie Raum vor dem Chore ein; dieser wird später durch einen Vorhang gegen das Schiff zu gänzlich abgeschlossen«: In der Kirche findet gerade ein Gottesdienst statt, den auch der junge Ritter Walther von Stolzing besucht. Er hat aber nur Augen für Eva, die Tochter des Goldschmieds. Sie sitzt mit ihrer Begleiterin, der Jungfer Magdalene, in der letzten Reihe der Kirchenbänke und erwidert verstohlen Walthers glühende Blicke. Vorsorglich läßt sie ihr Brusttuch und die Spange in der Bank zurück, um später danach schicken zu können, falls der junge Mann sie nach der Kirche ansprechen sollte. Eva hat ganz richtig spekuliert. Kaum ist der Schlußchoral verklungen und die Gemeinde im Aufbruch begriffen, drängt sich Walther an das Fräulein heran und fordert sie zum Verweilen auf. Sogleich wird Magdalene beauftragt, das vergessene Brusttuch zu holen. Bevor Walther jedoch die entscheidende Frage stellen

kann, ist Magdalene wieder zurück. Eva schickt sie erneut weg, um die Spange zu holen. Und auch jetzt reicht dem Ritter die Zeit nicht, um zu erfahren, ob Eva noch ledig ist. Da kommt der Zufall zu Hilfe. Magdalene hat nun selbst ihr Gesangbuch liegen lassen und geht ein drittes Mal zurück. Jetzt endlich kommt Walther dazu, zu fragen: »Seid Ihr schon Braut?« Da greift aber schon wieder Magdalene in das Gespräch ein und tut sehr erschrocken, als ihr Eva des Junkers Begehren verrät. Obgleich nun auch David die Unterhaltung durch seine Anwesenheit stört, dringt Walther auf eine Antwort und erhält die rätselhafte Auskunft, daß Eva zwar als Braut versprochen sei, den Bräutigam aber bisher noch niemand kenne. Denn am nächsten Tag erst ernennt das Meistergericht den Meistersinger, der sie zur Frau gewinnen soll. Verräterisch aber bricht es aus Eva hervor: »Euch oder keinen!« Darüber ist nicht nur Walther verwirrt, auch Magdalene ist bestürzt, da es ihr mit den beiden ein bißchen zu schnell zu gehen scheint. Seufzend und wie in Gedanken ruft Magdalene nach David, der wie auf das Stichwort erscheint und sich anschickt, den Raum für das Lossprechen eines Lehrlings herzurichten. Dann machen sich Magdalene und Eva, die Walther zu ihrem Vater begleiten möchte, auf den Weg. Dem Ritter aber wird bedeutet, daß Veit Pogner in wenigen Augenblicken selbst eintreffen werde und Stolzing inzwischen erfahren könne, was zu tun sei, um Eva als Braut zu gewinnen. David freilich ist skeptisch: »Gleich Meister? Oho! Viel Mut!« Lehrbuben tragen Bänke herein und richten die Sitze für die Meistersinger sowie das Gemerk her. Verdutzt nimmt Walther Kenntnis von den Sitten und Gebräuchen der Meistersingerzunft. David beginnt schließlich mit seiner Litanei, die ein Meistersinger beherrschen müsse, um vor den Kunstrichtern zu bestehen. Walther wird es ganz dumm im Kopf von all den Regeln und Singweisen, die zu beachten notwendig sein sollen, um Meistersinger zu werden. Dennnoch gibt der Ritter nicht auf. Wenn er Eva schon nicht mit dem Schwert erringen könne, dann eben mit Gesang, so gut es geht. Kaum haben die Lehrbuben das Gemerk errichtet, kommen Pogner und Beckmesser aus der Sakristei. Beide unterhalten sich über die Werbung um Eva. Walther macht sich mit ihrem Vater bekannt und bringt unverblümt seinen Wunsch vor, Meistersinger werden zu wollen. Weitere Meister treten ein und werden vorgestellt. Erst jetzt bemerkt Beckmesser den jungen Ritter und fragt mißgünstig: »Wer ist der Mensch?« Doch niemand geht auf seinen Argwohn ein, und feierlich werden die einzelnen Meister aufgerufen. Dann bringt Pogner seinen Antrag ein, am Fest des Johannistags und zur Ehre der einzig noch in Nürnberg gepflegten Singekunst dem Sieger aus dem Kunstgesangswettbewerb seine einzige Tochter als Frau anzuvertrauen. Klug allerdings fügt der Goldschmied hinzu, daß Eva selbst ihre Einwilligung zur Ehe geben müsse. Sogleich folgen Einwände der Meister, besonders von Beckmesser, der meint, daß man dann gleich nach dem Herzensziel wählen lassen könne und den Meistergesang aus dem Spiel lassen solle. Doch Pogner entgegnet: »ein Meistersinger muß er sein: nur wen ihr krönt, den soll sie frei'n.« Als dann noch Hans Sachs den Vorschlag macht, den gekürten Meistersinger durch die Gunst des Volkes bestätigen zu lassen, um die Lebendigkeit der Kunst einmal im Jahr durch das Volk selbst überprüfen zu lassen, regt sich erneut Widerstand. Schließlich aber schlichtet Pogner die Aufregung und stellt Stolzing als Kandidaten vor, der sich nun der Befragung durch die Meister stellen muß. Obgleich Beckmesser immer wieder argwöhnische Bemerkungen macht und auch den übrigen Meistern mehrere Ausnahmen in bezug auf den Ritter nicht recht gefallen wollen, geht die Prozedur ihren Gang, zumal Sachs den Angriffen stets die Spitze zu nehmen versteht. Endlich ist es soweit, daß Stolzing eine Probe seiner Kunst zum besten geben soll, und Beckmesser wird dafür zum Merker bestellt. Sobald dieser halb widerwillig, halb schadenfroh im Gemerk verschwunden ist, werden dem Ritter neue Anweisungen zum Meistergesang gegeben. Kothner verkündet die »Leges Tabulaturae«, und Walther soll sich in den Singestuhl setzen. Nun beginnt Stolzing sein frei improvisiertes Lied vom aufkeimenden Frühling und von der Liebe. Ohne das Ende abzuwarten, reißt Beckmesser den Vorhang seines Gemerkes auf, zeigt die mit Kreidestrichen angefüllte Tafel der Regelverstöße und gebietet dem Sänger Einhalt. Wieder ist es Sachs, der Walthers ungewohnte Kunst verteidigt, da sie ihre eigenen und nicht der Meister Regeln habe und Beckmesser zudem in seinem Urteil befangen sei, da er selbst auf Freiersfüßen stünde. Beckmesser kontert, daß sich der Schuster besser um sein Handwerk kümmern solle, als die Meister zu bevormunden. Schließlich muß sich dennoch der Ritter dem vernichtenden Urteil der Meister beugen. Nur Sachs ist noch zuversichtlich und blickt gedankenvoll auf den inzwischen leeren Singstuhl.

II. Aufzug, »die Bühne stellt im Vordergrunde eine Straße im Längendurchschnitte dar, welche in der Mitte von einer schmalen Gasse, nach dem Hintergrunde zu krumm abbiegend, durchschnitten wird, so daß sich im Front zwei Eckhäuser darbieten, von denen das eine, reichere rechts – das Haus *Pogners*, das andere, einfachere, links – das des *Hans Sachs* ist«; vor Pogners Haus eine Linde, vor Sachs' ein Fliederbaum; »heiterer Sommerabend; im Verlaufe der ersten Auftritte allmählich einbrechende Nacht«: Am Abend vor dem Johannistag ist das junge Volk schon recht ausgelassen. Magdalene bringt ihrem David eine Leckerei mit und fragt ihn aus, wie es mit der Prüfung Walthers in der Singschule ausgegangen sei. Als David gesteht, daß der Ritter vollständig versungen habe, ist Magdalene schockiert. David kann diese besondere Anteilnahme nicht verstehen. Schon sind aber die Lehrbuben zur Stelle und singen tanzend ihre Spottverse auf die verliebten Leute. Bald aber werden sie in die Häuser verscheucht. Sachs läßt sich seine Schusterbank zur Arbeit herrichten. Pogner und seine Tochter kommen von einem Spaziergang zurück. Auf der Bank vor dem Haus sprechen beide noch etwas miteinander; Eva kann aber nichts über Walther erfahren. Da tritt Magdalene hinzu und deutet an, daß der Ritter versungen habe. Erschrocken weiß Eva sich nur noch dadurch Rat zu schaffen, daß sie Sachs aufsuchen will, der gegen alle Gewohnheit nochmals an die Arbeit gegangen war. Bevor Sachs mit seinem Handwerk beginnt, genießt er in vollen Zügen den starken Fliederduft und sinniert über seine Schusterei, die zusätzliche Poeterei und über den jungen Sänger. Besonders dessen Lied will ihm nicht mehr aus dem Kopf gehen, obgleich er es auch nicht recht behalten kann, da es so neu und ungewohnt klang. Sachs kommt zu dem Schluß: »Dem Vogel, der heut' sang, dem war der Schnabel hold gewachsen; macht' er den Meistern bang, gar wohl gefiel er doch Hans Sachsen.« Während er nun seine Arbeit aufnimmt, nähert sich Eva schüchtern der Werkstatt und begrüßt artig den Meister. Er glaubt, sie käme nochmals wegen der neuen

Brautschuhe. Sie bekommt mit ihren umständlichen Fragen auch nicht heraus, was sie eigentlich wissen will, zumal sie auch auf Sachs' eigene Absichten ihr gegenüber anspielt und enttäuscht spekuliert, daß es ihm wohl gar nicht recht sei, wenn Beckmesser sie ersänge. Dann kommt das Gespräch aber doch noch auf Walthers Vorsingen in der Singschule. Sachs gibt Auskunft über den Streit und die Verwirrung wegen des ungewohnten Gesangs von Walther, der bei den Meistern durchgefallen war. Auf Evas ängstliche Fragen, ob denn gar nichts mehr helfe, gibt Sachs die hintersinnige Antwort:»Mein Kind, für den ist alles verloren, und Meister wird der in keinem Land; denn wer als Meister ward geboren, der hat unter Meistern den schlimmsten Stand.« Und als es sogar Sachs lieber sähe, daß der Ritter sein Glück woanders versuchte und nicht die Ordnung der Meistersinger störte, braust Eva ärgerlich auf und geht aufgeregt davon. Bevor sie ihr Zuhause erreicht, begegnet ihr Magdalene, die ihr Beckmessers nächtlichen Besuch zu einem Ständchen vor ihrem Fenster ankündigt. Eva schlägt vor, die Rollen zu tauschen. Inzwischen hat sie fortwährend nach Walther Ausschau gehalten, der endlich die Gasse heraufkommt; Eva fliegt ihm jubelnd in die Arme. Während Magdalene ins Haus geht, besprechen die Verliebten bang die verzwickte Lage. Da Walther nicht zum Meistersinger tauge, aber nur ein Meistersinger Eva bekommen

könne, sieht er sich schon regelrecht von den Meistern wie von Gespenstern verfolgt. Ihr Gespräch wird durch den Ruf des Nachtwächters unterbrochen. Walther versteckt sich, und Eva verschwindet zunächst im Haus. Der Nachtwächter verkündet die zehnte Abendstunde. Sachs hat teilweise Evas Gespräch mit dem Ritter belauscht und will verhindern, daß es zu einer Entführung kommt. Walther wartet auf Eva und glaubt, Magdalene auf sich zukommen zu sehen. In Wirklichkeit ist es jedoch die verkleidete Eva, die sich Walther an den Hals wirft und mit ihm zu fliehen bereit ist. Sachs öffnet jedoch sein Fenster und versperrt ihnen den Weg. Inzwischen hat sich Beckmesser unter Evas Fenster geschlichen und will sein Ständchen singen. Um sich den Weg freizukämpfen, will Walther mit seinem Schwert auf Sachs und dann auf Beckmesser losgehen, was Eva jedoch verhindert. Das Paar versteckt sich wieder im Gebüsch. Beckmesser hat seine Laute gestimmt und will gerade mit seinem Lied beginnen, als Sachs kräftig mit dem Hammer auf den Leisten schlägt und einen Gassenhauer zu trällern beginnt. Der in seiner Liebeshuldigung gestörte Beckmesser versucht verärgert, den Schuster zu beschwichtigen. Sachs aber stellt sich dumm und besteht darauf, Beckmessers Schuhe für den nächsten Tag fertig zu machen, zumal ihn der Stadtschreiber selbst gerügt hatte, mehr Sorge für sein Handwerk, weniger für die Poeterei zu tragen. Beckmesser aber möchte ungestört Eva sein Ständchen darbringen, und als sich ihr Fenster öffnet, bleibt ihm nichts anderes übrig, als auf einen Handel mit Sachs einzugehen: Sachs soll das Lied anhören und beurteilen; falls er einen Fehler feststellt, kann er sich als Merker betätigen und auf den Leisten schlagen. Beckmesser beginnt, und bald schlägt auch Sachs auf den Leisten, wodurch der Stadtschreiber aus dem Konzept gebracht wird. Noch bevor er mit der zweiten Strophe geendet hat, zeigt ihm Sachs triumphierend sein fertiges Werk. Und um sein Lied zu beenden sowie Sachs zu übertönen, fängt Beckmesser so laut zu singen an, daß die Nachbarn wach werden, ihre Fenster öffnen und Ruhe fordern. David nimmt die Gelegenheit wahr, sich handgreiflich an dem Galan zu rächen, der offensichtlich seine Lene mit einem Liebeslied besingt. Magdalene schreit denn auch laut um Hilfe, und es beginnt ein nächtlicher Tumult in Nürnbergs Gassen. Immer mehr Bürger verlassen in Nachtgewändern ihre Häuser. Den Lehrbuben kommt es besonders gelegen, handgreiflich mitmischen zu können. Gesellen der verschiedenen Zünfte kommen herbei und tragen ihre lang unterdrückten Händel aus. Je mehr Ruhe geboten wird, desto hitziger wird die Keilerei. Aus den Fenstern werden Wasserkübel gegossen, und in dem furchtbaren Durcheinander versucht nun Walther mit Eva die Flucht zu ergreifen. Sachs aber, der das Manöver durch-

schaut, packt Walther am Arm und drängt Eva in ihr Haus. Der Hornruf des Nachtwächters macht schließlich dem Spuk ein Ende. Die Leute verziehen sich eiligst in ihre Häuser, und der Nachtwächter verkündet die elfte Abendstunde.

III. Aufzug, in Sachs' Werkstatt: Der Schuster ist in einen großen Folianten vertieft. David tritt mit einem Korb ein, beschäftigt sich mit dem Inhalt und berichtet, daß er Beckmessers Schuhe bei diesem abgegeben habe. Sachs schlägt schließlich lautstark das Buch zu und fragt seinen Gesellen, der das Johannisfest erwähnt, ob er sein Sprüchlein gelernt habe. Mitten im Vortrag hält David inne und entsinnt sich, daß heute der Namenstag des Meisters ist. Sachs bedankt sich und ordnet an, daß David sein stattlicher Herold zur Festwiese sein solle. Darauf angesprochen, ob er selbst wieder heiraten wolle, versinkt Sachs in schwere Gedanken: »Wahn, Wahn! Überall Wahn! Wohin ich forschend blick' in Stadt- und Welt-Chronik […]« Und er nimmt sich vor, wenigstens den Wahn der vergangenen Johannisnacht in vernünftige Bahnen zu lenken. Walther tritt aus seiner Kammer, die ihm Sachs angewiesen hatte, in die Schusterstube, begrüßt den Meister und erzählt von seinem Traum, den er in der Nacht gehabt hat. Obgleich Walther zunächst skeptisch ist, von dessen Inhalt zu berichten, weiß Sachs den Junker zu überzeugen, daß aus solchem Stoff ein Meisterlied erwachsen könne. Schließlich willigt Walther ein und fragt: »Wie fang' ich nach der Regel an?«, worauf die aufmunternde Antwort kommt: »Ihr stellt sie selbst, und folgt ihr dann. Gedenkt des schönen Traums am Morgen; fürs and're laßt Hans Sachs nur sorgen!« Walther beginnt zu singen. Sachs schreibt die Verse auf und gibt Hinweise für den Bau des Gedichts. Nach dessen Gelingen begleitet Sachs seinen Gast in die Kammer, um ihn für die Festwiese auszustatten. Beckmesser schleicht sich verstohlen in die Schusterstube. Die Prügel, die er vergangene Nacht bezogen hat, sieht man ihm deutlich an. Unruhig geht er im Zimmer umher. Endlich fällt sein Blick auf das von Sachs geschriebene Gedicht. Fassungslos vermutet Beckmesser, der Schuster könnte ihm auf der Festwiese zum Konkurrenten um Eva erwachsen. Unvermutet tritt Sachs ein, so daß Beckmesser gerade noch Zeit hat, das Gedicht in die Rocktasche zu stecken. Verlegen schiebt er die schlecht gemachten Schuhe als Vorwand für seinen Besuch vor, und Sachs macht kauzige Anmerkungen zu den Ereignissen der vergangenen Nacht. Dann aber rückt Beckmesser mit eifersüchtigen Gedanken heraus. Mit dem Werbelied glaubt er den Beweis für Sachs' Absichten um Eva in Händen zu haben. Als Sachs dies abstreitet, zieht Beckmesser das Dokument aus der Tasche, womit er sich als Dieb zu erkennen gibt. Sachs erkennt, in welchem Irrtum sich der Stadtschreiber befindet, nutzt die Situation aus, um seinen Plan besser aus-

führen zu können, und schenkt Beckmesser das Blatt. Schlau versichert sich dieser, daß nicht etwa Sachs selbst mit dem Lied auftreten und darauf Ansprüche erheben würde. Mit überschwenglichen Beteuerungen, Sachs' Freundschaft verkannt zu haben, und hochbeglückt, mit einem Gedicht des berühmten Poeten im Wettbewerb auftreten zu können, macht sich Beckmesser eiligst davon, um zu Haus das Lied zu memorieren. Kaum ist der Stadtschreiber verschwunden, tritt Eva in die Werkstatt und klagt über ihre drückenden Schuhe. Am Schuhwerk liegt es nicht, denn Eva entschlüpft ein Schrei, als Walther in glänzender Rittertracht den Raum betritt. Sachs tut, als bemerkte er seinen Gast nicht, spielt nochmals auf die eigene Werbung an und auf Walthers schönes Lied, dem noch ein dritter Vers fehle. Unvermittelt und den Blick begeistert auf Eva gerichtet, setzt Walther sein Preislied fort, das Sachs wohlwollend ein Meisterlied nennt. Und auch für sein Entsagen der Brautwerbung findet Sachs einen guten Grund. Er verweist auf die Volkssage des »Tristan«: »Mein Kind: von Tristan und Isolde kenn ich ein traurig Stück: Hans Sachs war klug, und wollte nichts von Herrn Markes Glück.« Magdalene tritt in den Laden und gleichzeitig David aus seiner Kammer. Sachs bestellt alle zum Zeugen der Taufe einer Meisterweise und ernennt David mit einer Ohrfeige zum Gesellen. Dann ist allgemeiner Aufbruch zur Festwiese. Die Gruppen der einzelnen Zünfte halten festlichen Einzug. Zahlreiche Bürger haben sich bereits auf der Festwiese eingefunden, und die Lehrbuben beginnen übermütig mit den Mädchen zu tanzen. Sie werden jedoch jäh unterbrochen, als die Meister in ihrem Ornat heranschreiten und Eva den Ehrenplatz einnimmt. Ein Loblied auf Sachs wird angestimmt, der sich gerührt bedankt und dem Volk die Regeln und den Preis des Wettsingens verkündet. Beckmesser versucht noch in letzter Minute den von Sachs erhaltenen Liedtext zu verstehen und gerät sichtlich ins Schwitzen, versucht aber Sachs für dessen eigenes Werk (wie er meint) einzunehmen und versichert sich nochmals, daß Sachs nicht selbst als Konkurrent auftritt. Schon wird Beckmesser zum Vorsingen aufgefordert. Seine Unsicherheit macht sich jedoch schon beim Besteigen des Podestes bemerkbar; kichernd versuchen die Lehrbuben, ihm größere Standfestigkeit zu verschaffen. Auch das Volk macht sich über den kauzigen Werber lustig. Doch es hilft nun alles nichts mehr: Beckmesser muß mit seinem Vortrag beginnen. Er sucht sich durch das Vorspiel auf der Laute zu ermutigen und beginnt. Den ihm anvertrauten Text hat er aber so furchtbar entstellt und mit seiner alten Melodie des nächtlichen Ständchens verbunden, daß sich nicht nur die Bürger wundern und ihrem Befremden Ausdruck verleihen, sondern auch die Meistersinger ratlos über den »merkwürdigen Fall« die Stirn runzeln. Völlig verunsichert nimmt Beckmesser das Blatt mit dem Liedtext zu Hilfe, aber seine Verse werden immer verworrener und unsinniger. Dennoch fährt er verzweifelt fort, bis schließlich das Volk nicht länger an sich halten kann und in ein dröhnendes Gelächter ausbricht. Wütend verläßt der Sänger sein Podest und bezichtigt Sachs der Urheberschaft seiner Blamage und des Liedtextes. Zur Rechenschaft aufgefordert, erklärt Sachs, nicht der Autor des Gedichts zu sein, das sehr schön sei, wenn es sinngemäß und mit der richtigen Melodie vorgetragen werde. Der Dichter sei anwesend und möge als Zeuge für seine Behauptung in den Kreis treten. Walther von Stolzing löst sich aus der Menge, betritt das Blumenpodest und trägt sein Lied vor, das die Bürger von Nürnberg sichtlich bezaubert und auch die Meister zu überzeugen vermag. Sachs' Plan ist gelungen. Eva wird nun aufgefordert, dem Sänger den Lorbeer zu überreichen. Als ihm aber Pogner auch noch die goldene Meisterkette umlegen will, wehrt sich Stolzing: »Nicht Meister! Nein! Will ohne Meister selig sein!« Alles blickt mit Betroffenheit auf Sachs, der sogleich erwidert: »Verachtet mir die Meister nicht, und ehrt mir ihre Kunst!« Alle Anwesenden stimmen ein: »[…] ehrt eure deutschen Meister, dann bannt ihr gute Geister!« Und mit dem jubelnden Ausruf des Volkes »Heil Sachs! Hans Sachs! Heil Nürnbergs teurem

Sachs!« endet das strahlende Opernfinale.

Musikdramaturgie: Der Kern des →Musikdramas, den W. immer erst als »Ton« erfassen mußte, um vehement in die Komposition einsteigen zu können, war beim *Holländer* z. B. die →Ballade der →Senta und ist in den *Meistersingern* die →Ouvertüre. Zwar hatte W. schon längere Zeit die gängige Praxis damaliger Opernkomponisten aufgegeben, Ouvertüren nachträglich als Potpourris zu komponieren, aber als musikdramaturgische Initialzündung geschah es bei W. zum erstenmal, daß er eine musikalische Zusammenfassung, die gemeinhin dem Hörer als Einleitung dient, als Keimzelle für ein ganzes Musikdrama kreierte. Denn die *Meistersinger*-Ouvertüre wurde nicht nur chronologisch zuerst komponiert; W. konzipierte 1861 auf der Fahrt von Venedig nach Wien »sofort mit größter Deutlichkeit den Hauptteil der Ouvertüre in C-dur« (→*Mein Leben*, S. 684). So entstand bereits die Musik, bevor noch die erste Zeile der Dichtung geschrieben war. Erst Anfang Dez. 1861 begann W. in Paris .(→Frankreich) mit der Versdichtung. Und in Paris notierte sich W. 1862 in der »Taverne anglaise« auch die Melodie des →Wach-auf-Chors, der nach Cosima Wagners Aufzeichnungen in den →Tagebüchern »die Quintessenz des Werkes« war. Die Orchesterskizze zum Vorspiel entstand zwischen dem 13. und 20. 4. 1862, und die Partitur dazu wurde Anfang Juni fertig. – Die C-Dur-Tonart ist in der Ouvertüre wie im ganzen Werk der »Inbegriff der Sphäre von gravitätisch schreitendem Marsch und archaisierendem Kontrapunkt« (Carl Dahlhaus, *Richard Wagners Musikdramen,* Velber 1971). Insofern ist die zentrale Harmonie C-Dur eher eigenwillig als typisch für eine Komik, die in ihrer schwerblütigen Groteske nicht jedermanns Geschmack trifft und auf W.s Art von Witz zurückgeht, den weder Franz →Liszt noch Friedrich →Nietzsche schätzten. Vielleicht hängt es damit zusammen, daß »die ›Meistersinger‹ das Werk eines Humors sind, dem nicht zu trauen ist«, wie Dahlhaus hervorgehoben hat. Und es ist auch dem gelegentlichen Auftrumpfen des C-Dur nicht recht zu trauen, da sein Pathos nur die glänzende Fassade eines Revers mit zweifelnder Resignation darstellt, die als Ironie das tragende Element der W.schen Komik ist. – Als Quintessenz ist der Wach-auf-Chor nicht nur ideologisch, sondern auch stilistisch zu verstehen, da in diesem Chorsatz deutlich hervortritt, was Hans Sachs als Charakterisierung der Kunst Walther von Stolzings (hinter der sich W.s kompositorische Position verbirgt) so beschreibt: »Es klang so alt und war doch so neu.« Im Wach-auf-Chor kommt diese janusköpfige Wirkung dadurch zustande, daß, verglichen mit dem *Tristan*-Stil, die →Chromatik zurücktritt, während die Dissonanztechnik stärker ausgebildet wird. Die Chromatik, als bevorzugtes kompositionstechnisches

Mittel der Moderne von W. forciert, wird in den *Meistersingern* in unerwarteter Weise zurückgenommen, um einer Dissonanztechnik den Vortritt zu lassen, die auf alte Techniken noch nicht tonal organisierter Harmonien zurückzugreifen scheint, um gleichzeitig durch nicht traditionelle Akkordfortschreitungen zu avancieren, ohne auf die Essenz der Chromatik zurückgreifen zu müssen, die in *Tristan* als Pforte zur Musik des 20. Jh.s reklamiert wurde. – Die Exponenten des alten und des neuen Stils, Beckmesser und Stolzing, werden zwar mit kompositionstechnischen Mitteln charakterisiert, damit die Gegensätze auch musikalisch klar erkennbar sind, aber nichtsdestoweniger stellt Walthers »Preislied« in keiner Weise W.s avancierten Kompositionsstil dar, sondern wirkt in seiner Kantabilität durchaus nicht neu in der Kompositionsgeschichte des 19. Jh.s, dessen Neuheit das »Charakteristische« war. In Umkehrung des Sachverhalts, daß Beckmessers Singekunst dem Alten zugerechnet werden muß, ist nun aber gerade die Musik zu seiner Pantomime außerordentlich charakteristisch, so daß sich die Kategorien kreuzen. Wesentlicher für die Zuordnung von Alt und Neu erscheint deshalb die Gegenüberstellung von schulmeisterlicher Pedanterie und schöpferischer Poesie. Beide Tendenzen werden in der Kunst der Widersacher als Beckmessers Kunsthandwerk einerseits und im musikalischen Naturgenie Stolzings andererseits verkörpert. – Die →Form des Werks hat Alfred →Lorenz als die eines riesigen →Bars definiert, der in den *Meistersingern* sowohl als Formelement wie als übergreifende Einheit nachzuweisen sei, die sich sogar aktübergreifend mit zwei Stollen der ersten beiden Aufzüge und einem Abgesang des III. Aufzugs ausweise. Lorenz' Formanalysen hatten vor allem den Zweck, den Vorwurf der Formlosigkeit W.scher Werke zu eliminieren; in dieser Aufgabe schoß der Formanalytiker allerdings über das Ziel hinaus, da er die organische Formentwicklung von W.s Werken mit architektonischen Mitteln messen wollte. Konform mit W.s Prämisse, daß das →Vorspiel als Keimzelle des Dramas zu verstehen sei, hat Lorenz immerhin das Vorspiel zum I. Aufzug der *Meistersinger* als »eine Vorbereitung auf das *ganze* Werk« bezeichnet, im Gegensatz z. B. zum *Tristan*-Vorspiel, das nur den I. Aufzug einleite, und einer Bogenform mit Haupt-, Mittelsatz und Reprise zugeordnet, die weniger akademisch auch auf das Muster der symphonischen Dichtungen Liszts zurückgeführt werden kann, wonach die vier Sätze der klassischen Symphonie zu einem Satz vereinigt, aber als Formabschnitte mit Hauptthema, Seitenthema, Durchführung und Reprise erhalten bleiben und bei W. mit den Tempobezeichnungen Allegro, Andante, Scherzo und Finale markiert werden. Auch Lorenz räumt W.s Vorspiel übrigens Anleihen aus der klassischen Ouvertüre in »Sonatenform« ein und verweist sogar auf den Einfluß Liszts. *Wirkungsgeschichte:* Nach der glanzvollen Uraufführung in →München waren es wieder die mittleren Theater Deutschlands, die sich des Werks zuerst annahmen: Karlsruhe, Dresden, Mannheim, Dessau und Weimar; Wien und Berlin folgten erst 1870. Einige dieser Aufführungen gingen weniger nobel als in München über die Bühne, da sich mancherorts das Theaterpublikum an der →Prügelszene handgreiflich beteiligte und die Musik als »musikalischer Wechselbalg« geschmäht wurde. Dennoch verbreitete sich das Werk unaufhaltsam; es wurde zunächst in Prag 1871 übernommen, dann in Kopenhagen 1872 dänisch gesungen, 1882 in London und 1883 in Amsterdam. Ungarisch wurde es 1883 in Budapest gegeben. Die französische Erstaufführung fand 1885 in Brüssel in Anwesenheit der belgischen Königin Marie Henriette statt. An der Metropolitan Opera New York inszenierte man die amerikanische Erstaufführung am 4. 1. 1886, gesungen in deutscher Sprache; der Dirigent war Anton →Seidl. Paris folgte erst 1897 mit einer Aufführung im Palais Garnier. – Der Bayreuther Festspielplan wies erstmals 1888 die *Meistersinger* aus, wobei sich Cosima Wagners →Inszenierung mit nur wenigen Änderungen auf die von W. autorisierte Uraufführung stützte. Jahrzehnte wurde diese Festoper des Repertoires von jeglichen Stilisierungsversuchen ausgenommen und stieg nicht

zuletzt deshalb in der Publikumsgunst. Freilich war gerade deshalb auch nicht zu verhindern, daß sich die Nationalsozialisten in den 20er und 30er Jahren des Werks bemächtigten, da das Deutschtum in den *Meistersingern* propagandistisch hervorragend auszubeuten war. Adolf →Hitler versicherte sich selbst der Wirkung der »Arierburg« in Bayreuth, nachdem Siegfried →Wagner vergebens nationalpolitische Einflüsse abzuwehren versucht hatte, indem er 1925 im →Festspielhaus den Anschlag anbringen ließ: »Wir bitten, alles noch so gut gemeinte Singen zu unterlassen: hier gilt's der Kunst!« Die geistige Okkupation des Werks war aber schon zu weit fortgeschritten. Am 22. 3. 1933 wurde der »Tag von Potsdam« mit einer Aufführung der *Meistersinger* in der Staatsoper Unter den Linden Berlin begangen und im Nürnberger Reichsparteitag als Festoper ausgestattet. W.s philosophisches Spätwerk wurde zur »nationalen Sache« umfunktioniert. Die sogenannten Kriegsfestspiele wurden von der NS-Gemeinschaft »KdF« organisiert und in Bayreuth bald ausschließlich mit Aufführungen der *Meistersinger* bestritten, wodurch 1943 und 1944 Anerkennungen für den Kriegseinsatz Tausender noch einmal Davongekommener geleistet werden sollten, um die Verzweifelten moralisch wiederaufzurüsten. So ist es verständlich, daß gerade an diesem Werk und an W. im allgemeinen nach dem Zweiten Weltkrieg der Makel des Verwerflichen oder zumindest des Benutzbaren haftete. Um so mehr mußte auffallen, daß man im Ausland mit den *Meistersingern* ziemlich unbefangen umging: Die verfänglichen Textstellen wurden einfach gestrichen, aber keineswegs Aufführungsverbote erlassen. In Paris wurde das Werk 1948, 1949 und 1952 gespielt, in Kopenhagen 1951, in Mailand sogar am 10. 5. 1945 und bereits wieder 1947. Auch in Deutschland wurden die *Meistersinger* bald wieder als beliebte Eröffnungsoper für die aus der Asche des Krieges neu errichteten Theater herangezogen: 1955 in Berlin (Lindenoper), 1959 in Mönchengladbach, 1963 in München (Nationaltheater), 1966 in Würzburg und 1978 in Wiesbaden. – In Bayreuth machte sich Wieland →Wagner nach dem Krieg daran, 1956 die *Meistersinger* zu inszenieren und die »sentimentale Gemütlichkeit« von der Bühne zu verbannen. Seine zweite Inszenierung des Werks legte er als Satyrspiel an, das »auf dem Brettergerüst des Shakespeare- und Hans-Sachs-Theaters« sich ereignete. Als Kunstkomödie hatte auch Joachim Herz 1960 die *Meistersinger* zur Eröffnung des Leipziger Theaters inszeniert. Herz ließ Beckmesser das Preislied in der Gedichtversion von Stolzing singen (also textlich unentstellt und somit nicht original) und lediglich nach Moll versetzen. Andernorts wurde die Tendenz des Volkstümlichen verstärkt, z. B. 1977 in Wien oder 1979 in München, wo ein riesiges Bierzelt den Mittelpunkt der Festwiese bildete. – Zum

100. Jahrestag der Uraufführung inszenierte Wolfgang →Wagner in Bayreuth das Werk, das er in einen Schwebezustand von Diesseitigkeit und Transparenz versetzte und in dem Beckmesser am Schluß in Amt und Würden verblieb. Seine zweite Inszenierung gestaltete Wolfgang W. noch volkstümlicher und heiterer, indem er auf der Festwiese mittels einer fränkischen Tanzlinde unbekümmerte Ausgelassenheit zuließ und den Wahn des philosophierenden Schusters in Heiterkeit auflöste. – Text in: GSD Bd. 7, S. 197–364. – Schallplattenaufnahmen →Diskographie.

Lit.: R. W., *Die Meistersinger von Nürnberg* [I. Entwurf] (1845), in: SSD Bd. 11, S. 344; ders., *Die Meistersinger von Nürnberg* [II. Entwurf], in: SSD Bd. 11, S. 356; ders., *Die Meistersinger von Nürnberg* [III. Entwurf] (1861), in: SSD Bd. 11, S. 379; ders., *Die Meistersinger von Nürnberg* [Varianten], in: SSD Bd. 16, S. 211; ders., *Programmatische Erläuterungen: Die Meistersinger von Nürnberg*, in: SSD Bd. 12, S. 347; E. Thomas, Die Instrumentation der Meistersinger von Nürnberg. Ein Beitrag zur Instrumentationslehre, Mannheim 1899; R. Sternfeld, Hans Sachsens Schusterlied, in: Die Musik 1901/02, S. 1869; H. Abert, Gedanken zu R. W.s »Die Meistersinger von Nürnberg«, in: Die Musik 1904/05, S. 254; E. Kloss, R. W. über die »Meistersinger von Nürnberg«. Aussprüche des Meisters über sein Werk, Leipzig 1910; W. Altmann,

Zur Geschichte der Entstehung und Veröffentlichung von R. W.s »Die Meistersinger von Nürnberg«, in: R.-W.-Jahrbuch 1913, S. 87; K. Grunsky, Reim und musikalische Form in den Meistersingern, in: ebd., S. 138; E. Mehler, Die Textvarianten der Meistersinger-Dichtung. Beiträge zur Textkritik des Werkes, in: ebd., S. 187; F. Zademack, Die Meistersinger von Nürnberg. R. W.s Dichtung und ihre Quellen, Berlin 1921; H. Thompson, W. and Wagenseil. A Source of W.'s Opera »Die Meistersinger«, London 1927; O. Strobel, »Morgenlich leuchtend in rosigem Schein«: wie Walthers Preislied entstand, in: Bayreuther Festspielführer 1933, S. 148; R. M. Rayner, W. and »Die Meistersinger«, London 1940; W. Hess, »Die Meistersinger von Nürnberg«. Ihre dichterisch-musikalische Gesamtform, in: Zeitschrift für Musikforschung 1952, S. 394; WWV

Melodie

Die Operntradition, die W. aufgriff (einerseits die italienische mit dem →*Liebesverbot*, andererseits die französische mit *Rienzi*), zog entsprechende Ausformungen der Melodie nach sich, so daß bis hinein in die melodische Gestaltung von *Lohengrin* und sogar des *Rings* noch Relikte traditioneller Melodieschemata erkennbar bleiben, die sich freilich immer mehr und parallel zur Ausmerzung der Periodenstruktur auf die →unendliche Melodie zubewegten.

Melot

Kleine Tenorpartie in *Tristan*; zunächst Freund →Tristans, der zu seinem Gegner wird, als Tristan nach den moralischen Gesetzen der Tagespolitik seinen König →Marke hintergeht und Melot sich aus übertriebenem Pflichtbewußtsein mit Tristan duelliert und ihm eine tödliche Verletzung beibringt.

Mendelssohn Bartholdy, Jakob Ludwig **Felix**

Auch Mendelssohn-Bartholdy; geb. 3. 2. 1809 in Hamburg, gest. 4. 11. 1847 in Leipzig; Komponist und Dirigent. – Mendelssohn Bartholdy war 1835–47 Gewandhauskapellmeister in Leipzig. Seine Neuaufführung von Johann Sebastian →Bachs *Matthäuspassion* (1729) nach fast 100 Jahren am 11. 3. 1829 in Berlin löste eine Bach-Renaissance aus. W. übersandte ihm 1836 seine →*Symphonie C-Dur*, deren Originalpartitur verlorenging und die auch nicht von ihm aufgeführt wurde. Erst 1885 stellte Anton →Seidl aus den Orchesterstimmen eine neue Partitur her. In den 40er Jahren begegneten sich beide Komponisten mehrmals in →Leipzig und →Dresden. 1844 dirigierte W. Mendelssohns *Musik zu »Ein Sommernachtstraum«* (1843) im Dresdener Hoftheater, der seinerseits am 12. 2. 1846 W.s *Tannhäuser*-Ouvertüre im Gewandhaus dirigierte. Auch in seinen Londoner Konzerten von 1855 hatte W. mehrmals Werke Mendelssohns auf dem Programm, mißgönnte ihm aber bereits in dieser

Zeit seinen Ruhm bei den Engländern. W. verbarg aber nie sein Gefallen an dessen Musik, besonders an der *Hebriden-Ouvertüre* (1832). *Lit.:* R. W., *Das Oratorium »Paulus« von Felix Mendelssohn-Bartholdy* (1843), in: SSD Bd. 12, S. 149; W. A. Lampadius, Felix Mendelssohn Bartholdy. Ein Denkmal für seine Freunde, Leipzig 1848; ders., Felix Mendelssohn Bartholdy. Ein Gesamtbild seines Lebens und Wirkens, Leipzig 1886; E. Devrient, Meine Erinnerungen an Felix Mendelssohn-Bartholdy und dessen Briefe an mich, Leipzig 1869; R. W., Eduard Devrient. »Meine Erinnerungen an Felix Mendelssohn-Bartholdy« (1869), in: GSD Bd. 8, S. 284; S. Hensel, Die Familie Mendelssohn 1729–1847 nach Briefen und Tagebüchern, Berlin 1879; J. Sittard, Felix Mendelssohn Bartholdy, Leipzig 1881; E. David, Les Mendelssohn Bartholdy et Robert Schumann, Paris 1886; R. Schumann, Erinnerungen an Felix Mendelssohn Bartholdy, bearbeitet v. G. Eismann, Zwickau 1947; K. H. Wörner, Felix Mendelssohn Bartholdy. Leben u. Werk, Leipzig 1947; P. Radcliff, Mendelssohn, London 1954; H. C. Worbs, Felix Mendelssohn Bartholdy. Wesen u. Wirken im Spiegel von Selbstzeugnissen u. Berichten der Zeitgenossen, Leipzig 1958; E. Rudolph, Der junge Felix Mendelssohn. Ein Beitrag zur Musikgeschichte der Stadt Berlin, Diss. Berlin 1964; S. Grossmann-Vendrey, Felix Mendelssohn Bartholdy und die Musik der Vergangenheit, Regens-

burg 1969; M. Hurt, Mendelssohn, London 1970; W. Reich, Felix Mendelssohn im Spiegel eigener Aussagen und zeitgenössischer Dokumente, Zürich 1970; P. Ranft, Felix Mendelssohn Bartholdy. Eine Lebenschronik, Leipzig 1972; E. Werner, Mendelssohn–W. Eine alte Kontroverse in neuer Sicht, in: Musicae scientiae collectanae. Festschrift K. G. Fellerer, Köln 1973; C. Dahlhaus, Das Problem Mendelssohn, Regensburg 1974

Mendès, Abraham **Catulle**
Geb. 22. 5. 1841 in Bordeaux, gest. 8. 2. 1909 bei Saint-Germain-en-Laye (bei Paris); Schriftsteller und Musikkritiker. – Als Mitarbeiter der *Revue wagnérienne* (1885–87) und seit 1893 des *Journal* setzte er sich vehement in →Frankreich für W.s Musik ein. Er war mit W. befreundet und mit Judith →Gautier verheiratet. – Werke: Roman *Le Roi vierge* (Paris 1880), Drama *La Reine Fiammette* (Paris 1898).
Lit.: J. F. Herlihy, C. Mendès, critique dramatique et musical, Paris 1936; E. Brody, La Famille Mendès. A Literary Link Between W. and Debussy, in: Music Review 33:1972

Mensch und die bestehende Gesellschaft, Der

Schrift W.s von 1849. »Im Jahre 1848 hat der Kampf des Menschen gegen die bestehende Gesellschaft begonnen«, setzt W. seine These und sieht darin den Aufbruch für eine Neuordnung. Er appelliert an die gewaltigen Kräfte der Menschen als Gemeinschaft, die dem einzelnen versagt bleibt, und meint, daß »die Gesellschaft die notwendige Bedingung unsres *Menschentums*« sei. Dennoch gelte es, eine neue Gesellschaft zu formieren, die das Ziel des erhabensten Kampfes der Menschheit bedeute. – In: SSD Bd. 12, S. 240 – 244.

Meser, Carl Friedrich
Gest. 1850; Musikalienhändler und Verleger in Dresden. – Er war W.s erster Verleger, bei dem *Rienzi*, der *Holländer* wie auch *Tannhäuser* erschienen. Der Kommissionsvertrag W.s mit dem Verlag vom 25. 6. 1844 brachte nichts als Schulden ein, die sich bis 1848 auf 20 000 Taler beliefen. Seine Verlagsnachfolger waren Hermann Müller in Dresden und ab 1872 Adolph Fürstner in Berlin.

Methfessel, Ernst
Geb. 20. 5. 1811 in Mühlhausen i. Thür., gest. 20. 1. 1886 in Winterthur; Komponist. – Zunächst war er bis 1837 als Oboist tätig und 1837 – 62 Musikdirektor in Winterthur, 1839 – 72 auch Leiter des Stadtsängervereins von Winterthur; er komponierte Lieder, Chor- und Orchesterwerke; W. wurde in seinem Schweizer →Exil mit ihm bekannt und stand im Briefverkehr mit Methfessel, der später Vertreter des W.-Patronatvereins (→Patronatscheine) für die →Schweiz war.

Metternich, Pauline Fürstin
Geb. Gräfin Sándor von Slavnica; geb. 25. 2. 1836 in Wien, gest. 18. 9.

1921 ebd. – Frau des österreichischen Gesandten Richard Fürst Metternich. »Die entscheidende Veranlassung«, die Kaiser →Napoleon III. bewogen hatte, die Aufführung von *Tannhäuser* 1861 in Paris zu befehlen, hatte nach W.s Beschreibung in →*Mein Leben* die Fürstin Metternich gegeben. Sie habe sich dem Kaiser gegenüber so enthusiastisch über das Werk, das sie in Dresden gesehen hatte, geäußert, daß Napoleon sogleich das Versprechen zur Aufführung gegeben habe. Schon zu den Proben mit dem deutschen Sänger Albert →Niemann als →Tannhäuser war die Fürstin gelegentlich erschienen. Als dann freilich die Aufführung am 13. 3. 1861 einen regelrechten Theaterskandal auslöste, wurde besonders die Fürstin in den offenen Hohn einbezogen. Dennoch setzte sie sich gerade für dieses Werk weiterhin mit Eifer ein, wofür ihr W. mit einem →Albumblatt seinen Dank abstattete.

Meyer, Friederike
Schauspielerin in Frankfurt a. M; Schwester von Marie Luise Dustmann. Mit W. in seiner →Biebricher Zeit 1862 befreundet. Berufliche Interessen führten W. und die Schauspielerin gemeinsam nach →Wien. Nach vergeblichen Versuchen, am Burgtheater ein Engagement zu bekommen, kehrte Friederike Meyer zu dem mit ihr befreundeten Theaterdirektor Guaita nach Frankfurt zurück.

Meyerbeer, Giacomo

Eigtl. Jakob Liebmann Meyer Beer; geb. 5. 9. 1791 in Tasdorf (bei Berlin), gest. 2.5. 1864 in Paris; Komponist. – Der Wandel in W.s Einstellung zu Meyerbeer ist frappant und läßt sich nicht nur aus der Tatsache erklären, daß W. in seiner Pariser Zeit die Protektion des berühmten Opernkomponisten suchte, um später nicht mehr darauf angewiesen zu sein. Vielmehr ist W.s Verwandlung vom Opernkomponisten zum Musikdramatiker dafür verantwortlich, daß er anfangs den erfolgreichen Opernkomponisten verehrte, später aber dessen Opernästhetik verwarf und seinen Erfolg als Effekthascherei verhöhnte. Daß W. später auch den Menschen Meyerbeer diffamierte und sein Judentum angriff, ist W.s ungestümer Mentalität zuzurechnen, zumal sich Meyerbeer dem jungen W. gegenüber großzügig und hilfreich zeigte. W.s Kritik an Meyerbeer zielte in erster Linie auf jene Täuschung, die er in dessen Werken zu entdecken glaubte, da sich Meyerbeer nach W.s Ansicht als ernsthafter und tiefsinniger Künstler ausgab, um Unterhaltungsmusik zu produzieren. Außerdem warf W. dem erfolgreichen Opernkomponisten vor, dem schlechten Geschmack des Publikums in die Hände zu arbeiten, um finanziellen Nutzen daraus zu ziehen: »Die Räume dieser Unterhaltungslokale füllen sich meistens nur mit jenem Theile unserer bürgerlichen Gesellschaft, bei welchem der einzige Grund zur wechselnden Vornahme irgend welcher Beschäftigung die Langeweile ist: die Krankheit der Langeweile ist aber nicht durch Kunstgenüsse zu heilen, denn sie kann absichtlich gar nicht zerstreut, sondern nur durch eine andere Form der Langeweile über sich selbst getäuscht werden. Die Besorgung dieser Täuschung hat nun jener berühmte Opernkomponist zu seiner künstlerischen Lebensaufgabe gemacht«, schreibt W. bezeichnenderweise in seiner Schrift *Das →Judentum in der Musik* (S. 103f.). W.s Vorwurf galt aber auch dem völligen Mangel an Originalität Meyerbeers, der für W. der perfekte Eklektiker war: »Nicht *eine* Richtung ist ihm eigenthümlich, sondern jede hat er nur seinen Vorgängern abgelauscht und mit ungeheurer Ostentation ausgebeutet, und zwar mit so erstaunlicher Schnelligkeit, daß der Vormann, dem er lauschte, kaum ein Wort ausgesprochen hatte, als er auch die ganze Phrase auf dieses Wort bereits ausschrie, unbekümmert, ob er den Sinn dieses Wortes richtig verstanden hatte, woher es denn gemeiniglich kam, daß er eigentlich doch immer etwas Anderes sagte, als was der Vormann hatte aussprechen wollen; der Lärm, den die Meyerbeer'sche Phrase machte, war aber so betäubend, daß der Vormann gar nicht mehr zum Kundgeben des eigentlichen Sinnes seiner Worte kam.« »So wurde er zur Wetterfahne des europäischen Opernmusikwetters, die sich immer beim Windwechsel zunächst eine Zeit lang unschlüssig um und um dreht, bis sie, erst nach dem Feststehen der Windrichtung, auch selbst still haftet« (→*Oper und Drama*, Bd. 3, S. 363f.). Und offenbar glaubte W., in den Werken Meyerbeers alle Unzulänglichkeiten vorgefunden zu haben, die er in seinen eigenen Werken überwunden wissen wollte. Bei den Berufssängern jedoch, die eben vielfach auch Meyerbeers Partien sangen, mußte W. mit Mühe erst die monierten Unarten austreiben, um seine eigenen Vorstellungen vom musikalischen Drama Gestalt werden zu lassen. Da W. schließlich sogar viel Lächerliches in den Aufführungen von Meyerbeers Werken dem Publikum, das die Sache nicht durchschauen könne, mit großem Ernst dargeboten sah, zieh W. den Konkurrenten einen Scharlatan, der den Ernst der Kunst nicht zu verwirklichen imstande sei.

Lit.: A. Pougin, Meyerbeer. Notes biographiques, Paris 1864; H. Mendel, Giacomo Meyerbeer, Berlin 1868; J. Schucht, Meyerbeers Leben und Bildungsgang, Leipzig 1869; R. W., *Über Meyerbeers »Hugenotten«*, in: SSD Bd. 12, S. 22; ders., *Aufklärungen über das Judenthum in der Musik. An Frau Marie Muchanoff, geborene Gräfin Nesselrode* (1869), in: GSD Bd. 8, S. 229; E. Destranges, L'Œuvre théâtral de Meyerbeer, Paris 1893; J. Weber, Meyerbeer, Paris 1898; L. Dauriac, Meyerbeer, Paris 1913; J. Kapp, Giacomo Meyerbeer, Berlin [8]1932; W. L. Crosten, French Grand Opera. An Art and a Business, New York 1948; M. Brod, Some Comments on the Relationship Between W. and Meyerbeer, in: Jahrbuch des Leo Baeck Institute, London 1964; S. Döhring, Formgeschichte der Opernarie, Diss. Marburg 1969; C. Frese, Dramaturgie der großen Opern Giacomo Meyerbeers, Berlin 1970; H. Kirchmeyer, Ein Kapitel Meyerbeer. Das zeitgenössische W.-Bild, Regensburg 1972; J. L. Thomson, Giacomo Meyerbeer. The Jew and His Relationship with R. W., in: Musica judaica Bd. 1, 1975/76, S. 55; H. Becker, Giacomo Meyerbeer in Selbstzeugnissen und Bilddokumenten, Reinbek 1980

Meysenbug, Malwida Freiin von
Geb. 28. 10. 1816 in Kassel, gest. 26. 4. 1903 in Rom; Schriftstellerin. – Sie war 1852 – 59 in London als Erzieherin im Hause des russischen Philosophen Alexander Herzen beschäftigt. W. lernte sie bei seiner Konzerttätigkeit 1855 in →London kennen. Danach lebte sie in Paris, wo sie 1861 erneut mit W. persönlichen Umgang pflegte. Später lebte sie in Florenz und Rom. Zwischendurch siedelte sie sich kurzzeitig in Bayreuth an. 1877 besuchte sie mit Friedrich →Nietzsche, mit dem sie ebenfalls befreundet war, W. in Sorrent. Sie schrieb Romane und Erzählungen sowie die *Memoiren einer Idealistin* (Stuttgart 1876).

Mignonne (WWV 57)
Lied für Singstimme und Klavier in E-Dur; komponiert im Herbst 1839 in Paris; der Text stammt von Pierre de Ronsard. Im Sommer 1840

schickte W. das Lied zusammen mit den beiden Liedern →*Dors mon enfant* und →*Attente* an August →Lewald nach Stuttgart, der sie in der Zeitschrift *Europa* publizierte. Einerseits hoffte W., mit den Gesangskompositionen Aufführungen mit beliebten Sängern in Paris bewerkstelligen zu können, andererseits glaubte er nach seiner Rückkehr nach Deutschland, mit diesen Liedern seine Schulden bei Gläubigern in Paris abtragen zu können.
Lit.: WWV

Mime

Tenorpartie im *Ring;* der Bruder →Alberichs aus dem Geschlecht der →Nibelungen; als Künstler des Schmiedehandwerks wird er zunächst von seinem Bruder ohne Wissen des wahren Sachverhalts veranlaßt, den →Tarnhelm zu schmieden. Nach dem Verlust des gesamten Horts lebt Mime einsam im Wald und nimmt den verwaisten →Siegfried bei sich auf. Um ihn angeblich das Fürchten zu lehren, führt er den jungen Helden zur Höhle des in einen Riesenwurm verwandelten →Fafner und hofft, daß sich beide gegenseitig umbringen. Da Siegfried siegt, glaubt Mime in den Besitz des Goldes zu kommen, indem er den Knaben vergiften will. Siegfried aber wird gewarnt und tötet den Zwerg.

Mitteilung an meine Freunde, Eine

Aufsatz, geschrieben im Juli und Aug. 1851. – Gleichsam als künstlerischen Rechenschaftsbericht hat W. diese Schrift in *Drei Operndichtungen nebst einer Mitteilung an meine Freunde als Vorwort* erstmals 1852 in →Leipzig veröffentlichen lassen. W.s erklärtes Ziel war,»den scheinbaren oder wirklichen Widerspruch zu erklären, in welchem die dichterische Eigenschaft und künstlerische Gestaltung meiner bisherigen Opern-Dichtungen und der aus ihnen entstandenen musikalischen Kompositionen, mit den Ansichten und Behauptungen stehen, die ich kürzlich ausführlicher niederschrieb und unter dem Titel ›Oper und Drama‹ der Öffentlichkeit vorlegte«. Anfänglich setzt sich W. mit dem Titel des Aufsatzes auseinander und scheidet angebliche Freunde von wirklichen, die einzig seine Ausführungen verstehen könnten. Beim Verständnis eines Kunstwerks gehe es vor allem darum,»ob die Mittel der Darstellung an die Sinne der künstlerischen Absicht entsprechend waren, oder ob diese Absicht selbst in Wahrheit eine künstlerische war«. Dazu sei aber nicht der reine Verstand, sondern ein künstlerisch ausgebildetes Gefühl notwendig. Im historischen Ausgriff erläutert W., weshalb die monumentalen griechischen Kunstwerke nicht so ohne weiteres am Potsdamer Hof des 19. Jh.s verlebendigt werden können. Deshalb fordert er im Erkennen des Lebenstriebs die Ablösung der monumentalen Kunst durch die dramatische, die gleichzeitig auch dem Modischen abhold ist. Außerdem krankt es noch an den Mitteln zur Realisierung des Kunstwerks der Zukunft. Um den Weg der Rechtfertigung so konkret wie möglich zu beschreiten, zeichnet W. die Spur seines persönlichen kompositorischen Werdegangs nach, schickt aber auch theoretische Gedanken über »weibliche und männliche« Kunst voraus und läßt sich auf eine kluge Exkursion über den Begriff »Genie« ein. Fast unvermittelt lenkt W. dann auf seine eigene Biographie der Jugendjahre über. Dabei verleugnet er die erste Phase der Nachahmung keineswegs, nennt Heinrich →Marschner, Ludwig van →Beethoven und Carl Maria von →Weber als seine Vorbilder und liefert dann Inhaltsangaben und Analysen zu seinen frühen Bühnenwerken mit zahlreichen wertvollen Hinweisen zur Entstehungsgeschichte und Werkerläuterungen von den →Feen bis zum *Ring.* Der Umbruch noch während der Entstehung von *Rienzi* wird als die »Revolution gegen die künstlerische Öffentlichkeit der Gegenwart« beschrieben, wodurch W. zunächst zur Schriftstellerei gedrängt worden sei. Es entstanden die Künstlernovellen Eine →*Pilgerfahrt zu Beethoven* und Ein →*Ende in Paris.* Bei der Beschäftigung mit dem Holländerstoff vermerkt W. fast beiläufig, daß es ausschließlich die Musik gewesen sei, die ihn zum wirklichen Künstler gemacht habe. Der *Holländer* sei der erste Schritt zu W.s Ziel des →Musikdramas gewesen. Das Gefühl der Einsamkeit und der Heimatlosigkeit habe W. aus Paris nach Sachsen zurückkehren lassen, wo er wegen sei-

nes Erfolgs mit *Rienzi* als Hofkapellmeister in →Dresden eine wichtige Anstellung bekam. Um sich jedoch nicht im oberflächlichen Theaterbetrieb aufreiben zu lassen, suchte und fand W. eine künstlerische Orientierung in den Leistungen der Sängerschauspielerin Wilhelmine →Schröder-Devrient, die W. zeitlebens als Inbegriff dramatischer Bühnendarstellung verehrte. Freimütig gesteht W., daß er sich von seinen früheren Opern Erfolge erhofft hatte, während er gleichzeitig verspürte, mit dem *Tannhäuser* sein Todesurteil geschrieben zu haben, da dieses Werk nicht mehr von seinen Zeitgenossen verstanden werden würde. Nur noch die verständnisvolle Meinung weniger Freunde könne W. an »Stelle der nie deutlich zu fassenden Meinung der Masse« als Reaktion auf seine Werke annehmen, um seinen einsamen Weg zum Kunstwerk der Zukunft weiter beschreiten zu können. Bereits bei der fast hastig fertiggestellten Partitur des *Holländers* erinnert sich W. an das Gefühl, »einer Lebensgefahr entgangen zu sein«, das auch später im Zusammenhang mit abgeschlossenen Werken immer wieder auftauchte. Übrigens fällt auf, daß einige Schilderungen fast wörtlich parallel zu solchen in →*Mein Leben* laufen, z. B. die Entstehungsgeschichten zu *Lohengrin* und den *Meistersingern.* Wie beiläufig eröffnet W. dabei, daß nicht nur der →Holländer in Odysseus, sondern auch →Lohengrin in Zeus und seiner Liebe zu Semele griechischen Vorbildern nacheifere. Zwischendurch streut W. seine Erfahrungen mit Theaterleuten und dem Publikum ein, um auch darüber sich Klarheit zu verschaffen. Besonders aufschlußreich sind in dieser Schrift W.s Ausführungen zu *Lohengrin* und in unmittelbarer Nähe dazu Erinnerungen und Bewertungen der Revolutionszeit, die er schon im →Exil völlig anders einschätzte als während der unmittelbaren Konfrontation mit dem revolutionären Gedankengut in Leipzig und Dresden. Die Verflechtung von privaten, gesellschaftlichen sowie beruflichen Dingen mit künstlerischen Zielen und eigenen Entwicklungen charakterisiert diese Schrift, die auch W.s Eindringen in den germanischen →Mythos mit der Suche nach dem heilen schönen Menschen schildert, den er schließlich auch in →Siegfried »am wenigsten entstellt« antreffen sollte. Daß dabei W., um zum dramatischen Kern vorzustoßen, manche »spätere Umkleidung« abnehmen mußte, ist typisch für das Vorgehen des romantischen Musikdramatikers. Dennoch war er sich damals im unklaren, ob er sich nicht lieber der historisch faßlicheren Figur Kaiser Friedrichs bemächtigen sollte. Die Entscheidung für Siegfried und damit für den »reinen Mythos« führte W. wieder einmal auf ein Rückzugsgefecht seinerseits vor den widerlichen politisch-gesellschaftlichen Bedingungen in seiner Zeit zurück. Aber es war auch die Entscheidung für das Musikdrama, denn die Realisierung des Stoffs vom »Kaiser Rotbart« hätte zur Oper zurückgeführt, während Siegfried daran vorbei auch deren Form sprengen mußte. Somit ist diese Schrift eine sehr anschauliche, konsequente Darstellung des kompositorischen Wegs von der Oper zum Musikdrama. Zu diesem Zweck war W. Musiker geworden. – In: GSD Bd. 4, S. 285 – 418.

Mitterwurzer, Anton
Geb. 12. 4. 1818 in Sterzing (Südtirol), gest. 2. 4. 1876 in Döbling (heute zu Wien); Sänger (Bariton). – 1839 – 70 am Dresdener Hoftheater. In der Uraufführung von *Tannhäuser* am 19. 10. 1845 sang Mitterwurzer den →Wolfram.

Möller, Abraham
Kaufmann in Königsberg. Er unterstützte W. und half ihm 1839 bei seiner Flucht über die russisch-ostpreußische Grenze.

Morald
Baritonpartie in den →*Feen*; Freund →Arindals und Verlobter von dessen Schwester →Lora.

Morold
In *Tristans* Vorgeschichte lediglich genannter Verlobter →Isoldes, den →Tristan im Kampf erschlug. Tristan aber wurde selbst von ihm schwer verletzt und ließ sich als →Tantris von Isolde gesund pflegen.

Moser, Augustin
Tenorpartie in den *Meistersingern*; Schneidermeister und →Meistersinger.

Moskau

Auf einer Konzertreise nach →Rußland, die vor allem →Petersburg zum Ziel hatte, ergab sich auch eine Einladung nach Moskau, wo W. am 25., 27. und 29. 3. 1863 Konzerte im Bolschoi-Theater gab.

Motiv

Die allgemeine Definition des Begriffs Motiv seit der 1. Hälfte des 19. Jh.s durch Hugo Riemann im Sinne eines »Melodiebruchstücks« mit »selbständiger Ausdrucksbedeutung« als kleinste musikalische Sinneinheit, die sich in einem →Thema oder in einer →Melodie wiederfindet, galt auch für W. Da W. aber schon sehr bald mit →Erinnerungsmotiven arbeitete, die schließlich in ein Netz von →Leitmotiven überführt wurden, wurde für W. der ursprüngliche Sinn des Begriffs Motiv unbrauchbar, da die melodischen »Zellen« eines »Leitmotivs« schlecht als »Motiv« gekennzeichnet werden können. Im übrigen eignen den Leitmotiven in vielen Fällen bereits themenähnliche Eigenschaften, so daß man in der analytischen Gliederung der Leitmotive besser von Kopfmotiv bzw. Leitmotivkopf oder Teilmotiv spricht, um den zwischen Motiv und Phrase angesiedelten Zwitter des Leitmotivs nicht zu nahe an die Formkriterien klassischer Melodiebildungen mit ihrem Schwerpunkt auf rhythmischer Gliederung zu bringen, der sich W. bewußt entziehen wollte. Auf der anderen Seite entspricht die neue Nomenklatur besser dem Variationsverfahren, dem W.s Leitmotive zu musikdramatischen Zwecken unterzogen wurden, und der Begriff »Leitmotiv« impliziert nicht nur den Sinn der Orientierung, sondern auch den der Veränderung und Verwandlung.

Mottl, Felix Josef

Geb. 24. 8. 1856 in Unter Sankt Veit (heute zu Wien), gest. 2. 7. 1911 in München; Dirigent und Komponist. – Bei den ersten Bayreuther →Festspielen 1876 war er Korrepetitor. 1881 – 1903 Hofkapellmeister in →Karlsruhe, dann in →München Generalmusikdirektor sowie Hofoperndirektor. Bei den Festspielen 1886 – 1906 war er der Dirigent aller gegebenen Werke W.s. Er stellte mehrere Klavierauszüge der →Musikdramen W.s her und instrumentierte mit Ausnahme der →*Träume* die →*Wesendonck-Lieder*.
Lit.: A. Einstein, Neues Musik-Lexikon, Berlin 1925; W. Krienitz, F. Mottls Tagebuch-Aufzeichnungen 1873 – 76, in: Neue W.-Forschung, Karlsruhe 1943, Nr. 1, S. 167

Mozart, Wolfgang Amadeus

Eigtl. Johannes Chrysostomus W. Theophil M.; geb. 27. 1. 1756 in Salzburg, gest. 5. 12. 1791 in Wien; Komponist. – Schon als Kind wurde W. 1820 in Possendorf bei Dresden vom dortigen Pfarrer Christian Ephraim →Wetzel mit einer Mozart-Biographie bekannt gemacht, die ihn stark beeindruckte. 1828 lernte W. in den Leipziger Gewandhauskonzerten Kompositionen von Mozart kennen. Ein Jahr später imponierte der Magdeburger Musikdirektor Johann Christoph →Kienlen dem »konfusen jugendlichen Enthusiasten« W. mit seiner Mozart-Begeisterung, die zu dessen ersten Jugendkompositionen führte. Bei seinem Debüt als Musikdirektor am Theater von Bad →Lauchstädt dirigierte W. im Aug. 1834 Mozarts *Don Giovanni* (1787), den er auch in seinem Repertoire als Musikdirektor von →Magdeburg im Okt. 1834 hatte. Selbstverständlich waren Mozarts Opern auch im Spielplan der Dresdener Hofoper, wo W. seit dem 2. 2. 1843 als Hofkapellmeister angestellt war; und noch 1848 dirigierte W. in →Dresden die von ihm angeregten »Kapell-Konzerte«, u. a. mit Werken Mozarts, bevor er wenige Monate später ins →Exil gehen mußte. Bei seinen Konzerten in →Zürich waren selbstverständlich auch Konzerte des Wiener Klassikers auf den Programmen, desgleichen in →London während W.s erster Konzertreise dorthin. – Schriftlich markierte W. (zitiert nach C. F. Glasenapp, *Wagner-Encyklopädie*, Leipzig 1891, S. 37): »Mozart starb, als er an das Geheimniß drang. Beethoven zuerst trat ganz hinein.« Diese Äußerung W.s stellt einerseits, wenn auch sehr subjektiv, W.s eigene historische Legitimation auf dem Weg zum Musikdramatiker her, denn W. hielt das musikalische Drama für die höchste Ausformung der Kunst, und bekundet andererseits W.s große Verehrung für seinen Vorläufer, den er als »das ungeheuerste Genie über alle Musiker aller Künste und aller Jahr-

hunderte« (ebd., S. 39) heraushob. W. hat sich nicht nur als Dirigent mit Mozarts Werken beschäftigt, sondern studierte auch dessen Biographie und ist zornig geworden über das soziale Elend und die Mißachtung seines Genies durch die Obrigkeit. Dennoch erkannte W. mit nationalem Stolz, wie es Mozarts Einfühlungsvermögen nicht nur gelungen war, sich des italienischen Opernstils meisterhaft zu bemächtigen, sondern ihn auch zum epochalen Höhepunkt zu führen, wozu freilich, wie W. es ausdrückt, »Reinheit der Empfindung und Keuschheit der Erfindung« als Mitgift zum musikalischen Genie nötig waren. W. ging sogar so weit, festzustellen, daß in Mozarts Weg, Werk und Schicksal die »Geschichte aller deutschen Kunst, aller deutschen Künstler« (ebd.) geradezu beispielhaft vorgegeben worden sei: »Zeit seines Lebens arm bis zur Dürftigkeit, Prunk und vortheilhafte Anerbieten schüchtern verschmähend, trägt er schon in diesen äußeren Zügen den vollständigen Typus seiner Nation. Bescheiden bis zur Verschämtheit, uneigensüchtig bis zum Selbstvergessen, leistete er das Erstaunlichste, hinterläßt er der Nachwelt die unermeßlichsten Schätze, ohne zu wissen, daß er gerade etwas Anderes that, als seinem Schöpfungsdrange nachzugeben. Eine rührendere und erhebendere Erscheinung hat keine Kunstgeschichte aufzuweisen« (→*Über deutsches Musikwesen*, S. 199f.). – In bezug auf Mozarts Opern betont W. dessen äußerst naives Verhältnis zum Text, da Mozart zu sehr und ausschließlich Musiker gewesen sei, um sich Gedanken über die Qualität und Eignung von Libretti zu machen. Nach W.s Überzeugung hätte bereits Mozart Dramen komponieren können, »wenn eben *der Dichter* ihm begegnet wäre, dem er als Musiker gerade nur zu *helfen* gehabt haben würde. Der Dichter begegnete ihm aber nicht: bald reichte ihm nur ein pedantisch langweiliger, oder ein frivol aufgeweckter Operntextmacher seine Arien, Duetten und Ensemblestücke zur Komposition dar, die er ˙ dann, je nach der Wärme, die sie ihm erwecken konnten, so in Musik setzte, daß sie immer den entsprechendsten Ausdruck erhielten, dessen sie nach ihrem Inhalte irgend fähig waren« (→ *Oper und Drama*, S. 306). Auffallen mußte W. bei Mozart vor allem, was ihn selbst als Musikdramatiker am meisten interessierte, daß Mozart z. B. dreiteilige »Symphonien« als Ouvertüren und »symphonische Orchesterbegleitungen« schrieb. In Paris hatte W. eine ihn zutiefst beeindruckende Aufführung von *Don Giovanni* mit der Operndiva Giulia Grisi als Donna Anna und Luigi Lablache als Leporello gesehen, während Antonio Tamburini als Titelheld offenbar das leidenschaftlich pulsierende Leben auf der Bühne nur störte und auch die vom Publikum vergötterte Fanny Tacchinardi-Persiani als Zerlina nicht zu überzeugen vermochte. W. glaubte damals, völliges Unverständnis beim Publikum beobachtet

zu haben. In diesem Zusammenhang sah er auch ein Mißverhältnis zwischen der Unvergänglichkeit von Mozarts Musik und deplazierten Opernaufführungen im 19. Jh. »An den Opern Mozart's können wir deutlich ersehen, daß Das, was sie über ihre Zeit erhob, sie in den sonderbaren Nachtheil versetzt, außer ihrer Zeit fortzuleben, wo ihnen nun aber die lebendigen Bedingungen abgehen, welche zu ihrer Zeit ihre Konzeption und Ausführung bestimmten [...] Unsterblichkeit! – Ein verhängnisvolles Weihegeschenk! Welchen Qualen des Daseins ist die abgeschiedene Seele solch eines Meisterwerkes nicht ausgesetzt, wenn sie durch ein modernes Theatermedium zum Behagen des nachweltlichen Publikums wieder hervorgequält wird! Wohnen wir heute einer Aufführung des ›Figaro‹ oder des ›Don Juan‹ bei, möchten wir dem Werke dann nicht gönnen, es hätte einmal voll und ganz gelebt, um uns die Erinnerung hieran als schöne Sage zu hinterlassen, statt dessen wir es jetzt durch ein ihm ganz fremdes Leben als zur Mishandlung Wiedererweckten hindurchgetrieben sehen?« (*Das Publikum in Zeit und Raum*, in: GSD Bd. 10, S. 131.) Mozarts *Zauberflöte* (1791) schätzte W. als »die erste große deutsche Oper« auf der Grundlage des Singspiels ein. »Bis dahin hatte die deutsche Oper so gut wie gar nicht existirt; mit diesem Werke war sie erschaffen« (*Über deutsches Musikwesen*, S. 201), stellte W. fest. An Mozarts Ouvertüren rühmte W., daß in ihnen nie beabsichtigt wurde, die Handlung vorwegzunehmen, sondern jeweils ein »musikalisch verklärtes Gebilde« entstand, das nur gefühlsmäßig auf die Handlung vorbereitet. An Mozarts Symphonien schließlich bemerkte W. die kühnen Modulationen und schönen Instrumentalstimmen, denen er »den sehnsuchtsvollen Athem der *menschlichen Stimme*« (*Das* →*Kunstwerk der Zukunft,* S. 109) einzuhauchen wußte. Gleichzeitig bemängelte W. die teilnahmslosen, mit falschen Tempi musizierten Interpretationen Mozartscher Musik. Und den Unterschied zwischen Mozart und Beethoven faßte W. so: »In Mozarts Symphonie herrscht das Vollgefühl der Empfindung vor, in der Beethoven'schen das muthige Bewußtsein der Kraft« (*Ein* →*glücklicher Abend,* S. 174).

Mrazeck, Franz
Geb. 1828, gest. 1874 in München. – Diener W.s 1863 – 67 in Penzing (bei Wien) und in der Brienner Straße 21 in →München; danach Diener in der königlichen Musikschule München.

Muchanoff, Marie Gräfin
Eigtl. Maria Gräfin Muchanowa; geb. Gräfin Nesselrode; geb. 7. 8. 1822 in Warschau, gest. 22. 5. 1874 ebd.; Pianistin. – Ihr Vater, Friedrich Karl Graf Nesselrode, war russischer Kommandant in Warschau, ihre Mutter Tekla war Polin; die Gräfin heiratete den Griechen Johann Kalergis, von dem sie sich aber wieder

trennte. Sie lebte in Paris, war Schülerin von Frédéric Chopin und mit Hector →Berlioz, Eugène Delacroix, Heinrich →Heine, Théophile Gautier und Franz →Liszt befreundet. Sie unterstützte W. 1860 in Paris mit 10 000 Francs wegen eines Konzertdefizits. 1863 heiratete sie den Russen Sergei Sergejewitsch Graf Muchanow, der 1868 – 80 Intendant des kaiserlichen Theaters in Warschau war. Marie Gräfin Muchanoff besuchte W. in →Tribschen und freundete sich mit Cosima Wagner an. 1869 widmete ihr W. seine Schrift *Aufklärungen über das Judenthum in der Musik* (in: GSD Bd. 8, S. 299).

Müller, Alexander
Geb. 1808 in Erfurt, gest. 28. 1. 1863 in Zürich; Musiklehrer und Dirigent. – Mit W. war er seit 1833 von →Würzburg her befreundet; er lebte seit 1834 in →Zürich, wo er ab 1849 erneuten Umgang mit W. pflegte.

Müller, Christian Gottlieb
Geb. 6. 2. 1800 in Niederoderwitz (bei Zittau), gest. 29. 6. 1863 in Altenburg; Orchestermusiker und Dirigent. – 1826 war Müller Mitglied des Leipziger Gewandhausorchesters, 1828 – 31 Theorielehrer W.s; 1831 war er Dirigent der Konzerte der Leipziger Musikgesellschaft »Euterpe« und ab 1836 Stadtmusikdirektor in Altenburg.

Müller, Franz Karl Friedrich
Geb. 1806 in Weimar, gest. 2. 9. 1876 ebd.; Regierungsrat in Weimar,

Musikdilettant. – Er schrieb 1862 die erste Studie über die *Ring*-Dichtung, später auch noch über andere Werke W.s.

Müller, Maria
Geb. 29. 1. 1898 in Leitmeritz (Litoměřice; Nordböhmen), gest. 13. 3. 1958 in Bayreuth; Sängerin (Sopran). – Nach ihrem Musikstudium in Prag debütierte sie 1919 am Linzer Stadttheater als →Elsa in *Lohengrin*. Sie war in Brünn, Prag, München, Berlin und an der Metropolitan Opera New York engagiert. Bei den Bayreuther →Festspielen trat sie erstmals 1930 auf und wurde eine der berühmtesten W.-Sängerinnen ihrer Zeit.

München
Die Tradition des musikalischen Theaters in Form von geistlichen und weltlichen Ratskomödien, Fastnachtsspielen, Jesuitendramen, Schulkomödien und Madrigalspielen am herzoglichen Hof geht zurück bis ins 15. Jh. Als am 12. 10. 1753 das von François de Cuvilliés erbaute Alte Residenztheater eingeweiht wurde, stand die Oper des Barocks bereits in voller Blüte. Mit dem Regierungsantritt König Maximilians I. wurden Pläne eines Theaterneubaus vorangetrieben und ab 1811 realisiert. Es entstand das Münchener Nationaltheater, das im Jahr 1821 abbrannte und am 2. 1. 1825 wiedereröffnet wurde. Mit dem Engagement des Hofkapellmeisters Franz →Lachner begann 1836 eine neue Ära in Münchens Opern-

geschichte mit einem durch ihn wesentlich vergrößerten Repertoire. Lachners Verdienst ist es aber auch, die Werke W.s durchgesetzt zu haben. Am 12. 8. 1855 wurde erstmals *Tannhäuser*, am 28. 2. 1858 *Lohengrin* und am 4. 12. 1864 der *Holländer* unter W.s Leitung gegeben. Selbst kam W. erstmals auf einer Reise im Mai 1861 von →Wien nach →Zürich über München und besuchte erneut im Sommer desselben Jahres mit Emile und Blandine →Ollivier die bayerische Metropole, deren »vom König Ludwig I.« in Auftrag gegebene und durch Leo von Klenze »ausgeführte Kunstgebäude in antikisierendem Stil« ihn beeindruckten. Als am 10. 3. 1864 →Ludwig II. als junger Mann König von Bayern wurde, ahnte W. auf seiner Durchreise mit einem kurzen Aufenthalt am 24./25. 3. im Hotel Bayerischer Hof noch nicht, daß ihm bereits Anfang Mai der bayerische Kabinettssekretär Franz Seraph von →Pfistermeister im Auftrag des Königs nachgeschickt werden würde. Dieser erreichte W. am 3. 5. 1864 in →Stuttgart und bat ihn, umgehend nach München zu kommen, wo W. am 4. 5. erstmals mit Ludwig II. zusammentraf. Sogleich wurde W. das Haus Pellet in Kempfenhausen bei Schloß Berg zur Verfügung gestellt, wo W. den Sommer verlebte und sich die Freundschaft mit dem König anbahnte. Am 3. 10. zog W. zunächst für einige Tage ins Hotel Bayerischer Hof und bezog am 21. 10. das Haus Brienner Straße 21 in München. W. zog seine engeren Freunde Hans von →Bülow, Gottfried →Semper und Peter →Cornelius bald nach München nach; er selbst machte sich an die Ausführung seines *Ring*-Zyklus. Bereits im Febr. 1865 beschäftigten sich Zeitungskritiken negativ mit W. Dennoch wurde am 5. 3. 1865 in München *Tannhäuser* mit Ludwig →Schnorr von Carolsfeld als Gast in der Titelrolle gegeben. Noch vor der Uraufführung von *Tristan* gab man am 8. 6. im Isarvorstadt-Theater eine Parodie auf das Musikdrama mit dem Titel *Triftanderl und Süßholde* von Ferdinand Fränkl (Musik: Georg Rauchenecker). Am 12. 7. gab es ein W.-Konzert für Ludwig II. im Residenztheater. Ein Entwurf zu *Parsifal* entstand im Aug. 1865 in München sowie verschiedene Aufsätze und autobiographische Aufzeichnungen. Am 10. 4. 1865 wurde W.s Tochter Isolde von Cosima von Bülow in München geboren. Nach mehrfacher Verschiebung fand am 10. 6. 1865 die Uraufführung von *Tristan* unter der Leitung Bülows statt, der 1867 – 69 Hofkapellmeister war. Dieser dirigierte auch die Uraufführung der *Meistersinger* am 21. 6. 1868. Schon gegen Ende 1865 wuchs sowohl im Kabinett als auch in der Presse und bei der Bürgerschaft Münchens die Opposition gegen W., der sich mit Hilfe anonymer Zeitungsartikel zu rechtfertigen suchte und sich in Anschuldigungen höchster Hofbeamter vergaß. Eine drohende Regierungskrise vermochte Ludwig II. nur noch mit dem Ersuchen an W. beizulegen,

München ohne den Verlust finanzieller Unterstützung vorübergehend zu verlassen, worauf sich W. in die →Schweiz begab. Dennoch war der Kontakt W.s zum König keineswegs abgebrochen. Trotz aller Schwierigkeiten hatte der König vor, ein Opernhaus für W. in München bauen zu lassen, und ließ durch Semper ein Modell anfertigen, das 1866 fertiggestellt war; das Original sollte am rechten Isarufer errichtet werden. Zur Uraufführung des *Rheingolds*, die gegen den Willen W.s stattfinden sollte, wurde zunächst Hans →Richter verpflichtet, der sich jedoch nach der Generalprobe vom 27. 8. 1869 weigerte, auch die Premiere zu dirigieren. Franz →Wüllner mußte einspringen, weil Ludwig II. auf der Uraufführung bestand und von W.s Einwänden einer Gesamtaufführung des *Rings* (mit den entsprechenden zeitlichen Verzögerungen) nichts wissen wollte. 1867 weilte W. mehrfach in München und feierte seinen 54. Geburtstag beim König auf Schloß Berg. Schon am 30. 5. bezog W. eine Wohnung in Starnberg, mied jedoch die Premiere von *Lohengrin* am 11. 7. 1867 wegen Differenzen zur Besetzung der Titelrolle mit dem 60jährigen Tenor Joseph →Tichatschek, der dem König nicht zusagte. W. zog sich wieder nach →Tribschen zurück. Zum Jahreswechsel 1867/68 besuchte W. den König in München, löste aber wegen seines Verhältnisses zu Cosima erneute Verstimmungen bei seinem königlichen Freund aus. Gegen Ende des Jahres 1868 wollte W. »nichts mehr mit München zu tun haben«. Unter W.s vergeblichem Protest wurde am 26. 6. 1870 auch die *Walküre* als Einzelaufführung und ein Jahr später *Rienzi* mit großem Erfolg in München aufgeführt. Nach den ersten →Festspielen mit der zyklischen Aufführung des *Rings* wurden 1878 auch noch *Siegfried* am 10. 6. und die *Götterdämmerung* am 13. 9. im Nationaltheater erstmals aufgeführt, eine Gesamtaufführung des *Rings* folgte im Nov. 1878. Nachdem sich W. in →Bayreuth angesiedelt hatte, waren seine Besuche in München nur noch selten; am 12. 11. 1880 dirigierte W. das Vorspiel zu *Parsifal* für den König im Theater, wobei sich Ludwig II. und W. zum letztenmal begegneten. In einer Privatvorstellung für den König wurde unter Hermann →Levis musikalischer Leitung am 3. 5. 1884 *Parsifal* gegeben, der wegen seiner Schutzfrist in München bis 1913 nicht öffentlich aufgeführt werden konnte (→Parsifal-Schutz). 1901 wurde das Prinzregententheater mit den *Meistersingern* eröffnet und 1904 die Münchener Opernfestspiele begründet, die unter der musikalischen Leitung Felix →Mottls zahlreiche Werke W.s enthielten. Mottls Nachfolge trat 1912 Bruno Walter an; er dirigierte 1913 *Tristan*. Hans Knappertsbusch trat die Nachfolge Walters an und blieb bis 1935 in München. Auch unter seiner Leitung waren W.s Werke neben denen von Richard Strauss und Hans Pfitzner im Münchener Spielplan dominant.

Clemens Krauss brachte von 1937 bis zum Zweiten Weltkrieg zusammen mit dem Regisseur Rudolf Hartmann und dem Bühnenbildner Ludwig Sievert eine Reihe von glanzvollen →Inszenierungen W.scher Werke heraus. Nachdem 1945 durch Kriegseinwirkung das Nationaltheater ausgebrannt war, wich man in den Kongreßsaal des Deutschen Museums aus, obgleich auch noch bis 1944 im Prinzregententheater weiter gespielt werden konnte. George Solti übernahm nach dem Krieg als Chefdirigent die Leitung des Orchesters, dem Rudolf Kempe und Ferenc Fricsay folgten, die sich alle auch um das Werk W.s kümmerten. Nach dem Wiederaufbau der Oper wurde das Haus zuerst mit Strauss' *Frau ohne Schatten* (1919) am 21. 11. 1963 und am 23. 11. mit den *Meistersingern* in der Inszenierung Hartmanns eröffnet. 1967 wurde der lange nicht gehörte *Rienzi* aufgeführt. Nachdem Wolfgang Sawallisch ab 1971 als Generalmusikdirektor in München wirkte und die Intendanten Günther Rennert und August Everding zunächst gemeinsam das Nationaltheater leiteten, wurde ab 1982 eine Generalintendanz aller bayerischen Staatstheater für Everding eingerichtet, der sich als W.-Regisseur hervorgetan hat.

Muncker, Theodor von
Geb. 1823, gest. 14. 2. 1900 in Bayreuth; Rechtsrat in Bayreuth. – Er war ab dem Jahr 1863 Bürgermeister von →Bayreuth und machte

sich um die Ansiedlung W.s in Bayreuth verdient; er ermöglichte die Bereitstellung des Grundstücks für das →Festspielhaus und wurde Mitglied des Verwaltungsrats der Bayreuther →Festspiele; 1887 persönlich geadelt und 1891 zum geheimen Hofrat ernannt.

Mundt, Theodor

Geb. 19. 9. 1808 in Potsdam, gest. 30. 11. 1861 in Berlin; Schriftsteller und Literaturhistoriker. – In seinen *Kritischen Wäldern* (Leipzig 1833) propagierte Mundt den Begriff des →Musikdramas und wies in diesem Zusammenhang auf Wilhelmine →Schröder-Devrient als dramatische Sängerin hin.

Museum

→Richard-Wagner-Museum Bayreuth; →Richard-Wagner-Museum Eisenach; →Richard-Wagner-Museum Tribschen

Musikalische Kritik, Über

→ *Über Musikalische Kritik*

musikalische Prosa

Obgleich der Begriff Prosa in der Musik schon auf Theorien des mittelalterlichen Tonsatzes zurückgeht, setzt die musikalische Prosa erst im 18. Jh. ein und gilt als von der Rhetorik abgeleiteter Begriff. Bis um 1800 galt in der frühromantischen Ästhetik die Poesie als oberste Kategorie von Kunst, während Prosa als Nichtkunst verrufen war. In der Literaturtheorie des →Jungen Deutschland verbesserte sich der

Sachverhalt zugunsten des Prosabegriffs, da sich die Literatur nunmehr dem prosaischen Alltag zuwandte. Aber schon seit 1800 wurde von Wilhelm Traugott Krug das Rezitativ als »gleichsam musikalisch poetische Prosa« beschrieben, wobei stets Taktfreiheit eine Rolle spielt, so daß sich von dieser Auffassung sehr leicht die Brücke zu W. schlagen läßt. Der Zusammenhang zwischen Versbau und klassischer →Form einerseits und freier Textgestaltung mit musikalischer Prosa andererseits erscheint nicht nur plausibel, sondern trifft und unterscheidet die Stilkriterien klassischen und romantischen Musiktheaters. W. führte den Begriff, ohne sich auf frühere Begriffsbestimmungen zu beziehen, im 3. Teil seiner Hauptschrift → *Oper und Drama* ein. Anlaß bieten Probleme der Versvertonung und der Koordination von sprachlichen und musikalischen Akzenten. W.s Kritik an der »quadratischen Tonsatzkonstruktion« mit symmetrisch geformter Melodik, die sich auf Akzente der Wortbetonung nicht einlassen kann, weil die musikalische Gestalt vorherrscht, führte zwangsläufig zur musikalischen Prosa als Antithese dazu, die schließlich in der Alliterationstheorie (→Stabreim) zur Synthese geführt werden konnte. *Lit.:* W. T. Krug, Einige Bemerkungen über Sprache und Gesang, in: Allgemeine Musikzeitung 3:1800

Musikdrama

Bereits 1810 hatte E. T. A. →Hoffmann im Zusammenhang mit Christoph Willibald →Glucks Oper *Iphigénie en Aulide* (1774) den Begriff Musikdrama verwendet, den dann auch Theodor →Mundt in seinen *Kritischen Wäldern* (Leipzig 1833) mit ausdrücklichem Hinweis auf die dramatische Sängerin Wilhelmine →Schröder-Devrient erneut aufgegriffen hat. – In seiner Schrift *Über die Benennung »Musikdrama«* (in: GSD Bd. 9, S. 359) berichtet W. 1872 über den Begriff, als sei er überraschend mit ihm in Berührung gekommen, weil seine »neueren dramatischen Arbeiten« in →Berlin mit dieser Bezeichnung versehen worden seien, um eine »ausnehmende Klassifizierung« dafür zu wählen. W. macht aber von Anfang an keinen Hehl daraus, daß er sich unter dieser Bezeichnung nichts vorstellen könne, weil die Kombination gerade dieser beiden Substantive keinen Sinn ergäbe. Da W. das Begriffskürzel mit »Drama zum Zweck der Musik« aufschlüsselt, kann er ihm lediglich »das altgewohnte Opernlibretto« als Sinnträger abgewinnen, und gerade dazu hätte es der Wortschöpfung nicht bedurft. Aber das Gegenteil sei wohl gemeint, da das vorangestellte Substantiv eigentlich als Adjektiv und somit »musikalisches Drama« gemeint sei. Da es aber auch mit dieser Wendung sein Unbehagen habe, spürt W. weiteren Sinndeutungen nach, operiert mit einer Wortumstellung, die den Unsinn aber vollständig offenlege. Mit seinen philologischen Untersuchungen rührt nun W. tatsächlich an die Wurzeln des Problems, daß nämlich

»zwei disparate Elemente« zu einem Ganzen verschmolzen werden sollten. Und das Problem liegt auch nicht in der Wortverschmelzung, sondern seit Claudio Monteverdi in der Vereinigung von Handlung und Musik im musikalischen Drama selbst, das zu »ersichtlich gewordenen Thaten der Musik« herangereift sei. – Obgleich also W. mit dem Begriff Musikdrama nicht einverstanden war, ist er als Schlagwort nicht mehr aus der Welt zu schaffen. Denn der treffendere Begriff »symphonische Oper« für W.s Musikdramen hat sich bisher, wie W.s eigene Vorschläge, nicht durchsetzen können. Unbestreitbar immerhin ist, daß, analog der Verwandlung der Konzertouvertüre in die symphonische Dichtung durch Franz →Liszt, auch W. ein der Oper ursprünglich fremdes Kompositionsverfahren zur Umgestaltung der Oper bemühte und das Musikdrama schuf. Trotz Ludwig van →Beethovens *Fidelio* (1805) und Carl Maria von →Webers *Freischütz* (1821) sind W.s Musikdramen die ersten deutschen Bühnenwerke, die wohl gerade wegen ihres symphonischen Stils europäische Bedeutung erlangten. Mit dem an der italienischen Oper orientierten →*Liebesverbot* und dem französischen *Rienzi* erntete W. nur Lokalruhm, während seine Musikdramen über Skandale und Mißerfolge hinweg bald in ganz Europa und Übersee rezipiert wurden. Neu bei der Rezeption W.scher Werke allerdings war vor allem der Anspruch des Werkcharakters, der vormals, wenn überhaupt, nur Instrumentalwerken, besonders Beethovens Symphonien, zugestanden wurde, wonach eine unantastbare Partitur die aus- und aufführenden Organe zu Dienern am Werk im möglichst unverfälschten Sinne des Meisters machten, was weder in der italienischen noch in der französischen Operngeschichte und Bühnenpraxis der Fall war.

Musik zu Wilhelm Schmales allegorischem Festspiel in einem Akt »Beim Antritt des neuen Jahres 1835«
→ *Neujahrs-Festspiel*

mystischer Abgrund
Das verdeckte Orchester (so der Sachverhalt für W.s poetische Umschreibung eines in einen Orchestergraben abgesenkten Klangkörpers), das zwischen dem Auditorium und dem Bühnengeschehen nicht mehr visuell unnötig auf sich aufmerksam machen sollte, wurde in der Philosophie des → Gesamtkunstwerks zum mystischen Abgrund, aus dem gleich dem griechischen Orakel das Wissen um verborgene Zusammenhänge von Vergangenheit und Zukunft aufsteigt. Die Idee des verdeckten Orchesters war keineswegs eine originäre W.s, sondern in seiner Erinnerung aus der Kapellmeistertätigkeit in der »Scheune« des Rigaer Theaters haften geblieben. Dem aus → Riga stammenden Cellisten Poorten hat W. in späteren Jahren einmal gesagt, daß ihm dort drei Dinge angenehm aufgefallen waren: das

stark ansteigende, nach Art eines Amphitheaters sich erhebende Parkett, die Dunkelheit des Zuschauerraums und das ziemlich tief liegende Orchester. Mit diesen Merkmalen waren im Ansatz genau die Vorzüge vorgegeben gewesen, die viel später die Einmaligkeit des Bayreuther → Festspielhauses ausmachten. Der mystische Abgrund ist also lediglich eine konsequente Fortentwicklung jenes tiefliegenden Orchesters in Riga aus musikdramatischen Gründen.

Mythos
Mit der Grundüberzeugung, im »Mythos erfaßt die gemeinsame Dichtungskraft des Volkes die Erscheinungen gerade nur noch so, wie sie das leibliche Auge zu sehen vermag, nicht wie sie an sich wirklich sind«, schuf sich W. ein Potential zur Gestaltung musikdramatischer Handlungen, das unerschöpflich scheint. W. ging davon aus, daß die menschliche Phantasie der Urheber mythischen Gestaltens sei: »Durch die Fähigkeit, so durch seine Einbildungskraft alle nur denkbaren Realitäten und Wirklichkeiten nach weitestem Umfange in gedrängter, deutlicher plastischer Gestaltung sich vorzuführen, wird das Volk im Mythos daher zum Schöpfer der Kunst [...]« (→ *Oper und Drama*, S. 41f.) Aus solchen Überlegungen heraus vollzog W. den Wechsel vom historischen *(Rienzi)* zum mythischen Opernstoff *(Holländer)*, wodurch nicht bloß ein Sujetwechsel, sondern eine grund-

legende Änderung der Geschichts-
perspektive notwendig geworden
war. W. sah keine Veranlassung
mehr, wie Generationen von
Opernlibrettisten und -komponisten
vor ihm, die Geschichte der Macht
zu dokumentieren, sondern er
strebte die Befreiung des Menschen
durch das Beispiel in der Kunst, in
der künstlerischen Revolution an,
da er die Utopie dieser Freiheit im
Bild des Hortes, der zum →Gral
wird, schon deutlich vor Augen
hatte. – Bereits die Vorstellung und
Erschaffung des Menschen von Göttern und Heiligtümern faßte W. als
mythische Leistung auf. Und er
scheute nicht davor zurück, die im
19. Jh. bereits überlebte Religion des
Christentums als einen Mythos aufzufassen, um den Kern dieser Religion in *Parsifal* in die Kunst hin-
überzuretten.

Nachbaur, Franz Innozenz
Geb. 25. 3. 1830 in Gießen (bei Tett-
nang, Bodensee), gest. 21. 3. 1902 in
München; Sänger (Tenor). – Chorist
in Basel, dann Solist an mehreren
Theatern, 1855 in Zürich, 1866 – 90
an der Hofoper München. Er verkörperte den →Stolzing in der Uraufführung der *Meistersinger* 1868
in München.

Nachtigall, Konrad
Kleine Baßpartie in den *Meistersingern*; Spenglermeister und →Mei-
stersinger. Die Figur ist aus Johann
Christoph Wagenseils *Buch von der
Meister-Singer holdseligen Kunst*
(1697) entnommen.

Nachtwächter
Kleine Baßpartie in den *Meistersingern*.

Napoleon III.
Charles Louis Napoléon Bonaparte;
Kaiser der Franzosen (1852 – 70),
geb. 20. 4. 1808 in Paris, gest. 9. 1.
1873 in Chislehurst (heute zu London). – Neffe Kaiser Napoleons I.
Zunächst 1848 – 52 Präsident der
französischen Republik, aber bereits
1851 Diktator. Im Frühjahr 1860 gab
er auf Betreiben der Fürstin Pauline
→Metternich den Befehl zur Aufführung von *Tannhäuser* in Paris,
die 1861 zu einem Skandal führte.

Nationalarchiv Bayreuth
Seit 1971 wurde das R.-W.-Archiv in
→Bayreuth mit dem →Festspielhaus
und dem Haus →Wahnfried in einer
Stiftung vereinigt, die sich als »Richard-Wagner-Museum mit Nationalarchiv der Richard-Wagner-Stiftung Bayreuth Haus Wahnfried«
bezeichnet und in der Villa Wahnfried in Bayreuth, Richard-Wagner-
Straße, untergebracht ist. Der
Grundbestand mit den Schätzen der
originalen *Tristan-, Holländer-,
Lohengrin-, Siegfried-, Götterdäm-
merung-* und *Parsifal*-Partituren
stammt aus der Sammlung des ehemaligen Familienarchivs, das 1973
für 12,3 Millionen Mark von der
R.-W.-Stiftung für deren Nationalarchiv erworben wurde. Zu einem
beträchtlichen Bestand originaler W.-
Briefe kam 1978 der von der R.-W.-
Stiftung ersteigerte Kernbestand der
ehemaligen →Burrell-Sammlung,

einer der umfangreichsten Sammlungen von Briefen W.s. Zusammen mit dem Archiv der →Richard-Wagner-Gedenkstätte der Stadt Bayreuth ist somit das Nationalarchiv die zentrale Quelle der W.-Forschung. Nach dem Verlust seiner →Dresdener Bibliothek hatte sich W. allmählich eine neue Bibliothek aufgebaut, die in Bayreuth letztlich zu einem Bestand von rund 2 500 Bänden angewachsen war.»Ihre Titel vermitteln einen Eindruck vom weiten Bildungshorizont des Besitzers. Die bedeutenden griechischen und römischen Klassiker sind ebenso vertreten wie die der indischen, arabischen, spanischen, englischen, französischen und deutschen Literatur, vor allem des Mittelalters; ferner bedeutende Philosophen von den Indern und von der Antike über René Descartes, Jakob Böhme und Baruch Spinoza bis zu Immanuel Kant und Arthur →Schopenhauer. Großen Raum nehmen die sagengeschichtlichen Werke ein, und neben historischen, theologischen, rechts-, kunst- und musikgeschichtlichen Titeln sind auch naturwissenschaftliche Darstellungen zu finden. Umfangreich ist der Bestand an Musikalien, vor allem Ausgaben von Johann Sebastian →Bach und Ludwig van →Beethoven; die Reihe reicht weiter von Werken Wolfgang Amadeus →Mozarts, Carl Maria von →Webers und Christoph Willibald →Glucks bis zu Partituren von Felix →Mendelssohn Bartholdys Ouvertüren und *Paulus* oder Halévys *Jüdin*«, führt Manfred Eger, der derzeitige Leiter des Nationalarchivs, aus. Obgleich W. sich jeden Band seiner Bibliothek fachgerecht binden ließ, war sie keineswegs ein Schauobjekt. Er und seine Frau Cosima haben sehr intensiv und fast täglich gelesen. Die Gäste in Wahnfried waren verblüfft, wie gut sich W. in seiner Bibliothek auskannte, der bei Diskussionen oft zielsicher einen Band herausgriff, um seine Ansichten zu untermauern. Gegen Ende des Zweiten Weltkriegs wurde die Bibliothek in Kisten verpackt nach Schloß Wiesentfels in der Fränkischen Schweiz ausgelagert, dort aber 1945 von der amerikanischen Armee beschlagnahmt und abtransportiert; danach schien sie spurlos verschwunden. Ein anonymer telephonischer Hinweis, daß die Kisten mit der Wahnfried-Bibliothek im Keller des Schlosses Unterleinleiter bei Ebermannstadt gelagert sein könnten, erwies sich als zutreffend. Winifred →Wagner konnte 1946 die kostbare Sammlung auslösen und nach Bayreuth zurückbringen lassen. Nach dem Wiederaufbau des im Krieg zerstörten Wahnfried-Hauses konnten die Bücher wieder in den rekonstruierten Regalen des Saals ihren angestammten Platz finden. – Ein weiterer Bestand des Nationalarchivs sind die 55 Bühnenbildmodelle, die anschaulich die Inszenierungsgeschichte (→Regie) der Bayreuther Szene von 1876 bis in die Gegenwart dokumentieren. Klug und verdienstvoll erscheint es, daß man in Wahnfried auch ein →Kitsch & Kuriosa Kabinett eingerichtet hat, um nicht nur die Verehrung für einen der größten Komponisten des 19. Jh.s zu zeigen, sondern auch die satirische Kritik an ihm und die geschäftliche Vermarktung seines Ruhms. Schließlich wurde im Nationalarchiv ein »Klingendes Museum« eingerichtet. Täglich um 10, 12 und 14 Uhr werden die Besucher der Villa Wahnfried durch Gongschlag im Saal zusammengerufen, um aus einem reichen Bestand von historischen Tonaufzeichnungen Klangbeispiele aus W.s Werk vorgeführt zu bekommen

Lit.: M. Eger, museum. R.-W.-Museum Bayreuth, Braunschweig 1982

Naturbilder

Die Einbeziehung der Natur in das →Musikdrama, dessen Hauptgegenstand der Mensch ist, war selbstverständlich keine Neuheit, sondern hatte eine lange Tradition in der Oper und im Theater. Besonders William →Shakespeares Schauspiele boten W. überzeugende Vorbilder zur Naturdarstellung in der dramatischen Kunst. Auch aus der Tradition der Barockoper war W. bekannt, daß der wiederum auf die griechische Antike gegründete Gegensatz von Natur und Chaos mit musikdramatischen Mitteln als Idyll oder Katastrophe darstellbar war. Direkt angeknüpft hat W. bei der Wolfsschluchtszene in Carl Maria von →Webers *Freischütz* (1821) und davon Naturszenen für seine Werke abgeleitet, die als Spiegelbilder der Seelen →Tannhäusers oder des →Holländers die Einheit von Natur

und Handlung verstärkten. Aber auch zur Darstellung des Erhabenen wird bei W. mit Mitteln von Naturbildern sogar die Grundkonzeption des *Rings* stark beeinflußt, etwa die Menschheitsgeschichte vom Werden der Natur im Vorspiel zum *Rheingold* neu erschaffen und das Klangbild des Urelements Wasser mit wogenden klangflächigen Es-Dur-Harmonien gestaltet. Im →*Kunstwerk der Zukunft* schreibt W., daß sich im Menschen die Natur erst ihrer selbst bewußt wird, und diese Erkenntnis ist fortan Gegenstand von W.s musikdramatischem Gestaltungswillen bis zu *Parsifal*. Waren noch in den →*Feen* die Naturbilder gleichsam der Rahmen, in dem sich die Handlung ereignet und Natur als Landschaftsbild für die Illustrierung des Geschehens erfunden wurde, so verband W. mit der allmählichen Ausbildung des Musikdramas immer stärker das Kunstwerk selbst mit Naturhaftem, die Szenerie mit dem Organischen des →*Dramas*, so daß dieses Naturnotwendigkeit annahm. Die Kontraste von heilsamer und bedrohlicher Natur kamen dabei W.s dialektischem Denken sehr zustatten, so daß bereits in *Tannhäuser* die idyllische Welt des heiligenden Christentums im lieblichen Tal vor der →Wartburg dem erotischen Heidentum im Schoße des →Venusbergs gegenübergestellt werden konnte. Aber bereits im *Holländer* zeichnete sich die innige Verschmelzung von Natur und Menschenschicksal als Naturnotwendigkeit ab, die auch in diesem Aspekt fil-

mische Bühnendarstellung voraus-
nimmt, zumindest aber das →Ge-
samtkunstwerk für die Überzeugungsarbeit beim Publikum nutzbar
macht. In *Siegfried* wird sich der
Held angesichts der Gesetze in der
Natur bewußt, daß →Mime sein
Vater nicht sein kann. Er empfindet
nicht nur die Befriedigung, von dem
Nachtalben und Zwerg Mime nicht
abzustammen, sondern durch eine
höhere Abstammung (die sich ja
tatsächlich bis auf →Wotan zurück-
führen läßt) den dunklen Nachtzie-
len der →Nibelungen entgehen und
im Einklang mit der Natur höheren
Zielen von Menschlichkeit zustre-
ben zu können. Deshalb W.s musikalische Rückkopplung im →Wald-
weben mit der Natur, aus der heraus sich bald sogar die Stimme der
Natur im →Waldvogel als Wissen
höherer Einsicht →Siegfried verbal
verständlich machen kann. Noch
nicht Chaos und Feind der Natur ist
der von Wotan gezogene Feuerwall
um den Brünnhildenfelsen, sondern
gleichzeitig Naturereignis, Bühnen-
spektakel und Schutzwall für die
aus der Schar der →Walküren ausgestoßene →Brünnhilde. Dieser
durch eine frappierende musikalische Illustration in der Partitur ab-
gesicherte Feuerwall, der gleichsam
die halbgöttliche Jungfernschaft
Brünnhildes für den furchtlosen
Helden aufspart, der, als Stammva-
ter des neuen Menschengeschlechts
ausersehen, kinderlos zugrunde gehen muß, mündet erst am Schluß
der *Götterdämmerung* im Chaos des
Weltenbrands, der nicht als bloßes

Spektakel erscheint, sondern durch
Motivverdichtungen das Drama in
seinen wichtigsten Momenten zu-
sammenfaßt. Und obgleich in *Tri-*
stan auch einige Orte in der Natur
szenisch vorgegeben werden, sind
doch das zentrale Naturbild dieses
Musikdramas die bergende Nacht
und der Kosmos; dafür aber komponierte W. keine »Musiknummer«,
kein spezielles Klangbild, sondern
das ganze Werk. Wie schon in *Tann-*
häuser prägte W. in *Parsifal* einen
starken Gegensatz von heilsamer
und heilloser Natur in den Bildern
vom Gralsbereich und Zaubergarten
aus. Hier jedoch ist, nicht wie in
Tannhäuser die göttliche Langeweile
im Venusberg, der Gralsbereich
durch Erstarrung und Verführbar-
keit bedroht, während das Teufelswerk in →Klingsors Zaubergarten
im Zeichen des Kreuzes als Trugbild
in sich zusammenfällt und verwest.
Dagegen ist die reine Natur selbst
erlösungsfähig und vermag im Einklang mit dem erlösten Menschen
die Zukunft des Menschengeschlechts im Zeichen der Liebe und
des Mitleids darzustellen.
Lit.: S. Kunze, Naturszenen in W.s
Musikdrama, in: Programmheft der
Bayreuther Festspiele 1972, Siegfried, S. 62 – 72; G. Gruber, W.s
Naturbegriff und die Naturbilder im
»Parsifal«, in: R. V. Karpf, W.-In-
terpretationen, München / Salzburg
1982

Neapel
Im Sept. / Okt. 1876 kam W. nach
den anstrengenden ersten →Fest-

spielen in Bayreuth erstmals mit seiner Familie zur Erholung nach Neapel; ab dem 2. 11. reiste er weiter nach Sorrent, wo er zum letztenmal mit Friedrich →Nietzsche zusammentraf. 1880 verwirklichte W. ab Jahresbeginn einen siebenmonatigen Aufenthalt in Neapel, wo er in der Villa Angri am Golf von Neapel wohnen konnte. Am 18. 1. lernte er dort den russischen Maler Paul von →Joukowsky kennen, der 1882 die Bühnenbildentwürfe zur Uraufführung von →*Parsifal* lieferte. Auch Engelbert →Humperdinck besuchte W. in Neapel. W. blieb bis zum 8. 8., diktierte seiner Frau Cosima den Abschluß von →*Mein Leben*, veranstaltete eine private Aufführung der Gralsszene aus *Parsifal* in der Villa Angri und machte Ausflüge nach Amalfi und →Ravello, wo er das Vorbild für »Klingsors Garten gefunden« hatte. Außerdem entstand der Aufsatz →*Religion und Kunst* in Neapel.

Neidhöhle

Im Text der *Ring*-Dichtung nennt →Mime die Höhle, in der der in einen Drachen verwandelte Riese →Fafner den Hort des Rheingolds bewacht, Neidhöhle.

Nestroy, Johann Nepomuk
Eduard Ambrosius
Geb. 7. 12. 1801 in Wien, gest. 25. 5. 1862 in Graz; Schauspieler und Dramatiker. – Am 31. 10. 1857 wurde seine *Tannhäuser*-Parodie (zusammen mit Karl Binder; →Parodien) in Wien uraufgeführt.

Neubayreuth
Der Begriff steht für einen Inszenierungsstil, den neben seinem Bruder Wolfgang →Wagner vor allem Wieland →Wagner nach der Zäsur der Bayreuther →Festspiele durch den Zweiten Weltkrieg mit einer Neubesinnung auf das Werk seines Großvaters und mit einer Entrümpelung auf der Bühne ab 1951 in die Wege leitete und bald, trotz heftiger Kritik, zu weltweiter Beachtung führte. Daß dabei die Entwicklung der Bühnentechnik, besonders der Lichtregie, eine entscheidende Rolle spielte, schmälert keineswegs die interpretatorische Leistung Wieland W.s, der 1951 eine modellhafte →Inszenierung von *Parsifal* schuf, die bis 1973 im wesentlichen beibehalten wurde, in adäquater Weise 1956 auf die Inszenierung der *Meistersinger* und 1957 auf *Tristan* übertragen wurde. Eine sinndeutende Lichtregie ging einher mit stilisierenden, archaischen Momenten im Bühnenbild. Und das Aufgreifen von W.s Bestrebungen um den Sängerschauspieler zur sinnfälligen Gestaltung der Bühnenfiguren rundete die Entschlackung von Relikten alter Opernregie ab. Daß dieser Inszenierungsstil nicht in der Enklave der Festspiele verblieb, sondern sowohl durch Wolfgang W. von Anfang an aufgegriffen als auch durch Wieland W. an das Staatstheater Stuttgart, das er »Winter-Bayreuth« nannte, übertragen werden konnte, zeigt seine Bedeutung. Hier wie dort kam es auf die Durchleuchtung der Partitur im Hinblick auf ihre drama-

tischen Funktionen an, die plausibel ins Bild zu setzen waren.

Neudeutsche Schule

Während der ersten Tonkünstlerversammlung 1859 in Leipzig bekannte sich die um Franz →Liszt gescharte Komponistengruppe (dazu gehörten W., Hans von →Bülow, Peter →Cornelius und Joachim →Raff) als damalige Avantgarde offiziell zur Bezeichnung Neudeutsche Schule, die in Opposition zu der vom Stil der Wiener Klassik beeinflußten Gruppe mit Felix →Mendelssohn Bartholdy, Robert →Schumann und Johannes →Brahms stand. Besonders in der von Ludwig Friedrich Christian Bischoff geleiteten *Niederrheinischen Musikzeitung* erschienen polemische Angriffe gegen die »Zukunftsmusiker«, gegen die in Wien vor allem Eduard →Hanslick seine spitze Feder führte. Die Angegriffenen konstituierten jedoch 1861 den Allgemeinen Deutschen Musikverein, in dessen Publikationsorgan, der →*Neuen Zeitschrift für Musik*, ab 1892 durch Richard Pohl, Carl Friedrich Weitzmann, Franz →Brendel, Raff und Felix →Draeseke eine schriftstellerische Gegenoffensive gegen die »Konservativen« gestartet wurde. Heinrich →Porges in Wien sowie Carl →Tausig in München unterstützten die Interessen der Neudeutschen Schule, deren Mitglieder sich vor allem dem →Musikdrama, der symphonischen Dichtung und der Programmusik verschrieben. Obgleich diese »Produkte [...] als dem innersten Wesen der Musik

zuwider« gebrandmarkt wurden, stellte sich die richtungweisende Bedeutung der Neudeutschen Schule für die Entwicklung der Kompositionsgeschichte bald heraus. Die Brahms-Verehrung Bülows bot zudem ein Beispiel für die baldige Versöhnung zwischen den sich befehdenden Parteien.

Lit.: A. W. Ambros, Die musikalischen Reformbewegungen der Neuzeit II: die neu-deutsche Schule, in: Culturhistorische Bilder aus dem Musikleben der Gegenwart, Leipzig 1860; H. Riemann, Die Neudeutschen, in: ders., Geschichte der Musik seit Beethoven 1800 – 1900, Berlin 1901; C. Dahlhaus, Zwischen Romantik und Moderne, in: Musikwissenschaftliche Arbeiten, Bd. 7, München 1974

Neue Zeitschrift für Musik

Robert →Schumann plante 1833 als Organ der »Davidsbündler« die *Neue Leipziger Zeitschrift für Musik,* die ein Jahr später begründet wurde. Sie ist die älteste deutsche noch heute erscheinende Musikzeitschrift. Ihr Motto lautete:»die ältere Zeit anerkennen, die nächstvergangene als unkünstlerisch bekämpfen, die kommende als eine neue poetische vorbereiten und beschleunigen helfen«. Schumann schrieb zahlreiche Artikel in diesem Sinne. Sein Nachfolger als Herausgeber, Franz →Brendel, engagierte sich vor allem für die →Neudeutsche Schule. Auch W. schrieb bereits in seiner Pariser Zeit kleinere Berichte für die *Neue Zeitschrift für Musik.*

Neujahrs-Festspiel (WWV 36)
Musik zu Wilhelm →Schmales allegorischem Festspiel in einem Akt »Beim Antritt des neues Jahres 1835«. – Komponiert Ende Dez. 1834 in →Magdeburg; uraufgeführt am 1. 1. 1835 im Stadttheater Magdeburg unter W.s Leitung; veröffentlicht im 16. Band der Gesamtausgabe von Michael Balling. Erwähnt wird die Komposition als »Festspiel zum Neujahr« am Schluß der →Roten Brieftasche. Am 27. 12. 1834 schreibt W. an Theodor →Apel, daß er »eine große Ouvertüre« dazu »in 1 ½ Stunde gemacht habe, und Chören u. allegorischen Musiken […] in einem Vormittag gemacht habe«. 1873 hat Peter →Cornelius die Musik zu W.s 60. Geburtstag mit neuem Text versehen und unter dem Titel *Künstler-Weihe* von Alexander →Ritter aufführen lassen.
Lit.: WWV

Neumann, Angelo Joseph
Geb. 18. 8. 1838 in Wien, gest. 20. 12. 1910 in Prag; Sänger und Theaterleiter. – Ab 1859 Tenor und 1862 Bariton an der Wiener Hofoper; 1876 Theaterdirektor in Leipzig und 1885 Direktor des Deutschen Theaters Prag. 1878 führte er den *Ring* in Leipzig auf. Ab 1882 spielte er mit seinem wandernden »Wagner-Theater« 135mal den *Ring* unter Anton →Seidls musikalischer Leitung in ganz Europa. Er schrieb außerdem *Erinnerungen an Richard Wagner* (Leipzig 1907).

Nibelheim
So werden in der *Ring*-Dichtung die Untertageschächte der →Nibelungen genannt, die dort im Dienst →Alberichs den Hort zusammenraffen.

Nibelungen
Sie sind im *Ring* das Geschlecht der Unterwelt, der Nachtalben, die →Alberich regiert, der den Untergang der Lichtalben und →Wotans betreibt.

Nibelungenhort
W. griff die uralte Sage vom Nibelungenhort auf, um ihn als Symbol der Macht seinem musikdramatischen Denken einzugliedern, ihn später jedoch im Erlösungssymbol des →Grals aufzulösen. Es ist der Goldschatz der →Nibelungen, der zur Befreiung der Geisel →Freia von →Wotan geraubt wurde und später von dem in einen Drachen verwandelten Riesen →Fafner in der →Neidhöhle bewacht wird. →Siegfried tötet den Riesenwurm und bringt sich in den Besitz des →Rings und des →Tarnhelms aus dem Nibelungenhort.

Nibelungenkanzlei
In →Bayreuth versammelte W. einen Kreis junger Musiker um sich, die ihm als musikalische Assistenten zeitraubende Arbeiten wie Partiturreinschriften und →Klavierauszüge oder Probenvorbereitungen abnahmen und gelegentlich auch den musikalischen Unterricht von W.s Kindern übernahmen. Zur

Nibelungenkanzlei, wie W. selbst scherzhaft die Gruppe seiner musikalischen Mitarbeiter nannte, gehörten der Russe Josef →Rubinstein, Demetrius Lalas, der spätere Direktor des Konservatoriums in Athen, der Ungar Anton →Seidl und Herman →Zumpe, zu denen später noch Felix →Mottl, Engelbert →Humperdinck, Berthold →Kellermann und Ferdinand Jäger hinzukamen; auch Franz →Fischer, Heinrich →Porges und Julius →Kniese können diesem Kreis hinzugerechnet werden.

Nibelungenlied

Dieses mittelhochdeutsche Heldenepos eines unbekannten Dichters wurde um 1200 im Donaugebiet geschrieben. Es sind 34 Handschriften aus dem 13.–16. Jh. erhalten, die 1755 von Jacob Hermann Obereit wiederentdeckt wurden. In den ältesten Fassungen wird die nordische Überlieferung tradiert, in späteren Bearbeitungen wurde sie mit den jeweiligen historischen Ereignissen verquickt. W. war nicht wissenschaftlich an den historischen Quellen interessiert. Ihn interessierte der mythische Stoff aus der Sicht des 19. Jh.s. Dabei verfuhr W. fast willkürlich mit den geschilderten Ereignissen, griff sich die ihm dramatisch erscheinenden Konstellationen heraus und gestaltete sie nach eigenem Ermessen. Zugleich aber formte er den →Mythos in die Geschichte des →Reinmenschlichen um, was nichts anderes bedeutet als der gemeinsame Nenner menschlichen Schicksals. Da W. andere altnordische Sagensammlungen für die ursprünglicheren hielt als das Nibelungenlied, kompilierte er aus verschiedenen Quellen die Handlung zum *Ring*. Vor der eigentlichen Dichtung erprobte W. bereits in seinem Prosaentwurf *Der →Nibelungen-Mythus* (1848) die Möglichkeit, altgermanische Mythologie als Grundlage eines →Musikdramas zu nutzen. Die beiden Textausgaben und Übersetzungen zum *Nibelungenlied* in W.s →Dresdener Bibliothek bildeten die Grundlagen zur Dichtung von →*Siegfrieds Tod*, dem Kern der späteren *Götterdämmerung*. W. hat nur den 1. Teil des *Nibelungenlieds*, die Aventuren 1–19, als Gerüst für seine Handlung übernommen, wobei ihm offenbar der Bruch innerhalb der Erzählung, die anfangs die Siegfried-Geschichte ausbreitet und unvermittelt im 2. Teil vom Untergang der Burgunden berichtet, aufgefallen war. Das Bindeglied beider Teile des *Nibelungenlieds* stellt die Figur Kriemhilds dar, die bei W. jedoch als Bühnenfigur gar nicht erscheint. Sie ist im 1. Teil die Frau Siegfrieds, dessen Mord sie im 2. Teil an ihren Brüdern rächt. In einer älteren Version des *Nibelungenlieds* ist der Hort Streitpunkt und Anlaß zum Untergang Burgunds. – Seit der Wiederentdeckung des *Nibelungenlieds* in der Mitte des 18. Jh.s, 1757 teilweise von Johann Jakob Bodmer, 1782 vollständig von Christoph Heinrich Myller publiziert, galt das Volksepos als »deutsche Ilias«, die schon vor W. zu Dramatisierungen reizte. Aber erst W. hat aus den alten Quellen, die er als Bausteine, nicht als Bauplan benutzte, durch Synthese heterogener Elemente einen neuen Menschenmythos gestaltet, den gesellschaftlichen Aspekt der mittelalterlichen Vorlagen aber ganz ausgeschlossen.

Nibelungen-Mythus, Der
Entwurf zu einem Drama. – Zwischen der Abhandlung *Die →Wibelungen* und der Textdichtung zu →*Siegfrieds Tod* entstand der Prosaentwurf der *Ring*-Fabel, der am 4. 10. 1848 abgeschlossen wurde. In ihm ist die Handlung zum *Ring* bis auf einzelne spätere Ergänzungen vollständig ausgeführt. Der Weltenbrand am Schluß der *Götterdämmerung* fehlt allerdings noch. Gleichzeitig steckt in dieser Abhandlung W.s künstlerische Geschichtsdeutung, die Historie und →Mythos verbindet und nicht bloße Ereignisse anhäuft, sondern ausdrücken sollte, was die Menschengeschlechter »von sich *glaubten* oder glauben machen wollten«. Folglich stellten die Mythen für W. die für seine →Musikdramen so wichtigen Selbstdeutungen der Menschheit dar. Dabei ging es ihm nicht um bloßen Wechsel des Sujets, nicht mehr nur um den »erdigen Niederschlag«, für den die Schwarzalben ihre ganze Kraft vergeudeten, sondern um die Aufhebung von Unterschieden durch Machtverteilung, bis hin zur Findung des →Grals, der die ideelle Kehrseite des materiellen Horts sei. – In: GSD Bd. 2, S. 201 – 214.

Nicolaischule
W. trat 1828 in die Tertia dieses Leipziger Gymnasiums ein, das er im Sommer 1830 mit der Leipziger Thomasschule tauschte.

Niemann, Albert
Geb. 15. 1. 1831 in Erxleben (bei Magdeburg), gest. 13. 1. 1917 in Berlin; Sänger (Tenor). – 1856 – 66 war er in Hannover, 1866 – 89 an der Hofoper Berlin engagiert. 1861 sang er die Titelpartie in der Pariser Erstaufführung von *Tannhäuser,* 1876 den ersten →Siegmund bei den Bayreuther →Festspielen.

Nietzsche, Friedrich Wilhelm
Geb. 15. 10. 1844 in Röcken (bei Lützen), gest. 25. 8. 1900 in Weimar; Philosoph. – 1864 bezog er die Universität Bonn, ging mit seinem Lehrer Friedrich Ritschl nach Leipzig, der ihn auch als Professor an die Universität Basel empfahl. Bereits im musikalischen Elternhaus kam Nietzsche mit W.s Musik in Berührung, die er begeistert aufnahm, während seine Mutter Franziska sie schrecklich fand. 1866 beschäftigte sich Nietzsche (wie er in einem Brief vom 11. 10. 1866 an Carl von Gersdorff schreibt) mit dem Studium des Klavierauszugs der *Walküre.* Als W. 1868 inkognito einen Besuch bei seinen Verwandten in →Leipzig machte, fragten Freunde bei Nietzsche an, ob er W. kennenlernen wolle. Nietzsche stimmte begeistert zu und hörte, daß W. in der Gesellschaft des Hauses →Brockhaus sogar schon ein von Nietzsche kom-

poniertes Lied neben Auszügen aus den *Meistersingern* zum besten gegeben hatte. Beim Abschied nach dem ersten Zusammentreffen drückte W. dem Philologiestudenten herzlich die Hand und lud ihn zu einem Besuch nach →Tribschen ein. Zunächst aber beschaffte sich Nietzsche W.s Schriften. Nietzsches Berufung nach Basel war bereits eine abgemachte Sache, als er Ende Jan. 1869 nach →Dresden fuhr, um dort die *Meistersinger* zu hören und als großes Erlebnis vor dem »Aschermittwoch des Berufs« zu verbuchen. An seinen Freund Erwin Rohde schrieb er vier Wochen nach der ersten Begegnung mit W.: »Wagner, wie ich ihn kenne, ist die leibhaftige Illustration dessen, was Schopenhauer ein Genie nennt.« 24jährig wurde Nietzsche in Basel am 13. 2. 1869 zum »außerordentlichen Professor der klassischen Philologie und zum Lehrer der griechischen Sprache in der obersten Klasse des Pädagogiums« ernannt, ohne Promotion und Habilitation, ohne Prüfung und Disputation. Seine Antrittsvorlesung über »Homer und die klassische Philologie« hielt Nietzsche am 28. 5. 1869. Zuvor aber besuchte er noch eine *Meistersinger*-Aufführung unter Hermann →Levi in →Karlsruhe und machte dann einen Besuch bei W. in Tribschen. In seiner damaligen Begeisterung für W. glaubte Nietzsche sogar an eine gemeinsame Arbeit: »[...] wir könnten zusammen den kühnen, ja schwindelnden Gang seiner umstürzenden und aufbauenden Ästhetik gehen, wir könnten uns

von dem Gefühlsschwunge seiner Musik wegreißen lassen, von diesem Schopenhauerschen Tonmeer, dessen geheimsten Wellenschlag ich mitempfinde, so daß mein Anhören Wagnerscher Musik eine jubelnde Intuition, ja ein staunendes Selbstfinden ist« (Brief an Rohde). Und es war Nietzsche, der W. auf Levi aufmerksam gemacht hat, lange bevor dieser als Dirigent in den Diensten des bayerischen Königs →Ludwig II. für die Leitung von *Parsifal* in →Bayreuth in Frage kam. Bald wurde Nietzsche freundschaftlich in das Hauswesen W.s aufgenommen und erhielt für beliebige Besuche zwei Zimmer in der Tribschener Villa zugewiesen. Schon damals verliebte sich Nietzsche Hals über Kopf in die geistvolle Lebensgefährtin W.s, ohne je auf Erwiderung hoffen zu dürfen. Dennoch wurde Nietzsche besonders von Cosima ins Vertrauen gezogen wegen der großen Schwierigkeiten anläßlich der Aufführungen von Teilen des *Rings* in →München, und der neue Jünger wurde zu Diensten aller Art (vom Besorgen von Geschenken bis zur Redaktion von W.s →*Mein Leben*) herangezogen. Noch äußerte sich Nietzsche über W.s neueste Schriften, die er sogleich zu lesen bekam, emphatisch: »Niemand kennt ihn und kann ihn beurteilen, weil alle Welt auf einem anderen Fundament steht und in seiner Atmosphäre nicht heimisch ist. In ihm herrscht eine so unbedingte Idealität, eine so tiefe und rührende Menschlichkeit, ein solcher erhabener Lebensernst, daß ich mich in seiner Nähe wie in der Nähe des Göttlichen fühle. Wie manche Tage habe ich schon in dem reizenden Landgute am Vierwaldstättersee verlebt, und immer neu und unerschöpflich ist diese wunderbare Natur. So las ich gestern ein Manuskript, das er mir übergeben hatte: ›Über Staat und Religion‹; ein größerer, tiefsinniger Aufsatz, dazu bestimmt, seinen ›jungen Freund‹, den kleinen Bayernkönig, über seine innere Stellung zu Staat und Religion aufzuklären. Nie ist in würdigerer und philosophischerer Weise zu einem König geredet worden; ich war ganz erhoben und erschüttert von dieser Idealität, die durchaus dem Geiste Schopenhauers entsprungen schien« (Brief an Gersdorff). Am Tag der Geburt von W.s einzigem Sohn Siegfried →Wagner war Nietzsche, ohne von dem freudigen Ereignis eine Ahnung zu haben oder zu erhalten, in W.s Haus zu Besuch. Und auch zu Weihnachten 1869 war er Gast in Tribschen, wo er erstmals den Entwurf zu *Parsifal* vorgelesen bekam, also später davon keineswegs überrascht werden konnte. Trotz der wachsenden Amtspflichten Nietzsches stand er in ständigem Briefverkehr mit den W.s, die immer neue Bitten an ihn hatten, insbesondere Cosima, der Nietzsche keinen Wunsch abschlagen mochte. Möglich, daß er sich damals schon etwas zu sehr vereinnahmt vorkam, denn gleichzeitig erlebte er an sich selbst durch seine kompromißlose Philosophie erste Spuren eines sich mehr und mehr

verstärkenden Außenseitertums. In dem Maße aber, in dem W. immer häufiger in die Schlagzeilen öffentlicher Kritik geriet, verteidigte Nietzsche den von ihm als epochemachendes Genie erkannten älteren Freund, ein Verhalten, das er später den verhaßten →Wagnerianern zum Vorwurf machte. Zu W.s Geburtstag 1870 wurde Nietzsche selbstverständlich eingeladen, zumal sich ihre Freundschaft in diesem Jahr auf dem Höhepunkt bewegte. Aus beruflichen Gründen mußte Nietzsche, wie schon 1869, absagen, schrieb einen herzlichen Brief und wollte sein Geschenk aber doch noch persönlich überreichen. Mit Rohde, der den Besuch bei W. den Höhepunkt seiner Europareise nannte, konnte Nietzsche dann vom 11. bis zum 13. 6. 1870 W.s Gastfreundschaft genießen. Mitte Juli war Nietzsche mit seiner Schwester Elisabeth →Förster-Nietzsche erneut am Vierwaldstätter See. Nach dem Ausbruch des Kriegs zwischen Preußen und Frankreich rückte er als freiwilliger Sanitäter ein, worüber sich W. sehr besorgt zeigte. Da aber sowohl die Kantonsbehörde Einspruch erhob als auch Nietzsche bald erkrankte, war er nur zwei Monate beim Militär und dann in Erlangen im Hospital, wo er von der Eheschließung W.s mit Cosima erfuhr, die am 25. 8. 1870 →Luzern vollzogen wurde. Nietzsche sollte ursprünglich Trauzeuge sein, mußte aber durch Hans →Richter ersetzt werden. Gesundheitlich halbwegs wiederhergestellt, nahm Nietzsche Anfang Nov. 1870 seine Lehrtätigkeit in Basel wieder auf und erhielt bald schon W.s *Beethoven*-Artikel als Geschenk zugeschickt, worin Nietzsche bestätigt fand, was er sowieso zugrunde legte, daß W.s musikalisches Philosophieren die Musikphilosophie des 19. Jh.s schlechthin darstellen würde. Zu Cosimas Geburtstag, der am zweiten Weihnachtsfeiertag 1870 in besonderer Weise wegen des Abschlusses der Partiturerstschrift von *Siegfried* mit der Aufführung des →*Siegfried-Idylls* gefeiert wurde, kam auch Nietzsche nach Tribschen. Als Geschenk brachte er eine Reproduktion des Stiches *Ritter, Tod und Teufel* von Albrecht Dürer mit; W. wurde das Manuskript der *Entstehung des tragischen Gedankens* übergeben. Da Nietzsche länger blieb als geplant, kam er auch in den Genuß einer Vorlesung des III. Aufzugs von *Tristan*. Im Frühjahr 1871 wurde Nietzsche aus Gesundheitsgründen in Basel beurlaubt; über Tribschen begab er sich nach Lugano zur Erholung. Im Sommer 1871 war er wieder zu Besuchen in Tribschen und las Teile aus seinem neuen Buch *Ursprung und Ziel der Tragödie* vor. Den inzwischen im Privatdruck erschienenen *Sokrates und die Tragödie* hatten die W.s mit leiser Skepsis gelesen, so daß sich Nietzsche genötigt fühlte, in die erstere Schrift eine Verherrlichung des W.schen →*Musikdramas* nachträglich einzuarbeiten; 1872 erschien dieses Werk unter dem Titel *Die Geburt der Tragödie oder Griechentum*

und Pessimismus. In ihm ist der Gedankenaustausch mit W. allenthalben zu erkennen und erstmals auch Nietzsches Polemik gegen die Kirche öffentlich ausgesprochen worden. Nietzsche hob dagegen Dionysos auf den Schild und verkündete, daß das Dionysische besonders in der Musik zum Ausdruck komme. W. war begeistert:»Schöneres als Ihr Buch habe ich noch nicht gelesen!« Er konnte nicht ahnen, wie viele kritische Gedanken Nietzsche bereits unterdrücken mußte, um sein Bild von W. nicht schon jetzt zu zerstören. Das gegenseitige Vertrauen war jedoch immer noch so groß, daß Nietzsche vom Projekt des Bayreuther →*Festspielhauses* erfuhr, wofür er sich nützlich machen wollte. Er begleitete Cosima zu einem Konzert W.s nach →*Mannheim*, wo sich unter Vorsitz von Emil →*Heckel* ein sehr rühriger →*Wagner-Verein* um die Unterstützung des Bayreuther Projekts verdient machte. Da Nietzsche der Einladung zum Weihnachtsfest 1871 wieder nicht nachkommen konnte, schickte er Cosima eine Überarbeitung seiner Komposition *Nachklang einer Silvesternacht mit Prozessionslied, Bauerntanz und Mitternachtsglocke* (1864) für Klavier und Violine. Cosima überließ das Urteil darüber ihrem Diener:»Scheint mir nicht gut.« Zunächst störte es Nietzsche wenig, daß sein Eintreten für W. ihm sehr verübelt wurde und persönliche Nachteile brachte. Bei seiner Wandlung vom Philologen zum Philosophen W.scher Prägung setzte Nietzsche auf Bayreuth, das als Festspielstätte erst noch entstehen sollte. Seinem Freund Gersdorff vertraute er an: »Was Du auch tun magst – denke daran, daß wir beide mit berufen sind, an einer Kulturbewegung unter den ersten zu kämpfen und zu arbeiten, welche vielleicht in der nächsten Generation, vielleicht noch später, der größeren Masse sich mitteilt.« W. antwortete ihm nach der wichtigen Exkursion mit Gersdorff nach Berlin: »Mein lieber Freund! Wie Ihre Zeilen mich zuerst in Berlin begrüßten, sollen Sie nach meiner Zurückkunft (heute mittag) zuerst von mir begrüßt sein. Fast war ich dort erschrocken, in Basel so deutlich von Ihnen verstanden worden zu sein! Gersdorff wird Ihnen viel berichtet haben; vor ihm ging alles offen vor. Nur Bayreuth kennt er noch nicht: dort habe ich tieferfreuende Wohltaten empfangen. Es steht deutlich vor mir, daß, nach der realen Seite meines Wirkens hin, Bayreuth die gelungenste Auffindung meines Instinktes war. Könnte ich Sie darüber sprechen!« Bevor die W.s nach Bayreuth übersiedelten, machte Nietzsche am 25. 4. 1872 seinen letzten, den 32., Besuch in Tribschen, wo er freilich nur noch Cosima beim Packen vorfand. Die Abschiedsstimmung übertrug sich auch auf Nietzsche, der sich damit tröstete, »in meinem Buche mir selbst jene Tribschener Welt petrifiziert zu haben«. Zur Grundsteinlegung des Festspielhauses, am 22. 5. 1872 in Bayreuth, war Nietzsche mit einigen »Angeworbenen« angereist und gab in seinem Bericht *Richard Wagner in Bayreuth* Rechenschaft über dieses Ereignis. Anläßlich des Festaktes im →Markgräflichen Opernhaus lernte W. Malwida von →Meysenbug kennen, die bereits Nietzsches *Geburt der Tragödie* gelesen hatte. Es entstand eine lange Freundschaft aus dieser Begegnung. In Basel zeigte es sich am Rückgang und sogar Ausbleiben der Studenten immer deutlicher, daß sich Nietzsche als Philosoph und →Wagnerianer unbeliebt gemacht hatte. Dennoch stand er noch immer engagiert zu W. und erlebte am 26. 12. 1872 erstmals auf der Weimarer Bühne unter Franz →Liszts Leitung eine Aufführung von *Lohengrin*. Einer Einladung W.s zu Neujahr 1873 folgte Nietzsche nicht und zog sich prompt den Unwillen aus der Villa Wahnfried zu. Umgekehrt verteidigte Nietzsche öffentlich W. gegen jenes Pamphlet eines Irrenarztes aus München, der W. ferndiagnostisch zum Pathologen gestempelt hatte. Dennoch stellten sich im gegenseitigen Umgang Verstimmungen ein, zumal beide mit gesundheitlichen Schwierigkeiten zu kämpfen hatten. Gleichwohl versuchte Nietzsche für W. aktiv zu werden, verfaßte einen von W. erbetenen *Aufruf an die Deutschen* zur Unterstützung des Festspielhauses und publizierte im Sommer 1876 (Leipzig) die vierte *Unzeitgemäße Betrachtung* zum Thema *Richard Wagner in Bayreuth*. Angesichts der schier unüberwindlichen Schwierigkeiten beim Bau in Bayreuth forderte W. seine Freunde unverhohlen auf, ihre eigenen Angelegenheiten zurückzustellen und sich ausschließlich den epochemachenden →Festspielen zu widmen. Die Schriften, die Nietzsche gerade in der Feder hatte, waren jedoch nicht alle dazu angetan, für W. Partei zu ergreifen. Dennoch dankte W. herzlich für Nietzsches neueste Schriften und bot dem Freund zu beliebigem Gebrauch ein Gastzimmer in seinem neuen Heim, der Villa →Wahnfried, an, das Nietzsche selbstverständlich so schnell wie möglich besichtigen sollte. Der Gast kam im Sommer 1874 mit seiner Schwester, bezog aber ein Quartier in der »Sonne« und schickte W. eine Nachricht, daß er sich nicht wohl fühle. W. holte den Freund sofort in sein Haus und verbrachte einen animierenden Abend mit ihm. Dann aber reizte es Nietzsche, W. durch das Aufpflanzen der Partitur von Johannes →Brahms' *Triumphlied* (1871) auf dessen Flügel absichtlich zu ärgern, so daß vorauszusehen war, daß W. lospoltern würde. Obgleich Nietzsche nur errötete und schwieg, aber den Vorgang lange nicht verkraften konnte, hatte W. seinen Ausbruch bald wieder vergessen. Bis zum Sommer der ersten Festspiele 1876 mied Nietzsche Bayreuth, schickte jedoch 1875 seine Schwester zur Aufsicht der Kinder W.s, der mit Cosima auf Reisen gehen wollte, und erhielt detaillierte Berichte über das Leben in Wahnfried. Nietzsches Gedanken waren beständig mit Bayreuth beschäftigt: »Und bin doch nicht in Bayreuth!

Und doch bin ich mehr als dreiviertel des Tages im Geiste dort und schwärme wie ein Gespenst immer um Bayreuth herum.« Da Nietzsche glaubte, W.s Kunst könnte ·den Deutschen ihr »abgestandenes Christentum« verleiden, ohne eine Ersatzreligion durch diese Kunst etablieren zu müssen, sah er die Möglichkeit, in die antike Welterfahrung mittels deutscher Mythologie zurückzuführen. Dennoch gestand sich Nietzsche bereits 1874 in Notizen ein, was ihm alles an W. fremd sei. Vor allem verstärkte sich bei ihm die Ablehnung des genüßlichen W.-Kults durch die Wagnerianer. Für W., dessen Sensibilität oft durch selbstschützende Theatralik überdeckt wurde, war Nietzsches allmählich sich verstärkende geistige Krankheit eine erschreckende Belastung und Spiegelbild der eigenen physischen Unzulänglichkeiten. Es kam einer Wallfahrt gleich, als Nietzsche Ende Juli 1876 mit all seinen ideellen Vorstellungen nach Bayreuth fuhr. Er wohnte bei Meysenbug, die inzwischen nach Bayreuth gezogen war, ließ aber die Gastgeberin nichts von seiner wachsenden Skepsis und Desillusionierung merken. Das jahrmarktähnliche Treiben während der Festspiele und die Installierung der »großen Oper« statt des musikalischen Dramas, wie er meinte, stießen Nietzsche ab. »Mir graut vor jedem dieser langen Kunst-Abende«, schrieb er an seine Schwester. Noch vor der ersten Generalprobe entwich er in den Bayerischen Wald, nach Klingenbrunn, um dort erste Aufzeichnungen zu *Menschliches, Allzumenschliches* zu notieren. Er schickte seine Schwester nach Bayreuth und ließ sich dann doch durch W.s Drängen darauf ein, für zehn Tage in die Festspielstadt zu kommen, um *Rheingold* zu sehen; die Karten für die übrigen *Ring*-Aufführungen allerdings verschenkte er an Verwandte, blieb aber noch bis zum Ende der Vorstellungen. Danach fühlte sich Nietzsche krank und herbstlich im melancholischen Sinne des Wortes, worüber er W. Mitteilung machte und sich, wie dieser, nach dem sonnigen Süden begab. In Sorrent begegneten sich die beiden genialen Männer im Winter 1876/77 zum letztenmal. Als der Schirokko zu blasen begann, wich Nietzsche in die Schweiz aus. Der innere Abschied war schon lange vorbereitet, aber erst 1888 in seiner Schrift *Nietzsche contra Wagner. Aktenstücke eines Psychologen* (Leipzig 1910) ausformuliert worden: »Schon im Sommer 1876, mitten in der Zeit der ersten Festspiele, nahm ich bei mir von Wagner Abschied. Ich vertrage nichts Zweideutiges; seitdem Wagner in Deutschland war, condeszendierte er Schritt für Schritt zu allem, was ich verachtete – selbst zum Antisemitismus. Es war in der Tat damals die höchste Zeit, Abschied zu nehmen.« *Parsifal* war also nicht Auslöser, sondern letzte Bestätigung und Begründung für Nietzsches Bruch mit W. Dieser Bruch aber war nicht nur Nietzsches Abwehr gegen eine durch Realitäten verwässerte Idee, sondern auch Nietzsches neuesten Erkenntnissen zuzuschreiben, statt theatralischer Ideale doch überall nur Allzumenschliches entdecken zu müssen. Zu bedenken ist aber auch, daß Nietzsches Interesse an der Musik nur in zweiter Linie durch seine schicksalhafte Begegnung mit W. zu erklären ist. Vielmehr hatte er das ihm Wesentliche der Musik bereits aus seiner eigenen kompositorischen Beschäftigung geschöpft, die in der Hauptsache schon vor jener Begegnung abgeschlossen war. Es war W. natürlich nicht entgangen, daß den Kompositionen Nietzsches, der keinen systematischen Kompositionsunterricht erhalten hatte und seine musikalische Ausbildung als Autodidakt erwarb, etwas Improvisatorisches und Laienhaftes anhaftete, so daß W. den Philosophen als Komponisten, dem am besten lyrische Stimmungen in der Musik gelangen, während er an der Großform scheiterte, nicht sonderlich ernst nahm, was Nietzsche wahrscheinlich mehr kränkte als der W.-Kult. Welcher kompositionstechnischen Hilfe Nietzsche bedürfte, geht aus einem Brief Gustav Krugs an Nietzsche hervor: »Wagner könnte Dir eigentlich den Freundschaftsdienst leisten, Dein Werk ›Nachklang einer Sylvesternacht‹ farbenprächtig zu instrumentieren und es aufführen zu lassen.« Während W. sich mit dem Kommentar »Für einen Professor komponieren Sie recht gut« aus der Affäre gezogen haben soll und eine positive Wirkung auf Cosima ausblieb, hat Liszt sich mit Anerkennung geäußert, wie Nietzsche berichtet:»Liszt hat in Bayreuth meine Sylvesternacht-musik vorgenommen und günstig darüber geurtheilt« (an seine Schwester vom 26.10.1873). *Lit.:* E. Förster-Nietzsche, Das Leben Friedrich Nietzsches, 3 Bde., Leipzig 1895–1904; dies., W. und Nietzsche, München 1915; K. Hildebrandt, W. und Nietzsche, Breslau 1924; K. Jaspers, Nietzsche, Berlin/Leipzig 1936; R. Hollinrake, Nietzsche, W., and Ernest Newman, in: Music and Letters 41:1960; M. Vogel, Nietzsches Wettkampf mit W., Regensburg 1965; J. Galecki, Nietzsche und Bizets Carmen, in: Wissenschaft und Weltbild 1968

Nikisch, Arthur
Geb. 12.10. 1855 in Lébényi, gest. 23.1. 1922 in Leipzig; Dirigent. – Nach seiner Kapellmeistertätigkeit 1878–88 am Stadttheater Leipzig bei Angelo →Neumann ging er nach Amerika und dirigierte 1889–93 in Boston; anschließend war er Operndirektor in Budapest und übernahm 1895 die Leitung der Gewandhauskonzerte in Leipzig; zugleich Gastdirigent in Hamburg, Petersburg und Berlin; 1902–07 lehrte er am Leipziger Konservatorium. Er war Gast der →Festspiele 1882 und selbst ein bedeutender W.-Interpret.

Nikolai (WWV 44)
Volkshymne für Tenor oder Sopran, Chor und Orchester in G-Dur; Text von Harald von Brackel; kompo-

niert im Herbst 1837 in →Riga. Die Uraufführung fand am 21.11. 1837 im Stadttheater Riga statt, vermutlich unter W.s Leitung; veröffentlicht in der Gesamtausgabe von Michael Balling. Der Anlaß war die Thronbesteigung von Nikolai Pawlowitsch als Kaiser →Nikolaus I. von Rußland.
Lit.: WWV

Nikolaus I. Pawlowitsch
Kaiser von Rußland (seit 1825); geb. 6.7. 1796 in Zarskoje Selo (heute Puschkin), gest. 2.3. 1855 in Petersburg (heute Leningrad). – Im Nov. 1837 komponierte W. für eine Festaufführung in →Riga, das seit 1710 unter russischer Herrschaft stand, die Volkshymne →*Nikolai.*

Nornen
Sopran-, Mezzosopran- und Altpartie in der *Götterdämmerung;* im germanischen Mythos stellen die Nornen allegorisch die Vergangenheit, die Gegenwart und die Zukunft dar, die somit insgesamt allwissend sind und bei W. als Töchter →Erdas das Seil des Schicksals der Welt knüpfen.

Notung
Der Name des Schwerts, das →Wotan in die Esche der →Hundinghütte stieß, wo es →Siegmund in höchster Not vorfindet, um mit →Hunding zu kämpfen. Bei diesem Kampf zersplittert das Schwert am Speer Wotans, der wegen →Brünnhildes Ungehorsam in den Kampf eingreifen muß. Notungs Trümmer gelangen

in die Hände →Siegfrieds, der das Schwert neu schmiedet, damit den Riesenwurm →Fafner tötet und schließlich den Speer Wotans zersplittert.

Novize von Palermo, Die

Unter diesem Titel mußte wegen polizeilicher Intervention und Zensur die Uraufführung des →*Liebesverbots* am 29. 3. 1836 in Magdeburg gegeben werden.

Nürnberg

Erstmals kam W. 1834 nach Nürnberg, um seine Schwester Clara und den Schwager Heinrich →Wolfram wiederzusehen. Bereits bei seinem zweiten Aufenthalt hatte W. 1835 ein turbulentes Wirtshauserlebnis, das viel später in der →Prügelszene der *Meistersinger* künstlerischen Niederschlag fand. 1861 besuchte W. mit Emile und Blandine →Ollivier Nürnberg und das 1853 eröffnete Germanische Museum, bevor er nach München weiterreiste. Erst wieder 1877 berührte W. mit seiner ganzen Familie auf einer Deutschlandreise auch Nürnberg. – Das im Stil der Gründerzeit 1901–05 errichtete Opernhaus forderte es geradezu heraus, mit den *Meistersingern* eröffnet zu werden. Es konnte allerdings nur das letzte Bild auf der Festwiese inszeniert werden, da außerdem das Festspiel *Im neuen Haus* auf dem Eröffnungsprogramm stand. Immerhin folgte bereits am dritten Tag eine vollständige Aufführung der *Meistersinger.* Felix →Mottl dirigierte bald darauf *Tri-*

stan, und 1913 wurde auch *Parsifal* in den Spielplan aufgenommen. Im Dritten Reich wurden während der Reichsparteitage Opernfestspiele abgehalten, die mehrfach W.s Werke boten. Nach dem Zweiten Weltkrieg bemühte man sich in Nürnberg zwar verstärkt um das lange verzögerte zeitgenössische Musiktheater (z. B. mit »Wochen des Gegenwartstheaters«), aber selbst in diesem Rahmen wurden W.s →Musikdramen neu inszeniert.

Oberländer, Martin

Sächsischer Innenminister. W. hatte ihm seinen →*Entwurf zur Organisation eines deutschen National-Theaters für das Königreich Sachsen* (1849) überreicht.

Odyssee

Bereits 1826 übte sich W. in metrischen Übersetzungen von Teilen von Homers *Odyssee* und begann gleichzeitig mit der Tragödie *Die Schlacht am Parnassos,* die in Hexametern nach dem Vorbild des »Tods des Odysseus« gebildet wurde, aber nicht erhalten ist. Schon in den mündlichen Überlieferungen der Sage vom →Holländer erscheint sie als Variante des antiken Vorbilds. Direkte Parallelen zwischen der Odyssee des griechischen Helden und seinem *Holländer* hat W. zwar vermieden, inhaltlich aber den Zusammenhang z. B. in seiner Schrift *Eine* →*Mitteilung an meine Freunde* (S. 330) erwähnt, wo es heißt: »Es war die Sehnsucht meines fliegenden Holländers nach dem Weibe, –

aber, wie gesagt, nicht nach dem Weibe des Odysseus, sondern nach dem erlösenden Weibe, dessen Züge mir in keiner sicheren Gestalt entgegentraten, das mir nur wie das weibliche Element überhaupt vorschwebte; und dieß Element gewann hier den Ausdruck *der Heimath*, d. h. des Umschlossenseins von einem innig vertrauten Allgemeinen, aber einem Allgemeinen, das ich noch nicht kannte, sondern eben erst nur ersehnte, nach der Verwirklichung des Begriffes ›Heimath‹.« Etwas später im Text (S. 355) heißt es: »Wie der Grundzug des Mythos vom ›fliegenden Holländer‹ im hellenischen Odysseus eine uns noch deutliche frühere Gestaltung aufweist; wie derselbe Odysseus in seinem Loswinden aus den Armen der Kalypso, seiner Flucht vor den Reizungen der Kirke, und seiner Sehnsucht nach dem irdisch vertrauten Weibe der Heimath, die dem hellenischen Geiste erkenntlichen Grundzüge eines Verlangens ausdrückte, das wir im Tannhäuser unendlich gesteigert und seinem Inhalte nach bereichert wiederfinden [...]«

Old Philharmonic Society London

Inmitten der Arbeit am *Ring* erhielt W. am 28. 12. 1854 eine schriftliche Einladung von der Vorstandschaft des traditionellen Londoner Orchesters. Zunächst stellte er Bedingungen für sein Kommen. Später sprach W. in →*Mein Leben* (S. 526) von »einer sonderbaren Aufforderung«, der »Anfrage von der *Philharmonischen*

Gesellschaft in London, ob ich geneigt sei, ihre diesjährigen Konzerte zu dirigieren«. W. wollte sich ungern aus seiner Arbeit reißen lassen und zögerte mit der Antwort. Da wurde ihm kurze Zeit später Mr. Anderson, ein Mitglied des Vorstands jener Gesellschaft, nach Zürich ins Haus geschickt; W. nahm für 200 Pfund Sterling an, acht Konzerte in der Zeit vom März bis Juni 1855 in →London zu dirigieren. Die Partitur zur *Walküre* nahm W. mit, kam aber nur bis zum Beginn des II. Aufzugs und lamentierte nach seiner Rückkehr nach Zürich am 30. 6. 1855 beständig über die vergeudete Zeit, zumal sich sein heimlicher Wunsch, in London eine Aufführung seines bislang noch nicht auf der Bühne erlebten *Lohengrin* (lediglich das Vorspiel konnte er in einem seiner Konzerte unterbringen) bewerkstelligen zu können, nicht erfüllte. Einige neue Freunde waren nach W.s Korrespondenz und Autobiographie das einzig Positive an dem Londoner Unternehmen.

Ollivier, Blandine Rachel

Geb. 18. 12. 1835 in Genf, gest. 11. 9. 1862 in Saint-Tropez; Tochter von Franz →Liszt und der Gräfin Marie d'→Agoult, Cosimas ältere Schwester; sie heiratete 1857 den französischen Journalisten und Politiker Emile Ollivier, der unter Kaiser →Napoleon III. Informationsminister war. Mit beiden besuchte W. 1861 das Germanische Museum in →Nürnberg. Er verstand sich überhaupt sehr gut mit Blandine.

Opernbearbeitungen (WWV 46)
In seiner Kapellmeisterzeit in →Riga hatte W. einige Opern bearbeitet, die 1837 von Instrumentationsretuschen von Vincenzo →Bellinis *Norma* (1831) über die 1838 angefertigte Transkription der Harfenstimme in der Kavatine »Robert toi que j'aime« aus Giacomo →Meyerbeers *Robert le diable* (1831) für Streichinstrumente bis zu einer 1839 geschriebenen Uminstrumentierung des Jägerchors aus Carl Maria von →Webers *Euryanthe* (1821) für zwölf Waldhörner gingen. Weiteres unter →Bearbeitungen.
Lit.: WWV

Opernreform
Obgleich W. als Komponist in die Epoche der Grand opéra hineingeboren wurde, Paris als das damalige Zentrum der Bühnenkunst anerkannte und als Opernkomponist begann, löste er sich bald von dieser seiner Meinung nach sinnwidrigen Gattung des Musiktheaters und versuchte durch dramatische Elemente auf der Bühne dem zeitvertreibenden, vergnüglichen Aspekt des Bühnenspektakels eine tiefere Dimension abzugewinnen: die Vereinigung zunächst von Schauspiel und Oper, später dann die Verschmelzung der bühnengestalterischen Kunstgattungen zum →Gesamtkunstwerk. Schon bald erkannte W., daß die herkömmliche Oper lediglich aus einzelnen unzusammenhängenden Tonstücken bestand. Und er sah auch, daß bisherige Opernkomponisten irrtümlich das →»Drama« in die Ouvertüre und nicht in die musikalische Handlung verlegt hatten; selbst Ludwig van →Beethoven war diesem Irrtum erlegen. Folgerichtig versuchte W., das Drama mit der Handlung und ihrer Musik zu verbinden, und bewegte sich dadurch immer mehr auf das von ihm erst zu erfindende →Musikdrama zu. Auf dem Weg dahin war es notwendig, das unverbindliche Arrangement der Lieder und Tänze, kurz der Nummern in den Opern, aufzulösen, um die Melodie und das gesamte Geflecht der Motive sowie die semantische Ebene der gesungenen Worte über die gesamte Handlung auszubreiten. Für W. war »in der Oper die dichterische Absicht nur als Vorwand benutzt« und zum bloßen Vergnügen eines oberflächlichen Publikums gemacht worden. Daraus wiederum hätten die Gesangsvirtuosen ein Geschäft gemacht und alle Aufmerksamkeit auf sich gelenkt. In seinem Aufsatz *Über Schauspieler und Sänger* (in: GSD Bd. 9, S. 189) führt W. folgende grundsätzliche Gedanken dazu aus: »Jetzt sang denn die ganze Oper ›Coloratur‹, und der ›Sänger‹ ward ein geheiligtes Wesen, dem man zu sprechen bald nicht mehr zumuthen durfte: wo noch Dialog bestand, mußte er gekürzt, auf ein nichtssagendes Minimum reduzirt, für die Hauptpersonen aber möglichst ganz unterdrückt werden. Was dagegen von Worten und Sprache für den reinen Gesang übrig blieb, ward endlich zu dem Kauderwelsch, das wir heut' zu Tage in der Oper zu

hören bekommen, und für welches man sich die Mühe der Übersetzung gänzlich ersparen dürfte, da doch Niemand versteht, welcher Sprache es angehört.« Im Aufsatz →»Zukunftsmusik« (S. 127) prangert W. sowohl die Stillosigkeit der Opern selbst als auch deren wahllose Spielpläne an:»In vollster Anarchie bestand [in der deutschen Oper] Alles neben einander, italienischer und französischer Styl, und deutsche Nachahmung beider [...] Ein ersichtlichster Übelstand, der sich unter so verwirrenden Einflüssen ausbildete, war die vollkommene Styllosigkeit der Operndarstellung. In Städten, deren geringere Bevölkerung nur ein kleines, selten wechselndes Theaterpublikum bot, wurden, um das Repertoire durch Mannigfaltigkeit anziehend zu erhalten, im schnellsten Nebeneinander italienische, französische, beiden nachgeahmte oder aus dem niedrigsten Singspiel hervorgegangene deutsche Opern, tragischen und komischen Inhaltes, von ein und denselben Sängern gesungen, vorgeführt. Was für die vorzüglichsten italienischen Gesangsvirtuosen, mit besonderer Berücksichtigung ihrer individuellen Fähigkeiten, berechnet war, wurde von Sängern ohne Schule, ohne Kehlfertigkeit in einer Sprache, die der italienischen im Charakter vollständig entgegengesetzt ist, in meist lächerlicher Entstellung heruntergesungen. Hierzu französische Opern, auf pathetische Deklamation scharf pointirter rhetorischer Phrasen berechnet, in Übersetzungen vorge-

führt, welche von litterarischen Handlangern in Eile für den niedrigsten Preis verfertigt waren, meistens ohne alle Beachtung des deklamatorischen Zusammenhanges mit der Musik, mit der haarsträubendsten prosodischen Fehlerhaftigkeit; ein Umstand, der allein jede Ausbildung eines gesunden Styles für den Vortrag verwehrte, Sänger und Publikum gegen den Text gleichgiltig machte.« W.s zeitlebens mit Engagement betriebenen theoretischen und praktischen Vorschlägen zur Opernreform stand zwar die Mehrheit der nachfolgenden Bühnenkomponisten ratlos oder skeptisch gegenüber, aber für sein eigenes Werk hat sich die Richtigkeit seiner Vorstellungen als nach wie vor lebendiges Kunstwerk auf der Bühne durchgesetzt und sogar in seinem Sinn oft vervollkommnen lassen.

Lit.: R. W., *Theater-Reform*, in: SSD Bd. 12, S. 233; ders., *Nochmals Theater-Reform*, in: ebd., S. 237; ders., *Die Kunst und die Revolution*, in: GSD Bd. 3, S. 9; ders., *Das Kunstwerk der Zukunft*, in: ebd., S. 51; ders., *Oper und Drama*, in: GSD Bd. 3/4; ders., *Ein Theater in Zürich*, in: GSD Bd. 5, S. 25; ders., *Eine Mitteilung an meine Freunde*, in: GSD Bd. 4, S. 285; ders., *Über die Bestimmung der Oper*, in: GSD Bd. 9, S. 153; ders., *Über die Anwendung der Musik auf das Drama*, in: GSD Bd. 10, S. 229; ders., *Religion und Kunst*, in: GSD Bd. 10, S. 273

Oper und das Wesen der Musik, Die
1. Teil von →*Oper und Drama*, in: GSD Bd. 3, S. 269–394.

Oper und Drama
Ein anonymer Aufsatz (angeblich von Wilhelm Heinrich von Riehl) in der Brockhausschen *Gegenwart* bewog W., einen Artikel über die moderne Oper anzufangen, den er zunächst *Das Wesen der Oper* betitelte und der gleichsam die Fortsetzung des →*Kunstwerks der Zukunft* darstellen sollte. Im Dez. 1850 schrieb W. an Theodor →Uhlig, daß das neue Buch (es war inzwischen gewaltig angewachsen) *Oper und Drama* heißen sollte. Am 20. 1. 1851 sandte er Uhlig den 1. Teil: *Die Oper und das Wesen der Musik*; am 2. 2. folgte der 2. Teil: *Das Schauspiel und das Wesen der dramatischen Dichtkunst*, und am 16. 2. bereits der 3.: *Dichtkunst und Tonkunst im Drama der Zukunft*. Anfang Mai nahm Johann Jakob →Weber das Manuskript in seinen Verlag und brachte es 1852 in drei Bänden heraus. Die 2. Auflage (1864) widmete W. Constantin →Frantz. – In dieser Schrift äußert W. gegenüber früheren Kunstschriften die Ansicht, daß nicht mehr alle Kunstgattungen im Drama aufzugehen hätten. Das dramatische →Gesamtkunstwerk ist inzwischen zum »stabgereimten deutschen musikalischen Drama« geworden und rückt nunmehr als Kunstgebilde unduldsam ins Zentrum seines Denkens, auch auf Kosten von Übertreibungen und von Ungerechtigkeiten den künstlerischen Bemühungen anderer gegenüber. Fehlentwicklungen lastet er in Bausch und Bogen dem politischen Staat an, dessen Wesen die Willkür sei, die »jeden wahrhaften Menschen empörende, furchtbare Entsittlichung unserer heutigen sozialen Zustände« zur Folge habe. Dem Christentum lastet W. die Erstickung aller organischen künstlerischen Lebensregungen des Volkes an. Der Instrumentalmusik streitet er ab, einen klar verständlichen individuellen Inhalt zu fassen, und er sieht sich gezwungen, nach einem Inhalt zu suchen, der wieder dem dramatischen Sachverhalt gerecht werde, wobei ihm die Programmusik, die sich auf einen Werktitel reduzieren läßt, argumentatorisch zu Hilfe kam. Deshalb konnte auch Ludwig van →Beethoven, »der uns etwas zu sagen hat, was er aber nicht deutlich mittheilen kann«, in der *Symphonie Nr. 9* (1824) nur den Ansatz zum Kunstwerk der Zukunft liefern und verharrte in seinen späteren Instrumentalwerken angeblich nur in musikalischen Skizzen. Kurzerhand kreiert W. die Musik zur weiblichen Kunstgattung, die durch die männliche Dichtkunst befruchtet werden müsse, um in beider Vereinigung das seelenvolle Drama hervorzubringen. Deshalb müsse auch die Dichtung für sich unfruchtbar bleiben, und weder Johann Wolfgang von Goethe noch Friedrich von Schiller hätten ein »vollbefriedigendes Drama« geschrieben, zumal die Wortsprache gänzlich ungeeignet

sei, das wahre Drama zu verlebendigen. Die angeblich nur dem Verstand dienende Wortsprache sei jedoch auf eine konsonantenlose Ursprache zurückzuführen, die »ganz von selbst als Melodie sich darstellen« ließe und zur Urmelodie führe, die dem Gefühl wieder unmittelbar zugänglich sei. Die Vereinigung von Poesie und Musik aber müsse über den Sprachrhythmus geschehen, den W. im →Stabreim gefunden habe und nunmehr als Tondichter umsetzen könne. Historische Gerechtigkeit gegenüber der Geschichte der Oper zu üben war W.s Sache nicht. Deshalb steht sein Überblick über die Operngeschichte in *Oper und Drama* stets unter dem subjektiven Aspekt seines eigenen künstlerischen Wollens, das in dieser Schrift theoretisch reflektiert wird. Als Hauptgedanken seiner Kritik an der bisherigen Oper hält W. fest, daß »ein Mittel des Ausdrucks – die Musik – zum Zwecke, der Zweck des Ausdrucks – das Drama – aber zum Mittel gemacht« worden sei. Im musikalischen Drama müssen die Umkehrung dieses Sachverhalts betrieben werden sowie »der Verstand in das Gefühl und die Geschichte in den Mythos« eingehen. Im Brief vom 12.12.1850 an Uhlig faßt W. die Hauptgedanken seiner theoretischen Hauptschrift folgendermaßen zusammen: »I. Darstellung des wesens der oper bis auf unsre tage, mit dem resultate, ›die musik ist ein gebärender organismus (Beethoven hat ihn gleichsam zum gebären der melodie

geübt) – also ein weiblicher.‹ – II. Darstellung des wesens des drama's von Shakespeare bis auf unsre tage: resultat, ›der dichterische verstand ist ein zeugender organismus, die dichterische absicht der befruchtende same, der nur in der liebeserregung entsteht und der drang zur befruchtung eines weiblichen organismus ist, der den samen – in der liebe empfangen – gebären muß.‹ III. (Hier fange ich jetzt erst an) ›Darstellung des gebärungsaktes der dichterischen absicht durch die vollendete tonsprache.‹ – Ach, ich wollte ich hätte Dir nichts gesagt, – denn ich sehe, daß ich Dir wirklich nichts gesagt habe. – Nur noch so viel: ich habe keine mühe gescheut, um genau und ausführlich zu sein: deshalb nahm ich mir auch sogleich vor, mich mit der zeit nicht drängen zu lassen, um nirgends flüchtig zu werden.« – In: GSD Bd. 3, S. 269 – 394, und Bd. 4, S. 3 – 284; DS Bd. 7, S. 23 – 375.

Orchester
W. war der Meinung: »In ihrer Einsamkeit hat sich die Musik aber ein Organ gebildet, welches des unermeßlichsten Ausdruckes fähig ist, und dieß ist das *Orchester*.« Und weiter: »Das Orchester ist, so zu sagen, der Boden unendlichen, allgemeinsamen Gefühles, aus dem das individuelle Gefühl des einzelnen Darstellers zur höchsten Fülle herauszuwachsen vermag: es löst den starren, unbeweglichen Boden der wirklichen Scene gewissermaßen in eine flüssigweich nachgiebige,

eindruckempfängliche, ätherische Fläche auf, deren ungemessener Grund das Meer des Gefühles selbst ist. So gleicht das Orchester der *Erde*, die dem *Antäos*, sobald er sie mit seinen Füßen berührte, neue unsterbliche Lebenskraft gab« (*Das →Kunstwerk der Zukunft*, S. 186). W. setzte das Orchester als »Vereine von Instrumenten, die als ganz bestimmte Individualitäten den auf ihnen hervorgebrachten Ton ebenfalls zu individueller Kundgebung bestimmen« (→*Oper und Drama*, Bd. 4, S. 217f.) ein und war sich dessen bewußt, daß instrumentale Klangfarben nicht vom Verstand, sondern vom Gefühl richtig gedeutet werden und somit das Unaussprechliche versinnlichen.

Orchesterbesetzung

W.s Orchesterbesetzung hat sich langsam und organisch aus den jeweils früheren Instrumentalistenvereinigungen herausentwickelt. So hat er für sein *Rienzi*-Orchester 1840 praktisch das der Klassiker übernommen, lediglich die Blechbläser wurden verdoppelt und die Bühnenmusik besonders ausgestattet, so daß insgesamt folgende Besetzung zustande kommt: Pikkoloflöte, 2 große Flöten, 2 Oboen, 2 Klarinetten, 2 Fagotte, Serpent; 2 Naturhörner, 2 Ventilhörner, 3 Posaunen, Ophikleide; Harfe, 2 Pauken, Schlagzeug (große und kleine Trommel, Becken, Triangel); stark besetzte Streicher (1. Violinen, 2. Violinen, Violen, Violoncelli, Kontrabässe); Bühnenmusik: 6

Naturtrompeten, 6 Ventiltrompeten, 6 Posaunen, 4 Ophikleiden, 2 Rührtrommeln, 6 kleine Trommeln, Glocken, Tamtam, Orgel. Demgegenüber hat W. auch aus Erfahrungen mit der aufregenden Orchestrierungsarbeit Hector →Berlioz' und seiner inzwischen weit fortgeschrittenen Technik des →Leitmotivs eine Orchestersprache entwickelt, die klangliche Erweiterungen forderte. Das *Ring*-Orchester hat somit folgende Besetzung (in der *Götterdämmerung*): Pikkoloflöte, 3 große Flöten, 3 Oboen, Englischhorn, 3 Klarinetten, Baßklarinette, 3 Fagotte; 8 Hörner, 2 Tenortuben, 2 Baßtuben, Kontrabaßtuba, 3 Trompeten, Baßtrompete, 3 Posaunen, Kontrabaßposaune; 4 Pauken, Schlagzeug (Triangel, 2 Becken, Glockenspiel), 6 Harfen; Streicher (16 1. Violinen, 16 2. Violinen, 12 Violen, 12 Violoncelli, 8 Kontrabässe). Dieses große Orchester hat W. in seinem →Festspielhaus in einen von zwei Schalldeckeln abgedeckten Orchestergraben versenkt, der eine ungewohnte stufenmäßige Anordnung der Instrumente erforderte, so daß auf der obersten Stufe beim Dirigenten die 1. Violinen, auf der nächsten die 2. Violinen und Violen, auf der dritten Harfen, Flöten, Violoncelli und Kontrabässe, auf der vierten Stufe die übrigen Holzbläser, auf der fünften die Hörner und Trompeten, dann auf der sechsten und letzten Stufe Pauken, Tuben, Posaunen und das Schlagzeug postiert sind. Die klangstärksten Instrumente sind demnach am stärksten durch die Schalldeckel abgeschirmt, und sie sind es, die eine ganz besondere Klangmischung im Zuschauerraum erzeugen, wodurch der Klang im Festspielhaus seinesgleichen sucht.

Orchestermelodie

Als bloß aufgehängte Girlande war W. die Aussage des →Orchesters für das →Musikdrama zu schade, wie er bereits 1842 in seinem Aufsatz *Halévy und die Französische Oper* (in: SSD Bd. 12, S. 131) ausführte. Die Orchestermelodie sollte vielmehr aus den »gewaltigsten Tiefen der reichsten menschlichen Natur« dringen. Das Ziel der Orchestermelodie könne nicht mit einer bloßen Opernmelodie bewerkstelligt werden, sondern: »Eine solche Melodie, wie sie als Erguß einer Empfindung uns vom Darsteller mitgetheilt worden ist, verwirklicht uns, wenn sie vom Orchester ausdrucksvoll *da* vorgetragen wird, wo der Darsteller jene Empfindung nur noch in der Erinnerung hegt, den Gedanken dieses Darstellers: ja, selbst da, wo der gegenwärtig sich Mittheilende jener Empfindung sich gar nicht mehr bewußt erscheint, vermag ihr charakteristisches Erklingen im Orchester in uns eine Empfindung anzuregen, die zur Ergänzung eines Zusammenhanges, zur höchsten Verständlichkeit einer Situation durch Deutung von Motiven, die in dieser Situation wohl enthalten sind, in ihren darstellbaren Momenten aber nicht zum hellen Vorschein kommen können, uns zum *Gedan-*

ken wird, an sich aber *mehr* als der Gedanke, nämlich der *vergegenwärtigte Gefühlsinhalt* des Gedankens ist« (→*Oper und Drama*, Bd. 4, S. 230). Die Aussagekraft des Orchesters als bloßer Melodieträger war W. nicht genug. Es mußte mehr zu sagen haben und über die handelnden Personen auf der Bühne hinweg mit dem Publikum kommunizieren, Geheimnisse vermitteln und Deutungen vornehmen können.

Orchesterwerke

Das Orchesterwerk in e-Moll (WWV 13), komponiert vermutlich 1830 in Leipzig, ist möglicherweise identisch mit der Ouvertüre zur *Braut von Messina* (WWV 12) (→Ouvertüren). Wegen des fehlenden Beginns und Schlusses der Handschrift ist über den Titel des Werks nichts bekannt. – Weitere Orchesterwerke: →*Entreactes tragiques D-Dur und c-Moll* (WWV 25); *Symphonie C-Dur* (WWV 29) und *Symphonie E-Dur* (WWV 35) (→Symphonien); →*Trauermusik nach Motiven aus Carl Maria von Webers* »*Euryanthe*« (WWV 73); →*Huldigungsmarsch Es-Dur* (WWV 97); →*Kaisermarsch B-Dur* (WWV 104); →*Großer Festmarsch G-Dur* (WWV 101).

Lit.: E. Voss, R. W. und die Instrumentalmusik. W.s symphonischer Ehrgeiz, Wilhelmshaven 1977; WWV

Orsini, Paolo

Baritonpartie in *Rienzi*; Oberhaupt der mit →Rienzi verfeindeten Familie alten römischen Adels.

Ortel, Hermann

Baßpartie in den *Meistersingern*; von Beruf Seifensieder und →Meistersinger; Name Johann Christoph Wagenseils *Buch von der Meister-Singer holdseligen Kunst* (1697) entnommen.

Ortlepp, Ernst

Geb. 1. 8. 1800 in Droyßig (bei Zeitz), gest. 14. 6. 1864 bei Almrich (in der Kleinen Saale); Schriftsteller und Publizist. – Ab 1834 mit W. befreundet.

Ortlinde

Mezzosopranpartie in der *Walküre*; eine der →Walküren und Schwester →Brünnhildes.

Ortrud

Mezzosopranpartie in *Lohengrin*; eine heidnische Friesenfürstin am Hof von Brabant, die mit der Hilfe →Telramunds uralte Anrechte auf den Fürstenthron erneuern möchte und aus diesem Grund ein Komplott gegen →Elsa schmiedet, deren Bruder →Gottfried sie in einen →Schwan verzaubert hat, um dessen Verschwinden Elsa als Brudermord anzulasten. Als →Lohengrin zu Elsas Rettung erscheint und Telramund im Kampf besiegt, sucht Ortrud das →Frageverbot des →Schwanenritters für ihre Zwecke auszunutzen, indem sie Elsas Verlangen schürt, das Geheimnis ihres Geliebten gelüftet zu wissen. Die Intrige gelingt zwar; dabei wird aber Ortruds Rufmord an Elsa offenbar, denn Lohengrin verwandelt den Schwan in Gottfried zurück.

Osnabrück

Da der erste Intendant des Theaters am Domhof, Carl Ulrich, ein Verehrer W.s war, setzte er dessen Werke häufig auf seine Spielpläne. Die W.-Pflege wurde im Dritten Reich nochmals intensiviert, und allein in der Spielzeit 1936/37 wurden die *Meistersinger*, die *Walküre* und *Tannhäuser* inszeniert; in der folgenden Spielzeit kam der gesamte *Ring* auf die Bühne. Nach dem Krieg wurde der Spielplan mehr auf das zeitgenössische Musiktheater ausgerichtet.

Otterstedt, von

Liebhaber Minna Planers in →Lauchstädt; er porträtierte sie.

Otto-Peters, Luise

Pseudonym Otto Stern; geb. 26. 3. 1819 in Meißen, gest. 13. 3. 1895 in Leipzig; Schriftstellerin. – Sie schrieb u. a. einen Operntext *Die Nibelungen*, für den sich Robert →Schumann interessierte. Als Verfechterin der Frauenemanzipation gründete sie 1849 die *Frauen-Zeitung für höhere weibliche Interessen* und wurde 1865 die Vorsitzende des von ihr gegründeten »Allgemeinen deutschen Frauenvereins«. 1858 hatte sie den Publizisten August Peters geheiratet. W. stand mit ihr in Briefkontakt. – Schriften: *Die Kunst und unsere Zeit* (Großenhain 1852).

Ouvertüre

Um die Gestaltung der Ouvertüre hat sich W. zeitlebens nicht nur ernsthafte Gedanken gemacht, sondern er hat auch praktisch stets neu entwickelte Formen angeboten. Aus den zeitgenössischen Ouvertüren entnahm er die Praxis der Potpourriform, die gleichsam im akustischen Zeitraffer das musikalische Geschehen der Oper vorwegnimmt. Da W. davon überzeugt war, daß im instrumentalen Vorspiel einer Oper »die erwartungsvolle Empfindung selbst« sich am besten ausdrückt, mußte zwischen der Ouvertüre und der Handlung ein Spannungsverhältnis dergestalt komponiert werden, daß in der Oper die Erwartungen und Ahnungen erfüllt werden. So wie im Schauspiel der Prolog sich an die Einbildungskraft der Zuschauer wendet, um das Erdachte und Gespielte als geistige Wirklichkeit zu erfahren, soll auch die Ouvertüre nicht nur erkennen lassen, daß die folgende Handlung komisch oder tragisch wird, sondern seit Wolfgang Amadeus →Mozarts Ouvertüre zur *Entführung aus dem Serail* (1782) Klarheit über den Charakter eröffnen. Zu den »Schöpfern dieser vollkommenen Ouvertürenform« gehörte auch Christoph Willibald →Gluck, dessen Ouvertüre zu *Iphigénie en Aulide* (1774) W. als Ideal bezeichnete. Von Gluck und Mozart wiederum haben Luigi Cherubini und Ludwig van →Beethoven die so ausgebildete Ouvertüre übernommen und an Carl Maria von →Weber weitergegeben. Weber hat dann nach W.s Terminologie für *Oberon* (1826) die Ouvertüre als »dramatische Phantasie« entwickelt, Beethoven dagegen in seiner *Leono-*

ren-Ouvertüre Nr. 3 (1806) das Drama bereits in die Ouvertüre verlegt und sei damit über das Ziel und den Zweck einer Ouvertüre hinausgeschossen. W. ging es, aus diesen Erkenntnissen lernend, darum, ein Vorspiel im wahrsten Sinne des Wortes zu etablieren, das sowohl in den Geist des Dramas einführen soll als auch gleichsam die Thesen des sich entfaltenden Dramas zum Fundament verfugt.

Ouvertüre, Über die
→ *Über die Ouvertüre*

Ouvertüren
Ouvertüre B-Dur (WWV 10), »Paukenschlag-Ouvertüre«; verschollen; komponiert im Sommer 1830 in →Leipzig; Uraufführung am 25. 12. 1830 im Sächsischen Hoftheater Leipzig unter der Leitung von Heinrich →Dorn ohne Nennung von W.s Namen. Einem Schreiben W.s an seinen Kompositionslehrer Gottlieb →Müller vom 25. 12. 1830 zufolge sei seine Ouvertüre ohne dessen Wissen entstanden. In der Partitur hatte W. die Gruppen der Streicher, der Holz- und Blechbläser mit verschiedenfarbiger Tinte unterschieden.
Politische Ouvertüre (WWV 11); verschollen; komponiert wahrscheinlich im Sept. 1830 in →Leipzig. Es sei dahingestellt, ob es zutrifft, daß W. in seiner →*Autobiographischen Skizze* diese Komposition in den Zusammenhang mit der Pariser Julirevolution von 1830 stellt, in →*Mein Leben* dagegen die Unruhen der

sächsischen Julirevolution als Anlaß für seine Ouvertüre nennt. Es ist auch nicht bekannt, ob die Komposition vollendet wurde. *Ouvertüre zu Friedrich Schillers Trauerspiel mit Chören »Die Braut von Messina«* (WWV 12); verschollen; komponiert im Sommer oder Herbst 1830 in →Leipzig. Die Komposition könnte durch eine Aufführung des Schauspiels im Sächsischen Hoftheater Leipzig am 26. 5. und 18. 5. 1830 angeregt worden sein: W.s Schwester Rosalie (→Marbach) verkörperte die Beatrice. *Ouvertüre C-Dur* (WWV 14); verschollen; komponiert gegen Ende 1830 in →Leipzig nach W.s Angabe in der →Roten Brieftasche. Nachgewiesen wird die Komposition auch durch eine Eintragung in Cosimas →Tagebüchern, wo es unter dem 15. 12. 1878 heißt: »R. sprach von seiner Ouvertüre in C dur, ⁶/₈ Takt, welche er bedaure verloren zu haben, sie sei nicht schlecht gewesen, habe den Akkord (Trugschluß) aus dem Holl. enthalten.« *Ouvertüre Es-Dur* (WWV 17); verschollen; komponiert im Frühjahr 1831 in →Leipzig. In einer kauzigen Eintragung der →Roten Brieftasche hat W. unmittelbar auf seine Immatrikulation an der Leipziger Universität folgen lassen: »Lüderlich. Ouv: aus Es DUR angefangen.« *Ouvertüre d-Moll* (WWV 20), »Konzertouvertüre Nr. 1«; verschollen; komponiert im Hochsommer/Herbst 1831 in Leipzig; umgearbeitet am 4. 11. 1831; Uraufführung (vermutlich der 2. Fassung) am

25. 12. 1831 im Sächsischen Hoftheater Leipzig, vermutlich unter der Leitung von Heinrich →Dorn; veröffentlicht im 20. Band der Gesamtausgabe von Michael Balling und in der R.-W.-Gesamtausgabe. *Ouvertüre e-Moll* (WWV 24) und Schauspielmusik zu Ernst →Raupachs Trauerspiel *König Enzio*; Schauspielmusik verschollen; Ouvertüre komponiert im Winter 1831/32 in Leipzig; Uraufführung am 17. 2. 1832 im Sächsischen Hoftheater Leipzig unter der Leitung von Heinrich →Dorn. Einen Nachweis über die Schauspielmusik liefert W. im Brief vom 3. 3. 1832 an seine Schwester Ottilie (→Brockhaus): »Neuerdings habe ich auch zu *König Enzio*, einem neuem Trauerspiele von Raupach, eine Ouvertüre komponirt, die bei jedesmaliger Darstellung des Stückes, im Theater aufgeführt wird. Sie gefällt allen.« In dem Schauspiel spielte W.s Schwester Rosalie (→Marbach) die weibliche Hauptrolle, Lucia. *Ouvertüre C-Dur* (WWV 27), »Konzertouvertüre Nr. 2«; komponiert im März 1832 in →Leipzig; Uraufführung vermutlich Ende März 1832 im Musikverein Euterpe, Leipzig, unter W.s Leitung; veröffentlicht 1926 im 20. Band der Gesamtausgabe von Michael Balling und 1973 im 18. Band der R.-W.-Gesamtausgabe. In der →Roten Brieftasche beschreibt W. diese Komposition: »Komme aus der Lehre. Ouvertüre aus D DUR, aufgeführt im Concert der Pallazesi.« Das Werk wurde 1832 sowohl im Prager Konservato-

rium als auch 1833 im Würzburger Musikverein aufgeführt, schließlich fand noch eine Aufführung zu W.s 60. Geburtstag im →Markgräflichen Opernhaus Bayreuth statt.
Ouvertüre Es-Dur (WWV 37) und Schauspielmusik zu *Columbus* →*Columbus-Ouvertüre*.
Ouvertüre »Polonia« C-Dur (WWV 39); komponiert zwischen dem 18. 5. und 7. 7. 1836 in →Berlin; Uraufführung möglicherweise im Winter 1836/37 im Stadttheater →Königsberg unter W.s Leitung, wahrscheinlich aber erst am 2.1. 1905 in der Queen's Hall London unter der Leitung von Henry Wood; veröffentlicht 1907 bei →Breitkopf & Härtel. Die Anregung könnte W. von seinem polenbegeisterten Freund Heinrich →Laube erhalten haben. Die Partitur liegt im →Nationalarchiv Bayreuth. Ein Klavierauszug wurde vermutlich von W. im Frühjahr 1840 in Paris angefertigt, wo er das Werk aufzuführen beabsichtigte.
Ouvertüre »Rule Britannia« D-Dur (WWV 42); komponiert im März 1837 in →Königsberg; Uraufführung vermutlich am 19. 3. 1838 im Schwarzhäupter-Saal →Riga unter W.s Leitung; veröffentlicht 1907 bei →Breitkopf & Härtel. Verständlicherweise versuchte W., mit dieser Ouvertüre in →England Ehre einzulegen. Er schickte die Partitur im Sommer 1837 an George Smart, den Dirigenten der →Old Philharmonic Society London, ohne Erfolg. Dabei wollte W. offenbar, wie aus seinen Äußerungen zu entnehmen ist, die Komposition auch für Freiluftauf-

führungen empfehlen. Außerdem faßte W. nach →*Mein Leben* die *Polonia-Ouvertüre*, die *Ouvertüre »Rule Britannia«* und eine geplante *»Napoleon«-Ouvertüre* zu einer Trilogie zusammen.
Ouvertüre zu Goethes »Faust«; komponiert im Dez. 1839; neu instrumentiert 1843/44; als *Eine* →*Faust-Ouvertüre* (WWV 59) am 17.1. 1855 neu bearbeitet; Uraufführung am 23.1. 1855 in →Zürich unter W.s Leitung.
Lit.: WWV

Pachta, Johann Joseph Graf
Auch Jan Josef Graf P.; geb. 4. 11. 1756, gest. 17. 4. 1834 in Prag. – Besitzer eines Barockschlosses in Pravonín (80 Kilometer südöstlich von Prag). Zur Zeit W.s war Pachta Vorsteher des Prager Konservatoriums; er war mit der Familie W.s, besonders durch das Engagement von W.s Schwester Rosalie (→Marbach) in Prag, befreundet. Zu seinen hübschen unehelichen Töchtern Auguste und besonders Jenny (→Raymann) fühlte sich W. während seiner Besuche in Prag und als Gast des Grafen in dessen Schloß Pravonín kurzzeitig heftig hingezogen.

Palazzo Contarini
Nachdem W. bereits seit Anfang 1880 sieben Monate in Süditalien verbracht hatte, machte er sich am 8. 8. wieder auf den Weg in Richtung Norden und erreichte am 4. 10. →Venedig, wo er nach zwei Nächten im Hotel »Danieli« vom 6. bis zum 10. 10. den Palazzo Contarini be-

wohnte und dort Joseph Arthur Graf von →Gobineau empfing.

Palazzo Giustiniani

Als in →Zürich nach dem ehelichen Eklat alle Beteiligten (Mathilde →Wesendonck) den Schauplatz der Eifersüchte verließen, machte sich W. nach →Italien auf und reiste über Genf, Lausanne und Mailand nach →Venedig, wo er in Begleitung von Karl →Ritter am 30. 8. 1858 in den Palazzo Giustiniani am Canal Grande einzog und am II. Aufzug von *Tristan* weiterarbeitete, um ihn dort zu beenden. Am 24. 3. 1859 mußte W. wegen drohender Kriegsgefahr das österreichische Venedig verlassen.

Palazzo Vendramin-Kalergi

W.s verstärkt auftretende Herzanfälle veranlaßten ihn immer häufiger zu Italienaufenthalten; so auch ab Anfang Nov. 1881. Auf der Rückreise von →Neapel erreichte W. am 15. 4. 1882 →Venedig, wo die Familie am 30. 4. den ersten Stock des Palazzo Vendramin besichtigte. Ab dem 18. 9. 1882 mietete sich W. mit seiner Familie im Palazzo ein, der, nach einer Unterbrechung wegen W.s Aufenthalt in →Bayreuth zu den Proben und Aufführungen der zweiten →Festspiele im Jahr 1882, auch sein Sterbehaus werden sollte, und schrieb seinen Aufsatz *Das Bühnenweihfestspiel in Bayreuth 1882* (in: GSD Bd. 10, S. 381). Am 19. 11. besuchte Franz →Liszt für eine Dauer von zwei Monaten den Freund in Venedig, wo er das Klavierstück

La lugubre gondola komponierte. Auch Engelbert →Humperdinck machte damals seine letzte Aufwartung bei W. Er selbst dirigierte am 24. 12. 1882 in einer Privataufführung seine *Symphonie C-Dur* (→Symphonien) im Teatro La Fenice. Im Jan. 1883 verließen Humperdinck und Liszt die Lagunenstadt, während der Maler Paul von →Joukowsky blieb und Hermann →Levi vom 4. bis zum 12. 2. nach Venedig kam, um sich mit W. wegen der kommenden Festspiele zu besprechen. Vor seinem Tod am 13. 2. 1883 empfing W. auch noch den Besuch Heinrich von →Steins, besuchte selbst mit seinen Kindern den Karneval in Venedig und schrieb an dem Aufsatz →*Über das Weibliche im Menschlichen.*

Palermo

Die trübe und rauhe Witterung im fränkischen →Bayreuth veranlaßte W. immer öfter, lieblichere Gegenden im Süden aufzusuchen, zumal seine Herzattacken sich häuften. Nachdem er die Partitur der ersten beiden Aufzüge von *Parsifal* abgeschlossen hatte, entschloß sich W., mit seiner Familie am 1. 11. 1881 nach Palermo zu reisen, wo er am 5. 11. ankam, im »Hôtel des Palmes« Wohnung nahm und die Arbeit am III. Aufzug von *Parsifal* aufnahm, während Josef →Rubinstein gleichzeitig schon am Klavierauszug arbeitete, der 1882 bei →Schott in Mainz erschien. Die noch nicht vollständig abgeschlossene Partitur von *Parsifal* übergab W. am 25. 12. 1881 seiner Frau Cosima zum Geburtstag.

Am 15. 1. 1882 entstand in Palermo eine Bleistiftskizze W.s von Auguste →Renoir, der später das berühmte impressionistische Porträt danach anfertigte. Auch Paul von →Joukowsky malte in diesen Tagen ein Ölbild von W. Im Febr. 1882 zog W.s Familie in die Villa an der Piazza dei Porrazzi des Fürsten Gangi in Palermo um, wo die Überarbeitung des letzten Themas, das sogenannte →»Porazzi-Thema«, aus W.s Feder floß. Am 20. 3. übersiedelte W. in den sizilianischen Kurort Acireale.

Pantomime
In *Tannhäuser* zur Venusbergszene hinzukomponiertes Ballett.

Paris
→Frankreich

Pariser Arrangements (WWV 62)
1. Suiten für Cornet à pistons (Opernpotpourris); entstanden im Herbst 1840 in Paris; verschollen. – 2. Arrangements zu Gaetano Donizettis Oper *La Favorite* (1840); entstanden vermutlich zwischen Dez. 1840 und April 1841 in Paris; Manuskript teilweise verschollen, Drucke vorhanden. – 3. Arrangement der *Grande fantaisie sur la Romanesca* op. 111 von Henri Herz für Klavier zu vier Händen; entstanden vermutlich Anfang 1841 in Paris; verschollen. – 4. Arrangements zu Fromental →Halévys Oper *Le Guitarrero* (1841); entstanden zwischen Febr. und April 1841 in Paris. – 5. Arrangements zu Halévys Oper *La Reine de Chypre* (1841); entstanden

vermutlich im Dez. 1841 bis April 1842 in Paris und im Juni/Juli 1842 in →Teplitz; Manuskript verschollen, Drucke vorhanden. – 6. Arrangements zu Daniel François Esprit →Aubers Oper *Zanetta ou Jouer avec le feu* (1840); entstanden im Juli 1842 in Teplitz und →Dresden; Manuskript verschollen, Drucke vorhanden. – In →*Mein Leben* schildert W., daß der Pariser Musikverleger Maurice →Schlesinger seine Notlage ausgenutzt habe, diese Arbeiten zum Gelderwerb von W. anfertigen zu lassen. Da W. selbst seine Dienste anbot und auch mit anderen Verlegern in dieser Sache korrespondierte, erscheint seine Darstellung etwas einseitig. Übliche Praxis dieser Arrangements war es, die Gesangsnummern der jeweiligen Opern (ohne Rezitative) für verschiedene Besetzungen umzuarbeiten.
Lit.: WWV

Parodien
Vom *Holländer* bis zu *Tristan* und zum *Ring* wurden mehr oder weniger geistvolle Parodien über W.s →Musikdramen verfaßt. Nicht nur W.s Egozentrik reizte einige seiner Zeitgenossen mit spitzer Feder zur Satire, sondern auch der eigenwillige Dichter W. mußte offenbar entlarvt werden. Und den Satirikern kam sehr entgegen, daß gleich zwei von W.s Werken, der *Holländer* und *Tannhäuser*, aus Heinrich →Heines parodistischen Versionen der jeweiligen Stoffe hervorgegangen waren, die nur in sie zurückübersetzt zu werden brauchten, und später in

den *Meistersingern* die Parodie des →Preislieds bereits im Stück enthalten war. Zudem trieb W. selbst seinen Spott mit Verzerrungen des Erhabenen im Werk wie im Privatleben, so daß es nicht verwundern kann, wenn andere das gleiche taten. Die Musik zur Gralsprozession in *Parsifal* bezeichnete W. selbst einmal als »rechten Bademarsch«, der gewiß bald von allen Kurorchestern gespielt werde. Die W.-Parodie ist aus diesen Beobachtungen heraus leicht auf einen kurzen Nenner zu bringen: Die Parodie entsteht, sobald das Mythische ins Moderne oder Triviale übertragen wird. – Neben den Parodien in dramatischer Form, die in Auswahl von Dieter Borchmeyer und Stephan Kohler herausgegeben wurden, gibt es sie von »harmlosen Schnadahüpfeln« (in *s' Nibelungenringerl*, München 1878, von Franz Bonn) in bayerischer Mundart bis zur Ironisierung einer *Walküre*-Aufführung in Thomas →Manns Erzählung *Wälsungenblut* (1906). Mit Vorzug allerdings wurde *Tannhäuser* parodiert, dessen sich z. B. David Kalisch mit seinem »komischen Intermezzo« mit Musik von August Conradi *Tannhäuser oder Der Sängerkrieg auf der Wartburg* (1858), Hermann Wollheim mit *Tannhäuser oder Die Keilerei auf der Wartburg* (1854) und Johann Nepomuk →Nestroy 1857 mit einer der wohl bekanntesten *Tannhäuser*-Parodien annahmen. Nestroys »Zukunftsposse mit vergangener Musik und gegenwärtigen Gruppierungen« ist freilich eine al-

lerdings sehr wirkungsvolle Bearbeitung von Wollheims Parodie. Und an der phantasievollen und witzigen Musik Karl Binders zu dieser »Zukunftsposse« hatte offenbar auch W. seinen Spaß, denn er bedankte sich dafür mit einer Krawattennadel bei Binder. Aus Nestroys Feder stammt auch *Der fliegende Holländer zu Fuß*, eine zweiaktige Burleske mit Musik von Adolf Müller, die am 4. 8. 1846 im Leopoldstädter Theater Wien uraufgeführt wurde. Den *Ring* streifte Oscar Straus mit seiner burlesken Operette *Die lustigen Nibelungen* (1904) nur noch am Rande, während Paul Gisbert seine »Cricrilogie« *Der Ring, der nie gelungen* (Berlin 1878) bereits kurz nach den ersten Bayreuther →Festspielen und lange vor George Bernard →Shaws *Ring*-Analyse (*The Perfect Wagnerite*, London 1898) als Symbol modernen Geschäftsgebarens und materieller Macht aufführte. Wortspiele wie das mit dem Namen des Göttervaters »Wodann« lassen sich schnell aus dem Zusammenhang erklären, wenn man erfährt, daß der Götterboß mit dem Bau seiner »Walhalla« pleite gegangen ist. Ebenso geistvolle, aber boshaftere Späße trieb Fritz Mauthner mit dem *Holländer* in der Parodie *Der unbewußte Ahasverus* (1878). Mit dem Motto »Hättest du nichts als Noten geschrieben, so mancher Spott wär' unterblieben« zielte Mauthner allerdings mit einem Generalangriff direkt auf den Bayreuther Meister und geißelte das philosophisch überfrachtete →Gesamtkunstwerk nicht nur in seinem Untertitel »Das Ding an sich als Wille und Vorstellung«. Nahezu unbekannt sind Friedrich Huchs drei W.-Parodien geblieben, von denen in der »grotesken Komödie« _Der fliegende Holländer_ (1911) W.s Erlösungsideologie als Künstleregoismus entlarvt wird und durch groteske Vertauschungen der handelnden Personen bzw. ihrer Beziehungen völlig neue und unerwartete Perspektiven eröffnet werden. – Es ist eine erstaunliche Tatsache, daß W.s Ruhm zu einem nicht unbedeutenden Teil auf dem Spaß gründet, der mit seinen Werken gemacht werden konnte.

Parsifal (WWV 111)
Bühnenweihfestspiel in drei Aufzügen.
Entstehungsgeschichte: Mythologische Werke hat W. schon in seiner Pariser Zeit gelesen; gezielt auf _Parsifal_ bezogen war seine Lektüre aber wohl erst 1845, als _Tannhäuser_ bereits beendet war, die Dichtung zu _Lohengrin_ entstand und W. sich zu einem Kuraufenthalt nach Marienbad begab. Als Lektüre nahm er →Wolfram von Eschenbachs _Parzival_ und _Titurel_, Albrecht von Scharfenbergs _Der junge Titurel_ sowie ein anonymes Lohengrin-Epos mit. Zeitgenössische Kommentare in den Bearbeitungen von San Marte, von Karl →Simrock und Joseph von Görres halfen beim Durchdringen des schwierigen Stoffes. »Mit dem Buche unter dem Arm vergrub ich mich in die nahen Waldungen, um am Bache gelagert mit _Titurel_ und

Parzival in dem fremdartigen und doch so innig traulichen Gedichte _Wolframs_ mich zu unterhalten«, heißt es in →_Mein Leben_ (S. 315). Die aufregenden Jahre danach, die Revolutionszeit 1848 in →Dresden, die dadurch verursachte Verfolgung (→Steckbrief) und Flucht in die →Schweiz, verdrängten lange Jahre die eingehendere Beschäftigung mit dem Parzival-Stoff. Inzwischen waren auch Teile des _Ring_-Zyklus fertiggestellt worden, und erst beim Entwurf zu _Tristan_ erinnerte sich W. 1854 wieder »des nach dem Gral umherirrenden« Helden, der am Krankenlager →Tristans erscheinen sollte, eine Gedankenverbindung, die jedoch bei der späteren Ausführung des →Musikdramas wieder fallen gelassen wurde. »Dieser an der empfangenen Wunde siechende und nicht sterben könnende _Tristan_ identifizierte sich in mir nämlich mit dem _Amfortas_ im Gral-Roman« (_Mein Leben_, S. 524). – Die Motivation zu _Parsifal_ in einer »Ursprungserzählung«, wie W. sich 1857 erinnerte und in _Mein Leben_ festhielt, wurde später von ihm selbst entmystifiziert, wie Cosima Wagner in ihren →Tagebüchern festhielt. In _Mein Leben_ (S. 561) wurde zunächst behauptet: »Nun brach auch schönes Frühlingswetter herein; am Karfreitag erwachte ich zum ersten Male in diesem Hause bei vollem Sonnenschein: das Gärtchen war ergrünt, die Vögel sangen, und endlich konnte ich mich auf die Zinne des Häuschens setzen, um der langersehnten verheißungsvollen Stille mich zu erfreuen. Hiervon erfüllt, sagte ich mir plötzlich, daß heute ja ›Karfreitag‹ sei, und entsann mich, wie bedeutungsvoll diese Mahnung mir schon einmal in *Wolframs Parzival* aufgefallen war. Seit jenem Aufenthalte in *Marienbad*, wo ich die ›*Meistersinger*‹ und ›*Lohengrin*‹ konzipierte, hatte ich mich nie wieder mit jenem Gedichte beschäftigt; jetzt trat sein idealer Gehalt in überwältigender Form an mich heran, und von dem Karfreitags-Gedanken aus konzipierte ich schnell ein ganzes Drama, welches ich, in drei Akte geteilt, sofort mit wenigen Zügen flüchtig skizzierte.« Cosima überlieferte dagegen in den Tagebüchern unter dem 22. 4. 1879:»R. gedachte heute des Eindruckes, welcher ihm den Karfreitags-Zauber eingegeben; er lacht, und ›eigentlich alles bei den Haaren herbeigezogen wie meine Liebschaften, denn es war kein Karfreitag, nichts, nur eine hübsche Stimmung in der Natur, von welcher ich mir sagte: So müßte es sein am Karfreitag‹, habe er gedacht.« – Für das →Bühnenweihfestspiel selbst ist diese Berichtigung einer Privatmythe unerheblich, auch für die Entstehungsgeschichte, die in Ansätzen über Jahrzehnte hinweg zu den vorher geplanten oder abgeschlossenen Werken verlief. So schrieb W. z. B. am 16. 5. 1856 eine Prosaskizze der →*Sieger*, ein buddhistisches Drama, das zwar unausgeführt blieb, aber auf Arthur →Schopenhauers Einfluß zurückzuführen ist und inhaltlich sich auf den späteren *Parsifal* auswirkte. Die

Arbeit am *Ring* unterbrach W. 1857, nach der Orchestrierung des II. Aufzugs von *Siegfried*, um *Tristan* zu komponieren. Erst 1865, als W. bereits in →München lebte, kam er endlich zur Ausführung seines Plans und schrieb in drei Tagen einen Prosaentwurf, noch mit der Schreibweise »Parzival« und mit der geplanten Uraufführung für 1872, von dem König →Ludwig II. sogleich eine Abschrift erhielt. Einen zweiten Prosaentwurf begann W. im Jan. oder Febr. 1877, den er am 23. 2. abschloß. Die Dichtung (das Libretto zum Musikdrama) begann W. am 14. 3. 1877 mit dem Entschluß, die Schreibweise von »Parzival« in »Parsifal« zu ändern; er schloß sie am 13. 4. in →Wahnfried ab. Eine kalligraphisch sehr schöne Abschrift der Dichtung von Cosima übersandte W. am 22. 6. 1877 seinem königlichen Freund Ludwig II. Mit der Orchesterskizze begann W. am 25. 9. 1877 und beendete sie bis zum 26. 4. 1879. W. pflegte scherzhaft zu sagen, daß mit diesen Orchesterskizzen die Ausarbeitung auch jeder andere hätte übernehmen können. In Wirklichkeit steckte jedoch in der instrumentatorischen Ausarbeitung noch so viel an kompositorischer Gestaltung, daß die Zeit für die Partiturreinschrift bis zum 13. 1. 1882 (mit der vorgezogenen Schlußeintragung zu Cosimas Geburtstag am 25. 12. 1881) nicht zu kurz bemessen erscheint für das Wunder dieser Partitur, die in mancher Hinsicht noch über diejenige von *Tristan* hinausreicht, z. B. in ihren motivischen

Verzweigungen und instrumentatorischen Raffinessen. Den III. Aufzug begann W. 1881 in →Palermo, wo er als gleichsam theoretischen Kommentar zu _Parsifal_ die Schrift →_Religion und Kunst_ verfaßte. Zu W.s 67. Geburtstag wurde die Gralsszene des Bühnenweihfestspiels im Feriendomizil der Villa Angri bei →Neapel von und im Familien- und Freundeskreis erstmals gespielt. Szenische Assoziationen fanden sich, als man in →Ravello den Park des Palazzo Rufolo besuchte. W. schrieb damals ins Gästebuch:»Klingsors Zaubergarten ist gefunden.« Und der Dom von →Siena wurde zum Vorbild des Gralstempels. – Die ersten Proben im Bayreuther →Festspielhaus, das seit den ersten →Festspielen von 1876 unbenutzt blieb, begannen am 2. 7. 1882. Die Uraufführung am 26. 7. 1882 und die folgende Vorstellung waren den Mitgliedern des Patronatvereins (→Patronatscheine) vorbehalten; bis zum 29. 8. schlossen sich noch 14 weitere Vorstellungen an, deren letzte W. von der →Verwandlungsmusik des III. Aufzugs an selbst leitete. Es war das einzige Mal, daß W. im Festspielhaus dirigierte. In der Uraufführung unter der Leitung von Hermann →Levi (Bühnenbilder: Paul von →Joukowsky und Gotthold und Max →Brückner, Kostüme: Joukowsky, Choreographie: Richard →Fricke) sangen Johanna André, Luise Belce, Anton von Fuchs, Hermine Galfy, Carl →Hill, Paula Horson, Adolf von Hübbenet, Mathilde Keil, August Kindermann, Amalie →Materna, Johanna Meta, Max Mikorey, Carrie Pringle, Theodor →Reichmann, Emil →Scaria, Eugen Stumpf und Hermann →Winkelmann.

Handlung: I. Aufzug, im Gebiet des Grals, früher Morgen: Gurnemanz weckt die Knappen zu gemeinsamem Gebet. Der an einer unheilbaren Wunde leidende Gralskönig Amfortas wird von Rittern angekündigt und, nachdem Kundry einen Balsam aus Arabien für ihn herbeigeschafft hat, in das Bad im heiligen See des Gralsgebiets gebracht. Auf die Fragen der Knappen erzählt Gurnemanz von der Vorgeschichte des Grals und von den Ereignissen, die zum Verlust der heiligen Lanze und zu Amfortas' Verwundung und Siechtum führten. Gerade als die Knappen beschwörend die Formel des »Torenspruchs« wiederholen, bricht mitten hinein die Kunde von einem Eindringling, der einen Schwan abgeschossen hat. Alle Anwesenden sind entsetzt und entrüstet über die Freveltat. Der Beschuldigte ist Parsifal, dem es zunächst nicht einleuchten will, daß man ihm sein Jagdglück als Mord anlasten möchte. Gurnemanz jedoch vermag ihn davon zu überzeugen, daß jedes Lebewesen ein Recht auf sein Dasein hat und nicht aus bloßem Übermut getötet werden sollte, schon gar nicht im geheiligten Bezirk des Grals. Parsifal zerbricht aus Reue seinen Bogen, eine Geste seiner Mitleidsfähigkeit. Nach Namen und Herkunft befragt, vermag Parsifal keine Auskünfte zu geben. Von seiner Mutter Herzeleide und vom

Leben im Walde jedoch weiß er einiges zu berichten, und Kundry ergänzt zu aller Erstaunen manche Details in diesem Bericht. Auch berichtet sie vom Tod der Mutter aus Gram über das entlaufene Kind, worauf Parsifal ihr unbeherrscht an die Kehle fährt. Gurnemanz reißt ihn zurück und ahnt langsam, daß dieser Knabe der verkündete Tor sein könnte. Kundry vergilt Böses mit Gutem, indem sie dem außer sich Geratenen Wasser aus der nahegelegenen Quelle reicht. Inzwischen ist es Mittag geworden. Der König kommt vom Bade zurück, und Gurnemanz fordert Parsifal auf, sich dem Zug zur Gralsburg anzuschließen. Nach einer Verwandlungsmusik ziehen die Ritter in den Gralstempel. Sie tragen den Gralskönig herein. Knappen bringen das Gralsgefäß, und Amfortas soll mit der Gralszeremonie beginnen. In einer großen Klage wehrt er sich jedoch zunächst heftig gegen diese Forderung, die seine seelischen und körperlichen Qualen nur verlängert. Nachdem jedoch ein weiteres Mal der verheißungsvolle Torenspruch erklungen ist und Titurel auf der Gralsenthüllung besteht, willigt Amfortas ein. Parsifal vermag nicht zu begreifen, was in den Ritualen vor sich gegangen ist. Von Gurnemanz nach deren Sinn befragt, bleibt Parsifal stumm und wird zum Tor hinausgewiesen.

II. Aufzug, Klingsors Zauberschloß: Klingsor sieht in einem Zauberspiegel bereits von ferne den jungen Helden nahen. Kundry wird herbei-

beschworen, um den Knaben zu verführen. Parsifal dringt in die Burg ein, verscheucht die Verteidiger und gelangt in einen Garten, wo ihn verführerische Blumenmädchen erwarten. Er versucht zu verstehen, was sie streitend und schmeichelnd von ihm begehren, wehrt ihre Zudringlichkeiten schließlich energisch ab und will fliehen. Plötzlich aber vernimmt er zum erstenmal seit seinen Kindertagen den eigenen Namen und bleibt wie angewurzelt stehen. Kundry hat ihn gerufen, die in betörend schöner Gestalt erscheint und stufenweise ihre Verführungskünste entwickelt. Zuerst wirbt sie mit mütterlicher Zärtlichkeit um sein Vertrauen, dann schlüpft sie, ein Gegenorakel zum Torenspruch verkündend, in die Rolle der Liebhaberin und küßt den Toren. Parsifal aber wird unerwartet an die Verführung des Gralskönigs erinnert, erkennt hellsichtig die Schuldzusammenhänge und stößt die Versucherin heftig von sich. Im plötzlichen Bewußtsein seiner Erlösungsmission bietet Parsifal auch Kundry einen Ausweg aus dem Fluch ihrer Wiedergeburten an. Sie jedoch steigert sich in seelische Exhibitionen hinein und verlangt, durch sinnliche Liebe erlöst zu werden. Erneut abgewiesen, verflucht sie den Toren, verwünscht ihm die Wege zu Amfortas und ruft Klingsor herbei, der die heilige Lanze auf Parsifal schleudert. Der Speer jedoch kann nicht mehr treffen, weil Kundrys Verführungskünste versagten. Parsifal nimmt ihn auf, beschreibt damit das Zei-

chen des Kreuzes, und das Zauberschloß stürzt in sich zusammen.
III. Aufzug, Blumenaue im Gralsgebiet, frühester Morgen: Gurnemanz
weckt Kundry, die sich wieder in der
Gestalt der Büßerin auf dem Gralsgebiet eingefunden hatte, aus todes-
ähnlichem Schlaf und wundert sich
über ihr verhaltenes Schreiten, ihre
gewichene Wildheit. Ein Ritter in
schwarzer Rüstung betritt die Wald-
lichtung. Gurnemanz fordert ihn
auf, am Karfreitag – zumal im
Gralsgebiet – die Waffen abzulegen.
Erst jetzt erkennt der Greis den,
»der einst den Schwan erlegte«, und
auch den heiligen Speer. Parsifal berichtet von seinen schier endlosen
Irrwegen zum Gral, Gurnemanz
vom Siechtum der Gralsritter und
von Titurels Tod. Parsifal fühlt sich
dafür verantwortlich und demnach
schuldig. Kundry jedoch kniet in
deutlicher Anlehnung an die biblische Geschichte der Fußwaschung
Christi durch die Büßerin Maria
Magdalena vor Parsifal nieder und
wäscht ihm die Füße. Dann segnet,
tauft und salbt ihn Gurnemanz zum
neuen Gralskönig, dessen erstes
Amt die Taufe Kundrys ist. Parsifal
wendet sich der Blumenaue zu und
wird von Gurnemanz auf des »Kar-
freitags Zauber« aufmerksam gemacht. Inzwischen ist es Mittag geworden, und gemeinsam machen sie
sich zur Grals- und Totenfeier im
Tempel auf. Nach einer Verwandlungsmusik (wie im I. Aufzug) ziehen die Ritter in zwei Gruppen mit
dem Sarg Titurels und dem leidenden Amfortas in die Halle. Die
Knappen schreiten mit dem Grals-
schrein voraus. Mit Nachdruck fordern die Ritter die Enthüllung des
Grals, die Amfortas verweigert; statt
dessen will er seinen Tod erzwingen.
Da betritt Parsifal den Tempel, heilt
mit dem Speer die Wunde des Königs und übernimmt selbst das Amt.
Die Gralsenthüllung wird zelebriert.
Aus der Höhe der Kuppel erklingt
der sinnverschlüsselte Schlußchor
»Erlösung dem Erlöser«.
Musikdramaturgie: Nicht nur der
Sonderstatus von *Parsifal* als →Büh-
nenweihfestspiel, mit dem W. das
Werk der Trivialität des Theaterbetriebs entziehen und es ausschließlich im Bayreuther →Festspielhaus
aufgeführt wissen wollte, hebt W.s
letztes →Musikdrama aus dem allgemeinen Opernrepertoire heraus.
Es ist vielmehr vor allem die Musik
selbst, die ein Werk der Zusammenfassung, der Konzentration auf das
Wesentliche und der Besonderheiten in der Faktur darstellt. Bereits
die klare architektonische Form, in
der sich der III. Aufzug im I. zu spiegeln scheint, hat eine zusätzliche,
tiefere Bedeutung: Sie stellt ein dialektisches Stufenmodell dar, in dem
die Synthese des Schlußaufzugs auf
der Grundlage einer These im I.
Aufzug durch die Antithese der Gegenwelt im II. Aufzug hindurchge-
gangen ist. Diesem Stufengang der
Läuterung und Vervollkommnung
ist der Erlösungsgedanke (→Erlö-
sungsthematik) einbeschrieben, der
in W.s Werken nie fehlen durfte,
aber in *Parsifal* nicht durch »das
Weibliche« in Erfüllung geht. Die

philosophisch-moralische Maxime im »Torenspruch«: »durch Mitleid wissend / der reine Thor, / harre sein', / den ich erkor«, ist Wegweiser und Ziel zugleich, das jedoch nicht durch Tatkraft und Heldenmut, sondern durch Einsicht, Mitleid und Verneinung des Willens erreicht wird. Der als Tatmensch aufgewachsene Knabe Parsifal, der im II. Aufzug die erwartete Tat verweigert, wird im III. Aufzug wegen dieser verneinenden Einsicht zum Erlöser. Diese Entwicklung wird von W. entsprechend musikalisch motiviert: Parsifals Auftritt im I. Aufzug wird durch eine gleichsam jugendliche Motivvariante charakterisiert, die jedoch nicht als Etikett mitgeschleppt wird, sondern sich mit jeder seelischen Veränderung des Titelhelden verwandelt: Seelischer Schmerz, erotische Verspieltheit, mutlose Zerknirschung und königliche Erhöhung spiegeln sich in den Varianten des Parsifal-Motivs. Diese weisen nicht nur einen entsprechenden musikalischen Gestus auf, sie übernehmen auch im Netz der aufeinander bezogenen Motivstruktur musikdramatische Funktionen. Auf etwa 20 verschiedene Motive hat W. in *Parsifal* das musikalische Vokabular (vor allem im Vergleich zu der komplizierten Leitmotivtechnik im *Ring*) reduziert. Durch sensible und bedeutungsvolle Kombinationen, Verknüpfungen, Verschmelzungen, Mutationen und Kettungen von Motiven wurden dennoch die musikdramatischen Wirkungen gesteigert. Die Motivetikettierung (von

Hans von →Wolzogen mit dem Begriff →Leitmotiv und charakteristischen Motivnamen zur Erläuterung W.scher Musikdramen eingeführt) ist, wenn man den musikalischen Kontext einbezieht, zwar ein geeignetes Hilfs- und Orientierungsmittel, sollte jedoch nicht in bloßen Motivsammlungen erstarren. – Die Dichtung ist ein Teil des →Gesamtkunstwerks als vorkompositorische Schicht und reicht vom Urlaut des Schreis bis hin zur sinnkomprimierenden Spruchformel. Die dichterische Prosa ist auf geschichtliche Teile und auf die Bühnengegenwart der Handlung bezogen, während Endreime und rudimentäre →Stabreime lyrischen Stellen im Drama zugeordnet sind. Grundtendenz dabei ist die Verknüpfung lyrischer Texte mit arioser Melodik und dichterischer Prosa mit rezitativischer Deklamation. – Die Motivik versinnlicht und kommentiert, vertieft und »konterkariert« den Text. Die Instrumentation übernimmt musikdramatische Funktionen, die aus traditionellen, symbolischen oder emotionellen Wirkungen hervorgehen; so ist z. B. das Parsifal-Motiv (bis auf eine Ausnahme) durch den Klang des Horns, des Instruments des Jägers, in allen seinen Varianten klanglich grundiert. Die Harmonik in *Parsifal* basiert zwar auf der Tonalität, wurde aber bis an deren Grenze getrieben und kann stellenweise als latente Bitonalität bezeichnet werden. Harmonik und Satztechnik werden als Stilschichten verwendet, wonach der »Alterationsstil« dem musikdramatisch Zeitnahen und dem Menschlichen zugeordnet ist, während funktionale Harmonik z. B. religiösen Bereichen verbunden bleibt. Die Gralssphäre wird musikalisch durch Diatonik, die Zauberwelt durch →Chromatik repräsentiert. Durchdringungen und Konflikte der beiden rivalisierenden Mächte wirken sich zwar aus, setzen jedoch die polare Harmonik nicht grundsätzlich außer Kraft.

Wirkungsgeschichte: Alles ist außergewöhnlich an *Parsifal*, sowohl seine Inszenierungs- und Wirkungsgeschichte wie auch seine kompositorische Wirkung bis in das 20. Jh. hinein. György Ligetis Klangflächenkompositionen nehmen direkten Bezug auf die »statische Partitur« (Theodor W. →Adorno) von *Parsifal*. Und sosehr gerade dieses Werk von Anfang an von Friedrich →Nietzsche kritisiert wurde, so bemerkenswert sind Anerkennungen durch Claude →Debussy, Alban Berg und Adorno. – Es mag sein, daß *Parsifals* elitärer Anspruch, den W. bereits seinem Gönner König →Ludwig II. gegenüber erhob, um das »Bühnenweihfestspiel« dem Opernbetrieb zu entziehen, eine besondere Mystifikation um dieses Werk wob. Denn W. setzte es im Gegensatz zum *Ring* durch, daß *Parsifal* ausschließlich in →Bayreuth aufgeführt wurde, zumindest zu seinen Lebzeiten. Und nach seinem Tod bzw. nach Ablauf der 30jährigen Schutzfrist (→Parsifal-Schutz) versuchten Cosima und dann die Gemeinde der →Wagnerianer, das

Exklusivrecht durch Eingaben im Reichstag zu fixieren, was allerdings mißlang. 1914 begann deshalb eine regelrechte *Parsifal*-Euphorie an den deutschen und ausländischen Theatern, die sich darin überboten, das lange zurückgehaltene Werk zuerst dem eigenen Publikum bieten zu wollen. Aber bereits vor Ablauf der Schutzfrist gab es spektakuläre Aufführungen im Ausland, die als »Gralsraub« Schlagzeilen machten. Hatte Angelo →Neumann auf Versprechungen W.s hin schon 1893 angekündigt, in zwei Jahren das Werk herauszubringen, so erhob nach dem Tod Ludwigs II. auch das Münchener Hoftheater Ansprüche auf Aufführungsrechte sämtlicher Werke W.s, da die Absprachen des Königs für ungültig erklärt wurden. Zwei konzertante Aufführungen von Auszügen aus *Parsifal* wurden bereits 1903 in Paris unter Alfred Cortot und an der Mailänder Scala unter Arturo →Toscanini gegeben. Eine vollständige Aufführung fand am 24. 12. 1903 an der Metropolitan Opera New York unter Alfred Hertz statt: eine amerikanische Erstaufführung, die zwar von Cosima mittels eines ortsansässigen Anwalts boykottiert werden sollte (was nicht gelang), aber nichtsdestoweniger mit großer Sorgfalt und Ernsthaftigkeit (einschließlich künstlerischer Unterstützung aus Deutschland) inszeniert wurde. Dieses Ereignis löste in →Amerika geradezu eine »Parsifalitis« aus. Eine Tournee durch die Vereinigten Staaten mit 130 Vorstellungen erhöhte den Unwillen im

Haus →Wahnfried, zumal keinerlei Tantiemen anfielen. Durch den Erfolg des Direktors der Met, Heinrich Conried, angespornt, ging auch der Theaterunternehmer Henry Wilson Savage mit einem englischsprachigen *Parsifal* auf Amerikatournee und brachte es in 46 Städten auf 224 Vorstellungen. Aber auch in Europa gab es in Amsterdam für die W.-Vereinigung einen nichtautorisierten *Parsifal*, der am 20. 6. 1905 in der Stadsschouwburg seine Premiere hatte. Allerdings waren zu diesem Zeitpunkt die Niederlande noch nicht der Berner Konvention beigetreten, so daß keine rechtliche Handhabe gegen diese Aufführung möglich war. Wiederholungen fanden am 22. 6. 1905 und in den Jahren 1906 und 1908 statt. – Nach der Ablehnung einer zweiten parlamentarischen Anfrage 1912 im Reichstag wegen des »Parsifal-Schutzes« setzte ein regelrechter Wettlauf der Bühnen um die Erstaufführungen des Bühnenweihfestspiels ein. In Monte Carlo fand bereits im Jan. 1913 eine geschlossene Vorstellung statt; und da in der Schweiz der Werkschutz bereits mit dem Todestag des Komponisten ablief, konnte *Parsifal* in →Zürich schon am 13. 4. 1913 inszeniert werden. Manche Theater setzten ihre Premiere am Neujahrstag 1914 an, mußten aber dem Teatro del Liceo Barcelona wegen der Zeitdifferenz zu Deutschland den Vortritt lassen. Denn dort konnte man bereits am Silvesterabend um 23 Uhr mit der Vorstellung beginnen, die bis 5 Uhr morgens dauerte.

Schon im ersten Monat nach der Freigabe stand *Parsifal* in rund 40 Theatern auf dem Spielplan, und die Vorstellungen waren allesamt ausverkauft. In Paris, wohin die Londoner mit Sonderzügen reisten, wurde *Parsifal* in drei Theatern gleichzeitig gegeben. – Adolphe →Appia veröffentlichte seine Entwürfe zu *Parsifal* 1912 in der Zeitschrift *Der Türmer*; aber sie wurden erst 1922 in Basel durch Oskar Wälterlin und 1964 durch Max Röthlisberger in Genf auf der Bühne verwendet. – In Bayreuth wurde das stilbildende Werk in einer langen Periode von 205 Aufführungen bis 1933 fast unverändert inszeniert. Lediglich der II. Aufzug wurde 1911 nach Vorstellungen von Siegfried →Wagner durch Ludwig Hoffmann abgeändert. Eine Neuinszenierung nach Siegfried W.s Tod setzte Heinz Tietjen trotz heftiger Widerstände durch; Alfred →Roller entwarf Dekorationen und Kostüme, Wieland →Wagner gestaltete 1937 erstmals neue Dekorationen und einige neue Kostüme. – 1951, im Jahr der Wiedereröffnung der Bayreuther →Festspiele nach dem Zweiten Weltkrieg, wandte sich Wieland W. mit seiner Neuinszenierung *Parsifals*, die das sogenannte →Neubayreuth begründete, rigoros vom bisherigen naturalistischen Inszenierungsstil ab und einer oratorischen Auffassung zu, die wiederum mit 101 Aufführungen in 22 Jahren ihre Gültigkeit bewies und auf tiefenpsychologische Reflexionen gegründet war. Mehr als die Hälfte dieser Vorstellungen wurde von Hans Knappertsbusch dirigiert. Nach dessen Tod übernahm Pierre Boulez die musikalische Leitung von *Parsifal*; er glich sie Wieland W.s stilisierender Inszenierung musikalisch an, die ihrerseits noch überarbeitet werden sollte, wozu es wegen Wieland W.s Tod 1966 nicht mehr kam. Die Inszenierung von Wolfgang →Wagner von 1975 war wieder naturalistischer und in kritischer Sicht gegenüber der Gralswelt angelegt. Sie stand bis zur Neuinszenierung anläßlich der Jahrhundertfeier 1983 auf dem Festspielplan. Götz Friedrich übernahm diese Aufgabe und versuchte, mit symbolischen Mitteln Gegenwartsprobleme sichtbar zu machen. – Außerhalb von Bayreuth wurde das von Wolfgang W. eingesetzte Regiekonzept der Kritik an der Gralswelt am weitesten von Harry Kupfer 1977 in Kopenhagen vorangetrieben. Er ließ Amfortas am Schluß sterben, Parsifal nicht dessen Nachfolge antreten, der den Tempel samt Gral und Speer verließ, Kundry mit sich nahm und auch die Ritter aufforderte, ihm zu folgen. Rolf Liebermann kehrte in seiner Inszenierung von 1982 in Genf dieses Konzept um, ließ die Geschichte nach dem »Atomschlag« beginnen, den Gralstempel neu errichten und Parsifal gegen Klingsor kämpfen, der im Besitz des Speers als eines Symbols der Atomwaffe ist. – Ob idealisierend, stilisierend oder problematisierend inszeniert, W.s Weltabschiedswerk scheint in seinen allgemeingültigen und zeit-

losen Aussagen unerschöpflich zu sein. – Text in: GSD Bd. 10, S. 417 – 491. →Diskographie
Lit.: R. W., *Ankündigung der Aufführung des »Parsifal« (1877),* in: SSD Bd. 12, S. 334; ders., *Das Bühnenweihfestspiel in Bayreuth 1882,* in: GSD Bd. 10, S. 381; ders., *Programmatische Erläuterungen: Parsifal. Vorspiel,* in: SSD Bd. 12, S. 349; M. Kufferath, Parsifal de R. W.. légende, drama, partition, Paris 1890; E. Wechsler, Die Sage vom heiligen Gral in ihrer Entwicklung bis auf R. W.s »Parsifal«, Halle 1890; A. Drews, Mozarts »Zauberflöte« und W.s »Parsifal«, eine Parallele, in: R.-W.-Jahrbuch 1906, S. 326; P. Sakolowski, W.s erste Parsifal-Entwürfe, ebd., S. 317; K. Grunsky, Die Rhythmik im Parsifal, in: R.-W.-Jahrbuch 1908; W. Golther, Parsifal und der Gral in deutscher Sage des Mittelalters und der Neuzeit, Leipzig 1911; A. Prüfer, Zur Entstehungsgeschichte des Bühnenweihfestspieles »Parsifal«, in: Bayreuther Festspielführer 1911, S. 152; W. Altmann, Zur Entstehungsgeschichte des »Parsifal«, in: R.-W.-Jahrbuch 1912, S. 162; A. Heuss, Die Grundlagen der Parsifal-Dichtung, in: Die Musik 1912/13; R. Petsch, Zur Quellenkunde des »Parsifal«, in: R.-W.-Jahrbuch 1912; H. v. Wolzogen, Parsifal-Varianten, eine Übersicht, ebd.; E. Lindner, R. W. über »Parsifal«. Aussprüche des Meisters über sein Werk, Leipzig 1913; C. Debussy, R. W., in: ders., Monsieur Croche antidilettante, Paris 1912, dt. 1962; V. d'Indy, Introduction à l'étude de Parsifal, Paris

1937; T. W. Adorno, Zur Partitur des Parsifal, in: ders., Moments musicaux, Frankfurt a. M. 1964; Dokumente zur Entstehung und ersten Aufführung des Bühnenweihfestspiels Parsifal, hrsg. v. M. Geck u. E. Voss, in: R. W., Sämtliche Werke, Mainz 1970; H.-J. Bauer, W.s Parsifal, Kriterien der Kompositionstechnik, München 1977; WWV

Parsifal

Tenorpartie im →Bühnenweihfestspiel *Parsifal*. Die Figur hat W. →Wolfram von Eschenbachs *Parzival* und *Titurel* entnommen; sie ist aber von W. in einer Weise umgemodelt worden, daß sich in dieser Gestalt W.s philosophiegesättigter musikdramatischer Spätstil niederschlug. In Parsifal hat sich der tatkräftige Held →Siegfried, gebrochen durch Arthur →Schopenhauers Philosophie der Verneinung des Willens, in den »durch Mitleid Wissenden« verwandelt, dessen Kraft und Gesetz aus Liebe und Mitgefühl erwächst. Aus dieser Fähigkeit wächst ihm, durch zahlreiche Leiden gestählt, die Berufung und Verantwortung zu, von der Position des »tumben Toren« aus, dem die Machtstrukturen der Gralshierarchie fremd sind, in die Rolle des →Gralskönigs vorzustoßen, der sich nicht durch gut gemeinte Aktivitäten schuldig macht, sondern durch Verweigerung »welthellsichtig« wird, mit anderen Worten die Schuldzusammenhänge durchschaut und so zum Prototyp des neuen Menschen wird.

Parsifal-Kreuz

Für seine Nachkriegsinszenierung von *Parsifal*, die 1951–73 in 23 Festspieljahren und weit über Wieland →Wagners Tod hinaus in insgesamt 101 Aufführungen gespielt wurde, entwarf der W.-Enkel ein Regiekonzept, das er schematisch in die Form eines Kreuzes brachte. Seine Vertikale enthält in Stichpunkten und spiegelsymmetrisch zu der Kundry-Kuß-Amfortas-Achse die dramaturgischen Charakteristika des Helden in bezug auf die anderen Personen und die Handlung. An den Eckpunkten des Querbalkens sind links →Kundry und rechts →Amfortas lokalisiert. Auch dazu gibt es spiegelbildliche Entsprechungen in jeweils einer vertikalen Spalte, die gleichzeitig horizontal zu den anderen Spalten in Beziehung steht. Im Schnittpunkt der Kreuzesbalken steht der Kuß, den →Parsifal von Kundry als »Muttersegens letzten Gruß der Liebe ersten Kuß« erhielt. Die horizontalen Eintragungen stehen ihrerseits spiegelbildlich zur vertikalen Parsifal-Achse (vgl. S. 348/49).

Zur interpretatorischen Erläuterung seines *Parsifal*-Kreuzes führt Wieland W. aus: »Im Spannungsfeld der Pole ›Mutter‹–›Heiland‹, ›Klingsor‹–›Titurel‹ (oder der Urbilder Schwan–Taube, Speer–Kelch) vollzieht sich Parsifals seelisch-geistiger Werdeprozeß in einem vollkommen ›spiegelnden Bogen‹, dessen Wendepunkt der Kundry-Kuß ist: mystische Mitte, Klimax, Tiefpunkt und Krisis des Heilsweges zugleich. Auf der Mittelachse (von unten nach oben zu lesen) finden wir alle Stationen dieses Werdeprozesses und menschlichen Heilbringers Parsifal, beginnend mit der Loslösung des Kindes vom mütterlichen Urgrund (Symbol: der Schwan) und endend mit der Wiederherstellung der ursprünglichen All-Einheit Gott – Mensch durch den wissend gewordenen Helden (Symbol: die Taube). Entscheidend für die Bewußtwerdung Parsifals ist die Begegnung mit Amfortas auf der einen, Kundry auf der anderen Seite. Er erleidet beider Schicksal – die tragische Zerrissenheit in dem ewig menschlichen Konflikt zwischen Geist und Trieb, und reift dadurch zur Erkenntnis seiner wahren Bestimmung (das Amfortas-Schicksal rechts, das Kundry-Schicksal links von der Mittelachse). Es entspricht also jede Station auf dem unteren Teil der senkrechten Achse des Kreuzes einer Station auf dem oberen Teil dieser Achse in spiegelnder Symmetrie, z. B. ›Erlebnis der glänzenden Ritter und Fortlaufen von der Mutter‹ dem ›Erlebnis der verzweifelten Ritter und Eingehen in die mütterliche Gralsgemeinschaft‹ – ›Zurückweichen vor den Blumenmädchen‹ dem ›Zurückweichen vor Kundry‹. Die absoluten Entsprechungen zwischen Kundry- und Amfortas-Schicksal sowie zwischen der ›weißen‹ Magie Titurels und der ›schwarzen‹ Magie seines Gegenspielers Klingsor ergeben sich so zwangsläufig. Außerhalb des Schemas steht Gurnemanz, der als Grallehrer und Evangelist jenseits des Passionsweges der ringenden Seelen seine Aufgabe erfüllt.«

Lit.: W. E. Schäfer, Wieland Wagner. Persönlichkeit und Leistung, Tübingen 1970

Parsifal-Schutz

Als 1913, genau 30 Jahre nach W.s Tod, die gesetzliche Schutzfrist für W.s Werke im allgemeinen und für *Parsifal* im besonderen ablief, indem das alleinige Aufführungsrecht an dem →Bühnenweihfestspiel in →Bayreuth außer Kraft gesetzt wurde, begann ein regelrechter Run auf das Werk, das alle Welt auf die Bühne bringen wollte. Die →Wagnerianer erboste die Freigabe von *Parsifal* insofern, als es W.s ausdrücklicher Wille und von König →Ludwig II. aus guten Gründen ertrotztes Privileg war, *Parsifal* auf den üblichen Opernbühnen nicht profanieren zu lassen. Denn W. war davon zutiefst überzeugt, daß im Routinebetrieb von höfischen und städtischen Theaterhäusern nicht künstlerisch sorgsam genug mit seinem »Schwanengesang« umgegangen werden würde. Schon 1901, als erstmals die Frage des verlängerten Urheberrechts im deutschen Reichstag behandelt wurde, bemühte sich Cosima Wagner vergeblich durch ihre briefliche Eingabe »An die Mitglieder des Deutschen Reichstages« um eine Verlängerung des Urheberrechts. Der Kernsatz des Schreibens lautet: »Richard Wagners Wunsch und Wille war es, daß sein Theater einzig auf dem Hügel zu Bayreuth stehe und daß einzig in diesem

DAS PARSIFALKREUZ
Ein psychologisches Schema
Von Wieland Wagner

DER HEILAND
Der göttliche Vatergeist der Alliebe
Der leidende Gott weint ob der
Menschheit Schmach
Das »Göttliche«

Speer und Gral vereinigt; Symbol: die Ta[ube]

PARSIFAL

Erlebnis der verzweifelten Ritter und Ei[...]
gehen in die mütterliche Gralsgemeinsch[aft]
Erlebnis der durch den Menschen entsüh[...]
Natur auf der Gralsaue
Bewußtwerden des heiligen Bezirks:
Verzweiflung über Schuld an Titurels To[d]
Danach Entsühnung und Salbung zum K[...]
unter Mithilfe Kundrys
Verzweifelte Kämpfe im vergeblichen Suc[...]
nach Titurels Gralstempel und Bewähru[...]
durch verarbeitetes Erlebnis des Leider[...]
der Menschheit
Verlassen Kundrys: Irre
Speergewinnung, Zertrümmerung des[...]
Schlosses
Feindliche Begegnung mit Klingsor
Zurückweichen vor Kundry
Bewußtsein seiner Sendung
Erlebnis des Weibes als »Verderberin«
Erlebnis des Leidens des Amfortas
Erkenntnis seiner Schuld gegenüber de[m]
Heiland
Sinnlichkeit als Qual

KLINGSOR

Der Glaube an das Nichts

Das Chaos der Ichsucht

Verzweifelter Kampf gegen die Sinnlichkeit
(»das Böse«): Kastration

Zauberschloß

Blumenmädchen
(natürlich unkeusch, erlösbar)

Im Besitze des Speeres (nach Verlust des
Speeres: nicht mehr existent)

Sein Irrtum: Keuschheit — Abtötung der
Sinnlichkeit

Haß gegen das Weibliche

Mißbrauch des Speeres zur Zauberwaffe
der Machtgier

»Furchtbare Not«

Die »sündige Natur«

Das Weib

Entscheidendes Erlebnis (»Sündenfall«):
Begegnung mit dem Heiland

Versagen: In der Beziehung zum Göttlichen.
Zu ihrer natürlichen Bestimmung:
Das Lachen

Ihre Sehnsucht: Wiederbegegnung
mit dem Heiland

Ihre Schuld: Profanierung des »Kelches«

Ihr Fluch: »In höchsten Heiles heißer Sucht
nach der Verdammnis Quell zu schmachten«

Symbol ihrer Gespaltenheit:
Die »Wunde«

KUNDRY

Verkrampfung im grausamen Lachen

Im Zwange Klingsors: Verführerin wider
Willen (Zwangsvorstellung: Erlösung —
körperliche Hingabe an den
— geglaubten — Heiland)

Im Dienste Titurels: Gralsbotin wider Willen
(Zwangsvorstellung: Erlösung durch
— verkrampftes — Dienen am Gral
als Buße und Sühne)

Qual, Wahnsinn, Verzweiflung:
Schrei nach Mitleid

Botschaft: »Wer Dir trotzte, löste Dich frei«

Ihr Heil: Frei im Dienen

Erlösendes Erlebnis: Gewinnung des Speeres
durch Parsifal

Entsühnung: Das Weinen im Anblick
der lachenden Aue

DER KUSS

Verzweiflung, Qual
Erkenntnis seiner Schuld gegenüber de[r]
Mutter
Erlebnis des Leidens der Mutter
Erlebnis des Weibes als »Mutter«
Namensgebung durch Kundry — Ende [...]
Anonymität
Zurückweichen vor den Blumenmädch[en]
Feindliche Begegnung mit Klingsors Ritt[...]
Das lockende Zauberschloß
Weglaufen vom Gral: Neue Irre
Qual in Titurels Gralstempel und
nichtverarbeitetes Erlebnis des Leider[...]
der Menschheit
Nichteingestandene Schuld am Tod de[r]
Mutter. Darauf, ohne Bewußtsein des[...]
heiligen Bezirks, nicht verstandene
Probeaufnahme in die heilige Gralsgem[ein]
schaft
Mord am Schwan und Erkenntnis sein[er]
Schuld am Erlebnis der durch den Mens[chen]
leidenden Natur im Gralswald
Erlebnis der glänzenden Ritter und Fortla[...]
von der Mutter in die Irre — Vergesse[n]

PARSIFAL
Parsifal und Herzeleide vereinigt
Symbol: der Schwan

»Das Gute«
Die leidende Natur weint über Parsif[al]
Fortlaufen
Der ewig weibliche Urgrund

DIE MUTTER

Der »gefallene Geist«

Der Mann

Entscheidendes Erlebnis (»Sündenfall«)
Begegnung mit Kundry

Versagen:
in der Beziehung zum Weiblichen. Vor seiner
geistigen Bestimmung: Verlust des Speeres

Seine Sehnsucht:
Begegnung mit dem Heiland

Seine Schuld: Profanierung des Speeres

Sein Fluch: »In höchsten Heiles heißer Sucht
nach der Verdammnis Quell zu schmachten«

Symbol seiner Gespaltenheit:
Die »Wunde«

AMFORTAS

Verkrampfung in grausamer Selbstquälerei

im Zwange Titurels: Gralshüter wider Willen
(Zwangsvorstellung: Erlösung durch
— verkrampftes — Dienen am Gral
als Buße und Sühne)

im Dienste Klingsors: Süchtiger wider Willen
(Zwangsvorstellung: Erlösung durch
geistige Hingabe an den — geglaubten —
Heiland)

Qual, Wahnsinn, Verzweiflung:
Schrei nach Mitleid

Botschaft: »Harre sein, den ich erkor«

Sein Heil: Frei im Anblick des Grales

Erlösendes Erlebnis: Rückbringung des
Speeres durch Parsifal

Entsühnung: Verzückung während sich die
Wunde schließt

TITUREL

Der reine Glaube

Das Ethos des Gesetzes

Erbitterter Kampf gegen den Unglauben
(das »Böse«): Offenbarung

Gralsburg

Gralsritter
(unnatürlich keusch, verführbar)

Im Besitze des Grals (ohne Anblick des
Grals: nicht mehr existent)

Sein Irrtum: Keuschheit — Verdrängung der
Sinnlichkeit

Haß gegen das Weibliche

Mißbrauch des Kelches zu geistigem Genuß
und Lebensverlängerung

»Bangen und Elend«

Hause sein Bühnenweih-Festspiel ›Parsifal‹ aufgeführt werde.« Zum Vollzug von W.s Willen traten am 13. 7. 1912 Wagnerianer aus Berlin, Leipzig und Dresden in Berlin zusammen, gründeten den »Ausschuß für den Parsifal-Schutz« und sammelten mit dem »Aufruf zu einer einmütigen Willenskundgebung des deutschen Volkes zur Durchführung von Richard Wagners letztem Willen« Tausende von Unterschriften. Zu W.s 100. Geburtstag, am 22. 5. 1913, sollte durch das Parlament ein Gesetz bewilligt werden, das keine Sondervorteile für die Erben W.s schaffen, sondern im Gegenteil durch die »Richard-Wagner-Stipendienstiftung« auch minderbemittelten Interessenten W.s Werke zugänglich machen sollte. Sogar Kaiser Wilhelm II. wurde gebeten, sich der Sache anzunehmen, und es entwickelte sich geradezu eine »Parsifal-Schutzbewegung«. Die Gegner veröffentlichten natürlich auch ihre Ansichten und forderten einen »Parsifal für das Volk«, einen *Parsifal*, auf den die ganze Welt ein Anrecht habe. Dagegen setzten so berühmte Komponisten wie Richard Strauss, Giacomo Puccini, Engelbert →Humperdinck, Gustave Charpentier und Karl Goldmark sowie Dirigenten wie Arturo →Toscanini, Anton →Seidl u. a., aber auch hochgestellte Persönlichkeiten des öffentlichen Lebens wie Prinz August Wilhelm von Preußen und der Münchner Stadtschulrat Georg Kerschensteiner u. a. sich für den gewünschten *Parsifal*-Schutz ein. Dennoch war

diesem leidenschaftlichen Engagement kein Erfolg beschieden. Unerwartet und eigenständig gab 1912 auch Arnold Schönberg seine Meinung zum *Parsifal*-Schutz kund, indem er in einem kurzen Aufsatz die Fragestellung analysierte und auf drei Problempunkte zurückführte, die nie hätten miteinander vermischt werden dürfen: »die Pietät gegen den Willen Wagners, die künstlerisch-moralische Angelegenheit des Weihefestspiels und, beides umfassend, die rechtlich-finanzielle, das Eigentumsrecht eines Autors betreffend.« Für Schönberg reklamierte das Haus Wahnfried zu sehr die Pietät und mußte deshalb scheitern. Schönberg hielt offenbar die Idee des Schutzes für überlebt durch die Praxis, da in Bayreuth inzwischen nicht mehr das ursprünglich erwünschte Publikum *Parsifal* erlebe, sondern überwiegend Kunstsnobs sich dort ein Stelldichein gäben. Und künstlerisch müsse man wegen der großen Probleme in diesem Werk die ganze Welt an der Lösung beteiligen. Abwägend verneinte Schönberg den Schutz für die ersten beiden Teile seiner analytischen Fragestellung, wetterte aber gegen den unerhörten Angriff auf das geistige Eigentum schöpferischer Menschen und schlug seinerseits vor: »1. das Recht eines Autors an den Erträgnissen seiner Werke werde dem anderen Eigentumsrecht gleichgestellt. Der Autor oder dessen Erben können damit umgehen, wie mit jedem anderen Eigentum. Das Recht, es zu vererben, gelte so-

lange, als für anderes Eigentum ein Erbrecht gilt; 2. dagegen ist 30 Jahre nach dem Tode des Autors der Nachdruck und die Aufführung jedem gestattet, der an die Erben oder deren Bevollmächtigte die (eventuell gesetzlich festzusetzenden) Erträgnisteile abliefert.«
Lit.: A. Schönberg, Parsifal und Urheberrecht, in: Konzertkalender für die Saison 1912/13, S. 84; R. v. Lichtenberg u. L. Müller v. Hausen, Mehr Schutz dem geistigen Eigentum! Der Kampf um das Schicksal des »Parsifal«, Berlin 1913; C. Wagner, An die Mitglieder des Deutschen Reichstages, in: dies., Das zweite Leben. Briefe und Aufzeichnungen 1883–1930, hrsg. v. D. Mack, München/Zürich 1980

Particell
Vom italienischen »particella« = Teilchen abgeleitete Form eines ausführlichen Kompositionsentwurfs, d. h. gleichsam eine auf das Wesentliche reduzierte Partitur bzw. deren Vorstufe. Der innere Zusammenhang zwischen dem Kompositionsprozeß und einer differenzierten instrumentatorischen Ausarbeitung in der →Partitur wird durch die Kompositionsgeschichte gestützt, indem mit Beginn der differenzierten Instrumentationen zum Zweck nuancierter musikalischer Ausdrucksmöglichkeiten seit der Wiener Klassik mehr Sorgfalt auf die Ausarbeitung der Partituren gelegt wurde. W. hat einige seiner musikdramatischen Werke in Particellform angefertigt.

Partitur
Die Partitur als notenschriftliche Aufzeichnung mehrstimmiger Musik erfuhr über Jahrhunderte hinweg mehr oder weniger starke Veränderungen in Anordnung und Umfang der enthaltenen Instrumente, stellt aber in der Regel das Endprodukt des Kompositionsprozesses und die Grundlage zur Aufführung mehrstimmiger musikalischer Werke dar. Besonders im 19. Jh. war für die Oper ein Orchesterapparat, in der Regel durch Chorstimmen ergänzt, entstanden, der zur Aufführung der Partitur als Koordinatensystem notwendig bedurfte, zumal sich inzwischen der Berufsdirigent als Interpret dieser Zusammenfassung von Einzelstimmen herangebildet hatte. W. selbst war viele Jahre als Kapellmeister und Dirigent tätig und hatte sich dadurch enorme Erfahrungen angeeignet, die sich von Anfang an, also von wenigen noch erhaltenen originalen Partiturseiten der →Hochzeit an, nicht nur in der Beherrschung der Orchestersprache, sondern auch in einer kalligraphisch schönen Notenschrift kundtun, die schon Giacomo →Meyerbeer rühmend hervorhob. Bedenkt man allerdings, daß W. mit seinem Gesamtwerk über 6 000 Partiturseiten beschrieben hat, von denen etwa 4 700 als Reinschriften für sein dramatisches Werk anzusehen sind, läßt sich ermessen, welcher Fleiß und welche Akribie der Komponist allein für diese Arbeit aufbringen mußte. Bedenkt man ferner, daß W.s Arbeitsweise darauf beruhte, zu-

nächst Prosaentwürfe, Ur- und Reinschriften der Dichtungen herzustellen, um anschließend Kompositions- und Orchesterskizzen den Reinschriften der Partituren voranzustellen, so verdreifacht sich sicherlich die handschriftliche Arbeit allein bei den dramatischen Werken. Ein wesentlicher Wandel vollzog sich, als W. bei der Kompositionsarbeit am *Ring* seine musikalischen Ideen derart mit instrumentalen Klangvorstellungen verband, daß er in Bleistift ausgeführte Erstschriften der Partitur als »Partiturskizzen« (wie W. sie nannte) ausführte, denen er in Tinte geschriebene nahezu korrekturlose Reinschriften folgen ließ, wodurch bis zum II. Aufzug von *Siegfried* doppelte Originalpartituren erhalten sind. Von da an hatte W. an Hand seiner Kompositionsskizzen offenbar derart genaue Vorstellungen von der zu realisierenden Musik, daß er scherzhaft meinte, mit dem Linieren der Partiturblätter schon die eigentliche Kompositionsarbeit geleistet zu haben, die auch seine Assistenten zu Ende bringen könnten, was freilich nie geschah.

Patronatscheine

Als für W. die Verwirklichung seines *Rings* sowohl in kompositorischer wie in aufführungspraktischer Hinsicht immer näher rückte, mußte er sich zunächst zwangsläufig Gedanken darüber machen, ob er seinen bereits im Schweizer →Exil gehegten Wunsch eines eigenen Theaters und die Realisierung seines →Bühnenfestspiels ausschließlich in sei-

nem Sinne betreiben wollte oder aber, wie er es widerwillig und zwangsläufig mit seinen früheren Opern machen mußte, dem gängigen Opernbetrieb überantworten sollte. W. entschied sich für den ersteren Weg und mußte sogleich zwischen den Möglichkeiten eines aristokratischen oder demokratischen Mäzenatentums wählen. Da W. jedoch vom Mäzenatentum der deutschen Fürsten nicht viel hielt und entsprechende Erfahrungen gesammelt hatte, die freilich durch die Großzügigkeiten König →Ludwigs II. etwas zum Positiven korrigiert wurden, glaubte W. auch den Weg ausprobieren zu müssen, die finanziellen Belastungen auf möglichst viele Schultern zu verteilen. Deshalb W.s Versuch, mit Anteilscheinen am künstlerischen Resultat eine finanzielle Basis zum Bau des →Festspielhauses der ersten →Festspiele zu bewerkstelligen. Der Text der Patronatscheine lautet folgendermaßen:
»PATRONAT-SCHEIN
Nro. [...]
Der Inhaber dieses Scheines
[...]
hat durch die hiemit quittirte Einzahlung von *300 Thalern* die Rechte eines Patrones der in
Bayreuth
zu bewerkstelligenden drei vollständigen Aufführungen des Bühnenfestspieles
›DER RING DES NIBELUNGEN‹
erworben, als welche Rechte ihm die unbedingte Verfügung über einen bequemen Sitzplatz für jeden der zwölf Abende, in denen die drei-

malige Aufführung des viertheiligen Werkes bestehen wird, sowie ferner die Betheiligung an der Bildung einer Patronat-Commission zuerkannt sind, welcher die Verfügung über 500 Freiplätze für jede der durch die Beisteuer der Patrone ermöglichten Festaufführungen zustehen soll, und in welcher der Inhaber dieses Scheines sich für eine Patronatstimme durch Delegirung vertreten lassen wird. BAYREUTH.«
Sehr bald sollte sich jedoch herausstellen, daß W.s Optimismus, was das Interesse an seinem Festspielplan und seinem Werk anging, nicht so leicht in klingende Münze umzuwandeln war. Der Absatz der Patronatscheine ging schleppend, und die Anteile mußten bald geteilt und auf mehrere Käufer ausgestellt werden. Trotzdem war das Defizit erheblich, und wieder einmal mußte Ludwig II. mit einem Darlehen aushelfen, um den Festspielplan nicht scheitern zu lassen. Für die Mitglieder des Patronatvereins waren 1882 auch die ersten beiden Aufführungen von *Parsifal* vorbehalten worden. Danach löste sich die Aktion mit den Patronatscheinen auf.

Pecht, August **Friedrich**
Geb. 2. 10. 1814 in Konstanz, gest. 24. 4. 1903 in München; Maler und Kunstschriftsteller. – Er lebte zeitweise in Paris und Dresden, seit 1855 in München und war mit W. befreundet. Pecht studierte mit Ernst Benedikt →Kietz bei Paul Delaroche in Paris. 1865 malte er

das für König →Ludwig II. zum Geschenk bestimmte Porträt W.s.

Pellet, Haus
Wohnung W.s in Kempfenhausen (bei Starnberg), die ihm König →Ludwig II. zur Verfügung stellte; am 14. 5. 1864 bezog W. das Haus. Am 29. 6. kam auch Cosima von Bülow mit ihren beiden Töchtern für 15 Monate dorthin, wo sich die Beziehung W.s mit der Tochter Franz →Liszts festigte.

Peters, Verlag C. F.
1800 als Bureau de Musique gegründet und 1814 von Carl Friedrich Peters übernommen. W. bot 1831 dem Verlag vergeblich seinen →Klavierauszug von Ludwig van →Beethovens *Symphonie Nr. 9* (1824) an; zu Lebzeiten W.s ergaben sich keine weiteren Kontakte.

Petersburg
Marie Gräfin →Muchanoff organisierte 1863 eine Konzertreise für W. nach Rußland. Er fuhr am 18. 2. über Berlin und Königsberg nach Petersburg, wo er u. a. Kontakte mit der Großfürstin Helene Pawlowna und ihrer Hofdame Editha von →Rahden sowie mit Anton Rubinschtein und Alexandr Serow aufnahm. Am 3. und 10. 3. gab ·W. zwei Konzerte in der »Philharmonischen Gesellschaft«, ein drittes am 18. 3. im kaiserlichen Mariinski-Theater. Dann reiste W. weiter nach Moskau und kam am 1. 4. nach Petersburg zurück, um nochmals drei Konzerte zu geben. Bei Teegesellschaften der

Großfürstin las er die Dichtungen der *Meistersinger* und des *Rings*. Am 22. 4. verließ W. Petersburg wieder. 1868 wurde *Lohengrin* erstmals in Petersburg aufgeführt.

Petzold, Eugen
Lebte in Zofingen (bei Zürich) und wurde von W. zu Orchesterkonzerten eingeladen, wodurch zeitweilig Briefverkehr entstand.

Pfistermeister, Franz Seraph von
Geb. 14. 12. 1820 in Amberg, gest. 2. 3. 1912 in München; der Kabinettssekretär König →Ludwigs II. – Er überbrachte W. am 3. 5. 1864 in →Stuttgart dessen Berufung an den Hof des Königs von Bayern. W. verfeindete sich später mit ihm und verlangte seine Abberufung, die jedoch erst am 5. 10. 1866, nach W.s eigenem Abgang aus →München, ausgeführt wurde.

Pfordten, Ludwig Freiherr
von der
Geb. 11. 9. 1811 in Ried im Innkreis, gest. 18. 8. 1880 in München; Politiker. – Er war 1848/49 Kultusminister in Sachsen, 1849–59 und 1864–66 Ministerpräsident von Bayern und aus politischen Gründen W.s Gegner. Er trug maßgeblich zu W.s Vertreibung aus →München bei. Dafür mußte er 1866 dem von W. empfohlenen neuen Ministerpräsidenten Chlodwig Fürst zu Hohenlohe-Schillingsfürst weichen.

Philadelphia
Zur 100-Jahr-Feier der Unabhängigkeit der Vereinigten Staaten wurde 1876 in Philadelphia eine Weltausstellung ausgerichtet. Zur »Gedenkfeier der Unabhängigkeitserklärung der Vereinigten Staaten von Nordamerika« erhielt W. einen Kompositionsauftrag, der mit 5 000 Dollar honoriert und zudem vom →Schott-Verlag mit 9 000 Mark für die Verlagnahme bezahlt wurde. W. komponierte im Febr. 1876 den →*Großen Festmarsch*. – Die äußerst umfangreiche und berühmte Briefsammlung, die Mary Burrell (→Burrell-Sammlung) noch zu Lebzeiten von der Tochter Minna Wagners, Natalie →Bilz, erwerben konnte, hatte etwa 1931 Mary Louise Curtis aufgekauft und dem von ihr gestifteten Curtis Institute of Music in Philadelphia übergeben, das seine Schätze im Kernbestand 1978 über ein New Yorker Auktionshaus an die →Richard-Wagner-Stiftung Bayreuth verkaufte.

Pilgerchor
Kontrast zur Venusmusik zu Beginn des I. Akts von *Tannhäuser*. Die Pilger, die zur Sühne nach Rom aufbrechen und denen sich bald auch →Tannhäuser anschließt, nachdem er den Freunden dargelegt hat, daß er die Sinnenlust im →Venusberg erlebt hat, artikulieren choralartig ihre Frömmigkeit, die ihrer Meinung nach einzig zum Heil führen kann. Deshalb gilt dieser Gesellschaft die Versuchung der Sinnlichkeit als Teufelswerk, das im esoteri-

schen Verständnis der Minnesänger mit dem Hohenlied der Minne bekämpft wird. In der mittelalterlichen Moral war Sinnenlust als Selbstzweck eine Todsünde, die nicht zu sühnen war und deshalb auch vom Papst nicht erlassen werden konnte. Als Chorkomposition mit Orchesterbegleitung ist der Pilgerchor zur Erfolgsnummer geworden.

Pilgerfahrt zu Beethoven, Eine
Geschrieben im Herbst 1840 in Paris (→Frankreich). Die unter Heinrich →Heines stilistischem Vorbild entstandene Novelle ist das Kernstück des Zyklus *Ein →deutscher Musiker in Paris*. Heine selbst war davon ganz »entzückt«. Und inhaltlich bietet diese frühe Schrift W.s bereits erstaunliche Einblicke in seine spätere musikalische Dramaturgie sowie in seine spezielle Deutung Ludwig van →Beethovens. W. forderte schon damals nachdrücklich das »wahre musikalische Drama«, wobei er diese Formulierung allerdings Beethoven in den Mund legt und überhaupt seine künstlerischen Anschauungen in den fiktiven Gesprächen entwikkelt. – In: GSD Bd. 1, S. 115 – 141.

Pillet, Raymond François **Léon**
Geb. 6. 12. 1803 in Paris, gest. 21. 3. 1868 in Venedig; Schriftsteller und Theaterleiter. – Ab 1841 Direktor der Grand Opéra Paris. Ihm bot W. den französischen Prosaentwurf des *Holländers, Le →Vaisseau fantôme*, an.

Pläne zu Ouvertüren und Symphonien, Themen und Melodien (WWV 107)
Am 23. 1. 1874 schlug W. dem →Schott-Verlag in Mainz vor, für einen Vorschuß von 10 000 Gulden »sechs grössere Orchesterwerke, jedes von dem Umfange und der Bedeutung einer grossen Ouvertüre, von halb zu halb Jahr zu liefern und die erste Lieferung bis spätestens am Schlusse dieses Jahres 1874 einzusenden«. Nach Cosima Wagners Eintragung in die →Tagebücher am 24. 1. 1874 war an »Lohengrin's Meerfahrt, Tristan als Held, Romeo und Julie Grabesgesang« gedacht worden. Schott schickte das erbetene Geld im Febr. 1874, und W. erwog erneut einige Ouvertürentitel: »Lohengrin's Fahrt, Tristan, Epilog zu Romeo und Julie, Brünnhild, Wieland der Schmied«. Dann ist eine längere Zeit nicht mehr die Rede von den Ouvertüren. Am 17. 2. 1875 notierte Cosima, daß W. »mit Schotts brechen und mit Peters sich einlassen« wolle, »welcher ihm dreifach so viel anbietet für eine Ouvertüre«. Danach ist auch von diesen Plänen keine Rede mehr. Ab Herbst 1877 ist bei W. nach den Aufzeichnungen Cosimas oft die Rede von Instrumentalwerken, zu denen er gelegentlich musikalische Skizzen anfertigte. Zum 8. 10. 1877 heißt es in den Tagebüchern: »Abends spielt er mir ein herrliches Thema zu einer Symphonie und sagt, er habe so viele solcher Themen, jeden Augenblick fiele ihm etwas ein, er könne alles das Wohlige aber nicht für

Parsifal gebrauchen.« Und unter dem 22. 2. 1878 ist zu lesen:»R. spricht von einer Symphonie, die er Fidi [Siegfried →Wagner] widmen will, ein Thema dazu sei ihm wieder heute eingefallen, sie würde so heiter und freundlich sein wie der Junge!« Am 17. 4. 1881 sprach W. davon,»die christlichen Feste komponieren« zu wollen, wobei seine Unentschlossenheit, diese Pläne zu verwirklichen, mit den Verpflichtungen zu erklären sind, →Musikdramen für die Bayreuther →Festspiele zu schaffen, die seit 1876 den Höhepunkt seines Lebenswerks ausmachten. Aus anderen Aussprüchen W.s wird jedoch deutlich, daß er keine herkömmlichen →Symphonien anstrebte, sondern wohl mehr dem Beispiel Franz →Liszts folgend symphonische Dichtungen im Sinn hatte. Außer diesen Plänen zu Ouvertüren und Symphonien hat W. eine Reihe von Themen und Melodien aufgezeichnet, die er als musikalische Gedankensplitter sammelte und deren Zuordnung oder Zweck bislang nicht geklärt werden konnte. Die Autoren von W.s *Werk-Verzeichnis* haben sich mit dieser Problematik eingehend auseinandergesetzt.
Lit.: WWV

Pogner, Veit
Baßpartie in den *Meistersingern*; Goldschmied und →Meistersinger in Nürnberg, der als dessen reichster Bürger seine Tochter →Eva, und damit auch seine Erbschaft, als Preis für den zu kürenden Meistersinger

aussetzte, ohne zu ahnen, welche Verwirrungen er damit in die äußerlich geordneten Verhältnisse der biederen Bürger bringen würde: das Eindringen eines verarmten Adligen in die Meisterzunft, eine nächtliche Straßenprügelei, Streit unter den Meistern und der Versuch einer Diffamierung der Meistersingerkunst durch Walther von →Stolzing.

Politische Ouvertüre
→Ouvertüren

Polka für Klavier in G-Dur
(WWV 84)
Komponiert Ende Mai 1853 in →Zürich; veröffentlicht 1970 im 19. Band der Gesamtausgabe. Brieflich erwähnte W. die Komposition etwas verklausuliert im Schriftverkehr mit Mathilde und Otto →Wesendonck:»Hier Geschmolzenes für das Gefrorene von gestern« (Briefbillett vom 29. 5. 1853).
Lit.: WWV

Polonaise D-Dur op. 2
(WWV 23)
Für Klavier zu zwei und vier Händen. Es handelt sich um zwei Varianten einer Komposition, die Ende 1831 oder Anfang 1832 in →Leipzig entstanden sind; Anlaß dürfte W.s allgemeine Sympathie für den polnischen Freiheitskampf 1831 gewesen sein.
Lit.: WWV

Pontio Pilato
Tenorbuffopartie im →*Liebesverbot;* im Dienst des Wirtes →Danieli.

Porazzi-Thema As-Dur (WWV 93) Aufgezeichnet vermutlich 1858/59 in →Venedig, überarbeitet 1881 in →Palermo. Das As-Dur-Thema ist inzwischen als das fälschlich mit dem Beinamen Porazzi bezeichnete Thema identifiziert worden und somit nicht W.s letzter musikalischer Gedanke, als der es in der Überlieferung des Hauses Wahnfried gegolten hat. Es ist vielmehr zu der Zeit der Komposition von *Tristan* aufgezeichnet worden. Viel später, zur Zeit der Komposition an *Parsifal*, wurde es allerdings von W. überarbeitet, der achte Takt gestrichen und das Thema auf zwölf Takte erweitert. Den Beinamen bekam das Thema wegen seines Entstehungsorts, der Piazza dei Porazzi in →Palermo. Der musikdramaturgische Zweck dieser Notiz ist unbekannt, da sie weder in *Tristan* noch in *Parsifal* Verwendung fand; nach einer Beschreibung von Carl Friedrich →Glasenapp (*Das Leben Richard Wagners*, Bd. 6, Leipzig 1911, S. 770) heißt es bezogen auf den Vorabend von W.s Todestag: »Vorher hatte er sich noch an das Klavier gesetzt und eine (zierlich auf ein schönes Blatt geschriebene) wundervolle Melodie gespielt, die er in diesen Tagen unter seinen Papieren gefunden, und die eigentlich in das für Frau Wagner bestimmte Exemplar des ›Parsifal‹-Klavierauszuges mit hatte eingebunden werden sollen […]« Wenn es sich bei diesem Thema zwar nicht um W.s letzten musikalischen Gedanken handelt, so hat er sich offensichtlich mit ihm, der einen Bo-

gen von *Tristan* zu *Parsifal* spannte, noch kurz vor seinem Tod beschäftigt. 1931 hat Arturo →Toscanini nach einer von ihm geleiteten *Parsifal*-Aufführung das Notenblatt von Eva →Chamberlain geschenkt bekommen. *Lit.:* O. Strobel, Das »Porazzi«-Thema. Über eine unveröffentlichte Melodie R. W.s und deren seltsamen Werdegang, in: Bayreuther Festspielführer 1934, S. 183; WWV

Porges, Heinrich
Geb. 25. 11. 1837 in Prag, gest. 17. 11. 1900 in München; Chordirigent und Musikschriftsteller. – Ab 1863 war er Redakteur der →*Neuen Zeitschrift für Musik* und ab 1867 der *Süddeutschen Presse* in München. Bei den ersten Bayreuther →Festspielen 1876 zeichnete er die Bühnenproben, vor allem die Anweisungen W.s, genau auf, die er ab 1880 in den →*Bayreuther Blättern* veröffentlichte. Zu den *Parsifal*-Aufführungen 1882 wurde er als musikalischer Assistent eingeladen, wobei er erneut genaue Aufzeichnungen des Probenverlaufs in seinen Klavierauszug eintrug. Nach den Trauerfeierlichkeiten am 17. 2. 1883 in München, die während der Überführung der Leiche W.s von →Venedig nach →Bayreuth stattfanden, gab auch er dem verehrten Meister das letzte Geleit. 1889 – 91 war Porges Chorleiter in Bayreuth und bis 1897 dort auch mehrmals musikalischer Assistent.

Pourtalès, Albert Graf von
Geb. 10. 9. 1812, gest. 18. 12. 1861 in

Paris; Diplomat und Musikschriftsteller. – Er stammte aus der französischen Schweiz und war ab 1859 preußischer Gesandter in Paris, in dessen Palais W. 1861 wohnte, als dieser seinen Pariser Haushalt auflöste und seine Frau Minna zur Kur nach Bad Soden schickte.

Praeger, Ferdinand

Eigtl. F. Christian Wilhelm Präger; geb. 22. 1. 1815 in Leipzig, gest. 2. 9. 1891 in London; Instrumentalist und Musikschriftsteller. – Lebte und arbeitete ab 1834 in →London, wo er als Musiker der →Old Philharmonic Society 1855 mit W. bekannt wurde und sich rührend um das Wohlbefinden des Meisters kümmerte, der seine erste Londoner Konzertreise als Fehlentscheidung einschätzte. Houston Stewart →Chamberlain rückte die von Praeger überbewerteten Kontakte zu W. in einem Aufsatz der →Bayreuther Blätter zurecht.

Prag

Als W.s Schwester Rosalie (→Marbach) im Sommer 1826 im Deutschen Theater Prag ein neues Engagement erhielt, reiste ihre Mutter Johanne Rosine →Geyer mit den Töchtern Clara (→Wolfram), Ottilie (→Brockhaus) und Cäcilie (→Avenarius) ebenfalls dorthin, während R. bei der befreundeten Familie Böhme in →Dresden zurückblieb. Im Winter kam W. ebenfalls nach und erlebte nachhaltige Eindrücke durch die böhmische Landschaft und Musik. Erste Schwärmereien zu den

Töchtern von Johann Joseph Graf →Pachta, Auguste und Jenny →Raymann, die mit W.s Schwester Ottilie befreundet waren, kamen hinzu. Im Frühjahr des folgenden Jahres unternahm W. mit seinem Freund Rudolf Böhme eine abenteuerliche Fußreise nach Prag. Im Herbst 1832 frischte er, bereits Musiker geworden, während eines fünfwöchigen Aufenthalts auf dem Schloß Pravonín in Böhmen seine Bekanntschaft mit den beiden unehelichen Töchtern des Hausherrn auf und verliebte sich unglücklich in die eine von ihnen, Jenny. Im Konservatorium von Prag erlebte W. die Aufführung seiner erst im Frühsommer 1832 entstandenen Symphonie C-Dur (WWV 29; →Symphonien) durch den Konservatoriumsdirektor Friedrich Dionys →Weber. Dort lernte er auch den Musiker Johann Friedrich →Kittl kennen, der 1847 in Prag W.s Operntext Die →hohe Braut unter dem Titel Bianca und Giuseppe oder Die Franzosen vor Nizza vertonte. In Pravonín entstand der Text zu W.s erster Oper, Die →Hochzeit. Durchdrungen von den Ideen des →Jungen Deutschland und nach Beendigung seiner Oper Die →Feen, machte W. im Sommer 1834 mit seinem Freund Theodor →Apel eine Reise nach Böhmen, wo er auf der Schnackenburg bei →Teplitz den Textentwurf seiner Oper Das →Liebesverbot verfaßte. Als Musikdirektor am Magdeburger Theater kam W. im Sommer 1835 auf einer Engagementsreise »durch sein altes Wunderland Böhmen«

auch nach Prag. Im Amt als königlich-sächsischer Hofkapellmeister in Dresden machte W. mit seiner 1836 geheirateten Frau Minna 1843 eine Urlaubsreise nach Prag, das er erst wieder 1863 anläßlich einiger Konzerte am 9. 2. sowie am 5. und 8. 11. mit eigenen Kompositionen besuchen sollte. Bereits in →Bayreuth angesiedelt, machte W. mit der ganzen Familie 1875 eine Erinnerungsreise durch Böhmen und auch nach Prag.

Preislied

Das Preislied steht in den *Meistersingern* exponiert an der Stelle musikdramatisch herausgehoben, an der durch das Lied der von →Pogner ausgesetzte Preis errungen wird. Walther von →Stolzing singt es, nachdem →Beckmesser mit dem in der Schusterstube entwendeten Text desselben Liedes sich gehörig lächerlich vor der ganzen Versammlung der Meister und des Volkes gemacht hat. Aber das Preislied ist nur an dieser Stelle ein Lied, ansonsten ist sein Thema ein echtes W.sches →Leitmotiv, das bereits instrumental und aphoristisch in der allerersten Szene bei der Begegnung von Walther und →Eva anklingt, sich bereits deutlicher in der ersten Euphorie des offenbar füreinander bestimmten Liebespaars Eva/Walther am Schluß der 1. Szene des I. Aufzugs artikuliert und in der 2. Szene aufgegriffen wird, als Walther singt: »Soll ich hier singen, / kann's nur gelingen, / find' ich zum Vers auch den eig'nen Ton.« Im II. Aufzug

kommt die Thematik des Preislieds nicht vor. Im III. Aufzug klingt es zunächst als Motiveinblendung bei Walthers Frage auf:»Ein schönes Lied, ein Meisterlied: / wie fass' ich da den Unterschied?« Und bald danach wird die Entstehung des Preislieds aus Walthers Intuition und Hans →Sachs' formaler Hilfestellung auskomponiert. Sachs schreibt das von Stolzing vorgetragene Lied in Gedichtform auf, das Beckmesser in der 3. Szene auf dem Schreibpult des Schusters vorfindet und einsteckt. Er bekommt es nachträglich von Sachs geschenkt und strebt eiligst nach Hause, um den Text zu memorieren. Im Disput zwischen Sachs und Beckmesser klingt noch einige Male das Thema des Preislieds an. Als schließlich die Stunde der Wahrheit auf der →Festwiese gekommen ist und Beckmesser den fremden Text mit eigener zunftmäßiger Melodie zur Verwunderung der →Meistersinger und des Volkes völlig mißverständlich vorträgt, schiebt er plötzlich die Schuld am Mißlingen auf Sachs, von dem er das Lied habe. Der freilich rühmt sich nicht, der Dichter des Preislieds zu sein, und ruft Stolzing auf, sein Lied sinngemäß als Zeuge für die Schönheit des Gedichts vorzutragen. Zuvor aber (in der 4. Szene noch) vertieft Walther nach der turbulenten Nacht bei der ersten Begegnung am Morgen des Johannistags in der Schusterstube das am Vortag mit Sachs einstudierte Lied mit neuem Text: »Weilten die Sterne im lieblichen Tanz?« Am Schluß mischt sich Evas Stimme in die Preislied-thematik erstmals ein, nachdem das Lied bereits mit dem Namen »selige Morgentraum-Deutweise« getauft und gleichzeitig →David mit einer Ohrfeige zum Gesellen gemacht wurde. Im instrumentalen Nachspiel der 4. Szene wird das Preislied nochmals motivisch eingeflochten. In der 5. Szene, dem Finale, kommt schließlich das Preislied auf der Fest-wiese in seiner offiziellen Funktion zu seinem Recht. Daß Sachs dabei die Wirkung auf Kosten Beckmes-sers durch dessen Mißverständnisse nicht gerade kollegial steigert und W. mit einem Seitenhieb auf die Musikkritiker grob überzeichnet hat, kommt dem musikdramati-schen Höhepunkt von W.s komi-scher Oper zugute. Verwundern mag, daß der gelehrte Stadtschrei-ber offenbar noch nicht einmal den Text des Liedes richtig entziffert hat, denn auch der richtige Text mit Beckmessers Melodie wäre sicher-lich komisch genug ausgefallen. W. aber setzte noch die Textentstellung obendrauf, die auch dem naivsten Betrachter die beabsichtigte Karika-tur deutlich machen muß. Um den Vergleich zu veranschaulichen, fol-gen hier beide Preisliedversionen: Beckmesser: »Morgen ich leuchte in rosigem Schein, / von Blut und Duft / geht schnell die Luft; – / wohl bald gewonnen, / wie zerronnen, – / im Garten lud ich ein – / garstig und fein.« / »Wohn' ich erträglich im sel-bigen Raum, – / hol' Gold und Frucht – / Bleisaft und Wucht: – / mich holt am Pranger – / der Ver-

langer, – / auf luft'ger Steige kaum – / häng' ich am Baum.« / »Heimlich mir graut – / weil hier es munter will hergeh'n: – / an meiner Leiter stand ein Weib, – / sie schämt' und wollt' mich nicht be-seh'n. / Bleich wie ein Kraut – / um-fasert nur Hanf meinen Leib; / die Augen zwinkend – / der Hund blies winkend – / was ich vor langem, verzehrt, – / wie Frucht, so Holz und Pferd – / vom Leberbaum.«
Stolzing: »Morgenlich leuchtend in rosigem Schein, / von Blüth' und Duft / geschwellt die Luft, / voll aller Wonnen / nie ersonnen, / ein Garten lud mich ein, – / dort unter einem Wunderbaum / von Früchten reich behangen, / zu schau'n im sel'gen Liebestraum, / was höchstem Lustverlangen / Erfüllung kühn verhieß –/das schönste Weib,/ Eva im Paradies.« / »Abendlich dämmernd umschloß mich die Nacht; / auf steilem Pfad / war ich genaht / wohl einer Quelle / edler Welle, / die lockend mir gelacht: / dort unter einem Lorbeerbaum, / von Sternen hell durchschienen, / ich schaut' im wachen Dichter-traum, / mit heilig holden Mienen / mich netzend mit dem Naß, / das hehrste Weib – / die Muse des Par-naß.« / »Huldreichster Tag, / dem ich aus Dichters Traum erwacht! / Das ich geträumt, das Paradies, / in himmlisch neu verklärter Pracht / hell vor mir lag, / dahin der Quell lachend mich wies: / die, dort gebo-ren, / mein Herz erkoren, / der Erde lieblichstes Bild, / zur Muse mir ge-weiht, / so heilig hehr als mild, /

ward kühn von mir gefreit, / am lichten Tag der Sonnen / durch Sanges Sieg gewonnen / Parnaß und Paradies!«

Am Rande sei noch vermerkt, daß Johannes →Brahms das Thema des Preislieds als Kopfmotiv in seiner *Violinsonate A-Dur Nr. 2* (1886) seiner eigenen Melodik glücklich anverwandelt hat.

Prosa, musikalische
→musikalische Prosa

Proudhon, Pierre Joseph
Geb. 15. 1. 1809 in Besançon, gest. 19. 1. 1865 in Paris; Publizist und Anarchist. – Als sein Buch *Was ist Eigentum?*, das W. gelesen hat, 1840 in Paris erschien, schrieb Friedrich Engels im *Telegraph für Deutschland* über die Nibelungensage, daß »Siegfried der Repräsentant der deutschen Jugend« sei.

Prügelszene
Im II. Aufzug der *Meistersinger* bezweckt →Beckmessers nächtliches Ständchen vor →Evas Fenster, die Braut mit seinem →Preislied bekannt zu machen, da ihr Vater die letzte Entscheidung, einen →Meistersinger ihrer Wahl zu küren, seiner Tochter überlassen hatte. Das gutgemeinte Unterfangen Beckmessers hat jedoch zunächst die ungewünschte Merkertätigkeit des Schusters zur Folge, denn Hans →Sachs knüpft an Beckmessers Darbietung des Ständchens seine regelgerechte Kritik mit akustischen Kreidestrichen, mit dem Hammer auf dem

Leisten. Da Sachs nach Beckmessers Meinung zuviel und zu laut mit seinen Hammerschlägen kritisiert, wird auch Beckmesser immer lauter und ungeduldiger, wodurch die Nachbarn aus dem Schlaf geweckt werden und besonders die jungen Leute die Gelegenheit wahrnehmen, ihre ansonsten unterdrückten Aggressionen austragen zu können, wobei vor allem der ungeliebte Stadtschreiber sein schmerzliches Teil abbekommt. Es entwickelt sich eine regelrechte Prügelei in den Gassen Nürnbergs, das erst durch den Nachtwächter mit seinem Rundgang um elf Uhr wieder in kleinbürgerliche Ruhe versetzt wird. Musikalisch hat W. eine gewaltige Fuge aus der turbulenten Szene gemacht.

Pusinelli, Anton
Geb. 1815, gest. 31. 3. 1878 in Dresden; Arzt. – Der Sohn eines Weinhändlers war seit 1839 Arzt in Dresden und befreundete sich 1843 mit W., dessen Hausarzt er wurde und mit dem ihn dann eine lebenslange Freundschaft verband. Auch unterstützte er W. mehrfach finanziell.

Radbod, Prinz von Friesland
In *Lohengrin* spricht Friedrich von →Telramund von Radbod als Vater →Ortruds, deren geschichtlicher Name jedoch Theutsind gewesen ist.

Raff, Joseph **Joachim**
Geb. 27. 5. 1822 in Lachen (Schwyz), gest. 24. 6. 1882 in Frankfurt a. M.; Komponist und auch Musikschrift-

steller. – 1849–53 Assistent bei Franz →Liszt in Weimar; 1856 ging er nach Wiesbaden; 1877 Direktor des Hochschen Konservatoriums in Frankfurt. Als Anhänger der →Neudeutschen Schule trat er auch publizistisch in der →*Neuen Zeitschrift für Musik* für diese kompositorische Stilrichtung ein. 1859 heiratete er die Schauspielerin Doris Genast. – Werke: Opern *König Alfred* (1851), *Dame Kobold* (1870). Schriften: *Die Wagnerfrage* (Braunschweig 1854). *Lit.:* H. Raff, Fr. Liszt und J. Raff im Spiegel ihrer Briefe, in: Die Musik 1:1901/02; dies., J. Raff, Regensburg 1925

Rahden, Editha Victoria Amadea Valeska Sylvia Baronesse **von**
Geb. 20. 12. 1823 in Funkenhof (Kurland), gest. 9. 10. 1885 in Petersburg (heute Leningrad); Hofdame der Großfürstin Helene Pawlowna von Rußland. – W. lernte sie auf seiner Konzertreise 1863 nach →Petersburg kennen und hatte offenbar ihrer Fürsprache die Lesungen seiner *Ring*-Dichtung bei Hof zu verdanken, wofür der Text telegraphisch aus Leipzig herbeibeordert werden mußte. Bis die Sendung ankam, mußte W. den mitgebrachten Text seiner *Meistersinger* vorlesen. W. stand mit Rahden noch einige Zeit nach seinem Rußlandbesuch in brieflichem Kontakt. – In der W.-Literatur »Rhaden« geschrieben.

Raimondo
Baßpartie in *Rienzi*; päpstlicher Legat.

Raupach, Ernst Benjamin Salomon
Geb. 21. 5. 1784 in Straupitz (bei Liegnitz), gest. 18. 3. 1852 in Berlin; Schriftsteller. – Autor der Dramen *Der Nibelungen Hort* (1834), *Die Hohenstaufen* (1837), *Corona von Saluzzo* (1840) und zahlreicher anderer. 1832 schrieb W. eine Ouvertüre zu *König Enzio* (→*Ouvertüren*).

Ravello
Während seines siebenmonatigen Aufenthalts 1880 in Süditalien unternahm die Familie W.s am 26. 5. einen Ausflug nach Ravello in Kampanien, wo W. im Park des Palazzo Rufolo »Klingsors Garten gefunden« hatte; der die Familie begleitende Maler Paul von →Joukowsky fertigte nach diesem Vorbild Skizzen für das Bühnenbild zum II. Aufzug von *Parsifal* an.

Raymann
Prager Familie, die mit W. seit dem Engagement seiner Schwester Rosalie (→Marbach) in Prag bekannt war (W. schrieb stets Reimann). Auguste und Jenny waren die unehelichen Töchter des Grafen Johann Joseph →Pachta und mit Ottilie Wagner (→Brockhaus) befreundet. Bei seinem Besuch im Jahr 1826 in Prag schwärmte W. für die Schwestern, und bei einem weiteren Aufenthalt 1832 auf Schloß Pravonín, dem Wohnsitz des Grafen, erlebte er eine unglückliche Liebe zu Jenny.

Redern, Friedrich Wilhelm Graf von
Geb. 9. 12. 1802 in Berlin, gest. 5. 11.

1883 ebd.; Theaterleiter. – Er war 1828–42 Direktor des Hoftheaters Berlin. Von Paris (→Frankreich) enttäuscht, mußte sich W. wegen der Aufführungen seiner ersten Opern wieder Deutschland zuwenden. Er trug, nachdem *Rienzi* vom Hoftheater Dresden angenommen worden war, seinen in fliegender Hast komponierten *Holländer* dem Intendanten in Berlin an, verwies in einem Schreiben auf die Empfehlung Giacomo →Meyerbeers und schickte am 10.7. 1841 das Textbuch nach Berlin. Obgleich W. keine Antwort erhielt, sandte er auch die inzwischen fertige Partitur am 20.11. 1841 an Redern, der Meyerbeer mit der Prüfung des Werks beauftragte und eine positive Auskunft erhielt. Nachdem Redern W. am 14.3. 1842 mitgeteilt hatte, daß»Der fliegende Holländer« angenommen worden ist«, wendete sich das Blatt nochmals, da Redern von Karl Theodor von →Küstner abgelöst wurde, der bereits als Intendant in München den *Holländer* abgelehnt hatte.

Regenerationslehre
Zunächst im Sinne von Wiederherstellung legte W. entsprechende Vorstellungen schon in seinem Opernentwurf *Die* →*Sarazenin* (1841), dem bald wieder verworfenen Opernplan eines Barbarossa-Dramas →*Friedrich* I. (1846–48) und in der Schrift *Die* →*Wibelungen* sowie im →*Nibelungen-Mythus* (1848) und in →*Wieland der Schmied* (1850) nieder, um sie schließlich in seiner *Ring*-Konzeption auswirken zu las-

sen. Die Lektüre von Joseph Arthur Graf von →Gobineaus Werken brachte allerdings ab 1881 den Aspekt der rassenbiologischen Erneuerung mit ins Spiel, der sich besonders in W.s Schriften →»*Erkenne dich selbst*« und →*Heldentum und Christentum* auswirkte.

Regie
Zu W.s Lebzeiten hatte die Regie einer Opernaufführung längst nicht die Bedeutung, die sie im 20. Jh. unter dem Schlagwort des Regietheaters erhielt. Dennoch kann W., der nicht erst bei den ersten →Festspielen in →Bayreuth die Aufmerksamkeit auf die szenisch lebendige Wirkung gelenkt hatte, als einer der Väter des Regietheaters bezeichnet werden. Mit den Aufführungen in Deutschland während seines →Exils in der →Schweiz war W. stets unzufrieden, weil er Theaterroutine, die er aus eigener Erfahrung zur Genüge kannte, zutiefst verachtete. Den äußerlichen Effekten der Ausstattungsoper, die mit der großen Oper des 19. Jh.s für Aufsehen sorgten, setzte W. mehr und mehr eine Regie des Seelendramas entgegen. – Gut dokumentiert ist bereits W.s Regiearbeit zu *Tannhäuser* und *Lohengrin* von 1875 am Wiener Hofoperntheater. Die Inszenierung von *Tannhäuser* vom 22.11. 1875 befreite W. von allen sonst üblichen Strichen. Er wählte seine Pariser Fassung, die noch nicht in Deutschland gegeben wurde; sie ließ wegen des fließenden Übergangs der Ouvertüre zum I. Akt keinen Raum für

Beifall (→Applaus). Nach den Berichten von Angelo →Neumann als Augenzeuge spielte W. den Künstlern alle Rollen mit größter Suggestivkraft vor. Er führte bis dahin nicht gekannte Neuerungen ein, wie z. B. das im II. Akt mit dem Rücken zum Publikum stehende Fürstenpaar oder den Auftritt einer Witwe mit zwei Kindern an der Hand am Ende der Szene. Auch seine Tierliebe setzte W. in Bühnenarbeit um: Er ließ sechs Pferde und einen Hund im 1. Finale auftreten. Desgleichen wird von Neumann W.s faszinierende Regieführung in *Lohengrin* vom 15. 12. 1875 in →Wien beschrieben, die sogar Eduard →Hanslick anerkennend rezensiert hat. Bei den Wiener Künstlern allerdings lösten die stundenlangen Detailproben bald eine gereizte Stimmung aus, da sie solches Arbeiten nicht gewohnt waren. Bei den ersten Bayreuther Festspielen 1876 überließ W. den Taktstock seinen Dirigentenfreunden und stürzte sich auf die Regiearbeit. Aus dem Bayreuther Turnverein wurden 30 Männer für die Nibelungen verpflichtet. Für die drei →Rheintöchter ließ er Schwimmwagen mit beweglichen Schwimmkörben anfertigen, um die Illusion badender Nixen perfekt zu machen. W. koordinierte die Bewegungen der nach allen Richtungen beweglichen Fahrgestelle Takt für Takt mit der Musik, die von je einem Hilfsdirigenten vor jedem Wagen in Bewegung umgesetzt werden mußte. Trotz der von den Sängerinnen geforderten Akrobatik hatten die Damen bald ihren Spaß am Singen in luftiger Höhe. Für →Donner ließ W. einen bühnenhohen Kasten mit Metallklappen bauen, in den von oben eiserne Kugeln geworfen wurden, die einen Höllenlärm erzeugten. Trotz seines leidenschaftlichen Einsatzes hatte W. noch viel an der Bühnenrealisation der ersten Festspiele auszusetzen. Er konnte aber wegen finanzieller Schwierigkeiten das ehrgeizige Projekt zunächst nicht fortsetzen. Erst mit der Vollendung von *Parsifal* rüstete W. 1882 erneut zu den Festspielen und legte dabei wieder den Schwerpunkt seiner Arbeit auf die Regieführung, die er schon durch manche Eindrücke im sonnigen Süden für Bilder des Gralstempels und für →Klingsors Zaubergarten vorbereitet hatte.

Die →Feen: Als W. seine *Feen* in →Leipzig uraufführen lassen wollte, bekam er die ersten Schwierigkeiten mit dem Sänger und Regisseur Franz →Hauser, dessen Urteil über die Annahme entscheiden sollte. Es fiel wegen der angeblich verfehlten Richtung der Oper ablehnend aus. Im März 1834 setzte W. damals noch ausführlich seine Vorstellungen auseinander, ohne die geringste Wirkung zu erzielen, geschweige denn eine Aufführung zu Lebzeiten zu erwirken. Angelo →Neumann, der große zeitgenössische Regisseur W.s, hat in →Prag noch eine Aufführung bewerkstelligen können, bis erst in der Spielzeit 1913/14 ein W.-Zyklus in Zürich dieses Werk mit einbezog. Einen späten Rettungsversuch hat Friedrich Meyer-Oertel 1981 in Wuppertal unternommen und mit seiner ironischen Inszenierung großes Aufsehen erregt. *Der →fliegende Holländer:* W.s erstes →Musikdrama wurde bei der Uraufführung 1843 in →Dresden von W.s Freund Wilhelm →Fischer betreut, während W. selbst dirigierte. Regie im Sinne W.s wurde damals aber wohl hauptsächlich von der Hauptdarstellerin, Wilhelmine →Schröder-Devrient als →Senta, vollzogen, deren dramatisches Talent W. zeitlebens fasziniert hat. Ansonsten hatte das Dresdener Publikum offenbar wenig Behagen an dem »düsteren Werk«. Als sich Franz →Liszt, nachdem er *Lohengrin* 1850 in →Weimar uraufgeführt hatte, 1853 auch für den *Holländer* interessierte, begann W., weil ihm aus dem →Exil nichts anderes übrigblieb, sich theoretisch, d. h. schriftlich für die Regiearbeit an seinen Werken einzusetzen: Es entstand seine Schrift *Bemerkungen zur Aufführung der Oper: »Der fliegende Holländer«* (in: GSD Bd. 5, S. 205). Regie der Erstaufführung 1871 im neuen Opernhaus am Ring in Wien führte Johann Herbeck, der das Werk auch dirigierte und seine →Inszenierung im Stil eines romantischen Landschaftsgemäldes auf die Bühne brachte. Bei den →Festspielen wurde der *Holländer* in der gemeinsamen Regie von Cosima und Siegfried →Wagner erst 1901 als letztes der für Bayreuth in Frage kommenden Werke inszeniert. Es handelte sich dabei um die einaktige Fassung mit norwegi-

schem Lokalkolorit, für die Max →Brückner die naturalistischen Dekorationen schuf. Die Schlußapotheose mit den gen Himmel schwebenden Hauptdarstellern war schon in London 1876 realisiert worden und gehörte seitdem zur Standardinszenierung des Werks. Die Regie Jürgen Fehlings an der Berliner Krolloper 1929 wurde zum Politikum. Das Bühnenbild im Stil der Neuen Sachlichkeit unterstützte die Idee, W.s düstere →Ballade ins Zentrum zu rücken, so daß das Publikum mit Betroffenheit reagierte. Die W.-Verbände hielten diese Perspektiven für eine »Versündigung am Geist Richard Wagners«. Wirklich versündigt hat man sich, als der deutsche Reichsgeist in die Inszenierungen der Werke W.s einzog. Der Regisseur Paul Borgelt gab in Remscheid 1937 ein Beispiel für viele, wie sauber und deutsch man diese nordische Sage dem Publikum zeigen mußte, um der geltenden Ideologie zu dienen. Nach dem Zweiten Weltkrieg versuchte man, den Bühnenrealismus mit Mitteln des Expressionismus aufzubrechen, wie z. B. Václav Kašlík 1959 im Nationaltheater Prag. Joachim Herz folgte in Berlin 1962 der Tradition der Walter-Felsenstein-Schule und deren realistischem Stilprinzip, das den *Holländer* in seine Entstehungsgeschichte verlegte: in den Vormärz mit →Dalands Schiff als Raddampfer und Senta in Verbindung mit der Geisterwelt, gestorben an Herzversagen. Der Sänger Hans Hotter ging 1964 in der Staatsoper München in seinen Visionen nicht so weit wie Herz, ersetzte jedoch die puppenhafte Schlußapotheose durch eine Art Nordlicht. Und Wieland →Wagner führte schon 1959 in Bayreuth, 1961 in Stuttgart und 1966 in Kopenhagen sowie an der Staatsoper Hamburg seinen »szenischen Dreiklang von Mythos, Psychologie und Musik« als neues Regiekonzept aus, das den →Holländer als »Ahasver der Meere« und Daland als Pfeffersack zeigte. Weite Kreise zog auch die Regie Frank De Quells, der 1966 an der Mailänder Scala mit bühnentechnischen Mitteln den Wunsch Sentas, aus ihrer Umwelt auszubrechen, anschaulich machen konnte. 1969 tauchte August Everding seine Regie in starke expressionistische Licht-und-Schatten-Effekte und ließ Senta mit dem Freitod enden. Mit der Darstellung sexueller Perversion schlug Ulrich Melchinger 1976 in Kassel wohl etwas sensationslüstern über die Stränge, als er den Monolog des Holländers als Schwarze Messe deutete: Er ließ die Jungfrau Senta nackt auf einem Altar opfern und das Blut eines Hahns über ihren Leib gießen. Während Melchinger eine doppelte Erzählebene anordnete, in der einerseits über Sentas finanziellen Wert verhandelt wurde, andererseits der Holländer als ein barocker Kavalier auftrat, dessen sexuelle Verdrängungen schockierend offengelegt wurden, stellte Luca Ronconi 1977 in Nürnberg mit grauen Tüchern auf der Bühne das szenische Geschehen ganz dem Element des Meeres an-

heim, aus dem die Personen auftauchten und wieder verschwanden. Jean-Pierre Ponnelle entwickelte 1979 für die Metropolitan Opera New York (wie schon in seiner Inszenierung von 1975 für San Francisco) das bislang ungewöhnlichste Regiekonzept, nämlich die ganze Holländer-Geschichte als Alptraum des →Steuermanns zu erzählen, der am Anfang bekanntlich bald einschläft und am Schluß wieder aus seinen Träumen geweckt werden muß. Für die Bayreuther Festspiele 1978 interpretierte Harry Kupfer, ganz im Bewußtsein des Regietheaters, W.s Text in der Dresdener musikalischen Urfassung durch seine Regie um, indem er Senta in den Mittelpunkt rückte und das Bühnengeschehen gleichsam in ihrem Kopf ablaufen ließ, als Psychodrama Sentas, das mit Selbstmord endet. Herbert Wernicke schlug mit seiner Regie 1981 in der Staatsoper München in die gleiche Kerbe der Traumdeutung, die er zuerst in einem archetypischen Wohnraum, dann in des Holländers Wunschtraum ansiedelte, der letztlich zur konkreten Welt Dalands wird. Den Titelhelden zeichnete er als Freibeuter, der, von der Gesellschaft ausgeschlossen, wieder in sie zurückkehren will, während Senta ihren Freiheitstraum zu verwirklichen sucht, aber zum selbstmörderischen Opfer wird. Im selben Jahr versetzte Erhard Fischer in Warschau W.s Spinnstube in die Arbeitswelt einer Fabrikhalle, in der die Arbeiterinnen wie angeseilt agierten.

Das →*Liebesverbot:* Die zweite Jugendoper W.s erlebte zwar eine Uraufführung, aber von Regie konnte dabei keine Rede sein, da nur zehn Tage für die Proben zur Verfügung standen und die zweite Vorstellung wegen einer regelrechten Schlägerei auf der Bühne abgebrochen werden mußte. Dennoch wurde dieses von Hindernissen verfolgte Werk im Zusammenhang mit einigen Gesamtzyklen aufgeführt, sogar unter Franz Ludwig Hörths Regie in Berlin, der das Werk mit italienischen Requisiten in eine heitere südliche Atmosphäre versetzte. →*Lohengrin:* Franz →Liszt, der 1850 die Uraufführung von *Lohengrin* in →Weimar dirigierte, ließ das Bühnengeschehen nach W.s schriftlichen Regieanweisungen ausführen, die bis ins 20. Jh. vielfach zur Werkgestaltung aufgegriffen wurden. Nachdem der 15jährige Kronprinz →Ludwig in München 1861 mit *Lohengrin* sein erstes tiefgreifendes Opernerlebnis gehabt hatte, ordnete der spätere König 1867 eine Neuinszenierung an, deren Gesamtleitung W. übernehmen sollte. Da sich jedoch Ludwig II. mit seinem romantischen Neuschwansteinstil stark in die Inszenierung einmischte, gab es sehr lebhafte Auseinandersetzungen zwischen dem König und W. Dieser verwahrte sich schließlich dagegen, diese Inszenierung als Musteraufführung zu bezeichnen. Ähnlich ging es W. in Wien 1875, wo er zwar selbst Regie führte, aber wenig Einfluß auf die Ausstattung ausüben konnte und deshalb auch diese Auf-

führung nicht als mustergültig bezeichnen mochte. Für die bedeutsame erste italienische Inszenierung einer W.-Oper 1871 im Teatro Comunale →Bologna wurde Ernst Frank verpflichtet, der eine möglichst authentische Aufführung gewährleisten sollte. In dieser Vorstellung saß Giuseppe Verdi, der sich sorgfältige Notizen in seine Partitur eintrug, meist kritische. Nachdem *Lohengrin* schon zu W.s Lebzeiten in allen größeren Theatern Europas und selbst in überseeischen Ländern Einzug gehalten hatte, machte sich Cosima Wagner 1894 daran, das Werk im →Festspielhaus zu inszenieren, wobei sie sich in Konkurrenz zu München befand, wo unter Anton von Fuchs das bislang im 13. Jh. angesiedelte Bühnenbild historisch getreuer in das 10. Jh. versetzt wurde und Cosima sich für das gleiche Vorhaben das Urheberrecht sichern wollte, was allerdings nicht gelang. Zu allem Überdruß mußte es Cosima auch hinnehmen, daß der Erfolg in München den in Bayreuth noch übertraf. Thingstätte mit Eiche und romanischer Baustil sollten in Cosimas Inszenierung die Auseinandersetzung zwischen Heidentum und Christentum deutlicher hervorheben. Das romantische Klischee des silbernen Ritters war allerdings schon so verbreitet, daß man der historischen Wahrhaftigkeit nicht so großes Gewicht beimaß, als daß es besonderes Aufsehen erregt hätte. Dennoch prägten die Vorbilder von München und Bayreuth bis über die Jahrhundertwende zahlreiche →Inszenierungen von *Lohengrin* in der ganzen Welt. Entromantisiert und konstruktivistisch faßten dann erst Regisseure wie Fjodor Fjodorowski für das Moskauer Bolschoi-Theater 1923 das Werk auf, wobei die Chorszenen als Höhepunkte galten und die →Vorspiele durch wechselnde Beleuchtung in die Bühnenregie einbezogen wurden. Im wilhelminischen Deutschland wurde *Lohengrin* bald zur militaristischen Nationaloper. Dennoch blieb die Inszenierung Siegfried →Wagners 1908 in Bayreuth noch merkwürdig unberührt vom allgemeinen deutschtümelnden Treiben, da der W.-Sohn seine Regiebegabung vor allem in der kunstvollen Führung der Chöre ausspielte. Und erstaunlich waren auch die Einflüsse des Bauhauses, die sich sowohl 1928 in der Regie Renato Mordos in Darmstadt als auch noch 1933 bei Herbert Graf im Deutschen Theater Prag auswirkten. Selbst Heinz Tietjens Regie bei den Bayreuther Festspielen 1936 setzte sich noch wohltuend vom sonst von den Nationalsozialisten verordneten Naturalismus ab. Andernorts allerdings wurde dem sagenhaften Märchenstoff von *Lohengrin* arg mitgespielt, wie z. B. 1938 in Rom, als dort das Werk im Foro Mussolini mit einem Heer von Bannerträgern zu einem aufwendigen Spektakel geriet. Nach dem Krieg war auch die Wiener Staatsoper zerbombt, so daß Stephan Beinl 1948 im Theater an der Wien *Lohengrin* in einer äußerst schlichten Ausstattung inszenieren mußte. Herbert von Karajans Regie

an der Mailänder Scala 1953 fußte wieder auf den historischen Vorbildern von Bayreuth und München. Dort führte Rudolf Hartmann 1954 Regie, die im II. Akt fast völlig von der das Bühnenbild beherrschenden riesigen Treppe beeinflußt wurde. Im konventionellen Stil der großen Oper führte 1957 Ezio Frigerio an der Scala Regie, verlegte aber den Schauplatz nach Italien. Dann trat Wieland →Wagners blausilberne Inszenierung in Bayreuth 1958 mit dem Chor als griechisches Orchestra auf den Plan und machte mit *Lohengrin* als hochstilisiertem Mysterienspiel Bühnengeschichte. Nach demselben Konzept inszenierte er das Werk auch 1960 in Stuttgart und 1961 in Berlin. Gegenbewegungen in den Historismus blieben selbstverständlich nicht aus, wie z. B. durch Hans Hartleb 1964 in München, während Wieland W. im folgenden Jahr eine Fortführung seiner Arbeit von 1958 mit blaugrundigen Glasgemälden an der Staatsoper Wien ausführen ließ. Einen Neuansatz machte Joachim Herz 1965 in Leipzig, als er sich auf Bert Brechts *Guten Menschen von Sezuan* (1942) berief und die harte historische Wirklichkeit mit dem Lohengrin-Wunder konfrontierte. Weiterentwickeln konnte Herz seine Vorstellungen von zwei Ebenen in dem Werk, einer historischen Realität und der Psychologie der Figuren mit →Lohengrin als →Elsas Traum, den sie am Schluß selbst zerstört, in seiner Regie an der Wiener Staatsoper 1975. Wolfgang →Wagner vollzog

1967 in Bayreuth die Trennung der irdischen von der überirdischen Welt, indem er durch Backsteinbauten den irdischen Bereich besonders dinghaft gestaltete. Mit einfachen, aber wirkungsvollen Mitteln führte August Everding 1977 in Hamburg Regie und verwandelte 1978 in München den →Schwan Lohengrins in einen Engel, wobei die farbenprächtigen Bühnenbilder von Ernst Fuchs den als phantastisches Märchen erzählten Stoff entsprechend unterstrichen. Götz Friedrich erzählte 1979 die Geschichte von *Lohengrin* pessimistischer und zeigte die Liebe als chancenlos angesichts der kriegerischen Umwelt. Ähnlich deutete Giorgio Strehler die Handlung dieses Werks 1981 in Mailand als große Oper in Schwarz. Schon vorher erschien in Friedrichs Regie 1980 in Bayreuth die ganze Bühnenwelt vernagelt und das Brautbett aus riesigen Schwanenflügeln mit Metallstäben vergittert, wozu der Bühnenbildner Günther Uecker einen sehr wichtigen Beitrag beisteuerte. Der Versuch des Filmregisseurs Werner Herzog, aus *Lohengrin* 1987 in Bayreuth ein deutsches Wintermärchen zu machen, verharrte in einigen schönen Bildern, ohne das Wunder der Parabel versinnlichen zu können.
Die →Meistersinger von Nürnberg: Seine komische Oper versuchte W. von Anfang an, obgleich offiziell für die Regie Reinhard Hallwachs aus Stuttgart verpflichtet wurde, der dem Intendanten praktisch unnötige Kosten verursachte, in eigene

Regie zu nehmen. Die Uraufführung 1868 in München zeichnete sich durch überzeugend lebendige Darstellung und durch die Einheit von Bühnenbild und Kostümen aus; Hans von →Bülow dirigierte. Auch diese Aufführung wurde als Mustervorstellung deklariert, die bis ins 20. Jh. hinein als Vorbild wirkte. Cosima Wagner ließ in ihrer Regie der ersten *Meistersinger* 1888 bei den Bayreuther →Festspielen durch die Gebrüder Gotthold und Max →Brückner die Bühnenbilder nach der Uraufführung anfertigen. Heinz Tietjens Regie in Berlin 1932 näherte sich eigenartigerweise eher dem Stil des Bauhauses als dem des 16. Jh.s. An einer Ausstattung der →Festwiese als Reichsparteitag im Deutschen Opernhaus Berlin 1935 kam man freilich auch nicht vorbei, zumal Adolf →Hitler selbst die Bühnenbilder Benno von Arents autorisierte. Nach dem Zusammenbruch des Dritten Reichs griff Rudolf Hartmanns Regie in Wien 1949 wieder auf das klassische Festwiesenbild mit dem Stadtprospekt von Alt-Nürnberg zurück. Und die Gemütlichkeit der Schusterstube mit Kachelofen nahm ihren Weg bis New York in einer Aufführung von 1951. Den privaten Raum betonte auch Wolfgang →Wagner in seiner Inszenierung von 1956 in Rom. Gleichzeitig gestaltete sein Bruder Wieland →Wagner zu den Bayreuther Festspielen 1956 die berühmt gewordene Inszenierung mit den im Nachthimmel »schwebenden« Holunderdolden, eine auf das Wesentliche konzentrierte Regie, die weltweite Beachtung fand. Nicht weniger berühmt und aufregend erschien den Festspielbesuchern von 1957 Wieland W.s »Hörsaal« mit steil aufgetürmten Chorreihen. Zur Eröffnung des Neuen Opernhauses Leipzig inszenierte Joachim Herz das Werk als Renaissancekomödie des 16. Jh.s mit einem Spielgerüst der Hans-Sachs-Bühnen auf der Bühne. Ähnlich inszenierte Wieland W. zu den Festspielen 1963 das Werk wie auf einer Shakespeare-Bühne mit einem Flügelaltar nach Lucas Cranach und dem Chor mit dem Rücken zum Publikum. Bei der Wiedereröffnung des Nationaltheaters in München führte Rudolf Hartmann Regie mit hohen, hellen Glasfenstern für das Kirchenschiff im I. Aufzug. Nach Wieland W.s Tod besorgte sein Bruder Wolfgang →Wagner die Neuinszenierung 1968 in Bayreuth zum 100jährigen Jubiläum; er gestaltete eine derbe volkstümliche Aufführung der Komödie. In die Butzenscheibenromantik zurück führten auch Herbert von Karajans Regie und musikalische Leitung bei den Salzburger Festspielen 1974. Götz Friedrich dagegen widersetzte sich der landläufigen Meinung, die *Meistersinger* als vollkommen unproblematisch für die Regie zu sehen, indem er in Stockholm 1977 die Doppelbödigkeit des Librettos herauskehrte und den im öffentlichen Singen durchgefallenen →Beckmesser in Amt und Würden ließ, um Regel und Genialität als gegenseitige Bedingung gelten zu

lassen. Mit einer fränkischen Tanzlinde im Mittelpunkt der Festwiese brachte schließlich Wolfgang W. bei den Festspielen 1981 die volle Lebensfreude und Heiterkeit der *Meistersinger* auf die Bühne des Festspielhauses. Im selben Jahr führte Harry Kupfer in der Deutschen Oper Berlin Regie, die statt der Tanzlinde einen an Tilman Riemenschneider gemahnenden geschnitzten Baum ins Zentrum aller drei Aufzüge rückte und eine Mischung aus naivem Volksvergnügen und Totentanz ausführen ließ.

→*Parsifal:* Seinen musiktheatralischen Schwanengesang konnte W. 1882 zu den zweiten Bayreuther →Festspielen noch selbst inszenieren, obgleich er sich darüber im klaren sein mußte, daß er mit *Parsifal* an die Grenze des auf der Bühne Darstellbaren gekommen war. Den Begehrlichkeiten König →Ludwigs II., die Uraufführung des →Bühnenweihfestspiels in München zu inszenieren, mußte W. mit künstlerisch-moralischen Argumenten begegnen, und er konnte sich durchsetzen. Dann begannen die Vorbereitungen für die Festspiele. Die →Wandeldekoration für die →Verwandlungsmusik war ein technisches Kunststück und gleichsam der erste Filmstreifen der Welt. Als jedoch Carl →Brandt, W.s »Scenograph«, den Meister darauf aufmerksam machte, daß die Verwandlungsmusik zu kurz sei, erboste sich W., ab jetzt gar meterweise Musik komponieren zu müssen. Bei all den aufregenden Einzelheiten zielte W. auf weihevolle Einfachheit, die nur mit Mühe zu realisieren war. Bei der Uraufführung 1882 gab es schließlich die Schwierigkeit, wie sich das Publikum dem Bühnenweihfestspiel gegenüber verhalten solle. Um sinnvollen Beifall (→Applaus) zu erreichen, hielt W. mehrere Ansprachen an die Festspielbesucher, da Unklarheit darüber bestand, ob und wann geklatscht werden sollte. Die zweite Vorstellungsserie von 1883, deren Regie W. noch vorbereitet hatte, erlebte er selbst nicht mehr. Wegen der Schlampereien bei den Aufführungen von 1883 griff Cosima Wagner im nächsten Festspieljahr selbst ein, verbarg sich jedoch in einem Verschlag auf der Bühne (da sie sich in ihrer tiefen Trauer nicht offen zeigen wollte) und richtete Korrekturzettel an den Spielleiter Anton von Fuchs und den Dirigenten Hermann →Levi. Nach der hart umstrittenen Freigabe der Rechte von *Parsifal* (→Parsifal-Schutz) stürzten sich 1914 mehr als 40 Theater auf eine Inszenierung des Werks, die freilich zumeist nach Bayreuther Muster realisiert wurden. Heinz Tietjen führte 1936 in Bayreuth Regie mit Bühnenbildern von Alfred →Roller. Ein Jahr später inszenierte Bruno von Nissen *Parsifal* in Berlin, obgleich gerade dieses Werk nicht besonders von der Propaganda der Nationalsozialisten bevorzugt wurde. Mit futuristischen Visionen der Bühnenbilder Caspar Nehers inszenierte Oscar Fritz Schuh 1948 an der Mailänder Scala W.s →Musikdrama, in dem →Klingsor als kos-

mischer Magier agierte. Wieland →Wagner reduzierte dagegen jegliche Theatralik auf eine überzeugende Symbolsprache, als er mit seinem Bruder Wolfgang nach dem Zweiten Weltkrieg die Leitung der Bayreuther Festspiele übernahm und 1951 *Parsifal* in einer ungewohnt stilisierten Weise inszenierte, die zunächst auf große Skepsis stieß, bald aber weltweite Beachtung fand. Wieland W. schien hier Klingsor als den Hauptakteur verstanden zu haben, der aus dem Hintergrund die Fäden zieht und →Kundry ihr Netz spinnen läßt, um selbst die Weltherrschaft zu erlangen, die auf der Falle des Zaubergartens beruhen sollte. Es war gerade diese Inszenierung von *Parsifal*, die den Stil von →Neubayreuth begründete. Über diese bis zu Ende gedachte Klarheit des Regiekonzepts hatte Wieland W. 1952 die schriftliche Fixierung des →Parsifal-Kreuzes niedergelegt. Von Jahr zu Jahr arbeitete er an den Inszenierungen weiter, wodurch sich der Begriff der »Werkstatt« für die Regiearbeit in Bayreuth etablierte. Eine umfassende szenische Erneuerung von *Parsifal*, die Wieland W. 1966 in Zusammenarbeit mit Pierre Boulez plante, konnte nicht mehr ausgeführt werden. Sein *Parsifal* wurde dennoch bald als klassische Interpretation empfunden, sogar zu dessen Nekrolog erhoben und an zahlreichen Bühnen nachempfunden. Auch Herbert von Karajan knüpfte daran an, als er das Werk 1961 in Wien inszenierte, allerdings die Partie der Kundry spaltete und von zwei Sängerinnen ausführen ließ. Ebenso arbeitete Hans Hotter 1968 in Hamburg mit der klassischen Kreisform, die er allerdings in Anlehnung an das Abendmahlsfresko Leonardo da Vincis aufzubrechen suchte. An der Staatsoper München beschritt Dietrich Haugk 1973 einen anderen Weg, indem er Klingsors Zauberschloß durch eine Vision im Stil von Hieronymus Bosch auf die Bühne brachte, wo auch Pieter Brueghels Gemälde vom Turmbau zu Babel zitiert wurde. In Bayreuth löste sich Wolfgang W. 1975 vom Inszenierungsstil seines Bruders Wieland und legte den Finger auf W.s Zitat von der »grundbösen Arbeit« von *Parsifal,* wodurch die institutionalisierte Gralswelt einer kritischen Darstellung unterworfen wurde, ihre Verkrustung und Hartherzigkeit den Herausforderungen der Sinnenwelt Klingsors besonders anfällig erscheinen mußte. Aus der Gegenüberstellung von Erstarrung (Gralswelt) und Verzerrung (Klingsors Zauberwelt) folgte Wolfgang W. dem »Prinzip Hoffnung« und ließ deshalb Kundry am Schluß nicht sterben, sondern das Weibliche in die Gralswelt aufnehmen. Mit dem Nagelkünstler Günther Uecker inszenierte Götz Friedrich 1976 in Stuttgart fast überdeutlich die Erstarrung ausgehöhlter Rituale. Und am extremsten hat wohl Harry Kupfer 1977 in Kopenhagen die Kritik an der Gralswelt zum Ausdruck gebracht, als er →Amfortas sterben und →Parsifal mit den Insignien des →Grals von dannen ziehen ließ, dem Kundry und einige Ritter folgten. Die Bühne wurde von einem riesigen flammenden Engelspaar im Stil des Nazibildhauers Arno Breker einerseits und einem gewaltigen Kruzifix andererseits beherrscht. Vom genauen Gegenteil ging Rolf Liebermann 1982 in Genf aus. Bei ihm begann die Handlung nach dem Atomschlag mit dem zerstörten Gralstempel, der in Stufen wieder aufgebaut werden mußte, wodurch das Leid in der Welt als Folge einer Katastrophe interpretiert werden konnte. Friedrichs Regiekonzept bei den Bayreuther Festspielen 1982 lag die Stelle des Librettos zugrunde:»zum Raum wird hier die Zeit«. In einem umgestürzten tempelartigen Gralsraum wurde das flammende Leid des →Gralskönigs inszeniert, der auch durch keine Karfreitagsaue Tröstung erfährt, sondern die Aussichten eines Atomschlags mit verkohlten Baumstämmen vor Augen hat und die Vision von einer Erlösung wie im Kino auf einer Projektionsleinwand schemenhaft vorgegaukelt bekommt.

→*Rienzi, der letzte der Tribunen:* Mit *Rienzi* schuf W.s Ehrgeiz nicht nur eine große Oper, die der Konkurrenz standhalten sollte, sondern auch eine der umfangreichsten und seine erste erfolgreiche, die nicht einmal die größten Opernhäuser in Europa ohne Striche aufzuführen vermochten. Im Mai 1872 besuchten W. und seine Frau Cosima eine *Rienzi*-Aufführung in Wien, bei der Hermann Burghart Regie führte.

Die pompöse Aufmachung und die unhistorische Dekoration entsetzten W. 1895 inszenierte Cosima W. in Berlin selbst die große Oper, die sie in einer Bearbeitung zum →Musikdrama hochstilisieren wollte. Später haben Oskar Wälterlin in Basel und Walter Felsenstein in Köln sich des *Rienzi* angenommen. Auch Saladin Schmitt inszenierte 1926/27 eine aufregende Aufführung dieser Oper, die im Dritten Reich heroisiert und zum »Drang nach Freiheit, Ordnung und Ehrlichkeit im Staate« stilisiert wurde. Außerdem wurden durch Massenszenen Riesenspektakel besonders in Freilichtaufführungen veranstaltet. Wieland →Wagner dagegen versuchte 1957 in Stuttgart zu erproben, ob sich das Werk auch für den Spielplan in Bayreuth eignen würde. Da dieser Test negativ ausfiel, verschwand *Rienzi* mehr und mehr von den Bühnen. Peter Lehmann versuchte es 1979 in Wiesbaden mit einer Version als Revolutionsoper, die neues Interesse geweckt hat.

Der →Ring des Nibelungen: Seinen Wunsch, den *Ring* als Ganzes uraufführen zu können, hat W. nicht verwirklichen können, weil König →Ludwig II., nach dem Scheitern des geplanten Festspielhauses an der Isar, dem Meister die fertigen Teile der →Tetralogie gleichsam aus den Händen riß, um sie an seinem Nationaltheater in München aufführen zu lassen; das mußte jedoch erst bühnentechnisch renoviert werden. Danach wurde Reinhard Hallwachs als Regisseur verpflichtet, zumal W.

den Einzelaufführungen des *Rings* skeptisch gegenüberstand und sich schmollend nach →Tribschen zurückzog, wohin die Gesangssolisten, Bühnenmaler, Maschinisten, der Regisseur und der vorgesehene Dirigent Hans →Richter reisen mußten, um Instruktionen für die Aufführung in München entgegenzunehmen. Auch der Befehl Ludwigs zur Uraufführung der *Walküre* war ohne W.s Zustimmung ergangen, was zur Folge hatte, daß W. sich nicht an der Aufführung in München beteiligte. Um so energischer betrieb er seine neue Idee von einem eigenen →Festspielhaus, wo er seinen *Ring* vollständig aufführen wollte. Als sich W. 1876 diesen Wunschtraum erfüllen konnte, sah er seine wichtigste Aufgabe als Regisseur. Seiner Idealvorstellung, im *Ring* den →Mythos des →Reinmenschlichen zur Darstellung zu bringen, konnte W. aber auch in Bayreuth nicht sehr nahe kommen. Selbst Cosima Wagner erinnerten die Kostüme »durchweg an Indianer-Häuptlinge«, der in London in Auftrag gegebene Drache kam nur unvollständig in Bayreuth an, und die geplanten Bühnenzaubereien gelangen nicht sonderlich. Aber weniger diese Unzulänglichkeiten störten W. als vielmehr das Defizit von 148 000 Mark aus den Veranstaltungen der ersten →Festspiele. Die Intendanten, die zur Inspektion nach Bayreuth gekommen waren, scheuten fast alle das Risiko, den gesamten Zyklus am eigenen Theater aufzuführen. Lediglich Angelo

→Neumann glaubte an einen Erfolg des Riesenwerks auch außerhalb von Bayreuth und bat W. um die Erlaubnis einer Aufführung in Leipzig. Zuerst lehnte W. ab, weil er 1877 selbst eine verbesserte Inszenierung in Bayreuth plante, die freilich aus Kostengründen schon bald aufgegeben werden mußte. Schließlich konnte Franz →Liszt berichten, daß in der nun doch erlaubten Aufführung Neumanns 1878 in Leipzig sogar einiges besser gelungen war als in Bayreuth, dessen Vorbild für seine Regie Neumann sehr ernst genommen hat. Für sein Gastspiel im Londoner Her Majesty's Theatre 1882 hatte Neumann sogar den Bayreuther Dekorationsfundus gekauft. Danach unternahm er eine fast einjährige äußerst erfolgreiche *Ring*-Tournee durch ganz Europa. 1889 ging Neumann mit dem *Ring* sogar nach Petersburg und Moskau. Als 1896 in Bayreuth eine Neuinszenierung aufgelegt werden sollte und Cosima W. die Festspielleitung innehatte, versuchte sie sowohl die Urform von 1876 neu zu beleben als auch die damals weniger gelungenen Teile der Regie nicht zu übernehmen. Ob allerdings die Walkürenkinder auf Holzpferdchen, die Opfertiere auf Rollen und →Frickas Widder in ihrem naiven Bühnenrealismus W.s Visionen wirklich ins Bild setzen konnten, darf dahingestellt bleiben. Als wichtigeres Vermächtnis achtete Cosima immerhin auf eine sehr sorgfältige Probenarbeit mit den Sängern, die stets deutlich artikulieren mußten und immer

den überzeugendsten musikalischen Ausdruck zu treffen hatten. Neben den *Parsifal*-Aufführungen bildeten die des *Rings* des Fundament der Bayreuther Festspiele, deren Ruf den Mitwirkenden immer mehr Ruhm einbrachte. Nachdem sich aber der *Ring* sogar in kleineren deutschen Theatern eingeführt hatte, faßte er langsam auch im Ausland Fuß. In Deutschland versuchte Franz Ludwig Hörth 1912/13 in Freiburg i. Br. mit Bühnenbildern von Ludwig Sievert einen der stilisierenden Neuansätze zur Deutung des *Rings* ohne Bärenfell und Pferde auf der Bühne; desgleichen Lothar Wallerstein 1917 in Baden-Baden, 1925 in Hannover und 1926/27 in Frankfurt a. M. Felix Cziossek setzte zwischen 1917 und 1921 die Handlung des *Rings* ähnlich in Stuttgart um. Dagegen griff die berühmte W.-Sängerin Anna Bahr-Mildenburg als Regisseurin des *Rings* im Nationaltheater München 1921/22 auf die Tradition der Uraufführung und auf Cosimas Gestenregie zurück. Mehr dem Expressionismus zugewandt war Hörths Regie 1928–30 für die Staatsoper Berlin, 1924 für das Neue Deutsche Theater Prag sowie 1930 für Dresden. Als »expressionistische Farblichtmusik« wurde gar die Regie von Saladin Schmitt und Johannes Schröder 1922/23 in Duisburg bezeichnet. In Basel inszenierte 1924/25 Oskar Wälterlin *Rheingold* und *Walküre* noch unter Beteiligung Adolphe →Appias, um einen »lebendigen Gegenwartsmythus« zu zeigen, der immer mehr ins Abstrakte führte, worauf das Publikum ablehnend reagierte. Wegen des Grenz- und Freundschaftsabkommens der Nationalsozialisten mit Iossif Stalin im Sommer 1939 bekam Sergej Eisenstein den Auftrag, *Die Walküre* in Moskau zu inszenieren. Er wollte eine »innere audiovisuelle Einheit in der Aufführung« bewirken, versuchte jedes Wort der Handlung gegenständlich zu machen und erfand die sogenannten mimischen Chöre, die ebenfalls die Monologe in Aktionen umsetzen sollten und die Hauptpersonen zu umhüllen hatten, da Eisenstein die mythischen Personen nicht als Individuen und den Chor als Bindeglied zwischen den Hauptfiguren und der Umwelt darstellen wollte. Eisenstein glaubte ferner an eine gegenseitige Befruchtung von Kino und Theater. Seit der Uraufführung des *Rings* in Bayreuth wurde beständig daran weitergearbeitet. Wieland →Wagner machte sich 1951 an eine Neuinszenierung von W.s Opus magnum. Dabei knüpfte der W.-Enkel konsequent an Appias Ideen an, der immer schon den Symbolraum statt irgendwelcher Handlungsorte bevorzugte. Günther Rennert bezog sich wiederum auf Wieland W. bei seiner Inszenierung in Hamburg 1956 und versuchte nur, die symbolischen Gegenstände noch deutlicher auf die Bühne zu bringen. Im Stadttheater Zürich inszenierte Karl Heinz Krahl dagegen 1957/58 den *Ring* mit der Dreiteilung der Welt: Götter – Erdscheibe – Unterwelt. Desgleichen verfuhr Wolfgang

→Wagner 1960 in Bayreuth, allerdings mit der variablen Ringscheibe im Zentrum des Geschehens und dem durch Lichtregie herausgehobenen Paar →Siegfried und →Brünnhilde. Zu Herbert von Karajans Inszenierung in Wien 1958 lieferte Emil Preetorius letztmalig seine Bühnenbilder, die auf Appias Vorstellungen zurückgingen. Dagegen arbeitete der Sänger Hans Hotter als Regisseur 1964 an Covent Garden London mit Hintergrundprojektionen. Wieland W.s letzte Regie von 1965 in Bayreuth führte von der leeren Bühne zur plastischen Form moderner Hieroglyphendarstellung: Zu den musikalischen Chiffren konnte sich Wieland W. nichts Geeigneteres als archaische Bilder vorstellen. Damit konnte der Mensch in seinen »archetypischen Existenzmöglichkeiten« und in Zeitlosigkeit die »stets wiederholten Auseinandersetzungen des männlichen und des weiblichen Lebensprinzips« dargestellt werden. Weite schwingende Raumbilder wählte auch Karajan mit seinem Bühnenbildner Günther Schneider-Siemssen für den *Ring* an der New Yorker Metropolitan Opera im Laufe der 60er Jahre und bei den Salzburger Osterfestspielen 1967–70. Moderne Opernregie führte auch Gustav Rudolf Sellner mit den Bühnenbildern von Fritz Wotruba an der Deutschen Oper Berlin vor. Wolfgang W. gab der Verwandlung der Scheibe als Grundelement auf der Bühne den symbolischen Sinn für das Geschehen im *Ring,* der zuerst geschlossen, dann zerborsten und sich wieder schließend zusammengefügt wird. In Leipzig ließ Joachim Herz 1973 die →Rheintöchter in Hängematten das Rheingold umschweben und von Arbeiterbrigaden →Walhall errichten. Götz Friedrich versuchte es 1974 in Covent Garden London mit dem Konzept »Mythologie als Verfremdung und Identifizierung«. Dagegen inszenierte Ulrich Melchinger im selben Jahr in Kassel die *Götterdämmerung* mit einer mächtigen Halle des verkommenen Gibichungengeschlechts in der Bauart der Berliner Reichskanzlei. In Genf setzte Jean-Claude Riber 1975 auf ästhetische Ganzheit und Phantasie im →Mythos. Einen stählernen Tresor für den Nibelungenschatz rückte Rennert 1975 ins Zentrum seiner Inszenierung in der Staatsoper München. Im Jubiläumsjahr 1976 beauftragte der Hausherr der Bayreuther Festspiele ein französisches Team mit Patrice Chéreau als Regisseur, der dem *Ring* seine zeitgemäßen Aussagen abringen wollte und damit Proteste der Entrüstung, dann Beifallsstürme auslöste. Chéreau inszenierte den politischen Aspekt des Weltendramas, dessen Held an der Macht des Weltenlenkers scheitern muß, aber als eine Hoffnung der Menschheit dennoch in der Liebe →Siegmunds und →Sieglindes sowie auch Siegfrieds und Brünnhildes erstrahlt. Diese schauspielerisch exzellente Inszenierung konnte in ihrer Art kaum überboten werden, so daß Peter Hall 1983 in seiner Regie mit den Ratschlägen des Dirigenten

George Solti sich nur in den märchenhaften Mythos einzelner schöner Bilder zurückziehen konnte. →Mimes Höhle im I. Aufzug von *Siegfried* wurde in der Inszenierung von Friedrich Meyer-Oertel in Mannheim 1979 ähnlich wie bei Chéreau als eine Art Maschinenhalle dargestellt. Götz Friedrich setzte schließlich in seiner Inszenierung von 1980 an der Staatsoper Hamburg nicht den gewohnten Uranfang der Welt im *Rheingold,* sondern gleichsam einen Neubeginn nach der untergegangenen Kultur von Atlantis.

→ *Tannhäuser und der Sängerkrieg auf Wartburg:* Für die Dresdener Uraufführung 1845 schuf W.s Freund Ferdinand →Heine die Kostümentwürfe, der Intendant August von →Lüttichau gab eine neue Ausstattung in Auftrag, und W. selbst führte Regie, die ihm freilich bewußt machte, daß an diesem Werk noch einiges dramaturgisch verbessert werden mußte. Daran arbeitete W. zeitlebens in Abständen immer wieder. Bereits in der Nacht nach der Uraufführung begann er damit und konzipierte einen neuen Schluß. Da W. ab 1849 ins →Exil mußte, war er nunmehr darauf angewiesen, schriftlich seine Regievorstellungen für die Aufführungen in Deutschland in Form von Broschüren zu verbreiten, damit sich die betreffenden Regisseure entsprechend orientieren konnten. In Paris (→Frankreich) allerdings, wo Kaiser →Napoleon III. selbst die Aufführung von *Tannhäuser* anordnete, konnte

W. eingreifen, und er gab sogar dem Wunsch nach, ein Ballett einzufügen. Wenn W. dieser für Paris scheinbar unabdingbaren Bitte auch nicht so nachkam, wie in der Metropole der Kunst des 19. Jh.s erwartet wurde, so überarbeitete er sein Werk doch aus eigenem Antrieb in dem gewünschten Sinn, um den Gegensatz vom Reich der →Venus und der irdischen Liebe in der Wartburgwelt deutlicher herauszuarbeiten. Für seine Arbeit bei den Proben in Paris zahlte man W. die damals ungewöhnliche Monatsgage von 6 000 Francs. Der Jockeyclub als konservative Opposition bewirkte dennoch bei der Aufführung einen regelrechten Theaterskandal, der W. schwer traf, auf Dauer aber mehr nützte als schadete. Auch in Wien hat W. 1875 seinen *Tannhäuser* selbst inszeniert, gleichsam als Vorübung für seine eigenen →Festspiele von 1876 in Bayreuth, wozu er auch Unterstützung aus Wien erhoffte. Angelo →Neumann schrieb einen anschaulichen Bericht über W.s dortige Regieleistung, u. a. den vorbildlichen Einzug der Gäste, der zum Muster für viele spätere Inszenierungen wurde. Cosima Wagner stellte sich mit der ersten Aufführung von *Tannhäuser* 1891 in Bayreuth ihre ehrgeizigste Aufgabe. Sie versuchte, das inzwischen beliebte und schon etwas korrumpierte Werk des Opernrepertoires als →Musikdrama neu zu gestalten. Bereits die Einbeziehung dieses »Jugendwerks« in den Festspielplan von 1891 wurde Cosima von den damaligen →Wagnerianern vorge-

worfen, die *Tannhäuser* für unwürdig hielten, in Bayreuth aufgeführt zu werden. In ihrem Nachweisversuch, in *Tannhäuser* das Musikdrama hervorzukehren, konnte Cosima nicht wie bei *Tristan* und dem *Ring* oder *Parsifal* auf autorisierte Inszenierungsvorbilder zurückgreifen, sondern sie war auf die Aufführungen von Dresden 1845, Paris 1861 und Wien 1875 als authentische Vorstellungen angewiesen, deren Intentionen sie zu kompilieren suchte. Mit Akribie versuchte sie jedes Detail dieser Aufführungen zu erfahren, und sie engagierte Virginia Zucchi aus Mailand für die Choreographie des →Bacchanals, das nichts mehr mit herkömmlichem Bühnenballett zu tun hatte, sondern schon in den Bereich des Ausdruckstanzes vorstieß. Der Regisseur Anton von Fuchs ließ *Tannhäuser* 1913 in der Stadsschouwburg Amsterdam in einer typischen Atelierdekoration spielen, wie sie auch an zahlreichen Opernbühnen mit konservativer Regieführung gezeigt wurden. Ähnlich brachte auch Ernst Lert das klassische Wartburgbild 1928 in der Deutschen Oper Berlin auf die Bühne. Dagegen zeigte Renato Mordo im Landestheater Darmstadt 1930 bereits starke expressionistische Wirkungen. Siegfried →Wagner konnte sich in Bayreuth erst 1930 seinen größten Regiewunsch, die Inszenierung von *Tannhäuser*, erfüllen, da wegen des Ersten Weltkrieges bis 1924 das →Festspielhaus geschlossen blieb. Mit Arturo →Toscanini als Dirigent und Maria

→Müller als →Elisabeth inszenierte Siegfried W. einen von der Malerei inspirierten *Tannhäuser* mit der Gegenüberstellung des →Venusbergs im Rubens- und der Wartburgwelt im Holbein-Stil. Die Choreographie hatte Rudolf von Laban übernommen, der starke ausdruckstänzerische Akzente setzte. Siegfried W.s sehr behutsame Neuerungen zeigten dennoch deutlich den grundlegenden Konflikt in *Tannhäuser*, den Titelhelden in der ideologischen Tugendwelt der mittelalterlichen →Wartburg als moralischen Bösewicht erscheinen zu lassen. Dieser Konflikt konnte lediglich durch einen Gnadenakt überbrückt werden. Realistisch und auf starken Kontrasten basierend, inszenierten sowohl Kurt Barré 1931 im Nationaltheater München als auch Wolfram Humperdinck 1936 in Leipzig *Tannhäuser*. Jürgen Fehlings Regie des Werks zu W.s 50. Todestag an der Berliner Staatsoper 1933 mußte wegen ihrer Neuartigkeit bald auf Druck des Kampfbunds wieder der alten Inszenierung Franz Ludwig Hörths von 1929 weichen. Fehling hatte versucht, die Darstellung eines Künstlers in der Titelfigur zu verwirklichen, die sich dem Erleben des apollinischen wie des dionysischen Aspekts der Liebe aussetzt und in der bigotten Wartburgwelt scheitern muß. Dennoch wurden auch beim Publikum die »zwei Seelen« in →Tannhäusers Brust als Ärgernis empfunden. Dagegen hatte Rudolf Hartmann im Münchener Nationaltheater am »Tag der deutschen Kunst« 1939 eine Festaufführung zu inszenieren, die dem Staatsnaturalismus jener Zeit zu entsprechen hatte, Riesenchöre und nackte Mädchen auf der Bühne eingeschlossen. In der Nachkriegsära von Bayreuth begann Wieland →Wagner seine abstrahierenden Inszenierungen: 1954 und 1961 auf derselben Grundidee von »der Liebe wahrsten Wesens«, das Tannhäuser als den Ichbefangenen zeigt, dem die weibliche Opferbereitschaft gegenübersteht. Tannhäuser, zwischen Rausch und Askese hin und her geworfen, findet sein Heil in Elisabeth, obgleich er ihr gegenüber schuldig geworden ist. Den sonst üblichen Realismus opferte Wieland W. einem Symbolraum, der ihm allerdings den Vorwurf des »Oratorienstils« eintrug. In seiner bis ins Detail durchgeordneten Inszenierung brach nur Tannhäuser aus, dem dann Elisabeth in der Version von 1961 andeutungsweise durch Ohnmacht halbwegs folgte, während eine erstmals verpflichtete schwarze Sängerin (Grace Bumbry) als Venus Schlagzeilen machte und Maurice Béjarts gewagtes Ballett im Bacchanal als anstößig empfunden wurde. Mit aufwendigen Ausstattungen wurden sowohl in den 30er Jahren in Köln durch Alexander Spring als auch noch 1963 in Herbert von Karajans Regie in Wien publikumswirksame Vorstellungen gegeben. Traditionelle Regieführung zeigten auch Frank De Quell 1953 beim Maggio Musicale Florenz sowie Herbert Graf an der Metropolitan Opera New York.

An der Staatsoper Wien griff Karajan die Idee Wieland W.s auf, die Wartburggesellschaft wie auf einem goldgrundigen mittelalterlichen Gemälde ins Bild zu setzen. Joachim Herz dagegen inszenierte *Tannhäuser* 1965 in Frankfurt a. M. als Drama des Künstlers in der bürgerlichen Gesellschaft, die dessen Gefängnis darstellt. Einen größeren Skandal löste 1972 Götz Friedrich in Bayreuth aus, obgleich er nur die »Reise eines Künstlers durch innere und äußere Welten, auf der Suche nach sich selbst, gezeigt auf dem Theater«, als deutsches Künstlerdrama mit Tannhäuser als Wahrheitsfanatiker hatte darstellen wollen. Paul Hager arbeitete 1973, mit gotischen Versatzstücken auf der Bühne der Opera San Francisco, wiederum mit traditionellen historisierenden Mitteln. Ebenso folgte Otto Schenk den szenischen Vorschriften W.s, die allerdings in seiner Inszenierung von 1977 an der Metropolitan Opera New York mit modernen Mitteln den Illusionismus des 19. Jh.s spiegelten. Kritischer ging Harry Kupfer 1978 in Dresden an den Tannhäuser-Stoff, dessen →Venusberg als ramponierte Idylle einem Ort des Götzendienstes glich; Tannhäuser muß aus der Wartburggesellschaft ausscheiden, weil er als Anarchist nur provoziert; er wurde schließlich in einem Glassarg ausgestellt.

→*Tristan und Isolde:* Nach ersten vergeblichen Versuchen, seinen *Tristan* in Karlsruhe, Paris, Berlin oder Wien uraufführen zu lassen, galt dieses Werk allgemein als unaufführbar. Erst die wunderbare Zuwendung König →Ludwigs II. von Bayern, die W.s Existenz von heute auf morgen grundlegend änderte, garantierte W. eine Aufführung in →München, die unter seiner eigenen Regie alle notwendigen künstlerischen Voraussetzungen schuf, da der König jegliche finanzielle Förderung ermöglichte. Und wenn auch nach mehrmaliger Verschiebung des Uraufführungstermins diese erste Aufführung von *Tristan* erst am 10. 6. 1865 stattfinden konnte, so schien W. doch erstmals mit dieser Inszenierung eines eigenen Werks völlig einverstanden. Dadurch erhielt diese von Hans von →Bülow dirigierte Uraufführung den Nimbus der Mustergültigkeit, mit entsprechenden Konsequenzen für spätere Aufführungen in Bayreuth. Cosima Wagner knüpfte 1886 als Witwe des Meisters direkt an die Uraufführung an, indem sie diese in Bayreuth so gut wie möglich zu reproduzieren suchte, aber gelegentlich vor fast leerem Haus spielen lassen mußte. Cosima ging es selbstverständlich nicht darum, die inzwischen schon aufkeimenden neueren Interpretationen, wie sie Adolphe →Appia in seinem grundlegenden Werk *La Mise-en-scène du drame wagnérien* (Paris 1895) (deutsch als *Die Musik und die Inszenierung*, München 1899) niederlegte, für *Tristan* aufzugreifen, sondern darum, das Werk ihres Mannes in dessen Sinne lebendig zu erhalten und die äußerste Sorgfalt auf eine musikalische und darstellerische Leistung zu legen. Erst 1903 konnte an der Wiener Hofoper unter Gustav Mahler eine aufsehenerregende Inszenierung mit den Bühnenbildern von Alfred →Roller über die Bühne gehen, wobei die Ideen Appias durch eine psychologisierende Lichtregie verwirklicht und bühnentechnische Neuerungen wie Rundhorizont und elektrische Beleuchtung einbezogen werden konnten. 1909 debütierte Wsewolod Mejerchold am Mariinski-Theater Petersburg als Opernregisseur mit einer *Tristan*-Inszenierung; er schuf seine Arbeit ebenfalls in der Appia-Nachfolge, mit der Idee, den darstellenden Künstler in einen Teil des Kunstwerks zu verwandeln. Mejercholds Interpretation von *Tristan* vernachlässigte den historisierenden Aspekt und kehrte den →Mythos hervor. Auch die Regie von Hans Wildermann für die Opernfestspiele in Köln 1911 stand in der Tradition Appias. Durch Arturo →Toscanini bekam Appia 1923 selbst Gelegenheit, *Tristan* an der Mailänder Scala zu inszenieren. Das italienische Publikum war zwar über Appias Abstraktionen befremdet, der Meilenstein, der dadurch gesetzt wurde, stand aber in der Wirkungsgeschichte von *Tristan* unverrückbar fest. Im Prager Nationaltheater verwirklichte Ferdinand Pusman im Stil der Neuen Sachlichkeit der 20er Jahre 1924 *Tristan*. Zu den Salzburger Festspielen 1933 führte Otto Erhardt Regie und griff zusammen mit dem Bühnenbildner Oskar Strnad auf ein Inszenierungsprinzip

Appias für den I. Aufzug zurück, das ein Doppelverdeck des Schiffs für die verschiedenen Szenen der Solisten und des Chors bereithielt. In der Doppelfunktion von Dirigent und Regisseur befand sich 1934 Wilhelm Furtwängler in einer *Tristan*-Inszenierung der Staatsoper Wien. Furtwängler bestand damals darauf, die Bühnenbilder Rollers von 1903 zu benutzen. Frida Leider, die weltberühmte Isolde der 30er Jahre, übernahm 1947 die Regie für eine Aufführung von *Tristan* an der Staatsoper Berlin. Rudolf Hartmann führte 1957 an der Mailänder Scala Regie, wobei die Bühnenbilder von Nicola Benois ein Wikingerschiff in ungewöhnlicher Perspektive zeigten und der III. Aufzug von einer seiner bedeutendsten Darstellungen im Stil der »pittura metafisica« ausgestattet war. Im selben Jahr führte Frank De Quell Regie in der Aufführung des Maggio Musicale Florenz. Die Inszenierung in Stuttgart 1958 benutzte Wieland →Wagner gleichsam zur Vorstufe seiner geschichtsträchtigen Neuinszenierung von 1966 in Bayreuth mit magischen Zeichen aus dem Kubismus. Entgegen den strengen Regiekonzeptionen Appias entwickelte sich bald ein mehr poetischer Stil, der z. B. von August Everding 1967 an der Staatsoper Wien verwirklicht wurde. Naturalistische Elemente bevorzugte schon wieder Peter Hall in seiner Londoner Inszenierung in Covent Garden 1971, während Everding bei den Bayreuther Festspielen 1974 der Lichtregie mittels Plastikschnüren statt eines Rundhorizonts den Vorzug gab. In Dresden experimentierte Harry Kupfer 1975 an der Staatsoper mit Assoziationen, die Isoldes Gemach im I. Aufzug als Boudoir im Wahnfried-Stil erscheinen ließen, während Hans Schüler 1978 in Mannheim den I. Aufzug in den Bauch eines Schiffs verlegte. Götz Friedrich wiederum gestaltete 1981 seine Regie des II. Aufzugs in Stuttgart zur Anklage König →Markes und zum Verhör →Tristans, mit Wachtürmen und einem Wald aus Stacheldraht; der Bühnenbildner Günther Uecker trug einen großen Teil zur Versinnlichung dieser gnadenlos erscheinenden Realisierung bei. Im selben Jahr zauberte dagegen Jean-Pierre Ponnelle eine hochpoetische Inszenierung auf die Festspielbühne in Bayreuth, eine Regie, die sensibel an der Partitur entlang führte und mit dem Symbol des Baums in allen drei Aufzügen (zuerst als Schiffsbug, dann als Baum des Paradieses und schließlich zerborsten mit der Vision Tristans von der Heimkehr →Isoldes) die Sinneinheit verdichtete.

Reichmann, Theodor
Geb. 15. 3. 1849 in Rostock, gest. 22. 5. 1903 in Marbach (Bodensee); Sänger (Bariton). – Seine Laufbahn führte ihn über Hamburg (1873) nach München (1875) und ab 1882 nach Wien. In →Bayreuth war er 1882 der erste →Amfortas in *Parsifal.*

Reimar von Zweter
Baßpartie in *Tannhäuser;* Ritter und →Minnesänger beim →Sängerkrieg auf der Wartburg.

Reinmenschliche, Das
»So lange das Reinmenschliche uns in irgend welcher Trübung vorschwebt, wie es im gegenwärtigen Zustande unserer Gesellschaft uns gar nicht anders vorschweben kann, so lange werden wir auch in millionenfach verschiedener Ansicht darüber befangen sein müssen, wie der Mensch sein solle: so lange wir, im Irrthume über sein wahres Wesen, uns Vorstellungen davon bilden, wie dieses Wesen sich kundgeben möchte, werden wir auch nach willkürlichen Formen streben und suchen müssen, in welchen dieses eingebildete Wesen sich kundgeben solle. So lange werden wir aber auch Staaten und Religionen haben, bis wir nur *eine* Religion und *gar keinen* Staat mehr haben«, schrieb W. in seinem theoretischen Hauptwerk →*Oper und Drama* (GSD Bd. 4, S. 90f.) und erhob diese philosophische Kategorie zur Grundmotivation seines künstlerischen Schaffens, das freilich nicht vom Denken, sondern vom Gefühl für das Reinmenschliche bestimmt sein sollte. W. suchte nach dem durch keine Zivilisation und keine Kultur entstellten Urverhalten des Menschen und der menschlichen Gesellschaft und glaubte, dieses überindividuelle Menschsein am deutlichsten in den →Mythen verkörpert vorzufinden. Aus diesem Grund verließ W. nach

Rienzi den historisch lokalisierbaren Rahmen für einen Opernstoff, um im unbegrenzten Raum des Menschlichen, in den Mythen, das Reinmenschliche besser zur Darstellung bringen zu können. Deshalb W.s Schlußfolgerung (ebd., S. 388): »Hiernach bestimmt sich ganz von selbst der Inhalt Dessen, was der Wort-Tondichter auszusprechen hat: es ist *das von aller Konvention losgelöste Reinmenschliche.*«»Wie der Verstand nun wiederum das Gefühl zu befruchten hat, – wie es ihn bei dieser Befruchtung drängt, sich von dem Gefühle umfaßt, in ihm sich gerechtfertigt, von ihm sich wiedergespiegelt, und in dieser Wiederspiegelung sich selbst wiedererkennbar, d. h. sich überhaupt erkennbar, zu finden, – so drängt es das Wort des Verstandes, sich im Tone wieder zu erkennen, die Wortsprache in der Tonsprache sich gerechtfertigt zu finden« (ebd., S. 127). Diese Kerngedanken W.scher Philosophie sind gleichzeitig das Fundament seiner musikdramatischen Kunst: Das für die Menschheit gemachte Kunstwerk ist der Spiegel ihrer tiefsten Menschlichkeit, die so nicht jedem bewußt ist, aber zur Selbsterkenntnis verhelfen kann. Im Reinmenschlichen sah W. das dem Verstand am meisten angenäherte Gefühl. Und im musikalischen Drama schließlich seien die bereits in der griechischen →Antike geborenen reinmenschlichen Kunstformen der Tanz-, Ton- und Dichtkunst harmonisch vereinigt.

Reißiger, Carl Gottlieb
Geb. 31. 1. 1798 in Belzig (bei Potsdam), gest. 7. 11. 1859 in Dresden; Komponist und Dirigent. – Nachfolger Carl Maria von →Webers 1826 als Musikdirektor, später Hofkapellmeister in Dresden. Er komponierte über 200 Instrumental- und Vokalwerke sowie einige Opern. *Rienzi* studierte er in Dresden ein, geriet aber in Auseinandersetzungen mit W., der in →*Mein Leben* ebenfalls ein negatives Bild von dem Rivalen zeichnet. – Opern: *Die Felsenmühle zu Etalières* (1831), *Turandot* (1835), *Adèle de Foix* (1841).

Religion und Kunst
Im Juni/Juli 1880 in →Neapel geschriebene Abhandlung. – Parallel zur Ausarbeitung von *Parsifal* verfaßte W. ab 1880 seine letzte größere Schrift, die nicht weniger als ein Kommentar zum →Bühnenweihfestspiel darstellt und für W.s Spätwerk die gleiche theoretische Bedeutung hat wie →*Oper und Drama* für die *Ring*-Konzeption. Am Beginn steht als Motto ein Zitat Friedrich von Schillers: »Ich finde in der christlichen Religion virtualiter die Anlage zu dem Höchsten und Edelsten, und die verschiedenen Erscheinungen derselben im Leben scheinen mir bloß deßwegen so widrig und abgeschmackt, weil sie verfehlte Darstellungen dieses Höchsten sind.« Sogleich folgen programmatische Ausführungen, deren Kernsatz eine wichtige Interpretation zu *Parsifal* darstellt: »Man könnte sagen, daß da, wo die Reli-

gion künstlich wird, der Kunst es vorbehalten sei den Kern der Religion zu retten, indem sie die mythischen Symbole, welche die erstere im eigentlichen Sinne als wahr geglaubt wissen will, ihrem sinnbildlichen Werthe nach erfaßt, um durch ideale Darstellung derselben die in ihnen verborgene tiefe Wahrheit erkennen zu lassen.« Am ehesten sah W. zwar dieses Prinzip in der Malerei verwirklicht, während sich die Dichtkunst entschieden schwerer damit tue, aber die besondere Art der Musik brächte auch ein besonderes Verhältnis zur Religion mit sich, und die Begriffslosigkeit der Musik sei zur Entfaltung des Religiösen besonders gut geeignet. Mit der Musik sei in Anlehnung an Arthur →Schopenhauers Philosophie der »Zwiespalt zwischen Begriff und Empfindung« aufhebbar, wodurch bereits Ludwig van →Beethovens Symphonien eine »christliche Offenbarung« genannt werden müßten. Religionsgeschichtliche Bemerkungen über die Weltreligionen streut W. zwischen seine Hauptgedanken, die sich auch auf die christliche Musik der Vergangenheit beziehen: »Den Tempel-Mauern entschwebt, durfte die heilige Musik jeden Raum der Natur neu belebend durchdringen, der Erlösungs-bedürftigen Menschheit eine neue Sprache lehrend, in der das Schrankenloseste sich nun mit unmisverständlichster Bestimmtheit aussprechen konnte.« Im übrigen sei das Unaussprechliche durch den Musikdramatiker besser als durch den Dichter auszudrücken.

Als allgemeine Zukunftsvision formuliert W. jedoch abschließend eine nahezu prophetische Apokalypse: »Man sollte glauben, dieses Alles, mit Kunst, Wissenschaft, Tapferkeit und Ehrenpunkt, Leben und Habe, könnte einmal durch ein unberechenbares Versehen in die Luft fliegen.« – Nachträge zu dieser Schrift sind: → *Was nützt uns diese Erkenntnis*; →»*Erkenne dich selbst*«; →*Heldentum und Christentum*. – In: GSD Bd. 10, S. 273 – 362.

Renoir, Pierre **Auguste**
Geb. 25. 2. 1841 in Limoges, gest. 3. 12. 1919 in Cagnes-sur-Mer (bei Nizza); Maler. – Im Jan. 1882 zeichnete Renoir eine Bleistiftskizze von W. in →Palermo, wo dieser die Wintermonate verbrachte. Das berühmte impressionistische Bild von Renoir wurde erst später nach der Skizze ausgeführt. In den →Tagebüchern notierte Cosima Wagner am 15. 1. 1882: »Von dem sehr wunderlichen, blau-rosigen Ergebnis meint R., es sähe aus wie der Embryo eines Engels, als Auster von einem Epikuräer verschluckt.«

republikanische Bestrebungen dem Königtum gegenüber?, Wie verhalten sich
→ *Wie verhalten sich republikanische Bestrebungen dem Königtum gegenüber?*

Revolution
Nach dem Sturz des französischen Bürgerkönigs Louis Philippe 1848 waren, von Paris ausgehend, in eini-

gen europäischen Städten Bürgeraufstände aufgeflackert, die auch →Sachsen erfaßten. W. begrüßte die politischen Umwälzungen, weil er sich Vorteile für seine Kunst versprach. Er war 1848 als königlich-sächsischer Hofkapellmeister eigentlich etabliert, riskierte jedoch Kopf und Kragen und seine einträgliche Position, als er sich den Wortführern der Achtundvierziger, Michail →Bakunin und August →Röckel, tatkräftig anschloß. Insbesondere Röckel war W.s Lehrmeister in Demokratie; W. konnte nur die von Ludwig →Feuerbach entlehnten Vorstellungen beisteuern. Es gab aber genug Sympathisanten wie Gottfried →Semper, Friedrich →Pecht, Karl →Gutzkow und Eduard →Devrient, mit denen W. hitzige Debatten führen konnte. – Als sich am 18. 5. 1848 in Frankfurt a. M. die Nationalversammlung konstituierte, konnte auch W. nicht mehr an sich halten und griff mit einem Brief vom 19. 5. an den sächsischen Abgeordneten Franz Jacob Wigard in das politische Geschehen ein. Dann ließ er (nach einem zweiten Aufstand in Wien am 1. 6.) in der *Allgemeinen Österreichischen Zeitung* seinen *Gruß aus Sachsen an die Wiener* abdrucken. Die Folge war die drohende Entlassung W.s, der sie durch eine Rechtfertigung nur verzögern, nicht mehr abwenden konnte, zumal er sich weiterhin vehement den revolutionären Strömungen anschloß und am 14. 6. 1848 im Dresdener Vaterlandsverein mit seiner Rede → *Wie verhalten sich*

republikanische Bestrebungen dem Königtum gegenüber? größten Unmut bei seinen Vorgesetzten auslöste. Zwar glaubte W. (auch um sich den Ast nicht abzusägen, auf dem er saß), daß der König als »erster und allerechtester Republikaner« Sachsen zum Freistaat hätte machen können, aber die Feudalherren hatten anderes im Sinn. Machtbewußt hatten die königlichen Leibwachen bereits am 12. 8. 1845 wahllos in die Menge geschossen, bloß weil man den Ruf »Es lebe Ronge« (Johannes Ronge war ein katholischer Priester, der sich 1844 von Rom losgesagt hatte und als neuer Martin Luther ausgerufen wurde) artikulierte. Die unzulängliche Organisation der Revolution allerdings war schuld an der Niederlage, der Verhaftungen der Rädelsführer folgten. Röckel und Bakunin wurden zunächst zum Tode verurteilt, ersterer zu lebenslanger Haft begnadigt und Bakunin nach Sibirien geschickt. W. dagegen hat sich durch Flucht seiner Strafe entziehen können und ging ins →Exil in die →Schweiz, da er steckbrieflich verfolgt wurde (→Steckbrief). – Ohne Zweifel ist W.s revolutionäre Gesinnung in die Konzeption seines *Rings* eingegangen, vor allem da er sorgfältig mit dem Aufsatz *Die* → *Wibelungen* sein Opus magnum vorbereitete, wenn hier auch noch mit rüden Vermengungen von →Mythos und Zeitgeschehen versehen. Wenige Tage später verfaßte W. bereits den → *Nibelungen-Mythus* und legte damit den Gesamtplan für die *Ring*-Dichtung

38 Vorhergehende
Seite: König Ludwig II.
von Bayern. Das
Gemälde Ferdinand
Pilotys zeigt den schwär-
merischen Jüngling, der
seit seinem ersten
Opernerlebnis im Jahre
1860 mit Wagners
»Lohengrin« der Kunst
des Romantikers ver-
fallen war. Als König
wurde er Wagners
Gönner und Mäzen

39 Rechts: Peter Cor-
nelius (1824–1874),
Komponist und Dich-
ter. Wagner, der mit
dem jungen Musiker
befreundet war und ihn
förderte, vereinnahmte
ihn aber auch, so daß
sich Cornelius, zwi-
schen Dankbarkeit und
Unabhängigkeitsdrang
hin- und hergerissen,
oft im Zwiespalt be-
fand

40 Unten: In Penzing
bei Wien führte Wag-
ner noch vor der Be-
gegnung mit Ludwig II.
ein großes Haus in
einer Villenetage, die
er sich nicht leisten
konnte und aus der er
fliehen mußte

41 Folgende Seite oben:
Im Münchner Hofthea-
ter wurden einige von
Wagners Musikdramen
uraufgeführt: »Tristan«
(1865), »Meistersinger«
(1868), »Rheingold«
(1869), »Walküre« (1870)

42 Folgende Seite un-
ten: Tribschen, Wag-
ners letzter Wohnsitz
in der Schweiz, auf
einer Landzunge am
Vierwaldstätter See
gelegen. Auf den
Pilatus im Hintergrund
hat Wagner manchen
Ausflug gemacht

Vorhergehende
ite oben: Bühnenbild
n Angelo Quaglio
m 1. Aufzug der
aufführung von
ristan« am 10. 6.1865

an der Münchner
Hofoper. Es stellt das
Schiffsdeck dar, auf
dem Tristan und Isolde
den Liebestrank zu sich
nehmen

44 Vorhergehende
Seite unten: Bühnen-
modell von Angelo
Quaglio zur Urauffüh-
rung von »Tristan«,
3. Aufzug »Hof der

Burg Kareol«. Quaglio
versuchte, Wagners
Szenenanweisungen
genau ins Bild um-
zusetzen

Oben links: Fried-
n Nietzsche (1844 bis
o), Philosoph und
fessor in Basel, war
ge Jahre mit Wag-
befreundet

46 Oben rechts: Richard
Wagner — ein Jahr vor
der Grundsteinlegung
des Festspielhauses.
Fotografie von Hanf-
staengel, München 1871

47 Unten links: Fried-
rich Feustel (1824 bis
1891), Bayreuther Ban-
kier, machte sich um
Wagners Ansiedlung in
Bayreuth sehr verdient

48 Unten rechts: Wag-
ner mit seiner am 17. 2.
1867 geborenen zwei-
ten Tochter Eva in
Tribschen. Das Foto
entstand im Herbst 1867

49 Rechts: Carl Tausig (1841–1871). Den hochbegabten Pianisten und Schüler Franz Liszts lernte Wagner in Zürich kennen. Er wurde der erste Organisator des Patronatsvereins

50 Unten: Malwida von Meysenburg (1816 bis 1903) mit ihren Adoptivenkelinnen. Wagner lernte sie 1855 in London kennen, wo sie als Erzieherin im Hause Alexander Herzens tätig war. Später pflegte sie viel Umgang mit der Familie Wagner in Bayreuth

51 Rechts: Das Festspielhaus in Bayreuth, nach dem Bauplan von Otto Brückwald aus dem Jahre 1873. Der Königsbau an der Stirnseite als Balkonvorbau wurde erst 1882 angefügt

52 Oben: Das Mark-
gräfliche Opernhaus in
Bayreuth. Die große
Barockopernbühne
wollte Wagner ur-
sprünglich als Fest-
spielbühne nutzen; er
erachtete das Haus
aber insgesamt als
nicht groß genug für
seine Zwecke. Zur
Grundsteinlegung des
Festspielhauses wurde
die Festveranstaltung
hier begangen, und
auch einige nachfol-
gende Geburtstagsfeiern
fanden hier statt

53 Ganz oben: Wagner
mit Cosima und Sohn
Siegfried. Fotografie
des befreundeten Adolf
von Gross aus dem
Jahre 1873

54 Oben: Die Villa
Wahnfried, die Wagn
am 28.4.1874 bezog
und in der sein »Wäh
nen Frieden« finden
sollte

Oben links: Carl
ndt (1828–1881)
r technischer Direk-
des Theaters in
rmstadt. Dort hat
Wagner für seine
tspiele in Bayreuth
findig gemacht und
von seinem Ein-
sreichtum profitiert

56 Oben rechts: Hans
Richter (1843–1916).
Als Hausgast Wagners
kopierte er 1866/67 die
Partitur der »Meister-
singer« und war der
erste »Ring«-Dirigent
in Bayreuth

57 Unten links: Felix
Mottl (1856–1911). Bei
den ersten Festspielen
in Bayreuth war er
noch Assistent, instru-
mentierte vier der fünf
»Wesendoncklieder«
und beendete seine
große Dirigenten-
karriere als Hofopern-
direktor in München

58 Unten rechts: An-
ton Seidl (1850–1898).
Bei den ersten Fest-
spielen war er musika-
lischer Assistent und
arbeitete von 1872 bis
1875 in der Nibelun-
genkanzlei. Später
machte er sich als
Wagner-Dirigent in der
ganzen Welt einen
Namen

59 Oben: Für die Szene der Rheintöchter in »Rheingold« ließ Wagner Schwimm-Maschinen anfertigen, die dem Publikum eine perfekte Illusion von den Rheintöchtern in ihrem Element vorspiegeln sollten

60 Unten: Gemälde zur 1. Szene des »Rheingold« von Josef Hoffmann aus Wien, nach dem Entwurf für die Uraufführung in Bayreuth

61 Folgende Seite oben: Bühnenbildentwurf zur Uraufführung des »Ring«, 3. Aufzug von »Siegfried« mit der Szene am Fuße des Brünnhildenfelsens, wo Wotan sich dem Eindringling Siegfried stellt

62 Folgende Seite unten: »Siegfried«, 3. Aufzug: Der Held weckt Brünnhilde. Bühnenbildentwurf von Josef Hoffmann zur Uraufführung

63 Oben links:
Cosima Wagner
(1837–1930). Liszts
Tochter und Bülows
Ehefrau heiratete Wag-
ner am 25. 8.1870 in

Tribschen. Ölporträt
von Franz von Len-
bach, 1879

64 Oben rechts:
Judith Gautier (1846 bis

1917), Tochter des fran-
zösischen Schriftstel-
lers Théophile Gautier,
Wagners letzte große
Liebe. Foto von Nadar,
Paris 1875

65 Unten: Die Leiter
der zweiten Festspiel
von Bayreuth. V.r.n.l.
Carl Brandt, Hermar
Levi, Paul von
Joukowsky

Oben: Hans von
Wolzogen (1848–1938),
den Wagner im Jahre
1877 nach Bayreuth
holte und ab 1878 mit
der Redaktion der
»Bayreuther Blätter«
betraute

67 Unten: Das Foto
von Adolf von Gross ent-
stand 1881 und zeigt
auf der Gartentreppe
der Villa Wahnfried
von links nach rechts:
Blandine und Isolde
von Bülow, Heinrich
von Stein, Cosima
Wagner und vor ihr
ihre Tochter Daniela
von Bülow, Richard
Wagner, Eva und Sieg-
fried Wagner sowie
Paul von Joukowsky

68 Oben: Das Innere des Doms von Siena, den Wagner 1880 als Vorbild für den Gralstempel seines »Parsifal« erlebte

69 Folgende Seite oben: Im Palazzo Vendramin am Canale Grande in Venedig starb Wagner am 13.2. 1883 an Herzschlag

70 Folgende Seite unten: Der Gralstempel des »Parsifal«, Entwurf von Paul von Joukowsky aus dem Jahre 1882

71 Übernächste Seite Richard Wagner. Ausschnitt aus einem Gruppenfoto von Ad. von Gross, 1881

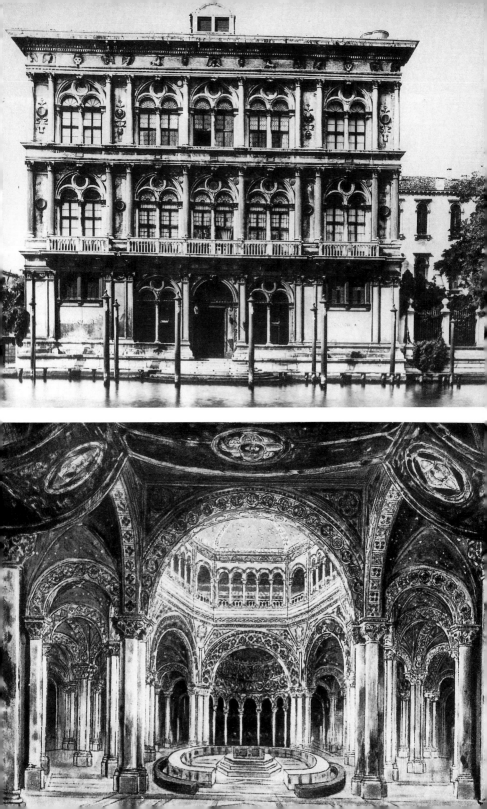

vor, der lediglich noch das Ende der Götter fehlte. George Bernard →Shaw hat zuerst eine sozialkritische Analyse des *Rings* geliefert, die W.s Motivationen bloßlegte, ohne allerdings damals schon Wirkung zu zeigen. Erst in den Inszenierungen des 20. Jh.s, z. B. von Patrice Chéreau und Harry Kupfer, kam die revolutionäre Sprengkraft des *Rings* wieder zum Vorschein.

Revolution, Die
Schrift von 1849. – Daß die alte Welt in Trümmern vergehen müsse, glaubte W. deutlich vor Augen zu haben. Die →Revolution sei die Göttin der neuen Welt. Sie wird mit unsichtbarer Gewalt über die alte Macht hereinbrechen und den Unterdrückten zu menschlichem Recht verhelfen. W. schreibt hier einen Hymnus auf die verjüngende Göttin der Revolution und verkündet, daß das höchste Gut des Menschen seine schaffende Kraft sei. Zerstört sei die wahnwitzige Ordnung der Dinge, die zusammengefügt ist aus Gewalt, Lüge, Sorge, Heuchelei, Not, Jammer, Leiden, Tränen, Betrug und Verbrechen. – In: SSD Bd. 12, S. 245–251.

Revolutionsschriften
W.s Gesinnung Ende der 40er Jahre war revolutionär, durch seine Freunde Gottfried →Semper und August →Röckel gestützt und in schriftlichen Äußerungen in seiner Dresdener Zeit bis zur Flucht 1849 ausgedrückt, z. B. in →*Wie verhalten sich republikanische Bestrebungen*

dem Königtum gegenüber? oder in den von Röckel herausgegebenen *Volksblättern* als Artikel erschienenen Folgen: →*Deutschland und seine Fürsten, Der* →*Mensch und die bestehende Gesellschaft, Die* →*Revolution.* Weniger für politische Konsequenzen, sondern vielmehr zur Umgestaltung der künstlerischen Bedingungen forderte W. die vollständige Umgestaltung der bisherigen gesellschaftlichen Verhältnisse. Folglich machte er sich in der Konzeption des *Rings* nicht nur daran, seine Ideen in eine musikdramatische Form zu bringen, sondern er war sich gleichzeitig dessen bewußt, daß dieses Kunstwerk nur von den durch die →Revolution neu geschaffenen Menschen wirklich verstanden werden würde.

Revue et gazette musicale
→*Gazette musicale de Paris*

Rheingold, Das
Vorabend des →*Rings des Nibelungen.*

Rheintöchter
Die drei Rheintöchter →Woglinde, →Wellgunde und →Floßhilde wurden vom Vater Rhein im *Rheingold* beauftragt, das Rheingold zu behüten. Da sie aber wußten, daß es niemand, der liebt, entwenden könne, brauchten sie sich nicht viel zu sorgen. →Alberich, der um ihre Gunst buhlte und von daher ungefährlich schien, hatten sie jedoch unterschätzt, denn er verfluchte des Goldes wegen die Liebe und riß es an

sich, um damit seine zukünftige Weltherrschaft zu begründen.

Richard-Wagner-Familienarchiv

Das Familienarchiv mit seinen kostbaren originalen Kompositionen und Handschriften W.s wurde 1973 für 12,4 Millionen Mark von der →Richard-Wagner-Stiftung für das →Nationalarchiv Bayreuth erworben und ging somit in diesem auf.

Richard-Wagner-Gedenkstätte

Aus mehr oder weniger privaten Anfängen und Initiativen schaffte eine Mitarbeiterin des W.-Biographen Carl Friedrich →Glasenapp W.-Dokumente von →Riga nach →Bayreuth, wo zunächst aus sehr bescheidenen Anfängen heraus eine W.-Gedenkstätte aufgebaut wurde, die durch Vorarbeiten von Helena Wallem ab 1873 zur Gründung der R.-W.-Gedenkstätte 1924 durch die Stadt Bayreuth führte; sie wurde in einem Seitenflügel des Neuen Schlosses untergebracht. Eine Stiftung des Kopenhagener Kaufmanns Robert Bartsch erweiterte 1930 durch dessen W.-Sammlung den Bestand der Gedenkstätte, die nochmals 1941 durch einen Testamentsbeschluß den Nachlaß von Houston Stewart →Chamberlain integrieren konnte. 1953 übernahm Joachim Bergfeld die Leitung, die er 1973 an Manfred Eger abtrat. Aus Platzgründen wurde die Gedenkstätte 1976 vom Neuen Schloß in das Chamberlain-Haus neben die Villa →Wahnfried verlegt. Parallel zu den Originalquellen in Wahnfried wurden weiterhin in der Gedenkstätte W.-Dokumente gesammelt und eine W.-Bibliothek aufgebaut, die in Verbindung mit dem →Nationalarchiv das Zentrum des heutigen Quellenmaterials zur W.-Forschung darstellt.

Richard-Wagner-Museum Bayreuth

Das erste eigene Haus, dessen Grundstück am Hofgarten zum Neuen Schloß in →Bayreuth W. im Febr. 1872 erworben hatte, konnte am 28. 4. 1874 von W. und seiner Familie bezogen werden, diente bis zu seinem Tod als Wohnsitz und wurde gegen Ende des Zweiten Weltkrieges durch eine Bombe schwer beschädigt. Der Stadt 1973 geschenkt, wurde die Villa →Wahnfried bis 1976 renoviert und dann als W.-Museum eingerichtet, das Tausenden von Festspielbesuchern einen direkten Zugang zu W.s Leben durch getreue Rekonstruktionen von Bühnenbildern und Wohnräumen sowie durch reichhaltige Dokumente authentisches Anschauungsmaterial verschafft. Ergänzt werden die einmaligen Ausstellungsstücke durch Vorführungen im →»Klingenden Museum«, das Tonaufnahmen zahlreicher Werke W.s mit berühmten Interpreten bietet. Die kostbaren Schätze des →Nationalarchivs sind im Museum untergebracht. Gegen allzuviel Weihrauch beherbergt es auch ein →»Kitsch & Kuriosa Kabinett«.

**Richard-Wagner-Museum
Eisenach**
Zahlreiche W.-Dokumente aus W.s
sächsischer Heimat wurden im R.-
W.-Museum →Eisenach gesammelt,
ohne daß es bisher gelungen ist, die
dortigen Quellen systematisch zu
ordnen und damit der W.-Forschung
zur Verfügung stellen zu können.
Um die Jahrhundertwende ist der
Bestand einer W.-Gedenkstätte in
Wien, deren Bestände im *Katalog einer Richard Wagner-Bibliothek* (4
Bände, Leipzig 1882–95) von
Nikolaus Oesterlein im einzelnen
beschrieben sind, sich aber offenbar
in Wien nicht als Gedenkstätte
etablieren ließen, nach Eisenach gekommen.

**Richard-Wagner-Museum
Tribschen**
1929 wurde in →Luzern, zu dessen
Stadtbezirk →Tribschen gehört, eine
Kommission gegründet, die das
Tribschener Landhaus zu einem W.-
Museum zu machen beabsichtigte;
1931 erwarb die Stadt Luzern das
Haus samt 30 000 Quadratmetern
Grund zum Preis von 275 000 Franken, um am 1.7. 1933 die einzige
W.-Gedenkstätte in der →Schweiz
eröffnen zu können; am 5.4. 1956
wurde die Gesellschaft »Richard-
Wagner-Museum Tribschen« gegründet, die später in »Schweizerische Richard-Wagner-Gesellschaft«
umbenannt worden ist. Auch noch
nach der Umwandlung des Land-
hauses in ein Museum stand das erste Stockwerk der Villa für Besuche
der Familie W.s zur Verfügung; erst

im Jahr 1942 wurde die Gästewoh-
nung in ein Musikinstrumenten-
museum umgewandelt. Zahlreiche
Exponate aus W.s Haushalt, Bilder,
Dokumente, Briefe, Erstausgaben
und Photographien mit besonderem
Schwerpunkt auf W.s Schweizer Zeit
geben beredtes Zeugnis von seinem
Aufenthalt in seiner geliebten
Schweiz.

**Richard-Wagner-Nationalarchiv
Bayreuth**
→Nationalarchiv Bayreuth

**Richard-Wagner-Stiftung
Bayreuth**
Durch eine von Winifred →Wagner
und Wolfgang →Wagner am 24.4.
1973 unterzeichnete Schenkungsurkunde ging das Haus →Wahnfried
mit Park in den Besitz der Stadt
→Bayreuth über, die zugleich das
Siegfried-Wagner-Haus erwarb, wo
Winifred W. noch bis zu ihrem Tod
1980 wohnte. Neben diesen Liegen-
schaften und dem →Festspielhaus
ist auch das →Nationalarchiv Bestandteil der Stiftung, deren Stif-
tungsrat sich aus Mitgliedern der
Bundesregierung, der bayerischen
Staatsregierung, der Stadt Bayreuth und der Familie W. zu-
sammensetzt.

Richter, Hans
Geb. 4.4. 1843 in Raab (Györ; Ungarn), gest. 5.12. 1916 in Bayreuth;
Dirigent. – Er war zunächst Hornist
(1862–66) im Orchester des Kärnt-
nertortheaters Wien. In →Tribschen
kopierte Richter 1866 die Partitur

der *Meistersinger*, übersiedelte 1867 nach München und wurde dort zunächst Chordirektor, 1868/69 auch Kapellmeister am Hof- und Nationaltheater. Am 10. 9. 1868 wurde er zum Musikdirektor der Münchener Oper ernannt; zusammen mit Hans von →Bülow erbat er jedoch bereits im Aug. 1869 seine Entlassung wegen der gegen W.s Willen angesetzten *Rheingold*-Aufführung in München. 1871–85 war er Kapellmeister am Nationaltheater Budapest, ab 1875 Hofkapellmeister in Wien, wo am 22. 11. 1875 unter seiner Leitung die sogenannte Wiener Fassung von *Lohengrin* (ohne Abschluß der Ouvertüre, sonst wie die Pariser Fassung) in W.s Anwesenheit einstudiert wurde. Alternierend mit W. dirigierte Richter vom 7. bis zum 29. 5. 1877 Konzerte mit Werken W.s in der Royal Albert Hall →London, um das Defizit der Bayreuther →Festspiele 1876 auszugleichen. Die Musikfestspiele in Birmingham leitete er 1885–1911, 1903–10 gastierte er auch an Covent Garden London. Richter war 1876 der erste *Ring*-Dirigent in Bayreuth, wo er bis 1912 den *Ring* und die *Meistersinger* leitete. Den dritten Zyklus vom 27. bis zum 30. 8. besuchte König →Ludwig II. nach achtjähriger Trennung von W.

Rienzi

Tenorpartie in *Rienzi*; päpstlicher Notar. W. gestaltete die Heldenfigur nach Edward George Earle Bulwer-Lyttons Roman (London 1835) und kompensierte die geschichtlichen Ereignisse. Der historische Cola di Rienzo wurde 1313 als Sohn eines Schankwirts in Rom geboren; sein Ehrgeiz brachte ihm schließlich ein päpstliches Notariat ein; 1347 rief er einen römischen Freistaat nach antikem Vorbild aus und ließ sich zum Volkstribun wählen, verfiel jedoch der Prunksucht und verlor sehr schnell die Sympathie des Volkes, so daß er sogar fliehen mußte. Papst Innozenz VI. berief ihn 1352 als Senator nach Rom zurück; aber auch diese Gunst verspielte er bald wieder und starb 1354 bei einem Aufstand.

Rienzi, der letzte der Tribunen

(WWV 49)
Große tragische Oper in fünf Akten. *Entstehungsgeschichte:* Auslösendes Moment für die Komposition von *Rienzi* dürfte eine Aufführung von Gaspare →Spontinis Oper *Fernand Cortez* (1809) gewesen sein. W. hatte das Werk, das ihm das Erlebnis einer außerordentlich wirkungsvollen »großen Oper« vermittelte, 1836 in Berlin gesehen. »Ich gewann eine neue Ansicht von der eigentümlichen Würde großer theatralischer Vorstellungen«, so schrieb W. in →*Mein Leben* (S. 133). Dichterische Vorlage war Edward George Earle Bulwer-Lyttons Roman *Rienzi, the Last of the Tribunes* (London 1835). Den Prosaentwurf verfaßte W. im Juli 1837, nachdem er die deutsche Übersetzung jenes Romans einen Monat zuvor gelesen hatte. Im Aug. 1838 schloß er in →Riga die Dichtung ab und begann sofort mit der

Komposition. Daß W. von Anfang an mit einer Aufführung dieses Werks in Paris rechnete, zeigen schon die großdimensional bedingte fünfaktige Form und die aufwendige Ausstattung, die nur eine große Bühne zuwege bringen konnte. Folglich ging W. 1839 nach Paris (→Frankreich) bzw. zunächst nach Boulogne-sur-Mer, wo er in vier Wochen die Partitur des II. Akts vollendete. Trotz Giacomo →Meyerbeers Empfehlung wurde das noch unvollendete Werk jedoch in Paris nicht angenommen. W. legte es beiseite und mußte Lohnarbeit annehmen, ·d. h. Kopistenarbeit für den Verleger Maurice →Schlesinger ausführen, um seinen Lebensunterhalt bestreiten zu können. Dennoch konnte W. am 19. 11. 1840 die Komposition von *Rienzi* abschließen. Er richtete sein Hauptaugenmerk für eine Aufführung auf Deutschland, nach →Dresden, wo inzwischen ein neues, von Gottfried →Semper erbautes Opernhaus stand, das W.s Vorstellungen von einer angemessenen Aufführung seines Werks durchaus genügte. W. schickte zunächst sein Opus an die Sängerin Wilhelmine →Schröder-Devrient, bat König →Friedrich August II. von Sachsen schriftlich um die Aufführung und schickte dem Intendanten August von →Lüttichau eine zweite Reinschrift des Textbuchs, in dem zu erwartende Bedenken der Zensur berücksichtigt wurden. Im Juni 1841 teilte Lüttichau mit, daß *Rienzi* angenommen sei. Am 7. 4. 1842 verließ W. Paris und reiste nach Dresden.

Die Uraufführung (Dirigent: Carl Gottlieb →Reißiger; es sangen Wilhelm Dettmer, Henriette →Kriete, S. Reinhold, Carl Risse, Schröder-Devrient, Anna Thiele, Joseph →Tichatschek, Giovanni Vestri und Michael →Wächter) wurde am 20. 10. 1842 anberaumt, begann um sechs Uhr und dauerte bis nach Mitternacht. W. konnte es selbst kaum glauben, daß sich trotz der ungewöhnlichen Länge des Werks ein einhelliger und anhaltender Erfolg einstellte. Gleich nach der Uraufführung wollte W. die Partitur erheblich zusammenstreichen, wurde aber von den Theaterleuten daran gehindert. Lediglich der geschäftstüchtige Lüttichau schlug nach einigen Vorstellungen vor, das Werk zu teilen und mit den Bezeichnungen »Rienzis Größe« und »Rienzis Fall« an zwei Abenden zu geben.
Handlung: Rom, Mitte des 14. Jh.s.
I. Akt: Paolo, das Haupt der Familie Orsini, plant mit einigen Adligen die Entführung Irenes, der schönen Schwester des päpstlichen Notars Cola Rienzi. Es kommt auch tatsächlich zu ihrer Verschleppung. Die Entführer kommen allerdings nicht weit, denn deren Erbfeind, Steffano Colonna, und sein Sohn Adriano stellen sich ihnen in den Weg und befreien Irene. Eine handgreifliche Auseinandersetzung zwischen den verfeindeten Adeligen beginnt und zieht die Aufmerksamkeit der römischen Bevölkerung auf sich. Selbst der päpstliche Legat Raimondo vermag nicht für Ruhe und Ordnung zu sorgen und wird von den Hitz-

köpfen verspottet. Als schließlich Rienzi auftritt und gegen das Banditentum der Nobili wettert, erntet auch er nur Spott, erreicht aber, daß die Widersacher ihre Auseinandersetzung vor die Mauern Roms verlegen. Der Aufruhr veranlaßt Rienzi, durch Raimondo unterstützt, dem Übermut der Adeligen grundsätzlich Einhalt zu gebieten und dem Volk von Rom seine Freiheit zurückzugeben. Hoffnungsvoll verliert sich die Volksmenge wieder, und Rienzi, der mit Adriano und Irene zurückbleibt, wundert sich nur darüber, daß ein Colonna seine Schwester in Schutz genommen hat. Mit Adriano bespricht Rienzi seinen Plan, Rom eine neue Verfassung, ein Gesetz zu geben. Adriano schließt sich aus Liebe zu Irene dem Vorhaben an. Rienzi jedoch kommen Bedenken, da einst ein Colonna seinen Bruder ermordet hatte, stellt sie aber zurück, als er im Weggehen sieht, wie Irene und Adriano im Glücksgefühl ihrer jungen Liebe schwelgen. Plötzlich zerreißt ein Trompetensignal die nächtliche Stille. Beim Anbruch der Morgendämmerung strömt das Volk zusammen. Aus der Kirche klingen Orgeltöne. Rienzi tritt in voller Rüstung auf den Platz und verkündet den Römern das Gesetz, das ihnen ihre Freiheit garantieren soll. Rienzi lehnt es ab, zum König ausgerufen zu werden, er will lediglich als Volkstribun das Recht des Volkes vertreten. (Diese Episode ist nur im Entwurf, nicht in der endgültigen Dichtung enthalten.)

II. Akt: Rienzi läßt durch Friedensboten im ganzen Land das römische Gesetz und die Freiheit der Römer verkünden. Scheinheilig entbieten auch die Nobili ihren Gruß und bekunden ihre Loyalität. Kaum aber ist Rienzi gegangen, schmieden sie Verrat und trachten nach Rienzis Leben. Ihr Motto ist: »Nimm ihm [dem Pöbel] Rienzi, und er ist, was er war.« Orsini selbst will das Attentat auf Rienzi ausüben. Adriano jedoch hat die Mordpläne belauscht und warnt Rienzi aus Liebe zu dessen Schwester. Dadurch kommt er selbst in Gewissenskonflikte, da er sich jetzt gegen den eigenen Vater stellen muß. Rienzi hat die Vertreter der Bürgerschaft und der Nobili zu einem Festmahl eingeladen. Während des Gelages wird auch ein Waffentanz aufgeführt, in dem antike mit zeitgenössischen Römern kämpfen und beide Gruppen durch die Friedensgöttin versöhnt werden. Indessen hat sich Orsini an Rienzi herangeschlichen und sticht unversehens mit einem Dolch auf ihn ein. Von Adriano gewarnt, hatte Rienzi jedoch ein Panzerhemd angelegt, so daß der Anschlag mißlingt. Das Fest wird dadurch jäh unterbrochen und die Szene zum Tribunal. Orsini und seine Mitverschwörer werden zum Tod durch das Beil verurteilt; Adriano und Irene jedoch erwirken ein milderes Urteil.

III. Akt: Die begnadigten Nobili sind nachts geflohen und haben sich sogleich wieder zusammengerottet, um gegen Rom zu ziehen. Obgleich die Römer wegen Rienzis Nachsichtigkeit murren, vermag er doch nochmals ihren Kampfeswillen gegen die Verschwörer zu entfachen. Noch bevor Adriano einen weiteren Versöhnungsversuch in die Tat umsetzen kann, greifen die Bürger zu den Waffen und brechen in den Schlachtruf aus: »Santo spirito cavaliere!« An ihrer Spitze reitet Rienzi ins Feld; abermals muß er Adrianos Flehen um Gnade für seine Familie abwehren, da es jetzt kein Zurück mehr gibt.

IV. Akt: Im Kampf gegen die Adelsclique hat zwar Rienzi gesiegt, aber Adrianos Vater ist gefallen, die deutschen Gesandten haben Rom verlassen, und der Papst hat sich von Rienzi abgewandt. Adriano will Rache an Rienzi für den Tod seines Vaters nehmen. Kardinal Raimondo zieht mit seinen Priestern in die Kirche, so daß das Volk zunächst annimmt, der Kardinal werde selbst das von Rienzi angeordnete Tedeum zelebrieren und somit die schützende Hand über den Volkstribun halten. Als Rienzi aber die Kirche betreten will, schleudert Raimondo ihm den Bannfluch entgegen. Das Volk weicht entsetzt vor dem Geächteten zurück, dem nur noch seine Schwester die Treue hält, die Rienzi ein letztes Mal Hoffnung schöpfen läßt.

V. Akt: Rienzi ist in innigem Gebet versunken. Irene kommt hinzu, der Rienzi seine unglückliche Liebe zu Rom, seiner »Braut«, klagt. Adriano beschwört Irene, mit ihm zu fliehen, wird aber abgewiesen und kann seine Rache an Rienzi nicht mehr

selbst stillen, da das aufgebrachte Volk bereits das Kapitol in Brand gesteckt hat. Rienzi und Irene kommen in den Flammen um.

Musikdramaturgie: W.s *Rienzi* ist eine Oper, die ganz bewußt in der Tradition der großen Oper steht, die in Paris besonders durch Gioacchino →Rossini, Giacomo →Meyerbeer und Fromental →Halévy etabliert worden war. In diesem Sinne ist W.s Musik zu *Rienzi* noch al fresco gearbeitet und dient mehr dekorativen und situationsschildernden Zwecken als der psychologischen Unterstützung der Protagonisten. Folglich ist W. in deren musikalischer Charakterisierung auch nicht wesentlich über die Konvention der damaligen musikalischen Ausdrucksformen hinausgekommen. In den Melismen sind Gaspare →Spontini und Halévy heraushörbar, daneben ist aber auch der Einfluß Vincenzo →Bellinis, Carl Maria von →Webers und Louis →Spohrs spürbar. Der Pomp der Instrumentation und der Ensemblesätze läßt Meyerbeers Patenschaft erkennen. Und obgleich schon einige typisch W.sche Motive erklingen und im Verlauf der Handlung wiederaufgenommen werden, wäre es völlig verfrüht, auch nur von Vorformen der späteren Technik des →Leitmotivs zu sprechen, da deren Hauptfunktion, die periodische Tonsatzkonstruktion der traditionellen Oper mit ihren Arien und Rezitativen als Nummern durch eine symphonische Struktur zu ersetzen, in *Rienzi* noch gar nicht zur Diskussion steht. Vielmehr steht Adrianos Gesangspart, W.s einzige Hosenrolle, die sicher dem Vorbild des Romeo in Bellinis *I Capuleti e i Montecchi* (1830) nachgebildet ist, nachdem Wilhelmine →Schröder-Devrient 1834 in dieser Rolle W.s Vorstellung von einer idealen Sängerdarstellerin geprägt hatte, in der Nachfolge Meyerbeers, während z. B. das »Triumphthema« an das Choralpresto in Meyerbeers Ouvertüre zu *Les Huguenots* (1836) gemahnt und Spontinis *Fernand Cortez* (1809) generell für *Rienzi* Pate gestanden haben dürfte. In dieser Oper sind aber auch Stellen nicht zu unterschlagen, die Triviales berühren und immer dann in Erscheinung treten, wenn W. Heiterkeit und Lebensfreude auszudrücken versucht. Auf seine eigenen späteren Werke verweist W. in *Rienzi* z. B. in der symphonischen Pantomimenmusik im II. Akt, deren Themen mitunter bereits an den *Holländer* und an *Lohengrin* erinnern. Die Ouvertüre zu *Rienzi* ist in Sonatenform gehalten, und ihre Instrumentation entbehrt nicht einer fast waffenklirrenden Aufdringlichkeit. Allerdings werden andernorts auch sehr subtile Klangmittel eingesetzt, z. B. in der Szene, in der die jungen Nobili sich über den päpstlichen Legaten mokieren und im Kontrast der stakkatierenden Geigenphrasen mit den düsteren Harmonien der Blechbläser die zwielichtige Situation lebendig nachgezeichnet wird. Im Terzett des I. Akts, in dem Rienzi Adriano für seine Pläne zu gewinnen sucht, löst sich W. hörbar vom Stil Webers, in

dem er anfänglich verhaftet ist, zu eigener musikdramatischer Gestaltung. Wirkungsvoll im Sinne der großen Oper schließt der I. Akt mit dem Chor des Schwurs auf die neue Verfassung Roms. Im II. Akt schwelgt W. zunächst in lyrischen Tönen und hebt sich mit der lieblichen Melodie der Friedensboten durchaus von den gängigen Darstellungen solcher Situationen anderer Operntextbücher der 30er und 40er Jahre des 19. Jh.s ab. Es kündigt sich auch an, daß W. besonders die Tücken der Gegenspieler mit wirkungsvollen musikdramatischen Mitteln auszugestalten vermag. Zu dem abschließenden festlichen Gepränge des II. Akts kontrastiert der III. als Schauplatz wilder Auseinandersetzungen: Die begnadigten Nobili rüsten nun zum Kampf gegen Rienzi, der seinerseits die Römer mit dem Schlachtruf »Santo spirito cavaliere!« zur Verteidigung ihrer Freiheit anfeuert. Im IV. Akt braut sich auch musikalisch Rienzis Untergang zusammen, der im V. Akt vollzogen wird.

Wirkungsgeschichte: In →Hamburg dirigierte W. am 21. 3. 1844 und in der folgenden Aufführung selbst seinen *Rienzi*, obgleich er sich bereits von dem Werk zu distanzieren begann. Inzwischen hatte die Uraufführung des *Holländers* in →Dresden stattgefunden, zwar mit weniger Erfolg, aber mit um so deutlicheren kompositorischen Zielsetzungen für W. In →Berlin wurde *Rienzi* erstmals am 26. 10. 1847 gegeben, ebenfalls unter W.s Leitung. Schwerin und →Würzburg übernahmen das

Werk in den 60er Jahren. Die erste Auslandsinszenierung fand 1859 in Prag statt; 1864 folgte Stockholm und 1868 Rotterdam. In Paris wurde das ursprünglich für diese Stadt geschriebene Werk erst am 6. 4. 1869 im Théâtre-Lyrique gespielt. Mit Entsetzen verfolgte W. zusammen mit seiner Frau Cosima 1872 eine Aufführung von *Rienzi* in →Wien. In den Landessprachen wurde die italienische Erstaufführung 1874 im Teatro La Fenice Venedig, die ungarische im selben Jahr in Budapest inszeniert; 1876 folgten Bologna und Madrid sowie 1878 New York. Die russische Erstaufführung fand 1879 in Petersburg statt. Lange Jahre blieb das Werk als Repräsentationsoper im Spielplan. In Linz erlebte Adolf →Hitler als 17jähriger eine Aufführung von *Rienzi*, die ihn tief beeindruckte und später veranlaßte, seine Parteitage mit der Ouvertüre dieses Werks eröffnen zu lassen. Im Dritten Reich wurde das Heroische der Oper entsprechend hervorgehoben und 1933 bei Freilichtaufführungen vor massenhaftem Publikum gezeigt. Solche Entstellungen waren nicht die ersten Mißverständnisse und auch nicht die letzten, W.s Werke fehlzuinterpretieren, denn bereits in *Rienzi* geht es um das Scheitern der Macht und nicht um ihre Glorifizierung. Bald verschwand *Rienzi* für lange Zeit von den Opernspielplänen. Wieland →Wagner hat ihn 1957 in Stuttgart getestet, um ihn eventuell in die Bayreuther →Festspiele einzugliedern: mit negativem Ausgang.

1979 inszenierte Peter Lehmann das Werk bei den Wiesbadener Maifestspielen als Revolutionsoper. Zum 100. Todestag W.s eröffnete →München seine Opernfestspiele 1983 mit *Rienzi*, dessen auf viereinhalb Stunden gekürzte Partitur wohl kaum im Spielplan verbleiben wird. Hatte bereits Wieland W. die Partie, die in der Uraufführung von der Sängerschauspielerin Wilhelmine →Schröder-Devrient gesungen wurde, mit einem Tenor besetzt, so wurde der Adriano in München für einen Bariton umgeschrieben. – Text in: GSD Bd. 1, S. 41 – 112. – Schallplattenaufnahme →Diskographie. *Lit.:* W. Golther, »Rienzi«, ein musikalisches Drama, in: Die Musik 1901/02, S. 1833; H. Dinger, Zu R. W.s »Rienzi«, in: R.-W.-Jahrbuch 1908, S. 88; R. Strohm, Dokumente und Texte zu »Rienzi, der letzte der Tribunen«, in: R. W., Sämtliche Werke, Mainz 1976; J. Deathridge, W.'s Rienzi, a Reappraisal Based on a Study of the Sketches and Drafts, Oxford 1977; WWV

Riesen
→Fafner; →Fasolt

Riga
Bereits 1837 hatte W. vor, Paris für seine Opernpläne zu gewinnen, und suchte briefliche Verbindung zu Eugène →Scribe und Giacomo →Meyerbeer. Statt dessen erhielt er ab 1. 4. eine Stelle als Musikdirektor in →Königsberg, dessen Theater jedoch schon am Ende der Spielzeit geschlossen werden mußte. Auf

einer Reise am 15. 6. nach Berlin
ergab sich eine Gelegenheit, durch
eine Absprache mit dem Direktor
des Theaters von Riga, Karl von
→Holtei, ein Engagement als Kapellmeister in der russisch verwalte-
ten Stadt zu bekommen. W. kam
zum Dienstantritt am 21. 8. 1837 in
Riga an, bezog eine Wohnung in der
Schmiedestraße, erwartete im Okt.
1837 seine Frau Minna und zog im
Frühjahr 1838 in die Petersburger
Vorstadt von Riga. Neben einem
riesigen Opernrepertoire als Kapellmeister arbeitete W. an seinem
Rienzi. Im Frühjahr 1839 verließ
Holtei Riga, Heinrich →Dorn wurde
zum Nachfolger W.s bestimmt, und
W. floh mit Minna unter abenteuerlichen Umständen über die russische
Grenze und dann mit einem Schiff
auf stürmischer See über London
nach →Frankreich. Am 3. 6. 1843
wurde der *Holländer* unter Dorns
Leitung erstmals in Riga aufgeführt.

Rigaer Opernbearbeitungen
→Opernbearbeitungen

Ring
Im *Rheingold* verankerte W. das
Symbol der Macht und sogar der
Weltherrschaft, das nur unter dem
völligen Verzicht auf Liebe und ihrer
Verfluchung zum Machtmittel umfunktioniert werden konnte. Das
Symbol des Rings schließt gleichzeitig Abgeschlossenes und in sich Zu-
rückgebogenes ein und steht somit
für W.s Auffassung von der Weltgeschichte.

Ring des Nibelungen, Der
(WWV 86)
Ein Bühnenfestspiel für drei Tage
und einen Vorabend. – Vorabend:
Das Rheingold; 1. Tag: *Die Walküre.*
In drei Aufzügen; 2. Tag: *Siegfried.* In
drei Aufzügen; 3. Tag: *Götterdämmerung.* In einem Vorspiel und drei
Aufzügen.
Entstehungsgeschichte: Mit größeren
Unterbrechungen arbeitete W. 26
Jahre an dem Werk, das nicht nur
entsprechende Lebenserfahrungen
einschließt, sondern auch W.s kompositionstechnische Entwicklung beinhaltet, die von einigen Regisseuren als »Brüche« in dem riesigen
Werk ausgemacht und entsprechend
dargestellt worden sind. Der Frage,
ob tatsächlich von Stilbrüchen gesprochen werden kann, wird in der
musikalischen Analyse nachgegan-
gen werden müssen. Andererseits
ergibt sich die inhaltliche Geschlossenheit durch W.s konsequente dramaturgische Begründung dessen,
was er als Zentrum und Ziel der
Handlung von Anfang an in *Siegfrieds Tod* (der späteren *Götterdämmerung*) ersonnen hatte und bis zum
Uranfang des Geschehens schrittweise zurückverfolgte. *Siegfrieds Tod*
mußte also erst einmal durch seine
Existenz im *Jungen Siegfried* (dem
späteren *Siegfried*) begründet werden, dessen Motivation wiederum
in der Schicksalsgemeinschaft seiner
Eltern zu suchen war, die unter dem
Ratschluß der Götter stehen; deren
Handeln hängt letztlich von den gegebenen Machtverhältnissen ab und
hat mit dem Besitz des Rheingolds

zu tun. W. hatte sich bereits Anfang der 40er Jahre in mythologische Stoffe eingearbeitet und 1846–48 ein Barbarossa-Drama (→*Friedrich I.*) angefangen, das er beiseite legte, um im Spätsommer dieses Jahres den Aufsatz *Die* →*Wibelungen* zu verfassen, der gleichsam den stofflichen Nährboden für das geplante Nibelungendrama bildete. Im Herbst 1848 entstand zunächst der Prosaentwurf zu *Siegfrieds Tod*. Im Anschluß daran schrieb W. seine Abhandlung *Die Nibelungensaga (Mythus)*, die unter dem Titel *Der* →*Nibelungen-Mythus* später veröffentlicht wurde und die zeigt, daß W. den gesamten Handlungszusammenhang von Anfang an konzipiert hatte. Die politischen Unruhen des Jahres 1848 zogen W.s Interesse auf sich. Er beteiligte sich am Maiaufstand und mußte nach dessen Niederschlagung am 9. 5. 1849 →Dresden verlassen. Sein →Exil in der →Schweiz begann. Binnen eines Jahres dichtete W. *Siegfrieds Tod*. Er las das dramatische Gedicht seiner neuen Freundin Jessie →Laussot vor, mit der er von Bordeaux aus in den Orient zu fliehen beabsichtigte. Daraus wurde allerdings nichts. Ebensowenig gedieh die Komposition zu *Siegfrieds Tod*, die W. im Sommer 1850 abbrach, um sich erst einmal durch die theoretische Abhandlung →*Oper und Drama* Klarheit darüber zu verschaffen, was er künstlerisch gestalten wollte. Dann machte sich W. daran, innerhalb einer Woche, vom 24. 5. bis zum 1. 6. 1851, die notwendige Erweiterung

von *Siegfrieds Tod* durch den *Jungen Siegfried* niederzuschreiben, dessen Versdichtung er im Juni abfaßte. Franz →Liszt hatte er versprochen, seine Heldenoper durch ihn in →Weimar aufführen zu lassen, mußte sich und Liszt aber im Okt. 1851 eingestehen, daß die bisherigen Teile des →Musikdramas zu einem »vollständigen Ganzen« aus drei Teilen und einem Vorspiel erweitert werden müßten. In diesem Zusammenhang entstand für W. auch schon die Idee, die Nibelungendramen »an einem großen Feste stattfinden« zu lassen (Brief an Liszt). Auch an Theodor →Uhlig hatte sich W. dahin gehend brieflich geäußert, ein Theater am Rhein aufschlagen zu wollen, um »zu einem großen dramatischen Feste einzuladen«. Im Nov. 1851 entstanden erste Entwürfe zur *Walküre* und zum *Raub des Rheingoldes*, wie das *Rheingold* damals noch hieß. Im März 1852 entstanden Prosaentwürfe zum *Raub des Rheingoldes* und im Mai zur *Walküre*. Dann machte sich W. zunächst an die Versdichtung der *Walküre* und schloß am 3. 11. 1852 die des *Raubs des Rheingoldes* ab. Neu an dieser Dichtung war die Verwendung von →Stabreimen, die nicht nur des mythologischen Stoffes wegen, sondern auch aus musikdramatischen Gründen gewählt wurden. Nach einer Überarbeitung des *Jungen Siegfried* und von *Siegfrieds Tod*, der nunmehr den sogenannten Feuerbachschen Schluß vorsah: »[...] selig in Lust und Leid / läßt – die Liebe nur sein«, war bis zum 15. 12. 1852 die *Ring*-Dichtung abgeschlossen. Die erste private Lesung arrangierte W. am 18. und 19. 12. bei dem ihm befreundeten Ehepaar Eliza und François →Wille in Mariafeld bei Zürich. Eine weitere Dichterlesung an vier Abenden im Hôtel Baur au Lac in →Zürich fand vor geladenen Gästen statt. Zu Beginn des Jahres 1853 ließ W. seine *Ring*-Dichtung in 50 Exemplaren privat drucken, von denen er gleich einige seinen engsten Freunden zuschickte. Dann dauerte es fast ein Jahr, bis W. am 5. 9. 1853 in La →Spezia die entscheidende Inspiration zur Komposition des *Rheingolds* hatte. Auf einem Ruhebett ausgestreckt, hatte er »die Empfindung, als ob ich in ein stark fließendes Wasser versänke [...] Das Rauschen desselben stellte sich mir bald im musikalischen Klange des *Es-dur*-Akkordes dar, welcher unaufhaltsam in figurierter Brechung dahinwogte« (→*Mein Leben*, S. 512). Sogleich reiste W. nach Zürich und begann am 1. 11. mit der Kompositionsskizze von *Rheingold*, die er bereits am 15. 1. 1854 fertiggestellt hatte. Bis Mai arbeitete er dann an der Orchesterskizze, um auf die Kompositionsskizze der *Walküre* vorzugreifen, deren I. Aufzug er am 1. 9. 1854 abschloß. Die Arbeit am II. Aufzug hängte er unmittelbar an; die Kompositionsskizze war am 18. 11. fertig. Zwei Tage später begann er den III. Aufzug, dessen Kompositionsskizze am 27. 12. abgeschlossen wurde. Die Arbeit an der Partitur mußte über das Jahr 1855

verteilt werden, da W. vor allem durch seine erste Konzertreise nach →London monatelang von der Kompositionsarbeit abgehalten wurde. Am 20. 3. 1856 lag dann aber die Partitur der *Walküre* fertig vor. Im Sept. 1856 nahm W. die Komposition von *Siegfried* auf und brach sie inmitten des II. Aufzugs ab, da nicht nur die Aussichten auf eine Aufführung des großdimensionierten Werks schwanden, sondern auch der Musikverlag →Breitkopf & Härtel das Werk als nicht rentabel bezeichnete und den Druck ablehnte. In *Mein Leben* (S. 550f.) hat W. eine Begebenheit festgehalten, die wie eine bloße Anekdote klingt, aber tief in die Psyche schöpferischer Kraft lotet: »Für den Oktober sollte ich den Besuch *Liszts* erwarten, welcher diesmal in größerer Begleitung längere Zeit in Zürich sich aufhalten wollte. Doch dauerte mir die Erwartung zu lang, um den Beginn der Komposition des ›Siegfried‹ zu verzögern. Am 22. September begann ich bereits die Aufzeichnung des Entwurfes. Da stellte sich denn eine der Hauptplagen meines Lebens zu entscheidender Bedrängnis ein: unserem Hause gegenüber hatte sich neuerdings ein Blechschmied einquartiert und betäubte meine Ohren fast den ganzen Tag über mit seinem weitschallenden Gehämmer. In meinem tiefen Kummer darüber, nie es zu einer unabhängigen, gegen jedes Geräusch geschützten Wohnung bringen zu können, wollte ich mich schon entschließen, alles Komponieren bis da-

hin aufzugeben, wo mir endlich dieser unerläßliche Wunsch erfüllt sein
werde. Gerade mein Zorn über den
Blechschmied gab mir jedoch in einem aufgeregten Augenblicke das
Motiv zu *Siegfrieds* Wutausbruch
gegen den ›Stümperschmied‹ *Mime*
ein: ich spielte sogleich meiner
Schwester das kindisch zankende
Polter-Thema in *G-moll* vor und
sang wütend die Worte dazu, worüber wir alle denn so lachen mußten, daß ich beschloß, für diesmal
noch fortzufahren. Dies gedieh auch
bis zur Niederschrift eines guten
Teiles der ersten Szene, als mit dem
13. Oktober mir *Liszts* Ankunft ge-
meldet wurde.« Und in einem Brief
an Franz Liszt vom 6. 12. 1856 beschrieb W., wie ihm erst beim Komponieren der Text seines Dramas so
richtig aufgegangen sei: »Dieser
Tage werde ich mit der ersten Szene
fertig. Sonderbar! erst beim Komponieren geht mir das eigentliche Wesen meiner Dichtung auf: überall
entdecken sich mir Geheimnisse, die
mir selbst bis dahin noch verborgen
blieben. So wird auch Alles viel heftiger und drängender. Im Ganzen
aber gehört doch viel Hartnäckigkeit dazu, wenn ich das Alles noch
fertig machen soll: und so recht hast
Du mir doch eigentlich auch nicht
Lust dazu gemacht.« Den 20. 1. 1857
trug W. als Datumsvermerk in die
Kompositionsskizze zum I. Aufzug
von *Siegfried* ein. Am 12. 3. 1857 war
die Partitur des Aufzugs fertig. Und
das trotz der weiterhin starken
Lärmbelästigung seitens des Blech-
schmieds in unmittelbarer Nähe

von W.s Wohnung, in der außerdem
fünf Klaviere und eine Flöte W.s Geduld strapazierten. Dies freilich
sollte sich ändern, denn Otto →We-
sendonck bot W. ein kleines Haus in
unmittelbarer Nähe seiner im Entstehen begriffenen Villa an. Bereits
am 28. 4. konnten W. und seine
Frau Minna in das →»Asyl« einziehen. W. begann dort am 22. 5. (seinem Geburtstag) mit der Kompositionsskizze des II. Aufzugs von *Siegfried*, um am 28. 6. an Liszt zu
schreiben:»Ich habe meinen jungen
Siegfried noch in die schöne Waldeinsamkeit geleitet; dort habe ich
ihn unter der Linde gelassen und
mit herzlichen Tränen von ihm Abschied genommen – er ist dort besser dran, als anders wo.« Abgebrochen hat W. den II. Aufzug offiziell
am 30. 6. 1857, ließ aber dennoch
die Arbeit an ihm noch ausklingen,
wie die Datumsvermerke bis zum
9. 8. in der Partitur zeigen. Dazu
führte W. sechs Jahre später in *Mein
Leben* (S. 565) aus:»Die Absicht der
Ausführung des nun erst in Angriff
zu nehmenden ›Tristan‹ war von
jetzt an mit stärkster Schrift in meinen Lebensplan eingeschrieben. Zunächst verdankte ich dem allen aber
die Forterhaltung der guten Laune,
in welcher ich für jetzt erst noch den
zweiten Akt des ›Siegfried‹ zu Ende
komponierte. Meine täglichen Spa-
ziergänge richtete ich an den hei-
teren Sommernachmittagen nach
dem stillen *Sihltal*, in dessen waldi-
ger Umgebung ich viel und aufmerksam nach dem Gesange der
Waldvögel lauschte, wobei ich er-

staunt war, die mir gänzlich neuen Weisen von Sängern kennenzulernen, deren Gestalt ich nicht sah und deren Namen ich noch weniger wußte. Was ich von ihren Weisen mit nach Hause brachte, legte ich in der Waldszene ›Siegfrieds‹ in künstlerischer Nachahmung nieder. Anfangs August war ich mit der sorgfältig skizzierten Komposition auch dieses zweiten Aktes zu Ende. Ich freute mich, für den dereinstigen Wiederbeginn der Fortarbeit mir gerade den dritten Akt mit der Erweckung *Brünnhildes* vorbehalten zu haben; denn es war mir, als ob alles Problematische meiner Arbeit nun glücklich gelöst und jetzt nur noch der eigentliche Genuß derselben zu gewinnen übrig sei.« Zwar führte W. noch 1864/65 die Partitur zum II. Aufzug von *Siegfried* aus, aber das Interesse an einem neuen Stoff, *Tristan*, nahm überhand, so daß er seine Arbeit am *Ring* unterbrach, um sein Denkmal der Liebe zu setzen und anschließend eine Komödie, die *Meistersinger*, zu komponieren, die zusammen eine Pause von zwölf Jahren für den *Ring* verursachten. Am 1. 3. 1869, einige Jahre nach seiner Vertreibung aus München, nahm W. die Arbeit am *Ring* wieder auf. W. war überzeugt, daß er nahtlos weiterarbeiten könne, denn »ein wahres Genie« bewahre sich »nicht nur in der umfassenden Schnelligkeit der Conzeption eines großen Planes, sondern namentlich auch in der – gewiß! – leidenschaftlichen, ja peinlichen Ausdauer [...] welche die volle Verwirklichung sei-

nes Planes erfordert« (Brief an König →Ludwig II. vom 23. 2. 1869). Und selbstbewußt heißt es im selben Brief, »daß diese Unterbrechung nichts an der Frische meiner Conzeption ändern konnte, so darf ich dieses wohl als Beweis dafür anrufen, daß diese Conzeptionen ein ewiges Leben haben«. Die Kompositionsskizze zu *Siegfried* hatte W. am 14. 6. 1869 fertig, aber er wollte verhindern, dem König auch dieses Werk zur Einzelaufführung in München auszuhändigen, und ließ sich deshalb mit der Anfertigung der Partitur bis zum 5. 2. 1871 Zeit. Inzwischen begann W. am 2. 10. 1869 mit der kompositorischen Arbeit an der *Götterdämmerung* und beendete die Kompositionsskizze des I. Aufzugs am 5. 6. 1870. Erst in der Zeit zwischen dem 24. 6. und dem 25. 10. 1871 konnte W. die kompositorische Arbeit zum II. Aufzug fortsetzen und schloß die zum III. Aufzug vom 4. 1. bis zum 9. 4. 1872 an. Dann übersiedelte er am 22. 4. nach →Bayreuth, nachdem er bereits am 12. 5. 1871 verkündet hatte, die ersten →Festspiele in der fränkischen Kleinstadt stattfinden zu lassen. In →Wahnfried, seiner von König Ludwig erbauten Villa in Bayreuth, schloß W. die Partitur zu dem Riesenwerk ab. 1865 hatte er das *Rheingold*, 1866 die *Walküre* dem König geschenkt, um »vorläufige« Aufführungen zu erlauben. Dazu mußte 1869 allerdings das Nationaltheater umgebaut werden. W. hatte sich inzwischen wieder in der Schweiz angesiedelt, und die Sänger, Bühnenbildner, Maschinisten, der Regisseur und der Dirigent reisten zu W., um Anweisungen einzuholen. Am 27. 8. fand in München eine Hauptprobe des *Rheingolds* statt, die W. noch tolerierte und die von namhaften geladenen Gästen besucht wurde. Für weitere Unternehmungen aber vermutete der König zu Recht den Drahtzieher einer »Revolte« in der Schweiz, und er war nahe dran, W.s Gehalt einstellen zu lassen. Als W. am 1. 9. selbst eine Probe leiten wollte und eigens aus der Schweiz anreiste, verhinderte der König W.s Aktivitäten in eigener Sache, worauf der Sänger Franz →Betz seine Rolle zur Verfügung stellte. Ein handfester Skandal war nun nicht mehr zu vermeiden. Franz →Wüllner sprang als Dirigent ein, dem W. brieflich drohte:»Hand weg von meiner Partitur! Das rath ich Ihnen, Herr; sonst soll Sie der Teufel holen!« Der wackere Münchener Chordirigent ließ sich allerdings nicht einschüchtern und dirigierte die Premiere am 22. 9. mit großem Publikumserfolg (Regie: Reinhard Hallwachs; es sangen Kaspar Bausewein, Karl Fischer, Karl Samuel Heinrich, Anna Kaufmann, August Kindermann, Henriette Müller, Franz →Nachbaur, Anton Petzer, Wilhelmine Ritter, Max →Schlosser, Emma Seehofer, Sophie Stehle, Heinrich →Vogl und Therese Vogl). W. kam nicht nach München. Für den Dez. 1869 hatte der König bereits die Premiere der *Walküre* angeordnet. W. versuchte auch diese Einzelaufführung seines

Gesamtwerks zu verhindern und bat Ludwig, nur eine →Separatvorstellung zu veranstalten, denn W. empfand eine öffentliche Aufführung als »Hinrichtung« seines Werks. Deshalb blieb er auch der Premiere der *Walküre*, die schließlich auf den 26. 6. 1870 verschoben wurde, wiederum fern (Dirigent: Wüllner, Regie: Hallwachs; es sangen Bausewein, Kindermann, Stehle, Heinrich und Therese Vogl). Diesmal allerdings waren die Reaktionen des Publikums überwiegend negativ. Zur Grundsteinlegung des →Festspielhauses am 22. 5. 1872 war der König der Einladung W.s nicht gefolgt. Ludwig II. war verstimmt, weil W. ihm *Siegfried* für München vorenthielt, dessen szenische Einrichtung der König bereits angeordnet hatte. W. wollte seinen *Ring*-Zyklus für Bayreuth aufsparen, mußte aber zur Fertigstellung des Festspielhauses nochmals seinen königlichen Mäzen um Unterstützung bitten, die ihm auch zuteil wurde. Die Eröffnung der Bayreuther Festspiele wurde auf den Sommer 1876 festgelegt. Die Vorproben allerdings begannen bereits am 1. 7. 1875. Und W. kümmerte sich vom ersten Tag an einsatzfreudig um die Ausbildung der Sänger, die ihre angelernten Opernposen vergessen und W.s Vorstellungen seines musikdramatischen Stils annehmen sollten. Die Premiere zum Vorabend der Tetralogie war am 13. 8. 1876 (es sangen Franz Betz, Albert Eilers, Eugen Gura, Marie Haupt, Carl →Hill, Louise Jaide, Minna Lammert, Lilli Leh-

mann, Marie Lehmann, Franz von Reichenberg, Friederike Sadler-Grün, Schlosser, Georg Unger und Heinrich Vogl), die *Walküre* folgte dann am nächsten Tag (mit Antonie Amann, Betz, Haupt, Johanna →Jachmann, Jaide, Lammert, Lilli und Marie Lehmann, Amalie →Materna, Albert →Niemann, Joseph Niering, Hedwig Reicher, Sadler-Grün und Josephine Schefsky); am 16. und 17. 8. fanden die Uraufführungen von *Siegfried* (mit Betz, Hill, Jaide, Lilli Lehmann, Materna, Reichenberg, Schlosser und Unger) und der *Götterdämmerung* statt (mit Gura, Hill, Jachmann, Jaide, Lammert, Lilli und Marie Lehmann, Materna, Sadler-Grün, Schefsky, Gustav Siehr, Unger und Mathilde Weckerlin); der Dirigent war Hans →Richter. Die »erste Weltumseglung im Reiche der Kunst«, wie Friedrich →Nietzsche das denkwürdige Ereignis umschrieb, war zwar nicht zur vollen Zufriedenheit W.s ausgefallen, aber er war davon überzeugt, es im nächsten Jahr besser machen zu können. Allein ein Defizit von 148 000 Mark verhinderte diesen Plan.
Handlung:
Das Rheingold: Im Vorspiel musikalisiert W. symbolisch einen Uranfang im Klangbild der Fluten des Rheins, in dessen Tiefen sich unbeschwert die Rheintöchter tummeln und spielerisch das Rheingold behüten. Indessen aber ist Alberich aus den Schächten Nibelheims heraufgestiegen und beobachtet entzückt das Spiel der Nixen. Begehrlich nähert sich der häßliche Zwerg den liebreizenden Mädchen, die ihn sogleich auch entdecken. Da er sich zu ihrem Spiel gesellen möchte, die Rheintöchter aber nur ihren Spaß mit ihm treiben, wird Alberich nicht nur von verzweifelter Lüsternheit geplagt, sondern auch zunehmend böse auf das falsche Spiel der Fischnaturen. Seine wilde Jagd nach den Nixen auf glitschigen Felsen wird vom Gelächter der flinken Rheintöchter begleitet, als Alberichs Aufmerksamkeit plötzlich auf eine goldgleißende Stelle in den Riffen gelenkt wird. Bereitwillig und arglos geben die Nixen Auskunft über das dort ruhende Rheingold mit seinem mächtigen Geheimnis. Nur Floßhilde ahnt Unheil und warnt die geschwätzigen Schwestern. Die jedoch sind sich sicher, angesichts der brünstigen Begierden des Schwarzalben keine Sorge haben zu müssen: »Nur wer der Minne Macht versagt, nur wer der Liebe Lust verjagt, nur der erzielt sich den Zauber, zum Reif zu zwingen das Gold«, verkündet Woglinde das Geheimnis des Kleinods. Von dem Zwerg droht deshalb wohl keine Gefahr. Aber in Alberich geht eine furchtbare Wandlung vor: Da er sowieso nicht geliebt wird, glaubt er gänzlich auf die Liebe verzichten zu können, um sich dafür maßlose Macht und wenigstens Lust zu erzwingen. Finster entschlossen erklimmt Alberich das schimmernde Riff, verflucht die Liebe und raubt das Gold. Hilflos sehen die Rheintöchter zu, wie der Räuber in der Tiefe verschwindet. – Freie Gegend

auf Bergeshöhen: Wotan und Fricka schlafen auf einer Blumenwiese; im Hintergrund steht eine prächtige Burg. Als das Götterpaar erwacht, fällt Wotans stolzer Blick auf die soeben errichtete Burg Walhall, mit der Wotan seine Macht zu festigen gedenkt. Fricka jedoch denkt an den Preis, der Fafner und Fasolt in Gestalt Freias gezahlt werden muß. Und schon sucht Freia in hastiger Flucht vor den Riesen Schutz bei ihrer Schwester und Wotan. Die beiden Riesen stampfen heran, um sich ihren Lohn zu holen. Wotan hat sich auf Loges Rat verlassen, Ersatz für Freia zu schaffen. Loge aber ist verschwunden, und die Riesen pochen auf ihr Recht, das durch Wotans Speer verbürgt ist. Während Fasolt glaubt, ein trautes Weib für das Heim gewinnen zu können, denkt Fafner mehr an die Äpfel in Freias Garten, deren Genuß ewige Jugend bewirkt. Wotan aber tut plötzlich, als sei Freia nie ernsthaft zu haben gewesen. Und als die Riesen sich Freia mit Gewalt nehmen, versuchen ihre Brüder Donner und Froh, sie mit Gegengewalt zu schützen. Wotan aber gebietet ihren Drohungen Einhalt, und Loge kommt gerade noch rechtzeitig, um dem Gott aus der Klemme zu helfen. Loge beginnt umständlich die Lage zu sondieren, so daß Wotan Arglist vermutet, aber auch den Listenreichen vor den Drohungen Donners schützt. Nach einem weitschweifigen Bericht rückt Loge endlich damit heraus, daß das Rheingold, den Rheintöchtern geraubt und jetzt in

Alberichs Hand, ein gleichwertiger Ersatz für Freia sei. Fafner wird hellhörig und fragt nach des Goldes geheimer Macht, die Alberich bereits ausübt; somit haben die Riesen wie auch die Götter den Nachtalben in seinem Streben nach Weltherrschaft zu fürchten. Fafner stellt nun die Bedingung, das Gold des Nibelungen als Auslösung für Freia herbeizuschaffen. Wotan empört sich, nicht geben zu können, was er gar nicht besitze. Kurz entschlossen nehmen die Riesen Freia als Geisel und setzen die Frist für das Lösegeld bis zum Abend. Kaum entführt, stellt sich bei den Göttern die Folge von Freias Raub, ein schneller Alterungsprozeß, ein, den Loge, der von Freia nie ausreichend mit der göttlichen Speise bedacht wurde, ironisch kommentiert. Schwindende Jugend und Kraft lassen Wotans Bedenken, das Gold zu rauben, schnell zerstreuen. Loge soll ihn nach Nibelheim führen. – Nibelheim: Mime, der Schmied, wurde von Alberich in Fronarbeit genommen und muß für ihn sklavisch arbeiten wie die zahllosen anderen Nibelungen auch. Gerade hat Alberich den Bruder gezwungen, ein geheimnisvolles Geschmeide zu fertigen, das Mime vergeblich zu verbergen sucht. Alberich entreißt es ihm und probiert dessen Zauberkraft sogleich an dem übertölpelten Bruder aus. Unsichtbar durch eine Zauberformel und den Tarnhelm, versetzt Alberich dem Zwerg einige Hiebe und demonstriert so, allgegenwärtig und nirgendwo zugleich seine Macht über die Nibelungen ausüben zu können. Da erreichen Wotan und Loge den unfreundlichen Ort und fragen den geschundenen Zwerg, wer ihn so unterjoche. Mime verrät lamentierend sogleich das Geheimnis des von ihm selbst geschmiedeten Tarnhelms. Inzwischen tobt Alberich unsichtbar durch die Schächte Nibelheims und treibt, wieder sichtbar geworden, seine Untertanen zur Arbeit an. Dann entdeckt er die beiden Fremden und baut sich herausfordernd vor ihnen auf, prahlt mit seinen Schätzen und droht mit seiner Macht. Listig schmeichelt Loge dem Despoten und veranlaßt ihn, seine Künste vorzuführen. Alberich verwandelt sich zunächst in einen Riesenwurm und dann in eine Kröte, die Wotan und Loge augenblicklich fangen, ihr den Tarnhelm entfernen und Alberich in seiner natürlichen Gestalt fesseln, um ihn nach oben zu entführen. – Freie Gegend auf Bergeshöhen: Um sich loszukaufen, muß Alberich den Nibelungenhort herbeischaffen lassen. Daß auch das Helmgeschmeide zur Beute gehören soll, nimmt Alberich noch zähneknirschend hin. Als aber auch der Ring gefordert wird, sträubt er sich verzweifelt. Wotan reißt ihm den Ring mit Gewalt vom Finger. Seiner Macht beraubt, wird Alberich freigelassen und rächt sich durch einen furchtbaren Fluch:»Wie durch Fluch er mir geriet, verflucht sei dieser Ring! Gab sein Gold mir – Macht ohne Maß, nun zeug sein Zauber Tod dem – der ihn trägt! Kein Froher soll seiner sich freu'n; keinem

Glücklichen lache sein lichter Glanz; wer ihn besitzt, den sehre Sorge, und wer ihn nicht hat, nage der Neid! Jeder giere nach seinem Gut, doch keiner genieße mit Nutzen sein'; ohne Wucher hüt' ihn sein Herr, doch den Würger zieh' er ihm zu!« Während der Beraubte sich davonmacht, kehren die Riesen mit Freia zurück. Sie verlangen, daß Freias Gestalt ganz von Gold verdeckt werden müsse, und erspähen schließlich noch Lücken, die zuerst mit dem Tarnhelm und dann mit dem Ring verstopft werden sollen. Wotan aber weigert sich, den eben erbeuteten Ring wieder herauszugeben. Gerade wollen die Riesen mit Freia abziehen, als sich die Erde auftut und Erda erscheint, die Wotan mahnt, den Ring zu meiden. Wotan willigt zögernd ein, und schon wirkt sich Alberichs Fluch aus: Um den Ring für sich zu gewinnen, erschlägt Fafner den Bruder, rafft das Gold zusammen und eilt davon. Donner schwingt den Hammer gegen das aufziehende Gewittergewölk, und Froh hat vom Felsgestein zur Burg einen prächtigen Regenbogen geschlagen, auf dem die Götter nach Walhall einziehen. Vom Rheintal herauf hört man das Klagen der Nixen über das geraubte Gold.

Die Walküre:
I. Aufzug, das Innere eines Wohnraums: Auf der Flucht vor Verfolgern sucht Siegmund erschöpft Unterschlupf in Hundings Hütte, die er leer vorfindet. Todmüde legt er sich nieder, wird aber sogleich wieder aufgeschreckt, als Sieglinde, Hun-

dings Frau, den leicht verletzten Gast vorfindet und pflegt. Hunding ist unterwegs, und Siegmund erzählt der jungen Frau von seinem Unglück. Er will wieder gehen, wird aber von Sieglinde sanft zurückgehalten. Siegmund beschließt, Hunding zu erwarten, dessen Horn man schon hört und der dann verwundert den Fremdling vorfindet. Argwöhnisch fragt er ihn aus und gewährt ihm selbst dann noch Gastrecht, als er feststellt, daß Siegmund zu jener Sippe gehört, die er verfolgt und deren Spur nun in seinem eigenen Haus endet, bei Siegmund. So kündet er dem ungebetenen Gast an, ihn am nächsten Tag mit der Waffe zu stellen. Sieglinde verliert sich in Gedanken, bereitet dann aber kurzentschlossen einen betäubenden Schlaftrunk für Hunding und geht in die Kammer. Unbehaglich und innerlich erregt legt sich auch Siegmund nieder, findet jedoch keinen Schlaf und erinnert sich der Worte seines Vaters, dereinst in höchster Not eine Waffe vorzufinden. Plötzlich funkelt Metallglanz im Eschenstamm; Siegmund aber glaubt, der Glanz sei nur eine Erinnerung an Sieglindes Blick, deren Erscheinung ihm nicht aus dem Sinn gehen will. Da schleicht sie sich selbst in die dunkle Halle, um Siegmund die Waffe im Eschenstamm zu zeigen. Sie berichtet auch von der Geschichte dazu, als bei ihrer unwürdigen Verbindung mit Hunding ein fremder Greis mit großem Hut und verdecktem Auge das Hochzeitsmahl besuchte und das

Schwert bis zum Heft in den Stamm stieß. Nicht nur Dank, sondern heißblütiges Verlangen keimt in Siegmund auf, als plötzlich die Tür aufspringt und mit dem Mondlicht auch Frühlingsduft in den Saal strömt. Glückselig umarmt sich das Paar, das sich als Bruder und Schwester erkennt und dennoch zum Liebespaar wird. Als Brautgabe zieht Siegmund das für ihn bestimmte Schwert »Notung« aus dem Stamm; dann flieht er mit Sieglinde aus Hundings Hütte.

II. Aufzug, ein wildes Felsengebirge: Bei dem Zusammentreffen Wotans mit seiner Lieblingswalküre Brünnhilde verfügt der Gott den Sieg Siegmunds über Hunding, als Fricka mit ihrem Widdergespann heranjagt und den Gatten gerade deswegen zur Rede stellen will. Denn ihr mißfallen vor allem der Ehebruch Sieglindes und ihre blutschänderische Liebe zu Siegmund. Gleichzeitig wirft sie dem Gatten vor, die heiligen Gesetze zu mißachten und so das Ende der Götter herbeizuführen. Zu seiner Verteidigung deutet Wotan seine geheimen Pläne an, gerade mit der Hilfe eines Helden, »der, ledig göttlichen Schutzes, sich löse vom Göttergesetz«, das Ende zu verhindern, um zu tun, was dem Gott selbst verwehrt ist: den Ring erneut zu gewinnen. Fricka aber vermutet nur Täuschung hinter dem tiefsinnigen Plan und traut den Ränken des Gatten nicht, der den Wälsungensohn für die eigene Sache einspannen will. Fricka argumentiert: »Siegmund verfiel mir als

Knecht«; er dürfe nicht siegen, »dem Frechen zum Sporn, dem Freien zum Spott«; Wotan und Brünnhilde dürften ihn nicht weiter schützen vor Hundings Rache. Und Wotan muß es beeiden. Als Brünnhilde zurückkehrt, ist es beschlossene Sache, daß Siegmund falle, um Frickas Ehre zu retten, und Wotan soll den Beschluß seiner Wunschmaid verkünden. Triumphierend geht Fricka ab. Zutraulich bittet nun Brünnhilde den Vater, seinen Sinneswandel zu erklären, denn sie selbst sei sein Wille, was Wotan bestätigt: »mit mir nur rat' ich, red' ich zu dir«. So entwirft er einen Abriß seines Willens und Wollens, erzählt die Geschichte des Rheingolds, berichtet von der Herkunft der Walküren und deren Aufgabe, das Ende der Götter zu wenden, und offenbart schließlich sein Geheimnis, mit menschlichen Helden die eigenen Gesetze zu umgehen. Dies alles, um Alberichs Willen zur Macht zu brechen und zu verhindern, daß jener jemals wieder in den Besitz des Ringes komme. »Der durch Verträge ich Herr, den Verträgen bin ich nun Knecht«, faßt Wotan seine Situation zusammen, und er kommt nicht von dem Gedanken los, daß einzig ein freier Held den Ring zurückgewinnen könne. Siegmund solle es sein, der Frickas Starrsinn geopfert werden muß. Zwangsläufig richtet sich nun Wotans Wille darauf, das Ende selbst zu wollen. »Und für das Ende sorgt Alberich«, sieht Wotan voraus, dem es nicht entgangen ist, daß es dem

»Liebelosen« durch Gold gelang, einen Sohn zu zeugen, Hagen, den Nibelungensohn. Und als Wotan der Tochter den Auftrag erteilt, Siegmund töten zu lassen, versucht sich Brünnhilde gegen Frickas Entscheidung und für Wotans heimlichen Willen einzusetzen, wird aber barsch abgewiesen und zur Ausführung des Befehls veranlaßt.

III. Aufzug, auf dem Gipfel eines Felsberges: Mit wilden Walkürenrufen jagen die Wunschmaiden auf ihren Rössern heran und versammeln sich, um erschlagene Helden nach Walhall zu schaffen. Sie warten noch auf Brünnhilde, die erschöpft mit Sieglinde ankommt und von den Schwestern Schutz vor Wotans Zorn erbittet. Doch die Walküren sträuben sich ängstlich, und auch Sieglinde will sterben. Als sie jedoch erfährt, einen Sohn unter dem Herzen zu tragen, will sie dafür auch leben. Brünnhilde rät ihr, allein zu fliehen; den Zorn Wotans will sie inzwischen auf sich selbst lenken. Brünnhilde steckt der werdenden Mutter noch die Schwertstücke Notungs zu und drängt Sieglinde zur Flucht. Im Gewittersturm braust Wotan heran und ruft nach Brünnhilde, die sich hinter den Schwestern verbirgt. Vergeblich bitten die Walküren um Schonung für die Schwester. Wotan zeiht sie des Frevels am Göttergebot und fordert unerbittliche Strafe. Da stellt sich Brünnhilde dem Vater und wird von Wotan aus der Schar der Walküren ausgeschlossen. Das Gezeter der Schwestern prallt ungehört an Wotans Gesetzeswillen ab, der die Walküren davonjagt. Allein mit Wotan, versucht Brünnhilde sich demütig zu rechtfertigen, getan zu haben, was Wotans heimlicher Wunsch war, den er aber selbst nicht mehr ausführen durfte. Aber gerade deshalb muß der Gott hart bleiben, mitleidlos vorgehen und verkünden: »In festen Schlaf verschließ' ich dich: wer so die Wehrlose weckt, dem ward, erwacht, sie zum Weib.« Und erst nach ihrem eindringlichen Flehen, nicht schutzlos jedem Feigling ausgeliefert sein zu wollen, akzeptiert Brünnhilde: »Auf dein Gebot entbrenne ein Feuer, den Fels umglühe lodernde Glut.« Ergriffen und gerührt verabschiedet sich Wotan von seiner Wunschmaid und entküßt ihr die Gottheit. Dann ruft er Loge, den Feuerwall um die schlafende Brünnhilde zu legen, und bestimmt: »Wer meines Speeres Spitze fürchtet, durchschreite das Feuer nie!«

Siegfried:
I. Aufzug, Wald: In seiner Waldhütte, in der auch Siegfried aufwächst, arbeitet Mime an einem Schwert für den jungen Helden, der die Waffen des Schmieds wie Spielzeug zerhaut. Da erinnert sich Mime in der zwecklosen Mühe seiner Kunst an die Bruchstücke Notungs, die ihm die sterbende Sieglinde zusammen mit dem Knaben anvertraut hatte. Aber Mime weiß auch, daß er selbst Notung nicht schmieden kann, mit dem Siegfried wiederum den in einen Riesenwurm verwandelten Fafner besiegen

könnte, um den Ring zu gewinnen. Da unterbrechen Siegfrieds übermütige Rufe den spekulierenden Zwerg, den zu erschrecken Siegfried einen leibhaftigen Bären mitschleppt. Nach einem neuen Schwert befragt, hält Mime ängstlich eines bereit, das Siegfried sogleich am Amboß zerschlägt. Und unwillig schlägt er auch die dargebotene Speise aus Mimes Hand, der jammernd von fehlender Dankbarkeit stammelt und dem wilden Knaben vorhält, ihm nichts recht machen zu können. Mitleidig wendet sich Siegfried nun doch dem Zwerg wieder zu und fragt mehr sich als ihn, wie es wohl komme, daß er Mime nicht leiden könne. Der will des Knaben Antipathie auf seine Wildheit schieben und verlangt seine Anhänglichkeit. Aber als Siegfried nach der Mutter fragt, die doch alle Tiere im Walde besäßen, und er feststellt, daß sein Spiegelbild im Wasser so gar keine Ähnlichkeit mit Mime habe, sucht der Zwerg verlegen Ausflüchte, behauptet gar, ihm Vater und Mutter zugleich zu sein, und rückt erst mit der Wahrheit heraus, als ihn Siegfried tätlich angreift und würgt. Jetzt berichtet der Zwerg von Sieglinde, die sterbend ihm das Kind übergab, das Siegfried genannt werden sollte. Aber auch diese Geschichte will Siegfried ohne Beweis nicht recht glauben, so daß Mime sich gezwungen sieht, die Bruchstücke des Schwerts hervorzukramen. Sofort verlangt Siegfried, daß der Zwerg es ihm schmiede, noch heute. Schon stürmt der Knabe wieder in den Wald, überglücklich, erfahren zu haben, daß Mime sein Vater nicht sei. Der aber bleibt ratlos zurück und weiß nicht, wie er es beginnen soll, Notung zu schmieden. Erschrocken fährt Mime aus seinen trostlosen Gedanken auf, als plötzlich ein Gast kurze Rast begehrt. Er stellt sich als »Wanderer« vor. Mime versucht ihn abzuweisen. Der Wanderer jedoch schafft sich unbeirrt Einlaß, um sogleich seinen Kopf darauf zu wetten, drei beliebige Fragen Mimes zu beantworten. Verfängliche Fragen zu stellen scheint dem Hausherrn das einzige Mittel zu sein, den ungebetenen Gast wieder loszuwerden. Deshalb fragt er nach so scheinbar entlegenen Dingen wie nach den Geschlechtern der Nibelungen, der Riesen und der Götter, die Wotan natürlich mühelos zu beantworten weiß. Und nun hat der Gott den Zwerg in der Schlinge, denn jetzt stellt Wotan die Fragen, und Mime muß seinen Kopf zum Pfand setzen. Die ersten beiden Fragen, die nach dem Wälsungengeschlecht und die nach dem Schwert Notung, weiß Mime noch zu beantworten. Aber als der Wanderer den schon voreilig triumphierenden Zwerg nach dem Schmied fragt, der Notung wieder zur Waffe schweißen könnte, gerät Mime in Panik und muß die Antwort versagen. Wotan aber fordert des Zwergen Haupt nicht selbst ein, sondern verkündet mit der Antwort auch gleich den Richter: »Nur wer das Fürchten nie erfuhr, schmiedet

Notung neu.« Während sich der Wanderer davonmacht, wird Mime von lähmendem Entsetzen gepackt; schreiend sinkt er hinter dem Amboß zusammen. Schon aber bricht Siegfried wieder aus dem Waldgesträuch hervor, stürmt in die Hütte und verlangt ungestüm nach dem geschmiedeten Schwert Notung. Verstört weicht Mime der Forderung aus, gibt zu, sein Haupt verwettet zu haben an den, »der das Fürchten nicht gelernt«, und ist nun besorgt, nachzuholen, was er an dem Knaben versäumte, ihn das Fürchten zu lehren. Und als Siegfried es selbst verlangt, das bisher entbehrte Gefühl der Furcht zu erleben, erzählt Mime von dem furchtbaren Wurm in der Neidhöhle, wo Siegfried das Fürchten mit Sicherheit lerne. Als aber Siegfried erneut auf das geforderte Schwert zurückkommt, gibt Mime zu, es nicht schmieden zu können. Da entreißt ihm Siegfried die Stücke und macht sich selbst an die Arbeit. Mime tut zunächst schulmeisterlich, dann ist er entsetzt über die Art und Weise, wie laienhaft der Heißsporn zu Werke geht, und muß doch einsehen, daß das Schwert gelingt. Jetzt gibt es für den Zwerg nur noch eine Sorge: sein Haupt vor dem Knaben zu hüten, der womöglich auch Fafner besiegt und das Fürchten nicht lernt. Während Siegfried mit Feuereifer sich Notung neu schafft, sinnt Mime auf eine List, sowohl seinen Kopf zu retten als auch den Ring zu gewinnen. Da hilft nur eines, den Knaben zu vergiften, sobald er den

Riesen gefällt hat. Sofort macht sich Mime daran, vorsorglich einen giftigen Sud zu brauen. Indessen hat Siegfried sein Werk vollendet und zerspaltet, um Notungs Schärfe zu prüfen, jauchzend den Amboß, worauf Mime vor Schreck zu Boden fällt. II. Aufzug, tiefer Wald vor Fafners Höhle: Alberich schleicht schon eine ganze Weile um die Höhle und befürchtet, daß bald »des Wurmes Würger« nahe. Statt dessen stellt sich der Wanderer ein und spricht mit Alberich, der sogleich neue Ränke vermutet. Wotan aber verweist den Schwarzalben auf seinen Bruder, der Siegfried benutzen will, um an den Ring zu kommen. Alberich zweifelt allerdings zu Recht, daß Wotan ihm wirklich den Schatz gönnt. Doch schon weckt der Gott den Wurm, um ihm seinen Tod durch Siegfried zu künden. Alberich will daraus Kapital schlagen und mit dem sprechenden Untier einen Handel abmachen: »Laß mir den Ring zum Lohn, so wend ich den Streit.« Doch Fafner antwortet gelangweilt: »Ich lieg' und besitze: – laßt mich schlafen!« Da so der Handel fehlschlägt, empfiehlt Wotan, daß Alberich sich nun an den Bruder halten solle, mit dessen Art er sich wohl besser verstünde. Dann entschwindet Wotan im Sturmwind, und Alberich droht dem Göttergelichter mit seinem trotzigen Willen zur Macht, bevor er sich wieder in den Felsen verbirgt. Bei Tagesanbruch erreichen Siegfried und Mime den Ort vor der Höhle.

Ungläubig befragt Siegfried den Zwerg, ob er hier das Fürchten wohl lerne? Furchtbar beschreibt Mime den Wurm, doch Siegfried bleibt völlig unbeeindruckt und fragt nur danach, ob das Untier auch ein Herz habe wie andere Tiere. Mime bejaht, und Siegfried schickt den lästigen Begleiter wütend weg. Behaglich streckt sich der Knabe unter einer Linde auf dem Waldboden aus und verfällt in schweigendes Sinnen. Er grübelt über den Vater und die Erscheinung der Mutter nach und fragt sich, der Auskunft Mimes gedenkend: »Sterben die Menschenmütter an ihren Söhnen alle dahin?« Dann hört er eine ungewohnte Vogelstimme und versucht, auf einem Rohr den schalkhaften Sänger zu imitieren. Der Versuch mißlingt kläglich, und Siegfried nimmt nun sein Horn. »[…] auf dem dummen Rohre gerät mir nichts. – Einer Waldweise, wie ich sie kann, der lustigen sollst du lauschen«, verspricht er dem Vögelchen. Nach kurzer Zeit aber kommt als Antwort der gähnende Laut des Riesenwurms, der sich von seinem Lager erhoben hat und sich Siegfried entgegenwälzt. Lachend und etwas verwundert begrüßt Siegfried den »sauberen Gesellen«: »Da hätte mein Lied mir 'was liebes erblasen!« Da das Untier reden kann und beide sich zunächst mit Imponiergehabe begegnen, kommt der Kampf nur allmählich in Gang. Dann aber stößt Siegfried sein Schwert blitzschnell in Fafners Herz. Erst jetzt fragt das sterbende Ungetüm nach des Knaben Namen und gibt Auskunft über sich und den Hort. Doch als Siegfried Näheres über sich erfahren möchte, verendet der Wurm und fällt auf die Seite. Siegfried zieht nun sein Schwert aus Fafners Herzen, bemerkt, daß das Blut des Tiers wie Feuer brennt, führt unwillkürlich die blutigen Finger zum Mund und glaubt plötzlich die Waldvögel sprechen zu hören. Und tatsächlich spricht eine Vogelstimme deutlich vernehmbar zu ihm und gibt ihm Anweisungen über den zu gewinnenden Hort in der Neidhöhle. Siegfried folgt dem Rat und holt sich das Geschmeide des Tarnhelms und den Ring. Inzwischen begegnen sich Alberich und Mime, als sie vorsichtig zur Höhle schleichen, um sich von Fafners Tod zu überzeugen. Offenbar aber kommen sie wieder einmal zu spät, denn gerade tritt Siegfried aus der Höhle und steckt sich das Geschmeide an den Gürtel und den Ring an den Finger. Verärgert verschwinden die beiden Schwarzalben im Wald. Der Waldvogel warnt Siegfried gerade noch vor Mimes Anschlag, als der Zwerg wieder hervorkommt, scheinheilig den Helden begrüßt und fragt, ob er nun das Fürchten gelernt habe. Beredt sucht Mime seine schlimmen Gedanken zu verbergen, die Siegfried offenbar wie das Vogelgezwitscher zu entschlüsseln vermag. So nimmt nicht etwa Siegfried, sondern Mime, der dem Helden einen betäubenden Trank reicht, um ihn anschließend umbringen zu können, ein böses Ende. Vom Waldvogel gewarnt und

selbst die Absichten Mimes durchschauend, erschlägt Siegfried kurzerhand den Zwerg. Dann wälzt er noch den toten Wurm vor die Neidhöhle und erfährt von dem Vöglein, daß auf einem von Feuer umloderten Felsen Brünnhilde schläft, die seiner harre. Der Vogel flattert Siegfried voraus, um den Weg zu zeigen. III. Aufzug, wilde Gegend am Fuß eines Felsenbergs: Um sich seiner Absichten zu vergewissern, ruft Wotan nochmals Erda aus tiefem, urwissendem Schlaf. Sie will den lästigen Frager auf die Nornen verweisen, die das Schicksal spinnen, und braucht dann doch kaum zu antworten, da Wotan mehr im Selbstgespräch seine Gedanken über das Ende der Götter und den Auftrag Siegfrieds äußert. In der Morgendämmerung naht Siegfried dem Felsen. Das Vöglein flattert plötzlich unschlüssig hin und her und verschwindet im Hintergrund. Siegfried will schon den Berg erklimmen, als ihm Wotan den Weg verstellt. Anfangs noch gutwillig dessen Fragen beantwortend, wird Siegfried zusehends ungeduldig, als der Wanderer die erbetene Auskunft über den Weg zum Brünnhildenfelsen verzögert und sich gar selbst als dessen Hüter erklärt. Siegfried aber läßt sich nicht halten, selbst von Wotans Speer nicht, den er in zwei Stücke zerschlägt. Resigniert weicht Wotan zurück, und Siegfried stürzt sich jauchzend in den Feuerwall, um ihn zu durchschreiten. Staunend empfindet er die »selige Öde auf sonniger Höh« jenseits des Feuers und erblickt zunächst ein schlafendes Pferd. Dann fällt sein Blick auf eine schlummernde kriegerische Gestalt. Als er hinzutritt, Helm und Panzer löst und unerwartet einen weiblichen Körper enthüllt hat, erschrickt er furchtbar und weiß nicht, wie er sich verhalten muß. Urplötzlich empfindet Siegfried, daß dieses bange Gefühl wohl das Fürchten sei. Sogleich aber ist er bereit, die Furcht zu überwinden, und küßt das Weib, das sein Rufen nicht hört: »So saug' ich mir Leben aus süßesten Lippen – sollt' ich auch sterbend vergeh'n!« Brünnhilde schlägt die Augen auf, und Siegfried bleibt wie gebannt vor ihr stehen. Sie richtet sich langsam auf und begrüßt die Sonne, das Licht und den Tag und fragt nach dem Helden, der sie erweckt hat. Wieder selbstbewußt, gibt sich Siegfried zu erkennen, und jubelnd fällt sich das füreinander bestimmte Liebespaar in die Arme. Und obgleich Siegfried den dunklen Sinn von Brünnhildes Wissen nicht voll zu verstehen vermag, begehrt er ungestüm die entmachtete Walküre zum Weib, das erst allmählich zum Menschenweib wird und unter Siegfrieds heißblütigen Werbungen dieses neue Bewußtsein erst langsam erlangt. Dabei fällt sie jedoch in Angstzustände zurück vor den unbekannten Gefühlen, die sie erst voll akzeptiert, als ihr der Götter Untergang klar vor Augen steht und sie den menschlichen Tod als Konsequenz ihrer Liebe zu Siegfried annimmt: »Leuchtende Liebe, lachender Tod!« sind die letzten Worte.

Götterdämmerung:
I. Aufzug, Vorspiel, wie Schluß von *Siegfried,* Nacht: Drei Nornen spinnen am Seil des Weltgeschehens und erinnern sich der Geschehnisse, die zu Wotans Weltherrschaft führten und zum Untergang der Götter; dann verwirrt sich das Seil und zerreißt schließlich. Die Nornen verschwinden. Bei Sonnenaufgang treten Siegfried und Brünnhilde aus dem Steingemach. Beide versichern sich ihrer Liebe. Siegfried reicht der Geliebten als Pfand seiner Liebe und Treue den Ring. Brünnhilde gibt Siegfried dafür ihr Roß Grane, mit dem er sich zu neuen Taten aufmacht. Lange lauscht Brünnhilde seinem Hornruf nach. – Halle der Gibichungen am Rhein: An einem Tisch sitzen Gunther, Gutrune und Hagen. Hagen rät seinem Halbbruder und Gutrune, zu heiraten; er hat auch konkrete Vorschläge zur Hand: Brünnhilde, das herrlichste Weib der Welt, für seinen König und Siegfried für dessen Schwester Gutrune. Aber es gäbe Schwierigkeiten, meint Hagen, Brünnhilde zu gewinnen, denn »ein Feuer umbrennt ihren Saal: nur wer durch das Feuer bricht, darf Brünnhildes Freier sein«. Daß das Feuer nur Siegfried überwinden kann, weiß auch Hagen und außerdem, daß er Siegmunds und Sieglindes Sohn ist. Schließlich spricht Hagen vom Nibelungenhort und von dem Ring, der Weltherrschaft bedeute. Gunther reagiert ungehalten, da Hagen ihm eine Braut anpreise, die nur Siegfried erringen könne. Doch des

Nibelungen Sohn weiß hier Rat: Durch einen Zaubertrank, der Vergessen bewirke, soll Siegfried zuerst Gutrunes Gatte werden; dann soll der Held verpflichtet werden, die in seiner Erinnerung ausgelöschte Brünnhilde für Gunther zu gewinnen. Schon ist Siegfrieds lustiger Hornruf aus der Ferne zu hören, und Hagen, der den Helden auf dem Strom erspäht, fordert ihn auf, anzulegen und in die Halle des Königs zu kommen. Siegfried folgt der Einladung, springt mit seinem Roß aus dem Kahn und begrüßt die Männer. Gunther und Siegfried tauschen Freundschaftsbekundungen aus, und Hagen erkundigt sich nach dem Nibelungenhort. Bei dieser Gelegenheit wird erst jetzt Siegfried durch Hagen auf die Zauberkraft des Tarnhelms aufmerksam gemacht. Hagen fragt aber auch indirekt nach dem Ring, den Siegfried als Liebespfand bei Brünnhilde zurückgelassen hat. Gutrune tritt ein und geht mit einem gefüllten Trinkhorn zum Willkommensgruß auf Siegfried zu. Es ist der von Hagen angeordnete Vergessenstrank, den Siegfried in vollen Zügen zu sich nimmt. Danach heftet er seinen Blick leidenschaftlich auf Gutrune, um ihr ohne Umschweife einen Antrag zu machen. Gunther gesteht, eine Frau zu begehren, die er nicht selbst erringen könne, weil sie auf einem feuerumloderten Felsen sei. Wie träumend hat Siegfried Gunthers Worte nachgesprochen, kann sich selbst aber bei der Nennung von Brünnhildes Namen nicht mehr an sie erinnern.

Naiv bietet er dem König seine Dienste an: »Ich – fürchte kein Feuer: für dich frei' ich die Frau […]« Blutsbrüderschaft wird geschlossen, von der sich Hagen wohlweislich ausschließt. Siegfried hat es eilig, mit Gunther zum Brünnhildenfelsen zu kommen, da ihm Gutrune als Lohn versprochen wird. Zufrieden bleibt Hagen zurück. Sein durchtriebener Plan, doch noch an den Ring des Nibelungen zu kommen, scheint realisierbar. Brünnhilde sitzt in ihrer Felsenhöhle und betrachtet erinnerungsschwer Siegfrieds Pfand, den Ring. Plötzlich ziehen finstere Gewitterwolken auf, aus denen Waltraute auf ihrem Luftroß heranprescht. Brünnhilde wundert sich sehr, daß die Walkürenschwester es wagt, entgegen Wotans Befehl sie zu besuchen, und erzählt ihr von Siegfried, der sie erweckte. Waltraute aber sorgt sich um der Götter Geschick. Wotan irre mit den Splittern seines Speers umher, berichtet die Walküre, und der Vater befahl, die Weltesche zu fällen; er rühre Freias Äpfel nicht mehr an und sitze stumm auf seinem Thron. Waltraute sucht deshalb Hilfe bei Brünnhilde, die nur den Rheintöchtern den Ring an ihrem Finger zurückzugeben brauche, um den Untergang der Götter zu verhindern. Brünnhilde aber versteht die Schwester nicht und sieht sich außerstande, Siegfrieds Liebespfand herauszugeben. Was bedeutet ihr inzwischen das Schicksal der Götter gegen Siegfrieds Liebe? Ohne Einsehen schickt sie die zer-

knirschte Schwester fort. Die Dämmerung bricht schon herein, als
Brünnhilde das Nahen ihres Geliebten fühlt, dem sie jauchzend entge-
genstürzt. Zu ihrem Entsetzen tritt
ihr jedoch eine fremde Gestalt entgegen, die sich als Gibichung vorstellt und fordert, Brünnhilde solle
ihm als Braut folgen. Als sie dem
Fremden abwehrend den Ring ent-
gegenhält, der sie schützen soll, entreißt der in die Gestalt Gunthers
verwandelte Held ihr das Machtsymbol und schickt die Gedemü-
tigte in die Felsenhöhle.
II. Aufzug, am Ufer des Rheins vor
der Halle der Gibichungen: Hagen,
der wie schlafend an einer Säule der
Halle lehnt, wird unvermittelt von
seinem Vater Alberich angesprochen. Es entspinnt sich ein düsterer
Dialog über die gemeinsam geplanten Machenschaften, die in Alberichs Anspruch kulminieren: »Ich –
und du: wir erben die Welt [...]«
Dazu aber bedarf es des Ringes, den
Hagen erbeuten soll. Kaum ist Alberich verschwunden, erscheint Siegfried und berichtet, daß ihm ein
Paar zu Schiff folgt. Dann wird Gutrune gerufen, der Siegfried erzählt,
wie er Brünnhilde für Gunther gewann. Schon sieht man das Segel
seines Schiffs. Siegfried geht mit
Gutrune in die Halle. Hagen ruft
seine Mannen zusammen, denen
er aufträgt, Tiere für das bevorstehende Hochzeitsmahl zu schlachten,
und ein ausgelassenes Zechgelage
verspricht. Dann bereiten sie ihrem
König und Brünnhilde einen triumphalen Empfang. Siegfried und

Gutrune treten aus der Halle und
begrüßen das Paar. Brünnhilde ist
betroffen, ihren Geliebten an der
Seite Gutrunes zu sehen, und droht
in Ohnmacht zu fallen. Erst allmählich begreift sie, daß Siegfried sie
nicht mehr erkennt. Dann aber entdeckt sie an seinem Finger den Ring,
den ihr angeblich Gunther entriß.
Brünnhilde beginnt den Betrug zu
durchschauen. Hagen mischt sich
ein und stellt Siegfried als Betrüger
hin. Brünnhilde übermannt furchtbarer Zorn, und es verlangt sie nach
Rache. In wilder Verzweiflung offenbart sie, mit Siegfried vermählt zu
sein, der ihr Lust und Liebe abge-
zwungen habe. Der getäuschte Siegfried verteidigt sich mit seiner
Blutsbrüderschaft. Die Mannen aber
sind hellhörig geworden und mut-
maßen Treuebruch und Ehrverlust
des Königs. Siegfried aber ist bereit
zu schwören, keinen Eid gebrochen
zu haben. Aufs äußerste gereizt,
schwört Brünnhilde dagegen. Siegfried versucht den Streit als »Weiber-
gekeif« herunterzuspielen, gesteht
aber Gunther hinter vorgehaltener
Hand, Brünnhilde offenbar schlecht
mit dem Tarnhelm getäuscht zu
haben, und fordert laut dazu auf,
sich zum Hochzeitsmahl zu begeben. Übermütig schlingt er seinen
Arm um Gutrune und geht in die
Halle. Brünnhilde, Gunther und
Hagen bleiben zurück, und Brünnhilde fragt sich verzweifelt, wie die
Situation zu erklären und zu klären
ist. Zu allem Überfluß bietet auch
noch Hagen seinen Rat, die verratene Frau zu rächen. Brünn-

hilde zweifelt daran, da Siegfried im Kampf nicht zu bezwingen sei. Verletzbar sei der Held nur am Rücken, den er niemals einem Feind zuwende. »Und dort trifft ihn mein Speer!« ruft Hagen aus. Brünnhilde aber ahnt den Betrug und bezichtigt Gunther: »Hinter dem Helden hehltest du dich, daß Preise des Ruhmes er dir erränge!« Der König fühlt sich als betrogener Betrüger und sucht Hilfe bei seinem Halbbruder Hagen, der auf Siegfrieds Tod als einzigen Ausweg drängt. Und um Gutrune die Ermordung des Helden zu verbergen, soll der Anschlag bei einer Jagd ausgeführt werden.

III. Aufzug, wildes Wald- und Felsental am Rhein: Die Rheintöchter tauchen aus den Fluten auf und beklagen erneut den Raub des Goldes. Siegfried hat sich im Wald verirrt und gelangt an das Rheinufer, wo er mit den Nixen spricht, die den Ring an Siegfrieds Finger sehen und ihn haben wollen, wofür sie ihm Jagdglück versprechen. Schon will Siegfried den Nixen seinen Ring zuwerfen, als sie abwehren: »Behalt ihn, Held, und wahr ihn wohl, bis du das Unheil rätst [...]« Sie berichten nun vom Fluch des Ringes, der auch ihn noch heute ereilen würde. Diese Drohung aber macht den Helden nur trotzig und lebenverachtend. Die Nixen wenden sich ab von dem Toren. Aus der Ferne ist Hagens Ruf zu hören, dem Siegfried mit dem Horn antwortet. Hagen, Gunther und einige Männer kommen heran und laden zur Rast ein. Siegfried gesteht, noch keine Beute zu haben und lediglich Wassernixen begegnet zu sein, die ihm seinen Tod verkündet hätten. Hagen reicht ihm das Trinkhorn und fordert ihn auf, von seinen früheren Erlebnissen zu berichten. Siegfried kommt diesem Wunsch nach, erzählt von seiner Jugend im Wald bei Mime, von Notung, dem Schwert, das er sich selbst schuf, vom Kampf mit dem Drachen und vom Tod des heimtückischen Mime. Inzwischen hat Hagen das Trinkhorn wieder gefüllt und heimlich Kräutersaft hineingemischt. Siegfried trinkt arglos davon und entsinnt sich plötzlich wieder Brünnhildes auf dem Feuerfelsen, der er sich vermählte. Kaum hat er den Bericht beendet, fliegen zwei Raben aus dem Gebüsch, denen Siegfried nachblickt und dadurch Hagen seinen Rücken zukehrt. Hagen stößt augenblicklich mit seinem Speer zu und streckt den Helden nieder. Die Männer sind empört, doch Hagen rechtfertigt sich, Meineid gerächt zu haben. Sterbend erinnert sich Siegfried der herrlichen Braut Brünnhilde. Inzwischen ist es Nacht geworden. In banger Ahnung erwartet Gutrune den ihr versprochenen Helden in der Halle der Gibichungen. Schlimme Träume haben ihren Schlaf gestört. Doch nun kündigt sich Hagen lauthals an, weckt die Bewohner und fordert sie sarkastisch auf, Siegfried, den starken Helden, zu begrüßen, dessen Leiche in einem Zug herangetragen wird. Gutrune ist entsetzt und fällt in Ohnmacht. Hagen gibt zu, Siegfried erschlagen zu haben, und fordert als

Beute den Ring. Als auch Gunther das Erbe begehrt, geraten beide in Streit, und Gunther fällt von Hagens Hand. Schon beugt sich Hagen nieder, um den Ring von Siegfrieds Finger zu ziehen, da reckt sich dessen Hand drohend empor; Hagen schreckt voller Entsetzen zurück. Brünnhilde erscheint, um Rache zu nehmen. Sie fordert, einen Holzstoß am Rheinufer aufzuschichten, und versinkt in Erinnerungen an den toten Helden. Erst jetzt durchschaut sie die verworrenen Wege des Schicksals. Siegfrieds Leiche wird auf den Scheiterhaufen gelegt, und Brünnhilde nimmt den Ring an sich. Dann entzündet sie das Holz, besteigt ihr Roß und springt mit ihm in das hell auflodernde Feuer. Der Strom schwillt mächtig an, löscht den Brand, und die herbeigeeilten Rheintöchter ziehen Hagen, der nach dem Ring greifen wollte, mit in die Tiefe. Floßhilde hält jubelnd den Ring in die Höhe, während am Horizont ein heller Feuerschein den Brand Walhalls und den Untergang der Götter verkündet.

Musikdramaturgie: Wie *Rheingold* das längste pausenlose Bühnenwerk darstellt, ergänzen sich die einzelnen Teile der →Tetralogie, die sich ihrer Entstehung nach von 1848 bis 1874 über mehr als ein Vierteljahrhundert erstreckten, zum umfangreichsten Werk des Opernrepertoires. Den dichterischen Kern bildet die Siegfried-Sage, die sich W. so zurechtlegte, daß Siegfried, zusammen mit Brünnhilde, als Prototyp einer neuen Menschheit, die freilich an der bestehenden Gesellschaft scheitern mußte, herausgehoben werden konnte. Deshalb bildete *Siegfrieds Tod* (die spätere *Götterdämmerung*) auch den Kulminationspunkt der Tetralogie, der dichterisch zuerst ausgeführt und allmählich nach rückwärts in seine geschichtlichen und mythischen Dimensionen ausgelotet und zu immer weiter reichenden musikdramatischen Begründungen ausgebreitet wurde. Sowohl Siegfrieds Herkunft als auch Brünnhildes Ungehorsam und Verbannung bedurften einer Motivation, die selbst noch auf das Walten der Götter als schicksalsbestimmende Mächte und schließlich bis zum Urelement des Wassers als Uranfang (in der bühnenwirksamen Metapher des Rheins mit dem Rheingold als Quelle der Machtgier) zurückverfolgt werden mußten. Gleichzeitig eröffnete sich für W. mit dem Rückgang in den →Mythos die Darstellung utopischer Visionen. Die Kompositionsarbeit folgte selbstverständlich der vorliegenden Dichtung von ihrem Beginn im *Rheingold* bis zum Ende, also der dichterischen Fixierung entgegen. Und die musikalische Initialzündung ereignete sich in jenem somnambulen Schöpfungsakt, als W. den wogenden Es-Dur-Dreiklang, den er als elementare Vorstellung 1853 in La →Spezia erlebte, zum akustischen Ausgangspunkt des *Rheingold*-Vorspiels machte. Obgleich das *Rheingold* ein →Musikdrama für sich bildet, ist es doch gleichzeitig die musikdramatische

Exposition der Tetralogie. Entsprechend bevölkern prähistorische Wesen wie Götter, Halbgötter, Riesen, Zwerge und Nixen die Welt des *Rheingolds*, wobei man an all diesen Wesen, außer vielleicht an Erda, menschliche Züge gewahrt, die dem Publikum einen unmittelbaren Zugang verschaffen. Dennoch vollzog W. einen Schritt, der diesem Publikum nicht ohne weiteres verständlich war, die Verwandlung der Heldensage in einen Göttermythos, in eine Tragödie Wotans. Mit dem Übergang von der »Welt der Verträge« in das »Reich der Freiheit« scheitern jedoch nicht nur die Helden Siegmund und Siegfried, sondern auch Wotan, der Gott, dessen letzte freie Entscheidung nur noch das Ende sein kann. In Gang gebracht wird das Drama, als Fricka, die Hüterin der Ehe, Siegmunds Tod erzwingt, weil er und Sieglinde die geheiligte Ehe durch Inzest geschändet haben, und sich Brünnhilde, gleichsam im Einvernehmen mit Wotans Unterbewußtsein, gegen Frickas Entschluß auflehnt, so daß ihr Ungehorsam offiziell bestraft werden muß. Wie es im übrigen mit Recht und Gesetz, gemessen an zeitgemäßem Rechtsverständnis, in der Handlung des *Rings* bestellt ist, mögen einige Beispiele belegen: Die meisten Untaten verübt Wotan selbst, dem Raub mit Gewaltanwendung, Entführung, Vertragsbruch, Vorenthaltung fremden Eigentums, Ehebruch wie auch Anstiftung zum Mord zur Last gelegt werden müßten; Alberich begeht Diebstahl,

Raub und Brudermißhandlung; Fafner und Fasolt zusammen Geiselnahme; Fafner allein Brudermord; Loge stiftet zu Raub an und begeht gewaltsame Entführung. Im weiteren Verlauf der Handlung setzen sich die Untaten bis hin zum Mord an Siegfried fort, der sich notwendigerweise verstrickt und der Welt des Trugs nicht ohne eigenes Verschulden zum Opfer fällt. Musikalisch wird der Regenbogen als Brücke nach Walhall im arpeggierten Ges-Dur-Akkord akustisch dargestellt und gleichsam in lichtgebrochener Tonart auf den Beginn des *Rheingolds* (wo der Klang noch im wogenden Es-Dur steht) bezogen. Selbst die Tonart C-Dur, die traditionell dem Einfachen und Sieghaften verbunden ist, wird im *Rheingold* durch ihre auffallend enge Bindung an h-Moll gleichsam »getrübt« und ins Zwielicht gerückt, so daß jene Tonart mit falschen Siegen behaftet erscheint. Der Glanz Walhalls und seiner Götter ist trügerisch, aber sein Mythos lebte in der Oper des 19. Jh.s und hat noch heute für die Oper als Zwitterwesen einer Wort-Ton-Schöpfung wohl den adäquatesten Inhalt erhalten, der keineswegs auf einer Restauration des germanischen Götterglaubens beruht, sondern deren Untergang inszeniert, um den Zeitgeist zu spiegeln. Hierfür benötigte W. ein musikalisches Kommunikationsnetz, das gleichzeitig überschaubar und variabel sein mußte, die Technik des →Leitmotivs. Manche dieser Motive entstammen theatralischen Gesten wie das Speer- oder das Schwertmotiv, die gleichzeitig als Symbole für die »Welt der Verträge« und das »Reich der Freiheit« stehen. Aber die notwendige Menge der Motive stellte das eigentliche Problem dar, das W. erst durch jahrelanges Nachdenken zu lösen vermochte, indem er auf den Geniestreich verfiel, durch Motivreduktion auf Urmotive Überschaubarkeit zu erreichen, um aber gleichzeitig durch Motivvarianten ganze Motivfamilien zu erzeugen. Das Erda-Motiv wurde z. B. als Mollvariante ausgebildet und in rhythmischer Verkleinerung zum Unruhemotiv umgebildet, das Wotans Furcht vor der Götterdämmerung ausdrückt, Zusammenhänge und Individuationen werden musikalisch definiert. Außerdem berücksichtigt W. althergebrachte musikalische Affekte, die als ansteigende Melodik positive Entwicklungen, in absteigender Tonfolge Destruktionen zum Ausdruck bringen: Die Umkehrung des Naturmotivs bringt später das Götterdämmerungsmotiv hervor. Die Vermittlung von Götter- und Heroenmythos wird innerhalb des *Rings* durch die illustrativen Ereignisse in der *Walküre* vollzogen. Für die Wotan-Tragödie peripher, ist die Verwandlung der Göttertochter Brünnhilde in ein Menschenweib der entscheidende Schritt auf dem Weg zur Verwirklichung des →Reinmenschlichen, dessen Idee W. in den Protagonisten Siegfried und Brünnhilde zu versinnlichen suchte. Das von Wotan beschlossene Ende der Götter überträgt sich musikalisch in gleichsam sprachlos gewordene Motivzitate aus dem *Rheingold*. Und dem musikalischen Absterben der Götterwelt, die nur noch monologisierend von Wotan notdürftig am Leben gehalten wird, steht nicht so sehr das befürchtete Ende durch Alberich, sondern vielmehr der Zukunftsmensch Siegfried, der bereits im Mutterschoß Sieglindes heranwächst, entgegen. Noch ungeboren, wirkt dieser Menschensproß schon als Verstoß gegen Wotans Gesetze und treibt sein Wesen in dessen Bewußtsein (Brünnhilde). Parallel zu der von Wotan ungewollten Eigenverantwortung des neuen Menschen mit seiner Erinnerung an göttliches Recht, aber ohne Verabsolutierung der Macht, vollzieht sich in W.s »Wort-Ton-Sprache« die Ablösung von der Tradition der Opernästhetik, die den Kontrast von Rezitativ und Arie herausgebildet hatte, um im ersteren die Handlung voranzutreiben, im Arioso jedoch jene kontemplativ anzuhalten. In der →unendlichen Melodie erwuchs W. das kompositionstechnische Mittel, in kürzerem Raum auf Differenzierungen einzugehen, wobei allerdings die architektonische Gliederung in Rezitativ und Arie geopfert werden mußte. In *Siegfried* wird im Gegensatz zum baldigen Hinscheiden der Götter die Menschwerdung mittels ihres Protagonisten Siegfried erzählt. Und der Weg ist schier unermeßlich, den der kecke Drachentöter zum Prometheus vollzieht. Dennoch wird diese Geschichte als Märchen erzählt, die sich außerhalb historischer oder mythischer Zeit ereignet. Bezeichnenderweise durchstreift Wotan als »Wanderer« diese Märchenwelt gleichsam nur noch als Geist seiner selbst und kommt mit Siegfried nur ein einziges Mal in Berührung, als er dem Helden seine Tochter Brünnhilde freigeben muß und ein letztes Mal mit seinem Gesetzesspeer dem siegreichen Schwert Notung vergeblich Einhalt bieten will. Dem zielgerichteten Willen Wotans widersetzen sich in *Siegfried* vor allem die märchenhaften Stellen eines →Waldwebens, der Gesang des Waldvogels sowie Siegfrieds Rheinfahrt, die musikalisch von der sich selbst genügenden Schönheit der Welt erzählen und Politik außer acht lassen. Zu dieser Märchenwelt gehören aber vor allem ein naiver, gedächtnis- sowie herkunftsloser Held, ein sprechender Waldvogel und ein weiser Drache, den getötet zu haben Siegfried sogar leid tut. Der Hang zu liedhaften Teilen der Partitur von *Siegfried* geht einher mit dessen Ausbildung als Märchenoper, die wie Dornröschen mit der Erweckung Brünnhildes aus tiefem Schlaf endet. Der Übergang jedoch, um der Einheit der Tetralogie willen das Märchen wieder in den Mythos der *Götterdämmerung* überführen zu müssen, schaffte W. große Pein. Da er den musikdramaturgischen Weg nicht gleich finden konnte, brach er die Komposition nach dem II. Aufzug ab, um das Werk ganze zwölf Jahre beiseite zu legen. Die Verwandlung vollzog sich (nach den inzwischen komponierten

Musikdramen *Tristan* und *Meistersinger*), kompositionstechnisch dadurch beeinflußt schon im III. Aufzug von *Siegfried*, wo z. B. die chromatisierte Variante des emphatischen Liebesmotivs beim erotischen Erweckungsprozeß »Noch bist du mir die träumende Maid« sich in das Wesen der Musik, die nach Arthur →Schopenhauer das tönende Abbild der Welt sein soll, aus der Welt gleichsam auch musikalisch zurückzieht. Damit einher ging W.s neue Dissonanzbehandlung, die mit unaufgelösten Auflösungen operiert und die Auflösungen herkömmlicher Art als bloßen Hintergrund behandelt. Im Schlußduett Siegfried/Brünnhilde greift W. sogar auf eine Technik zurück, die nur bei W. nicht absurd erscheint, nämlich das Komplizierte als Grundlage des Einfachen erscheinen zu lassen. Die Melodie zu den Worten »Sie ist mir ewig, ist mir immer, Erb und Eigen, Ein und All'« ist diatonisch in einer Weise, die mit Volkston nicht das geringste zu tun hat und W. inmitten seiner Arbeit am hochromantischen *Tristan* eingefallen ist. Noch mehr aber verweist die Schichtung von Themen im Schluß von *Siegfried* auf die Kompositionstechnik, die sich in der *Götterdämmerung* als W.s avancierteste Leitmotivtechnik ausgewirkt hat. Seit Johann Sebastian →Bach ist mit W.s Kontrapunktik der horizontale und vertikale Tonsatz wieder ins Fadenkreuz totaler Übereinstimmung geraten und zu einem Mittel musikdramatischen Ausdrucks geworden. Was sich dann in der *Götterdämmerung* musikalisch ereignet, ist nicht weniger als eine dramatische Symphonie. In der Handlung freilich hat sich Siegfried so heillos in Hagens Intrigen verstrickt, daß der Held nur noch als Werkzeug zu agieren vermag. Statt seiner handeln die Leitmotive nur um so lebhafter und eigenständiger. Als wollten sie den Hintergrund der Ereignisse weben, verknüpfen sie Ahnungen und Erinnerungen über die ganze Tetralogie hinweg. Fast unentwirrbar und kaum noch durchhörbar werden die Motive in der *Götterdämmerung* übereinandergeschichtet. Dennoch versucht W. auch bei solchen Motivverdichtungen Ordnung zu schaffen, indem er wenige Hauptmotive, die zumeist gegenseitig kontrastieren, dominieren, andere als Nebenmotive oder Motivzitate auf ihr Stichwort erscheinen läßt und alle zusammen als überschaubare Gruppen zumeist in unregelmäßigen Perioden gliedert. Daß dabei ein Hauptmotiv der einen Periode zum Nebenmotiv in einer anderen werden kann, schafft die notwendigen Akzentuierungen, die sowohl durch gelegentliche Verfremdungen verwandter als auch durch Anverwandlungen fremder Motive in spezifische Sinnzusammenhänge gebracht werden können. Außerdem hat W. im III. Aufzug von *Siegfried* und in der *Götterdämmerung* weniger aus Rücksichten auf die Tugenden der traditionellen Oper als vielmehr aus musikdramatischen Gründen verstärkt gesungene Ensembles komponiert, um in

Momenten restlosen Einverständnisses zweier oder dreier Personen diese dramaturgische Tatsache zum Ausdruck zu bringen. Obgleich W. vorher aus grundsätzlichen Erwägungen das Durcheinander gleichzeitigen Singens, das besonders im Schauspiel absurd wäre, aus ähnlichen Gründen abgelehnt hat, nutzte er nunmehr wieder verstärkt die Möglichkeit der Musik, im mehrstimmigen Sologesang die Einzelstimmen sowohl auseinanderhalten als auch trennen zu können. Deshalb verschmähte W. dieses nur der Musik eigene Mittel gesteigerter Expressivität nicht länger. Wesentlich skrupulöser ging W. dagegen mit der philosophischen Konsequenz seiner Tetralogie um. In der Textfassung von 1852 konzipierte er noch ein »Reich der Freiheit« als Ausblick, das die Herrschaft von Wotans »trüben Verträgen« ablösen sollte. Unter dem Einfluß von Schopenhauers Philosophie jedoch formulierte W. 1856 eine Zukunft der Menschheit, die nicht durch Liebe, sondern durch Entsagung erlöst werden sollte. Komponiert hat W. 1874 weder die eine noch die andere Version, obgleich er der Schopenhauerschen mehr nachgab. Dennoch komponierte W. im Schluß der Tetralogie die »selige Liebe« aus und nicht eine musikalische Metapher von Entsagung und Verneinung des Willens. Mit einer Alternative zur Vernichtung der Welt sollte »in der Freiheit des menschlichen Bewußtseins«, wie W. schon im Prosaentwurf von 1848 das Ziel seiner

Menschheitsutopie formulierte, das Prinzip Hoffnung schon lange vor Ernst Bloch festgeschrieben werden. Das Prinzip einer »einheitlichen künstlerischen Form, die sich nicht nur über engere Teile des Dramas, sondern über das ganze Drama selbst als ein bindender Zusammenhang erstreckt«, hatte W. bereits in →*Oper und Drama* theoretisch begründet, wovon er im *Ring* konsequent praktischen Gebrauch machte. Er hatte sich allerdings schon seit dem *Holländer* das leitmotivische Rüstzeug verschafft und konnte nunmehr die Gerüste traditioneller Opernformen abbrechen, um die →Form des Musikdramas den musikalischen Bauelementen, den →Motiven, Harmonien und Rhythmen, anzuvertrauen. So wurde mit der Technik des Leitmotivs nicht nur eine spezifische Art von musikalischer Logik geknüpft, sondern die modifizierbare Technik wurde auch zu musikdramatischen Zwecken eingesetzt. Im *Rheingold* bildet sie bereits eine musikalische Rhetorik aus, die sich bis zu intellektuellem Blendwerk aufschwingt. So wie in der Dichtung Köder ausgelegt werden, die scheinbar die Handlung nur in die Irre führen, wird auch die Musik zu raffinierten Ablenkungsmanövern eingesetzt. In einer Situation, in der Wotan selbst in Schwierigkeiten ist, den versprochenen Lohn für Walhall in Gestalt Freias zu zahlen, lenkt Loge auf den Raub des Rheingolds ab, wodurch die Begehrlichkeiten der Riesen geweckt werden und Wotan auf eine

immerhin mögliche Alternative aufmerksam gemacht wird. Nach zähem Ringen um eine Vereinbarkeit der Gegensätze, einerseits nur eine geringe Anzahl von Motiven zu verwenden, um Überschaubarkeit und Rezeptionsfähigkeit zu gewährleisten, und andererseits hochdifferenzierte »melodische Momente« für die Ausbreitung des Motivzusammenhangs über das ganze Drama zu erreichen, muß für W. die Idee von wenigen Urmotiven, die in zahlreichen Ab- und Aufspaltungen modifizierbar sind, als die Lösung des gordischen Knotens erschienen sein. Denn mit dieser so gestaltungsfähig gemachten Leitmotivtechnik vermochte W. die Gegensätze zu überbrücken, konnte gleichzeitig auf die Periodenstruktur der herkömmlichen Oper verzichten und moderne kompositionstechnische Mittel seinem musikdramatischen Willen unterwerfen. Insofern hat W. mit der Leitmotivtechnik im *Ring* deren Kulminationspunkt erreicht, der qualitativ eine höhere Stufe auf dem Weg zum Musikdrama darstellt und vergleichbar mit dem Schritt von *Rienzi* zum *Holländer* ist. Mit der nun ausgereiften Leitmotivtechnik war es W. möglich geworden, Verwickeltes und Entlegenes durch Motivvarianten darzustellen, die deduktiv auf Urmotive zurückführbar sind, um dadurch auch dem Gefühl zugänglich zu werden. Mit dem Naturmotiv wird am Anfang des *Rheingolds* ein Urmotiv des Werdens gesetzt, das in bloßen Dreiklangsbrechungen des Es-Dur-

Dreiklangs auch musikalisch ein Urelement verkörpert. Bedenkt man
dabei, daß dieses in erhabener Mo-
notonie dahinströmende Motiv über
136 Takte hinweg die Ausdehnung
mancher Lieder übertrifft, so werden der Zusammenhang des Genialen mit dem Einfachen und das
Geniale aus der Umdeutung des
Einfachen unmittelbar ersichtlich.
Die Differenzierung des Einfachen
garantiert den Zusammenhang und
dient gleichzeitig der Charakterisierung.
Wirkungsgeschichte: Die meisten der
zahlreichen Intendanten, die zu den
ersten →Festspielen nach Bayreuth
gekommen waren, hielten den *Ring*
für unaufführbar in ihren eigenen
Häusern. →München wagte als erstes Theater eine Gesamtaufführung
1878, 1879 folgte →Wien und 1880
→Hamburg. Angelo →Neumann
brachte immerhin ein Gastspiel mit
vier Aufführungen des *Rings* 1881
im Berliner Viktoria-Theater zustande; Botho von →Hülsen wollte
lediglich die *Walküre* aufführen lassen. W. reiste eigens nach →Berlin,
um dieses eine Mal seinen *Ring*-
Zyklus außerhalb Bayreuths zu erleben. Neumanns spektakuläres »rei-
sendes Wagner-Theater« führte den
Zyklus auch nach →London, wo er
im Mai 1882 in Her Majesty's Theatre gegeben wurde. Danach organisierte Neumann eine sehr erfolgreiche *Ring*-Tournee, die im Sept. 1882
in Breslau begann und 1883 in Graz
endete; Zwischenstationen waren
Königsberg, Danzig, Hannover, Bremen, Barmen, Dresden, Amster-

dam, Brüssel, Aachen, Düsseldorf,
Mainz, Darmstadt, Karlsruhe,
Straßburg, Stuttgart, Basel, Venedig, Bologna, Rom, Turin, Triest
und Budapest. Insgesamt kamen 135
Aufführungen des *Rings* zustande.
Eine Einladung nach →Petersburg
und Moskau brachte den *Ring,* den
Carl Muck dirigierte, durch Neumann nach Rußland. Und in seinem
eigenen Haus, dem Deutschen
Theater Prag, hat Neumann den
Ring 1885 und 1887 inszeniert. Cosima Wagner machte sich in Bayreuth erst 1896 an eine Neuinszenierung des *Rings* und versuchte im
Sinne ihres verstorbenen Mannes
die ersten Festspiele von den ver-
bliebenen Mängeln zu befreien,
ohne W.s autorisierte Inszenierung
anzutasten. Dabei ging sie in den
realistisch-naiven Bühnendarstel-
lungen wohl etwas weit, vermochte
aber den Sängern ungewohnte Prä-
zision abzuverlangen. In New York
wurde der *Ring* erstmals 1889 gespielt. In französischer Sprache kam
der Zyklus 1911 in Paris heraus. –
Nirgends war jahrzehntelang der
Blick auf den →Mythos und seine
geistigen Hintergründe durch reali-
stische Darstellungsweisen so verstellt wie im *Ring.* Erst Adolphe
→Appias Szenarios brachten eine
Abkehr von der »szenischen Augen-
täuschung« und eine Hinwendung
zur Stilisierung, die auf das Wesentliche verweisen soll. Den Umschwung leitete ab 1905 Gustav
Mahler zusammen mit dem Bühnenbildner Alfred →Roller in Wien
ein. Inszenierungen in Dortmund

(1920/21) und in Düsseldorf von
Hans Wildermann bezogen sich auf
Appias Anregungen, die sich auch
in Bemühungen kleiner Theater um
den *Ring* fortsetzten: in Freiburg
i. Br. 1912/13 oder in Baden-Baden
1917, Hannover 1925 und Frankfurt
a. M. 1926/27 mit Bühnenbildern
von Ludwig Sievert. Auch in Stuttgart versuchte 1917 – 21 Felix Cziossek den Mythos ohne Realistik zu
vermitteln. Bruno Walter leitete
1921/22 im Münchener Nationaltheater einen *Ring,* der in der Regie
von Anna Bahr-Mildenburg und
mit Bühnenbildern von Leo Pasetti
in einer Mischung von realistischer
und stilisierter Darstellung aufwar-
tete. Durch ein Angebot aus Basel
bekam endlich Appia selbst Gelegenheit, 1924/25 das *Rheingold* und
die *Walküre* zu inszenieren, um
seine lang gehegten Vorstellungen
von W.s Mythos zu verwirklichen.
Er ging jedoch in seinen Abstraktionen so weit, daß das protestierende
Publikum den Abbruch erzwang.
Einen anderen wirkungsgeschicht-
lichen Markstein setzte Sergej Eisenstein mit seiner Inszenierung der
Walküre 1940 in Moskau. Und obgleich als politische Geste im Zusammenhang mit dem Grenz- und
Freundschaftsvertrag Rußlands mit
dem Deutschen Reich gedacht, versuchte der Regisseur, mythologi-
sches Denken zu aktivieren. Um die
Dichtung unmittelbar in Ausdruck
zu verwandeln, erfand Eisenstein
mimische Chöre und setzte Panto-
mimegruppen ein. Durch Bühnenbilder von Emil Pirchan 1928/29 in
Berlin und 1930 in Dresden wurden
Stilelemente des Expressionismus in
die Inszenierungen des *Rings* einge-
bracht. Noch weiter in eine »expressionistische Farblichtmusik« führte
der von Saladin Schmitt und Johannes Schröder inszenierte *Ring*
1922/23 in Duisburg. Das Jahr 1933
aber machte solchen Experimenten
in Deutschland ein Ende. Die
Machthaber der nationalsozialistischen Kultur versuchten den *Ring*
zur Heroisierung des Germanen-
tums zu benutzen und verordneten
Naturalismus auf den Bühnen. Um
so erstaunlicher hob sich deshalb die
Bayreuther Inszenierung von Emil
Preetorius 1933/34 ab, die in ihrer
Sachlichkeit das mythische Geschehen als Gleichnisse vorstellte und
jeglicher Historie entzog. Letztmals
vor dem Ende des Zweiten Weltkriegs wurde 1944 der *Ring* unter
Hans Knappertsbusch in Wien gegeben. Die W.-Enkel Wieland und
Wolfgang begannen 1951 in Bayreuth mit Neuinszenierungen, die
zunächst an die besondere Tradition
der Festspiele anknüpften, sich aber
bald daraus lösten. 1953/54 versetzte Wieland →Wagner das *Ring*-
Drama in einen Symbolraum, der
durch raffinierte Beleuchtungstech-
niken die handelnden Personen um
so deutlicher heraushob. Symbole
wie die Ringscheibe wurden auch in
der Inszenierung Wolfgang →Wag-
ners von 1960 verwendet. Dann
suchte Wieland W. in seiner Inszenierung von 1965 archetypische Bilder, um den musikalischen Chiffren
optische Analogien gegenüberzu-

stellen. Bei den Salzburger Osterfestspielen wurden in der Inszenierung von Herbert von Karajan und
Günther Schneider-Siemssen Menschen und Götter von einer über-
mächtigen Natur beeinflußt. Die
dazu herangezogene Projektions-
technik benutzte auch Wolfgang W.
in seiner Inszenierung in Bayreuth
1970, deren sich verwandelnde
Ringscheibe viel beachtet wurde. Im
Zustand dieser mehr oder weniger
vollständigen Scheibe spiegelte sich
die jeweilige Situation des Dramas.
Zum 100jährigen Jubiläum wurde
der *Ring* einem jungen französischen Regisseur, Patrice Chéreau,
anvertraut, der die mythologische
Zeitlosigkeit in eine epochenüber-
greifende Ortsbestimmung verwandelte und die politische Brisanz der
Parabel herausarbeitete. Da Patrice
Chéreau vom Schauspiel kam, löste
er gleichzeitig die bisher übliche
Statik der Darsteller in schauspielerische Aktivitäten auf. Im engen
Einvernehmen mit dem Dirigenten
Pierre Boulez, dem Bühnenbildner
Richard Peduzzi und dem Kostümbildner Jacques Schmidt kam eine
Neuinterpretation des *Rings* zustande, die anfangs großen Protest,
aber später begeisterten Beifall
hervorbrachte. Die mythologische
Weltgeschichte wurde als Macht-
mißbrauch und Ausbeutung entlarvt, die Hoffnung auf Liebe in
ihrer bitteren Enttäuschung gezeigt.
Eine Gegenreaktion blieb nicht aus,
als man 1983 den namhaften Dirigenten George Solti berief, der
durch ein englisches Team mit dem

Regisseur Peter Hall die wortwört-
lichen Szenenanweisungen W.s mit
den technischen Mitteln des 20. Jh.s
ausführen ließ, um die Geschichte
des *Rings* so unkompliziert wie
irgend möglich und doch schlüssig
zu erzählen. – Texte in: GSD Bd. 5,
S. 257 – 352 *(Rheingold)*, Bd. 6, S. 3 –
118 *(Walküre)*, S. 119 – 247 *(Siegfried)*,
S. 249 – 364 *(Götterdämmerung)*. –
Schallplattenaufnahmen →Disko-
graphie.
Lit.: G. B. Shaw, The Perfect Wagnerite. A Commentary on the Nibelung's Ring, London 1898; A. Smo-
lian, R. W.'s Bühnenfestspiel Der
Ring des Nibelungen. Ein Vademe-
cum, Berlin 1901; C. Saint-Saëns,
Bayreuth und der Ring des Nibelungen, in: Die Musik 1901/02; W.
Golther, Die sagengeschichtlichen
Grundlagen der Ringdichtung R.
W.s, Berlin 1902; W. A. Ellis, Die
verschiedenen Fassungen von »Siegfrieds Tod«, in: Die Musik 1903/04;
R. Petsch, Der Ring des Nibelungen
in seiner Beziehung zur griechischen
Tragödie und zur zeitgenössischen
Philosophie, in: R.-W.-Jahrbuch
1907; E. Istel, Wie W. am »Ring« arbeitete. Mitteilung über die Instru-
mentationsskizzen des »Rheingold«
und andere Manuskripte, in: Die
Musik 1910/11; W. Altmann, Zur
Geschichte der Entstehung und Veröffentlichung von W.s »Der Ring des
Nibelungen«, in: Allgemeine Musikzeitung 1911; E. Kloss u. H. Weber,
R. W. über den Ring des Nibelungen. Aussprüche des Meisters über
sein Werk in Schriften und Briefen,
Leipzig 1913; H. Wiessner, Der Stab-

reimvers in R. W.s »Ring des Nibelungen«, Berlin 1924; L. A. Leroy, W.'s Music Drama of the Ring, London 1925; W. Hapke, Die musikalische Darstellung der Gebärde in R. W.s Ring des Nibelungen, Leipzig 1927; O. Strobel, Die Originalpartitur von R. W.s »Rheingold«, in: Bayreuther Festspielführer 1928; ders., Die Kompositionsskizzen zum »Ring des Nibelungen«. Ein Blick in die Musikwerkstatt R. W.s, in: ebd. 1930; ders., R. W. Skizzen und Entwürfe zur Ring-Dichtung, mit der Dichtung »Der junge Siegfried«, München 1930; R. Grisson, Vom Werden der »Ring«-Dichtung. Authentisches zur Entstehungsgeschichte des Bühnenfestspiels, in: Bayreuther Festspielführer 1931; ders., Beiträge zur Auslegung von R. W.s »Ring des Nibelungen«, Leipzig 1934; A. Buesst, R. W. The Nibelung's Ring, London 1932; H. Engel, Versuch einer Sinndeutung von R. W.s »Ring des Nibelungen«, in: Musikforschung 1957; R. Donington, W.'s Ring and its Symbols. The Music and the Myth, London 1963; C. Dahlhaus, Formprinzipien in W.s »Ring des Nibelungen«, in: Beiträge zur Geschichte der Oper, hrsg. v. H. Becker, Regensburg 1969; W. Breig, Studien zur Entstehungsgeschichte von W.s »Ring des Nibelungen«, Diss. Freiburg 1973; C. v. Westernhagen, Die Entstehung des »Ring«, dargestellt an den Kompositionsskizzen R. W.s, Zürich 1973; P. Nitsche, Klangfarbe und Form. Das Walhallthema in Rheingold und Walküre, in: Melos/Neue Zeitschrift für Musik 1975; W. Breig u. H. Fladt, Dokumente zur Entstehungsgeschichte des Bühnenfestspiels Der Ring des Nibelungen, in: R. W., Sämtliche Werke, Bd. 29/1, Mainz 1976; D. Coren, Inspiration and Calculation in the Genesis of W.'s Siegfried, in: Studies in Musicology in Honor of O. E. Albrecht, Kassel 1977; WWV

Ring-Orchester

Das *Ring*-Orchester, d. h. genauer das Orchester der *Götterdämmerung* (1874), ist aus folgenden Instrumenten zusammengesetzt: Pikkoloflöte, 3 Flöten, 3 Oboen, Englischhorn, 3 Klarinetten, Baßklarinette, 3 Fagotte, 8 Hörner, 2 Tenortuben, 2 Baßtuben, Kontrabaßtuba, 3 Trompeten, Baßtrompete, 3 Posaunen, Kontrabaßposaune, 4 Pauken, Triangel, 2 Becken, Glockenspiel, 6 Harfen, 16 1. Violinen, 16 2. Violinen, 12 Violen, 12 Violoncelli, 8 Kontrabässe; dazu kommen im *Rheingold* 16 abgestimmte Ambosse.

Rio de Janeiro

In seinem *Epilogischen Bericht über die Umstände und Schicksale, welche die Ausführung des Bühnenfestspieles »Der Ring des Nibelungen« bis zur Veröffentlichung der Dichtung desselben begleiteten* (in: GSD Bd. 6, S. 365) erwähnt W. beinahe beiläufig, daß ihm ein Agent des Kaisers Peter II. von Brasilien die Neigung seines Souveräns für ihn und auch die deutsche Kunst eröffnet habe und W. nach Rio de Janeiro einladen wolle, damit er für die dortige italienische Operntruppe ein neues Werk schreibe. W. nahm diese Aufforderung nicht sehr ernst (obgleich er wegen seiner Schwierigkeiten in Europa des öfteren mit Auswanderungsvorstellungen kokettierte) und war nie in Südamerika.

Ritter, Alexander
Geb. 27. 6. 1833 in Narva (Estland), gest. 12. 4. 1896 in München; Musiker und Komponist. – Sohn von Julie →Ritter, Bruder von Emilie und Karl →Ritter. Er heiratete 1854 Franziska →Ritter, die Tochter von W.s Bruder Albert →Wagner. Seit seiner Dresdener Schulzeit war er mit Hans von →Bülow befreundet, in dessen Meininger Hoforchester er 1882 – 86 musizierte, nachdem er ab 1854 Kapellmeister in Weimar, 1856 in Stettin und 1863 in Würzburg war, wo er auch eine Musikalienhandlung betrieb. 1886 ging er nach München.

Ritter, Emilie
Tochter von Julie →Ritter, Schwester von Alexander und Karl →Ritter. Mit ihrer Mutter, die W. im Züricher →Exil finanziell unterstützte, war Emilie oft intime Adressatin von W.s brieflichen Gedanken.

Ritter, Franziska
Geb. Wagner; geb. 28. 3. 1829 in Augsburg, gest. 20. 6. 1895 in München; Schauspielerin. – Tochter von W.s Bruder Albert →Wagner; sie heiratete 1854 Alexander →Ritter und war kurze Zeit Schauspielerin am Hoftheater Schwerin.

Ritter, Julie
Geb. Momma; geb. 1794 in Hamburg, gest. 1869. – Sie war mit dem Kaufmann Karl Ritter verheiratet, lebte lange in Rußland und hatte Besitzungen auf der Krim. In Dresden, wo sie ab 1841 als Witwe ansässig war, wurde sie mit W. bekannt. Sie war eine mütterliche Freundin und großzügige Gönnerin W.s, den sie besonders während seines Schweizer →Exils finanziell unterstützte, und hatte regen Briefverkehr mit ihm. Ihren Sohn Karl →Ritter vertraute sie W. zur musikalischen Weiterbildung an.

Ritter, Karl Gottfried
Geb. 8. 10. 1830 in Narva (Estland), gest. 9. 10. 1891 in Verona. – Ältester Sohn Julie →Ritters. Nach musikalischen Studien bei Johann Adam Hiller und Robert →Schumann in Dresden ließ er sich ab 1851 von W. in →Zürich kompositorisch betreuen, wandte sich dann aber der Schriftstellerei zu und schrieb verschiedene Dramen und eine *Theorie des deutschen Trauerspiels* (Leipzig 1880). Er begleitete W. nach dessen Affäre mit Mathilde →Wesendonck nach →Venedig und trennte sich 1859 bei dessen Abreise nach →Luzern endgültig von ihm. – Werke: Trauerspiele *Der milde Welf* (1877), *Bondelmonte* (1881), *Der Raub der Sabinerinnen* (1886).

Röckel, August
Auch A. Roeckel; geb. 1. 12. 1814 in Graz, gest. 18. 6. 1876 in Budapest; Dirigent, Komponist und politischer

Schriftsteller. – Sohn des Theaterdirektors Joseph August Röckel, der 1806 den Florestan in der 2. Fassung von Ludwig van →Beethovens *Fidelio* (1805) sang. Neffe von Johann Nepomuk Hummel. Röckel war 1838–43 Musikdirektor in →Dresden, wo W. gleichzeitig als Hofkapellmeister tätig war. In dieser Zeit entstand eine enge Freundschaft mit W., der sich von Röckels sozialrevolutionären Ideen beeinflussen ließ. In den von ihm herausgegebenen *Volksblättern* ließ W. z. B. seinen Artikel *Die →Revolution* (1849) abdrucken. Wegen seiner Beteiligung am Maiaufstand wurde er verhaftet und zum Tode verurteilt, dann zu lebenslanger Haft begnadigt und schließlich nach 13 Jahren Zuchthaus in Waldheim 1862 entlassen. – Werke: *Sachsens Erhebung und das Zuchthaus von Waldheim* (Frankfurt a. M. 1865, Neuausgabe als *Zu lebenslänglich begnadigt*: Berlin 1963).

Roller, Alfred
Geb. 2. 10. 1864 in Brünn, gest. 21. 6. 1935 in Wien; Maler und Bühnenbildner. – Nach seinem Studium an der Wiener Akademie der bildenden Künste war Roller 1898 Gründungsmitglied der Wiener Secession, erhielt 1900 eine Professur an der Kunstgewerbeschule und wurde 1903 Direktor des Ausstattungswesens an der Wiener Hofoper. Zusammen mit Gustav Mahler strebte er die Einheit von Inszenierung, Dekoration und musikalischer Interpretation an und verwirklichte in der *Tristan*-Dekoration von 1903 eine nervöse Farbenromantik, die er aus der impressionistischen französischen Malerei hergeleitet hatte. In *Tristan* wies er jedem Aufzug einen farblichen Grundakkord zu: Der I. Aufzug war in Skalen von Rot getaucht und mit Kontrasten des blauen Meeres und Himmels versehen; im II. Aufzug dominierte Violett, eine Farbempfindung, die W. als synästhetische Vorstellung schon selbst für dieses Werk reklamiert hatte und die das einsame nächtige Glück der Liebenden einhüllt wie die Nacht, in der das Paar seine verbotene Liebe erlebt; in Grau war schließlich der III. Aufzug gehüllt, in dem sich bleierne Schwere ausbreitet. Das *Rheingold* inszenierte Roller 1905, *Lohengrin* 1906 und die *Walküre* 1907. Nach seiner Rückkehr an die Gewerbeschule, wo er 1909 Direktor wurde, arbeitete Roller weiter als freier Bühnenbildner und schuf 1914 die Dekoration für *Parsifal* in Wien. Für →Bayreuth entwarf er 1934 Bühnenbilder für dasselbe Werk, ohne allerdings bei Cosima Wagner auf Verständnis zu stoßen.

romantische Oper
Zweifellos wurde vor der musikalischen Romantik zunächst das Romantische in der Literatur ausgebildet, aus einer Begeisterung für das wiederentdeckte Mittelalter, für den Flug der Phantasie in eine Traumwelt und Flucht aus der erschreckenden Wirklichkeit benutzt, als Weltflucht wie auch als Streben nach Erfüllung des Lebens empfunden und über die Libretti in den

musikdramatischen Bereich der Oper eingeführt. Und obgleich Paul Wranitzkys *Oberon, König der Elfen* (1789) bereits mit allen Attributen der Romantik, dem Wunderbaren, Märchenhaften wie auch Exotischen, ausgestattet war, traten zunächst die musikdramatischen Werke E. T. A. →Hoffmanns (*Undine*, 1813), Louis →Spohrs (*Faust*, 1816) und Carl Maria von →Webers (*Der Freischütz*, 1821) auf den Plan, bevor *Oberon* 1826 von Weber vertont wurde, Opern, die einen Typus der romantischen Oper darstellen, ohne eine besondere Gattung auszubilden, deren Repräsentanten Weber, W. und Heinrich →Marschner sind. W. steht nur mit drei Werken (zählt man die →*Feen* als Antizipation nicht mit) in dieser Tradition: *Holländer, Tannhäuser* und *Lohengrin.* Danach vollzog sich bei W. ein qualitativer Sprung in den 50er Jahren zum →Musikdrama im *Ring,* der die romantische Oper hinter sich zurückließ. Dies geschah durch musikalisch-strukturelle Veränderungen, die deren zitierte →Erinnerungsmotive für den Gebrauch von dramatisch entscheidenden Augenblickssituationen innerhalb herkömmlicher Formen der Opernkomposition mit Arien und Ensembles zugunsten der Technik des →Leitmotivs im Musikdrama mit einem musikalischen Gewebe symphonischen Durchführungscharakters überwunden hatten. Das Romantische nicht nur im Literarischen aufzusuchen, sondern im Musikalischen dingfest zu machen,

setzte die Emanzipation der Klangfarbe voraus, die sich bereits bei Weber in einer Zerrissenheit der musikalischen Struktur bemerkbar gemacht und immer mehr formale Funktionen des Tonsatzes außer Kraft gesetzt hatte. Statt ihrer wird eine Koloristik dominant, die sich nicht mehr bloß im Melodischen ereignet, sondern die auf die Harmonik und Instrumentationskunst übergreift. W.s romantische Opern sind von diesem Aufbruch in bislang verschonte Bereiche neuer Klanggestaltungen gekennzeichnet und gleichzeitig als Übergang zum Musikdrama eine Wegstrecke musikdramatischen Ausdrucks, der z. B. Komponisten wie Marschner ein Leben lang mit musiktheatralischen Aufgaben erfüllt hatte.

Romeo und Julie (WWV 98)

Skizze eines Orchesterstücks, dessen Zweck unbekannt ist; komponiert April/Mai 1868; Cosima Wagner hielt in ihren →Tagebüchern am 3. 5. 1873 dazu fest: »Gestern versprach er mir, den Trauermarsch von Romeo und Julia zu komponieren.« Später brachte W. die Kompositionsskizzen in Beziehung zu anderen Vorhaben (→Ouvertüren), die aber nicht ausgeführt wurden. Offenbar war das thematische Material auch für die musikalische Gestaltung »zu Titurel's Bestattung« nicht verwendbar, obgleich W. nach Eintragungen Cosimas in ihre →Tagebücher (am 8. 3. 1879) mit diesem Gedanken spielte.
Lit.: WWV

Romerzählung
Im III. Akt von *Tannhäuser* hat W. nach der Rückkehr →Tannhäusers und seiner ersten Begegnung mit →Wolfram einen Monolog Tannhäusers vertont, der mit folgenden Versen beginnt und gleichsam einen Rechenschaftsbericht darstellt: »Inbrunst im Herzen, wie kein Büßer noch / sie je gefühlt, sucht' ich den Weg nach Rom.« Der Minnesänger schildert seine asketischen Geißelungen, die sehr ernst gemeinte Buße, durch die er sich mit Sicherheit die Lossprechung seiner Sünden durch den Papst erwartete, der allerdings als ein Richter ohne Gnade Tannhäusers Todsünde gegenübertrat und urteilte: »Hast du so böse Lust geteilt, / dich an der Hölle Gluth entflammt, / hast du im Venusberg geweilt: / so bist nun ewig du verdammt! / Wie dieser Stab in meiner Hand / nie mehr sich schmückt mit frischem Grün, / kann aus der Hölle heißem Brand / Erlösung nimmer dir erblüh'n!« Und Tannhäuser berichtet weiter von seiner Zerknirschung und Trostlosigkeit, die ihm nur den einzig offenen Weg zurück zur →Venus ließen, den er jetzt erneut beschreiten wolle. Wolfram erlebt diese Selbstentäußerung mit Grauen und wird selbst sogar in den Strudel der Phantasmagorie des →Venusbergs hineingezogen, wehrt sich aber gegen das Teufelswerk. Eine gewisse Ähnlichkeit zum Schicksal Fausts und dessen unerwarteter Erlösung ist nicht von der Hand zu weisen.

Rossini, Gioacchino Antonio
Geb. 29. 2. 1792 in Pesaro (Marken), gest. 13. 11. 1868 in Paris; Komponist. – Als W.s Schwester Clara (→Wolfram) 1824 in Rossinis *Cenerentola* (1817) an der Dresdener italienischen Oper debütierte, war W. erst neun Jahre alt. Selbst am Dirigentenpult, gab W. während eines Gastspiels der Sängerin Wilhelmine →Schröder-Devrient als Desdemona Rossinis *Otello* (1816) 1835 in →Magdeburg, und selbstverständlich waren Rossinis Opern auch im Spielplan der →Dresdener Hofoper, als W. ab 1843 dort Hofkapellmeister war; er studierte sogar dessen *Guillaume Tell* (1829) dort erstmals in deutscher Sprache ein. Erst im März 1860 ergab sich für W. die Gelegenheit, Rossini in Paris (→Frankreich) durch einen Besuch bei ihm kennenzulernen, um sich mit ihm über die konventionelle Oper und das →Musikdrama auseinanderzusetzen. Spätestens von da an war W.s Urteil gefällt und Rossini für ihn erledigt. W. verglich Rossinis Musik mit Parfüm, das im Gegensatz zum natürlichen Blumenduft des Volkslieds eine berauschende künstliche Essenz darstelle. Und dieses Rossinische Kunstprodukt war für W. auf der Grundlage einer bereits abgestorbenen Operntradition erwachsen, so daß Rossini »sich bereits selbst lebendig einbalsamiert hatte«. Was er aber an Leben noch zu retten vermochte, war »die *nackte, ohrgefällige, absolut melodische Melodie*, d. h. die Melodie, die eben nur *Melodie* war und nichts

Anderes, die in die Ohren gleitet –
man weiß nicht warum, die man
nachsingt – man weiß nicht warum,
die man heute mit der von gestern
vertauscht und morgen wieder ver-
gißt – man weiß auch nicht warum,
die schwermüthig klingt, wenn wir
lustig sind, die lustig klingt, wenn
wir verstimmt sind, und die wir uns
doch vorträllern – wir wissen eben
nicht warum« (so W. in →*Oper und
Drama*, Bd. 3, S. 310f.). W.s Kritik an
Rossini hört sich an wie die un-
fruchtbaren Auseinandersetzungen
im 20. Jh. zwischen der sogenannten
ernsten Musik und der Unterhaltungsmusik. Freilich war zu W.s Zeiten die Sachlage anders und Rossini
zudem ein Opernkomponist, dessen
erfolgreiche Konkurrenz W. durchaus etwas anging. Vor allem aber er-
eiferte sich W. über Rossinis angebliche Anbiederung an den Publi-
kumsgeschmack und schalt ihn
einen Reaktionär, dem Christoph
Willibald →Gluck und seine Nachfolger als machtlose Revolutionäre
gegenüberstanden. Und da Klemens
Wenzel Fürst Metternichs Protektion zugunsten Rossinis W. besonders mißfiel, verglich er beider Ziele
kurzerhand so: »Wie Metternich
den *Staat* mit vollem Rechte nicht
anders, als unter der *absoluten Mon-
archie* begreifen konnte, so begriff
Rossini mit nicht minderer Konsequenz die *Oper* nur unter der
absoluten Melodie« (ebd., S. 316).
Lit.: R. W., *Rossini's »Stabat mater«*
(1841), in: GSD Bd. 1, S. 231; ders.,
Censuren: Eine Erinnerung an Rossini
(1868), in: GSD Bd. 8, S. 278

Roßweiße
Mezzosopranpartie in der *Walküre*;
eine der Schwestern →Brünnhildes,
die im befürchteten Kampf um die
Weltherrschaft mit den Schwarzalben tote Helden in →Walhall versammeln.

Rubinstein, Josef
Eigtl. Iossif Rubinschtein; geb. 8. 2.
1847 in Staro Konstantinow, gest.
15. 9. 1884 in Luzern; Pianist. – Er
war weder mit Nikolai noch mit
Anton Rubinschtein, dem Direktor
des Petersburger Konservatoriums,
verwandt. Bei W. führte er sich mit
dem Bekenntnis ein:»Ich bin ein
Jude. Hiermit ist für Sie alles gesagt.« W. nahm den ausgezeichneten
Pianisten, der glaubte, im Dienst
W.s sein Judentum reinigen zu müssen, 1872 in seine Bayreuther →Ni-
belungenkanzlei auf. Er fertigte die
Klavierauszüge des →*Siegfried-Idylls*
und von *Parsifal* an. Nach W.s Tod
sah er seine Lebensaufgabe als beendet an und beging Selbstmord.

Rußland
Als W. 1837 seine Kapellmeisterstelle in →Riga antrat, fand er ein
deutsches Theater unter russischer
Herrschaft vor und floh aus privaten
Gründen unter höchst abenteuerlichen Umständen am 10. 7. 1839
über die russische Grenze nach
→Frankreich. Das eigentliche Rußland betrat W. 1863 auf einer Konzertreise nach →Petersburg, von wo
er nach →Moskau weiterreiste und
über Petersburg wieder nach
Deutschland fuhr. *Lohengrin* wurde

als erstes von W.s Werken 1868 in Petersburg aufgeführt.

Saarbrücken

Das von Paul Baumgarten 1936– 38 errichtete Staatstheater wurde am 9. 10. 1938 mit dem *Holländer* eröffnet und bald danach im Krieg mehrfach zerstört. Erst unter der Intendantur Hermann Wedekinds (1961–76) konnten im Großen Haus wieder →Musikdramen W.s in den Spielplan einbezogen werden. In letzter Zeit machte eine eigenwillige *Parsifal*-Inszenierung des W.-Urenkels Wolf-Siegfried Wagner von sich reden.

Sachs, Hans

Geb. 5. 11. 1494 in Nürnberg, gest. 19. 1. 1576 ebd.; Meistersinger und Schuster. – Er besuchte 1501 die Lateinschule seiner Heimatstadt, erlernte dann das Schuhmacherhandwerk, wurde 1509 Geselle, ging fünf Jahre auf Wanderschaft und wurde 1517 Meister. Als Anhänger Martin Luthers setzte er dem Reformator mit dem allegorischen Gedicht *Die Wittembergisch Nachtigall* ein Denkmal und schrieb bis 1567 schon 4 275 Meisterlieder, 1 700 Spruchgedichte, Fabeln und Legenden sowie 208 Schauspiele. Seine Meisterlieder wurden von seinem Schüler Adam Zacharias Puschmann in einem »Singebuch« aufgeschrieben; Sachs begann aber ab 1558 auch selbst mit der Herausgabe seiner Werke. *Lit.:* R. Genée, Hans Sachs und seine Zeit, Leipzig 1894; E. Mummenhoff, Musikpflege und Musikaufführun-gen im alten Nürnberg, Leipzig 1908; E. Geiger, Der Meistergesang des Hans Sachs, Bern 1956

Sachs, Hans

Baßpartie in den *Meistersingern*. Weder die historische Gestalt des Nürnberger Schustermeisters noch die von Johann Wolfgang von Goethe gepflegte Sachs-Rezeption war maßgeblich für W.s Gestaltung einer seiner Hauptfiguren in den *Meistersingern*. Vielmehr trägt die Figur des sehr sympathischen Schustermeisters teils autobiographische Züge, teils ins Menschliche transferierte Züge →Wotans und auch in Weisheit verklärtes Verhalten →Markes aus *Tristan*, wie ausdrücklich durch ein Zitat in der Dichtung festgehalten wird. Sachs lenkt das Geschehen der Handlung wie ein Regisseur und bleibt doch bescheiden in seiner populären Rolle als geschätztes Faktotum der Nürnberger Bevölkerung, ein gleichsam an Arthur →Schopenhauer geschulter Pädagoge.

Sachsen

Der in Sachsen geborene W. hat schon seines Dialektes wegen nie seine Herkunft verleugnen können und wollen. Und es muß für König →Ludwig II. eine sehr herbe Enttäuschung gewesen sein, als er am 4. 5. 1864 erstmals dem kleingewachsenen Sachsen gegenüberstand, dessen Feuergeist ihn freilich bald nicht weniger als seine musikdramatischen Werke bezauberte. In →Leipzig geboren und königlich-sächsischer Kapellmeister in →Dresden, hätte sich

W. anpassen können und wäre sicherlich auch so als tüchtiger Musiker in die Annalen der Musikgeschichte eingegangen. Statt dessen hat er sich vom Geist der →Revolution in Sachsen leiten lassen, erhob sich gegen den Feudalismus, obgleich er sich durchaus den König von Sachsen als den ersten Republikaner hat vorstellen können, und mußte seine Heimat als steckbrieflich Verfolgter verlassen (→Steckbrief), ins Schweizer →Exil gehen und die Aufführungen seiner Werke in Deutschland aus der Verbannung beobachten. Jahrzehnte hat sich W. um Amnestierung bemüht, die er teilweise am 15. 7. 1860 für Deutschland (außer Sachsen) und ab dem 28. 3. 1862 auch für sein Heimatland erhielt. Obgleich wichtige Uraufführungen seiner Werke, wie die von *Rienzi* und des *Holländers* in Dresden sowie von *Tannhäuser* in →Weimar, gleichsam Marksteine setzten, hat W. später kein übertriebenes Heimatgefühl mehr entwickeln können und frischte gelegentlich die Erinnerungen an seine Heimat auf, indem er mit seiner Familie nur noch besuchsweise nach Sachsen reiste.

Sagen

Den Sagen maß W. deshalb so große Bedeutung zu, weil er der Überzeugung war: »Die Sage, in welche Zeit und welche Nation sie auch fällt, hat den Vorzug, von dieser Zeit und dieser Nation nur den rein menschlichen Inhalt aufzufassen und diesen Inhalt in einer nur ihr eigenthüm-

lichen, äußerst prägnanten und deßhalb schnell verständlichen Form zu geben. Eine →Ballade, ein volksthümlicher Refrain genügt, augenblicklich uns diesen Charakter mit größter Eindringlichkeit bekannt zu machen. Diese sagenhafte Färbung, in welcher sich uns ein rein menschlicher Vorgang darstellt, hat namentlich auch den wirklichen Vorzug, die [...] dem Dichter zugewiesene Aufgabe, der Frage nach dem Warum? beschwichtigend vorzubeugen, ganz ungemein zu erleichtern. Wie durch die charakteristische Scene, so durch den sagenhaften Ton wird der Geist sofort in denjenigen träumerischen Zustand versetzt, in welchem er bald bis zu dem völligen Hellsehen gelangen soll, wo er dann einen neueren Zusammenhang der Phänomene der Welt gewahrt, und zwar einen solchen, den er mit dem Auge des gewöhnlichen Wachens nicht gewahren konnte, weshalb er da auch stets nach dem Warum frug, gleichsam um seine Scheu vor dem Unbegreiflichen der Welt zu überwinden, der Welt, die ihm nun so klar und hell verständlich wird. Wie diesen hellsehend machenden Zauber endlich die Musik vollständig ausführen soll, begreifen Sie nun leicht.« Mit diesen programmatischen Gedanken aus W.s Schrift →»*Zukunftsmusik*« (in: GSD Bd. 7, S. 161f.) ist eine grundsätzliche Affinität seines Schaffens mit dem Urwissen der Menschheit im →Mythos dokumentiert. Die Sagen der Völker, im besonderen die der germanischen, ließen für W. das Wissen der Menschheit von sich selbst in seiner Komplexität als Stoff für musikdramatische Formen wiedererstehen, so daß die Sagen zwangsläufig zum Gegenstand seiner Dichtungen werden mußten.

Salzburg
Das neue Festspielhaus steht für die von Ende Juli bis Ende Aug. stattfindenden Sommerfestspiele und für die Osterfestspiele zur Verfügung. Die musikalische Basis für erstere bilden die Wiener Philharmoniker und der Wiener Staatsopernchor und für die Osterfestspiele das Berliner Philharmonische Orchester. Seit 1960 sind die Festspiele aufs engste mit dem Wirken Herbert von Karajans verbunden, der dort oft als Interpret von W.s Werken hervorgetreten ist. 1967 begann er den *Ring* mit der *Walküre*, den er bis 1970 mit der *Götterdämmerung* abschließend dirigierte und inszenierte; 1974 folgte eine Aufführung der *Meistersinger*. Eine aufsehenerregende Produktion von *Lohengrin* brachten die Osterfestspiele 1976; 1977 war eine jugendstilhafte Inszenierung von *Parsifal* die große Attraktion. – Das 1882 – 93 im neobarocken Stil erbaute Landestheater steht ungefähr auf derselben Stelle, auf der bereits 1775 ein Theatergebäude errichtet wurde. Die Operntradition Salzburgs reicht aber sogar bis 1614 zurück. Die erste W.-Oper wurde 1876 mit dem *Holländer* gegeben, 1877 folgte *Lohengrin*.

Sammlung Burrell
→Burrell-Sammlung

Sämtliche Schriften und Dichtungen
Die Titel der einzelnen Schriften und Dichtungen mit ihren Entstehungsdaten sind in chronologischer Folge: →*Leubald* (fragmentarisches Gedicht, 1828); *Die deutsche Oper* (1834); *Pasticcio von Canto Spianato* (1834); *Aus Magdeburg* (1836); *»Das* →*Liebesverbot«. Bericht über eine erste Opernaufführung* (1836); *Die* →*hohe Braut oder Bianca und Giuseppe* (Oper in vier Akten, Prosaskizze, 1836, 1842); →*Männerlist größer als Frauenlist oder Die glückliche Bärenfamilie* (komische Oper in zwei Akten, nach *Tausendundeiner Nacht*, Gedicht, 1837); *Der dramatische Gesang* (1837); *Bellini. Ein Wort zu seiner Zeit* (1837); *Über Meyerbeers »Hugenotten«* (1837); *Eine* →*Pilgerfahrt zu Beethoven* (Novelle, 1840); →*Über deutsches Musikwesen* (1840); *Der* →*Virtuos und der Künstler* (1840); *Stabat Mater de Pergolèse, arrangé [...] par Alexis Lvoff* (1840); →*Über die Ouvertüre* (1840); *Ein* →*Ende in Paris* (Novelle, 1841); *Ein* →*glücklicher Abend* (Novelle, 1841); *Pariser Amüsements* (1841); *Pariser Fatalitäten für Deutsche* (1841); *»Der Freischütz«. An das Pariser Publikum* (1841); *»Le Freischutz«. Bericht nach Deutschland* (1841); *Rossini's »Stabat mater«* (1841); *Der* →*Künstler und die Öffentlichkeit* (1841); *Pariser Berichte für die Dresdener Abendzeitung* (1841); *Die* →*Bergwerke zu Falun* (Oper in drei Akten, Prosaskizze,

1841/42); *Die* →*Sarazenin* (Oper in drei Akten, Prosaskizze, 1841 – 43); *Halévy und die Französische Oper* (1842); *La Reine de Chypre d'Halévy* (1842); *Bericht über eine neue Pariser Oper (»La Reine de Chypre« von Halévy)* (1842); →*Autobiographische Skizze* (1842); *Das Oratorium »Paulus« von Felix Mendelssohn-Bartholdy* (1843); *Bericht über die Heimbringung der sterblichen Überreste Karl Maria von Weber's aus London nach Dresden* (1844); *Rede an Weber's letzter Ruhestätte* (1844); *Die Königliche Kapelle betreffend* (1846); *Zu Beethovens Neunter Symphonie* (1846); *Bericht über die Aufführung der neunten Symphonie von Beethoven im Jahre 1846 in Dresden* (1846); →*Künstler und Kritiker, mit Bezug auf einen besonderen Fall* (1846); →*Friedrich I.* (fünf Akte, Prosaskizze, 1846 – 48); →*Wie verhalten sich republikanische Bestrebungen dem Königtum gegenüber?* (1848); *Trinkspruch am Gedenktage des 300jährigen Bestehens der königlichen musikalischen Kapelle in Dresden* (1848); *Deutschland und seine Fürsten* (1848); *Die* →*Wibelungen. Weltgeschichte aus der Sage* (1848, revidiert 1849); *Der Nibelungen-Mythus. Als Entwurf zu einem Drama* (1848); →*Jesus von Nazareth* (fünf Akte, Prosaskizze, 1849); *Entwurf zur Organisation eines deutschen National-Theaters für das Königreich Sachsen* (1849); *Über Eduard Devrients »Geschichte der deutschen Schauspielkunst«* (1849); *Theaterreform* (1849); *Nochmals Theaterreform* (1849); *Der Mensch und die bestehende Gesellschaft* (1849); *Die*

→*Revolution* (1849); *Die* →*Kunst und die Revolution* (1849); *Das* →*Kunstwerk der Zukunft* (1849); →*Achilleus* (Fragment, 1849/50); →*Wieland der Schmied* (Oper in drei Akten, Prosaskizze, 1850); →*Kunst und Klima* (1850); *Das* →*Judentum in der Musik* (1850, revidiert 1869); →*Oper und Drama* (1851, revidiert 1868); *Ein Theater in Zürich* (1851); *Über die »Goethestiftung«. Brief an Franz Liszt* (1851); *Eine* →*Mitteilung an meine Freunde* (1851); *Erinnerungen an Spontini* (1851); *Über Musikalische Kritik. Brief an den Herausgeber der Neuen Zeitschrift für Musik* (1852); *Über die Aufführung des »Tannhäuser«. Eine Mittheilung an die Dirigenten und Darsteller dieser Oper* (1852); *Bemerkungen zur Aufführung der Oper: »Der fliegende Holländer«* (1852); *Beethoven's »heroische Symphonie«* (1852); *Beethoven's Ouvertüre zu »Koriolan«* (1852); *Zu Tannhäuser: I. Einzug der Gäste auf Wartburg; II. Tannhäusers Romfahrt* (1853); *Vorspiel zu »Lohengrin«* (1853); *Zu »Lohengrin«: Männerszene und Brautzug; Hochzeitsmusik und Brautlied* (1853); *Ouvertüre zum »fliegenden Holländer«* (1853); *Beethovens Cis moll-Quartett (Op. 131)* (1854); *Gluck's Ouvertüre zu »Iphigenia in Aulis«* (1854); *Die* →*Sieger* (Prosaentwurf, 1856); *Über Franz Liszt's Symphonische Dichtungen. (Brief an M. W[ittgenstein])* (1857); *Tristan und Isolde. Vorspiel* (1859); *Nachruf an L. Spohr und Chordirektor W. Fischer. (Brieflich an einen älteren Freund in Dresden)* (1860); *Ein Brief an Hector Berlioz* (1860); →*»Zu-*

kunftsmusik«. An einen französischen Freund (Fr. Villot) als Vorwort zu einer Prosa-Übersetzung meiner Operndichtungen (1860); Bericht über die Aufführung des »Tannhäuser« in Paris. (Brieflich) (1861); Vom Wiener Hofoperntheater (1861); Vorwort zur Herausgabe der Dichtung des Bühnenfestspiels »Der Ring des Nibelungen« (1862); Das Wiener Hof-Operntheater (1863); Tristan und Isolde. Vorspiel und Schluß (1863); Die Meistersinger von Nürnberg. Vorspiel (1863); Über →Staat und Religion (1864); Zur Walküre: I. Siegmunds Liebesgesang; II. Der Ritt der Walküren; III. Wotans Abschied und Feuerzauber (1864); Zur Erwiderung des Aufsatzes »Richard Wagner und die öffentliche Meinung« [von Oskar von Redwitz] (1865); Bericht an Seine Majestät den König Ludwig II. von Bayern über eine in München zu errichtende deutsche Musikschule (1865); →Was ist deutsch? (1865–78); →Censuren: I. W. H. Riehl (»Neues Novellenbuch«) (1867); Censuren: II. Ferdinand Hiller (»Aus dem Tonleben unserer Zeit«) (1867); →Deutsche Kunst und deutsche Politik (1867); →Luthers Hochzeit (verlorenes Fragment); Meine Erinnerungen an Ludwig Schnorr von Carolsfeld († 1865) (1868); Censuren: III. Eine Erinnerung an Rossini (1868); Das Münchener Hoftheater: zur Berichtigung (1869); →Über das Dirigieren (1869); Censuren: IV. Eduard Devrient (»Meine Erinnerungen an Felix Mendelssohn-Bartholdy«) (1869); Censuren: V. Aufklärungen über das Judenthum in der Musik. (An Frau Marie Muchanoff, geborene Gräfin Nessel-

rode) (1869); Persönliches. Warum ich den zahllosen Angriffen auf mich und meine Kunstansichten nichts erwidere (1869); Die Meistersinger von Nürnberg. Vorspiel zum dritten Akt (1869); Eine →Kapitulation. Lustspiel in antiker Manier (Dichtung, 1870); Beethoven (1870); Über die Bestimmung der Oper (1871); Über die Aufführung des Bühnenfestspiels »Der Ring des Nibelungen« (1871); Vorwort zur Gesammtherausgabe (1871, [Gesammelte Schriften und Dichtungen]); Erinnerungen an Auber (1871); Epilogischer Bericht über die Umstände und Schicksale, welche die Ausführung des Bühnenfestspieles »Der Ring des Nibelungen« bis zur Veröffentlichung der Dichtung desselben begleiteten (1871); Brief an einen italienischen Freund [Arrigo Boito] über die Aufführung des »Lohengrin« in Bologna (1871); Censuren: Vorbericht (1872); An Friedrich Nietzsche, ordentl. Professor der klassischen Philologie an der Universität Basel (1872); Über Schauspieler und Sänger (1872); Schreiben an den Bürgermeister von Bologna (1872); Brief über das Schauspielerwesen an einen Schauspieler (1872); Ein Einblick in das heutige deutsche Opernwesen (1872); Über die Benennung »Musikdrama« (1872); Einleitung zu einer Vorlesung der »Götterdämmerung« vor einem ausgewählten Zuhörerkreise in Berlin (1873); Zum Vortrag der neunten Symphonie Beethoven's (1873); Schlußbericht über die Umstände und Schicksale, welche die Ausführung des Bühnenfestspieles »der Ring des Nibelungen« bis zur Gründung von

Wagner-Vereinen begleiteten (1873); Das Bühnenfestspielhaus zu Bayreuth. Nebst einem Berichte über die Grundsteinlegung desselben (1873); An die Patrone der Bühnenfestspiele in Bayreuth (1873); →Mein Leben (1865–75, 1879/80); Über eine Opernaufführung in Leipzig. Brief an den Herausgeber des »Musikalischen Wochenblattes« (1874); Götterdämmerung: I. Vorspiel; II. Hagens Wacht; III. Siegfrieds Tod; IV. Schluß des letzten Aktes (1875); An die geehrten Patrone der Bühnenfestspiele von 1876 (1876); An die geehrten Vorstände der Richard Wagner-Vereine (1877); Entwurf, veröffentlicht mit den Statuten des Patronatvereines (1877); Ansprache an die Abgesandten des Bayreuther Patronats (1877); Ankündigung der Aufführung des »Parsifal« (1877); Zur Einführung. (Bayreuther Blätter, Erstes Stück [Erstausgabe der Bayreuther Blätter] (1878); Modern (1878); Publikum und Popularität (1878); Das Publikum in Zeit und Raum (1878); Ein Rückblick auf die Bühnenfestspiele des Jahres 1876 (1878); Ein Wort zur Einführung der Arbeit Hans von Wolzogen's »Über Verrottung und Errettung der deutschen Sprache« (1879); Erklärung an die Mitglieder des Patronatvereines (1879); Zur Einführung in das Jahr 1880 (1879); →Wollen wir hoffen? (1879); →Über das Dichten und Komponiren (1879); →Über das Opern-Dichten und Komponiren im besonderen (1879); Über die Anwendung der Musik auf das Drama (1879); Offenes Schreiben an Herrn Ernst von Weber, Verfasser der Schrift: »Die Folterkam-

mern der Wissenschaft« (1879); →Religion und Kunst (1880); →»Was nützt diese Erkenntniß?«. Ein Nachtrag zu: Religion und Kunst (1880); Zur Mittheilung an die geehrten Patrone der Bühnenfestspiele in Bayreuth (1880); Zur Einführung der Arbeit des Grafen Gobineau »Ein Urtheil über die jetzige Weltlage« (1881); Ausführungen zu »Religion und Kunst«: 1. →»Erkenne dich selbst«; 2. →Heldentum und Christentum (1881); Brief an H. v. Wolzogen (1882); Offenes Schreiben an Herrn Friedrich Schön in Worms (1882); Das Bühnenweihfestspiel in Bayreuth 1882 (1882); Bericht über die Wiederaufführung eines Jugendwerkes. An den Herausgeber des »Musikalischen Wochenblattes« (1882); Parsifal. Vorspiel (1882); Brief an H. v. Stein (1883); →Über das Weibliche im Menschlichen. (Als Abschluß von »Religion und Kunst«) (1883).

Sandwike

Die Bucht, in der →Dalands Schiff im Holländer vor dem Sturm Zuflucht findet, auch Sandwiche genannt.

Sängerkrieg auf Wartburg, Tannhäuser und der

→Tannhäuser und der Sängerkrieg auf Wartburg

Sarazenin, Die (WWV 66)

Oper in fünf Akten. – Prosaentwurf, geschrieben im Frühjahr 1841 (1843?). – I. Akt, Manfreds Schloß mit einer in orientalischer Pracht geschmückten Halle: Sarazenische

Tänzerinnen führen ihre Künste vor. Aus ihnen löst sich Fatima, deren Schönheit auf Manfred großen Eindruck macht. Er forscht nach ihrem Namen, erhält aber ausweichende Antworten. Sie rühmt indessen den großen Kaiser Friedrich, Manfreds Vater, dessen Andenken im Orient lebendig sei, da er sich glücklich mit Zelima verband und somit den Orient mit dem Okzident in Liebe vereinigte. Da tritt Burello, ein Verwandter des Papstes, hervor und bezichtigt Manfred, ein Bastard zu sein. Manfred züchtigt ihn und läßt ihn aus dem Palast werfen. Die Sarazenin bleibt mit Manfred allein zurück und wird von dem plötzlich eintretenden Nurredin, ihrem vertrösteten Liebhaber, erstaunt begrüßt. Fatima warnt Manfred vor seinen Feinden, die sich im Haus des Legaten versammeln. Als er eintritt, flieht Manfred mit seinen Getreuen. – II. Akt, wilde Gebirgsgegend mit einem Hospiz zwischen Felsschluchten; Nacht und Gewitter: Manfred und seine Ritter suchen Obdach in dem Hospiz, in dem ihnen aber der Schutz verwehrt wird, weil Manfred unter dem päpstlichen Bann stehe. Manfred läßt es trotz Verärgerung nicht zu, daß seine Ritter das Kloster erstürmen. In Erinnerung an Fatima, die ihm wie im Traum erscheint und seinen Sieg verkündet, faßt Manfred neuen Mut. Er bricht nach Luceria auf, wo die vertriebenen Sarazenen Siziliens sich in seine Dienste stellen wollen. – III. Akt, in den Straßen von Luceria: Nurredin sucht nach Fatima, die

das Volk vor dem neuen Statthalter Burello warnt und Manfred als des Kaisers Nachfolger ausruft. Burello tritt mit Bewaffneten auf, zeigt sich beunruhigt, wird aber von den Sarazenen beschwichtigt und zieht daraufhin wieder ab. Manfred kommt mit seinen Rittern an das von Ali und Nurredin bewachte Tor und wird eingelassen. Schon wird Manfred vom Volk als Herrscher gefeiert, als Burello naht und Rechenschaft fordert, aber zur Huldigung vor des Kaisers Sohn auf die Knie gezwungen wird. – IV. Akt, Palast in Capua: Burello sinnt auf Rache und beklagt sich heftig über die Herrschaft der Germanen über Apulien. Von Feretrio erfährt Burello, daß der Thronfolger Konradin gestorben sei, dessen Nachfolger nun Manfred sei. Fatima hat das Gespräch belauscht und warnt Burello vor der Strafe des Verrats. Manfred tritt hinzu und kann sein Verlangen nach Fatima nicht mehr unterdrücken. Sie aber wehrt ab und verweist ihn auf seine Aufgabe, König zu sein. Da Manfred lieber das Königreich verlassen und sie gewinnen wolle, gesteht ihm Fatima, daß sie ihrem Gatten in die Heimat folgen müsse. Manfred ist wie erschlagen, und Burello sieht sich gerächt. Die Ritter rufen Manfred zum König aus. Er will ablehnen, erfährt aber vom Tod des Thronfolgers und kann sich seiner Pflicht nicht mehr entziehen. – V. Akt, Hafen und Golf von Neapel: Während Manfreds Krönung gefeiert wird, machen sich Fatima und Nurredin zur Abreise bereit. Dann aber wiegelt Burello den Gatten Fatimas auf, ein Betrogener zu sein, dem in der letzten Nacht ein Betäubungstrank gereicht wurde, damit Fatima ungestört zu Manfred gehen konnte. Außerdem übergibt Burello dem Eifersüchtigen eine Schrift, die er Manfred vorlegen solle. Wie von Sinnen stürzt Nurredin davon und prallt mit Fatima zusammen, die sofort sieht, welchen Verrat Burello begangen hat. Als Manfred aus der Kathedrale kommt und Nurredin mit gezücktem Dolch auf ihn zustürzt, wirft sich Fatima dazwischen und wird tödlich verletzt. Burello erschlägt Nurredin, um sich zu retten. Aber Fatima kann Manfred noch vor dem Verräter warnen und vertraut ihm ihr Geheimnis an, seine Schwester zu sein. – In: SSD Bd. 11, S. 230 – 263.

Sayn-Wittgenstein-Berleburg-Ludwigsburg, **Carolyne** Elisabeth **Fürstin von**
Geb. Iwanowska; geb. 8. 2. 1819 in Monasterzyska (bei Kiew), gest. 8. 3. 1887 in Rom; Schriftstellerin. – 1848 – 61 war sie die Lebensgefährtin von Franz →Liszt. Sie residierte mit ihm auf der Altenburg bei Weimar und begleitete den Klaviervirtuosen oft auf seinen Konzertreisen. Mit Liszt und ihrer Tochter Marie (→Sayn-Wittgenstein) besuchte sie W. 1853 in der →Schweiz, und alle zusammen waren mit weiteren Freunden in →Karlsruhe beim dortigen Musikfest. W. stand mit ihr in vertrautem Briefkontakt, weil er damit gleichsam eine zusätzliche Kor-

respondenz mit Liszt führen konnte, und komponierte am 18. 6. 1861 für sie das →*Albumblatt C-Dur*. Es ist ziemlich sicher, daß die Fürstin Franz Liszts W.-Aufsätze über *Tannhäuser* (1849), *Lohengrin* (1850), *Holländer* (1854) und *Rheingold* (1855) weitgehend ausformulierte, während ungewiß ist, ob W. von dieser Autorschaft Kenntnis hatte, zumal seine nahezu unverständliche Begeisterung für manchen stilistischen Schwulst in jenen Schriften sich nicht mit unvoreingenommener Freundschaft begründen läßt, eher mit Eitelkeit. Dennoch war W. kritisch genug, auch bei gefälligen Beschreibungen seiner Werke die Spreu vom Weizen zu trennen. Um so unverständlicher bleibt, daß er in diesem Falle (den Aufsätzen der »Kapellmeisterin«, wie er die Fürstin nannte) weitschweifige Seelenergüsse für tiefgründige Philosophie über sein Werk hielt. Wahrscheinlich war W. auch verborgen geblieben, daß die Fürstin eifersüchtig über die Beziehung der beiden Musikerfreunde wachte und diese Freundschaft gelegentlich auch zu stören versuchte, was ihr freilich nicht wirklich gelang, so daß sie klug Liszts Großzügigkeiten dem Freund gegenüber zum Ruhm ihres Geliebten ummünzte.

Sayn-Wittgenstein-Berleburg, **Marie Prinzessin von**
Geb. 16. 2. 1837, gest. 21. 12. 1897 in Berlin. – Tochter der Fürstin Carolyne von →Sayn-Wittgenstein. 1859 heiratete sie den deutschen Reichs-

kanzler Chlodwig Fürst zu Hohen-lohe-Schillingsfürst. Wegen ihrer außerordentlichen Schönheit hat sie W.»das Kind« genannt und an sie den denkwürdigen Brief vom 15. 2. 1857 *Über Franz Liszt's Symphonische Dichtungen* (in: GSD Bd. 5, S. 235) geschrieben.

Scaria, Emil
Geb. 18. 9. 1838 in Graz, gest. 22. 7. 1886 in Blasewitz (bei Dresden); Sänger (Baß). – Er studierte in Graz und Wien, debütierte 1860 in Pest und war ab 1872 Bassist an der Wiener Hofoper. Er wurde bald als W.-Sänger bekannt und sang den ersten →Gurnemanz in *Parsifal* der Bayreuther →Festspiele 1882.

Schäferoper (WWV 6)
Komponiert im Frühjahr 1830 in Leipzig; abgebrochen und verschollen. W. erwähnt das Stück als »Schäferspiel« in seiner →Roten Brieftasche und gibt als Vorbild Johann Wolfgang von Goethes *Die Laune des Verliebten* (1768) an, das sich jedoch für den betreffenden Zeitraum am Sächsischen Hoftheater als Anregung nicht nachweisen läßt, sicher aber von W. gelesen wurde.
Lit.: WWV

Schalldeckel
Das →Orchester im →Festspielhaus von Bayreuth zu versenken und mit einem Schalldeckel so abzudecken, daß sich der entstehende Orchesterklang erst mischen mußte, bevor er die Hörer erreichte, war nicht nur ein genialer Gedanke für die Rea-

lisierung des →Musikdramas, da das Publikum weder akustisch noch visuell vom Bühnengeschehen abgelenkt wird, sondern auch aus akustischen Gründen ein Glückstreffer, der das Hörerlebnis im Bayreuther Festspielhaus einmalig erscheinen läßt. Theodor W. →Adornos kritischer Einwand gegen W.s Instrumentation, die sich dem technifizierten Orgelklang annähere und gleichsam die Arbeit am akustisch-musikalischen Material verleugne, trifft zwar zu, wird jedoch durch W.s organische und hochdifferenzierte Instrumentation im Dienst des Musikdramas ins Positive gewendet. Denn die Klangerzeugung verleugnet keineswegs die musikdramatischen Zwecke, sondern entfernt lediglich die Dinglichkeit des Tons von seinem klangsinnlichen Selbstzweck zur dichterisch motivierten Zweckbestimmung im Musikdrama. Zum Beispiel werden die mehrfach geteilten Streicher im Vorspiel von *Lohengrin* (der noch nicht einmal für die Klangmöglichkeiten des Bayreuther Festspielhauses konzipiert war) bereits durch die akustisch unterstützende Klangverschmelzung zur klangsinnlichen Idee des →Grals erhoben, während im üblichen Konzertsaal oder Opernhaus oft nur die technische Brillanz der Instrumentalisten die beabsichtigte Idee zu realisieren vermag, die mystische Entfernung jedoch keinesfalls bewirken kann.

Schauspiel und das Wesen der dramatischen Dichtkunst, Das
2. Teil von → *Oper und Drama*. In: GSD Bd. 4, S. 3 – 284.

Schindelmeisser, Louis
Eigtl. Ludwig Alexander S.; geb. 8. 12. 1811 in Königsberg (Pr), gest. 30. 3. 1864 in Darmstadt; Dirigent und Komponist. – Stiefbruder Heinrich →Dorns. Er wirkte am Königstädtischen Theater Berlin, in Pest, Frankfurt a. M. und Darmstadt und war mit W. befreundet, mit dem er einen regen Briefverkehr unterhielt und für dessen Werke er sich engagiert einsetzte. Er schrieb Opern, Schauspielmusiken sowie Instrumental- und Vokalwerke.

Schleinitz, Marie Gräfin von
Geb. von Buch; geb. 22. 1. 1842 in Rom, gest. 18. 5. 1912 in Berlin. – Sie war mit dem preußischen Hausminister Alexander Graf von Schleinitz in erster Ehe, ab 1886 mit dem österreichischen Diplomaten Anton Karl Simon Graf von Wolkenstein-Trostberg in zweiter Ehe verheiratet. Sie förderte die Bayreuther →Festspiele, worauf ihr W. seine Schrift *Das Bühnenfestspielhaus zu Bayreuth. Nebst einem Berichte über die Grundsteinlegung desselben* (in: Bd. 9, S. 384) widmete.

Schlesinger, Maurice Adolphe
Auch Moritz Adolf S.; eigtl. Mora Abraham S.; geb. 3. 10. 1797 in Berlin, gest. 25. 2. 1871 in Baden-Baden; Musikverleger. – Er gründete als Sohn des Berliner Musikverlegers Adolph Martin Schlesinger 1821 in Paris ein Sortiment, das er zum Verlag ausbaute. Er gab außerdem die Zeitschriften →*Gazette musicale de Paris*, ab 1835 die *Revue et gazette musicale de Paris* heraus. In seinen Pariser Hungerjahren mußte W. Lohnarbeiten für ihn ausführen, der aber auch einige Aufsätze W.s in seinen Zeitschriften abdrucken ließ.

Schlosser, Max
Geb. 17. 10. 1835 in Amberg, gest. 2. 9. 1916 in Utting (Ammersee); Sänger (Tenorbuffo). – Schlosser war 1868 – 95 in München engagiert; 1868 sang er den ersten →David in den *Meistersingern* in München. Bei den Bayreuther →Festspielen 1876 verkörperte er den ersten →Mime im *Ring*.

Schmale, Wilhelm
Geb. 1792 in Hamm, gest. 1876; Schauspielregisseur. – Er war 1834 in Magdeburg, ab 1836 in Schwerin und schrieb den Text zu W.s →*Neujahrs-Festspiel*.

Schmidt, Gustav
Geb. 1. 9. 1816 in Weimar, gest. 11. 2. 1882 in Darmstadt; Theaterkapellmeister und Komponist. – Er war 1841 in Brünn, dann in Würzburg, Frankfurt a. M., Wiesbaden und Mainz, 1864 – 76 in Leipzig und ab 1876 Hofkapellmeister in Darmstadt. Seine Oper *Die Weiber von Weinsberg* (1858), über die er sich mit W. verständigte, brachten Gustav Schmidt als Komponisten einen geachteten Ruf. In Mainz führte er

1864 seine Oper *La Réole* (1863) auf. Sein reger Briefverkehr mit W. zeigt aber auch seinen engagierten Einsatz für W.s Werke.

Schmidt, Karl Friedrich
Geb. 19. 7. 1760, gest. 5. 10. 1827; Kantor und Pädagoge. – Ab 1800 Vizekantor, ab 1819 Hofkantor in Dresden, schon ab 1818 leitete er das Kapellknabeninstitut. W. war vermutlich 1817 in der Schule des damaligen Vizehofkantors, wie aus einer knappen Eintragung in der →Roten Brieftasche hervorgeht.

Schmitt, Friedrich
Geb. 18. 9. 1812 in Frankfurt a. M., gest. 17. 1. 1884 in Berlin; Sänger und Gesangspädagoge. – Er war 1834/35 am Magdeburger Theater, wo ihn W. kennenlernte und nach W.s Wechsel an das Theater in →Königsberg als Tenor nachholte; danach ging Schmitt nach Leipzig und Dresden. Ab 1844 trat W. wieder sporadisch mit ihm in Briefverkehr, nachdem sich die Freunde jahrelang aus den Augen verloren hatten und Schmitt sich 1846 für Aufführungen von W.s Werken interessierte. Später holte W. den Jugendfreund als Gesangslehrer an die Königliche Musikschule München; zuletzt lebte er in Wien und Berlin.

Schnorr von Carolsfeld, Ludwig
Geb. 2. 7. 1836 in München, gest. 21. 7. 1865 in Dresden; Sänger (Tenor). – Sohn des Malers Julius Schnorr von Carolsfeld; mit der Sängerin Malwine →Schnorr von Carolsfeld verheiratet. Er war 1854–60 in Karlsruhe, dann in Dresden engagiert. Mit seiner Frau studierte er 1862 *Tristan*; beide sangen die Uraufführung 1865 in →München. Er starb kurz danach wahrscheinlich an Typhus oder Meningitis. W. war fassungslos, seinen →Tristan verloren zu haben. Schnorr bestritt energisch, was alle Welt hinter vorgehaltener Hand tuschelte, daß er seine Stimme an Tristan ruiniert habe, und er bat seine Frau, W. weiterhin zu helfen, der ihr auch beistehen würde.

Schnorr von Carolsfeld, Malwine
Geb. Garrigues; geb. 7. 12. 1825 in Kopenhagen, gest. 8. 2. 1904 in Karlsruhe; Sängerin (Sopran). – Mit ihrem Mann Ludwig →Schnorr von Carolsfeld studierte sie 1862 bei W. in →Biebrich die Titelpartien von *Tristan* ein, die sie 1865 in der Münchener Uraufführung sangen. Nach dem Tod ihres Mannes glaubte sie, W. heiraten zu müssen, und wurde schließlich von König →Ludwig II. aus Bayern ausgewiesen.

Schöneck, Rudolf
Geb. 1829, gest. 15. 1. 1904 in Elbing; Kapellmeister und Theaterleiter. – Er wirkte u. a. bis 1852 in Zürich und 1856/57 in Basel; mit W. stand er in regem Briefverkehr.

Schopenhauer, Arthur
Geb. 22. 2. 1788 in Danzig, gest. 21. 9. 1860 in Frankfurt a. M.; Philosoph. – Nach Studien der Naturwissenschaften und Philosophie in Göt-

tingen und Berlin promovierte er 1813 in Jena und habilitierte sich 1820 in Berlin, wo er im Schatten und gegen die Ansichten Georg Wilhelm Friedrich Hegels lehrte. Ab 1831 zog er sich als Privatgelehrter nach Frankfurt zurück. – Sein bereits 1818 in Dresden vollendetes antihegelsches Hauptwerk *Die Welt als Wille und Vorstellung* erschien 1819 bei Brockhaus in Leipzig, wurde aber erst 1853 in einer 2. Auflage allgemein bekannt. W. ist 1854 durch Georg →Herwegh auf das Buch aufmerksam gemacht worden und machte es bald zur geistigen Grundlage seiner eigenen Kunstphilosophie. Am 16. 12. 1854 schrieb W. an Franz →Liszt: »Neben dem – langsamen – Vorrücken meiner Musik habe ich mich jetzt ausschließlich mit einem Menschen beschäftigt, der mir – wenn auch nur literarisch – wie ein Himmelsgeschenk in meine Einsamkeit gekommen ist. Es ist *Arthur Schopenhauer*, der grösste Philosoph seit *Kant*, dessen Gedanken er – wie er sich ausdrückt – vollständig erst zu Ende gedacht hat. Die deutschen Professoren haben ihn – wohlweislich 40 Jahre lang ignorirt: neulich wurde er aber – zur Schmach Deutschlands – von einem englischen Kritiker entdeckt. Was sind vor diesem alle *Hegel's* etc. für Charlatan's! Sein Hauptgedanke, die endliche Verneinung des Willens zum Leben, ist von furchtbarem Ernste, aber einzig erlösend.« W. war ungehalten, daß Schopenhauers Philosophie jahrzehntelang in Deutschland ignorirt

worden war, und er hielt nicht nur für eine nationale Schande, daß es ein Engländer war, der Schopenhauers Werk dem Vergessen entreißen mußte, sondern auch, daß offenbar Schopenhauer nach dieser Wiederbelebung in Deutschland erschreckend falsch verstanden wurde: »Noch jetzt weiß das deutsche Volk nichts anderes von ihm, als was gelegentlich irgend ein Eisenbahn-Reisender von einem anderen hört, nämlich: Schopenhauer's Lehre sei, man solle sich todtschießen.« Für W. dagegen kam Schopenhauers Philosophie einer Wahlverwandtschaft gleich. In einem Brief an Liszt vom 7. 6. 1855 setzte W. sein bereits verinnerlichtes Schopenhauer-Verständnis dem Freund folgendermaßen auseinander: »[…] der Mensch (wie jedes Thier) ist ein Wille zum Leben, für das er sich seine Organe je nach Bedürfniß bildet, und unter diesen Organen bildet er sich auch einen Intellect, d. h. das Organ zur Erfassung der Außendinge, mit dem Zwecke, diese zur Befriedigung des Lebensbedürfnisses je nach Kraft und Vermögen zu verwenden. Der *normale* Mensch ist daher derjenige, in welchem dieses nach Außen gerichtete Organ, dessen Funktion das Erkennen ist, wie die des Magens das Verdauen, grade mit hinreichender Kraft für die von Außen zu gewinnende Befriedigung des Lebensbedürfnisses ausgerüstet ist, und dieses Lebensbedürfniß besteht – eben für den *normalen* Menschen – in nichts anderem, als worin das Lebensbedürfniß des gemeinsten

Thieres besteht, nämlich im Nahrungsdrange und im Fortpflanzungsdrange, denn dieser Wille zum Leben, dieser eigentliche metaphysische Urgrund alles Daseins, will eben durchaus nichts Andres, als – leben, d. h. sich nähren, ewig reproduziren, und diese seine Tendenz ist im plumpen Stein, in der zarten Pflanze, bis zum menschlichen Thier ganz als ein und dasselbe nachzuweisen, nur sind die Organe verschieden, deren er sich, auf den höhren Stufen seiner Objektivation angelangt, bedienen muß, um eben complicirteren, und somit immer mehr bestrittenen und schwieriger zu stillenden Bedürfnissen zu genügen. Gewinnen wir diese, durch die ungeheuren Resultate der heutigen Naturwissenschaft bestätigte Einsicht, so verstehen wir auch plötzlich das Charakteristische des Lebens des bei weitem größten Theiles der Menschen aller Zeiten, und wundern uns plötzlich nicht mehr darüber, daß diese uns immer nur wie Bestien vorkommen: denn dieß ist das *normale* Wesen des Menschen. Wie aber selbst *unter* dieser *Norm* ein immens großer Theil der Menschen zurückbleibt, indem sich bei ihnen das complicirte Erkenntnißorgan nicht einmal bis zu der Fähigkeit entwickelt, den normalen Bedürfnissen vollkommen zu genügen, so kommen (natürlich aber nur höchst selten) auch *Abnormitäten* vor, in welchen das gewöhnliche Maaß in der Bildung des Erkenntnißorganes, d. h. des Gehirnes, überschritten wird, wie die Natur ja

häufig Monstra bildet, bei welchen *ein* Organ überwiegend stark entwickelt ist. Eine solche Monstruosität ist – wenn sie im höchsten Grad vorkommt – das *Genie*, welches im Grunde auf nichts anderem basirt, als auf einem abnorm reichen und vollen Gehirn. Dieses Erkenntnißorgan, welches ursprünglich, und im normalen Falle, nur nach Außen blickt, um dem Willen zum Leben die Befriedigung seiner Bedürfnisse herbei zu schaffen, gewinnt, im Falle abnorm starker Entwickelung, nun von Außen so lebhaft und fesselnde Eindrücke, daß es für Zeiten von dem Dienste des Willens – der es sich eigentlich nur für seinen Zweck gebildet hat – sich loslöst, und zu einer *willenlosen*, d. h. ästhetischen Anschauung der Außenwelt gelangt; die auf diese Weise *willenlos* erschauten Objekte der Außenwelt sind die idealen Bilder von ihr, zu deren Festhaltung und Aufzeichnung gleichsam – der *Künstler* sich anläßt. Die bei diesem Schauen nothwendig angeregte Theilnahme an der Außenwelt wächst, bei kräftigen Naturen bis zum andauernden Vergessen der eigenen, ursprünglichen, persönlichen Willensbedürfnisse, also – bis zur *Sympathie* mit den Dingen außen und zwar um ihrer selbst willen, nicht mehr um eines persönlichen Interesses willen. Es fragt sich nun, *was* wir in diesem abnormen Zustande erschauen, und ob unsere Sympathie eine *Mitfreude*, oder ein *Mitleiden* sein kann? Hierauf antworten uns die wahrhaften *Genie's* und die wahrhaften *Heiligen* aller Zeiten, indem sie uns sagen, daß sie nur *Leiden* ersehen, und nur *Mitleiden* gefühlt haben. Sie erkannten nämlich die *normale* Beschaffenheit alles Lebenden und die grauenvolle, sich ewig widersprechende, und blind nur *sich* wollende Natur des allem Lebenden gemeinsamen *Willens* zum Leben; die schreckliche Grausamkeit diesen Willens, der selbst zunächst in der Geschlechtsliebe immer nur seine Reproduktion will, erschien hier zum ersten Male wiedergespiegelt in jenem Erkenntniß-Organe, das sich selbst, im *normalen* Zustande, als jenem Willen unterworfen, von ihm sich geschaffen erkannte; so gerieth es, im abnormen, sympathetischen Zustande dahin, sich andauernd und endlich für immer von jenem schmachvollen Dienste zu befreien zu suchen, was schließlich eben nur in der vollkommenen Vereinigung des Willens zum Leben sich erreichte.« Über den Umweg Immanuel Kant und Schopenhauer sah W. die uralte Weisheit der Pythia neu belebt: »Erkenne dich selbst, und du hast die Welt erkannt.« Deshalb dürfe nicht mehr »das Mitleid sogar als ein potenzirter Egoismus betrachtet« werden, wonach fremdes Leid nur deshalb vermieden werden müsse, um die schmerzliche Wirkung auf das eigene Ego zu vermeiden. Vielmehr solle das fremde Leiden »das Motiv der Aktion des Mitleidens sein, nicht aber das fremde Leid selbst«. Dem Staat und der bestehenden Gesellschaft traute W. nicht zu, solche

Einsichten zu praktizieren. Im Gegenteil, W. sah voraus, »daß das Mitleiden [von Machthabern] ganz anders zu verstehen sei als er es im Sinne habe, nämlich en gros, summarisch, als Abkürzung der unnützen Leiden des Daseins durch immer sicherer treffende Geschosse«. Nichtsdestoweniger forderte W.: »Daß wir aber dieses einzig uns bestimmende Motiv des unabweisbaren Mitleidens nicht an die Spitze aller unserer Aufforderungen und Belehrungen für das Volk zu stellen uns getrauen, darin liegt der Fluch unserer Zivilisation, die Dokumentirung der Entgöttlichung unserer staatskirchlichen Religion [...] wogegen es uns fortan einzig noch daran gelegen sein sollte, der *Religion des Mitleidens*, den Bekennern des Nützlichkeits-Dogmas zum Trotz, einen kräftigen Boden zu neuer Pflege bei uns gewinnen zu lassen« (*Offenes Schreiben an Herrn Ernst von Weber*, 1879; in: GSD Bd. 10, S. 255 und 260). »Es war – und dieß, wie spät erst! – einem einzigen großen Geiste vorbehalten, die mehr als tausendjährige Verwirrung zu lichten, in welche der jüdische Gottes-Begriff die ganze christliche Welt verstrickt hatte: daß der unbefriedigte Denker endlich, auf dem Boden einer wahrhaftigen Ethik, wieder festen Fußes sich aufrichten konnte, verdanken wir dem Ausführer Kant's, dem weitherzigen *Arthur Schopenhauer*« (→»*Was nützt diese Erkenntnis?*«, S. 329). – Bezogen auf Schopenhauers Musikphilosophie hat sich W. in folgender

Weise geäußert: »Mit philosophischer Klarheit hat aber erst *Schopenhauer* die Stellung der Musik zu den anderen schönen Künsten erkannt und bezeichnet, indem er ihr eine von derjenigen der bildenden und dichtenden Kunst gänzlich verschiedene Natur zuspricht. Er geht hierbei von der Verwunderung darüber aus, daß von der Musik eine Sprache geredet werde, welche ganz unmittelbar von Jedem zu verstehen sei, da es hierzu gar keiner Vermittelung durch Begriffe bedürfe, wodurch sie sich zunächst eben vollständig von der Poesie unterscheide, deren einziges Material die Begriffe, vermöge ihrer Verwendung zur Veranschaulichung der *Idee* seien. Nach der so einleuchtenden Definition des Philosophen sind nämlich die Ideen der Welt und ihrer wesentlichen Erscheinungen, im Sinne des Platon aufgefaßt, das Objekt der schönen Künste überhaupt; während der Dichter diese Ideen durch seine, eben nur seiner Kunst eigenthümliche Verwendung der an sich rationalen Begriffe, dem anschauenden Bewußtsein verdeutlicht, glaubt Schopenhauer *in der Musik aber selbst eine Idee der Welt* erkennen zu müssen, da Derjenige, welcher sie gänzlich in Begriffen verdeutlichen könnte, sich zugleich eine die Welt erklärende Philosophie vorgeführt haben würde« (→*Beethoven*, S. 83f.). Zumal nicht nur diese Gedanken, sondern auch Schopenhauers »Traumtheorie« W.s Vorstellungen von der schöpferischen Kraft der Musik als »Wahrtraum« sehr nahe

kamen, sah sich W. in der Entfaltung seiner →Musikdramen bestärkt und sympathisierte mit Schopenhauers praktischer Erklärung, daß die »allerunmittelbarste Äußerung des Willens« die akustische Äußerung vom Schrei bis zur sprachlichen Willenskundgebung sei, denen das Sehen als bloßes Erkennen der äußeren Welt entgegenstehe, so daß die Musik, und das musikalische Drama im besonderen, vom Wesen der Dinge zeugen könne. Denn jeder Hilfe-, Klage- oder Freudenruf sei ohne Begriffsvermittlung unmittelbar verständlich. Deshalb grenzt W. genauer ab: »Was dagegen erst *in Folge* der Versenkung in das Anschauen des Werkes der bildenden Kunst bei uns eintritt, nämlich die durch das Fahrenlassen der Relationen des angeschauten Objektes zu unserem individuellen Willen endlich gewonnene (temporäre) Befreiung des Intellektes vom Dienste jenes Willens, also die geforderte Wirkung der *Schönheit* auf das Gemüth, diese übt die Musik *sofort* bei ihrem ersten Eintritte aus, indem sie den Intellekt sogleich von jedem Erfassen der Relationen der Dinge außer uns abzieht, und als reine, von jeder Gegenständlichkeit befreite Form uns gegen die Außenwelt gleichsam abschließt, dagegen nun uns einzig in unser Inneres, wie in das innere Wesen aller Dinge blicken läßt. Demnach hätte also das Urtheil über eine Musik sich auf die Erkenntniß derjenige Gesetze zu stützen, nach welchen von der

Wirkung der schönen Erscheinung, welche die allererste Wirkung des bloßen Eintrittes der Musik ist, zur Offenbarung ihres eigensten Charakters, durch die Wirkung des Erhabenen, am unmittelbarsten fortgeschritten wird« (ebd., S. 97). Und nichts weniger als die Vorstellung einer Musik als Idee von der Welt, wie sie Schopenhauer andeutet, hatte W. vor zu verwirklichen. W. stand zwar nicht von Anfang an auf diesem Standpunkt, aber er hatte sich, fast parallel zu Schopenhauer, zu dieser Ansicht durchgerungen und war deshalb verständlicherweise von Schopenhauers gedanklichen Bestätigungen hellauf begeistert. Umgekehrt verstärkten sich W.s Animositäten gegen zeitgenössische Künstler in dem Maße, in dem sie ihm nicht auf diesem Wege zu folgen vermochten. Wenn auch nicht frei von menschlichen, allzumenschlichen Schwächen im Umgang mit zeitgenössischen Musikern, war es doch hauptsächlich diese von W. neu gewonnene Weltanschauung, die sein oft hartes Urteil vor allem gegen Opernkomponisten begründete, zumal W. sich durch Schopenhauer die Überzeugung verschaffte, daß die musikalische Kunst gegenüber den übrigen Künsten sich wie die Religion zur Kirche verhalten müsse. Schon 1858, während der Komposition an *Tristan,* suchte W. allerdings Schopenhauers Pessimismus theoretisch und künstlerisch zu überwinden; in die Tagebuchblätter an Mathilde →Wesendonck (Richard Sternfeld,

Tagebuchblätter und Briefe an Mathilde Wesendonk, Berlin o. J.) trug W. unter dem 1. 12. 1858 ein: »Beruhigung des Willens durch die Liebe«, und zwar durch die »aus dem Grunde der Geschlechtsliebe, d. h. der Neigung zwischen Mann und Weib keimenden Liebe«. Ein von W. angestrebtes persönliches Kennenlernen wurde durch den Tod des Philosophen vereitelt.

Lit.: F. J. Wagner, Beiträge zur Würdigung der Musiktheorie Schopenhauers, Diss. Bonn 1910; H. Pfitzner, Mein Bekenntnis zu Schopenhauer, in: Jahrbuch der Schopenhauer-Gesellschaft 25:1938; W. Roth, Schopenhauers Metaphysik der Musik und sein musikalischer Geschmack, Diss. Mainz 1951; H. Hartmann, Schopenhauer und die Musikphilosophie, in: Musica 14:1960; G. Schnitzler, Die Musik in Schopenhauers Philosophie, in: Musik und Zahl, hrsg. v. G. Schnitzler, Bonn 1976; R. Weyers, A. Schopenhauers Philosophie der Musik, in: Kölner Beiträge zur Musikforschung 88:1976

Schott, Betty
Geb. Edle von Braunrasch; geb. 1821, gest. 5. 4. 1875; Pianistin. – Frau des Musikverlegers Franz →Schott, der W. 1875 das →*Albumblatt Es-Dur* widmete und zum Dank für das zurückerstattete Manuskript des Klavierauszugs der *Symphonie Nr. 9* (1824) von Ludwig van →Beethoven, das W. bereits 1831 eingereicht hatte, schenkte.

Schott, Franz Philipp
Geb. 30. 7. 1811, gest. 8. 5. 1874 in
Mailand; Musikverleger. – Ab 1855
alleiniger Inhaber des Verlags B.
→Schott's Söhne in Mainz. Als Ver-
lagsleiter nahm er sich erst W.s an,
als dessen Erfolge absehbar waren
und die epochemachenden Werke
des Neutöners auch ein verlegeri-
sches Geschäft zu werden versprachen.

Schott's Söhne, Verlag B.
Musikverlag in Mainz. Zu W.s Lebzeiten war zunächst Franz →Schott
Inhaber der Firma, dem ab 1875
Ludwig Strecker folgte. Verlag der
Meistersinger, des *Rings* und von
Parsifal. Als W. 1830 erstmals mit
dem Musikverlag in Verbindung
trat, um seinen Klavierauszug der
Symphonie Nr. 9 (1824) von Ludwig
van →Beethoven anzubieten, erhielt
er eine unverbindliche Antwort. Erst
nachdem W. 1861 im Verlag eine
Lesung seines neuen *Meistersinger-*
Entwurfs veranstaltet hatte, wurden
im folgenden Jahr die Dichtung zu
diesem Werk und die →*Wesendonck-Lieder* verlegt. Der von Carl
→Tausig angefertigte Klavierauszug
der *Meistersinger* erschien 1868. Für
den →*Großen Festmarsch* erhielt W.
1876 ein Honorar von 9 000 Mark.
Die *Parsifal*-Dichtung wurde 1877
bei Schott veröffentlicht. Für die
Parsifal-Partitur erzielte W. 1882 sogar ein Honorar von 100 000 Mark.

Schriften
Über die chronologische Einzelauf-
listung der Titel von W.s Schriften

(→*Sämtliche Schriften und Dichtungen)* hinaus sind W.s theoretische
Abhandlungen zusammenfassend in
Gruppen zu gliedern, die folgende
zehn überwiegend chronologisch geordnete, teils aber auch übergrei-
fend sachbezogene Kriterien erfüllen: 1. frühe Schriften zur Oper
(1834 – 39); 2. Pariser Traktate
(1840/41); 3. Dresdener Kapellmei-
sterschriften (1842 – 46); 4. →Revo-
lutionsschriften (1848/49); 5. →Zü-
richer Kunstschriften (1849 – 58); 6.
Wiener Reformschriften (1861 – 63);
7. Münchener politische Abhandlungen (1864 – 67); 8. Regenerations-
schriften (1866 – 83); 9. Traktate
über Ludwig van →Beethoven
(1846 – 71); 10. programmatische Erläuterungen (1852 – 83). Dem zeit
seines Lebens vorhandenen Mitteilungsbedürfnis W.s lagen immer
wieder spezifische Anlässe zugrunde, die ihn bewogen haben, sich
nicht nur theoretisch mit den Prinzipien seiner musikdramatischen
Entwicklung auseinanderzusetzen,
sondern auch Zeitströmungen und
politische Betrachtungen einzu-
schließen, die immer wieder große
Widerstände hervorriefen und Mißverständnisse auslösten. Handelte
sich W. bereits mit seinen engagierten Revolutionsschriften steckbriefliche Verfolgung (→Steckbrief) und
Verbannung ins →Exil ein, so trugen
ihm auch später noch die Einmi-
schungen in die Politik als Freund
des bayerischen Königs →Ludwig II.
die Vertreibung aus →München ein.
Andererseits liegen in einigen Abhandlungen W.s Selbstinterpreta-

tionen vor, wie sie nur ganz selten von Komponisten mit schriftstellerischen Fähigkeiten erbracht werden konnten. (→Allgemeine Inhaltsübersicht über R. W.s Sämtliche Schriften und Dichtungen.)

Schröder-Devrient, Wilhelmine
Geb. 6. 12. 1804 in Hamburg, gest. 26. 1. 1860 in Coburg; Sängerin (Sopran). – Tochter der Tragödin Sophie Schröder. Ihr Debüt gab sie 1821 in Wien, wurde 1822 als Leonore in Ludwig van →Beethovens *Fidelio* (1805) schlagartig berühmt und war 1823 – 47 als hochdramatische Sopranistin am Hoftheater Dresden engagiert; 1823 – 28 war sie mit dem Dresdener Schauspieler Karl Devrient verheiratet. Wegen ihrer Teilnahme am Dresdener Maiaufstand von 1849 wurde sie aus Sachsen ausgewiesen. Das Verbot wurde aber bald wieder zurückgenommen. Sie sang in der Uraufführung von *Rienzi* in Dresden 1842 den →Adriano, dann die →Senta im *Holländer* 1843 und 1845 die →Venus in *Tannhäuser*. Seit der Zeit, als W. sie in einem Gastspiel in Leipzig als Fidelio erlebt und ihr daraufhin einen enthusiastischen Verehrerbrief geschrieben hatte, war sie das Ideal der von ihm für seine Werke gewünschten Sängerdarstellerin. 1835 war W. selbst am Dirigentenpult, als sie vier Gastspiele in Magdeburg gab (sie sang die Leonore, den Romeo in Vincenzo →Bellinis *I Capuleti e i Montecchi*, 1830, die Desdemona in Gioacchino →Rossinis *Otello*, 1816, und die Agathe in Carl

Maria von →Webers *Freischütz*, 1821); sie wirkte auch im »Großen Vokal- und Instrumentalkonzert« mit, das W. am 2. 5. 1835 in Magdeburg gab. Sie war es schließlich, die im Dez. 1842 Franz →Liszt mit W. bekannt machte und im darauffolgenden Jahr dem verschuldeten W. ein Darlehen von 1 000 Talern gewährte. W.s Aufsatz *Über Schauspieler und Sänger* (1872; in: GSD Bd. 9, S. 157) ist dem Andenken der großen Sängerin gewidmet.

Schuch, Ernst Edler **von**
Geb. 23. 11. 1846 in Graz, gest. 10. 5. 1914 in Kötzschenbroda (heute zu Radebeul); Dirigent. – Nach Tätigkeiten in Breslau (1867), Würzburg (1868 – 70), Graz (1870/71) und Basel kam er 1872 an die Dresdener Hofoper, wo er ab 1882 Operndirektor war. Als einer der führenden Dirigenten seiner Zeit verschrieb er sich der zeitgenössischen Musik im allgemeinen und den Werken W.s im besonderen, lehnte es jedoch ab, als Dirigent einer Einladung nach Bayreuth zu folgen.

Schumann, Robert Alexander
Geb. 8. 6. 1810 in Zwickau, gest. 29. 7. 1856 in Endenich (heute zu Bonn); Komponist. – Als die von ihm gegründete und herausgegebene →*Neue Zeitschrift für Musik* 1834 zum erstenmal in Leipzig erschien, kannte Schumann den jungen W. bereits, ohne näher mit ihm in Verbindung getreten zu sein. Schon im Nov. 1834 erschien W.s Aufsatz *Pasticcio von Canto Spianato*

(in: SSD Bd. 12, S. 5) in seiner Zeitschrift. Im 6. Band der Zeitschrift wies erstmals Anton Wilhelm Florentin von Zuccalmaglio auf die Siegfried-Sage als einen »musikalisch-dramatischen Stoff« hin, worauf Schumann und Felix →Mendelssohn Bartholdy sich mit Opernplänen über die Nibelungen trugen, ohne sie jedoch auszuführen. Bei einem Konzert im Gewandhaus Leipzig im Nov. 1842 benutzte W. die Gelegenheit zu einem Zusammentreffen. Trotz folgendem gelegentlichen Briefwechsel beider Komponisten entwickelte sich keine engere Beziehung. Schumann schätzte W. als bloßes Bühnentalent, weniger als Musiker. W., der Schumanns Oper *Genoveva* (1850) für unzeitgemäß hielt, glaubte, es mit einem gescheiterten Opernkomponisten zu tun zu haben, der unter Mendelssohns Einfluß in »geheimnisvoll sich ausnehmender Seichtigkeit« geraten sei. Bei einem Besuch von *Genoveva* am 10. 4. 1875 in Leipzig zusammen mit Cosima bestätigte sich W.s negativer Eindruck, wie Cosima in ihren →Tagebüchern festhielt.

Schuré, Edouard

Geb. 21. 1. 1841 in Straßburg, gest. 7. 4. 1929 in Paris; Musikschriftsteller und Germanist. – Anläßlich der vierten Aufführung von *Tristan*, die er in München besuchte, wo er studierte, lernte er W. kennen, besuchte 1876 die ersten Bayreuther →Festspiele und machte W. in Frankreich bekannt. Er schrieb mehrere Aufsätze über W. und sein

→Musikdrama sowie die *Souvenirs sur Richard Wagner* (Paris 1900).

Schwan

Innerhalb der zahlreichen Symbole von W.s dichterischem Schaffen stellt der Schwan zuerst in *Lohengrin*, später in *Parsifal* das Sinnbild der Reinheit und des Unschuldigen dar. In *Lohengrin* wird der Thronerbe →Gottfried von →Ortrud in einen Schwan verwandelt und von →Lohengrin wieder aus der Tiergestalt befreit; in *Parsifal* vergeht sich der jugendliche Held beim Eindringen in das Gralsgebiet an dessen Sinnbild für Unschuld und Reinheit in der Natur durch einen tödlichen Pfeilschuß an den Gesetzen des →Grals und wird von →Gurnemanz zur Rechenschaft gezogen, wodurch →Parsifal erstmals Mitleid erlebt und einen ersten Anstoß für seine spätere Heilstat erhält.

Schwanenritter

Wegen seines merkwürdigen Gefährts in *Lohengrin*, dem von einem →Schwan gezogenen Nachen, wird →Lohengrin gelegentlich auch so genannt. Daß dieser Schwan der von →Ortrud verzauberte Thronfolger Brabants, →Gottfried, ist, stellt sich am Ende von *Lohengrin* heraus.

Schwarz, Hans

Baßpartie in den *Meistersingern*; Strumpfwirker und →Meistersinger; benannt nach Johann Christoph Wagenseils *Buch von der Meister-Singer holdseligen Kunst* (1697).

Schweiz
1849–56: Als W. am 28. 5.
1849 auf
der Flucht aus →Dresden, die ihn
weiter nach Paris (→Frankreich)
führen sollte, in →Zürich Station
machte, beschloß er, »allem auszuweichen, was mir hier eine Nieder-
lassung verwehren könnte«, wie er
in →*Mein Leben* (S. 429) ausführte.
Sein Freund Alexander →Müller
lebte hier bereits seit 1834 und
nahm den Flüchtling erst einmal bei
sich auf. Skurril mutet an, daß gerade dieser Freund eine Oper mit
dem Titel *Die Flucht nach der*
Schweiz komponiert hatte, die im
März 1842 am Züricher Aktientheater aufgeführt worden war. Neue,
einflußreiche Freunde, wie der
Staatsschreiber Johann Jakob →Sul-
zer und Franz →Hagenbuch, kamen
schnell dazu, die W. einen neuen
Paß verschafften. So konnte er doch
noch nach Paris weiterreisen, woraus jedoch nur ein Ausflug, kein Erfolg in eigener Sache wurde, zumal
gerade die Cholera dort wütete. In
der Schweiz waren W.s Werke
wenigstens in Klavierauszügen bekannt. Dazu kam, daß W. seinen
Freunden die Dichtung zu →*Sieg-*
frieds Tod schon bald vorlas und sie
so mit seinen künftigen musikdramatischen Plänen bekannt machen
konnte. Ende Aug. 1849 ließ W.
seine Frau Minna aus Dresden
nachkommen, für die mit ihrer
22jährigen Tochter Natalie →Bilz
nebst Hund und Papagei bald im
Haus »Zur Akazie« eine kleine
Wohnung gefunden wurde. Obgleich W. sich auch in der Schweiz

als politischer Flüchtling behörd-
licher Aufsicht unterstellen mußte,
fühlte er sich doch bald heimisch,
zumal sehr generös mit ihm verfahren wurde. Um sich zunächst Klarheit über seine künstlerischen Ziele
zu verschaffen, wurde W. zum
musiktheoretischen Schriftsteller; es
entstand Das →*Kunstwerk der Zu-*
kunft. Da damit keine Einkünfte
verbunden waren, mußten Freunde
finanziell aushelfen. Ende 1849
setzte Julie →Ritter eine Leibrente
aus, die freilich zum Lebensunterhalt der Familie nicht ausreichte.
Als Kritik an den von Franz →Abt
seit 1841 geleiteten Winterkonzer-
ten in Zürich laut wurde, wandte
man sich an W., der erstmals am
15. 1. 1850 im 4. Abonnementskonzert mit großem Erfolg an der musikalischen Leitung der *Symphonie*
Nr. 7 (1812) von Ludwig van →Beet-
hoven beteiligt war. Am 29. 1. 1850
reiste W. nochmals nach Paris, wo
sich statt des erhofften künstlerischen Erfolgs die abenteuerliche
Begebenheit mit Jessie →Laussot
abspielte. Nachdem die Pläne, mit
dieser faszinierenden jungen Frau in
den Orient zu flüchten, zerstoben
waren, ging W. reumütig zunächst
nach Villeneuve, dann über Thun
nach Zürich, wo Minna inzwischen
trotz des Abschiedsbriefs ihres Mannes ab Mitte April im Vorort Enge
eine →Wohnung im Haus Abendstern hatte einrichten lassen. Der
von W. mitgebrachte Karl →Ritter
(dessen musikalische Ausbildung er
übernehmen sollte) wurde in einer
Dachkammer untergebracht. Die für

W. guten Arbeitsbedingungen in dieser Wohnung förderten zunächst die Kompositionsskizzen zu *Siegfrieds Tod*, dann die Aufsätze *Das →Judentum in der Musik*, →*Oper und Drama, Erinnerungen an Spontini* (in: GSD Bd. 5, S. 109) sowie die *Programmatischen Erläuterungen: Beethoven's »heroische Symphonie«* (ebd., S. 219) zutage; außerdem entstanden *Ein →Theater in Zürich* und der Brief an Franz →Liszt *Über die »Goethestiftung«* (in: GSD Bd. 9, S. 5) sowie erste Arbeiten am *Jungen Siegfried*; schließlich noch W.s programmatische Schrift *Eine →Mitteilung an meine Freunde*. Um sich literarische Anregungen vom Musikleben in Deutschland zu verschaffen, ließ sich W. von Franz →Brendel regelmäßig die →*Neue Zeitschrift für Musik* zuschicken und las Ludwig →Feuerbachs Hauptwerke. W. war gerade von einer mehrtägigen Bergtour zurückgekehrt und hatte sich mit seiner Familie im Gasthof »Zum Schwanen« in →Luzern niedergelassen, als Liszt am 28. 8. 1850 *Lohengrin* in →Weimar uraufführte; währenddessen versuchte W., dieses Ereignis mit der Uhr in der Hand im Geiste nachzuvollziehen. Trotz der bescheidenen künstlerischen und finanziellen Mittel des Aktientheaters betrieb W. an Ort und Stelle die Aufführung seiner neuesten Oper mit Ritter als Dirigent. Aber schon hatte W. weitaus größere Pläne im Kopf: die Aufführung von *Siegfrieds Tod* als »Festspiel auf einer schönen Wiese bei der Stadt«, wie er an Theodor →Uhlig schrieb. Eine dafür

notwendige Vereinigung von Theater- und Konzertorchester wurde jedoch von der Musikgesellschaft abgelehnt. Außerdem erwies sich Ritter als nicht so energischer Dirigent, wie ihn W. brauchte, so daß W., um sich zu entlasten, den jungen Hans von →Bülow ans Aktientheater zog. W. selbst dirigierte am 11. 10. 1850 *La Dame blanche* (1825) von François Adrien →Boieldieu, am 21. 10. *Norma* (1831) von Vincenzo →Bellini, am 27. 10. mit sehr großem Erfolg den *Freischütz* (1821) von Carl Maria von →Weber und am 8. 11. *Don Giovanni* (1787) von Wolfgang Amadeus →Mozart in einer eigenen →Bearbeitung, die am 18. 11. wiederholt wurde; am 29. 11. 1850 folgte Mozarts *Zauberflöte* (1791); dann verabschiedete sich W. mit einer Wiederholung der *Dame blanche* am 6. 12. 1850 als Operndirigent und übergab wieder Abt den Dirigentenstab, nachdem auch Bülow durch Intrigen zum Rücktritt veranlaßt worden war. W. ließ sich jedoch überreden, noch Anfang 1851 drei Opernaufführungen zu dirigieren: am 7. 2. nochmals *La Dame blanche*, am 26. 3. *Don Giovanni* und am 4. 4. Beethovens *Fidelio* (1805). Die Konzertgesellschaft suchte W. nun wieder auf ihre Seite zu ziehen. W. zog sich jedoch erst einmal in seine Arbeit an *Oper und Drama* zurück und schob den Termin, ein Konzert mit Beethovens *Symphonie Nr. 5* (1808), bis zum 28. 1. 1851 hinaus. Den riesigen Erfolg damit überbot W. noch mit der *Symphonie Nr. 3* (1804) am 25. 2.; ein drittes Konzert folgte am

18. 3. mit der *Symphonie Nr. 7*. Bald darauf wählte man W. zum Ehrenmitglied der Musikgesellschaft. Die Arbeit an seinen →*Nibelungen* ging dennoch zügig voran, so daß er die Dichtung Weihnachten 1852 bei François und Eliza →Wille in Mariafeld vorlesen konnte. Bereits am 5. oder 6. 7. 1851 hatte W. nach einer Fußwanderung mit Ritter nach Sankt Gallen dem Freund den fertigen *Jungen Siegfried* vorgelesen und seinen Dresdener Jugendfreund Uhlig, der schon von der Schwindsucht gezeichnet war, es sich aber nicht nehmen ließ, in die Schweiz zu kommen, und sogar Bergwanderungen mitmachte, letztmalig gesehen und gesprochen. W. wollte nun wieder in das Stadtzentrum ziehen, so daß ein erneuter Umzug bevorstand: in die Vorderen Escherhäuser am Zeltweg 11. Anschließend begab sich W. nach Bad Albisbrunn zur Wasserkur. Durch die Schrift *Wasser tut's freilich* von J. H. Rausse drang W. auch theoretisch in die natürliche Hydrologie ein und wurde zum Kneippianer. Als Gesellschafter hatte er sich den Major Hermann Müller mitgenommen, den einstigen Geliebten der Sängerin Wilhelmine →Schröder-Devrient aus Dresden, den W. nur »das Majörchen« nannte. Zweifellos färbte die intensive Beschäftigung mit dem Naturelement Wasser als Heilmittel auf W.s musikdramatisches Schaffen ab, z. B. im *Rheingold*. Nach Zürich zurückgekehrt, setzte er zwar die radikale Wasserkur, so gut es zu Haus ging, fort, rückte aber immer

mehr davon ab, als er von der wirksameren und schonenderen Methode Karl Lindemanns aus Paris erfuhr. Bereits Ende 1851 hatte man W. erneut gebeten, wieder Konzerte in Zürich zu dirigieren. Am 20. 1. 1852 hatte er Beethovens *Symphonie Nr. 8* (1812) auf dem Programm; die *Eidgenössische Zeitung* schrieb zwei Tage später von einem Konzert, »das Epoche machte und in Zürich wohl schwerlich in Vergessenheit geraten wird«. Im 5. Abonnementskonzert am 17. 2. 1852 dirigierte W. Beethovens *Coriolan-Ouvertüre* (1807) und die *Symphonie Nr. 5*; beim nächsten Konzert stand ein eigenes Werk auf dem Programm, die Ouvertüre zu *Tannhäuser*, die nicht nur zur Zufriedenheit W.s musiziert wurde, sondern auch ein nachhaltiger Erfolg beim Publikum war. Gelegentliche Besuche im Aktientheater unternahm W. schon deshalb gern, weil ein Neffe seines Dresdener Freundes Wilhelm →Fischer dort als Tenorbuffo engagiert war, der W. gut gefiel. Kapellmeister Rudolf →Schöneck bestürmte W., seinen *Holländer* aufführen zu dürfen. Gleich viermal, am 25., 28. und 30. 4. sowie am 2. 5. 1852, ging die Oper über die Bühne, von W. selbst dirigiert, der sich darüber wunderte, daß in einem solchen »Winkeltheater«, wie er es formulierte, eine so gelungene Aufführung möglich war. Vom 12. 5. bis zum 6. 7. wohnte W. in der oberhalb Zürichs gelegenen Pension Rinderknecht, wo er sich mit der Prosa- und Versdichtung der *Walküre* beschäftigte und die früh-

lingsstrahlende Bergweltkulisse
ihm die Musik zu »Winterstürme
wichen dem Wonnemond« eingab.
Da in keiner früheren Skizze von
diesem Frühlingsereignis die Rede
ist, bestätigt sich an diesem Beispiel, wie eng W.s Biographie direkt
und spontan in manchen Details in
sein Werk eingegangen ist.
Im Juli 1852 wanderte W. nach
Oberitalien, um erstmals »am
Rande Italiens zu nippen«, wie es in
Mein Leben heißt: über Interlaken,
Lauterbrunnen, die Wengeralp und
die Kleine Scheidegg nach Grindel-
wald, dann in fünfstündigem Aufstieg zum Faulhorn, hinab nach
Meiringen, durch das Haslital bis
zum Grimselhospiz, ein erneuter
Aufstieg über den Aaregletscher
zum Großen Siedelhorn, schließlich
der Abstieg durch das Eginental
über den Griesgletscher nach →Ita-
lien. Die Rückreise ging über Cha-
monix, Genf, Lausanne und Bern
wieder nach Zürich, wo W. am 5. 8.
eintraf. Zahlreiche Anfragen, *Tannhäuser* in Deutschland aufzuführen,
erwarteten W., der sich zu zieren
schien, in Wahrheit aber schlechte
Aufführungen befürchtete, ohne
persönlich eingreifen zu können. Es
bot sich nur der Ausweg, mittels einer Broschüre *Über die Aufführung
des »Tannhäuser«. Eine Mittheilung
an die Dirigenten und Darsteller dieser Oper* (in: GSD Bd. 5, S. 159) Einfluß aus dem →Exil zu nehmen,
denn W. war sich schon damals
bewußt, daß die herkömmlichen
Theater für die →»Zukunftsmusik«
nicht genug geschult waren. Eine

willkommene Unterbrechung bot
die Ankündigung des Geigers Henri
Vieuxtemps, den W. schon 1840 in
Paris kennengelernt hatte, nach
Zürich zu kommen. W. annoncierte
den inzwischen berühmten Freund
am 20. 9. 1852 in der *Eidgenössischen Zeitung* als Violinvirtuosen.
Seine Konzerte fanden am 29. 9., 1.
und 7. 10. statt und rissen das Publikum hin. Nach Vollendung seiner
Ring-Dichtung machte sich W. am
4. 11. mit François →Wille und Georg →Herwegh zu einer Alpenwanderung auf, diesmal in das Gebiet
des Glärnisch. Gleich danach begann W. mit der Umdichtung von
Siegfrieds Tod in *Siegfried* und *Götterdämmerung*. Anfang Febr. 1853 ließ
er einen Privatdruck der *Ring*-Dich-
tung von 50 Exemplaren herstellen
und las an vier Abenden vor geladenen Gästen im Hôtel Baur au Lac
das gesamte Werk vor. Dreier neuer
Konzertverpflichtungen in Zürich
entledigte sich W. mit Bravour, und
er machte sich daran, Konzerte mit
eigenen Werken zu planen, für
deren Finanzierung er, 20 Jahre vor
→Bayreuth, ein Patronatssystem
entwarf, das mit Anteilscheinen von
50 Franken eine solide finanzielle
Basis bilden sollte (→Patronat-
scheine). Als flankierende Maßnah-
men verfaßte W. zahlreiche programmatische Schriften, die seine
Werke erläutern helfen sollten. Am
15. 4. zog er in eine größere Wohnung im Zeltweg 13 um. Einen Monat später kamen die auswärtigen
Musiker zu den Proben nach Zürich.
Inzwischen machte sich W.s Haus-

vermieterin, Clementine →Stockar-
Escher, an ein Aquarellporträt des
Meisters. Ihre Signatur als Schwester des Schweizer Regierungsprä-
sidenten Alfred Escher unter dem
Bild und die davon angefertigte Li-
thographie sollten eine politische
Sympathiebekundung darstellen, um
»den neuerlichen Ungezogenhei-
ten der Dresdener Polizei« (wie W.
es ausdrückte) zu begegnen, die
seinen →Steckbrief erneuerten. Die
vorbereiteten Konzerte mit eigenen
Werken im Mai 1854 brachten W.
einen unerhörten Triumph. In der
Eidgenössischen Zeitung hieß es:
»Wie die Fürsten ihre stolzen Hof-
feste feiern, so haben wir gestern ein
Musikfest gefeiert, um das uns wegen seines Glanzes und Gehaltes
alle Residenzstädte Europas hätten
beneiden können.« Und die *Züricher
Freitagszeitung* schrieb am 27. 5.:
»Der Kanton Zürich wird es nie
zu bereuen haben, daß er diesem
Flüchtling ein Asyl gewährte; man
sollte ihm hier eine neue Heimat
geben. Ein solcher Ehrenbürger
wäre ein Ehrenbürger im wahrsten
Sinne des Wortes!« W. verfolgte jedoch eigene Absichten in zweierlei
Hinsicht: Einerseits wollte er seine
Werke wenigstens in Teilen aufführen, um klangliche Erfahrungen
dabei zu machen; andererseits sollte
das dadurch erzielte Aufsehen die
deutschen Fürsten zu W.s Amnestierung veranlassen. Liszt hatte z. B.
seinen Fürsten in Weimar zu einem
Gnadengesuch bewegen können,
das jedoch keinen Erfolg hatte. Für
die Wintersaison 1853/54 unter-

breitete W. der Konzertgesellschaft
eine neue Konzertreihe mit neun
Veranstaltungen, erhielt jedoch eine
Absage, da das dazu nötige Geld
nicht aufgebracht werden konnte.
Liszt kündigte sich zu einem Besuch
im Sommer an und traf am 2. 7. in
Zürich ein. Jetzt lernte W. auch endlich die Kompositionen des Freundes kennen und war begeistert. Dessen unglaubliche Neuerungen in
Harmonik und Form machte sich W.
augenblicklich zunutze, führte dem
Freund aber auch die bereits fertigen Teile aus dem *Ring* vor, wie den
→Walkürenritt und →Siegmunds
Liebeslied. Mit Liszt besprach sich
W. schon damals wegen eines »pro-
visorischen Theaters« für den *Ring*
in der Festspielstadt Zürich, und es
wurde sogar schon 1856 als erstes
Festspieljahr festgesetzt. Auf einem
gemeinsamen Ausflug mit Liszt und
Herwegh wurde am Rütli Bruder-
schaft geschlossen. Zwei Tage nach
Liszts Abreise ehrten die Züricher
Sängervereine W. mit einem Fackel-
zug zum Zeltweg sowie mit einer
Festveranstaltung und der Überreichung eines Ehrendiploms. W. versprach daraufhin, sich in der Zukunft erst richtig dieser Ehrung
würdig zu erweisen, womit er
die Aufführung seiner →Tetralogie
meinte. Vom 16. 7. bis zum 9. 8. 1853
machte W. auf Empfehlung des Arztes Hans Conrad Rahn eine Kur in
Sankt Moritz mit dem dortigen
eisenhaltigen Wasser; Herwegh begleitete ihn. Die Unterbringung war
primitiv, und die beiden Freunde
konnten sich nur durch Ausflüge in

die herrliche Bergwelt Abwechslung verschaffen: in die Bernina und zum Maloja, am 23. 7. zu Fuß zum Rosegggletscher. Da sich die Kur nicht besonders gut auf W.s Gesundheit ausgewirkt hatte, machte er am 24. 8. eine Reise nach Italien, die größtenteils von Otto →Wesendonck finanziert wurde. Viel Erholung fand W. jedoch auch hier nicht; er wurde krank und erlebte in Genua jenes somnambule Phantasiebild zum →Vorspiel des *Rheingolds*. Sogleich machte er sich am 7. 9. auf den Rückweg und kam erstmals über den Gotthard wieder nach Zürich zurück. Um sich mit seinen Freunden aus Deutschland zu treffen, die am Karlsruher Musikfest vom 3. bis zum 5. 10. 1853 teilgenommen hatten, reiste W. am 8. 10. nach Basel, wo er im Hotel »Zu den drei Königen« mit Liszt, Bülow, Joseph →Joachim, Richard Pohl, Peter →Cornelius, Dionys Pruckner und Ede Reményi zusammentraf, die zur Begrüßung den Königsruf aus *Lohengrin* gemeinsam in die Eingangshalle schmetterten. Tags darauf kam Fürstin Carolyne von →Sayn-Wittgenstein mit ihrer Tochter Marie (von →Sayn-Wittgenstein) nach. Der große Eindruck, den das bildhübsche junge Mädchen auf W. machte, der sie künftig mit dem Ehrentitel »das Kind« anredete, hat sich in der Gestalt →Freias niedergeschlagen. Der ganzen Gesellschaft las W. seinen *Siegfried* vor. Am 8. 10. reiste W. mit Liszt und dessen Anhang über Straßburg nach Paris und kehrte am 30. 10. nach

Zürich zurück, wo er sogleich mit Feuereifer an der Partitur des *Rheingolds* zu arbeiten begann. Gleichzeitig wurde W. wieder zu den Abonnementskonzerten gebeten. Er dirigierte am 29. 11. 1853 Beethovens *Symphonie Nr. 5*, am 13. 12. dessen Ouvertüre zu *Egmont* (1810) und am 27. 12. neben Beethovens *Symphonie Nr. 4* (1806) auch die »Szene des Friedensboten« und den »Friedensmarsch« aus *Rienzi*; am 17. 1. 1854 folgte eine Aufführung von Beethovens *Symphonie Nr. 8* und der Ouvertüre zu Webers *Euryanthe* (1823). Im Programm des 5. Abonnementskonzerts fügte W. erstmals eine Symphonie von Mozart ein und dirigierte außerdem eine von Beethovens *Leonoren-Ouvertüren*, wobei den Rezensenten auffiel, »mit welchem Verständnis und welcher Pietät Wagner die beiden Meister in ihrer ganzen Eigentümlichkeit zur Erscheinung zu bringen wußte«. Das folgende Benefizkonzert für den hauptamtlichen Dirigenten teilte sich W. mit Alexander Müller, der unter W.s Leitung Beethovens *Klavierkonzert Nr. 5* (1809) spielte und die Ouvertüre zu Webers *Freischütz* dirigierte. Anfang 1854 faßte W. den kühnen Plan, Beethovens *Symphonie Nr. 9* (1824) aufzuführen, scheiterte aber wiederum am Einspruch der Musikgesellschaft. Auch dieses Vorhaben stand im Zeichen seines Lebenswerks, eine Festspielstadt zu finden. Zürich hat damals die Chance verwirkt, ein kultureller Mittelpunkt Europas (wie später Bayreuth) zu werden. Nicht einmal seine engsten Schweizer Freunde begriffen damals, worauf W. hinaus-wollte. Dagegen griff er die Anregung seines Freundes Sulzer, einmal etwas von Christoph Willibald →Gluck im Konzert hören zu können, sofort auf und dirigierte im letzten Abonnementskonzert am 7. 3. die Ouvertüre zu *Iphigénie en Aulide* (1774); dazu erklang Beethovens *Symphonie Nr. 6* (1808). Bereits nach 14 Tagen gab es eine Wiederholung. Am 31. 1. 1854 war das Züricher Aktientheater plötzlich bankrott. W. dachte sicherlich selbst daran und wurde wohl auch gefragt, die Leitung des Theaters zu übernehmen. Weshalb nichts daraus wurde, ist unbekannt. Jedenfalls veranstaltete W. schon am 21. 3. ein Benefizkonzert für die Orchestermitglieder und ein zweites am 30. 3. für das Theaterpersonal, wobei er in beiden Konzerten neben Beethoven-Symphonien auch Teile seines *Tannhäuser* dirigierte. Öffentlicher Dank wurde W. für seine Bemühungen nicht zuteil, wohl aber der der Künstler, die ihm später ihre Anhänglichkeit immer wieder bewiesen. Eine von W. angestrebte Fusion zwischen dem Theater und der Musikgesellschaft, die auch im Sinn langfristiger Planungen gedacht war, scheiterte am Einspruch des neuen Intendanten. Dagegen erhielt W. im Frühjahr 1854 den Auftrag, die Direktion des Musikfestes in Sitten zu übernehmen. W. lehnte die Gesamtleitung zwar ab, fand sich aber bereit, unter guten musikalischen Bedingungen Beethovens *Sympho-*

nie Nr. 7 zu dirigieren; außerdem wollte er die Ouvertüre zu *Tannhäuser* aufführen. Unwillig wegen der Unterbrechung an der Vertonung des I. Aufzugs der *Walküre*, wollte W. das Unternehmen schon absagen, fuhr dann doch nach Sitten und wurde bald wütend über die schlechte Konzertvorbereitung und den Zeitverlust. Kurzerhand reiste er ab, nachdem er schon vorher die musikalische Leitung an Ernst →Methfessel abgetreten hatte. W. besuchte seine Frau Minna, die zur Kur auf dem Seelisberg weilte, den W.»die lieblichste Entdeckung in der Schweiz« nannte. Bereits im Sept. 1854 führte er Otto und Mathilde →Wesendonck auf den Seelisberg, um ihnen diese Sehenswürdigkeit zu zeigen. Im Aug. 1854 war W.s Frau zu Verwandtenbesuchen nach Sachsen gereist. W. beschäftigte sich mit der *Ring*-Komposition. Da Gottfried →Semper als Hochschullehrer der Baukunst nach Zürich berufen wurde, konnte W. seine alte Freundschaft mit ihm wieder auffrischen. Um seine stets mißlichen Finanzverhältnisse etwas aufzubessern, plante W. eine Konzertreise nach Brüssel und dirigierte auch wieder in Zürich einige Abonnementskonzerte: am 9. 1. 1855 Beethovens *Symphonie Nr. 3,* am 25. 1. das gesamte Programm mit der Ouvertüre zu Mozarts *Zauberflöte,* seine →*Faust-Ouvertüre* und Beethovens *Symphonie Nr. 5;* im Benefizkonzert vom 30. 1. leitete W. das *Septett* (1800) von Beethoven; im 6. Abonnementskonzert dirigierte er die Ouvertüre zu Webers *Freischütz* und Beethovens *Symphonie Nr. 7*; das 7. Konzert bestritt W. wieder ganz allein mit Glucks Ouvertüre zu *Iphigénie en Aulide*, seiner *Faust-Ouvertüre*, dem Vorspiel zu *Lohengrin* sowie Elsas Brautzug daraus und die Ouvertüre zu *Tannhäuser*. Bereits am 15. 11. 1854 hatte der Direktor des Aktientheaters im *Züricher Tagblatt* ankündigen lassen, daß sich W. zur Aufführung von *Tannhäuser* bereit erklärt habe. Am 16., 19. und 23. 2. sowie am 2., 4. und 19. 3. 1855 fanden dann tatsächlich sechs von Louis Müller dirigierte Aufführungen statt; W. hatte die Proben betreut. An Julie Ritter schrieb W. dann am 17. 2. 1855: »Zu meinem wahren Erstaunen musste ich einen Erfolg meiner – allerdings entsetzlichen – Anstrengungen erleben, wie ich ihn nie vermutet hätte. Ich dirigierte nicht selbst, weil ich mit dem Dirigenten des Theaters recht wohl zufrieden war, und erlebte so zum ersten Male als Zuhörer einen wirklich ergreifenden Eindruck von meinem Werk.« Auf Bitten Mathilde Wesendoncks nahm W. schließlich für die dritte Aufführung doch noch selbst den Taktstock in die Hand und reiste Anfang März nach →London, um den dort eingegangenen Konzertverpflichtungen nachzukommen. Nach vier Monaten verlorener Zeit (wie W. die Londoner Unternehmung einschätzte) kehrte er am 30. 6. 1855 nach Zürich zurück, um sich erst einmal auf dem Seelisberg von den Strapazen

zu erholen. Den ganzen Winter 1855/56 über beschäftigte er sich mit seinem »Haus-Erlösungs-Problem«, wie er es etwas hochtrabend den dringenden Wunsch nannte, in einem eigenen Haus »einmal ruhig arbeiten zu können«. Bald konzentrierte sich sein Interesse auf die Gegend von Brunnen, wo ihm der Gasthausbesitzer Oberst Xaver Auf der Maur ein Grundstück vermitteln wollte. Aber auch dieser Plan zerschlug sich. Zu dem bevorstehenden 100. Geburtstag Mozarts am 27. 1. 1856 sollte in Zürich eine Mozart-Feier organisiert werden und W. in Aktion treten. Da man seinen künstlerischen Forderungen jedoch keinen Schritt entgegenkam, lehnte er ab, was ihm noch lange als Mozart-Gegnerschaft ausgelegt wurde. W. sah sich genötigt, eine öffentliche Erklärung in die *Eidgenössische Zeitung* setzen zu lassen. Aber auch gesundheitlich war W. wieder so angegriffen, daß er jede Anstrengung und Aufregung von sich fernhalten mußte; desto aktiver war seine schöpferische Phantasie nicht nur mit der Ausarbeitung der *Walküre*, sondern auch mit einem neuen Stoff, *Die →Sieger*, beschäftigt, dessen Skizze W. am 16. 5. 1856 niederschrieb. Ausgeführt wurde dieses Projekt jedoch nie, zumal im selben Jahr *Tristan* in W.s Kopf Gestalt anzunehmen begann. Im Dez. 1855 siedelte sich Gottfried →Keller in Zürich, seiner Schweizer Heimat, an, wurde mit W. bekannt gemacht und pflegte bald häufigen Umgang mit ihm, der ihn bald scherzweise

»Auerbachs Keller« nannte. Im März 1856 vollendete W. seine *Walküre* und wollte das Ereignis mit den Wesendoncks feiern, zerstritt sich jedoch mit seinem Mäzen und mußte schon fürchten, trotz der Vermittlungsversuche seiner Frau, seiner finanziellen Unterstützungen verlustig zu gehen. Die gemeinsame Anhörung einer »konzertanten« Privataufführung des I. Aufzugs mit Emilie →Heim als →Sieglinde und W. als →Siegmund und →Hunding muß jedoch auf Otto Wesendonck einen so starken Eindruck gemacht haben, daß er seine weitere Unterstützung zusagte, damit W. sorglos sein Nibelungendrama beenden könne. Da sich W. jedoch auf Grund der unerquicklichen Konzerttätigkeiten in Zürich die Frage stellen mußte, ob sein *Ring* jemals dort aufgeführt werden könnte, und diese Frage verneinen mußte, wandte er sich innerlich bereits Weimar zu, ohne auch nur eine Ahnung davon zu haben, wie er das Problem seiner Amnestierung lösen sollte. W. verständigte sich darüber mit Liszt und schrieb ein Gnadengesuch an König Johann von Sachsen. Dessen Großmut hatte er jedoch überschätzt, und er mußte eine weitere bittere Abfuhr hinnehmen. Auch sein Ersatzprojekt in Brunnen, wo er am Vierwaldstätter See seine Festspielstätte errichten wollte, zerschlug sich. Erneute gesundheitliche Schwierigkeiten veranlaßten W., auf Rat seines Arztes wieder eine Kur anzutreten. Er wählte diesmal Mornex (bei Genf) und beschrieb die

Reise dorthin als »die unglücklichste und miserabelste, die ich je gemacht« (Brief an Minna vom 11. 6. 1856). Die Kur selbst schlug unerwartet gut an, und W. kehrte bestens erholt am 15. 8. 1856 nach Zürich zurück. Schon seit einiger Zeit versuchte er, mit dem Verlag →Breitkopf & Härtel ins Geschäft zu kommen und ihm seinen *Ring* anzubieten. Anfangs signalisierte der Verlag Entgegenkommen, sagte dann aber ab. Auch aus dem eigenen Häuschen wurde zunächst nichts, bis Otto Wesendonck, um auf dem Nachbargrundstück seiner in Zürich geplanten Villa nicht ein Irrenhaus installieren zu lassen, Grund und Boden aufkaufte und das darauf vorhandene Gartenhaus an W. für wenig Geld vermietete. Auf einem Ausflug mit Minna, deren Freundin aus Dresden und W.s Schwester Clara (→Wolfram) nach Brunnen wurde W. eine unvermutete Ovation zuteil, als auf erleuchteten Kähnen die Brunner Blechmusik dafür bearbeitete Stücke aus *Rienzi* in den Nachthimmel blies. In Zürich wies W. alle Ersuchen, wieder Konzerte der Musikgesellschaft zu dirigieren, energisch zurück. Ein neuerlicher Besuch Liszts mit seinem weiblichen Anhang dagegen machte W. viel Freude und brachte anregende Abwechslungen. Die Fürstin hatte schon bald, ihrer Gewohnheit gemäß, einen Zirkel von Professoren als Debattierklub um sich im Hôtel Baur au Lac versammelt, was W. deshalb mißfiel, weil ihre »Professorensucht« ihm den in ihrem Schlepptau gezogenen Freund Liszt entzog. Dennoch lernte W. jetzt Liszts *Faust-Symphonie* (1857) und *Dante-Symphonie* (1857) kennen; umgekehrt beschäftigte sich Liszt mit den neuesten Teilen aus den Partituren von *Rheingold* und *Walküre*. Die Krönung der zahlreichen gesellschaftlichen Einladungen war Liszts Geburtstag am 22. 10., den die Fürstin »mit völligem Pomp bei sich feierte«, wie W. in *Mein Leben* schreibt. Zu diesem Anlaß wurde von Herwegh ein eigens bei August Heinrich →Hoffmann von Fallersleben bestelltes Gedicht vorgetragen. Emilie Heim und W. trugen, von Liszt am Klavier begleitet, eine Szene aus dem II. Aufzug der *Walküre* vor, und an zwei Flügeln wurde aus Liszts symphonischen Dichtungen gespielt. W. genügte es jedoch nicht, Liszts Werke nur im Klavierauszug zu hören. Heinrich Sczadrowsky, Musikdirektor in Sankt Gallen, hatte W. schon länger um ein Konzert gebeten, so daß sich die Interessen überschnitten und W. mit Liszt dorthin reiste. Das Programm vom 23. 3. 1856 enthielt Liszts *Orpheus* (1854) und *Les Préludes* (1854) unter der Leitung des Komponisten, während W. Beethovens *Symphonie Nr. 3* und Sczadrowsky zwei Romanzen von Gluck mit der knapp 18jährigen Sophie Stehle dirigierte, die später in München eine große Karriere als W.-Sängerin machen sollte. »Die beiden Kunstheroen der Neuzeit« wurden in den Tageszeitungen gefeiert und hinterließen beim Publikum einen unauslöschlichen Eindruck. Die Züricher allerdings waren etwas verstimmt wegen des konzertanten Seitensprungs ihrer Gäste. Am 27. 11. 1856 verabschiedete W. seine berühmten Gäste und wandte sich gleichsam zur Nachfeier dem Briefwechsel zwischen Goethe und Schiller zu. Dann begann wieder der wenig erhebende Alltag des Exillebens, die mühsame Arbeit am *Ring*, der bis zum März 1857 mit dem I. Aufzug von *Siegfried* beendet werden konnte. Das Erlebnis von Liszts symphonischen Dichtungen bewog W., einen aufsatzartigen Brief an Marie von Sayn-Wittgenstein über Liszts Musik zu schreiben, den er zur Veröffentlichung empfahl. Otto Wesendonck hatte inzwischen das Grundstück mit dem →»Asyl« erworben und W. als Bleibe angeboten.

1857 – 61: Am 28. oder 29. 4. 1857 bezog W. das neue Heim, das freilich vorerst noch kalt und ungemütlich, weil noch nicht vollständig eingerichtet war. Rudolf →Schöneck, seit dem Winter 1856/57 Leiter der Baseler Bühne, setzte sich mit Gastspielen seines Ensembles verstärkt für W.s Werke ein, brachte am 30. 3. und 1. 4. 1857 die ersten Aufführungen von *Tannhäuser* in Basel und am 30. 4. in Bern heraus; schließlich folgten am 7. 5. 1857 eine *Tannhäuser*-Aufführung in Solothurn und am 28. 5. eine in Genf, die gleichzeitig die erste Aufführung einer W.-Oper im französischen Sprachgebiet war. Im →Asyl entstanden der erste Prosaentwurf zu *Parsifal* sowie der zu *Tristan*, der zum Teil hier komponiert wurde wie auch die →*Wesendonck-Lieder*. Das Giebelzimmer im Asyl wurde als Fremdenzimmer eingerichtet und sollte nicht lange leerstehen. Der Karlsruher Intendant Eduard →Devrient kam zuerst. Seine Eindrücke von diesem Besuch hat er schriftlich festgehalten (die entsprechenden Passagen sind in Max Fehrs *Richard Wagners Schweizer Zeit*, 2 Bände, Aarau 1934–53, abgedruckt) und sich begeistert über W.s virtuose Darstellungskunst seiner dramatischen Figuren, aber auch erschrocken über die ungeheuren Ausmaße der →Tetralogie geäußert. Als Devrient am 3.7. wieder abreiste, fühlte er sich wie von einem Dämon befreit. Der nächste Gast war Ferdinand →Praeger aus →London, den W. auf seiner dortigen Konzertreise kennengelernt hatte, dessen Anhänglichkeit ihm aber bald lästig wurde. Auch Praeger berichtet, wenn auch nicht sehr objektiv, über seinen Aufenthalt bei W. in *Wagner As I Knew Him* (London 1855). Auf einem Ausflug mit Praeger und Minna in der neu gebauten Eisenbahn nach Schaffhausen zum Rheinfall soll W. im Hotel folgende Geschichte angestellt haben:»Auf einmal vermißten wir unsern Meister, hörten aber von weitem seine Stimme, die uns zurief: Minna! Ferdinand! – Wir sahen uns überall um, konnten aber nirgends eine Spur von ihm finden, bis wir zufällig unsere Blicke nach den Hotelfenstern lenkten, und zu unserm Erstaunen den Komponisten der

›Nibelungen‹ auf einem der hochplacierten steinernen Löwen, welche den Eingang zum Garten schmückten, reitend und seinen Hut schwenkend sahen.« Auf die ernsthaften Vorhaltungen des Gastwirts soll W. geantwortet haben:»Schon gut, ich wollte nur meinen Freunden zeigen, wie zahm die Schweizerlöwen sind.« Mitte Aug. 1857 traf der Liederkomponist Robert →Franz im Asyl ein, um danach völlig aus W.s Gesichtskreis zu verschwinden. An den nächsten Gast, den jungen Richard Pohl, der von Franz →Liszt empfohlen worden war, hat sich W. seltsamerweise in seiner Autobiographie nicht erinnert, während Pohl in»Bei Richard Wagner I. Im Schweizer Exil« (in: *Gesammelte Schriften über Musik und Musiker*, Leipzig 1883) sich ausführlich über seinen Besuch verbreitet. Nach Hans von →Bülows Vermählung mit Cosima am 18.8. sollte die Hochzeitsreise in die Schweiz gehen. Das Paar reiste nach Stationen am Genfer See und in Lausanne am 31.8. nach Zürich zu W., wohnte erst einige Tage im Hotel und zog am 5.9. für drei Wochen ins Asyl. W. arbeitete an *Tristan* und hatte nunmehr in Bülow einen Korrepetitor allerbester Güte zur Hand. Über W.s Eindruck von Cosima steht in →*Mein Leben* (S. 567) eine kurze, eigenartige Beobachtung:»*Cosima* hörte mit gesenktem Kopfe und gab nichts von sich; wenn man in sie drang, fing sie an zu weinen.« In Bülows gehetztem Virtuosenleben war der Aufenthalt bei W. eine echte Erholung und sein Eindruck von W.s Nibelungendrama überwältigend. Außer den erwähnten Besuchern im Asyl kamen im Sommer 1857 noch der Theaterkapellmeister Antonín Apt aus Prag, der Verleger Hermann Härtel aus Leipzig und Eduard Röckel aus London, der Neffe des Freundes August →Röckel. Im Herbst folgte in W.s Leben entgegen den Darstellungen in *Mein Leben*, wo lediglich von einer »träumerisch bangen Zurückgezogenheit« die Rede ist, in Wahrheit eine Phase zehrender Leidenschaft und seelischer Aktivitäten, die einerseits das Verhältnis zu Mathilde →Wesendonck, andererseits die Gestaltwerdung von *Tristan* betrafen. Mathilde und Otto →Wesendonck waren am 22. 8. 1857 in ihre Villa eingezogen und somit direkte Nachbarn W.s. Das Haus wurde, einer Anregung W.s gemäß mit dem Hinweis auf Johann Wolfgang von Goethes *Leiden des jungen Werthers* (1774), auf Mathildes Wunsch »Wahlheim« getauft. Als die *Tristan*-Dichtung vollendet war, wurde sie sogleich Mathilde vorgelegt, die bei dieser Gelegenheit ihre Gefühle für W. so deutlich zeigte, daß der bislang heimliche Liebhaber sich in himmlische Sphären gehoben fühlte. Am 18. 10. machte W. einen Ausflug mit den Wesendoncks nach Mariafeld zu François und Eliza →Wille. Am 18. 11. hörte man gemeinsam den berühmten Negerschauspieler Ira Aldridge als Othello im Züricher Aktientheater, und am 19. 12. wurde ein Klavierabend von Clara Schumann besucht. In Ab-

wesenheit ihres Gatten wurde Mathilde von W. eine besondere Aufmerksamkeit zuteil. W. ließ von Musikern aus Zürich sein eigens instrumentiertes Lied →*Träume* zu Mathildes Text in der Halle der Villa aufführen. Nach Wesendoncks Rückkehr kam es zu ersten Auseinandersetzungen wegen W.s allzu offensichtlichen Aufmerksamkeiten. Der ersuchte eilig um einen Reisepaß, um nach Paris (→Frankreich) zu entweichen. Wegen Geldmangels gelang die Flucht nicht gleich, so daß der Sturm in der Villa Wesendonck bereits abgeflaut war, als W. doch noch am 16. 1. 1858 abreiste. Schon am 4. 2. fuhr W. wieder nach Zürich und arbeitete an der Instrumentation des I. Aufzugs von *Tristan*, der bei →Breitkopf & Härtel in Verlag genommen wurde. Um einen Ausgleich für das prekäre Geburtstagskonzert zu Mathildes Ehren zu schaffen, wurde am 31. 3. 1858 für Otto Wesendonck ebenfalls ein Privatkonzert mit Sätzen aus Symphonien Ludwig van →Beethovens gegeben. Den Eklat löste ein Brief aus, von W. mit »Morgenbeichte« überschrieben, den Minna abgefangen hatte. Auf Grund des Beweismittels stellte Minna zunächst ihren Mann zur Rede, dann Mathilde. Minnas Eifersuchtsszenen waren jedoch so ungeschickt inszeniert, daß sie keineswegs die gewünschte Wirkung erzielen konnte, und so zog sie es vor, den Schauplatz des grotesken Geschehens am 15. 4. zu verlassen und zur Kur nach Brestenberg zu gehen. W. schrieb ihr oft dorthin und besuchte sie auch einige Male in der Hoffnung, die peinliche Angelegenheit aus der Welt schaffen zu können, um das geliebte Asyl zu retten. In Paris hatte es W. zuwege gebracht, der Witwe des Klavierfabrikanten Pierre Erard einen Flügel abzuschwatzen, der Anfang Mai in Zürich angeliefert wurde. Am 4. 5. nahm W. die Komposition von *Tristan* auf, und am 2. 7. schloß er die musikalische Skizze zum II. Aufzug ab. Die Besucher und Gäste gaben sich im Sommer 1858 im Asyl die Klinke in die Hand. Minna war noch nicht von ihrer Kur zurück, als Joseph →Tichatschek schon das Fremdenzimmer bewohnte. Carl →Tausig nahm im Gasthof Stern Quartier und die Gräfin Marie d'→Agoult im Hôtel Baur au Lac. Unvermittelt tauchte Wendelin →Weißheimer mit einem Empfehlungsschreiben von Louis →Schindelmeisser auf, und schließlich kamen die Bülows, von denen W. glaubte, daß sie Mathilde mit Minna auszusöhnen vermöchten. Es half alles nichts, und W. entschloß sich, am 17. 8. das Asyl aufzugeben, um zunächst nach Genf zu fahren, wo er das »Tagebuch seit meiner Flucht aus dem Asyl« begann, den Besuch Karl →Ritters empfing und mit ihm am 25. 8. über Lausanne und den Simplon zum Lago Maggiore reiste. Dann ging es über Mailand nach →Venedig weiter. Minna kam nach Zürich zurück, um den Haushalt aufzulösen. Am 1. 9. reiste sie nach Deutschland. Während W.s Aufenthalt in Venedig rissen seine

Beziehungen zur Schweiz keineswegs ab. Am 15. 12. 1858 wurde *Tannhäuser* von Louis Müller in Zürich aufgeführt. Vom Erstdruck des Textbuchs zu *Tristan* ließ W. zahlreiche Exemplare an die Freunde in der Schweiz schicken, und über die Freundin Wille pflegte W. weiterhin briefliche Kontakte mit der entfernten Geliebten. Schließlich erhielt W. von Otto Wesendonck die traurige Nachricht vom Tod seines dreijährigen Sohns Guido. W. antwortete in bewegten Worten. Wie in Deutschland, erinnerte man sich auch in der Schweiz verstärkt seiner Werke. Am 21. 1. 1859 wurde in Sankt Gallen mit *Tannhäuser* dort die erste Oper W.s aufgeführt, die am 25. 2. in Zürich wiederholt wurde. Als Antwort auf die Zusendung des Märchens »Der fremde Vogel« aus der Feder Mathildes sandte ihr W. am 19. 2. den ersten direkt adressierten Brief nach dem Zerwürfnis. W. beendete gerade den II. Aufzug von *Tristan*. Kriegsgefahr und die drohende Ausweisung aus dem österreichischen Venedig trieben W. wieder in die Schweiz. Am 28. 3. mietete er sich im Schweizerhof in →Luzern ein, weil er weder bei Freunden noch sonst privat etwas Geeignetes fand. Gleich am ersten Sonntag stattete er den Wesendoncks einen Besuch ab. Ende Juli besuchte ihn erstmals der aus dem Liszt-Kreis empfohlene junge Felix →Draeseke in Luzern, mit dem er den Pilatus bestieg und ihm die Tellskapelle sowie seine alte Stammherberge in Brunnen zeigte. Die Arbeit an *Tristan* machte gute

Fortschritte und wurde am 6. 8. 1859 abgeschlossen. Wegen der nach wie vor angespannten finanziellen Lage kam W. auf den Gedanken, seinem Gönner Wesendonck die Eigentumsrechte der *Nibelungen* zu verkaufen, wofür W. für die ersten beiden fertigen Stücke 6 000 Franken ausbezahlt bekam. Bevor sich W. erneut nach Paris aufmachte, besuchte er in Winterthur seinen Freund Johann Jakob →Sulzer und erlebte bald in Paris mit *Tannhäuser* einen der größten Opernskandale der Geschichte. Die Schweizer reagierten darauf mit einer umjubelten Aufführung am 21. 4. 1861 im Aktientheater. Desgleichen wurde W. durch die sehr erfolgreiche Aufführung von *Lohengrin* am 15. 5. 1861 in Wien bei seinen Schweizer Freunden rehabilitiert, mit denen er seinen 48. Geburtstag in Zürich feierte. **1863 – 72:** In seinem damaligen Wohnsitz in →Wien machte W. im Frühjahr 1863 erneut Pläne, sich wieder in der Schweiz anzusiedeln. Statt dessen fand er aber in Penzing bei Wien für ein weiteres Jahr eine Bleibe. Wegen neuerlicher Schulden mußte W. auch diese Wohnung räumen; er versuchte, Eliza →Wille als Vermittlerin einzusetzen, um bei Otto und Mathilde →Wesendonck Zuflucht zu finden. Beide lehnten jedoch ab, W. aufzunehmen. Danach ging seine Flucht am 23. 3. über →München, wo gerade vor 14 Tagen König Maximilian II. gestorben war, nach Zürich, wo er sich in seiner Not den Willes aufdrängte. Eliza, deren Mann gerade auf einer großen

Reise im Ausland weilte, brachte es nicht über sich, den Flüchtling abzuweisen. Als François →Wille zurückkam, mußte W. weichen und fuhr nach Stuttgart, wohin ihm der bayerische Hofrat Franz Seraph von →Pfistermeister, der ihn in Mariafeld nicht mehr antraf, nachreiste, um ihm am 3. 5. das Schreiben König →Ludwigs II. persönlich auszuhändigen, das W. nach München einlud. Auch sein dortiger Aufenthalt endete früher als erwartet in einer erneuten Flucht, die wieder in die Schweiz führen sollte. W. erinnerte sich eines Landhäuschens am Genfer See und gab als Zielort in seinem Paß Vevey an. Dorthin reiste er in Begleitung seines Münchener Dieners Franz →Mrazeck und des Hundes Pohl mit einem Zwischenaufenthalt in Bern. Er stieg in der »Pension du Rivage« ab, die nicht direkt in Vevey, sondern in der Nachbargemeinde La Tour de Peilz gelegen war. Der dortige Organist Theodor Ratzenberger, Onkel des Liszt-Schülers Theodor Ratzenberger, half bei der Suche nach einem dauernden Wohnsitz, der sich jedoch nicht finden ließ. Deshalb reiste W. am 20. 12. 1865 nach Genf, wo er sich bis zum 27. 3. 1866 aufhielt. Am 23. 12. fand W. schließlich die ihm sehr geeignet erscheinende Villa »Aux Artichauts«, wo er sogleich die Arbeit am I. Aufzug der *Meistersinger* aufnahm. Am 7. 3. besuchte ihn Cosima, die bereits zwei Tage nach ihrer Ankunft das Diktat zu W.s →*Mein Leben* wiederaufnahm. Schon bei seinen früheren

Aufenthalten in →Luzern hatte sich W. die gegenüberliegende Landzunge mit dem Patrizierhaus von →Tribschen als Aufenthaltsort gewünscht. Nachdem Cosima wieder nach München abgereist war, besichtigte er es am 4. 4. 1866 und mietete es sogleich. Wegen der alten Bausubstanz des Hauses nannte es W. seine »sonderbare Seefestung« oder den »Bauernturm«; er ließ es herrichten und zog Mitte April ein. Bevor Cosima mit ihren drei Töchtern am 12. 5. in Tribschen eintraf, wurde das Haus nochmals gründlich renoviert. »Es ist hier über alle Vorstellung schön und heilig«, schrieb W. am 2. 5. 1866 an Heinrich →Porges. Am 12. 5. holte W. in Romanshorn erneut Cosima ab, mit der er nun schon fast offiziell zusammenlebte. Am 15. 5. begann er mit der Kompositionsskizze zum II. Aufzug der *Meistersinger*; auch nahm er das in Genf unterbrochene Diktat von *Mein Leben* sogleich wieder auf. Ersten Beschwörungen des Königs, in seine Nähe nach München zurückzukehren, widerstand W. Am 20. 5. jedoch schickte der König seinen Flügeladjutanten Paul Fürst von Thurn und Taxis, um W. abzuholen. Zudem traf an W.s 53. Geburtstag der König selbst ein, übernachtete zweimal in Tribschen, machte einen Ausflug nach Alpnachstad und Stanz und fuhr am 24. 5. ohne W. nach München zurück. Zuvor hatte ihn W. eindringlich beschworen, seinen Herrscherpflichten sorgsamer nachzukommen und persönlich die Eröffnung des bayerischen Land-

tages zu leiten. Die Luzerner Blätter meldeten altklug und neidvoll: »Hat nun in diesen gegenwärtigen, für ganz Deutschland so ernsten Tagen ein Regent nichts Besseres zu schaffen, als einem Musiker nachzureisen?« Selbstverständlich machte dieser königliche Besuch sogleich die Gesprächsrunde und regte zur Legendenbildung an. Mit dem Einzug Cosimas in Tribschen hatte sich W.s Haushalt außerordentlich belebt; es waren mit allem Personal nicht weniger als zwölf Personen: W., Cosima, deren Töchter Daniela, Blandine und Isolde (von →Bülow), die Erzieherin Agnes, ein Kindermädchen, die Haushälterin Verena Weitmann, die Knechte Peter Steffen und Jost, das Stubenmädchen Marie und eine Köchin; an unentbehrlichen Haustieren gab es den Neufundländer Ruß, den Pinscher Koß, das alte gutmütige Pferd Fritz, ein Pfauenpaar Wotan und Fricka sowie Schafe und Hühner, ein Goldfasanenpaar und eine Katze. Der Knecht Jakob Stocker aus dem Schweizerhof heiratete am 28. 1. 1867 Verena und gehörte fortan dem Hauswesen in Tribschen an, als »Schloßverwalter«, wie W. ihn scherzend nannte. Hans →Richter war 13 Monate Gast des Hauses, um die *Meistersinger*-Partitur zu kopieren. Wie herrschaftlich es in Tribschen zuging, beschrieb W. in einem Brief vom 23. 10. 1866: »Um 7 Uhr steh' ich auf. Bin ich gut gelaunt, so zieht mich Vreneli wunderschön an, wenn nicht, muß Steffen gleich die Straßenkleider bringen. Zwischen 8 und 9 Uhr wird bei mir oder bei Cosima gefrühstückt; dann getrennt gedämmert, – endlich gearbeitet. 1 Uhr Mahlzeit: 3 Uhr großer Spaziergang. Zwischen 5 und 6 Uhr Heimkehr, halbe Stunde Kinderstube: Gehübungen Isoldchen's. Dann Umkleidung: Arbeit, während Cosima den Kindern französische Stunde gibt. 8 Uhr Thee auf meinem Zimmer; 9 bis 1/2 11 Uhr diktiren an meiner Biographie. Aus war's! Und so geht's alle Tage.« Am 6. 6. 1866 kündigte Hans von →Bülow sein Münchener Engagement, fuhr nach →Zürich, wo er sich mit Cosima traf und mit ihr am 10. 6. nach Tribschen fuhr. Er fertigte hier einen Klavierauszug vom Vorspiel der *Meistersinger* an und schwärmte nach wie vor in Briefen vom musikalischen Genie W.s. Bülow hatte vor, sich in →Italien niederzulassen. Gottfried →Semper kam von Zürich herüber, um W. die Pläne des von König Ludwig in Auftrag gegebenen Münchener W.-Festspielhauses zu zeigen. Am 7. 8. traf erneut Fürst von Thurn und Taxis in Tribschen ein, um W. nach München zu holen, der wiederum ausweichen konnte und das genaue Gegenteil erreichte, nämlich eine Garantie, für weitere sechs Jahre in Tribschen bleiben zu dürfen. Da Bülow inzwischen eine Anstellung in Basel erhalten hatte, besuchte ihn dort gelegentlich seine Gattin. Umgekehrt besuchte Bülow am Jahresende seine Familienmitglieder in Tribschen. Zu Beginn des neuen Jahres hatte Semper aus den Festspielhausplänen ein Modell ge-

fertigt und stellte es im Züricher Polytechnikum aus, wozu er auch W. einlud. W. war begeistert und doch skeptisch wegen der Realisierung des Projekts. Das Modell wurde dem König nach München geschickt und nie ausgeführt. Am 7. 3. 1867 meldete W. seine Ankunft in München für den folgenden Samstag an. Er hatte seine *Meistersinger* vollendet, die zur Hochzeit des Königs uraufgeführt werden sollten. Schon am 18. 3. reiste W. nach Tribschen zurück. Am 4. 4. fuhr er erneut nach München und zwei Tage später nach Basel, ohne dem König nochmals die Hand gedrückt zu haben. Am 10. 4. reiste er dann mit Cosima nach Tribschen und fuhr mit ihr am Palmsonntag ins Urner Land: von Flüelen über den Grüdli wieder nach Tribschen zurück. Als König Ludwig W. für 1867 eine Sommerwohnung bei Starnberg bereitstellen ließ, zögerte W. nur deshalb, das Angebot sogleich anzunehmen, weil er die Partitur der *Meistersinger* noch vollenden wollte. Der dringenden Bitte des Königs, den 54. Geburtstag unbedingt mit ihm zu feiern, konnte sich W. dann doch nicht länger verschließen und reiste am 21. 5. nach Starnberg. Da in München *Lohengrin* auf den Spielplan gesetzt wurde und W. ein Wort bei der Einstudierung mitreden wollte, blieb er länger als vorgesehen, reiste dann aber überstürzt am 15. 6. wieder ab, da der König den von W. für die Titelpartie vorgesehenen Freund Joseph →Tichatschek seines Alters wegen durch Heinrich →Vogl ersetzen ließ und trotz W.s Protest seine Entscheidung nicht rückgängig machte. Schwelgerisch genoß W. wiederum die herrliche Ruhe seines Hauses in Tribschen. Im Einverständnis mit dem Hausbesitzer ließ er Umbauten am Haus vornehmen, die ihm zwar Unbequemlichkeiten einbrachten, aber letztlich mehr wohnliches Behagen schufen. Cosima war am 11. 8. wieder in Tribschen eingetroffen und berichtete über die *Tannhäuser*-Aufführung vom 1. 8. in München. W. hatte inzwischen den Vorschlag gemacht, »Bayern zum beneidetsten Lande Deutschlands« zu machen, d. h. dem »Sodom und Gomorrha der Neuzeit«, Paris, den Rang als Kulturstadt abzulaufen. König Ludwig pflichtete diesem Gedanken mit Begeisterung bei und unterstützte W.s Bestreben, durch die Herausgabe einer Zeitung den Boden zu bereiten, eine Idee, die freilich erst mit den →*Bayreuther Blättern* vollständig realisiert werden konnte. Hofrat Lorenz von Düfflipp kam nach Tribschen, um die Sache mit dem Publikationsorgan zu besprechen, für das W. sogleich einen ersten Beitrag zu schreiben begann: →*Deutsche Kunst und Deutsche Politik* für die *Süddeutsche Presse*, die aber W.s Aufsatzserie bereits nach der 12. Folge auf Einspruch des Königs wegen der Proteste höfisch-kirchlicher Kreise in München einstellen mußte. Am 24. 10. setzte W. den Schlußpunkt unter die *Meistersinger*-Partitur und telegraphierte an Bülow: »Heute Abend Schlag 8 Uhr wird das letzte

C niedergeschrieben. Bitte um stille Mitfeier. Sachs.« Jetzt gönnte sich W. einen Ausflug vom 28. 10. bis zum 4. 11. zur Weltausstellung in Paris. Als man Cosima wegen der Veröffentlichung von *Deutsche Kunst und Deutsche Politik* (in der Meinung, sie habe den Aufsatz geschrieben) der »Presseschmiererei« verdächtigte, reiste W. am 23. 12. 1867 für sieben Wochen nach München, um persönlich den Intrigen Einhalt zu gebieten. Der wankelmütige König ließ sich schnell überzeugen, die Feinde nicht. Nach Tribschen zurückgekehrt, machte sich W. sogleich an neue Arbeiten, vor allem für die Herausgabe seiner theoretischen Schriften. Und immer wieder kamen zahlreiche Gäste nach Tribschen: im Frühjahr z. B. Hermann Müller aus Dresden, Ignaz und Emilie →Heim aus Zürich und bereits vom 7. bis zum 22. 12. 1867 Semper; Mitte Mai kam Cosima mit ihren Kindern, mußte jedoch schon am 20. 5. wieder nach München zurück. Es war eine unruhige Zeit, in der W. lediglich das Constantin →Frantz gewidmete Vorwort zu →*Oper und Drama* sowie *Meine Erinnerungen an Ludwig Schnorr von Carolsfeld* (in: GSD Bd. 8, S. 221), den 1865 plötzlich verstorbenen ersten Darsteller des →Tristan, in Arbeit hatte. Die Uraufführung der *Meistersinger* erlebte W. am 21. 6. 1868 in München an der Seite des Königs; abgespannt kam er nach Tribschen zurück. Im Sommer 1868 fühlte er sich krank, raffte sich aber doch zu neuen Projekten auf, die allerdings zumeist Fragmente blieben: die Aufzeichnungen zu einem Lustspiel →*Luthers Hochzeit* und zum →*Lustspiel in einem Akt.* Im Sept. 1868 nahm W. die lange unterbrochene Arbeit an *Siegfried* ernsthaft wieder auf, dessen II. Aufzug am 7. 9. in Reinschrift vorlag. Am 10. 8. hatte Peter →Cornelius für fünf Tage seine Aufwartung in Tribschen gemacht. Cosima wurde in dieser Zeit schwer von der Entscheidung geplagt, die sie zwischen W. und ihrem Gatten zu treffen hatte. W. selbst wollte Cosima gewinnen und Bülow aber nicht verlieren. In Cosimas Begleitung trat W. am 14. 9. eine Italienreise an, das Ziel war Genua. Die Rückreise über Mailand wurde wegen bis dahin im Tessin nicht gekannter Überschwemmungen zur Begegnung mit einer Naturkatastrophe. Dennoch langte das Paar am 6. 10. wohlbehalten wieder in Tribschen an. Am 14. 10. reiste Cosima erneut mit ihren Kindern nach München. W. folgte ihr am 1. 11., kehrte aber bereits am 11. 11. nach Tribschen zurück, wohin ihm schon fünf Tage später Cosima folgte, entschlossen, fortan für immer bei ihm zu bleiben. Am Neujahrstag 1869 unterzeichnete W. in Tribschen die Vorrede zu der Neuausgabe des →*Judentums in der Musik,* die, wie Carl Friedrich →Glasenapp meldet, 170 Gegenschriften provozierte. Es ist ungewiß, was W. in dieser Zeit bewog, außer dem wiederholten Angriff auf das Judentum auch noch eine zweite gallige Schrift zu verfassen, die *Eduard Devrient* (in: GSD Bd. 8, S. 284) heißt und die Schriften seines früheren Freundes verhöhnt. Gleichzeitig ging die Arbeit an *Siegfried* weiter. Am 15. 5. 1869 kam erstmals Friedrich →Nietzsche nach Tribschen. W.s Geburtstag wurde unter Cosimas Regie zu einem Freudenfest, dessen Höhepunkt ein Konzert des aus Paris engagierten Streichquartetts Maurin-Chevillard war, das Quartette von Ludwig van →Beethoven spielte. Am 5. 6. 1869 traf Nietzsche erneut in Tribschen ein, bekam aber gar nicht mit, daß Cosima am nächsten Morgen ihren einzigen Sohn geboren hatte, der nicht anders als Siegfried (→Wagner) heißen durfte. Neun Tage später vollendete W. die Kompositionsskizze zum II. Aufzug von *Siegfried.* Nietzsche kam immer häufiger von Basel nach Tribschen, aber auch andere Gäste wie Hermann →Brockhaus mit W.s Schwester Ottilie, Franz →Schott mit seiner Frau Betty (→Schott), Kapellmeister Johann Herbeck aus Wien, Marie Gräfin →Muchanoff, Graf und Gräfin Waldbott von Bassenheim sowie Prinz Georg von Preußen kamen zu Besuch. Widerstrebend gab W. dem Verlangen König Ludwigs nach, die ersten Teile des *Rings* (zunächst *Rheingold*) in München aufzuführen. Die chaotischen Vorbereitungen zur Aufführung und Richters Demission in München brachten erneute Verstimmungen zwischen W. und dem König. Das Dirigat Franz →Wüllners bei der Uraufführung des *Rheingolds* am 22. 9. 1869 muß W.

derart verdrossen haben, daß er sich neben der Komposition zum Schluß der Tetralogie an seinen Aufsatz →*Über das Dirigieren* setzte, um dem Pfusch in diesem Gewerbe ein Ende zu setzen; außerdem ging Ende 1869 das 1. Kapitel von *Mein Leben* bei Bonfantini in Basel in Druck. Nietzsche kam wieder nach Tribschen und auch Richard Pohl. 1870 verbrachte W., von kleinen Ausflügen abgesehen, das ganze Jahr zu Haus und arbeitete hauptsächlich an der *Götterdämmerung*. Am 5. 3. las er im Konversationslexikon einen folgenschweren Artikel über »Bayreuth«, das zur letzten Vollendung von W.s Wollen werden sollte. Sein 57. Geburtstag wurde wieder von Cosima festlich arrangiert; als Geschenk des Königs kam ein Pferd, 45 Mann der Luzerner Feldmusik spielten den Huldigungsmarsch, während ein für den Abend geplantes Feuerwerk durch ein sehr heftiges Gewitter vereitelt wurde. Mitte des Jahres trat Richter in den Tribschener Hausstand ein, um eine Kopie der *Ring*-Partitur herzustellen. Am zweiten Julisonntag unternahm die Großfamilie W.s einen Ausflug auf den Pilatus mit einem vierstündigen Aufstieg; am nächsten Tag bestieg W. mit zwei Begleitern noch das Klimsenhorn und das Tomlishorn. Nachdem Richter abgestiegen war, hörte er, daß Karl →Klindworth W. besuchen wollte. Deshalb erstiegen beide nochmals den Pilatus. Klindworth war in Tribschen hochwillkommen, da er W.s neueste Kompositionen am Klavier

vorführen konnte. Die neuesten Nachrichten über Mobilmachungen in →Frankreich und Bayern beunruhigten die Gesellschaft in Tribschen, da W. zumindest finanziell von der drohenden Kriegsgefahr beeinträchtigt werden konnte. Dennoch beschäftigte er sich viel mit Beethoven und begann seine große Schrift über ihn (→*Beethoven*). Cosimas Scheidung von Bülow erlaubte am 25. 8. 1870 ihre Trauung mit W. in der protestantischen Kirche von Luzern, »in aller Stille und ohne Ceremonien und Festlichkeit«, wie W. an seine Schwester Clara (→Wolfram) schrieb. Als Trauzeugen waren Richter und Malwida von →Meysenbug dabei. Die Taufe Siegfrieds brachte schon die nächste Feierlichkeit, wozu sich Willes aus Mariafeld anmeldeten. Goethes Geburtstag hätte W. als Tauftermin sehr zugesagt. Der mußte jedoch um acht Tage verschoben werden; im Taufregister wurden König Ludwig und Karoline Gräfin Waldbott von Bassenheim aus Luzern als Zeugen festgehalten. Darüber hinaus spiegeln die zahlreichen Besucher im Sommer 1870 den wachsenden Ruhm des Musikdramatikers, der in diesem Jahr auch die Drucklegung seiner Autobiographie überwachte. Außerdem bereitete W. die Herausgabe seiner *Gesammelten Schriften* vor, die gegen Ende des Jahres vom Verlag E. W. Fritzsche in Leipzig angenommen wurden. Am 4. 12. sandte W. seinem Freund Otto Wesendonck die *Beethoven*-Schrift und datierte am selben Tag die Erstschrift der Partitur zum →*Siegfried-Idyll*, womit W. Cosimas Geburtstag zu krönen gedachte. Für den ersten Weihnachtsfeiertag bestellte W. 15 Musiker aus Zürich, die wohlpräpariert mit der Aufführung des kammermusikalischen Werks Cosima sprachlos vor Glück machten. Nietzsche überreichte *Die Entstehung des tragischen Gedankens* als Geburtstagsgeschenk, das W. am Abend des 25. 12. vorlas. In den letzten Monaten des Jahres 1870 beschäftigte sich W. mit der Konzeption eines »Lustspiels in antiker Manier«: *Die →Kapitulation*, die er Richter zur Vertonung antrug. Aus den Musikern, die in Tribschen das *Siegfried-Idyll* vorgetragen hatten, bildete sich unter Führung Oskar Kahls ein Streichquartett, das erstmals am letzten Jahrestag 1870 und mehrmals 1871 in W.s Villa musizierte und bei den Proben von Beethoven-Quartetten die geniale Einstudierung W.s erlebte. Als Ergebnisse wurden am 31. 12. die *Streichquartette F-Dur* op. 59,1 (1806) und *F-Dur* op. 135 (1826), am 27. 1. 1871 dreimal das *Quartett Es-Dur* op. 127 (1825) und am 29. 1. zweimal das *Quartett cis-Moll* op. 131 (1826) sowie nochmals op. 135 im Tribschener Landhaus aufgeführt. Cosima wünschte sich am liebsten jeden Sonntag ein derartiges Konzert und die Musiker als ihre Mittagsgäste. Zwangsläufig wurden die Abstände jedoch größer: Am 15. 2. spielte das Quartett Beethovens *Große Fuge B-Dur* (1825) und das *Quartett B-Dur* op. 130 (1826), am 19. 3. die *Quartette a-Moll* op. 132 (1825),

f-Moll op. 95 (1810), *Es-Dur* op. 74 (1809) und die letzten zwei Sätze aus dem *Quartett e-Moll* op. 59,2 (1806) und am 26. 3. op. 132, op. 127 und op. 135. Bereits am 17. 2. hatte man zu Evas viertem Geburtstag im Züricher Hôtel Baur au Lac ein Kammerkonzert mit op. 135, op. 127 und op. 130 aufgelegt, wobei auch die Wesendoncks mit ihren Kindern sowie die Familie Wille geladen waren. Bei den Konzerten beschenkte W. die Musiker jedesmal mit besonderen Ausgaben seiner musikalischen oder theoretischen Werke. Aber trotz des regen Familienlebens ruhte W.s Kompositionsarbeit keineswegs: Am 5. 2. vollendete er *Siegfried*, dessen Dichtung bereits 1851 vorlag. Inzwischen hatte W. seinen Blick schon so fest auf →Bayreuth gerichtet, da er nicht mehr befürchten mußte, König Ludwig würde auch auf den Uraufführungen von *Siegfried* und der *Götterdämmerung* bestehen. Die politische Lage veranlaßte W., aus gegebenem Anlaß für die Heimkehr des deutschen Heeres eine Musik zu komponieren, die ursprünglich für eine Totenfeier gedacht war, dann aber, nach Einspruch aus Berlin, für den Einzug der Truppen in die Reichshauptstadt konzipiert wurde: der →*Kaisermarsch*. Aus Berlin allerdings kamen weiterhin ausweichende Antworten für eine Aufführung, die schließlich am 21. 4. im Stadttheater Leipzig zustande kam. Im Frühjahr 1871 reifte in W. der Plan einer Deutschlandreise, die ihn auch nach Berlin führen sollte, wo er sich für die Ehrenmitgliedschaft der Königlichen Akademie mit einer Rede *Über die Bestimmung der Oper* (in: GSD Bd. 9, S. 153) bedanken wollte. Diese Rede galt es nun vorzubereiten, deren Schlußwendung auf das Bayreuther Unternehmen abzielte. Die erste Reise von Tribschen nach Bayreuth trat W. mit Cosima am 15. 4. an. Von Bayreuth ging es dann über Leipzig, Dresden, Berlin, Darmstadt, Heidelberg und Basel wieder zurück. Nun sollte W.s Zeit in der Schweiz bis auf elf Monate abgelaufen sein, die durch zwei weitere Reisen nach Bayreuth noch verkürzt wurde. Trotz weiterhin zahlreicher Gäste arbeitete W. nun noch fleißiger am *Ring* und komponierte nebenbei den →*Huldigungsmarsch* für König Ludwig; außerdem entstanden nach Daniel François Esprit →Aubers Tod die *Erinnerungen an Auber* (in: GSD Bd. 9, S. 51) sowie der *Epilogische Bericht über die Umstände und Schicksale, welche die Ausführung des Bühnenfestspieles »Der Ring des Nibelungen« bis zur Veröffentlichung der Dichtung desselben begleiteten* (in: GSD Bd. 6, S. 365). Inzwischen hatte sich das mehr als nur ungewisse Schicksal des *Rings* durch die Aussichten auf Bayreuth zur hoffnungsvollen Gewißheit einer angemessenen Aufführung der Tetralogie gewendet. Außerdem kam aus Italien die gute Nachricht, daß am 1. 11. 1871 am Teatro Comunale →Bologna unter Angelo Mariani erstmals in italienischer Sprache *Lohengrin* mit großem Erfolg aufgeführt worden war. Am 18. 11. fand in der alten Tonhalle Zürichs ein Konzert zu W.s Ehren unter Weißheimers Leitung mit dem *Meistersinger*-Vorspiel, dem Gebet aus *Rienzi* und dem →Preislied sowie dem Quintett aus den *Meistersingern* statt. Aus Bayreuth kamen sehr optimistische Signale wegen des Standortes des →Festspielhauses, so daß W. am 14. und 15. 12. an Ort und Stelle erneut Verhandlungen führte und am 22. 12. 1871 mit der Zusage eines kostenlos überlassenen Baugrundstücks wieder nach Tribschen zurückkehren konnte. Daraufhin verfaßte W. *Eine Mitteilung an die deutschen Wagner-Vereine* (in: SSD Bd. 16, S. 134). Der Ansporn zum Abschluß der *Ring*-Partitur war jetzt vehement; die Kompositionsskizze war am 10. 4. 1872 fertig. Zwischendurch mußte W. nochmals nach Bayreuth, da das vorgesehene Baugrundstück sich als unverkäuflich herausstellte und W. ein anderes (bei weitem geeigneteres) besichtigen mußte. Die verbleibende Zeit in Tribschen hatte W. mit zahllosen Briefen zu füllen. Am 22. 4. reiste er endgültig nach Bayreuth. Cosima blieb noch, um den Hausstand aufzulösen. Nietzsche half ihr während seines letzten Besuchs in Tribschen beim Einpacken. Dann langte auch sie mit ihren fünf Kindern am 30. 4. 1872 bei ihrem Mann in Bayreuth an.

Schwert
Das Schwert ist bei W. (wie sonst auch) ein Symbol der Macht. Es erhält bereits in *Lohengrin* durch die

Übergabe von →Lohengrins Schwert an →Gottfried die Weihe des Sieges und wird im *Ring* als göttliche Gabe →Wotans mit dem Namen →Notung gleichsam symbolischer Gegenspieler zum →Speer des Gesetzes. Wotans Gesetzessymbol zersplittert später aber an der urtümlichen Kraft von →Siegfrieds Schwert, nachdem dasselbe Schwert in der *Walküre* und in der Hand →Siegmunds noch an Wotans Speer zerschellte, aber von Siegfried neu geschmiedet wurde.

Schwertleite
Kleine Altpartie in der *Walküre*; eine der zahlreichen →Walküren und Schwestern →Brünnhildes.

Schwind, Moritz von
Geb. 21. 1. 1804 in Wien, gest. 8. 2. 1871 in Niederpöcking (heute zu Pöcking; bei Starnberg); Maler. – Er studierte nach dem Tod seines Vaters 1818 an der Universität Wien, wechselte aber ab 1821 an die Wiener Akademie und pflegte freundschaftlichen Umgang mit Franz Schubert, Nikolaus Lenau, Franz Grillparzer und anderen bekannten Zeitgenossen. 1828 zog er nach München, wo er 1832 die Bibliothek des bayerischen Königs Ludwig I. ausmalte. 1836 arbeitete er an Fresken in Hohenschwangau. Nach einem Zwischenaufenthalt ab 1844 in Frankfurt a. M. kehrte er 1847 nach München zurück und wurde Professor an der Akademie. Seine Bekanntschaft mit dem Großherzog Karl Alexander von Sachsen-Wei-

mar-Eisenach brachte ihm 1853 den Auftrag, die →Wartburg mit einem Bilderzyklus zum Thema »Der Sängerkrieg auf der Wartburg« auszustatten. W. machte bereits 1845 in →Dresden die Bekanntschaft mit Schwind. Er hörte von dessen Auftrag der Wartburg-Ausgestaltung, die W. jedoch erst 1862 besichtigen konnte und von der er »sehr kalt berührt« worden war. Als W. 1865 aus →München entweichen mußte, zählte er auch Schwind zu seinen Gegnern.

Scribe, Augustin Eugène
Geb. 24. 12. 1791 in Paris, gest. 20. 2. 1861 ebd.; Bühnenschriftsteller. – An ihn schickte W. 1836 seinen Prosaentwurf der Oper *Die →hohe Braut.* Er versuchte 1837 brieflich sowie durch seinen *Rienzi* mit Scribe in Kontakt zu kommen und Verbindung nach Paris zu knüpfen. 1840 und während seines ersten Aufenthalts in Paris (→Frankreich) pflegte W. dann auch gelegentlich Umgang mit dem berühmten Librettisten.

Seconda, Joseph
Geb. um 1755, gest. nach 1817; Theaterleiter. – Er veranstaltete ab 1790 im »Lincke'schen Bade«, einem von dem Akzisrat Lincke erbauten Sommertheater, das am 22. 5. 1776 von der »Seyler'schen Gesellschaft« eröffnet wurde, regelmäßige Aufführungen von deutschen und französischen Opern. Seine Schau- und Singspielgesellschaft wurde 1814 in das Dresdener Hoftheater eingegliedert. Ludwig →Geyer war ab 1809

Mitglied der Secondaschen Theatertruppe, die im Sommer während der Messe in Leipzig, im Winter in Dresden spielte. 1813 war E. T. A. →Hoffmann deren Kapellmeister, der mit W.s Vater Friedrich →Wagner bekannt wurde und sich in seinem Tagebuch an ihn als Schauspieler erinnerte: »Aktuarius Wagner, ein exotischer Mensch, der Opitz, Iffland pp. kopiert, und zwar mit Geist.«

Seidelmann, Eugen
Geb. 12. 4. 1806 in Rengersdorf (bei Glatz), gest. 31. 7. 1864 in Breslau; Dirigent und Komponist. – Er leitete 1828 – 30 den akademischen Musikverein Breslau und stand mit W. im Briefverkehr.

Seidl, Anton
Geb. 7. 5. 1850 in Pest (heute zu Budapest), gest. 28. 3. 1898 in New York; Dirigent. – Seine musikalische Ausbildung erhielt er 1870 – 72 am Leipziger Konservatorium. 1872 – 75 war er in der Bayreuther →Nibelungenkanzlei tätig, ab 1875 auf W.s Empfehlung bei Angelo →Neumann am Leipziger Stadttheater, und im Sommer 1876 war er musikalischer Assistent bei den ersten Bayreuther →Festspielen; ab 1881 war er Dirigent der *Ring*-Aufführungen in Berlin; ab 1885 an der Metropolitan Opera New York; 1886 wirkte er wieder in Bayreuth mit, und 1897 dirigierte er in Covent Garden London. Ab 1891 war er ständiger Dirigent der New York Philharmonic Society.

Lit.: H. E. Krehbiel, Anton Seidl, New York 1898

Semper, Gottfried
Geb. 29. 11. 1803 in Hamburg, gest. 15. 5. 1879 in Rom; Architekt. – Er war ab 1834 Professor der Baukunst an der Akademie Dresden; erbaute dort die berühmte Semper-Oper, die 1841 eröffnet wurde, und die Gemäldegalerie (1847 – 49). Wegen seiner Teilnahme am Dresdener Maiaufstand, wobei er sich als Barrikadenerbauer beteiligte, mußte er über London nach Paris flüchten. 1855 – 71 war er durch Vermittlung W.s Professor für Baukunst am Polytechnikum in Zürich; danach ging er nach Wien. Mit W. war er schon in →Dresden eng befreundet und traf auch häufig in →Zürich mit ihm zusammen. Für das von König →Ludwig II. geplante Münchener Festtheater fertigte er ein Modell, das nicht mehr als W.-Theater realisiert werden konnte. – Schriften: *Der Stil in den technischen und tektonischen Künsten* (2 Bände, Frankfurt a. M. 1860 – 63).

Senta
Sopranpartie im *Holländer*; Tochter →Dalands, die dem Bildnis des →Holländers verfallen ist und bei der persönlichen Begegnung mit dem →»Ahasver der sieben Meere« ihr Schicksal, ihm treu bis in den Tod zu sein, aktiv als Erlösungstat (→Erlösungsthematik) verfolgt. In dieser Funktion ist sie, nach W., nicht mehr die sorgende, vor Zeiten gereifte Penelope des Odysseus,

sondern vielmehr »das Weib überhaupt, aber das noch unvorhandene, ersehnte, geahnte, unendlich weibliche Weib, – sage ich es mit einem Worte heraus: *das Weib der Zukunft*«. Damit ist Senta eine Vorläuferin der weiblichen Idealgestalt W.s, →Isolde.

Senta-Ballade

Im Handlungsverlauf von W.s erstem →Musikdrama, dem *Holländer*, wird sehr schnell deutlich, daß W. die →Ballade der →Senta, die sie in leidenschaftlichem Kontrast zu dem ihrer Meinung nach dümmlichen Gesumme der Spinnerinnen vorträgt und in der sie ihr ganzes Herzblut im Mitleid mit dem »armen Mann«, dem ruhelos über die Meere ziehenden →Holländer, verströmen läßt, von Anfang an als das Zentrum seines Musikdramas empfunden hat. Er hat in diesem Bild vom gesungenen Schicksal des Holländers gleichsam den Schritt von der herkömmlichen Oper, deren Nummerngliederung nicht eines so konzentrischen dramatischen Ereignisses bedurfte, zum Musikdrama vollzogen. In der →*Mitteilung an meine Freunde* (S. 393) beschrieb W. 1851 reflektierend die Bedeutung der Senta-Ballade:»Ich entsinne mich, noch ehe ich zu der eigentlichen Ausführung des ›fliegenden Holländers‹ schritt, zuerst die Ballade der Senta im zweiten Akte entworfen, und in Vers und Melodie ausgeführt zu haben; in diesem Stücke legte ich unbewußt den thematischen Keim zu der ganzen Musik der Oper nieder: es war das verdichtete Bild des ganzen Drama's, wie es vor meiner Seele stand; und als ich die fertige Arbeit betiteln sollte, hatte ich nicht übel Lust, sie eine ›dramatische Ballade‹ zu nennen.« Mit dieser Ballade hatte W. aber auch das entscheidende Mittel gefunden, die plötzlich aufeinanderstoßenden Bereiche des Irrealen, der Geisterwelt des vom Teufel verfluchten Seefahrers, mit dem der menschlichen Realität (ein Lieblingsthema der Romantik) durch das mit weiblicher Hingebung leidenschaftlich betriebene Eindringen Sentas in die Verlebendigung der Sage durch phantasiebegabte Liebe in eine Beziehung zu bringen, die nicht nur erlebbar wird, sondern sogar den Fluch der Geisterwelt aufhebt. Erlösung nicht des Menschen, sondern durch den Menschen soll bewirkt werden, genauer: Erlösung durch das »Weib«, das mit dem Attribut des »ewig Weiblichen« behaftet ist.

Separatvorstellungen

Ursprünglich begann König →Ludwig II. 1872 mit Schauspielaufführungen, um sich ganz allein auf die Stücke konzentrieren zu können. Als erstes Schauspiel mit Musik kam am 10. 5. 1876 die deutsche Übersetzung von Jean Racines *Athalie* (1691) mit der Musik (1845) Felix →Mendelssohn Bartholdys hinzu. Die erste W.-Oper ließ sich Ludwig unter Hans von →Bülows Leitung am 13. 6. 1869 in einer Separatvorstellung vorspielen. Diese Vorstellungen folgten zumeist im Anschluß an die Generalproben. Es war zuerst *Lohengrin*, dem am 22. 6. 1869 *Tristan* folgte, der nochmals am 25. 4. 1884 gespielt wurde. Die vollständige Aufführung des *Rings* ordnete Ludwig am 22., 24., 26. und 29. 4. 1879 an; zwei weitere Zyklen folgten vom 3. bis zum 7. 11. 1879 und vom 30. 4. bis zum 4. 5. 1883. *Tannhäuser* stand am 1. 5. 1880 und am 25. 4. 1882 auf dem Programm, *Lohengrin* am 10. 11. 1880 und am 1. 5. 1882, die *Meistersinger* am 27. 4. 1882, der *Holländer* am 7. 11. 1883 und *Parsifal* am 3., 5. und 7. 5. 1884 sowie am 26., 27. und 29. 4. 1885. – Die erste Oper, die der König (im Mai 1878) unabhängig von einer Neuinszenierung in einer Separatvorstellung aufführen ließ, war Giuseppe Verdis *Aida* (1870), der allerdings auf Ludwigs ganz besonderen Wunsch W.s → *Siegfried-Idyll* vorangestellt wurde. Ab 1872 ließ sich der König insgesamt 209 Separatvorstellungen mit 44 Opern und elf Balletten vorführen. Eine der beim König beliebtesten Opern war nach Karl August von Heigels Aussage Carl Maria von → Webers *Oberon* (1826), den der König erstmals 1864 in → München gesehen hatte. In seiner Loge verfolgte er die Separatvorstellungen mit dem Textbuch in der Hand oder verglich Entwürfe mit der Bühnendarstellung und ließ in den Pausen den Künstlern seine Meinung übermitteln. Die Hauptdarsteller bedachte er meist mit kostbaren Geschenken.

Shakespeare, William

Getauft 26. 4. 1564 in Stratford-upon-Avon, gest. 23. 4. 1616 ebd.; Dichter. – W. glaubte, daß William Shakespeare trotz seiner gewaltigen dichterischen Leistung, der grausamen Welt in seinen Dramen einen Spiegel vorgehalten zu haben, noch nicht mit einem begründeten ästhetischen Urteil erfaßt werden konnte. Vielmehr scheinen seine Werke lediglich als »unmittelbares Abbild der Welt« und »Produkte eines übermenschlichen Genie's angestaunt« zu werden. Über die Aufführungen Shakespearescher Werke in Deutschland schreibt W. in → *Oper und Drama* (Bd. 4, S. 22): »Die von diesen Schauspielern aufgenommen Shakespeare'schen Stücke mußten sich nach jeder Seite hin, um für sie darstellbar zu werden, die beschränkendste Umarbeitung gefallen lassen [...] Erst vom Standpunkte der Litteratur aus gewahrte man, was bei diesem Verfahren vom Shakespeare'schen Kunstwerke verloren ging, und drang auf Wiederherstellung der ursprünglichen Gestaltung der Stücke auch für die Darstellung [...]« Die zwei Vorschläge zur Darstellung der Werke Shakespeares im 19. Jh., einerseits der Ludwig Tiecks mit einer Restauration der originalen Shakespeare-Bühne, andererseits mit Hilfe der Technik die ursprünglich nur angedeuteten Geschehnisse (sehr häufige Szenenwechsel mit Schlachten und Truppenaufmärschen) realistisch auf die Bühne zu bringen, gingen beide ins Leere: Tiecks Vorschlag wurde nicht ernst genommen, und die Alternative wurde zwar auf größeren Bühnen mit enormem technischen Aufwand praktiziert, verwirrte jedoch die inhaltliche Aussage des Dramas durch äußerliche Aktivitäten. Im Gegensatz zum zeitgenössischen Theater glaubte W. in dem Shakespeares die absolute Natürlichkeit feststellen zu können, während das Theater des 19. Jh.s »auf Affektation sich gründet«. Nach W.s Ansicht steht der Shakespeare-Bühne mit ihrer primitiven Wahrhaftigkeit das dekorative Blendwerk des zeitgenössischen Theaters entgegen. W. sah das Shakespearesche Drama zur »sinnlosen Maskerade« verkommen und urteilte: »So nahe dieses Drama dem deutschen Genius verwandt ist, so fern steht es doch der modernen deutschen Theaterkunst [...]« (*Über Schauspieler und Sänger,* in: GSD Bd. 9, S. 189). – Da die Rolle des antiken griechischen →Chors bei Shakespeare an die handelnden Personen übergegangen und aufgelöst worden sei, stellte W. Shakespeares Dramen über die der Griechen. Während aber in deren Dramen die »Gesänge und von Instrumenten begleiteten Tänze [des tragischen Chors] das umgebende Volk der Zuschauer bis zu der Begeisterung [fortrissen,] in welcher der nun in seiner Maske auf der Bühne erscheinende Held mit der Wahrhaftigkeit einer Geistererscheinung auf das hellsichtig gewordene Publikum wirkte«, stellte W. als Hauptunterschied zum Shakespeare-Theater fest, daß sich »die

Realität des nackt uns gebotenen Spieles durch die genialste mimische Täuschung sich einzig in einer höheren Sphäre idealer Theilnahme von Seiten der Zuschauer erhalten konnte«. – W. sah Ludwig van →Beethoven in einer »Urverwandtschaft« zu Shakespeare, wofür W. das Unvergleichliche eines jeden in seiner Art als Hauptargument anführt: »Wie das Drama die menschlichen Charaktere nicht schildert, sondern diese unmittelbar sich selbst darstellen läßt, so giebt uns Musik in ihren Motiven den Charakter aller Erscheinungen der Welt nach ihrem innersten An-sich« (*Beethoven,* 1870; in: GSD Bd. 9, S. 127). Daraus schloß W. auf die Tatsache einer »aperiorischen Befähigung des Menschen zur Gestaltung des Drama's« in der Musik. Schließlich faßt W. den Vergleich zwischen Shakespeare und Beethoven folgendermaßen zusammen: »Wenn wir die Musik die Offenbarung des innersten Traumbildes vom Wesen der Welt nannten, so dürfte uns Shakespeare als der im Wachen fortträumende Beethoven gelten. Was ihre beiden Sphären auseinander hält, sind die formellen Bedingungen der in ihnen giltigen Gesetze der Apperzeption. Die vollendetste Kunstform müßte demnach von dem Grenzpunkte aus sich bilden, auf welchem jene Gesetze sich zu berühren vermöchten [...] Auf dieses Kunstwerk haben wir in dem Sinne zu schließen, daß es *das vollendetste Drama,* somit ein weit über das Werk der eigentlichen Dichtkunst hinausliegendes sein muß [...] Dieß wäre dann zugleich auch die einzige, dem in unserem großen Beethoven so kräftig individualisirten deutschen Geiste durchaus entsprechende, von ihm erschaffene rein-menschliche, und doch ihm original angehörige, neue Kunstform, welche bis jetzt der neueren Welt, im Vergleiche zur antiken Welt, noch fehlt« (ebd., S. 131, 134f.). W. war davon überzeugt, selbst der Vollstrecker dieses »vollendetsten Drama's« zu sein, da die Lösung ihm deutlich vor Augen stand: Es brauchten sich »diese beiden Prometheus – Shakespeare und Beethoven – nur die Hand zu reichen«.

Shaw, George Bernard

Geb. 26. 7. 1856 in Dublin, gest. 2. 11. 1950 in Ayot Saint Lawrence (Hertford); Schriftsteller. – Shaw publizierte 1898 (London) *The Perfect Wagnerite.* Offenbar war es den Zeitgenossen nicht möglich (und schon gar nicht den →Wagnerianern), Shaws Analysen des *Rings* nachzuvollziehen. Die Episode ist bekannt, nach der der noch unbekannte Ire nach London kam und im Lesesaal des British Museum von William Archer, einem bereits erfolgreichen Theaterkritiker, bei dem gleichzeitigen Studium von Karl Marx' *Kapital* und der *Tristan*-Partitur beobachtet wurde: in der Tat eine ungewöhnliche Kombination. Shaws sozialkritische Analyse von W.s Nibelungendrama geht von der Frage aus, ob die von W. erzählte Geschichte aktuell ist und im täg-

lichen Leben vorkommen könnte. Die Grundthese, die Shaw für den *Ring* ausgab, ist, daß der Aufstieg der Götter zu freien Menschen gelehrt werden soll. Diese wie die spezieller auf die »Siegfried-Revolution« gemünzte, wonach das Scheitern des Helden aufs engste mit dem notwendigen Scheitern der Pariser Kommune in Verbindung gestanden haben soll, geht durchaus an W.s künstlerischen Interessen vorbei. Shaw verfiel gelegentlich jener Lesepultsituation und schaltete in seiner *Ring*-Analyse W. und Marx parallel, ohne den entscheidenden Einfluß der Musik auf das Drama richtig zu deuten. Bei aller Originalität der Textanalysen zum gelegentlichen Gebrauch tendenzieller Regiekonzepte krankt Shaws W.-Verständnis an der textbezogenen Einseitigkeit, die dem Musikdramatiker keinesfalls gerecht werden konnte. Aus seiner Sicht eines musikalischen Rationalisten hat Shaw, der musikalisch sehr gebildet war, den falschen Schluß gezogen, nicht etwa die *Walküre*, sondern die *Götterdämmerung* als Effektstück vom Schlage Giacomo →Meyerbeerscher Opern mit falschen Tönen einzuschätzen. Diese harte Kritik resultierte bei Shaw nicht etwa aus bloßer Respektlosigkeit, sondern sollte zugunsten des Revolutionärs W. geschehen, den er freilich als solchen überschätzte.

Sieben Kompositionen zu Goethes »Faust« (WWV 15)

Komponiert Anfang 1831 in →Leip-

zig; revidiert 1832. Die einzelnen Nummern sind: Nr. 1 »Lied der Soldaten« (vierstimmiger Männerchor, Klavier), Nr. 2 »Bauer unter der Linde« (Sopran, Tenor, vierstimmiger Chor, Klavier), Nr. 3 »Branders Lied« (Baß, einstimmiger Männerchor, Klavier), Nr. 4 »Lied des Mephistopheles« (Baß, einstimmiger Männerchor, Klavier), Nr. 5 »Lied des Mephistopheles« (Baß, Klavier), Nr. 6 »Gretchen am Spinnrade« (Sopran, Klavier), Nr. 7 »Melodram« (Sprechstimme, Klavier). – W.s Schwester Rosalie (→Marbach) spielte in jener Zeit mehrfach das Gretchen in Johann Wolfgang von Goethes *Faust* (1808), so daß W. ursprünglich an eine Schauspielmusik gedacht haben könnte. Er ließ seine im →Nationalarchiv Bayreuth erhaltene Reinschrift von einem Kopisten abschreiben, dessen sehr repräsentatives Titelblatt auf eine Drucklegung hindeutet, die jedoch damals nicht erfolgte.
Lit.: WWV

Sieger, Die (WWV 89)
Oper in (vermutlich) drei Akten. – Die kurze Prosaskizze, geschrieben im Mai 1856 in Zürich, handelt von →»Buddha auf seiner letzten Wanderung«, von der Liebe des Tchandalamädchens Prakriti zu Ananda und von deren Bitte, durch Buddha die Vereinigung mit Ananda zu erreichen. Buddha sagt ihr, daß sie dann auch Anandas Keuschheitsgelübde ertragen müsse. Erörterungen über das Kastenwesen werden skizziert. Prakriti geht auf die gestellte Bedin-

gung ein. Buddha verkündet seine Lehren und »zieht dem Orte seiner Erlösung zu«. – Den Stoff entnahm W. nach eigener Aussage dem Buch *Introduction à l'histoire du buddhisme indien* (Paris 1844) von Eugène Burnouf. Somit steht dieser Entwurf in unmittelbarer zeitlicher und inhaltlicher Nähe zur Entstehung der *Götterdämmerung*, und die Beschäftigung mit dem Stoff hielt fast bis zu W.s Lebensende an. Anfang Jan. 1865 setzte er die Aufführung des Stücks in einem Brief an König →Ludwig II. für Aug. 1870 an; es sollte noch vor *Parsifal* vollendet werden. Diesen Plan hat W. später jedoch wieder aufgegeben. Nach Eintragungen Cosima Wagners in ihren →Tagebüchern und Aussagen Carl Friedrich →Glasenapps soll W. sich auch skizzenhaft mit der Musik zu den *Siegern* beschäftigt haben, was in dem sogenannten »Welterbschaftsmotiv« nachzuweisen ist. – In: SSD Bd. 11, S. 325.
Lit.: WWV

Siegfried
2. Tag des →*Rings des Nibelungen*.

Siegfried
Tenorpartie in *Siegfried* und der *Götterdämmerung*; Sohn des Geschwisterpaars →Sieglinde und →Siegmund, die ihm als einzige Mitgift das zerborstene Schwert →Notung hinterlassen haben. Als Waise wächst Siegfried in →Mimes Schmiede auf, der ihm Notung neu schmieden soll, es aber nicht kann, so daß Siegfried es selbst tun muß

und damit den in einen Drachen verwandelten Riesen →Fafner tötet, der den →Nibelungenhort hütet. Siegfried nimmt daraus den →Ring und den →Tarnhelm an sich, versteht durch den Genuß des Drachenbluts die Sprache des →Waldvogels und wird von ihm zum Brünnhildenfelsen geleitet. Unterwegs versperrt ihm →Wotan den Weg, dessen →Speer er mit seinem Schwert zerschlägt. Auf dem Brünnhildenfelsen erweckt er die ehemalige →Walküre zum Leben, nimmt sie zur Frau und läßt ihr als Pfand den Ring zurück. Auf seiner Rheinfahrt gelangt Siegfried an den Königshof →Gunthers, dessen Halbbruder →Hagen sich mit Siegfrieds unfreiwilliger Hilfe in den Besitz des Rings bringen möchte, ihm einen Vergessenheitstrank reicht und ihn mit Gunthers Schwester →Gutrune verkuppelt. Um nun →Brünnhilde als Frau für Gunther zu gewinnen, bietet Siegfried dem mittlerweile durch Blutsbrüderschaft verbundenen König seine Künste des Tarnhelms an, mit dessen Hilfe sich Siegfried in der Gestalt Gunthers der gewünschten Braut bemächtigen kann und ihr den Ring entreißt. Bei der bevorstehenden Doppelhochzeit Brünnhilde/Gunther und Gutrune/Siegfried versucht Brünnhilde die für sie unerklärlichen Entwicklungen und Siegfrieds Treubruch zu begreifen, sieht ihren Ring nicht an Gunthers, sondern an Siegfrieds Hand und tut sich mit Hagen zusammen, um Rache an Siegfried zu nehmen. Sie verrät Hagen Siegfrieds verwundbare Stelle. Auf der Jagd ersticht Hagen hinterrücks den Helden, der inzwischen durch einen erneuten Zaubertrank seine Erinnerung wiedererlangte und im Trauerzug zum Schloß getragen wird. Brünnhilde läßt für den getäuschten und erschlagenen Helden am Rhein einen Scheiterhaufen errichten, in dem sie selbst mit ihm ihren Untergang sucht. – Für W. war die Gestalt Siegfrieds der Mensch der Zukunft, der sich aus eigener Kraft den Weg zum →Reinmenschlichen bahnt, aber an den Intrigen der etablierten Herrscherclique scheitern muß, ohne die Idee seines Wollens preiszugeben. Nach der Absetzung der Herrschaft des Goldes sollten Siegfried und Brünnhilde Prototypen eines neuen Menschengeschlechts für eine neue Gesellschaft sein, die einzig auf Liebe gegründet sein sollte. Das neue Menschengeschlecht sollte schön, stark und furchtlos sein.

Siegfried-Idyll (WWV 103)
Für großes Orchester in E-Dur gesetzt, wurde das Stück (von W. zunächst als *Tribschener Idyll* betitelt, Mitte Nov. bis Dez. 1870 komponiert und als Geburtstagsgabe für Cosima gedacht) am 25.12. 1870 in kleiner Besetzung von Mitgliedern der Züricher Tonhalle im Treppenhaus von W.s →Tribschener Wohnsitz durch den Hausherrn uraufgeführt. Cosima, der W. ihr Geburtstagsgeschenk vorher verheimlichen wollte, glaubte, ihr Mann würde am II. Aufzug der *Götterdämmerung* arbeiten, womit sie immer-

hin den musikalisch-thematischen Zusammenhang einigermaßen erfaßt hatte. Allerdings enthält das *Siegfried-Idyll* neben Motiven aus *Siegfried* auch das Lied »Schlaf, Kindchen, schlafe« als Seitenthema, eine zu Silvester 1868 konzipierte Melodie und zwei musikalische Einfälle vom 6. 9. 1864 in Starnberg bzw. vom 14. 11. 1864 in München. – Schallplattenaufnahmen →Diskographie.
Lit.: WWV

Siegfrieds Rheinfahrt
In *Siegfried* hat W. nach Siegfrieds Abschied auf dem Brünnhildenfelsen eine instrumentale Schilderung von Siegfrieds Rheinfahrt als Naturidylle geschaffen, die auch als Konzertstück oft gespielt wird.

Siegfrieds Tod
Unter dem Titel *Siegfrieds Tod* begann W. im Nov. 1848 in →Dresden mit dem ersten Teil einer →Tetralogie, die sich erst nach mehr als zwei Jahrzehnten vollenden sollte. Die Konzeption zu *Siegfrieds Tod* ging schließlich in dem →Musikdrama *Götterdämmerung* auf, wobei auf der Hand liegt, daß W. sich vom Kulminationspunkt über den ebenfalls nur als Arbeitstitel bekannten *Jungen Siegfried* (den späteren *Siegfried*) und die *Walküre* bis zum *Rheingold* an den Anfang der Welt heranarbeiten mußte, um ein geschlossenes Bild seiner Weltschau aus der Sicht des philosophierenden Künstlers zu schaffen. Siegfrieds Tod ist aber auch ein Faktum in der Handlung

der Tetralogie und verbunden mit dem Mord an dem Helden →Siegfried, den W. als seinen Menschen der Zukunft aufgebaut hatte. Der →Trauermarsch, der Siegfrieds letzten Gang begleitet, ist deshalb von gewaltiger Tragweite, weil das →Reinmenschliche zunächst aus Niedertracht, dann aus →Wotans Willen zum Ende der Welt geopfert wurde; dennoch ist die Idee des Reinmenschlichen in der Darstellung des Helden nicht aus der Welt zu schaffen. – In: GSD Bd. 2, S. 215 – 300.

Sieglinde
Sopranpartie in der *Walküre*. Als Sproß der →Welfen ist sie Tochter →Wotans und Schwester →Siegmunds, mit dem sie eine Liebesbeziehung trotz ihrer ehelichen Bindung mit →Hunding eingeht, dem sie allerdings gewaltsam angetraut wurde. Aus ihrer Liebesvereinigung mit Siegmund geht →Siegfried hervor, der jedoch seine Eltern nicht mehr erlebt, da Siegmund im Kampf mit Hunding und Sieglinde nach der Geburt Siegfrieds stirbt. Bereits das Paar Sieglinde/Siegmund war für W. ein Ansatz, den Menschen der Zukunft zu formen, der sich in Siegfried und →Brünnhilde nicht behaupten, aber doch ideell und musikalisch ausformen konnte.

Siegmund
Tenorpartie in der *Walküre*; ein Sproß →Wotans und Zwillingsbruder →Sieglindes, in die er sich verliebt und mit der er →Siegfried

zeugt; er selbst fällt aber auf Anordnung von Wotans Gattin →Fricka →Hunding zum Opfer.

Siegrune
Mezzosopranpartie in der *Walküre*; eine der →Walküren, deren Name von W. frei erfunden wurde.

Siena
Nach seinem Italienaufenthalt im Sommer 1880 kam W. am 20. 8. auf der Rückreise über Siena, wo er im Dom ein Vorbild für den Gralstempel in *Parsifal* vorfand und den ihn begleitenden Maler Paul von →Joukowsky bat, Skizzen für die Bühnenbilder seines →Bühnenweihfestspiels zu machen.

Simrock, Karl Joseph
Geb. 28. 8. 1802 in Bonn, gest. 18. 7. 1876 ebd.; Literatur- und Sprachwissenschaftler. – Universitätsprofessor in Bonn; er übersetzte und bearbeitete Werke der älteren deutschen Literatur, z. B. das →*Nibelungenlied* (Berlin 1827) und die →*Edda* (Stuttgart 1851). W. verwendete diese Werke als Quellenmaterial für seine Musikdramen. – Werke: *Wieland der Schmied* (Bonn 1835), *Das Heldenbuch* (6 Bände, Stuttgart/Tübingen 1843–49), *Die deutschen Volksbücher* (13 Bände, Frankfurt/Heilbronn 1845–76).

Škroup, František Jan
Geb. 3. 6. 1801 in Osice (bei Pardubitz, Ostböhmen), gest. 7. 2. 1862 in Rotterdam; Komponist und Dirigent (W. schrieb stets Skraup). – Am Ständetheater Prag war er ab 1827 2., 1838–57 1. Kapellmeister; 1860 ging er an die Oper Rotterdam. Er komponierte tschechische und deutsche Opern, außerdem Schauspielmusiken, Ouvertüren, Kammermusik und tschechische Lieder. Eines davon (*Kde domov můj*, 1834) wurde 1918 der erste Teil der tschechischen Nationalhymne. W. stand mit Škroup des öfteren im Briefverkehr.

Sonate
In den Augen W.s war die Sonate als Musterform so ausgebildet, daß er feststellte (→*Beethoven*, S. 101): »[…] Beethoven war und blieb Sonatenkomponist, denn für seine allermeisten und vorzüglichsten Instrumentalkompositionen war die Grundform der Sonate das Schleiergewebe, durch welches er in das Reich der Töne blickte, oder auch durch welches er aus diesem Reiche auftauchend sich uns verständlich machte, während andere, namentlich die gemischten Vokalmusikformen, von ihm, trotz der ungemeinsten Leistungen in ihnen, doch nur vorübergehend, wie versuchsweise berührt wurden.« Deshalb schloß W. an anderer Stelle: »So stellen wir, wenn wir heute die Summe der deutschen Musik bezeichnen wollen, unmittelbar neben die Beethoven'sche Symphonie die Beethoven'sche Sonate; und für die Ausbildung des richtigen und schönen Geschmackes im Vortrage, kann […] nicht glücklicher und lehrreicher verfahren werden, als wenn wir von der Ausbildung für den Vortrag der

Sonate ausgehen, um die Fähigkeit eines richtigen Urtheils für den Vortrag der Symphonie zu entwickeln« (*Bericht an Seine Majestät den König Ludwig II. von Bayern über eine in München zu errichtende deutsche Musikschule*, 1865; in: GSD Bd. 8, S. 189). W. erkannte zwar die durch Joseph Haydn und Wolfgang Amadeus →Mozart legitimierte Form der Sonate an, sah sie aber bereits von Ludwig van →Beethoven durch neuen musikalischen Inhalt erheblich ausgeweitet und benutzte selbst diese Formhülle, um Teile seiner musikdramatischen Werke (von den früheren →Sonaten und →Symphonien abgesehen) ebenfalls mit neuem musikdramatischen Leben zu füllen, das kompositorisch an der symphonischen Dichtung Franz →Liszts orientiert war.

Sonaten

Klaviersonate d-Moll (WWV 2); komponiert im Sommer 1829 in →Leipzig; verschollen. Sie gehört in die Zeit von W.s autodidaktischen Kompositionsstudien.
Klaviersonate f-Moll (WWV 5); komponiert Herbst 1829; verschollen.
Sonate für Klavier zu vier Händen B-Dur (WWV 16); komponiert Anfang 1831 in →Leipzig; später orchestriert; verschollen.
Klaviersonate B-Dur op. 1 (WWV 21); komponiert Herbst 1831 in →Leipzig; veröffentlicht Ende Febr./ Anfang März 1832 bei →Breitkopf & Härtel, Leipzig. Diese Sonate, gewidmet W.s Lehrer Theodor →Weinlig, bezeichnete W. in einem Brief vom 3. 3. 1832 an seine Schwester Ottilie (→Brockhaus) als sein erstes Werk. Die Reinschrift ist erhalten und wurde zuletzt 1981 (bei Schneider, Tutzing) angeboten.
Klaviersonate A-Dur op. 4 (WWV 26); komponiert Anfang 1832; veröffentlicht 1960 als *Große Sonate* bei Hans Gerig, Köln. Die Reinschrift liegt im →Nationalarchiv Bayreuth. Themen aus dieser Sonate übernahm W. für seine Fragment gebliebene *Symphonie E-Dur* (WWV 35) (→Symphonien).
Klaviersonate As-Dur (WWV 85); komponiert in der ersten Junihälfte 1853 in →Zürich; die Reinschrift liegt im →Nationalarchiv Bayreuth. W. machte die Sonate Mathilde →Wesendonck zum Geschenk und ließ sie 1878 bei →Schott, Mainz, veröffentlichen, um dortige Schulden zu tilgen. Der Titel lautete: »Eine Sonate für das Album von Frau M. W.«
Lit.: WWV

Sontag von Lauenstein, **Henriette** Eigtl. H. Gertrud Walpurgis Sonntag; verh. Gräfin Rossi; geb. 3. 1. 1806 in Koblenz, gest. 17. 6. 1854 in Mexiko; Sängerin (Sopran). – Ab 1822 war sie an Wiener Bühnen engagiert; 1825 wurde sie an das Königstädtische Theater Berlin verpflichtet und gab im selben Jahr ein Gastspiel in Leipzig; ab 1827 war sie am Théâtre-Italien Paris, trat ab 1830 nur noch als Konzertsängerin auf und kehrte 1849 zur Bühne zurück; zahlreiche Gastspiele führten sie auch in die Vereinigten Staaten und nach Mexiko. Obgleich als bedeutendste Sopranistin ihrer Generation vom Publikum vergöttert, fand sie keine Berührung zu W.s Werken, worüber W. nicht sonderlich verdrossen schien. Allerdings konnte W. seine Schadenfreude nicht verhehlen, als Hans von →Bülow in seinem Aufsatz *Henriette Sontag. Ein Minoritätengutachten* (in: *Neue Zeitschrift für Musik* 1852, Nr. 7, S. 69) einen Verriß der Künstlerin veröffentlichte. Dadurch wurde besonders in Weimar großes Aufsehen erregt, da Sontag um Unterstützung für die im Entstehen begriffene Goethe-Stiftung gebeten worden war. Als daraus nichts wurde, fing W. an, sich darüber zu amüsieren, daß »Bülow um die Sonntag zum Märtyrer geworden ist« (Brief vom 11. 3. 1852 an Theodor →Uhlig).

Soupir (WWV 58)
Lied für Singstimme und Klavier in B-Dur mit dem Textbeginn »Tout n'est qu'images fugitives«; Text von Jean Reboul; komponiert im Herbst 1839 in Paris; die Reinschrift liegt im →Nationalarchiv Bayreuth.
Lit.: WWV

Sozialismus, utopischer
Der Frühsozialismus oder utopische Sozialismus ist eine direkte Reaktion auf die Ausbreitung kapitalistischer Wirtschaftssysteme zu Beginn des 19. Jh.s, hat aber bereits Vorläufer im Frankreich des 18. Jh.s (Morelly, François Noël Babeuf, Etienne Cabet). W. kam mit dem utopischen

Sozialismus hauptsächlich über seinen Freund August →Röckel in Berührung, der sich 1832 in England mit den Schriften des utopischen Sozialisten Robert Owen beschäftigt hatte. Unter den wenigen anderen Sozialisten ist W.s Begegnung mit dem österreichischen Schriftsteller und Arzt Alfred von Meißner, einem Anhänger des sogenannten »wahren Sozialismus«, zu nennen, den er 1846 in Dresden kennenlernte. Vor allem aber die Schriften des deutschen utopischen Sozialisten Wilhelm Weitling prägten die Bewegung, die W. freilich nur mittelbar nachvollziehen konnte. Er selbst aber verschaffte sich über die Literatur des →Jungen Deutschland, von Heinrich →Heine und Ludwig →Feuerbach bis zum utopischen Sozialismus anarchistischer Prägung Pierre Joseph →Proudhons einen Eindruck von den Vorstellungen des utopischen Sozialismus.

Speer
Als Machtsymbol ist der Speer im *Ring* die Waffe →Wotans, die gleichzeitig das göttliche Gesetz repräsentiert. Allerdings zerschellt dieser Speer an →Siegfrieds ohne Skrupel geführtem →Schwert, nachdem Wotan selbst das Ende der Götter zum Programm seines Willens erhoben hat. In *Parsifal* hat sich das Gesetzessymbol mit der heiligen Lanze aus der biblischen Geschichte verbunden und religiös-mythische Qualitäten angenommen, die weit über die Bedeutung des Speers als Waffe hinausgehen. Daß darüber

hinaus Wieland →Wagner als Regisseur des ersten *Parsifal* nach dem Zweiten Weltkrieg dem Speer phallische Bedeutung zumaß, ist sicherlich nicht zu weit hergeholt, zumal er im →Bühnenweihfestspiel in Verbindung mit dem →Gral als Heilseinheit gebracht werden muß und nur als Einheit von weiblichem (Gral) und männlichem Symbol (Speer) das Heilswerk wirken kann.

Spezia, La
W.s Urlaubsort La Spezia hat deshalb für die Kompositionsgeschichte des *Rings* Bedeutung erlangt, weil W. dort nach seiner Ankunft am 5. 9. 1853, wie er in →*Mein Leben* (S. 511f.) berichtet, den Einfall zum →Vorspiel für das *Rheingold* hatte: »Am Nachmittage heimkehrend, streckte ich mich todmüde auf ein hartes Ruhebett aus, um die langersehnte Stunde des Schlafes zu erwarten. Sie erschien nicht; dafür versank ich in eine Art von somnambulen Zustand, in welchem ich plötzlich die Empfindung, als ob ich in ein stark fließendes Wasser versänke, erhielt. Das Rauschen desselben stellte sich mir bald im musikalischen Klange des *Es-dur*-Akkordes dar, welcher unaufhaltsam in figurierter Brechung dahinwogte [...]« Weniger die Schilderung einer romantischen Intuition als vielmehr die kompositionsgeschichtlich revolutionäre Erfindung eines Vorspielbeginns aus einem einzigen Dreiklang von der Ausdehnung eines mittleren Liedes kennzeichnet das Erlebnis von La Spezia.

Spinnerinnenlied
Das Lied (Chor) der Mädchen und Frauen in der Spinnstube des *Holländers* stellt gleichsam die harmlose und naive Folie, aber auch den Kontrast zur Wirksamkeit der von →Senta provozierten und selbst gesungenen →Senta-Ballade dar. Auf dem musikalischen Hintergrund des tonmalerischen Chores mit dem Summen der Spinnräder bekommt die leidenschaftliche Darstellung der Ballade erst ihre musikdramatische Bedeutung, die W. als Keim seines ersten →Musikdramas plastisch herauszuarbeiten vorhatte.

Spohr, Louis
Eigtl. Ludewig S.; geb. 5. 4. 1784 in Braunschweig, gest. 22. 10. 1859 in Kassel; Violinvirtuose, Komponist und Dirigent. – Nach seiner Ausbildung ab 1797 beim Konzertmeister der Hofkapelle, Charles Louis Maucourt, wurde Spohr bereits 1799 vom Herzog Karl Wilhelm Ferdinand von Braunschweig in seine Hofkapelle aufgenommen. Er ging ab 1804 als Violinvirtuose auf Konzertreisen, nach seiner Heirat mit der Harfenistin Dorette Scheidler mit ihr zusammen; 1812–15 war er Kapellmeister am Theater an der Wien, 1817 in Frankfurt a. M. am Stadttheater. Nach Dresden übersiedelte er 1821; 1822 ging er auf Empfehlung Carl Maria von →Webers an den Hof nach Kassel, wo er zu seinem 25jährigen Kapellmeisterjubiläum zum Generalmusikdirektor ernannt wurde. Als Komponist von mehr als 200 Werken

war er zu seinen Lebzeiten berühmter als z. B. Robert →Schumann. Den *Holländer* führte er bereits am 5. 6. 1843 in Kassel auf. Im selben Jahr, als W. königlich-sächsischer Hofkapellmeister in →Dresden war, standen Spohrs Opern *Faust* (1816) und *Jessonda* (1823), die W. bereits 1835 in Magdeburg aufgeführt hatte, wieder auf dem Dresdener Spielplan. W. lernte Spohr 1846 in →Leipzig persönlich kennen. Auf den Konzertprogrammen W.s bei seiner ersten →Londoner Konzertreise 1855 standen auch seine Werke. Brieflich versuchte W. in diesem Jahr über Louis Spohr bei König Georg V. von Hannover seine Amnestie für eine Rückkehr nach Deutschland zu bewerkstelligen. Nach Spohrs Tod schrieb W. am 25. 11. 1859 einen offenen Brief, der auch publiziert wurde, an Ferdinand →Heine zum Gedächtnis an den Freund. Anläßlich einer Reise W.s am 20. 12. 1874 nach Leipzig besuchte dieser am Abend eine Aufführung von *Jessonda*. Daß nicht nur in dieser Oper der →Tristanakkord vorkommt, sondern auch in Spohrs *Alchimist* (1830) Sequenzen davon zu hören sind wie bereits im *Klarinettenkonzert c-Moll Nr. 1* (1808), gibt Auskunft darüber, daß selbst W.s revolutionärste Komposition nicht nur zufällige Vorläufer kennt.
Lit.: R. W., Nachruf an L. Spohr und Chordirektor W. Fischer. (Brieflich an einen älteren Freund in Dresden. Paris 1860), in: GSD Bd. 5, S. 133

Spontini, Gaspare Luigi Pacifico Geb. 14. 11. 1774 in Maiolati (heute Maiolati Spontini; bei Ancona), gest. 24. 1. 1851 ebd.; Komponist. – Nach seinem Musikstudium am Konservatorium von Neapel begann Spontini sogleich in der Tradition der neapolitanischen Oper zahlreiche Bühnenwerke zu komponieren, die freilich alle vergessen sind. Erst nach seiner Übersiedlung nach Paris gelangen ihm mit *La Vestale* (1807) und *Fernand Cortez* (1809) durchschlagende Erfolge. 1820 ging Spontini als »erster Kapellmeister und Generalintendant der Kapelle Seiner Majestät des Königs von Preußen« nach Berlin, wo er bis 1841 wirkte. In Zusammenarbeit mit E. T. A. →Hoffmann übersetzte er *Olympie* (1819) ins Deutsche. Die Oper wurde 1821 in Berlin aufgeführt. Außerdem trat Hoffmann mit Gedichten und Rezensionen für Spontinis Musik ein. Bei seinem ersten Besuch 1836 in →Berlin war eine Aufführung von *Fernand Cortez* für W. der »wichtigste künstlerische Eindruck« weniger in der Ausführung als durch die Anlage des Werks, das W. »eine neue Ansicht von der eigentümlichen Würde großer theatralischer Vorstellungen« vermittelte. »Dieser sehr deutliche Eindruck […] hat mich bei der Konzeption meines ›Rienzi‹ namentlich geleitet«, gab W. weiter freimütig zu (→*Mein Leben*, S. 133). So verwundert es nicht, daß W. Spontini unter die wenigen Komponisten einreihte, denen er seine Referenz erwies, indem er ihm einen Nachruf widmete

(*Erinnerungen an Spontini*, in: GSD Bd. 5, S. 86): »*Spontini* war das letzte Glied einer Reihe von Komponisten, deren erstes Glied in *Gluck* zu finden ist; was *Gluck* wollte, und zuerst grundsätzlich unternahm, die möglichst vollständige Dramatisirung der Opernkantate, das führte *Spontini* – so weit es in der musikalischen Opernform zu erreichen war – aus.« Gleichzeitig grenzte W. Spontinis ernsthaften Charakter mit »hohen künstlerischen Absichten« von dem nur nach Erfolg schielenden geschmäcklerischen Giacomo →Meyerbeer ab, von dessen Kunst sich W. immer mehr entfernt hatte. Mit Spontinis *Vestale* war W. bereits 1844 anläßlich ihrer Wiederaufnahme ins Repertoire der Dresdener Hofoper in Berührung gekommen, woraufhin er vorgeschlagen hatte, Spontini einzuladen. Da Spontini tatsächlich nach →Dresden kam, obgleich man ihn inzwischen wegen seiner scheinbar exzentrischen Wünsche zur Aufführung seines Werks wieder ausladen wollte (W. beschrieb die Begebenheiten mit dem Meister und dessen Probenarbeit in köstlicher Ausführlichkeit in den *Erinnerungen an Spontini*), wissen wir genau, wie sehr W. dem Italiener zugetan war und daß er dessen Exzentrik mit Humor aufnahm. Daß W. nicht nur einiges in bezug auf die Anordnung und Umstellung des Orchesters lernte, sondern auch einige Posaunentakte für den Triumphmarsch im I. Akt hinzukomponieren durfte, die sich Spontini später für eine Aufführung in Paris

von W. erbat, mußte ihm besonders schmeicheln. Die Marotten des Meisters hatte W. ihm gern nachgesehen und in seinem Nachruf geschrieben: »Verneigen wir uns tief und ehrfurchtsvoll vor dem Grabe des Schöpfers der *Vestalin*, des *Cortes* und der *Olympia*!«
Lit.: H. Engel, W. und Spontini, in: Archiv für Musikwissenschaft, 1955

Spyri, Johann Bernhard
Geb. 1821, gest. 1884; Rechtsanwalt und Journalist. – Züricher Freund W.s, der ihn bereits nach seiner Flucht aus Deutschland im Sommer 1849 in →Zürich kennenlernte. Er war mit der bekannten Schriftstellerin Johanna Spyri verheiratet.

Staat und Religion, Über
→*Über Staat und Religion*

Stabreim
Im Gegensatz zum Endreim werden beim Stabreim zwei oder mehrere Hebungssilben eines Verses durch gleichklingende Anlaute gebildet. Er wurde in der altgermanischen, teilweise aber auch in der althochdeutschen Dichtung neben der immer stärker gebrauchten Endreimdichtung angewandt. W. griff erstmals in →*Siegfrieds Tod* (1848) auf die Stabreimdichtung zurück, ohne deren feste Regeln zu übernehmen. Statt dessen hat er selbst die Verwendung des Stabreims in →*Oper und Drama* in eine großangelegte Kunsttheorie einbezogen. Begründet hat W. den mehr als ungewöhnlichen Schritt in der Geschichte des Opernlibrettos

zunächst mit Untersuchungen an der Sprache: »Dem Wesen einer ungekünstelten Anschauung der Natur, und dem Verlangen nach Mittheilung der Eindrücke einer solchen Anschauung entsprechend, stellte die Sprache nur Verwandtes und Ähnliches zusammen, um in dieser Zusammenstellung nicht nur das Verwandte durch seine Ähnlichkeit deutlich zu machen und das Ähnliche durch seine Verwandtschaft zu erklären, sondern auch, um durch einen Ausdruck, der auf Ähnlichkeit und Verwandtschaft seiner eigenen Momente sich stützt, einen desto bestimmteren und verständlicheren Eindruck auf das Gefühl hervorzubringen. Hierin äußerte sich die sinnlich dichtende Kraft der Sprache: sie war zur Bildung unterschiedener Ausdrucksmomente in den Sprachwurzeln dadurch gelangt, daß sie den im bloßen subjektiven Gefühlsausdrucke auf einen Gegenstand – nach Maaßgabe seines Eindruckes – verwendeten tönenden Laut in ein umgebendes Gewand stummer Laute gekleidet hatte, welches dem Gefühle als objektiver Ausdruck des Gegenstandes nach einer ihm selbst entnommenen Eigenschaft galt. Wenn die Sprache nun solche Wurzeln nach ihrer Ähnlichkeit und Verwandtschaft zusammenstellte, so verdeutlichte sie dem Gefühle in gleichem Maaße den Eindruck der Gegenstände, wie den ihm entsprechenden Ausdruck durch gesteigerte Verstärkung dieses Ausdruckes, durch welche sie den Gegenstand selbst wiederum als einen verstärkten, nämlich als einen an sich vielfachen, seinem Wesen nach durch Verwandtschaft und Ähnlichkeit aber einheitlichen bezeichnete. Dieses dichtende Moment der Sprache ist die *Alliteration* oder der *Stabreim*, in dem wir die urälteste Eigenschaft aller dichterischen Sprache erkennen« (*Oper und Drama*, Bd. 4, S. 117f.). Von der »Verwandtschaft der tönenden Laute« leitet W. kurzerhand auf Analogien in der Motivarbeit über, so daß die Logik besticht, die beiden Ebenen musikdramatischer Arbeit, die semantische und die musikalische, parallel zu schalten. Außerdem sah W. in der Verwendung des Stabreims den Vorteil, »gemischte Empfindung dem bereits bestimmten Gefühle schnell verständlich zu machen«, wobei wir »die dichterische Sprache wiederum im *Stabreime* […] als ein *sinnliches* [Mittel] in der Bedeutung bezeichnen können, daß auch ein umfassender und doch bestimmter *Sinn* in der Sprachwurzel ihm zu Grunde liegt. Der sinnig-sinnliche Stabreim vermag den Ausdruck einer Empfindung mit dem einer anderen zunächst durch seine rein sinnliche Eigenschaft in der Weise zu verbinden, daß die Verbindung dem Gehöre lebhaft merklich wird und als eine natürliche sich ihm einschmeichelt. Der Sinn des stabgereimten Wurzelwortes, in welchem bereits die neu hinzugezogene andere Empfindung sich kundgiebt, stellt sich, durch die unwillkürliche Macht des gleichen Klanges auf das sinnliche

Gehör, *an sich* aber schon als ein *Verwandtes* heraus, als ein Gegensatz, der in der Gattung der Hauptempfindung mit inbegriffen ist, und als solcher nach seiner generellen Verwandtschaft mit der zuerst ausgedrückten Empfindung durch das ergriffene Gehör dem Gefühle, und durch dieses endlich selbst dem Verstande, mitgetheilt wird.« In seinen späteren Musikdramen *(Tristan, Meistersinger, Parsifal)* hat W. den Stabreim zwar nicht generell ausgeschlossen, sondern rudimentär weiterhin einbezogen.

Stammbaum
→Familienstammbaum

Standhartner, Joseph
Geb. 1817, gest. 29. 8. 1892; Arzt. – Chefarzt im Allgemeinen Wiener Krankenhaus und Leibarzt der Kaiserin Elisabeth. Als W. am 9. 5. 1861 nach →Wien reiste, hörte er am 11. 5. in einer Probe zum erstenmal seinen *Lohengrin* und machte die Bekanntschaft Joseph Standhartners. In dessen Haus las W. am 23. 11. 1862 die *Meistersinger*-Dichtung, wobei sich Eduard →Hanslick als Gast in der Figur des Stadtschreibers, der im dritten Wiener Entwurf noch Veit Hanslich hieß, brüskiert fühlte. Erneut begegnete W. dem Freund am 3. 3. 1875 bei einem Atelierfest Hans Makarts. Er ließ es sich nicht nehmen, nach W.s Tod, am 16. 2. 1883, dem Freund das letzte Geleit von München nach Bayreuth bei der Überführung des Sarges zu geben.

Steckbrief
Als sich W. durch seine revolutionären Freunde und sein Engagement für die freiheitlichen Ideen dieser Zeit in eine für die sächsischen Behörden exponierte Lage begab, wurde er schließlich polizeilich verfolgt und mußte in das Schweizer →Exil fliehen. Der Text des Steckbriefs lautet:
»Der unten etwas näher bezeichnete Königl. Capellmeister

Richard *Wagner* von hier ist wegen wesentlicher Theilnahme an der in hiesiger Stadt stattgefundenen aufrührerischen Bewegung zur Untersuchung zu ziehen, zur Zeit aber nicht zu erlangen gewesen. Es werden daher alle Polizeibehörden auf denselben aufmerksam gemacht und ersucht, Wagnern im Betretungsfalle zu verhaften und davon uns schleunigst Nachricht zu ertheilen.
Dresden, den 16. Mai 1849.
Die Stadt-Polizei-Deputation.
von Oppell.
Wagner ist 37 – 38 Jahre alt, mittler Statur, hat braunes Haar und trägt eine Brille.«

Stein, Heinrich Freiherr von
Pseud. Armand Pensier; geb. 12. 2. 1857 in Coburg, gest. 20. 6. 1887 in Berlin; Philosoph und Schriftsteller. – Malwida von →Meysenbug vermittelte ihn als Hauslehrer Siegfried →Wagners 1879 – 81 nach →Wahnfried. Anschließend habilitierte er sich in Halle und wurde ab 1884 Privatdozent in Berlin. Zu seinem Buch *Helden und Welt. Dramatische*

Bilder (Chemnitz 1883), mit dem Stein 1881 begann, schrieb W. noch am 31. 1. 1883 ein Vorwort.

Steuermann
Tenorpartie im *Holländer*; desgleichen eine Baritonpartie in *Tristan*.

Steuermannslied
Im *Holländer* beginnt die dramatische Handlung nach einer kurzen Einleitungsszene der Seeleute (nach deren unfreiwilliger Landung wegen eines Sturmes in der Nähe des Heimathafens) eigentlich erst mit dem Steuermannslied, das eine eigenartige musikdramatische Position einnimmt, obgleich es in seiner Art und dem Inhalt nach naiv und harmlos klingt. Der Text lautet: »Mit Gewitter und Sturm aus fernem Meer – / mein Mädel, bin dir nah'! / Über thurmhohe Fluth vom Süden her – / mein Mädel, ich bin da! / Mein Mädel, wenn nicht Südwind wär', / ich nimmer wohl käm' zu dir: / ach, lieber Südwind, blas' noch mehr! / Mein Mädel verlangt nach mir. / Hohohe! Jolohe! Holoje! Ho! Ho! / Von des Südens Gestad', aus weitem Land – / ich hab' an dich gedacht; / durch Gewitter und Meer vom Mohrenstrand / hab' dir 'was mitgebracht. / Mein Mädel, preis' den Südwind hoch, / ich bring' dir ein gülden Band; / ach, lieber Südwind, blas' doch! / Mein Mädel hätt' gern den Tand.« Der →Steuermann schläft ein, und mancher Regisseur hat genau diese Situation so interpretiert, daß sich die fernere Handlung des →Musikdramas gleichsam

nur noch im Traum des Steuermanns ereignet, der am Ende dann allerdings daraus aufschrecken muß, ohne daß bei W. dafür ein textlicher oder szenischer Anhaltspunkt gegeben wäre.

Stimme des Waldvogels
→Waldvogels, Stimme des

Stipendienstiftung
→Bayreuther Stipendienstiftung

Stockar-Escher vom Glas, Anna Lydia **Clementine**
Geb. 5. 4. 1816 in Zürich, gest. 17. 12. 1886 ebd.; Porträtmalerin. – Sie war W.s Hauswirtin in →Zürich am Zeltweg und malte im März 1853 Aquarelle von W. und seiner Frau Minna.

Stollen
→Barform

Stolzing, Walther von
Große Tenorpartie in den *Meistersingern*; offenbar ein verarmter fränkischer Ritter, der seine Burg verließ, um nach Nürnberg zu gehen, wo er sich als Bürger niederlassen will. Gleich nach seiner Ankunft verliebt er sich in →Eva, die Tochter Veit →Pogners, der sie dem neuen →Meistersinger am Johannisfest zum Preis ausgesetzt hat. Folglich muß sich Stolzing der Mühe unterziehen, Meistersinger zu werden, und wird von →David in die schwierige Kunst des Meistergesangs eingewiesen, die das sängerische Naturtalent furchtbar abschreckt. Wie

zu erwarten, geht sein Probesingen vor der Meistergilde schief. Stolzing will aus Wut auf die Meister Eva einfach in der Johannisnacht entführen. Dennoch intoniert der Ritter am nächsten Morgen in der Schusterstube mit formaler Hilfe des Schusterpoeten Hans →Sachs sein Meisterlied, dessen Text ein weiterer Bewerber um Eva, →Beckmesser, entwendet, um sie mit einem Meisterlied von Sachs (wie er meint) zu gewinnen. Da Beckmesser jedoch mit dem Text des →Preislieds auf seine verschrobene Melodie beim Wettsingen auf der →Festwiese durchfällt und Sachs für das Malheur verantwortlich gemacht wird, läßt dieser den wirklichen Dichter des Liedes vortreten, der nunmehr mit großem Erfolg das Preislied vorträgt und seine geliebte Eva gewinnt. Als er jedoch für sein Meisterlied zum Meistersinger ernannt werden soll, will der Ritter schroff ablehnen, wird aber von Sachs ermahnt, die Meister zu ehren, und läßt geschehen, was man von ihm begehrt.

Straßburg
W. berührte die Stadt erstmals nach seiner Flucht 1849 aus →Dresden, als er mit falschen Papieren über →Zürich nach Paris reiste und es sich nicht nehmen ließ, vom »weltberühmten Münster gefesselt und ergriffen« zu werden, wie W. in →*Mein Leben* erzählt. 1853 fuhr W. mit seiner Frau Minna, aus Paris kommend, ein zweites Mal über Straßburg. Mit seiner zweiten Frau

Cosima (und bereits nach der Grundsteinlegung des →Festspielhauses) ging W. im Herbst 1872 auf eine Engagementreise durch Deutschland, um Künstler für seine bald zu verwirklichenden →Festspiele in Bayreuth auszusuchen, wobei er auch Straßburgs Theater besuchte.

Strauß, Johann Baptist (Vater) Geb. 14. 3. 1804 in Wien, gest. 25. 9. 1849 ebd.; Geiger und Komponist. – Zunächst Geiger in Joseph Lanners Tanzorchester, ab 1825 mit eigener Kapelle, 1834 Kapellmeister des 1. Wiener Bürgerregiments, 1835 Hofballdirektor. Unter seinen 251 Werken sind 152 Walzer, 32 Quadrillen, 24 Galoppe, 18 Märsche und 13 Polkas. – Als W. 1832 erstmals Gelegenheit hatte, nach →Wien zu reisen, besuchte er nach eigenen Angaben häufig das Theater und hörte auch Musik von Strauß, der die damalige Begeisterung des Wiener Publikums für die Oper *Zampa* (1831) von Ferdinand →Hérold mit eigenen Potpourris zu nutzen wußte. W. gewann den Eindruck: »So ward mir die heiße Sommerluft Wiens endlich fast nur noch von ›Zampa‹ und *Strauß* geschwängert« (→*Mein Leben*, S. 71).

Streichquartett D-Dur (WWV 4) Komponiert im Herbst 1829 in →Leipzig; verschollen. Es dürfte sich um die erste Komposition W.s während des Unterrichts bei Christian Gottlieb →Müller gehandelt haben. *Lit.:* WWV

Strobel, Otto
Geb. 20. 8. 1895 in München, gest. 23. 2. 1953 in Bayreuth; Musikforscher. – Ab 1932 Leiter des →Richard-Wagner-Archivs Bayreuth. – Schriften: *Richard Wagner über sein Schaffen. Ein Beitrag zur Künstlerästhetik* (München 1924), *Neue Wagnerforschung* (Karlsruhe 1943), *Richard Wagners Leben und Schaffen. Eine Zeittafel* (Bayreuth 1952); Herausgeber von *König Ludwig II. und Richard Wagner, Briefwechsel, mit vielen anderen Urkunden* (Karlsruhe 1936–39); Aufsätze im *Bayreuther Festspielführer*.

Stuttgart
Ihre erste Blütezeit erlebte die Stuttgarter Oper im 18. Jh. mit Niccolò Jommelli als Hofkapellmeister und Komponist von europäischem Ruf. 1815 wurde das Hoftheater erbaut, in dem Conradin Kreutzer und Peter Joseph von Lindpaintner wirkten. Ein Brand vernichtete 1902 dieses Theater. Max Littmann erbaute 1909–12 ein neues Hoftheater, das am 15. 9. 1912 unter anderem mit der Festwiesenszene aus den *Meistersingern* eröffnet wurde; Karl Erb sang den →Stolzing. Bedeutende Dirigentenpersönlichkeiten wie Max von Schillings und Fritz Busch kümmerten sich neben der Pflege zeitgenössischen Musiktheaters auch um die Werke W.s. Hans Swarowsky wirkte in der Zeit zwischen den Weltkriegen in Stuttgart. Nach dem Zweiten Weltkrieg war der bedeutende W.-Sänger Wolfgang Windgassen von 1970 bis zu seinem Tode 1974 Operndirektor; er nahm an der dortigen intensiven W.-Pflege großen Anteil. Schon vorher, ab 1954, hatte Wieland →Wagner in Stuttgart die Möglichkeit erhalten, die Werke seines Großvaters in einem neuen inszenatorischen Stil für die Bayreuther →Festspiele auszuprobieren. In der Spielzeit 1977/78 inszenierte Jean-Pierre Ponnelle den *Ring*, 1976 Götz Friedrich *Parsifal*. Mit den Aufführungen von Werken W.s verbinden sich prominente Sängernamen wie Will Domgraf-Fassbaender, Catarina Ligendza, Martha Mödl, Anja Silja, Gerhard Stolze, Ludwig Suthaus, Margarete Teschemacher und Fritz Wunderlich.

Sulzer, Johann Jakob
Geb. 23. 12. 1821, gest. 27. 6. 1897; Politiker. – Mitglied der demokratischen Partei des Kantons Zürich; ab 1847 1. Staatsschreiber des Kantons, 1852–57 Regierungsrat, 1858–73 Stadtpräsident von Winterthur, 1866–69 und 1879–90 Nationalrat, 1869–78 Ständerat, 1876 auch dessen Präsident. Er gehörte schon bald nach W.s Emigration in die →Schweiz zu dessen engsten Freunden in →Zürich. W. übertrug ihm die Angelegenheiten seiner Finanzen als »Vormund«, um der überhandnehmenden Schulden Herr zu werden. Über Sulzer liefen bald alle Einnahmen und Ausgaben W.s, und Sulzer mußte gelegentlich Defizite in der Haushaltsführung W.s selbst ausgleichen. Nichtsdestotrotz war die Freundschaft der beiden Männer

herzlich und dauerhaft. Nach W.s Züricher →Exil besuchte Sulzer den Freund auch in →Tribschen und 1882 zu den zweiten Bayreuther →Festspielen.

Symbol
Neben den musikalischen Symbolen wie z. B. dem →Tristanakkord sei hier vor allem von den dramaturgischen Symbolen die Rede. Da sich einerseits im 19. Jh. der Symbolbegriff so allgemein auf das künstlerische Schaffen verlagert hatte, daß August Wilhelm von Schlegel in der Kunst »nichts anderes als ein ewiges Symbolisieren« zu entdecken meinte, andererseits aber W.s musikdramatische Phantasie beständig mit symbolischen Sinnbildern umging, um plastische Anschauung seiner Ideen zu erzielen, bündelten sich beide Bestrebungen in W.s Schaffen zu bis dahin ungeahnter Symbolkraft. Alle tragenden Ideen in seinen →Musikdramen werden symbolisch ausgedrückt. Das Symbol des →Grals (in *Lohengrin* wie in *Parsifal*) ist unmißverständliches und keineswegs kitschiges Sinnbild für das Göttliche, das weniger bildlich als musikalisch ausgedrückt wird und bereits im Vorspiel zu *Lohengrin* zum Klangbild wird. Der →Venusberg in *Tannhäuser* ist, obgleich in der Entstehungsgeschichte mit einem Berg gegenüber der →Wartburg lokalisiert, nicht nur ein Schauplatz, sondern Gegenpol zur christlichen Heilslehre, die, wie das sinnliche Glück im Venusberg, beide Erlösung versprechen. Einerseits

stellt die antike Liebesgöttin das Paradies auf Erden dar (oder fast auf Erden, da sie in der europäisch-christlichen Geschichtsschreibung allmählich in die Unterwelt verbannt wurde), andererseits ist das Bild antiker Verführungskunst eine schier unübertreffliche Antithese zur ritterlichen Minne, so daß beide sich wie Feuer und Wasser gegenseitig ausschließen. Desgleichen ist das Symbol des →Schwans in *Lohengrin* nicht nur eine treffende Metapher für Unschuld und Reinheit, sondern es ist auch in W.s musikdramatischem Schaffen fest verwurzelt, so daß er nicht davor zurückscheute, das Schwansymbol in *Parsifal*, seinem musikdramatischen Schwanengesang, als Bild und musikalisches Motivzitat aus *Lohengrin* zu übernehmen. Der *Ring* enthält bereits in seinem Titel den Symbolbegriff, um den es in der →Tetralogie zentral geht. Der →Ring, geschmiedet aus dem Gold der Rheintöchter, wurde von →Alberich durch die Verfluchung der Liebe zum Machtsymbol für die Weltherrschaft geschaffen und als Machtsymbol für seine Besitzer verflucht, nachdem Alberich des Ringes beraubt wurde. Dennoch gerät auch →Wotan in Versuchung, seiner autoritären Gesetzesmacht noch die magische Kraft des Rings hinzuzugesellen; nur der Urmutter →Erda gelingt es, ihn davon abzubringen. Das Gold, das eben auch für Geld und Kapital steht, hat in W.s pessimistischer Weltschau ganze Arbeit geleistet und mit →Siegfried und →Brünnhilde lediglich die Idee (nicht die Realität) eines neuen Menschengeschlechts herausgebildet, das dem Untergang geweiht ist. Mit dem →Tarnhelm griff W. ein weiteres Attribut gottähnlicher Macht und einen Wunschtraum der Menschen bühnenwirksam auf, da sowohl →Mime als auch Brünnhilde mittels der Tarnkappe überlistet werden. Machtsymbol im *Ring* ist auch die Götterburg →Walhall, die architektonisch göttliche Macht repräsentiert und ihr irdisches Abbild in der Nähe von Regensburg an der Donau als Gedenkstätte geistiger Heroen erhielt. Das →Schwert als individuelles Machtsymbol hat W. im *Ring* mit einem musikalischen Motiv musikdramatisch aktiviert. Die Taube dagegen, die im christlichen Ritus mit der Versinnlichung des Heiligen Geistes besetzt ist, wurde in *Parsifal* zwar als visuelle Hilfskonstruktion für das Heilsgeschehen einbezogen, ist aber wegen ihres bildnerischen Verschleißes in der Malerei dem inszenatorischen Geschick der Regisseure (→Regie) anempfohlen worden, so daß die Taube nicht real erscheinen muß, sondern (wie auch der Schwan) stilisiert erscheinen oder weggelassen werden kann. Besonders bemerkenswert aber ist bei W.s Symbolen, daß sie sich im Verlauf seines musikdramatischen Schaffens verwandelt haben: Der Hort wurde zum Gral, die Götterburg zur Gralsburg Monsalvat, der Gesetzesspeer zur heiligen Lanze. Wie in der christlichen Liturgie hat W. uralte Symbole aus früheren Werken in spätere mit

neuen Funktionen einverleibt und so aus dem →Mythos und seiner zeitgemäßen Deutung die Geschichte der Menschheit im Kunstwerk gezeichnet.

Symphonien

Symphonie C-Dur (WWV 29); die einzig erhaltene vollständig ausgeführte Symphonie W.s; komponiert im Frühsommer 1832 in →Leipzig. Anschließend reiste W. nach Wien und Prag, wo die Symphonie im Nov. 1832 von Schülern des Städtischen Konservatoriums Prag unter der Leitung von Friedrich Dionys →Weber erstmals aufgeführt wurde. Eine zweite Aufführung fand am 15. 12. 1832 in der Musikgesellschaft Euterpe in Leipzig wahrscheinlich unter der Leitung von W.s Lehrer Christian Gottlieb →Müller statt. Am 27. 8. 1833 dirigierte W. selbst während seines Aufenthalts in →Würzburg die Symphonie anläßlich eines Konzerts des Würzburger Musikvereins. Im März 1836 schickte W. das Manuskript an Felix →Mendelssohn Bartholdy, von dem er hoffte, daß er das Werk aufführen würde; seitdem ist es verschollen. Im Herbst 1877 tauchte ein Stimmensatz der Symphonie auf, nach dem Anton →Seidl im Frühjahr 1878 in →Bayreuth eine Partitur rekonstruierte, die W. überarbeitete und herauszugeben beabsichtigte, woraus jedoch nichts wurde. Erst 1911 erschien das Werk bei Max Brockhaus, Leipzig. W.s *Bericht über die Wiederaufführung eines Jugendwerkes* (in: GSD Bd. 10, S. 397) beschreibt das Ereignis der Geburtstagsüberraschung für seine Frau Cosima, für die W. im Teatro La Fenice in Venedig 1882 letztmalig vor geladenen Gästen dirigierte. – Schallplattenaufnahmen →Diskographie.

Symphonie E-Dur (WWV 35); komponiert im Aug./Sept. 1834 in Bad →Lauchstädt und Rudolstadt. Das Werk blieb Fragment und ist 1988 aus dem Nachlaß Felix →Mottls teilweise (1. Satz) in der Bayerischen Staatsbibliothek München wieder aufgetaucht; ein Entwurf ist erhalten. Autobiographisch hielt W. fest, daß Ludwig van →Beethovens *Symphonien Nr. 7* (1812) und *Nr. 8* (1812) Vorbilder zu diesem Werk gewesen waren. W. verwendete im 1. Satz des zweite Thema aus dem 1. Satz seiner →*Sonate A-Dur* (WWV 26) und im 2. Satz das zweite Thema aus derselben Sonate. Felix →Mottl sollte 1887 auf Bitten Cosimas nach dem Beispiel der *Symphonie C-Dur* eine Instrumentation des Fragments herstellen, die jedoch teilweise verschollen ist. 1846/47 entstanden in →Dresden Einzelskizzen zu Symphonien (WWV 78), die nie ausgeführt wurden.
Lit.: WWV

Symphonien, Pläne zu Ouvertüren und
→Pläne zu Ouvertüren und Symphonien

Szene und Arie (WWV 28)
Für Sopran und Orchester; komponiert im Frühjahr 1832 in →Leipzig; uraufgeführt am 22. 4. 1832 im Hoftheater Leipzig mit Henriette →Kriete und vermutlich unter der Leitung von Heinrich →Dorn; verschollen. Der Textverfasser ist unbekannt.
Lit.: WWV

Tagebücher Cosima Wagners
Gleichsam als Fortsetzung der Niederschrift Cosima Wagners von →*Mein Leben,* wofür W. seiner zweiten Frau aus der Erinnerung sein Leben bis zum 3. 5. 1864 in die Feder diktierte, begann Cosima ab dem 1. 1. 1869 in →Tribschen nun ihrerseits mit selbständigen Tagebuchaufzeichnungen zum Leben ihres Mannes bis zum Vorabend von W.s Tod am 13. 2. 1883. Die Lücke zwischen dem Ende von *Mein Leben* (1864) und dem Beginn der Tagebücher sollte noch ausgefüllt werden, worauf aber aus mancherlei Gründen dann doch verzichtet wurde. Die Aufzeichnungen der Tagebücher wurden bereits begonnen, als die Niederschrift von *Mein Leben* (vom 17. 7. 1865 bis zum 20. 3. 1880) noch nicht abgeschlossen war; dadurch ergeben sich einige gegenseitige Bezüge beider autobiographischer Werke. Die sehr detaillierten Aufzeichnungen Cosimas mit nahezu 5 000 Tagebuchseiten ergeben nicht nur eine intime und gefilterte Darstellung von W.s letztem Lebensdrittel, sondern auch eine Zeitgeschichte des 19. Jh.s mit all seinen kulturellen Brechungen im Zentrum eines seiner größten Komponisten. Der ursprüngliche Anspruch allerdings war viel bescheidener ange-

setzt, nämlich »für unseren Sohn ein ungemein genaues Tagebuch, worin jeder Tag im Betreff meines Befindens, meiner Arbeit, meiner gelegentlichen Aussprüche« aufzuzeichnen, wie W. im Brief vom 11. 10. 1879 an König →Ludwig II. schrieb. Der spätgeborene Sohn Siegfried →Wagner allerdings fand die Tagebücher nach W.s Tod nicht vor, weil sie Eva →Chamberlain angeblich als Geschenk ihrer Mutter in Besitz genommen hatte und nicht mehr herausgab. Erst 1935 vermachte sie die Tagebücher der Stadt →Bayreuth mit der Bedingung, die 21 Hefte 30 Jahre lang nach ihrem Tod bei der Bayerischen Staatsbank in München unveröffentlicht zu hinterlegen; sie starb am 26. 5. 1942. Ein Rechtsstreit mit dem Testamentsvollstrecker verzögerte nochmals die Publikation, bis die Tagebücher 1974 der Stadt Bayreuth übergeben und danach publiziert werden konnten: Cosima Wagner, *Die Tagebücher.* Ediert und kommentiert von Martin Gregor-Dellin und Dietrich Mack. Band I: 1869 – 1877, Band II: 1878 – 1883 (München/Zürich 1976/77).

Tag erscheint, Der (WWV 68)
→*Festgesang »Der Tag erscheint«*

Takt
W. ging mit den elementaren Dingen der Musik nicht nur praktisch um, sondern er machte sich auch grundlegende Gedanken z. B. über den Takt: »Da ich mich durchgängig bemühte, in den hier gemeinten rezitativähnlichen Stellen den Vortrag auch rhythmisch genau meiner Absicht des Ausdruckes entsprechend zu bezeichnen, so ersuche ich demnach die Dirigenten und Sänger, zunächst diese Stellen nach der bestimmten Geltung der Noten scharf am Takte, und in einem dem Charakter der Rede entsprechenden Zeitmaaße auszuführen. Bin ich nun so glücklich, die von mir bezeichnete Vortragsweise von den Sängern als richtig empfunden zu sehen, und ist diese sonach mit Bestimmtheit von ihnen aufgenommen worden, so dringe ich dann endlich auf fast gänzliches Aufgeben der Strenge des eigentlichen musikalischen Taktes, der bis dahin nur ein mechanisches Hilfsmittel zur Verständigung zwischen Komponist und Sänger war, mit dem vollkommenen Erreichen dieser Verständigung aber als ein verbrauchtes, unnützes und ferner lästig gewordenes Werkzeug bei Seite zu werfen ist. Der Sänger gebe von da ab, wo er meine Intentionen für den Vortrag bis zum vollsten Mitwissen in sich aufgenommen hat, seiner natürlichen Empfindung, ja selbst der physischen Nothwendigkeit des Athmens bei erregtem Vortrage, durchaus freien Lauf, und je selbstschöpferischer er durch vollste Freiheit des Gefühles werden kann, desto mehr wird er mich zum freudigsten Danke verbinden. Der Dirigent hat dann nur dem Sänger zu folgen, um das Band, das den Vortrag mit der Begleitung des Orchesters verbindet, stets unzerrissen zu bewahren; es wird ihm dieß

wiederum nur möglich sein, wenn das Orchester selbst zur genauesten Mitkenntniß des Gesangvortrages gebracht wird, was einerseits dadurch, daß in jede Orchesterstimme die Gesangspartie und die Worte mit eingetragen sind, andererseits aber nur durch genügend zahlreiche Proben vermittelt wird. Das sicherste Zeichen dafür, daß dem Dirigenten die Lösung seiner Aufgabe in diesem Bezuge vollkommen gelungen ist, würde sein, wenn schließlich bei der Aufführung seine leitende Thätigkeit fast gar nicht mehr äußerlich zu bemerken wäre« (*Über die Aufführung des »Tannhäuser«*, in: GSD Bd. 5, S. 167f.). Nach diesem Zitat wird es kaum mehr verwundern, wenn W. so etwas Subtiles wie die konkrete Vermittlung musikalischer Ideen durch die Interpreten sowohl dem spiritistischen Gedanken von Seelenwanderung als auch gleichzeitig der profanen Technik in der richtigen musikalischen Umsetzung des Taktes als Gerüst jener Idee anvertraut wissen wollte: »Die Seelenwanderung des Dichters in den Leib des Darstellers geht hier nach unfehlbaren Gesetzen der sichersten Technik vor sich, und der einer technisch korrekten Aufführung seines Werkes den Takt gebende Tonsetzer wird so vollständig Eines mit dem ausübenden Musiker, wie dieß höchstens von dem bildenden Künstler im Betreff eines in Farbe oder Stein ausgeführten Werkes ähnlich würde gesagt werden können, wenn von einer Seelenwanderung seinerseits in sein lebloses

Material die Rede sein dürfte« (*Über die Bestimmung der Oper*, in: GSD Bd. 9, S. 181). Deshalb W.s dringliche Ermahnung: »Gänzlich ohne Vorbild, namentlich für den deutschen Styl, gelangen unsere jungen Leute, oft aus dem Chore heraustretend, meistens ihrer hübschen Stimme wegen, zur Verwendung für Opernpartien, für deren Vortrag sie einzig vom Taktstocke des Kapellmeisters abhängen. Dieser verfährt nun, ebenfalls ohne alles Vorbild, oder auch etwa von den Professoren unserer Konservatorien, welche wiederum nichts vom dramatischen Gesange, ja nur von der Opernmusik im Allgemeinen verstehen, angeleitet, in der zuvor von mir bezeichneten Weise; er giebt seinen Takt, nach gewissen abstraktmusikalischen Annahmen, als Vierviertaltakt, das heißt: er schleppt, oder als alla breve, das heißt: er jagt; und nun heißt es: ›Sänger, finde dich darein! Ich bin der Kapellmeister, und habe das Tempo zu bestimmen!‹« (*Ein Einblick in das heutige deutsche Opernwesen*; in: GSD Bd. 9, S. 322.)

Tannenbaum, Der (WWV 50)
Lied für Singstimme und Klavier in es-Moll; Text von Georg Scheurlin; komponiert vermutlich im Herbst 1838 in →Riga. Das Lied wurde zu Cosima Wagners Geburtstag 1868 zusammen mit anderen Liedkompositionen von W. überreicht, aber bereits erstmals 1839 in der Musikbeilage der Zeitschrift *Europa* gedruckt. *Lit.:* WWV

Tannhäuser

Tenorpartie in *Tannhäuser*; ein Minnesänger am Hof des Landgrafen →Hermann von Thüringen. Wegen seiner Kunst, die Liebe wie kein anderer besingen zu können, hat sich →Elisabeth, die Nichte des Landgrafen, in den Sänger verliebt. Er jedoch hat erst einmal die Verwirklichung seiner Visionen im →Venusberg gesucht und gefunden, wurde des einseitigen Genusses jedoch bald überdrüssig und sehnt sich wieder nach irdischen Dingen. →Venus entläßt ihn nur unter Verwünschungen und hofft auf seine Wiederkehr. Tannhäusers Sehnsucht nach der reinen Liebe mit Elisabeth scheint sich schnell erfüllen zu können, da die Prinzessin ihm ihre Zuneigung offen zeigt. In einem Sängerwettstreit auf der →Wartburg wird jedoch für alle Ohren offenbar, daß Tannhäusers schwere Sünde des Verweilens im Venusberg, das er zur Darstellung eines Minnelieds nicht verschweigt, für die sittenstrenge Wartburggesellschaft nur vom Papst durch Absolution erlassen werden könnte. Tannhäuser pilgert nach Rom und erhält keine Begnadigung. Zurückgekehrt sieht er für sich nur noch den Weg zurück zur Venus offen. Er beschwört schon ihr Reich herauf, wird aber in letzter Minute durch Elisabeths Tod und ihre Fürsprache gleich Faust durch Gretchen erlöst.

Tannhäuser und der Sängerkrieg auf Wartburg (WWV 70)

Große romantische Oper in drei Akten.
Entstehungsgeschichte: »Der Venusberg. Romantische Oper« sollte nach W.s Willen das Werk heißen, das 1842 in →Teplitz begonnen und nach seiner Fertigstellung aus Rücksicht auf boshafte Witzeleien mit dem bekannten Doppeltitel versehen wurde, der die zwiefache Quellenlage spiegelt. Einerseits lag W. das Gedicht vom Sängerkrieg auf der →Wartburg aus dem 13. Jh. vor, andererseits die im 16. Jh. entstandene Sage von Tannhäuser, die im 1. Band von *Des Knaben Wunderhorn* (Heidelberg 1806) nachgedruckt wurde. Ergänzt hatte W. seine Studien durch Heinrich →Heines Gedicht *Der Tannhäuser. Eine Legende* (1836), das im 3. Band des *Salon* (Hamburg 1837) veröffentlicht wurde und somit für W. leicht zugänglich war. Der parodistische Ton des Gedichts hinderte W. keineswegs, einzelne Gedanken daraus zu entlehnen. Ludwig Tiecks *Der getreue Eckart und der Tannenhäuser* (im 1. Band von Tiecks *Romantischen Dichtungen,* Jena 1799) sowie E. T. A. →Hoffmanns *Der Streit der Sänger* aus dem 2. Band der *Serapions-Brüder* (Berlin 1819–21) gab W. als Quellen für sein Libretto an. In seiner Schrift *Eine* →*Mitteilung an meine Freunde* (S. 331) führte er zur Entstehungsgeschichte seiner Oper aus: »Ich lebte ganz schon in der ersehnten, nun bald zu betretenden heimischen Welt. – In dieser

Stimmung fiel mir das deutsche Volksbuch vom ›*Tannhäuser*‹ in die Hände; diese wunderbare Gestalt der Volksdichtung ergriff mich sogleich auf das Heftigste; sie konnte dieß aber auch erst *jetzt*. Keineswegs war mir der Tannhäuser an sich eine völlig unbekannte Erscheinung: schon früh war er mir durch Tieck's Erzählung bekannt geworden. Er hatte mich damals in der phantastisch mystischen Weise angeregt, wie Hoffmann's Erzählungen auf meine jugendliche Einbildungskraft gewirkt hatten; nie aber war von diesem Gebiete aus auf meinen künstlerischen Gestaltungstrieb Einfluß ausgeübt worden. Das durchaus moderne Gedicht Tieck's las ich jetzt wieder durch, und begriff nun, warum seine mystisch kokette, katholisch frivole Tendenz mich zu keiner Theilnahme bestimmt hatte; es ward mir dieß aus dem Volksbuche und dem schlichten Tannhäuserliede ersichtlich, aus dem mir das einfache ächte Volksgedicht der Tannhäusergestalt in so unentstellten, schnell verständlichen Zügen entgegentrat. – Was mich aber vollends unwiderstehlich anzog, war die, wenn auch sehr lose Verbindung, in die ich den Tannhäuser mit dem ›Sängerkrieg auf Wartburg‹ in jenem Volksbuche gebracht fand. Auch dieses dichterische Moment hatte ich bereits früher durch eine Erzählung Hoffmann's kennen gelernt; aber, gerade wie die Tieck'sche vom Tannhäuser, hatte sie mich ganz ohne Anregung zu dramatischer Gestaltung gelassen.

Jetzt gerieth ich darauf, diesem Sängerkriege, der mich mit seiner ganzen Umgebung so unendlich heimathlich anwehte, in seiner einfachsten, ächtesten Gestalt auf die Spur zu kommen; dieß führte mich zu dem Studium des mittelhochdeutschen Gedichtes vom ›Sängerkriege‹, das mir glücklicher Weise einer meiner Freunde, ein deutscher Philolog, der es zufällig in seinem Besitze hatte, verschaffen konnte.« In diesem Bericht spielt W. zwar die Anregungen aus den späteren Quellen etwas herunter; es ist aber unübersehbar, daß W. dramaturgisch wichtige Anregungen sowohl von Tieck als auch von Heine übernahm. Psychologisch wichtige Zusammenhänge, wie Tannhäusers Verlangen, dem künstlerischen Paradies der Venus zu entkommen, um wieder Menschlichkeit zu erleben, werden bei Heine (»Ich schmachte nach Bitternissen«) wie bei W. (»Aus Freuden sehn' ich mich nach Schmerzen«) ganz ähnlich verbalisiert. Der Zusammenhang zwischen dem Geschehen im Venusberg und dem Sängerwettstreit ist am deutlichsten bei Hoffmann ausgeprägt, in dessen *Serapions-Brüdern* nicht nur von Venus und dem Venusberg die Rede ist, sondern das Lied Heinrich von Ofterdingens (der nach des Königsberger Professor Christian Theodor Ludwig Lucas' Meinung niemand anders als der geheimnisvolle Minnesänger Tannhäuser gewesen sei) zum Anlaß des Wettstreits wurde. Durch Hoffmanns Werk wurde W. auf eine Chronik von Johann Christoph Wagenseil aufmerksam, dessen mittelalterliches Gedicht in 119 Strophen den für W. interessanten Stoff behandelt. W. studierte aber auch die *Deutschen Sagen* (Berlin 1816–18) der Brüder Jacob und Wilhelm →Grimm sowie Friedrich de la Motte Fouqués *Sängerkrieg auf der Wartburg* (Berlin 1828) und die von Ludwig Bechstein herausgegebenen *Sagen von Eisenach und der Wartburg, dem Hörselberg und Reinhardsbrunn* (in: *Der Sagenschatz und die Sagenkreise des Thüringerlandes*, Hildburghausen 1835–38); inhaltliche Beziehungen zwischen der Wartburg und dem →Hörselberg gehen auch hier schon aus dem Werktitel hervor. Von seinem Pariser Freund Samuel →Lehrs erhielt W. außerdem die Schrift *Über den Krieg von Wartburg*. W. verknüpfte alle Vorlagen zu einer dramatischen Konzeption, die seinen sicheren Instinkt für das Musiktheater bestätigt. Dennoch geht die Werkgeschichte gerade dieses Werks mit einer Reihe von Umarbeitungen einher, die bereits in →Dresden begannen, für die Aufführung in Paris (→Frankreich) zu einer neuen Fassung führten und mit weiteren Veränderungen für die Aufführung 1875 in →Wien nicht abgeschlossen waren, da W. in seinen letzten Lebenstagen davon sprach, »der Welt noch den Tannhäuser schuldig« zu sein (nach Cosima Wagners Eintragung vom 23. 1. 1883 in ihren →Tagebüchern). Am 12. 5. 1843 schrieb W. an Robert →Schumann: »Große Hoffnungen – wie man nun einmal

ist! – hege ich für eine neue Oper, von der ich gegenwärtig das Textbuch fertig habe: es hat drei Acte und beruht auf einer Verschmelzung der Sage vom Tannhäuser mit der vom Wartburgkriege.« Mit Kompositionsskizzen begann W., nachdem er am 19. 7. 1843 nach Teplitz in die Sommerferien gefahren war. Zur Fortsetzung der Komposition kam W. erst wieder in den Ferien des folgenden Jahres, beendete aber dann relativ schnell die →Partitur bis April 1845. An Karl Gaillard schrieb er am 5. 6. 1845: »Ich schicke Ihnen hier meinen ›Tannhäuser‹ wie er leibt und lebt, ein Deutscher vom Kopf bis zur Zehe; nehmen Sie ihn als Geschenk freundschaftlich an. Möge er im Stande sein mir die Herzen meiner deutschen Landsleute in größerer Ausbreitung zu gewinnen, als dies bis jetzt meine früheren Arbeiten vermochten!«
Handlung: I. Akt, das Innere des Venusbergs; Bacchantinnen umtanzen Nymphen und liebende Paare; das ausgelassene Treiben beruhigt sich schließlich, so daß Venus und Tannhäuser in das Zentrum des Geschehens rücken: Tannhäuser schreckt wie aus einem Traum hoch und wird von Venus schmeichelnd beruhigt. Er jedoch erinnert sich irdischer Dinge und spricht von Glokkenklängen, die ihn zu den Menschen zurückzögen. Die Göttin erkundigt sich beunruhigt, ob es ihren Geliebten bereits reue, göttliches Dasein zu genießen. Er aber fühlt, ein Sterblicher geblieben zu sein, und verlangt nach dem Wechsel der

Gefühle und Empfindungen: »[...] nicht Lust allein liegt mir am Herzen, aus Freuden sehn' ich mich nach Schmerzen: aus deinem Reiche muß ich flieh'n, – o, Königin, Göttin! Laß mich zieh'n!« resümiert der Sänger. Sie freilich sucht in seiner Klage eine Anklage herauszuhören, fühlt sich persönlich gekränkt und wirft ihm Treulosigkeit und Verrat vor. Dennoch versucht sie, sein verwirrtes Gemüt mit erneuten Liebeswonnen zu besänftigen. Obgleich sie seine Sehnsüchte nicht versteht, gibt sie ihn nach wiederholten Bitten frei, verflucht aber das ganze Menschengeschlecht, als er versichert, niemals mehr zurückkehren zu wollen. Und daß der Geliebte sein Heil auch noch in Maria suchen möchte, macht ihm die Göttin der Liebe schon aus Eifersucht zum Vorwurf. Tannhäuser findet sich plötzlich in ein schönes Tal versetzt; im Hintergrund erhebt sich die Wartburg. Ein Hirte spielt auf seiner Schalmei und singt ein Lied von Frau Holda, das vom Chor der Pilger, die sich der Wartburg nähern, unterbrochen wird. Tannhäuser sinkt ergriffen auf die Knie. Der sich entfernende Pilgerchor wird von Jagdhornklängen abgelöst, die Landgraf Hermann mit seiner Jagdgesellschaft ankündigen. Verwundert treten die Männer näher, und Wolfram von Eschenbach erkennt plötzlich den lange vermißten Freund. Die übrigen Ritter sind noch skeptisch und fragen, ob der Fremde als Freund oder Feind nahe. Dann aber begrüßt ihn der Landgraf freundschaftlich, und der Bann scheint gebrochen. Doch erst nach wiederholten Bitten läßt sich Tannhäuser, der weiterziehen will, umstimmen zu bleiben. Den Ausschlag aber gibt Elisabeth, die von Tannhäusers Gesangskunst bezaubert wurde und ihm ihr Herz schenkte. Tannhäuser will zu ihr, und die ganze Jagdgesellschaft macht sich zur Wartburg auf.

II. Akt, die Sängerhalle auf der Wartburg, im Hintergrund offene Aussicht auf den Hof und das Tal: Freudig begrüßt Elisabeth die lange gemiedene Sängerhalle. Auf ihre Frage, wo Tannhäuser so lange gewesen sei, gibt er fast die gleiche Antwort wie den Rittern vorher: »Fern von hier, in weiten, weiten Landen. Dichtes Vergessen hat zwischen heut' und gestern sich gesenkt.« Elisabeth gesteht er, daß er ihretwegen gekommen sei. Der Landgraf hat inzwischen ein Sängerfest einberufen, zu dem bereits die ersten Gäste eintreffen. Dann begrüßen die Sänger feierlich die Versammlung. Anschließend wird die Reihenfolge der Sänger beim Wettstreit festgelegt. Es beginnt Wolfram, dessen Vortrag vom reinen Wesen der Liebe auf allgemeine Zustimmung stößt. Tannhäuser war währenddessen in Träumen versunken; er fährt plötzlich heftig auf und entwirft eine Gegendarstellung der Liebe als Leidenschaft. Allgemeines Erstaunen und Befremden machen sich breit, und Biterolf entgegnet stellvertretend mit geharnischten Worten, die wiederum Tannhäuser zu persönlichen Angriffen verleiten. Als Wolfram nochmals das hohe Lied der reinen Liebe anstimmt, kann Tannhäuser nicht mehr an sich halten, die prüden Sänger anzuklagen: »Armsel'ge, die ihr Liebe nie genossen, zieht hin, zieht in den Berg der Venus ein«, womit er sein eigenes Erlebnis im Venusberg eingesteht. Alle sind entsetzt. Die Frauen, abgesehen von Elisabeth, verlassen unter Protest und mit Gebärden des Abscheus die Halle. Auch der Landgraf verurteilt den Verruchten, der im Venusberg weilte, und die Ritter dringen mit gezückten Schwertern auf Tannhäuser ein. Elisabeth wirft sich dazwischen, um das Leben des einst geliebten Sängers zu schützen: »Zurück von ihm! Nicht ihr seid seine Richter!« Doch auch sie ist zutiefst gekränkt, und ihr Herz ist zerrissen. Sie fordert, daß Tannhäuser durch Buße seine Schuld sühne. Der Landgraf bestimmt, Tannhäuser solle sich den Pilgern nach Rom anschließen, um Gnade vom Heiligen Vater zu erflehen. Mit dem leidenschaftlichen Ausruf »Nach Rom!« eilt Tannhäuser den Pilgern nach.

III. Akt, Tal vor der Wartburg, wie am Schluß des I. Akts: Wolfram kommt von der waldigen Höhe herabgestiegen und erblickt Elisabeth betend vor dem Muttergottesbild; dann hört er den Gesang der heimkehrenden Pilger. Auch Elisabeth hört die frommen Lieder und erwartet Tannhäuser, der jedoch nicht zu entdecken ist. Als sie sich erhebt, erblickt sie Wolfram, vor dem sie ausweichend eilig zur Wartburg aufsteigt. Wolfram sieht ihr lange nach und singt sein melancholisches Lied vom Abendstern. Plötzlich taucht Tannhäuser aus der Dunkelheit auf. Er trifft mit Wolfram zusammen, dem er höhnisch vermeldet, den Weg zum Venusberg zu suchen. Wolfram weicht entsetzt zurück und fragt, ob Tannhäuser überhaupt in Rom gewesen sei. Verbittert gibt der Sänger Auskunft darüber, daß er mit großer Bußfertigkeit nach Rom gepilgert sei und flehentlich um Gnade gebeten habe, aber hartherzig vom Papst abgewiesen worden sei: »Wie dieser Stab in meiner Hand nie mehr sich schmückt mit frischem Grün, kann aus der Hölle heißem Brand Erlösung nimmer dir erblüh'n!« Deshalb gebe es nur noch den einen Weg, den zurück zur Venus, deren Reich Tannhäuser nun mit beschwörenden Worten herbeiruft. Und tatsächlich erscheinen Venus und ihr Reich wie durch Zauberei, während Wolfram sich verzweifelt gegen diese Phantasmagorie zu wehren und Tannhäuser von seinem Vorhaben abzubringen sucht. Trotz der Lockungen der Liebesgöttin besinnt sich Tannhäuser plötzlich bei der Nennung von Elisabeths Namen des Heils, das Wolfram beschwört: »Dein Engel fleht für dich an Gottes Thron, – er wird erhört! Heinrich, du bist erlöst!« Die Nebel verziehen sich und mit ihnen das Zauberreich der Venus. Von Pilgern werden religiöse Gesänge angestimmt, und Tannhäuser stirbt mit den Worten: »Heilige Elisabeth, bitte für mich!«

Junge Pilger ziehen vorbei und tragen einen neu ergrünten Priesterstab in ihrer Mitte.

Musikdramaturgie: Der Pariser Fassung ist ein musikalischer Stilbruch anzumerken, der in den nachkomponierten Teilen den kompositionstechnischen Stand des inzwischen fertiggestellten *Tristan* spiegelt, sich aber musikdramatisch insofern sinnvoll auswirkt, wenn man nicht nur W.s Entwicklung von der Oper zum →Musikdrama verfolgt, sondern, wie in späteren Werken, den stilistischen Wechsel innerhalb eines Werks als musikalisches Ausdrucksmittel des →Dramas begreift. Da sich die 1861 nachkomponierten Teile im wesentlichen auf die Venusbergszene beschränken, deren erotische Sphäre in einer *Tristan* angenäherten Tonsprache ausgedrückt ist, bildete sich der von W. beabsichtigte Gegensatz zwischen →Venusberg und →Wartburg nicht nur quantitativ durch Erweiterungen, sondern auch qualitativ stärker heraus. Parallel dazu ist zu beobachten, daß in der Dresdener Fassung die von W. später gemiedene »Quadratur des Tonsatzes«, d. h. periodisch gegliederte Formteilreihungen überwiegen, während in der Pariser Fassung eine Tendenz zur rhythmischen Unregelmäßigkeit besteht, wodurch dem Hörer die Orientierung entzogen und der Unterschied zwischen melodischem Vordergrund und harmonischem Hintergrund verwischt wird. Dennoch ist die Leitmotivik (→Leitmotiv) noch nicht so ausgeprägt, daß man von einem ausgereiften Musikdrama sprechen kann. Sowohl des Lied der →Venus als auch der →Pilgerchor haben als →Erinnerungsmotive die Funktion musikalischer Requisiten und noch keinen Leitmotivcharakter im Sinne des *Rings.* Die nachkomponierten Teile der Pariser Fassung stellen kompositionstechnisch weiterentwickelte Einschübe dar, die sich auch leitmotivisch (neben instrumentatorischen Unterschieden) von den früher komponierten Teilen absetzen. Deshalb erscheint W.s später ausgebildete Leitmotivik in *Tannhäuser* blockhaft eingefügt und stellt insgesamt eine Vorform der späteren Leitmotivtechnik dar. Die »Kunst des Übergangs«, deren sich W. als musikdramatische Errungenschaft später rühmte, ist noch kaum ausgebildet und auch nicht erforderlich, da ihr der abrupte Wechsel der Affekte in dieser Oper im Wege stünde. Denn das Unvermittelte in der eigenartigen Gedächtnislosigkeit des Titelhelden, der Elisabeth keine Auskunft über seine Herkunft aus dem Venusberg geben kann, sie keineswegs absichtlich verbirgt, während er im III. Akt sich umgekehrt im Verlangen nach der Liebesgöttin des Heils in Elisabeth nicht mehr entsinnt, unterstreicht das Unvermittelbare der dramatischen Situationen, die nicht eigens begründet werden, wie z. B. Tannhäusers Anwesenheit im Venusberg. Auch in dieser Festsetzung von dramatischen Ereignissen ohne Begründung zeigen sich noch die Gesetzmäßigkeiten der Oper, die mit Kontrasten operiert, während das Musikdrama nach Vermittlungen sucht. Dennoch machte W. selbst auf eine Aktverknüpfung in *Tannhäuser* aufmerksam, in dem das »Motiv der Liebesfreude« Elisabeths bereits orchestral am Schluß des I. Akts erklingt und in Zusammenhang mit einer »kekken Stelle der Violinen im Vorspiel des zweiten Aktes« gesehen werden muß, weshalb W. damals übliche (teils notwendig erscheinende) Striche bedauerte. Während im *Holländer* noch die Erlösung (→Erlösungsthematik) mit der sich opfernden →Senta bewerkstelligt wurde (so daß konsequenterweise das Senta-Motiv auch Erlösungsmotiv ist), sucht Tannhäuser sein Heil zwar in Maria, die ihm in der Gestalt Elisabeths begegnet, findet aber seine Erlösung weder bei Venus noch bei Elisabeth, sondern in sich selbst am Beispiel der bußfertigen Pilger, deren Chor zum musikalischen Symbol der Erlösung wird. Die Ausprägungen des »ewig Weiblichen« als dämonischer Sexus einerseits und läuternder Eros andererseits sind die Pole, von denen Tannhäuser angezogen wird, ohne dadurch Erlösung zu erwirken. Sie wird ihm lediglich durch einen Gnadenakt, der selbst den Bann des Papstes aufhebt, zuteil. Deshalb sind das »Motiv der Buße« und das »Motiv der Gnaden-Verheißung« bereits in der Ouvertüre und im Pilgerchor verankert. W.s dialektisches Denken bezieht die »Gegenwelt« mit ein, so daß in dreiteiliger Form zunächst die Motive des Heils, dann die des Venus-

bergs mit dem »Lockruf« der Liebesgöttin als Kulmination und schließlich erneute Heilsmotive aufeinanderfolgen, um den Sieg göttlicher Gnade über wollüstige Dämonie zu verkünden. Vor Beginn des eigentlichen Dramas sollten jedoch keine Vermischungen der Gegensätze stattfinden, denn die Konflikte werden erst während der Handlung ausgetragen. Daß die Venusbergszene ein Bühnenspuk ist und die antiken Götter gleichsam in die Unterwelt verbannt wurden, zeigt sich in der Anrufung Marias, wodurch die heidnische Welt versinkt wie später das Zauberreich →Klingsors beim Kreuzeszeichen mit dem heiligen →Speer in *Parsifal*. Auch schon in *Tannhäuser* wird der versinkende Venusberg durch kühne harmonische Modulationen in steigenden kleinen Terzen (D, F, As) charakterisiert. Danach wird die totale Verwandlung der Szene durch das Lied des Schalmei blasenden jungen Hirten bestimmt, der nicht nur szenisch äußerste Schlichtheit des Ausdrucks nach dem vorherigen musikalischen Inferno darstellt. Hier (wie in *Parsifal*) verwandelt sich die Natur, die als »Kunstnatur« im Venusberg einerseits und als unschuldige reine Natur im christlichen Bereich andererseits zwei Gesichter trägt, wie die beiden Seelen in Tannhäusers Brust. Die Konflikte ergeben sich im II. Akt aber weniger daraus, daß die Minnesänger dem Sänger der Liebe seine erotischen Erlebnisse im Venusberg mißgönnten, sondern weil er das Feindbild der Tugend, das

Verruchte, in die Gesellschaft der Tugendhaften als Idealbild einzuschleusen versucht. Deshalb dämmert auch in dieser Szene die Motivik aus der Venusbergszene herauf, um musikalisch zu vergegenwärtigen, was als Kontrast zur Wartburgwelt den Hintergrund bildet, auf dem die menschliche Liebe zwischen Elisabeth und Tannhäuser realisiert wird. So ist Elisabeths Hallenarie Ausdruck erneut gewonnenen Lebensgefühls in Erwartung des Geliebten, der in dieser Halle sie mit seinen Liebesliedern einst tief gerührt hat, während ihn seine Sehnsucht den Weg zum Venusberg hat finden lassen. Die kurze 3. Szene des II. Akts mit dem Auftritt des Landgrafen bereitet den festlichen Einzug der Gäste in der 4. Szene vor, die von Marschrhythmen beherrscht wird und damit großen Anteil an der Beliebtheit dieser Oper hat. W. steht dabei ganz in der Tradition von Haupt- und Staatsaktionen auf der Bühne, die im Sängerwettstreit bereits den Gedanken ausführt, der in den *Meistersingern* nochmals zentrale Bedeutung gewinnt, nämlich dem Sieger nicht nur den Lorbeer, sondern auch eine edle Frau als Preis zukommen zu lassen. Und es zeigt sich nicht erst in jenem Musikdrama, daß W. ein dramaturgisches Vehikel, wie die Auseinandersetzung um die wahrhaftige Darstellung der Liebe im Lied, benutzt, obgleich er eigentlich die wahre Kunst meint, die hier Tannhäuser vertritt. Hinter diesem verbirgt sich W. selbst, der der emotio-

nellen Ausdrucksweise den Vorzug vor der idealisierten gibt. Für die diskutierten Ansichten über die wahre Liebe könnte man genauso die Auseinandersetzung um die wahre Kunst einsetzen, die wiederum zur Darstellung des →Reinmenschlichen dient. Die Motivik der Venusbergszene flankiert die leidenschaftlichen Entgegnungen Tannhäusers, der weiß, wovon er spricht, auch wenn es den anderen frevlerisch erscheint. So wird der Sängerwettstreit zu einem Opernfinale gestaltet, zu dessen sängerischen Schwierigkeiten, vor allem für die unscheinbaren Partien, W. in seinen Erläuterungen *Über die Aufführung des »Tannhäuser«* (in: GSD Bd. 5, S. 202) ausführt: »Ihm [Wolfram] hat die mindere Heftigkeit seines unmittelbaren sinnlichen Lebenstriebes gestattet, die Eindrücke des Lebens zum Gegenstande des sinnenden Gemüthes zu machen; er ist somit vorzüglich Dichter und Künstler, wogegen Tannhäuser vor Allem Mensch ist. Seine Stellung zu Elisabeth, die ihn ein schöner männlicher Stolz so würdevoll ertragen läßt, wird nicht minder als sein endliches tiefes Mitgefühl für den, von ihm allerdings nicht begriffenen Tannhäuser, ihn zu einer der ansprechendsten Erscheinungen machen. Nur hüte sich der Sänger dieser Partie, den Gesang sich so leicht vorzustellen, als es oberflächlich den Anschein haben könnte: namentlich wird sein erster Gesang im ›Sängerkriege‹, der die Entwickelungsgeschichte der ganzen künstlerischmenschlichen Lebensanschauung Wolfram's enthält, für den Vortrag mit der feinfühligsten Sorgfalt und genauesten Erwägung des dichterischen Gegenstandes von ihm durchdacht werden müssen, und der größten Übung wird es bedürfen, das Organ zu dem nöthigen mannigfaltigsten Ausdrucke zu stimmen, der einzig dem Stücke die richtige Wirkung verschaffen kann.« Im Gegensatz zu den Gesängen Wolframs, des Minnesängers, gestaltet Tannhäuser seine erlebte Leidenschaft, die im Orchester durch Motive aus der Venusbergszene gestützt wird. Zusammengenommen ist diese Kunstform die fortgeschrittene gegenüber der rezitativischen Wolframs, Walters und Biterolfs. Und der Sängerkrieg droht wegen der unüberbrückbaren Ansichten in Handgreiflichkeiten auszuarten, zumal es sich Tannhäuser nicht verkneifen kann, mangels beweiskräftiger Anschauung seiner Erlebnisse im Venusberg Biterolf persönlich anzugreifen und lächerlich zu machen. Schließlich überspannt Tannhäuser den Bogen, indem er sein Geheimnis, selbst im Venusberg gewesen zu sein, preisgibt und somit der Feme in der nach Tugenden strebenden Gesellschaft verfällt. Nur noch die Gnade von seiten höchster Instanz vermag den Abtrünnigen zu retten, so daß die notwendige Pilgerfahrt nach Rom bereits in der Orchestereinleitung zum III. Akt musikalisiert und später in Tannhäusers Romerzählung nochmals verbalisiert wird. Das »Lied an den

Abendstern« Wolframs ist Ausdruck herber Entsagung, nachdem die von ihm verehrte Elisabeth sich zum Sterben bereit hält, weil Tannhäuser nicht entsühnt mit den Pilgern aus Rom zurückgekehrt ist. Aber in die kontemplativen Vorstellungen Wolframs tritt mit Tannhäusers plötzlichem Erscheinen Unruhe wie auch Verwirrung. Denn Tannhäusers vergeblicher Bußgang erzeugte in ihm ungeheuren Trotz, der mit einem eigenen Motiv charakterisiert wird. Die bald folgenden Motive aus der Venusbergszene signalisieren, welches Ziel dieser Trotz hat. Jetzt aber ereignet es sich, daß der tugendhafte Träumer Wolfram visionär mit dem Zauberreich der Venus konfrontiert wird, während Tannhäuser, der sich schon fest entschlossen hatte, in das Reich der Venus zurückzukehren, in ein Heilsgeschehen gerät, das Wolfram begründet: »Ein Engel bat für dich auf Erden – / bald schwebt er segnend über dir: / Elisabeth«, wodurch auch der Zauberspuk zerstiebt. Im Trauerzug wird Elisabeths Leiche vorbeigetragen. Tannhäuser ist wie vom Schlag gerührt, stammelt seine letzten Worte: »Heilige Elisabeth, bitte für mich!« und stirbt.

Wirkungsgeschichte: In der von W. dirigierten Uraufführung am 19. 10. 1845 konnte er sich nicht nur einen sehnlichsten Wunsch erfüllen und die schon seit vielen Jahren hochverehrte Wilhelmine →Schröder-Devrient als Venus sowie Joseph →Tichatschek als Tannhäuser verpflichten, sondern auch seine Nichte

Johanna →Jachmann als Elisabeth hören. (Außerdem sangen Anton Curti, Wilhelm Dettmer, Anton →Mitterwurzer, Carl Risse, Max Schloß, Anna Thiele und Michael →Wächter; Regie: Wilhelm →Fischer, Bühnenbilder: Edouard Désiré Joseph Déspléchin, Kostüme: Ferdinand →Heine.) Nachdem sich selbst Eduard →Hanslick 1847 sehr positiv über das Werk geäußert hatte, arbeitete W. im Frühjahr 1848 den Schluß um, wonach der Chor der jüngeren Pilger entfiel, Venus wieder erschien und Elisabeth auf einer Bahre von den Rittern hereingetragen wurde. Nach 19 Aufführungen in →Dresden unternahm Franz →Liszt eine Neuinszenierung von *Tannhäuser* in →Weimar, die, nachdem in Dresden die Auffassungen über die Oper noch geteilt waren, W. zum Durchbruch verhalf. Die Aufführung löste überregionales Interesse aus, so daß bald mehrere Theater in Deutschland dem Beispiel Liszts folgten: Schwerin am 26. 1. 1852, Breslau am 6. 10., Wiesbaden am 13. 11. 1852, Leipzig am 31. 1. 1853, Kassel am 15. 5. unter Leitung Louis →Spohrs, Posen am 22. 5. 1853, Hannover am 21. 1. und Karlsruhe am 28. 1. 1855. In →Zürich, wo W. seit mehreren Jahren im →Exil lebte, dirigierte er im Febr. 1855 zwei Aufführungen. Die größeren Hoftheater entschlossen sich erst später, *Tannhäuser* in ihre Spielpläne zu nehmen. In →München war man dem »Orpheus, der in Dresden Barrikaden gebaut hat«, nicht wohlgesinnt. Dennoch war der Publikumsandrang zur Premiere am 12. 8. 1855 gewaltig und der Erfolg groß. Mit →Berlin zogen sich die Verhandlungen deshalb sehr lange hin, weil W. die Gesamtleitung Franz Liszts zur Bedingung machte; erst als W. mit großen Skrupeln davon absah, konnte die Premiere am 7. 1. 1856 unter W.s ehemaligem Kollegen aus →Riga, Heinrich →Dorn, stattfinden. Johanna Jachmann, inzwischen eine Operndiva des Hoftheaters, sang wieder die Elisabeth. Die Wiener Premiere folgte, wenn auch zunächst nur im vorstädtischen Thaliatheater, am 28. 8. 1857 bei ausverkauftem Haus, während die österreichische Erstaufführung bereits am 20. 1. 1854 in Graz zum Geburtstag von Erzherzog Johann gegeben worden war. Und nichts konnte W.s inzwischen erlangte Popularität stärker zum Ausdruck bringen als Johann Nepomuk →Nestroys →Parodie *Tannhäuser und die Keilerei auf Wartburg. Zukunftsposse mit vergangener Musik und gegenwärtigen Gruppierungen,* die am 31. 10. 1857 mit der Musik von Karl Binder im Carl-Theater gegeben wurde. In der Hofoper wurde *Tannhäuser* erstmals am 19. 11. 1859 herausgebracht. Bereits am 4. 4. 1859 hatte die amerikanische Erstaufführung in New York stattgefunden. – Als W. im Sept. 1859 nach Paris reiste, um mehrere Konzerte zu dirigieren, hatte er inzwischen *Tristan* abgeschlossen und konnte, vermittelt durch Pauline Fürstin →Metternich, einen Befehl Kaiser →Napoleons III. zur Aufführung von

Tannhäuser erwirken. Und um diesem größten Wunsch seines Lebens nicht selbst im Wege zu stehen, ließ sich W. sogar auf Änderungswünsche ein und versprach, statt des geforderten Balletts im II. Akt wenigstens eine ausführliche Ballettszene für den Venusberg im I. Akt auszuarbeiten. Gleichzeitig verfolgte W. damit freilich die Absicht, bereits selbst erkannte dramaturgische Schwächen der Dresdener Fassung dadurch auszugleichen, daß er der vergeistigten Wartburgwelt eine sinnliche Orgie aus dem griechischen →Mythos gegenüberstellen wollte, um die polaren Kräfte des Dramas besser zum Ausdruck zu bringen. Im Brief an Mathilde →Wesendonck vom 10. 4. 1860 führte er seine Gedanken dazu aus: »[...] nicht eine Note, nicht ein Wort wird am Tannhäuser geändert. Aber ein ›Ballet‹ sollte gebieterisch drin sein, und dies Ballet sollte im zweiten Akte vorkommen, weil die Abonnés der Oper immer erst etwas später vom starken Diner in's Theater kämen, nie zu Anfang. Nun, da erklärte ich denn, daß ich vom Jockeyclub keine Gesetze annehmen könnte, und mein Werk zurückziehen würde. Nun will ich ihnen aber aus der Not helfen: die Oper braucht erst um 8 Uhr zu beginnen, und dann will ich den unheiligen Venusberg nachträglich noch einmal ordentlich ausführen. Dieser Hof der Frau Venus war offenbar die schwache Partie in meinem Werke: ohne gutes Ballet half ich mir seiner Zeit hier nur mit einigen groben Pinselstrichen, und verdarb dadurch viel: ich ließ nämlich den Eindruck dieses Venusberges gänzlich matt und unentschieden, was zur Folge hatte, daß dadurch der wichtige Hintergrund verloren ging, auf welchem sich die nachfolgende Tragödie erschütternd aufbauen soll. Alle späteren, so entscheidenden Rückerinnerungen und Mahnungen, die uns mit starkem Grauen erfüllen sollen (weil dadurch auch erst die Handlung sich erklärt), verloren fast ganz ihre Wirkung und Bedeutung: Angst und stete Beklemmung blieben uns aus. Ich erkenne nun aber auch, daß ich damals, als ich den Tannhäuser schrieb, so etwas, wie es hier nötig ist, noch nicht machen konnte: dazu gehörte eine bei weitem größere Meisterschaft, die ich erst jetzt gewonnen habe: jetzt, wo ich Isoldes letzte Verklärung geschrieben, konnte ich sowohl erst den rechten Schluß zur Fliegenden-Holländer-Ouvertüre, als auch – das Grauen dieses Venusberges finden. Man wird eben allmächtig, wenn man mit der Welt nur noch spielt.« Daß W. dieses eine Mal dem Drängen hochgestellter Theaterleute und den unkünstlerischen Gewohnheiten der Mitglieder des Jockeyklubs nachgab, brachte ihm dennoch statt des endlich ersehnten Welterfolgs (denn Paris war zweifellos das damalige Zentrum der Opernwelt) einen spektakulären Skandal ein, der sich langfristig aber zu W.s Ruhm auswirkte. Wie sich W. die erweiterte Venusbergszene vorstellte, führte er in der Szenenbeschreibung zum I. Akt aus: »Vor einer nach links aufwärts sich dehnenden Grottenöffnung, aus welcher ein zarter, rosiger Dämmer herausscheint, liegt im Vordergrunde *Venus* auf einem reichen Lager, vor ihr das Haupt in ihrem Schooße, die Harfe zur Seite, *Tannhäuser* bald knieend. Das Lager umgeben, in reizender Verschlingung gelagert, die drei *Grazien.* Zur Seite und hinter dem Lager zahlreiche schlafende *Amoretten,* wild über und neben einander gelagert, einen verworrenen Knäuel bildend, wie Kinder, die von einer Balgerei ermattet, eingeschlafen sind. Der ganze Vordergrund ist von einem zauberhaften, von unten her dringenden, röthlichen Lichte beleuchtet, durch welches das Smaragdgrün des Wasserfalles, mit dem Weiß seiner schäumenden Wellen, stark durchbricht; der ferne Hintergrund mit den Seeufern ist von einem verklärt blauen Dufte mondscheinartig erhellt. – Beim Aufzuge des Vorhanges sind, auf den erhöhten Vorsprüngen, bei Bechern noch die Jünglinge gelagert, welche jetzt sofort den verlockenden Winken der *Nymphen* folgen, und zu diesen hinabeilen; die *Nymphen* hatten um das schäumende Becken des Wasserfalles den auffordernden Reigen begonnen, welcher die *Jünglinge* zu ihnen führen sollte: die Paare finden und mischen sich; Suchen, Fliehen und reizendes Necken beleben den Tanz. Aus dem ferneren Hintergrunde naht ein Zug von *Bacchantinnen,* welcher durch die Reihen der liebenden Paare, zu wilder Lust

auffordernd, daherbraust. Durch Gebärden begeisterter Trunkenheit reißen die *Bacchantinnen* die Liebenden zu wachsender Ausgelassenheit hin. *Satyre* und *Faune* sind aus den Klüften erschienen, und drängen sich jetzt mit ihrem Tanze zwischen die Bacchanten und liebenden Paare. Sie vermehren durch ihre Jagd auf die Nymphen die Verwirrung; der allgemeine Taumel steigert sich zur höchsten Wuth. Hier, beim Ausbruche der höchsten Raserei, erheben sich entsetzt die *drei Grazien.* Sie suchen den Wüthenden Einhalt zu thun und sie zu entfernen. Machtlos fürchten sie selbst mit fortgerissen zu werden: sie wenden sich zu den schlafenden *Amoretten,* rütteln sie auf, und jagen sie in die Höhe. Diese flattern wie eine Schaar Vögel aufwärts auseinander, nehmen in der Höhe, wie in Schlachtordnung, den ganzen Raum der Höhle ein, und schießen von da herab einen unaufhörlichen Hagel von Pfeilen auf das Getümmel in der Tiefe. Die Verwundeten, von mächtigem Liebessehnen ergriffen, lassen vom rasenden Tanze ab und sinken in Ermattung. Die Grazien bemächtigen sich der Verwundeten und suchen, indem sie die Trunenen zu Paaren fügen, sie mit sanfter Gewalt nach dem Hintergrund zu zu zerstreuen.« Die Komposition zu dieser Szenerie wurde am 28. 1. 1861 beendet, während bereits am 24. 9. 1860 die Proben begannen, die freilich eine bis dahin einmalige Anzahl von 164 erreichten. Die erste Vorstellung wurde am 13. 3. 1861 in

Anwesenheit des Kaisers und seines Hofs angesetzt. Davon unbeeindruckt, stiftete der Jockeyklub von Anfang an rabiate Unruhe, die sich zum Tumult steigerte und sich auch in den nächsten beiden Vorstellungen wiederholte, obwohl sich ein Teil des Publikums auf die Seite W.s und der Künstler stellte. Und obgleich noch weitere Aufführungen angesetzt und zum Teil sogar ausverkauft waren, zog W. *Tannhäuser* zurück. – Das bis auf den heutigen Tag in manchen Aufführungsaspekten skandalumwitterte Werk erklärte W. nur ein einziges Mal für gelungen: in der Interpretation, in der 1865 Ludwig →Schnorr von Carolsfeld die Titelpartie sang. Aber es stellte sich heraus, daß gerade diese Aufführung beim Publikum auf Befremden und Verwunderung stieß, so daß W. gefragt wurde, ob er ein Recht habe, *Tannhäuser* auf seine Weise darstellen zu lassen. Dennoch hat W. im Nov. 1875 das Werk an der Wiener Hofoper selbst inszeniert (mit Amalie →Materna und Emil →Scaria), worüber Angelo →Neumann, damals noch Sänger in Wien, einen begeisterten Bericht abfaßte. In Bayreuth wurde *Tannhäuser* erstmals von Cosima Wagner 1891 in das Programm der →Festspiele einbezogen. Cosima wurde deshalb sogleich von den →Wagnerianern angefeindet, weil man glaubte, dieses »Jugendwerk« nicht auf eine Stufe mit W.s Hauptwerken stellen zu können und zu sollen. W.s Witwe aber stürzte sich mit ungeheurem Fleiß in die Aufgabe, aus den drei ihrer Meinung nach authentischen Aufführungen von Dresden 1845, Paris 1861 und Wien 1875 eine synthetisierende Inszenierung zu schaffen. Richard Strauss dirigierte das inzwischen sehr erfolgreiche Werk 1894 erstmals in Bayreuth. Isadora Duncan tanzte barfüßig bei der Wiederaufnahme von 1904 eine Grazie im →Bacchanal, was als skandalös empfunden wurde. An der Metropolitan Opera New York verwendete man am 17. 11. 1884 noch die Dresdener Fassung. Nach Bayreuther Vorbild wurde dagegen am 29. 12. 1891 *Tannhäuser* an der Mailänder Scala gegeben. Einflüsse der Wiener Secession machten sich an der Wiener Staatsoper 1907 bemerkbar. Während des Ersten Weltkriegs waren nicht nur an der Metropolitan Opera deutsche Opern unerwünscht, sondern auch das Bayreuther →Festspielhaus war bis 1924 geschlossen. Danach konnte sich Siegfried →Wagner den lange gehegten Wunsch einer Neuinszenierung erfüllen. Mehr noch, es war damit auch das Debüt Arturo →Toscaninis in Bayreuth verbunden; der bekannte Choreograph Rudolf von Laban nahm sich des Bacchanals an, und Maria →Müller galt als Idealbesetzung der Elisabeth. In Berlin beging man den 50. Todestag W.s mit einer *Tannhäuser*-Inszenierung von Oskar Strnad, die Otto Klemperer am 12. 2. 1933 dirigierte und die in ihrer Symbolsprache erst später ihre Wirkung auf Wieland →Wagner übertrug. Die Inszenierung von 1934 in Frankfurt a. M. war geprägt von den Bühnenbildern Caspar Nehers, den Bert Brecht »den größten Bühnenbauer unserer Zeit« nannte. Der »Tag der deutschen Kunst« wurde 1939 in München mit einer Festaufführung von *Tannhäuser* in der Inszenierung von Rudolf Hartmann, dirigiert von Clemens Krauss, begangen; Hartmann erinnerte sich, »die tänzerische Gestaltung des Venusberges [von Pino und Pia Mlakar] nie wieder so vollendet künstlerisch und sinngemäß im Geist des klassischen Eros erlebt« zu haben. Erneut durch einen Weltkrieg unterbrochen, konnten die Bayreuther Festspiele erst im Jahr 1954 wieder eine *Tannhäuser*-Inszenierung zeigen, die von Wieland W. als »Ideendrama« realisiert wurde und folgerichtig auf jeglichen Realismus verzichtete, um symbolisch das Mittelalter als geistigen Raum darzustellen. Wieland W. arbeitete in der Inszenierung von 1961 noch stärker den Gegensatz Venus – Elisabeth heraus und verursachte mit der Verpflichtung von Grace Bumbry, der ersten schwarzen Venus, eine Sensation, zu der auch Maurice Béjarts Choreographie des Bacchanals beitrug, der einen wilden Tanz um das goldene Kalb ausführen ließ. Einen weiteren Skandal trug Götz Friedrich mit seiner Inszenierung von 1972 bei, indem er das Schicksal Tannhäusers sozialkritisch als »Reise eines Künstlers durch innere und äußere Welten« darzustellen suchte. Da das Bühnengeschehen als Fiktion der Titelfigur erscheinen sollte,

wurden Venus und Elisabeth, gleichsam als Visionen Tannhäusers, von nur einer Sängerin (Gwyneth Jones) verkörpert; im übrigen verzichtete Friedrich auf jegliche historischen Bezüge. Außerhalb Bayreuths wurden dagegen überwiegend romantisch-realistische Aufführungen produziert, wie etwa die Inszenierung von Otto Schenk 1977 in New York. – Text in: GSD Bd. 2, S. 5 – 52. – Schallplattenaufnahmen →Diskographie.

Lit.: R. W., *Programmatische Erläuterungen: Zu Tannhäuser. I. Einzug der Gäste auf der Wartburg; II. Tannhäusers Romfahrt*, in: SSD Bd. 16, S. 167; ders., *Bericht über die Aufführung des »Tannhäuser« in Paris*. (Brieflich) (1861), in: GSD Bd. 7, S. 181; F. Liszt, *Lohengrin et Tannhäuser de R. W.*, Leipzig 1851, dt. Köln 1852; C. Baudelaire, *R. W. et Tannhaeuser à Paris*, Paris 1861; W. Tappert, *Die drei verschiedenen Schlüssel des Tannhäuser vor der jetzigen, endgültigen Fassung*, in: Die Musik 1901/02; W. Golther, *Die französische und die deutsche Tannhäuser-Dichtung*, in: Die Musik 1902/03, S. 271; F. Panzer, *R. W.s Tannhäuser, sein Aufbau und seine Quellen*, in: Die Musik 1907/08, S. 11; E. Mehler, *Beiträge zur W.-Forschung, unveröffentlichte Stücke aus »Rienzi«, »Holländer« und »Tannhäuser«*, in: Die Musik 1912/13; E. Lindner, *R. W. über »Tannhäuser«. Aussprüche des Meisters über sein Werk*, Leipzig 1914; J. G. Robertson, *The Genesis of W.'s Drama »Tannhäuser«*, in: Modern Language Review 1923, S. 458;

D. Steinbeck, Zur Textkritik der Venus-Szenen im »Tannhäuser«, in: Die Musikforschung 1966, S. 412; C. Hopkinson, Tannhäuser. An Examination of 36 Editions, Tutzing 1973; WWV

Tantris
Der von →Isolde silbenvertauschte Name →Tristans bei ihrer ersten Begegnung, als Tristan Isoldes Bräutigam →Morold erschlug und Isolde den verwundeten Helden in Irland gesund pflegte.

Tarnhelm
Mit der Macht des →Ringes aus dem Schatz des Rheingolds ausgestattet, befiehlt →Alberich im *Rheingold* seinem Bruder →Mime, ein Geschmeide herzustellen, dessen gestaltverwandelnde Zauberkraft zunächst nur Alberich selbst kennt. Als dann →Wotan und →Loge nach →Nibelheim kommen, um sich des Hortes zu bemächtigen, kann Alberich nicht umhin, mit seinem Tarnhelm vor dem Gott zu prahlen; er verwandelt sich zur Demonstration zuerst in einen Drachen und dann auf Bitten Loges in eine Kröte, die gefangen und ihrer, Alberichs, Macht beraubt wird. Als Lösegeld für →Freia gelangt mit dem Hort auch der Tarnhelm in den Besitz des Riesen →Fafner, der sich in einen Drachen verwandelt und das Gold bewacht. Von Mime angestachelt, das Fürchten zu lernen, kämpft →Siegfried mit Fafner, besiegt ihn und nimmt auf den Rat des →Waldvogels hin nur den Ring und den

Tarnhelm mit sich. Seine verwandelnde Kraft benutzt Siegfried, um in der Gestalt König →Gunthers →Brünnhilde für ihn zu freien. Im weiteren Verlauf der →Tetralogie spielt der Tarnhelm keine Rolle mehr.

Tausig, Carl
Auch Karol T.; geb. 4. 11. 1841 in Warschau, gest. 17. 7. 1871 in Leipzig; Pianist. – Sohn des böhmischen Pianisten und Komponisten Aloys Tausig. Ab 1855 war er Schüler Franz →Liszts; sein Debüt als Pianist gab Tausig 1859 in Berlin, wo er, nach einem zweijährigen Aufenthalt (1862 – 64) in Wien, 1866 eine »Schule des höheren Klavierspiels« eröffnete und bis 1870 führte. Mit W. gut befreundet, fertigte Tausig 1869 einen Klavierauszug der *Meistersinger* an und war erster Organisator des Patronatsvereins (→Patronatscheine).
Lit.: C. F. Weitzmann, Der letzte der Virtuosen, Leipzig 1868; W. v. Lenz, Die großen Pianoforte-Virtuosen unserer Zeit, Berlin 1872; H. Ehrlich, Wie übt man Klavier?, Berlin 1879

Telramund, Friedrich von
Baritonpartie in *Lohengrin*; brabantischer Graf, der, um Landesherr werden zu können, sich mit →Elsa verbinden will, aber nach Scheitern dieses Plans sich mit →Ortrud vermählt, deren Ränke sich mit Telramunds Vorhaben decken. Er wird von ihr angestiftet, Elsa des Mordes an ihrem Bruder →Gottfried beim

Landesherrn anzuklagen, obgleich Ortrud selbst den Vermißten in einen →Schwan verzaubert hat. Als Elsa in →Lohengrin einen unerwarteten Fürstreiter findet, der Telramund besiegt, aber mit dem Leben davonkommen läßt, wiegelt Ortrud ihren Gatten erneut gegen Lohengrin auf, dessen Unbesiegbarkeit durch eine winzige Verletzung überwunden werden könne. Telramund schleicht in der Brautnacht in das Schlafgemach der Jungvermählten und stellt Lohengrin zu einem unerwarteten Kampf, wird aber niedergestreckt.

Tempo

Die zentrale Bedeutung, die W. dem Tempo bei jeglicher Interpretation von Musik beimaß, ist in folgendem Zitat niedergelegt: »Will man Alles zusammenfassen, worauf es für die richtige Aufführung eines Tonstükkes von Seiten des Dirigenten ankommt, so ist dieß darin enthalten, daß er immer das richtige *Tempo* angebe; denn die Wahl und Bestimmung desselben läßt uns sofort erkennen, ob der Dirigent das Tonstück verstanden hat oder nicht.« Mit dieser Aussage dokumentierte W. nicht weniger als das musikalische Axiom (das eigentlich ein Allgemeinplatz sein müßte, würde nicht allzuoft dagegen verstoßen), da es bei der Zeitkunst Musik stets auf das richtige Zeitmaß der Realisierung ankommt. Da W. aber den Akzent auf »richtig« legte, setzte er voraus, daß erst das völlige Verständnis und Innewerden der zu

interpretierenden Musik auch das richtige Zeitmaß zur Folge hat. Historisch gesehen, glaubte W., daß noch Musikern wie Joseph Haydn und Wolfgang Amadeus →Mozart der Umgang mit dem richtigen Zeitmaß so selbstverständlich war, daß sie in ihren Kompositionen nur Orientierungshilfen in der Form von gängigen italienischen Bezeichnungen vorgaben. Johann Sebastian →Bach habe dagegen gar kein Tempo bezeichnet, weil er (nach W.) davon ausgegangen sei, daß dem Interpreten, der seine Musik nicht verstünde, auch nicht durch eine italienische Tempobezeichnung zu helfen sei. Auf seine eigenen Werke bezogen, gesteht W., daß er in seinen frühen Opern sogar mittels des Metronoms das Tempo »unfehlbar genau fixierte« und es dennoch erleben mußte, daß die so aufgenommenen Tempi z. B. für *Tannhäuser* ihm beim Anhören falsch erschienen, der Dirigent sich jedoch verteidigte, die vorgegebenen Tempi gewissenhaft realisiert zu haben. Fortan distanzierte sich W. von mechanischen Zeitvorstellungen für seine Musik. Zur Erfassung des richtigen Tempos erläutert W.: »Das richtige Tempo giebt guten Musikern bei genauerem Bekanntwerden mit dem Tonstück es fast von selbst auch an die Hand, den richtigen Vortrag dafür zu finden, denn jenes schließt bereits die Erkenntniß dieses letzteren von Seiten des Dirigenten in sich ein. Wie wenig leicht es aber ist, das richtige Tempo zu bestimmen, erhellt eben hieraus, daß nur aus

der Erkenntniß des richtigen Vortra-
ges in jeder Beziehung auch das
richtige Zeitmaaß gefunden werden
kann« (→*Über das Dirigieren*,
S. 343f.).

Teplitz
Bereits als Säugling kam W. mit seiner Mutter Johanne Rosine →Geyer
im Juli 1813 für zwei Wochen nach
dem nicht von den Kriegswirren be-
drohten böhmischen Kurort Teplitz,
wo Ludwig →Geyer am Theater
engagiert war. Im Sommer 1834 unternahm W. mit seinem Freund
Theodor →Apel eine Reise nach
Böhmen (Teplitz und →Prag) und
besuchte die Schlackenburg bei
Teplitz, wo der Entwurf seiner jungdeutschen Oper *Das* →*Liebesverbot*
entstand. Nach seiner Rückkehr aus
Paris siedelte sich der bis dahin er-
folglose Opernkomponist in →Dres-
den an und machte ab dem 9. 6.
1842 mit seiner Frau Minna eine
Kur in Teplitz, die seine Brockhaus-
Verwandten finanzierten. Auf dem
Schreckenstein bei Aussig entstand
der Prosaentwurf zu *Tannhäuser*,
der damals noch *Der Venusberg* hieß;
am 8. 7. entstand sogar ein zweiter
Entwurf zu dieser Oper. Auch im
Sommer 1843 machte W. mit Minna
wieder eine Urlaubsreise nach Teplitz; W. war inzwischen Hofkapellmeister in Dresden geworden. Ein
weiterer kompositorisch fruchtbarer
Urlaub W.s im Sommer 1845 in
Marienbad führte das Ehepaar auf
der Rückreise ein weiteres Mal über
Teplitz. Als Erinnerung an seine
Jugendzeit machte W. nach seiner

Ansiedlung in →Bayreuth eine
Reise nach Böhmen, wo er seiner
inzwischen neu formierten und ge-
wachsenen Familie auch Teplitz und
die Schlackenburg zeigte.

Tetralogie
Wegen der Vierteiligkeit des *Rings*
wird dieses →Musikdrama Tetralogie genannt.

Theater in Zürich, Ein
Kaum hatte W. seine gewaltig ge-
wachsene Hauptschrift →*Oper und
Drama* beendet, reizte ihn erneut
die schriftstellerische Auseinandersetzung mit dem Theater in →Zü-
rich. Das Kulturleben am Ort seines
→Exils schien ihm geeignet, refor-
matorische Vorschläge zu unterbrei-
ten, die zwar bei den Praktikern
Kopfschütteln hervorriefen, aber
bereits Konzeptionen für die Bayreuther →Festspiele vorwegnehmen,
die 1851 allerdings noch nicht realisierbar waren. In dieser Schrift kritisierte W. die Imitationen der Theater von Paris und die fehlende Originalität der übrigen. Die Oper als
»Erziehungsinstitut« lehnte W. heftig als »Geringschätzung des Publikums« ab, während er für die Ausbildung der Darsteller Forderungen
aufstellte, die mißverständlich Wasser auf die Mühlen der Dilettanten
gossen, aber bereits auf den Sängerschauspieler, den er sich später für
das Werk von Bayreuth wünschte
und heranzubilden suchte, verwiesen. – In: GSD Bd. 5, S. 25 – 64.

Thema As-Dur
→ *Porazzi-Thema As-Dur*

Tichatschek, Joseph Aloys
Geb. 11. 7. 1807 in Oberwekelsdorf
(heute Teplice u Broumova; Ostböhmen), gest. 18. 1. 1886 in Blasewitz
(heute zu Dresden); Sänger (Tenor). – 1839 – 72 war er an der Dresdener Hofoper engagiert. Er war der
erste Sänger, der W.s Vorstellungen
von einem Sängerdarsteller entsprach und deshalb in den Uraufführungen von *Rienzi* 1842 (der am
25. 8. 1858 mit Tichatschek wieder-
aufgeführt wurde) und von *Tannhäuser* 1845 wie auch in der Dresdener Erstaufführung von *Lohengrin*
1859 die Titelpartien sang. Ende
Mai 1856 machte Tichatschek einen
zwölftägigen Besuch bei W. in → Zürich. Als 1867 *Lohengrin* erstmals in
→ München unter der Mitwirkung
des inzwischen 60jährigen aufgeführt werden sollte, kam es zu
Verstimmungen zwischen W. und
König → Ludwig II., der sich einen
jüngeren Helden in der Rolle des
→ Schwanenritters wünschte und
schließlich für die Premiere Heinrich
→ Vogl durchsetzte. Auf seiner
Deutschlandreise begegnete W. Anfang 1873 anläßlich der 100. Aufführung von *Rienzi* in Dresden auch
Tichatschek wieder. 1876 lud W. den
langjährigen Freund zu den ersten
Bayreuther → Festspielen ein. Ein
letztes Mal sah W. den Freund bei
einem Besuch mit seiner Familie
vom 5. bis zum 13. 9. 1881 in
Dresden.

Titurel
Baßpartie in *Parsifal*; Vater des am-
tierenden → Gralskönigs → Amfortas
und Erbauer des Gralsheiligtums.
Wegen der Weigerung seines Sohnes, den → Gral zu enthüllen, stirbt
Titurel, wofür sich → Parsifal verantwortlich fühlt, da er wegen → Kundrys Fluch nicht rechtzeitig zum
Gral zurückkehren konnte.

Todesverkündigungsszene
Nachdem → Wotan seiner Gattin
→ Fricka in der *Walküre* versprechen
mußte, → Siegmund töten zu lassen,
um die heilige Ehe von der Schande
des → Inzests durch Siegmund und
→ Sieglinde zu reinigen, wird die
Walküre → Brünnhilde von Wotan
beauftragt, Siegmund sein Los zu
verkünden, der in die Reihen der
Helden → Walhalls eingereiht werden soll. Als Siegmund jedoch
erfährt, daß seine Schwester und
Braut Sieglinde ihn nicht begleiten
würde, will er sie lieber töten und
erhebt schon das → Schwert gegen
die schlafende Geliebte. Brünnhilde
ist gerührt über diese starke Liebe,
zumal sie weiß, daß unter Sieglindes
Herzen → Siegfried heranwächst,
und stellt sich gegen den offiziellen
Willen ihres Gottvaters, der dann
auch in den Kampf zwischen Siegmund und → Hunding eingreift, um
Siegfrieds Vater zu fällen.

Tombe dit à la rose, La (WWV 56)
Das Lied für Singstimme und Klavier in e-Moll mit dem Text von
Victor Hugo entstand im Herbst
1839 in Paris und wurde möglicher-

weise nicht vollendet, zumal nur ein Entwurf in der British Library London erhalten ist.

Lit.: WWV

Tonartencharakteristik

Die musikdramatische Verwendung von Tonarten als charakteristische Ausdrucksmöglichkeit setzt Tonalität voraus. Eine Trübung eindeutiger Erkenntnisse über den Charakter einer Tonart entsteht allerdings durch das temperierte Tonartensystem im Quintenzirkel mit der Konsequenz enharmonischer Verwechslungen. Dem steht gegenüber, daß wiederum der Text in einem musikdramatischen Werk in Verbindung mit den Tonarten für klare Verhältnisse sorgt. Insofern ist die Tonartenwahl ein elementares Mittel musikdramatischer Komposition und der Leitmotivik (→Leitmotiv), das der Rhythmik oder der Instrumentation durchaus gleichwertig gegenüberzustellen ist. Die Tonartencharakteristik ist ein kompositionstechnisches Stilmittel, das in seinen Grundzügen allgemeinverbindlich sein kann, sich aber bei jedem bedeutenden Komponisten personalstilistisch ausprägt und auch bei W. spezifische Kriterien zeigt. Den ernsthaften Einwurf, daß im Laufe von Jahrhunderten die Stimmung der Instrumente allmählich gestiegen sei und aus diesem Grund keine allgemeingültige Tonartencharakteristik ausgebildet werden konnte, hat Jacques Handschin in seinem Buch *Der Toncharakter* (Zürich 1948) überzeugend widerlegt und Richard Strauss mit dem Begriff des »Zurecht-Hörens« entkräftet. – Hans Blümer hat in einer akribischen Tonartenanalyse die Werke W.s vom *Holländer* bis zu *Parsifal* untersucht und festgestellt, daß C-Dur die am häufigsten verwendete Tonart W.s ist. Entsprechend vielseitig ist der Anwendungsbereich, der symbolisch für »Licht, Auferstehung, Sonnenaufgang, gedankliche Erleuchtung, die Menschwerdung Gottes, den Phallus, die nach Erfüllung verlangende Liebe« durch C-Dur ausgedrückt werden kann. Ebenso kann C-Dur Symbol der Macht, der Kraft und des Göttlichen sein. Die überzeugendste Stelle der Wirkung von C-Dur in der Bedeutung von »Licht in der Finsternis« hat W. mit der Trompetenfanfare in →Siegfrieds Trauermarsch *(Götterdämmerung)* dargestellt; dadurch wird gleichsam seine ideelle Auferstehung signalisiert. In C-Dur erstrahlt auch das Gold im *Rheingold*. Als Wotan der blitzartige Gedanke von dem »freien Helden« kommt, erklingt ebenfalls C-Dur. Das →Schwert als Waffe und als Zeugungssymbol ist ebenfalls mit C-Dur verbunden. Tristans und →Isoldes Liebessehnsucht steht über weite Strecken in C-Dur. Urwüchsige Kraft steckt im C-Dur des *Meistersinger*-Vorspiels und in →Sachs' Mahnung »Ehrt eure deutschen Meister« wie auch in →Stolzings →Preislied. Die Leuchtkraft dieser Tonart kann aber auch als grell und feindlich empfunden werden, wenn z. B. im II. Aufzug von *Tristan* die Liebenden, in das nächtliche Dunkel des As-Dur eingehüllt, plötzlich vom lügenhaften Tageslicht in C-Dur aufgeschreckt werden. Ähnliches geschieht auch in *Parsifal*, dessen Mysterium des Abendmahls in As-Dur nach der Feier mit dem augmentierten Gralsmotiv in C-Dur in das Licht des Gralstempels überführt wird. In *Siegfried* ist C-Dur die Tonart der Mitte, der ursprünglichen Kraft und der Zuversicht. →Brünnhildes Gesang an die Sonne und das Licht ist bezeichnenderweise in C-Dur gehalten. – Da bei W. grundsätzlich die Mollvariante einer Tonart die Negation ihrer Durvariante darstellt, steht dem lichten C-Dur die Finsternis von c-Moll gegenüber. Am deutlichsten wird dieser Charakter im Trauermarsch der *Götterdämmerung* zum Ausdruck gebracht. Diese »Tonart des Todes« bildet folgerichtig im I. Aufzug von *Tristan* die für dessen Stil ausgesparte Tonika, die den Ausdruck des Kampfes mit dem Schicksal annimmt und gelegentlich pathetische Züge zeigt. An dieser Tonart haften weiterhin die Affekte der Rache, der Gotteslästerung, der Liebesentsagung und des Liebesbetrugs, des verletzten Stolzes und der Todesbereitschaft. – Cis-Dur hat im Gegensatz zu C-Dur den Hang, geistige Sphären anzusprechen und Überirdisches anzudeuten, kann aber auch in Ironie abgleiten, wenn man an →Alberichs Bemerkung im *Rheingold* denkt: »Die in linder Lüfte Weh'n / da oben ihr lebt, / lacht und liebt«, oder an die Todeseuphorie Siegfrieds in der *Götter-*

dämmerung: »Süßes Vergeh'n«. Cis-Dur hat eine gewisse Verwandtschaft zu Fis-Dur, dem das Phantastische und Irreale in einer gröberen Weise eignet. – Die Tonart cis-Moll wurde von W. sehr sparsam verwendet. Orakelhaftes Unheil wird in ihr ausgedrückt und findet sich im *Rheingold* bei →Erdas Erscheinen: »Weiche, Wotan, weiche«. In *Parsifal* wird vor →Titurels Totenfeier dieselbe Tonart angeschlagen, wie auch in *Tristan* mit dieser Tonart die Sphäre des Todes angerührt wird. – In enharmonischer Unterscheidung zu Cis-Dur stammt die göttliche Herkunft der Tonart Des-Dur aus dem langsamen Satz von Ludwig van →Beethovens *Klaviersonate f-Moll* (1805), der *Appassionata*, dessen Muster W. im Walhallmotiv am Anfang der 2. Szene im *Rheingold* folgte. In dem Schlußgesang der jüngeren Pilger in *Tannhäuser* wird durch Des-Dur ebenfalls Gottesnähe symbolisiert, die aber in sich verkapselt ist und nicht die Beziehung zwischen Gott und Mensch (wie bei C-Dur) meint. Menschenliebe, die sich zu religiösem Empfinden verinnerlicht, wird gelegentlich mit Des-Dur verknüpft. – Des-Moll ist eine der seltensten Tonarten in W.s harmonischem Kosmos, der in dieser Tonart die Verzweiflung einer Gottsuche mit dem Ziel des Nichts ortet und sie z. B. im III. Aufzug von *Tristan* bei den Worten »Im weiten Reich der Weltennacht« erklingen läßt. Aber auch die »Heilandsklage« in *Parsifal* erklingt in des-Moll, um den Schmerz Christi über die Gottlosigkeit der Menschen zum Ausdruck zu bringen. – D-Dur erscheint (wie schon bei Johann Mattheson, so auch bei W.) disparat. Die dieser Tonart zugeschriebene jugendliche Energie hat ritterliche Züge und wirkt folgerichtig besonders in den Männerchören von *Lohengrin* und in dem Minnesänger-Ensemble im I. Akt von *Tannhäuser* »Sei unser, Heinrich« und in den Rittergestalten Tristan, Stolzing und →Parsifal; auch der jugendliche Siegfried wird mit der Tonart D-Dur charakterisiert. Andererseits eignet ihr ein Tabucharakter, der sich z. B. auswirkt, als Tannhäuser sich aus den Fesseln der →Venus reißt: »Mein Heil liegt in Maria« und er sich →Elisabeth zuwendet. – D-Moll ist eine Tonart des Schicksals, das nicht auf persönlicher Schuld beruht, sondern des Schicksals per se. Personifiziert ist bei W. diese Tonart vor allem im →Holländer und in →Siegmund. Als Tonika sucht d-Moll bei W. oft Halt in der F-Dur-Parallele. – Da sich nach Blümer für Dis-Dur bei W. nur ein einziges Beispiel im II. Aufzug von *Tristan* findet, können nur die dort vorgefundene Bedrohlichkeit und Angst als Charakteristik angegeben werden. – Die Tonart dis-Moll wird bei W., obgleich nur ein Beispiel im I. Aufzug der *Götterdämmerung* vorhanden ist, klar vom enharmonischen es-Moll abgesetzt. Bei der Textstelle »Wer bist du, Schrecklicher« erzeugt diese Tonart »elektrische Spannung«. – Es-Dur hat eine gewisse Verwandtschaft zum kämpferischen Charakter von D-Dur, neigt aber mehr zu männlichem Ernst und Selbstbewußtsein und gilt schon seit Mattheson als heroische Tonart, die auch feierliche Religiosität repräsentiert. Entsprechend werden das »Glaubensthema« in *Parsifal* und das Gebet in *Lohengrin* in diese Tonart gekleidet. Außerdem ist die Naturverbundenheit von Es-Dur eklatant, wie beispielsweise das *Rheingold*-Vorspiel zeigt. – »Auf es-Moll scheinen sich die negativen Eigenschaften des Tonartenkreises zu konzentrieren: Selbstmord-Tendenzen, Mordlust, Heimtücke, Freiheitsberaubung, Folter, Fron«, schreibt Blümer. Und im Anfangsakkord der *Götterdämmerung* gibt W. durch es-Moll ein Memento mori vor, das die Tonart in seiner erschreckenden Abgründigkeit vorstellt. Tristans letzter Blick wird durch einen es-Moll-Akkord akzentuiert. Ebenso mündet die Todessehnsucht →Kundrys zum Text »tiefer Schlaf, Tod« in es-Moll, wie auch Kundrys somnambuler Zustand durch diese Tonart charakterisiert wird. – E-Dur wird von W., nach C-Dur, am häufigsten verwendet und wurde bereits von Mattheson als »Liebestonart« und zur Schilderung glänzender Naturbilder benannt. Gemeinsam mit As-Dur sei E-Dur der ambivalente Charakter eines Ausdrucksbereichs, der sowohl tiefste Ruhe wie höchste Erregung und in As-Dur ernste Versenkung und oberflächliche Verspieltheit darstellt. Die Polarität erklärt Blümer mit der Überlegung, daß ein Stimmungsbereich, der die Ruhe betrifft, eigentlich in Fes-Dur stehen müßte und die Folge unterlassener Enharmonik ist. Ebenso sind die »Spielstücke« in As-Dur eigentlich Gis-Dur zuzurechnen, das im dominantischen Verhältnis zum »luftigen, schwerelosen« Cis-Dur steht. Mit E-Dur sind die »Urbilder« von Liebe und Tod verbunden. Bei W. steht der Anfang des →Waldwebens in *Siegfried* in dieser Tonart. Und sie spiegelt weniger das Sexuelle als vielmehr die »Idee der Liebe«, wie sie im III. Aufzug von *Tristan* mit den Worten »Wie sie selig, hehr und milde« beschrieben wird. – E-Moll ist nicht, wie üblich, als Gegensatz zu E-Dur zu verstehen, sondern hat viel Gemeinsames mit der Durparallele, allerdings mehr Rückwärtsgewandtes an sich und ist somit die »Märchentonart« par excellence. Schon im *Holländer* setzte W. im II. Aufzug bei »Wie aus der Ferne längst vergangner Zeiten« den Erzählton von e-Moll ein. Schmerzlich vertieft reicht die Charakteristik von e-Moll bis hin zu Parsifals Schilderung: »Der Wirrnis und der Leiden Pfade kam ich« (Beginn des III. Aufzugs). Es mag verwundern, daß sowohl der →Tarnhelm als auch der Vergessenheitstrank mit e-Moll verknüpft sind; doch bezieht diese Tonart eine vorübergehende Schwächung der Persönlichkeit wie auch →Beckmessers Verwirrung auf der →Festwiese mit seiner Weise »Morgen ich leuchte in rosigem Schein« in den Wirkungsbereich mit ein. In seinem Anlehnungsbedürfnis an G-Dur bringt e-Moll ein schwan-

kendes Moment mit ins Spiel, das ebenfalls in Beckmessers Probelied anklingt. – Fes-Dur, eine eher herbstliche Tonart und eine des Verfalls, die wahrscheinlich aus orthographischen Gründen nicht häufiger korrekt geschrieben wird, erklingt bei W. in der Nornenszene der *Walküre* und in der Gralsszene des I. Aufzugs von *Parsifal* bei der Stelle »er lebt in uns durch seinen Tod«. Wie Joseph Haydn hat auch W. solche »entfernten« Tonarten erst in seinem Spätwerk häufiger verwendet. – F-Dur ist eine unkomplizierte Tonart, die der Heimat, dem Hausstand, der Landschaft und dem Brauchtum zugewandt ist und in W.s Werken an entsprechenden Stellen zuverlässig zu finden ist. – F-Moll zeigt die Negation der Durvariante und bezeichnet Verzweiflung, Unmut, Drohung, Streitsucht, Melancholie, Wehleidigkeit, Schwerfälligkeit und Verachtung. – »Fis-Dur ist die Tonart äußerster Gefährdung und zugleich Entscheidung«, beschreibt Blümer die Tonart, die im Quintenzirkel am weitesten von C-Dur entfernt ist und als harmonischer Wendepunkt erscheint. Die Magie des Guten wie des Bösen zeigt sich in dieser Tonart deutlich in Beispielen aus *Lohengrin*: Schwarze Magie wird bei der Stelle im II. Akt »Du wilde Seherin« und an anderen Stellen mit Fis-Dur verbunden; im Schlußbild des Werks geht sie dagegen mit der weißen Magie in →Lohengrins Gebet einher, durch das Elsas Bruder →Gottfried wieder vom Schwan in die

Menschengestalt zurückverwandelt wird. Der bösen Magie →Klingsors im II. Aufzug von *Parsifal* steht ebenfalls Fis-Dur zur Verfügung. Und auch im erotischen Bereich findet sich häufig diese Tonart, wie z. B. im →Bacchanal von *Tannhäuser* oder bei »Ewig währ' uns die Nacht« im II. Aufzug von *Tristan*. – In fis-Moll erscheinen die gefährdenden Eigenschaften noch verstärkt, dämonischer Einfluß macht sich breit, die Hölle tut sich auf. →Ortrud tut ihr finsteres Werk in *Lohengrin* unter der Macht dieser Tonart. In *Parsifal* sind es Selbstbestrafung und sogar Kastration, die bei der Beschreibung Klingsors »An sich legt er die Frevlerhand« mit fis-Moll verbunden werden. Fluch und Verwünschung gehen Hand in Hand mit dieser Tonart. – Ges-Dur stellt die Brücke zwischen Gott und Mensch her, trägt Verkündigungscharakter und wurde gelegentlich auch als »Engels«-Tonart bezeichnet. Der Schlußgesang der →Rheintöchter, der Regenbogen wie auch die »Karfreitagsaue« und zahlreiche Stellen gerade in W.s letztem →Musikdrama tragen Ges-Dur als Charakter der Verkündigung. – Die Tonart ges-Moll ist zwar dem Pessimismus, aber nicht dem Bösen zugeneigt; Verneinung und Klage sind sein Ausdruckscharakter. Brünnhildes Schlußgesang »Ruhe, Ruhe, du Gott« ist dafür typisch. – G-Dur ist die »Frühlings«-Tonart und beinhaltet das Mädchenhafte, Jubel, Freude, Reinheit und Zufriedenheit, Anmut und Unbekümmertheit. –

G-Moll dagegen zeigt Schmerz, Gram und Traurigkeit, Resignation, Schmach und Einsamkeit, ist somit eines der wichtigsten harmonischen Ausdrucksmittel in W.s Musikdramen. In *Parsifal* wird →Gurnemanz' Belehrung des Titelhelden »gebrochen das Aug', siehst du den Blick« mit g-Moll charakterisiert. – Gis-Dur wird bei W. höchster Aktivität und übernatürlichem Glanz zugeordnet, wie z. B. im III. Akt von *Lohengrin*, dessen Titelheld mit göttlicher Gloriole beim Text »Daß du kamst auf Gottes Rat« in dieser Tonart erscheint. – Gis-Moll erklingt bei Verzauberungen und Mystifizierungen, ebenso bei Unzufriedenheit, ungestilltem Sehnen und Geheimnisvollem, wie z. B. beim Zaubertrank und im »Tarnhelmmotiv«. – As-Dur ist der enharmonischen Tonart Gis-Dur gegenüber mit Versenkung, Passivität und Dämmerschein verbunden und in dieser Funktion häufig seit dem *Holländer* bis zu *Parsifal* anzutreffen; in *Parsifal* ist diese Tonart allerdings sogar als harmonische Grundlage des ganzen →Bühnenweihfestspiels vorgesehen, vertritt die Ausdrucksebenen der Anbetung, Verklärung und des Glaubens, ist der Nacht, dem Traum und dem Nirwana verbunden, steht aber auch für die Sphäre des Spiels, der Zärtlichkeit, des Mitleids und der Selbstbescheidung. – As-Moll ist bei W. relativ häufig zu finden und charakterisiert die Bereiche der Liebesvereinigung, der »Nachtgeweihten«, aber auch die des Frevels, des Hasses und der

Rebellion, des Gerichts und der Verdammnis, der Enttäuschung, des Ekels und der Selbstanklage, der Angst und der Todesbereitschaft. – A-Dur steht für Schwärmerei und Gottesgesandtschaft und ist typisch für das Vorspiel zu *Lohengrin*. – Die Tonart a-Moll hat den Balladenton, drückt ein leidenschaftliches Suchen aus und zeigt Unrast, Widerstreit der Gefühle und Einsamkeit. Die →Senta-Ballade stand ursprünglich in dieser Tonart, die in *Tannhäuser* bei »Inbrunst im Herzen« erklingt und außerdem den →Wahnmonolog in den *Meistersingern* charakterisiert. – B-Dur repräsentiert den Brautstand, die Werbung und die platonische Liebe; es ist die Tonart der Weisen und Preisgesänge, der Treue und Freundschaft sowie der Naturpoesie und des erfrischenden Quells. Der →Brautchor in *Lohengrin* ist typisch für diese Tonart. – Dagegen hat b-Moll lastenden, brütenden und ermattenden Charakter, ist die Tonart der Mühsal und des Zwanges, des Blutopfers und der Unwetter. Deshalb steht diese Tonart sowohl in den düsteren Passagen der *Holländer*-Partitur genauso wie in den heimtückischen Begebenheiten des *Rings*. – H-Dur am Ende der chromatischen Skala zeigt Merkmale der List, der Ekstase, des Selbstbewußtseins und des Übermuts; aber auch priesterliche Berufung, Elevation und Machthunger stehen im Bereich dieser Tonart; darüber hinaus kommen auch Töne des Dichterwettstreits, des Siegs und der Erlösungswunder mit

H-Dur ins Spiel. – H-Moll schließlich wird bei W. mit Intrigen, Magie, Höllenspuk und Schuld, dem Bösen, der Bestrafung und der Rache in Verbindung gebracht. Der Nibelungenhaß und der Zauber Klingsors werden u. a. mit dieser Tonart charakterisiert. – Das zu H-Dur enharmonisch stehende Ces-Dur vertritt musikalisch die Sphäre des Weiblichen, ist die Tonart des Mütterlichen und des Heiligtums. Im *Ring* wird des öfteren die Weisheit der Urmutter mit Ces-Dur verknüpft, und in *Parsifal* steht der heilige →Gral in dieser Tonart. – Zusammenfassend ist zu beobachten, daß jede Tonart ihren eigenständigen musikdramatischen Charakter zum Ausdruck bringt. Im Zentrum steht C-Dur. Es bestehen sowohl Spannungsverhältnisse zwischen den Tonarten und dem Zentrum als auch zwischen den einzelnen Tonarten. Die engsten Verwandtschaften bestehen zwischen quintverwandten Tonarten. Terzverwandte Tonarten haben ähnliche Ausdruckscharaktere. Die Tongeschlechter Dur und Moll sind in der Regel polare Gegensätze, gelegentlich aber einander sehr ähnlich. Besonders kraß sind die Unterschiede zwischen Tonarten im Sekundabstand, die nur noch von den Tonarten im Tritonusabstand übertroffen werden. Bei den enharmonischen Tonarten neigen die Kreuztonarten zu aktiver, die B-Tonarten zu passiver Grundhaltung. Insgesamt deckt sich bei W. das harmonische mit dem dramatischen Geschehen. In den Musikdramen nach dem *Ring* übernimmt die Tonartencharakteristik einen Teil der wieder gelockerten Leitmotivik.

Lit.: J. Mattheson, Das Neu-Eröffnete Orchester, Hamburg 1713; G. C. Kellner, Über die Charakteristik der Tonarten, Mannheim 1790; D. F. Schubart, Ästhetik der Tonkunst, Wien 1806; R. Schumann, Charakteristik der Tonarten, in: ders., Gesammelte Schriften über Musik und Musiker, Leipzig 1854; H. Riemann, Ideen zu einer Lehre von den Tonvorstellungen, in: Peters-Jahrbuch 1914/15; ders., Neue Beiträge zu einer Lehre von den Tonvorstellungen, in: ebd. 1916; H. Stephani, Der Charakter der Tonarten, in: Deutsche Musikbücherei Bd. 41, Regensburg 1923; E. M. v. Hornbostel, Tonart und Ethos, in: Festschrift für J. Wolf, Berlin 1929; H. J. Moser, Die Tonartenverteilung im Lohengrin, in: Die Musik 26:1933/34; J. Handschin, Der Toncharakter, Zürich 1948; P. Mies, Der Charakter der Tonarten, Köln/Krefeld 1948; E. Bindel, Zur Sprache der Tonarten und Tongeschlechter, in: ders., Die Zahlengrundlagen der Musik im Wandel der Zeiten, Bd. 3, Stuttgart 1953; H. Blümer, Über den Tonarten-Charakter bei R. W., Diss. München 1958

Tonmalerei

W. ging es nicht um akustische Illustration, wenn er mit musikalischen Mitteln »Bilder« heraufzubeschwören hatte, insbesondere →Naturbilder als Aspekte musikdramatischer Ereignisse, sondern um musikalische Assoziationen zu bildlichen Momenten des →Dramas, die dessen Inhalte versinnlichen sollen. Schon im *Holländer* griff W. zur tönenden Schilderung des Meeres, das als unvergängliches Urelement und Spiegelbild der Holländer-Seele deren Unrast und Abgründigkeit dem Gefühl besonders wirksam vermittelt. Generell greift W. zu Mitteln der Tonmalerei, wenn es um die Schilderung elementarer Ereignisse geht, die entweder direkt in die Handlung eingreifen oder als musikdramatischer Hintergrund fungieren. Die musikalische Schilderung des Feuerwalls am Ende der *Walküre*, der →Brünnhildes Schlaf vor dem Zugriff gemeiner Menschlichkeit schützen soll, stellt sowohl Tonmalerei in illustrierendem Sinne als auch im Sinne musikdramatischer Antizipation des späteren Weltenbrands in der *Götterdämmerung* dar. Im II. Aufzug von *Siegfried* geht W. sogar so weit, das →Waldweben mit Imitationen von Vogelstimmen zu durchsetzen, so daß man einer Oboenstimme den Ruf der Goldammer, einer weiteren die Schwarzdrossel, einer Flötenfigur den Pirol, einer anderen Flöte die Baumlerche und der Klarinette die Nachtigall zuordnen kann. Die Natur und besonders der Wald als Schutzraum verfolgter Menschen werden bei W. vielfach musikalisch charakterisiert und als Klangidylle komponiert, die meist auch satztechnisch durch ausgegrenzte diatonische Bereiche abstechen. Aber selbst die »künstliche Natur« des

Zaubergartens in *Parsifal* wird mit Tonmalerei versinnlicht, zugleich aber der geheiligten Natur des Gralsbereichs als hypertrophe Natur aus zweiter Hand gegenübergestellt. Da die Tonmalerei per se als Klangkolorit ein Charakteristikum romantischer Musik ist, läßt sie sich selbstverständlich bis hinein in die Detailgestaltung der →Motive verfolgen: Das instrumentale und melodische Klanggewand des Fafner-Motivs ist ein beredtes Beispiel für motivische Tonmalerei. Ihrem eigentlichen Ziel und Zweck führte W. seine Tonmalerei allerdings erst in *Parsifal* zu, wo das Motiv der »Waldesmorgenpracht« als Variante der »Heilandsklage« in einen Zusammenhang gestellt wird, der die Realität der heilsamen Natur durch eine Überhöhung im Heilsgeschehen von Golgatha von einer bloßen Idylle zum seelischen Erlebnis der Erlösung uminterpretiert.

Toscanini, Arturo Alessandro
Geb. 25. 3. 1867 in Parma, gest. 16. 1. 1957 in New York; Dirigent. – Nach seinem Studium (Violoncello und Komposition) am Konservatorium in Parma schloß sich Toscanini einer Operntruppe an, sprang 1886 auf deren Tournee durch Brasilien als Dirigent von Giuseppe Verdis *Aida* (1880) mit glänzendem Erfolg ein und wurde in Italien zunächst mit den Uraufführungen von Alfredo Catalanis *Edmea* (1886), Ruggero Leoncavallos *I pagliacci* (1892) und Giacomo Puccinis *La Bohème* (1896) betraut. Er wurde 1898 an die Mai-

länder Scala verpflichtet, wo er bis 1902 und 1906–08 wirkte. Anschließend ging er als künstlerischer Direktor an die Metropolitan Opera New York, kehrte 1915 nach Italien zurück und übernahm 1920–27 erneut die künstlerische Leitung der Scala. 1927–36 leitete Toscanini das New York Philharmonic Orchestra und 1937–54 das NBC Symphony Orchestra. Nachdem Toscanini bereits 1895/96 die Erstaufführung der *Götterdämmerung* und zur Eröffnung der Spielzeit der Scala 1898 die *Meistersinger* dirigiert hatte, wurde er 1930 und 1931 nach →Bayreuth gerufen, um bei den →Festspielen die musikalische Leitung von *Tannhäuser*, *Tristan* und *Parsifal* zu übernehmen. Seine Opposition gegen Faschismus und Nationalsozialismus veranlaßte Toscanini, ab 1933 nicht mehr in Italien, Deutschland und Österreich künstlerisch tätig zu sein.

Tout n'est qu'images fugitives
→Soupir

Trauermusik nach Motiven aus Carl Maria von Webers »Euryanthe« (WWV 73)
Für Blasinstrumente; komponiert in der 1. Hälfte Nov. 1844 in →Dresden; uraufgeführt unter W.s Leitung am 14. 12. 1844 in Dresden anläßlich der Überführung von Carl Maria von →Webers Asche vom Elbufer zum katholischen Friedhof im Dresdener Stadtteil Friedrichstadt. Die Partitur erschien erstmals in der ersten, nicht abgeschlossenen

Gesamtausgabe der Werke W.s (herausgegeben von Michael Balling, 1926); ein erster Klavierauszug wurde ohne W.s Wissen bereits 1844 bei C. F. →Meser, Dresden, veröffentlicht.
Lit.: WWV

Träume (WWV 91B)
Fassung für Violine und Orchester in As-Dur. Die Instrumentierung des Lieds aus den →*Wesendonck-Liedern* entstand Mitte Dez. 1857 in →Zürich und wurde erstmals in der Villa Wesendonck am 23. 12. 1857 unter W.s Leitung aufgeführt; ein zweites Mal erklang das Stück zu W.s 60. Geburtstag im →Markgräflichen Opernhaus Bayreuth am 22. 5. 1873, gespielt von dem Geiger August Wilhelmj. Das Werk wurde erstmals 1890 bei →Schott, Mainz, gedruckt.
Lit.: WWV

Tribschen
Nach mehrfachen früheren Besuchen ab 1850 in →Luzern nahm W. vom 1. 4. 1866 bis zum 12. 4. 1872 Wohnung in Tribschen, also nach seinem Münchener Aufenthalt und der Vertreibung von dort. Der am 30. 3. 1866 während einer Schiffahrt auf dem Vierwaldstätter See bereits ausgewählte Landsitz gehörte dem Leutnant Walter am Rhyn, mit dem W. einen Vertrag über eine jährliche Miete von 3 000 Franken machte. Miete, Neumöblierung und Lebensunterhalt finanzierte König →Ludwig II. Am 12. 5. 1866 kam Cosima, die noch mit Hans von →Bülow ver-

heiratet war, ebenfalls nach Tribschen, wo am 17. 2. 1867 die zweite Tochter, Eva →Chamberlain (nach Isolde von →Bülow, die in →München geboren wurde), zur Welt kam; am 6. 6. 1869 wurde W.s einziger Sohn Siegfried →Wagner ebenfalls dort geboren, nachdem Cosima am 16. 11. 1868 endgültig zu W. gezogen war. Nach ihrer Scheidung von Bülow am 18. 7. 1870 heiratete Cosima am 25. 8. 1870 W. in der Matthäuskirche zu Luzern. In W.s glücklichster und schaffensfreudigster Zeit entstand zu Cosimas 33. Geburtstag das *Tribschener Idyll*, das später →*Siegfried-Idyll* genannt wurde. In Tribschen entstand 1871 auch der →*Kaisermarsch*; die *Meistersinger* wurden vollendet und der *Ring* nach immerhin 13jähriger Pause wieder aufgegriffen (III. Aufzug von *Siegfried* und Beginn der *Götterdämmerung*). Dazu gesellte sich eine rege schriftstellerische Tätigkeit: →*Deutsche Kunst und Deutsche Politik* (1868), →*Über das Dirigieren* (1870) und *Über die Bestimmung der Oper* (1871; in: GSD Bd. 9, S. 153) sowie Diktate zu →*Mein Leben*.
Lit.: R. W. Seine Zeit in Luzern. Das Museum in Tribschen, Luzern 1983

Tristan
Tenorpartie in *Tristan*; Neffe und Vertrauter seines königlichen Onkels →Marke, für den er die irische Königstochter →Isolde als Brautwerber gewinnen soll. Statt dessen bricht aus Isoldes Rache- und Ehrgefühlen (wegen der Ermordung ihres Bräutigams →Morald, der mit

einem Giftbecher gesühnt werden soll) ein überwältigendes Liebesgefühl (da der Giftbecher mit einem Liebestrank vertauscht wurde), das sich gegen alle Vernunft Bahn bricht und nach seiner Entdeckung als Ehrlosigkeit durch →Melot gesühnt wird, der Tristan schwer verwundet. Von seinem getreuen →Kurwenal auf die Burg →Kareol gerettet, erwartet der im Fieberwahn liegende Tristan nochmals Rettung von Isolde, die schon einmal den als →Tantris getarnten Helden geheilt hatte; sie kommt jedoch zu spät und stirbt selbst über der Leiche des Geliebten.

Tristanakkord

Der Klang mit den Tönen f-h-dis'-gis' im zweiten Takt der Einleitung von *Tristan* ist ein Spannungsakkord, der mittlerweile als eigenständige Klangerscheinung Kompositionsgeschichte gemacht hat, gleichwohl aber immer wieder mit den musiktheoretischen Mitteln der tonalen Harmonielehre analysiert wurde. Dabei ist es keineswegs die bloße Zusammensetzung der oben genannten Töne zu einem Spannungsakkord, die jener eigenständigen Qualität Ausdruck verleiht, sondern gleichermaßen die Verschmelzung der Stimmführung der Motivteile und ihrer Instrumentation mit dem harmonischen Ereignis, die von größter Wichtigkeit sind. Stationär analysiert, ergibt sich aus der Auffassung, daß es sich hier um eine Vorhaltsbildung handelt und bei Auflösung des gis' nach a'

ein alterierter Terzquartakkord entsteht (der bei einer angenommenen Grundtonart a-Moll, die allerdings ausgespart bleibt, je nach Interpretation, ob der Ton f als Tiefalterierung von fis oder dis' als Hochalteration von d' aufgefaßt werden soll), die Umkehrung eines doppeldominantischen Septakkords oder die Subdominante mit Sixte ajoutée, denen im dritten Takt die durch den Vorhalt des Tones ais' verzögerte Dominante folgt. Dieses erste und musikdramatisch wichtigste →Leitmotiv in *Tristan* mit jenem spezifischen Spannungsakkord führte zu der Auffassung, dem Tristanakkord selbst musiktheoretische Eigenständigkeit und sogar Leitmotivcharakter zuzugestehen, zumal der Akkord im Verlauf der Partitur oft ohne seine melodischen Weiterführungen erklingt und als »absolute Klangwirkung« (Ernst Kurth) eingesetzt wird. In einer funktionalen Deutung muß dagegen der Tristanakkord an seinen dissonanten Bestandteilen auf eine tonal bezogene einfache Funktion zurückgeführt werden. Die zahlreichen analytischen Deutungen des Tristanakkords (in der Absicht einer eindeutigen Fixierung) fanden schon deshalb keine allgemeine Anerkennung, weil sich seine Antinomie nicht auflösen läßt.

Lit.: E. Kurth, Romantische Harmonik und ihre Krise in W.s »Tristan«, Bern/Leipzig 1920; A. Lorenz, Der musikalische Aufbau von R. W.s »Tristan und Isolde«, in: ders., Das Geheimnis der Form bei R. W., Bd. 2, Berlin 1926, Nachdruck Tutzing 1966: M. Vogel, Der Tristan-Akkord und die Krise der modernen Harmonie-Lehre, Düsseldorf 1962

Tristanharmonik
Nicht nur in *Tristan*, sondern in der romantischen Musik generell haben sich die Komponisten des 19. Jh.s (wie die des 17. Jh.s mit der Meisterschaft des Kontrapunkts) auf harmonische wie auch klangliche Eigenschaften des Tonsatzes spezialisiert, um der Harmonik zusammen mit der ihr stark verbundenen Instrumentationskunst zum primären Träger musikalischen Ausdrucks zu verhelfen und den Klang ins Zentrum des kompositorischen Geschehens zu rücken. *Tristan* hat, was seine Harmonik betrifft, zahlreiche Vorläufer, steht aber gleichsam als Gipfelpunkt in der Entwicklung der Kompositionsgeschichte durch die radikale Anwendung harmonischer Prozesse im Dienst musikdramatischer Spannungszustände, die in der Tristanharmonik adäquate Klanggestalt erfahren haben. Ohne das Grundprinzip der Tonalität zu verlassen, hat W. mit tonsetzerischen Mitteln, die vormals nur als geduldete Ausnahmen des Tonsatzes galten (wie z. B. Nebentoneinstellung und →Chromatik), eine →Partitur geschrieben, die die Ausnahme zur Regel machte, Toniken als harmonische Orientierungen aussparte, tonartfremde Töne in den Akkorden als Vorhalte und Nebentöne zu beständigen Spannungsträgern einführte, ganze Akkordfolgen durch chromatische Rückungen

zu nur scheinbar ziellosen Klangerscheinungen umschmilzt und die zahlreichen Klangfarben der Instrumente des großen →Orchesters in zahllosen Klangmischungen zu musikdramatischen Zwecken aufbereitet. – Die Tristanharmonik ist nur kompliziert auf dem Hintergrund der klassischen Harmonielehre. Der unmittelbare musikalische Eindruck schlägt sich dagegen nicht als akustische und psychologische Komplikation nieder, sondern lediglich als musikalisch adäquate Ausdrucksmöglichkeit des dramatisch gewollten Zweckes. Bereits die Einschätzung des →Tristanakkords charakterisiert das Problem: Im Netz der klassischen Harmonieanalyse ist er nicht eindeutig einzuordnen, als Tristanakkord von einer eigenständigen Klangqualität praktisch kein Problem. Folgerichtig müßte für die Harmonik von *Tristan* und für die Musik der Spätromantik eine neue Nomenklatur der harmonischen Analyse entwickelt werden. Ernst Kurth war allerdings der Ansicht, daß zumindest für *Tristan* die Rückführung von klanglichen Entstellungen der energetisch angereicherten Akkorde auf einfache Funktionen ausreiche, um die harmonischen Ereignisse beschreiben zu können. Danach ist der Tristanakkord ein doppeldominantischer Akkord einer nicht erklingenden Grundtonart a-Moll; die akkordfremden Töne f und gis sind Nebentoneinstellungen, die jedoch in melodisch-chromatische Weiterführungen gebunden sind.

Lit.: E. Kurth, Romantische Harmonik und ihre Krise in W.s »Tristan«, Bern/Leipzig 1920, Nachdruck Hildesheim 1975

Tristan und Isolde (WWV 90)
Handlung in drei Aufzügen.
Entstehungsgeschichte: Inmitten der Kompositionsarbeit an der *Walküre* wurde W. mehr und mehr durch einen neuen Stoff abgelenkt, der nichts mit dem Nibelungenzyklus zu tun hatte. »Da ich nun aber doch im Leben nie das eigentliche Glück der Liebe genossen habe, so will ich diesem schönsten aller Träume noch ein Denkmal setzen, in dem vom Anfang bis zum Ende diese Liebe sich einmal so recht sättigen soll: ich habe im Kopfe einen *Tristan* und *Isolde* entworfen, die einfachste, aber vollblutigste musikalische Conception; mit der ›schwarzen Flagge‹, die am Ende weht, will ich mich dann zudecken, um – zu sterben«, schrieb W. am 16.12. 1854 an Franz →Liszt. Dazu kam, daß W. angesichts der riesigen Dimensionen des *Rings*, den er an kaum einem Theater unterbringen konnte, die bittere Notwendigkeit verspürte, ein leichter aufführbares Werk zu komponieren, um Einnahmen für seinen Lebensunterhalt zu gewinnen. W. sollte sich jedoch in dieser praktischen Erwägung sehr irren. – Mit dem Tristan-Stoff hatte sich W. schon in seiner Dresdener Kapellmeisterzeit beschäftigt. Im Okt. 1854 hatte er Arthur →Schopenhauers Hauptwerk *Die Welt als Wille und Vorstellung* (Leipzig 1819)

gelesen und dort vieles von dem ausgesprochen gefunden, was er künstlerisch gestalten wollte. Außerdem kam W. durch den ihm anvertrauten jungen Karl →Ritter, der einen Entwurf für ein Tristan-Drama verfaßt hatte, unmittelbar mit dem tragischen Stoff in Berührung, den er ganz anders als sein junger Freund auszuarbeiten gedachte. So entstand »von einem Spaziergang heimkehrend« im Okt. 1854 ein Konzept, das im III. Aufzug noch »einen Besuch des nach dem Gral umherirrenden Parzival an Tristans Siechbett« enthielt. Und obgleich W. sich hauptsächlich noch mit der Komposition des *Rings* beschäftigte, bildete sich doch immer klarer (und nicht nur in seiner vorausarbeitenden Phantasie) die Dichtung zu *Tristan* heraus, so daß W. am 26. 6. 1857 den II. Aufzug von *Siegfried* unterbrach und auf dem Titelblatt der Orchesterskizze vermerkte: »Tristan bereits beschlossen.« – Vorlage zur Dichtung war →Gottfried von Straßburgs Tristan-Sage (um 1210), die auf ältere englische oder keltische Ursprünge zurückgeht. Gottfrieds Versepos kannte W. wahrscheinlich in der hochdeutschen Fassung (Stuttgart 1844) von Hermann Kurz oder aber in der Übersetzung (Leipzig 1855) von Karl →Simrock. Daß Hans →Sachs, der Nürnberger Schustermeister, ein Stück mit dem Titel *Tragedie mit 23 Personen von der strengen Lieb Herrn Tristan mit der schönen Königin Isolden* verfaßt hatte, war W. wahrscheinlich auch bekannt und zeigt die eigenartigen Verknüpfungen der Stoffe und der Themen, zumal die *Meistersinger* einen direkten Rückbezug auf *Tristan* beinhalten. Einfluß auf die Entstehung von *Tristan* übten jedoch nicht nur historische Quellen und Schopenhauers Philosophie, sondern auch die Gedichte Novalis' sowie der Umgang mit Mathilde →Wesendonck in →Zürich aus. In Novalis' *Hymnen an die Nacht* (1800) fand W. die Poesie zu Schopenhauers Philosophie vor, und in der Begegnung mit Mathilde Wesendonck konnte W. konkrete Erfahrungen sammeln, um dem »schönsten aller Träume noch ein Denkmal setzen« zu können, das aus der lebendigen Erfahrung und Phantasie eines Künstlers entsprang. Am Rande spielte wohl auch fast anekdotisch das exotische Angebot des brasilianischen Konsuls in Dresden in die Entstehungsgeschichte von *Tristan* hinein, ein leichteres Werk als den *Ring* zu schreiben, das Kaiser Peter II. zu widmen wäre und in Brasilien als Nationaloper eingeführt werden könnte. Obgleich W. ablehnte, blieb bei ihm doch der Gedanke haften, ein Werk zu schreiben, das »in geringen, die Aufführung erleichternden Dimensionen sofort auszuführen« wäre (Brief an Liszt vom 28. 6. 1857). Im selben Brief schrieb W.: »Ich geleite Siegfried in die Waldeinsamkeit, lasse ihn dort unter der Linde und nehme mit herzlichen Tränen von ihm Abschied«, um sich nun *Tristan* zuzuwenden. Als Eduard →Devrient, der Theaterleiter

aus →Karlsruhe, W. am 1. 7. 1857 in Zürich besuchte, kam das Gespräch selbstverständlich auch auf das geplante →Musikdrama, das Devrient im Namen des Großherzogs Friedrich I. von Baden zur Uraufführung bringen wollte. Derart beflügelt, arbeitete W. bis zum 18. 9. 1857 die Dichtung aus und las sie Mathilde Wesendonck vor. Er fühlte sich von ihr so vollkommen verstanden, daß W.s eigene Frau Minna wie auch die Umwelt Unmoralisches vermuteten, wofür es keine konkreten Anhaltspunkte gibt. Daß sich W. allerdings in eine Liebesbeziehung hineinträumte, die er kompositorisch in *Tristan* manifestierte, ist typisch für sein Künstlertum. Daß andererseits Mathilde nicht nur bewundernd zu schweigen und zu lauschen wußte, sondern verständnisvoll dem Genie entgegenkam und selbst zur Dichterin wurde, zeigen ihre Gedichte, die W. im Geist und Stil von *Tristan* vertonte (→ *Wesendonck-Lieder*). Wie im Rausch (W. umgab sich auch äußerlich mit Luxus und ausgesuchten Wohlgerüchen) war die Urschrift der Dichtung entstanden, die er am 18. 9. 1857 Mathilde aushändigte. Am 1. 10. 1857 begann W. mit der Komposition zum I. Aufzug und mit dem →Vorspiel; am 31. 12. war der I. Aufzug beendet, den er wiederum Mathilde mit *Widmung* (in: SSD Bd. 12, S. 368) überreichte: »Hochbeglückt / schmerzentrückt / keusch und rein / ewig dein – / was sie sich klagten / und versagten, / ihr Weinen und ihr Küssen / leg' ich dir nun zu deinen Füßen, / daß Tristan und Isolde/in keuscher Töne Golde/ den Engel mögen loben, / der mich so hoch erhoben.« Die Partitur zum I. Aufzug entstand von Anfang Febr. bis zum 3. 4. 1858. Am 4. 5. begann er bereits die Kompositionsskizze für den II. Aufzug, die er am 1. 7. beendete; bereits am 5. 7. begann er mit der Orchesterskizze. Dann aber mußte W. sein →»Asyl« in Zürich verlassen. Die Katastrophe hatte Minna ausgelöst, indem sie einen »Liebesbrief« an Mathilde abgefangen hatte und diese sowie ihren Mann zur Rede stellte. W. reiste nach →Venedig, wo er am 29. 8. 1858 eintraf und eine von Otto →Wesendonck finanzierte Wohnung im →Palazzo Giustiniani am Canal Grande bezog. Nachdem dort der Erard-Flügel eingetroffen war, setzte W. am 15. 10. 1858 die Orchesterskizzen des II. Aufzugs fort. Im Nov. 1858 mußte er wegen einer Krankheit die Arbeit unterbrechen; er schrieb am 8. 12. in das Tagebuch für Mathilde Wesendonck (in: Julius Kapp, *Richard Wagner an Mathilde und Otto Wesendonck. Tagebuchblätter und Briefe*, Leipzig 1915, S. 152f.): »Seit gestern beschäftige ich mich wieder mit dem ›Tristan‹. Ich bin immer noch im zweiten Akte. Aber – was wird das für Musik! Ich könnte mein ganzes Leben nur noch an dieser Musik arbeiten. O, es wird tief und schön, und die erhabensten Wunder fügen sich so geschmeidig dem Sinn. So etwas habe ich denn doch noch nicht gemacht, aber ich gehe auch ganz in dieser Musik auf; ich will nichts mehr davon hören,

wann sie fertig werde. Ich lebe ewig in ihr.« Und am 22. 12. folgte die Eintragung: »Seit 3 Tagen trug ich mich mit der Stelle ›Wen du umfangen, wem du gelacht‹ und ›In deinen Armen, dir geweiht‹ usw. Ich war lange unterbrochen und fand die rechte Erinnerung bei der Ausführung nicht wieder. Es machte mich ernstlich unzufrieden. Ich konnte nicht weiter. – Da klopfte Koboldchen: es zeigte sich mir als holde Muse. In einem Augenblick war mir die Stelle klar. Ich setzte mich an den Flügel und schrieb sie so schnell auf, als ob ich sie längst auswendig wüßte. Wer streng ist, wird etwas Reminiszenz darin finden; die ›Träume‹ spuken dabei. Du wirst mir aber schon vergeben! Du Liebe! – Nein, bereue es nie, mich zu lieben! Es ist himmlisch!« Am 1. 2. 1859 sollte W. aus Venedig ausgewiesen werden; der Generalgouverneur in Oberitalien konnte jedoch Aufschub gewähren. Deshalb konnte W. die Orchesterskizze zum II. Aufzug noch bis zum 18. 3. fertigstellen. Am nächsten Tag schrieb er an Mathilde: »Endlich bin ich gestern mit meinem zweiten Akte, dem großen, Allen so bedenklichen (musikalischen) Problemen fertig geworden, und weiß es auf eine Art gelöst, wie noch keines. Es ist der Gipfel meiner bisherigen Kunst […]« Die Partitur dieses Aufzugs schrieb W. in einer Woche nieder. – Aus politischen Gründen (durch das Risorgimento, die Unabhängigkeitsbewegung) begann in Italien die Herrschaft Österreichs in der Lombardei und in Venetien zu wanken; auch W.s Anwesenheit in Venedig war gefährdet. Seine Abreise wurde am 25. 3. 1859 unaufschiebbar, und W. reiste über Mailand in die Schweiz, nach →Luzern, wo er sich im Hotel Schweizerhof einmietete und bald auch Mathilde wiedersehen konnte. Ihre Beziehung hatte sich entspannt, und W. begann den III. Aufzug zu *Tristan* in seinem Hotelzimmer am 9. 4., um ihn auch dort zu beenden. Mathilde schrieb er am 10. 4. 1859: »Auch ist mir, als ob dieser scheinbar leidenvollste Akt mich nicht so stark angreifen werde, als es zu denken wäre. Sehr griff mich noch der zweite an. Das höchste Lebensfeuer loderte in ihm mit so unsäglicher Glut hell auf, daß es mich fast unmittelbar brannte und zehrte. Je mehr es sich gegen den Schluß des Aktes hin dämpfte, und die sanfte Helle der Todesverklärung aus der Glut brach, wurde ich ruhiger.« Inmitten des III. Aufzugs kam es dann doch anders. W. sah voraus: »Dieser Tristan wird was *Furchtbares*! [...] Vollständig *gute* [Aufführungen] müssen die Leute verrückt machen [...]« Etwas später heißt es auch: »Kind! Kind! Soeben strömen mir die Tränen über beim Komponieren – : / Kurwenal: ›Auf eig'ner Weid' und Wonne / im Schein der alten Sonne, / darin von Tod und Wunden – / du selig sollst gesunden.‹ – / Das wird sehr erschütternd – wenn nun zumal das alles auf Tristan – gar keinen Eindruck macht, sondern wie leerer Klang vorüberzieht. Es ist eine ungeheure Tragik! Alles überwältigend!« Die Orchesterskizze begann W. am 1. 5. 1859; er kommentierte die Arbeit am 29. 5. an Mathilde: »Ich bin jetzt mit der Ausarbeitung der ersten Hälfte meines Aktes beschäftigt. Über die leidenden Stellen komme ich immer nur mit großem Zeitaufwand hinweg; ich kann da im guten Fall in einem Zuge nur sehr wenig fertigbringen. Die frischen, lebhaften, feurigen Partien gehen dann ungleich rascher vonstatten: so lebe ich auch bei der technischen Ausführung ›leidvoll und freudvoll‹ alles mit durch und hänge ganz vom Gegenstande ab. Dieser letzte Akt ist nun ein wahres Wechselfieber: – tiefstes, unerhörtestes Leiden und Schmachten und dann unmittelbar unerhörtester Jubel und Jauchzen. Weiß Gott, so ernst hat's noch keiner mit der Sache genommen [...]« Daß W. die ernste Sache gelegentlich auch heiter, fast banal nehmen konnte, geht aus dem Brief vom 9. 7. 1859 an Mathilde hervor: »Ich bin meist doch jeden zweiten Tag wenigstens glücklich in der Arbeit: dazwischen habe ich gewöhnlich einen minder guten Tag, weil der gute Tag mich immer übermütig macht und ich mich dann in der Arbeit übernehme. – Das Angstgefühl, als ob ich vor der letzten Note sterben würde, habe ich diesmal nicht: im Gegenteil bin ich der Vollendung so sicher, daß ich vorgestern auf dem Spazierritt sogar schon ein Volkslied drauf machte. Nämlich: ›Im Schweizerhof zu Luzern / von Heim und Haus weit und fern – / da starben Tristan und Isolde, / so traurig er und sie so holde: / Sie starben frei, sie starben gern / im Schweizerhof zu Luzern‹.« Oder W. wird sarkastisch: »Bestes Kind! Schlimmer, als es jetzt bei meiner Arbeit hergeht, kann's bei Solferino nicht hergegangen sein; da die doch jetzt das Blutvergießen einstellen, setze ich's fort; ich räume furchtbar auf. Heute habe ich auch Melot und Kurwenal totgeschlagen.« Am 6. 8. 1859 schloß W. sein epochemachendes Werk ab. Einen Monat später verließ er Luzern und ging nach →Zürich, wo er einige Tage bei den Wesendoncks blieb und seinem Gastgeber die Publikationsrechte an dem noch unvollendeten *Ring* verkaufte. Dann reiste W. nach Paris, wo er sich in der Hoffnung, das Zentrum der Opernwelt (allerdings mit *Tannhäuser*) doch noch zu erobern, herrschaftlich einrichtete. – Die Uraufführung von *Tristan* dachte sich W. zunächst in →Straßburg, wohin er das Orchester aus →Karlsruhe verpflichten wollte; die Titelrollen sollten Albert →Niemann und Marie Luise →Dustmann übernehmen. W. glaubte noch immer, keinen großen Schwierigkeiten bei einer Aufführung zu begegnen. Als dann das Hoftheater Karlsruhe sich für eine Aufführung interessierte, meinte W., den Durchbruch bereits geschafft zu haben, zumal der hochbegabte Sänger Ludwig →Schnorr von Carolsfeld für den Tristan zur Verfügung stehen sollte. Bald sagte aber der Intendant Devrient mit der Begründung ab,

daß keine Sängerin für die Isolde zu finden sei. In Paris kam es in einem Konzert W.s lediglich zur Uraufführung des Vorspiels, das er mit einem Konzertschluß versehen hatte. Das Publikum war sichtlich überfordert von dieser →»Zukunftsmusik«. Schließlich wagte sich →Wien an das Risiko einer Aufführung, die am 1. 10. 1861 stattfinden sollte. Aber nach 77 Proben mußte man das Vorhaben wegen angeblicher Unaufführbarkeit im April 1863 aufgeben. Damit schien das Schicksal von W.s »leichter« Oper besiegelt. Seinem Freund Peter →Cornelius schrieb er resigniert: »Nur ein gutes, wahrhaft hilfreiches Wunder muß mir jetzt begegnen; sonst ist's aus!« Das Wunder trat in der Gestalt König →Ludwigs II. von Bayern ein, der W. nach →München rief, wo am 4. 5. 1864 die erste Begegnung zwischen dem König und dem Komponisten stattfand. Ludwig ordnete die Uraufführung von *Tristan* im Nationaltheater an, die Proben begannen am 5. 4. 1865, nachdem aus Dresden Ludwig und Malwine →Schnorr von Carolsfeld für die Titelpartien sowie Anton →Mitterwurzer als Kurwenal verpflichtet worden waren. Zum Dirigenten wurde Hans von →Bülow berufen. Trotz übler Gerüchte und Intrigen fand die Generalprobe am 11. 5. vor geladenen Gästen statt; die Premiere sollte am 15. 5. über die Bühne gehen. Für dieses Ereignis war die internationale Presse angereist. Dann wurde bekanntgegeben, daß die Hauptdarstellerin erkrankt sei; ein Ersatz stand nicht zur Verfügung. Sarkastisch verkündete der *Münchner Volksbote* am 23. 5. 1865: »Nächsten Freitag [26. 5.] soll der ›Ehebruch unter Pauken und Trompeten‹ mit vollständiger Zukunftsmusik über das Hof- und Nationaltheater ziehen.« Daß dieses Datum nicht das endgültige war, verursachte Malwines noch andauernde Unpäßlichkeit. Beim dritten Anlauf allerdings gelang die Uraufführung am 10. 7. 1865 bei Anwesenheit des Königs und der königlichen Familie. (Weitere Sänger waren Anna Deinet, Peter Hartmann, Karl Samuel Heinrich, Karl Simons und Ludwig Zottmayr; Regie: Eduard Sigl, Bühnenbild: Heinrich Döll und Angelo Quaglio, Kostüme: Franz Seitz.) Drei Tage später schrieb W. an Ludwig II.: »Eines ist gewonnen, dieser wunderliche Tristan ist vollendet. Sie wissen, wer noch am Tristan dichtete, hinterließ ihn unvollendet – von Gottfried von Straßburg an. Fast schien das alte Mißgeschick sich auf mein Werk ausdehnen zu wollen: denn vollendet war es erst, wenn es ganz und leibhaftig als Drama vor uns lebte und unmittelbar zu Herzen und Sinnen sprach; dies war erreicht.«

Handlung: I. Aufzug, ein zeltartiges Gemach auf dem Vorderdeck eines Segelschiffs, reich mit Teppichen behangen, beim Beginn nach dem Hintergrund zu gänzlich geschlossen; zur Seite führt eine schmale Treppe in den Schiffsraum hinab; Isolde auf einem Ruhebett, das Gesicht in die Kissen gedrückt; Brangäne, einen Teppich zurückgeschla-

gen haltend, blickt zur Seite über Bord: Aus der Höhe des Mastkorbs erklingt das sehnsüchtige Lied eines jungen Seemanns. Durch den Text über eine »irische Maid« fühlt sich Isolde jedoch verhöhnt, und sie fragt gereizt, wo sich das Schiff befinde. Brangäne antwortet, daß sie »Cornwalls grünen Strand« erreichen. Zu deren Erstaunen wehrt sich Isolde heftig gegen diesen Gedanken. Sie will lieber auf den Grund des Meeres versinken als landen und kann von Brangäne nur mit Mühe beruhigt werden, die für Kühlung sorgt und die Gefühlsaufwallung ihrer Herrin nicht zu deuten vermag. Vom Schiffsmast erklingt die Fortsetzung des Seemannslieds. Isoldes Augen sind jetzt starr auf den ihrem Blick freigegebenen Tristan geheftet, der bei der Schiffsbesatzung steht. Ihm gelten Isoldes bislang unterdrückte Gefühle; doch noch überwiegt ihr Stolz, als sie verächtlich fragt: »Was hältst von dem Knechte?« Brangäne ist erstaunt, in dieser Weise über den hochgeachteten Helden sprechen zu hören. Isolde jedoch geht noch weiter in ihrem Unmut, deutet dunkle Machenschaften Tristans an und läßt ihn schließlich zu sich rufen. Tristan sucht Ausflüchte und weicht der Aufforderung aus, bis Brangäne schließlich den wörtlichen Befehl Isoldes vorträgt, dem wiederum Tristan durch eine stolze Antwort Kurwenals begegnen läßt, wobei ihm freilich dessen Ausführungen über Morolds Enthauptung zu weit gehen. Er kann es aber nicht mehr verhindern, daß, auch für Isolde hörbar, die Seeleute Kurwenals Spottvers nachsingen. Unverrichteter Dinge kehrt Brangäne zu ihrer Herrin zurück und wirft sich ihr zu Füßen. Wutentbrannt verteidigt sich Isolde und erzählt von jenem Tantris, den sie einst gepflegt, als er, dem Sterben nah, in Irland weilte, nachdem er ihren Verlobten, den Irenkönig Morold, erschlagen hatte, und daß sie sich eigentlich rächen wollte, als Tantris hilflos vor ihr auf dem Krankenbett lag. Aug in Aug mit ihm, konnte sie aber den rächenden Schwertstreich nicht führen. Tausend Eide des Dankes und der Treue schwor ihr damals der bald genesende Held. Jener Tantris kam als Tristan zurück, um Isolde für seinen Onkel, König Marke, zu freien, der statt des fälligen Tributs an Irland dessen Königin zu sich nach Cornwall holen ließ. Isolde klagt den Verräter Tristan an und auch sich selbst, nicht damals schon Rache geübt zu haben. Aber weniger Isoldes Ehre ist verletzt als vielmehr ihr Gefühlsleben, das nunmehr trotzig nach »Tod uns beiden« verlangt. Brangäne ist erschüttert über die Entdeckungen und sucht die Herrin zu beschwichtigen. Auch glaubt sie, daß Tristan nicht edler hätte handeln können, als daß er Isolde zur Königin von Cornwall machte. Sie aber weiß, daß sie die Qualen nicht ertragen würde, »ungeminnt den hehrsten Mann stets mir nah' zu sehen«. Da Brangäne die wahren Zusammenhänge nicht zu durchschauen vermag und Isol-

des Worten entnimmt, daß sie ihrem Liebreiz und ihrer Schönheit nicht traue, erinnert sie die Herrin an der Mutter Künste, mit Zaubertränken nachzuhelfen. Darum geht es Isolde jedoch nicht, sondern um »Rache für den Verrat«, und zwar an ihren Gefühlen. Deshalb wählt sie aus dem Schrein den Todestrank, den sie mit Tristan zu teilen gedenkt. Kurwenal kündigt ungestüm an, daß sich die Frauen rasch zur Landung bereitmachen sollen. Doch Isolde stellt ihm das Ultimatum, nicht vor Marke zu treten, bevor nicht Tristan die ungesühnte Schuld getilgt habe. Eingedenk ihres Vorhabens verabschiedet sich Isolde von Brangäne und trägt ihr Grüße an die Welt und an die Eltern auf. Erst jetzt begreift Brangäne allmählich, was ihre Herrin zu tun gedenkt. Unvermittelt wird Tristan angekündigt, der ehrerbietig am Eingang stehen bleibt. Als Isolde Auskunft über Tristans unnahbares Verhalten wünscht, verteidigt er sich mit der geltenden Sitte. Isolde fordert nun Sühne für das begangene Unrecht: »Rache für Morold.« Als ihr jedoch Tristan sein Schwert reicht, damit sie den unterlassenen Streich nachhole, wehrt Isolde ab und besteht auf dem Sühnetrank. Während die Matrosen schon die Segel einholen, mischt Brangäne den Trank. Ironisch gedenkt Isolde der Ereignisse in Irland und reicht Tristan die Schale, der ohne Zögern, um »Tristans Ehre – höchste Treu«, den Becher leeren will. Halb getan, entreißt ihm Isolde die Schale, um auch

zu trinken. Wunderbar und un-
gewollt verwandelt sich plötzlich
beider Todestrotz in Liebesglut. Sie
fallen sich stumm in die Arme,
bis Brangäne mit Weherufen die
Liebenden aufschreckt. Die jedoch
sind im gegenseitigen Erkennen ihrer Liebe der Welt schon halb entrückt und nur mühsam fähig, die
um sie vorgehende Realität zur
Kenntnis zu nehmen. Schon naht
König Marke auf Kähnen dem
Schiff, als Brangäne der Herrin gesteht, statt des Todes- den Liebestrank gereicht zu haben, und gleichzeitig Fassung verlangt. Isolde fällt
in Ohnmacht, und Tristan stammelt
verwirrt: »O Wonne voller Tücke!
O truggeweihtes Glücke!«, während
das Volk bereits laut jubelnd den
König begrüßt.

II. Aufzug, Garten mit hohen Bäu-
men vor dem Gemach Isoldes, zu
dem seitwärts Stufen hinaufführen;
helle, anmutige Sommernacht: An
der geöffneten Tür ist eine bren-
nende Fackel aufgesteckt. Brangäne
lauscht den sich entfernenden Jagd-
klängen und versucht, die ungeduldig auf Tristan wartende Isolde
zurückzuhalten, bis das vereinbarte
Zeichen gegeben und die Fackel
gelöscht wird. Auch warnt Brangäne
vor Melot, der womöglich Verdacht
geschöpft hat. Isolde läßt sich aber
nicht mehr zurückhalten, schickt sie
als Wache auf die Zinne und löscht
eigenhändig das Licht. Nach wenigen Minuten stürzt Tristan herein,
und wie von elementarer Gewalt
getrieben fällt sich das Paar in die
Arme. Im Liebestaumel verfliegt die
Zeit, und nur das Dunkel der Nacht
beschirmt das Geheimnis, das den
Tag und seine Gesetze scheuen muß.
Der Tag wird zum Feind, der aus
Sitte und Moral unüberwindliche
Mauern errichtet, die Nacht dagegen wird der Liebenden Freund, deren Verlangen nach Einssein und
ewiger Dauer des Glücksgefühls sich
dem Tod verschwistert. Der Traum
wird zur Wirklichkeit, die tiefer
empfunden wird als jegliche Realität
zuvor. Tristan und Isolde werden zu
»Nacht-Geweihten«, die den Trug
des Tages überwunden haben: »In
des Tages eitlem Wähnen bleibt ihm
ein einzig Sehnen, das Sehnen hin
zur heil'gen Nacht, wo ur-ewig, einzig wahr Liebes-Wonne ihm lacht.«
Selbst das Denken wird noch als
»letzte Leuchte« empfunden und ab-
gestreift. Wie aus unendlicher Ferne
hören die Liebenden Brangänes
Mahnruf, daß schon bald die Nacht
entweiche. Kaum weiter irritiert,
versinken die Liebenden wieder im
Gefühl ihrer Sehnsucht, die sogar
noch das Wörtchen »und« zwischen
beider Namen auslöschen möchte.
Ihre Gefühle treiben dem Namenlo-
sen, dem Tod als Siegel des Ewigen
und Überindividuellen zu. Brangänes zweiter Mahnruf dringt kaum
mehr an der Liebenden Ohr. Kein
Tag soll mehr diese Nacht vertrei-
ben, höchstens der Tod sie ablösen,
um jeglichen Trug für immer zu tilgen. Die »Liebesnacht« wird zum
»Liebestod«, das Gefühl weitet sich
zu »ungemess'nen Räumen übersel'-
ges Träumen«. Da zerreißt Brangänes gellender Schrei die Nacht.

Kurwenal ist den Jägern vorausgeeilt, um seinen Herrn zu warnen. Jedoch zu spät; schon drängen die Männer des Königs heran. Mit den Worten »Der öde Tag – zum letzten Mal!« reißt sich Tristan aus einer anderen Welt. Besserwisserisch klagt Melot an, der vorgibt, seinen König durch diese Entdeckung vor Schande bewahrt zu haben. Marke glaubt in tiefster Resignation, seinen Sinnen nicht trauen zu können. Es darf nicht sein, daß der »Treu'ste aller Treuen« ihn, seinen König, verriet, während Tristan diese »Tagesgespenster« als »Morgenträume« deutet und den eindringlichen Belehrungen, den bitteren Klagen und quälenden Fragen seines Herrn nur entgegnen kann: »O König, das – kann ich dir nicht sagen; und was du frägst, das kannst du nie erfahren.« Tristan wendet sich wieder Isolde zu, um den schon beschrittenen Weg zu Ende zu gehen, in das »dunkel nächt'ge Land, daraus die Mutter einst mich sandt'«. Isolde ist ihm zu folgen bereit. Als Melot das Schwert zieht, um Rache für seinen König zu nehmen, beginnt Tristan nur noch ein Scheingefecht und fällt verwundet zu Boden. Isolde stürzt sich auf den Geliebten; Marke hält Melot zurück.

III. Aufzug, zur einen Seite erheben sich hohe Burggebäude, zur anderen eine niedrige Mauerbrüstung, von einer Warte unterbrochen; im Hintergrund das Burgtor; durch Öffnungen blickt man auf einen weiten Meereshorizont: Besorgt fragt der Hirte nach Tristans Befinden. Kur-

wenal gibt traurige Auskunft: der Herr liege noch immer im Koma, und man erwarte sehnlichst Isoldes Schiff. Der Hirte verspricht, eine lustige Weise zu blasen, sobald er das Schiff erspähe. Von der traurigen Weise des Hirten geweckt, öffnet Tristan endlich die Augen. Kurwenal ist glücklich, die Stimme seines Herrn wieder zu vernehmen, und erklärt dem Kranken, daß er auf Karneol in Sicherheit sei. Tristan jedoch ist voller Resignation, er weigert sich, wieder dem Tagesgeschehen ausgeliefert zu sein, und schweift ab in die Erinnerungen an des »Todes-Wonne-Grauen« seiner Liebe zu Isolde. Schmerzliche Gedanken tauchen auf: »Verfluchter Tag mit deinem Schein! Wachst du ewig meiner Pein? Brennt sie ewig, diese Leuchte, die selbst nachts von ihr mich scheuchte! Ach, Isolde! Süße! Holde! Wann – endlich, wann, ach wann löschest du die Zünde, daß sie mein Glück mir künde?« Tristans träumerischen Wahngedanken setzt Kurwenal entgegen, daß Isolde tatsächlich erwartet werde. Im Fieberwahn sieht Tristan ihr Schiff schon nahen. Als Kurwenal ihn vertrösten muß, verliert sich Tristan erneut in todessüchtige Gedanken, um dann den Freund dringlichst zu veranlassen, nach Isoldes Schiff Ausschau zu halten. Und tatsächlich sieht jetzt Kurwenal ein Schiff von Norden her nahen. Euphorisch bäumt Tristan sich auf, und seine Lebensgeister kehren nochmals zurück. Mit allen Sinnen verfolgt er Isoldes Umschiffen des gefährlichen Riffs vor der Küste. Dann treibt er, nach der glücklichen Landung, Kurwenal ungeduldig an, die Geliebte am Strand zu empfangen. Seine sehnsüchtigen Liebesträume fortspinnend, reißt sich Tristan schließlich den Verband von der Wunde und phantasiert: »Mit blutender Wunde bekämpft' ich einst Morolden: mit blutender Wunde erjag' ich mir heut' Isolden.« Aber als sie endlich hereinstürzt, bricht Tristan sterbend zusammen. Seine letzten Worte sind: »Wie hör' ich das Licht? Die Leuchte – ha! Die Leuchte verlischt! Zu ihr! Zu ihr! […] Isolde!« Deren tröstende Worte erreichen des Geliebten Ohr aber schon nicht mehr; bewußtlos bricht sie über der Leiche zusammen. Der Hirte kündigt ein zweites Schiff an. Kurwenal rüstet sich zum Kampf und streckt alsbald Melot nieder. Im Kampf gegen den König und sein Gefolge wird er selbst tödlich verwundet und sinkt zu Tristans Füßen nieder. In unsäglicher Trauer, aber zu spät, bietet Marke dem Getreuen seine Vergebung an. Isolde erwacht aus ihrer Ohnmacht, vernimmt jedoch kaum die an sie gerichteten Fragen des Königs und versinkt wieder in Erinnerung an ihre Liebe zu Tristan, auf dessen Leiche sie wie verklärt erneut niedersinkt.

Musikdramaturgie: Obgleich von W. als Einleitung bezeichnet, hat sich für den instrumentalen Beginn des →Musikdramas der Begriff »Tristan-Vorspiel« eingebürgert; W. selbst hatte bereits diese Bezeichnung übernommen. Unsicherheiten gab es lange auch bei der harmonischen Analyse, da nicht nur in der Organisation weit entfernter Tonarten, die bei W. in kurzen Abständen aufeinanderfolgen, sondern oft schon in der ausgesparten Tonika, dem sonst üblichen Fundament der Tonalität, die Orientierung entzogen wird. Je nach der angenommenen Tonika wurden für das Vorspiel zahlreiche funktionale Analyseergebnisse erzielt, die alle systemimmanent ihre Richtigkeit haben, aber mehr oder weniger am Klanggeschehen vorbeilaufen. Alfred →Lorenz hat in seiner Formanalyse von *Tristan* sogar eine Vereinfachung der Harmonik zugrunde gelegt, um daraus formale Konsequenzen ziehen zu können (→Form). Die besonderen Schwierigkeiten ergaben sich jedoch nicht so sehr aus der nur angedeuteten Tonika als vielmehr aus dem Spannungsakkord des zweiten Taktes und den späteren Entsprechungen. Da dieser Akkord sich nicht in die regelrechte Harmonieanalyse einordnen ließ, hat man ihn schließlich als eigenständige Klangqualität anerkannt und kurzerhand →Tristanakkord genannt. Der Umstand, daß die Tonkombination des Tristanakkords bereits in Johann Sebastian →Bachs *Violinkonzert a-Moll* (1720) und auch später mehrfach (etwa bei Wolfgang Amadeus →Mozart) vorkommt, ist kompositionsgeschichtlich weniger von Belang als die unmittelbare Nähe tristanähnlicher Motivik bei Louis →Spohr, dessen Werke W. gut kannte, so daß W.s revolutionäre Tat zwar nicht geschmälert werden soll, aber die unmittelbaren klanglichen Vorbilder doch zu denken geben. Entscheidend für das Verständnis des ersten Hauptmotivs ist allerdings nicht nur diese Klangqualität, sondern auch seine Stimmführung. Denn in diesem Motiv ist der horizontale Verlauf so eng und glücklich mit dem vertikalen verknüpft, daß beide Elemente einander bedingen. Im Tristanakkord wird der erste Melodiebogen in den Celli auf einen Schlußton geführt, der wieder Leittonfunktion hat und in den Oboen von einem melodisch aufsteigenden Ast fortgesetzt wird. Die Verknüpfungsstelle wird durch zwei Klarinetten, Englischhorn und zwei Fagotte zum Spannungsakkord verdichtet, so daß der folgende Auflösungsakkord im Motivabschluß zwar Auflösungscharakter hat, aber selbst noch ein dominantischer Spannungsakkord bleibt, d. h. als Halbschluß konzipiert wurde. Im rhythmischen wie motivischen Gefüge des Anfangsmotivs ist etwas Ähnliches wie beim Abendmahlsthema in *Parsifal* vorgeformt worden, ein fest umrissenes und doch frei ausschwingendes Motiv, das als Uranfang und musikalische Keimzelle fungiert und in der Verbindung von Sehnsuchts- und Leidensmotiv seit Hans von →Wolzogen die musikalische Idee der erotischen Liebe symbolisiert. Im Verknüpfungspunkt setzt sich in der Unterstimme das Leidensmotiv fort, das als kontrapunktische Gegenbewegung zum Sehnsuchtsmotiv und als dessen melodische Umkehrung

erscheint. Im Gegensatz zu den klar umrissenen, signalartigen Motiven im *Ring* erklingen in *Tristan* eher Keimmotive, die als Fäden in einem Gesamtgewebe eingeflochten sind und ins Gestaltlose tendieren. Sie tauchen auf und verschwinden wieder, zerfasern sich und bilden so die musikalischen Mittel, die W. zusammenfassend seine »Kunst des Überganges« nannte. Dabei sind der Tristanakkord und die gesamte Akkordik in *Tristan* enger noch als die im *Ring* mit dem melodischen bzw. motivischen Geschehen verschränkt, so daß man umgekehrt dem Tristanakkord selbst Motivbedeutung zugestehen muß und ihn gleichzeitig als Emblem des *Tristan*-Stils erkennt. Da die Harmonik nicht mehr Fundament des Melos ist, sondern aus der kontrapunktisch-chromatischen Melodik hervorgeht, ist in *Tristan* auch die Tonalität gefährdet, die früher das Gerüst der Melodie abgab. In *Tristan* findet eine Emanzipation der Melodik von der Harmonik statt, wodurch das Werk kompositionsgeschichtlich an die Schwelle des 20. Jh.s rückt. Die Perfektionierung der Leitmotivtechnik führte W. fast zwangsläufig zur »Kunst des Überganges«, da die Motive selbst das thematische Material zur lückenlosen Vermittlung des dramatischen Stoffs boten. An Mathilde →Wesendonck schrieb W. am 29. 10. 1859: »Mein größtes Meisterstück in der Kunst des feinsten allmählichsten Überganges ist gewiß die große Szene des zweiten Aktes von Tristan und Isolde. Der Anfang dieser Szene bietet das überströmendste Leben in seinen allerheftigsten Affekten, – der Schluß das weihevollste, innigste Todesverlangen. Das sind die Pfeiler: nun sehen Sie einmal, Kind, wie ich diese Pfeiler verbunden habe, wie sich das vom einen zum andern hinüberleitet!« Das so gestaltete symphonische Gewebe bildet die musikalische Form, die zwar mit den aus der Architektonik entlehnten Maßstäben gemessen und analysiert werden kann, aber doch eigentlich nach musikalischen Zeitmaßen und dramaturgischen Gesetzen ablaufen und weniger nach Proportionen gegliedert erscheint. Die motivischen Verwandlungen nehmen selbst Gestalt und damit Form an; nicht die metrische Ausbildung eines musikalischen Gedankens ist bei W. zur Form bestimmt, sondern die musikdramatische Logik. Diese ist aber in *Tristan* so tief mit seelischen Dingen beschäftigt, daß sie bis in amorphe Motivverwandlungen tiefenpsychologische Dimensionen verfolgt. Die »Kunst des Überganges« als Charakteristikum von *Tristan* setzt polare Gegensätze voraus, die vermittelt werden müssen. Und W. wählte nicht geringere Polaritäten als Tag und Nacht, die wiederum für Trug und Wahrheit, für Denken und Empfinden, für Leben und Tod stehen. Die Liebe wird dem Nächtigen zugeordnet, weil das Nirwana dem Element der ewigen Liebe entspricht. Motivisch wirkt sich diese Polarität von Anfang an in der Kombination des Sehnsuchts-

mit dem Leidensmotiv aus, konzentriert sich in der Verwechslung von Liebes- und Todestrank in der Handlung und verinnerlicht sich in den Symbolen von Tages- und Nachtmotiv.

Wirkungsgeschichte: Mit dem Sänger Ludwig →Schnorr von Carolsfeld fand W. einen idealen Tristan, wie er ihn nur im Traum sich vorzustellen wagte. Und als der 29jährige am 21. 7. 1865 starb, wollte W. sein Werk niemals mehr aufführen lassen. Aber es lag nicht nur an ihm, über die Wirkungsgeschichte von *Tristan* zu entscheiden. Am 20. 3. 1876 wagte sich →Berlin an eine Aufführung mit Albert →Niemann und Vilma von Voggenhuber sowie mit Marianne →Brandt und Franz →Betz (Dirigent: Karl Eckert). Die erste Aufführung in →Bayreuth konnte erst nach W.s Tod in den →Festspielen von 1886 inszeniert werden. Dabei war Cosima Wagner darauf bedacht, die autorisierte modellhafte Uraufführung von →München nachzuinszenieren. Die Hauptpartien sangen Eugen Gura, Karl Scheidemantel, Gisela Staudigl, Rosa Sucher und Heinrich →Vogl; Dirigent war Felix →Mottl. Von dieser Inszenierung war Adolphe →Appia allerdings enttäuscht. Er hatte völlig andere Vorstellungen davon, die er in seinem Werk *La Mise en scène du drame wagnérien* (Paris 1895) niederlegte. Inzwischen hatten sich weitere, auch ausländische, Theater an die Realisierung von *Tristan* gemacht: London 1882, Wien 1883, Prag 1886; Straßburg und

Rotterdam folgten 1890. 1903, zum 20. Todestag W.s, gelang unter Gustav Mahlers musikalischer Leitung in Wien eine berühmt gewordene Inszenierung von *Tristan* mit den Bühnenbildern Alfred →Rollers: Ein Doppeldeck im I. Aufzug trennte die Chorszenen von Isoldes intimem Bezirk; das Raumkonzept des II. Aufzugs war ein nachtblauer Sternenhimmel mit der Fackel als Blickfang; der III. Aufzug war in fahles Licht trostloser Öde getaucht. Isolde wurde in dieser Inszenierung von Anna Bahr-Mildenburg, Tristan von Erik Schmedes dargestellt; außerdem sangen Hans Breuer, Hermine Kittel und Richard Mayr. Wsewolod Mejerchold debütierte 1909 als Opernregisseur in Petersburg mit *Tristan*, den er mit dem Konzept, »ein Leben, wie es in den Träumen erscheint«, auf die Bühne brachte. Mit sparsamen Mitteln, einem Segel im I., einer Fackel im II. und nackten Felsen im III. Aufzug, versuchte er die Phantasie der Zuschauer für den →Mythos zu aktivieren. Appia konnte 1923 an der Mailänder Scala seine *Tristan*-Konzeption verwirklichen. Und er forcierte seine Abstraktionen so sehr, daß das an lukullische Operngenüsse gewöhnte Mailänder Publikum befremdet den Regisseur einen unerbittlichen Kalvinisten nannte. Da Arturo →Toscanini als Dirigent an dieser Inszenierung festhielt (es sangen Stefano Bielina, Nanny Larsén-Todsen und Ezio Pinza), konnten die Mailänder erst in der nächsten, von Edoardo Marchiori 1930, wieder eine realisti-

schere erleben. Bereits 1886 fand in São Paulo eine Aufführung statt, 1896 zugleich in Buenos Aires und Kairo. Die Metropolitan Opera New York nahm *Tristan* gleichzeitig mit Bayreuth 1886 in den Spielplan und konnte 1909, nachdem durch den Bayreuther Dirigenten Anton →Seidl direkt an den dortigen Stil angeknüpft wurde, so berühmte Dirigenten wie Toscanini und Mahler verpflichten. In Paris dagegen wurde das Werk erst 1899 inszeniert. Die Auswirkungen des Stils von Roller und Appia waren, parallel zu andernorts historisierenden Darstellungen, in den Inszenierungen von Köln 1911, Darmstadt 1913 und Hannover 1924 zu verfolgen. Und Emil Preetorius bewirkte durch seine anregende internationale Tätigkeit (Paris 1936, Bayreuth 1938, Rom 1943, Amsterdam 1948, München 1958 und Wien 1959) eine Standardisierung des *Tristan*-Stils, der z. B. von Günther Schneider-Siemssen bei den →Salzburger Festspielen 1972 oder von Roberto Oswald in Buenos Aires weitergeführt wurde. In Bayreuth machte sich Wieland →Wagner 1962 an eine »Entrümpelung« des W.-Stils, der dann zum sogenannten →Neubayreuther Stil führte. Mit symbolisch-expressionistischen Zeichen suchte er den Mythos von *Tristan* zu gestalten, der zunächst Widerspruch auslöste, dann große Anerkennung erfuhr. »Es war im geheimsten Grunde nichts anderes als der Wille zum Tod, die Leidenschaft zur Nacht, die alle Entschlüsse Tristans und Isoldes diktieren«, war Wieland W.s Grundthese. Die Überfahrt nach Cornwall war für ihn folgerichtig das mythische Übersetzen über den Styx. Isolde und Tristan wurden damals von Birgit Nilsson und Wolfgang Windgassen dargestellt; Dirigent war Karl Böhm. Nach dieser Anregung Wieland W.s von einem kosmischen *Tristan* kamen entsprechend bildliche Weiterungen ganzer Milchstraßen auf Rundhorizonten in Mode, z. B. in August Everdings Inszenierungen von 1967 und 1971 in Wien. In New York ließ derselbe Regisseur 1974 die beiden Liebenden im III. Aufzug in den Sternenhimmel abschweben, die nun selbst als Sterne im Kosmos leuchten. Götz Friedrich dagegen interpretierte Isoldes Brautfahrt als »luxuriöse Deportation« und sah die Liebenden im Verhör ihrer Umwelt. Wolfgang →Wagner verbannte in seiner Inszenierung zum 200jährigen Bestehen der Mailänder Scala alle Symbole auf der Bühne und sah die Handlung als »Spannung zwischen Realität und Transzendenz« (Wolfgang W.). Sehr nahe an die musikalischen Ereignisse der Partitur vermochte Jean-Pierre Ponnelle seine in ein einziges Lichtwunder getauchte Inszenierung von 1981 in Bayreuth zu bringen, wobei das variierte Symbol des Baums (der im I. Aufzug als Schiffskiel, im II. als blühender Baumriese und im III. Aufzug als zerspaltenes Gerippe erscheint) die ganze Handlung durchzieht und Isoldes Ankunft im III. Aufzug nur noch eine Vision Tristans ist. – Text

in: GSD Bd. 7, S. 1 – 112. – Schallplattenaufnahmen →Diskographie.

Über das Dichten und Komponieren

Diese aus dem Jahr 1879 stammende Schrift beginnt mit der reichlich schnippischen Frage: »Vielleicht auch: ›Über Buchhandel und Musikhandel?‹« W. greift mit dieser Anspielung auf einen Ausspruch Karl →Gutzkows zurück, der behauptet habe, »daß Goethe's und Schiller's ungemessene Popularität sich nur der energischen Spekulation ihres Buchhändlers verdanke«. Und aus eigener Erfahrung glaubt W. feststellen zu müssen, daß die großen Verlage, um ihren Betrieb in Schwung zu halten, überwiegend Schund veröffentlichen und (da die Autoren ja auch nicht am verlegerischen Risiko beteiligt seien) möglichst geringe Honorare zahlen, um sich dennoch in einigen wenigen Fällen des Erfolges als »Popularisatoren« aufzuspielen. In einer Diskussion über den Ursprung des Dichtens kommt W. auf die alten Griechen und Homer zu sprechen und fragt: »Ob dieser auch ›Künstler‹ war?« Da W. dem griechischen Seher die Qualität »eines göttlichen Bewußtseins von allem Lebenden« zuspricht und den Ehrentitel »Vater der Dichtkunst« zuerkennt, glaubt er, daß das Künstlerische erst aus dessen Kunst entstanden sei und als Abglanz in einigen großen Dichtern über die Jahrtausende hinweg gelegentlich wieder aufschien. Das zeitgenössische Feuilleton habe dagegen weder mit Kunst noch mit Poesie zu tun. Denn »das ›zweite Gesicht‹ […] verleiht sich nicht an den ersten besten Romanschreiber«. Dann schwenkt W. ziemlich unvermittelt vom Dichten zur Kunst über und knüpft wieder an Homer an, der auch »der Sänger« genannt worden sei. Das Erdichtete von ihm und seinen Nachfolgern sei durch Musik dem Volk hellsichtig gemacht worden. Die spätere »ars poetica« jedoch sei bloßes Ausfüllen von Versschemata gewesen und mündete schließlich in versschmiedende Albernheiten. Auf die Musik zu sprechen kommend, behauptet W.: »Die Musik ist das Witzloseste, was man sich denken kann, und doch wird jetzt fast nur noch witzig komponirt.« Es sei jedoch die Musik des Amüsements, die die langweiligste sei, während Ludwig van →Beethoven nur Lächeln, nie Lachen hervorrufe. Da jedoch jegliche Maskerade als »das Amüsement der ledernen Fortschrittswelt« gelte, komponiere man nur fort, »wenn euch eben auch gar nichts einfällt«. Schlimmer noch sei es, wenn »man besser komponiren will, als man kann«, womit W. mit einem Ausblick auf eine schriftliche Fortsetzung diese skeptischen Gedanken schließt. – In: GSD Bd. 10, S. 181–200; DS Bd. 9, S. 281.

Über das Dirigieren
Die Ende Okt. 1869 entstandene Schrift beschäftigt sich zum erstenmal mit den Problemen moderner Agogik an Hand von ausführlichen Analysen von Werken Wolfgang Amadeus →Mozarts, Ludwig van →Beethovens und Carl Maria von →Webers. Im Zentrum seiner Betrachtung steht das Problem des »richtigen Zeitmaßes« (→Tempo), das sich einzig aus der »richtigen Auffassung des Melos« ergibt, wobei es jedoch nicht um ein metronomisches Taktieren wie in der »klassischen« Musik gehen kann, sondern im Gegenteil um die »Modifikation des Tempos«. Diese Nuancierung der musikalischen Zeit ist aber wiederum nur sinnvoll, wenn »das richtige Gefühl für das Haupttempo« als musikalische Basis erhalten bleibt. Deshalb wurde Richard Strauss nicht müde, W.s Schrift *Über das Dirigieren* allen Schülern des Taktstocks wie auch seinen Kollegen zur intensiven Lektüre anzuempfehlen. – In: GSD Bd. 8, S. 325–410.

Über das Opern-Dichten und Komponieren im besonderen
Ausgehend von der allgemein verbreiteten Unkenntnis des Opernpublikums über die Handlungen der Werke, beschreibt W. in seinem 1879 im Anschluß von →*Über das Dichten und Komponieren* entstandenen Aufsatz seine Erfahrung, daß ebendieses Publikum den Darstellern die Schuld am Unverständnis gebe. Und den deutschen Komponisten wirft W. vor, sich gedankenlos im Imitieren italienischer Vorbilder zu ergehen, da das Publikum an jene gewöhnt sei und Arien statt Handlungen hören wolle. Das Problem aber sei tatsächlich die Verbin-

dung von Wort und Melodie, mit dem sich höchstens Carl Maria von →Weber redlich herumgeschlagen habe. W. analysiert zahlreiche Beispiele, die musikdramaturgische Unverständlichkeiten seitens der Komponisten aufzeigen, und kommt sehr schnell auf den abgenutzten Endreim und auf sinnwidrige Versvertonungen zu sprechen, die hauptsächlich dem Ehrgeiz der Komponisten anzulasten sind, recht melodisch komponieren zu wollen und Männerchöre in Liedertafelmanier in ihre Opern einzubauen. Deshalb stehe es um die deutsche Oper schlecht, sie sei ein wahres »Stümperwerk«, in dem so ziemlich alles absurd sei. Auch dafür findet W. zahlreiche Beispiele in Opern von Weber, Heinrich →Marschner und Robert →Schumann, wobei er allerdings neben den Mängeln auch einige Vorzüge und Besonderheiten zur Sprache bringt. Den Komponisten gibt W. den Rat mit auf den Weg, es sein zu lassen, nur schöne Melodien zu schreiben, denn mit den »hübschen Melodien sei es aus« und auch mit den »Quadrat-Musikern«, die ausschließlich periodisch geformte Melodien zu konstruieren vermögen. Vielmehr könne man sich nur noch durch einen guten Text inspirieren lassen, und statt des üblichen Mummenschanzes solle man für lebendige Darstellung auf der Bühne sorgen. – In: GSD Bd. 10, S. 201 – 228.

Über das Weibliche im Menschlichen

W.s letzter Aufsatz, der im Febr. 1883 begonnen wurde und durch W.s Tod Fragment blieb. Geplant war er als Schluß der Abhandlung →*Religion und Kunst.* – In: SSD Bd. 12, S. 343 – 345.

Über deutsches Musikwesen

Aufsatz von 1840/41, geschrieben in Paris; Teil der Sammlung *Ein →deutscher Musiker in Paris.* W. beschreibt bereits im Vorspann, daß dieser Abschnitt aus dem angeblichen Nachlaß seines verstorbenen Freundes weniger den Zweck erfüllen solle, Freunde für deutsche Musik unter den Franzosen zu werben, sondern vielmehr »bereits unverkennbar abschreckende Eindrücke vom Pariser Wesen« zu schildern hatte. Dabei geht W. den modischen Erscheinungen von Nationalstilen nach und bringt die Formel: »der Italiener gebrauche die Musik zur Liebe, der Franzose zur Gesellschaft, der Deutsche aber treibe sie als Wissenschaft«, oder vereinfachend: »der Italiener ist Sänger, der Franzose Virtuos, der Deutsche – Musiker.« Kluge Beobachtungen über die soziale Situation der Künstler und die kleinstaatliche Zersplitterung des Musikwesens in Deutschland werden angeschlossen, Unterschiede künstlerischer Interpretation in verschiedenen Ländern herausgearbeitet, natürliche Voraussetzungen zur Ausübung von Musik gegenübergestellt, deutsche Eigenarten der Komposition begründet, die überragende Bedeutung der Instrumentalmusik in Deutschland hervorgehoben, der Kirchenchoral als »deutsches Eigentum« charakterisiert, dem die Motetten, Oratorien und Passionsmusiken an die Seite zu stellen sind. Zur Oper jedoch habe das deutsche Volk nie rechten Zugang gefunden, bis die deutschen Höfe sich ihrer als Repräsentationsmittel bedienten. Da jedoch deutsche Musiker mit einem besonderen Einfühlungsvermögen ausgestattet seien, haben zahlreiche deutsche Musiker in anderen Ländern Ausgezeichnetes geleistet. Wolfgang Amadeus →Mozart habe schließlich sogar die italienische Oper zum Höhepunkt geführt. Aber erst im Singspiel sei die Oper in Deutschland heimisch geworden, wobei wiederum Mozart mit seiner *Zauberflöte* (1791) aus demselben die deutsche Oper erschaffen habe. Mit Betrachtungen zu Werken von Carl Maria von →Weber, Louis →Spohr, Heinrich →Marschner u. a. gelangt W. in seinem geschichtlichen Abriß in seine unmittelbare Gegenwart. Schließlich folgert W. auf Grund von Bestrebungen in →Frankreich auf dem Gebiet des Musiktheaters, daß die Vereinigung der französischen Oper mit der deutschen als Idealtypus für die Zukunft anzusehen wäre. – In: GSD Bd. 1, S. 185–206.

Über die Ouvertüre

Geschrieben 1840/41 in Paris. Der zuerst in der →*Revue et gazette musicale* erschienene Aufsatz ist W.s frühester mit musikästhetischen Erörterungen zur →Ouvertüre. W. untersucht die Funktionen der Ouvertüre als musikalische Vorbereitung des Publikums auf das dramatische Geschehen. Es sei das Genie Wolfgang Amadeus →Mozarts gewesen, der die Form der →Symphonie für die Ouvertüre nutzbar gemacht, wozu Christoph Willibald →Gluck wichtige Vorarbeit geleistet habe. Die so geschaffene Ouvertüre wurde von Luigi Cherubini und Ludwig van →Beethoven übernommen und zur »poetischen Skizze des Hauptgedankens des Drama's« entwickelt. In Beethovens *Leonoren-Ouvertüre* (1806) sei jedoch bereits in der Ouvertüre das →Drama vorweggenommen, das sich somit erübrige. Später sei die Ouvertüre immer mehr zum Potpourri entartet, wie bei Gioacchino →Rossini und Ferdinand →Hérold ersichtlich. W. hebt hervor, daß es dem Tonsetzer einzig um die Verwirklichung der Idee und nicht um das Wohlergehen seiner Helden zu gehen habe, wobei diese Idee am erhabensten in Beethovens *Egmont*-Ouvertüre (1810) verwirklicht worden sei. – In: GSD Bd. 1, S. 241–256; DS Bd. 5, S. 194.

Über Musikalische Kritik

In diesem in brieflicher Form vom 25. 1. 1852 an den Herausgeber der →*Neuen Zeitschrift für Musik* verfaßten Bericht versetzt sich W. in die Lage eines Musikredakteurs. Aus dieser Position heraus sucht er seine eigenen Ansichten zur Musik plausibel zu machen. Selbst Stellung zu dem Problem Musikkritik zu beziehen, dazu hätten ihn zwei Beweggründe veranlaßt, »die gänzliche Geschmacksverwirrung des *Publikums*, und die Kopf- und Ehrlosigkeit der *Kritik*«. Erstere habe ihn in die Arme des »gebildeten Kunstverstandes« getrieben, von dem er sich als praktischer Musiker Vermittlung zum Publikum erhoffte. Aufschlußreich ist dabei W.s Bekenntnis, daß er sich mit seinen kunsttheoretischen Werken keineswegs an das Publikum wenden, sondern im Gegenteil vom »modernen Publikum« abwenden wollte. Ebensowenig habe er sich an die Kritik, sondern gegen sie gewandt; jedoch nur gegen die alte, routinierte Kritik, die mit lebendiger Kunst nichts zu schaffen habe und somit auch kein Verständnis für die Musik der Zukunft aufbringen könne. Deshalb gelte es die Frage zu beantworten: »Inwiefern und unter welchen Bedingungen eben eine ›Zeitschrift für – Musik‹ zum Vereinigungspunkte der in diesem Sinne wirkenden kritischen Kräfte geeignet sein könnte?« Da die gegenwärtigen Zeitschriften jedoch nicht künstlerischen, sondern nur literarischen Interessen dienten, habe W. selbst oft eigene Mitteilungen unterdrückt. Das Übel bei der ganzen Angelegenheit sei, daß die Musik in ihrer Sinnlichkeit eigentlich gar keiner verbalen Vermittlung bedürfe und es deshalb die Aufgabe der Musikkritik sei, die Musikrezeption aus ihrem falschen Verständnis zu befreien, d. h. der literarischen Vermittlung letztlich wieder zu entledigen. Musik müsse auf ihr Urverständnis zurückgeführt werden, das sie im alten Griechenland innehatte, wo sich die Musik zur Gänze an das Ohr wandte wie die Gymnastik an das Auge. Demgegenüber sei die meiste zeitgenössische Musik entartet und müsse durch Kritik bekämpft werden. – In: GSD Bd. 5, S. 65 – 89.

Über Staat und Religion

Nach W.s glücklicher Lebenswende, indem er, von König →Ludwig II. nach →München berufen, vorerst im Haus →Pellet am Starnberger See sorgenfreie Unterkunft genoß, schickte er sich an, seinem Gönner zunächst einmal mit dieser Schrift, die am 16. 7. 1864 beendet wurde, Dank abzustatten und eine Reinschrift davon zu übergeben. Hatte W. in seinen →Revolutionsschriften von 1849 die Stabilität des Staates durch den König keineswegs angetastet, obgleich mit Vorstellungen eines utopischen Kommunismus verwoben, so ging es W. jetzt (1864) um so mehr nicht nur um eine Rechtfertigung seines damaligen Verhaltens, sondern auch um sein jetziges Verhältnis als Künstler zu Staat und Religion. Denn in ihnen suchte W., wie er ausdrücklich betont, die Grundlagen für seine Kunst, ohne sich jedoch mit der Tagespolitik einzulassen. Deshalb leugnet W. mit Bestimmtheit, »die Rolle eines politischen Revolutionärs« jemals innegehabt zu haben, wenn man seine Schriften wirklich gelesen habe. Doch W. erkennt auch seinen Irrtum, indem er von der Welt zuviel an Reinheit und Heiterkeit erwartet habe. Inzwischen hat er Arthur →Schopenhauer gelesen und führt den Begriff »Wahn« (nicht als Wahnsinn, sondern im Sinne von Hans →Sachs) für das politische und religiöse Engagement des Menschen ein. Der König ist dafür ein sichtbares Symbol für W., der dabei keineswegs in bloße Schwärmerei gerät. Die Kunst aber sei das Mittel dazu: »Das vorgeführte Wahngebilde darf nie Veranlassung geben, den Ernst des Lebens durch einen möglichen Streit über seine Wirklichkeit und beweisbare Thatsächlichkeit anzuregen oder zurückzurufen, wie dieß das religiöse Dogma thut: sondern seine eigenste Kraft muß es gerade dadurch ausüben, daß es den bewußten Wahn an die Stelle der Realität setzt. Dieß leistet die *Kunst* [...]« – In: GSD Bd. 8, S. 5 – 37.

Uhlig, Theodor

Geb. 15. 2. 1822 in Wurzen (bei Leipzig), gest. 3. 1. 1853 in Dresden; Geiger, Komponist und Musiktheoretiker. – Ab 1841 in der Dresdener Hofkapelle; er schrieb Singspiele sowie Orchester- und Kammermusik. Freund W.s aus der Dresdener Zeit, dem sich W. bis zu dessen frühem Tod besonders offen und freundschaftlich anvertraute.

unendliche Melodie

Wie mancher andere besonders auf W.s Werke bezogene Begriff (der in diesem Fall 1860 in der Schrift →»*Zukunftsmusik*« von W. jedoch selbst geprägt wurde und in seinem Adjektiv ein Lieblingswort der Romantik einbezieht) ist die unendliche Melodie zwar des öfteren umschrieben, aber nie als festumrissener Terminus technicus definiert worden. Er wurde offenbar zuerst von W.s Gegnern aufgegriffen, um ihn in den Vorwurf der Formlosigkeit und des Melodiemangels von W.s Werken einzubauen. W. stellte ihn in den Zusammenhang mit analytischen Betrachtungen zu Ludwig van →Beethovens Symphonik und ihrer Durchführungstechnik: »Der ganze neue Erfolg dieses Verfahrens war somit die Ausdehnung der Melodie durch reichste Entwickelung aller in ihr liegenden Motive zu einem großen, andauernden Musikstücke, welches nichts Anderes als eine einzig, genau zusammenhängende Melodie war« (»*Zukunftsmusik*«, S. 169). Die Textstelle mit der Nennung des Begriffs lautet folgendermaßen: »In Wahrheit ist die Größe des Dichters am meisten danach zu ermessen, was er verschweigt, um uns das Unaussprechliche selbst schweigend uns sagen zu lassen; der Musiker ist es nun, der dieses Verschwiegene zum hellen Ertönen bringt, und die untrügliche Form seines laut erklingenden Schweigens ist die *unendliche Melodie*« (ebd., S. 172). Die in diesem Sinne von Beethoven entwickelte Melodie ist von W. entsprechend weiterentwickelt und in *Tristan* am überzeugendsten zum Ausdruck gebracht worden. Die unendliche

Melodie steht in unmittelbarem Zusammenhang mit W.s »Kunst des Überganges« (→ *Tristan*), die über eine durchkomponierte Oper hinaus den kompositorischen Zusammenhang aller musikalischen Teile erzielt. Alfred →Lorenz sprach davon, daß die »Teilung zwischen rezitativischen und melodischen Stellen, wie sie in der Oper üblich war« (S. 61), bei W. aufhöre. Schon auf Beethoven bezogen hat W. in → *Oper und Drama* von »der wahren unfehlbar wirklichen und erlösenden Melodie« gesprochen, die nichts mit Transzendenz, um so mehr aber für W.s eigene Ziele mit der echten, vom Dichterwort gezeugten Melodie zu tun hat und von früheren Zwecken, z. B. vom Tanzcharakter, befreit ist. Daß W. mit der Verwendung des Begriffs »unendliche Melodie«, auf den er später nicht mehr zurückgriff, eher überrumpeln als kompositionstechnisch informieren wollte, zeigt sich auch in der Stichwortauswahl von Carl Friedrich →Glasenapp im *Wagner-Lexikon* (Stuttgart 1883), in das dieser Begriff nicht aufgenommen wurde, wobei schon die publizistische Polemik gegen ihn in den 60er Jahren des 19. Jh.s einer Aufnahme entgegenstand. Von Anfang an war bei den Gegnern W.s das Schlagwort von der unendlichen Melodie zum Reizwort geworden. Nicht nur Eduard →Hanslick und Friedrich →Nietzsche hatten ihre Bedenken und Angriffe vom Standpunkt konservativer Musiktheorie publiziert, auch andere Theoretiker wie Eduard Krüger, Selmar Bagge,

Wilhelm Heinrich von Riehl, Daniel Spitzer und Wilhelm Tappert oder Theodor Goering schlugen in die gleiche Kerbe der mehr oder minder heftigen Ablehnung W.scher Musik und ihrer speziellen Melodik. Um so überraschender war die originelle und gegensätzliche Auffassung Theodor W. →Adornos, der behauptet: »Wagners Melos bleibt eben jene Unendlichkeit schuldig, die es verheißt, indem es, anstatt wahrhaft frei und ungebunden sich zu entfalten, immer wieder auf die kleinen Modelle zurückgreift und durch deren Aufreihung die eigene Entwicklung surrogiert.« Nach anfänglicher Skepsis gegenüber dem Begriff »unendliche Melodie« stimmten bald die pro W. eingestellten Theoretiker seit Rudolf Louis' Buch *Der Widerspruch in der Musik* (Leipzig 1893) darin überein, den Begriff im Gegensatz zum achttaktigen Thema als Terminus technicus zu gebrauchen.

Lit.: D. Spitzer, Meister der deutschen Kritik 1830 – 1890, München 1963; E. Krüger, System der Tonkunst, Leipzig 1866; S. Bagge, Einige theoretische und ästhetische Bemerkungen über Melodie, in: Allgemeine Musikzeitung 1867; W. Tappert, Wörterbuch der Unhöflichkeit, Leipzig 1877; T. Goering, Der Messias von Bayreuth, Stuttgart 1881; W. H. Riehl, Musikalische Charakterköpfe, Bd. 2, Stuttgart 1860

Vaisseau fantôme ou Le Maudit de mers, Le

W.s französischer Prosaentwurf des

Holländers wurde von Léon Pillet, dem Direktor der Grand Opéra Paris, zwar angenommen (er brachte W. 500 Francs ein), aber nur als Vorlage zum Libretto von Paul →Foucher und Bénédicte Henry Révoil für eine Vertonung von Louis →Dietsch. W. allerdings ließ sich nicht davon abhalten, in aller Eile auch selbst an die Vertonung seines Textes und die Komposition seines ersten →Musikdramas zu gehen, das im Gegensatz zur Oper des Franzosen noch heute im Spielplan der bedeutendsten Opernhäuser zu finden ist.

Valentino, H.
Pseudonym W.s für zwei Artikel aus Paris für die →*Neue Zeitschrift für Musik*.

Vecchio, Cecco del
Baßpartie in *Rienzi*; ein Schmied, Freund →Rienzis.

Vendramin-Kalergi, Palazzo
→Palazzo Vendramin-Kalergi

Venedig
Nach dem Eklat in →Zürich, als Minna Wagner ihrem Mann Eifersuchtsszenen wegen Mathilde →Wesendonck machte, sie selbst zur Kur nach Brestenberg reiste und die Wesendoncks nach Italien fuhren, während W. noch die Partitur zum I. Aufzug von *Tristan* vollendete, verließ W. im Aug. 1858 fluchtartig das →Asyl, reiste ebenfalls nach →Italien und kam in Begleitung von Karl →Ritter am 29. 8. erstmals in

Venedig an. Er suchte Stille und Vergessen (wie er am 14. 8. 1858 aus Genf an Wesendonck schrieb) in der damals zu Venetien – und damit zum österreichischen Staatsgebiet – gehörenden Lagunenstadt; den Erard-Flügel, den W. seinen »Schwan« nannte (der den armen Lohengrin, W. selbst, wieder heimführen sollte), wollte er sich nachschicken lassen. Am 30. 8. zog W. in den die venezianische Architektur repräsentierenden Wasserpalast des →Palazzo Giustiniani ein. Seine äußerlich abgebrochene Beziehung zu Mathilde setzte W. monologisch mit einem Tagebuch fort (in: Julius Kapp, *Richard Wagner an Mathilde und Otto Wesendonck. Tagebuchblätter und Briefe*, Leipzig 1915, S. 117): »Die zauberhafte Beschaffenheit des Ortes hält mich in einem melancholisch-freundlichen Zauber, der seine Macht noch immerfort wohltätig übt. Wenn ich des Abends eine Gondelfahrt nach dem Lido mache, umtönt es mich wie solch ein langgehaltener weicher Geigen-Ton, den ich so liebe, und mit dem ich Dich einst verglich«, vertraut W. seiner entfernten Geliebten an. Und am 12. 10. (ebd., S. 138) trägt W. ein: »Ich kehre nun zum ›Tristan‹ zurück, um an ihm die tiefe Kunst des tönenden Schweigens für mich zu Dir sprechen zu lassen.« In seiner beschaulichen Ruhe und Weiterarbeit an *Tristan* wurde W. dennoch von der österreichischen Polizei überwacht, wobei immerhin der polizeiliche Berichterstatter nach Wien beruhigend durchblicken ließ, daß seitens des sächsischen Kapellmeisters keine revolutionären Umtriebe zu befürchten seien. Vielmehr rissen sich die Militärkapellmeister, die den Meister mit Auskünften über seine Werke bedrängten, darum, W.s Ouvertüren für die beliebten Aufführungen auf dem Markusplatz ins Repertoire zu bekommen. In Wien allerdings hegte man plötzlich diplomatische Sympathie für den sächsischen König Johann und ordnete an, W. einer »schärferen Überwachung zu unterstellen«, was wiederum in Venedig nicht allzu ernst gehandhabt wurde. W. blieb den Winter über dort, las wiederum viel Arthur →Schopenhauer und beschäftigte sich gedanklich mit der »Überwindung des Schopenhauerschen Pessimismus« (→*Mein Leben*, S. 593): »Nebenbei griff ich zu meiner Stärkung, wie so oft schon, auch jetzt wieder zu einem Band *Schopenhauer*, dem ich mich von neuem innig befreundete, während mir sogar die erhebende Einsicht aufging, nach einer sehr wichtigen Seite hin, allerdings nur vermöge der von ihm selbst mir angegebenen Hilfsmittel, beängstigende Lücken seines Systems ergänzen zu können.« Am 18. 3. 1859 schloß W. die Partitur zum II. Aufzug von *Tristan* in Venedig ab, mußte dann aber wegen der drohenden Kriegsgefahr die Lagunenstadt am 24. 3. verlassen. – Seinen zweiten (nur viertägigen) Besuch in Venedig machte W., um sich mit den dort weilenden Wesendoncks zu treffen. Über Triest angereist, bezog W. ein Kämmerchen im Hotel

Danieli. Von Mathilde erbat sich W. den »Marienbader Meistersinger-Entwurf« zurück (den er der Freundin einst geschenkt hatte), denn nach einem ersten Besuch des Dogenpalastes angesichts von Tizians *Assunta* (1518) »beschloß [er] die Ausführung der ›Meistersinger‹«. Bereits auf der Eisenbahnfahrt zurück nach Wien hat W. nach seinen Ausführungen in *Mein Leben* (S. 684) dazu »mit größter Deutlichkeit den Hauptteil der Ouvertüre in C-dur« konzipiert. – Nach den ersten Bayreuther →Festspielen unternahm W. vom 14. 9. bis zum 20. 12. 1876 mit seiner Familie eine Erholungsreise nach Italien und erreichte am 19. 9. zum drittenmal die Lagunenstadt, wo er sich im »Hôtel de l'Europe« am Ausgang des Canal Grande einmietete, gegenüber der Kirche Santa Maria della Salute. Mit Cosima besuchte W. den Palazzo Giustiniani und die Galleria dell'Accademia mit Tizians *Assunta*. Aus Bayreuth erreichten W. die niederschmetternden Nachrichten vom Defizit von 120 000 Goldmark bei den ersten Festspielen. König →Ludwig II. tröstete den verkannten Meister und ermunterte ihn, in Italien sich neue Lebensgeister zu erwecken. Aus dem bankrotten Festspielunternehmen sollte ein Staatstheater gemacht werden, getragen durch eine Reichsstiftung, spekulierte W. in einem Konzept an Ludwig, als er bereits Anfang Okt. 1876 von Venedig nach Sorrent weitergereist war. – Der vierte Aufenthalt in Venedig kam auf der Rückreise von Süditalien zustande, wo W. bis Okt. 1880 acht Monate verbrachte, um die Vorarbeiten zur Instrumentation von *Parsifal* fortzusetzen. Man wohnte wiederum am Canal Grande, im →Palazzo Contarini delle Figure. Diesmal hatte sich Josef →Rubinstein der Familie W. als Begleiter im doppelten Sinne angeschlossen: als Reisebegleiter und Pianist. In Venedig entstand aber auch →*»Was nützt diese Erkenntnis?«* als Nachtrag zu der großen Schrift →*Religion und Kunst,* die gleichsam den Kommentar zum →Bühnenweihfestspiel liefert. Am 31. 10. reiste W. zu einem Zwischenaufenthalt nach →München weiter. Von dort kam die erleichternde Mitteilung, daß die Bayreuther Festspiele für 1882 mit der Uraufführung von *Parsifal* gesichert seien, da das Orchester und der Chor von München zur Disposition stünden. – Im Herbst 1881, genau am 1. 11., reiste W. erneut mit seiner Familie nach Italien, den noch nicht vollendeten *Parsifal* im Reisegepäck, und besuchte im darauffolgenden Frühjahr auf dem Rückweg vom 15. bis zum 29. 4. 1882 zum fünftenmal Venedig. Die Partitur von *Parsifal* war in Italien fertig geworden und nebenher sogar schon der zugehörige Klavierauszug von Rubinstein, der ebenso wie diesmal auch der Maler Paul von →Joukowsky die Familie begleitete. W. fühlte sich wohl in Venedig, trotz seiner häufiger auftretenden Herzattacken, wohnte diesmal im Hotel Danieli, sah sich aber bereits nach einer Wohnung für den Herbst um.

Abermals wird Tizians *Assunta* besichtigt; sie ruft Erinnerungen an Isolde/Mathilde hervor. Auf dem Markusplatz musizierten inzwischen nicht mehr österreichische, sondern italienische Militärkapellen, die er um die Ouvertüre zu Gioacchino →Rossinis Oper *La gazza ladra* (1817) bat. Es wurde viel gelesen und vorgelesen im Hotel, u. a. Carlo Graf →Gozzi, Sophokles, Homer, E. T. A. →Hoffmann, Iwan Turgenjew und ein Stück von Eugène →Scribe. – Das sechste und letzte Mal in Venedig erlebte W. nach den zweiten Festspielen in Bayreuth. »Dich, teure Halle, grüß' ich wieder!« rief W. aus, als er am 16. 9. 1882 den italienischen Salonwagen in Verona bestieg. W. freute sich auf Venedig. Er stieg zunächst im »Hôtel de l'Europe« ab und mietete sich am 18. 9. im →Palazzo Vendramin-Kalergi ein. W. fühlte sich wohl in der südländisch belebten Stadt, umgeben von uralten zeitlosen Kunstschätzen und immer stärker mit Erinnerungen aus der Kindheit und Jugendzeit beschäftigt. Cosima schwelgte im Glück, den angebeteten Gottmenschen W. gleich Semele vor Jupiter zu Lebensgenuß verhelfen zu dürfen, und ist gleichzeitig in Sorge, »daß die Welt nicht ihre Schatten auf uns werfe!«. Wie schon 1858 steht ein Komet über Venedig, den W. nachts mit Cosima besichtigt. Für Bayreuth wünschte sich W. die Aufführung aller seiner Werke, da sie an anderen Theatern nur erbärmlich realisiert würden. Franz →Liszt kam ein letztes Mal zu Besuch, wohnte in einem Teil von W.s Räumen, und neben herrlichen gemeinsamen Mußestunden lebte sich auch gegenseitiges Unbehagen aus. Am 13.1. 1883 reiste Liszt wieder ab. Für Heinrich von →Stein, der sich gerade in Jena habilitierte, hatte W. einst ein Vorwort für dessen Schrift *Helden und Welt* (Chemnitz 1883) versprochen, das er jetzt in Form eines Briefes schrieb. Dann begann er noch mit einer Schrift, die Fragment bleiben sollte: →*Über das Weibliche im Menschlichen*. König Ludwig bestand brieflich auf einer *Parsifal*-Aufführung in München, die er höchstens bis 1884 hinausschieben lasse. W. war empört und glaubte sich auch dieses Freundes ledig. Am 4.2. kam Hermann →Levi, um mit W. über die *Parsifal*-Aufführungen des kommenden Festspielsommers zu sprechen. Am Karneval ging W. mit seiner Familie und seinen Gästen noch auf die Piazza. Am Abend des 12.2. zeichnete Joukowsky W. beim Lesen von Friedrich de la Motte Fouqués *Undine* (Berlin 1811). Am nächsten Tag starb W. Am 16.2. wurde sein Leichnam in einer Barke auf dem Canal Grande zum Bahnhof gefahren.

Venus

Sopranpartie in *Tannhäuser*; römische Göttin der Liebe. Der Sänger der Liebe, →Tannhäuser, suchte bei ihr die Realisierung seiner künstlerischen Vorstellungen und macht sich dadurch moralisch an der christlichen Gesellschaft schuldig. Nach einer zeitlosen Weile des göttlichen Liebesgenusses verlangt es den Minnesänger jedoch wieder nach den herberen menschlichen Genüssen und Entsagungen, so daß ihn Venus nicht halten kann, zumal sie gegen ihre Gegenspielerin Maria in Tannhäusers Wünschen ausgespielt werden soll. Daß es Tannhäuser, am Ziel seiner asketischen Wünsche angelangt, bald wieder nach den Wonnen bei Venus verlangt, entspricht wohl menschlichen Bedürfnissen und überzeugt deshalb auch in der dramatischen Gestaltung trotz der extremen Situationen im Verhalten des Titelhelden. Obgleich Venus mit ihren Lockungen am Schluß zu obsiegen scheint, wird ihr, ähnlich wie in Johann Wolfgang von Goethes *Faust* (1808), durch jenen Gnadenakt der Sieg vereitelt, indem →Elisabeth den fürsprechenden Engel des gefallenen Helden darstellt und Tannhäuser, gleich Faust, erlöst wird.

Venusberg

Der szenische Ort des Venusbergs in *Tannhäuser* ist die amoralische Gegenwelt zur sittenstrengen der ritterlichen Minnesänger und damit gleichsam das in die Unterwelt, die Hölle, verlegte Heidentum antiker Gottheiten. Aus dieser Dialektik gewann W. die dramatischen Eckpositionen seiner Handlung und erfüllte gleichzeitig eine seiner wichtigsten Prämissen, im mythischen Stoff das die Menschen betroffen machende →Reinmenschliche mit musiktheatralischen Mitteln plausibel zu machen.

verdecktes Orchester
→mystischer Abgrund

Verlaine, Paul Marie
Geb. 30. 3. 1844 in Metz, gest. 8. 1.
1896 in Paris; Dichter. – Einer der
bedeutendsten Vertreter des französischen Symbolismus; gehörte mit
Théophile Gautier, Charles →Baudelaire und Stéphane →Mallarmé
zu den Dichtern des »Parnasse contemporain«, die dem L'art pour l'art
huldigten. Baudelaires Schwärmerei
für W. schlug sich in seinen musikalisch inspirierten Gedichten nieder,
von denen viele vertont wurden. Er
schrieb auch ein Sonett über *Parsifal.* – Werke: *Poèmes saturniens* (Paris 1866), *Fêtes galantes* (Paris 1869),
La Bonne chanson (Paris 1870), *Romances sans paroles* (Paris 1874).
Lit.: M. Müller, Musik und Sprache.
Zu ihrem Verhältnis im französischen Symbolismus, Diss. Bonn
1982

Verwandlungsmusik
Verwandlungsmusiken im Sinn von
musikalischen Überbrückungen
szenischer Wechsel auf der Bühne
komponierte W. schon im *Rheingold,* wo es beim Übergang von der
2. zur 3. Szene notwendig wird, daß
sich beim Niederfahren →Wotans
und →Loges von der Oberwelt nach
→Nibelheim das Bühnenbild grundlegend verwandelt und die Musik
das Geschehen tonmalerisch unterstützt: Die →Motive aus der Götterwelt werden allmählich abgelöst von
dem rhythmisch immer penetranter
sich in den Vordergrund drängenden
Nibelungenmotiv, das in einem Getöse von rhythmisch geschlagenen
Ambossen kulminiert. Umgekehrt
verläuft das szenische wie auch
musikalische Geschehen bei der
Verwandlung von der 3. zur
4. Szene, wobei sich beim Aufstieg
Wotans und Loges mit dem gefangenen →Alberich von Nibelheim zur
Oberwelt die scharfen Rhythmen
des Nibelungenmotivs immer mehr
verlieren und dem Klagemotiv
Alberichs dem Loge-Motiv Raum
geben. Diese wie die vorige Verwandlungsmusik gleichen symphonischen Dichtungen, die in Tönen die
szenische Verwandlung zu schildern
haben. – Im I. und III. Aufzug von
Parsifal werden zwei wichtige, das
→Bühnenweihfestspiel besonders
charakterisierende Szenen durch je
eine Orchestermusik gestaltet, die
nicht bloß Szenenübergänge überbrücken oder idyllische Instrumentaleinlagen darstellen, sondern das
Zentrum des Mysteriums mit Musik überhöhen, indem der äußerliche Anlaß des gemeinschaftlichen
Ganges zur Gralsburg in die Verwandlung der zum →Gral Berufenen als geistige Verwandlung zum
→Reinmenschlichen umschlägt. Die
Verwandlungsmusiken stellen gleichsam die Verinnerlichungen der
Beteiligten auf das zentrale Heilsgeschehen (und das bedeutet nicht weniger als die Erlösung der Menschheit) dar. Der Weg zum Gral ist
keine Wegstrecke, die lediglich zurückgelegt werden müßte, sondern
die Verwandlung des Menschen zu
einem Menschen der Zukunft,

einem neuen Adam, der alles All-
zumenschliche hinter sich gelassen
hat. Deshalb ist es besonders sinnvoll, daß W. dieses Geschehen nicht
durch szenische Ereignisse, sondern
durch Musikdramaturgie im ätheri-
schen Klanggeschehen sich manife-
stieren läßt.

Viardot-García, Pauline
Michelle Ferdinande
Geb. 18. 7. 1821 in Paris, gest. 18. 5.
1910 ebd.; Sängerin (Mezzosopran)
und Gesangspädagogin. – Sie war
Schülerin ihrer Eltern. Ihr Debüt
gab sie 1839 in London als Desdemona in Gioacchino →Rossinis
Otello (1816); danach machte sie
eine internationale Karriere und
lehrte zuletzt am Conservatoire in
Paris. Sie war mit dem Direktor des
Théâtre-Italien, Louis Viardot, verheiratet. W. bemühte sich um sie,
als er in seinem ersten vergeblichen
Anlauf, Paris für sein Werk zu
gewinnen, Lieder komponierte und
dafür berühmte Sänger und Sängerinnen suchte, die ihn bekannt
machen sollten. Die Sängerin zeigte
sich zwar von W.s Kompositionen
angetan, lehnte aber einen öffentlichen Vortrag der Lieder ab. Als W.
am 25. 1., 1. und 8. 2. 1860 drei Konzerte in Paris mit einem Defizit von
10 100 Francs bestritt, beglich Marie
Gräfin →Muchanoff die Schulden,
worauf sich W. mit einer Klavieraufführung des II. Aufzugs von *Tristan*
im Hause Viardot-Garcías, die die
→Isolde sang, revanchierte, während Karl →Klindworth eigens aus
London für den Klavierpart herbei-

geordert wurde. In einem Brief an
Friedrich Uhl in Wien schrieb W. am
18. 4. 1865 über die außerordentlich
großen Schwierigkeiten, geeignete
Sänger für die Aufführung von *Tristan* in →Wien zu bekommen, und
berichtete im Zusammenhang mit
Presseangriffen wegen der musikalischen Schwierigkeiten der Partitur:
»Eine französische Sängerin, allerdings Madame *Viardot*, drückte mir
eines Tages ihre Verwunderung darüber aus, wie es nur möglich wäre,
daß solche Behauptungen, irgend
Etwas sei nicht zu treffen und dergleichen, von uns gemacht werden
könnten: ob denn die Musiker in
Deutschland nicht auch musikalisch
wären?« Damit hatte die Sängerin
indirekt Partei für die zeitgenössische Kunst ergriffen und den Kritikern eine Lektion erteilt. Am 15. 11.
1863 war W. als Gast Gräfin Mu-
chanoffs in Baden-Baden, wo er
Viardot-García wiedertraf und deren Dichterfreund Iwan Turgenjew
kennenlernte.
Lit.: R. W., *Einladung zur ersten Aufführung von »Tristan und Isolde«. (An
Friedrich Uhl in Wien)*, in: SSD
Bd. 16, S. 32

Vierstimmige Doppelfuge C-Dur
(WWV 19B)
Komponiert im Herbst und Winter
1831/32 in →Leipzig. Das Werk entstand während des Unterrichts bei
seinem Lehrer Theodor →Weinlig;
eine Reinschrift des Originals ist erhalten; der Erstdruck erschien 1912
in der Zeitschrift *Die Musik*.
Lit.: WWV

Vierstimmige Vokalfuge
»Dein ist das Reich« (WWV 19A)
Komponiert im Herbst und Winter
1831/32 in →Leipzig; eine Reinschrift des Originals liegt im →Na-
tionalarchiv Bayreuth. Das Werk ist
1983 im Druck erschienen (Hänssler,
Neuhausen).
Lit.: WWV

Virtuos und der Künstler, Der
Geschrieben im Okt. 1840 in Paris
(→Frankreich) als Teil der Sammlung *Ein →deutscher Musiker in Paris.* W. versuchte mit diesem Aufsatz
kulturkritische Spekulationen in die
Öffentlichkeit zu bringen, indem er
in verschiedenen Varianten der
→Sage vom →Bergwerk zu Falun
seine eigenen Anschauungen entwickelte und später den Stoff in einem Opernentwurf dichterisch zu
gestalten suchte, ohne ihn jedoch
musikalisch auszuführen. Die Parabel deutet W. allegorisch, und er
sieht im verborgenen unterirdischen
Schatz der Sage »den Genius der
Musik«, der den Komponisten ent-
zünden solle, dessen Werke wiederum durch selbstlose Virtuosen
verlebendigt werden müssen, wobei
sich W. weltberühmter Sänger wie
Luigi Lablache, Giovanni Battista
Rubini, Giulia Grisi und Fanny Tacchinardi-Persiani erinnert, jedoch
auch ihnen anlasten muß, daß sie
nicht allzuoft den Schatz der Kunst
gehoben hätten. – In: GSD Bd. 1,
S. 207–222.

Vogelsang, Kunz
Tenorpartie in den *Meistersingern;*

Kürschnermeister und →Meister-
singer.

Vogl, Heinrich
Geb. 15. 1. 1845 in Au (heute zu
München), gest. 21. 4. 1903 in Mün-
chen; Sänger (Tenor) und Gesangs-
lehrer. – 1865 Mitglied der Hofoper
München; er sang den →Loge im
Ring der ersten Bayreuther →Fest-
spiele 1876.

Vokalfuge, Vierstimmige
→*Vierstimmige Vokalfuge*

Völker, Franz Friedrich
Geb. 31. 3. 1899 in Neu-Isenburg,
gest. 4. 12. 1965 in Darmstadt; Sän-
ger (Tenor) und Gesangslehrer. –
Zunächst war Völker Bankbeamter;
seine Stimme wurde von Clemens
Krauss entdeckt und in Frankfurt
a. M. ausgebildet. Sein Debüt gab er
1926 als Florestan in Ludwig van
→Beethovens *Fidelio* (1805) am
Opernhaus Frankfurt, dessen Ensemble er bis 1931 angehörte; 1931 –
35 war er Mitglied der Staatsoper
Wien; er trat erstmals 1931 bei den
Salzburger Festspielen auf. 1933 – 42
engagierte man ihn auch für die
Bayreuther →Festspiele, wo er große
Erfolge feiern konnte und besonders
als →Lohengrin bewundert wurde.

Volkshymne
→*Nikolai*

Völsungasaga
In diesem altnordischen Mythen-
buch wird die Geschichte des Hel-
dengeschlechts aus der germani-

schen →Sage der Völsungar oder Welsungen, dem auch →Siegfried angehörte, erzählt. W. hat sich mit diesen Quellen beschäftigt.

Vorspiel

Obgleich das Vorspiel in einem sehr allgemeinen Sinne als Vorbereitung zu einem folgenden Musikstück allen Musikkulturen in den verschiedenen Musikgattungen und durch die Zeitläufte hindurch eigen ist, wird es in einem terminologisch fest umrissenen Sinn für die Orchestereinleitung seit dem *Lohengrin* verwendet und im Gegensatz zur Potpourriouvertüre (→Ouvertüre) als fester musikdramatischer Bestandteil einem →Musikdrama vorangestellt. Der Zusammenhang zwischen Vorspiel und Handlung kann entweder als Eröffnung zur folgenden 1. Szene gestaltet sein (im Extremfall stellt der Vorabend *Rheingold* damit sogar das Vorspiel zum *Ring* dar), oder es kann die musikalischen Hauptgedanken (wie im Vorspiel, das allerdings von W. als »Einleitung« bezeichnet wurde, zu *Tristan*) musikdramaturgisch zusammenfassen oder schließlich (wie im Vorspiel zu *Parsifal*) thesenartig die Hauptmotive als Postulate erklingen lassen. Vorspiele sind seit W. nicht mehr wie die Ouvertüren auf den Beginn eines musiktheatralischen Werks beschränkt, sondern können auch die einzelnen Akte einleiten. Die Ablösung der Ouvertüre durch das Vorspiel geht Hand in Hand mit der Entwicklung von der Oper zum Musikdrama.

Wach-auf-Chor

In der 5. Szene des III. Aufzugs auf der →Festwiese in den *Meistersingern* bricht das gesamte Volk in einen Hymnus aus, dessen Text eine Dichtung des historischen Hans →Sachs ist: »Wach' auf, es nahet gen dem Tag, / ich hör' singen im grünen Hag / ein' wonnigliche Nachtigal, / ihr' Stimm' durchklinget Berg und Thal: / die Nacht neigt sich zum Occident, / der Tag geht auf von Orient, / die rothbrünstige Morgenröth' / her durch die trüben Wolken geht.« Bekannt ist, daß Sachs ein politisches Reformationslied gedichtet hatte und mit der Nachtigall Martin Luther meinte. Sachs' *Silberweise* ist Vorbild für Luthers *Ein feste Burg* gewesen und steht zumindest in geistiger Verwandtschaft zu W.s aufrüttelndem Chor. Seine musikdramatische Wirkung beruht auf dem unmittelbaren Klangkontrast von Orchesterhalt und einem gewaltig aufblühenden, klanglich ausladenden Chorakkord in weiter Lage, der aus hundert Kehlen dringt, feierlich-gemessen eine raffinierte Mischung aus →Choral und Volkslied darstellt sowie mit sorgsam gewählten Höhepunkten überzeugt; der Taktwechsel vom 4/4- zum 3/4-Takt sowie die gemessenen, stufenweisen Tonfortschreitungen tun ein übriges. Vor allem aber, daß der »Volksheld« Sachs mit dieser Hymne eine Auszeichnung wie sonst nur ein König erhält, macht die Situation so emotional geladen, daß man sich ihr nur mit Mühe entziehen kann.

Wächter, Johann **Michael**
Geb. 2. 3. 1796 in Nappersdorf (Niederösterreich), gest. 26. 5. 1853 in Dresden; Sänger (Tenor). – Bereits während des Studiums der Rechtswissenschaften in Wien sang Wächter in Chören mit und debütierte 1819 am Theater von Graz als Titelheld in Wolfgang Amadeus →Mozarts *Don Giovanni* (1787). Über das Stadttheater Preßburg, das Wiener Hoftheater und das Theater an der Wien kam er 1825 an das Königstädtische Theater Berlin und 1827 an die Hofoper Dresden, wo er bis zu seinem Tode geblieben ist. Neben seinen Darstellungen in anderen großen Opernrollen ist seine musikhistorische Bedeutung vor allem in der Mitwirkung bei den Uraufführungen von *Rienzi* am 2. 10. 1842 als Orsini und am 2. 1. 1843 als Titelheld im *Holländer* zu sehen, zumal letztere Aufführung von W. selbst dirigiert wurde. Seine Frau Therese sang in dieser Aufführung die Mary.

Wagner, Adolf
Geb. 15. 11. 1774 in Leipzig, gest. 1. 8. 1835 auf Gut Hohenthal; Privatgelehrter, Schriftsteller und Übersetzer. – W.s Onkel; er kannte Johann Wolfgang von Goethe noch persönlich und verkehrte im Jenaer Hause Friedrich von Schillers; unterhielt einen regen persönlichen Kontakt mit den beiden Romantikern Ludwig Tieck und Friedrich de la Motte Fouqué, dessen *Undine* (Berlin 1811) er als *Ondina* ins Italienische übersetzte. Ebenso hatte er Carlo Graf →Gozzis *Il corvo* (1761;

Der Rabe, Leipzig 1804) übersetzt. Seine Schrift *Theater und Publikum* (Leipzig 1823) beeindruckte W. sehr. Zuletzt übersetzte er Lord Byron und Robert Burns und gab Schriften von Giordano Bruno und Burns heraus. Auf W. machte er den Eindruck »des eigentlichen Freigeistes«.

Wagner, Albert
Geb. 2. 3. 1799 in Leipzig, gest. 31. 10. 1874 in Berlin; Sänger, Schauspieler und Regisseur. – Ältester Bruder W.s, verheiratet seit 1828 mit der Schauspielerin Elise Gollmann (→Wagner). Seine Erziehung genoß er auf der Meißener Fürstenschule; er studierte dann in Leipzig einige Zeit Medizin, anschließend in Dresden Gesang und widmete sich in Breslau, Würzburg und Halle der Sängerlaufbahn; mit seiner Tochter Johanna →Jachmann übersiedelte er später nach Dresden und Berlin, wo er unter Botho von →Hülsen als Regisseur tätig war. W. besuchte ihn 1833 in →Würzburg, wo er engagiert war, und W. eine Stelle als Chordirektor bekam. Später entfremdeten sich die Brüder, da Albert der revolutionären Gesinnung und dem extravaganten Lebenswandel seines Bruders keine Sympathie abzugewinnen vermochte.

Wagner, Clara
→Wolfram, Clara

Wagner, Francesca Gaetana **Cosima**
Geb. 24. 12. 1837 in Como, gest. 1. 4.

1930 in Bayreuth. – Tochter der Gräfin Marie d'→Agoult und Franz →Liszts. Sie wurde in Paris von zwei französischen Gouvernanten erzogen und heiratete am 18. 8. 1857 den Dirigenten Hans von →Bülow. Ihre Hochzeitsreise führte nach →Zürich zu W. Erste Annäherungen W.s an Cosima ergaben sich 1862 in Wiesbaden, →Biebrich und Frankfurt a. M. Bei einer Begegnung in Berlin kam auf einer Spazierfahrt am 28. 11. 1863 das »Bekenntnis, uns einzig anzugehören«, zustande. Der Bund des 24 Jahre auseinanderliegenden Paares wurde besiegelt, als W. von König →Ludwigs II. Gnaden 1864 im Haus →Pellet bei Kempfenhausen (am Starnberger See) wohnte, wo Cosima den Geliebten besuchte. Als W. nach →München zog, wurde für Cosima bereits ein eigenes Zimmer eingerichtet, damit sie sich als W.s »Sekretärin« nützlich machen konnte. Trotz heftiger intimer Auseinandersetzungen bei den Bülows wurde W.s Verhältnis mit Cosima vor dem König noch geheimgehalten, obgleich in München am 10. 4. 1865 mit Isolde (von →Bülow) das erste gemeinsame Kind des unverheirateten Künstlerpaars zur Welt kam. Entsprechende Gerüchte kursierten in München, wozu die großzügige finanzielle Unterstützung W.s durch den König und der politische Einfluß, den W. auf den König auszuüben versuchte, kamen, so daß W. aus München ausgewiesen werden mußte, um nicht eine Regierungskrise heraufzubeschwören. Als W.

sich daraufhin erneut in der →Schweiz, diesmal in →Tribschen, niederließ, folgte ihm Cosima wiederum; am 17. 2. 1867 gebar sie W. eine zweite Tochter, Eva (→Chamberlain). Nach einer gemeinsamen Reise im Sept. 1868 nach →Italien und ins Tessin übersiedelte Cosima am 16. 11. 1868 endgültig zu W. nach Tribschen, wo am 6. 6. 1869 W.s einziger Sohn, Siegfried →Wagner, geboren wurde. Der Tod Minna Wagners und Cosimas Scheidung von Bülow am 18. 7. 1870 eröffneten schließlich die eheliche Verbindung am 25. 8. 1870 in →Luzern. Noch bevor das Ehepaar nach →Bayreuth übersiedelte, hatte Cosima bereits die Diktate zu W.s Autobiographie →*Mein Leben* aufgenommen, dann selbst in detaillierten Aufzeichnungen →Tagebücher geführt und verstärkt W.s Korrespondenz übernommen. – Nach W.s Tod in →Venedig, den sie unmittelbar miterlebte, nahm sich Cosima immer zwingender der Fortsetzung der Bayreuther →Festspiele an und übernahm ab 1884 auch Regieaufgaben, stets im strengen Sinne W.s. Sie inszenierte 1886, im Jahr ihrer offiziellen Übernahme der Festspielleitung, *Tristan* nach der Münchener Uraufführung und 1888 ebenso die *Meistersinger* in Bayreuth, 1891 folgte *Tannhäuser* und 1894 *Lohengrin*, schließlich 1901 eine Neuinszenierung des *Holländers*, bevor sie im Dez. 1906 das Erbe an Siegfried abtrat, der die Festspielleitung offiziell 1908 übernahm. 1913 erhielt sie die Ehrendoktorwürde der Universität Berlin. Bis

1913 versuchte sie vergeblich, vom Reichstag eine »Lex Parsifal«, d. h. den Schutz des Werks für Bayreuth über die gesetzliche Schutzfrist hinaus, zu erwirken (alleiniges Aufführungsrecht von *Parsifal* in Bayreuth; →Parsifal-Schutz). Als »Herrin von Bayreuth« war sie eine respektierte Persönlichkeit; sie etablierte trotz großer Schwierigkeiten die Bayreuther Festspiele, die zwar noch nicht unter ihrer Leitung, aber bald danach Weltgeltung erlangten.

Wagner, Elise
Geb. Gollmann; geb. 25. 9. 1800 in Mannheim, gest. 30. 8. 1864 in Berlin; Schauspielerin. – Seit 1828 mit W.s Bruder Albert →Wagner verheiratet.

Wagner, Eva
→Chamberlain, Eva

Wagner, Familie
→Familie Wagner

Wagner, Franziska
→Ritter, Franziska

Wagner, Friedrich
Geb. 18. 6. 1770 in Leipzig, gest. 22. 11. 1813 ebd.; Polizeiaktuar. – W.s Vater; verheiratet seit 1798 mit Johanne Rosine Pätz (→Geyer); großer Theaterliebhaber und Schauspielerlaie, der auch selbst Theater spielte. Noch im Geburtsjahr W.s starb er nach der Völkerschlacht an Typhus.

Wagner, Gottlob Friedrich
Geb. 18. 2. 1736 in Müglenz (bei Wurzen), gest. 21. 3. 1795 in Leipzig; Steuereinnehmer. – W.s Großvater; verheiratet seit 1769 mit Johanna Sophia Eichel, der Tochter eines Schulhalters.

Wagner, Isolde
→Bülow, Isolde von

Wagner, Johanna
→Jachmann, Johanna

Wagner, Johanne Rosine
→Geyer, Johanne Rosine

Wagner, Julius
Geb. 7. 8. 1804 in Leipzig, gest. 29. 3. 1862 ebd.; Goldschmied. – Älterer Bruder W.s. Julius Wagner wurde in einem Dresdener Freimaurerinstitut erzogen; das Goldschmiedehandwerk erlernte er bei Karl →Geyer, dem Bruder seines Stiefvaters Ludwig →Geyer. Er machte eine Reise nach Paris und lebte bis zu seinem Tod viel im Haus seines Schwagers Friedrich →Brockhaus. Seine Geschwister setzten ihm aus eigenen Mitteln eine Rente aus, an der sich auch W. beteiligte, der ihn als Figur in seinem Stück →*Männerlist größer als Frauenlist oder Die glückliche Bärenfamilie* verwendete.

Wagner, Luise
→Brockhaus, Luise

Wagner, Minna Christine Wilhelmine
Geb. Planer; geb. 5. 9. 1809 in Oederan (bei Chemnitz; heute Karl-Marx-Stadt), gest. 25. 1. 1866 in

Dresden; Schauspielerin. – Seit dem 24. 11. 1836 mit W. verheiratet. Die erste zufällige Begegnung W.s mit der Schauspielerin ereignete sich 1834 in Bad →Lauchstädt gleich am ersten Tag seiner Berufung als Musikdirektor an das →Magdeburger Theater, das im Sommer in Bad Lauchstädt gastierte. Als W. der maroden Verhältnisse des Theaters wegen das Stellenangebot schon ablehnen wollte, aber Quartier für eine Nacht erbat, begegnete ihm just unter der Haustür die hübsche erste Liebhaberin der Theatertruppe, die im selben Haus wohnte. Offenbar stellte sie den Grund für W.s Gesinnungswandel dar, die ihm angebotene Leitung von Wolfgang Amadeus →Mozarts *Don Giovanni* (1787) doch noch anzunehmen. Zwar verhielt sich Minna reserviert und kühl, aber dieses Verhalten reizte W. um so mehr, sein Glück mit der vier Jahre älteren Schauspielerin zu versuchen. Sie galt damals schon einem Herrn von Otterstedt als versprochen, der sie auch malte, aber nicht heiratete, da er des Standes wegen in eine Vernunftheirat gezwungen wurde. Ihre schwere Jugend als Tochter des Mechanikers und ehemaligen Stabstrompeters Gotthelf Planer kulminierte zu allem Überfluß in einer Verführung des 15jährigen Mädchens durch den königlichsächsischen Gardehauptmann Ernst Rudolf von Einsiedel. Die Schwangerschaft mußte von der Mutter vor dem Vater verheimlicht werden, und das Kind Natalie (→Bilz) wurde zeitlebens als jüngere Schwester

Minnas ausgegeben; selbst in Minnas Testament wurde ihre »Schwester« zur Erbin eingesetzt. Trotz dieser Erfahrungen hat sich Minna dem Drängen des jungen Kapellmeisters keineswegs verweigert; gleichzeitig ließen weder sie noch er anderweitige Liebeshändel aus. Dennoch verlobte sich W. in der Nacht vom 3. 2. 1835 mit Minna Planer. Nachdem sich das Magdeburger Theater am 5. 5. 1835 wegen Verschuldung auflösen mußte, kehrte W., selbst stark verschuldet, in den Kreis seiner Familie zurück. Minna besuchte ihn drei Tage in →Leipzig und hoffte, bald erneut mit W. ein Engagement in Magdeburg antreten zu können, wo auch tatsächlich noch eine weitere Spielzeit angesetzt wurde. Minna jedoch suchte den Absprung an das Königstädtische Theater →Berlin, und W. schrieb leidenschaftliche Briefe, die mit Heiratsanträgen lockten. Minna gab zuerst nach, bewarb sich jedoch in →Königsberg, als das Magdeburger Theater erneut bankrott ging. Am 7. 7. 1836 reiste W. mit geliehenem Geld nach Königsberg, wo ihm sogar eine Anstellung in Aussicht gestellt wurde. Schon jetzt begannen heftige Streitereien, die das Leben dieser beiden ungleichen Menschen immmer mehr vergifteten und sie gleichzeitig aneinanderketteten. Die Hochzeit fand am 24. 11. 1836 in der Tragheimer Kirche statt. Am Abend davor erhielt W. ein Benefizkonzert mit Daniel François Esprit →Aubers *La Muette de Portici* (1828) zugesprochen, in der

Minna die pantomimische Rolle der Fenella übernahm. Seine Anstellung als Königsberger Musikdirektor erhielt W. erst am 1. 4. 1837. Minna hatte ihre Tochter wieder zu sich genommen, und die Ehe lief ziemlich schief. Minna drohte, ihren Mann zu verlassen, und brannte am 31. 5. 1837 mit dem Kaufmann Dietrich durch. W. eilte ihr mit Extrapost nach, derweil sich der Entführer aus dem Staub machte und W. seine Frau in →Dresden bei ihren Eltern aufspürte. W. beschwor sie, in die eheliche Gemeinschaft zurückzukehren, und versprach auch, seine bürgerliche Existenz zu sichern, indem er sogleich in Berlin mit dem Direktor des →Rigaer Theaters verhandelte und seine dortige Anstellung abschloß. Minna ging scheinbar auf W.s Vorstellungen ein und begleitete ihn aufs Land nach Blasewitz. Nach vier Wochen reiste sie unter einem Vorwand allein nach Dresden und brannte wiederum mit Dietrich durch, diesmal nach →Hamburg. Damit schienen für W. die Grenze des Erträglichen und das Ende seiner Ehe gekommen zu sein. Seinem Freund Louis →Schindelmeisser schrieb er am 12. 6. 1837, daß er die Scheidungsklage einreichen werde, die jedoch nicht nachzuweisen ist und auch nicht ausgesprochen wurde. W. hatte inzwischen seine Stelle in Riga angetreten, und Minnas Schwester Amalie führte ihm den Haushalt, als unerwartet ein Reuebrief Minnas eintraf und sie wieder aufgenommen wurde. Beim Intendantenwechsel in

Riga wurde 1839 Heinrich →Dorn als Nachfolger W.s bestimmt, der diesen fortan zu seinem Erzfeind erklärte und plante, Riga heimlich zu verlassen, um mit seiner Oper *Rienzi* in Paris (→Frankreich) groß herauszukommen. Die Flucht wurde zu einem Abenteuer, bei dem Minna wahrscheinlich eine Fehlgeburt erlitt. Die stürmische Überfahrt nach England als Holländer-Erlebnis war ein böses Omen für die nun folgenden Elendsjahre in Paris, die Minna mit aufopfernder Geduld durchstand; trotzdem machte sie bei den wenigen gesellschaftlichen Einladungen eine gute Figur. In der größten Not schrieb Minna nach W.s Diktat dramatische Briefe an Theodor →Apel nach Dresden, indem sie schilderte, daß ihr Mann im Schuldgefängnis säße, wofür aber keine Beweise erbracht werden konnten. Am 7. 4. 1842 verließ das hart geprüfte Ehepaar erfolglos und dennoch wehmütig Paris, sah auf der Rückreise zum erstenmal den Rhein und erlebte in der einzigen sonnenhellen Stunde den majestätischen Anblick der →Wartburg über →Eisenach. Man richtete sich bescheiden in der Dresdener Töpfergasse 6 ein. Mit finanzieller Unterstützung der Familie unternahm man wegen Minnas beginnendem Herzleiden eine Erholungsreise nach Böhmen. Mit dem unerwarteten Erfolg von *Rienzi* am 20. 10. 1842 in Dresden wurde W. über Nacht ein berühmter Opernkomponist. Die begehrte und zudem einträgliche Anstellung als königlich-sächsischer

Hofkapellmeister wurde am 2. 2. 1843 vertraglich festgelegt; Minna war stolz, entschädigt für alle früheren Entbehrungen. Da sie nunmehr oft auf Kuren weilte und das Eheleben erkaltete, stürzte sich W. zunächst in seine künstlerischen Phantasien, bald aber auch auf die revolutionären Ideen der 1848er-Bewegung. Minna sah diese Art von Ausschweifungen mit größtem Argwohn, obgleich sich die Ehe mit W. auch unter günstigen Umständen zur Dauerkrise entwickelte, wozu Minna freilich ihren Teil beitrug, da sie mehr auf das Ansehen als auf die künstlerische Entwicklung ihres Mannes Wert legte. Um so enttäuschter und nachtragender zeigte sich Minna nach dem Scheitern der Maiaufstände von 1849, die die steckbriefliche Verfolgung W.s (→Steckbrief) und seine Flucht ins →Exil auslösten. Minna glaubte, ihr Mann habe aus lauter Übermut ihr bürgerliches Glück zerstört, und schmollte erst eine Weile, bevor sie dem verbannten Gatten mit Tochter, Hund und Papagei Anfang Sept. 1849 in die →Schweiz folgte. Und sie ließ keinen Zweifel darüber aufkommen, daß sie sofort nach Dresden zurückkehren würde, falls W. sie finanziell schlecht behandelte. Am 17. 9. bezog die Künstlerfamilie eine Parterrewohnung der hinteren Escherhäuser am Zeltweg in der →Züricher Gemeinde Hottingen. Während eines neuerlich erfolglosen Besuchs in Paris 1850 mit Abstechern nach Bordeaux entspann sich W.s Abenteuer mit Jessie →Laussot,

das als Flucht mit ihr in den Orient geplant war, aber kläglich endete, nachdem Minna am 16. 4. bereits einen Abschiedsbrief erhalten hatte. Sie war wie vom Schlag gerührt und eilte nach Paris, wo sich W. durch seinen Freund Ernst Benedikt →Kietz verleugnen ließ, und kehrte unverrichteter Dinge nach Zürich zurück. Da Jessie absagte, mußte auch W. in die Schweiz zurückgehen, setzte sich aber, um Minnas Eifersuchtsszenen aus dem Weg zu gehen, zunächst nach Villeneuve am Genfer See ab. Hier besuchte ihn Julie →Ritter, der er sein Herz ausschütten konnte, und die ihm zur Rückkehr zu Minna riet. Nach gemeinsamen Wanderungen auf den Rigi verbrachte das Ehepaar den Tag der Uraufführung des von Franz →Liszt in →Weimar geleiteten *Lohengrin* im →Luzerner Hotel »Zum Schwanen«, wo W. das Geschehen in Weimar mit der Uhr und der Partitur in der Hand nachzuvollziehen suchte. Während W. ab dem 15. 9. 1851 in der Wasserheilanstalt Albisbrunn eine Kur antrat, bewerkstelligte Minna den Umzug in eine komfortablere Wohnung in die vorderen Escherhäuser. Um mit seiner Arbeit an der *Walküre* durch einen Ortswechsel besser voranzukommen, zog W. mit Minna am 12. 5. 1851 in die Pension Rinderknecht auf den Zürichberg um. Im Sommer 1852 unternahm W. eine Fußwanderung nach Oberitalien und ließ Minna mit der Postkutsche nach Lugano nachkommen. Dennoch verstärkte sich die innere Entfremdung der Eheleute immer mehr, je weiter W. seine künstlerischen Vorstellungen in Richtung des →Musikdramas vorantrieb. W. zog bald das Interesse kunstbeflissener Züricher auf sich, u. a. von Otto und Mathilde →Wesendonck, während Minna sich mit weiteren Kuren ablenkte. Außerdem unternahm sie 1854 eine mehrmonatige Reise nach Deutschland zu Verwandten. Daß W. den Umgang mit seiner Frau, der er durchaus Aufmerksamkeit und genug Geld zukommen ließ, auch in sein Werk einfließen ließ, zeigt ein Brief an Minna nach Sachsen, in dem er sie in Verbindung mit dem »Auftreten Frickas« bringt. Nicht ganz uneigennützig war Minnas Versuch, sich in Deutschland durch ein Amnestiegesuch beim König von Sachsen für ihren exilierten Mann einzusetzen, denn sie selbst wollte wieder in ihre Heimat zurück. Von seiner Konzertexpedition 1855 in →London wurde Minna in Briefen ausführlich in Kenntnis gesetzt. Wieder in Zürich angekommen und schon seit längerer Zeit von Otto →Wesendonck unterstützt, brach W. bei deren Besuch einen Streit vom Zaun, den Minna dieses Mal noch zu schlichten suchte. Freilich gelang es weniger ihrer Vermittlung als vielmehr dem *Ring,* Wesendonck zu versöhnen und den sinnvollen Einsatz seiner Mittel zu erkennen, so daß er sogar ein Grundstück neben seiner in Planung befindlichen Villa ankaufte und das darauf vorhandene Fachwerkhäuschen W. zur lebenslangen

Nutzung anbot: das →»Asyl«. Nach dem Einzug am 28. 4. 1857 verstärkte sich der vertrauliche Umgang W.s mit seiner schönen Nachbarin Mathilde, so daß Minnas Eifersucht bald lichterloh brannte. W. tat das seinige hinzu, indem er die Arbeit am *Ring* einstellte und statt dessen *Tristan* begann, dessen unverhohlene Huldigung an die Liebe mit Mathilde als Muse ihr nicht verborgen bleiben konnte, so daß der nächste größere Ehekrach vorprogrammiert war. In dieser Zeit ergab sich aber auch die einmalige Situation, daß anläßlich eines Besuchs von Cosima und Hans von →Bülow die drei für W.s Biographie so bedeutenden Frauen Minna, Mathilde und Cosima einträchtig beisammensaßen, ohne daß für irgendwen die Gefühlsbeziehungen durchschaubar gewesen wären, selbst für W. nicht. Während Minna in den Pariser Elendsjahren tapfer W. zur Seite gestanden und bitterste Not auf sich genommen hatte, konnte sie für W.s Eitelkeiten bei der Frauenwelt nicht das geringste Verständnis aufbringen und wurde im relativen Wohlstand zänkischer als früher. Außerdem inszenierte sie ihre Nachstellungen wegen Mathilde so ungeschickt, daß viele der prekären Situationen der Komik nicht entbehrten. Dennoch brachte sie es durch das Abfangen einer »Morgenbeichte«, die als briefliche Entschuldigung für Mathilde bestimmt war, fertig, den längst erwarteten Eklat herbeizuführen und die Trennung zu provozieren. Eine solche Entscheidung wollte sie jedoch nicht, da sie als geschiedene Frau einen sozialen Abstieg befürchten mußte. Sie ging nach Brestenberg zur Kur und kehrte am 15. 7. 1858 nach Zürich zurück, wo die nachbarlichen Verwirrungen nochmals geschlichtet werden sollten, jedoch ohne Erfolg. Am 17. 8. nahm W. Abschied von seinem Asyl, während Minna noch blieb, um den Haushalt aufzulösen und die Möbel zu verkaufen. Sie kehrte nach Dresden zurück, malte sich jedoch in ihrer Phantasie aus, wie ihr Mann nach seiner Rückkehr aus →Venedig nach Luzern bei Besuchen in der Villa Wesendonck dem Hausherrn Hörner aufsetzte. Statt dessen hielt W. zwar das Bild seiner *Tristan*-Muse stets im Gedächtnis, verkehrte mit Mathilde jedoch nur noch freundschaftlich, indem er sie vom kompositorischen Fortgang *Tristans* unterrichtete und auch schon Gedanken zu *Parsifal* preisgab. Als W. im Sept. 1859 einen erneuten Anlauf machte, seine Werke in Paris durchzusetzen, versprach er Minna, sie nach Paris nachkommen zu lassen, um seine Ehe wenigstens nach außen hin zu retten. Durch den Arzt Anton →Pusinelli ließ W. allerdings seine Bedingung geschlechtlicher Enthaltsamkeit übermitteln. Offenbar akzeptierend, traf Minna am 17. 11. 1859 mit Hund und Papagei in Paris ein, begann aber umgehend über den verschwenderischen Luxus zu zetern, den sich W. leistete. Nach seiner Teilamnestie konnte W. am 12. 8.

1860 seine Frau in Bad Soden besuchen. Er fuhr mit ihr am Tag darauf nach Frankfurt a. M. sowie über Darmstadt und Heidelberg nach Baden-Baden; mit dem Schiff ging es weiter nach Köln und zurück nach Paris. Minna hatte inzwischen durchgesetzt, daß W. in Paris eine preiswertere, kleinere Wohnung in der Rue d'Aumale nahm. Nach der skandalumwitterten Pariser Aufführung von *Tannhäuser* löste W. im Juli seinen Haushalt auf, und Minna ging nach Bad Soden zur Kur. Einen letzten Versuch ehelichen Zusammenlebens machte W., als Minna am 21. 2. 1862 ohne Ankündigung in →Biebrich auftauchte, wo sich W. inzwischen wegen des Verlags seiner *Meistersinger* angesiedelt hatte. Der Zufall wollte es, daß verspätete Weihnachtsgeschenke von »diesem Mistweibe« (wie Minna an ihre Tochter über Mathilde Wesendonck schrieb) aus Zürich eintrafen; außerdem sorgten die Nachrichten von August →Röckels Freilassung aus dem Zuchthaus Waldheim und Michail →Bakunins gelungener Flucht aus Sibirien für verbalen Explosivstoff. Die Reibereien waren so unerträglich, daß Minna am 3. 3. wieder abreiste und W. an Peter →Cornelius schrieb: »Es waren zehn Tage der Hölle.« Dennoch glaubte Minna, ihr Mann würde nach Dresden zurückkommen, und reservierte ihm ein Zimmer in ihrer Wohnung. Diese Hoffnung erfüllte sich nicht mehr, denn die letzte Begegnung der Eheleute anläßlich eines Konzerts am 1. 11. 1862 in Berlin mit

Werken von Wendelin →Weißhei-
mer, der auch das Vorspiel zu W.s
Meistersingern dirigierte, dauerte
nur wenige Stunden, verlief aber
ohne Streit. Mag man nun W. für
die häufigen Verbalauseinanderset-
zungen und auch für die oft darauf
folgenden Trennungen die Schuld
geben, den Vorwurf, seine Frau
finanziell vernachlässigt zu haben,
kann man ihm nicht machen, zumal
er von den unregelmäßigen und oft
genug geborgten Einkünften noch
Minnas mittellosen Eltern abgab.
Und als König →Ludwig II. seinen
Lieblingskomponisten so großzügig
wie einen Ministerialrat besoldete,
gab W. auch davon ein Viertel an
Minna weiter. Die Annäherung W.s
an Cosima bekam Minna nicht
mehr deutlich genug mit, zumal der
Briefkontakt zwischen ihr und ihrem Mann langsam versickerte und
W. ihre Briefe ab Anfang 1865 gar
nicht mehr las. Dennoch hat Minna
auf Anwürfe aus München, W.
würde seine Frau in Dresden dem
Elend aussetzen, während er selbst
aus Königs Gnaden im Luxus
schwelge, eine öffentliche Erklärung
entgegengesetzt, um der »Wahrheit
die Ehre« und ihrer Empörung über
die Verleumdungen Ausdruck zu
geben. Zwei Wochen nach diesen
letzten Aufregungen um W. erlag
Minna am 25. 1. 1866 einem Herzschlag. W. war gerade auf Reisen
und erfuhr in Marseille vom Tod
seiner Frau, so daß er nicht zum Begräbnis nach Dresden kommen
konnte.

Wagner, Moritz
Bergmann; lebte um 1600 in Freiberg; Urgroßvater von W.s Großvater Gottlob Friedrich →Wagner.

Wagner, Ottilie
→Brockhaus, Ottilie

Wagner, Rosalie
→Marbach, Rosalie

Wagner, Siegfried Helferich
Richard
Geb. 6. 6. 1869 in Tribschen (bei Luzern), gest. 4. 8. 1930 in Bayreuth;
Komponist, Dirigent und Regisseur.
– Der einzige Sohn W.s, noch vor
dessen Eheschließung mit Cosima
geboren, wurde von Anfang an für
das Erbe von →Bayreuth erzogen
und erhielt seine musikalische
Ausbildung bei Engelbert →Hum-
perdinck in Frankfurt a. M. und bei
Felix →Mottl in Karlsruhe. Wegen
seiner zeichnerischen Begabung
wollte er zunächst Architekt werden, entschied sich aber 1892 während einer Orientreise für die musikalische Laufbahn als Komponist
und Dirigent und dirigierte 1896
erstmals den *Ring* in Bayreuth. 1908
übergab Cosima offiziell ihrem
Sohn die Festspielleitung. Trotz der
undankbaren Aufgabe, als Sohn eines Genies das Erbe der →Festspiele
übertragen zu bekommen, konnte
sich Siegfried W. schnell sowohl die
Anerkennung der Festspielmusiker
als Dirigent und Festspielleiter
erwerben als auch allgemeine Anerkennung als Komponist von Mär-
chenopern in ganz Deutschland

verschaffen. Der Sohn W.s war klug genug, nicht in die Fußstapfen des Musikdramatikers zu treten, sondern er bewahrte sich mit selbstverfertigten Libretti zu seinen Opern eine kompositorische Originalität, die trotz der musikalischen Einflüsse seines Vaters doch mehr auf seinen Großvater Franz →Liszt zurückgreift. Als Regisseur war er der Mitbegründer sorgfältig geplanter Musiktheaterdramaturgie und setzte gezielte Lichtregie ein. – Werke: Opern *Der Bärenhäuter* (1899), *Herzog Wildfang* (1901), *Der Kobold* (1904), *Bruder Lustig* (1905), *Sternengebot* (1908), *Banadietrich* (1910), *An allem ist Hütchen schuld* (1917), *Schwarzschwanenreich* (1918), *Sonnenflammen* (1918), *Der Schmied von Marienburg* (1923), *Der Friedensengel* (1926), *Der Heidenkönig* (1933); symphonische Dichtungen *Sehnsucht* (1895) und *Glück* (1923); Scherzo für Orchester *Und wenn die Welt voll Teufel wär* (1923); *Violinkonzert* (1915); *Flötenkonzert* (1913); *Der Fahnenschwur* für Männerchor, Orgel und Orchester (1914); Kammermusik. – Schriften: *Erinnerungen* (Stuttgart 1923).
Lit.: L. Karpath, Siegfried Wagner, Leipzig 1902; C. F. Glasenapp, Siegfried Wagner, Berlin 1909; ders., Siegfried Wagner und seine Kunst, Leipzig 1911; P. Pretzsch, Die Kunst Siegfried Wagners, Leipzig 1919, Nachdruck Aachen 1980; R. Du Moulin-Eckart, Wahnfried, Leipzig 1925; O. Daube, Siegfried Wagner und sein Werk, Bayreuth 1925; ders., Siegfried Wagner und die

Märchenoper, Leipzig 1936; R. Eidam, Bayreuther Erinnerungen, Ansbach 1933; T. E. Reimers, Siegfried Wagner as Innovator, London 1972; P. P. Pachl, Siegfried Wagners musikdramatisches Schaffen, Tutzing 1979

Wagner, Adolf **Wieland** Gottfried Geb. 5. 1. 1917 in Bayreuth, gest. 17. 10. 1966 in München; Regisseur und Bühnenbildner. – Sohn Siegfried →Wagners. Das Studium der Malerei 1938–43 in München und der Musik seit 1940 bei Kurt Overhoff kam Wieland Wagners Aufgabe als Festspielleiter und Regisseur in Bayreuth sehr zugute. Seine ersten Bühnenbilder lieferte er jedoch 1935 für die Theater in Lübeck, Köln und Altenburg; erste Ausstattungen für *Parsifal* 1937 und für die *Meistersinger* 1943 legte Wieland als Kostproben seiner zukünftigen Tätigkeit in Bayreuth vor. Die Stunde, in die Fußstapfen seines Großvaters zu treten, kam jedoch erst nach dem Zweiten Weltkrieg, als Winifred →Wagner die Festspielleitung an ihre Söhne Wieland und Wolfgang →Wagner abgab und Wieland die Zeichen einer Neuorientierung mit der »Entrümpelung« der Inszenierung und des Bühnenbilds setzte. Für die ersten Nachkriegsfestspiele 1951 inszenierte er *Parsifal* in einer stilisierenden Weise, die bis 1966 im Festspielplan blieb und Festspielgeschichte machte. Diesen wie den Inszenierungen des *Rings* (1951–58), von *Tristan* (1952/53 und 1961/62 sowie 1964–66), der *Meistersinger*

(1956–61 und 1963/64), von *Lohengrin* (1958–60 und 1962) und des *Holländers* (1959–61 und 1965) wurde bald das Etikett →Neubayreuth angeheftet. Wieland W.s Regiearbeit gliedert sich in eine geometrische Phase, eine Periode der Signale und eine der Symbole, wobei das Bühnenbild stets Sinnbild und nicht mögliche Realität sein sollte. Der W.-Enkel führte außerdem auch in Stuttgart, München, Hamburg, Berlin, Frankfurt a. M. und Köln Regie.
Lit.: H.-J. Bauer, Wieland Wagner, in: Das große Lexikon der Musik, hrsg. v. M. Honegger u. G. Massenkeil, Bd. 8, Freiburg/Basel/Wien 1982

Wagner, Winifred
Geb. Williams; geb. 23. 6. 1897 in Hastings, gest. 5. 3. 1980 in Überlingen (Bodensee). – Ihr Vater war Schriftsteller und Journalist und starb bereits 1898. Die Mutter, E. F. Karop, war vor ihrer Heirat Schauspielerin und starb 1899. Die Vollwaise kam zuerst zu ihrem Großvater, dann nach Gotha zu einem Verwandten, schließlich wieder nach England in ein Waisenhaus. Neunjährig wurde sie zu deutschen Verwandten nach Eden (bei Oranienburg) gebracht, wo die Klindworths eine Obstbaumkolonie bewirtschafteten. Winifred blieb diesmal bei Karl →Klindworth und seiner Frau, die sie adoptierten. Durch Klindworth wurde die Zehnjährige in die Gedankenwelt W.s und Bayreuths eingeführt, und 1914 durfte sie erstmals mit in die Festspielstadt. Am

22. 9. 1915 wurde sie mit Siegfried →Wagner vermählt. Ihre vier Kinder sind Wieland, Friedelind, Wolfgang und Verena. Als Siegfried 1930 während der →Festspiele starb, hatte er testamentarisch seiner Frau die Festspielleitung als Vorerbin der Kinder mit der einzigen Bedingung übertragen, nicht wieder zu heiraten. Die Festspiele 1930 liefen so ab, wie sie Siegfried vorbereitet hatte. Der Generalintendant der preußischen Staatstheater Berlin, Heinz Tietjen, war in diesem Jahr bereits als Beobachter in Bayreuth und übernahm 1933–44 neben Winifred die künstlerische Leitung als alleiniger Regisseur. Winifreds Leitung deckt sich zeitlich ziemlich genau mit der Herrschaft des nationalsozialistischen Regimes; Adolf →Hitler war allerdings schon 1923 erstmals in Bayreuth gewesen. Wegen seiner Freundschaft mit Winifred kam er häufig zu den Festspielen; er wohnte dann im Siegfriedhaus neben →Wahnfried. Freizügig räumte Hitler Bayreuth künstlerische und politische Vorteile ein und übte erstaunlicherweise wenig propagandistischen Einfluß auf den künstlerischen Stil aus. Insgesamt aber bediente er sich der Festspiele als Hort arischer Kunstpflege und ordnete sogar bei Kriegsausbruch deren Fortführung an. Obgleich Winifred alle Fäden zur Organisation der Festspiele in Händen hielt und die wichtigsten Aufgaben geschickt delegierte, verstieg sie sich doch nie dazu, durch Regieführen frühere Familientraditionen aufzunehmen, die

mit Dilettantismus hätten erkauft
werden müssen.

Wagner, Wolfgang Manfred
Martin
Geb. 30. 8. 1919 in Bayreuth; Regisseur und Bühnenbildner. – Sohn
Siegfried →Wagners. Sein künstlerisches Handwerk lernte er an der
Berliner Staatsoper bei Heinz Tietjen. Mit seinem Bruder Wieland
→Wagner übernahm er 1951 die Leitung der →Festspiele in Bayreuth; er
konzentrierte sich zunächst auf die
weniger spektakuläre, aber nicht
weniger wichtige Aufgabe des Fi-
nanzwesens. Er inszenierte 1953
Lohengrin, 1955 den *Holländer,* 1957
Tristan und 1960 den *Ring.* Der unerwartete Tod seines Bruders legte
ihm die alleinige Festspielleitung
auf, so daß er verstärkt Regie führen
mußte: 1967 *Lohengrin,* 1968 und
1981 die *Meistersinger,* 1970 den
Ring und 1975 *Parsifal.* Gastregie
führte Wolfgang W. 1955 in Braunschweig, 1956 in Rom, 1957 in Venedig und Bologna, 1962 in Palermo
und 1978 in Mailand. In seinen Re-
giekonzepten versucht er Symbol-
haftes mit menschlicher Wirklichkeit zu verbinden.
Lit.: O. G. Bauer, Wolfgang Wagner.
Arbeitsprinzipien eines Regisseurs,
München 1979; H.-J. Bauer, Wolfgang Wagner, in: Das große Lexikon
der Musik, hrsg. v. M. Honegger u.
G. Massenkeil, Bd. 8, Freiburg/Ba-
sel/Wien 1982

Wagnerianer
Der Name war zunächst bezogen
auf eine kleine Gruppe von direkten
Freunden und Mitarbeitern W.s in
→Bayreuth, die speziell in der →Ni-
belungenkanzlei beschäftigt waren.
Die Zahl der W.-Anhänger ver-
größerte sich besonders unter dem
Druck von Gegenparteien sehr
rasch; sie formierten sich zu En-
thusiastenzirkeln, die, keineswegs
musikalisch besonders vorgebildet,
als Parteigänger sich sehr bald in
den →Wagner-Vereinen zusammen-
schlossen. Sie verstanden (und verstehen sich bis heute) als Gralshüter
des Werks von Bayreuth und versuchten immer wieder, besonders
bei unkonventionellen →Inszenie-
rungen von W.s →Musikdramen,
sich lautstark gegen »Entstellungen«
auf der Bühne zu artikulieren. Cosima Wagners Definition des Wag-
nerianers beinhaltet zwar den Typus
des kunstverständigen Menschen,
der sich aus einer Oper nicht nur
genüßlich die melodischen Rosinen
herausholt, als sie schrieb, daß
»man Wagnerianer diejenigen nennen darf, welche ihm überall folgen
zum Unterschied von denen, welche: O Du mein holder Abendstern,
Leb wohl mein lieber Schwan, Ja die
Träume und das Schusterlied mögen«, aber eben doch eine Bedin-
gungslosigkeit in der Gefolgschaft
meint, die der Kritik der Skeptiker
verstärkt ausgesetzt war. W. selbst
ging viel pragmatischer, nichtsdestoweniger genauso ironisch wie
seine Frau Cosima mit dem Begriff
um, als er in einem Aufsatz
(→*»Wollen wir hoffen?«,* S. 168f.) bemerkte: »Meine Schüler hätte man

demnach alle mit Gehalten und Leibrenten ausstatten müssen, um sie zu dem Wagniß zu bewegen, als ›Wagnerianer‹ sich brodlos zu machen. Hierfür bedürfte es also immer wieder Geld, ja sehr viel Geld, genau genommen so viel um alle Konzertinstitute und Operntheater auszuhungern. Wer mag sich auf so grausame Dinge einlassen? Dort liegt mein Schuldgedanke, hier stehe ich im Angesichte meines sieben und sechzigsten Geburtstages, und bekenne, daß das: ›Allein ich will!‹ mir immer schwerer fällt.« Nicht nur als eingetragene Vereine wie die »Gesellschaft der Freunde von Bayreuth«, sondern auch in Interessengruppen werden bis heute die Angelegenheiten W.s (oder was man dafür hält) mit Nachdruck vertreten.

Wagnerismus

In den mitteleuropäischen Sprachen hat sich dieser Begriff verfestigt, um ein Phänomen zu etikettieren, das in die 6oer Jahre des 19. Jh.s zurückreicht und seinen Höhepunkt in den letzten drei Jahrzehnten erlebte. Obgleich auf emphatischem Wagnerianertum erwachsen, setzt sich der Wagnerismus doch entschieden von jenem ab und ist als Reaktion auf die im 19. Jh. weit verbreitete W.-Feindschaft entstanden. Das Ursprungsland ist →Frankreich und der Anfang bei Charles →Baudelaire zu suchen, der am 1. 4. 1861 in der *Revue européenne* den Artikel *Richard Wagner et Tannhauser à Paris* veröffentlichte, eine Kampfschrift gegen die Banausen, die aus der Pariser Erstaufführung von *Tannhäuser* einen denkwürdigen Theaterskandal machten. Baudelaire schämte sich dieser Verblendung seiner Landsleute, verband aber die Polemik gegen die W.-Gegner mit der eigenen Ästhetik zu W.s Werk. Diese ersten Dokumente des »wagnérisme« ergänzten sich später mit den umfangreichsten, 1865 – 76 in der in Paris erscheinenden Zeitschrift *Revue wagnérienne*. Algernon Charles Swinburne, Stéphane →Mallarmé, Paul →Verlaine, René Ghil, Joris-Karl Huysmans, Gérard de Nerval und Philippe Auguste Graf von Villiers de l'Isle-Adam sowie Catulle →Mendès, der mit einer berühmten Wagnerianerin, Judith →Gautier, verheiratet war, gestalteten die französische W.-Zeitschrift, die von Houston Stewart →Chamberlain initiiert und von Edouard Dujardin begründet wurde. Den Autoren ging es vor allem um literarische, nicht musikalische Auseinandersetzungen um W. In England gab es unter dem Schlagwort »wagnerianism« 1888 – 95, möglicherweise von der *Revue wagnérienne* angeregt, eine ähnliche Bewegung mit dem Organ *The Meister*, in Italien erschien 1893 – 95 die *Cronaca wagneriana*. Der Wagnerismus und →Bayreuth hatten allerdings nichts miteinander zu tun, denn so suspekte Erscheinungen wie »décadence« hatten in den →*Bayreuther Blättern* keinen Platz.

Wagner-Nachfolge

Es wäre verfehlt, die Opernkomponisten zu W.s Lebzeiten und danach, die sich mehr oder weniger ernsthaft mit dessen Riesenwerk auseinanderzusetzen hatten und zweifellos auch davon beeinflußt wurden, in einer einzigen Gruppe von Epigonen zusammenfassen zu wollen. Schon im 19. Jh. hatte sich W. als »herausragender Außenseiter« (Carl Dahlhaus) profiliert und den »Typus des heroisch-mythischen Musikdramas« in einer Vollendung verwirklicht, daß z. B. einem Engelbert →Humperdinck nur das Ausweichen in die Märchenoper blieb, die von dessen Schüler, W.s Sohn Siegfried →Wagner, aufgegriffen und weitergeführt wurde, während u. a. W.s Freund Peter →Cornelius und später Hugo Wolf sich in die komische Oper flüchten mußten. In Italien, wo sehr bald der Verismo als Gegenströmung zum →Musikdrama aufkam, und in Frankreich, wo sich W.s Einfluß mehr in der Literatur als in der Opernmusik niederschlug, ging es trotz W. darum, die Kantabilität der Opernmelodie zu retten und weiterhin die Musik in der Oper (im Gegensatz zu W.s Musikdramen) für eine unmittelbare Präsenz der Gefühle verfügbar zu halten. Bewirkte die kritische Auseinandersetzung mit W.s Musikdrama bis hin zu Claude →Debussy, Béla Bartók, Igor Strawinsky und den zeitgenössischen Komponisten musiktheatralischer Werke einen für die Geschichte des Musiktheaters fruchtbaren Weg beständiger Neuerungen, so sind andererseits die Bühnenwerke der das Musikdrama W.s

nachahmenden Komponisten wie Joseph Huber, Hans Sommer, Max Zenger, August Bungert, August Klughardt, Cyrill Kistler und Heinrich Zöllner in Vergessenheit geraten; Karl Goldmark und Felix →Draeseke konnten sich mit ihrem ausgeprägten Personalstil etwas besser behaupten, sind aber mit ihren Opern dennoch selten auf den Spielplänen vertreten. W.s Einfluß wirkte sich aber auch bis in die bedeutenden Bühnenwerke von Richard Strauss und Hans Pfitzner aus, die wiederum die »Symphonisten« Paul Graener, Max von Schillings, Emil Nikolaus von Reznicek, Franz Schmidt, Erich Wolfgang Korngold, Ferruccio Busoni, Franz Schreker u. a. im Schlepptau nach sich zogen.

Wagnertuba
Für sein *Ring*-Orchester hat W. ein Waldhorn so umbauen lassen, daß es eine weitere Mensur, keine kreisrunde, sondern eine ovale Form mit einer stark erweiterten Schlußwindung, eine weniger ausgeprägte Stürze und vier Ventile bekam; es läßt sich auch als Baßhorn bezeichnen.

Wagner-Vereine
Mit den von W. selbst ins Leben gerufenen Patronatvereinen (→Patronatscheine), die bis 1878 in 70 Städten des In- und Auslands zur finanziellen Unterstützung der →Festspiele von Bayreuth tätig waren, wurde bereits das Fundament für die daraus sich entwickelnden

W.-Vereine gelegt. Das Verdienst, 1871 in seiner Heimatstadt den ersten regulären W.-Verein gegründet zu haben, kommt dem Mannheimer Musikalienhändler Emil →Heckel zu. Eine Reihe von anderen deutschen Städten folgte diesem Beispiel, u. a. 1872 Mainz. Insbesondere aber in Leipzig, Berlin, Frankfurt a. M., München und Wien hatten sich bald W.-Vereine zum Zweck einer Unterstützung der Bayreuther Festspiele konstituiert, die ihre Aufgabe mit den Festspielen im Sommer 1876 als erfüllt ansahen. Dennoch meldeten sich sogleich weiterführende Interessen zur Neubelebung und Verbreitung von W.s Kunstwerken, so daß in Leipzig die Vorstände des Vereins bereits am 19. 11. 1876 wieder zusammentraten, W.-Veranstaltungen anregten und Mitglieder warben. In Berlin konstituierte sich ein W.-Verein (zunächst noch als Patronatsverein) am 28. 9. 1877, der sich ebenfalls Vorträge und Musikveranstaltungen zur Aufgabe setzte und ab 14. 10. 1877 mit neuen Statuten als »Wagner-Verein zu Berlin« firmierte; bereits ein Jahr später zählte er 250 Mitglieder. Desgleichen erging am 7. 4. 1877 an die Frankfurter Bürger ein Aufruf zur Bildung eines W.-Vereins, dem bereits am 20. 4. 116 Mitglieder beigetreten waren; auch hier wurden zahlreiche informative und musikalische Veranstaltungen organisiert. Bis auf den heutigen Tag sind die W.-Vereine hochaktiv und nach wie vor mit dem Werk von Bayreuth aufs engste verbunden.

Wahlspruch für die deutsche Feuerwehr (WWV 101)

Lied für Männerchor in G-Dur; Text von Franz Gilardone, Beginn: »Treue sei unsre Zier«; komponiert Anfang Nov. 1869 in →Tribschen. Der Erstdruck erschien 1870 (Speyer) im *Allgemeinen Commersbuch für die Deutsche Feuerwehr*.
Lit.: WWV

Wahnfried, Haus

Als sein erstes eigenes Haus, das allerdings zum großen Teil von König →Ludwig II. finanziert wurde, konnte W. nach 60 Jahren der Unrast die Villa Wahnfried in →Bayreuth, die er weitgehend nach eigenen Plänen gestalten ließ, am 28. 4. 1874 mit seiner Familie beziehen. Das Motto »HIER WO MEIN WÄHNEN FRIEDEN FAND – / WAHNFRIED / SEI DIESES HAUS VON MIR BENANNT« ließ W. nach seinem Einzug in die Stirnseite seines neuen Heims einmeißeln, außerdem ein Sgraffito von Robert Krauße mit einer Szene, die nach W.s eigener Mitteilung das →»Kunstwerk der Zukunft« darstellen soll, darüber anbringen. – Architektonisch wurden zwei große Säle hervorgehoben, eine als Musikraum gedachte Halle durch alle Geschosse bis zum Oberlicht unter dem Glasdach und ein 100 Quadratmeter großer Saal als Wohnzimmer und Bibliothek mit einer Rotunde zur Gartenseite. In Zwischengeschossen verbergen sich Bäder-, Ankleide-, Kinder- und Schlafzimmer, die heute alle zu Museumsräumen umgestaltet sind.

Mit der Planausgestaltung beauftragte W. den prominenten Berliner Architekten Wilhelm Neumann, der allerdings von dem Bayreuther Bauunternehmer Carl Wölfel abgelöst wurde. Für die Innengestaltung der Halle und des Saales war der Münchener Bildhauer Lorenz Gedon gewonnen worden. Als Bauwerk im Stil der Neurenaissance hat Wahnfried zwar keine Bedeutung, es ist jedoch kunsthistorisch in die Gattung der Künstlervillen aufzunehmen, die im 19. Jh. das gestärkte Selbstbewußtsein und den wachsenden Geniekult in der Öffentlichkeit zum Ausdruck brachten. Für Cosima war das herrschaftliche Haus ihr Walhall, dem W. selbst aber immer häufiger wegen des rauhen fränkischen Klimas nach →Italien zu entfliehen suchte. Dennoch blieb Wahnfried für die →Festspiele gleichsam die Organisations- und Befehlszentrale sowie der gesellschaftliche Mittelpunkt für zahlreiche Prominentenempfänge aus Kunst, Politik und Wirtschaft. Im Garten der Villa befindet sich das Grab W.s und Cosimas. – Im Zweiten Weltkrieg wurde Wahnfried durch eine Bombe teilweise zerstört; nach 1949 provisorisch wiederaufgebaut, diente es als Wohnung für Wieland →Wagners Familie bis zu dessen Tod 1966. Am 24. 4. 1973 ging das gesamte Anwesen laut einer Schenkungsurkunde in den Besitz der Stadt Bayreuth über. Bald wurden umfangreiche Restaurierungsmaßnahmen eingeleitet und Wahnfried zum W.-Museum umgestaltet. Am 24. 7. 1976 konnte im 100. Jahr der Festspiele das wiederaufgebaute Haus Wahnfried seiner neuen Bestimmung übergeben werden.

Wahnfried-Bibliothek

Nachdem W. seine →Dresdener Bibliothek nach seiner Flucht aus →Dresden als Schuldsicherung seinem Schwager Heinrich →Brockhaus überlassen mußte und zeitlebens nicht wieder in ihren Besitz kam, baute er sich in →Bayreuth eine zweite Bibliothek von rund 2 500 Bänden auf, die auf drei Seiten des Saales untergebracht sind. Die Bibliothek zeugt von W.s großem Bildungshorizont, indem sie die wichtigsten griechischen und römischen Klassiker genauso wie indische, arabische, spanische, englische, französische und deutsche Literatur enthält. Großen Raum nehmen sagengeschichtliche Werke ein; desgleichen sind die Musikalien sehr umfangreich und reichen von Ausgaben Johann Sebastian →Bachs und Ludwig van →Beethovens über Werke von Wolfgang Amadeus →Mozart, Carl Maria von →Weber und Christoph Willibald →Gluck bis zu Partituren von Felix →Mendelssohn Bartholdy. Besonderen Wert legte W. auf kostbare Ledereinbände, die freilich nie bloß bibliophile Schauobjekte schmückten, sondern vielgelesene Bücher. »Ich lese immer nur Schiller und Goethe, wie ein gebildeter Gymnasiast«, schrieb W. z. B., als er 1867 die *Meistersinger*-Partitur vollendet hatte, an Mathilde →Maier. Auch die Wahnfried-Bibliothek hat wie die Dresdener eine wahre Odyssee hinter sich bringen müssen, ehe sie wieder zurück an ihren angestammten Platz kam. 1945 wurde sie von den Amerikanern beschlagnahmt, abtransportiert und schien spurlos verschwunden. Eines Tages wurde Winifred →Wagner auf ihren Standort im Keller eines fränkischen Schlosses aufmerksam gemacht. Nach umständlichen Verhandlungen erhielt sie die Bücher ausgeliefert, die erst einmal provisorisch untergebracht werden mußten, um schließlich wieder in →Wahnfried zu landen.

Wahnmonolog
Da sich in der Figur des Hans →Sachs in den *Meistersingern* ohne Zweifel autobiographische Züge W.s niedergeschlagen haben, ist besonders in dessen Ansichten W.s Philosophie erkennbar. Sachs, der »Regisseur« auf der Bühne, hatte sich schon durch den Duft des Flieders im →Fliedermonolog zu schwerwiegenden Gedanken hinreißen lassen und weiß in seinem Schlußmonolog nicht nur die Meister auf der Bühne zu versöhnen und die Bürger Nürnbergs zu begeistern, sondern auch das Auditorium in Hochstimmung zu versetzen. Kurz bevor Sachs mit Walther von →Stolzing am Ende der 1. Szene im III. Aufzug das »Meisterlied« erarbeitet, gerät der Schuster in tiefes Grübeln und versucht in einem wortgewaltigen Monolog die Geschehnisse zusammenzufassen: »Wahn, Wahn! / Überall Wahn! / Wohin ich forschend blick' / in Stadt- und Welt-Chronik, / den Grund mir aufzufinden, / warum gar bis auf's Blut / die Leut' sich quälen und schinden / in unnütz toller Wuth! / Hat keiner Lohn / noch Dank davon: / in Flucht geschlagen, / meint er zu jagen; / hört nicht sein eigen / Schmerz-Gekreisch', / wenn er sich wühlt in's eig'ne Fleisch, / wähnt Lust sich zu erzeigen. / Wer giebt den Namen an? / 's bleibt halt der alte Wahn, / ohn' den nichts mag geschehen, / 's mag gehen oder stehen: / steht's wo im Lauf, / er schläft nur neue Kraft sich an; / gleich wacht er auf, / dann schaut wer ihn bemeistern kann!– / Wie friedsam treuer Sitten, / getrost in That und Werk, / liegt nicht in Deutschlands Mitten / mein liebes Nürenberg! / Doch eines Abends spat, / ein Unglück zu verhüten / bei jugendheißen Gemüthen, / ein Mann weiß sich nicht Rath; / ein Schuster in seinem Laden / zieht an des Wahnes Faden: / wie bald auf Gassen und Straßen / fängt der da an zu rasen; / Mann, Weib, Gesell' und Kind, / fällt sich an wie toll und blind: / und will's der Wahn geseg'nen, / nun muß es Prügel reg'nen, / mit Hieben, Stöß' und Dreschen / den Wuthesbrand zu löschen. – / Gott weiß, wie das geschah? – / Ein Kobold half wohl da! / Ein Glühwurm fand sein Weibchen nicht; / der hat den Schaden angericht'. / Der Flieder war's: – Johannisnacht. – / Nun aber kam

Johannis-Tag: – / jetzt schau'n wir, wie Hans Sachs es macht, / daß er den Wahn fein lenken mag, / ein edler Werk zu thun; / denn läßt er uns nicht ruh'n, / selbst hier in Nürenberg, / so sei's um solche Werk', / die selten vor gemeinen Dingen, / und nie ohn' ein'gen Wahn gelingen.« In konzentrischen Kreisen bewegen sich Sachs' Gedanken vom allgemeinen undurchschaubaren menschlichen Treiben auf die konkreten Ereignisse in seiner unmittelbaren Umgebung zu, die sich, wie von unsichtbaren Fäden gezogen, einfach ereignen und doch beeinflußbar sind. Den Grund für den Tumult in Nürnbergs nächtlichen Gassen drückt Sachs mit dem poetischen Bild vom Glühwurm aus, der sein Weibchen nicht fand:»der hat den Schaden angericht'«. Die Gefühlsentladung der von der Zunft reglementierten Gesellschaft war gleichsam eine kollektive Eruption der menschlichen Natur, die, bei Lichte besehen, am Johannistag von Sachs wieder in geordnete Bahnen gelenkt werden muß.

Wala
Ein anderer Name für →Erda.

Waldvogels, Stimme des
Kleine Sopranpartie in *Siegfried*; unsichtbare Rolle hinter der Bühne. Als →Siegfried vom Blut des Drachen genossen hat, versteht er plötzlich die Sprache des Waldvogels, der mit Hilfe der Sopranstimme auch dem Publikum verständlich gemacht werden muß. Der Waldvogel warnt Siegfried vor dem Mordanschlag →Mimes, veranlaßt ihn, den →Ring und den →Tarnhelm aus der Höhle des Drachen zu holen, und zeigt ihm den Weg zum Brünnhildenfelsen.

Waldweben
Nachdem →Mime seinen Zögling →Siegfried im II. Aufzug von *Siegfried* zur Höhle →Fafners geleitet hat, um ihn das Fürchten lernen zu lassen (wie er sagt; aber insgeheim mit Siegfrieds Hilfe in den Besitz des →Ringes kommen will), legt sich der Held unter eine Linde und denkt über seine Eltern nach, die er nicht kennt, obgleich Mime sich früher als sein Vater ausgegeben hatte. Siegfried sinniert: »Daß der mein Vater nicht ist, / wie fühl' ich mich drob so froh! / Nun erst gefällt mir / der frische Wald; / nun erst lacht mir / der lustige Tag, / da der garstige von mir schied, / und ich gar nicht ihn wiederseh'!« Weiter fragt sich Siegfried, während ein wunderbares musikalisches Idyll mit dem Motiv des Waldwebens, ein →Naturbild von bezaubernder Gelöstheit, erklingt, nach dem Aussehen seines Vaters und seiner Mutter und weiter: »Sterben die Menschenmütter / an ihren Söhnen / alle dahin?« Die Sehnsucht nach der Mutter löst Liebesgefühle bei Siegfried aus, die sich musikalisch im Liebessehnsuchtsmotiv niederschlagen, bis Siegfried auf die Stimme des →Waldvogels aufmerksam wird, ihm mit seinem Horn antwortet und unvermutet den Drachen weckt.

Walhall

Die von den Riesen →Fafner und →Fasolt errichtete Götterburg sollte zunächst mit →Freia bezahlt werden. Da sie jedoch →Wotan dann doch nicht feil ist, zumal der Genuß ihrer Äpfel den Lichtalben ewige Jugend garantiert, muß nach Ersatz gesucht werden. →Loge spürt →Alberichs Hort auf, der durch List geraubt und den Riesen übereignet wird. Walhall ist jedoch nicht nur ein Machtsymbol, sondern auch das mit Hausrat angefüllte Heim, das →Fricka wünscht, um ihren unsteten Gatten Wotan zu domestizieren.

Walküre, Die

1. Tag des →*Rings des Nibelungen.*

Walküren

Sopran-, Mezzosopran- und Altpartien im *Ring;* Töchter →Wotans, die für den das Ende der Götter befürchtenden Lichtalben menschliche Helden als Kämpfer nach →Walhall bringen sollen. Namentlich sind es: →Brünnhilde, →Gerhilde, →Grimgerde, →Helmwiege, →Ortlinde, →Roßweiße, →Siegrune, →Schwertleite und →Waltraute.

Walkürenritt

Das Vorspiel zum II. Aufzug der *Walküre* mündet direkt in den scharf rhythmisierten Walkürenritt, der das Tongemälde eines imaginären szenischen Ereignisses, das nur filmisch realisiert werden könnte, darstellt: Die berittenen Walküren jagen durch die Luft und versammeln sich waffenstarrend auf einem Felsjoch. Am Anfang dieser »Filmmusik« steht noch das Hunding-Motiv im Widerstreit zum Walkürenmotiv, das schließlich dominiert. Aus ihm bricht dann →Brünnhildes Walkürenruf hervor, als einer der schwierigsten Auftrittsgesänge der Opernliteratur.

Wälse

Ein angenommener Name →Wotans, als er →Siegmund zeugte, dessen Familienname also Wälse ist. W. entnahm ihn der →Völsungasaga.

Walther von der Vogelweide

Tenorpartie in *Tannhäuser;* Ritter und Minnesänger, der zum Sängerwettstreit auf der →Wartburg eingeladen wurde und in seiner die reine Liebe idealisierenden Vortragskunst als Gegner →Tannhäusers auftritt. Im I. Aufzug der *Meistersinger* wird Walther von →Stolzing von Fritz →Kothner gefragt: »welch' Meisters seid ihr Gesell'?«, worauf Stolzing antwortet: »Herr Walther von der Vogelweid', / der ist mein Meister gewesen.«

Waltraute

Mezzosopranpartie in der *Walküre;* eine der →Walküren und →Brünnhildes Schwester, deren Name von W. erfunden wurde.

Wandeldekoration

Einen besonderen Bühneneffekt verlangte W. für die Bühnendekoration von *Parsifal* im I. und III. Aufzug, um die musikdramatisch zentralen Ereignisse des Weges zum →Gral darzustellen, der nicht einfach auf einem Waldweg beschritten werden kann, sondern unter dem Gebot steht: »kein Weg führt zu ihm durch das Land, / und Niemand könnte ihn beschreiten, / den er nicht selber möcht' geleiten.« Dies bedeutet, daß nur der Berufene den Weg zum Gral finden kann, der auch eigentlich keine Wegstrecke in dem Sinn darstellt, sondern ein Weg nach innen, ins Zentrum des Gefühls für das →Reinmenschliche, ist. Dennoch mußte diese Situation auch bildlich dargestellt werden, wofür W. eine aufrollbare bemalte Leinwand als bewegtes Bühnenbild herstellen ließ, das mechanisch zur →Verwandlungsmusik abgespult wurde. Bei den Proben zur Uraufführung von *Parsifal* gab es jedoch Probleme bei der zeitlichen Koordination von Bildablauf und Länge der Musik, so daß W. schließlich wütend wurde, als man von ihm verlangte, noch etwas hinzuzukomponieren. Er lehnte es ab, Musik nach Metern zu schreiben. Wie sehr jedoch W. gerade mit der Idee einer Wandeldekoration Mittel des noch gar nicht erfundenen Films antizipierte, liegt auf der Hand.

Wanderer
Gestalt →Wotans in *Siegfried*, als er nach seinem Entschluß, das Ende der Götterherrschaft selbst herbeizuführen, die Welt als Wanderer durchstreift.

Wartburg
Vermutlich 1067 gegründete Burg, über der Stadt →Eisenach gelegen, 1080 erstmals erwähnt und bedeutendes Zentrum des Minnegesangs unter dem Landgrafen Hermann I. von Thüringen, Zufluchtsort Martin Luthers (1521/22), mit Freskenzyklen in der Galerie und im Sängersaal von Moritz von →Schwind (1853–55). – Als W. am 7. 4. 1842 von Paris nach →Dresden zurückkehrte, sah er auf der Fahrt zum erstenmal die Wartburg, worüber er in →*Mein Leben* mit begeistertem Nationalgefühl berichtet und dieses Erlebnis mit der Entstehungsgeschichte von *Tannhäuser* verbindet. Auf seiner Flucht aus Dresden ins Schweizer →Exil besuchte W. nochmals in aller Eile die Wartburg, die er erst 1862 während einer unfreiwilligen Unterbrechung in Eisenach auf einer Reise nach →Leipzig wieder besuchen konnte, um die inzwischen von Schwind gemalten Fresken zu besichtigen; er soll von diesen aber »sehr kalt berührt« gewesen sein. Um das Vorbild für Schloß Neuschwanstein real zu besichtigen, besuchte am 1. 6. 1867 König →Ludwig II. die Wartburg. Zehn Jahre später machte W. mit seiner Familie von Bayreuth aus einen letzten Tagesausflug auf die Burg.

Was ist deutsch?
Im Sept. 1865 in →München geschrieben. Die Frage »was ist deutsch?« war für W. so wichtig, daß er sich immer wieder damit beschäftigte und 1865–78 Notizen dazu machte. W. rühmt am deutschen

Talent, sich die →Antike weltgültig aneignen zu können. Er bedauert die Konfessionsspaltung zur Zeit der Reformation und sah die Nation schon am Rande des Abgrunds: »Liebenswürdig und schön ist der Fehler des Deutschen, welcher die Innigkeit und Reinheit seiner Anschauungen und Empfindungen zu keinem eigentlichen Vorteil, namentlich für sein öffentliches und Staats-Leben auszubeuten wußte […]« Der Deutsche sei darüber hinaus konservativ. Und um das wertvolle Alte zu bewahren, kämpfe er mit Hartnäckigkeit. In Johann Sebastian →Bach erstünden aber alle Tugenden des Deutschen wie »in einem unvergleichlich beredten Bild«. – In: GSD Bd. 10, S. 51–73; DS Bd. 10, S. 84.

»Was nützt diese Erkenntnis?«

Ein Nachtrag zu: *Religion und Kunst.* – Geschrieben im Okt. 1880 und am 25. 10. abgeschlossen. Das Thema ist die Regeneration (→Regenerationslehre) wegen des allenthalben drohenden Verfalls, der zumindest in der Kunst aufgehalten werden müsse. – In: GSD Bd. 10, S. 325–337.

Weber, Carl Maria von

Eigtl. Carl Friedrich Ernst v. W.; geb. 18./19. 11. 1786 in Eutin, gest. 5. 6. 1826 in London; Komponist. – Ersten Unterricht erhielt Weber von seinem Stiefbruder Fritz, dann von Johann Peter Heuschkel in Hildburghausen und später von Michael Haydn in Salzburg; schließlich

wurde ab 1803 in Wien Georg Joseph Vogler sein Lehrer. Dieser vermittelte ihm eine erste Anstellung am Stadttheater Breslau; 1807 wurde er Sekretär Herzog Ludwigs in Stuttgart und Musiklehrer von dessen Töchtern Marie und Amalie. Aus Gründen, die er selbst nicht zu verantworten hatte, mußte Weber das Land verlassen und ging nach Mannheim, Heidelberg und Darmstadt. 1817 heiratete er die Sängerin Caroline Brandt, die ihm den Sohn Max Maria gebar, der später der Biograph seines Vaters wurde. Bereits an Schwindsucht erkrankt, aber als Klaviervirtuose und Komponist in Europa berühmt, nahm Weber eine Einladung an, für das Covent Garden Theatre eine Oper zu schreiben, und übersiedelte am 16. 2. 1826 nach London, wo er am 12. 4. 1826 *Oberon* uraufführte. – W. betrieb in seiner Dresdener Kapellmeisterzeit aus lokalpatriotischem Eifer die Überführung der sterblichen Überreste des in London verstorbenen Weber nach →Dresden, zumal er das große Vorbild persönlich kannte: »Für mich hatte es eine tiefe Bedeutung, daß ich, durch *Webers* lebensvolle Erscheinung in meinen frühesten Knabenjahren so schwärmerisch für die Musik gewonnen, dereinst so schmerzlich von der Kunde seines Todes betroffen, nun im Mannesalter durch dieses letzte zweite Begräbnis noch einmal mit ihm wie in persönlich unmittelbare Berührung getreten war« (→*Mein Leben*, S. 312). Die von W. eigens für die Beisetzung komponierte →*Trauermusik* über zwei Motive aus Webers *Euryanthe* (1823) wurde während des Leichenzugs am 14. 12. 1844 durch Dresden gespielt. Nach einer Ansprache W.s am Grab erklang nochmals eine Komposition W.s, →*An Webers Grabe,* eine Trauerode für Männerstimmen. Es war keineswegs nur Beflissenheit, die W. zu solchem Aufsehen bewog, sondern seine innere Verbundenheit mit einem Meister, den er als seinen unmittelbaren Vorgänger und als das Bindeglied zwischen Ludwig van →Beethoven und sich selbst empfand, dem er seine ersten, entscheidenden musikalischen Eindrücke verdankte: »Nichts gefiel mir so wie der ›Freischütz‹: ich sah *Weber* oft vor unserm Hause vorbeigehen, wenn er aus den Proben kam; stets betrachtete ich ihn mit heiliger Scheu« (→*Autobiographische Skizze,* S. 8f.). »[…] jubelnd empfing das [deutsche] Volk seinen Freischütz, und schien nun von Neuem in die französisch restaurirten Prachtsäle der intendanzverwalteten Hoftheater, auch da siegend und erfrischend, eindringen zu wollen« (→*Deutsche Kunst und Deutsche Politik,* S. 58). In Webers Musik sah W. den natürlichen Quell volksverbundener Kunst erhalten, der andernorts durch die künstlichen Essenzen französischer Melodien z. B. bei Gioacchino →Rossini überwuchert zu werden drohte. Selbst der heutzutage bereits als Kitsch verdächtig gewordene Chor des »Jungfernkranzes« erschien W. noch als »urkindliche Weise«, die vom deutschen

Volk verstanden und auch geliebt wurde. Webers allgemeine Popularität schildert W. in seinem Aufsatz »*Der Freischütz*«. *An das Pariser Publikum* (1841; in: GSD Bd. 1, S. 266): »Der österreichische Grenadier marschirte nach dem Jägerchor, Fürst Metternich tanzte nach dem Ländler der böhmischen Bauern, und die Jena'er Studenten sangen ihren Professoren den Spottchor vor. Die verschiedensten Richtungen des politischen Lebens trafen hier in einen gemeinsamen Punkt zusammen: von einem Ende Deutschlands zum anderen wurde der ›Freischütz‹ gehört, gesungen, getanzt.« Daß W. seinen deutschen Weber gegen Rossini allenthalben ausspielte und an Adel der Melodie über denselben stellte, wird in W.s Schriften oft wiederholt. Aber auch Kritik übte W. an Weber, der sich »der Melodie zu Liebe gegen die Sprache oft noch durchaus rücksichtslos« verhalten habe (→*Oper und Drama,* Bd. 4, S. 268). Und zur Entstehungsgeschichte von *Euryanthe* fand W. sogar die harten Worte: »*Weber* suchte sich nach dem ›Freischütz‹ einen gefügigeren Dichterknecht, und nahm zu einer neuen Oper eine Frau in Sold, von deren unbedingter Unterordnung er sogar verlangte, daß sie nach dem Brande des Scheiterhaufens nicht einmal die Asche ihrer Prosa nachlassen sollte: sie sollte sich mit Haut und Haar in der Gluth seiner Melodie verbrennen lassen« (ebd., Bd. 3, S. 357). Allerdings schloß W. aus diesem künstlerischen Despotismus Webers, daß der Komponist nicht aus bloßer Willkür so verfahren sei, sondern durchaus die Anstrengung unternommen habe, »das Drama selbst aus der absoluten Melodie zu konstruiren« (ebd.), was nach W.s Ansicht mißlingen mußte. Deshalb »gerieth er mit seiner Dichterin in ein ärgerlich theoretisches Hin- und Herzanken, in welchem weder von der einen, noch der anderen Seite her eine klare Verständigung möglich wurde« (ebd., S. 358). W. stellte schließlich fest: »Nicht nur Rossini, sondern Weber selbst auch hatte die absolute Melodie so entschieden zum Hauptinhalt der Oper erhoben, daß diese, aus dem dramatischen Zusammenhange herausgerissen und selbst der Textworte entkleidet, *in ihrer nacktesten Gestalt* Eigenthum des Publikums geworden war. Eine Melodie mußte gegeigt und geblasen, oder auf dem Klaviere gehämmert werden können, *ohne* dadurch im Mindesten etwas von ihrer eigentlichen Essenz zu verlieren, wenn sie eine wirkliche Publikumsmelodie werden wollte« (ebd., S. 360). Über den *Oberon* bemerkte W. schließlich: »Müde und erschöpft von der qualvollen Mühe seiner ›Euryanthe‹, versenkte er sich in die weichen Polster eines orientalischen Märchentraumes; durch das Wunderhorn Oberon's hauchte er seinen letzten Lebensathem von sich« (ebd., S. 362). Von Webers Ouvertüren allerdings behauptete W., daß sie »einer neuen Gattung« der Ouvertüre, der »dramatischen Phantasie«, zugerechnet werden müssen und die »zu

›Oberon‹ eines der schönsten Erzeugnisse ist« (→ *Über die Ouvertüre*, S. 247). Und weiter: »[...] er kehrte sich in schmerzlichem Todeslächeln der holden Muse seiner Unschuld zu« (→ *Über deutsches Musikwesen*, S. 203).

Lit.: R. W., »*Le Freischutz*«. *Bericht nach Deutschland* (1841), in: GSD Bd. 1, S. 274; ders., *Bericht über die Heimbringung der sterblichen Überreste Karl Maria von Weber's aus London nach Dresden. Aus meinen Lebenserinnerungen ausgezogen* (1844), in: GSD Bd. 2, S. 53; ders., *Rede an Weber's letzter Ruhestätte* (1844), in: GSD Bd. 2, S. 61; M. M. v. Weber, Carl Maria von Weber, 3 Bde., Leipzig 1864 – 66; F. W. Jähns, Carl Maria von Weber in seinen Werken, Berlin 1871; G. F. Kaiser, Weber als Musikschriftsteller, Leipzig 1910; O. Schmid, Carl Maria von Weber und seine Opern in Dresden, Dresden 1922; H. Abert, Carl Maria von Weber und sein Freischütz, in: Peters-Jahrbuch 33:1926; H. Pfitzner, Was ist uns Weber?, München 1926; J. G. Prod'homme, The Works of Weber in France, in: Music Quarterly 14:1928; H. J. Moser, Carl Maria von Weber, Leipzig 1940; H. Dünnebeil, Carl Maria von Weber. Verzeichnis seiner Kompositionen, Berlin 1947

Weber, Friedrich Dionys
Geb. 9. 10. 1766 in Velichov (bei Karlsbad), gest. 25. 12. 1842 in Prag; Komponist und Musikschriftsteller. – Mitbegründer und erster Direktor des Prager Konservatoriums. Er

hatte 1832 W.s *Symphonie C-Dur* (→Symphonien) in Prag uraufgeführt.

Weber, Johann Jakob
Geb. 3. 4. 1803 in Siblingen (bei Schaffhausen), gest. 19. 10. 1889 in Leipzig; Verleger. – 1834 gründete er den Verlag J. J. Weber in Leipzig, der ab 1843 die *Leipziger Illustrirte Zeitung* publizierte. W. veröffentlichte 1863 bei ihm sein *Vorwort zur ersten öffentlichen Ausgabe der ›Ring‹-Dichtung mit einem ausführlichen Festspielplan* und 1868 die Buchausgabe von →*Deutsche Kunst und Deutsche Politik.*

Webers Grabe, An
→*An Webers Grabe*

Wehwalt
So nennt sich →Siegmund in der *Walküre* in →Hundings Hütte, als er die Tragödie seiner Familie erzählt.

Weibliche im Menschlichen, Über das
→*Über das Weibliche im Menschlichen*

Weimar
Mit dem Tod Johann Wolfgang von Goethes war am 22. 3. 1832 in Weimar die »Goethe-Zeit« zu Ende gegangen. W. hatte den Dichterfürsten nicht mehr persönlich kennenlernen können und hatte auch zu Weimar keine besonderen Verbindungen, bis er als Musikdirektor am Theater in Bad →Lauchstädt am 12. 8. 1834 über Weimar, wo er sich »mit Neu-

gier aber ohne Ergriffenheit«, wie er in →*Mein Leben* (S. 99) berichtet, nach Goethes Haus umsah und zu Gastvorstellungen seiner Theatertruppe nach Rudolstadt weiterreiste. 1842 hatte sich Franz →Liszt als Hofkapellmeister in außerordentlichen Diensten nach Weimar verpflichten lassen, ohne jedoch seine Konzertreisen als Klaviervirtuose einzustellen. Anfang 1848 übersiedelte Liszt ganz nach Weimar. Nachdem sich W. und Liszt in Berlin durch die Vermittlung der Sängerin Wilhelmine →Schröder-Devrient wieder begegnet waren und sich erst nach Jahren eine engere Beziehung entwickelt hatte, führte Liszt am 16. 2. 1849 *Tannhäuser* erstmals in Weimar auf. Im selben Jahr mußte W. wegen seiner Beteiligung an den Maiaufständen aus →Sachsen fliehen, wobei ihn Liszt in Magdala (bei Weimar) zunächst verbarg, um ihm dann mit falschen Papieren und Geld ausgestattet zur Flucht in die →Schweiz zu verhelfen. Von →Zürich aus bat W. um die Uraufführung seines *Lohengrin* in Weimar, die unter Liszts Leitung am 28. 8. 1850 stattfand. Nach Liszts eigener Aussage wurde Weimar in den frühen 50er Jahren des 19. Jh.s »Sitz der neudeutschen Schule«. Und in einem Brief an Liszt vom 30. 1. 1852 schrieb W., seine Nibelungendramen dereinst »in irgend einer schönen Einöde« aufführen zu wollen, »fern von dem Qualm und dem Industrie-Pestgeruche unserer städtischen Zivilisation: als solche Einöde könnte ich höchstens Weimar, gewiß aber keine größere Stadt ansehen«. Statt Weimar wählte W. später →Bayreuth als Festspielort. Dennoch versuchte Liszt schon 1853, aus Weimar eine W.-Stadt zu machen, und führte im Febr./März seinen ersten W.-Zyklus mit dem *Holländer, Tannhäuser* und *Lohengrin* auf. Nach langen vergeblichen Bemühungen erlangte W. am 15. 7. 1860 durch Vermittlung des sächsischen Gesandten in Paris, Albin Leo von Seebach, vom sächsischen König Johann eine Teilamnestie, die W. ermöglichte, wieder in die deutschen Länder (außer Sachsen) zurückzukehren. Deshalb konnte W. am 2. 8. 1861 das 2. Musikfest des Allgemeinen Deutschen Musikvereins in Weimar besuchen; er wohnte bei Liszt auf der Altenburg. Erst 1873 kam W. mit seiner zweiten Frau Cosima anläßlich der Uraufführung von Liszts Oratorium *Christus* in der Stadtkirche wieder einmal an Liszts alte Wirkungsstätte. Nach der Münchener Uraufführung von *Tristan* machte sich zuerst das kleine Theater in Weimar an eine Inszenierung des schwierigen →Musikdramas, das dort am 14. 6. 1874 über die Bühne ging. Einen letzten Besuch machte W. in Weimar, wo er auch Liszt in der »Hofgärtnerei« besuchte, mit seiner Familie im Juli 1877 auf einer Erinnerungsreise durch Deutschland.

Weinlig, Christian **Theodor**
Geb. 25. 7. 1780 in Dresden, gest. 7. 3. 1842 in Leipzig; Organist und Komponist. – Ab 1823 Thomas-kantor in Leipzig und Kompositionslehrer W.s. – Werke: *Theoretisch-praktische Anleitung zur Fuge* (Dresden 1845).

Wein, Weib und Gesang
(WWV 109)
Die Bearbeitung des Walzers für großes Orchester op. 333 (1869) von Johann Strauß (Sohn) schrieb W. im Mai 1875 in Bayreuth. Sie wurde wahrscheinlich am 22. 5. 1875 im Haus →Wahnfried anläßlich W.s Geburtstagsfeier uraufgeführt, da Cosima in ihren →Tagebüchern festhielt: »Abends Illumination von Wahnfried, Feuerwerk, dazu Strauß'-sche Walzer, Kinderfackelzug […]«
Lit.: WWV

Weißheimer, Wendelin
Geb. 26. 2. 1838 in Osthofen (bei Worms), gest. 16. 6. 1910 in Nürnberg; Dirigent, Komponist und Musikschriftsteller. – War mit W. befreundet, für den er am 1. 11. 1862 ein Gewandhauskonzert veranstaltete. Als W. sich 1864 in einer schier aussichtslosen Situation befand und auf einen unaufhaltsamen Ruin hinsteuerte, fand Weißheimer am 30. 4. 1864 den trostlosen Komponisten völlig mutlos in →Stuttgart vor, ohne zu ahnen, daß bereits am 3. 5. König →Ludwig II. von Bayern seine hilfreiche Hand reichen würde. – Werke: Opern *Theodor Körner* (1872), *Meister Martin und seine Gesellen* (1879); Schrift *Erlebnisse mit Richard Wagner, Franz Liszt und vielen anderen Zeitgenossen nebst deren Briefen* (Stuttgart/Leipzig 1898).

Welfen

W. selbst leitete Welfen von »Welpen« in der Bedeutung von animalen Säuglingen ab, die sich im dichterischen Volksmund zum echten Sohn einer echten Mutter verfestigt habe. Außerdem verweist W. auf das historische fränkische Adelsgeschlecht der Welfen seit dem 8. Jh. und leitet auf den italienischen Sprachgebrauch »Ghibellini« über, der direkt zu den »Wibelungen« führt, die wiederum mit dem urfränkischen Geschlecht der →Nibelungen in Fehde lagen.

Wellgunde

Hohe Sopranpartie im *Rheingold* und in der *Götterdämmerung*; eine der →Rheintöchter, deren Name von W. frei erfunden wurde.

Weltesche

In der nordgermanischen Mythologie existierte die kosmologische Vorstellung von dem Weltenbaum Yggdrasil, der von der Erde bis zum Himmel reicht und dessen Gewölbe stützt. W. hat in seinen *Ring* das Bild der Weltesche mit einbezogen, dessen Stamm →Wotans Gesetzesspeer entnommen wurde und in den der Gott eine Waffe bis zum Heft hineinstieß, um seinem Sohn →Siegmund in höchster Not zu helfen. Am Ende der *Götterdämmerung* wird aus dem Holz der Weltesche der Scheiterhaufen für →Siegfrieds Leiche aufgerichtet, in dem auch →Brünnhilde den Tod sucht.

Wesendonck, Mathilde

Auch M. Wesendonk; geb. Agnes Luckemeyer; geb. 23. 12. 1828 in Elberfeld (heute zu Wuppertal), gest. 31. 8. 1902 in Traunblick (Salzkammergut). – Das Ehepaar Mathilde und Otto Wesendonck (geb. 16. 3. 1815 in Elberfeld, gest. 18. 11. 1896 in Berlin) machte in →Zürich erstmals im Spätherbst 1850 einen kurzen Besuch und quartierte sich ab April 1851 im Hôtel Baur en Ville ein, um ab Juli ins Hôtel Baur au Lac überzusiedeln. Das erste Konzert, das sie in Zürich hörten, war das von W. dirigierte am 20. 1. 1852 mit Ludwig van →Beethovens Musik zu *Egmont* (1810) und dessen *Symphonie Nr. 8* (1812), deren 2. Satz fortan zu Mathildes Lieblingsstücken gehörte. Selbstverständlich besuchte Mathilde auch W.s nächstes Konzert am 17. 2.; danach scheint sie sich mit W. bekannt gemacht zu haben. Die erste private Begegnung fand in W.s Wohnung in den Hinteren Escherhäusern statt. Bei dem Konzert W.s vom 16. 3. konnte Mathilde bereits die Proben besuchen, deren Eindruck sie als elektrisierend beschrieben und als »Offenbarung« erlebt hat. Möglicherweise ist sie die Verfasserin des Gedichts *An Richard Wagner nach seinem 3. Konzert in Zürich an seinem 40. Geburtstage den 22. Mai 1853*, das öffentlich von Herrn Niedermann vorgetragen wurde. Die äußerst fruchtbare und schnelle Arbeit vom 1. 11. 1853 bis zum 14. 1. 1854 an der Komposition des *Rheingolds* machte W. während abendlicher Besuche bei Mathilde am Klavier offenkundig. Mit einer von ihr geschenkten goldenen Feder fertigte er im Sommer 1854 eine Abschrift der *Rheingold*-Partitur an. Die eigentliche Annäherung vollzog sich aber erst nach Otto Wesendoncks Entscheidung, das Grundstück neben seiner im Bauauftrag entstehenden Villa aufzukaufen, um es einschließlich des darauf stehenden Fachwerkhäuschens W. zur Verfügung zu stellen. Damit sollten die bereits befreundeten Familien auch noch Nachbarn werden. Während aber W. bereits im Frühjahr 1857 einziehen konnte, wurde die Villa Wesendoncks erst am 22. 8. 1857 bezugsfertig; sie wurde auf Mathildes Wunsch »Wahlheim« genannt: eine Anregung, die sicherlich auf W. zurückgeht und auf Johann Wolfgang von Goethes *Leiden des jungen Werthers* (1774) verweist. Am 18. 9. übergab W. seine *Tristan*-Dichtung der inzwischen ins Herz geschlossenen schönen Nachbarin, die ihm anläßlich dieser Übergabe erstmals ihre Gefühle offen zu erkennen gab und den Meister zärtlich umarmte. Am 18. 10. fuhr W. mit den Wesendoncks nach Mariafeld, um Eliza und François →Wille zu besuchen. W. riet der Freundin, für die Aufführung von *Othello* mit dem berühmten Negerschauspieler Ira Frederick Aldridge am 18. 11. rechtzeitig Karten zu bestellen. Des 18. als Gedenktag wurde von W. mit der Komposition des ersten der →*Wesendonck-Lieder* gedacht; es trägt den Titel »Schmerzen«. Gemeinsam hörte man am 19. 12. Clara Schu-

mann im Züricher Kasino spielen. Und an Mathildes Geburtstag, am 23. 12., erschien W. mit acht Züricher Musikern im Vestibül der Villa, um der Hausherrin sein instrumentiertes Lied →*Träume* darzubringen. Folgendes Widmungsblatt war beigegeben (in: SSD Bd. 12, S. 368): »Hochbeglückt / schmerzentrückt / keusch und rein / ewig dein – / was sie sich klagten / und versagten, / ihr Weinen und ihr Küssen / leg' ich dir nun zu Füßen, / daß Tristan und Isolde / in keuscher Töne Golde / den Engel mögen loben, / der mich so hoch erhoben.« Die zeitweilige Abwesenheit des Gatten ließ beider Leidenschaft wohl stärker entflammen und sie unbedachtsamer handeln, als sich schickte. Deshalb war dem Konflikt nach Wesendoncks Rückkehr nicht auszuweichen, obgleich nie geklärt werden konnte, wie schwerwiegend die Veranlassung war. Jedenfalls muß Wesendonck W. mit Bestimmtheit entgegengetreten sein, da W. am 26. 12. in aller Eile von Franz →Hagenbuch einen Paß nach Paris erbat, um zu fliehen. Der Paß war zwar innerhalb weniger Tage verfügbar, W. hatte aber kein Geld für die Reise und richtete einen Hilferuf an Franz →Liszt. Während W. dann doch am 16. 1. 1858 in Paris eintraf, hatte sich inzwischen der Sturm in der Villa Wesendonck gelegt. In Weimar machte man sich dagegen sehr große Sorgen: »Bleibt Deine Frau in Zürich? Gedenkst Du später vielleicht wieder zurückzukehren? Wo ist Mdme. Wesendonck?« überhäufte Liszt den Freund mit Fragen. Minna gegenüber wurde die überstürzte Reise mit der Legalisierung der Autorenrechte in Paris begründet. Aus einer Laune heraus oder zur Ablenkung engagierte Mathilde Wesendonck Anfang 1858 Francesco De Sanctis vom Polytechnikum als Italienischlehrer und versuchte ihn mit W. bekannt zu machen. Der schöne Neapolitaner jedoch konnte mit W.s Kunst und Theorie nicht das geringste anfangen und verursachte bei ihm nur gewaltigen Harnisch als Rivale. Als offizielle Versöhnungsgeste arrangierte Mathilde zum Geburtstag ihres Mannes eine festliche Hausmusik, die W. leiten sollte. Die Vorbereitungen dazu nahmen jedoch so viel Zeit in Anspruch, daß der Geburtstagstermin weit überschritten werden mußte, als endlich am 31. 3. das Privatkonzert mit Sätzen aus Beethoven-Symphonien (nicht ohne Bedenken wegen der Fastenzeit) stattfinden konnte. Und nach jenem mißmutigen 5. 4., der W. wegen einer Italienischlektion Mathildes gänzlich verdorben wurde, brach er mit ihr eine hitzige Debatte über deren geliebten *Faust* vom Zaun, die ihm zwar auch keine Erleichterung verschaffte, aber am folgenden Tag aus Reue eine »Morgenbeichte« eingab, die von Minna abgefangen wurde und die Katastrophe auslöste. Minna stellte ihren Mann zur Rede, der sie aber nur vorübergehend beschwichtigen konnte, und benutzte die nächste Gelegenheit, der schönen Nachbarin ins Gesicht zu schleudern, daß sie

ihr ihren Mann abspenstig machen wolle. Diese Eifersuchtsszene war jedoch so ungeschickt eingefädelt, daß W. noch bis Ende Mai im Hause Wesendoncks verkehrte, während Minna am 15. 4. den unsicheren Schauplatz verließ, um zur Kur nach Brestenberg zu gehen. Sie blieb dort genau ein Vierteljahr, während W. hoffte, die Angelegenheit wieder in Ordnung bringen zu können. Da Minna jedoch auch nach ihrer Rückkehr die Eifersuchtsszenen fortsetzte, sah sich W. gezwungen, den nachbarlichen Kontakt völlig einzustellen und die bittere Konsequenz der Entsagung auf sich zu nehmen. W.s »Venezianisches Tagebuch« läßt jedoch erkennen, wie schwer ihm der Verzicht auf Mathilde gefallen sein muß. Und Mathilde schmollte so ausdauernd gegenüber Minna, von der sie sich zu Unrecht angegriffen fühlte, daß selbst durch das junge Ehepaar Cosima und Hans von →Bülow keine Vermittlung mehr zustande kommen wollte. Selbst als Eliza →Wille in die Vermittlung eingeschaltet wurde, lief alles schief, und W. sah nur noch in Liszts Autorität eine Möglichkeit der Versöhnung. Der aber konnte nicht kommen. So verließ W. überstürzt am 17. 8. Zürich, nahm offiziellen Abschied von den Wesendoncks und auch von den Freunden, die fühlten, daß W. nicht zurückkehren würde. W. teilte Mathilde brieflich seinen Abschiedsschmerz mit: »Leb wohl! Leb wohl, Du Liebe! Ich scheide mit Ruhe. Wo ich sei, werde ich nun ganz Dein sein. Suche mir das Asyl zu erhalten. Auf Wiedersehen! Auf Wiedersehen! Du liebe Seele meiner Seele! Leb' wohl – auf Wiedersehen!« Der Abschied von Minna war gefaßter, fast kühl. W. fuhr zunächst nach Genf, wo Karl →Ritter zu ihm stieß. Dann reisten beide nach →Venedig, wo er sich im →Palazzo Giustiniani einmietete. Nach weiteren Stationen in Paris und →Wien mußte W. aus Wien fliehen und zählte auf seine Freunde in Zürich, die jedoch ablehnten. Immerhin gewährte ihm Otto Wesendonck eine finanzielle Zuwendung von 100 Franken, als W. nicht gerade mit offenen Armen bei Willes in Mariafeld aufgenommen wurde. Die Beziehung zu Mathilde war inzwischen völlig erkaltet. Die Übersendung eines Exemplars von Joseph Victor von Scheffels *Ekkehard* (Frankfurt a. M. 1855) mit einer Widmung vom 22. 5. 1865 war nur noch eine Freundschaftsgeste. Drei Jahre später ließ sich nur Otto Wesendonck bei der Uraufführung der *Meistersinger* in München sehen. Seine Frau war inzwischen Verehrerin von Johannes →Brahms geworden und lud nun diesen großen Komponisten in das Landhäuschen ein, das früher W.s »→Asyl« war: »Ich möchte nicht in diesem Jahrhundert gelebt haben, ohne Sie wenigstens freundlichst u. dringend gebeten zu haben, an unsrem Herd zu rasten«, schrieb sie 1867 an Brahms.

Wesendonck, Otto
→Wesendonck, Mathilde

Wesendonck-Lieder (WWV 91)
Fünf Gedichte für eine Frauenstimme: »Der Engel« (G-Dur; komponiert 30. 11. 1857), »Stehe still!« (c-Moll; 22. 2. 1858), »Im Treibhaus« (d-Moll; 1. 5. 1858), »Schmerzen« (Es-Dur; 17. 12. 1857), »Träume« (As-Dur; 5. 12. 1857). – Die Lieder sind eine Auswahl aus mehreren Gedichten Mathilde →Wesendoncks von 1857/58. Die Autorin vermerkte, daß das Gedicht »Der Engel« am 30. 11. 1857 geschrieben wurde. Die Vertonung der »Träume« hat in der 1. Fassung das Schlußdatum 4. 12. 1857 und bekam bereits am folgenden Tag eine weitere Fassung. »Schmerzen« entstand in der 1. Fassung am 17. 12. 1857 und wurde an den beiden folgenden Tagen um zwei weitere Schlüsse ergänzt. In diesen Tagen nahm sich W. nochmals das Lied →*Träume* vor und instrumentierte es für Solovioline und Kammerorchester (2 Klarinetten, 2 Fagotte, 2 Hörner, 4 Violinen, 2 Violen und Violoncello) bis zum 18. 12. 1857. Diese Fassung wurde unter W.s Leitung am 23. 12. 1857 am Geburtstag der Autorin aufgeführt. Nach W.s Tod stellte Felix →Mottl von den »Träumen« eine Instrumentierung für Singstimme und großes Orchester her. »Stehe still!« komponierte W. in der 2. Hälfte des Febr. 1858 nach mehrwöchiger Abwesenheit in Paris. Die Beziehungen der beiden befreundeten Ehepaare waren zusehends schwieriger und schließlich unhaltbar geworden, so daß eine Trennung nicht mehr zu vermeiden war. Dennoch machte

sich W. bis zum 1. 5. 1858 noch an die Komposition von »Im Treibhaus«. Die Handschriften der Lieder schenkte W. der Autorin. Nach den zurückbehaltenen Skizzen komponierte W. im Herbst 1858 die *Wesendonck-Lieder* noch einmal, wodurch von jedem Lied mehrere Fassungen zustande kamen. – Am 9. 10. 1858 schrieb W. an Mathilde Wesendonck: »Besseres als diese Lieder, habe ich nie gemacht, und nur sehr weniges von meinen Werken wird ihnen zur Seite gestellt werden können.« Für die Veröffentlichung beim →Schott-Verlag 1862 verwendete W. die Kompositionen vom Okt. 1858 und ordnete die Lieder nach der Dramaturgie der Gedichte: »Der Engel«, »Stehe still«, »Im Treibhaus«, »Schmerzen« und »Träume«, also nicht nach deren Entstehung, aber nunmehr als Zyklus, der ursprünglich nicht beabsichtigt war. – Uraufführung am 30. 7. 1862 in Laubenheim (bei Mainz) mit Emilie Genast und Hans von →Bülow. – Schallplattenaufnahmen →Diskographie.
Lit.: E. Voss, R. W.: Fünf Lieder nach Gedichten von Mathilde Wesendonck, in: Neue Zeitschrift für Musik, Jan. 1983, S. 22; WWV

Wetzel, Christian Ephraim

Geb. 20. 1. 1776 in Dresden, gest. 10. 8. 1823 in Possendorf (bei Dresden); Pfarrer. – War mit W.s Stiefvater Ludwig →Geyer befreundet, der den siebenjährigen W. zur Vorbereitung auf die Kreuzschule in dessen Pension in Possendorf gab.

Seine stärksten Eindrücke erlebte W. im Kreis der Zöglinge des Pfarrers, als dieser abends aus Daniel Defoes *Robinson Crusoe* (1719), aus einer Biographie über Wolfgang Amadeus →Mozart und aus Zeitungsberichten über den griechischen Befreiungskampf vorlas. Zusammen mit Wetzel ging W. am Tag nach Geyers Tod zu Fuß von Possendorf nach Dresden und zwei Tage später wieder zurück.

Wibelungen, Die

Weltgeschichte aus der Sage. – Entstanden im Sommer 1848 in →Dresden. Im Zusammenhang mit der Konzeption zu einem Bühnenstück, in dessen Mittelpunkt Kaiser Friedrich I. Barbarossa stehen sollte, entstand diese Studie zur germanischen Geschichte, die bei W. sogleich mit ihrer Deutung verschmolzen wurde. Als Ergebnis findet sich ein beachtliches Dokument für W.s Natur- und Religionsphilosophie. Aus der Grunderkenntnis, daß der Mensch als prägenden ersten Eindruck die Natur und in ihr das Licht erfährt, woraus sich der Kampf mit der Finsternis entwickle, hat W. seinen *Siegfried* gestaltet. Und die Verbindung zu den Lichtgestalten reicht über die Götter und starken Kaiser bis zu den Gralsrittern: »In Wahrheit tritt die Sage vom heiligen Gral bedeutungsvoll genug von da an in die Welt, als das Kaiserthum seine idealere Richtung gewann, somit der Hort der Nibelungen an realem Werthe immer mehr verlor, um einem geistigeren Gehalte Raum zu geben. Das geistige Aufgehen des Hortes in den Gral ward im deutschen Bewußtsein vollbracht, und der Gral, wenigstens in der Deutung, die ihm von deutschen Dichtern zu Theil ward, muß als der ideelle Vertreter und Nachfolger des Nibelungenhortes gelten [...]« Bezogen auf die Entwicklung der Menschheit nach dem Untergang der Wibelungen führt W. aus: »Mit dem Untergange der Wibelungen war die Menschheit von der letzten Faser losgerissen worden, mit der sie gewissermaßen an ihrer geschlechtlich-natürlichen Herkunft gehangen hatte. Der Hort der Nibelungen hatte sich in das Reiche der Dichtung und der Idee verflüchtigt; nur ein erdiger Niederschlag war als Bodensatz von ihm zurückgeblieben: *der reale Besitz.*« – In: GSD Bd. 2, S. 151–199; »*Schlußworte*« in: SSD Bd. 12, S. 229.

Wieland der Schmied (WWV 82) Heldenoper in drei Akten. – Prosaentwurf; geschrieben im Jan. und März 1850. – W. hat sich danach nicht mehr um diesen Text gekümmert, schon gar nicht um eine Vertonung. Um so erstaunlicher ist es, daß bereits 1880 W.s Prosaentwurf von Oskar Schlemm in dem Band *Drei Dramen. Zur Komposition geeignet* (Hannover 1880) herausgegeben wurde und bald schon das Interesse des slowakischen Komponisten Ján Levoslav Bella erregte, daraus eine Nationaloper zu machen, die allerdings erst am 28. 4. 1926 als *Kováč Wieland* ihre Uraufführung in Preß-

burg erlebte. – Inhaltlich geht es darum, daß Wieland drei Frauen mit Schwanenflügeln über das Meer fliegen sieht, von denen Schwanhilde verwundet ins Wasser sinkt: Sie wird von Wieland gerettet. Zum Dank gibt sie ihm einen Zauberring, der ihm bald von Neidings Tochter Bathilda geraubt wird; Wieland soll als Gefangener zu Neiding gebracht werden. Das mißlingt aber, Wieland schlägt seine Verfolger in die Flucht und begibt sich unter falschem Namen an Neidings Hof, wo er die entführte Schwanhilde vermutet oder ihren Tod rächen wolle. Statt dessen gerät er in den Bann Bathildas, die Neiding zum Preis für denjenigen aussetzt, der ihm im Kampf gegen König Rothar, den Vater der Schwanenmädchen, beistehe. Wieland bietet seine Dienste als Waffenschmied an, aber sein Inkognito wird entdeckt. Neiding läßt ihm die Fußsehnen durchschneiden. Aus den Schwertern, die Wieland für Neiding schmieden soll, schafft er sich Flügel, mit denen er der Sklaverei Neidings entkommt. – In: GSD Bd. 3, S. 211–250.

Wien
Die Gelegenheit, mit seinem damaligen Freund Vincenty Tyszkiewicz bis Brünn zu reisen und mit Erlaubnis seiner Mutter Johanne Rosine →Geyer sich weiter nach Wien zu begeben, um mit den Partituren dreier ausgeführter →Ouvertüren und einer noch unaufgeführten großen →Symphonie im Reisegepäck die musikalische Hauptstadt des

18. Jh.s kennenzulernen, nahm W. 1832 wahr. Ein schlechtes Omen allerdings war die Nachricht aus Wien, daß dort die Cholera wüte. Trotz schlimmer Träume fühlte sich W. in der lebenslustigen Stadt bald wohl, besuchte die Theater und fand statt des Wiens der klassischen Musik eine in der Hauptsache von Johann →Strauß' Musik geschwängerte heiße Sommerluft. Auf der Rückreise hielt W. sich fünf Wochen auf dem Schloß des Grafen Johann Joseph →Pachta in Pravonín bei Prag auf, um sich unglücklich in dessen Tochter Jenny (→Raymann) zu verlieben. Noch bevor eine erste Oper W.s in Wien aufgeführt wurde, spielte Strauß (seit 1853) bereits dessen Musik in entsprechenden Bearbeitungen. Am 28. 8. 1857 war es dann doch soweit, daß die erste *Tannhäuser*-Aufführung im Thalia-Theater gegeben werden konnte. Schon zwei Monate später folgte Johann Nepomuk →Nestroys und Karl Binders *Tannhäuser*-Parodie (→Parodien) mit großem Erfolg dem Original. In der Hofoper hielt *Tannhäuser* erst am 19. 11. 1859 Einzug; der *Holländer* folgte am 18. 5. 1861, nachdem W. am 9. 5. auch zu Verhandlungen wegen seines inzwischen komponierten *Tristan* nach Wien gereist war, dort am 11. 5. erstmals *Lohengrin* auf der Bühne erlebte und mit Ovationen bedacht wurde. Vom Aug. bis zum Nov. 1861 kam W. noch einmal nach Wien, wohnte hauptsächlich bei seinem Freund Joseph →Standhartner und pflegte Umgang mit Peter →Corne-

lius, Friedrich Hebbel und Heinrich →Laube, der seit 1849 Direktor des Burgtheaters war. Nach einem Abstecher nach →Venedig, um sich dort mit Otto und Mathilde →Wesendonck zu treffen und von Mathilde den ihr überlassenen Entwurf zu den *Meistersingern* zurückzuerbitten, kehrte W. am 11. 11. 1861 mit dem Entschluß nach Wien zurück, die *Meistersinger* zu komponieren; auf der Reise hatte er offenbar schon die Orchesterskizze zum Vorspiel begonnen. Inzwischen hatte sich W. in →Biebrich angesiedelt, reiste aber am 13. 11. 1862 wieder nach Wien, um hauptsächlich von hier aus bis zum Frühjahr 1863 einige Konzertreisen nach →Prag, →Petersburg und →Moskau auszuführen, aber auch in Wien selbst zu konzertieren. Am 23. 11. 1862 kam es beim Vortrag der Dichtung zu den *Meistersingern* in Standhartners Wohnung zum Eklat, weil sich der anwesende Eduard →Hanslick durch die Figur des →Beckmesser brüskiert fühlte, zumal der Stadtschreiber damals noch Veit Hanslich hieß. Am 12. 5. 1863 zog W. nach Penzing bei Wien, feierte dort seinen 50. Geburtstag in großer Einsamkeit und begab sich erneut auf Konzertreisen nach Pest, Prag, →Karlsruhe und nach Schlesien. In Wien gab W. am 27. 12. 1863 ein Konzert mit dem ihm befreundeten Pianisten Carl →Tausig, der Franz →Liszts *Klavierkonzert Nr. 1* (1849) spielte, und mit W.s eigenen Werken. Die Einnahmen aus den Konzertreisen verführten W. zu der luxuriösen Einrichtung seiner Wohnung in Penzing, worüber *Briefe Richard Wagners an eine Putzmacherin* (veröffentlicht von Daniel Spitzer, Wien 1906) freilich einen etwas verzerrten Aufschluß geben. Kurz vor W.s Flucht aus Wien am 23. 3. 1864 (ihm drohte Schuldhaft) ereignete sich in W.s Wohnung am 6. 2. die einzige, aber freundschaftliche Begegnung mit Johannes →Brahms. Im Dez. 1864 holte W. seinen Freund Cornelius, der in Wien mit W. sehr vertrauten Umgang gepflegt hatte, nach →München an den Hof König →Ludwigs II. Vom 6. bis zum 13. 5. 1872 war W. mit seiner Frau Cosima in Wien, wo er den Maler Hans Makart kennenlernte. Am Tag vor seiner Abreise dirigierte W. ein Konzert im Musikvereinssaal für den Wiener W.-Verein. Schon im Nov. 1873 legte der Wiener Maler Josef Hoffmann Bühnenbildentwürfe für den *Ring* der ersten Bayreuther →Festspiele vor. Am 1. 3. 1875 gab W. erneut ein Konzert im Musikvereinssaal; am 3. 3. wohnte er einem Atelierfest bei Makart bei; ein zweites Konzert W.s folgte am 14. 3. und ein drittes am 6. 5. Bei einem erneuten Besuch in Wien am 1. 11. 1875 anläßlich der Proben zu *Tannhäuser* und *Lohengrin* in der Hofoper lernte W. u. a. auch den jungen Hugo Wolf kennen, der ihn im Hotel Imperial aufsuchte.

Wien, Staatsoper

Die große Tradition der Barockoper in Wien spielte sich ab 1741 in Christoph Willibald →Glucks Stamm-theater bei der Hofburg, im Hofburgtheater, und ab 1763 im wiedereröffneten Kärntnertortheater ab. 1860 beschloß Kaiser Franz Joseph I., ein neues Hofoperntheater einrichten zu lassen, das erst am 26. 5. 1869 eröffnet werden konnte. Die *Meistersinger* wurden erstmals am 27. 2. 1870 im neuen Opernhaus gegeben. Unter Hans →Richters Leitung wurde am 22. 11. 1875 die sogenannte »Wiener Fassung« von *Tannhäuser* gespielt, der am 15. 12. eine Neueinstudierung Richters von *Lohengrin* folgte. Am Tag darauf reiste W. mit seiner Familie wieder nach →Bayreuth. Der Intendant Franz von Dingelstedt stand im Briefverkehr mit W., der 1876 selbst seinen *Lohengrin* in Wien dirigierte. Der hochbegeisterte →Wagnerianer Franz Jauner setzte dann als Intendant W.s Werke endgültig durch: 1877–79 wurde erstmals der *Ring* gegeben, Richter sorgte für eine authentische musikalische Interpretation. Die Erstaufführung von *Tristan* geschah in W.s Todesjahr 1883. In den folgenden zehn Jahren wurde mit Ausnahme von *Parsifal* das Gesamtwerk W.s zyklisch aufgeführt; *Parsifal* folgte 1914. Gustav Mahler entwickelte zusammen mit dem Bühnenbildner Alfred →Roller in seiner zehnjährigen Intendanz der Wiener Staatsoper nicht nur eine moderne Opernregie, sondern er zog auch ein brillantes Sängerensemble nach Wien: u. a. Anna Bahr-Mildenburg, Leopold Demuth, Marie Gutheil-Schoder, Selma Kurz, Richard Mayr, Erik Schmedes, Leo

Slezak und Lucie Weidt. *Tristan* wurde 1903 inszeniert. 1929–34 wirkte Clemens Krauss in Wien, brachte die *Meistersinger* heraus und führte den von Franz Schalk begonnenen *Ring* zu Ende. Im Dritten Reich wurden auch in Wien W.s Werke bevorzugt aufgeführt, bis nach einer Vorstellung der *Götterdämmerung* am 30. 6. 1944 das Haus geschlossen werden mußte. Sowohl in der Ära Karl Böhms als auch in der folgenden Herbert von Karajans wurden die →Musikdramen W.s mit besonderer Sorgfalt aufgeführt. Karajan dirigierte und inszenierte *Tristan, Parsifal, Tannhäuser* und den *Ring.* Als er sich 1964 von Wien abwandte, wurde unter seinem Mitdirektor Egon Hilbert *Lohengrin* in der Inszenierung Wieland →Wagners gegeben. Dessen Witwe Gertrud verursachte mit ihrer Inszenierung des *Holländers* 1966 einen Skandal. Die folgenden Intendanten, Egon Seefehlner und Lorin Maazel, bemühten sich auch weiterhin um W.s Werke; Maazel begann sogar seine künstlerische Tätigkeit in Wien 1982 mit *Tannhäuser.* – In dem anläßlich des 50jährigen Regierungsjubiläums von Kaiser Franz Joseph gegründeten »Kaiserjubiläums-Stadttheater«, das nach 1900 in Volkstheater umbenannt wurde, kamen zuerst nur Theaterstücke auf die Bühne; 1906 aber wurde als erste W.-Oper *Tannhäuser* aufgeführt. 1907 hörte man die berühmte Sängerin Maria Jeritza als Elsa in *Lohengrin.* Später wurden auch der *Ring, Parsifal* und die *Meistersinger*

inszeniert. Nach einigen Aufführungen von W.-Opern in den 20er Jahren hatte die Volksoper immer mehr mit wirtschaftlichen Problemen zu kämpfen und verlegte sich mehr und mehr auf das Repertoire der leichten Muse, die auch nach dem Krieg überwiegend gepflegt wurde.

Wiesbaden

Die Operntradition in Wiesbaden geht bis in die 2. Hälfte des 18. Jh.s zurück. Am 2. 7. 1853 dirigierte W.s Freund Louis →Schindelmeisser erstmals *Lohengrin* in Wiesbaden; 1854 folgten der *Holländer* und *Rienzi* unter der Leitung von Johann Baptist Hagen. Dem Wiesbadener Symphonieorchester standen namhafte Dirigenten vor, die für ein hohes künstlerisches Niveau der Aufführungen sorgten: 1873 und 1879 Hans von →Bülow, 1884 Johannes →Brahms, 1889 Richard Strauss, 1894–1907 Felix →Mottl, 1898 und 1911 Arthur →Nikisch, 1899 Felix von Weingartner, 1903 Gustav Mahler. Die damals in Wiesbaden engagierten berühmten Gesangssolisten, wie Lilli →Lehmann, Theodor Wachtel, Franz →Betz, Emil →Scaria, Pauline Lucca, Theodor →Reichmann und Francisco d'Andrade, beteiligten sich nicht nur an den W.-Aufführungen in Wiesbaden, sondern wurden zum Teil auch für die →Bayreuther →Festspiele verpflichtet. Das im neobarocken Stil 1894 erbaute Theater wurde u. a. mit W.s Ouvertüren und dem II. Akt von *Tannhäuser* eröffnet. Die ab 1896 auf Wunsch Kaiser Wilhelms II. eingeführten Maifestspiele brachten im ersten Jahr unter Hans →Richters musikalischer Leitung die *Meistersinger* und unter Ernst von →Schuch *Tannhäuser.* 1897 folgte die Erstaufführung von *Tristan* ebenfalls unter Schuch, mit Lehmann und Paul Kalisch. Am 8. 3. 1914 wurde *Parsifal* erstmals aufgeführt. Leo Slezak sang 1913 in *Tannhäuser.* Nach einem Brandschaden wurde das Theater am 20. 12. 1929 mit *Lohengrin* wiedereröffnet. Auch nach dem Zweiten Weltkrieg wurden W.s Werke regelmäßig inszeniert; unter der Leitung des Generalmusikdirektors Heinz Wallberg wurde z. B. 1968–75 der *Ring* aufgeführt.

Wie verhalten sich republikanische Bestrebungen dem Königtum gegenüber?

Wie so oft in seinen Schriften war W. auch hier, in dieser Schrift von 1848, davon überzeugt, daß seine Angriffe gegen Übelstände in der feudalen Gesellschaft auf sachlichen Erkenntnissen fußten, die unparteiisch nachzuvollziehen seien und keiner polemischen Auseinandersetzungen bedürften. Dennoch zog W. nicht nur gegen Mißstände zu Felde, sondern trat denen, die vermuteten, W. würde geradewegs Bekenntnisse zum Kommunismus ablegen, mit scharfen Angriffen entgegen. Die Befreiung von der Knechtschaft der Zivilisation allerdings stand deutlich auf W.s Programm, eine unblutige →Revolution, die auf der Übereinkunft und Vernunft der Menschen

beruhen sollte und zur freien Entfaltung der Individuen führen müsse. W. verstand seinen Appell nicht als Drohung, sondern als Warnung. Mit einem neuen Menschengeschlecht aber könnte auch die Aufgabe einer neuen Zivilisation ermöglicht werden. Die Antriebskraft dafür sei ein »junges Deutschland«, das Freiheit und Milde ausbreiten würde über alle Menschenrassen, wobei »der König der erste und allerechteste Republikaner sein sollte«. W. schwärmt, daß gerade der sächsische König, dem die Liebe seines Volkes gehöre, von der Vorsehung zum ersten unter den Republikanern ausersehen sei. W. ruft aus: »Ich erkläre Sachsen zu einem Freistaate«, an seiner Spitze stehe der König als »der erste des Volkes, der Freieste der Freien«. Als Mitglied des Vaterlandsvereins hatte W. den Aufsatz im *Dresdener Anzeiger* veröffentlichen lassen und eine Kampfansage an die Aristokratie heraufbeschworen, die ihm noch stark zu schaffen machen sollte. – In: SSD Bd. 12, S. 220–229.

Wilbrandt, Adolf von

Geb. 24. 8. 1837 in Rostock, gest. 10. 6. 1911 ebd.; Schriftsteller und Direktor des Wiener Burgtheaters.

Wille, Eliza

Eigtl. Gundeline Elisabeth W; geb. Sloman; geb. 9. 3. 1809 in Itzehoe (bei Hamburg), gest. 23. 12. 1893 auf dem Gut Mariafeld (bei Zürich); Schriftstellerin. – Sie kam 1852 mit ihrer Familie in die Schweiz, wurde noch im selben Jahr durch den Germanisten Ernst Moritz Ludwig Ettmüller auf W. aufmerksam, durch Georg →Herwegh bekannt gemacht und gehörte bald zu W.s engerem Freundeskreis in →Zürich. Hans Bélart stellte fest, daß W. charakterliche Züge von ihr in die Figur →Frickas in der *Walküre* hat einfließen lassen. Die meisten Besuche W.s in Mariafeld fielen in die Jahre 1852–54. Eliza Wille erlebte aus nächster Nähe mit, wie W. gleichsam vom Blitzschlag der Philosophie Arthur →Schopenhauers getroffen wurde und in ihr die Bestätigung seiner künstlerischen Anschauungen fand. Als sich W.s Beziehungen zu Mathilde →Wesendonck ab 1856 intensiver gestalteten, stellte er zwar die Besuche in Mariafeld weitgehend ein, machte aber bald Eliza Wille zur Vertrauten in der prekären Liebesbeziehung zur Frau seines Gönners Otto →Wesendonck. Noch als W. nach →Venedig geflohen war und das →Asyl in Zürich aufgeben mußte, hat Eliza Wille Briefe W.s an Mathilde weitergeleitet. Von Paris aus schickte W. der Freundin im Nov. 1860 ein Exemplar seines soeben erschienenen Klavierauszugs von *Tristan.* Trotz aller Entsagungen vertraute W. Eliza Wille noch 1863 brieflich an, daß seine Liebe zu Mathilde der Höhepunkt seines Lebens gewesen sei. – W. hatte sich 1863 in Penzing bei →Wien niedergelassen und äußerst luxuriös eingerichtet, ohne den Luxus bezahlen zu können. Wechsel und Wucherer hatten

schließlich eine neuerliche Flucht W.s zur Folge, die wieder in die Schweiz führte. Eine Aufnahme bei Wesendoncks wurde abgeschlagen, während Eliza Wille ihn bei sich in Mariafeld aufnahm, wo W. am 23. 3. 1864 eintraf und bis zum April blieb und in den Räumen logierte, die früher Henriette von →Bissing bewohnt hatte. Kränklich und leidend verschlang W. Band um Band aus der Bibliothek des Hausherrn, →Jean Paul, das Tagebuch König Friedrichs des Großen, Romane von George Sand, Walter Scott und auch *Felicitas* (Leipzig 1850) aus der Feder von Eliza Wille. W.s Korrespondenz nahm wieder einmal gewaltige Dimensionen an. In Wien mußte W.s Wohnung zwangsversteigert werden, so daß eine Rückkehr dorthin ausgeschlossen war. Was sich in Mariafeld zwischen Eliza und W. während einer längeren Reise von François →Wille nach Konstantinopel abgespielt hat, ist nur zu vermuten, war aber möglicherweise nicht nur Freundschaft und platonische Liebe. Als der Ehemann zurückkam, sann W. abermals auf schnelle Flucht; er wendete sich nach →Stuttgart, wo ihn am 2. 5. die erlösende Berufung nach →München durch Franz Seraph von →Pfistermeister erreichte. Mit Eliza Wille stand W. bis zu seiner Hochzeit mit Cosima weiter in lebhaftem Briefverkehr. Vor seiner Vermählung mit Cosima zeigte W. der Freundin in Mariafeld, die auch schon bei der Uraufführung der *Meistersinger* in München weilte, die Hochzeit mit der Mutter des gemeinsamen Sohnes Siegfried →Wagner an. – Weitere Schriften: »*Richard Wagner an Eliza Wille.* 15 *Briefe des Meisters nebst Erinnerungen und Erläuterungen*«, in: *Deutsche Rundschau* 1887; *Johannes Olaf* (Leipzig 1872). *Lit.:* H. Bélart, R. W.s Beziehung zu François und Eliza Wille, Dresden 1914

Wille, François
Geb. 20. 1. 1811 in Hamburg, gest. 8. 1. 1896 in Mariafeld (bei Zürich); Journalist. – Lektor Heinrich →Heines in Hamburg. Seit 1845 mit Eliza →Wille, geb. Sloman, verheiratet; 1848 Abgeordneter im Vorparlament zu Frankfurt a. M. Sein Umgang mit Georg →Herwegh brachte revolutionäre Aktivitäten mit sich. 1851 zog er mit seiner Frau nach Mariafeld. Er traf erstmals mit W. zusammen, als dessen Freunde sich mit ihm in Lugano verabredeten und nach →Zürich zurückkreisten. Auch als Freund Herweghs und Vertrauter Otto →Wesendoncks stand er W. sehr nahe. Da Wille Arthur →Schopenhauer kannte, vertraute dieser ihm an, daß ihm W.s Nibelungendichtung sehr zusage, W. aber die Musik an den Nagel hängen solle, da er weitaus mehr Genie zur Dichtung habe. Später wandte sich Wille an W., als dieser bereits in →Tribschen lebte, um W.s Einfluß auf König →Ludwig II. für dessen Vermittlung zwischen den beiden Großmächten Österreich und Preußen im Auftrag Otto von →Bismarcks geltend zu machen; W. lehnte jedoch ab.

Willkommen in Wahnfried, du heil'ger Christ (WWV 112)
Einstimmiges Lied für Kinderstimmen in C-Dur; komponiert am 24. 12. 1877 in →Bayreuth, wo es auch im Haus →Wahnfried von W.s Kindern uraufgeführt wurde.
Lit.: WWV

Winkelmann, Hermann
Geb. 8. 3. 1849 in Braunschweig, gest. 18. 1. 1912 in Maur (Wien); Sänger (Tenor). – Winkelmann sang in der Uraufführung von *Parsifal* 1882 in →Bayreuth die Titelpartie und wurde bis 1888 mit dieser Rolle betraut; außerdem verkörperte er Tannhäuser bei den →Festspielen 1891.

Winkler, Karl Gottfried Theodor
Pseud. Theodor Hell; geb. 9. 2. 1775 in Waldenburg (bei Zwickau), gest. 24. 9. 1856 in Dresden; Theaterschriftsteller. – Um sich »wieder die Brücke nach Deutschland zu bauen«, nahm W. aus Paris nach Vollendung seines *Rienzi* Kontakt mit der Hofintendanz in →Dresden auf, wo Winkler, den W. nach seinen Aufzeichnungen in →*Mein Leben* als Freund der Familie bezeichnet, Theatersekretär war. Er gab damals die Dresdener *Abendzeitung* unter Pseudonym heraus. Über ihn suchte W. zunächst *Rienzi* in Dresden unterzubringen, schickte ihm aber auch zur Veröffentlichung in seinem Blatt den Bericht (*Der Frei-*

schütz in Paris, in: GSD Bd. 1, S. 257) über die Aufführung von Carl Maria von →Webers *Freischütz* (1821) in Paris, da Winkler als Vormund der Kinder Webers sich dafür interessiert hatte; auch das deutsche Original der Beethoven-Novelle *(Eine* →*Pilgerfahrt zu Beethoven),* die 1841 in der *Abendzeitung* erschien, schickte W. an Winkler. Als schließlich *Rienzi* mit großem Erfolg uraufgeführt worden war, entschloß sich König →Friedrich August II., W. das vakante und begehrte Hofkapellmeisteramt anzutragen, wobei Winkler, der inzwischen Vizedirektor des Hoftheaters geworden war, die Aufgabe zufiel, feierlich die Ernennungsurkunde am 2. 2. 1843 vorzulesen und auszuhändigen.

Woglinde

Hohe Sopranpartie im *Rheingold* und in der *Götterdämmerung;* eine der →Rheintöchter, die W. nach dem →*Nibelungenlied* mit frei erfundenem Namen gestaltet hat.

Wohnungen Wagners

Im Laufe seines Lebens ist W. viele Male umgezogen, und jede dieser Wohnungen ist mit seinem Schaffen verknüpft; allein in →Zürich wechselte W. mehr als zehnmal seine Wohnung, wobei freilich auch Aufenthalte in Pensionen und Hotelzimmern gezählt werden müssen, in denen gelegentlich Teile von Kompositionen entstanden. – W.s Familie wohnte zur Zeit seiner Geburt in →Leipzig auf dem Brühl im »Rot und Weißen Löwen« und über-

siedelte nach Friedrich →Wagners Tod nach →Dresden, wo Ludwig →Geyer ein Engagement am Hoftheater hatte. Geyer schickte seinen Stiefsohn zur Vorbereitung auf die Kreuzschule nach Possendorf bei Dresden, wo W. etwa ein Jahr in Pension des Pfarrers Christian Ephraim →Wetzel auf dem Lande lebte. Nach Geyers Tod nahm dessen Bruder Karl →Geyer den Knaben mit nach →Eisleben, wo bereits W.s Bruder Julius →Wagner wohnte. Nach der Verheiratung des Onkels wurde W. zu Verwandten seiner eigenen Familie nach Leipzig geschickt und bei seinem Onkel im Thoméschen Haus aufgenommen. Danach kam W. wieder zu seiner Mutter Johanne Rosine →Geyer nach Dresden, wo zeitweilig die überzähligen Zimmer der großen Wohnung an Untermieter, u. a. auch an Louis →Spohr, abgegeben wurden. Als W.s Schwester Luise (→Brockhaus) in Leipzig als Schauspielerin engagiert wurde, zog W. zu ihr, um dort studieren zu können. Einige Jahre nach Geyers Tod zog auch W.s Familie wieder nach Leipzig. 1833 verließ W. seine Geburtsstadt und ging nach →Würzburg, wo er bei seinem am Theater engagierten Bruder Albert →Wagner wohnte und eine erste Anstellung als Chordirektor bekam. Danach ging W. nach Leipzig zurück, bis ihm die Musikdirektorenstelle in →Lauchstädt angetragen wurde. Bei der dortigen Wohnungssuche begegnete ihm Minna Planer gerade vor der Tür desjenigen Hauses, in dem er selbst Quartier beziehen wollte. Die Anstellung brachte automatisch W.s Übersiedlung nach →Magdeburg mit sich, wo er ab Okt. 1834 Theaterkapellmeister war. Als das Theaterensemble in Magdeburg aufgelöst wurde, erzwang das auch Konsequenzen für W., nachdem Minna schon vorher einen Kontrakt mit dem Theater in →Königsberg unterzeichnet hatte und W. dorthin nachzog, ohne jedoch eine Anstellung gefunden zu haben. Die erhoffte er sich bei einem Abstecher nach →Berlin, wo er sowohl wegen einer Anstellung als auch wegen seiner Oper *Das* →*Liebesverbot* mit dem Theaterdirektor Karl Friedrich →Cerf in Verhandlung trat und im Gasthof »Zum Kronprinzen« wohnte. Ohne Erfolg ging W. nach Königsberg, wo Minna in einem schäbigen Haus in der Vorstadt Tragheim eine kleine Wohnung gemietet hatte, in die W. mit einzog. 1837 war auch das Theater in Königsberg bankrott, und W. suchte erneut nach einer Kapellmeisterstelle, die er in →Riga fand. »Den Winter, mit welchem wir in das Jahr 1838 traten, brachten wir noch in einer engen, unfreundlichen Wohnung in der alten Stadt zu«, berichtet er in →*Mein Leben* (S. 157). Im Frühjahr zog er dann in eine angenehmere in der Petersburger Vorstadt von Riga um. Als er aber Ende März bereits seine Entlassung vom Theater angezeigt bekam, überzeugte W. seine Frau, mit nach Paris (→Frankreich) zu gehen. Während eines Gastspiels in Mitau flohen sie

dann Hals über Kopf, auch um den Gläubigern in Riga zu entgehen, ohne Pässe über die russische Grenze und fuhren per Schiff zunächst nach →London. Dort machten sie in einem »boarding house« in der Old Compton Street mit dem Namen »Kingsarms« eine achttägige Zwischenstation. In Paris angekommen, nahmen sich die Flüchtlinge für einige Wochen ein Quartier in Boulogne. Dann machte W. in halbstündiger Entfernung von Boulogne ein »Marchand de vin« aus, das er für kurze Zeit mietete und notdürftig einrichtete, um an *Rienzi* arbeiten zu können, der für Paris bestimmt war. Mit Hilfe seines in Paris lebenden Schwagers Eduard →Avenarius fand W. eine vorläufige Bleibe in einem Hotel in der Rue St. Honoré. Eine eigene Wohnung fand er am 15. 4. 1840 in der Rue du Helder. Wegen der für ihn zu hohen Mietkosten, trotz Untervermietung, mußte W. bald wieder in die Umgebung von Paris ausweichen; er fand eine Wohnung in Meudon, in der Avenue de Meudon. Mit Hilfe seines Freundes Ernst Benedikt →Kietz zog W. am 30. 10. 1841 doch wieder in die Großstadt, in die Rue de Jacob 14. Am 7. 4. 1842 kehrte er dem Paris seiner Elendsjahre den Rücken und ging nach Dresden zurück. Dort stiegen die Heimkehrer zunächst in dem Gasthof »Zur Stadt Gotha« ab und fanden dann eine kleine Wohnung in der Töpfergasse, die W. 1842 noch zweimal wechselte, in die Waisenhausstr. 5 und Marienstr. 9. Nach seiner unerwarteten Berufung zum königlich-sächsischen Kapellmeister konnte sich W. ab Okt. 1843 endlich eine angemessene Wohnung in der Ostraallee 6, nahe dem Zwinger, leisten, wo er sich auch erstmals eine eigene Bibliothek (→Dresdener Bibliothek) einrichten konnte. Er nannte dieses Heim seine »Kapellmeisterwohnung«, zog dann aber nochmals 1847 in das Marcolinische Palais in der Friedrichstadt um, wo *Die* →*Wibelungen, Der* →*Nibelungen-Mythus* sowie →*Siegfrieds Tod* entstanden. Der erste Zufluchtsort in Zürich war das Haus Alexander →Müllers am Rennwegtor, wo W. 1849 seine *Wibelungen* überarbeitete. 1850 nahm sich W. eine eigene Wohnung in der Gemeinde Enge bei Zürich im Haus »Zum Abendstern«; dort begann er die Orchesterskizze von *Siegfrieds Tod,* 1851 eine Prosaskizze und einen großen Prosaentwurf zum *Jungen Siegfried* wie auch die Urschrift der daraus geformten Dichtung. Bei einem längeren Kuraufenthalt in Albisbrunn entstanden 1851 erste Prosaskizzen zu *Rheingold* und *Walküre.* 1852 zog W. in eines der vorderen Escherhäuser in Zürich, Zeltweg 11, wo er weiter an den ersten beiden Teilen des *Rings* arbeitete. Mit dieser Arbeit war W. im selben Jahr auch in der Pension Rinderknecht auf dem Zürichberg beschäftigt. Im Zeltweg brachte W. noch die *Ring*-Dichtung zum Abschluß. 1853 zog er in ein anderes der vorderen Escherhäuser um, in den Zeltweg 13, wo er bis 1854 kompositorisch an *Rheingold* arbeitete und mit der *Walküre* begann,

deren Partiturreinschrift W. (mit der Unterbrechung seiner ersten Londoner Konzertreise) bis 1856 vollendete; danach begann er noch mit *Siegfried.* 1857 zog W. in das →»Asyl« auf dem grünen Hügel, das Gartenhaus nahe der Villa Wesendonck. Dort entstand die Komposition bis zum II. Aufzug von *Siegfried,* bevor W.s unstetes Leben wieder begann und er 1863 im Hotel »Kaiserin Elisabeth« in →Wien zu finden war, wo er das Vorwort zur ersten öffentlichen Ausgabe der *Ring-*Dichtung schrieb. Nachdem W. der Ruf König →Ludwigs II. erreicht hatte, war sein erster fester Wohnsitz 1864, in der Nähe von Schloß Berg, das Haus →Pellet bei Starnberg, das der König gemietet hatte. Noch im selben Jahr zog W. nach →München in das Haus Brienner Straße 21, wo die Partiturreinschrift zum II. Aufzug von *Siegfried* entstand. Zwischenzeitlich arbeitete W. die Partiturreinschrift zum I. Aufzug in der Jagdhütte Ludwigs auf dem Hochkopf aus, um im Anschluß daran wieder in der Brienner Straße die zum III. Aufzug anzufertigen. Nach seiner Vertreibung aus München wohnte W. 1869 im Haus →Tribschen nahe bei →Luzern, wo bis 1872 die Orchesterskizze des *Rings* bis zur *Götterdämmerung* entstand. Dann übersiedelte W. nach →Bayreuth. Zunächst fand er eine Bleibe im Hotel Fantaisie in Donndorf, wo die Orchesterskizze zum III. Aufzug der *Götterdämmerung* angefertigt wurde. 1873 zog W. in die Stadt, in das Haus an der Dammallee 7, und schließlich 1874 in das Haus →Wahnfried.

Wolfe

Vater →Siegmunds in der *Walküre*; erscheint nicht als Rolle (→Wälse).

Wolfram, Clara

Geb. Wagner; geb. 29. 11. 1807 in Leipzig, gest. 17. 3. 1875 ebd.; Sängerin. – Möglicherweise die künstlerisch begabteste der Schwestern W.s, die schon im Alter von 17 Jahren erfolgreich auftrat, in Augsburg, Nürnberg und Magdeburg engagiert war, dann aber den Glanz ihrer Stimme einbüßte und sich durch ihre Ehe (seit 1828) mit dem Sänger Heinrich →Wolfram, der sich in Chemnitz als Kaufmann niederließ, ins Privatleben zurückzog. Sie genoß das besondere Vertrauen ihres berühmten Bruders und war zeitlebens mit ihm in Briefverbindung.

Wolfram, Heinrich

Geb. 16. 2. 1800 in Neustrelitz, gest. 25. 10. 1874 in Chemnitz (heute Karl-Marx-Stadt); Sänger. – Seit dem 23. 10. 1828 mit W.s Schwester Clara →Wolfram verheiratet. Er war mit ihr zusammen nach anderen Engagements 1835/36 am Magdeburger Theater. Später gab er die Sängerlaufbahn auf und wurde Kaufmann in Chemnitz.

Wolfram von Eschenbach

Geb. um 1170–80 in Eschenbach (heute Wolframs-Eschenbach; bei Ansbach), gest. um 1220 ebd.; Dichter. – Wolframs Lebensumstände sind weitgehend unbekannt. Er entstammte wahrscheinlich einem bayerischen Beamtengeschlecht, führte ein Wanderleben und kam auch an den Hof des Landgrafen Hermann I. von Thüringen. Sein Hauptwerk ist der Entwicklungsroman in Versen *Parzival* (um 1200–10). Die Erzählungen *Willehalm* und *Titurel* blieben Fragmente.

Lit.: W. Schröder, Der Ritter zwischen Welt und Gott. Idee u. Problem des Parzivalromans Wolframs von Eschenbach, Weimar 1952; H. Ragotzky, Studien zur Wolfram-Rezeption, Stuttgart 1971; P. Wapnewski, Wolframs Parzival, Heidelberg 1955

Wolfram von Eschenbach

Baritonpartie in *Tannhäuser*; einer der zum Sängerwettstreit auf der →Wartburg geladenen Ritter und Minnesänger. Obwohl auch er →Elisabeth liebt, bleibt er, trotz seiner musikalischen Gegnerschaft, →Tannhäuser freundschaftlich verbunden. Die Figur wurde nach den Überlieferungen des »Wartburgkriegs« um 1206 frei nachgestaltet.

Wollen wir hoffen?

In dieser Schrift von 1879 betont W., daß nur das »ernstlich gemeinte Studium« seiner Arbeiten wirkliches Verständnis hervorbringe. Bisher seien seine Bühnenwerke nur selten gut aufgeführt worden, die *Meistersinger* »zu den ›Opern‹ gelegt, von den Juden ausgepfiffen und vom deutschen Publikum als eine mit Kopfschütteln aufzunehmende Kuriosität« angesehen worden. Politik und Presse müßten ebenfalls mithelfen, zum Verständnis seiner Werke beizutragen, obgleich Skepsis bleibe und deshalb nur auf ein zukünftiges rechtes Verständnis gehofft werden könne. – In: GSD Bd. 10, S. 157 – 180.

Wolzogen, Hans Paul Freiherr **von**
Geb. 13. 11. 1848 in Potsdam, gest. 2. 6. 1938 in Bayreuth; Schriftsteller und Philologe. – 1876 besuchte er die ersten →Festspiele in Bayreuth, nachdem er bereits den *Thematischen Leitfaden durch die Musik zu Richard Wagner's Festspiel »Der Ring des Nibelungen«* (Leipzig 1877) sowie *Der Nibelungenmythos in Sage und Literatur* (Berlin 1876) veröffentlicht hatte, wurde 1877 von W. nach Bayreuth berufen und ab 1878 mit der Redaktion der →*Bayreuther Blätter* beauftragt, die er bis zu seinem Tod fortführte; außerdem war er an der Zentralleitung des Allgemeinen R.-W.-Vereins beteiligt. Wolzogens rege schriftstellerische Arbeit bezog sich auf philologische Gebiete sowie W.s Leben und Werk. Er erfand zwar nicht den Begriff →Leitmotiv, führte ihn aber in mehreren Arbeiten zu →Musikdramen W.s so ein, daß zwar W. selbst sich nicht dafür erwärmen konnte, die W.-Forschung aber willig und schnell, positiv und negativ, darauf einging. Nach W.s Tod wurde Wolzogen im Wahnfried-Kreis zu einer unentbehrlichen Figur und bestimmte (nach Cosima Wagner) die Hauspolitik in →Wahnfried. Er schrieb auch ein Libretto zu

Eugen d'Alberts Oper *Flauto solo* (1905). – Weitere Schriften: *Die Tragödie in Bayreuth und ihr Satyrspiel* (Leipzig 1877), *Die Sprache in Richard Wagner's Dichtungen* (Leipzig 1878), *Thematischer Leitfaden durch die Musik zu Richard Wagner's »Tristan und Isolde«* (Leipzig 1880), *Was ist Stil? Was will Wagner? Was soll Bayreuth?* (Leipzig 1881), *Thematischer Leitfaden durch die Musik des Parsifal* (Leipzig 1882), *Erinnerungen an Richard Wagner* (Wien 1883), *Richard Wagners Lebensbericht* (1884, Original des 1879 in der *North American Review* unter W.s Namen erschienenen *The Work and Mission of My Life*), *Wagneriana* (Leipzig 1888), *Großmeister deutscher Musik* (Hannover 1897), *E. T. A. Hoffmann und R. Wagner* (Berlin 1906), *Aus Richard Wagners Geisteswelt* (Berlin 1908), *Autobiographische Lebensbilder* (Regensburg 1923), *Richard Wagner und seine Werke* (Regensburg 1924), *Musik und Theater* (Regensburg 1929); Herausgeber von: *R. Wagners Briefe an seine Gattin Minna Wagner* (Berlin/Leipzig 1908).
Lit.: R. W., *Ein Wort zur Einführung der Arbeit Hans von Wolzogen's »Über Verrottung und Errettung der deutschen Sprache«,* in: GSD Bd. 10, S. 34; H. Böhm, H. v. Wolzogen als Herausgeber der »Bayreuther Blätter«, Diss. München 1943

Worte viele sind gemacht, Der
Das einstimmige, dem »freundlichen Wirthe Herrn Louis Kraft« gewidmete Lied in F-Dur entstand

im April 1871 in →Leipzig. Der im →Nationalarchiv erhaltene Entwurf datiert vom 22. 4. 1871; ebenso die Reinschrift, die in Leipzig aufbewahrt wird. Der Erstdruck erschien im *Musikalischen Wochenblatt* (Nr. 19 vom 5. 5. 1871, S. 303). Louis Kraft hatte W. bei dessen Besuch in Leipzig einen so ehrenvollen Empfang bereitet und ihn dann im »Königszimmer« einquartiert, daß sich W. mit der kleinen Komposition besonders bedanken wollte. Der allgemein geläufige Titel *Kraft-Lied* ist nicht authentisch.
Lit.: WWV

Wotan

Hohe Baßpartie im *Ring;* oberster der germanischen Götter, der einst eins seiner Augen opferte, um Weisheit zu erlangen, durch die er mittels Gesetzen die Weltherrschaft an sich riß. Symbol seiner Macht ist sein →Speer, den er aus der →Weltesche schnitt. Als weiteres äußeres Symbol seiner Herrschaft ließ er sich von den Riesen →Fafner und →Fasolt die Götterburg →Walhall errichten, die er durch →Freia einlösen sollte. Da sie aber eigentlich wegen ihrer ewige Jugend bewirkenden Äpfel nicht feil sein kann, muß Wotan nach einem Ersatz für sie sorgen und schickt →Loge durch die Welt. Endlich kommt dieser mit der Nachricht, daß →Alberich einen riesigen Hort angehäuft hat, der Freia einlösen könnte. Mit Loge steigt Wotan nach →Nibelheim hinab und raubt dem Rheingoldräuber den Hort, verspürt aber selbst Verlangen nach dem →Ring, mit dem man die Welt beherrschen kann. →Erda rät ihm dringend davon ab, und Wotan fügt sich. Mit dem Geschlecht der →Welfen wollte Wotan inzwischen einen freien Helden heranziehen, der in →Siegmund den Gott aus seinen Verstrickungen befreien sollte, der aber selbst durch die Liebe zu seiner Schwester →Sieglinde in Frickas Augen zum Ehebrecher wird und deshalb durch →Hunding sterben muß. Fast unbemerkt wächst →Siegfried heran, schmiedet sich →Notung, sein Schwert, tötet den Drachen und stellt damit den Gott auf dem Weg zum Brünnhildenfelsen, um seinem Schicksal entgegenzugehen. Wotan taucht im Verlauf der Handlung des *Rings* nur noch einmal kurz im Disput mit Alberich auf, der vor Fafners Höhle umherschleicht.

Wüllner, Franz

Geb. 28. 1. 1832 in Münster (Westf.), gest. 7. 9. 1902 in Braunfels (Lahn); Dirigent. – Nachfolger Hans von →Bülows an der Hofoper München. Als er die Uraufführung des *Rheingolds* am 22. 9. 1869 sowie die der *Walküre* am 26. 6. 1870 in →München dirigierte, war W. empört und forderte den Dirigenten auf: »Hände weg von meiner Partitur!«

Würzburg

Am 17. 2. 1833 kam W. zum ersten Mal nach Würzburg, um anläßlich einer Einladung des Würzburger Musikvereins seinen Bruder Albert →Wagner zu besuchen. Da man sich damals polizeilich melden mußte, ist W. als »studiosus musicae« in den Würzburger Polizeilisten von 1833 verzeichnet. Soeben war die Stelle des Chorleiters frei geworden, die man W. anbot. Er nahm kurzerhand an und mußte in nächster Zeit folgendes Opernrepertoire erarbeiten: Ludwig van → Beethovens *Fidelio* (1805), Carl Maria von → Webers *Oberon* (1826), Luigi Cherubinis *Les Deux journées* (1800), Daniel François Esprit → Aubers *La Muette de Portici* (1828) und *Fra Diavolo* (1830), Gioacchino → Rossinis *Tancredi* (1813), Heinrich → Marschners *Vampyr* (1828) und *Hans Heiling* (1833), Ferdinand → Hérolds *Zampa* (1831) und Giacomo → Meyerbeers *Robert le diable* (1831). Im Schauspielrepertoire war auch Ernst → Raupachs *Genoveva* (1834) gespielt worden, deren Inhalt gewisse Berührungspunkte mit W.s → *Feen* zu erkennen gibt. Am 27. 8. 1833 dirigierte W. in Würzburg seine → *Symphonie C-Dur*. Eine längere Abwesenheit des Bruders und seiner Frau Elise → Wagner wegen eines Gastspiels in Straßburg benutzte W., da er für die Kinder seiner Verwandten zu sorgen hatte, um intensiv an den *Feen* weiterzuarbeiten, die er am 6. 1. 1834 in Würzburg beendete. Am 15. 1. 1834 verließ W. die Stadt.

Zaubermädchen, Klingsors

Sopran- und Altpartien in *Parsifal*; auch Blumenmädchen genannt, mit deren Hilfe → Klingsor bereits zahlreiche Ritter des → Grals hat verführen lassen und zu eigenen Diensten verpflichtete. Sie sind nicht eigentlich sexuelle Teufelinnen, sondern dem Meister (Klingsor) vollständig hörige Mädchen naivsten, fast vegetativen Charakters, die sich auch beim Verführungsversuch an → Parsifal zu schaffen machen, ohne Erfolg zu haben, und mit dem Untergang von Klingsors Zaubergarten ins Nichts vergehen.

Zeitung für die elegante Welt

Die in Leipzig von Heinrich → Laube herausgegebene Zeitung enthielt in zwei Folgen am 1. und 8. 2. 1843 die → *Autobiographische Skizze* W.s.

Zemina

Sopranpartie in den → *Feen*; eine der Feen aus Carlo Graf → Gozzis *La donna serpente* (1762).

Zensuren

→ *Censuren*

Zitat

Der Geniekult des 19. Jh.s stand (im Gegensatz z. B. zu Kompositionspraktiken des 18. Jh.s) der musikalischen Aneignung fremder Ideen entgegen, da die bedeutende Musik im 19. Jh. unlöslich mit originären und individuellen Ausdrucksmöglichkeiten verbunden war, d. h. ein ausgeprägter Personalstil zum Zeichen anerkannter Kunst wurde, so daß sich das Zitieren fremder Gedanken von selbst verbot. W. trieb diese Gewohnheit geradezu auf die Spitze, war originalitätssüchtig und schloß deshalb musikalisches Zitieren per se aus, wußte aber fremde musikalische Anregungen außerordentlich geschickt zu verschleiern und so zu vereinnahmen, daß sie auffälligen Zitatcharakters entbehrten. Er duldete lediglich das Eigenzitat wie in den *Meistersingern*, wo sowohl verbal darauf verwiesen wird als auch musikalisch das Tristan-Motiv an jener Stelle der Handlung erscheint, als Hans →Sachs in der 4. Szene des III. Aufzugs den Gedanken einer Verbindung mit →Eva Pogner längst resignierend zurückgestellt hat, nachdem Walther von →Stolzing ihr Herz gewonnen hatte. Sachs resümiert: »Mein Kind: / von Tristan und Isolde / kenn ich ein traurig Stück: / Hans Sachs war klug, und wollte / nichts von Herrn Marke's Glück.« Ebenso übernahm er aus *Lohengrin* das Schwanmotiv notengetreu in *Parsifal*.

Zorn, Balthasar
Tenorpartie in den *Meistersingern*; Zinngießermeister und →Meistersinger, dessen Name Johann Christoph Wagenseils *Buch von der Meister-Singer holdseligen Kunst* (1697) entnommen wurde.

»Zukunftsmusik«
Schrift von 1860, in Paris (→Frankreich) entstanden und mit dem Zusatz versehen: »An einen französischen Freund (Fr. Villot) als Vorwort zu einer Prosa-Übersetzung meiner Operndichtungen«. W. wehrt sich in dieser Schrift gegen das Schlagwort vom →»Kunstwerk der Zukunft« und gegen die angebliche Form-,

Melodie- und Rhythmuslosigkeit seiner Musik. Der Begriff »Zukunftsmusik« wurde erstmals von Louis →Spohr in einem Brief vom 26. 11. 1854 gebraucht. Irrtümlich wurde das Schlagwort später dem Kölner Professor Ludwig Friedrich Christian Bischoff zugeschrieben, der ihn 1859 in der ersten Nummer der *Niederrheinischen Musikzeitung* verwendet hatte. – In: GSD Bd. 7, S. 121–180.

Zumpe, Gustav Herman
Geb. 9. 4. 1850 in Oppach (Oberlausitz), gest. 4. 9. 1903 in München; Dirigent und Komponist. – 1872–75 war er in W.s →Nibelungenkanzlei beschäftigt und ging später nach Stuttgart und Schwerin; 1902 war er Generalmusikdirektor in München und damit Vorgänger von Felix →Mottl.

Zürich
Das im neoklassizistischen Stil erbaute frühere Stadttheater wurde am 1. 10. 1891 mit *Lohengrin* eröffnet. W. selbst kam schon 1849 nach Zürich (→Schweiz) ins →Exil, lernte dort den Stadtdirektor Philipp Walburg Kramer kennen und dirigierte am 25. 4. 1852 den *Holländer*. Im Mai 1853 leitete er drei Konzerte mit Teilen aus seinen Opern, und 1855 dirigierte er eine Aufführung von *Tannhäuser*. Eine daraus erwachsene W.-Tradition blieb bis auf den heutigen Tag bestehen. Anläßlich der 50-Jahr-Feier des Theaters wurde 1884 *Lohengrin* gegeben; die Titelpartie sang Heinrich →Vogl.

1900 wurde der *Ring* inszeniert. 1906/07 war Wilhelm Furtwängler als zweiter Kapellmeister und Chordirektor in Zürich engagiert. Die erste Aufführung von *Parsifal* in Zürich fand am 13. 4. 1913 (kurz nach der Lösung der Schutzfrist für dieses Werk) statt. Arthur →Nikisch dirigierte 1917 *Tristan* und die *Walküre*. Auch Richard Strauss dirigierte mehrere Opern in Zürich, u. a. den *Holländer*. 1958/59 wurde der *Ring* neu inszeniert.

Zürich, Ein Theater in
→ *Theater in Zürich, Ein*

Züricher Kunstschriften
Die innerhalb von 14 Tagen in →Zürich entstandene Schrift *Die* →*Kunst und die Revolution* war zunächst für eine Pariser Zeitung bestimmt und wurde, nach dortiger Ablehnung, in einer Broschüre bei Otto Wiegand in Leipzig gedruckt. Hatte W. sich bisher auf spezielle musikalische Belange beschränkt, so griff er jetzt mit weit ausholenden Spekulationen auf das gesamte Leben aus und begründete seine Reflexionen mit der künstlerischen Unzufriedenheit an bestehenden Zuständen, die er durch die →Revolution von 1848 hatte mit verändern wollen. Sogleich aber zog er sich den Tadel seines Freundes Franz →Liszt zu, der ihm riet, von allen politischen Gemeinplätzen und vom »sozialistischen Galimathias« Abstand zu nehmen. Als Fundament setzte W. für sein Gedankengebäude das unerschütterliche Vertrauen in die Größe des Griechentums, das bereits die Idee des →Gesamtkunstwerks gekannt habe, während alle späteren Bemühungen um das →Drama fruchtlos erschienen. Unter Ludwig →Feuerbachs Einfluß erklärt er das Christentum für kränklich, in dessen Einzelkünsten nur der Genuß für Reiche gefördert wurde. Deshalb fordert W. die vollständige Unabhängigkeit der Kunst, die Enthebung der Künstler von lähmender Sorge um den Lebensunterhalt und Kostenfreiheit für alle Theaterbesuche. Sei erst einmal die Sklavenarbeit den Maschinen zugewiesen, »so wird all' sein [des freien Menschen] befreiter Thätigkeitstrieb sich nur noch als *künstlerischer* Trieb kundgeben« (S. 42): ein sehr prophetischer Gedanke. – Für seine Zeitgenossen bedeutete W.s Schrift *Das* →*Kunstwerk der Zukunft* (1849) eine Herausforderung und Provokation. So geriet aus Mißverständnissen und Unkenntnis der Sache gegenüber das Schlagwort von der →»Zukunftsmusik« zum Etikett des Spottes. Daß W. diese Schrift als eine philosophische erachtete, geht schon daraus hervor, daß er sie Feuerbach »in dankbarer Verehrung« gewidmet hatte und folgende Begründung lieferte:»Niemand als Ihnen, verehrter Herr, kann ich diese Arbeit zueignen, denn mit ihr habe ich Ihr Eigentum Ihnen wieder zurückgegeben« (in: SSD Bd. 12, S. 284). Obgleich sich W. später von Feuerbach wieder abwenden sollte, ging er doch zunächst den wichtigsten Fingerzeigen seines damaligen

Vorbilds nach und vertiefte seine bereits in *Die Kunst und die Revolution* ausgeführte Theorie mit dem Ziel, das Gesamtkunstwerk zu verwirklichen. In fünf Kapiteln: »I. Der Mensch und die Kunst im Allgemeinen; II. Der künstlerische Mensch und die von ihm unmittelbar abgeleitete Kunst; III. Der Mensch als künstlerischer Bildner aus natürlichen Stoffen; IV. Grundzüge des Kunstwerkes der Zukunft; V. Der Künstler der Zukunft«, umreißt W. die menschliche Entwicklung vom Unbewußten zum Bewußten, vom Unwissen zum Wissen, wobei die Notwendigkeiten als zeugende und gestaltende Macht des menschlichen Lebens gesehen wurde. Wahre Kunst werde absichtslos und unwillkürlich geschaffen und sei das »bewußtseinsverkündende Abbild des wirklichen Menschen und des wahrhaften, naturnotwendigen Lebens«. Daraus entstehe »das dramatische Gesamtkunstwerk oder das Kunstwerk der Zukunft«. Am Ende dieser gedankenreichen Schrift geht W. von der Theorie in die musikdramatische Praxis über und entwirft das revolutionäre Künstlerdrama →*Wieland der Schmied,* das er allerdings kompositorisch nicht ausführte. In der →*Mitteilung an meine Freunde* (1851) hat W. einen ausführlichen Rechenschaftsbericht über seine künstlerische Entwicklung vom →*Liebesverbot* bis zur *Ring*-Konzeption abgeliefert, sich mit der Geschichte der Oper auseinandergesetzt und die Idee des musikalischen Dramas aus dem Volksgeist hervor-

treten sehen. – Zu den Züricher Kunstschriften gehört auch der Brief an Franz →Liszt von 1851 *Über die »Goethestiftung«* (1851; in: GSD Bd. 5, S. 5), die Liszt initiiert hatte, um »die künstlerischen Produktionen in Deutschland zu fördern und zu beleben«. Daß durch diese Stiftung der Lebensunterhalt einiger Künstler und die Verbreitung ihrer Werke gesichert werden sollten, erweckte W.s Solidarität. Und wie an anderen Orten seines Wirkens auch, schrieb W. in Zürich Reformatorisches über das dortige Theater *(Ein →Theater in Zürich)* und ging von der Kritik an der großen Oper aus. Aus der Volkstheatertradition in der Schweiz konstruierte W. in Zürich ein Gegenmodell und erhielt hierfür sogar Unterstützung durch Gottfried →Keller, der 1861 in seiner Schrift *Am Mythenstein,* wenn auch kritisch, W.s Gedanken ausdrücklich befürwortete, obgleich ihn dessen Utopien vom Kunstwerk der Zukunft ohne Zukunftschancen erschienen. Im Aufsatz →*Über Musikalische Kritik* (1852) breitete W. seine Ansichten über die Dichtkunst aus, die »nur eine poetische Literatur« (S. 65) sei, die mittels des Buchhandels zu Geld gemacht werden würde. – →*Oper und Drama* ist W.s theoretische Hauptschrift, die einem dialektischen Dreischritt folgt, daß Oper und Schauspiel als These und Antithese im »Drama der Zukunft«, dem →Musikdrama, »aufgehoben« sind. Gleichsam als eine theoretische Vorbereitung zur praktischen Ausführung im *Ring* entwarf W. ein theoretisches System für sein musikalisches Drama, das er aus der Musikgeschichte herzuleiten suchte, obgleich er kaum Kenntnisse von der Entstehung der Oper um 1600 in Florenz hatte und deshalb die Theorie von der Geburt der Oper aus dem Geist der »absoluten Musik« proklamierte und zwei Entwicklungen feststellte: die eine, die von Christoph Willibald →Gluck zu Gaspare →Spontini führte, und die andere hin zu Gioacchino →Rossini, der dramatische Mittel zum Zweck musikalischer Wirkungen gemacht habe. Da aber Ludwig van →Beethoven bereits über die »absolute Musik« in seinen Werken hinausgegangen sei, konnte auf dem Pfeiler der *Symphonie Nr. 9* (1824) die Brücke zum Musikdrama geschlagen werden, das sich gleichzeitig auf die griechische Tragödie berufen müsse. Im 1. Teil seines Hauptwerks zog W. folgende Quintessenz: »*Die Musik ist ein Weib*. Die Natur des Weibes ist die *Liebe*: aber diese Liebe ist die *empfangende* und in der Empfängniß rückhaltlos *sich hingebende*« (*Oper und Drama*, Bd. 3, S. 389). Aus der Gewißheit heraus, daß die Vorherrschaft der absoluten Musik zu einer Zersplitterung der dramatischen Form geführt habe, sah sich W. folgerichtig auf das Musikdrama zurückgeworfen, in dem »der Musiker dem Dichter die Hand reicht« und die Vereinigung der Künste wieder möglich wurde. Im 2. und 3. Teil von *Oper und Drama* zeichnet W. den Weg des musikalischen Dramas von der griechischen Tragödie

über William →Shakespeares und Pedro →Calderón de la Barcas mittelalterlichem Schauspiel zum Musikdrama. Den zweifachen Ursprung des Dramas sah W. im griechischen Drama und im mittelalterlichen Roman. Das musikalische Drama aber antizipiere den mythischen Endzustand der Geschichte, so wie das Wort in die Tonsprache und der Verstand in das Gefühl eintauchen müsse, um menschliche Überhöhung zu erfahren. Schließlich setzt W. sich in *Oper und Drama* noch mit der Verwendung des →Stabreims als dichterische Mikrostruktur auseinander, die der musikalischen Makrostruktur des Leitmotivsystems (das W. freilich in dieser Schrift mit »Gefühlswegweiser durch den ganzen vielgewundenen Bau des Drama's« umschreibt; →Leitmotiv) entspreche und die »dichterisch-musikalische Periode« als Formeinheit die »Quadratur der Tonsatzkonstruktion« ablösen müsse.

Lit.: P. Moss, R. W. als Ästhetiker. Versuch einer kritischen Darstellung, Berlin/Leipzig 1906; R. Franke, R. W.s Züricher Kunstschriften, in: Hamburger Beiträge zur Musikwissenschaft, Bd. 26, Hamburg 1983

Züricher Vielliebchen-Walzer
(WWV 88)

Als »Walzer, Polka oder sonstwas in Es-Dur« bezeichnete W. die Ende 1854 in →Zürich geschriebene Komposition, deren Widmungsträgerin Marie Luckemeyer aus Düsseldorf ist, eine Schwester Mathilde →Wesendoncks, die W. offenbar in Zürich

bei seinen Gönnern kennengelernt
hatte.
Lit.: WWV

Zweter, Reinmar von
Kleine Baßpartie in *Tannhäuser;*
zum Sängerwettstreit auf die
→Wartburg geladener Minnesänger.

Zwischenaktmusik
In W.s Opern und →Musikdramen
sind Zwischenaktmusiken im Sinne
von musikalischen Intermezzi, wie
sie im 16. Jh. ausgebildet wurden
und Kompositionsgeschichte bis zu
den berühmten Zwischenaktmusiken (1810) von Ludwig van →Beet-
hoven zu Johann Wolfgang von
→Goethes *Egmont* oder von
Georges →Bizets *Carmen* (1875)
machten, nicht mehr denkbar, da sie
sich zu →Ouvertüren, Vorspielen
und Einleitungen verwandelt hatten, während in W.s Frühwerken
durchaus zwei →*Entreactes tragiques*
zu finden sind.

Zyklus
Abgeleitet von griechisch »kyklos«
(Kreis). Die →Tetralogie des *Rings*
darf mit Fug und Recht ein musikdramatischer Zyklus genannt werden, da sowohl im Wortsinn ein mit
musikalischen Mitteln zum Anfang
geschlagener Kreis von W. auskomponiert wurde, indem die Rückgabe
des →*Rings* an die Rheintöchter zumindest angedeutet wird, als auch
durch deren Schlußchöre in der *Götterdämmerung* ein inhaltlicher Bogen zurück zum Vorabend der Tetralogie, dem *Rheingold*, geschlagen
wird. Der zyklische Gedanke des
Rings ist z. B. von Wolfgang →Wag-
ner bühnenbildnerisch durch eine
Weltscheibe, die sich im Verlauf der
Handlung zerspaltet und wieder zu-
sammensetzt, in seiner Inszenierung
von 1970 dargestellt worden.

Personenregister
Zusammengestellt von Uwe Steffen

Schluss zu
Trista
82 Takte
ff
dim.
dim.
p
molto rallent.
Largo.
dim:
p. dolce
Ped.
dolce.
più p.
Ped.
pp
dolce
Ped.
Ped.
dim:
Ped.
sempre più lento.